Rechtspflegergesetz

Kommentar

Von

Josef Dörndorfer

Rechtspflegedirektor, Fachhochschule für
öffentliche Verwaltung und Rechtspflege, Starnberg

begründet von

Dr. Peter Dallmayer

Präsident des Landgerichts a. D., Passau

und

Dieter Eickmann

em. Professor an der Hochschule für Wirtschaft und Recht, Berlin

2. Auflage 2014

C.H.BECK

www.beck.de

ISBN 978 3 406 59289 8

© 2014 Verlag C. H. Beck oHG
Wilhelmstraße 9, 80801 München
Druck und Bindung: fgb · freiburger graphische betriebe GmbH & Co. KG
Bebelstraße 11, 79108 Freiburg

Satz: Jung Crossmedia GmbH
Gewerbestraße 17, 35633 Lahnau

Gedruckt auf säurefreiem, alterungsbeständigem Papier
(hergestellt aus chlorfrei gebleichtem Zellstoff)

Vorwort zur 2. Auflage

Seit dem Erscheinen der 1. Auflage ist das Rechtspflegergesetz durch zahlreiche Reformgesetze modifiziert und neuen Rechtslagen angepasst worden. Die Reformen haben das Rechtspflegerrecht zum Teil nur marginal, in einigen Fällen aber umfangreich geändert. Diese vielfachen kleineren oder größeren Änderungen prägen die neue Auflage.

Die für die Rechtspflegerpraxis wohl wichtigste Änderung nahm das 3. RPflÄndG vom 6.8.1998 vor: Durch eine umfassende Reformierung des § 11 RPflG wurde die Stellung des Rechtspflegers als eigenständiges Organ der Rechtspflege verfestigt und die beispiellos komplizierte und umständliche Durchgriffserinnerung abgeschafft. Außerdem wurde § 25 RPflG a. F. („vorbereitende Tätigkeit des Rechtspflegers") gestrichen.

Einen weiteren gravierenden Eingriff in das Rechtspflegergesetz nahm das FGG-Reformgesetz vom 17.12.2008 vor: Das FamFG, das am 1.9.2009 in Kraft getreten ist, hat das FGG als Verfahrensgesetz abgelöst und das Verfahrensrecht in Familiensachen und Angelegenheiten der freiwilligen Gerichtsbarkeit modernisiert. Es hat Lücken geschlossen, die Verfahren in Familiensachen klar strukturiert und die Gegenstände der freiwilligen Gerichtsbarkeit in § 23a Abs. 2 GVG erstmals definiert. Davon blieb auch das Rechtspflegerrecht nicht unberührt: Das Aufgebotsverfahren ist, nachdem es aus der ZPO ausgegliedert und als Angelegenheit der freiwilligen Gerichtsbarkeit in das FamFG aufgenommen worden ist, als neues Geschäft in vollem Umfang dem Rechtspfleger übertragen worden (§ 3 Nr. 1c RPflG). Das Vormundschaftsgericht wurde abgeschafft und bei den Amtsgerichten Abteilungen für Betreuungssachen (Betreuungsgerichte) eingerichtet. Das FamFG hat ferner eine Vielzahl neuer Legaldefinitionen eingeführt (z. B. „Kindschaftssachen" oder „betreuungsgerichtliche Zuweisungssachen"). Mit der Neufassung der §§ 3, 14, 15, 25 wurden diese Reformen im Rechtspflegergesetz umgesetzt.

Die Neuauflage berücksichtigt u. a. auch die Änderungen des RPflG durch das Gesetz zur weiteren Erleichterung der Sanierung von Unternehmen vom 7.12.2011, das Rechtsbehelfsbelehrungsgesetz vom 5.12.2012, das Seerechtsreformgesetz vom 20.4.2013, das Gesetz zur Verkürzung des Restschuldbefreiungsverfahrens und zur Stärkung der Gläubigerrechte vom 15.7.2013, das Gesetz zur Änderung des Prozesskostenhilfe- und Beratungshilferechts vom 31.8.2013 sowie das Gesetz zur Modernisierung des Geschmacksmustergesetzes vom 10.10.2013.

In die Neuauflage sind alle Änderungen des RPflG, die bis zum 1.7.2014 in Kraft treten, sowie Literatur und Rechtsprechung zum Rechtspflegerrecht der vergangenen Jahre aufgenommen worden.

Ich hoffe, dass auch die 2. Auflage den Ansprüchen der Leserschaft wieder gerecht wird.

Starnberg, im Juni 2014   Der Verfasser

Vorwort der 1. Auflage

Die vorliegende Kommentierung erläutert Ausbildung, Stellung und Aufgaben des Beamten des gehobenen Justizdienstes, die geschichtliche Entwicklung v. „ehrwürdigen Gerichtsschreiber" zum Rechtspfleger, die gerichtsverfassungsrechtliche Einordnung des Rechtspflegers und alle für die Praxis wesentlichen Fragen der funktionellen Zuständigkeitsabgrenzung zwischen Rechtspfleger, Richter, Urkundsbeamten der Geschäftsstelle und Kostenbeamten.

Bei der Darstellung der Zuordnungsbereiche in § 3 verdeutlicht eine überblickartige Beschreibung der Einzelverrichtungen die v. Gesetzgeber gewählten Sachbegriffe (zB „Grundbuchsachen", „Registersachen" usw.). Bei den einzelnen Vorbehalten wurde der Weg einer Erörterung gewählt, die auf thematische Zusammenfassungen verzichtet und sich strikt an die v. Gesetz vorgegebene Reihenfolge hält; das erleichtert das Auffinden der einschlägigen Kommentierung.

Die Rechtspflegeerinnerung bereitet in der Praxis nach wie vor Schwierigkeiten. Dem wurde durch eine umfangreiche Erörterung auf rund 90 Seiten Rechnung getragen wie auch mit einer Systematisierung nach allgemeinen Grundlagen und einzelnen Verfahrensabschnitten. Bei diesen Verfahrensabschnitten wurde einer in sich geschlossenen Darstellung der Vorzug gegeben.

Im übrigen erschien uns bei der Kommentierung der einzelnen Vorschriften ein Eingehen auf ihre Entwicklung wie auch die Herausarbeitung des Normzwecks unerläßlich: Zuständigkeitsverteilungen zwischen Organen der Rechtspflege bergen stets die Gefahr einer unsystematischen Zersplitterung, so dass es einer ständigen Rückbesinnung bedarf. Das erweisen insbesondere beim § 17 eine Reihe von heute nicht mehr angemessenen Richtervorbehalten.

Auf Besonderheiten im Beitrittsgebiet sind wir bei den einzelnen Vorschriften eingegangen. Die am 1.1.1999 durch das Inkrafttreten der Insolvenzverordnung veranlaßten Änderungen sind im Anschluß an § 18 berücksichtigt. Rechtsprechung und Literatur wurden bis 31.12.1995 ausgewertet, vereinzelt bis Mai 1996.

Anläßlich der Kodifizierung des Rechtspflegergesetzes ist sehr kontrovers diskutiert worden, ob der Rechtspfleger Rechtsprechung im Sinne des Art. 92 ausübt. Wenn dieser Streit auch heute ausgetragen sein dürfte, erschien uns eine abschließende Stellungnahme zu dieser, für das Berufsverständnis vieler Rechtspfleger auch heute noch aktuellen Kernfrage, unumgänglich. Gleiches gilt für die Reformbestrebungen, insbesondere zur Frage der Abschaffung der Vorlagepflicht, der Durchgriffserinnerung und weiterer Zuständigkeitsverlagerungen v. Richter auf den Rechtspfleger. Was hingegen die umstrittenen Statusfragen angeht, haben wir uns von allen standespolitischen Betrachtungsweisen strikt ferngehalten; sie gehören nicht in ein der Rechtspraxis verpflichtetes Buch.

Der Kommentar richtet sich an die Praktiker im Gerichtsalltag, insbesondere an Rechtspfleger, Richter, Rechtsanwälte, aber auch an die Wissenschaft. Bei Streitfragen haben wir deshalb versucht, Lösungen zu finden, die praktisch zweckmäßig und verfahrensökonomisch, aber auch wissenschaftlich abgesichert sind. Den Studierenden an den Rechtspfleger-Fachhochschulen gibt der Kommentar durch seine systematische Darstellung das erforderliche Fundament zur erfolgreichen Durchführung ihres Studiums. Den Studenten und Rechtsreferendaren bietet er die nötige Orientierungshilfe zur Vorbereitung auf das 1. und 2. Staatsexamen.

Passau, Berlin, im Juli 1996   Die Verfasser

Inhaltsverzeichnis

Abkürzungsverzeichnis XIII

Rechtspflegergesetz (RPflG) (Gesetzestext) 1

Einleitung. Historischer Überblick
- I. Die Entwicklung des Gerichtsschreiberamtes vom 14. bis in das 19. Jahrhundert — 25
- II. Die ersten Reformbestrebungen (1906 bis 1920) 27
- III. Die kleine Justizreform (1920 bis 1923) 28
- IV. Die Reformbestrebungen bis zur Reichsentlastungsverfügung (1928 bis 1943) . . 30
- V. Die Reichsentlastungsverfügung vom 1.8.1943 31
- VI. Die Reformbestrebungen nach dem Zweiten Weltkrieg (1945 bis 1951) 31
- VII. Das Rechtspflegergesetz vom 8.2.1957 32
- VIII. Das Rechtspflegergesetz vom 5.11.1969 33
- IX. Einzelergänzungen und Änderungen in der Folgezeit 34

Erster Abschnitt. Aufgaben und Stellung des Rechtspflegers
Vorbemerkung zu den §§ 1 ff. 37
- § 1 Allgemeine Stellung des Rechtspflegers 44
- § 2 Voraussetzungen für die Tätigkeit als Rechtspfleger 75
- § 3 Übertragene Geschäfte 92
- § 4 Umfang der Übertragung 151
- § 5 Vorlage an den Richter 158
- § 6 Bearbeitung übertragener Sachen durch den Richter 161
- § 7 Bestimmung des zuständigen Organs der Rechtspflege 161
- § 8 Gültigkeit von Geschäften 162
- § 9 Weisungsfreiheit des Rechtspflegers 173
- § 10 Ausschließung und Ablehnung des Rechtspflegers 189
- § 11 Rechtsbehelfe 202
- § 12 Bezeichnung des Rechtspflegers 240
- § 13 Ausschluss des Anwaltszwangs 243

Zweiter Abschnitt. Dem Richter vorbehaltene Geschäfte in Familiensachen und auf dem Gebiet der freiwilligen Gerichtsbarkeit sowie in Insolvenzverfahren und schifffahrtsrechtlichen Verteilungsverfahren
- § 14 Kindschafts- und Adoptionssachen 247
- § 15 Betreuungssachen und betreuungsgerichtliche Zuweisungssachen 270
- § 16 Nachlass- und Teilungssachen 284
- § 17 Registersachen und unternehmensrechtliche Verfahren 299

Inhalt

§ 18	Insolvenzverfahren	325
§ 19	Aufhebung von Richtervorbehalten	331
§ 19a	Verfahren nach dem internationalen Insolvenzrecht	337
§ 19b	Schifffahrtsrechtliches Verteilungsverfahren	340

Dritter Abschnitt. Dem Rechtspfleger nach § 3 Nummer 3 übertragene Geschäfte

§ 20	Bürgerliche Rechtsstreitigkeiten	343
§ 21	Festsetzungsverfahren	366
§ 22	Gerichtliche Geschäfte in Straf- und Bußgeldverfahren	372
§ 23	Verfahren vor dem Patentgericht	375
§ 24	Aufnahme von Erklärungen	381
§ 24a	Beratungshilfe	386
§ 24b	Amtshilfe	392
§ 25	Sonstige Geschäfte auf dem Gebiet der Familiensachen	392
§ 25a	Verfahrenskostenhilfe	397

Vierter Abschnitt. Sonstige Vorschriften auf dem Gebiet der Gerichtsverfassung

§ 26	Verhältnis des Rechtspflegers zum Urkundsbeamten der Geschäftsstelle	399
§ 27	Pflicht zur Wahrnehmung sonstiger Dienstgeschäfte	405
§ 28	Zuständiger Richter	409

Fünfter Abschnitt. Dem Rechtspfleger übertragene Geschäfte in anderen Bereichen

	Vorbemerkung zu den §§ 29 ff.	413
§ 29	Geschäfte im internationalen Rechtsverkehr	413
§ 30	(weggefallen)	415
§ 31	Geschäfte der Staatsanwaltschaft im Strafverfahren und Vollstreckung in Straf- und Bußgeldsachen sowie von Ordnungs- und Zwangsmitteln	415
§ 32	Nicht anzuwendende Vorschriften	424

Sechster Abschnitt. Schlussvorschriften

§ 33	Regelung für die Übergangszeit, Befähigung zum Amt des Bezirksnotars	427
§ 33a	Übergangsregelung für die Jugendstrafvollstreckung	429
§ 34	Wahrnehmung von Rechtspflegeraufgaben durch Bereichsrechtspfleger	430
§ 34a	Ausbildung von Bereichsrechtspflegern zu Rechtspflegern	433
§ 35	Vorbehalt für Baden-Württemberg	434
§ 36	Neugliederung der Gerichte in Baden-Württemberg	437
§ 36a	Vorbehalt für die Freie und Hansestadt Hamburg	438
§ 36b	Übertragung von Rechtspflegeraufgaben auf den Urkundsbeamten der Geschäftsstelle	439
§ 37	Rechtspflegergeschäfte nach Landesrecht	441

Inhalt

§ 38	Aufhebung und Änderung von Vorschriften	443
§ 39	Überleitungsvorschrift	444
§ 40	(Inkrafttreten)	444

Anhang 447

I. Verordnung zur einheitlichen Regelung der Gerichtsverfassung 447

II. Ausgewählte preußische Entlastungsvorschriften vor dem Reichsentlastungsgesetz . . 451
   1. Preußische Allgemeine Verfügung betreffend die Heranziehung des Gerichtsschreibers und der Kanzlei zur Hilfeleistung in richterlichen Geschäften und die Entlastung des Gerichtsschreibers durch die Kanzlei 451
   2. Preußisches Gesetz betreffend die Übertragung richterlicher Geschäfte in Grundbuchsachen auf die Gerichtsschreiber 455
   3. Gesetz zur Entlastung der Gerichte (Reichsentlastungsgesetz) 456

Sachregister 459

Abkürzungsverzeichnis

aA	andere Ansicht
abl.	ablehnend (e, er)
ABl.	Amtsblatt
Abs.	Absatz
Abschn.	Abschnitt
Achterberg	*Achterberg,* Das Bonner Grundgesetz, Kommentar, 2000
AcP	Archiv für zivilistische Praxis (Band, Seite)
AdG	Gesetz über die Annahme als Kind und zur Änderung anderer Vorschriften (Adoptionsgesetz) v. 2.7.1976, BGBl. I S. 1749, (FNA 404-20)
aE	am Ende
aF	alte Fassung
AG	Amtsgericht, Aktiengesellschaft oder Ausführungsgesetz
AGBGB	Ausführungsgesetz zum BGB
AGGVG	Gesetz zur Ausführung des GVG
AktG	Aktiengesetz v. 6.9.1965, BGBl. I S. 1089, zul. geänd. durch G v. 20.12.2012, BGBl. I S. 2751 (FNA 4121-1)
AktO	Aktenordnung (Fassung landesrechtlich)
allgM	allgemeine Meinung
aM	anderer Meinung
AMHRH/*Bearbeiter*	*Arnold/Meyer-Stolte/Herrmann/Rellermeyer/Hintzen,* Rechtspflegergesetz, 7. Aufl. 2009
amtl.	amtlich
Amtsbl.	Amtsblatt
ÄndG	Änderungsgesetz, Gesetz zur Änderung
ÄndVO	Änderungsverordnung, Verordnung zur Änderung
Anh.	Anhang
Anl.	Anlage
Anm.	Anmerkung
AnO	Anordnung
AnwBl.	Anwaltsblatt (Jahr, Seite)
AO	Abgabenordnung (AO) idF der Bek. v. 1.10.2002, BGBl. I S. 3866, ber. 2003 I 61 (FNA 610-1-3) oder Ausbildungsordnung oder Amtsanordnung
AöR	Archiv für öffentliches Recht (Jahrgang, Seite)
APO	Ausbildungs- und Prüfungsordnung
APORpfl	Ausbildungs- und Prüfungsordnung für Rechtspfleger (zT auch: APORPfl)
ArbG	Arbeitsgericht
ArbGG	Arbeitsgerichtsgesetz idF der Bek. v. 2.7.1979, BGBl. I S. 853, 1036 (FNA 320-1)
arg.	argumentum
Arndt	*Arndt,* Gesetz über Maßnahmen auf dem Gebiete der Gerichtsverfassung und des Verfahrensrechts (Rechtspflegergesetz) 1957
Arnold	*Arnold,* Stellung und Aufgaben des Rechtspflegers, Kommentar zum RPPflG 1957
Arnold/Meyer-Stolte, 3. Aufl.,	*Arnold/Meyer-Stolte,* Rechtspflegergesetz, 3. Aufl. 1978
Art.	Artikel

Abkürzungen

ARUG	Gesetz zur Umsetzung der Aktionärsrechterichtlinie v. 30.7.2009, BGBl. I S. 2479
ASt.	Antragsteller
Aufl.	Auflage
AUG	Gesetz zur Geltendmachung von Unterhaltsansprüchen im Verkehr mit ausländischen Staaten (Auslandsunterhaltsgesetz – AUG) v. 23.5.2011, BGBl. I S. 898 (FNA 319-114)
ausf.	ausführlich
AV	Allgemeine Verfügung
AVAG	Gesetz zur Ausführung zwischenstaatlicher Verträge und zur Durchführung von Verordnungen und Abkommen der Europäischen Gemeinschaft auf dem Gebiet der Anerkennung und Vollstreckung in Zivil- und Handelssachen (Anerkennungs- und Vollstreckungsausführungsgesetz – AVAG) idF der Bek. v. 3.12.2009, BGBl. I S. 3830 (FNA 319-101)
bad.	badisch(es)
BadGVBl.	Badisches Gesetz- und Verordnungsblatt
BaFin	Bundesanstalt für Finanzdienstleistungsaufsicht
BAföG	Bundesgesetz über individuelle Förderung der Ausbildung (Bundesausbildungsförderungsgesetz – BAföG) idF der Bek. v. 7.12.2010, BGBl. I S. 1952, ber. 2012 I S. 197 (FNA 2212-2)
BAnz.	Bundesanzeiger
Bärmann	*Bärmann*, Freiwillige Gerichtsbarkeit und Notarrecht, 1968
Bassenge/Roth	*Bassenge/Roth*, FamFG/RPflG, 12. Aufl. 2009
Bauer/v. Oefele/ Bearbeiter	*Bauer/v. Oefele*, Kommentar, GBO, 3. Aufl. 2013
BauGB	Baugesetzbuch idF v. 8.12.1986, BGBl. I S. 2253, zul. geändert durch Gesetz v. 23.11.1994, BGBl. I S. 3486
Baumbach/Hopt/ Bearbeiter	*Baumbach/Hopt*, HGB, 35. Aufl. 2013
Bay.	bayerisch, Bayern
BayAGBGB	Gesetz zur Ausführung des BGB und anderer Gesetze v. 20.9.1982 (BayRS 400-1-J)
BayAGGVG	Gesetz zur Ausführung des Gerichtsverfassungsgesetzes und von Verfahrensgesetzen des Bundes v. 23.6.1981 (BayRS 300-1-1-J)
BayBFHVRG	Gesetz über die Fachhochschule für öffentliche Verwaltung und Rechtspflege in Bayern idF der Bek. v. 9.10.2003, GVBl. S. 818
BayGVBl.	Bayerisches Gesetz- und Verordnungsblatt (Jahr, Seite)
BayHintG	Bayerisches Hinterlegungsgesetz v. 23.11.2010, GVBl. S. 738
BayLlbG	Bayerisches Leistungslaufbahngesetz v. 5.8.2010, GVBl. S. 410
BayObLG	Bayerisches Oberstes Landesgericht (mit Ziffern: amtliche Sammlung in Zivilsachen, Jahr und Seite)
BayRS	Bayerische Rechtssammlung
BayUnschZG	Bayerisches Unschädlichkeitszeugnisgesetz v. 7.8.2003, GVBl. S. 512
BayVBl.	Bayerische Verwaltungsblätter (Jahr, Seite)
BayVerfGH	Bayerischer Verfassungsgerichtshof
BB	Der Betriebs-Berater (Jahr, Seite)
BBergG	Bundesberggesetz v. 13.8.1980, BGBl. I S. 1310 (FNA 750-15)
BBesG	Bundesbesoldungsgesetz idF der Bek. v. 19.6.2009, BGBl. I S. 1434 (FNA 2032-1)
BBG	Bundesbeamtengesetz v. 5.2.2009, BGBl. I S. 160 (FNA 2030-2-30)
Bd.	Band
BDG	Bundesdisziplinargesetz v. 9.7.2001, BGBl. I S. 1510

Abkürzungen

BDPZ/*Bearbeiter* ...	*Binz/Dörndorfer/Petzold/Zimmermann*, Kommentar GKG, FamGKG, 3. Auflage 2014
BDR	Bund Deutscher Rechtspfleger
BDSG	Bundesdatenschutzgesetz idF des G v. 14.1.2003, BGBl. I S. 66 (FNA 204-3)
BeamtStG	Beamtenstatusgesetz v. 17.6.2008, BGBl. I S. 1010
BeamtVG	Beamtenversorgungsgesetz idF des G v. 24.2.2010, BGBl. I S. 150 (FNA 2030-25)
BegrVO	VO über die Begrenzung der Geschäfte des Rechtspflegers bei der Vollstreckung in Straf- und Bußgeldsachen idF v. 26.6.1970, BGBl. I S. 992, aufgehoben durch 1. JuMoG v. 24.8.2004, BGBl. I S. 2198
Bek.	Bekanntmachung
ber.	bereinigt
BerHG	Gesetz über Rechtsberatung und Vertretung für Bürger mit geringem Einkommen (Beratungshilfegesetz) v. 18.6.1980, BGBl. I S. 689 (FNA 303-15)
BerHVV	Verordnung zur Einführung von Vordrucken im Bereich der Beratungshilfe (Beratungshilfevordruckverordnung – BerHVV) v. 17.12.1994, BGBl. I S. 3839 (FNA 303-15-2)
bes.	besonders
bestr.	bestritten
2. BesVNG	Zweites Gesetz zur Vereinheitlichung und Neuregelung des Besoldungsrechts in Bund und Ländern v. 28.5.1975, BGBl. I S. 1173 (FNA 2032-11-2)
betr.	betrifft, betreffend
BetrVG	Betriebsverfassungsgesetz idF der Bek. v. 25.9.2001, BGBl. I S. 2518 (FNA 801-7)
BeurkG	Beurkundungsgesetz v. 28.8.1969, BGBl. I S. 1513 (FNA 303-13)
BezG	Bezirksgericht
BezN	Bezirksnotar
BFH	Bundesfinanzhof
BGB	Bürgerliches Gesetzbuch idF der Bek. v. 2.1.2002, BGBl. I S. 42, ber. 2909, 2003 I 738 (FNA 400-2)
BGBl.	Bundesgesetzblatt (Jahr, Teil und Seite)
BGHZ	Bundesgerichtshof (mit Ziffern: amtliche Sammlung in Zivilsachen, Band und Seite)
BinSchG	Gesetz betreffend die privatrechtlichen Verhältnisse der Binnenschifffahrt (Binnenschiffahrtsgesetz) idF der Bek. v. 20.5.1898, RGBl. 868 (FNA 4103-1)
BiRiLiG	Bilanzrichtliniengesetz v. 19.12.1985, BGBl. I S. 2355
BKGG	Bundeskindergeldgesetz idF der Bek. v. 28.1.2009, BGBl. I S. 142, ber. 3177
BLAH/*Bearbeiter* ...	*Baumbach/Lauterbach/Albers/Hartmann*, ZPO, Kommentar, 71. Aufl. 2013
BLeistG	Bundesleistungsgesetz idF der Bek. v. 27.9.1961, BGBl. I S. 1769, ber. 1920 (FNA 54-1)
BLV	Verordnung über die Laufbahnen der Bundesbeamtinnen und Bundesbeamten (Bundeslaufbahnverordnung – BLV) v. 12.2.2009, BGBl. I S. 284 (FNA 2030-7-3-1)
BMJ	Bundesminister(ium) der Justiz
BNotO	Bundesnotarordnung (BNotO) v.idF der Bek. v. 24.2.1961, BGBl. I S. 97 (FNA 303-1)
BPatG	Bundespatentgericht

XV

Abkürzungen

BPersVG	Bundespersonalvertretungsgesetz (BPersVG) v. 15.3.1974, BGBl. I S. 693 (FNA 2035-4)
BR	Bundesrat
BRAGO	Bundesgebührenordnung für Rechtsanwälte v. 26.7.1957, BGBl. I S. 861, 907, außer Kraft seit 30.6.2004, nun: RVG
BRAO	Bundesrechtsanwaltsordnung v. 1.8.1959, BGBl. I S. 565 (FNA 303-8)
BRD	Bundesrepublik Deutschland
BR-Drs.	Bundesratsdrucksache
Brem.	Bremen, bremisch
BRH	Bundesrechnungshof
BRHG	Gesetz über Einrichtung und Aufgabe des Bundesrechnungshofes v. 11.7.1985, BGBl. I S. 1445 (FNA 63-20)
BS	Bereinigte Sammlung
BSHB/*Bearbeiter*	*Bienwald/Sonnenfeld/Hofmann/Bienwald,* Betreuungsrecht, 5. Aufl. 2011
BSHG	Bundessozialhilfegesetz idF v. 23.3.1994, BGBl. I S. 646, 2975, zul geändert durch Gesetz v. 29.7.1994, BGBl. I S. 1890
Bsp.	Beispiel
BT	Bundestag(es)
BtBG	Gesetz über die Wahrnehmung behördlicher Aufgaben bei der Betreuung Volljähriger (Betreuungsbehördengesetz – BtBG) v. 12.9.1990, BGBl. I S. 2002 (FNA 404-24)
BT-Drs.	Drucksache des Deutschen Bundestages
BtG	Gesetz zur Reform des Rechts der Vormundschaft und Pflegschaft für Volljährige (Betreuungsgesetz) v. 12.9.1990, BGBl. I S. 2002 (FAN 200-3), außer Kraft seit 25.4.2006
BtMG	Gesetz über den Verkehr mit Betäubungsmitteln (Betäubungsmittelgesetz) idF der Bek. v. 1.3.1994, BGBl. I S. 358 (FNA 212-6-24)
BtPrax	Betreuungsrechtliche Praxis, Zeitschrift für soziale Arbeit, gutachterliche Tätigkeit und Rechtsanwendung in der Betreuung (Jahr, Seite)
Buchst.	Buchstabe
Buko	Personal- und Dienstordnung für das Büro der preußischen Justizbehörden v. 1.3.1928
Bumiller/Harders	*Bumiller/Harders,* FamFG, Freiwillige Gerichtsbarkeit, 10. Aufl. 2011
BVerfGE	Bundesverfassungsgericht (mit Ziffern: amtliche Sammlung, Band und Seite)
BVerfGG	Gesetz über das Bundesverfassungsgericht (Bundesverfassungsgerichtsgesetz – BVerfGG) idF der Bek. v. 11.8.1993, BGBl. I S. 1473 (FNA 1104-1)
BVerwGE	Bundesverwaltungsgericht (mit Ziffern: amtliche Sammlung Band und Seite)
BW	Baden-Württemberg
BWLFGG	Baden-Württembergisches Landesgesetz über die Freiwillige Gerichtsbarkeit v. 12.2.1975, GBl. 116 (BWGültV Sachgebiet 3150)
BWNotZ	Zeitschrift für das Notariat in Baden-Württemberg (Jahr, Seite)
bzgl.	bezüglich
bzw.	beziehungsweise
DAV	Der Amtsvormund (Jahr, Seite)
DB	Der Betrieb (Jahr, Seite)
Demharter	*Demharter,* Grundbuchordnung, 28. Aufl. 2012
ders.	derselbe
DGVZ	Deutsche Gerichtsvollzieher-Zeitung (Jahr, Seite)

Abkürzungen

dh	das heißt
Diss.	Dissertation
DJ	Deutsche Justiz (Jahr, Seite)
DJZ	Deutsche Juristen-Zeitung (Jahr, Seite)
DNotZ	Deutsche Notar-Zeitschrift (Jahr, Seite)
DÖD	Der öffentliche Dienst (Jahr, Seite)
DöKV	Deutsch-österreichischer Konkursvertrag v. 25.5.1979 (BGBl. 1985 II S. 410)
DöKVAG	Ausführungsgesetz zum deutsch-österreichischen Konkursvertrag v. 8.3.1985, BGBl. I S. 535)
DÖV	Die Öffentliche Verwaltung (Jahr, Seite)
DRiG	Deutsches Richtergesetz idF der Bek. v. 19.4.1972, BGBl. I S. 713, (FNA 301-1)
DRiZ	Deutsche Richterzeitung (Jahr, Seite)
DRpflZ	Deutsche Rechtspflegerzeitschrift (Jahr, Seite)
Drs.	Drucksache
DRV	Deutsche Rechtspflegervereinigung
DRZ	Deutsche Rechtszeitschrift (Jahr, Seite)
DSHER/*Bearbeiter*	*Dassler/Schiffhauer/Hintzen/Engels/Rellermeyer,* Zwangsversteigerungsgesetz, 14. Aufl. 2013
Dt.	Deutsche(r)
DtZ	Deutsch-Deutsche Rechts-Zeitschrift (Jahr, Seite)
DVBl.	Deutsches Verwaltungsblatt (Jahr, Seite)
DVO	Durchführungsverordnung
E	Entwurf
EBAO	Einforderungs- und Beitreibungsanordnung v. 1.8.2011, BAnz. Nr. 112a S. 1, 22
EDV	Elektronische Datenverarbeitung
EG	Einführungsgesetz oder Europäische Gemeinschaft
eG	eingetragene Genossenschaft
EGAktG	Einführungsgesetz zum Aktiengesetz v. 6.9.1965, BGBl. I S. 1185 (FNA 4121-2)
EGBGB	Einführungsgesetz zum BGB idF der Bek. v. 21.9.1994, BGBl. I S. 2494 (FNA 400-1)
EGGVG	Einführungsgesetz zum Gerichtsverfahrensgesetz v. 27.1.1877, RGBl. 77 (FNA 300-1)
EGHGB	Einführungsgesetz zum Handelsgesetzbuch v. 10.5.1897 (FNA 4101-1)
EGInsO	Einführungsgesetz zur Insolvenzordnung v. 5.10.1994, BGBl. I S. 2911 (FNA 311-14-1)
EGStGB	Einführungsgesetz zum StGB v. 2.3.1974, BGBl. I S. 1469 (FNA 450-16)
EheG	Ehegesetz v. 20.2.1946 (= KRG Nr. 16; AblKR S. 77), zul geändert durch Gesetz v. 24.6.1994, BGBl. I S. 1325
1. EheRG	Erstes Gesetz zur Reform des Ehe- und Familienrechts (1. EheRG) v. 14.6.1976, BGBl. I S. 1421 (FNA 404-19-1)
Eickmann/Böttcher	*Eickmann/Böttcher,* Zwangsversteigerungs- und Zwangsverwaltungsrecht, 3. Aufl. 2013
Einf.	Einführung
EinigungsV	Vertrag zwischen der BRD und der DDR über die Herstellung der Einheit Deutschlands (Einigungsvertrag) v. 31.8.1990, BGBl. II 889, mit Anlagen; Gesetz zum Vertrag v. 31.8.1990: 23.9.1990, BGBl. II 885, zul. geänd. durch Beschluss v. 12.5.1992, BGBl. I S. 1361

Abkürzungen

Einl.	Einleitung
einstw.	einstweilen, einstweilig(e)
EnSG	Energiesicherungsgesetz v. 20.12.1974, BGBl. I S. 3681
entspr.	entsprechend(e)
ErbbauRG	Gesetz über das Erbbaurecht v. 15.1.1919, RGBl. I 72, 112 (FNA 403-6)
Erl.	Erläuterung(en)
Erman/*Bearbeiter*	Erman. Handkommentar zum BGB, 13. Aufl. 2011
ErwSÜAG	Erwachsenenschutzübereinkommens-Ausführungsgesetz v. 17.3.2007, BGBl. I S. S. 314
ESG	Ernährungssicherstellungsgesetz v. 27.8.1990, BGBl. I S. 1802
EStG	Einkommensteuergesetz idF der Bek. v. 8.10.2009, BGBl. I S. 3366, ber. 3862
ESUG	Gesetz zur weiteren Erleichterung der Sanierung von Unternehmen, BGBl. I S. 2582
EuGVÜ	Übereinkommen über die gerichtliche Zuständigkeit und die Anerkennung und Vollstreckung von Entscheidungen in Zivil- und Handelssachen v. 21.12.2007, ABl. L 339, 3, ABl. L 147, 44
EV	Eidesstattliche Versicherung
eV	eingetragener Verein
Evang.	Evangelisch(es)
evtl.	eventuell
f. bzw. ff.	folgende Seite bzw. Seiten
FamFG	Gesetz über das Verfahren in Familiensachen und in den Angelegenheiten der freiwilligen Gerichtsbarkeit (FamFG) v. 17.12.2008, BGBl. I S. 2586 (FNA 315-24)
FamG	Familiengericht
FamNamRG	Gesetz zur Neuordnung des Familiennamensrechts (Famililennamensrechtsgesetz – FamNamRG) v. 16.12.1993, BGBl. I S. 2054 (FNA 400-10)
FamRÄndG	Gesetz zur Vereinheitlichung und Änderung familienrechtlicher Vorschriften (Familienrechtsänderungsgesetz) v. 11.8.1961, BGBl. I S. 1221 (FNA 400-4)
FamRZ	Zeitschrift für das gesamte Familienrecht (Jahr, Seite)
FG	freiwillige Gerichtsbarkeit oder Festgabe
FGG	Gesetz über die Angelegenheiten der freiwilligen Gerichtsbarkeit idF der Bek. v. 20.5.1898, RGBl. S. 771 (FNA 315-1), außer Kraft seit 1.9.2009; siehe nun: FamFG
FGG-RG	FGG-Reformgesetz v. 17.12.2008, BGBl. I S. 2586
FGO	Finanzgerichtsordnung idF der Bek. v. 28.3.2001, BGBl. I S. 1477 (FNA 350-1)
FGPrax	Praxis der Freiwilligen Gerichtsbarkeit
Firsching/Graf	*Firsching/Graf,* Nachlaßrecht, 9. Aufl. 2008
FKAG	Finanzkonglomerate-Aufsichtsgesetz v. 27.6.2013, BGBl. I S. 1862
fl.	formlos
FlurbG	Flurbereinigungsgesetz idF der Bek. v. 16.3.1976, BGBl. I S. 546 (FNA 7815-1)
Fn.	Fußnote
FPR	Familie, Partnerschaft, Recht
FS	Festschrift
G	Gesetz
Gaul/Schilken/Becker-Eberhard	*Gaul/Schilken/Becker-Eberhard,* Zwangsvollstreckungsrecht, 12. Aufl. 2010

Abkürzungen

GB	Grundbuch
GBA	Grundbuchamt
GBBerG	Grundbuchbereinigungsgesetz (GBBerG) v. 20.12.1993, BGBl. I S. 2192 (FNA 315-21-2)
GBl.	Gesetzblatt
GBlBW	Gesetzblatt für Baden-Württemberg
GBMaßnG	Gesetz über Maßnahmen auf dem Gebiete des Grundbuchwesens v. 20.12.1963, BGBl. I S. 986 (FNA 315-11-6)
GBO	Grundbuchordnung idF der Bek. v. 26.5.1994, BGBl. I S. 1114 (FNA 315-11)
GBV	Grundbuchverfügung idF der Bek. v. 24.1.1995, BGBl. I S. 114
GebrMG	Gebrauchsmustergesetz idF der Bek. v. 28.8.1986, BGBl. I S. 1455 (FNA 421-1)
gem.	gemäß
GenG	Gesetz betr die Erwerbs- und Wirtschaftsgenossenschaften (Genossenschaftsgesetz – GenG) idF der Bek. v. 16.10.2006, BGBl. I S. 2230 (FNA 4125-1)
GenRegV	Genossenschaftsregisterverordnung v. 22.1.1923, RGBl. S. 1123, idF der Bek. v. 16.10.2006, BGBl. I S. 2268
Gerold/Schmidt/ Bearbeiter	Gerold/Schmidt, Rechtsanwaltsvergütungsgesetz, 21. Aufl. 2013
GeschmMG	Gesetz betr das Urheberrecht an Mustern und Modellen (Geschmacksmustergesetz – GeschmMG) v. 12.3.2004, (BGBl. I S. 390 (FNA 442-5)
GeschStVO	Verordnung über die Geschäftsstellen der Gerichte und der Staatsanwaltschaften (Geschäftsstellenverordnung – GeschStV) v. 1.2.2005, GVBl. 40 (BayRS 300-1-1-2-J)
GG	Grundgesetz für die BRD v. 23.5.1949, BGBl. I S. 1 (FNA 100-1)
ggf.	gegebenenfalls
GKG	Gerichtskostengesetz (GKG) v. 5.5.2004, BGBl. I S. 718 (FNA 360-7)
GleichberG	Gesetz über die Gleichberechtigung von Mann und Frau auf dem Gebiet des bürgerlichen Rechts v. 18.6.1957, BGBl. I S. 609 (FNA 400-3)
2. GleichberG	Gesetz zur Gleichberechtigung von Frauen und Männern v. 24.6.1994, BGBl. I S. 1406
GmbH	Gesellschaft mit beschränkter Haftung
GmbHG	Gesetz betreffend die Gesellschaft mit beschränkter Haftung (GmbHG) idF der Bek. v. 20.5.1898, RGBl. S. 846 (FNA 4123-1)
GMBl.	Gemeinsames Ministerialblatt (Jahr, Seite)
GNotKG	Gesetz über Kosten der freiwilligen Gerichtsbarkeit für Gerichte und Notare (Gerichts- und Notarkostengesetz – GNotKG) v. 23.7.2013, BGBl. I S. 2586 (FNA 361-6)
GrdstVG	Gesetz über Maßnahmen zur Verbesserung der Agrarstruktur und zur Sicherung land- und forstwirtschaftlicher Betriebe (Grundstückverkehrsgesetz – GrdstVG) v. 28.7.1961, BGBl. I S. 1091, 1652, 2000 (FNA 7810-1)
GS	Gesetzessammlung
GVBl.	Gesetz- und Verordnungsblatt
GVG	Gerichtsverfassungsgesetz idF der Bek. v. 9.5.1975, BGBl. I S. 1077 (FNA 300-2)
GVGA	Geschäftsanweisung für Gerichtsvollzieher (bundeseinheitlich geregelt mWv 1.8.2012)
GVOBl.	s. GVBl.

Abkürzungen

GWB	Gesetz gegen Wettbewerbsbeschränkungen (Kartellgesetz) idF der Bek. v. 15.7.2005, BGBl. I S. 2114, ber. 2009 I S. 3850 (FNA 703-5)
Haarmeyer/Wutzke/ Förster InsVV	Insolvenzrechtliche Vergütung, 4. Aufl. 2007
Habscheid	Freiwillige Gerichtsbarkeit, 7. Aufl. 1983
HalblSchG	Gesetz über den Schutz der Topographien von mikroelektronischen Halbleitererzeugnissen (Halbleiterschutzgesetz – HalblSchG) v. 22.10.1987, BGBl. I S. 2294 (FNA 426-1)
HambJVBl.	Hamburgisches Justizverwaltungsblatt
Hartmann	*Hartmann*, Kostengesetze, 43. Aufl. 2013
Hartung/Schons/Enders	*Hartung/Schons/Enders*, RVG, 2. Aufl. 2013
HausratsVO	Hausratsverordnung v. 21.10.1944, RGBl. I S. 256 = 6. DVO zum EheG (FNA 404-3), außer Kraft seit 1.9.2009;
HGB	Handelsgesetzbuch v. 10.5.1897, RGBl. 219 (FNA 4100-1)
HintG	Hinterlegungsgesetze der Länder
HK-InsO/*Bearbeiter*	Heidelberger Kommentar zur InsO, 6. Aufl. 2011
hL	herrschende Lehre
hM	herrschende Meinung
Hmb.	Hamburg
HöfeO	Höfeordnung idF der Bek. v. 26.7.1976, BGBl. I S. 1933 (FNA 7811-6)
HöfeVfO	Verfahrensordnung für Höfesachen (HöfeVfO) v. 29.3.1976, BGBl. I S. 881, 885, ber 1977 I S. 288 (FNA 7811-6-1-2)
HR	Handelsregister
HRV	Verordnung über die Einrichtung und Führung des Handelsregisters (Handelsregisterverfügung – HRV) v. 12.8.1937, DJ 1251; RMBl S. 515 (FNA 315-20)
Hs.	Halbsatz
HZPÜ	Haager Zivilprozessübereinkommen v. 1.3.1954, BGBl. 1958 II S. 577
HZÜ	Haager Zustellungsübereinkommen v. 15.11.1965, BGBl. 1977 II S. 1453
idF	in der Fassung
idR	in der Regel
iE	im Ergebnis
iF	im Falle
insbes.	insbesonders/e
InsO	Insolvenzordnung v. 5.10.1994, BGBl. I S. 2866 (FNA 311-13)
InsVV	Insolvenzrechtliche Vergütungsverordnung v. 19.8.1998, BGBl. I S. 2205
IntFamRVG	Gesetz zur Aus- und Durchführung bestimmter Rechtsinstrumente auf dem Gebiet des internationalen Familienrechts (Internationales Familienrechtsverfahrensgesetz – IntFamRVG) v. 26.1.2005, BGBl. I S. 162 (FNA 319-109)
InvG	Investmentgesetz (InvG) v. 15.12.2003, BGBl. I S. 2676 (FNA 7612-2)
IPR	Internationales Privatrecht
IPRax	Zeitschrift Praxis des Internationalen Privat- und Verfahrensrechts
IRG	Gesetz über die internationale Rechtshilfe in Strafsachen v. 27.6.1994, BGBl. I S. 1537 (FNA 319-87)
iS	im Sinne
iSd	im Sinn des (der)
IStGHG	Gesetz über die Zusammenarbeit mit dem Internationalen Strafgerichtshof

Abkürzungen

iÜ	im Übrigen
iV	in Verbindung, in Vertretung
iVm	in Verbindung mit
iwS	im weiteren Sinn
JA	Juristische Arbeitsblätter((Jahr, Seite)
Jansen/*Bearbeiter*	*Jansen,* FGG. Gesetz über die Angelegenheiten der freiwilligen Gerichtsbarkeit, 3. Aufl. 2006
JBeitrO	Justizbeitreibungsordnung v. 11.3.1937, RGBl. I S. 298 (FNA 365-1)
JBl.	Justizblatt (Jahr, Seite)
JGG	Jugendgerichtsgesetz idF der Bek. v. 11.12.1974, BGBl. I S. 3427 (FNA 451-1)
Jhdt.	Jahrhundert
JM	Justizminister(ium)
JMBl.	Justizministerialblatt (Jahr, Seite)
JMBlNW	JMBl für Nordrhein-Westfalen
Johannsen/Henrich/ *Bearbeiter*	*Johannsen/Henrich,* Kommentar, Familienrecht, 5. Aufl. 2010
JR	Juristische Rundschau (Jahr, Seite)
1. JuMoG.	Erstes Justizmodernisierungsgesetz v. 24.8.2004, BGBl. I S. 2198
JurBüro	Juristisches Büro (Jahr, Seite)
Jürgens/*Bearbeiter*	*Jürgens,* Betreuungsrecht, 4. Aufl. 2010
JuS	Juristische Schulung (Jahr, Seite)
Justiz	Die Justiz, Amtsblatt des JM Baden-Württemberg (Jahr, Seite)
JVBl.	Justizverwaltungsblatt (Jahr, Seite)
JVEG	Gesetz über die Vergütung von Sachverständigen, Dolmetscherinnen, Dolmetschern, Übersetzerinnen und Übersetzern sowie die Entschädigung von ehrenamtlichen Richterinnen, ehrenamtlichen Richtern, Zeuginnen, Zeugen und Dritten (Justizvergütungs- und -entschädigungsgesetz – JVEG) v. 5.5.2004, BGBl. I S. 718, 776 (FNA 367-3)
JW	Juristische Wochenschrift (Jahr, Seite)
JWG	Gesetz für Jugendwohlfahrt (aufgehoben durch KJHG)
JZ	Juristenzeitung (Jahr, Seite)
KaG	Kommanditgesellschaft auf Aktien
Kap.	Kapitel
Karsten Schmidt/ *Bearbeiter*	*Karsten Schmidt,* Insolvenzordnung (InsO), 18. Aufl. 2013
KastrG	Gesetz über Kastration und andere Behandlungsmethoden v. 15.8.1969, BGBl. I S. 1143 (FNA 453-16)
Keidel	*Keidel,* Beurkundungsgesetz (Teil B), 12. Aufl. 1986, nun: *Winkler,* siehe dort
Keidel/*Bearbeiter*	*Keidel,* FamFG, 18. Aufl. 2011
KFB	Kostenfestsetzungsbeschluss
KG	Kammergericht oder Kommanditgesellschaft
KGaA	Kommanditgesellschaft auf Aktien
Kilger/Schmidt	*Kilger/Schmidt,* Konkursordnung, 16. Aufl. 1993, nun: *Karsten Schmidt,* siehe dort
KindRG	Kindschaftsrechtsreformgesetz v. 16.12.1997, BGBl. I S. 2942, ber. S. 946
Kissel/Mayer	*Kissel/Mayer,* Gerichtsverfassungsgesetz, Kommentar, 7. Aufl. 2013
KJHG	Gesetz zur Neuordnung des Kinder- und Jugendhilferechts (Kinder- und Jugendhilfegesetz – KJHG) idF der Bek. v. 26.6.1990, BGBl. I S. 1163 (FNA 860-8-1)

Abkürzungen

KK-StPO/*Bearbeiter*	Karlsruher Kommentar zur Strafprozessordnung, 6. Aufl. 2008
Kleinknecht/Meyer-Goßner	*Kleinknecht/Meyer-Goßner,* Strafprozeßordnung, Kommentar, 42. Aufl. 1995, nun: *Meyer-Goßner,* siehe dort
KMR/*Bearbeiter*	Kommentar zur Strafprozessordnung, herausgegeben von von Heintschel-Heinegg/Stöckl, Loseblatt, Stand: Februar 2013
KO	Konkursordnung idF der Bek. v. 20.5.1898, RGBl. 369, 612 (FNA 311-4), außer Kraft seit 1.1.1999; siehe nun: InsO
KölnerKomm/*Bearbeiter*	Kölner Kommentar zum Aktiengesetz, 2. Aufl. 1986
KonsG	Gesetz über die Konsularbeamten, ihre Aufgaben und Befugnisse (Konsulargesetz) v. 11.9.1974, BGBl. I S. 2317 (FNA 27-5)
Korintenberg/*Bearbeiter*	*Korintenberg,* Kommentar zur Kostenordnung, 18. Aufl. 2010
KostO	Gesetz über die Kosten in Angelegenheiten der freiwilligen Gerichtsbarkeit (Kostenordnung) idF der Bek. v. 26.7.1957, BGBl. I S. 960 (FNA 361-1), außer Kraft seit 1.8.2013, siehe nun: GNotKG
KostRÄndG 1994	Gesetz zur Änderung von Kostengesetzen und anderen Gesetzen (Kostenrechtsänderungsgesetz 1994) v. 24.6.1994, BGBl. I S. 1325
KostVfg	Kostenverfügung idF der Bek. v. 26.8.2009, BAnz. 3245
Krafka/Kühn	*Krafka/Kühn,* Registerrecht, 9. Aufl. 2013
Krähe	*Krähe,* Handbuch des Vereins- und Verbandsrechts, 13. Aufl. 2013
KTS	Konkurs-, Treuhand- und Schiedsgerichtswesen (Jahr, Seite)
Kübler/Prütting/Bork	*Kübler/Prütting/Bork,* Kommentar zur InsO, Loseblatt 2013
KV	Kostenverzeichnis (Anlage 1 zum GKG)
KWG	Gesetz über das Kreditwesen (Kreditwesengesetz – KWG) idF der Bek. v. 9.9.1998, BGBl. I S. 2776 (FNA 7610-1)
LArbG	Landesarbeitsgericht
LBG	Gesetz über die Landbeschaffung für Aufgaben der Verteidigung (Landbeschaffungsgesetz) v. 23.2.1957, BGBl. I S. 134 (FNA 54-3)
LbV	Laufbahnverordnung
LFGG	Landesgesetz in Baden-Württemberg über Angelegenheiten der freiwilligen Gerichtsbarkeit v. 12.2.1975, GBl S. 116, zul. geändert durch Gesetz v. 29.7.2010, GBl. S. 555
LG	Landgericht
lit.	litera (Buchstabe)
LöschG	Gesetz über die Auflösung und Löschung von Gesellschaften und Genossenschaften v. 9.10.1934, RGBl. I S. 914, zul geändert durch Gesetz v. 5.10.1994, BGBl. I S. 2911
LPartG	Lebenspartnerschaftsgesetz v. 16.2.2001, BGBl. I S. 266
LuftRG	Gesetz über Rechte an Luftfahrzeugen v. 26.2.1959, BGBl. I S. 57, 223 (FNA 4003-9)
LuftVG	Luftverkehrsgesetz idF der Bek. v. 10.5.2007, BGBl. I S. 698 (FNA 96-1)
Lutter/Hommelhoff/*Bearbeiter*	*Lutter/Hommelhoff,* GmbH-Gesetz, 18. Aufl. 2012
LVO	Landesverordnung
LwVfG	Gesetz über das gerichtliche Verfahren in Landwirtschaftssachen v. 21.7.1953, BGBl. I S. 667 (FNA 317-1)
mAnm.	mit Anmerkung
MarkenG	Gesetz über den Schutz von Marken und sonstigen Kennzeichen (Markengesetz – MarkenG) v. 25.10.1994, BGBl. I S. 3082, ber. 1995 I 156 (FNA 423-5-2)

Abkürzungen

Maurer	*Maurer,* Allgemeines Verwaltungsrecht. 18. Aufl. 2011
maW	mit anderen Worten
MB	Mahnbescheid
MBl.	Ministerialblatt
mdB	mit der Bitte
MDR	Monatsschrift für Deutsches Recht (Jahr, Seite)
mE	meines Erachtens
Meikel/*Bearbeiter*	*Meikel,* Grundbuchrecht, 10. Aufl. 2008
Meyer-Goßner/*Bearbeiter*	*Meyer-Goßner,* Strafprozessordnung, StPO, 56. Aufl. 2013
MitbestErgG	Gesetz zur Ergänzung des Gesetzes über die Mitbestimmung der Arbeitnehmer in den Aufsichtsräten und Vorständen der Unternehmen des Bergbaus und der Eisen und Stahl erzeugenden Industrie v. 7.8.1956, BGBl. I S. 707 (FNA 801-3)
MitbestG	Gesetz über die Mitbestimmung der Arbeitnehmer (Mitbestimmungsgesetz – MitbestG) v. 4.5.1976, BGBl. I S. 1153 (FNA 801-8)
MittBayNot.	Mitteilungen des Bayerischen Notarvereins, der Notarkasse und der Landesnotarkammer Bayern (Jahr, Seite)
MittRhNot.	Mitteilungen der Rheinischen Notarkammer (Jahr, Seite)
MontanMitbestG	Gesetz über die Mitbestimmung der Arbeitnehmer bei den Aufsichtsräten und Vorständen der Unternehmen des Bergbaus und der Eisen und Stahl erzeugenden Industrie v. 21.5.1951, BGBl. I S. 347 (FNA 801-2)
MSBKB	*Maunz/Schmidt-Bleibtreu/Klein/Bethge,* Bundesverfassungsgerichtsgesetz, Stand: Februar 2013
MüKoBGB/*Bearbeiter*	Münchner Kommentar zum BGB, 5. Aufl. 2010ff., 6. Aufl. 2012ff.
MüKoFamFG/*Bearbeiter*	Münchner Kommentar zum FamFG, 2. Aufl. 2013
MüKoInsO/*Bearbeiter*	Münchner Kommentar zur InsO, 3. Aufl. 2013
MüKoZPO/*Bearbeiter*	Münchner Kommentar zur ZPO, 3 Bände, 4. Aufl. 2012f.
Musielak/*Bearbeiter*	*Musielak,* Zivilprozessordnung, 10. Aufl. 2013
mwN	mit weiteren Nachweisen
mWv	mit Wirkung vom
NachlG	Nachlassgericht
Nachw.	Nachweise(n)
NamÄndG	Namensänderungsgesetz v. 5.1.1938, RGBl. I 59 (FNA 401-1)
Nds.	Niedersachsen, Niedersächsisch(es)
NdsGVBl.	Niedersächsisches Gesetz- und Verordnungsblatt
NdsRpfl.	Niedersächsische Rechtspflege, JMBl für Niedersachsen
NEhelG	Gesetz über die Rechtsstellung nichtehelicher Kinder v. 19.8.1969, BGBl. I S. 1243 (FNA 404-18)
nF	neue Fassung
NJ	Neue Justiz (Jahr, Seite)
NJW	Neue Juristische Wochenschrift (Jahr, Seite)
NJW-RR	Neue Juristische Wochenschrift-Rechtsprechungs-Report (Jahr, Seite)
Nr.	Nummer
NStZ	Neue Zeitschrift für Strafrecht (Jahr, Seite)
NW	Nordrhein-Westfalen
NZA	Neue Zeitschrift für Arbeitsrecht (Jahr, Seite)
NZG	Neue Zeitschrift für Gesellschaftsrecht (Jahr, Seite)
NZI	Neue Zeitschrift für Insolvenzrecht (Jahr, Seite)
o	oben

Abkürzungen

o. ä.	oder ähnlich
og	oben genannte(n)
OHG	Offene Handelsgesellschaft
OLG	Oberlandesgericht
OLGZ	Entscheidungen der Oberlandesgerichte in Zivilsachen (Band und Seite)
OrgStA	Anordnung über die Organisation der Staatsanwaltschaften v. 5.9.1995, AmtsBl. M-V 1060
OVG	Oberverwaltungsgericht
OWiG	Ordnungswidrigkeitengesetz (OWiG) idF der Bek. v. 19.2.1987, BGBl. I S. 602 (FNA 454-1)
PachtkrG	Pachtkreditgesetz idF der Bek. v. 5.8.1951, BGBl. I S. 494 (FNA 7813-1)
Palandt/*Bearbeiter*	*Palandt*, BGB, 72. Aufl. 2013
PartGG	Gesetz über Partnerschaftsgesellschaften Angehöriger Freier Berufe (Partnerschaftsgesellschaftsgesetz – PartGG) v. 25.7.1994, BGBl. I S. 1744 (FNA 4127-1)
PatG	Patentgesetz idF der Bek. v. 16.12.1980, BGBl. 1981 I S. 1 (FNA 420-1)
PfandBG	Pfandbriefgesetz (PfandBG) v. 22.5.2005, BGBl. I S. 1373 (FNA 7628-8)
PKH	Prozeßkostenhilfe
PKHÄndG	Gesetz zur Änderung von Vorschriften über die Prozeßkostenhilfe v. 10.10.1994, BGBl. I S. 2954
PKHG	Gesetz über die Prozeßkostenhilfe v. 13.6.1980, BGBl. I S. 677
Pöhlmann/Fandrich/ Bloehs	*Pöhlmann/Fandrich/Bloehs,* GenG, 3. Aufl. 2007
Pohlmann/Jabel/Wolf	*Pohlmann/Jabel/Wolf,* Strafvollstreckungsordnung, 7. Aufl. 2001
Pr.	Preußisch(e), preußisch(e)
PrAV 1910	Preußische Allgemeine Verfügung v. 9.11.1910, PreußJMBl. S. 393
PREntlV	Preußische Entlastungsverfügung
PrFGG	Preußisches Gesetz über die Freiwillige Gerichtsbarkeit v. 21.9.1988 (PrGS 249)
PrJM	Preußisches Justizministerium(s)
PrJMBl.	Preußisches Justizministerialblatt für die Preußische Gesetzgebung und Rechtspflege
PRV	Partnerschaftsregisterverordnung v. 16.6.1995, BGBl. I S. 800
PStG	Personenstandsgesetz (PStG) idF der Bek. v. 19.2.2007, BGBl. I S. 122 (FNA 211-9)
PsychKG	Gesetz über Hilfen und Schutzmaßnahmen bei psychischen Krankheiten v. 17.12.1999, GV NW 662 (SGV NRW 2128)
PublizitätsG	Gesetz über die Rechnungslegung von bestimmten Unternehmen und Konzernen (Publizitätsgesetz – PublG) v. 15.8.1969, BGBl. I S. 1189, ber. 1970 I 1113 (FNA 4120-7)
RBehelfsbelehrungG	Gesetz zur Einführung einer Rechtsbehelfsbelehrung im Zivilprozess und zur Änderung anderer Vorschriften v. 5.12.2012, BGBl. I S. 2418
RBerG	Rechtsberatungsgesetz v. 13.12.1935, RGBl. I 1478 (FNA 303-12), außer Kraft seit 1.7.2008; siehe nun: RDG
RdErl.	RundErlass
RDG	Gesetz über außergerichtliche Rechtsdienstleistungen (Rechtsdienstleistungsgesetz – RDG) v. 12.12.2007, BGBl. I S. 2840 (FNA 303-20)
RegBl.	Regierungsblatt
RegE	Regierungsentwurf

Abkürzungen

Reichel	Reichel, Die Stellung des Rechtspflegers in der Gerichtsorganisation, 1951
Reichert/Dannecker/ Kühr	Reichert/Dannecker/Kühr, Handbuch des Vereins- und Verbandsrechts, 4. Aufl. 1987, nun: *Krähe,* siehe dort
RelKErzG	Gesetz über die religiöse Kindererziehung v. 15.7.1921, RGBl. 939 (FNA 404-9)
REntlG	Gesetz zur Entlastung der Gerichte v. 11.3.1921 (RGBl S. 229, – Reichsentlastungsgesetz)
REntlV	Reichsentlastungsverfügung v. 3.7.1943 (DJ S. 339)
RettungsG	Rettungsübernahmegesetz v. 7.4.2009, BGBl. I S. 725
RFGG	Reichsgesetz über die Angelegenheiten der freiwilligen Gerichtsbarkeit
RG	Reichsgericht (mit Ziffern: amtliche Sammlung in Zivilsachen, Band und Seite)
RGBl. I	Reichsgesetzblatt (Jahr, Teil und Seite), Teil I 1922–1945
RGBl.	Reichsgesetzblatt (Jahr, Teil und Seite), 1871–1921
RHeimstG	Reichsheimstättengesetz v. 25.11.1937, RGBl. I S. 1291, m. AVO-RHeimstG v. 19.7.1940, RGBl. I 1027, aufgehoben
RJM	Reichsjustizministerium
RL	Richtlinien
RMBl.	Reichsministerialblatt
Rn.	Randnummer
Rosenberg/Gaul/ Schilken	Rosenberg/Gaul/Schilken, Zwangsvollstreckungsrecht, 10. Aufl. 1987, nun: *Gaul/Schilken/Becker-Eberhard,* siehe dort
Rosenberg/Schwab/ Gottwald	Rosenberg/Schwab/Gottwald, Zivilprozessrecht, 17. Aufl. 2010
Röttle/Wagner	Röttle/Wagner, Strafvollstreckung, 8. Aufl. 2009
Rpfl.	Rechtspfleger
1. RpflÄndG	Gesetz zur Änderung des RpflG, des BeurkG und zur Umwandlung des Offenbarungseides in eine eidesstattliche Versicherung v. 27.6.1970, BGBl. I S. 911
2. RpflÄndG	Zweites Gesetz zur Änderung des RpflG v. 18.8.1976, BGBl. I S. 2186
3. RpflÄndG	Drittes Gesetz zur Änderung des Rechtspflegergesetzes und anderer Gesetze v. 6.8.1998, BGBl. I S. 2030
RpflAnpG	Rechtspflege-Anpassungsgesetz v. 26.6.1992, BGBl. I S. 1147 (FNA 105-11), außer Krfat seit 25.4.2006
RpflAufgÜG	Rechtspflegeraufgaben-Übertragungsgesetz v. 16.6.2002, BGBl. I S. 1810
RpflBl.	Rechtspflegerblatt (Jahr, Seite)
Rpfleger	Der Deutsche Rechtspfleger (Jahr, Seite)
RPflG 1969	Rechtspflegergesetz v. 5.11.1969, BGBl. I S. 2065, zul. geänd. durch G v. 28.10.1994, BGBl. I S. 3210
RPflG 1969/70	Rechtspflegergesetz 1969 idF des 1. RPflÄndG
RPflG 1970	Rechtspflegergesetz 1969 idF des 1. RPflÄndG
RPflG	Rechtspflegergesetz idF der Bek. v. 14.4.2013, BGBl. I S. S. 778 (FNA 302-2) und der Berichtigung v. 18.10.2013, BGBl. 2014 I S. 46
RpflJB	Rechtspfleger-Jahrbuch
RpflStud.	Rechtspfleger Studienhefte (Jahr, Seite)
RpflVereinfG	Rechtspflege-Vereinfachungsgesetz v. 17.12.1990, BGBl. I S. 2847
RPlfG 1957	Gesetz über Maßnahmen auf dem Gebiete der Gerichtsverfassung und des Verfahrensrechts v. 8.2.1957, BGBl. I S. 18

Abkürzungen

RS	Rechtssammlung
Rspr.	Rechtsprechung (iSv Spruchkörper)
RVG	Gesetz über die Vergütung der Rechtsanwältinnen und Rechtsanwälte (Rechtsanwaltsvergütungsgesetz – RVG) v. 5.5.2004, BGBl. I S. 718, 788 (FNA 368-3)
RVO	Rechtsverordnung
S.	Satz oder Seite
s.	siehe
SachenRÄndG	Gesetz zur Änderung sachenrechtlicher Bestimmungen (Sachenrechtsänderungsgesetz – SachenRÄndG) v. 21.9.1994, BGBl. I S. 2457
SachenRBerG	Gesetz zur Sachenrechtsbereinigung im Beitrittsgebiet (Sachenrechtsbereinigungsgesetz – SachenRBerG) v. 21.9.1994, BGBl. I S. 2457 (FNA 403-23-2)
SCEAG	Gesetz zur Ausführung der VO (EG) Nr. 1435/2003, BGBl. I S. 1911
SchBG	Gesetz über die Beschränkung von Grundeigentum für die militärische Verteidigung (Schutzbereichsgesetz) v. 7.12.1956, BGBl. I S. 899 (FNA 54-2)
SchiffRG	Gesetz über Rechte an eingetragenen Schiffen und Schiffsbauwerken (Schiffsrechtsgesetz) v. 15.11.1940, RGBl. I S. 1499 (FNA 403-4)
SchlH	Schleswig-Holstein (schleswig-holsteinisch)
SchlHA	Schleswig-Holsteinische Anzeigen (Jahr, Seite)
Schmidt-Räntsch	*Schmidt-Räntsch*, Deutsches Richtergesetz, 6. Aufl. 2009
Schneider/Wolf	*Schneider/Wolf*, AnwaltKommentar RVG, 6. Aufl. 2013
Scholz/*Bearbeiter*	*Scholz*, GmbH-Gesetz, 3 Bände, 10. Aufl. 2010
Schöner/Stöber/*Bearbeiter*	*Schöner/Stöber*, Grundbuchrecht, 15. Aufl. 2012
Schönke/Schröder/*Bearbeiter*	*Schönke/Schröder*, Strafgesetzbuch, 28. Aufl. 2010
SchRegDV	Verordnung zur Durchführung der Schiffsregisterordnung (SchRegDV) v. 20.11.1994, BGBl. I S. 3631 (FNA 315-18-1)
SchRegO	Schiffsregisterordnung idF der Bek. v. 26.5.1994, BGBl. I S. 1133 (FNA 315-18)
SchuFV	Verordnung über die Führung des Schuldnerverzeichnisses (Schuldnerverzeichnisführungsverordnung – SchuFV) v. 26.7.2012, BGBl. I S. 1654 (FNA 310-4-13)
Schulte-Bunert/Weinreich/*Bearbeiter*	*Schulte-Bunert/Weinreich*, FamFG Kommentar, 3. Aufl. 2012
SchVG	Schuldverschreibungsgesetz v. 31.7.2009, BGBl. I S. 2512
SGB	Sozialgesetzbuch Allgemeiner Teil, mit römischer Ziffer das betreffende Buch
SGG	Sozialgerichtsgesetz idF der Bek. v. 23.9.1975, BGBl. I S. 2535 (FNA 2535)
sog.	sogenannte(r) (s)
SorgeRG	Gesetz zur Neuregelung des Rechts der elterlichen Sorge v. 18.7.1979, BGBl. I S. 1061
SorgeRÜbk	Europäisches Übereinkommen über die Anerkennung und Vollstreckung von Entscheidungen über das Sorgerecht für Kinder und die Wiederherstellung des Sorgeverhältnisses v. 20.5.1980, BGBl. 1990 II S. 206, 220
SorgeRÜbkAG	Gesetz zur Ausführung von Sorgerechtsübereinkommen und zur Änderung des Gesetzes über die Angelegenheiten der freiwilligen Gerichtsbarkeit sowie anderer Gesetze v. 5.4.1990, BGBl. I S. 701
Sp.	Spalte

Abkürzungen

StA	Staatsanwaltschaft
StAG	Staatsangehörigkeitsgesetz v. 22.7.1913, RGBl. I S. 583
StAnz.	Staatsanzeiger
Staudinger/*Bearbeiter*	*Staudinger,* Kommentar zum BGB, Jahr der Bearbeitung
Std.	Stand
Stein/Jonas/*Bearbeiter*	Kommentar zur ZPO, 22. Aufl. 2004
StGB	Strafgesetzbuch idF der Bek. v. 13.11.1998, BGBl. I S. 3322 (FNA 450-2)
StMJ	Staatsminister(ium) der Justiz
Stöber Forderungspfändung	*Stöber,* Forderungspfändung, 15. Aufl. 2010
Stöber ZVG	*Stöber,* Zwangsversteigerungsgesetz (ZVG), 20. Aufl. 2012
StPO	Strafprozeßordnung idF der Bek. v. 7.4.1987, BGBl. I S. 1074, ber. S. 1319 (FNA 312-2)
str.	streitig(en)
StrEG	Gesetz über die Entschädigung für Strafverfolgungsmaßnahmen v. 8.3.1971, BGBl. I S. 157 (FNA 313-4)
StV	Strafverteidiger (Jahr, Seite)
StVollstrO	Strafvollstreckungsordnung (StVollstrO) v. 1.8.2011 (BAnz. 112a, 1, bundeseinheitlich)
StVollzG	Strafvollzugsgesetz v. 16.3.1976, BGBl. I S. 581, ber. 2088, 1977 I 1436 (FNA 312-9-1)
SVertO	Schiffahrtsrechtliche Verteilungsordnung v. 25.7.1986, BGBl. I S. 1130, idF der Bek. v. 23.3.1999, BGBl. I S. 530, ber. BGBl. I 2000, S. 149
teilw.	teilweise
Thomas/Putzo/*Bearbeiter*	*Thomas/Putzo,* Zivilprozessordnung, 34. Aufl. 2013
TSG	Gesetz über die Änderung der Vornamen und die Feststellung der Geschlechtszugehörigkeit in besonderen Fällen (Transsexuellengeset – TSG) v. 10.9.1980, BGBl. I S. 1654 (FNA 211-6)
U. m. A.	Urschriftlich mit Akt
uÄ	und Ähnlich(e/s)
ua	unter anderem
UÄndG	Gesetz zur Änderung unterhaltsrechtlicher, verfahrensrechtlicher und anderer Vorschriften v. 20.2.1986, BGBl. I S. 301
Übers.	Übersicht
UdG	Urkundsbeamte(r) der Geschäftsstelle
Uhlenbruck/Delhaes	*Uhlenbruck/Delhaes,* Konkurs und Vergleich, 5. Aufl. 1990, nun: *Frege/ Keller/Riedel,* Insolvenzrecht, 7. Aufl. 2008
Ule	*Ule,* Der Rechtspfleger und sein Richter, 1983
umf.	umfassend(e, en)
umstr.	umstritten
UmwG	Umwandlungsgesetz v. 28.10.1994, BGBl. I S. 3210 (FNA 4120-9-2)
unstr.	unstreitig(en)
unzutr.	unzutreffend(e)
Urt.	Urteil
usw	und so weiter
uU	unter Umständen
uvm	und viele(s) mehr
v.	von(m)
VAG	Versicherungsaufsichtsgesetz idF der Bek. v. 17.12.1992, BGBl. 1993 I S. 2 (FNA 7631-1)

Abkürzungen

vAw	von Amts wegen
VBVG	Vormünder- und Betreuervergütungsgesetz v. 21.4.2005, BGBl. I S. 1073
VereinfG	Gesetz zur Vereinfachung und Beschleunigung gerichtlicher Verfahren (Vereinfachungsnovelle) v. 3.12.1976, BGBl. I S. 3281
VereinG	Gesetz über die Vereinigung v. 21.2.1990 (DDR, GBl. I S. 75)
VereinsG	Gesetz zur Regelung des öffentlichen Vereinsrechts (Vereinsgesetz) v. 5.8.1964, BGBl. I S. 593 (FNA 2180-1)
VerglO	Vergleichsordnung v. 26.2.1935 (RGBl. I 321 (FNA 311-1), außer Kraft seit 1.1.1999, siehe nun: InsO
VerkLG	Verkehrsleistungsgesetz v. 23.7.2004, BGBl. I S. 1865
VermG	Gesetz zur Regelung offener Vermögensfragen idF der Bek. v. 9.2.2005, BGBl. I S. 205
VersAusglG	Gesetz über den Versorgungsausgleich (Versorgungsausgleichsgesetz – VersAusglG) v. 3. April 2009, BGBl. I S. 700 (FNA 404-31)
VerschÄndG	Gesetz zur Änderung von Vorschriften des Verschollenheitsrechts v. 15.1.1951, BGBl. I S. 59
VerschG	Verschollenheitsgesetz idF der Bek v. 15.1.1951, BGBl. I S. 63 (FNA 401-6)
VersR	Versicherungsrecht (Jahr, Seite)
VerwArch	Verwaltungsarchiv (Jahr, Seite)
VerwFHG	Hess. Gesetz über die Fachhochschulausbildung für Verwaltung und Rechtspflege (Verwaltungsfachhochschulgesetz – VerwFHG) v. 12.6.1979, GVBl. I 95 (GVBl. II 70-92)
VerwG	Verwaltungsgericht
Vfg.	Verfügung
VGH	Verwaltungsgerichtshof
vgl.	vergleiche
Viehmann	*Viehmann*, Einigungsvertrag – Justiz und Rechtspflege, 1990
VKH	Verfahrenskostenhilfe
VO	Verordnung
VolljkG	Gesetz zur Neuregelung des Volljährigkeitsalters v. 31.7.1974, BGBl. I S. 1713
von Münch/Kunig/ Bearbeiter	*von Münch/Kunig* Grundgesetz, 2 Bände, 6. Aufl. 2012
Vorbem.	Vorbemerkung
VormG	Vormundschaftsgericht
VRS	Verkehrsrechtliche Sammlung (Jahr, Seite)
VRV	Vereinsregisterverordnung v. 10.2.1999, BGBl. I 1999 S. 147 (FNA 315-22)
VVaG	Versicherungsverein auf Gegenseitigkeit
VVG	Gesetz über den Versicherungsvertrag (versicherungsvertragsgesetz – VVG) v. 23.11.2007, BGBl. I S. 2631 (FNA 7632-6)
VwGO	Verwaltungsgerichtsordnung in der Bek v. 19.3.1991, BGBl. I S. 686 (FNA 340-1)
VwVfG	Verwaltungsverfahrensgesetz idF der Bek. v. 23.1.2003, BGBl. I S. 102 (FNA 201-6)
VwZG	Verwaltungszustellungsgesetz (VwZG) v. 12.8.2005, BGBl. I S. 2354 (FNA 201-9)
WBSK/*Bearbeiter*	*Wolf/Bachof/Stober/Kluth*, Verwaltungsrecht, in 2 Bänden, Band I, 13. Aufl. 12. Aufl. 2007, Band II, 7. Aufl. 2010
WDO	Wehrdisziplinarordnung (WDO) v. 16.8.2001, BGBl. I S. 2093 (FNA 52-5)

Abkürzungen

WEG	Gesetz über das Wohnungseigentum und das Dauerwohnrecht (Wohnungseigentumsgesetz) v. 15.3.1951, BGBl. I S. 175, ber. S. 209 (FNA 403-1)
Wetterich/Hamann	*Wetterich/Hamann*, Strafvollstreckung, 5. Aufl. 1994, nun: *Röttle/Wagner*, siehe dort
Wieczorek/Schütze/ Bearbeiter	*Wieczorek/Schütze*, Kommentar zur Zivilprozessordnung, 1995
Winkler	*Winkler*, Beurkundungsrecht, 17. Aufl. 2013
WiSG	Wirtschaftssicherstellungsgesetz v. 3.10.1968, BGBl. I S. 1069
WRV	Verfassung des Deutschen Reichs (Weimarer Reichsverfassung – WRV) v. 11.8.1919, RGBl. S. 1383)
ZAG	Zahlungsdiensteaufsichtsgesetz v. 25.6.2009, BGBl. I S. 1506
ZAPO	Zulassungs-, Ausbildungs- und Prüfungsordnung
zB	zum Beispiel
ZDG	Zivildienstgesetz idF der Bek. v. 17.5.2005, BGBl. I S. 1346, ber. 2301
Zeller/Stöber	*Zeller/Stöber*, Zwangsversteigerungsgesetz, 14. Aufl. 1993, nun *Stöber*, siehe dort
ZEV	Zeitschrift für Erbrecht und Vermögensnachfolge (Jahr, Seite)
ZFE	Zeitschrift für Familien- und Erbrecht
ZGB	Zivilgesetzbuch der DDR v. 19.6.1975, GBl. I S. 465, zul. geänd. durch G v. 22.7.1990, GBl. S. 903
ZInsO	Zeitschrift für das gesamte Insolvenzrecht
ZIP	Zeitschrift für Wirtschaftsrecht (Jahr, Seite)
ZNotP	Zeitschrift für die Notarpraxis
Zöller/*Bearbeiter*	Zivilprozessordnung, 29. Aufl. 2013
ZPO	Zivilprozessordnung idF der Bek. v. 5.12.2005, BGBl. I S. 3202, ber. 2006 I S. 431, 2007 I S. 1781 (FNA 310-4)
ZRHO	Rechtshilfeordnung für Zivilsachen v. 19.10.1956 idF v. 15.3.2012
ZRP	Zeitschrift für Rechtspolitik (Jahr, Seite)
ZS	Zivilsenat
ZSEG	Gesetz über die Entschädigung von Zeugen und Sachverständigen idF der Bek. v. 1.10.1969, BGBl. I S. 1756 (FNA 367-1), außer Kraft seit 1.7.2004, siehe nun: JVEG
ZStrW	Zeitschrift für die gesamte Strafrechtswissenschaft (Jahr, Seite)
zT	zum Teil
zul.	zuletzt
zust.	zustimmend
ZVG	Gesetz über die Zwangsversteigerung und die Zwangsverwaltung v. 20.5.1898, RGBl. S. 97 (FNA 310-4)
ZVOBl.	Zentralverordnungsblatt, Dt Justizverwaltung der sowjetischen Zone in Deutschland (1947–1949; dann: GBl. der DDR)
ZZP	Zeitschrift für Zivilprozess (Band und Seite)
zzt.	zurzeit

Rechtspflegergesetz (RPflG)

in der Fassung der Bekanntmachung vom 14.4.2013,
BGBl. I S. 778, ber. I 2014 S. 46

Zuletzt geändert durch Gesetz vom 10.10.2013, BGBl. I S. 3799

(FNA 302-2)

Inhaltsübersicht

Erster Abschnitt. Aufgaben und Stellung des Rechtspflegers
§ 1 Allgemeine Stellung des Rechtspflegers
§ 2 Voraussetzungen für die Tätigkeit als Rechtspfleger
§ 3 Übertragene Geschäfte
§ 4 Umfang der Übertragung
§ 5 Vorlage an den Richter
§ 6 Bearbeitung übertragener Sachen durch den Richter
§ 7 Bestimmung des zuständigen Organs der Rechtspflege
§ 8 Gültigkeit von Geschäften
§ 9 Weisungsfreiheit des Rechtspflegers
§ 10 Ausschließung und Ablehnung des Rechtspflegers
§ 11 Rechtsbehelfe
§ 12 Bezeichnung des Rechtspflegers
§ 13 Ausschluss des Anwaltszwangs

Zweiter Abschnitt. Dem Richter vorbehaltene Geschäfte in Familiensachen und auf dem Gebiet der freiwilligen Gerichtsbarkeit sowie in Insolvenzverfahren und schifffahrtsrechtlichen Verteilungsverfahren
§ 14 Kindschafts- und Adoptionssachen
§ 15 Betreuungssachen und betreuungsgerichtliche Zuweisungssachen
§ 16 Nachlass- und Teilungssachen
§ 17 Registersachen und unternehmensrechtliche Verfahren
§ 18 Insolvenzverfahren
§ 19 Aufhebung von Richtervorbehalten
§ 19a Verfahren nach dem internationalen Insolvenzrecht
§ 19b Schifffahrtsrechtliches Verteilungsverfahren

Dritter Abschnitt. Dem Rechtspfleger nach § 3 Nummer 3 übertragene Geschäfte
§ 20 Bürgerliche Rechtsstreitigkeiten
§ 21 Festsetzungsverfahren
§ 22 Gerichtliche Geschäfte in Straf- und Bußgeldverfahren
§ 23 Verfahren vor dem Patentgericht
§ 24 Aufnahme von Erklärungen
§ 24a Beratungshilfe
§ 24b Amtshilfe
§ 25 Sonstige Geschäfte auf dem Gebiet der Familiensachen
§ 25a Verfahrenskostenhilfe

Vierter Abschnitt. Sonstige Vorschriften auf dem Gebiet der Gerichtsverfassung
§ 26 Verhältnis des Rechtspflegers zum Urkundsbeamten der Geschäftsstelle

§ 27 Pflicht zur Wahrnehmung sonstiger Dienstgeschäfte
§ 28 Zuständiger Richter

Fünfter Abschnitt. Dem Rechtspfleger übertragene Geschäfte in anderen Bereichen
§ 29 Geschäfte im internationalen Rechtsverkehr
§ 30 *(weggefallen)*
§ 31 Geschäfte der Staatsanwaltschaft im Strafverfahren und Vollstreckung in Straf- und Bußgeldsachen sowie von Ordnungs- und Zwangsmitteln
§ 32 Nicht anzuwendende Vorschriften

Sechster Abschnitt. Schlussvorschriften
§ 33 Regelung für die Übergangszeit, Befähigung zum Amt des Bezirksnotars
§ 33a Übergangsregelung für die Jugendstrafvollstreckung
§ 34 Wahrnehmung von Rechtspflegeraufgaben durch Bereichsrechtspfleger
§ 34a Ausbildung von Bereichsrechtspflegern zu Rechtspflegern
§ 35 Vorbehalt für Baden-Württemberg
§ 36 Neugliederung der Gerichte in Baden-Württemberg
§ 36a Vorbehalt für die Freie und Hansestadt Hamburg
§ 36b Übertragung von Rechtspflegeraufgaben auf den Urkundsbeamten der Geschäftsstelle
§ 37 Rechtspflegergeschäfte nach Landesrecht
§ 38 Aufhebung und Änderung von Vorschriften
§ 39 Überleitungsvorschrift
§ 40 (Inkrafttreten)

Erster Abschnitt. Aufgaben und Stellung des Rechtspflegers

§ 1 Allgemeine Stellung des Rechtspflegers

Der Rechtspfleger nimmt die ihm durch dieses Gesetz übertragenen Aufgaben der Rechtspflege wahr.

§ 2 Voraussetzungen für die Tätigkeit als Rechtspfleger

(1) [1]Mit den Aufgaben eines Rechtspflegers kann ein Beamter des Justizdienstes betraut werden, der einen Vorbereitungsdienst von drei Jahren abgeleistet und die Rechtspflegerprüfung bestanden hat. [2]Der Vorbereitungsdienst vermittelt in einem Studiengang einer Fachhochschule oder in einem gleichstehenden Studiengang dem Beamten die wissenschaftlichen Erkenntnisse und Methoden sowie die berufspraktischen Fähigkeiten und Kenntnisse, die zur Erfüllung der Aufgaben eines Rechtspflegers erforderlich sind. [3]Der Vorbereitungsdienst besteht aus Fachstudien von mindestens achtzehnmonatiger Dauer und berufspraktischen Studienzeiten. [4]Die berufspraktischen Studienzeiten umfassen die Ausbildung in den Schwerpunktbereichen der Aufgaben eines Rechtspflegers; die praktische Ausbildung darf die Dauer von einem Jahr nicht unterschreiten.

(2) [1]Zum Vorbereitungsdienst kann zugelassen werden, wer eine zu einem Hochschulstudium berechtigende Schulbildung besitzt oder einen als gleichwertig anerkannten Bildungsstand nachweist. [2]Beamte des mittleren Justizdienstes können zur Rechtspflegerausbildung zugelassen werden, wenn sie nach der Laufbahnprüfung mindestens drei Jahre im mittleren Justizdienst tätig waren und nach ihrer Per-

Rechtspflegergesetz § 3 **RPflG**

sönlichkeit sowie ihren bisherigen Leistungen für den Dienst als Rechtspfleger geeignet erscheinen. ³Die Länder können bestimmen, dass die Zeit der Tätigkeit im mittleren Justizdienst bis zu einer Dauer von sechs Monaten auf die berufspraktischen Studienzeiten angerechnet werden kann.

(3) Mit den Aufgaben eines Rechtspflegers kann auf seinen Antrag auch betraut werden, wer die Befähigung zum Richteramt besitzt.

(4) ¹Auf den Vorbereitungsdienst können ein erfolgreich abgeschlossenes Studium der Rechtswissenschaften bis zur Dauer von zwölf Monaten und ein Vorbereitungsdienst nach § 5b des Deutschen Richtergesetzes bis zur Dauer von sechs Monaten angerechnet werden. ²Auf Teilnehmer einer Ausbildung nach § 5b des Deutschen Richtergesetzes in der Fassung des Gesetzes vom 10. September 1971 (BGBl. I S. 1557) ist Satz 1 entsprechend anzuwenden.

(5) Referendare können mit der zeitweiligen Wahrnehmung der Geschäfte eines Rechtspflegers beauftragt werden.

(6) Die Länder erlassen die näheren Vorschriften.

(7) Das Berufsqualifikationsfeststellungsgesetz ist nicht anzuwenden.

§ 3 Übertragene Geschäfte

Dem Rechtspfleger werden folgende Geschäfte übertragen:
1. in vollem Umfange die nach den gesetzlichen Vorschriften vom Richter wahrzunehmenden Geschäfte des Amtsgerichts in
   a) Vereinssachen nach den §§ 29, 37, 55 bis 79 des Bürgerlichen Gesetzbuchs sowie nach Buch 5 des Gesetzes über das Verfahren in Familiensachen und in den Angelegenheiten der freiwilligen Gerichtsbarkeit,
   b) den weiteren Angelegenheiten der freiwilligen Gerichtsbarkeit nach § 410 des Gesetzes über das Verfahren in Familiensachen und in den Angelegenheiten der freiwilligen Gerichtsbarkeit sowie den Verfahren nach § 84 Absatz 2, § 189 des Versicherungsvertragsgesetzes,
   c) Aufgebotsverfahren nach Buch 8 des Gesetzes über das Verfahren in Familiensachen und in den Angelegenheiten der freiwilligen Gerichtsbarkeit,
   d) Pachtkreditsachen im Sinne des Pachtkreditgesetzes,
   e) Güterrechtsregistersachen nach den §§ 1558 bis 1563 des Bürgerlichen Gesetzbuchs sowie nach Buch 5 des Gesetzes über das Verfahren in Familiensachen und in den Angelegenheiten der freiwilligen Gerichtsbarkeit, auch in Verbindung mit § 7 des Lebenspartnerschaftsgesetzes,
   f) Urkundssachen einschließlich der Entgegennahme der Erklärung,
   g) Verschollenheitssachen,
   h) Grundbuchsachen, Schiffsregister- und Schiffsbauregistersachen sowie Sachen des Registers für Pfandrechte an Luftfahrzeugen,
   i) Verfahren nach dem Gesetz über die Zwangsversteigerung und die Zwangsverwaltung,
   k) Verteilungsverfahren, die außerhalb der Zwangsvollstreckung nach den Vorschriften der Zivilprozessordnung über das Verteilungsverfahren durchzuführen sind,
   l) Verteilungsverfahren, die außerhalb der Zwangsversteigerung nach den für die Verteilung des Erlöses im Falle der Zwangsversteigerung geltenden Vorschriften durchzuführen sind,

m) Verteilungsverfahren nach § 75 Absatz 2 des Flurbereinigungsgesetzes, § 54 Absatz 3 des Landbeschaffungsgesetzes, § 119 Absatz 3 des Baugesetzbuchs und § 94 Absatz 4 des Bundesberggesetzes;
2. vorbehaltlich der in den §§ 14 bis 19b dieses Gesetzes aufgeführten Ausnahmen die nach den gesetzlichen Vorschriften vom Richter wahrzunehmenden Geschäfte des Amtsgerichts in
   a) Kindschaftssachen und Adoptionssachen sowie entsprechenden Lebenspartnerschaftssachen nach den §§ 151, 186 und 269 des Gesetzes über das Verfahren in Familiensachen und in den Angelegenheiten der freiwilligen Gerichtsbarkeit,
   b) Betreuungssachen sowie betreuungsgerichtlichen Zuweisungssachen nach den §§ 271 und 340 des Gesetzes über das Verfahren in Familiensachen und in den Angelegenheiten der freiwilligen Gerichtsbarkeit,
   c) Nachlass- und Teilungssachen nach § 342 Absatz 1 und 2 Nummer 2 des Gesetzes über das Verfahren in Familiensachen und in den Angelegenheiten der freiwilligen Gerichtsbarkeit,
   d) Handels-, Genossenschafts- und Partnerschaftsregistersachen sowie unternehmensrechtlichen Verfahren nach den §§ 374 und 375 des Gesetzes über das Verfahren in Familiensachen und in den Angelegenheiten der freiwilligen Gerichtsbarkeit,
   e) Verfahren nach der Insolvenzordnung,
   f) (weggefallen)
   g) Verfahren nach der Verordnung (EG) Nr. 1346/2000 des Rates vom 29. Mai 2000 über Insolvenzverfahren (ABl. EG Nr. L 160 S. 1) und nach Artikel 102 des Einführungsgesetzes zur Insolvenzordnung sowie Verfahren nach dem Ausführungsgesetz zum deutsch-österreichischen Konkursvertrag vom 8. März 1985 (BGBl. I S. 535),
   h) Verfahren nach der Schifffahrtsrechtlichen Verteilungsordnung;
3. die in den §§ 20 bis 24a, 25 und 25a dieses Gesetzes einzeln aufgeführten Geschäfte
   a) in Verfahren nach der Zivilprozessordnung,
   b) in Festsetzungsverfahren,
   c) des Gerichts in Straf- und Bußgeldverfahren,
   d) in Verfahren vor dem Patentgericht,
   e) auf dem Gebiet der Aufnahme von Erklärungen,
   f) auf dem Gebiet der Beratungshilfe,
   g) auf dem Gebiet der Familiensachen,
   h) in Verfahren über die Verfahrenskostenhilfe nach dem Gesetz über das Verfahren in Familiensachen und in den Angelegenheiten der freiwilligen Gerichtsbarkeit;
4. die in den §§ 29 und 31 dieses Gesetzes einzeln aufgeführten Geschäfte
   a) im internationalen Rechtsverkehr,
   b) (weggefallen)
   c) der Staatsanwaltschaft im Strafverfahren und der Vollstreckung in Straf- und Bußgeldsachen sowie von Ordnungs- und Zwangsmitteln.

§ 4 Umfang der Übertragung

(1) Der Rechtspfleger trifft alle Maßnahmen, die zur Erledigung der ihm übertragenen Geschäfte erforderlich sind.

(2) Der Rechtspfleger ist nicht befugt,
1. eine Beeidigung anzuordnen oder einen Eid abzunehmen,
2. Freiheitsentziehungen anzudrohen oder anzuordnen, sofern es sich nicht um Maßnahmen zur Vollstreckung
   a) einer Freiheitsstrafe nach § 457 der Strafprozessordnung oder einer Ordnungshaft nach § 890 der Zivilprozessordnung,
   b) einer Maßregel der Besserung und Sicherung nach § 463 der Strafprozessordnung oder
   c) der Erzwingungshaft nach § 97 des Gesetzes über Ordnungswidrigkeiten
handelt,

(3) Hält der Rechtspfleger Maßnahmen für geboten, zu denen er nach Absatz 2 Nummer 1 und 2 nicht befugt ist, so legt er deswegen die Sache dem Richter zur Entscheidung vor.

§ 5 Vorlage an den Richter

(1) Der Rechtspfleger hat ihm übertragene Geschäfte dem Richter vorzulegen, wenn
1. sich bei der Bearbeitung der Sache ergibt, dass eine Entscheidung des Bundesverfassungsgerichts oder eines für Verfassungsstreitigkeiten zuständigen Gerichts eines Landes nach Artikel 100 des Grundgesetzes einzuholen ist;
2. zwischen dem übertragenen Geschäft und einem vom Richter wahrzunehmenden Geschäft ein so enger Zusammenhang besteht, dass eine getrennte Behandlung nicht sachdienlich ist.

(2) Der Rechtspfleger kann ihm übertragene Geschäfte dem Richter vorlegen, wenn die Anwendung ausländischen Rechts in Betracht kommt.

(3) [1]Die vorgelegten Sachen bearbeitet der Richter, solange er es für erforderlich hält. [2]Er kann die Sachen dem Rechtspfleger zurückgeben. [3]Gibt der Richter eine Sache an den Rechtspfleger zurück, so ist dieser an eine von dem Richter mitgeteilte Rechtsauffassung gebunden.

§ 6 Bearbeitung übertragener Sachen durch den Richter

Steht ein übertragenes Geschäft mit einem vom Richter wahrzunehmenden Geschäft in einem so engen Zusammenhang, dass eine getrennte Bearbeitung nicht sachdienlich wäre, so soll der Richter die gesamte Angelegenheit bearbeiten.

§ 7 Bestimmung des zuständigen Organs der Rechtspflege

[1]Bei Streit oder Ungewissheit darüber, ob ein Geschäft von dem Richter oder dem Rechtspfleger zu bearbeiten ist, entscheidet der Richter über die Zuständigkeit durch Beschluss. [2]Der Beschluss ist unanfechtbar.

§ 8 Gültigkeit von Geschäften

(1) Hat der Richter ein Geschäft wahrgenommen, das dem Rechtspfleger übertragen ist, so wird die Wirksamkeit des Geschäfts hierdurch nicht berührt.

(2) Hat der Rechtspfleger ein Geschäft wahrgenommen, das ihm der Richter nach diesem Gesetz übertragen kann, so ist das Geschäft nicht deshalb unwirksam, weil die Übertragung unterblieben ist oder die Voraussetzungen für die Übertragung im Einzelfalle nicht gegeben waren.

(3) Ein Geschäft ist nicht deshalb unwirksam, weil es der Rechtspfleger entgegen § 5 Absatz 1 dem Richter nicht vorgelegt hat.

(4) [1]Hat der Rechtspfleger ein Geschäft des Richters wahrgenommen, das ihm nach diesem Gesetz weder übertragen ist noch übertragen werden kann, so ist das Geschäft unwirksam. [2]Das gilt nicht, wenn das Geschäft dem Rechtspfleger durch eine Entscheidung nach § 7 zugewiesen worden war.

(5) Hat der Rechtspfleger ein Geschäft des Urkundsbeamten der Geschäftsstelle wahrgenommen, so wird die Wirksamkeit des Geschäfts hierdurch nicht berührt.

§ 9 Weisungsfreiheit des Rechtspflegers

Der Rechtspfleger ist sachlich unabhängig und nur an Recht und Gesetz gebunden.

§ 10 Ausschließung und Ablehnung des Rechtspflegers

[1]Für die Ausschließung und Ablehnung des Rechtspflegers sind die für den Richter geltenden Vorschriften entsprechend anzuwenden. [2]Über die Ablehnung des Rechtspflegers entscheidet der Richter.

§ 11 Rechtsbehelfe

(1) Gegen die Entscheidungen des Rechtspflegers ist das Rechtsmittel gegeben, das nach den allgemeinen verfahrensrechtlichen Vorschriften zulässig ist.

(2) [1]Kann gegen die Entscheidung nach den allgemeinen verfahrensrechtlichen Vorschriften ein Rechtsmittel nicht eingelegt werden, so findet die Erinnerung statt, die innerhalb einer Frist von zwei Wochen einzulegen ist. [2]Hat der Erinnerungsführer die Frist ohne sein Verschulden nicht eingehalten, ist ihm auf Antrag Wiedereinsetzung in den vorigen Stand zu gewähren, wenn er die Erinnerung binnen zwei Wochen nach der Beseitigung des Hindernisses einlegt und die Tatsachen, welche die Wiedereinsetzung begründen, glaubhaft macht. [3]Ein Fehlen des Verschuldens wird vermutet, wenn eine Rechtsbehelfsbelehrung unterblieben oder fehlerhaft ist. [4]Die Wiedereinsetzung kann nach Ablauf eines Jahres, von dem Ende der versäumten Frist an gerechnet, nicht mehr beantragt werden. [5]Der Rechtspfleger kann der Erinnerung abhelfen. [6]Erinnerungen, denen er nicht abhilft, legt er dem Richter zur Entscheidung vor. [7]Auf die Erinnerung sind im Übrigen die Vorschriften der Zivilprozessordnung über die sofortige Beschwerde sinngemäß anzuwenden.

(3) [1]Gerichtliche Verfügungen, Beschlüsse oder Zeugnisse, die nach den Vorschriften der Grundbuchordnung, der Schiffsregisterordnung oder des Gesetzes über das Verfahren in Familiensachen und in den Angelegenheiten der freiwilligen Gerichtsbarkeit wirksam geworden sind und nicht mehr geändert werden können, sind mit der Erinnerung nicht anfechtbar. [2]Die Erinnerung ist ferner in den Fällen der §§ 694, 700 der Zivilprozessordnung und gegen die Entscheidungen über die Gewährung eines Stimmrechts (§ 77 der Insolvenzordnung) ausgeschlossen.

(4) Das Erinnerungsverfahren ist gerichtsgebührenfrei.

Rechtspflegergesetz §§ 12–14 RPflG

§ 12 Bezeichnung des Rechtspflegers

Im Schriftverkehr und bei der Aufnahme von Urkunden in übertragenen Angelegenheiten hat der Rechtspfleger seiner Unterschrift das Wort „Rechtspfleger" beizufügen.

§ 13 Ausschluss des Anwaltszwangs

§ 78 Absatz 1 der Zivilprozessordnung und § 114 Absatz 1 des Gesetzes über das Verfahren in Familiensachen und in den Angelegenheiten der freiwilligen Gerichtsbarkeit sind auf Verfahren vor dem Rechtspfleger nicht anzuwenden.

Zweiter Abschnitt. Dem Richter vorbehaltene Geschäfte in Familiensachen und auf dem Gebiet der freiwilligen Gerichtsbarkeit sowie in Insolvenzverfahren und schifffahrtsrechtlichen Verteilungsverfahren

§ 14 Kindschafts- und Adoptionssachen

(1) Von den dem Familiengericht übertragenen Angelegenheiten in Kindschafts- und Adoptionssachen sowie den entsprechenden Lebenspartnerschaftssachen bleiben dem Richter vorbehalten:
1. Verfahren, die die Feststellung des Bestehens oder Nichtbestehens der elterlichen Sorge eines Beteiligten für den anderen zum Gegenstand haben;
2. die Maßnahmen auf Grund des § 1666 des Bürgerlichen Gesetzbuchs zur Abwendung der Gefahr für das körperliche, geistige oder seelische Wohl des Kindes;
3. die Übertragung der elterlichen Sorge nach den §§ 1626a, 1671, 1678 Absatz 2, § 1680 Absatz 2 und 3 sowie § 1681 Absatz 1 und 2 des Bürgerlichen Gesetzbuchs;
4. die Entscheidung über die Übertragung von Angelegenheiten der elterlichen Sorge auf die Pflegeperson nach § 1630 Absatz 3 des Bürgerlichen Gesetzbuchs;
5. die Entscheidung von Meinungsverschiedenheiten zwischen den Sorgeberechtigten;
6. *(aufgehoben)*
7. die Regelung des persönlichen Umgangs zwischen Eltern und Kindern sowie Kindern und Dritten nach § 1684 Absatz 3 und 4, § 1685 Absatz 3 und § 1686a Absatz 2 des Bürgerlichen Gesetzbuchs, die Entscheidung über die Beschränkung oder den Ausschluss des Rechts zur alleinigen Entscheidung in Angelegenheiten des täglichen Lebens nach den §§ 1687, 1687a des Bürgerlichen Gesetzbuchs sowie über Streitigkeiten, die eine Angelegenheit nach § 1632 Absatz 2 des Bürgerlichen Gesetzbuchs betreffen;
8. die Entscheidung über den Anspruch auf Herausgabe eines Kindes nach § 1632 Absatz 1 des Bürgerlichen Gesetzbuchs sowie die Entscheidung über den Verbleib des Kindes bei der Pflegeperson nach § 1632 Absatz 4 oder bei dem Ehegatten, Lebenspartner oder Umgangsberechtigten nach § 1682 des Bürgerlichen Gesetzbuchs;
9. die Anordnung einer Betreuung oder Pflegschaft auf Grund dienstrechtlicher Vorschriften, soweit hierfür das Familiengericht zuständig ist;

10. die Anordnung einer Vormundschaft oder einer Pflegschaft über einen Angehörigen eines fremden Staates einschließlich der vorläufigen Maßregeln nach Artikel 24 des Einführungsgesetzes zum Bürgerlichen Gesetzbuche;
11. die religiöse Kindererziehung betreffenden Maßnahmen nach § 1801 des Bürgerlichen Gesetzbuchs sowie den §§ 2, 3 und 7 des Gesetzes über die religiöse Kindererziehung;
12. die Ersetzung der Zustimmung
    a) eines Sorgeberechtigten zu einem Rechtsgeschäft,
    b) eines gesetzlichen Vertreters zu der Sorgeerklärung eines beschränkt geschäftsfähigen Elternteils nach § 1626c Absatz 2 Satz 1 des Bürgerlichen Gesetzbuchs,
    c) des gesetzlichen Vertreters zur Bestätigung der Ehe nach § 1315 Absatz 1 Satz 3 zweiter Halbsatz des Bürgerlichen Gesetzbuchs;
13. die Befreiung vom Erfordernis der Volljährigkeit nach § 1303 Absatz 2 des Bürgerlichen Gesetzbuchs und die Genehmigung einer ohne diese Befreiung vorgenommenen Eheschließung nach § 1315 Absatz 1 Satz 1 Nummer 1 des Bürgerlichen Gesetzbuchs;
14. die im Jugendgerichtsgesetz genannten Verrichtungen mit Ausnahme der Bestellung eines Pflegers nach § 67 Absatz 4 Satz 3 des Jugendgerichtsgesetzes;
15. die Ersetzung der Einwilligung oder der Zustimmung zu einer Annahme als Kind nach § 1746 Absatz 3 sowie nach den §§ 1748 und 1749 Absatz 1 des Bürgerlichen Gesetzbuchs, die Entscheidung über die Annahme als Kind einschließlich der Entscheidung über den Namen des Kindes nach den §§ 1752, 1768 und 1757 Absatz 4 des Bürgerlichen Gesetzbuchs, die Genehmigung der Einwilligung des Kindes zur Annahme nach § 1746 Absatz 1 Satz 4 des Bürgerlichen Gesetzbuchs, die Aufhebung des Annahmeverhältnisses nach den §§ 1760, 1763 und 1771 des Bürgerlichen Gesetzbuchs sowie die Entscheidungen nach § 1751 Absatz 3, § 1764 Absatz 4, § 1765 Absatz 2 des Bürgerlichen Gesetzbuchs und nach dem Adoptionswirkungsgesetz vom 5. November 2001 (BGBl. I S. 2950, 2953), soweit sie eine richterliche Entscheidung enthalten;
16. die Befreiung vom Eheverbot der durch die Annahme als Kind begründeten Verwandtschaft in der Seitenlinie nach § 1308 Absatz 2 des Bürgerlichen Gesetzbuchs;
17. die Genehmigung für den Antrag auf Scheidung oder Aufhebung der Ehe oder auf Aufhebung der Lebenspartnerschaft durch den gesetzlichen Vertreter eines geschäftsunfähigen Ehegatten oder Lebenspartners nach § 125 Absatz 2 Satz 2, § 270 Absatz 1 Satz 1 des Gesetzes über das Verfahren in Familiensachen und in den Angelegenheiten der freiwilligen Gerichtsbarkeit.

(2) Die Maßnahmen und Anordnungen nach den §§ 10 bis 15, 20, 21, 32 bis 35, 38, 40, 41, 44 und 47 des Internationalen Familienrechtsverfahrensgesetzes vom 26. Januar 2005 (BGBl. I S. 162), soweit diese dem Familiengericht obliegen, bleiben dem Richter vorbehalten.

§ 15 Betreuungssachen und betreuungsgerichtliche Zuweisungssachen

(1) ¹Von den Angelegenheiten, die dem Betreuungsgericht übertragen sind, bleiben dem Richter vorbehalten:
1. Verrichtungen auf Grund der §§ 1896 bis 1900, 1908a und 1908b Absatz 1, 2 und 5 des Bürgerlichen Gesetzbuchs sowie die anschließende Bestellung eines neuen Betreuers;

Rechtspflegergesetz　　　　　　　　　　　　　　　　　　　　§ 16 RPflG

2. die Bestellung eines neuen Betreuers im Fall des Todes des Betreuers nach § 1908c des Bürgerlichen Gesetzbuchs;
3. Verrichtungen auf Grund des § 1908d des Bürgerlichen Gesetzbuchs, des § 291 des Gesetzes über das Verfahren in Familiensachen und in den Angelegenheiten der freiwilligen Gerichtsbarkeit;
4. Verrichtungen auf Grund der §§ 1903 bis 1905 des Bürgerlichen Gesetzbuchs;
5. die Anordnung einer Betreuung oder Pflegschaft über einen Angehörigen eines fremden Staates einschließlich der vorläufigen Maßregeln nach Artikel 24 des Einführungsgesetzes zum Bürgerlichen Gesetzbuche;
6. die Anordnung einer Betreuung oder Pflegschaft auf Grund dienstrechtlicher Vorschriften;
7. die Entscheidungen nach § 1908i Absatz 1 Satz 1 in Verbindung mit § 1632 Absatz 1 bis 3, § 1797 Absatz 1 Satz 2 und § 1798 des Bürgerlichen Gesetzbuchs;
8. die Genehmigung nach § 6 des Gesetzes über die freiwillige Kastration und andere Behandlungsmethoden;
9. die Genehmigung nach § 3 Absatz 1 Satz 2 sowie nach § 6 Absatz 2 Satz 1, § 7 Absatz 3 Satz 2 und § 9 Absatz 3 Satz 1, jeweils in Verbindung mit § 3 Absatz 1 Satz 2 des Gesetzes über die Änderung der Vornamen und die Feststellung der Geschlechtszugehörigkeit in besonderen Fällen;
10. die Genehmigung für den Antrag auf Scheidung oder Aufhebung der Ehe oder auf Aufhebung der Lebenspartnerschaft durch den gesetzlichen Vertreter eines geschäftsunfähigen Ehegatten oder Lebenspartners nach § 125 Absatz 2 Satz 2, § 270 Absatz 1 Satz 1 des Gesetzes über das Verfahren in Familiensachen und in den Angelegenheiten der freiwilligen Gerichtsbarkeit.

²Satz 1 Nummer 1 bis 3 findet keine Anwendung, wenn die genannten Verrichtungen nur eine Betreuung nach § 1896 Absatz 3 des Bürgerlichen Gesetzbuchs betreffen.

(2) Die Maßnahmen und Anordnungen nach den §§ 6 bis 12 des Erwachsenenschutzübereinkommens-Ausführungsgesetzes vom 17. März 2007 (BGBl. I S. 314) bleiben dem Richter vorbehalten.

§ 16 Nachlass- und Teilungssachen

(1) In Nachlass- und Teilungssachen bleiben dem Richter vorbehalten
1. die Geschäfte des Nachlassgerichts, die bei einer Nachlasspflegschaft oder Nachlassverwaltung erforderlich werden, soweit sie den nach § 14 dieses Gesetzes von der Übertragung ausgeschlossenen Geschäften in Kindschaftssachen entsprechen;
2. die Ernennung von Testamentsvollstreckern (§ 2200 des Bürgerlichen Gesetzbuchs);
3. die Entscheidung über Anträge, eine vom Erblasser für die Verwaltung des Nachlasses durch letztwillige Verfügung getroffene Anordnung außer Kraft zu setzen (§ 2216 Absatz 2 Satz 2 des Bürgerlichen Gesetzbuchs);
4. die Entscheidung von Meinungsverschiedenheiten zwischen mehreren Testamentsvollstreckern (§ 2224 des Bürgerlichen Gesetzbuchs);
5. die Entlassung eines Testamentsvollstreckers aus wichtigem Grund (§ 2227 des Bürgerlichen Gesetzbuchs);
6. die Erteilung von Erbscheinen (§ 2353 des Bürgerlichen Gesetzbuchs) sowie Zeugnissen nach den §§ 36, 37 der Grundbuchordnung oder den §§ 42, 74 der Schiffsregisterordnung, sofern eine Verfügung von Todes wegen vorliegt, oder

die Anwendung ausländischen Rechts in Betracht kommt, ferner die Erteilung von Testamentsvollstreckerzeugnissen (§ 2368 des Bürgerlichen Gesetzbuchs);
7. die Einziehung von Erbscheinen (§ 2361 des Bürgerlichen Gesetzbuchs) und von Zeugnissen nach den §§ 36, 37 der Grundbuchordnung und den §§ 42, 74 der Schiffsregisterordnung, wenn die Erbscheine oder Zeugnisse vom Richter erteilt oder wegen einer Verfügung von Todes wegen einzuziehen sind, ferner die Einziehung von Testamentsvollstreckerzeugnissen (§ 2368 des Bürgerlichen Gesetzbuchs) und von Zeugnissen über die Fortsetzung einer Gütergemeinschaft (§ 1507 des Bürgerlichen Gesetzbuchs);

(2) ¹Liegt eine Verfügung von Todes wegen vor, ist aber dennoch ein Erbschein oder ein Zeugnis nach den §§ 36, 37 der Grundbuchordnung oder den §§ 42, 74 der Schiffsregisterordnung auf Grund gesetzlicher Erbfolge zu erteilen, so kann der Richter die Erteilung des Erbscheins oder des Zeugnisses dem Rechtspfleger übertragen, wenn deutsches Erbrecht anzuwenden ist. ²Der Rechtspfleger ist an die ihm mitgeteilte Auffassung des Richters gebunden.

§ 17 Registersachen und unternehmensrechtliche Verfahren

In Handels-, Genossenschafts- und Partnerschaftsregistersachen sowie in unternehmens-rechtlichen Verfahren nach dem Buch 5 des Gesetzes über das Verfahren in Familiensachen und in den Angelegenheiten der freiwilligen Gerichtsbarkeit bleiben dem Richter vorbehalten
1. bei Aktiengesellschaften, Kommanditgesellschaften auf Aktien, Gesellschaften mit beschränkter Haftung und Versicherungsvereinen auf Gegenseitigkeit folgende Verfügungen beim Gericht des Sitzes und, wenn es sich um eine Gesellschaft mit Sitz im Ausland handelt, beim Gericht der Zweigniederlassung:
   a) auf erste Eintragung,
   b) auf Eintragung von Satzungsänderungen, die nicht nur die Fassung betreffen,
   c) auf Eintragung der Eingliederung oder der Umwandlung,
   d) auf Eintragung des Bestehens, der Änderung oder der Beendigung eines Unternehmensvertrages,
   e) auf Löschung im Handelsregister nach den §§ 394, 395, 397 und 398 des Gesetzes über das Verfahren in Familiensachen und in den Angelegenheiten der freiwilligen Gerichtsbarkeit und nach § 4 Absatz 3 Satz 1 des Versicherungsaufsichtsgesetzes,
   f) Beschlüsse nach § 399 des Gesetzes über das Verfahren in Familiensachen und in den Angelegenheiten der freiwilligen Gerichtsbarkeit;
2. die nach § 375 Nummer 1 bis 6, 9 bis 14 und 16 des Gesetzes über das Verfahren in Familiensachen und in den Angelegenheiten der freiwilligen Gerichtsbarkeit zu erledigenden Geschäfte mit Ausnahme der in
   a) § 146 Absatz 2, § 147 und § 157 Absatz 2 des Handelsgesetzbuchs,
   b) § 166 Absatz 3 und § 233 Absatz 3 des Handelsgesetzbuchs,
   c) § 264 Absatz 2, § 273 Absatz 4 und § 290 Absatz 3 des Aktiengesetzes,
   d) § 66 Absatz 2, 3 und 5 sowie § 74 Absatz 2 und 3 des Gesetzes betreffend die Gesellschaften mit beschränkter Haftung,
   geregelten Geschäfte.

Rechtspflegergesetz §§ 18, 19 RPflG

§ 18 Insolvenzverfahren

(1) Im Verfahren nach der Insolvenzordnung bleiben dem Richter vorbehalten:
1. das Verfahren bis zur Entscheidung über den Eröffnungsantrag unter Einschluss dieser Entscheidung und der Ernennung des Insolvenzverwalters sowie des Verfahrens über einen Schuldenbereinigungsplan nach den §§ 305 bis 310 der Insolvenzordnung,
2. das Verfahren über einen Insolvenzplan nach den §§ 217 bis 256 und den §§ 258 bis 269 der Insolvenzordnung,
3. bei einem Antrag des Schuldners auf Erteilung der Restschuldbefreiung die Entscheidungen nach den §§ 289, 296, 297 und 300 *(ab 1. 7. 2014: §§ 287a, 290, 296 bis 297a und 300)* der Insolvenzordnung, wenn ein Insolvenzgläubiger die Versagung der Restschuldbefreiung beantragt, sowie die Entscheidung über den Widerruf der Restschuldbefreiung nach § 303 der Insolvenzordnung,
4. Entscheidungen nach den §§ 344 bis 346 der Insolvenzordnung.

(2) ¹Der Richter kann sich das Insolvenzverfahren ganz oder teilweise vorbehalten, wenn er dies für geboten erachtet. ²Hält er den Vorbehalt nicht mehr für erforderlich, kann er das Verfahren dem Rechtspfleger übertragen. ³Auch nach der Übertragung kann er das Verfahren wieder an sich ziehen, wenn und solange er dies für erforderlich hält.

(3) Hat sich die Entscheidung des Rechtspflegers über die Gewährung des Stimmrechts nach § 77 der Insolvenzordnung auf das Ergebnis einer Abstimmung ausgewirkt, so kann der Richter auf Antrag eines Gläubigers oder des Insolvenzverwalters das Stimmrecht neu festsetzen und die Wiederholung der Abstimmung anordnen; der Antrag kann nur bis zum Schluss des Termins gestellt werden, in dem die Abstimmung stattfindet.

(4) ¹Ein Beamter auf Probe darf im ersten Jahr nach seiner Ernennung Geschäfte des Rechtspflegers in Insolvenzsachen nicht wahrnehmen. ²Rechtspfleger in Insolvenzsachen sollen über belegbare Kenntnisse des Insolvenzrechts und Grundkenntnisse des Handels- und Gesellschaftsrechts und der für das Insolvenzverfahren notwendigen Teile des Arbeits-, Sozial- und Steuerrechts und des Rechnungswesens verfügen. ³Einem Rechtspfleger, dessen Kenntnisse auf diesen Gebieten nicht belegt sind, dürfen die Aufgaben eines Rechtspflegers in Insolvenzsachen nur zugewiesen werden, wenn der Erwerb der Kenntnisse alsbald zu erwarten ist.

§ 19 Aufhebung von Richtervorbehalten

(1) ¹Die Landesregierungen werden ermächtigt, durch Rechtsverordnung die in den vorstehenden Vorschriften bestimmten Richtervorbehalte ganz oder teilweise aufzuheben, soweit sie folgende Angelegenheiten betreffen:
1. die Geschäfte nach § 14 Absatz 1 Nummer 9 und 10 sowie § 15 Absatz 1 Satz 1 Nummer 1 bis 6, soweit sie nicht die Entscheidung über die Anordnung einer Betreuung und die Festlegung des Aufgabenkreises des Betreuers auf Grund der §§ 1896 und 1908a des Bürgerlichen Gesetzbuchs sowie die Verrichtungen auf Grund der §§ 1903 bis 1905 und 1908d des Bürgerlichen Gesetzbuchs und von § 278 Absatz 5 und § 283 des Gesetzes über das Verfahren in Familiensachen und in den Angelegenheiten der freiwilligen Gerichtsbarkeit betreffen;
2. die Geschäfte nach § 16 Absatz 1 Nummer 1, soweit sie den nach § 14 Absatz 1 Nummer 9 und 10 dieses Gesetzes ausgeschlossenen Geschäften in Kindschaftssachen entsprechen;

3. die Geschäfte nach § 16 Absatz 1 Nummer 2;
4. die Geschäfte nach § 16 Absatz 1 Nummer 5, soweit der Erblasser den Testamentsvollstrecker nicht selbst ernannt oder einen Dritten zu dessen Ernennung bestimmt hat;
5. die Geschäfte nach § 16 Absatz 1 Nummer 6 und 7;
6. die Geschäfte nach § 17 Nummer 1.

²Die Landesregierungen können die Ermächtigung auf die Landesjustizverwaltungen übertragen.

(2) In der Verordnung nach Absatz 1 ist vorzusehen, dass der Rechtspfleger das Verfahren dem Richter zur weiteren Bearbeitung vorzulegen hat, soweit bei den Geschäften nach Absatz 1 Satz 1 Nummer 2 bis 5 gegen den Erlass der beantragten Entscheidung Einwände erhoben werden.

(3) Soweit von der Ermächtigung nach Absatz 1 Nummer 1 hinsichtlich der Auswahl und Bestellung eines Betreuers Gebrauch gemacht wird, sind die Vorschriften des Gesetzes über das Verfahren in Familiensachen und in den Angelegenheiten der freiwilligen Gerichtsbarkeit über die Bestellung eines Betreuers auch für die Anordnung einer Betreuung und Festlegung des Aufgabenkreises des Betreuers nach § 1896 des Bürgerlichen Gesetzbuchs anzuwenden.

§ 19a Verfahren nach dem internationalen Insolvenzrecht

(1) In Verfahren nach der Verordnung (EG) Nr. 1346/2000 des Rates vom 29. Mai 2000 über Insolvenzverfahren (ABl. EG Nr. L 160 S. 1) und nach Artikel 102 des Einführungsgesetzes zur Insolvenzordnung bleiben dem Richter vorbehalten:
1. die Einstellung eines Insolvenzverfahrens zugunsten der Gerichte eines anderen Mitgliedstaats nach Artikel 102 § 4 des Einführungsgesetzes zur Insolvenzordnung,
2. die Anordnung von Sicherungsmaßnahmen nach Artikel 38 der Verordnung (EG) Nr. 1346/2000.

(2) Im Verfahren nach dem Ausführungsgesetz zum deutsch-österreichischen Konkursvertrag vom 8. März 1985 (BGBl. I S. 535) bleiben dem Richter vorbehalten:
1. die Einstellung eines Verfahrens zugunsten der österreichischen Gerichte (§§ 3, 24 des Ausführungsgesetzes),
2. die Bestellung eines besonderen Konkurs- oder besonderen Vergleichsverwalters, wenn der Konkurs- oder Vergleichsverwalter von dem Richter ernannt worden ist (§§ 4, 24 des Ausführungsgesetzes),
3. die Anordnung von Zwangsmaßnahmen einschließlich der Haft (§§ 11, 15, 24 des Ausführungsgesetzes),
4. die Entscheidung über die Postsperre (§§ 17, 24 des Ausführungsgesetzes).

§ 19b Schifffahrtsrechtliches Verteilungsverfahren

(1) Im Verfahren nach der Schifffahrtsrechtlichen Verteilungsordnung bleiben dem Richter vorbehalten:
1. das Verfahren bis zur Entscheidung über den Eröffnungsantrag unter Einschluss dieser Entscheidung und der Ernennung des Sachwalters;

Rechtspflegergesetz § 20 **RPflG**

2. die Entscheidung, dass und in welcher Weise eine im Verlaufe des Verfahrens unzureichend gewordene Sicherheit zu ergänzen oder anderweitige Sicherheit zu leisten ist (§ 6 Absatz 5 der Schifffahrtsrechtlichen Verteilungsordnung);
3. die Entscheidung über die Erweiterung des Verfahrens auf Ansprüche wegen Personenschäden (§§ 16, 30 und 44 der Schifffahrtsrechtlichen Verteilungsordnung);
4. die Entscheidung über die Zulassung einer Zwangsvollstreckung nach § 17 Absatz 4 der Schifffahrtsrechtlichen Verteilungsordnung;
5. die Anordnung, bei der Verteilung Anteile nach § 26 Absatz 5 der Schifffahrtsrechtlichen Verteilungsordnung zurückzubehalten.

(2) ¹Der Richter kann sich das Verteilungsverfahren ganz oder teilweise vorbehalten, wenn er dies für geboten erachtet. ²Hält den Vorbehalt nicht mehr für erforderlich, kann er das Verfahren dem Rechtspfleger übertragen. ³Auch nach der Übertragung kann er das Verfahren wieder an sich ziehen, wenn und solange er dies für erforderlich hält.

Dritter Abschnitt. Dem Rechtspfleger nach § 3 Nummer 3 übertragene Geschäfte

§ 20 Bürgerliche Rechtsstreitigkeiten

(1) Folgende Geschäfte im Verfahren nach der Zivilprozessordnung werden dem Rechtspfleger übertragen:
1. das Mahnverfahren im Sinne des Siebenten Buchs der Zivilprozessordnung einschließlich der Bestimmung der Einspruchsfrist nach § 700 Absatz 1 in Verbindung mit § 339 Absatz 2 der Zivilprozessordnung sowie der Abgabe an das für das streitige Verfahren als zuständig bezeichnete Gericht, auch soweit das Mahnverfahren maschinell bearbeitet wird; jedoch bleibt das Streitverfahren dem Richter vorbehalten;
2. (weggefallen)
3. die nach den §§ 109, 715 der Zivilprozessordnung zu treffenden Entscheidungen bei der Rückerstattung von Sicherheiten;
4. im Verfahren über die Prozesskostenhilfe
    a) die in § 118 Absatz 2 der Zivilprozessordnung bezeichneten Maßnahmen einschließlich der Beurkundung von Vergleichen nach § 118 Absatz 1 Satz 3 zweiter Halbsatz, wenn der Vorsitzende den Rechtspfleger damit beauftragt;
    b) die Bestimmung des Zeitpunktes für die Einstellung und eine Wiederaufnahme der Zahlungen nach § 120 Absatz 3 der Zivilprozessordnung;
    c) die Änderung und die Aufhebung der Bewilligung der Prozesskostenhilfe nach den §§ 120a, 124 Absatz 1 Nummer 2 bis 5 der Zivilprozessordnung;
5. das Verfahren über die Bewilligung der Prozesskostenhilfe in den Fällen, in denen außerhalb oder nach Abschluss eines gerichtlichen Verfahrens die Bewilligung der Prozesskostenhilfe lediglich für die Zwangsvollstreckung beantragt wird; jedoch bleibt dem Richter das Verfahren über die Bewilligung der Prozesskostenhilfe in den Fällen vorbehalten, in welchen dem Prozessgericht die Vollstreckung obliegt oder in welchen die Prozesskostenhilfe für eine Rechts-

verfolgung oder Rechtsverteidigung beantragt wird, die eine sonstige richterliche Handlung erfordert;
6. im Verfahren über die grenzüberschreitende Prozesskostenhilfe innerhalb der Europäischen Union die in § 1077 der Zivilprozessordnung bezeichneten Maßnahmen sowie die dem Vollstreckungsgericht nach § 1078 der Zivilprozessordnung obliegenden Entscheidungen; wird Prozesskostenhilfe für eine Rechtsverfolgung oder Rechtsverteidigung beantragt, die eine richterliche Handlung erfordert, bleibt die Entscheidung nach § 1078 der Zivilprozessordnung dem Richter vorbehalten;
6a. die Entscheidungen nach § 22 Absatz 3 des Auslandsunterhaltsgesetzes vom 23. Mai 2011 (BGBl. I S. 898);
7. das Europäische Mahnverfahren im Sinne des Abschnitts 5 des Elften Buchs der Zivilprozessordnung einschließlich der Abgabe an das für das streitige Verfahren als zuständig bezeichnete Gericht, auch soweit das Europäische Mahnverfahren maschinell bearbeitet wird; jedoch bleiben die Überprüfung des Europäischen Zahlungsbefehls und das Streitverfahren dem Richter vorbehalten;
8. (weggefallen)
9. (weggefallen)
10. die Anfertigung eines Auszugs nach Artikel 20 Absatz 1 Buchstabe b der Verordnung (EG) Nr. 4/2009 des Rates vom 18. Dezember 2008 über die Zuständigkeit, das anwendbare Recht, die Anerkennung und Vollstreckung von Entscheidungen und die Zusammenarbeit in Unterhaltssachen;
11. die Ausstellung, die Berichtigung und der Widerruf einer Bestätigung nach den §§ 1079 bis 1081 der Zivilprozessordnung sowie die Ausstellung der Bestätigung nach § 1106 der Zivilprozessordnung;
12. die Erteilung der vollstreckbaren Ausfertigungen in den Fällen des § 726 Absatz 1, der §§ 727 bis 729, 733, 738, 742, 744, 745 Absatz 2 sowie des § 749 der Zivilprozessordnung;
13. die Erteilung von weiteren vollstreckbaren Ausfertigungen gerichtlicher Urkunden und die Entscheidung über den Antrag auf Erteilung weiterer vollstreckbarer Ausfertigungen notarieller Urkunden nach § 797 Absatz 3 der Zivilprozessordnung und § 60 Satz 3 Nummer 2 des Achten Buches Sozialgesetzbuch;
14. die Anordnung, dass die Partei, welche einen Arrestbefehl oder eine einstweilige Verfügung erwirkt hat, binnen einer zu bestimmenden Frist Klage zu erheben habe (§ 926 Absatz 1, § 936 der Zivilprozessordnung);
15. die Entscheidung über Anträge auf Aufhebung eines vollzogenen Arrestes gegen Hinterlegung des in dem Arrestbefehl festgelegten Geldbetrages (§ 934 Absatz 1 der Zivilprozessordnung);
16. die Pfändung von Forderungen sowie die Anordnung der Pfändung von eingetragenen Schiffen oder Schiffsbauwerken aus einem Arrestbefehl, soweit der Arrestbefehl nicht zugleich den Pfändungsbeschluss oder die Anordnung der Pfändung enthält;
16a. die Anordnung, dass die Sache versteigert und der Erlös hinterlegt werde, nach § 21 des Anerkennungs- und Vollstreckungsausführungsgesetzes vom 19. Februar 2001 (BGBl. I S. 288, 436) und nach § 51 des Auslandsunterhaltsgesetzes vom 23. Mai 2011 (BGBl. I S. 898);
17. die Geschäfte im Zwangsvollstreckungsverfahren nach dem Achten Buch der Zivilprozessordnung, soweit sie von dem Vollstreckungsgericht, einem von

Rechtspflegergesetz §§ 21, 22 **RPflG**

diesem ersuchten Gericht oder in den Fällen der §§ 848, 854, 855 der Zivilprozessordnung von einem anderen Amtsgericht oder dem Verteilungsgericht (§ 873 der Zivilprozessordnung) zu erledigen sind. Jedoch bleiben dem Richter die Entscheidungen nach § 766 der Zivilprozessordnung vorbehalten.

(2) ¹Die Landesregierungen werden ermächtigt, durch Rechtsverordnung zu bestimmen, dass die Prüfung der persönlichen und wirtschaftlichen Verhältnisse nach den §§ 114 und 115 der Zivilprozessordnung einschließlich der in § 118 Absatz 2 der Zivilprozessordnung bezeichneten Maßnahmen, der Beurkundung von Vergleichen nach § 118 Absatz 1 Satz 3 der Zivilprozessordnung und der Entscheidungen nach § 118 Absatz 2 Satz 4 der Zivilprozessordnung durch den Rechtspfleger vorzunehmen ist, wenn der Vorsitzende das Verfahren dem Rechtspfleger insoweit überträgt. ²In diesem Fall ist § 5 Absatz 1 Nummer 2 nicht anzuwenden. ³Liegen die Voraussetzungen für die Bewilligung der Prozesskostenhilfe hiernach nicht vor, erlässt der Rechtspfleger die den Antrag ablehnende Entscheidung; anderenfalls vermerkt der Rechtspfleger in den Prozessakten, dass dem Antragsteller nach seinen persönlichen und wirtschaftlichen Verhältnissen Prozesskostenhilfe gewährt werden kann und in welcher Höhe gegebenenfalls Monatsraten oder Beträge aus dem Vermögen zu zahlen sind.

(3) Die Landesregierungen können die Ermächtigung nach Absatz 2 auf die Landesjustizverwaltungen übertragen.

§ 21 Festsetzungsverfahren

Folgende Geschäfte im Festsetzungsverfahren werden dem Rechtspfleger übertragen:
1. die Festsetzung der Kosten in den Fällen, in denen die §§ 103 ff. der Zivilprozessordnung anzuwenden sind;
2. die Festsetzung der Vergütung des Rechtsanwalts nach § 11 des Rechtsanwaltsvergütungsgesetzes;
3. die Festsetzung der Gerichtskosten nach den Gesetzen und Verordnungen zur Ausführung von Verträgen mit ausländischen Staaten über die Rechtshilfe sowie die Anerkennung und Vollstreckung gerichtlicher Entscheidungen und anderer Schuldtitel in Zivil- und Handelssachen.

§ 22 Gerichtliche Geschäfte in Straf- und Bußgeldverfahren

Von den gerichtlichen Geschäften in Straf- und Bußgeldverfahren werden dem Rechtspfleger übertragen:
1. die Geschäfte bei der Durchführung der Beschlagnahme (§ 111f Absatz 2 der Strafprozessordnung, § 46 Absatz 1 des Gesetzes über Ordnungswidrigkeiten),
2. die Geschäfte bei der Vollziehung des Arrestes sowie die Anordnung der Notveräußerung und die weiteren Anordnungen bei deren Durchführung (§ 111f Absatz 3 Satz 3, § 111l der Strafprozessordnung, § 46 Absatz 1 des Gesetzes über Ordnungswidrigkeiten), soweit die entsprechenden Geschäfte im Zwangsvollstreckungs- und Arrestverfahren dem Rechtspfleger übertragen sind,
3. die Entscheidung über Feststellungsanträge nach § 52 Absatz 2 und § 53 Absatz 3 des Rechtsanwaltsvergütungsgesetzes.

§ 23 Verfahren vor dem Patentgericht

(1) Im Verfahren vor dem Patentgericht werden dem Rechtspfleger die folgenden Geschäfte übertragen:

1. die nach den §§ 109, 715 der Zivilprozessordnung in Verbindung mit § 99 Absatz 1 des Patentgesetzes zu treffenden Entscheidungen bei der Rückerstattung von Sicherheiten in den Fällen des § 81 Absatz 6 und des § 85 Absatz 2 und 6 des Patentgesetzes sowie des § 20 des Gebrauchsmustergesetzes;
2. bei Verfahrenskostenhilfe (§§ 129 bis 137 des Patentgesetzes, § 21 Absatz 2 des Gebrauchsmustergesetzes, § 24 des Designgesetzes, § 11 Absatz 2 des Halbleiterschutzgesetzes, § 36 des Sortenschutzgesetzes) die in § 20 Nummer 4 bezeichneten Maßnahmen;
3. (weggefallen)
4. der Ausspruch, dass eine Klage, ein Antrag auf einstweilige Verfügung, ein Antrag auf gerichtliche Entscheidung im Einspruchsverfahren sowie eine Beschwerde als nicht erhoben gilt (§ 6 Absatz 2 des Patentkostengesetzes) oder eine Klage nach § 81 Absatz 6 Satz 3 des Patentgesetzes als zurückgenommen gilt;
5. die Bestimmung einer Frist für die Nachreichung der schriftlichen Vollmacht (§ 97 Absatz 5 Satz 2 des Patentgesetzes, § 18 Absatz 2 des Gebrauchsmustergesetzes, § 4 Absatz 4 Satz 3 des Halbleiterschutzgesetzes, § 81 Absatz 5 Satz 3 des Markengesetzes, § 23 Absatz 4 Satz 3 des Designgesetzes);
6. die Anordnung, Urschriften, Ablichtungen oder beglaubigte Abschriften von Druckschriften, die im Patentamt und im Patentgericht nicht vorhanden sind, einzureichen (§ 125 Absatz 1 des Patentgesetzes, § 18 Absatz 2 des Gebrauchsmustergesetzes, § 4 Absatz 4 Satz 3 des Halbleiterschutzgesetzes);
7. die Aufforderung zur Benennung eines Vertreters nach § 25 des Patentgesetzes, § 28 des Gebrauchsmustergesetzes, § 11 Absatz 2 des Halbleiterschutzgesetzes, § 96 des Markengesetzes, § 58 des Geschmacksmustergesetzes; *[Änderung durch Gesetz vom 10.10.2013, BGBl. I S. 3799, ist nicht ausführbar]*
8. (weggefallen)
9. die Erteilung der vollstreckbaren Ausfertigungen in den Fällen des § 20 Nummer 12 dieses Gesetzes in Verbindung mit § 99 Absatz 1 des Patentgesetzes, § 18 Absatz 2 des Gebrauchsmustergesetzes, § 4 Absatz 4 Satz 3 des Halbleiterschutzgesetzes, § 82 Absatz 1 des Markengesetzes, § 23 Absatz 4 Satz 3 des Designgesetzes;
10. die Erteilung von weiteren vollstreckbaren Ausfertigungen gerichtlicher Urkunden nach § 797 Absatz 3 der Zivilprozessordnung in Verbindung mit § 99 Absatz 1 des Patentgesetzes, § 18 Absatz 2 des Gebrauchsmustergesetzes, § 4 Absatz 4 Satz 3 des Halbleiterschutzgesetzes, § 82 Absatz 1 des Markengesetzes, § 23 Absatz 4 Satz 3 des Designgesetzes;
11. die Entscheidung über Anträge auf Gewährung von Akteneinsicht an dritte Personen, sofern kein Beteiligter Einwendungen erhebt und es sich nicht um Akten von Patentanmeldungen, Patenten, Gebrauchsmusteranmeldungen, Gebrauchsmustern, angemeldeter oder eingetragener Topographien handelt, für die jede Bekanntmachung unterbleibt (§§ 50, 99 Absatz 3 des Patentgesetzes, §§ 9, 18 Absatz 2 des Gebrauchsmustergesetzes, § 4 Absatz 4 Satz 3 des Halbleiterschutzgesetzes, § 82 Absatz 3 des Markengesetzes, § 23 Absatz 4 Satz 3 des Designgesetzes);
12. die Festsetzung der Kosten nach §§ 103 ff. der Zivilprozessordnung in Verbindung mit § 80 Absatz 5, § 84 Absatz 2 Satz 2, § 99 Absatz 1, § 109 Absatz 3 des

Patentgesetzes, § 18 Absatz 2 des Gebrauchsmustergesetzes, § 4 Absatz 4 Satz 3 des Halbleiterschutzgesetzes, § 71 Absatz 5, § 82 Absatz 1, § 90 Absatz 4 des Markengesetzes, § 23 Absatz 4 Satz 3 des Designgesetzes;
13. die Erteilung der vollstreckbaren Ausfertigungen in den Fällen des § 125i des Markengesetzes und § 64 des Designgesetzes.

(2) [1]Gegen die Entscheidungen des Rechtspflegers nach Absatz 1 ist die Erinnerung zulässig. [2]Sie ist binnen einer Frist von zwei Wochen einzulegen. [3]§ 11 Absatz 1 und 2 Satz 1 ist nicht anzuwenden.

§ 24 Aufnahme von Erklärungen

(1) Folgende Geschäfte der Geschäftsstelle werden dem Rechtspfleger übertragen:
1. die Aufnahme von Erklärungen über die Einlegung und Begründung
   a) der Rechtsbeschwerde und der weiteren Beschwerde,
   b) der Revision in Strafsachen;
2. die Aufnahme eines Antrags auf Wiederaufnahme des Verfahrens (§ 366 Absatz 2 der Strafprozessordnung, § 85 des Gesetzes über Ordnungswidrigkeiten).

(2) Ferner soll der Rechtspfleger aufnehmen:
1. sonstige Rechtsbehelfe, soweit sie gleichzeitig begründet werden;
2. Klagen und Klageerwiderungen;
3. andere Anträge und Erklärungen, die zur Niederschrift der Geschäftsstelle abgegeben werden können, soweit sie nach Schwierigkeit und Bedeutung den in den Nummern 1 und 2 genannten Geschäften vergleichbar sind.

(3) § 5 ist nicht anzuwenden.

§ 24a Beratungshilfe

(1) Folgende Geschäfte werden dem Rechtspfleger übertragen:
1. die Entscheidung über Anträge auf Gewährung und Aufhebung von Beratungshilfe einschließlich der grenzüberschreitenden Beratungshilfe nach § 10 Absatz 4 des Beratungshilfegesetzes;
2. die dem Amtsgericht nach § 3 Absatz 2 des Beratungshilfegesetzes zugewiesenen Geschäfte.

(2) § 11 Absatz 2 Satz 1 bis 4 und Absatz 3 ist nicht anzuwenden.

§ 24b Amtshilfe

(1) Die Landesregierungen werden ermächtigt, durch Rechtsverordnung die Geschäfte der Amtshilfe dem Rechtspfleger zu übertragen.

(2) Die Landesregierungen können die Ermächtigung auf die Landesjustizverwaltungen übertragen.

§ 25 Sonstige Geschäfte auf dem Gebiet der Familiensachen

Folgende weitere Geschäfte in Familiensachen einschließlich der entsprechenden Lebenspartnerschaftssachen werden dem Rechtspfleger übertragen:
1. (weggefallen)
2. in Unterhaltssachen

a) Verfahren nach § 231 Absatz 2 des Gesetzes über das Verfahren in Familiensachen und in den Angelegenheiten der freiwilligen Gerichtsbarkeit, soweit nicht ein Verfahren nach § 231 Absatz 1 des Gesetzes über das Verfahren in Familiensachen und in den Angelegenheiten der freiwilligen Gerichtsbarkeit anhängig ist,
b) die Bezifferung eines Unterhaltstitels nach § 245 des Gesetzes über das Verfahren in Familiensachen und in den Angelegenheiten der freiwilligen Gerichtsbarkeit,
c) das vereinfachte Verfahren über den Unterhalt Minderjähriger;
3. in Güterrechtssachen
a) die Ersetzung der Zustimmung eines Ehegatten, Lebenspartners oder Abkömmlings nach § 1452 des Bürgerlichen Gesetzbuchs,
b) die Entscheidung über die Stundung einer Ausgleichsforderung und Übertragung von Vermögensgegenständen nach den §§ 1382 und 1383 des Bürgerlichen Gesetzbuchs, jeweils auch in Verbindung mit § 6 Satz 2 des Lebenspartnerschaftsgesetzes, mit Ausnahme der Entscheidung im Fall des § 1382 Absatz 5 und des § 1383 Absatz 3 des Bürgerlichen Gesetzbuchs, jeweils auch in Verbindung mit § 6 Satz 2 des Lebenspartnerschaftsgesetzes,
c) die Entscheidung über die Stundung einer Ausgleichsforderung und Übertragung von Vermögensgegenständen nach § 1519 des Bürgerlichen Gesetzbuchs in Verbindung mit Artikel 12 Absatz 2 Satz 2 und Artikel 17 des Abkommens vom 4. Februar 2010 zwischen der Bundesrepublik Deutschland und der Französischen Republik über den Güterstand der Wahl-Zugewinngemeinschaft, jeweils auch in Verbindung mit § 7 des Lebenspartnerschaftsgesetzes, soweit nicht über die Ausgleichsforderung ein Rechtsstreit anhängig wird.

§ 25a Verfahrenskostenhilfe

In Verfahren über die Verfahrenskostenhilfe werden dem Rechtspfleger die dem § 20 Nummer 4 und 5 entsprechenden Geschäfte übertragen.

Vierter Abschnitt. Sonstige Vorschriften auf dem Gebiet der Gerichtsverfassung

§ 26 Verhältnis des Rechtspflegers zum Urkundsbeamten der Geschäftsstelle

Die Zuständigkeit des Urkundsbeamten der Geschäftsstelle nach Maßgabe der gesetzlichen Vorschriften bleibt unberührt, soweit sich nicht aus § 20 Satz 1 Nummer 12 (zu den §§ 726 ff. der Zivilprozessordnung), aus § 21 Nummer 1 (Festsetzungsverfahren) und aus § 24 (Aufnahme von Erklärungen) etwas anderes ergibt.

§ 27 Pflicht zur Wahrnehmung sonstiger Dienstgeschäfte

(1) Durch die Beschäftigung eines Beamten als Rechtspfleger wird seine Pflicht, andere Dienstgeschäfte einschließlich der Geschäfte des Urkundsbeamten der Geschäftsstelle wahrzunehmen, nicht berührt.

Rechtspflegergesetz § 28–31 **RPflG**

(2) Die Vorschriften dieses Gesetzes sind auf die sonstigen Dienstgeschäfte eines mit den Aufgaben des Rechtspflegers betrauten Beamten nicht anzuwenden.

§ 28 Zuständiger Richter

Soweit mit Angelegenheiten, die dem Rechtspfleger zur selbständigen Wahrnehmung übertragen sind, nach diesem Gesetz der Richter befasst wird, ist hierfür das nach den allgemeinen Verfahrensvorschriften zu bestimmende Gericht in der für die jeweilige Amtshandlung vorgeschriebenen Besetzung zuständig.

Fünfter Abschnitt. Dem Rechtspfleger übertragene Geschäfte in anderen Bereichen

§ 29 Geschäfte im internationalen Rechtsverkehr

Dem Rechtspfleger werden folgende Aufgaben übertragen:
1. die der Geschäftsstelle des Amtsgerichts gesetzlich zugewiesene Ausführung ausländischer Zustellungsanträge;
2. die Entgegennahme von Anträgen auf Unterstützung in Unterhaltssachen nach § 7 des Auslandsunterhaltsgesetzes vom 23. Mai 2011 (BGBl. I S. 898) sowie die Entscheidung über Anträge nach § 10 Absatz 3 des Auslandsunterhaltsgesetzes;
3. die Entgegennahme von Anträgen nach § 42 Absatz 1 und die Entscheidung über Anträge nach § 5 Absatz 2 des Internationalen Familienrechtsverfahrensgesetzes vom 26. Januar 2005 (BGBl. I S. 162).

§ 30 (weggefallen)

§ 31 Geschäfte der Staatsanwaltschaft im Strafverfahren und Vollstreckung in Straf- und Bußgeldsachen sowie von Ordnungs- und Zwangsmitteln

(1) Von den Geschäften der Staatsanwaltschaft im Strafverfahren werden dem Rechtspfleger übertragen:
1. die Geschäfte bei der Durchführung der Beschlagnahme (§ 111f Absatz 2 der Strafprozessordnung),
2. die Geschäfte bei der Durchführung der Beschlagnahme und Vollziehung des Arrestes sowie die Anordnung der Notveräußerung und die weiteren Anordnungen bei deren Durchführung (§ 111f Absatz 1, 3, § 111l der Strafprozessordnung), soweit die entsprechenden Geschäfte im Zwangsvollstreckungs- und Arrestverfahren dem Rechtspfleger übertragen sind.

(2) ¹Die der Vollstreckungsbehörde in Straf- und Bußgeldsachen obliegenden Geschäfte werden dem Rechtspfleger übertragen. ²Ausgenommen sind Entscheidungen nach § 114 des Jugendgerichtsgesetzes. ³Satz 1 gilt entsprechend, soweit Ordnungs- und Zwangsmittel von der Staatsanwaltschaft vollstreckt werden.

(2a) Der Rechtspfleger hat die ihm nach Absatz 2 Satz 1 übertragenen Sachen dem Staatsanwalt vorzulegen, wenn
1. er von einer ihm bekannten Stellungnahme des Staatsanwalts abweichen will oder

2. zwischen dem übertragenen Geschäft und einem vom Staatsanwalt wahrzunehmenden Geschäft ein so enger Zusammenhang besteht, dass eine getrennte Sachbearbeitung nicht sachdienlich ist, oder
3. ein Ordnungs- oder Zwangsmittel von dem Staatsanwalt verhängt ist und dieser sich die Vorlage ganz oder teilweise vorbehalten hat.

(2b) Der Rechtspfleger kann die ihm nach Absatz 2 Satz 1 übertragenen Geschäfte dem Staatsanwalt vorlegen, wenn
1. sich bei der Bearbeitung Bedenken gegen die Zulässigkeit der Vollstreckung ergeben oder
2. ein Urteil vollstreckt werden soll, das von einem Mitangeklagten mit der Revision angefochten ist.

(2c) ¹Die vorgelegten Sachen bearbeitet der Staatsanwalt, solange er es für erforderlich hält. ²Er kann die Sachen dem Rechtspfleger zurückgeben. ³An eine dabei mitgeteilte Rechtsauffassung oder erteilte Weisungen ist der Rechtspfleger gebunden.

(3) Die gerichtliche Vollstreckung von Ordnungs- und Zwangsmitteln wird dem Rechtspfleger übertragen, soweit sich nicht der Richter im Einzelfall die Vollstreckung ganz oder teilweise vorbehält.

(4) (weggefallen)

(5) ¹Die Leitung der Vollstreckung im Jugendstrafverfahren bleibt dem Richter vorbehalten. ²Dem Rechtspfleger werden die Geschäfte der Vollstreckung übertragen, durch die eine richterliche Vollstreckungsanordnung oder eine die Leitung der Vollstreckung nicht betreffende allgemeine Verwaltungsvorschrift ausgeführt wird. ³Der Bundesminister der Justiz wird ermächtigt, durch Rechtsverordnung mit Zustimmung des Bundesrates auf dem Gebiet der Vollstreckung im Jugendstrafverfahren dem Rechtspfleger nichtrichterliche Geschäfte zu übertragen, soweit nicht die Leitung der Vollstreckung durch den Jugendrichter beeinträchtigt wird oder das Vollstreckungsgeschäft wegen seiner rechtlichen Schwierigkeit, wegen der Bedeutung für den Betroffenen, vor allem aus erzieherischen Gründen, oder zur Sicherung einer einheitlichen Rechtsanwendung dem Vollstreckungsleiter vorbehalten bleiben muss. ⁴Der Richter kann die Vorlage von übertragenen Vollstreckungsgeschäften anordnen.

(6) ¹Gegen die Maßnahmen des Rechtspflegers ist der Rechtsbehelf gegeben, der nach den allgemeinen verfahrensrechtlichen Vorschriften zulässig ist. ²Ist hiernach ein Rechtsbehelf nicht gegeben, entscheidet über Einwendungen der Richter oder Staatsanwalt, an dessen Stelle der Rechtspfleger tätig geworden ist. ³Er kann dem Rechtspfleger Weisungen erteilen. ⁴Die Befugnisse des Behördenleiters aus den §§ 145, 146 des Gerichtsverfassungsgesetzes bleiben unberührt.

(7) Unberührt bleiben ferner bundes- und landesrechtliche Vorschriften, welche die Vollstreckung von Vermögensstrafen im Verwaltungszwangsverfahren regeln.

§ 32 Nicht anzuwendende Vorschriften

Auf die nach den §§ 29 und 31 dem Rechtspfleger übertragenen Geschäfte sind die §§ 5 bis 11 nicht anzuwenden.

Rechtspflegergesetz §§ 33, 33a **RPflG**

Sechster Abschnitt. Schlussvorschriften

§ 33 Regelung für die Übergangszeit, Befähigung zum Amt des Bezirksnotars

(1) Justizbeamte, die die Voraussetzungen des § 2 nicht erfüllen, können mit den Aufgaben eines Rechtspflegers betraut werden, wenn sie vor dem 1. September 1976 nach den jeweils geltenden Vorschriften die Prüfung für den gehobenen Justizdienst bestanden haben oder, soweit sie eine Prüfung nicht abgelegt haben, vor dem 1. Juli 1970 nicht nur zeitweilig als Rechtspfleger tätig waren.

(2) Mit den Aufgaben eines Rechtspflegers kann auch ein Beamter des Justizdienstes betraut werden, der im Lande Baden-Württemberg die Befähigung zum Amt des Bezirksnotars erworben hat.

Fassung ab 1.1.2018:

(3) ¹Nimmt ein Beamter des Justizdienstes nach Absatz 2 Aufgaben nach § 3 Nummer 2 Buchstabe a, b oder c wahr, gelten § 14 Absatz 1 Nummer 2, 5, 7, 8 und 12 Buchstabe a sowie § 15 Nummer 1 bis 6 und § 16 nicht. ²Dem Richter bleiben vorbehalten:
1. *die Genehmigung für den Antrag auf Scheidung oder Aufhebung der Ehe durch den gesetzlichen Vertreter eines geschäftsunfähigen Ehegatten nach § 125 Absatz 2 Satz 2 des Gesetzes über das Verfahren in Familiensachen und in den Angelegenheiten der freiwilligen Gerichtsbarkeit,*
2. *die Genehmigung nach § 1800 in Verbindung mit § 1631b, den §§ 1906 und 1915 Absatz 1 in Verbindung mit den §§ 1800, 1631b des Bürgerlichen Gesetzbuchs, die Anordnung einer Freiheitsentziehung auf Grund der §§ 1846, 1908i Absatz 1 Satz 1 des Bürgerlichen Gesetzbuchs oder der §§ 283 und 284 des Gesetzes über das Verfahren in Familiensachen und in den Angelegenheiten der freiwilligen Gerichtsbarkeit, die Anordnung einer Vorführung nach § 278 Absatz 5 des Gesetzes über das Verfahren in Familiensachen und in den Angelegenheiten der freiwilligen Gerichtsbarkeit sowie alle Entscheidungen in Unterbringungssachen; dies gilt jeweils auch bei Unterbringung durch einen Bevollmächtigten,*
3. *die Anordnung, Erweiterung oder Aufhebung eines Einwilligungsvorbehalts sowie die Bestellung eines Betreuers oder Pflegers auf Grund dienstrechtlicher Vorschriften,*
4. *die nach § 1596 Absatz 1 Satz 3 und den §§ 1904, 1905 des Bürgerlichen Gesetzbuchs erforderlichen Genehmigungen sowie die Anordnung einer Pflegschaft und die Bestellung eines Pflegers für Minderjährige oder für Betreute zur Entscheidung über die Ausübung des Zeugnisverweigerungsrechtes eines Minderjährigen oder Betreuten bei Verhinderung des gesetzlichen Vertreters und*
5. *der Erlass einer Maßregel in Bezug auf eine Untersuchung des Gesundheitszustandes, eine Heilbehandlung oder einen ärztlichen Eingriff nach §§ 1846, 1908i Absatz 1 Satz 1 und § 1915 Absatz 1 des Bürgerlichen Gesetzbuchs.*

§ 33a Übergangsregelung für die Jugendstrafvollstreckung

Bis zum Inkrafttreten der auf Grund der Ermächtigung nach § 31 Absatz 5 zu erlassenden Rechtsverordnung gelten die Bestimmungen über die Entlastung des Jugendrichters in Strafvollstreckungsgeschäften weiter.

§ 34 Wahrnehmung von Rechtspflegeraufgaben durch Bereichsrechtspfleger

(1) Mit Ablauf des 31. Dezember 1996 ist die Maßgabe zu diesem Gesetz in Anlage I Kapitel III Sachgebiet A Abschnitt III Nummer 3 des Einigungsvertrages vom 31. August 1990 (BGBl. 1990 II S. 889) nicht mehr anzuwenden.

(2) Beschäftigte, die nach dieser Maßgabe mit Rechtspflegeraufgaben betraut worden sind (Bereichsrechtspfleger), dürfen die Aufgaben eines Rechtspflegers auf den ihnen übertragenen Sachgebieten auch nach Ablauf der in Absatz 1 genannten Frist wahrnehmen.

(3) [1]Bereichsrechtspfleger können auch nach dem 31. Dezember 1996 auf weiteren Sachgebieten mit Rechtspflegeraufgaben betraut werden, wenn sie auf Grund von Fortbildungsmaßnahmen zur Erledigung von Aufgaben auf diesen Sachgebieten geeignet sind. [2]Dies gilt entsprechend für Beschäftigte, die bis zu diesem Zeitpunkt nur an Fortbildungsmaßnahmen für die Aufgaben der Justizverwaltung, die von Beamten des gehobenen Dienstes wahrgenommen werden, erfolgreich teilgenommen haben.

§ 34a Ausbildung von Bereichsrechtspflegern zu Rechtspflegern

(1) [1]Bereichsrechtspfleger, die an für sie bestimmten Lehrgängen einer Fachhochschule teilgenommen und diese Ausbildung mit einer Prüfung erfolgreich abgeschlossen haben, erwerben die Stellung eines Rechtspflegers und dürfen mit allen Rechtspflegeraufgaben betraut werden. [2]Die Lehrgänge dauern insgesamt achtzehn Monate und vermitteln den Teilnehmern die wissenschaftlichen Erkenntnisse und Methoden sowie die berufspraktischen Fähigkeiten und Kenntnisse, die zur Erfüllung der Aufgaben eines Rechtspflegers erforderlich sind.

(2) [1]Erfolgreich abgeschlossene Aus- und Fortbildungslehrgänge, an denen ein Bereichsrechtspfleger seit dem 3. Oktober 1990 teilgenommen hat, können auf die für die betreffenden Sachgebiete bestimmten Lehrgänge nach Absatz 1 angerechnet werden. [2]Auf diesen Sachgebieten kann eine Prüfung nach Absatz 1 entfallen.

(3) Die Länder können vorsehen, dass die Prüfung nach Absatz 1 jeweils für die einzelnen Sachgebiete am Ende der Lehrgänge abgelegt wird.

(4) Das Nähere regelt das Landesrecht.

§ 35[1] Vorbehalt für Baden-Württemberg

(1) Im Lande Baden-Württemberg werden bei den Notariaten und den Grundbuchämtern im Rahmen ihrer Zuständigkeit die beim Amtsgericht nach § 3 Nummer 1 Buchstaben f, h und i, nach § 3 Nummer 2 Buchstabe a und b vorbehaltlich der §§ 14 und 15 dieses Gesetzes sowie nach § 3 Nummer 2 Buchstabe c vorbehaltlich des § 16 dieses Gesetzes dem Rechtspfleger übertragenen Geschäfte sowie Teilungssachen im Sinne von § 342 Absatz 2 Nummer 1 des Gesetzes über das Verfahren in Familiensachen und in den Angelegenheiten der freiwilligen Gerichtsbarkeit von einem zum Rechtspflegeramt befähigten Beamten wahrgenommen, sofern diesen Behörden solche Beamte als Rechtspfleger zugewiesen werden.

---

[1] **[Amtl. Anm.:]** Gemäß Artikel 6 Nummer 2 in Verbindung mit Artikel 12 Absatz 3 des Gesetzes vom 15. Juli 2009 (BGBl. I S. 1798) wird § 35 am **1. Januar 2018** aufgehoben.

Rechtspflegergesetz §§ 36–36b **RPflG**

(2) Der einem Notariat zugewiesene Rechtspfleger ist auch für die Beurkundung einer Erbscheinsverhandlung einschließlich der Abnahme einer eidesstattlichen Versicherung (§ 2356 des Bürgerlichen Gesetzbuchs) zuständig.

(3) ¹Im Übrigen gelten die Vorschriften dieses Gesetzes mit der Maßgabe entsprechend, dass der Notar neben dem Rechtspfleger für die diesem übertragenen Geschäfte zuständig bleibt. ²An die Stelle des Richters tritt der Notar. ³Über Erinnerungen nach § 11 Absatz 2 Satz 6 entscheidet der Richter des Amtsgerichts, in dessen Bezirk das Notariat oder Grundbuchamt seinen Sitz hat.

(4) Soweit nach landesrechtlichen Vorschriften für die dem Betreuungsgericht, Nachlassgericht oder Grundbuchamt obliegenden Verrichtungen andere Behörden als die Amtsgerichte zuständig sind, bleibt die Entscheidung dem Richter vorbehalten, wenn die Abänderung einer Entscheidung einer solchen Behörde bei dem Amtsgericht nachzusuchen ist.

§ 36[1] Neugliederung der Gerichte in Baden-Württemberg

¹Das Land Baden-Württemberg kann bei der Neugliederung von Amtsgerichtsbezirken die Vorschriften des Grundbuch- und Notarrechts, die am Sitz des Amtsgerichts gelten, auf die dem Bezirk dieses Amtsgerichts neu eingegliederten Gebietsteile erstrecken. ²Mit dem Inkrafttreten einer solchen Bestimmung gelten in den eingegliederten Gebietsteilen die bundesrechtlichen Vorschriften des Grundbuch- und Notarrechts insoweit, als sie am Sitz des Amtsgerichts in Kraft sind.

§ 36a Vorbehalt für die Freie und Hansestadt Hamburg

In der Freien und Hansestadt Hamburg gilt § 24 Absatz 2 mit der Maßgabe, dass der Rechtspfleger die dort bezeichneten Anträge und Erklärungen nur dann aufnehmen soll, wenn dies wegen des Zusammenhangs mit einem von ihm wahrzunehmenden Geschäft, wegen rechtlicher Schwierigkeiten oder aus sonstigen Gründen geboten ist.

§ 36b Übertragung von Rechtspflegeraufgaben auf den Urkundsbeamten der Geschäftsstelle

(1) ¹Die Landesregierungen werden ermächtigt, durch Rechtsverordnung folgende nach diesem Gesetz vom Rechtspfleger wahrzunehmende Geschäfte ganz oder teilweise dem Urkundsbeamten der Geschäftsstelle zu übertragen:
1. die Geschäfte bei der Annahme von Testamenten und Erbverträgen zur amtlichen Verwahrung nach den §§ 346, 347 des Gesetzes über das Verfahren in Familiensachen und in den Angelegenheiten der freiwilligen Gerichtsbarkeit (§ 3 Nummer 2 Buchstabe c);
2. das Mahnverfahren im Sinne des Siebenten Buchs der Zivilprozessordnung einschließlich der Bestimmung der Einspruchsfrist nach § 700 Absatz 1 in Verbindung mit § 339 Absatz 2 der Zivilprozessordnung sowie der Abgabe an das für das streitige Verfahren als zuständig bezeichnete Gericht, auch soweit das Mahnverfahren maschinell bearbeitet wird (§ 20 Nummer 1);
3. die Erteilung einer weiteren vollstreckbaren Ausfertigung in den Fällen des § 733 der Zivilprozessordnung (§ 20 Nummer 12);

---

[1] **[Amtl. Anm.:]** Gemäß Artikel 6 Nummer 2 in Verbindung mit Artikel 12 Absatz 3 des Gesetzes vom 15. Juli 2009 (BGBl. I S. 1798) wird § 36 am **1. Januar 2018** aufgehoben.

4. die Erteilung von weiteren vollstreckbaren Ausfertigungen gerichtlicher Urkunden nach § 797 Absatz 3 der Zivilprozessordnung (§ 20 Nummer 13);
5. die der Staatsanwaltschaft als Vollstreckungsbehörde in Straf- und Bußgeldsachen obliegenden Geschäfte bei der Vollstreckung von Geldstrafen und Geldbußen (§ 31 Absatz 2); hierzu gehört nicht die Vollstreckung von Ersatzfreiheitsstrafen.

²Die Landesregierungen können die Ermächtigung auf die Landesjustizverwaltungen übertragen.

(2) ¹Der Urkundsbeamte der Geschäftsstelle trifft alle Maßnahmen, die zur Erledigung der ihm übertragenen Geschäfte erforderlich sind. ²Die Vorschriften über die Vorlage einzelner Geschäfte durch den Rechtspfleger an den Richter oder Staatsanwalt (§§ 5, 28, 31 Absatz 2a und 2b) gelten entsprechend.

(3) Bei der Wahrnehmung von Geschäften nach Absatz 1 Satz 1 Nummer 2 kann in den Fällen der §§ 694, 696 Absatz 1, § 700 Absatz 3 der Zivilprozessordnung eine Entscheidung des Prozessgerichts zur Änderung einer Entscheidung des Urkundsbeamten der Geschäftsstelle (§ 573 der Zivilprozessordnung) nicht nachgesucht werden.

(4) ¹Bei der Wahrnehmung von Geschäften nach Absatz 1 Satz 1 Nummer 5 entscheidet über Einwendungen gegen Maßnahmen des Urkundsbeamten der Geschäftsstelle der Rechtspfleger, an dessen Stelle der Urkundsbeamte tätig geworden ist. ²Er kann dem Urkundsbeamten Weisungen erteilen. ³Die Befugnisse des Behördenleiters aus den §§ 145, 146 des Gerichtsverfassungsgesetzes bleiben unberührt.

§ 37 Rechtspflegergeschäfte nach Landesrecht

Die Länder können Aufgaben, die den Gerichten durch landesrechtliche Vorschriften zugewiesen sind, auf den Rechtspfleger übertragen.

§ 38 Aufhebung und Änderung von Vorschriften

(1) (Aufhebung von Vorschriften)

(2) (Änderung von Vorschriften)

(3) (weggefallen)

§ 39 Überleitungsvorschrift

Für die Anfechtung von Entscheidungen des Rechtspflegers gelten die §§ 11 und 23 Absatz 2 in der vor dem 1. Oktober 1998 geltenden Fassung, wenn die anzufechtende Entscheidung vor diesem Datum verkündet oder, wenn eine Verkündung nicht stattgefunden hat, der Geschäftsstelle übergeben worden ist.

§ 40 (Inkrafttreten)

Einleitung. Historischer Überblick

Übersicht

	Rn.
I. Die Entwicklung des Gerichtsschreiberamtes vom 14. bis in das 19. Jahrhundert	2–8
II. Die ersten Reformbestrebungen (1906 bis 1920)	9–17
III. Die kleine Justizreform (1920 bis 1923)	18–25
IV. Die Reformbestrebungen bis zur Reichsentlastungsverfügung (1928 bis 1943)	26–30
V. Die Reichsentlastungsverfügung vom 1.8.1943	31
VI. Die Reformbestrebungen nach dem Zweiten Weltkrieg (1945 bis 1951)	32–35
VII. Das Rechtspflegergesetz vom 8.2.1957	36, 37
VIII. Das Rechtspflegergesetz vom 5.11.1969	38, 39
IX. Einzelergänzungen und Änderungen in der Folgezeit	40, 41

Das Amt des Rechtspflegers hat sich aus dem „ehrwürdigen Amte des Gerichts- **1** schreibers" *(Arndt)* entwickelt –, die Geschichte des Rechtspflegers ist deshalb bis in den Beginn unseres 20. Jahrhunderts die Geschichte des Gerichtsschreibers.

I. Die Entwicklung des Gerichtsschreiberamtes vom 14. bis in das 19. Jahrhundert

Die **Entstehung des Gerichtsschreiberamtes** in Deutschland fällt in die Zeit **2** der Rezeption des romanisch-kanonischen Prozessrechts, also in das 14. Jahrhundert. Seine erste Blüte erfuhr es durch die gemeinrechtliche Weiterbildung des übernommenen Prozessrechts. Der gemeinrechtliche Prozess war beherrscht vom Schriftlichkeitsprinzip, nur die vom Gerichtsschreiber zu Protokoll festgehaltenen Erklärungen und Beweisergebnisse konnten Gegenstand der Urteilsfindung sein. Es galt der aus dem kanonischen Prozess übernommene Satz: „Quod non est in actis, non est in mundo", der am besten die Bedeutung des Gerichtsschreiberamtes für den damaligen Verfahrensgang erkennen läßt.

In den **Reichskammergerichtsordnungen** vom 7.8.1495, 26.5.1521 und **3** 25.9.1555 finden sich wichtige Vorschriften über das Amt der **„Pronotarien"** (so die damalige Bezeichnung der Gerichtsschreiber). Dasselbe gilt für die **„Peinliche Gerichtsordnung"** Karls V. vom 1532, die – mitten in den Stürmen der Reformation geschaffen – das erste Strafverfahrensgesetz Deutschlands darstellt. Sie beschreibt in den Art. 181 bis 203 ausführlich die Tätigkeit des **„Gerichtsschreibers"**: Hier findet sich erstmals dieser Name, der erst 1927, als längst nicht mehr zutreffend, durch eine andere Bezeichnung ersetzt werden muß. Der Wichtigkeit seiner Aufgaben entsprach seine Stellung, so mußte er beispielsweise dieselben „Tugenden" besitzen wie Richter und Schöffen und wurde wie diese beeidigt.

Diese reichsrechtliche Gesetzgebung hat die Gesetzgebung der einzelnen Länder **4** stark beeinflusst, stärker als man angesichts der Aushöhlung der Reichsjustiz durch die großzügig verliehenen „privilegia de non appellando" und angesichts der allgemeinen Minderung von Macht und Ansehen des Reiches vermuten möchte. So ist

Einl. Einleitung. Historischer Überblick

in allen Hof- oder Kammergerichtsordnungen der damaligen Zeit dem Gerichtsschreiber eine sehr starke Stellung eingeräumt, besonders gilt dies für **Bayern,** wo sich die Gerichtsschreiber sogar an der richterlichen Beratung, gar am Votieren beteiligten.

5   Erst die Ablösung des gemeinrechtlichen Prozesses durch die landesrechtlichen Prozessordnungen des 18. und 19. Jahrhunderts bedeutete auch das Ende der geschilderten Stellung des damaligen Gerichtsschreibers, die *Arndt* Einl. S. 4 zu Recht als die eines Richtergehilfen bezeichnet hat.

6   Der Wandel vom schriftlichen zum mündlichen Verfahren, wohl auch die im Zuge der Verbreitung der Montesquieu'schen Gewaltenteilungslehre immer stärker betonte Sonderstellung des Richters, das Verbot der Aktenversendung, die Einführung von Ausbildungs- und Prüfungsvorschriften: Das alles bewirkte eine genaue und strenge Abgrenzung der Tätigkeit und Stellung des Richters von der des sog „Subalternbeamten". Der Gerichtsschreiber wurde zum reinen Bürogehilfen, dem lediglich die Kanzleiarbeiten bei Gericht oblagen.

7   Nach der **Neugründung des Reiches** übernahm die nunmehrige reichseinheitliche Kodifikation des Gerichtsverfassungsrechts, **das GVG vom 27.1.1877,** in den Grundzügen das in den landesrechtlichen Prozessordnungen Vorgegebene, insbesondere auch hinsichtlich der Stellung der Gerichtsorgane. Der **Gerichtsschreiber** wurde dabei als mittlerweile so bedeutungslos angesehen, dass die Vorschrift des (heutigen) § 153 GVG die Regelung seiner Rechtsstellung, seiner Vor- und Ausbildung dem Landesgesetzgeber überließ. Die einzelnen Ausführungsgesetze der Länder zum GVG wiederum überließen die Regelung von Rechtsstellung und Ausbildung des Gerichtsschreibers sogar den Justizverwaltungen. Die dem Gerichtsschreiber in den gleichzeitig erlassenen Prozessordnungen zugewiesenen Aufgaben waren von untergeordneter Bedeutung und weitgehend unselbständiger Art. Es waren dies vorwiegend Geschäfte, die nach heutigem Rechtszustand den Beamten des mittleren Justizdienstes oder Justizangestellten übertragen sind; so die Tätigkeiten in der Protokollführung, der kanzleimäßigen und registermäßigen Behandlung des Aktengutes, das Zustellungswesen usw.

8   So zeigt sich der **Gerichtsschreiber** im ausgehenden 19. Jahrhundert, nachdem er sich vom Richtergehilfen zum unselbständigen Subalternbeamten gewandelt hatte, auf dem tiefsten Punkt seiner wechselvollen Geschichte. Dieser unbedeutenden Stellung im Rahmen des Rechtsganges entsprach auch seine **soziale Bewertung.** Noch **im 17. Jahrhundert** war es keine Seltenheit, dass Richter neben ihrem Richteramt das des Gerichtsschreibers ausübten, oder dass Gerichtsschreiber sich neben den Notaren auf dem Gebiet der fG betätigten, auch dass Notare noch als Gerichtsschreiber sich verwenden ließen und Richter von „Aktuaren" zeitweise vertreten werden konnten. Dementsprechend war auch das Ansehen, das der Gerichtsschreiber genoß, ein hohes und seine soziale Stellung der von Richter oder Notar durchaus gleichwertig. Der Gerichtsschreiber **am Ende des 19. und zu Beginn des 20. Jahrhunderts** dagegen, mit unbedeutenden Bürohilfsarbeiten betraut, mußte in der strengen Hierarchie des Kaiserreiches mit einem denkbar bescheidenen Range vorlieb nehmen. Er hatte seinen Platz in jenem „Beamtenproletariat", das, wenngleich unablässig ein Übermaß an Arbeit bewältigend, weder ideelle noch materielle Anerkennung fand.

II. Die ersten Reformbestrebungen (1906 bis 1920)

Der die Reichsjustizgesetze, zumal das GVG, beherrschende Grundgedanke der **ausschließlichen Repräsentation des Gerichts durch den akademisch gebildeten Richter,** dem jegliche leitende, anordnende oder gar entscheidende Tätigkeit zustand, setzte einen enorm großen Richterapparat voraus und überlastete ihn zudem mit einer Fülle von Geschäften, die mit der eigentlichen Spruchtätigkeit nichts zu tun hatten. Die ständig wachsende Zahl von Richtern, die infolge ihrer notwendigen Beschäftigung mit einer Fülle von Aufgaben formaler und technischer Natur ihre Arbeitskraft verzettelten, gar von ihrer eigentlichen, der Spruchtätigkeit mehr oder minder abgelenkt wurden, führte zu einer erheblichen Minderung des richterlichen Ansehens und nicht zuletzt zu einer Verschlechterung des Rechtsschutzes für den Bürger.

Drei Persönlichkeiten gebührt das Verdienst, in Rede und Schrift auf diese Mängel hingewiesen, Verbesserungsmöglichkeiten aufgezeigt und damit den Boden für künftige Reformen bereitet zu haben: dem hervorragenden österreichischen Juristen *Franz Klein* (dem Reformator der österreichischen Prozeßgesetze), dem Frankfurter Oberbürgermeister *Franz Adickes* und dem späteren Reichsgerichtsrat und Vorsitzenden des Deutschen Richterbundes *Hans Reichert*.

Franz Klein schrieb bereits 1897 in seinen Vorbemerkungen zu seinem österreichischen Gerichtsorganisationsgesetz:

„Damit der Richter sich den neuen Aufgaben, welche durch die Prozeßgesetze erwachsen sind, ganz hingeben könne, muß er tunlichst von allen Verpflichtungen befreit werden, die ihm jetzt, ohne gerade streng richterliche Natur zu sein, obliegen ..."

Kleins Ruf nach Befreiung des Richters von allen Aufgaben, die nicht der reinen Spruchtätigkeit dienen, verhallte damals ungehört.

Am 30.3.1906 hielt *Franz Adickes* im preußischen Herrenhaus bei der Beratung des Justizetats eine Aufsehen erregende Rede über die **Reformbedürftigkeit der Stellung des deutschen Richters** (zuletzt abgedruckt: DRiZ 65, 258). Seine Gedanken hat er kurze Zeit später auch in schriftlicher Form der Öffentlichkeit unterbreitet („Grundlinien durchgreifender Justizreform", Berlin 1906 und „Zur Verständigung über die Justizreform", Berlin 1907).

Adickes verlangte in erster Linie **eine drastische Verringerung der Richterzahl.** Während es in Deutschland (1906) 9000 Richter gebe, genügten in England 500. Schuld daran sei, so erkannte *Adickes* ganz richtig, die in Deutschland übliche „unerhörte Vergeudung richterlicher Kräfte" durch die Zuweisung einer Vielzahl von Aufgaben, die ihrer Natur nach keineswegs von akademisch gebildeten Richtern erledigt werden müßten. So sollten **zur Entlastung der Richter** die Anerkenntnis- und Versäumnisurteile in die Hände des Gerichtsschreibers gelegt werden, ebenso der Erlass von Zahlungs- und Vollstreckungsbefehlen, von Strafbefehlen (!) und von Kostenfestsetzungsbeschlüssen. Seine Reformvorschläge fanden in der ZPO-Novelle von 1909 nur eine minimale Berücksichtigung.

Auch *Reichert* (DRiZ 4, 613) hielt das Rechtswesen seiner Zeit für rückständig. Er sah einen Zwiespalt zwischen dem Geist der Zeit und der Rechtsprechung und er fand, der Tätigkeit der Richter „hafte etwas Subalternes an". Auch er verlangte eine weitgehende Entlastung der Richter, damit sie sich wieder ganz ihrer eigentlichen Aufgabe, der Spruchtätigkeit, widmen könnten.

Einl. Einleitung. Historischer Überblick

15 Ein erster Versuch, dem Drängen nach Entlastung der Richter zu entsprechen, war die **AV des PreußJM vom 25.4.1906** (PrJMBl S. 112, abgedruckt im → Anhang II.1.). Durch sie wurde der Gerichtsschreiber auf den Gebieten des Zivil- und Strafprozesses sowie der fG mit der Fertigung von Entwürfen beauftragt, die der Richter nach Überprüfung zu unterzeichnen hatte.

16 Drei Jahre später geschah mit der **ZPO-Novelle** vom 1.6.1909 ein Schritt von grundsätzlicherer Bedeutung. Das Kostenfestsetzungsverfahren sowie die Erteilung des (damals noch) Vollstreckungsbefehles wurden auf den Gerichtsschreiber zur selbständigen Erledigung übertragen. Die Bedeutung dieser Novelle – deren Verkündung *Weber* (Rpfleger 1967, 251) die **„Geburtsstunde des Rechtspflegers"** nennt – liegt darin, dass gerade mit dem Kostenfestsetzungsverfahren eine typisch richterliche Tätigkeit erstmals auf ein nichtrichterliches Organ übertragen worden war. **Der Gerichtsschreiber war ermächtigt,** über die geltend gemachten Kosten der Parteien nach Maßgabe der gesetzlichen Vorschriften sowie auch nach seinem pflichtgemäßen Ermessen zu entscheiden. Er übte also eine **spezifisch richterliche Tätigkeit** aus. Nicht allein in der Übertragung als solcher, mehr noch in der dem Gerichtsschreiber insoweit zugebilligten Selbständigkeit lag das Richtungsweisende dieser Novelle. Obwohl an keiner Stelle des Gesetzes ausdrücklich erwähnt, stand von Anfang an fest, dass der Gerichtsschreiber bei der Durchführung des Festsetzungsverfahrens weisungsunabhängig sein müsse. Es handelt sich – um uns moderner Terminologie zu bedienen – hier um das **erste eigentliche „Rechtspflegergeschäft".**

17 Diese ersten Schritte auf dem Weg zur Justizreform brachten somit zwei konträre Möglichkeiten der Richterentlastung:
– **Der erste Weg,** der der AV vom 25.4.1906 (→ Rn. 15), befasst den Gerichtsschreiber mit den sogenannten „Vorverfügen", also der **unselbständigen, vorbereitenden Mitwirkung an den gerichtlichen Entscheidungen,** bei der nach außen hin nach wie vor der Richter das die Entscheidung gestaltende und verantwortende Organ bleibt. Dem Vorbild Preußens folgten bald auch die anderen Länder. Diese landesrechtlichen Entlastungsvorschriften galten bis ins Jahr 1943, die mitwirkende Tätigkeit des Gerichtsschreibers stand neben seiner selbständigen Tätigkeit als eine „besondere Form der Entlastung" (*Schiffer*).
– **Der zweite Weg,** die von der ZPO-Novelle vom 1.6.1909 (→ Rn. 16) gewählte Möglichkeit einer **Übertragung von richterlichen Aufgaben auf den Gerichtsschreiber zur selbständigen Erledigung,** brachte zwar einen ersten Schritt zum Rechtspflegeramt und bleibt deshalb von geschichtlicher Bedeutung, sie ist jedoch gekennzeichnet durch die Entkleidung der übertragenen Geschäfte von ihrem bisher richterlichen Charakter. Die künftige Übertragungsgesetzgebung verfolgte diesen Weg nicht weiter, sondern wählte den der Übertragung auf den Gerichtsschreiber bzw. späteren Rechtspfleger unter Beibehaltung des richterlichen Charakters der Geschäfte.

III. Die kleine Justizreform (1920 bis 1923)

18 Noch mitten im Weltkrieg hatte Wilhelm II. in seiner Eigenschaft als König von Preußen durch einen Erlass vom 19.1.1917 Vorarbeiten für eine landesrechtliche Justizreform angeordnet. Es sollte geprüft werden, auf welche Weise die Arbeit der Justiz vereinfacht und verbilligt werden konnte. Beauftragt mit den notwendigen Untersuchungen wurde der damalige Unterstaatssekretär im RJM *Dr. Mügel,* der

III. Die kleine Justizreform (1920 bis 1923) **Einl.**

bereits im Jahre 1906, anknüpfend an die Rede von *Adickes,* mit Reformgedanken hervorgetreten war (DJZ 1906, 1109).

Mügel legte seine Vorschläge in einer Denkschrift vom 25.1.1918 „Grundzüge 19 einer landesrechtlichen Justizreform" vor, die im Mai 1916 auch veröffentlicht wurde. Er schlug ua vor, den Erlass von (damals noch:) Zahlungsbefehlen auf den Gerichtsschreiber zu übertragen, auch in der fG, zumal in Grundbuchsachen, sollte die Befugnis des Gerichtsschreibers zur selbständigen Erledigung erweitert werden.

Durch das Gesetz vom 14.12.1920 (PrGS 1921, 75, abgedruckt im → An- 20 hang II.2.) wurde die Übertragung richterlicher Geschäfte in Grundbuchsachen auf den Gerichtsschreiber ermöglicht, es handelte sich um ein Rahmengesetz, Ausführungsbestimmungen dazu ergingen durch die AV des Preußischen Justizministeriums vom 28.1.1921 (PrJMBl S. 75). Wichtig sind diese Ausführungsbestimmungen insofern, als sie erstmals Bestimmungen über die persönlichen Voraussetzungen einer Betrauung mit den übertragenen Richtergeschäften enthalten.

Wenige Monate danach folgte das Reich dem preußischen Vorbild mit dem 21 **REntlG vom 11.3.1921** (RGBl. 229, abgedruckt im → Anhang II.3.), für das sich die Bezeichnung *„kleine Justizreform"* eingebürgert hat. Das Gesetz ermächtigte die Landesjustizverwaltungen, **dem Gerichtsschreiber** eine Reihe von richterlichen Geschäften zur selbständigen Erledigung zuzuweisen. Es waren dies die Entscheidungen

– über die Vollstreckbarkeitserklärung des Zahlungsbefehls, auch im Falle der Ablehnung (Art VI, § 1 Abs. 1 des Gesetzes),
– über Anträge auf Erteilung der Vollstreckungsklausel in den Fällen der §§ 730 Abs. 1 und 733 ZPO (§ 1 Abs. 1),
– über Anträge auf Rückgabe von Sicherheiten (§ 1 Abs. 2 Nr. 1),
– über Anträge auf Erlass von Zahlungsbefehlen (§ 1 Abs. 2 Nr. 2),
– über Zwangsvollstreckungsmaßnahmen nach den §§ 828 bis 863 ZPO (§ 1 Abs. 2 Nr. 3),
– über Anträge nach § 769 Abs. 2, in den Fällen der §§ 771, 805 ZPO (§ 1 Abs. 2 Nr. 4).

Weiter konnten übertragen werden die Anordnungen des Arrestgerichts auf Klageerhebung und die Aufhebung des vollzogenen Arrests nach Hinterlegung der Lösungssumme (§ 1 Abs. 2 Nr. 5) sowie die Geschäfte der Strafvollstreckung mit Ausnahme der Entscheidung über Unterbrechung und Aussetzung der Vollstreckung (§ 1 Abs. 3). Am umfassendsten war die Ermächtigung auf dem Gebiet der FG. Hier waren die **Landesjustizverwaltungen** befugt, alle Geschäfte, die „nach reichsrechtlichen Vorschriften durch den Richter wahrzunehmen sind", auf **den Gerichtsschreiber** zu übertragen (§ 2 Abs. 1).

Von diesen Ermächtigungen haben in der Folgezeit alle Länder durch Justizver- 22 waltungsvorschriften Gebrauch gemacht. Wenn unter der Vielzahl dieser landesrechtlichen Regelungen die PreußEntlV vom 28.5.1923 (PreußJMBl S. 401) besondere Erwähnung findet, so deshalb, weil darin erstmals für die richterliche Tätigkeit wahrnehmenden Beamten der Name „Rechtspfleger" geprägt worden ist.

Die entscheidende Bedeutung der kleinen Justizreform liegt weniger darin, **dass** 23 sie den schon begonnenen Weg zur Entlastung der Richter durch den Gerichtsschreiber weiterbeschritten hat, sondern vielmehr darin, **wie** dies geschah: Während die bisherige Entlastungsgesetzgebung den Gerichtsschreiber entweder von vornherein nur als Richtergehilfen einsetzte, oder ihm, wie die ZPO-Novelle von 1909, bisher richterliche Geschäfte als künftig nichtrichterliche übertrug, **bleiben die durch die kleine Justizreform dem Rechtspfleger zugewiesenen Tätigkeiten richterliche Geschäfte.** Durch das formelle Nebeneinander der Zuständigkeit von Richter und Rechtspfleger und durch den Verzicht auf eine entspr Änderung der einschlägigen Verfahrensvorschriften ist eindeutig klargestellt, dass nach dem Willen des Gesetzgebers der Rechtspfleger in dem ihm nunmehr zugewiesenen Aufgabenbereich **echte richterliche Tätigkeit** wahrnimmt.

24 Als **entscheidender Nachteil** der kleinen Justizreform muss jedoch neben der durch ihren Charakter als bloße Ermächtigungsnorm bedingten Zersplitterung und Unübersichtlichkeit der Entlastungsgesetzgebung vor allem angemerkt werden, dass sie es verabsäumt hat, die Stellung des Rechtspflegeramtes im Gerichtsverfassungsrecht zu regeln. Die einem Gerichtsorgan zugewiesene **Tätigkeit** und die zur sachgerechten Wahrnehmung der Aufgaben notwendigen **Stellung** in der Gerichtsverfassung stehen zueinander in untrennbarer Wechselbeziehung. Der die Rechtspflegertätigkeiten wahrnehmende Beamte war jedoch immer noch Gerichtsschreiber, später „UdG". Nachdem dessen Stellung jedoch durch die bloße Erwähnung in § 153 GVG eine gerichtsverfassungsrechtliche Regelung nicht erfahren hatte, bestand jahrzehntelang der höchst bedenkliche Zustand, dass die Zuständigkeit zur Wahrnehmung richterlicher Aufgaben und die Abgrenzung der Bereiche von Richter und Rechtspfleger, auch ihr Verhältnis zueinander, durch Verwaltungsvorschriften, gar durch Verwaltungsakte „geregelt" wurden.

25 So bietet die kleine Justizreform, im Ganzen gesehen, ein zwiespältiges Bild: Der kühne Wurf, den die Übertragung großer Tätigkeitsbereiche des Richters auf den Rechtspfleger zweifellos darstellt, wurde dadurch in gewissem Sinne entwertet, dass der Gesetzgeber der gerichtsverfassungsrechtlichen Verankerung und Regelung des Rechtspflegeramtes ausgewichen ist.

IV. Die Reformbestrebungen bis zur Reichsentlastungsverfügung (1928 bis 1943)

26 Im **Jahre 1928** trat der ehemalige Reichsjustizminister *Schiffer* mit einer Denkschrift „Die Deutsche Justiz" (Berlin, 1928) an die Öffentlichkeit. Mit dem Ziel einer Verbesserung, Vereinfachung und Verbilligung der Rechtspflege griff *Schiffer* einzelne, inzwischen wieder in Vergessenheit geratene Gedanken *Adickes* und *Mügels* auf und verlangte eine konsequente Fortführung der kleinen Justizreform.

27 *Schiffer* befürwortete die Aufteilung der richterlichen Geschäfte in zwei Gruppen: In eine Gruppe mit Geschäften höherer Art, die das „Richteramt in seiner Reinheit" darstellen sollte und im wesentlichen die eigentliche Spruchrichtertätigkeit betraf und in eine zweite Gruppe mit allen anderen, zur Übertragung geeigneten Geschäften. Auch – und darin liegt nicht zuletzt das besondere, leider zu wenig betonte Verdienst der Schifferschen Vorschläge – forderte er einen Einbau des Rechtspflegeramtes in das GVG. Es ist nicht verwunderlich, dass diese Vorschläge damals auf weitgehende Ablehnung stießen; aber selbst in sehr viel späterer Zeit ist ihnen die verdiente Würdigung versagt geblieben.

28 Dass viele seiner Gedanken in den Rechtspflegergesetzen von 1957 und 1969 schließlich Wirklichkeit geworden sind, ist eine – wenn auch späte – Bestätigung der Ideen dieses um die Justizreform so verdienten Mannes.

29 Im **Jahre 1931** veröffentlichte das RJM den Entwurf einer ZPO (s. die ausführliche Darstellung von *Baumbach* DJZ 31, 1226 und 1469). Er sah keine Änderung des GVG vor, sondern wollte alle Geschäfte auf dem Gebiete des bürgerlichen Rechtsstreits und der Zwangsvollstreckung, die bisher aufgrund der Ermächti-

VI. Reformbestrebungen nach dem 2. Weltkrieg **Einl.**

gungsvorschriften vom Rechtspfleger wahrgenommen werden konnten, durch entsprechende Änderungen der Verfahrensordnung in die alleinige Zuständigkeit des Rechtspflegers überführen; darüber hinaus sollte, zumal in der Zwangsvollstreckung, die bisherige Zuständigkeit noch erheblich ausgedehnt werden. Bei der Erteilung der Vollstreckungsklausel und im Kostenfestsetzungsverfahren sollte die Zuständigkeit des UdG durch die des Rechtspflegers ersetzt werden. Dieser Referentenentwurf ließ zwar die Diskussion um die betroffenen Fragen neu aufleben, weiter gedieh die Prozeßreform jedoch in den Stürmen der Zeit nicht.

Durch den bald nach Ausbruch des Krieges sehr stark fühlbar werdenden Personalmangel wurden die Bestrebungen nach einem weiteren Ausbau des Rechtspflegeramtes bald aufs Neue angeregt. Zur Vorarbeit an der Gesetzgebung und zur Klärung der künftigen Stellung und Aufgabe des Rechtspflegers war im RJM das „Amt Richter und Rechtspfleger" gegründet worden. Es hatte die Aufgabe, alle Fragen zu prüfen, die mit der Schaffung eines selbständigen Rechtspflegeramtes zusammenhingen; insbesondere die Fragen der Zuständigkeitsabgrenzung zum Richter und UdG sowie die Fragen der Anfechtung der Rechtspflegerentscheidung. Weiter sollten die Vorbildung, Ausbildung und Fortbildung der Rechtspfleger neu, den neuen Aufgaben angepaßt, geregelt werden. Die Arbeitsgemeinschaft hat im September 1942 eine Denkschrift vorgelegt. Den in ihr enthaltenen Vorschlägen nach Vereinheitlichung der Entlastungsvorschriften wurde bald darauf durch die Reichsentlastungsverfügung entsprochen. 30

V. Die Reichsentlastungsverfügung vom 1.8.1943

Die REntlV (DJ 1943, 339) brachte die längst erforderliche Vereinheitlichung der in den einzelnen Ländern mehr oder minder unterschiedlichen Entlastungsvorschriften. Daneben ist als Fortschritt zu vermerken, dass sie die Anordnung der Entlastung nicht mehr dem Ermessen der LG-Präsidenten vorbehielt, sondern sie – wenigstens hinsichtlich der sogenannten „Kleinen Entlastung" – selbst anordnete. Der Katalog der Übertragungen ist eine Zusammenfassung von Entlastungsrechten mehrerer Länder. Daneben enthält die REntlV auch eine Neufassung der Vorschriften über die allgemeine Stellung des Rechtspflegers. Allerdings waren diese Vorschriften noch durchaus lückenhaft und entsprachen dem Gewicht der übertragenen Aufgaben nicht. Immer noch leitete sich die Zuständigkeit des Rechtspflegers, als eine Art „Ersatzzuständigkeit" von der des Richters ab und erneut wurde die funktionelle Zuständigkeit zur Vornahme gerichtlicher Handlungen somit durch eine Anordnung der Justizverwaltung geregelt. So bleibt das Verdienst der REntlV mehr im Vordergründigen, im Formalen, nämlich die allmählich schier unüberblickbare Zersplitterung der Übertragungsvorschriften beseitigt zu haben. Eine echte Reform brachte sie nicht. Die Bedenken, die bereits gegen das REntlG geltend gemacht werden mußten, bestanden nach wie vor. Sie sollten noch nahezu 14 Jahre Gültigkeit haben. 31

VI. Die Reformbestrebungen nach dem Zweiten Weltkrieg (1945 bis 1951)

Als nach dem Zusammenbruch die Justizverwaltungen der einzelnen Länder die Arbeit aufnahmen, sahen sie sich angesichts des großen Richtermangels bald vor die Notwendigkeit gestellt, die Bestrebungen nach Fortführung der kleinen Justizre- 32 form wieder aufzugreifen (*Korintenberg* Rpfleger 49, 145 und 529; *Prengel* Rpfleger 49, 337). Entsprechend der damaligen Einteilung Deutschlands in vier Besatzungszonen und der seinerzeit starken Einflußnahme der Besatzungsmächte auf die Arbeit der Verwaltungen, verliefen diese Reformarbeiten in unterschiedlichen Richtungen.

33 In der **Britischen Zone** war nach zwei zunächst verworfenen Entwürfen im April 1949 ein „Entwurf einer RechtspflegerVO" vorgelegt worden. Seine Bestimmungen übertrugen dem Rechtspfleger im Wesentlichen jene Geschäfte, die bereits in der REntlV als zur Übertragung geeignet erklärt worden waren. Folgende Geschäfte sollten jedoch unter anderem neu übertragen werden: das Aufgebotsverfahren gemäß §§ 946 ff. ZPO mit Ausschluss der Wahrnehmung des Aufgebotstermins und des Erlasses des Ausschlussurteils,
– das Verteilungsverfahren gemäß § 872 ff. ZPO,
– das Offenbarungseidsverfahren gemäß § 899 ff. ZPO,
– die Vernehmung und Beeidigung (!) von Zeugen im Wege der Rechtshilfe,
– die Geschäfte in Zwangsversteigerungs- und Zwangsverwaltungssachen mit Ausschluß der Wahrnehmung des Versteigerungstermins.

Die allgemeinen Bestimmungen des Entwurfs gewährten dementsprechend dem Rechtspfleger die Befugnis zur Beeidigung von Parteien, Zeugen, Sachverständigen und Dolmetschern sowie zur Androhung und Verhängung von Ordnungsstrafen. Der Entwurf wurde jedoch wegen des zwischenzeitlichen Inkrafttretens des GG nicht mehr geltendes Recht.

34 In der **sowjetischen Besatzungszone,** der späteren DDR, war der ehemalige Reichsjustizminister *Schiffer* Leiter der Zentralverwaltung der Justiz. Die dort ergangene VO über die Zuständigkeit der Rechtspfleger vom 20.6.1947 steht daher deutlich im Zeichen der früheren Reformpläne. Schon bald jedoch verließ die dortige Weiterentwicklung den Boden rechtsstaatlicher Grundsätze und wurde mehr und mehr dem sowjetischen „Vorbild" angeglichen. Diese Angleichung führte nach und nach auch zu einem Abbau der Institution des Rechtspflegers. Insbesondere wurden dem „Sekretär", wie er nach der Einführung des neuen GVG vom 2.10.1952 hieß, wesentliche Rechtspflegeraufgaben genommen, da die VO über die Übertragung der Angelegenheiten der FG vom 15.10.1952, GBl. DDR 1057, alle Geschäfte der freiwilligen Gerichtsbarkeit auf Behörden der allgemeinen Staatsverwaltung übertrug.

35 In der **amerikanischen und der französischen Zone** kam es nicht zu Neuregelungen. Wie in der britischen Zone wurde jedoch auch hier von den Übertragungsmöglichkeiten der REntlV fast ausnahmslos Gebrauch gemacht. Lediglich im **Saarland** erging das Gesetz betreffend die Ausbildung und die Zuständigkeit des Rechtspflegers vom 4.4.1952, ABl. Saar 654. Seine allgemeinen Vorschriften entsprachen denen der REntlV, der Kreis der für übertragbar erklärten Tätigkeiten war jedoch kleiner als dort.

VII. Das Rechtspflegergesetz vom 8.2.1957

36 Am 11.9.1951 setzte die Justizministerkonferenz der Deutschen Länder einen Ausschuß „Kleine Justizreform" ein, mit dem Auftrag, einen Entwurf für ein RPflG zu erarbeiten. Dieser Schritt war unabweisbar geworden, da insbesondere nach dem Inkrafttreten des GG ernsthafteste verfassungsrechtliche Bedenken dagegen bestanden, dass die Aufgabenabgrenzung zwischen Richter und Rechtspfleger immer

VIII. Das Rechtspflegergesetz vom 5.11.1969 **Einl.**

noch durch einen Akt der Justizverwaltung vorgenommen wurde. Der Entwurf, in dem die unterschiedlichen Auffassungen der Länder niedergelegt waren, bot in sich ein stark widersprüchliches Bild. Dieser Entwurf wurde von der Justizministerkonferenz der Länder auf ihrer Sitzung am 15./16.5.1952 in Wiesbaden gebilligt. Nach einer weiteren Beratung des Entwurfs im BJM mit den Vertretern der Länder am 27./28.5.1952 in Bonn wurde er den Berufsverbänden der Richter, Rechtspfleger, Rechtsanwälte und Notare zur Stellungnahme zugeleitet.

Das Ergebnis der Besprechungen mit den Berufsvertretungen war ein Regierungsentwurf des BJM, der vom Bundeskabinett am 22.8.1952 verabschiedet und gem. Art. 76 Abs. 2 GG dem Bundesrat zugeleitet wurde. Dort wurde der Entwurf in einem Unterausschuß des Rechtsausschusses und schließlich im Rechtsausschuß selbst beraten und teilweise abgeändert. Das Plenum des Bundesrats verabschiedete den Entwurf in seiner Sitzung vom 26.9.1952 mit einer Reihe von Änderungsvorschlägen und leitete ihn gemäß Art. 76 Abs. 3 GG zurück an die Bundesregierung. Diese legte ihn – ohne den Abänderungsvorschlägen im wesentlichen zuzustimmen – am 8.11.1952 dem Bundestag vor. Dort wurde der Entwurf in der Sitzung vom 26.11.1952 an den Rechtsausschuß überwiesen. Wegen des Ablaufs der Legislaturperiode kam er im ersten Bundestag jedoch nicht mehr zur Beratung. So wurde er nach dem Zusammentritt des zweiten Bundestages diesem von der Bundesregierung am 22.12.1953 erneut vorgelegt. Nach mancherlei parlamentarischem Hin und Her beschloß der Bundestag das Gesetz am 13.12.1956; Änderungsanträge der SPD-Fraktion, die eine erhebliche Ausweitung des Kreises der Rechtspflegeraufgaben bezweckten, wurden abgelehnt. Am 11.1.1957 wurde die Vorlage gemäß Art. 84 Abs. 1 GG dem Bundesrat zugeleitet der – um das Inkrafttreten des Gesetzes nicht erneut zu gefährden – von einer Anrufung des Vermittlungsausschusses absah und in der Sitzung vom 25.1.1957 seine Zustimmung erteilte. Das Gesetz ist sodann am 8.2.1957 vom Bundespräsidenten unterzeichnet und am gleichen Tage im Bundesgesetzblatt verkündet worden. Das RPflG 1957 stellt einen wichtigen Schritt auf dem Wege zur Weiterentwicklung der kleinen Justizreform dar. Es ist jedoch bezeichnend, dass noch vor seinem Inkrafttreten bereits das Bedürfnis nach einer Novellierung hervortrat. (*Rehs* RpflBl. 1957, 105; *Böhm* RpflBl. 1957, 106; *Strauß* Rpfleger 1957, 37 und 134). Die Bedeutung des Gesetzes ist vor allem darin zu sehen, dass es als Abschluß einer jahrzehntelangen Entwicklung Status und Zuständigkeit des Rechtspflegers gesetzlich geregelt hat.

VIII. Das Rechtspflegergesetz vom 5.11.1969

Entsprechend einer auf der 30. Konferenz der Landesjustizminister vom 16. bis 19.10.1962 in Saarbrücken gefassten Entschließung wurde im BJM ua auch eine Kommission für Gerichtsverfassungs- und Rechtspflegerrecht gebildet. Sie beschloss, für die von allen Seiten geforderte und für notwendig erachtete Novellierung des RPflG einen eigenen Unterausschuß einzusetzen. Der vom Unterausschuß erarbeitete Entwurf, nach den Stellungnahmen der Landesjustizverwaltungen im BMJ bearbeitet, wurde schließlich als RegE eines neuen Rechtspflegergesetzes vorgelegt. Am 23.10.1968 wurde dieser Entwurf im Bundestag in erster Lesung behandelt und dem Rechtsausschuss federführend sowie dem Innenausschuss mitberatend überwiesen. Der Rechtsausschuß beriet den Entwurf am 6.3., am 2. bis 4.6. sowie am 18.6.1969. Das Ergebnis dieser Beratungen enthält der „Schriftliche Bericht des Rechtsausschusses über den von der Bundesregierung eingebrachten Entwurf eines

Einl.   Einleitung. Historischer Überblick

Rechtspflegergesetzes" (BT-Drs. V4341). Am 26.6.1969 fanden im Bundestag die 2. und 3. Lesung des Gesetzes ohne Aussprache statt. Der Gesetzentwurf wurde anschließend gem Art. 84 Abs. 2 GG dem Bundesrat zugeleitet. Dieser entschloss sich in seiner Sitzung vom 10./11.6.1969 auf Vorschlag seines Rechtsausschusses gem. Art. 77 Abs. 2 GG den Vermittlungsausschuss anzurufen. Dieser hat in seiner Sitzung vom 17.7.1969 das RPflG in der vom Bundestag beschlossenen Form gebilligt. Der Bundesrat hat ihm schließlich in seiner Sitzung vom 24.10.1969 zugestimmt. Das Gesetz wurde sodann am 5.11.1969 vom Bundespräsidenten unterzeichnet und am 8.11.1969 im BGBl. verkündet (BGBl. I 2065). Bereits im November 1969, also unmittelbar nach Verkündung des RPflG im BGBl. brachte die Bundesregierung den Entwurf eines Änderungsgesetzes im Bundestag ein, das wesentliche Teile des RegE zum RPflG 1969, die im Laufe der parlamentarischen Beratungen gestrichen worden waren, neu der Entscheidung des Parlaments unterbreitete. Es waren dies insbesondere die Verfahren der Rechts- und Amtshilfe und die Entscheidungen nach § 765a ZPO, deren Übertragung auf den Rechtspfleger erneut vorgeschlagen wurde. Weiter sah die Vorlage eine Umwandlung des Offenbarungseides in eine Eidesstattliche Versicherung und die Vollübertragung dieses Verfahrens auf den Rechtspfleger vor.

39   Während sich der Rechtsausschuss des Bundestages auch diesmal nicht dazu entscheiden konnte, dem Rechtspfleger die Verfahren der Rechts- und Amtshilfe zuzuweisen, sind die anderen Teile mit Zustimmung des Bundesrates Gesetz geworden. Das Änderungsgesetz wurde am 27.6.1970 vom Stellvertreter des Bundespräsidenten unterzeichnet und am 30.6.1970 im BGBl. verkündet. Insbesondere mit der Entscheidung nach § 765a ZPO weist es dem Rechtspfleger eine neue, bedeutungsvolle Tätigkeit zu. Da beide Gesetze – das RPflG 1969 und das RPflG 1970 – gleichzeitig am 1.7.1970 in Kraft getreten sind, spricht man vielfach von „RPflG 1969/1970" (→ § 40 Rn. 1). Auf die Entwicklung einzelner Tätigkeitsbereiche und Probleme wird in den Einzelkommentierungen noch näher eingegangen.

IX. Einzelergänzungen und Änderungen in der Folgezeit

40   Seit 1970 ist das RPflG vielfältig geändert und ergänzt worden. In der zeitlichen Reihenfolge sind ua zu nennen:
– § 3 Nr. 2 lit. g, § 19a durch die SeerVerteilO (1972);
– §§ 22, 31 Abs. 1 durch das EGStGB (1974);
– §§ 14 Nr. 2a durch 1. EheRG (1976);
– § 14 Nr. 3f durch das AdG (1976);
– § 20 Nr. 10 durch das Gesetz zur vereinfachten Abänderung von Unterhaltsrenten (1976);
– § 2 durch das 2. RpflÄndG (1976);
– § 14 durch das SorgeRG (1979);
– § 24 Abs. 2, § 29 durch das Gesetz zur Neuregelung des Rechts des UdG vom 19.12.1979, BGBl. I S. 2306;
– § 20 Nr. 4, 5 durch das PkHG (1980);
– § 24a durch das BerHG (1980);
– § 31 Abs. 4 mit der BegrenzungsVO (1970, 1982);
– § 3 Nr. 2 lit. g, § 19a durch das AG zum deutsch-österreichischen Konkursvertrag vom 8.3.1985, BGBl. I S. 535;
– § 29 durch das AUG (1986);

IX. Einzelergänzungen und Änderungen in der Folgezeit

- § 29 durch das SorgeRÜbkAG (1990);
- § 14 Nr. 6a durch das KJHG (1990);
- § 14 durch das BtG (1990);
- §§ 11, 20 durch das RPflVereinfG (1990) und durch das Gesetz zur Aufhebung des Heimkehrergesetzes unter anderem vom 20.12.1991, BGBl. I 2317;
- § 14 Abs. 1 Nr. 3f durch das FamNamRG (1993);
- durch Einfügung der §§ 34, 34a mit ÄndG vom 24.6.1994, BGBl. I 1374;
- § 3 Nr. 2 lit. d durch Gesetz vom 25.7.1994, BGBl. I 1744;
- § 23 Abs. 1 Nr. 4, 5, 7–12 durch Gesetz zur Reform des Markenrechts usw vom 25.10.1994, BGBl. I 3082;
- § 17 Nr. 1 Buchst c durch das UmwG v. 28.10.1994, BGBl. I S. 3210;
- §§ 3 Nr. 2 lit. e, 11, 18 und 19 durch EGInsO vom 5.10.1994, BGBl. I S. 2911;
- § 14 durch d Kindschafsrechtsreformgesetz (KindRG) vom 16.12.1997, BGBl. I S. 2942;
- §§ 5, 9, 11, 23 durch das 3. Gesetz zur Änderung d Rechtspflegergesetzes und anderer Gesetze v. 6.8.1998, BGBl. I S. 2030;
- §§ 19, 31 durch das 1. Justizmodernisierungsgesetz (1. JuMoG) vom 24.8.2004, BGBl. I S. 2198;
- §§ 14–17 durch FGG-RG vom 17.12.2008, BGBl. S. 2586;
- §§ 11, 18 durch Gesetz zur weiteren Erleichterung der Sanierung von Unternehmen (ESUG) vom 7.12.2011, BGBl. I S. 2582;
- §§ 11, 17 durch RBehelfsbelehrungG v. 5.12.2012, BGBl. I S. 2418;
- §§ 11, 24a, 35 durch Gesetz zur Regelung der betreuungsrechtlichen Einwilligung in eine ärztliche Zwangsmaßnahme v. 18.2.2013, BGBl. I S. 266;
- § 17 durch das Seerechtsreformgesetz vom 20.4.2013, BGBl. I S. 831;
- § 18 mWv 1.7.2014 durch das Gesetz zur Verkürzung des Restschuldbefreiungsverfahrens und zur Stärkung der Gläubigerrechte v. 15.7.2013, BGBl. I S. 2379;
- §§ 20, 24 durch das Gesetz zur Änderung des Prozesskostenhilfe- und Beratungshilferechts v. 31.8.2013, BGBl. I S. 3533 und
- § 23 durch das Gesetz zur Modernisierung des Geschmacksmustergesetzes sowie zur Änderung der Regelungen über die Bekanntmachungen zum Ausstellungsschutz v. 10.10.2013, BGBl. I S. 3799.

Das RPflG wurde am 14.4.2013 neu bekanntgemacht, BGBl. I S. 778; die Bek. der Neufassung wurde am 18.10.2013 berichtigt, BGBl. I S. 2014, 46. **41**

Erster Abschnitt. Aufgaben und Stellung des Rechtspflegers

Vorbemerkung zu den §§ 1 ff.

Übersicht

	Rn.
I. Anwendbarkeit des RPflG in den einzelnen Gerichtsbarkeiten	1
II. RPflG und Gerichtsverfassung	2–4
1. Änderung der Gerichtsorganisation	2
2. Das RPflG als Kodifikation	3, 4
III. RPflG und Verfahrensordnungen	5
IV. Zum Rechtspfleger allgemein	6, 7
1. Begriff des Rechtspflegers	6
2. Aufgabenbereich und Entlastungsgedanke	7
V. Reformbestrebungen	8–20
1. Allgemeines	8, 9
2. Modifizierungen des RPflG	10–16
a) Übertragung weiterer Aufgaben	10–15
b) Streichung von allgemeinen Vorschriften	16
3. Weitere Reformziele	17–19
a) Ergänzung des Art. 92 GG	17, 18
b) Eigenständige Besoldung (Sonderlaufbahn)	19
4. Der Rechtspfleger als Bagatell- oder Friedensrichter	20
VI. Europäischer Rechtspfleger	21–23

I. Anwendbarkeit des RPflG in den einzelnen Gerichtsbarkeiten

Uneingeschränkte Anwendung findet das RPflG in der **ordentlichen Gerichtsbarkeit** und der **Patentgerichtsbarkeit** (→ § 23); **entsprechend** anwendbar ist es gem. § 9 Abs. 3 S. 1 ArbGG in der **Arbeitsgerichtsbarkeit** (in allen Rechtszügen): Die allgemeine Stellung des Rechtspflegers regeln §§ 1–13, 26–28, und für den übertragenen Aufgabenbereich gelten §§ 20, 21 und § 24, da entsprechende Geschäfte auch in der Arbeitsgerichtsbarkeit vorkommen. **Unanwendbar** ist das RPflG – es fehlt eine dem § 23 entsprechende Bestimmung – in der Verwaltungs-, Finanz- und Sozialgerichtsbarkeit (auch hinsichtlich der Festsetzung von Kosten nach §§ 103 ff. ZPO und der Festsetzung der Anwaltsgebühren nach § 11 RVG: OVG Hamburg FamRZ 1990, 81; *Hansens* NJW 1989, 1131, 1133). Diese Gerichtsbarkeiten kennen die Einrichtung des Rechtspflegers bisher nicht (vgl. aber § 192 Abs. 2, Entwurf einer Verwaltungsprozessordnung, BT-Drs. 10/3437, 44). Das RPflG gilt zuletzt auch nicht für die **Dienst- oder Disziplinargerichtsbarkeit.**

II. RPflG und Gerichtsverfassung

1. Änderung der Gerichtsorganisation

2   Gerichtsverfassung, verstanden im weitesten Sinn, ist die Gesamtheit der Regelungen, die für die Einrichtung und die Tätigkeit der Gerichte maßgebend sind. Die bedeutendste Kodifikation ist das GVG. Das RPflG, das eine eigenständige Regelung innerhalb der Gerichtsverfassung, aber außerhalb des GVG enthält, ist kein lex specialis zum GVG, sondern modifiziert es, indem es die Gerichtsorganisation ändert: Zum Richter, Staatsanwalt, Amtsanwalt und UdG tritt der Rechtspfleger als weiteres Organ der Gerichtsverfassung hinzu (→ § 1 Rn. 1 ff.).

Der **gerichtsverfassungsrechtliche** Charakter des RPflG wird iÜ auch aus der Überschrift zum RPflG 1957 – „Gesetz über Maßnahmen auf dem Gebiete der Gerichtsverfassung und des Verfahrensrechts (Rechtspflegergesetz)" – deutlich; ebenso aus der Überschrift des 4. Abschnitts des RPflG 1969: „Sonstige Vorschriften auf dem Gebiet der Gerichtsverfassung".

2. Das RPflG als Kodifikation

3   Abgesehen von der „Öffnungsklausel" des § 37, wonach die Länder für solche Aufgaben, die den Gerichten durch **landesrechtliche** Vorschriften zugewiesen sind, die Übertragung auf den Rechtspfleger anordnen können (hiervon wurde bislang nur wenig Gebrauch gemacht, → § 37 Rn. 2 ff.), stellt das RPflG eine **Kodifikation** dar (AMHRH/*Herrmann/Rellermeyer* § 1 Rn. 150; *Bassenge/Roth* § 1 Rn. 4; *Strauß* Rpfleger 1957, 36): Es fasst sämtliche Vorschriften zusammen, die sich auf die Stellung und den Tätigkeitsbereich des Rechtspflegers beziehen.

4   Im bundesgesetzlichen Bereich ist (→ § 37 Rn. 1) die Übertragung richterlicher Geschäfte **ausschließlich** dem **RPflG** vorbehalten. Es allein überträgt (jedenfalls bislang) richterliche Geschäfte auf den Rechtspfleger; „nicht benannte Geschäfte sind nicht übertragen" (BGH Rpfleger 1977, 58). Aufgaben, die den Gerichten durch künftige Gesetze **neu** zugewiesen werden, müssen dem Richter oder dem Rechtspfleger übertragen werden; § 3 Abs. 2 RPflG 1957, wonach für weitere (neue) Aufgaben im Zweifel der Richter zuständig ist, ist entfallen (BT-Drs. V/3134, 16). Fehlt eine solche ausdrückliche Aufgabenzuweisung, gilt jedenfalls für den Bereich der Voll- und Vorbehaltsübertragung die Rechtspflegerzuständigkeit (AMHRH/*Herrmann/Rellermeyer* § 1 Rn. 152; *Bassenge/Roth* § 1 Rn. 4).

III. RPflG und Verfahrensordnungen

5   Das RPflG ist (auch) kein lex specialis zu den Verfahrensordnungen von ZPO, FamFG, GBO, InsO usw. Es modifiziert diese Gesetze lediglich im Hinblick etwa auf eigene Rechtsbehelfe gegen Entscheidungen des Rechtspflegers (§§ 11, 31 Abs. 6), auf die Einschränkung des Anwaltszwangs (§ 13) und auf die Einführung von speziellen Zwischenverfahren, wie etwa dem Vorlageverfahren nach § 5 und dem Kompetenzkonfliktverfahren nach § 7 (§§ 10, 18 Abs. 2 usw).

Vorbemerkung zu den §§ 1 ff. **Vor § 1 ff.**

IV. Zum Rechtspfleger allgemein

1. Begriff des Rechtspflegers

Die **allgemeine** Stellung des Rechtspflegers als einem gerichtsverfassungsrecht- 6
lichen Organ und damit einem Organ der Rechtspflege (neben dem Richter, UdG,
Staats- und Amtsanwalt, Rechtsanwalt ua, → § 1 Rn. 4 ff.) wird durch **§ 1** festgelegt.
Abgesehen von dieser **formalen Beschreibung** – Rechtspfleger ist, wer die im
RPflG beschriebenen Aufgaben wahrnimmt – fehlt es an einer **griffigen Definition** (eine berühmt gewordene bildhafte Bezeichnung hat der frühere Bundesjustizminister Vogel geprägt: der Rechtspfleger als **„zweite Säule der dritten Gewalt"**,
RpflBl. 1979, 28). Angesichts der Vielfältigkeit seines Aufgabenbereichs – insbes:
Vormundschafts- und Familiensachen, Nachlass- und Teilungssachen, Register-
und Grundbuchsachen, Mahnverfahren, Zwangsvollstreckung, Zwangsversteigerung und Zwangsverwaltung, Insolvenzsachen, Kostenfestsetzung, Strafvollstreckung – verwundert dies auch nicht. Noch am treffendsten ist die Bezeichnung
„Spezialjurist der freiwilligen Gerichtsbarkeit und der Zwangsvollstreckung" (*Lappe*
ZRP 1974, 12; *Huhn* RpflBl. 1972, 77), weil hierdurch jedenfalls die Hauptaufgaben wiedergegeben werden (zwar zutreffend, aber zu abstrakt, weil in dieser Form
auch auf den UdG anwendbar, erscheint demgegenüber die Feststellung von *Bassenge/Roth* Vor § 1 Rn. 10: „Der Rechtspfleger ist ein eigenständiges, speziell ausgebildetes Organ der Rechtspflege iRd Gerichtsverfassung, das grundsätzlich in sachlicher Unabhängigkeit tätig wird").

2. Aufgabenbereich und Entlastungsgedanke

Aus der Tatsache, dass der Rechtspfleger 1906 bzw. 1909 zur Entlastung des 7
Richters geschaffen wurde (→ Einl. Rn. 9 ff.), läßt sich **nicht** herleiten, dass es ihm
an einem **originären Aufgabenbereich fehlt** (so aber *Dumke* S. 179; – auch mag
die von *Kissel/Mayer* RpflBl. 1977, 23 getroffene Feststellung, dass es dem Rechtspfleger an einem **eigenständigen Berufsbild mangelt**, vielleicht vor knapp
20 Jahren zugetroffen haben, sie lässt sich jedoch heute entgegen *Dumke* S. 179
nicht mehr als überzeugender Beleg für eine solche Annahme heranziehen). Der
Rechtspfleger bearbeitet vielmehr einen durch das RPflG festgelegten und damit
originären Aufgabenbereich, den nur er aufgrund seiner fachspezifischen Ausbildung sachgerecht erledigen kann (so zutreffend *Herbst* Rpfleger 1994, 481). Nicht
die Entlastung des Richters, Staatsanwalts oder eines anderen Rechtspflegeorgans
ist heute für sein Tätigkeitsfeld maßgebend, sondern das – noch nicht in allen Bereichen (→ Rn. 9 ff.) verwirklichte – (Leit-)**Prinzip**: Die richterlichen Aufgaben
der Rechtspflege (→ § 1 Rn. 4) gehören, soweit nicht Rechtsprechung im materiellen Sinn, in die Hand des Rechtspflegers.

V. Reformbestrebungen

1. Allgemeines

Es besteht Einigkeit darüber, dass die *kleine Justizreform* (→ Einl. Rn. 18) mit dem 8
RPflG 1969/1970 (zu dieser Zitierweise → § 40 Rn. 1) im Wesentlichen abgeschlossen ist (*Dumke* S. 171; *Riedel* E 24). Zwar brachten eine Reihe von Einzelge-

Vor § 1 ff. 1. Abschnitt. Aufgaben und Stellung des Rechtspflegers

setzen zusätzliche Aufgaben (→ Einl. Rn. 21 ff. und die Anmerkungen bei → § 3 und §§ 14 ff.), an der Grundkonzeption der gerichtsverfassungsrechtlichen Stellung des Rechtspflegers hat sich jedoch nichts geändert. Die für realisierbar angesehenen Reformbestrebungen halten sich im Rahmen der *kleinen Justizreform:* Sie betreffen insbesondere die Abschaffung von Richtervorbehalten im Bereiche der Vormundschafts- und Betreuungssachen, des Nachlass- und Registerwesens (→ auch § 19) sowie der Insolvenzsachen. Der BDR hat diese – wie auch insbesondere den Status des Rechtspflegers betreffenden (→ Rn. 17 f.) – Reformziele insbesondere auf den Rechtspflegertagen 1997 (Leipzig), 2001 (Hamburg) und 2004 (Karlsruhe) zusammengefasst.

9 Die früher (für den Fall einer *großen Justizreform*) in Erwägung gezogene Einsetzung des Rechtspflegers **als Bagatell- oder Friedensrichter** (→ Rn. 20) erscheint angesichts der damit verbundenen Konsequenz der Zweiteilung der Richterschaft in Voll-Richter und Rechtspfleger-Richter politisch nicht durchsetzbar. Skepsis ist auch gegenüber den Erfolgsaussichten solcher Bestrebungen angebracht, die (→ Rn. 17) den Rechtspfleger (durch Gewährung der persönlichen Unabhängigkeit) zum Richter iSd Art. 92 GG machen oder ihn diesem doch gleichstellen wollen. Der Gesetzgeber würde nämlich bei einer Angleichung des Rechtsstatus des Rechtspflegers an den des Richters (einschließlich der dann unvermeidlichen besoldungsmäßigen Anpassung) sein mit der Kleinen Justizreform jahrzehntelang verfolgtes Ziel – Übertragung von Aufgaben der Rechtspflege auf ein Rechtspflegeorgan, das im Gegensatz zum Richter fachspezifischer ausgebildet wird – konterkarieren (vgl. auch *Bassenge/Roth* Einl. Rn. 8).

2. Modifizierungen des RPflG

10 **a) Übertragung weiterer Aufgaben.** Wenn zur „Abrundung" des vom Rechtspfleger bereits wahrgenommenen Aufgabenkreises die Übertragung weiterer Geschäfte ganz überwiegend befürwortet wird (*Dumke* S. 177 f.; *Herbst* Rpfleger 1994, 481, 484; *Kissel/Mayer* Rpfleger 1984, 445, 450; *Wallner* ZRP 1985, 233, 235 f; *Wolf* ZZP 1986, 361, 397 f.), ist dem insbesondere im Interesse einer klaren Zuständigkeitsabgrenzung von Richter und Rechtspfleger zuzustimmen (zu dem „Leitprinzip" einer solchen Aufgabenverteilung → Rn. 7 aE). Angesichts des **erheblich gewandelten Berufsprofils** des Rechtspflegers seit Einführung der Fachhochschulausbildung – ein Argument, das vom Gesetzgeber insbesondere bei Erlass des BtG deutlich herausgestellt wurde – finden sich gegen eine solche weitere Aufgabenübertragung, ggf verbunden mit einer entsprechenden Änderung der Studieninhalte, jedenfalls aus dem Gesichtspunkt der Fachkompetenz des Rechtspflegers keine Einwände. Zu den Richtervorbehalten, die weiter abgebaut werden könnten, gehören insbesondere (vgl. auch die Anmerkungen bei den einzelnen Vorbehalten):

11 **aa) Betreuungssachen.** Soweit zT dafür plädiert wird (zB *Herbst* Rpfleger 1994, 481), die **Auswahl des Betreuers** wieder auf den Rechtspfleger (der nach altem Recht für die Auswahl des Vormunds und Pflegers zuständig war) zu übertragen, gibt es dafür sicherlich gute Gründe. Man sollte dennoch die vom Gesetzgeber eingeschlagene Konzeption bei der Verteilung der Zuständigkeiten beibehalten und die Geschäfte der Personensorge beim Richter belassen, weil sie klare und eindeutige Abgrenzungen ermöglicht (→ § 19 Abs. 1 Nr. 1).

12 **bb) Nachlass- und Teilungssachen.** Maßgebend für die Richtervorbehalte waren für den Gesetzgeber insbesondere die Gesichtspunkte der Schwere des Ein-

Vorbemerkung zu den §§ 1 ff. **Vor § 1 ff.**

griffs und der rechtlichen Schwierigkeit (zu Einzelheiten vgl. die Anmerkungen zu den einzelnen Vorbehalten bei § 16). Letzterer Gesichtspunkt mag früher zugetroffen haben, er lässt sich jedoch heute angesichts der Fachhochschulausbildung des Rechtspflegers und seiner intensiven Schulung gerade auch im Nachlassrecht nicht mehr aufrechterhalten, § 19 Abs. 1 Nr. 2–5.

Eine **Übertragung der Geschäfte** des § 16 Abs. 1 Nr. 6 (Erteilung von Erb- **13** scheinen, sofern eine letztwillige Verfügung vorliegt) auf den Rechtspfleger erscheint daher, der Richtervorbehalt stützt sich allein auf den Gesichtspunkt der rechtlichen Schwierigkeit, angebracht (und damit auch das sachlich zusammenhängende Geschäft der Einziehung nach § 16 Abs. 1 Nr. 7).

Dies insbesondere auch folgender Erwägung: In **Grundbuchsachen** genügt **14** es, wenn dem Grundbuchamt zum Nachweis der Erbfolge – beruht diese auf einem notariellen Testament oder Erbvertrag – anstelle des Erbscheins die notarielle Verfügung und die Niederschrift des Nachlassgerichts über die Eröffnung der Verfügung vorgelegt werden (§ 35 Abs. 1 S. 2 GBO). Dabei entspricht es allgM (anders nur *Zimmermann* ZEV 1995, 275), dass das **Grundbuchamt** = der Rechtspfleger **die letztwillige Verfügung selbständig auszulegen** und rechtlich zu würdigen hat, auch wenn es sich um rechtlich schwierige Fragen handelt (BayObLG Rpfleger 1970, 344; 1975, 435; 1995, 249; OLG Frankfurt Rpfleger 1980, 434; OLG Hamm DNotZ 1972, 96, 98; OLG Stuttgart Rpfleger 75, 135; *Haegele* Rpfleger 1975, 154). Die Beseitigung dieser Ungereimtheit – der Rechtspfleger am Grundbuchamt darf und muss seit Jahrzehnten letztwillige Verfügungen auslegen, die in einer öffentlichen Urkunde enthalten sind, er darf es jedoch nicht, wenn er am Nachlassgericht tätig ist und es um die Erteilung eines Erbscheins mit gewillkürter Erbfolge geht – wird vom Gesetzgeber seit Jahren eingefordert (vgl. AMHRH/*Rellermeyer* § 16 Rn. 32).

cc) Registersachen. Maßgebend für die Verteilung der Zuständigkeiten in **15** Registersachen sind in erster Linie die Gesichtspunkte der rechtlichen und wirtschaftlichen Schwierigkeit wie auch des Sachzusammenhangs (vgl. auch die Anmerkungen bei den einzelnen Richtervorbehalten). Der Gesichtspunkt der Streitentscheidung, der einer Übertragung auf den Rechtspfleger entgegensteht (→ § 1 Rn. 43 ff.), spielt in Registersachen demgegenüber eine vergleichsweise untergeordnete Rolle. Angesichts der vor allem seit dem 2. RpflÄndG (→ § 2 Rn. 5) erheblich verbesserten Ausbildung des Rechtspflegers (→ § 17 Rn. 11) erscheint nach dem heutigen Ausbildungsstand der **Richtervorbehalt des § 17 Nr. 1 a** nicht mehr gerechtfertigt: Regelmäßig (und nur vom Regel- und nicht vom Ausnahmefall ist bei der Verteilung der Zuständigkeiten Richter/Rechtspfleger auszugehen) sind die Satzungen von Gesellschaften so gestaltet, dass ihre Überprüfung vor der Ersteintragung auch durch den (eingearbeiteten) Rechtspfleger erfolgen kann. Entsprechendes gilt für das damit sachlich zusammenhängende Geschäft auf Eintragung einer Satzungsänderung nach **§ 17 Nr. 1 lit. b** (wie auch für die Geschäfte des § 17 Nr. 1 lit. e und f). → § 19 Abs. 1 Nr. 6.

b) Streichung von allgemeinen Vorschriften. Die Regelung in **§ 4 Abs. 2 16 Nr. 1** (keine Befugnis zur Anordnung einer Beeidigung oder Eidabnahme) führt zu einer Aufspaltung des Verfahrens und steht damit einer zügigen Erledigung entgegen (Begründung-RpflGE RpflBl. 1980, 7; *Herbst* Rpfleger 1994, 481, 484). Auch sachlich lässt sich die Einschränkung nicht rechtfertigen. Was die Abnahme eines Eides angeht, so ist sie nicht auf den Richter beschränkt, kann also auch durch nichtrichterliche Organe der Rechtspflege erfolgen (vgl. § 22 Abs. 1 BNotO, §§ 16 Abs. 3, 38 BeurkG und BVerfGE 7, 189).

3. Weitere Reformziele

17   a) **Ergänzung des Art. 92 GG.** Wie sich gezeigt hat, ist die Einräumung der persönlichen Unabhängigkeit auf absehbare Zeit politisch nicht durchsetzbar. Der BDR (RpflBl. 1992, 11) hat deshalb eine Ergänzung des Art. 92 GG durch folgenden Abs. 2 gefordert: *„Aufgaben der Gerichtsbarkeit können durch Gesetz dem Rechtspfleger übertragen werden".*

Der Vorschlag zur Ergänzung des Art. 92 GG war Gegenstand eines Antrags des BDR an die Gemeinsame Verfassungskommission von Bundestag und Bundesrat (RpflBl. 1992, 11). Er wurde jedoch in den Katalog der 23 Empfehlungen zur Änderung des GG nicht aufgenommen (vgl. den Abschlußbericht der Gemeinsamen Verfassungskommission vom 5.11.1993, BT-Drs. 12/6000).

Auf wenig Resonanz stieß demgegenüber die vereinzelt erhobene Forderung, **Art. 92 GG dahin zu ändern**, dass die rechtsprechende Gewalt „den Richtern und Rechtspflegern anvertraut" ist (*Eickmann* Rpfleger 1976, 163; zust. *Böttcher* Rpfleger 1986, 206).

18   **Die Vorteile** einer solchen Änderung scheinen auf der Hand zu liegen: Der Streit um die Verfassungswidrigkeit einzelner (ehemals richterlicher) Aufgaben (→ § 1 Rn. 72 ff.) wäre endgültig beendet und es würde bei der Übertragung künftiger Aufgaben die immer wieder auftretende schwierige Grenzziehung „entschärft", ob es sich bei der zu übertragenden Aufgabe um Rechtsprechung im materiellen Sinn handelt (= Art. 92 GG der Übertragung entgegensteht) oder nicht (*Dumke* S. 180; *Kissel/Mayer* RpflBl. 1977, 23; *Bassenge/Roth* Vor § 1 Rn. 11 ff.): Der Einfachgesetzgeber könnte dann nämlich ohne weiteres Aufgaben der Rechtsprechung (im materiellen Sinn: → § 1 Rn. 34) auf den Rechtspfleger übertragen. Bei näherem Zusehen erweist sich allerdings, worauf *Herbst* Rpfleger 1994, 487 zu Recht hinweist, ein **gravierender Nachteil:** Der „neue" Art. 92 GG würde es in die Hand des Einfachgesetzgebers legen, in welchen Fällen das Richtermonopol (→ § 1 Rn. 59) zu beachten ist. Da eine solche Konsequenz unter rechtsstaatlichen Gesichtspunkten nicht hinnehmbar ist, schlägt *Herbst* Rpfleger 1994, 487 – unter der Prämisse der Beibehaltung der traditionellen Aufgabenverteilung zwischen Richter und Rechtspfleger! – vor, Art. 92 GG so zu ergänzen: „Aufgaben der Gerichtsbarkeit, die nicht Ausübung der rechtsprechenden Gewalt sind, können durch Gesetz dem Rechtspfleger zur Wahrnehmung in sachlicher Unabhängigkeit übertragen werden".

19   b) **Eigenständige Besoldung (Sonderlaufbahn).** Seit Jahrzehnten wird vom BDR die Sicherstellung einer angemessenen Besoldung in Form der Einführung einer Sonderlaufbahn gefordert (vgl. die Denkschrift des BDR zur Rechtspflegerbesoldung, Beilage zum RpflBl. 1979, 11 f; *Schmitt* RpflBl. 1994, 37 und *Arenhövel* RpflBl. 2007, 3). Obgleich die Einführung einer solchen Sonderlaufbahn den Rechtspflegern von der Justizverwaltung schon 1970 in Aussicht gestellt (und von den Justizministern des Bundes und der Länder immer wieder gefordert wurde), ist sie bis heute nicht verwirklicht und es erscheint ihre Verwirklichung angesichts der angespannten Lage der öffentlichen Haushalte auch nicht in Sicht.

Vorbemerkung zu den §§ 1 ff. Vor § 1 ff.

4. Der Rechtspfleger als Bagatell- oder Friedensrichter

Die Forderung nach einer *großen Justizreform* war bereits 1906 von *Adicke* erho- 20
ben worden (→ Einl. Rn. 10) und hat seitdem an Aktualität nichts eingebüßt (vgl.
dazu *Dumke* S. 171 ff. mwN). Soweit nun im Rahmen einer solchen Reform ua der
derzeitige vierstufige Gerichtsaufbau durch einen dreistufigen ersetzt und der Richter des Eingangsgerichts weiter entlastet werden soll, werden (seit langem) die Modelle eines streitentscheidenden Rechtspflegers als „Bagatellrichter" oder als „Friedensrichter" diskutiert (letztres Modell ist in Baden-Württemberg in den Jahren
1949 bis 1959 in der Praxis erprobt worden: vgl. dazu die Abhandlung von *Theilacker*). Dies sowohl in bürgerlichen Rechtsstreitigkeiten als in Strafsachen (vgl. dazu
Baur DRiZ 1971, 111; *Dumke* S. 172 ff; *Engler* RpflBl. 1970, 60; *Lappe* ZRP 1974,
11; *Kissel/Mayer* Rpfleger 1984, 445, 450; *Lindacher* RpflBl. 1976, 10). Da Art. 92
GG einer solchen Übertragung entgegensteht (→ § 1 Rn. 59 ff.), sahen die von der
Kommission für das Gerichtsverfassungsrecht und Rechtspflegerrecht erarbeiteten
Reformmodelle für die Einführung eines Bagatell- oder Friedensrichters vor, dass
dem Rechtspfleger entweder der grundgesetzliche Richterstatus verliehen oder
Art. 92 GG geändert werde (Bericht über die Verhandlungsergebnisse der Kommission für Gerichtsverfassungsrecht und Rechtspflegerrecht zur Frage eines drei- oder
viergliedrigen Gerichtsaufbaus, BJM Reihe „recht", 1970). Die Justizminister des
Bundes und der Länder haben sich auf einer Sonderkonferenz (4./5. 5. 1970) zwar
für einen dreistufigen Gerichtsaufbau ausgesprochen, jedoch gegen alle Modelle,
nach denen der Rechtspfleger als „Streit-Rechtspfleger" oder „Friedensrichter"
Rechtsprechungsaufgaben im materiellen Sinn (→ § 1 Rn. 12, 34) übernehmen
sollte (vgl. den Bericht zur Sonderkonferenz von *Hirschmann* DRiZ 1970, 190).
Einer umfassenden Änderung des RPflG 1969/1970 wird deshalb in absehbarer
Zeit keine Chance eingeräumt (*Dumke* S. 176).

VI. Europäischer Rechtspfleger

Schrifttum: Rechtsstellung und Aufgaben der Rechtspfleger/*Greffiers,* Vergleichsstudie der
Europäischen Union der Rechtspfleger (E.U.R.), 2. Aufl. 1989; *Reiss,* Rechtspfleger, Greffier
and Clerk to the Justices, RpflBl. 1973, 58; *Habscheid,* Der Rechtspfleger in Europa, Rpfleger
1989, 434; *Kappl,* Die europäische Konferenz über juristische Berufe, RpflBl. 1994, 21; *Pakuscher,* Der Rechtspfleger – ein Rechtsprechungsorgan für Ost- und Westeuropa?, RpflBl. 1994,
71; *Rausch,* Rechtspfleger – ein europäischer Beruf?, Rpfleger 1994, 134; Der Rechtspfleger –
ein Berufsbild für Europa?, RpflBl. 2008, 12.

Neben dem Richter als dem eigentlichen Funktionsträger der Gerichtsbarkeit 21
kennen alle westeuropäischen Länder qualifizierte Justizbedienstete, die bei der
Ausübung der Rechtsprechung mitwirken (vgl. dazu die Vergleichsstudie-E.U.R):
zB in Deutschland und Österreich den Rechtspfleger, in Frankreich, den Beneluxländern und in Portugal den Greffier, in Italien den Canceliere und den Gerichtssekretär und in Spanien den Secretario Judicial. So schwer ein Vergleich angesichts
der unterschiedlichen Aufgaben und Stellungen dieser Justizbediensteten auch fällt,
läßt sich doch feststellen: Nur der deutsch/österreichische Rechtspfleger nimmt
Aufgaben wahr, die früher dem Richter vorbehalten waren. In allen anderen Ländern sind die mit den Rechtspflegern/Greffiers verwandten Justizbeamten noch
nicht aus der Funktion eines UdG bzw. Zuarbeiters des Richters herausgetreten,
dh sie werden von allen Aufgabenbereichen ferngehalten, die – obwohl nicht zum

§ 1   1. Abschnitt. Aufgaben und Stellung des Rechtspflegers

Kernbereich der Rechtsprechung (= der Rechtsprechung im materiellen Sinn: → § 1 Rn. 34) zählend – traditionsgemäß dem Richter vorbehalten sind.

In seiner Empfehlung R 86/12 vom 12.9.1986 hat das Ministerkomitee des Europarates den EG-Mitgliedstaaten empfohlen, zur Vorbeugung und Verminderung der Überlastung der Gerichte den Richter von solchen Aufgaben zu befreien, die nicht zum Kernbereich der Rechtsprechung zählen, etwa (vgl. die Anlage zur Richtlinie R 86/12): Führung des Grundbuchs und des Handelsregisters, Nachlasssachen, Bestellung eines gesetzlichen Vertreters für Gebrechliche und abwesende Personen. Als eine geeignete Institution, die für solche „nichtrichterliche Aufgaben" in Betracht kommt, führt die Empfehlung den Rechtspfleger deutsch/österreichischen Modells als Präzedenzfall auf. Zur allgemeinen Anerkennung von „Diplom"-Rechtspflegern in der EU → § 2 Rn. 28.

22   In den meisten **osteuropäischen Ländern** existiert die fG noch nicht oder befindet sich erst im Aufbau. Soweit letzteres der Fall ist, besteht auch Interesse an der Einführung der Institution eines Rechtspflegers (zB Estland, Polen, Tschechien; Slowakei).

23   Der **Europäischen Union der Rechtspfleger** (EUR; www.eu-rechtspfleger.eu) gehören die Berufsverbände folgender Länder an: Belgien, Dänemark, Deutschland, Estland, Finnland, Frankreich, Italien, Luxemburg, Niederlande, Österreich, Polen, Portugal, Schweden und Spanien. Assoziierte Mitglieder sind Japan, Tunesien, Marokko und Mali.

§ 1 Allgemeine Stellung des Rechtspflegers

Der Rechtspfleger nimmt die ihm durch dieses Gesetz übertragenen Aufgaben der Rechtspflege wahr.

Übersicht

	Rn.
I. Normzweck und Regelungsgehalt	1–7
1. Normzweck	1–4
2. Regelungsgehalt	5–8
II. Zum Rechtspfleger als Organ der Rechtspflege und der Rechtsprechung	9–15
1. Begriff der Rechtspflege	9–13
a) Allgemeines	9–10
b) Rechspflege im weiteren Sinn	11, 12
c) Gerichts- und Justizverwaltung	13
2. Wahrnehmung der Rechtspflegeaufgaben	14
3. Der Rechtspfleger als Organ der Rechtsprechung	15
III. Inhalt und Begriff der Rechtsprechung	16–44
1. Rechtsprechung und rechtsprechende Gewalt	16, 17
a) Verfassungsrecht	16
b) Ausgangspunkt für die Begriffsermittlung	17
2. Keine Definition durch den Verfassungsgeber	18
3. Keine nur formelle Begriffsbestimmung	19
4. Überkommene materielle Theorien	20–23
a) Streitentscheidung	21
b) Abwandlungen	22, 23
5. Funktional-organisatorische Theorie	24, 25
6. Kritik	26–30

	Rn.
a) *Thoma*'scher und *Friesenhahn*'scher Begriff; Merkmal der Rechtskraft	27, 28
b) Verbindliche Rechtskontrolle	29
c) Übrige Auffassungen	30
7. Formell-materielle Theorie	31–44
a) Verfassung als Ausgangspunkt	31, 32
b) Formelle Bestimmung aus dem GG	33
c) Materielle Bestimmung aus dem GG	34–42
d) Der Begriffsrest	43
e) Zusammenfassung	44
IV. Freiwillige Gerichtsbarkeit und Rechtsprechung	45–51
1. Allgemeines	45–47
a) Zuordnungsprobleme	45, 46
b) Beispiele	47
2. Zuordnung der freiwilligen Gerichtsbarkeit zur Verwaltung oder Rechtsprechung	48–51
a) Überkommene Auffassungen	49
b) Funktional-organisatorische Theorie	50
c) Streitentscheidung als maßgebliches Kriterium	51
V. Streitentscheidungen des Rechtspflegers	52–58
1. Begriff	52–54
a) Allgemeines	52
b) Einzelheiten	53, 54
2. Beispiele	55, 56
3. Stellungnahme	57, 58
VI. Der Rechtspfleger als Richter iS des Art. 92 GG?	59–71
1. Problemstellung	59
2. Die abzulehnenden Argumente	60
3. Verfassungsrechtliche Vorgaben für den Richter	61–69
a) Allgemeines	61
b) Organisatorische Selbständigkeit	62
c) Unabhängigkeit	63–68
d) Rechtsgelehrtheit	69
4. Zusammenfassung	70, 71
VII. Verfassungswidrige Zuweisungen des RPflG?	72–77
1. Richtervorbehalte	72
2. Vorschaltverfahren	73–76
a) Zum Meinungsstand	73
b) Differenzierende Lösung	74
c) Einordnung von Rechtspflegeraufgaben im Schrifttum	75, 76
3. Zusammenfassung	77
VIII. Gesetzlicher Richter	78
IX. Die beamtenrechtliche Stellung des Rechtspflegers	79–93
1. Beamtenstatus und Funktionsbezeichnung	79–83
a) Richter	79
b) Rechtspfleger	80–83
2. Beamtenrecht	84–88
a) Rechtsquellen	84
b) Berufung in das Beamtenverhältnis	85
c) Besoldung	86
d) Versetzung; Zuweisung anderer Aufgaben	87
e) Dienstaufsicht	88

	Rn.
3. Geschäftsverteilung	89–93
a) Allgemeines	89, 90
b) Zuständigkeit	91
c) Form der Geschäftszuweisung	92
d) Ländervorschriften	93
X. Neue Bundesländer	94, 95
1. Rechtslage bis zum Einigungsvertrag	94
2. Rechtslage seit dem Einigungsvertrag	95

Schrifttum: *Bernhard*, Rechtspfleger, Richter- und Rechtsprechungsbegriff, DRiZ 1981, 361; *Blaesing*, Karl, Rechtspflege und Grundgesetz, NJW 1971, 1436; *Böckelmann*, Auf dem Wege zur Reform der freiwilligen Gerichtsbarkeit, JR 1971, 359; *Böttcher*, Verfassungskonformität der Übertragung der Grundbuchsachen auf den Rechtspfleger, Rpfleger 1986, 201; *Brüggemann*, Bemerkungen zur Eigenständigkeit des Rechtspflegeramts, JR 1965, 81; *Buchholz*, Die künftige Stellung des Rechtspflegers, Rpfleger 1952, 513; *Eickmann*, Die Dritte Gewalt – Begriff und Wirklichkeit, Rpfleger 1976, 153; *ders.*, Die Leitideen des Rechtspflegerrechts, Bewährung oder Nichtbewährung, RpflBl. 1976, 46; *Ellscheid*, Das Rechtsinstitut der sachlichen Unabhängigkeit, RpflBl. 1987, 85; *Gaul*, Zur Struktur der Zwangsvollstreckung, Rpfleger 1971, 1, 41; *Giese*, Rechtspfleger und Grundgesetz, Rpfleger 1953, 146, 386; *ders.*, Richter und Rechtspfleger als Organe der „Dritten Gewalt", Rpfleger 1954, 162; *Habscheid*, Die Zivilrechtspflege im Spannungsfeld der verfassungsrechtlichen Grundsätze, JR 1958, 361; *ders.*, Rechtspfleger und Freiwillige Gerichtsbarkeit, Rpfleger 1967, 317; *ders.*, Der Rechtspfleger in der Gerichtsorganisation, Rpfleger 1968, 237; *ders.*, Zur Stellung des Rechtspflegers nach dem neuen Rechtspflegergesetz NJW 1970, 1775; *Herbst*, Bedarf die Tätigkeit des Rechtspflegers der verfassungsrechtlichen Absicherung?, RpflBl. 1977, 9; *Huhn*, Richter und Rechtspfleger, DRiZ 1975, 16; *ders.*, Bedarf die Tätigkeit des Rechtspflegers der verfassungsrechtlichen Absicherung?, RpflBl. 1977, 4; *Kapust*, Nochmals zum Begriff „Rechtsprechung", DRiZ 1955, 36; *Kern*, Zur Stellung des Rechtspflegers bei der Großen Justizreform, Rpfleger 1968, 237; *Kissel/Mayer*, Der Rechtspfleger im Wandel der Zeiten, Rpfleger 1984, 445; *Kleinrahm*, Justizreform und Grundgesetz, Rpfleger 1952, 1; *Klüsener*, Der Rechtspfleger – Einige Gedanken zur Standortbestimmung, RpflStud 1987, 25; *Koellreutter*, Zur verfassungsrechtlichen Stellung des künftigen Richters und Rechtspflegers, Rpfleger 1952, 353; *ders.*, Rechtspflege, Rechtsprechung und Rechtspfleger, Rpfleger 1953, 1; *Lappe*, Gewaltenteilung und Rechtspfleger, RpflBl. 1963, 21; *ders.*, Justizreform ohne Rechtspfleger?, ZRP 1974, 11; *ders.*, Nichtrichterliche Rechtspflegergeschäfte?, Rpfleger 1968, 44; *Lerch*, Die Beibehaltung der richterlichen Kompetenz im Bereich der freiwilligen Gerichtsbarkeit, ZRP 1986, 85; *Lindacher*, Rechtsprechung im Sinn von Art. 92 und Freiwillige Gerichtsbarkeit, Rpfleger 1973, 1; *ders.*, Richter und Rechtspfleger, Das Rechtspflegeramt im Spannungsverhältnis zwischen Verfassungsrecht und Justizpolitik, RpflBl. 1976, 6; *ders.*, Richter und Rechtspfleger, Rpfleger 1987, 45; *Marquordt*, Das Rechtspflegergesetz 1969, Rpfleger 1970, 1; *Messerer*, Zum Begriff „Rechtsprechung" Und „Richter", DRiZ 1954, 209; *Mielke*, Der Rechtspfleger und das Grundgesetz, ZRP 2003, 442; *Müller-Tochtermann*, Freiwillige Gerichtsbarkeit zwischen Verwaltung und Rechtsprechung, DRiZ 1956, 4; *Peters*, Die Gewaltentrennung in moderner Sicht, 1954; *Peters*, Das echte Streitverfahren im Bereich der FGG, MDR 1952, 137; *Rellermeyer*, Entwicklung des Rechtspflegerrechts, Rpfleger 2007, 129 und Rpfleger 2009, 215; *ders.*, Rechtspflegerrecht nach dem FGG-Reformgesetz, Rpfleger 2009, 349; *Rudolph*, Richter und Rechtspfleger, DRiZ 1975, 44; *Schlegelberger*, Die Unabhängigkeit des Rechtspflegers, Rpfleger 1957, 135; *Schorn*, Die Stellung des Rechtspflegers und seine Unabhängigkeit nach dem Rechtspflegergesetz, Rpfleger 1957, 267; *Strauß*, Das Rechtspflegergesetz, Rpfleger 1957, 33; *Wallner*, Gedanken zur Aufgabenverteilung zwischen Richter und Rechtspfleger, ZRP 1985, 233; *Weber*, Zehn Jahre Rechtspflegergesetz, Rpfleger 1967, 251; *Weiß*, Referat im Arbeitskreis 1 (Der Rechtspfleger – verfassungsrechtliches Gerichtsorgan –) des Deutschen Rechtspflegertages 1994, RpflBl.

Allgemeine Stellung des Rechtspflegers **§ 1**

1994, 62, 64; *Wertenbruch,* Gewaltenteilung und Rechtspfleger, Rpfleger 1962, 77; *Wolf,* Richter und Rechtspfleger im Zivilverfahren, ZZP 99 (1986), 361;

I. Normzweck und Regelungsgehalt

1. Normzweck

Für sich betrachtet enthält § 1, der seit seiner Aufnahme in das RPflG 1957 keine 1
Änderung erfahren hat, keine substantielle Aussage: **Wer** als Rechtspfleger tätig
werden kann, legt § 2 fest, und in **welchen Bereichen** er, **sachlich unabhängig**
(§ 9), tätig wird, ist in § 3 RPflG geregelt. Erst im Zusammenhang mit der historischen Entwicklung des Rechtspflegeramts wird der Zweck der Vorschrift verständlich.

Zur Entlastung des Richters geschaffen, hatte der Rechtspfleger bis zum Erlass 2
des RPflG im Jahre 1957 **nur einmal,** nämlich bei seiner „Geburtsstunde", den
festen Boden **eines formellen Gesetzes** unter sich: Die Übertragung der Kostenfestsetzung im Zivilprozess und des Erlasses von Vollstreckungsmaßnahmen
vom Richter auf den damaligen Gerichtsschreiber (und späteren UdG) zur selbständigen Erledigung – die erste Entlastungsmaßnahme überhaupt – erfolgte in
der **ZPO** (→ Einl. Rn. 16; auch → § 21 Rn. 1). Alle späteren Entlastungsmaßnahmen geschahen nur noch durch **Verwaltungsverfügungen:** Zuerst durch
die Justizverwaltungen der Länder aufgrund der Ermächtigung des REntlG
(1921, → Einl. Rn. 21; vgl. auch → Anh. II.3.), dann durch die REntlV (1943,
→ Einl. Rn. 26), die auch nach der Rücklagerung der Justizhoheit auf die Länder nach dem Ende des 2. Weltkrieges weiter angewandt wurde. Das VereinhG
(1950) brachte mit seiner Änderung des § 10 GVG (idF des Art. 8 Nr. 8) in Abs. 3
zwar **erstmals** das Wort „Rechtspfleger" in einem (Bundes-)**Gesetz.** Dies aber
nur am Rande, nämlich im Zusammenhang mit der Wahrnehmung richterlicher
Aufgaben durch andere Personen als den Richter: *„Unberührt bleiben die Vorschriften
über die Übertragung richterlicher Geschäfte"* – gemeint war die REntlV – *„auf den
Rechtspfleger".* Ansonsten aber blieb es beim alten Rechtszustand: Der Rechtspfleger, Beamter des gehobenen Justizdienstes, war Angehöriger der „Geschäftsstelle" iSd § 153 GVG, war UdG; eine eigene Stellung innerhalb der
Gerichtsverfassung kam ihm nicht zu. Sämtliche Vorschriften, die den UdG betrafen, waren auch auf den Rechtspfleger anwendbar. Soweit ihm richterliche Geschäfte übertragen wurden, geschah das im Wege der **Verwaltungsanordnung**
und es diente die Bezeichnung „Rechtspfleger" lediglich dazu, diese besonderen
funktionellen Zuständigkeiten hervorzuheben. Erst das RPflG 1957 beendete
diesen seit dem Grundgesetz **verfassungsrechtlich nicht mehr haltbaren
Zustand,** die Übertragung nämlich ehemals richterlicher Aufgaben auf einen gerichtsverfassungsrechtlich nicht vorgesehenen neuen Typus von UdG im Verwaltungsweg.

§ 1 bezweckt somit – das erweisen auch die ungekürzte Überschrift zum RPflG 3
1957 („Gesetz über Maßnahmen auf dem Gebiete der Gerichtsverfassung...") wie
die Überschrift des 4. Abschnitts – die Herauslösung des Rechtspflegers aus der Geschäftsstelle iSd § 153 GVG, seine Trennung von der gerichtsverfassungsrechtlichen
Institution des UdG und seine Anerkennung als einer eigenen Institution der Gerichtsverfassung: Hatte der Rechtspfleger zwar schon vor Inkrafttreten des RPflG
1957 **faktisch** die Stellung eines **Organs der Gerichtsverfassung** (→ Vor §§ 1 ff.

Rn. 2) und damit **der Rechtspflege** inne, so wird diese Stellung durch § 1 nunmehr **gesetzlich** verankert.

4 Die Beschreibung der Stellung von Richtern, Staatsanwälten, Amtsanwälten, von Urkundsbeamten der Geschäftsstelle, Gerichtsvollziehern, Rechtsanwälten und Notaren als Träger von Funktionen der „Dritten Gewalt" (Rechtspflege) mit dem Begriff **„Organe der Rechtspflege"** war bei Erlass des RPflG 1957 erst seit einigen Jahren in Gebrauch. Nur so erklärt sich, dass der Gesetzgeber in § 1 – vgl. auch die Überschrift „Allgemeine Stellung des Rechtspflegers" – zwar die Stellung des Rechtspflegers als einem eigenständigen Organ der Rechtspflege umreißt, den Begriff aber gleichwohl nicht verwendet. In der Begründung zum Gesetzesentwurf (BT-Drs. II/161, 15) ist hingegen bereits vom Rechtspfleger als einem **gerichtsverfassungsrechtlichen Organ** die Rede: „Der Rechtspfleger soll nach § 1 künftig eine feste Institution der Gerichtsorganisation werden ... Der Rechtspfleger wird durch das vorliegende Gesetz als ein besonderes Organ anerkannt, das in der Gerichtsorganisation seinen Platz zwischen dem Richter und dem Urkundsbeamten der Geschäftsstelle hat".

2. Regelungsgehalt

5 Der Rechtspfleger, der als eigenständiges gerichtsverfassungsrechtliches Organ (→ Rn. 2, 3) Aufgaben der Rechtspflege wahrnimmt und nicht Aufgaben der Verwaltung, repräsentiert im Rahmen seiner Zuständigkeit das Gericht; er ist „das Amtsgericht", „das Landgericht"; seine Entscheidungen sind solche des Gerichts, nicht der Geschäftsstelle (Celle Rpfleger 1965, 59; *Brüggemann* JR 1965, 81); eine vor ihm gemachte Zeugenaussage ist eine Aussage vor Gericht iSd § 153 StGB (OLG Hamburg Rpfleger 1984, 196). **Rechtspfleger** ist der Beamte des gehobenen Dienstes bzw. der Qualifikationsebene 3 des Justizdienstes allerdings **nur solange**, als er „die ihm durch dieses Gesetz übertragenen Aufgaben der Rechtspflege" wahrnimmt (Näheres zum Begriff des Rechtspflegers als Funktionsbezeichnung: → Rn. 80 ff.).

6 **Aufgaben des Rechtspflegers iSd § 1** sind: Die vormals (regelmäßig) **richterlichen Geschäfte nach § 3 Nr. 1 bis 3** nach Maßgabe der §§ 14–19b (lediglich bei den Geschäften des § 3 Nr. 3 lit. b, e handelt es sich um ehemalige Geschäfte des UdG). Ferner die nach § 3 Nr. 4 übertragenen Geschäfte im internationalen Rechtsverkehr (§ 29) sowie der Staatsanwaltschaft im Strafverfahren und der Vollstreckung in Straf- und Bußgeldsachen sowie von Ordnungs- und Zwangsmitteln (§ 31). Die Zuweisung der Hinterlegungssachen an den Rechtspfleger wurde durch Art. 78 Abs. 3 des Gesetzes v. 23.11.2007, BGBl. I S. 2614, aufgehoben. Nimmt ein mit den Geschäften des Rechtspflegers betrauter Beamter keine Rechtspflege- sondern Justizverwaltungsgeschäfte oder solche des UdG wahr (= „sonstige Dienstgeschäfte" iSd § 27 Abs. 1), ist er nicht **als Rechtspfleger** tätig (§ 27 Abs. 2).

7 Die **ursprüngliche Konzeption** des Gesetzgebers für das **RPflG 1957** ging davon aus, dem gehobenen Justizbeamten **als Rechtspfleger** durch das RPflG **nur solche Geschäfte** zu übertragen, bei denen es sich um **ehemals richterliche Geschäfte** handelte. Soweit deshalb, wie schon immer, dem Beamten in Personalunion, auch Geschäfte der Justizverwaltung übertragen wurden, war er nicht als Rechtspfleger tätig. Das stellte früher § 26 Abs. 2 und aktuell § 27 Abs. 2, zusätzlich zur (damaligen!) Aussage des § 1, klar.

8 Diese Konzeption wurde durch das **RPflG 1969 geändert:** Zu den vormals richterlichen Geschäften wurden in den Kreis der zu übertragenden Geschäfte – in erster Linie aus personalpolitischen Gründen, aber auch zwecks Beseitigung des Dualismus Rechtspfleger/UdG – mit

Allgemeine Stellung des Rechtspflegers **§ 1**

§§ 29–31 (jetzt: §§ 29 und 31; § 3 Nr. 4) **Geschäfte der Justizverwaltung aufgenommen.** Gleichzeitig wurde klargestellt (§ 32), dass auf diese Geschäfte §§ 5–11 keine Anwendung finden. Diese dem Beamten **als Rechtspfleger** durch das RPflG 1969 übertragenen neuen Geschäfte waren (vgl. *Arndt* § 3 Rn. 26 f.) nach damaliger Terminologie **keine Aufgaben der Rechtspflege** (und werden zT auch heute noch nicht zur Rechtspflege gerechnet: → Rn. 6). Um es dennoch beim Wortlaut des § 1 – „Der Rechtspfleger nimmt die ihm durch dieses Gesetz übertragenen **Aufgaben der Rechtspflege** wahr" – zu belassen, wurde der Begriff der Rechtspflege in der Begründung zum RPflG 1969 so definiert: Rechtspflege iSd § 1 beinhaltet die bisherigen judikativen Aufgaben (§ 3 Nr. 1 bis 3) und – so die neue Wortschöpfung (BT-Drs. V/3134, 14 f., 29) – Geschäfte der **„Rechtspflegeverwaltung",** eben die in §§ 29–31 (jetzt: §§ 29 und 31) aufgeführten Justizverwaltungsaufgaben (zu dem Begriff der Rechtspflegeverwaltung auch → § 27 Rn. 2 und zur „systemfremden Einordnung" → § 3 Rn. 15).

II. Zum Rechtspfleger als Organ der Rechtspflege und der Rechtsprechung

1. Begriff der Rechtspflege

a) Allgemeines. Der rechtsprechenden Gewalt sind neben Rechtsprechungs- 9
aufgaben (im materiellen Sinn) eine Fülle von weiteren Aufgaben zugewiesen. Diese Aufgaben sind zT verfassungsrechtlich zwingend von Organen der dritten Gewalt zu erledigen (zB die Vollstreckung von Straf- urteilen durch die StA), teils könnten sie auch durch die Exekutive erledigt werden (zB Registersachen). Sie sind aber aus historischen Gründen oder Gründen des Sachzusammenhangs bei der Rechtsprechung angesiedelt. Mit den Begriffen **Rechtspflege, Rechtspflege im weiteren Sinn, Gerichtsverwaltung, Justizverwaltung, Rechtspflegeverwaltung, Rechtsprechung im formellen** und **materiellen Sinn** versucht man, diesen Bereich zu ordnen und überschaubarer zu machen. Gelungen ist das angesichts der unterschiedlichen Inhaltsauffüllung nur zT. Das gilt insbesondere für den hier interessierenden (der Rechtspfleger nimmt „Aufgaben der Rechtspflege" wahr: § 1!) Begriff der **Rechtspflege:** Rechtsprechung (im materiellen Sinn, → Rn. 34) etwa wird der Rechtspflege gegenübergestellt oder als ein Teil von ihr gesehen; Rechtspflege wiederum wird – was sich oft nur aus dem Kontext erschließt – in einem weiten (zT auch die Gerichts- und Justizverwaltung umfassenden) bzw. engen Sinn verwendet und überwiegend formell definiert (oder – unter Offenlassung des Begriffs – nur mit einigen Beispielen illustriert).

Der Begriff Rechtspflege wird konturlos, wenn er Tätigkeiten wie den Erlass 10
eines Straf- oder Zivilurteils, die Einstellung eines Richters, die Anschaffung eines Computers und die Vollstreckung einer Freiheitsstrafe durch den Staatsanwalt erfasst. Es ist deshalb der heute ganz herrschenden Auffassung zu folgen: Danach sind jedenfalls die Bereiche der Gerichts- und Justizverwaltung aus dem Begriff der Rechtspflege auszuklammern und es ist die Rechtspflege der Rechtsprechung im materiellen Sinn gegenüberzustellen. Ob man diese beiden Elemente (wie hier: → Rn. 4, 5) unter den Oberbegriff der „Rechtspflege im weiteren Sinn" einordnet bzw. unter den der „formellen Rechtsprechung‚‚‚ oder gar auf eine begriffliche Zusammenfassung verzichtet, erscheint sekundär.

b) Rechtspflege im weiteren Sinn. Materiell kann man sie als den Bereich 11
der dritten Gewalt, der alles umfasst was unmittelbar oder mittelbar der Rechtsverwirklichung im Bereich der Rechtsprechung dient, definieren. Aussagekräftiger ist eine **formelle** Festlegung: Rechtspflege ist jede Tätigkeit, die durch Gesetz den

49

§ 1 1. Abschnitt. Aufgaben und Stellung des Rechtspflegers

Gerichten und Staatsanwaltschaften zur Aufgabenerledigung übertragen wird, ausgenommen die Gerichts- und Justizverwaltung (insoweit lässt sich dann auch von Rechtsprechung im formellen Sinn sprechen: ähnl. *Bötticher* ZZP 1951; *Wertenbruch* Rpfleger 1962, 77, 79). Die Rechtspflege im weiteren Sinn umfasst danach zwei Bereiche: die **Rechtsprechung im materiellen Sinn** (→ Rn. 34) und die **Rechtspflege.** Letzterer Begriff entzieht sich einer griffigen positiven Definition angesichts der unterschiedlichen Aufgaben (dazu sogleich). Negativ lässt er sich so beschreiben: Rechtspflege meint alle Tätigkeiten, die den Gerichten und Staatsanwaltschaften zugewiesen sind und nicht zur Rechtsprechung im materiellen Sinn, zur Gerichts- und Justizverwaltung zählen. Zur Rechtspflege rechnen insbes:
– Mahnverfahren, **Vollstreckungstätigkeiten** durch die Gerichte und Staatsanwaltschaften sowie der Bereich der **fG** (soweit er nicht bereits zur Rechtsprechung im materiellen Sinn rechnet): zB das Registerwesen (Grundbuch, Handelsregister, Vereinsregister ua), das Vormundschafts-, Betreuungs- und Nachlasswesen.
– Geschäfte **im internationalen Rechtsverkehr,** und Geschäfte der **StA im Strafverfahren und bei der Vollstreckung von Straf- und Bußgeldsachen** sowie von Ordnungs- und Zwangsmitteln. Diese kraft ausdrücklicher (gerichtsverfassungsrechtlicher) **Zuweisung durch das RPflG:** § 1 iVm § 3 Nr. 4, §§ 29 und 31.

12 Das RPflG 1957 vertrat entspr seiner Konzeption – Übertragung nur ehemals richterlicher Aufgaben auf den Rechtspfleger (→ Rn. 7) – einen Rechtspflegebegriff, der die Tätigkeiten der Gerichts- und Justizverwaltung ausnahm. Es war denn zu dieser Zeit auch ganz hM, dass der gehobene Beamte des Justizdienstes die Geschäfte der Hinterlegung nach der HintO, des internationalen Rechtsverkehrs und der Strafvollstreckung bei der StA **nicht als Rechtspfleger** bearbeitete (zB *Arndt* § 3 Rn. 24, 26). Bedingt jedoch durch die vom RPflG **1969** in den **§§ 29–31** vorgenommene Übertragung von **Justizverwaltungsaufgaben** auf den Rechtspfleger, unter Beibehaltung des Wortlautes des § 1, erhielt der Begriff Rechtspflege **einen neuen Inhalt** (→ Rn. 9 und § 27 Rn. 3).

13 c) **Gerichts- und Justizverwaltung.** Nicht zur Rechtspflege im weiteren Sinn gehören die Gerichtsverwaltung und Justizverwaltung (zT werden auch diese Bereiche der Rechtspflege im weiteren Sinn zugerechnet: zB BLAH/*Hartmann* GVG Anh. nach § 21, Anm. I). **Gerichtsverwaltung** ist die innerorganisatorische Verwaltung der Gerichte (Einstellung von Personal, Bereitstellung und Zuweisung von Räumen und Sachmitteln, konkrete Durchführung des Dienstbetriebs; Dienstaufsicht; Prüfungswesen usw; – zu Einzelheiten → § 27 Rn. 1, 4). Die **Justizverwaltung** ist demgegenüber Verwaltungstätigkeit durch Behörden der Gerichtsbarkeit gegenüber dem Bürger (außerhalb eines anhängigen gerichtlichen Verfahrens). Dazu zählen insbesondere (→ § 27 Rn. 1, 5): Bearbeitung von Dienstaufsichtsbeschwerden und Berechnung der Gerichtskosten.

2. Wahrnehmung der Rechtspflegeaufgaben

14 Die Aufgaben der Rechtspflege im weiteren Sinn nehmen besondere **Organe** wahr. Neben Richtern sind das die sog „nichtrichterlichen Organe der Rechtspflege": Staatsanwälte, Amtsanwälte, Rechtspfleger, Urkundsbeamte der Geschäftsstelle, Gerichtsvollzieher, Rechtsanwälte, Rechtsbeistände und Notare, aber auch Justizwachtmeister und Bewährungshelfer. (Zum engeren Begriff der **gerichtsverfassungsrechtlichen** Organe → Vor §§ 1 ff. Rn. 2).

Allgemeine Stellung des Rechtspflegers **§ 1**

3. Der Rechtspfleger als Organ der Rechtsprechung

Mit der Anerkennung des Rechtspflegers als einem eigenständigen Organ der 15
Rechtspflege neben dem Richter ua (→ Rn. 2, 6) wird gegenüber dem früheren
Rechtszustand lediglich festgelegt, dass seine Zuständigkeit weder vom Richter abgeleitet ist, noch durch Akte der Justizverwaltung bestimmt wird. Ist er aber auch
ein Organ der **Rechtsprechung?** Die Beantwortung der Frage hängt von der Klärung des umstrittenen Begriffs der Rechtsprechung ab (→ Rn. 16 ff.), wobei sich
diese Problematik allerdings insoweit verkürzt, als die Frage des Umfangs der Einbeziehung der Strafgerichtsbarkeit (insbes: die Grenzziehung zwischen Strafrecht
und Ordnungswidrigkeitenrecht) hier offen bleiben kann, da der Rechtspfleger auf
diesen Gebieten keine ehemals richterlichen Aufgaben ausübt.

III. Inhalt und Begriff der Rechtsprechung

1. Rechtsprechung und rechtsprechende Gewalt

a) Verfassungsrecht. Der **Grundsatz der Gewaltenteilung,** verankert in 16
Art. 20 Abs. 2 S. 2 GG und mit der Unabänderlichkeitsklausel des Art. 79 Abs. 3
GG garantiert, gehört zu den tragenden Prinzipien unserer Verfassung. Art. 92 GG
konkretisiert diese Grundsatzentscheidung und überträgt die **rechtsprechende
Gewalt** den Gerichten, als deren Organwalter die Richter amtes besonders herausgehoben werden (BVerfGE 32, 199, 213). Mit dem Begriff der rechtsprechenden Gewalt
identisch ist der der **Rechtsprechung,** den der Verfassungsgeber in Art. 1 Abs. 3
und Art. 20 Abs. 2, Abs. 3 GG verwendet und der Gesetzgebung und der vollziehenden Gewalt zur Seite stellt (MüKoZPO/*Zimmermann*, GVG § 1 Rn. 2). Wenn
Art. 92 GG anstelle des Begriffs der Rechtsprechung den der rechtsprechenden Gewalt verwendet, so deshalb, um die Anerkennung der Rechtsprechung als vollwertige dritte Funktion neben den beiden anderen Gewalten zu unterstreichen.

b) Ausgangspunkt für die Begriffsermittlung. Steht somit zwar fest, dass die 17
rechtsprechende Gewalt in ihrer Existenz und in ihrem Aufgabenbereich verfassungsrechtlich garantiert ist, ist doch die Bestimmung dessen umstritten, was den
Aufgabenbereich „Rechtsprechung" ausmacht (zum Meinungsstand: insbesondere
Achterberg Rn. 74–81; *Bernhard* DRiZ 1981, 361; *Wolf* ZZP 1999, 367; MüKoZPO/*Zimmermann* GVG § 1 Rn. 3 ff.). Dabei ist festzuhalten: Einigkeit besteht
heute darüber, dass der Rechtsprechungsbegriff „nicht im Naturrecht, in der allgemeinen Rechts- oder Staatslehre, in der Rechtsphilosophie oder -soziologie" zu suchen, sondern **aus dem GG** (jedenfalls aber: anhand des GG) **zu ermitteln ist** (vgl.
auch *Achterberg* Rn. 64). Ebenso ist man sich – abgesehen von vielen interessierenden Abgrenzungsfragen im Bereich des Strafrechts – jedenfalls im **Ergebnis** über **die
Bereiche,** in denen das Richtermonopol (→ Rn. 59) keine Anwendung findet,
weitestgehend einig. Das gilt insbesondere auch für die Abgrenzung des Aufgabenbereichs Richter/Rechtspfleger (zu Einzelheiten zu dem hier in Diskussion stehenden Bereich: → Rn. 47 ff.): Dass etwa der Erlass eines Pfändungs- und Überweisungsbeschlusses, die Eintragung einer Hypothek im Grundbuch (BayObLG Rpfleger 1992, 147), die Eintragung einer Prokura im Handelsregister oder die Erteilung eines
Erbscheins Rechtsprechung ist, wird nur noch vereinzelt vertreten (vgl. etwa *Böttcher*
Rpfleger 1986, 201, der aber, die Darlegung folgt der von *Eickmann* Rpfleger 1976,
153, Rechtsprechung und Rechtspflege überwiegend gleichsetzt).

2. Keine Definition durch den Verfassungsgeber

18 Das **GG selbst** hält für das, was Rechtsprechung ausmacht, keine Definition bereit. Zwar weist es eine ganze Reihe von Aufgaben den Gerichten zu (dazu: BVerfG NJW 1967, 1219), es ist aber die Aneinanderreihung bestimmter verfassungsrechtlich festgeschriebener Rechtsprechungsaufgaben jedenfalls solange keine Definition, als diese Aufzählung – ausgespart vom GG sind so wichtige Kernbereiche wie die bürgerliche Rechtspflege und die Strafgerichtsbarkeit – nicht abschließend ist. Zu einem durch die Verfassung vorgegebenen Rechtsprechungsbegriff kommt man auch dann nicht, wenn man (BVerfG NJW 1967, 1219) den grundgesetzlichen Zuweisungskatalog nach einem gemeinsamen Kriterium sichtet. Die einzelnen Aufgaben bedürfen sicherlich „wegen der Schwere des Eingriffs und ihrer Bedeutung für die Rechtsstellung des Staatsbürgers am ehesten der Sicherung eines gerichtlichen Verfahrens" (BVerfG NJW 1967, 1219, 1220), es ist dieses Kriterium jedoch zur Bildung eines allgemeingültigen Aussage untauglich (so aber *Blaesing* NJW 1971, 1436: „Rechtsprechung iSv Art. 92 GG (ist) der Teil der Staatsgewalt, der wegen der Schwere des Eingriffs und der Bedeutung für die Rechtsstellung und den Lebensbereich des einzelnen die Entscheidung durch einen von staatlicher Einflußnahme freien Dritten, den Richter, erfordert". Das BVerfG (NJW 1967, 1219) stützt deshalb auch die Einbeziehung der bürgerlichen Rechtspflege und der Strafgerichtsbarkeit in den Begriff der Rechtsprechung nicht auf die Kriterien der „Schwere des Eingriffs und ihrer Bedeutung für die Rechtsstellung des Staatsbürgers", sondern auf eine Interpretation, die auf die **Vorkonstitutionalität** abstellt (→ Rn. 37). Im Übrigen hat sich das BVerfG, das mehrfach berufen war, sich mit dem Begriff der Rechtsprechung zu befassen – vor allem zur Frage der Abgrenzung der Strafgewalt von verwandten staatlichen Sanktionen (zB BVerfGE 8, 197; 12, 264; 22, 125; 22, 311) – jeder positiven Definition enthalten und nur auf eine negative Abgrenzung beschränkt.

3. Keine nur formelle Begriffsbestimmung

19 Nach nahezu einhelliger Auffassung (zB BVerfG NJW 1967, 1219; *Achterberg* Rn. 47, 65 f.; *Bernhard* DRiZ 81, 363; *Knapp* JuS 1979, 611; *Böttcher* ZZP 1951, 205; *Niese* ZStrW 1970, 352; anders insbesondere *Gossrau* NJW 1958, 931; zum früheren Meinungsstand: *Böttcher* ZZP 1951, 205) kann der Rechtsprechungsbegriff **nicht nur formell** verstanden werden, ist also nicht identisch mit der Summe der Aufgaben, die der einfache Gesetzgeber den Gerichten (Richtern) zuweist: Eine derartige Begriffsbestimmung, die Rechtsprechung ohne eine verfassungsmäßige Absicherung als eine bloße Addition von Aufgaben durch den (Einfach-)Gesetzgebers festlegt, würde Art. 92 GG einem **unbeschränkten Gesetzesvorbehalt** unterwerfen, es also in das Belieben des Gesetzgebers stellen, die Vorschrift jederzeit abzuändern, etwa gar die Zivilgerichtsbarkeit der privaten Schiedsgerichtsbarkeit zu übertragen oder Verwaltungsträgern anzuvertrauen; eine absurde Vorstellung angesichts der Tatsache, dass die Zivilgerichtsbarkeit (neben der Strafgerichtsbarkeit) seit jeher zur Rechtsprechung gehört. Abgesehen davon würde ein so verstandener Rechtsprechungsbegriff (alles, was der Richter tut, ist Rechtsprechung) Gebiete, wie etwa die Justizverwaltung oder die richterliche Selbstverwaltung, die anerkanntermaßen zur Verwaltung zählen, der Rechtsprechung zuordnen.

Allgemeine Stellung des Rechtspflegers §1

4. Überkommene materielle Theorien

Die Suche nach materiellen Kriterien der Rechtsprechung hat die Rechtswissenschaft schon lange vor Schaffung des GG beschäftigt. Wenn es auch diesen herkömmlichen Theorien nicht gelungen ist, eine eindeutige, den gesamten Inhalt umfassende Definition der Rechtsprechung zu geben, konnten sie doch die **wesentliche Elemente** eines materiellen Rechtsprechungsbegriffs klären (→ Rn. 21), weshalb die ganz überwiegende Anzahl der aktuellen Rechtsprechungsdefinitionen (→ Rn. 23) auf sie zurückgreift. 20

a) Streitentscheidung. Die **Auffassungen von** *Thoma* und *Friesenhahn* haben sich als nach wie vor **grundlegend** erwiesen. *Thoma* (unter Hinweis auf die „bisherigen wissenschaftlichen Bemühungen", S. 127 Fn 45; vgl. dazu auch *Bötticher* ZZP 1951, 206) stellt die konkrete Anwendung des Rechts in den Mittelpunkt: „Unter Rechtsprechung im materiellen Sinn des Wortes hat man also zu verstehen den **verselbständigten Ausspruch** dessen, was in Anwendung des geltenden Rechts auf einen konkreten Tatbestand im Einzelfall Rechtens ist, durch eine staatliche Autorität" (S. 129, – die Betonung liegt auf „verselbständigten Ausspruch", da es „die Verselbständigung der Entscheidung und ihres Ausspruchs" sei, „was die Rechtsanwendung zur Rechtsprechung macht"). *Friesenhahn* konkretisiert (anknüpfend an *Bötticher* ZZP 1951, 206 ff.) die „staatliche Autorität" und ihre „Subsumtionstätigkeit" um zwei nach seiner Ansicht rechtsprechungsspezifische Merkmale: **Unbeteiligtsein und Streitentscheidung**: „Rechtsprechung ist jeder Ausspruch eines staatlichen Organs als unbeteiligter Dritter mit obrigkeitlicher Gewalt, was bei Anwendung der allgemeinen Rechtsnormen auf den konkreten Tatbestand rechtens ist, um einen Rechtsstreit zwischen zwei Parteien zu entscheiden" (FS für Thoma, 26; – dazu, dass das Merkmal der „Streitentscheidung" schon in der früheren wissenschaftlichen Auseinandersetzung um den Rechtsprechungsbegriff eine große Rolle gespielt hat: *Bötticher* ZZP 1951, 206 mwN). 21

b) Abwandlungen. Im Anschluss an diese beiden „Grunddefinitionen" brachte die Lehre zahlreiche Abwandlungen, wobei zunehmend auch auf das von *Arndt* eingeführte (FS Carlo Schmidt, 12, 15; NJW 1959, 605, 607) – und auf *Goldschmidt* (Der Prozess als Rechtslage, 1925, 151 ff.) zurückgehende – Element der **Rechtskraft** bzw. der endgültigen Verbindlichkeit abgestellt wurde. 22

Eine Übersicht bzw. Zusammenfassung zu den verschiedenen Rechtsprechungsbegriffen/ -theorien bringen *Achterberg* Rn. 81 ff.; *Wolf* ZZP 1999, 367 ff. **Beispiele:** 23
Kapust (DRiZ 1955, 37 mwN): Rechtsprechung ist die „Entscheidung dessen, was im vorliegenden Fall rechtens ist, durch ein am streitigen oder feststellungsbedürftigen Rechtsverhältnis unbeteiligtes Staatsorgan" *Rosenberg/Schwab* (§ 9 I 2): Rechtsprechung als „potentiell verbindliche, also in der Regel rechtskraftfähige Entscheidung eines, was rechtens ist, durch eine neutrale Instanz"; Zöller/*Lückemann* (GVG Einl. Rn. 1): Das Wesen der Rechtsprechung „liegt vornehmlich darin, auf Anrufung eines Beteiligten im Wege der Einzelfallentscheidung durch einen unbeteiligten und unabhängigen, mit staatlicher Gewalt ausgestatteten Dritten das objektive Recht auf einzelne Sachverhalte anzuwenden und dadurch Rechtsordnung zu verwirklichen."

In der Rechtspflegerliteratur spielt der von *Habscheid* (§ 5 II 4) vertretene **historisch angereicherte Rechtsprechungsbegriff** eine große Rolle: Die Streitentscheidung bildet den „Kern" der Rechtsprechung, um den sich jedoch ein „Ring von Rechtsprechungssachen kraft Herkommens" lagert (→ Rn. 40).

5. Funktional-organisatorische Theorie

24 Im Gegensatz zu den überkommenen (materiellen) Theorien (→ Rn. 20 ff.) knüpft *Wolf* (ZZP 1999, 361 ff.; MüKoZPO/*Zimmermann* GVG § 1 Rn. 4) an die **Funktion** der Rechtsprechung im Rechtsstaat an: Rechtsprechung muss die richtige Anwendung von Gesetz und Recht im Sinne der Effektivität des Rechts in jedem Einzelfall soweit als möglich sicherstellen, und – wo Zweifel und Meinungsverschiedenheiten über die Rechtsanwendung bestehen – verbindlich über das richtige Recht entscheiden **(funktionales Element)**; erfüllen kann sie diese Aufgabe nur, wenn die Rechtsprechungsorgane mit Garantien ausgestattet sind, die eine höchstmögliche Richtigkeit der Entscheidung garantieren **(organisatorisches Element)**.

25 Näheres zu diesen Begriffselementen (vgl. auch MüKoZPO/*Zimmermann* GVG § 1 Rn. 4):
– **Verbindliche Rechtskontrolle.** Die Verwaltung setzt Rechtsanwendung ein, um ihre verschiedenen Verwaltungsziele zu erreichen. Anders der Richter; er wendet Recht allein deshalb an, um dem Einzelfall durch (möglichst) richtige Rechtserkenntnis gerecht zu werden.
– **Richtigkeitsgarantie.** Höchstmögliche Richtigkeitsgarantien gewährt die Rechtsprechung durch bestimmte Verfahrensgarantien (zB rechtliches Gehör, Öffentlichkeitsgrundsatz) wie auch durch richterliche Richtigkeitsgarantien (insbes: richterliche Neutralität, sachliche und persönliche Unabhängigkeit).
– **Rechtskraft.** Zur Effektivität der Rechtsanwendung gehört, dass die getroffene Entscheidung verbindlich ist; nur so wird sie beachtet. Diese Verbindlichkeit ist entweder durch die Rechtskraft der Entscheidung gewährleistet oder (bei abänderbaren Entscheidungen), dadurch, dass sie nur vom Richter abgeändert werden kann.

6. Kritik

26 Jede der vorgenannten Begriffsfestlegungen begegnet Einwendungen (vgl. dazu ua *Achterberg* Rn. 81 ff.

27 **a)** *Thoma*'scher und *Friesenhahn*'scher Begriff; Merkmal der Rechtskraft. Das Kriterium der **Streitentscheidung** (→ Rn. 21) füllt rechtsprechende Tätigkeit zwar in weitem Maße aus, spart aber den wichtigen Bereich Strafgerichtsbarkeit aus und erfasst auch nicht rechtsprechende Tätigkeiten, bei denen sich die Parteien nicht im Streit gegenüberstehen (so ist zB nach § 1564 S. 1 BGB ein Beschluss auch bei einverständlicher Scheidung erforderlich). Das von *Thoma* aufgestellte Kriterium der **Rechtsanwendung** trifft auf die Verwaltung und den Richterspruch gleichermaßen zu. Dies auch dann, wenn man ihm, wie zB *Rosenberg*/*Schwab*, das Merkmal der „Verbindlichkeit" im Sinne eines Befolgungszwangs (ein solcher kommt auch Verwaltungsakten zu) oder einer Unanfechtbarkeit (diese trifft nicht nur auf rechtskräftige oder letztinstanzliche Entscheidungen zu) hinzufügt.

28 Das Merkmal der **Rechtskraft** ist zur Abgrenzung ebenfalls wenig geeignet: Auch Verwaltungsakte können eine der Rechtskraftwirkung ähnliche Bestandskraft haben (zB begünstigende im Hinblick auf den Vertrauensschutz) und sie können (wenn auch nur ausnahmsweise) rechtskräftig werden (BVerfGE 2, 380, 393 f.); iÜ liegt es in der Hand des (Einfach-)Gesetzgebers, den Bereich der Entscheidungen festzulegen, der in Rechtskraft erwachsen soll.

29 **b) Verbindliche Rechtskontrolle.** Die **funktional-organisatorische Theorie** (→ Rn. 24) begegnet, so eindrucksvoll sie in ihrem Ansatz ist, Bedenken in zweierlei Hinsicht: Zum einen kommt dem Element der verbindlichen Rechtskontrolle

allein keine prägende Wirkung zu (eine solche Rechtskontrolle kann auch durch die Verwaltung erfolgen und ist keineswegs nur Mittel zur Erledigung anderer Ziele); zum anderen ist die Effektivität des Rechts zwar ein wichtiger, aber nicht ausschlaggebender Aspekt ist, da sie auch Verwaltungsmaßnahmen zukommen kann oder in solchen Angelegenheiten der Rechtspflege, die nicht der richterlichen Rechtsprechung unterfallen.

c) Übrige Auffassungen. Gegenüber der **Gewährung individuellen Rechtsschutzes** und der **Ausübung von Rechtskontrolle im Interesse des einzelnen Bürgers** als maßgebliches Kriterium eines materiellen Rechtsprechungsbegriffs (→ Rn. 20) ist einzuwenden: Rechtsprechung erschöpft sich nicht im Individualbereich, wie im Strafprozess und bei Organstreitigkeiten (Art 93 Abs. 1 Nr. 2 GG). Auch die Auffassung von der *Rechtsprechung kraft Herkommens* (*Habscheid* Rn. 17) vermag für neue Aufgaben keine verlässlichen Maßstäbe zu liefern (→ Rn. 23). 30

7. Formell-materielle Theorie

a) Verfassung als Ausgangspunkt. Angesichts obiger Einwände (→ Rn. 26-30) wie auch der Tatsache, dass eine **rein formelle** (= einfachgesetzliche) Bestimmung dessen, was Rechtsprechung ausmacht, durch Art. 92 GG versperrt ist (→ Rn. 19), bleibt nur der Weg, den die sog formell-objektive Theorie geht (Hauptvertreter: *Achterberg* Rn. 92 ff.); ihr wird aus den nachfolgend aufgeführten Gründen gefolgt. 31

Auszugehen ist (schon → Rn. 17) bei der Begriffsgewinnung von der **Verfassung** (→ Rn. 33 ff.) unter Berücksichtigung des **vorverfassungsrechtlichen Bildes** des Grundgesetzgebers (historische Interpretation: → Rn. 37). Der **Begriffsrest** ist durch einen Rückgriff auf die materiellen Rechtsprechungsdefinitionen zu schließen, wobei insoweit nur das Kriterium der Streitentscheidung bleibt (→ Rn. 43). Der so gewonnene Rechtsprechungsbegriff (→ Rn. 44) ermöglicht jedenfalls für die hier interessierende Frage, ob zur Rechtsprechung auch die fG zählt (und der Rechtspfleger damit Rechtsprechung iSd Art. 92 GG ausübt: → Rn. 45 ff.), hinreichend klare Abgrenzungskriterien. 32

b) Formelle Bestimmung aus dem GG. Ließe sich die Summe der Aufgaben, die dem Richtermonopol (→ Rn. 59) unterliegen, aus der **Verfassung selbst** abschließend ermitteln, würde der Einwand, dem sich der formelle Rechtsprechungsbegriff ausgesetzt sieht – Unterwerfung des Art. 92 GG einem unbeschränkten Gesetzesvorbehalt (→ Rn. 19) – entfallen. Nun ordnet das GG zwar eine ganze Reihe von Aufgaben den Gerichten und damit über Art. 92 GG auch der Rechtsprechung zu (→ Rn. 34), es bleibt die Zuweisung jedoch offensichtlich unvollständig: Der gesamte Bereich der **bürgerlichen Rechtspflege**, der völlig unstr zur Rechtsprechung gehört, wird gerade nicht aufgeführt! 33

c) Materielle Bestimmung aus dem GG. Die materielle Festlegung des Begriffs der Rechtsprechung aus der Verfassung ist im Wege der **Auslegung des Art. 92 GG** vorzunehmen (BVerfG NJW 1967, 1219; *Achterberg* Rn. 47, 92). Die Vorschrift besitzt nach überwiegender Auffassung einen **eigenständigen** Inhalt, enthält also nicht lediglich eine deklaratorische Zusammenfassung der in anderen Bestimmungen des GG ausgesprochenen Rechtsweggarantien und Richtervorbehalte (BVerfG NJW 1967, 1219). 34

§ 1   1. Abschnitt. Aufgaben und Stellung des Rechtspflegers

35   **aa) Festlegung durch die Verfassung.** Das GG hat einen Großteil der Aufgaben, „die wegen der Schwere des Eingriffs und ihrer Bedeutung für die Rechtsstellung des Staatsbürgers am ehesten der Sicherung eines gerichtlichen Verfahrens" bedürfen, festgelegt und damit – das folgt aus dem „Sinnzusammenhang der Vorschrift des Art. 92 GG im Verfassungsgefüge" – als Rechtsprechung qualifiziert (BVerfG NJW 1967, 1219, 1220: Das gilt für die **Rechtsweggarantien** der Art. 14 Abs. 3 S. 4, 15 S. 2, 19 Abs. 4, 34 S. 3, 41 Abs. 2, 93 Abs. 1 Nr. 1–4b GG (sie garantieren, dass dem Richter jedenfalls das „letzte Wort" bleibt) wie auch für die **Richtervorbehalte** etwa der Art. 13 Abs. 2, 21 Abs. 2 S. 2, 84 Abs. 4 S. 2, 93, 98 Abs. 5 S. 3, 100 Abs. 1, Abs. 2, 104 Abs. 2 GG (sie behalten dem Richter das „erste Wort" vor; – zur geschlossenen Aufführung aller einschlägigen grundgesetzlichen Vorschriften vgl. BVerfG NJW 1967, 1219, 1220).

36   **bb) Zivilsachen.** Dieses Ergebnis erfasst allerdings nur einen Teil des festzustellenden Begriffs. Schwierigkeiten begegnet die Bestimmung des Rechtsprechungsbegriffs nämlich ausgerechnet in den Bereichen, deren Zugehörigkeit zur Rechtsprechung von niemandem ernstlich bestritten wird: Für **Zivilsachen** finden sich weder im GG noch in den von der Rechtslehre entwickelten Rechtsprechungsbegriffen (→ Rn. 20 ff.) Argumente, die ihre Einbeziehung in den Bereich der Rechtsprechung in vollem Umfang rechtfertigen.

Art. 95 GG eröffnet insoweit keinen Weg für eine (weitere) materielle Begriffsfestlegung (*Bettermann* AöR 1992, 500). Die Vorschrift knüpft zwar mit ihren Bestimmungen über die Errichtung von Bundesgerichten an die herkömmlichen Aufgaben der Gerichtsbarkeiten an, es ist diese Aussage jedoch – abgesehen von der Schwierigkeit der inhaltlichen Fixierung der „herkömmlichen Aufgaben" – nur von bedingtem Wert (→ Rn. 39), da es sich um eine reine **Organisationsnorm** handelt.

37   **cc) Historische Interpretation.** Da Wortlaut und Sinnzusammenhang der Vorschrift keine weiteren Anknüpfungspunkte bieten, bleibt als (weiterer) Auslegungsgesichtspunkt für die Gewinnung eines Rechtsprechungsbegriffs aus Art. 92 GG nur die historische Interpretation, also die Berücksichtigung der Vorstellungen, von denen der Verfassungsgeber bei der Verwendung der Begriffe „rechtsprechende Gewalt" und „Rechtsprechung" ausging („**vorverfassungsrechtliches Verständnis**": *Achterberg* Rn. 92 oder „**vorverfassungsrechtliches Gesamtbild**": *Herzog* Rn. 34; kritisch zu diesen Begriffen: *Gramlich* DVBl. 1980, 531).

38   Diese Auslegung kann bei den in Betracht kommenden Grundlagen – dem einfachen Gesetzesrecht jener Zeit und dem traditionellen Begriff der Rechtsprechung – allerdings nur an **den Bereich** anknüpfen, über den schon **vor** dem Inkrafttreten des GG **Konsens** bestand: Es gibt keinerlei Anhaltspunkte dafür, dass „der Verfassungsgeber alle Richterkompetenzen, die sich im Laufe langer Jahre im einfachen Gesetzesrecht angesammelt hatten, verfassungsrechtlich **festschreiben** wollte" (*Achterberg* Rn. 102), noch bestand in Rechtsprechung und Lehre Einigkeit darüber, was unter Rechtsprechung zu verstehen ist (dazu, dass eine solche „Einigkeit" im Grunde noch nie bestanden hat: *Bötticher* ZZP 1951, 206). Konsens bestand lediglich darüber, dass die ordentliche Gerichtsbarkeit – also die Rechtsprechung in Zivil- und Strafsachen – als der Mittelpunkt früherer Rechtsprechung zum Rechtsprechungsbegriff zu rechnen ist. Deshalb stellt auch das Bundesverfassungsgericht fest (BVerfG NJW 1967, 1220): „Über den Kreis der in der Verfassung ausdrücklich genannten Aufgaben hinaus gehören nach Art. 92 GG noch weitere Aufgaben zur Rechtsprechung. Mag auch die exakte Grenzziehung in Einzelfällen schwierig sein,

Allgemeine Stellung des Rechtspflegers **§ 1**

so kann doch nicht bezweifelt werden, dass der Verfassungsgeber die traditionellen Kernbereiche der Rechtsprechung – bürgerliche Rechtspflege und Strafgerichtsbarkeit – der rechtsprechenden Gewalt zugerechnet hat, auch wenn sie im GG nicht besonders aufgeführt werden" (dazu, dass neben der Strafgerichtsbarkeit jedenfalls die Entscheidungen in bürgerlichen Rechtsstreitigkeiten zur Rechtsprechung zählen vgl. bereits BVerfG NJW 1962, 1611).

Gestützt wird diese Auslegung in zweifacher Weise: Zum einen durch **Art. 95 GG,** der mit seinen Bestimmungen über die Einrichtung von Bundesgerichten an die herkömmlichen Aufgabenbereiche der einzelnen Gerichtsbarkeiten anknüpft, was nur sinnvoll ist, wenn man zumindest den Kernbereich der herkömmlicherweise den einzelnen Gerichtsbarkeiten übertragenen Aufgaben als Rechtsprechung iSd Art. 92 GG ansieht (BVerfG NJW 1962, 1611); zum anderen durch – die Ansicht des BVerfG bestätigenden – Äußerungen von Mitgliedern des Parlamentarischen Rats in der Zeit nach Inkrafttreten des GG. 39

dd) Freiwillige Gerichtsbarkeit. Ausgehend von dem Bestreben, auch die **fG** in den Kreis der Rechtsprechung einzubeziehen – allein aus dem verfassungsrechtlichen Vorverständnis lassen sich insoweit keine eindeutigen Kriterien finden (→ Rn. 37) – bemüht sich ein Teil des Schrifttums um einen **historischen Begriff** der Rechtsprechung **außerhalb des GG** (sog **Rechtsprechung kraft Herkommens**): „Der Grundgesetzgeber wollte keinen neuen Rechtsprechungsbegriff schaffen. Er wollte vielmehr nach der vorangegangenen Willkürzeit des Dritten Reiches den unabhängigen Gerichten die Materie wieder voll anvertrauen, die ihnen in geschichtlicher Entwicklung zugewachsen war, und wollte dies im Interesse des vollen Rechtsschutzes der Bürger verfassungsrechtlich verankern. Dabei ging der Grundgesetzgeber nicht von einer bestimmten materiellen oder formalen Definition aus, sondern von dem traditionellen Justizbild, wie es sich in Deutschland entwickelt hat" (*Bärmann* § 5 iVm 3a; ähnlich *Habscheid* § 5 II 4; *ders.* Rpfleger 1957, 166 und 1968, 237; *Baur* DNotZ 1955, 511ff., 519f.). 40

Gegen diesen historischen bzw. historisch angereicherten Rechtsprechungsbegriff ist insbesondere einzuwenden, dass offen bleibt, zu welchem Zeitpunkt die „geschichtliche Entwicklung" endet, nach der alle vom Einfachgesetzgeber dem Richter übertragenen Aufgaben zur Rechtsprechung gehören sollen. Unterstellt man, dass als Rechtsprechungsangelegenheiten kraft Herkommens nur diejenigen in Betracht kommen, die zum vorverfassungsrechtlichen Verständnis des Parlamentarischen Rates gehören, so kommt man zu keiner eindeutigen Lösung: Der Zuordnungsstreit über die Angelegenheiten der fG zur Rechtsprechung oder Verwaltung bestand schon lange vor der Entstehung des GG, so dass es unwahrscheinlich ist, dass der Parlamentarische Rat „den Zustand des einfachen Gesetzesrechts in seinem vollen Umfang zu einem insoweit willkürlichen Zeitpunkt verfassungsrechtlich festschreiben wollte" (*Bernhard* DRiZ 1981, 361 mwN; zust. zB auch *Blaesing* NJW 1971, 1436). 41

Das wird von einigen Autoren auch durchaus gesehen, weshalb sie den historischen Rechtsprechungsbegriff – unter Berufung auf das BVerfG (NJW 1967, 1219, dazu schon → Rn. 18) – um den Gedanken der „Schwere des Eingriffs und seiner Bedeutung für den einzelnen oder die Allgemeinheit nach einer Behandlung durch eine objektive und unabhängige Stelle" ergänzen („historisch-teleologischer" Rechtsprechungsbegriff, vgl. zB *Bärmann* § 5 iVm § 3a). Gewonnen ist mit dieser Ersetzung eines unbestimmten Begriffs durch einen ebenso unbestimmten wenig. 42

43 d) **Der Begriffsrest.** Offen bleibt bei dem so (→ Rn. 34 ff.) gefundenen Ergebnis – Rechtsprechung iS des Art. 92 GG erfasst neben den Rechtsweggarantien und Richtervorbehalten den traditionellen Kernbereich bürgerlicher Rechtspflege –, **wie** der „Kernbereich" zu bestimmen ist. Das BVerfG hat wegen seines am Einzelproblem orientierten Erkenntnisinteresses auf eine Klärung verzichtet. Es bleiben nur **materielle** Überlegungen, wobei aus den vom Schrifttum entwickelten Versuchen zu einer materiellen Bestimmung des Begriffs der **Rechtsprechung** (→ Rn. 20 ff.) das Kriterium der **Streitentscheidung** heranzuziehen ist (zu diesem Begriff: → Rn. 52 ff.). Die Bedenken, die gegenüber diesem Merkmal erhoben werden (→ Rn. 23 ff.), richten sich gegen die Anerkennung der Streitentscheidung als dem **wesentlichen** Merkmal der **Rechtsprechung** und schlagen deshalb bei einer nur reduzierten (= begriffsrestausfüllenden) Verwendung nicht durch.

44 e) **Zusammenfassung.** Der Begriff der Rechtsprechung lässt sich weder mit den einfachgesetzlichen Zuweisungen an den Richter gleichsetzen, noch inhaltlich aus dem „Wesen" der Rechtsprechung (= rein materiell) ermitteln. Ausgangspunkt kann allein die Verfassung sein. Danach erfasst Rechtsprechung iSd Art. 92 GG an erster Stelle die Rechtsweggarantien und Richtervorbehalte des GG sowie (neben der Strafgerichtsbarkeit) die bürgerliche Rechtspflege (→ Rn. 24 ff.; grundlegend: BVerfG NJW 1967, 1219; s. auch *Arndt* Rn. 92 ff.). Mag die **methodische Einordnung** dieses (unstr.) Ergebnisses auch auf Schwierigkeiten stoßen (zB *Achterberg* Rn. 106: formell-materielle Bestimmung; *Bernhard* DRiZ 1981, 364: formeller Ansatzpunkt), so steht doch jedenfalls fest: Der Begriff enthält neben formellen Elementen – die jedoch im Gegensatz zu den formellen Theorien (→ Rn. 19) ausschließlich der Verfassung selbst entnommen werden! – ein materielles Element insoweit, als er über das Vorverständnis des Verfassungsgebers die „traditionellen Kernbereiche der Rechtsprechung" (BVerfG NJW 1967, 1220) mit einbezieht. Der **Begriffsrest** ist durch das (materielle) Kriterium der **Streitentscheidung durch unbeteiligte Dritte** zu schließen. Einem Merkmal, das insbesondere für den hier interessierenden Bereich der fG ausreichend sichere Abgrenzungen ermöglicht (und das iÜ mit den „in der Gesellschaft bestehenden Vorstellungen von der Rechtsprechung am ehesten übereinstimmen" dürfte, *Achterberg* Rn. 110). Angesichts der zahlreichen Versuche, eine präzisere und aussagekräftigere Beschreibung zu finden, mag dieses Ergebnis, isoliert betrachtet, enttäuschen. Sieht man es jedoch im Zusammenhang mit den jahrzehntelang immer neu unternommenen Anstrengungen einer Begriffsklärung, liegt der Stellenwert höher: Nur aufgrund dieser vorangegangenen Arbeiten steht heute fest, dass ein Mehr an Begriffsgewinnung bzw. -klärung nicht zu erreichen ist. Zu Unrecht kritisiert deshalb *Meyer-Stolte* in seiner Anm. zur Entscheidung des BayObLG Rpfleger 1992, 147, dass das Gericht sich nicht „näher und eigenständiger" mit der „Problematik Rechtsprechung/Rechtspflege/gesetzlicher Richter/Rechtsprechung" befasst hat. Fraglos muss der Rechtspfleger „Ermessensausübung und Auslegung mit Blick auf die Grundrechte" treffen und „für faire Verhandlungsführung sorgen" (*Meyer-Stolte* Rpfleger 1992, 147, 148 mit Zitaten des BVerfG), – nur wird damit nicht der Rechtsprechungscharakter (hier) für Grundbucheintragungen begründet. Eine erneute Auseinandersetzung ist nicht (mehr) geboten, weil eben (so *Meyer-Stolte* Rpfleger 1992, 147, 148 selbst) „wohl alles gesagt ist, was man dazu sagen kann".

Allgemeine Stellung des Rechtspflegers **§ 1**

IV. Freiwillige Gerichtsbarkeit und Rechtsprechung

1. Allgemeines

a) Zuordnungsprobleme. Mit der Zuordnung der Angelegenheiten der fG 45
untrennbar verknüpft ist die Frage, inwieweit Art. 92 GG der Übertragung einzelner Aufgaben auf den Rechtspfleger als verfassungsrechtliches Hindernis entgegensteht (dazu: *Achterberg* Rn. 144; *Baur* DNotZ 1955, 515; *Bernhard* DRiZ 1981, 364; *Buchholz* Rpfleger 1952, 513; *Gräber* DRiZ 1955, 7; *Habscheid* § 5; *Huhn* DRiZ 1975, 16; *Kleinrahm* Rpfleger 1952, 1; *Lappe* ZRP 1974, 11; *Lindacher* Rpfleger 1973, 1; *Messerer* DRiZ 1954, 209; *Müller-Tochtermann* DRiZ 1956, 5; *Rudolph* DRiZ 1975, 44; *Stern* § 43 I 5a; *Weinkauff* DRiZ 1954, 227; *Wertenbruch* Rpfleger 1962, 77; *Wolf* ZZP 1999, 381).

Das **BVerfG,** das noch in seiner Entscheidung vom 8.2.1967, NJW 1967, 1123, 46
festgestellt hatte: „kann zweifelhaft sein, ob die Tätigkeit der Richter der freiwilligen Gerichtsbarkeit ihrem sachlichen Gehalt nach der ‚Rechtsprechung' iSd Art. 92 GG zugerechnet werden kann", hat sich in der kurz danach folgenden Entscheidung vom 6.6.1967 (NJW 1967, 1219), nur insoweit festgelegt, als es jedenfalls „Teile der FG" zur Rechtsprechung zählt, ohne diese allerdings näher zu beschreiben. Im Übrigen war die Rechtsprechung mit der Frage der Einordnung bestimmter Tätigkeiten der fG kaum befasst: vgl. BayObLG Rpfleger 1992, 147, zur Tätigkeit des Rechtspflegers in Grundbuchsachen (→ Rn. 44 aE).

b) Beispiele. Einig ist man sich lediglich insoweit, als angesichts des Konglome- 47
rats an Rechtsmasse nur eine einzelfallbezogene oder doch jedenfalls fallgruppenweise Betrachtungsweise angebracht ist. Im Übrigen gehen, abgesehen von den Maßnahmen und Entscheidungen, die das Grundgesetz selbst, wie den Freiheitsentzug in Art. 104 GG, unter den Richtervorbehalt gestellt hat, die Ansichten weit auseinander. Das beginnt bereits bei den allgemein als sog *echten Streitsachen* eingestuften Fällen und setzt sich insbesondere fort im *klassischen Bereich* (Grundbuch- und Registersachen, Vormundschafts- und Nachlasssachen).

Hierzu – zu den rechtspflegerspezifischen Geschäften vgl. im Einzelnen → Rn. 55ff. – einige Beispiele (ja = Rechtsprechung; nein = Verwaltung; die Anführung der Belegstellen erfolgt ebenfalls nur beispielhaft):
– **Erbscheinsverfahren *ja:*** *Messerer* DRiZ 1954, 210; *Müller-Tochtermann* DRiZ 1956, 5; ***nein:*** *Baur* DRiZ 1971, 110; *Brehm* Rn. 27; *Wertenbruch* Rpfleger 1962, 83;
– **Bestellung und Entlassung eines Vormunds/Pflegers *ja:*** *Messerer* DRiZ 1954, 210; *Müller-Tochtermann* DRiZ 1956, 5; ***nein:*** *Böckelmann* JR 1971, 360; *Brüggemann* JR 1965, 82; *Stern* § 43 I 5a; *Wertenbruch* Rpfleger 1962, 83;
– **Grundbuch- und Registersachen *ja:*** *Böttcher* Rpfleger 1986, 201; ***nein:*** *Baur* DRiZ 1971, 110; *Müller-Tochtermann* DRiZ 1956, 7 (abgesehen von den Fällen der Amtseintragungen); *Wertenbruch* Rpfleger 1962, 83; *Wolf* ZZP 1999, 387;
– **Verfahren in Haushaltssachen *nein:*** *Bettermann* HdbStR S. 794.
– **Sorgerechts- und Verkehrsregelung für Kinder *ja:*** *Messerer* DRiZ 1954, 209; ***nein:*** *Bettermann* HdbStR S. 794.

Die Einordnung beschränkt sich dabei nicht nur auf die Abgrenzung **Rechtsprechung/Verwaltung.** *Müller-Tochtermann* zB (*Müller-Tochtermann* DRiZ 1956, 7) hält **Registerangelegenheiten** für „eine Art unvollkommener **Rechtsprechung,** die mit Entscheidung durch eine höhere Instanz volle Rechtsprechungsangelegenheiten werden", während insbesondere *Bärmann* (§ 5 iVm 5) und *Habscheid* (§ 4 IV, § 5 III; NJW 1967, 226, 230) den Bereich der fG, den sie nicht schon als **Rechtsprechung** qualifizieren, dem „Vorfeld der **Rechtsprechung**" zuordnen und etwa die Führung von Grundbuch und Registern oder die weniger bedeutsamen Teile des Vormundschafts- und Nachlasswesens als „Rechtspflegeakte" ansehen (eingehend zum Begriff des Rechtspflegeakts im Zusammenhang mit der Beurkundung: *Niese* ZZP 1973, 1).

2. Zuordnung der freiwilligen Gerichtsbarkeit zur Verwaltung oder Rechtsprechung

48   Maßgebend für die Zuordnungsfrage ist der jeweils vertretene Rechtsprechungsbegriff.

49   **a) Überkommene Auffassungen.** Nach der **formellen** Definition (→ Rn. 19) ist (bereits) mit einfachgesetzlicher Zuweisung an das Gericht (den Richter) der Gesamtbereich der fG Rechtsprechung. FG ist aber auch dort in vollem Umfang Rechtsprechung, wo diese – so die auf *Thoma* beruhenden bzw. zurückzuführenden *materiellen Definitionen* (→ Rn. 21 ff.) – als verbindliche Feststellung eines konkreten Rechtsverhältnisses oder als verbindliche Feststellung bestrittenen, ungewissen oder bezweifelten Rechts angesehen wird. – Folgt man dem *Rechtsprechungsbegriff kraft Herkommens* (→ Rn. 40), unterfallen jedenfalls diejenigen (zahlreichen) Aufgaben im Bereich der fG der Rechtsprechung, die bereits vor Inkrafttreten des GG den Gerichten zugeordnet waren. – Entspr gilt für den Begriff der *Rechtsprechung als rechtskraftwirkende Entscheidung* (→ Rn. 22), da einige Entscheidungen im Bereich der fG der Rechtskraft fähig sind. Geht man so weit (*Böttcher* Rpfleger 1986, 201 unter Berufung ua auf *Eickmann* Rpfleger 1976, 153), den Registereintragungen, insbesondere den Grundbuchsachen, wegen ihrer Gestaltungswirkung materielle Rechtskraft und damit Rechtsprechungscharakter zuzubilligen, erstreckt sich der Kreis der Rechtsprechungsangelegenheiten auf nahezu die gesamte fG; die Grenze zwischen Verwaltung und Rechtsprechung – auch zahlreiche Verwaltungsakte, denen Gestaltungswirkung zukommt, wären in diesem Sinne rechtskraftfähig – ist dann aufgehoben (gegen die Qualifizierung der Eintragungen in Grundbuchsachen als Rechtsprechung zuletzt BayObLG Rpfleger 1992, 147).

50   **b) Funktional-organisatorische Theorie.** Allgemeine Kriterien für die Zuordnung gibt es nicht, vielmehr ist jeweils zu prüfen, ob dem Richter das Monopol des ersten Wortes zusteht oder ob es genügt, dass ihm das letzte Wort eingeräumt wird. Nur im ersten Fall handelt es sich um Rechtsprechung im materiellen Sinn. Die richterliche Erstkompetenz ist von Verfassungs wegen eingeräumt in den Fällen der Art. 13 Abs. 2, 18 S. 2, 21 Abs. 2, 61, 97 Abs. 2, 98 Abs. 2, 100, 104 Abs. 2 GG; ansonsten nur, „wenn im Interesse eines effektiven Rechtsschutzes nur der Richter mit seinen Richtigkeitsgarantien entscheiden darf, weil wegen der Schutzwürdigkeit der Rechte Entscheidungen mit geringeren Richtigkeitsgarantien oder die verspätete Anrufung des Richters vermieden werden müssen" (*Wolf* GVG § 2). Bejaht wird eine solche richterliche Erstkompetenz zB für Entscheidungen im status- und personenrechtlichen Bereich, bei weitreichenden vermögensrechtlichen Entscheidungen, verneint ua für die Registerführung, die Anordnung der Vormundschaft und deren Beaufsichtigung, die Genehmigung von Rechtsgeschäften des Vormunds (zu Einzelheiten: *Wolf* ZZP 1999, 390).

51   **c) Streitentscheidung als maßgebliches Kriterium.** Hält man demgegenüber, wie hier, als (begriffsrestfüllendes) Kriterium die **Streitentscheidung** für

Allgemeine Stellung des Rechtspflegers **§ 1**

maßgeblich (→ Rn. 43), handelt es sich jedenfalls bei einigen der unter → Rn. 56 ff. aufgeführten Fällen um Rechtsprechung mit der Folge, dass die Zuweisung an den Rechtspfleger der in Art. 92 GG festgelegten richterlichen Kompetenz widerspricht, es sei denn, man sieht ihn als Richter iS der Vorschrift an (→ Rn. 59 ff.) oder man akzeptiert die Zulässigkeit eines Vorschaltverfahrens (→ Rn. 72 ff.) bzw. – für ältere Aufgaben – das historische Argument (→ Rn. 37, 77).

V. Streitentscheidungen des Rechtspflegers

1. Begriff

a) Allgemeines. Nach zutreffender Auffassung sind Streitentscheidungen Ent- 52 scheidungen, die in Verfahren ergehen, bei denen sich zwei Beteiligte oder Gruppen von Beteiligten mit widerstreitenden Interessen gegenüberstehen und bei denen das Gericht über behauptete subjektive Rechte zu entscheiden hat (*Habscheid* § 18 I 3; s. auch *Bärmann* § 1 iVm 3b; § 4 II; **aA** *Peters* MDR 1952, 138).

b) Einzelheiten. aa) Streitentscheidung. Jede Streitsache setzt also **zumin-** 53 **dest zwei Parteien** (Beteiligte) voraus, die dem Rechtsprechungsorgan einen Sachverhalt zur rechtlichen Beurteilung unterbreiten und von ihm ein unbefangenes (neutrales) „Urteil" erwarten, das für beide Seiten verbindlich ist. Dabei muss – Art. 92 GG behält nicht politische, wirtschaftliche, soziale oder kulturelle Streitigkeiten dem Richter vor –, der Streit um **Rechtliches,** eben behauptete subjektive Rechte, gehen und zwar darum „was derzeit rechtens **ist,** nicht was künftig recht sein **soll**". Deshalb ist zB die Ehescheidung als Rechtsprechung zu qualifizieren, weil das Gesetz sagt, wann eine Ehe zu scheiden ist und wann nicht (§§ 1564 ff. BGB). Anderes gilt bzgl der Zuteilung des Sorgerechts für die gemeinsamen Kinder (§§ 1626a, 1671 BGB), weil die gesetzliche Regelung nur lückenhaft und/oder generalklauselartig formuliert und damit mehr oder weniger weitgehend dem richterlichen Ermessen überlassen ist; „der Streit geht hier nicht darum, was nach Maßgabe des objektiven Rechts zwischen den Parteien rechtens ist, sondern darum, was künftig nach Maßgabe von Billigkeit, Angemessenheit und Zweckmäßigkeit künftig rechtens sein soll" (sog. Regelungsstreitigkeit).

bb) Subsumtion. Wesentlich für ein Streitverfahren ist auch die **Subsum-** 54 **tionstätigkeit.** Auszunehmen vom Begriff der Streitsache sind deshalb Angelegenheiten mit schematisierendem Charakter, wie das vereinfachte Verfahren über den Unterhalt Minderjähriger (§§ 249 ff. FamFG): Verfahren also, bei denen ein Anspruch bereits feststeht und nur noch seine betragsmäßige Festsetzung anhand eines vorgegebenen generellen Maßstabs (der auch eine maschinelle Bearbeitung zulässt, § 258 FamFG) erfolgt (*Wolf* ZZP 1999, 401; **aA** *Eickmann* Rpfleger 1976, 155; s. ferner *Ule* Rn. 160, der auf den Gesichtspunkt der Ergänzung einer richterlichen Entscheidung abstellt).

2. Beispiele

Nachfolgend eine Aufführung der Bestimmungen, die in der Literatur unter 55 dem Gesichtspunkt der Streitentscheidung wie auch der Vereinbarkeit solcher Zuweisungen an den Rechtspfleger mit Art. 92 GG (→ dazu: Rn. 72 ff.) diskutiert werden. Die im Folgenden aufgeführten Belegstellen **bejahen** jeweils den Charakter einer „echten" Streitentscheidung, wobei deren Einordnung als Rechtsprechung zT offen gelassen wird; zu den Gegenansichten bereits → Rn. 47).

56 — **BGB: § 37** Abs. 2 (§ 374 FamFG, § 3 Nr. 1 lit. a RPflG): Entscheidung über einen zwischen einzelnen Vereinsmitgliedern bestehenden Streit über die Frage der Einberufung einer Mitgliederversammlung (*Eickmann* Rpfleger 1976, 155; Keidel/*Sternal* FamFG § 1 Rn. 34; *Müller-Töchtermann* DRiZ 1946, 5; *Ruwe* S. 60). **§ 1246** Abs. 2 (§ 410 Nr. 4 FamFG, § 3 Nr. 1 lit. b RPflG): Entscheidung über eine abweichende Art. des Pfandverkaufs, wenn zwischen den Beteiligten keine Einigung zustande kommt (*Eickmann* Rpfleger 1976, 155; Palandt/*Bassenge* BGB § 1246 Rn. 2; Keidel/*Sternal* FamFG § 1 Rn. 34). **§§ 1382, 1383** (§ 261 FamFG, §§ 3 Nr. 3 lit. g, 25 Nr. 3 lit. b RPflG): Entscheidung über Stundung, Verzinsung und Sicherheitsleistung bei Ausgleich des Zugewinns sowie die Übertragung von Vermögensgegenständen unter Anrechnung auf die Ausgleichsforderung (*Böckelmann* JR 1971, 360; *Eickmann* Rpfleger 1976, 155; Keidel/*Sternal* FamFG § 1 Rn. 34; *Lindacher* Rpfleger 1987, 46). **§ 1796** (§ 151 ff. FamFG, § 3 Nr. 2 lit. a RPflG): Entscheidung über die teilweise Entziehung der Vertretungsmacht bei erheblichem Interessengegensatz zwischen Vormund und Mündel (*Eickmann* Rpfleger 1976, 155; *Habscheid* Rpfleger 1989, 434, 436; *Bernhard* DRiZ 1981, 366). **§ 2331 a** (§ 342 ff. FamFG, § 3 Nr. 2 lit. c RPflG): Entscheidung über die Stundung eines Pflichtteilsanspruchs (*Böckelmann* JR 1971, 360; *Lindacher* Rpfleger 1987, 46; Keidel/*Sternal* FamFG § 1 Rn. 35).

— **HGB: § 147; §§ 161** Abs. 2, **147** (§ 375 Nr. 1 FamFG, §§ 3 Nr. 2 lit. d, 17 Nr. 2 lit. a RPflG): Abberufung von Liquidatoren der OHG oder KG (*Bärmann* § 4 II 1 a; *Eickmann* Rpfleger 1976, 155; Keidel/*Sternal* FamFG § 1 Rn. 35). **§ 166 Abs. 3** (§ 375 Nr. 1 FamFG, §§ 3 Nr. 2 lit. d, 17 Nr. 2 lit. b RPflG): Entscheidung über das außerordentliche Informationsrecht des Kommanditisten (BayObLG Rpfleger 1995, 207; *Bärmann* § 4 II 1 a; *Bernhard* DRiZ 1981, 366; *Blaesing* NJW 1971, 436; *Brüggemann* JR 1965, 81; *Habscheid* Rpfleger 1968, 238; *Lindacher* Rpfleger 1987, 45 ff.). Gleiches gilt für das Informationsrecht des stillen Gesellschafters nach **§ 233** Abs. 3 (§ 375 Nr. 1 FamFG, §§ 3 Nr. 2 lit. d, 17 Nr. 2 lit. b RPflG (vgl. die oben Zitierten).

— **GenG: § 45** Abs. 3 (§ 375 Nr. 7 FamFG, § 3 Nr. 2 lit. d RPflG): Berufung der Generalversammlung (Parallelregelung zu § 37 BGB; s. oben).

— **GBO: § 108** (§ 3 Nr. 1 lit. h RPflG): Festlegung der neuen Rangordnung im Rangklarstellungsverfahren nach §§ 91 ff. GBO (*Arndt* § 17 Rn. 17; *Eickmann* Rpfleger 1976, 155; *Habscheid* Rpfleger 1994, 434, 436).

— **InsO: §§ 77, 78 InsO** (§ 3 Nr. 2 lit. e RPflG): Entscheidung, ob und in welchem Umfang ein Gläubiger an der Abstimmung teilnehmen kann (*Eickmann* Rpfleger 1976, 156; *Wolf* ZZP 1999, 402 jeweils zu §§ 95, 96 KO aF).

— **ZPO: §§ 103 ff.** (§§ 3 Nr. 3 lit. b, 21 RPflG): Kostenfestsetzungsverfahren (*Eickmann* Rpfleger 1976, 155; *Wolf* ZZP 1999, 403). **§ 765 a** (§§ 3 Nr. 3 lit. a, 20 Nr. 17 RPflG): Entscheidung über Aufhebung usw von Maßnahmen der Zwangsvollstreckung (*Eickmann* Rpfleger 1976, 156; *Gaul* Rpfleger 1971, 47 f.; *Habscheid* RpflBl. 1974, 41). **§ 889 iVm § 888** (§§ 3 Nr. 3 lit. a, 20 Nr. 17 RPflG): Festsetzung von Zwangsgeld (*Gaul* Rpfleger 1971, 47 f.; *Lindacher* Rpfleger 1987, 46).

— **ZVG: §§ 30 a–e, 180** Abs. 2 (§ 3 Nr. 1 lit. i RPflG): Entscheidungen über Einstellungsanträge (*Eickmann* Rpfleger 1976, 156). – **§ 90:** Zuschlagsbeschluss (*Eickmann* Rpfleger 1976, 156; *Gaul* Rpfleger 1971, 44; *Lindacher* Rpfleger 1987, 46;

abweichend *Böhmer,* Sondervotum zu BVerfG, NJW 1979, 534 (537): kein Richterspruch, sondern Ausübung öffentlicher Gewalt iS des Art. 19 Abs. 4 GG).

3. Stellungnahme

Streitentscheidungen sind nach der hier vertretenen Ansicht (mit) ein Kriterium **57** der Rechtsprechung (→ Rn. 43), sofern sie statuieren, was rechtens ist und nicht, was rechtens sein soll. Ausgenommen sind deshalb insbesondere die sog Regelungsstreitigkeiten, bei denen es „nur" darum geht, was künftig nach den Maßstäben von Billigkeit, Angemessenheit und Zweckmäßigkeit rechtens sein soll (→ Rn. 52). Danach übt der Rechtspfleger lediglich in einigen der oben genannten Fälle – § 37 Abs. 2 BGB, §§ 166 Abs. 3, 233 Abs. 3 HGB, § 45 Abs. 3 GenG, §§ 103 ff. ZPO, § 90 ZVG – **Rechtsprechung** aus. Weiter wird der Kreis, wenn man auch die Regelungsstreitigkeiten mit einbezieht. Dann übt der Rechtspfleger – mag auch die Einordnung einzelner Aufgaben als Streitsachen str sein (das gilt insbesondere für Maßnahmen der Zwangsvollstreckung; dazu eingehend *Gaul* Rpfleger 1971, 43) – bei der **Mehrzahl** der oben angeführten Fälle Rechtsprechung aus.

Die daraus ua von *Habscheid* gezogene Konsequenz („Da die Rechtsprechung in **58** Art. 92 ff. GG dem Richter vorbehalten ist, muss entweder der Rechtspfleger als Richter angesehen werden oder die Zuweisung als verfassungswidrig", NJW 1970, 1779;) lässt sich – auch wenn man mit der ganz hM (→ Rn. 70) den Rechtspfleger nicht als Richter ansieht – aber nur ziehen, wenn man der Ansicht folgt, das Richtermonopol des Art. 92 GG sei dahin zu verstehen, dass dem Richter nicht nur das **letzte,** sondern auch das **erste Wort** zukommt (was *Habscheid* Rpfleger 1968, 240 bejaht); dazu: → Rn. 72 ff.

VI. Der Rechtspfleger als Richter iS des Art. 92 GG?

1. Problemstellung

Im Rechtsstaatsprinzip, dem Gewaltenteilungsgrundsatz und Art. 19 Abs. 4 GG **59** wurzelt das **Rechtsprechungsmonopol.** Dabei vertraut Art. 92 GG die rechtsprechende Gewalt (Rechtsprechung) den Richtern an: Alle diejenigen staatlichen Aufgaben, die zur Rechtsprechung zählen, dürfen nur von Richtern und nicht durch andere Institutionen und Privatpersonen wahrgenommen werden (Rechtsprechungsmonopol der Richter bzw. **Richtermonopol,** *Kissel/Mayer* Einl. Rn. 153). Die Frage, ob nun der **Rechtspfleger Richter iSd GG ist** – ist er es nicht, stellt sich die Frage der Verfassungswidrigkeit des RPflG insoweit, als es Rechtsprechungsaufgaben dem Rechtspfleger zuweist (→ Rn. 72 ff.) –, war früher sehr umstr. (vgl. zuletzt BayObLG Rpfleger 1992, 145 und hierzu → Rn. 44 aE). Gegenwärtig spielt diese Frage nur noch eine geringe Rolle. Die nachstehenden Ausführungen beschränken sich daher auf eine Zusammenfassung der wesentlichen Diskussionspunkte (zur Einzelerörterung der verschiedenen Richterattribute im Vergleich zum Rechtspfleger vgl. zur einschlägigen verfassungsrechtlichen Literatur insbesondere die Darstellungen bei *Achterberg* Rn. 264 ff. mwN).

2. Die abzulehnenden Argumente

Abzulehnen sind Argumente außerhalb des Rechtsprechungs- oder Richterbe- **60** griffs. So etwa das Argument (Deutscher Richterbund DRiZ 1967, 405), der Gesetzgeber habe die bisherigen Rechtsprechungsaufgaben durch ihre Übertragung auf den Rechtspfleger der Eigenschaft als Akte der Rechtsprechung entkleidet. Rechtsprechung ist keine Frage der formellen Zuweisung, ansonsten Art. 92 GG durch den einfachen Gesetzgeber jederzeit unterlaufen werden könnte (*Habscheid* Rpfleger 1968, 240 Fn. 39). Ebenso fehl geht das Argument, der Rechtspfleger sei deshalb Richter von Verfassungs wegen, weil ihm Rechtsprechungsaufgaben zugewiesen worden sind (AMHRH/*Herrmann/Rellermeyer* Rn. 98; *Giese* Rpfleger 1954, 162; *Koellreutter* Rpfleger 1953, 1): Wäre dem so, stünde es im Belieben des (einfachen) Gesetzgebers, wem er Rechtsprechungsaufgaben überträgt und wen er damit zum Richter macht. Vielmehr ist es genau umgekehrt: Allein demjenigen, der die Richtereigenschaft hat, können Aufgaben der Rechtsprechung zugewiesen werden, ansonsten ein Verstoß gegen Art. 92 GG vorliegt (BVerfG 4, 331; *Bernhard* DRiZ 1981, 367; *Blaesing* NJW 1971, 1436 f; *Wolf* ZZP 1999, 376 mwN).

3. Verfassungsrechtliche Vorgaben für den Richter

61 **a) Allgemeines.** Ansatzpunkt ist **allein,** ob der Rechtspfleger die Anforderungen erfüllt, die die **Verfassung** als wesentliche Eigenschaften an das Richteramt stellt: Nach dem Sinn und Zweck des Art. 92 GG – verfassungsmäßige Absicherung des Rechtsprechungsmonopols des Richters – steht die Festlegung der Richtermerkmale nicht zur Disposition des Gesetzgebers. Da nun Art. 92 GG die Merkmale des Richterbegriffs nicht selbst umschreibt, ist in erster Linie auf andere Verfassungsbestimmungen abzustellen (*Wolf* ZZP 1999, 376). Insoweit sind neben den Verfassungsvorschriften über die Rspr. im IX. Abschnitt des GG – zentrale Vorschrift ist hier Art. **97 GG** – auch sonstige, aus Verfassungsprinzipien abzuleitende Richtermerkmale zu berücksichtigen, wie etwa aus Art. 33 GG (zB BVerfGE 26, 79, 92 ff.) oder aus dem Rechtsstaatsprinzip (Art. 20 Abs. 2 S. 2, und 3 GG). Dazu tritt das weitgehend einheitliche vorverfassungsrechtliche Bild des Richters, das in langer Tradition gewachsen ist und welches das GG übernommen hat (*Arndt* NJW 1963, 1280). Neben der **organisatorischen Selbständigkeit** des Richteramtes (→ Rn. 62) ist spezifische Eigenschaft rechtsprechender Tätigkeit das **Unbeteiligtsein** (→ Rn. 63 ff.); richterlicher Tätigkeit ist wesenseigen, „dass sie von einem unbeteiligten Dritten ausgeübt wird" (BVerfG NJW 1954, 833). Diese Neutralität, die sich in dem allein zur Rechtsprechung berufenen Richter verkörpert, findet ihre positiv-rechtliche Ausprägung in den Worten des Art. 97 Abs. 1 GG: „Die Richter sind **unabhängig** und nur dem Gesetz unterworfen". Mit dieser richterlichen Unabhängigkeit nennt der Verfassungsgeber ein Prinzip, das eine lange geschichtliche Tradition hat. Zu dieser Tradition zählt auch (in Deutschland seit dem 16. Jahrhundert) der **rechtswissenschaftlich besonders ausgebildete Berufsrichter** (BayVerfGH BayVBl. 1978, 435 ff.): Das GG knüpft zwar nicht an eine berufsrichterliche Vorbildung an; „Richter" iS des Art. 92 GG ist sicherlich auch der Laienrichter. „Aber ebenso sicher bleibt, dass das Leitbild des Richters im Bonner Grundgesetz das des rechtsgelehrten" Richters ist, „dass von **Berufs wegen** nur er mit der rechtsprechenden Gewalt betraut wird und dass Laienrichter allenfalls mit ihm zusammen in den Spruchgremien zu wirken haben" (*Brüggemann* JR 1965, 82).

62 **b) Organisatorische Selbständigkeit.** Dieses Richterattribut folgt verfassungsrechtlich aus Art. **20 Abs. 2 S. 2 GG,** wonach der Richter einem „besonderen Organ ... der Rechtsprechung" zugehören muß (*Achterberg* Rn. 268; *Bernhard* DRiZ 81, 367): Die Trennung der Organe der drei staatlichen Gewalten muss

Allgemeine Stellung des Rechtspflegers **§ 1**

auch deren Organwalter (Amtswalter) erfassen, dh insbesondere zwischen den Behörden (der vollziehenden Gewalt) und den Gerichten (der rechtsprechenden Gewalt) müssen eindeutige organisatorische Grenzen gezogen werden; Richter iS des GG kann deshalb nur **der** Amtswalter sein, der organisatorisch der rechtsprechenden Gewalt, dh einem Gericht zugewiesen ist (BVerfG NJW 1956, 137; 1962, 1611). Der **Rechtspfleger** als ein Organ der Gerichtsverfassung (→ Vor §§ 1 ff. Rn. 6, → Rn. 4) erfüllt diese Voraussetzung. Als Folge dieser organisatorischen Selbständigkeit bestehen für den Richter **Inkompatibilitäten,** die teils verfassungsrechtlich (Art 94 Abs. 1 S. 3 GG), teils einfachgesetzlich (§ 4 DRiG) abgesichert sind: Eine objektive und wirksame Kontrolle der Legislative und Exekutive durch die Rechtsprechung ist nicht gewährleistet, wenn Organe der Rechtsprechung gleichzeitig Ämter der zu kontrollierenden beiden anderen Gewalten innehaben. Soweit nun dem **Richter** bestimmte Aufgaben der **Gerichtsverwaltung** neben seinen richterlichen Aufgaben zugewiesen sind (vgl. § 4 Abs. 2 Nr. 1 DRiG), steht dies zur Inkompatibilität nicht im Widerspruch: Diese Verwaltungsaufgaben stehen in engem Zusammenhang mit der Rechtsprechung und tragen deshalb schon von der Materie her nicht die Gefahr einer Beeinträchtigung der Kontrolle der Exekutive in sich. Für den **Rechtspfleger** kann nichts anderes gelten. Da er nur für einzelne Aufgaben der Gerichtsverwaltung, nicht aber in anderen Bereichen der Exekutive zuständig ist, liegt ein Verstoß gegen den Grundsatz der Inkompatibilität nicht vor (*Eickmann* Rpfleger 1976, 157; *Ruwe* 81).

c) Unabhängigkeit. Spezielle Ausformungen der richterlichen Unabhängigkeit – der Begriff ist „schillernd", auch wird an seiner Stelle von Unbeteiligtsein, Unparteilichkeit und Neutralität gesprochen (vgl. dazu *Achterberg* Rn. 269 mwN) – sind Unabhängigkeit im engeren Sinn (auch politische oder Staatsunabhängigkeit genannt), Parteiunabhängigkeit und Gesellschaftsunabhängigkeit (*Dütz* JuS 1985, 747). 63

aa) Sachliche Unabhängigkeit. Sie ist in Art. 97 GG, der in Abs. 1 die **sachliche** und in Abs. 2 die **persönliche** Unabhängigkeit normiert, ausdrücklich angesprochen (letztere lässt sich – so *Huhn* DRiZ 1975, 17; RpflBl. 1977, 6 – nicht notwendig aus der sachlichen ableiten: für eine nur deklaratorische Bedeutung des Art. 97 Abs. 2 GG gibt es keinerlei Hinweise). 64

Die in Art. 97 Abs. 1 GG gewährleistete **sachliche Unabhängigkeit** konkretisiert das Prinzip der Gewaltenteilung und garantiert dem Richter Entscheidungsfreiheit: Frei von Weisungen und nur an das Gesetz gebunden (Jarass/Pieroth/*Pieroth* GG Art. 97 Rn. 3) soll er selbstverantwortlich seine Entscheidung treffen. Diese sachliche Unabhängigkeit kommt aufgrund des **§ 9,** darüber besteht heute Einigkeit, auch dem Rechtspfleger zu (→ § 9 Rn. 6 ff.), – nur dass sie eben nicht verfassungsrechtlich garantiert ist, und folglich zur Disposition des Gesetzgebers steht.

bb) Persönliche Unabhängigkeit. Sie ist in Art. 97 Abs. 2 GG garantiert, dient der Sicherung der sachlichen Unabhängigkeit (BVerfG NJW 1962, 1611) und wird gekennzeichnet durch die Begriffe von „Unabsetzbarkeit" und „Unversetzbarkeit": Der Richter soll nicht befürchten müssen, bei „nicht genehmen" Entscheidungen abgesetzt oder versetzt zu werden (*Schmidt-Räntsch* DiRG § 25 Rn. 4). Art. 97 Abs. 2 GG gilt ausdrücklich nur für die hauptamtlich und planmäßig endgültig angestellten Richter, verbietet aber nicht andere atypische Richterarten, wie den ehrenamtlichen Richter, den Proberichter etc (*Wolf* ZZP 1999, 378); diesen steht die persönliche Unabhängigkeit wesensbedingt entweder nur eingeschränkt 65 zu (ehrenamtliche Richter: § 44 Abs. 2 DRiG) oder nicht (Proberichter zB). Aus dem Umstand, dass die persönliche Unabhängigkeit in vollem Umfang nur den endgültig angestellten Richtern gewährt wird, lässt sich daher nicht folgern (*Giese* Rpfleger 1954, 162; *Habscheid* Rpfleger 1968, 241; zweifelnd *Eickmann* Rpfleger 1976, 158), dass die persönliche Unabhängigkeit kein notwendiges Begriffsmerkmal des Richters sei (dazu eingehend *Bernhard* DRiZ 1981, 368 f; vgl. auch BVerfG NJW 1965, 343; – dass die persönliche Unabhängigkeit kein Kriterium richterlicher Unabhängigkeit ist, wird nur vereinzelt bestr: *Schlegelberger* Rpfleger 1957, 136; *Schorn* Rpfleger 1957, 268).

66 Das **RPflG** enthält für die persönliche Unabhängigkeit des Rechtspflegers keine dem § 9 korrespondierende Vorschrift (vgl. demgegenüber für den Richter die §§ 30 ff. DRiG), dh er ist nach positivem Recht weder unabsetzbar noch unversetzbar (insoweit greift nur der Schutz des allgemeinen Beamtenrechts). Dem **Rpfleger** kommt folglich „weder in seiner beamtenrechtlichen Stellung noch bei der Ausübung der Rechtspflegerfunktionen die Sicherung der persönlichen Unabhängigkeit zu" (*Wolf* ZZP 1999, 380; ganz hM: zB Nds OVG 22. 6. 1994 – 5 L 3232/93; *Arndt* § 1 Rn. 7 – mit Einschränkungen; *Gaul* Rpfleger 1971, 49; *Bassenge/Roth* Vor §§ 1 ff. Rn. 8; *Herbst* RpflBl. 1977, 9 und Rpfleger 1994, 481 f; Keidel/*Sternal* Einl. Rn. 82, 83; *Weiß* RpflBl. 1994, 63; **aA** *Habscheid* § 5 III 1; *Huhn* RpflBl. 1977, 6; → Rn. 70).

67 **cc) Parteiunabhängigkeit.** Dieser Begriff wird zT mit dem der Neutralität gleichgesetzt: zB *Eickmann* Rpfleger 1976, 158; *Wolf* ZZP 1999, 377. Jeder richterlichen Tätigkeit ist immanent, dass sie von einem nichtbeteiligten Dritten ausgeübt wird, um die gegenüber den Prozessbeteiligten erforderliche Distanz und Neutralität zu sichern. Gewährleistet wird diese Unparteilichkeit durch Ausschließungs- und Ablehnungsrechte der Beteiligten (§§ 41–49 ZPO, § 6 FamFG): Seit „langem ein selbstverständlicher und unentbehrlicher Bestandteil der Gerichtsverfassung" und ein „Merkmal der besonderen Stellung des Richters" (BVerfGE 21, 139 [146]) gehören sie **zum vorverfassungsrechtlichen Bild** des Verfassungsgebers vom Richter und sind damit (BVerfGE 21, 139 [146]; *Achterberg* Rn. 264, 274 f.) verfassungsrechtlich geboten. Nach **§ 10** sind diese Vorschriften auch auf den **Rechtspfleger** anwendbar; an der gesetzlichen Gewährleistung der Parteiunabhängigkeit des Rechtspflegers bestehen somit keine Zweifel (*Eickmann* Rpfleger 1976, 157 f.; *Wolf* ZZP 1999, 377).

68 **dd) Gesellschaftsunabhängigkeit.** Die Unabhängigkeit des Richters von gesellschaftlichen Kräften wird weniger von der sozialen Herkunft des Richters und ihres Einflusses auf die Rechtsprechung bedroht – hier wirken nicht zuletzt Ausbildung und Berufserziehung entgegen –, sondern eher von politischen Parteien und (in der Arbeits- und Sozialgerichtsbarkeit) von „machtvollen Verbänden" bei der Besetzung der Richterbänke, sowie gelegentlich durch eine Publizität und Publizistik, die durch einseitige Berichterstattung Einfluss zu nehmen versucht. Solche Beeinflussungen (die für den **Rechtspfleger** eine allenfalls geringe Rolle spielen) sind letztlich ein Problem der **inneren Unabhängigkeit**. Im Übrigen ist unter verfassungsrechtlichen Gesichtspunkten die Gesellschaftsunabhängigkeit in erster Linie eine Frage der Drittwirkung des Art. 97 GG (verbietet diese Vorschrift eine gesellschaftliche Einflussnahme auf die Rechtsprechung?), so dass an diesem Erfordernis jedenfalls der Richterstatus des Rechtspflegers nicht scheitert.

Allgemeine Stellung des Rechtspflegers §1

d) **Rechtsgelehrtheit.** Hinsichtlich des weiteren Richterbegriffsmerkmals der 69
rechtswissenschaftlichen Vorbildung kann man auf das vorverfassungsrechtliche
Bild des Verfassungsgebers abstellen ist (zB *Achterberg* Rn. 264 mwN), man kann dieses Attribut aber auch aus Art. 97, 20 Abs. 3 GG ableiten mit dem Argument, dass
einer Bindung an das Gesetz nur der rechtsgelehrte Richter gerecht werden kann.
Jedenfalls ist man sich darüber einig, dass die Rechtsprechung nur solchen Amtsträgern zu übertragen ist, die zu einer richtigen Rechtsanwendung in der Lage sind.
Die Einschaltung von Laienrichtern steht diesem Gebot, wie betont (→ Rn. 61),
nicht entgegen: Richter iS des Art. 92 sind nicht nur Berufsrichter; allerdings muss
sichergestellt sein, dass bei Entscheidungsfällen rechtsgelehrte Richter ein maßgebliches Wort mitsprechen. **Wie** die erforderliche „Rechtsgelehrtheit" vermittelt
wird, ist eine vorwiegend rechtspolitische Frage, in der dem Gesetzgeber einen erheblichen Spielraum einräumt (*Achterberg* Rn. 279); „bei der derzeitigen Organisation
der Dritten Gewalt und beim gegenwärtigen System der Juristenausbildung (entspricht) grundsätzlich nur der an einer Universität ausgebildete Richter der grundgesetzlichen „Forderung nach dem rechtsgelehrten Richter" (*Achterberg* Rn. 279:
„... während eine Verlagerung auf außeruniversitäre Einrichtungen unter den derzeitigen Bedingungen unzulässig wäre"). Diese zurückhaltende Stellungnahme
(„derzeitigen") durch *Achterberg* erfolgte vor bzw. kurz nach der Umstellung der
Rechtspflegerausbildung auf die Bildungsebene der Fachhochschulausbildung
(die als Vorbildung grundsätzlich Hochschulreife oder einen gleichwertigen Bildungsstand verlangt). Im Übrigen wurde bereits zum damaligen Zeitpunkt darauf
hingewiesen, dass das GG keine „Universitätsausbildung im heutigen Sinn vorschreibe"; auch müsse „man vorsichtig damit sein ..., diesen Grundsatz für alle Zukunft einzuzementieren"; es sei zu bestreiten, „dass schon die Ausbildung der heutigen Rechtspfleger die Sicherung des Gesetzesvollzugs ... weitgehend garantiert";
und weiter: „In dem Rahmen, in dem das mit Art. 20 Abs. 3, 97 GG vereinbar ist"
(gemeint sind die „weniger komplizierten Rechtsangelegenheiten"), „steht dann
auch nichts im Wege, den Rechtspflegern durch Gesetz die richterliche Unabhängigkeit zuzuerkennen". Vom Standpunkt **der heutigen Ausbildung des Rechtspflegers** aus, ist dem verfassungsrechtlichen Gebot einer rechtsgelehrten Ausbildung nicht nur „weitgehend", sondern umfassend Rechnung getragen, soweit es
um die dem Rechtspfleger übertragenen Aufgaben geht. In der gegenwärtigen Diskussion finden sich deshalb auch keine Stimmen, die die Eigenschaft des Rechtspflegers als Richter iS des GG deshalb ablehnen, weil es an der entspr „Rechtsgelehrtheit" fehle.

4. Zusammenfassung

Mangels persönlicher Unabhängigkeit (→ Rn. 65) kann der Rechtspfleger nicht 70
als Richter iSd Verfassungs- und des Gerichtsverfassungsrechts (und damit auch des
RPflG) angesehen werden. Diese Auffassung ist ganz hM (BVerfG NJW 1979,
1539; 1981, 1033, 1034; 1982, 1746; BVerfGE 101, 397: Art. 103 Abs. 1 GG ist im
Verfahren vor dem Rechtspfleger unanwendbar; aA *Bassenge/Roth* Vor §§ 1 ff.
Rn. 16; *Dümig* Rpfleger 2000, 249; ders. Rpfleger 2001, 469; *ders.* Rpfleger 2004,
345; *Eickmann* Rpfleger 2000, 245; *Gottwald* FamRZ 2000, 1477; *Habscheid* Rpfleger
2001, 209; *Heß/Vollkommer* JZ 2000, 786; *Mielke* ZRP 2003, 442; *Pawlowski* JZ 2000,
913); BVerwG Rpfleger 1988, 244; BayVerfGH Rpfleger 1961, 109 (111); NJW
1982, 1746; BayObLG Rpfleger 1974, 391; 92, 147; *Achterberg* Art. 92 Rn. 280;
Arndt § 1 Rn. 6; *Baur* DRiZ 1971, 109; *Bernhard* DRiZ 1981, 369; *Blaesing* NJW

1971, 1438; *Böhmer* NJW 1979, 534, 537 (Sondervotum); *Brüggemann* JR 1965, 83 f.; *Ellscheid* RpflBl. 1987, 89; *Gaul* Rpfleger 1971, 44; *Bassenge/Roth* Vor §§ 1 ff. Rn. 8, *Herbst* Rpfleger 1994, 481 f.; *Kern* Rpfleger 1962, 197; *Kissel/Mayer* Rpfleger 1984, 449; *Klüsener* RpflStud 1987, 28, – mit zT abweichender „Leseart" bzgl der obig zitierten Entscheidungen des BVerfG; *Lerch* ZRP 1986, 85 f.; *Marquordt* Rpfleger 1970, 1; *Rudolph* DRiZ 1975, 44; *Schmalz* Rpfleger 1986, 3; *Strauß* Rpfleger 1957, 36; *Ule* Rn. 57; *Weber* NJW 1967, 335; *Weiß* RpflBl. 1994, 62, 64; *Winkler* ZZP 101, 218; *Winter* RpflBl. 1973, 6; *Wolf* ZZP 1999, 381; **aA** AMHRH/*Herrmann/Rellermeyer* § 1 Rn. 98; *Böttcher* Rpfleger 1986, 201; *Giese* Rpfleger 1954, 162; *Koellreutter* Rpfleger 1953, 3; *Habscheid* Rpfleger 1968, 240; *ders.* NJW 1970, 1775; RpflBl. 1970, 8; *Huhn* RpflBl. 1977, 6; *ders.* DRiZ 1975, 16; *Schlegelberger* Rpfleger 1957, 136; *Wallner* ZRP 1985, 233; differenzierend *Schorn* Rpfleger 1957, 267; zweifelnd *Eickmann* Rpfleger 1976, 157).

71   **Abzulehnen** ist auch die von *Lindacher* (Rpfleger 1973, 1; 1987, 45; RpflBl. 1976, 6) vertretene Auffassung vom **gestuften verfassungsrechtlichen Richterbegriff** (sie geht auf Ansätze zurück, die *Habscheid* Rpfleger 1968, 37, 240, entwickelt hat): Da der Verfassungsgeber das Problem Richter/Rechtspfleger entweder nicht, zumindest aber nicht in seiner heutigen Gestalt gesehen habe und auch nicht habe vorhersehen können, ergebe sich aufgrund der „gewandelten Normsituation" (sachliche Unabhängigkeit des Rechtspflegers, § 9) die Konsequenz einer „Fortentwicklung des historischen Normverständnisses iS der Anerkennnung eines gestuften verfassungsrechtlichen Richterbegriffs". Danach „ist der Rpfleger – bereits heute – Richter iS von Art. 92 GG, freilich Richter, dem nicht alle Rechtsprechungsangelegenheiten iS dieser Vorschrift anvertraut sind" (Rpfleger 1987, 47). Diese auf § 9 gestützte erweiternde Auslegung des Richterbegriffs in Art. 92 GG und die damit verbundene Zweiteilung in „Richter im engeren Sinn" und Rechtspfleger lässt sich im Hinblick auf Art. 97 Abs. 2 GG nicht halten: Die für hauptamtlich und planmäßig angestellte Richter (und nur diesem Leitbild muss der Rechtspfleger, soll er Richter sein, entsprechen) ausdrücklich verlangte persönliche Unabhängigkeit fehlt dem Rechtspfleger (→ Rn. 65). Im Übrigen genießen, worauf *Bassenge/Roth* Vor §§ 1 ff. Rn. 8 mit Recht hinweist, die sachliche Unabhängigkeit auch andere Beamte (zB die der Rechnungshöfe, § 11 BRHG). Aus der Tatsache, dass der Rechtspfleger nicht Richter ist, kann allerdings (das verkennt *Böttcher* Rpfleger 1986, 201, 203, 206) nicht gefolgert werden, dass die Zuweisung von Rechtsprechungsaufgaben zwingend verfassungswidrig sei (→ Rn. 72 ff.).

VII. Verfassungswidrige Zuweisungen des RPflG?

1. Richtervorbehalte

72   Unter verfassungsrechtlichen Gesichtspunkten ist für die Aufgabenverteilung zwischen Richter und Rechtspfleger ausschlaggebend, ob dem Richter nicht nur das **letzte** (s auch Art. 19 Abs. 4 GG), sondern auch das **erste Wort** zusteht, ob also ein **Richtervorbehalt** besteht: Soweit die Verfassung für die Erledigung einer in den Bereich der Rechtspflege fallenden Aufgabe dem Richter die **Erstkompetenz** einräumt, kann sie dem Rechtspfleger nicht zugewiesen werden (Art. 92, 101 Abs. 1 S. 2 GG; vgl. die grundlegenden Darstellungen bei *Gaul* Rpfleger 1971, 42; *Wolf* ZZP 1999, 385, die unter diesem Gesichtspunkt wichtige Bereiche der im RPflG getroffene Aufgabenverteilung überprüfen). Richtervorbehalte bestehen

Allgemeine Stellung des Rechtspflegers **§ 1**

nun insbesondere für das **Bundesverfassungsgericht** in Art. 18 S. 2 GG (Verwirkung von Grundrechten), Art. 21 Abs. 2 S. 2 GG (Verbot politischer Parteien), Art. 61 GG (Anklage gegen den Bundespräsidenten), Art. 98 Abs. 2 GG (Bundesrichteranklage), Art. 100 Abs. 1 GG (Nichtigerklärung förmlicher Gesetze), und für die **anderen Gerichte** in Art. 13 Abs. 2 GG (Durchsuchung von Wohnräumen im Normalfall), Art. 97 Abs. 2 GG (Richteranklage), Art. 104 Abs. 2 S. 1 GG (Entscheidung über die Zulässigkeit und Fortdauer von Freiheitsentziehungen).

2. Vorschaltverfahren

a) Zum Meinungsstand. Sofern sich die richterliche Erstkompetenz nicht **aus** 73 **der Verfassung** ergibt (→ Rn. 72), ist mangels eindeutiger verfassungsrechtlicher Vorgaben umstr., inwieweit ein Vorschaltverfahren durch ein **nichtrichterliches** Organ zulässig ist (das BVerfG hat sich mit dieser Frage nur im Zusammenhang mit der Abgrenzung des Kernbereichs des Strafrechts im Verhältnis zu Verwaltungssteuerstraf- und Ordnungswidrigkeitsverfahren durch die Verwaltungsbehörden befasst und hierbei ausdrücklich nur „in diesem Bereich" ein Vorschaltverfahren unzulässig erklärt: BVerfGE 22, 49 [81]; vgl. auch BVerfGE 9, 167 [171]; 27, 18 [33]). In Diskussion stehen die Rechtsweggarantien (insbesondere Art. 19 Abs. 4 GG, vgl. dazu BVerfGE 101, 397 = FGPrax 2000, 103: Notwendigkeit eines Vorbescheids im Genehmigungsverfahren; → Rn. 70), Art. 92, 95, 101 Abs. 1 S. 2 GG sowie allgemeine verfassungsrechtliche Erwägungen (etwa, dass eine Erstkompetenz nur in Betracht komme, wenn sie verfassungsrechtlich ausdrücklich vorgesehen sei, iÜ sich aber aus einem Umkehrschluss ergebe, dass Vorschaltverfahren zulässig seien: *Haver* NJW 1957, 88). Andererseits wird argumentiert, dass Rechtsprechung insgesamt dem Richter vorbehalten sei, so dass hieraus ein Verbot nichtrichterlicher Vorschaltverfahren folge.

b) Differenzierende Lösung. Richtigerweise (*Wolf* ZZP 1999, 374) muss man 74 differenzieren: Ein **generelles Rechtsprechungsmonopol des ersten Wortes** kann der Verfassung nicht entnommen werden, so dass ein nichtrichterliches Vorschaltverfahren grundsätzlich zulässig ist. Andererseits ist die **richterliche Erstkompetenz immer dann geboten,** wenn wegen der besonderen Schutzwürdigkeit des betroffenen Rechts das Gebot des effektiven Rechtsschutzes von Anfang an die Einschaltung des Richters fordert. Ob eine solche richterliche Erstkompetenz anzunehmen oder ein nichtrichterliches Vorschaltverfahren zulässig ist, lässt sich erst anhand der einzelne Rechtsverhältnisse feststellen, wobei **abzuwägen ist zwischen der Effektivität des Rechtsschutzes des einzelnen und der Effektivität der Rechtspflege als solcher** (*Wolf* ZZP 1999, 375, 389). Allgemein lässt sich nur sagen (*Wolf* GVG § 3 V 2): Der Rechtsprechung steht das Monopol des ersten Wortes nur dann zu, wenn es um den Bereich der Strafrechtspflege geht, um den Schutz der persönlichen Freiheitsrechte, um status- und personenrechtliche Rechtsstellungen und um bürgerliche Rechtsstreitigkeiten.

c) Einordnung von Rechtspflegeraufgaben im Schrifttum. Hinsichtlich 75 der Tätigkeiten, die das RPflG dem Rechtspfleger überträgt, ergibt eine solche Abwägung nach *Wolf* ZZP 1999, 391:
- Die Streitentscheidungen nach **§ 166 Abs. 3 HGB** und „§ 338 Abs. 3 HGB" (jetzt **§ 233 Abs. 3 HGB**) sind verfassungsrechtlich unbedenklich (keine Beeinträchtigung des effektiven Rechtsschutzes, wenn – Kommanditist und stiller Gesellschafter können ihre Ansprüche auch direkt mit einer Klage im Erkennt-

nisverfahren geltend machen –neben dem Vorschaltverfahren vor dem Rechtspfleger wahlweise eine mindestens gleichwertige Klagemöglichkeit vor Gericht besteht).
- Gleiches gilt für das **Rangklarstellungsverfahren** (§§ 91 ff. GBO).
- Zulässig sind auch „Berechnungsverfahren", also Verfahren, in denen ein Anspruch dem Grunde nach bereits feststeht und nur noch die betragsmäßige Konkretisierung nach vorgegebenen generellen Maßstäben ohne einen weiteren eigenen Beurteilungsspielraum zu erfolgen hat (**Verfahren nach §§ 249 ff. FamFG, Kostenfestsetzungsverfahren nach §§ 103 ff. ZPO**, – „sofern man darin überhaupt eine Streitentscheidung sieht": *Wolf* ZZP 1999, 391 (401); nach der hier vertretenen Auffassung ist das nicht zweifelhaft).
- Was die Entscheidungen des Rechtspflegers nach **§ 765 a ZPO, §§ 30 a ff. ZVG, §§ 77, 78 InsO** (ehemals: §§ 95, 96 KO), **§§ 91 ff. GBO** (§ 108 GBO), **§ 37 Abs. 2 BGB, § 1796 BGB** angeht, rechtfertigt sich ein Vorschaltverfahren aufgrund Sachzusammenhangs und des in der Sachnähe begründeten effektiveren Rechtsschutzes (*Wolf* ZZP 1999, 391 [401 ff.]),
- und bei den Entscheidungen nach **§§ 1796 BGB, 1246 Abs. 2 BGB** greift eine Kombination mehrerer Gesichtspunkte (*Wolf* ZZP 1999, 391 [403]).
- **Verfassungswidrig** sind hingegen die Entscheidungen über Stundungsanträge (§ 1382 BGB,) und über die Übertragung von Gegenständen unter Anrechnung auf die Zugewinnausgleichsforderung (§ 1383 BGB).

76 Zur Zulässigkeit eines Vorverfahrens beim Rechtspfleger vgl. auch *Eickmann* Rpfleger 1976, 157 – sowie (für den Bereich des Vollstreckungsrechts) *Gaul* Rpfleger 1971, 49: Die Unzulässigkeit eines Vorverfahrens bestehe nur bei Vorschaltung einer Verwaltungsbehörde in Sachen der Rechtsprechung; die Situation sei hingegen „eine völlig andere, wenn der Rechtssuchende gegen eine Entscheidung des Rechtspflegers im Zwangsvollstreckungsverfahren innerhalb desselben Verfahrens mit der formfreien und nicht mit einem Kostenrisiko behafteten Erinnerung den Richter anrufen (könne), und zwar mit einem Rechtsbehelf, der gerade deshalb so formlos gestaltet (sei), weil die Anrufung des Richters gegen Akte nichtrichterlicher Rechtspflegeorgane möglichst erleichtert werden soll" (kritisch *Eickmann* Rpfleger 1976, 157; *Lindacher* RpflBl. 1976, 6).

3. Zusammenfassung

77 Soweit sich im Schrifttum nähere Auseinandersetzungen mit der Kompetenzzuweisung durch das RPflG unter verfassungsrechtlichen Aspekten finden, sind sie ganz überwiegend von dem Bemühen getragen, konstruktive Lösungen zu ermitteln, um die Zuweisungen mit dem GG **in Einklang zu bringen.** Das gilt insbesondere für die Arbeiten von *Habscheid* (Stichwort: „historische Anreicherung", → Rn. 37, 38) und *Lindacher* (Stichwort: „gestufter Richterbegriff", → Rn. 71). Wenn die entwickelten Vorschläge keine allgemeine Anerkennung gefunden haben, so insbesondere deshalb, weil versucht wurde, einzelfallunabhängige und übergreifende Gesichtspunkte zu finden. Da jedoch allgemeingültige Kriterien zur Kompetenzabgrenzung zwischen Richter und Rechtspfleger nicht ersichtlich sind, bleibt tatsächlich nur der Weg, die Frage des Einklangs der vom RPflG an den Rechtspfleger zugewiesenen Aufgaben mit der Verfassung jeweils **für den Einzelfall** zu entscheiden. Zu betonen gilt, dass **der** Kreis von Rechtspflegeraufgaben, der als verfassungsrechtlich problematisch diskutiert wird (→ Rn. 55, 75), im Verhältnis zu dem sonstigen Aufgabenbereich **äußerst gering ist** und deshalb gegenwärtig (mit Ausnahme von *Böttcher* Rpfleger 1986, 201; vgl. hierzu die kritische Stellungnahme von *Klüsener* RpflStud 1987, 27) verfassungsrechtlich auch nicht (mehr) problematisiert wird. Was die einzelfallbezogene Würdigung angeht, wird hier als Lösung der Weg über das Vorschaltverfahren bevorzugt.

VIII. Gesetzlicher Richter

Der Rechtspfleger ist (auch) nicht **gesetzlicher** Richter iS des Art. **101 Abs. 1 S. 2 GG.** Die Vorschrift, die sich an die Rechtsprechung selbst wendet, erfasst sowohl das Gericht als organisatorische Einheit wie auch das erkennende Gericht als Spruchkörper und den Einzelrichter. Richter ist der unabhängige Richter iS des Art. 97 GG. Auf den Rechtspfleger ist die Vorschrift nicht anzuwenden (BVerfG NJW 1971, 605; die in → Rn. 70 Zitierten, und hiervon insbesondere *Brüggemann* JR 1965, 83; *Gaul* FamRZ 1974, 613; *Ule* Rn. 112; *Wolf* ZZP 99, 397; **aA** *Eickmann/Riedel,* Kommentar zum RPflG, § 1 Rn. 4; *Habscheid* RpflBl. 1974, 43; *Wallner* ZRP 85, 233; *Stöber* ZVG Einl. 47.2; differenzierend *Eickmann* Rpfleger 1976, 161). Ein dem gesetzlichen Richter iS des Art. 101 Abs. 1 S. 2 GG entspr **gesetzlicher Rechtspfleger** ist abzulehnen (*Bassenge/Roth* Vor §§ 1ff. Rn. 15; *Ule* Rn. 112; **aA** *Schorn* Rpfleger 1957, 267 mwN). Zur Frage, ob es im Hinblick auf den Geschäftsverteilungsplan einen **einfachgesetzlichen** Rechtspfleger geben muss → Rn. 89. **78**

IX. Die beamtenrechtliche Stellung des Rechtspflegers

1. Beamtenstatus und Funktionsbezeichnung

a) Richter. Die rechtliche Ausgestaltung des Verhältnisses **Richter/Staat** hat sich zwar historisch aus dem **Beamtenverhältnis entwickelt,** es ist jedoch durch insbesondere Art. 92 ff. GG klargestellt, dass es von diesem **zu trennen** ist. Bund und Länder haben deshalb (Art 98 GG) die Stellung des Richters in Bundes- und Landesgesetzen geregelt; diese heben ihn hinsichtlich Unabhängigkeit, Dienstaufsicht, disziplinarischer Verantwortlichkeit, Personalvertretung, Inkompatibilität und Besoldung vom Beamten ab. Amtsstellung und Richterfunktion stehen dabei (wegen Art. 97 Abs. 2 GG) in einem untrennbaren Zusammenhang; die persönliche Unabhängigkeit wäre nicht gewährleistet, wenn die richterliche Funktion entzogen, das Amt aber belassen werden könnte. Die Bezeichnung „Richter" beinhaltet deshalb sowohl eine (dienstrechtliche) **Amtsbezeichnung** als auch eine gerichtsverfassungsrechtliche **Funktionsbezeichnung.** **79**

b) Rechtspfleger. Der Rechtspfleger ist **Beamter** (das RPflG selbst, vgl. §§ 27, 33, 35, ordnet ihn als solchen ein), und zwar, abgesehen von den Ausnahmen des § 2 Abs. 3, Beamter des **Justizdienstes** (§ 2 Abs. 1; Laufbahn: gehobener Dienst oder dritte Qualifikationsebene); die ihm im Rahmen anderer Gesetze übertragenen Aufgaben und die ihm nach dem RPflG eingeräumte Rechtsstellung sind insoweit unerheblich (BVerwG Rpfleger 1988, 244). **80**

Der Einführung einer **Sonderlaufbahn** für den Rechtspfleger mit einer Durchstufung in höhere Besoldungsgruppen, wie sie insbesondere vom BDR (vgl. zB RpflBl. 1993, 35) und mit Unterstützung der Justizverwaltung seit langem gefordert wird (→ Vor §§ 1ff. Rn. 19), ist der Gesetzgeber bisher nicht nachgekommen. **81**

82 Die **Amtsbezeichnung** des Beamten lautet nicht „Rechtspfleger", sondern Justizinspektor/Rechtspflegeinspektor, Justizoberinspektor/Rechtspflegeoberinspektor etc. Dem Beamten können Rechtspflegeraufgaben nach dem RPflG **übertragen** oder entzogen werden, ohne dass dies einen Einfluß auf seine beamtenrechtliche Stellung hat. Die Bezeichnung „Rechtspfleger" (die auf § 6 REntlV und auf die PrEntlV vom 28.5.1923, PrJMBl S. 401, zurückgeht, → Einl. Rn. 22, § 3 Rn. 3, 4) ist deshalb ausschließlich eine gerichtsverfassungsrechtliche **Funktionsbezeichnung.**

83 Es ist also, die einzelnen Begriffe werden oft nicht scharf genug getrennt, wie folgt zu unterscheiden: Die Bezeichnung „Rechtspfleger" ist (ebenso wie die des „Urkundsbeamten der Geschäftsstelle") keine Amtsbezeichnung (= keine Bezeichnung des Beamtenrechts), sondern eine **Funktions**bezeichnung: Rechtspfleger ist der Beamte, der innerhalb der Gerichtsverfassung eine (durch das RPflG festgelegte) Funktion ausübt. Folglich kann der **allein** mit Justizverwaltungsaufgaben oder mit den Aufgaben des UdG beauftragte Beamte **dienstlich nicht** als „Rechtspfleger" auftreten. Ein „Amt des Rechtspflegers", in das er beamtenrechtlich ernannt (= das ihm durch Verwaltungsakt verliehen oder übertragen) werden könnte, gibt es nicht; ebensowenig gibt es eine Bestellung (Ernennung) zum Rechtspfleger, sondern nur eine „Betrauung" mit Rechtspflegeraufgaben (§ 2 Abs. 3, → § 2 Rn. 30 ff.). Mit dem Begriff des Rechtspflegers eng zusammen hängt der des – nur in § 35 erwähnten – **Rechtspflegeramts:** Dieser Begriff erfasst **alle** Tätigkeiten **aller** Beamten, soweit sie Rechtspflegeraufgaben wahrnehmen.

2. Beamtenrecht

84 **a) Rechtsquellen.** Das RPflG regelt allein die **aufgabenmäßige** Stellung des Rechtspflegers in der **Gerichtsverfassung,** während die **beamtenrechtliche Stellung** durch den Bundes- und Landesgesetzgeber geregelt wird. Die wichtigsten Rechtsgrundlagen sind
– für alle Beamte: das BeamtStG (konkurrierende Gesetzgebung: Art. 74 Nr. 27 GG);
– für Bundesbeamte: das BBG;
– für Landesbeamte: die Landesbeamtengesetze und sonstige landesrechtliche Vorschriften (zB die Personalvertretungsgesetze der Bundesländer).

85 **b) Berufung in das Beamtenverhältnis.** Objektive Voraussetzung ist die Wahrnehmung hoheitlicher oder sicherheitsrelevanter Aufgaben (§ 3 Abs. 2 BeamtStG). Die subjektiven Erfordernisse für die Berufung in das Beamtenverhältnis regelt § 7 Abs. 1 BeamtStG. Die Begründung des Beamtenverhältnisses erfolgt durch einen rechtsgestaltenden formbedürftigen Verwaltungsakt, die **Ernennung** (§ 8 Abs. 1 Nr. 1 BeamtStG).

86 **c) Besoldung. Eingangsamt** für den Rechtspfleger (wie grds. für alle Beamten des gehobenen Dienstes bzw. der dritten Qualifikationsebene mit Fachhochschulerfordernis) ist gem. § 23 Abs. 1 Nr. 3 BBesG bzw. nach den BesG der Bundesländer (vgl. zB Art. 23 S. 1 Nr. 3 BayBesG) grundsätzlich A 9.

87 **d) Versetzung; Zuweisung anderer Aufgaben.** Art 97 Abs. 2 S. 1 GG, der den „hauptamtlich und planmäßig endgültig angestellten" Richtern (Richtern auf Lebenszeit und Zeit) die Unversetzbarkeit garantiert, wie auch die – diese Vorschrift konkretisierenden – §§ 30 ff. DRiG, sind auf den Rechtspfleger nicht anwendbar

Allgemeine Stellung des Rechtspflegers **§ 1**

(→ Rn. 65). Er kann nach dem Beamtenrecht (vgl. zB § 48 BayBG) jederzeit mit der Wahrnehmung anderer Rechtspflegergeschäfte betraut werden. Insoweit genügt, § 21e GVG ist nicht entsprechend anwendbar (→ Rn. 91), eine Änderung der Geschäftsverteilung durch den Behördenvorstand. Zur Übertragung von Gerichts- und Justizverwaltungsaufgaben siehe § 27.

e) Dienstaufsicht. Als Beamter untersteht der Rechtspfleger der Dienstaufsicht **88** (vgl. zB § 35 BeamtStG). Zuständig ist bei den Staatsanwaltschaften der Leitende Oberstaatsanwalt, bei den Amtsgerichten der aufsichtsführende Richter (Direktor oder Präsident des Amtsgerichts), bei den Landgerichten der LG-Präsident und bei den Oberlandesgerichten der OLG-Präsident (Einzelheiten zur Organisation der Dienstaufsicht, ihren Rechtsgrundlagen wie auch zu dienstaufsichtlichen Maßnahmen: → § 9 Rn. 31 ff.; – zum Inhalt und zu den Grenzen der Dienstaufsichtsbefugnisse → § 9 Rn. 36 ff.).

3. Geschäftsverteilung

a) Allgemeines. Wenn es auch keinen „gesetzlichen Rechtspfleger" gibt **89** (→ Rn. 78), folgt doch im Hinblick auf § 10 (Ausschließung und Ablehnung) und auch wegen § 9 (sachliche Unabhängigkeit) die Notwendigkeit einer Abgrenzung der Zuständigkeitsbereiche der am selben Gericht tätigen Rechtspfleger durch eine entsprechende feste und nicht beliebig abänderbare Verteilung ihres Einsatzes im Wege einer **Geschäftsverteilung:** Den Beteiligten ist eine effektive Ausübung des Rechts auf Ausschließung oder Ablehnung des Rechtspflegers nicht oder nur schwer möglich, wenn sie im Einzelfall nicht rechtzeitig feststellen können, welcher Rechtspfleger in der Sache zuständig ist. Auch macht die Gewährleistung der sachlichen Unabhängigkeit nur einen Sinn, wenn der Exekutive nicht nur direkte Sachweisungen verwehrt sind, sondern auch willkürliche Sachzuweisungen und Sachentziehungen (BVerfGE 12, 7).

Diese Erwägungen gelten allerdings **nur für solche Aufgaben,** die der Rechts- **90** pfleger sachlich unabhängig und ausschließ- bzw. ablehnbar bearbeitet, also nur für die ehedem richterlichen Aufgaben (§ 3 Nr. 1–3). Sie gelten **nicht im Bereich der Rechtspflegeverwaltung** (vgl. § 32) und schon gar nicht bei den „**sonstigen Dienstgeschäften**" (= Geschäften des UdG und der Gerichts- und Justizverwaltung, § 27), weil hier ein Beamter des gehobenen Dienstes tätig wird, nicht aber ein Rechtspfleger.

b) Zuständigkeit. Für die Geschäftsverteilung (kein Verwaltungsakt, sondern **91** eine innerdienstliche Maßnahme) ist nicht das Präsidium des Gerichts zuständig, sondern der Dienstvorgesetzte. Die auf den „gesetzlichen Richter" zugeschnittenen §§ 21a ff. GVG finden keine Anwendung (BVerwGE 19, 112; *Zöller/Lückemann* GVG § 21e Rn. 33; *Thomas/Putzo/Hüßtege* GVG § 21e Rn. 12; *Bassenge/Roth* Vor §§ 1ff. Rn. 15, § 2 Rn. 10; zurückhaltend: AMHRH/*Herrmann/Hintzen* § 2 Rn. 45; aA *Schorn* Rpfleger 1957, 267; *Ule* Rn. 115 ff.). Eine **Ausnahme gilt für § 22d GVG:** Die Vorschrift lässt sich, weil allein auf das Vorhandensein eines Geschäftsverteilungsplans abstellend, auf den „nach dem Geschäftsverteilungsplan" unzuständigen Rechtspfleger analog anwenden (→ § 8 Rn. 10). *Ule* Rn. 113 ff. plädiert für eine analoge Heranziehung der §§ 21a ff. GVG mit dem Argument: Es gäbe zwar keinen verfassungsrechtlichen „gesetzlichen Rechtspfleger", aber einen **einfachgesetzlichen.** Ein solcher Wille des Gesetzgebers sei insbesondere dem § 9 S. 1 und seinem evidenten Zusammenhang mit dem Geschäftsverteilungsplan zu entnehmen, der bewussten Wortwahl (das RPflG spricht, wie beim Richter, immer nur von „dem Rechtspfleger") und den das Richter-Rechtspflegerverhältnis im Sinne einer bestimmten Zuordnung regelnden §§ 5, 6, 28.

92   c) **Form der Geschäftszuweisung.** Die Möglichkeit einer mündlichen Zuweisung von Geschäften wird bejaht (OLG Frankfurt a. M. Rpfleger 1974, 274; *Bassenge/Roth* § 2 Rn. 10): „Das RPflG schreibt weder vor, dass die Geschäfte des Rechtspflegers wie die der Richter in einem Geschäftsverteilungsplan festzulegen sind, noch setzt es sonst einen besonderen Akt der Geschäftszuweisung, etwa eine schriftliche Bestellung, voraus" (BVerwG JVBl. 1964, 258; OLG Frankfurt a. M. Rpfleger 1974, 274). Aus den oben → Rn. 89 aufgeführten Gründen darf jedoch eine solche formlose Zuweisung nur **ausnahmsweise** erfolgen und sie muss wegen § 10 aktenkundig gemacht werden (*Bassenge/Roth* § 2 Rn. 10). Die Geschäftszuweisung erfolgt in aller Regel durch einen **Geschäftsverteilungsplan** (→ § 2 Rn. 35) der grundsätzlich für die Dauer eines Jahres vor dessen Beginn aufgestellt wird (von einer neuen Geschäftsverteilung kann jedoch abgesehen werden, wenn keine Änderungen vorgesehen sind). Falls ein Bedürfnis besteht, kann und muss der Geschäftsverteilungsplan aber auch während des Jahres geändert werden. Wegen des Verbots der Beeinträchtigung der sachlichen Unabhängigkeit des Rechtspflegers (§ 9) sollte der Anlass für die Änderung angegeben werden. Vor Inkrafttreten bzw. einer Änderung ist den betroffenen Rechtspflegern Gelegenheit zur Äußerung zu geben (soweit dies, etwa in Eilfällen, nicht möglich ist, ist die Anhörung nachzuholen). In der Regel wird die Geschäftsverteilung auch eine Vertretungsregelung enthalten.

d) Ländervorschriften

93   Einzelheiten für die Grundsätze der Geschäftsverteilung finden sich in **Allgemeinen Verfügungen der Landesjustizverwaltungen,** die inhaltlich weitgehend übereinstimmen: zB für Baden-Württemberg: AV v. 18.10.1976, Justiz 464; Bayern Bek v. 18.10.1974, BayJMBl. 342 idF der Bek. v. 17.1.1985, BayJMBl. 29; für Berlin: AV v. 2.2.1981.

X. Neue Bundesländer

1. Rechtslage bis zum Einigungsvertrag

94   Durch die VO über die Zuständigkeit der Rechtspfleger vom 20.6.1947 des Chefs der Deutschen Justizverwaltung der sowjetischen Besatzungszone (ZVOBl. 78), in Kraft seit 1.1.1948, wurde die Zuständigkeit des Rechtspflegers gegenüber der REntlV wesentlich erweitert (→ Einl. Rn. 18ff.; *Rellermeyer* Rpfleger 1993, 45 mwN). Durch VO über die Übertragung der Angelegenheiten der fG vom 15.10.1952, GBl. 1057 und über die Errichtung und Tätigkeit des Staatlichen Notariats vom 15.10.1952, GBl. 1055, wurden die Geschäfte der freiwilligen Gerichtsbarkeit auf die Räte der Bezirke und Kreise bzw. auf die Staatlichen Notariate (Nachlasssachen) übertragen. Für eine Tätigkeit des Rechtspflegers gab es damit keinen Raum mehr. An seine Stelle (und die des UdG) trat der **Sekretär.** Ihm oblagen (Gesetz über die Verfassung der Gerichte der DDR, GVG v. 2.10.1952, GBl. 985, idF v. 27.9.1974, GBl. 457): Gebührenberechnung, Kostenfestsetzung, Zahlungsaufforderungs-, Aufgebots- und Todeserklärungsverfahren, die gesamte Zwangsvollstreckung (einschließlich der Mobiliarvollstreckung anstelle des früheren Gerichtsvollziehers), Aufgaben der Rechtsauskunfts- und Rechtsantragsstelle.

Seit 1975 wurden die Sekretäre im Rahmen eines juristischen Fachschulstudiums an der Sektion „für den mittleren Kader der Justiz" der „Fachschule für Staatswissenschaft" in Weimar ausgebildet (vgl. dazu den Überblick bei v. *Schuckmann* RpflStud 1990, 90).

2. Rechtslage seit dem Einigungsvertrag

Das RPflG ist mit der Maßgabe übergeleitet worden, dass Rechtspflegeraufgaben solange auf Richter, Notare, Staatsanwälte und andere geeignete Personen übertragen werden können, bis Rechtspfleger mit entsprechender Ausbildung in ausreichender Zahl vorhanden sind (Anl. I zum EinigungsV Kap. III Sachgebiet A Rechtspflege Abschn. III Nr. 1 und Nr. 3, abgedruckt unter → § 34 Rn. 2). Ist der Bereichsrechtspfleger mit den Aufgaben eines Rechtspflegers **betraut worden** (→ § 2 Rn. 33 ff.), ist er wie der (Voll-)Rechtspfleger gerichtsverfassungsrechtliches Organ iSd § 1, auf den §§ 4–13 uneingeschränkt Anwendung finden (*Rellermeyer* Rpfleger 1994, 447). Der insoweit missverständliche **§ 34a Abs. 1** (Erwerb der Stellung eines Rechtspflegers bereits mit Abschluss der besonderen Ausbildung!) lässt nicht das Erfordernis des Betrauens entfallen, sondern modifiziert nur die Voraussetzungen des § 2 für einen allgemein einsatzbaren Rechtspfleger. Nach **§ 34 Abs. 1** können neue Bereichsrechtspfleger nur bis zum 31.12.1996 bestellt werden; danach tritt § 34 Abs. 2, 3 an die Stelle der Maßgabe des EinigungsV. 95

§ 2 Voraussetzungen für die Tätigkeit als Rechtspfleger

(1) ¹**Mit den Aufgaben eines Rechtspflegers kann ein Beamter des Justizdienstes betraut werden, der einen Vorbereitungsdienst von drei Jahren abgeleistet und die Rechtspflegerprüfung bestanden hat.** ²Der Vorbereitungsdienst vermittelt in einem Studiengang einer Fachhochschule oder in einem gleichstehenden Studiengang dem Beamten die wissenschaftlichen Erkenntnisse und Methoden sowie die berufspraktischen Fähigkeiten und Kenntnisse, die zur Erfüllung der Aufgaben eines Rechtspflegers erforderlich sind. ³Der Vorbereitungsdienst besteht aus Fachstudien von mindestens achtzehnmonatiger Dauer und berufspraktischen Studienzeiten. ⁴Die berufspraktischen Studienzeiten umfassen die Ausbildung in den Schwerpunktbereichen der Aufgaben eines Rechtspflegers; die praktische Ausbildung darf die Dauer von einem Jahr nicht unterschreiten.

(2) ¹Zum Vorbereitungsdienst kann zugelassen werden, wer eine zu einem Hochschulstudium berechtigende Schulbildung besitzt oder einen als gleichwertig anerkannten Bildungsstand nachweist. ²Beamte des mittleren Justizdienstes können zur Rechtspflegerausbildung zugelassen werden, wenn sie nach der Laufbahnprüfung mindestens drei Jahre im mittleren Justizdienst tätig waren und nach ihrer Persönlichkeit sowie ihren bisherigen Leistungen für den Dienst als Rechtspfleger geeignet erscheinen. ³Die Länder können bestimmen, dass die Zeit der Tätigkeit im mittleren Justizdienst bis zu einer Dauer von sechs Monaten auf die berufspraktischen Studienzeiten angerechnet werden kann.

(3) Mit den Aufgaben eines Rechtspflegers kann auf seinen Antrag auch betraut werden, wer die Befähigung zum Richteramt besitzt.

§ 2 1. Abschnitt. Aufgaben und Stellung des Rechtspflegers

(4) ¹Auf den Vorbereitungsdienst können ein erfolgreich abgeschlossenes Studium der Rechtswissenschaften bis zur Dauer von zwölf Monaten und ein Vorbereitungsdienst nach § 5b des Deutschen Richtergesetzes bis zur Dauer von sechs Monaten angerechnet werden. ²Auf Teilnehmer einer Ausbildung nach § 5b des Deutschen Richtergesetzes in der Fassung des Gesetzes vom 10. September 1971 (BGBl. I S. 1557) ist Satz 1 entsprechend anzuwenden.

(5) Referendare können mit der zeitweiligen Wahrnehmung der Geschäfte eines Rechtspflegers beauftragt werden.

(6) Die Länder erlassen die näheren Vorschriften.

(7) Das Berufsqualifikationsfeststellungsgesetz ist nicht anzuwenden.

Übersicht

	Rn.
I. Entwicklung und Normzweck	1–7
1. Bis zum Rechtspflegergesetz 1957	1, 2
a) Ausbildung für den „schwierigen Bürodienst" (BuKo)	1
b) Einheitliche Regelung	2
2. Rechtspflegergesetz 1957	3
3. Rechtspflegergesetz 1969	4
4. Zweites Rechtspflegeänderungsgesetz	5
5. Weitere Änderungen	6
6. Normzweck	7
II. Regelungsgehalt; Gesetzgebungskompetenz; § 2 und Beamtenrecht	8–11
1. Übersicht zum Regelungsgehalt	8
2. Gesetzgebungskompetenz	9, 10
a) Bund	9
b) Länder	10
3. Verhältnis von § 2 und Beamtenrecht	11
III. Befähigung für eine Tätigkeit als Rechtspfleger	12–29
1. Allgemeines	12–15
a) Rechtspfleger- und Laufbahnbefähigung	12
b) Verwaltungsinterne Ausbildung	13
c) Künftige anderweitige Ausbildungskonzeptionen	14, 15
2. Vorbereitungsdienst	16–25
a) Zulassung	16–19
b) Dauer und Gliederung	20–25
3. Rechtspflegerprüfung	26–28b
a) Prüfungsablauf	26, 27
b) Akademischer Grad	28–28b
4. Andere Ausbildungsgänge	29
IV. Betrauung mit Rechtspflegeraufgaben	30–36
1. Allgemeines	30
2. Anwendungsbereich	31, 32
a) In sachlicher Hinsicht	31
b) In persönlicher Hinsicht	32
3. Form	33–36
a) Betrauung und beamtenrechtliche Ernennung	34
b) Betrauung durch Geschäftsverteilungsplan	35, 36
V. Ausführungsvorschriften der Länder (Abs. 6)	37–39
1. Rechtsqualität der Ausbildungs- und Prüfungsordnungen	37

Voraussetzungen für die Tätigkeit als Rechtspfleger **§ 2**

	Rn.
2. Inhalt	38
3. Länderregelungen	39
VI. Amtsanwälte und örtliche Sitzungsvertreter	40–44
1. Amtsanwälte	40–43
a) Allgemeines	40, 41
b) Amtsanwaltslaufbahn	42, 43
2. Örtliche Sitzungsvertreter	44
VII. Neue Bundesländer	45, 46
1. Regelung bis zum 31.12.1996	45
2. Regelung ab 1.1.1997	46

I. Entwicklung und Normzweck

1. Bis zum Rechtspflegergesetz 1957

a) Ausbildung für den „schwierigen Bürodienst" (BuKo). Die „kleine 1 Justizreform" mit dem REntlG (1921, → Einl. Rn. 21, → Anh. II.3.) hatte an der Ausbildung nichts geändert: Für den gesamten mittleren Dienst galten noch die Ausbildungsvorschriften für den **Gerichtsschreiber** (zB in Preußen die Gerichtsschreiberordnung vom 5.6.1913, PrJMBl. S. 179), und es war die Zuweisung richterlicher Aufgaben an den Gerichtsschreiber lediglich an die Voraussetzung geknüpft, dass es sich um einen Beamten handelte, der „mit Rücksicht auf seine Berufsbildung und die durch seine praktische Betätigung gewonnenen Erfahrungen geeignet ist" (Art. VI REntlG). Von der Ermächtigung des REntlG machten die einzelnen Länder in unterschiedlichem Umfang Gebrauch. Da es sich bald als unerlässlich erwies, den mit der Wahrnehmung richterlicher Aufgaben tätigen Gerichtsschreiber qualifizierter auszubilden, kam es notwendig zur **Aufspaltung des mittleren Dienstes:** Vorläufer war das „Gesetz über die Dienstverhältnisse der mit der Wahrnehmung der Geschäfte eines Urkundsbeamten betrauten Beamten" vom 18.12.1927 (PrGS S. 209), das zwischen dem „einfacheren" und dem „schwierigen Bürodienst" unterschied (= dem künftigen „mittleren" und „gehobenen" Dienst!). Die zur Ausführung dieses Gesetzes erlassene „Personal- und Dienstordnung für das Büro der Preußischen Justizbehörden (Buko) regelte in ihrem 1. Abschnitt den Ausbildungsgang für die Beamten des „schwierigen Bürodienstes" (*Arndt* § 2 Rn. 6). Ähnliche Vorschriften wurden von den meisten anderen Länder erlassen (zB Baden: VO des Staatsministeriums vom 23.12.1927 über die Einrichtung und Besetzung der Geschäftsstellen der Gerichte, Staatsanwaltschaften und Notariate, BadGVBl. 236; Bayern: Bek des JM v. 15.12.1931 betr Einrichtung der Geschäftsstellen der Gerichte und Staatsanwaltschaften, BayJMBl S. 523; Hessen: Rundverfügung des hessischen Justizministeriums v. 4.5.1922, Amtsbl. Nr. 3; – weitere Nachw. bei *Arndt* § 26 Rn. 5).

b) Einheitliche Regelung. Eine reichseinheitliche Regelung der Ausbildung 2 erfolgte 1941 durch die RpflAO (AV des RJM v. 26.2.1941, DJ S. 282, ergänzt durch die AV. v. 16.7.1943, DJ S. 368; – vgl. dazu *Liese* Rpfleger 1944, 147; *Singer* Rpfleger 1944, 124). In den Jahren nach 1945 wurde diese Ausbildungsordnung in den Ländern Baden, Bayern, Berlin, Hamburg, Nordrhein-Westfalen, Rheinland-Pfalz und Schleswig-Holstein durch landesrechtliche Ausbildungsordnungen (in Anlehnung an die RpflAO) ersetzt (vgl. dazu die Nachw. in BT-Drs. II/161, 15); in den übrigen Ländern galt sie weiter.

2. Rechtspflegergesetz 1957

3 Das RPflG 1957 stellte die Ausbildung der Rechtspfleger erstmals auf eine **gesetzliche** Grundlage und legte in § 2 Abs. 1 die fachlichen Voraussetzungen in den Grundzügen fest: Mit den Aufgaben eines Rechtspflegers konnte nur ein Beamter des gehobenen Justizdienstes betraut werden, der eine Vorbereitungszeit von mindestens drei Jahren abgeleistet hatte, wovon wenigstens acht Monate auf einen fachwissenschaftlichen Lehrgang entfallen waren. Von weiteren Vorgaben, insbesondere hinsichtlich Vorbildung und der Ausbildung während der dreijährigen „Vorbereitungszeit", hatte der Gesetzgeber abgesehen. Die **Länder** erließen deshalb in der **Folgezeit** (teils als Rechtsverordnungen, teils als Verwaltungsvorschriften) Ausbildungs- und Prüfungsordnungen: Mittlere Reife genügte grundsätzlich als Vorbildungsvoraussetzung, wenn auch – bis auf Bayern, Hamburg, Hessen, Rheinland-Pfalz – primär Abitur vorgeschrieben war; die Möglichkeit des Aufstiegs für besonders befähigte Beamte des mittleren Dienstes sahen alle Länder vor. Die Dauer des Vorbereitungsdienstes wurde einheitlich gehandhabt (drei Jahre); der Anteil der fachwissenschaftlichen Ausbildung hieran – sie wurde auf den sog *Rechtspflegerschulen* vermittelt – schwankte zunächst zwischen 9 und 11 Monaten und wurde später von einigen Ländern (etwa Baden-Württemberg und Hessen) auf 15 Monate erweitert.

3. Rechtspflegergesetz 1969

4 Im RPflG 1969 entschied sich der Gesetzgeber für eine weitaus präzisere Festlegung der fachlichen Voraussetzungen: In Anbetracht der erheblichen Ausweitung des Aufgabenbereichs des Rechtspflegers wurde die Mindestdauer des fachwissenschaftlichen Lehrgangs auf ein Jahr verlängert, um der theoretischen Ausbildung ein größeres Gewicht zu verleihen (BT-Drs. V/3134, 16). Gleichzeitig wurde der Begriff „Rechtspflegerprüfung" eingeführt (RPflG 1957: „Prüfung"), um „die spezifische Befähigung des erfolgreich geprüften Anwärters aus dem gehobenen Justizdienst für den Dienst als Rechtspfleger zu betonen" (BT-Drs. V/3134, 16). Die im Regierungsentwurf vorgesehene einheitliche Regelung der Vorbildung des Rechtspflegeranwärters – „Zum Vorbereitungsdienst für den gehobenen Justizdienst kann zugelassen werden, wer das Reifezeugnis einer öffentlichen oder staatlich anerkannten höheren Lehranstalt oder ein gleichwertiges Zeugnis besitzt", (BT-Drs. V/3134, 2) – wurde auf Bedenken des Bundesrats, und um die Verabschiedung des Gesetzes nicht zu gefährden, zurückgestellt (BT-Drs. V/4341, 3). Der Bundestag fasste deshalb bei der Verabschiedung des RPflG am 26.6.1969 angesichts der Gefahr der (weiteren) Zersplitterung der Ausbildungsvoraussetzungen eine Entschließung, in der die Bundesregierung ersucht wurde, einen Entwurf für eine Regelung der Vorbildung und Ausbildung des Rechtspflegers vorzulegen, wenn sich keine entsprechende Vereinheitlichung durch die Länder nicht bis zum 31.12.1971 ermöglichen lasse (BT-Drs. 7/2205, 5). Die Justizministerkonferenz legte unter diesem Druck im Oktober 1971 einheitliche Grundsätze für die Rechtspflegerausbildung fest, die durch landesrechtliche Bestimmungen auch weitgehend verwirklicht wurden. Unterschiedlich geregelt blieben jedoch insbesondere die Anforderungen an die Vorbildung, die Dauer des Vorbereitungsdienstes sowie die Bildungsebene, auf der die Ausbildung durchgeführt wurde (die verwaltungsinterne Fachhochschulausbildung führten damals ein: Bayern, BayBFHG v. 8.8.1974 usw; Berlin, VO über die Fachhochschule für Verwaltung und Rechtspflege v. 5.3.1973;

Voraussetzungen für die Tätigkeit als Rechtspfleger **§ 2**

Niedersachsen, Beschluss zur Errichtung der Niedersächsischen Fachhochschule für Verwaltung und Rechtspflege v. 28.5.1974; Nordrhein-Westfalen, RpflAO v. 9.6.1976; Schleswig-Holstein, AO für Rechtspfleger v. 14.7.1972).

4. Zweites Rechtspflegeänderungsgesetz

Das 2. RpflÄndG 1976, BGBl. I S. 2186, legte als erforderliche Vorbildungsvoraussetzung grds. die (Fach-) Hochschulreife festgesetzt; die Ausbildung wurde einheitlich auf die Bildungsebene der Fachhochschule überführt und als dreijähriger Studiengang mit gleichwertigen theoretischen und praktischen Ausbildungselementen ausgestaltet. Dem Gesetz vorausgegangen waren eine Vielzahl von Reformvorschlägen, wobei insbesondere die Dauer der Vorbereitungszeit äußerst umstr. war: Die Landesjustizverwaltungen, die Berufsverbände und zunächst auch der Rechtsausschuss des Bundestages (BT-Drs. 7/5493, 3) hatten sich für „mindestens" 3 Jahre bzw. 3½ Jahre ausgesprochen; der Bundesrat ist dem, insbesondere aus haushaltsrechtlichen Überlegungen, nicht gefolgt (BT-Drs. 7/5493, 3f. [6]). 5

5. Weitere Änderungen

Abs. 4 wurde durch Gesetz v. 25.7.1984, BGBl. I S. 995, geändert und Abs. 7 durch Art. 18 Gesetz v. 6.12.2011, BGBl. I S. 2515, angefügt. (Für die neuen Bundesländer → § 34 Rn. 1.) 6

6. Normzweck

Zweck des § 2 ist es eine Zersplitterung der Rechtspflegerausbildung zu verhindern und aufgrund des einheitlichen Aufgabenkreises des Rechtspflegers seine Vorbildung und Ausbildung zu **vereinheitlichen.** 7

II. Regelungsgehalt; Gesetzgebungskompetenz; § 2 und Beamtenrecht

1. Übersicht zum Regelungsgehalt

Abs. 1 S. 1 bestimmt die Voraussetzungen, unter denen ein Beamter des Justizdienstes **mit Rechtspflegeraufgaben betraut** werden kann (und bringt mit dem Merkmal „betraut" zum Ausdruck, dass der Begriff des Rechtspflegers **funktioneller** Natur ist, → § 1 Rn. 82f.). 8
- **Abs. 1 S. 2–4** legen die **fachlichen Voraussetzungen** für die **Befähigung** eines Beamten zur Tätigkeit als Rechtspfleger fest: Fachstudium von mindestens 18 Monaten und berufspraktische Studienzeiten von mindestens einem Jahr innerhalb eines Vorbereitungsdienstes.
- **Vorbildungsvoraussetzung** ist grundsätzlich die (Fach-)Hochschulreife oder ein als gleichwertig anerkannter Bildungsabschluß **(Abs. 2 S. 1).** Von diesem Grundsatz enthält **Abs. 2 S. 2** im Interesse der Laufbahndurchlässigkeit eine Ausnahmeregel für den Aufstieg bzw. die modulare Qualifizierung.
- Die Möglichkeit der **Anrechnung** von berufspraktischen Zeiten und Ausbildungszeiten eröffnen **Abs. 2 S. 3** (Tätigkeit im mittleren Justizdienst) und **Abs. 4** (Rechtsstudium, Referendarzeit).

- **Abs. 3** stellt klar, dass die Befähigung zum Richteramt die Befähigung zur Tätigkeit des Rechtspflegers mit einschließt.
- Nach **Abs. 5** können auch **Referendare,** allerdings nur zeitweise, Rechtspflegeraufgaben wahrnehmen.
- **Abs. 1, 2** enthalten überwiegend nur Rahmenvorschriften. Die nach **Abs. 6** ermächtigten Länder haben dazu **Ausbildungs- und Prüfungsordnungen** erlassen (→ Rn. 39).

2. Gesetzgebungskompetenz

9 a) **Bund.** Die Gesetzgebungskompetenz des Bundes zur einheitlichen Regelung der Grundzüge der Vor- und Ausbildung folgt für die Rechtspfleger an Bundesgerichten aus Art. 73 Abs. 1 Nr. 8 GG und für die übrigen Rechtspfleger aus Art. 74 Abs. 1 Nr. 1 GG (Gerichtsverfassung). Die zum RPflG 1969/1970 (zu dieser Zitierung → § 40 Rn. 1) geäußerten Bedenken des Bundesrats, wonach Regelungen für die Laufbahn des gehobenen Justizdienstes nicht zu diesem Sachgebiet und damit auch nicht zur konkurrierenden Gesetzgebungskompetenz des Bundes gehören (BT-Drs. V/3134, 33), treffen nicht zu (und wurden beim Erlass des 2. RpflÄndG, → Rn. 5, auch nicht aufrechterhalten): Die „Gerichtsverfassung" (Gegensatz: „gerichtliches Verfahren") betrifft die staatliche Einrichtung des Gerichtswesens, also seine äußere Ordnung (Jarass/Pieroth/*Pieroth* GG Art. 74 Rn. 8). Hierzu zählen alle (grundlegenden) Normen, die den Aufbau der Gerichte und der mit ihnen zusammenhängenden Einrichtungen betreffen, mithin auch die Regelung des personellen Bereichs. Andernfalls käme man zu dem befremdenden Ergebnis, dass dem Bundesgesetzgeber zwar die (unbestrittene) Befugnis zukommt, gerichtliche Aufgaben zwischen den Rechtspflegeorganen zu verteilen, dass es ihm aber verwehrt ist, für diese Organe die Vor- und Ausbildung vorzuschreiben, die ihm zur sachgerechten Erledigung der übertragenen Aufgaben unerläßlich erscheint (*Meyer-Hentschel* RpflBl. 1964, 91).

10 b) **Länder.** Soweit die **Länder** die Vorschriften der Abs. 1 und 2 ausgefüllt haben, fassen sie den Begriff „Rechtspfleger" **weiter** als das RPflG und setzen ihn mit dem Beamten des **gehobenen Justizdienstes/dritte Qualifikationsebene gleich** (→ Rn. 12).

3. Verhältnis von § 2 und Beamtenrecht

11 Der Begriff des Rechtspflegers ist (→ Rn. 8) funktioneller Natur: Rechtspfleger ist **derjenige Beamte,** der innerhalb der Gerichtsverfassung mit einem bestimmten Kreis von Aufgaben betraut ist. Das RPflG – und hier insbesondere § 2 Abs. 1 S. 1 – will und kann keine neue Laufbahn schaffen, da die Regelung der beamtenrechtlichen Stellung des Rechtspflegers in die Zuständigkeit der Landesgesetzgeber fällt (→ § 1 Rn. 84 ff.). Für das Verhältnis des § 2 und der (landes-)beamtenrechtlichen Gesetze (im materiellen Sinn) ergeben sich daraus folgende Konsequenzen: Soweit in Abs. 1 S. 1 der Vorbereitungsdienst auf 3 Jahre festgelegt ist, wird lediglich das bereits in den Beamtengesetzen und Laufbahnverordnungen des Bundes und der Länder für den gehobenen Dienst/dritte Qualifikationsebene festgelegte Erfordernis wiederholt. Eine auf § 2 Abs. 6 gestützte Ausbildungsordnung, die daran eine Änderung vornehmen würde, würde damit gegen höherrangiges Recht verstoßen. Gleiches gilt für die Zulassung zum Vorbereitungsdienst, also die Frage der Vorbildung; § 2 will hieran nichts ändern.

Voraussetzungen für die Tätigkeit als Rechtspfleger § 2

III. Befähigung für eine Tätigkeit als Rechtspfleger

1. Allgemeines

a) **Rechtspfleger- und Laufbahnbefähigung.** Voraussetzungen für die Be- 12
trauung eines **Beamten** des gehobenen Justizdienstes/der dritten Qualifikationsebene mit den Aufgaben eines Rechtspflegers sind grundsätzlich die Ableistung eines dreijährigen Vorbereitungsdienstes und das Bestehen der Rechtspflegerprüfung/ Qualifikationsprüfung (Abs. 1 S. 1; zu anderen „Ausbildungsgängen" → Rn. 29). Mit dem Bestehen der Rechtspflegerprüfung erwirbt der Beamte die Befähigung zur Wahrnehmung der Geschäfte eines Rechtspflegers sowie – die Prüfung ist Laufbahnanstellungsprüfung – zu allen Ämtern des gehobenen Justizdienstes, für die keine besonderen Ausbildungs- und Prüfungsvorschriften bestehen (so zB für die Amtsanwälte, §§ 142 Abs. 1 Nr. 3, und 2, 145 Abs. 2 GVG). Die Rechtspflegerbefähigung entspr damit der **Laufbahnbefähigung für den gehobenen Dienst/ dritte Qualifikationsebene.**

b) **Verwaltungsinterne Ausbildung.** Die Ausbildung erfolgt im Beamtenver- 13
hältnis auf Widerruf innerhalb eines Vorbereitungsdienstes. Dieses schon bisher (→ Rn. 3) verfolgte Konzept ist bei Erlass des 2. RpflÄndG insbesondere aus zwei Gründen beibehalten worden (BT-Drs. 7/2205, 5 [6]): Zum einen lag kein Modell vor, das den Rechtspfleger auf ein breit gefächertes Berufsfeld in Rechtspflege, Verwaltung und Wirtschaft hätte vorbereiten können (das gilt auch heute noch): nach wie vor ist Ziel der Ausbildung „nur" der Spezialist in den Bereichen der fG und des Vollstreckungswesens). Zum anderen hätte ein Nebeneinander von externen Angebotsfachhochschulen und verwaltungsinternen Bedarfsfachhochschulen – abgesehen von der Gefahr der Zersplitterung einer einheitlichen Rechtspflegerausbildung – „zu schweren Unzuträglichkeiten" geführt (BT-Drs. 7/2205, 5 [6]): Absolventen externer Fachhochschulen finden außerhalb der Gerichtsbarkeiten nur wenige Bereiche mit ausbildungsangemessenen Tätigkeiten: etwa in der Vollstreckungsabteilung einer Großbank, herausgehobene Posten beim Notar oder Anwalt.

c) **Künftige anderweitige Ausbildungskonzeptionen.** Der Gesetzgeber hat 14
bewusst davon abgesehen, das gegenwärtige Ausbildungskonzept für die Zukunft festzuschreiben und damit eine Entscheidung gegen die Einbeziehung der Rechtspflegerausbildung in den allgemeinen Hochschulbereich, insbesondere in den Gesamthochschulbereich, zu treffen. So wurde der Vorschlag des Bundesrats, § 2 Abs. 1 S. 2 dahin zu fassen, dass der Vorbereitungsdienst „in einem Studiengang einer **verwaltungsinternen** Fachhochschule oder in einem gleichstehenden verwaltungsinternen Studiengang" die wissenschaftlichen Erkenntnisse usw vermittelt (BT-Drs. 7/2205, 9), von der Bundesregierung abgelehnt. Dies mit der – auch heute noch zutreffend – Begründung, dass zwar „im gegenwärtigen Zeitpunkt die Voraussetzungen für eine externe Ausbildung von Rechtspflegern noch nicht gegeben" seien, dass es aber andererseits nicht als ausgeschlossen erscheine, „dass künftig eine Konzeption für eine Rechtspflegerausbildung entwickelt wird, die auf ein breiter gefächertes Berufsfeld vorbereitet und dem Rechtspfleger in weiterem Umfang als bisher den Zugang zu Tätigkeiten in Verwaltung und Wirtschaft eröffnet" (BT-Drs. 7/2205, 11). Entsprechend erfolgte dann auch die Verabschiedung des Gesetzes.

Sobald deshalb die allgemeinen Hochschulen rechtspflegerspezifische Studien- 15
gänge anbieten, könnte das **Fachstudium** dort abgeleistet werden, ohne dass es

einer Änderung des § 2 bedarf. Eine solche Entwicklung erscheint jedoch in absehbarer Zeit als unwahrscheinlich. Dies gilt auch für eine Neustrukturierung des Vorbereitungsdienstes in Richtung des Bachelor-Systems. Die Justizministerkonferenz hat im Herbst 2005 die Überzeugung geäußert, dass eine Übernahme der Ergebnisse der **Bolognakonferenz** auf die Juristenausbildung derzeit nicht sinnvoll sei.

2. Vorbereitungsdienst

16   a) **Zulassung. aa) Allgemeines.** Die Bildungsebene der Fachhochschule erfordert grundsätzlich die (Fach-)Hochschulreife (Abs. 2 S. 1). Im Interesse der Durchlässigkeit der mittleren zur gehobenen Laufbahn trifft Abs. 2 S. 2 eine Sonderregelung für Beamte des mittleren Justizdienstes (sog Aufstiegsbeamte). Weitere Zulassungsvoraussetzungen (zB Teilnahme an einem besonderen Ausleseverfahren, Einstellungsalter) ergeben sich aus den Laufbahnverordnungen bzw. Laufbahngesetzen sowie den Ausbildungs- und Prüfungsordnungen der Länder.

17   **bb) Hochschulreife.** Abs. 2 S. 1 bestimmt, in (notwendiger) Übereinstimmung mit den laufbeahnrechtlichen Vorschriften der Länder (vgl. zB Art. 7 Abs. 1 Nr. 3 BayLlbG), dass zum Vorbereitungsdienst **grundsätzlich** nur zugelassen wird, wer eine zu einem Hochschulstudium berechtigende Schulausbildung besitzt oder einen als gleichwertig anerkannten Bildungsabschluss nachweist. **Hochschulreife** iS der Vorschrift ist die allgemeine Hochschulreife oder die fachgebundene Hochschulreife (Fachhochschulreife). Die Anerkennung eines **gleichwertigen Bildungsabschlusses** – auf eine nähere Bestimmung hat der Gesetzgeber angesichts der landesrechtlichen Besonderheiten im (Hoch-)Schulwesen verzichtet – erfolgt durch die zuständige Landesbehörde (vgl. dazu die Bestimmungen in den einzelnen Ausbildungs- und Prüfungsordnungen, → Rn. 39).

18   **cc) Aufstiegsbeamte/Modulare Qualifizierung.** Über **die Sonderregelung des Abs. 2 S. 2** können Beamte des mittleren Justizdienstes/zweite Qualifikationsebene zur Rechtspfleger**ausbildung** zugelassen werden, wenn sie nach der Laufbahnprüfung mindestens 3 Jahre tätig waren und nach Persönlichkeit und Leistung geeignet erscheinen. Der landesrechtlichen Ausfüllung dieser Rahmenvorschrift – sie beinhaltet eine Ausnahme von der Regel des Abs. 2 S. 1 – wird dabei durch Abs. 2 **S. 3** eine Grenze gesetzt: Tätigkeiten im mittleren Justizdienst können auf die berufspraktischen Abschnitte nicht über die 6-Monatsgrenze hinaus angerechnet werden. Zu den einzelnen Zulassungsvoraussetzungen (zB bisherige Dienstzeit, Höchstalter, Auswahlverfahren usw) vgl. die einzelnen landesrechtlichen Regelungen, die ganz überwiegend in den Laufbahnverordnungen (zB Art. 20 BayLlbG) enthalten sind.

19   **dd) Beamtenverhältnis.** Im Hinblick auf das Erfordernis der **Beamteneigenschaft** des Anwärters und späteren Rechtspflegers (vgl. § 4 Abs. 4 BeamtStG) sehen alle Länder als Zulassungsvoraussetzung in ihren Ausbildungs- und Prüfungsordnungen vor, dass neben den Zulassungsvoraussetzungen des Abs. 2 die Voraussetzungen für die Berufung in das Beamtenverhältnis auf Widerruf erfüllt sind (zB § 3 Nr. 1 ZAPO/RPfl Bayern); auch darf ein bestimmtes Höchstalter bei der Einstellung nicht überschritten sein.

20   **b) Dauer und Gliederung. aa) Allgemeines.** Der Vorbereitungsdienst besteht (Abs. 1 S. 2) aus einem Studiengang an einer Fachhochschule (Fachhochschule für den öffentlichen Dienst) und aus berufspraktischen Studienzeiten. Diese Ver-

Voraussetzungen für die Tätigkeit als Rechtspfleger **§ 2**

knüpfung von theoretischen und praktischen Studienabschnitten, die nach der Absicht des Gesetzgebers als **gleichwertig** anzusehen sind (BT-Drs. 7/2205, 5), ergibt sich zwangsläufig aus der besonderen Stellung des Rechtspflegers: Da er von Beginn seiner Tätigkeit an in **sachlicher Unabhängigkeit** (§ 9) entscheidet, also bereits **bei** Übernahme seines Amtes die erforderlichen Spezialkenntnisse und -fähigkeiten besitzen muss scheidet eine Heranführung an seine berufliche Tätigkeit unter Leitung Dritter aus. Die „Heranführung" kann deshalb nur in einem besonderen praktischen Studiengang **innerhalb der Ausbildung** erfolgen. Der Zuständigkeit des Landesgesetzgebers bleibt überlassen, wie er die Verzahnung von theoretischen und praktischen Ausbildungselementen im einzelnen vornimmt; Abs. 1 S. 3 und 4 legen nur Mindestzeiten fest (Fachstudien: mindestens 18 Monate; berufspraktische Studienabschnitte: mindestens 1 Jahr). Umgesetzt wurde dieser dem Landesgesetzgeber überlassene Spielraum durch die einzelnen Ausbildungs- und Prüfungsordnungen der Länder (vgl. zB § 7 Abs. 1 ZAPO/RPfl Bayern).

bb) Fachstudium. Die Bezeichnungen „Fachstudium" ist in den einzelnen **21** Ausbildungs- und Prüfungsordnungen unterschiedlich: Fachtheorie, Fachstudium, fachwissenschaftliches Studium, fachtheoretische Studienabschnitte o. Ä. (die Bezeichnungen in den einzelnen Ausbildungs- und Prüfungsordnungen sind unterschiedlich). Ziel der fachtheoretischen Ausbildung ist die Vermittlung der „wissenschaftlichen Erkenntnisse und Methoden …, die zur Erfüllung der Aufgaben eines Rechtspflegers erforderlich sind" (Abs. 1 S. 2). Den durch die Ausbildungs- und Prüfungsordnungen nur global vorgeschriebenen Lehrinhalt – er ergibt sich zwingend aus den im RPflG beschriebenen Rechtspflegeraufgaben – haben die meisten Länder, regelmäßig unter Beteiligung der Praxis, in **Lehr-** oder **Studienplänen** festgelegt.

Die Anzahl der theoretischen Unterrichtsstunden schwankt in den einzelnen **22** Ländern zwischen rund 2200 und 2400 Stunden. Bei ihrer Verteilung liegt das **Schwergewicht** entspr dem Aufgabenfeld des Rechtspflegers als einem Spezialisten der fG und des Vollstreckungswesens auf folgenden Fächern: **Sachenrecht** (Schwerpunkt: Immobiliarsachenrecht) mit Erbbaurecht, WEG, GBO; **Familienrecht** (Schwerpunkt: Vormundschafts-, Betreuungs- und Pflegschaftsrecht) mit FamFG; **Erbrecht; Handelsrecht** (HGB mit Schwerpunkten: Kaufmannseigenschaft, Firma, Prokura, Registerrecht); **Mobiliarvollstreckung; Zwangsversteigerungsrecht; Insolvenzrecht; Kostenrecht.** Daneben werden unterrichtet: BGB – Allgemeiner Teil, Schuldrecht, Zivilprozessrecht, Gerichtsverfassungsrecht, Strafrecht, Strafprozessrecht, Staats- und Verwaltungsrecht sowie (soweit einschlägig) Steuerrecht und Betriebswirtschaftslehre. Hinzu kommt aufgrund des zunehmenden Einsatzes moderner Datenverarbeitungstechniken im Justizbetrieb die entspr theoretische und praktische Einweisung. Das Bestehen der einzelnen Ausbildungsabschnitte wird von der Erbringung bestimmter Leistungserfordernisse (Klausuren, Hausarbeiten, mündlicher Prüfung etc) abhängig gemacht (vgl. dazu die einzelnen Ausbildungs- und Prüfungsordnungen, → Rn. 39).

cc) Praktikum. Das Praktikum (Praktikum, berufspraktischer Abschnitt, be- **23** rufspraktischer Studienabschnitt, fachpraktische Ausbildung oÄ: die Bezeichnung in den einzelnen Ausbildungs- und Prüfungsordnungen ist unterschiedlich). Da der Rechtspfleger (→ Rn. 20) vom ersten Tag seiner Tätigkeit an in sachlicher Unabhängigkeit weisungsfrei entscheidet, treten zu den fachwissenschaftlichen Studienabschnitten als gleichwertiges Element berufspraktische Studienabschnitte hinzu: Das an der Fachhochschule erworbene theoretische Wissen wird am AG –

Familien-, Betreuungs-, Nachlassgericht, Grundbuchamt, Registergericht usw – und bei der StA praktisch geübt. Flankiert wird diese „Ausbildung am Arbeitsplatz" regelmäßig von praxisbegleitenden Lehrveranstaltungen. Über die in den einzelnen Abteilungen erbrachten Leistungen werden Zeugnisse erstellt.

24   **dd) Anrechnung von Ausbildungszeiten.** Abs. 2 S. 3, Abs. 4 beschränken sich – in Anknüpfung an entsprechende frühere landesrechtliche Regelungen – auf die Festlegung des Grundsatzes, dass auf den Vorbereitungsdienst nach Abs. 1 angerechnet werden können: Tätigkeiten im **mittleren Justizdienst** bis zu 6 Monaten (aber nur auf die berufspraktischen Studienabschnitte, → Rn. 20); ein erfolgreich abgeschlossenes **Studium der Rechtswissenschaften** bis zur Dauer von 12 Monaten und ein **Vorbereitungsdienst** nach § 5b DRiG bis zur Dauer von 6 Monaten; Entsprechendes gilt für Teilnehmer einer Ausbildung nach § 5b DRiG (idF des Gesetzes v. 10.9.1971, BGBl. I S. 1557, – einstufige Ausbildung). In der Praxis haben die Anrechnungsbestimmung des Abs. 4 bzw. die dazu erlassenen landesrechtlichen Vorschriften keine Bedeutung (während umgekehrt die Anrechnung der erfolgreich abgeschlossenen Rechtspflegerausbildung auf ein späteres Jurastudium nicht selten vorkommt).

25   **ee) Übergangsvorschriften.** Die nach § 2 Abs. 1 für die Rechtspflegerbefähigung zwingende Voraussetzung der Ableistung des Vorbereitungsdienstes im Studiengang an einer Fachhochschule kann nicht für die nach früherem Recht Ausgebildeten gelten. § 33 enthält deshalb eine entsprechende Übergangsregelung.

3. Rechtspflegerprüfung

26   **a) Prüfungsablauf.** Die Prüfung beinhaltet in allen Ländern einen schriftlichen und mündlichen Teil und wird vor Prüfungsausschüssen abgelegt, die teils bei den Landesjustizverwaltungen, teils bei den Oberlandesgerichten eingerichtet sind. In Bezug auf die Anzahl der schriftlichen Arbeiten, den Anrechnungsschlüssel des mündlichen Prüfungsteils auf die Gesamtnote und die Anrechnung der in den fachtheoretischen und fachpraktischen Ausbildungsabschnitten erzielten Noten bestehen zT erhebliche Unterschiede. Beim Nichtbestehen der Prüfung ist deren Wiederholung zulässig.

27   Mit **erfolgreichem Bestehen der Rechtspflegerprüfung** kann der Beamte mit Rechtspflegeraufgaben betraut werden (→ Rn. 30ff.). Beamtenrechtlich erfolgt die Ernennung des bisherigen Beamten auf Widerruf zum Beamten auf Probe (Amtsbezeichnung: Justizinspektor/Rechtspflegeinspektor zur Anstellung). Während dieser „Probezeit" soll sich erweisen, ob der Beamte nach Einarbeitung in die ihm übertragenen Aufgaben erfüllt (vgl. § 4 Abs. 3 lit. a BeamtStG, § 28 BLV).

28   **b) Akademischer Grad.** Ursprünglich sollte (Beschluss der Justizministerkonferenz vom 14./15.11.1974) mit dem erfolgreichen Ablegen der Prüfung der **einheitliche** akademische Grad „Rechtspfleger (grad.)" erworben werden. § 18 HRG hat diese Absicht „überholt": Danach können auch Fachhochschulen den Diplomgrad verleihen, wobei die Art. des Grades durch Landesrecht festgelegt wird. Bayern zB hat als Bezeichnung „Diplom-Rechtspfleger (FH)" eingeführt (§ 1 Abs. 1 DiplomierungsVO BayFHVR, BayRS 2030-2-9-F), Baden-Württemberg „Diplom-Rechtspfleger (Fachhochschule)", Niedersachsen „Diplom-Rechtspfleger" oder „Dipl-Rpfl.", Schleswig-Holstein „Diplom-Rechtspfleger (Fachhochschule)" oder „Dipl.-Rpfl. (FH)" (vgl. dazu die einzelnen landesrechtlichen Diplomierungsverordnungen, zB DiplVO BayFHVR idF der Bek. v. 9.8.1996, GVBl. 406. Eine **Nachdiplomierung** ist regelmäßig vorgesehen.

Die allgemeine Anerkennung Akademischer Grade und damit des „Diplom-Rechtspflegers" **in der EU** wird durch die RL 89/49/EWG des Rates vom 21.12.1988 über eine allgemeine Regelung zur Anerkennung der Hochschuldiplome, die eine mindestens dreijährige Berufsausbildung abschließen, geregelt. Diese RL ist für die Mitgliedstaaten hinsichtlich des zu erreichenden Ziels verbindlich, überlässt aber iÜ den innerstaatlichen Stellen die Wahl der Form und der Mittel (Art 189 EG-Vertrag). Für Deutschland gilt insoweit die EG-Hochschuldiplomanerkennungs-Verordnung v. 2.11.1995, BGBl. I S. 1493. Zur Bedeutung dieser Richtlinie allgemein wie auch für die Harmonisierung des Berufsbildes des Rechtspflegers in Europa vgl. *Rausch* Rpfleger 1994 134. 28a

Der Rechtspfleger hat den akademischen Grad grundsätzlich so zu führen, wie er ihm verliehen wurde, muss also einen evtl Zusatz („FH" oÄ) angeben. Ein Verstoß gegen diese Pflicht ist jedenfalls unter dem strafrechtlichen Aspekt eines Vergehens des Mißbrauchs von Titeln usw (§ 132a StGB) irrelevant, da der Normzweck – Schutz der Allgemeinheit vor Personen, die sich den Schein besonderer Funktionen, Fähigkeiten usw geben – sichtlich nicht erfüllt ist (StA Ulm Rpfleger 1990, 108 mAnm *Reiß*). Ein (mögliches) dienstaufsichtliches Anhalten zur Führung des Zusatzes sollte zurückhaltend ausgeübt werden: Da es Diplomrechtspfleger ohne eine Fachhochschulausbildung nicht gibt, handelt es sich bei dem Zusatz um eine reine Formalie (*Reiß* Rpfleger 1990, 108 tritt in Recht dafür ein, dass sich die Justizministerkonferenz angesichts der landesrechtlich unterschiedlichen Handhabung auf eine einheitliche Fassung des akademischen Grades ohne Zusatz einigen sollte). 28b

4. Andere Ausbildungsgänge

Mit Rechtspflegeraufgaben kann grundsätzlich nur betraut werden, wer den Vorbereitungsdienst (Abs. 1) absolviert und die Rechtspflegerprüfung/Qualifikationsprüfung bestanden hat. Es kann mit Rechtspflegeraufgaben aber auch (selbstverständlich) betraut werden (→ Rn. 30), wer **die Befähigung zum Richteramt besitzt** und einen entsprechenden Antrag stellt. Abs. 3 enthält diesbezüglich eine Klarstellung (BT-Drs. II/161, 15). Gleiches gilt nach § 33 Abs. 2 für den, der in Baden-Württemberg die **Befähigung zum Amt des Bezirksnotars** erworben hat. Im Bereich der **Arbeitsgerichtsbarkeit** können neben den Beamten, die die Rechtspflegerprüfung bestanden haben, auch solche zum Rechtspfleger bestellt werden, die die Prüfung zum gehobenen Dienst bei der Arbeitsgerichtsbarkeit erfolgreich abgelegt haben (§ 9 Abs. 3 S. 2 Hs. 2 ArbGG). Ein **Rechtsreferendar** kann zeitweilig (auch ohne seinen Antrag) vom Leiter der Ausbildungsbehörde mit Rechtspflegeraufgaben betraut werden (Abs. 5). In der Praxis wird von dieser Möglichkeit angesichts der Spezialausbildung des Rechtspflegers so gut wie kein Gebrauch gemacht (der Gesetzgeber hat die Regelung in das RPflG 1957 nur deshalb aufgenommen, weil eine entspr Regelung bereits in Abschnitt v. der AV des Preußischen Justizministers vom 1.2.1928, JMBl. 44, vorgesehen war, der sich die meisten Länder angeschlossen hatten: BT-Drs. II/161, 15). **Nicht betraut** werden mit Rechtspflegeraufgaben können die sog „anderen Bewerber" iS von § 22 BLV, iVm den entspr Landesgesetzen (zB § 4 Abs. 2 LbG Bayern), die ihre Befähigung nicht durch den vorgeschriebenen Ausbildungsweg, sondern anderweitig erworben haben (*Arndt* Rn. 5; *Bassenge/Roth* Rn. 8). 29

IV. Betrauung mit Rechtspflegeraufgaben

1. Allgemeines

30 Das einen staatlichen Hoheitsakt nahelegende Wort „betrauen" war im Entwurf zum RPflG 1957 nach dem Stand vom 22.4.1952 ursprünglich nicht vorgesehen. Dort hieß es lediglich: „Die Tätigkeit zum Rechtspflegers wird ... erlangt". Die Wendung mit der „Betrauens-Formel" wurde bei der Einbringung des Regierungsentwurfs zum RPflG 1957 vom damaligen Justizminister *Neumayer* so begründet (Stenographische Berichte des Bundestages, 2. Wahlperiode Bd 20, S. 1619): „Mit Bestehen der Prüfung besteht noch kein Anspruch auf Beschäftigung als Rechtspfleger. Die Länder werden bei der Betrauung eines Beamten mit den Aufgaben eines Rechtspflegers eine Auswahl zu treffen haben. Eine solche Auslese wird vom Gesetzentwurf vorausgesetzt". Diese Begründung lässt sich heute – über 90% der Beamten des gehobenen Justizdienstes nehmen Rechtspflegeraufgaben wahr – nicht mehr halten. Gleichwohl muss man wegen des eindeutigen Gesetzeswortlauts am Erfordernis des Betrauens festhalten.

2. Anwendungsbereich

31 **a) In sachlicher Hinsicht.** Die erforderliche Betrauung gilt nur für die „Aufgaben eines Rechtspflegers" (Abs. 1 S. 1 und Abs. 3), dh für Aufgaben, die dem Beamten des gehobenen Justizdienstes durch das RPflG übertragen werden (§ 1, – möglich auch durch Landesrecht iVm § 37): ehemals richterlichen Aufgaben und Aufgaben der Rechtspflegeverwaltung (vgl. § 1 Rn. 7). Eine Betrauung ist entbehrlich, wenn der Beamte „sonstige Dienstgeschäfte" (§ 27 Abs. 1) wahrnehmen soll, also Geschäfte des UdG oder der Gerichts- und Justizverwaltung.

32 **b) In persönlicher Hinsicht.** Das Betrauenserfordernis gilt für den Beamten des gehobenen Dienstes (Abs. 1) und den zum Richter Befähigten (Abs. 3); beim Referendar (Abs. 5) liegt es bereits in der Beauftragung. Ein nicht geprüfter Rechtspflegeranwärter kann selbst dann, wenn er den gesamten 3-jährigen Vorbereitungsdienst absolviert hat, nicht als Rechtspfleger eingesetzt werden (OLG Karlsruhe Rpfleger 1974, 402). **Keine** Voraussetzung für die Betrauung des Beamten ist dessen Berufung in das Beamtenverhältnis auf Lebenszeit. Eine **Zustimmung** des Beamten zur Betrauung ist nicht erforderlich (anders als beim zum Richter Befähigten, Abs. 3). Der Beamte des gehobenen Justizdienstes ist zur Wahrnehmung von Rechtspflegeraufgaben verpflichtet, weil diese Tätigkeit den wesentlichen und weit überwiegenden Teil der Aufgaben seiner Laufbahn ausmacht und er durch seinen Eintritt in diese Laufbahn seine uneingeschränkte Bereitschaft zur Wahrnehmung der entspr Aufgaben erklärt hat. Umgekehrt besteht, wie aus § 27 Abs. 1 folgt, **kein Anspruch des Beamten** darauf, ausschließlich als Rechtspfleger verwendet oder als solcher ständig eingesetzt zu werden. Den Einsatz des Beamten bestimmt der Dienstherr nach seinem pflichtgemäßen Ermessen (vgl. § 35 BeamtStG).

Die Frage, inwieweit der Rechtspfleger als Beamter des gehobenen Dienstes/der dritten Qualifikationsebene verpflichtet ist, andere Dienstgeschäfte wahrzunehmen (solche des UdG oder der Justizverwaltung), beantwortet sich allein nach den beamtenrechtlichen Vorschriften der Länder § 27 Abs. 1 (Pflicht zur Wahrnehmung sonstiger Dienstgeschäfte) stellt dies lediglich klar (→ § 27 Rn. 7).

Voraussetzungen für die Tätigkeit als Rechtspfleger § 2

3. Form

Bei Inkrafttreten des RPflG 1957 bestanden Zweifel, ob die Betrauung durch 33
einen **formellen Akt** vorzunehmen ist.

a) Betrauung und beamtenrechtliche Ernennung. Fest steht, dass die Be- 34
trauung nicht mit einer Ernennung im beamtenrechtlichen Sinn gleichgesetzt werden kann: Die Betrauung mit Rechtspflegeraufgaben beinhaltet keine formbedürf-
tige beamtenrechtliche Ernennung oder Beförderung (BVerwG JVBl. 1964, 258),
vielmehr besteht die Änderung der Stellung des Betrauten aufgrund der Betrauung
lediglich darin (OVG Lüneburg 18.7.1961 – iVm OVG A 92/60, unveröffentlicht),
dass der Beamte sachlich nicht mehr den Weisungen des Dienstvorgesetzten unterliegt (§ 9); seine laufbahnrechtliche Stellung wird nicht berührt.

b) Betrauung durch Geschäftsverteilungsplan. Da sich aus dem RPflG zur 35
Betrauung selbst nichts entnehmen lässt (§§ 21 a ff. GVG sind nicht analog anwendbar, → § 1 Rn. 91), erweist sich diejenige vom Präsidenten oder Direktor des Gerichts (nicht Präsidium, → § 1 Rn. 91, 92) durch Zuweisung im **Geschäftsverteilungsplan** (die zugleich den Zuständigkeitsbereich des einzelnen Rechtspflegers
festlegt) als die **geeignetste** (BVerwG Rpfleger 2007, 19; OLG Frankfurt NJW
1968, 1289; AMHRH/*Herrmann*/*Rellermeyer* Rn. 46; *Bassenge*/*Roth* Rn. 10; – wer
danach im Geschäftsverteilungsplan als Beamter des gehobenen Dienstes/der dritten Qualifikationsebene allein mit Aufgaben eines UdG oder der Gerichts- bzw.
Justizverwaltung beauftragt ist, ist kein Rechtspfleger: OLG Frankfurt NJW 1968,
1289).

Möglich ist auch eine **mündliche Betrauung** = Zuweisung von Rechtspflege- 36
raufgaben (→ § 1 Rn. 92). Hiervon sollte jedoch in dem durch § 3 Nr. 1–3 beschriebenen Aufgabenbereich im Hinblick auf §§ 9, 10 (→ § 1 Rn. 92) nur ausnahmsweise Gebrauch gemacht werden. Anderes gilt für die Geschäfte nach §§ 29,
31, auf die §§ 9, 10 nicht anwendbar sind (§ 32). **In der Praxis** dürften mündliche
Betrauungen ohnehin die Ausnahme bilden, da fast alle Justizverwaltungen Grundsätze für die Geschäftsverteilung festgelegt haben, nach denen dem Rechtspfleger
eindeutig abgrenzbare Geschäftsaufgaben zu übertragen sind (→ § 1 Rn. 93).

V. Ausführungsvorschriften der Länder (Abs. 6)

1. Rechtsqualität der Ausbildungs- und Prüfungsordnungen

Abs. 1, 2 enthalten Rahmenvorschriften für die Befähigung zum Rechts- 37
pfleger. Die Ausgestaltung im Einzelnen bleibt gem. Abs. 6 den Ländern überlassen.
Gemeint ist damit insbesondere die **Ausgestaltung des Vorbereitungsdienstes**
durch Ausbildungs- und Prüfungsordnungen (*Arndt* Rn. 46 ff.; *Bassenge*/*Roth*
Rn. 5). Da im Bereich des Beamtenrechts und (Hoch-)Schulrechts aber ohnehin
der Landesgesetzgeber zuständig ist, hat Abs. 6 nur klarstellende Funktion hinsichtlich der Rechtssetzungskompetenz der Länder. Was die **Rechtsqualität** solcher
Ausbildungs- und Prüfungsordnungen angeht, kann es sich um Rechtsverordnungen oder Verwaltungsvorschriften handeln. **Rechtsverordnungen** kommen
allerdings nur in Betracht, wenn eine entspr **landesgesetzliche Ermächtigungsnorm** vorliegt (zB Art. 67 bayLlbG). Abs. 6 scheidet dafür aus, weil mangels An-

gabe eines Ermächtigungsadressaten die Anforderungen, die Art. 80 Abs. 1 S. 1 GG an eine Ermächtigungsnorm stellt, nicht erfüllt sind (vgl. auch *Arndt* Rn. 47). Die nähere Ausgestaltung des Vorbereitungsdienstes durch Ausbildungs- und Prüfungsordnungen mit der Rechtsqualität von **Verwaltungsvorschriften,** also von Rechtsnormen, deren Adressaten Behörden und Beamte sind und die zum Innenbereich der Verwaltung gehören, ist dagegen ohne weiteres zulässig: Diese Befugnis folgt aus der Organisations- und Geschäftsleitungsgewalt der Exekutive (*Maurer* § 24 Rn. 33), hier also – vgl. Art. 84 Abs. 1 GG – der Landesexekutive und zwar regelmäßig des Landesjustizministeriums. Verwaltungsvorschriften haben gegenüber Rechtsverordnungen den Vorteil der Elastizität, denn sie ermöglichen je nach den sich ändernden Bedürfnissen der Praxis, eine entsprechend rasche Anpassung der Ausbildungserfordernisse. Insoweit es um die Frage des **Bestehens eines Studienabschnittes** geht, ist diese Rechtsform allerdings problematisch im Hinblick auf den **Gesetzesvorbehalt** (zu diesem Postulat BVerfGE 40, 237 [248]; 47, 46 [78f.]; *Maurer* § 6 Rn. 3 ff.): Danach verpflichten das Rechtsstaats- und Demokratieprinzip den Gesetzgeber, die **wesentlichen** Entscheidungen **selbst** zu treffen und nicht der Verwaltung zu überlassen. Zu den „wesentlichen Entscheidungen" im Schulbereich gehören aber nach ständiger Rspr. (vgl. insbesondere BVerwG JZ 1978, 680) die „Versetzungsregelungen".

2. Inhalt

38 Für den **Inhalt** der Ausführungsvorschriften bilden die Rahmenrichtlinien des § 2 zwingendes Recht. Eine Verlängerung der Ausbildung auf 3 1/2 Jahre ist deshalb dem Landesgesetzgeber ebenso abgeschnitten wie eine Abkürzung des Fachpraktikums unter ein Jahr zugunsten der Theorie. Andererseits steht es ihm frei, in welchem zeitlichen Rhythmus er die theoretischen und praktischen Studienabschnitte gliedert oder diese Abschnitte mehr oder weniger vermischt, solange er nur die in § 2 vorgesehene Mindestgewichtung der beiden Ausbildungskomponenten wahrt (eine Änderung des Verhältnisses von Fachtheorie und Fachpraktikum in diesem Rahmen wird allerdings immer eine entsprechende Änderung der Laufbahnvorschriften voraussetzen). Zuletzt steht § 2 auch der Einführung eines Studiengangs auf einer externen Fachhochschule nicht entgegen (→ Rn. 14, 15).

3. Länderregelungen

39 Nachstehend eine Aufführung der Fachhochschulen für öffentliche Verwaltung und Rechtspflege wie auch der Ausbildungs-, Prüfungsordnungen der einzelnen Länder.

Baden-Württemberg. Fachhochschule Schwetzingen Hochschule für Rechtspflege, Schwetzingen. Ausbildungs- und Prüfungsordnung der Rechtspfleger (APrORpfl) v. 15.9.1994, GBl. 561.
Bayern. Fachhochschule für öffentliche Verwaltung und Rechtspflege, Fachbereich Rechtspflege, Starnberg. Zulassungs-, Ausbildungs- und Prüfungsordnung für die Rpfleger (ZAPO/Rpfl), VO v. 19.11.2012, GVBl. 595/BayRS 2038–3–3–9-J.
Berlin. Hochschule für Wirtschaft und Recht, Fachbereich Rechtspflege, Berlin. VO über die Ausbildung und Prüfung von Rechtspflegern (APORpfl) v. 14.6.2006, GVBl. 618.
Brandenburg. VO über die Ausbildung und Prüfung der Rechtspfleger des Landes Brandenburg (BbgRpflAO v. 3.2.1994 GVBl. II 74 mit späteren Änderungen). Brandenburg lässt seine Rechtspfleger aufgrund entsprechender Verwaltungsvereinbarungen in Berlin ausbilden.

Voraussetzungen für die Tätigkeit als Rechtspfleger § 2

Bremen. VO über die Ausbildung und Prüfung der Rechtspflegerinnen und Rechtspfleger des Landes Bremen v. 23.2.2004, GBl. 131 mit späteren Änderungen). Bremen bildet seine Rechtspfleger an der Norddeutschen Hochschule für Rechtspflege in Hildesheim/Niedersachsen aus.

Hamburg. Ausbildungs- und Prüfungsordnung für die Laufbahn des gehobenen Justizdienstes – Rechtspflegerlaufbahn (APORPfl) v. 7.1.2004, GVBl. 31. Hamburg bildet seine Rechtspfleger an der Norddeutschen Hochschule für Rechtspflege in Hildesheim/Niedersachsen aus.

Hessen. Hessische Hochschule für Finanzen und Rechtspflege, Rotenburg a. d. Fulda. Ausbildungs- und Prüfungsordnung für die Anwärter der Rechtspflegerlaufbahn (RpflAPO) v. 23.7.1980, JMBl. 645.

Mecklenburg-Vorpommern. Fachhochschule für öffentliche Verwaltung Polizei und Rechtspflege des Landes Mecklenburg-Vorpommern, Fachbereich Rechtspflege, Güstrow. VO über die Ausbildung und Prüfung der Rechtspfleger des Landes Mecklenburg-Vorpommern (Rechtspflegerausbildungs- und Prüfungsordnung – RPfl APO M-V) v. 17.6.1994, GVBl. 786 mit späteren Änderungen.

Niedersachsen. Norddeutsche Hochschule für Rechtspflege, Fachbereich Rechtspflege in 31134 Hildesheim. Ausbildungs- und Prüfungsordnung für Rechtspflegerinnen und Rechtspfleger (APVO Justiz RpflDienst) v. 12.11.2012, Nds. GVBl. 503.

Nordrhein-Westfalen. Fachhochschule für Rechtspflege Nordrhein-Westfalen, Bad Münstereifel. RechtspflegerausbildungsO (RpflAO) v. 19.5.2003, GV. NRW 294 mit späteren Änderungen.

Rheinland-Pfalz. Rechtspfleger-Ausbildungs- und Prüfungsordnung (RAPO) v. 6.7.1995, GVBl. 321). mit späteren Änderungen. Rheinland-Pfalz bildet seine Rechtspfleger an der Fachhochschule Schwetzingen, Hochschule für Rechtspflege, aus.

Saarland. RechtspflegerausbildungsO (RpflAO) v. 24.6.1999, SaarABl. 936, mit späteren Änderungen. Das Saarland bildet seine Rechtspfleger an der Fachhochschule Schwetzingen-Hochschule für Rechtspflege aus.

Sachsen. Fachhochschule der Sächsischen Verwaltung Meißen, Fachbereich Rechtspflege, Meißen. VO des Sächsichen Staatsministeriums der Justiz über die Ausbildung und Prüfung der Rechtspfleger (APORPfl) v. 6.9.2005, Sächs GVBl. 246.

Sachsen-Anhalt. Rechtspfleger-Ausbildungs- und Prüfungsverordnung (APVO Rpfl) v. 23.9.2002, GVBl. 394. Sachsen-Anhalt lässt seine Rechtspfleger aufgrund entsprechender Verwaltungsvereinbarungen in Berlin ausbilden.

Schleswig-Holstein. LandesVO über die Ausbildung und Prüfung der Rechtspflegerinnen und Rechtspfleger (Rechtspfleger-APO) v. 24.7.2000, GVOBl. 554 mit späteren Änderungen. Schleswig-Holstein bildet seine Rechtspfleger an der Norddeutschen Fachhochschule für Rechtspflege in Hildesheim/Niedersachsen aus.

Thüringen. Thüringer Verordnung über die Ausbildung und Prüfung für den gehobenen Justizdienst (Thüringer Rechtspflegerausbildungs- und -prüfungsO – ThürRAPO-) v. 29.9.1997, GVBl. 357, mit späteren Änderungen. Thüringen bildet seine Rechtspfleger an der Hessischen Hochschule für Finanzen und Rechtspflege in Rotenburg a. d. Fulda aus.

VI. Amtsanwälte und örtliche Sitzungsvertreter

1. Amtsanwälte

Schrifttum: *Arndt* § 1 Rn. 18; *Benkendorf,* Das „leidige" Thema Amtsanwälte, DRiZ 1976, 83; *Cordier,* Warum Amtsanwälte?, Rpfleger 1953, 209; *Grohmann* ZRP 1986, 166; *Reiß,* Die Rechts- und Dienstverhältnisse der Amtsanwälte, RpflBl. 1964, 17; *Rüping* DRiZ 1999, 114; *Kissel/Mayer* GVG § 142 Rn. 9f.

§ 2   1. Abschnitt. Aufgaben und Stellung des Rechtspflegers

40 a) **Allgemeines.** Der Amtsanwalt, ein gerichtsverfassungsrechtliches Organ der Rechtspflege (§ 142 Abs. 1 Nr. 3, 145 Abs. 2 GVG), wird in **Strafsachen** zur Entlastung des Staatsanwalts (nur) bei den **Amtsgerichten** (§ 145 Abs. 2 GVG) tätig. Das **GVG** beschreibt (bundesrechtlich) lediglich seine Aufgabenerfüllung; die Regelung iÜ erfolgt **landesrechtlich:** Die Organisation der Staatsanwaltschaften bei den Gerichten ist Ländersache (Art. 74 Nr. 1 GG), so dass es mangels einer bundesrechtlichen Regelung (Art. 72 Abs. 1 GG) dem Landesgesetzgeber überlassen ist, zu bestimmen, welcher Personenkreis die Funktion eines Amtsanwalts ausüben kann (zB für Bayern: Art. 14 Abs. 1, 2 S. 1 BayAGGVG); einer bundesgesetzlichen Ermächtigungsgrundlage bedarf es nicht (BVerfGE 56, 110 [119]). Die Bundesländer haben zum einen nur **Beamte des gehobenen Dienstes/der dritten Qualifikationsebene** zu Amtsanwälten ernannt und zum anderen, abweichend von der gesetzlich unbeschränkten Zuständigkeit – nach dem GVG könnten Amtsanwälte in allen Aufgabenbereichen vor dem AG tätig werden (auch: Schöffengericht und Jugendsachen) –, **die Zuständigkeit durch die OrgStA der Länder eingeschränkt:** Amtsanwälte sind zB für Verfahren gegen Jugendliche und Heranwachsende in manchen Ländern gar nicht und in anderen Ländern nur in beschränktem Umfang zuständig. Diese Zuständigkeitsbegrenzung durch die OrgStA hat allerdings nur innerdienstliche Bedeutung und ist verfahrensrechtlich ohne Belang (*Kissel/Mayer* GVG § 142 Rn. 12 mwN). Ein Amtsanwalt kann deshalb zB in der mündlichen Verhandlung vor dem Schöffengericht wirksam auftreten.

41 Die Tatsache, dass Amtsanwälte nur bei den Amtsgerichten tätig werden können (§ 145 Abs. 2 GVG), hat zum Meinungsstreit geführt, ob die zum Richteramt befähigten Amtsanwälte von dieser Einschränkung befreit sind oder nicht. Da es nur auf die amtliche Eigenschaft ankommt und nicht auf die persönliche Befähigung, gilt letzteres (*Kissel/Mayer* GVG § 195 Rn. 3 mwN).

42 b) **Amtsanwaltslaufbahn.** Die Einführung der Amtsanwaltslaufbahn als Sonderlaufbahn des **gehobenen Dienstes** (im Gegensatz zum Staatsanwalt ist die Befähigung zum Richteramt, vgl. § 122 DRiG, nicht bundesrechtlich vorgeschrieben) erfolgte reichseinheitlich erst 1939 aufgrund einer Rechtsverordnung des Reichsministers der Justiz vom 23.12.1938. Bis dahin kannten nur Preußen und einige andere deutsche Länder eine eigene Amtsanwaltslaufbahn (vgl. zu Geschichte *Cordier* Rpfleger 1953, 209). Soweit diese Laufbahn nach dem Krieg, wie zB in Bayern, nicht mehr fortgeführt wurde, wurden allerdings aufgrund des seinerzeitigen Nachwuchsmangels einige Beamte des gehobenen Justizdienstes zu Amtsanwälten ausgebildet. **Heute** können Beamte nur noch zu Amtsanwälten ernannt werden, wenn eine Sonderlaufbahn gem. § 24 Abs. 1 BBesG besteht (die Mehrzahl der Länder sieht eine solche Sonderlaufbahn vor). Die **Ausbildung** der Amtsanwälte baut auf der Rechtspflegerausbildung auf: Nach Bestehen der Rechtspflegerprüfung erhalten sie eine ergänzende Ausbildung (vgl. dazu die landesrechtlichen Ausbildungs- und Prüfungsordnungen, → Rn. 43). Die 15-monatige Ausbildung ist in drei Abschnitte gegliedert, wovon im ersten und dritten Abschnitt ein fachwissenschaftliches Studium an der Fachhochschule für Rechtspflege Nordrhein-Westfalen in Bad Münstereifel durchgeführt wird.

43 **Baden-Württemberg.** VO des Justizministeriums über die Ausbildung und Prüfung für die Laufbahn des Amtsanwalts v. 8.3.2007, GBl. 189; **Berlin.** Verordnung über die Ausbildung und Prüfung für die Laufbahn des Amtsanwaltsdienstes des Landes Berlin v. 22.5.2008, GVBl. 132. **Brandenburg.** Verordnung über die Ausbildung und Prüfung für die Laufbahn des Amtsanwaltsdienstes des Landes Brandenburg v. 7.4.2009, GVBl. II 180. **Bremen.** Bremische Aus-

Voraussetzungen für die Tätigkeit als Rechtspfleger   § 2

bildungs- und Prüfungsordnung für den Amtsanwaltsdienst v. 10.3.2009, BremGBl. 57; **Hamburg.** Ausbildungs- und Prüfungsordnung Amtsanwaltsdienst v. 5.7.2011, HmbGVBl. 279. **Mecklenburg-Vorpommern.** Amtsanwaltsausbildungs- und Prüfungsordnung (APOAAD M-V) v. 8.3.2010, GVOBl. M-V 182 mit späteren Änderungen. **Rheinland-Pfalz.** Ausbildungs- und Prüfungsordnung für die besonderen Beamtengruppen im Justizdienst v. 11.7.2012, GVBl. 265. **Niedersachen.** Verordnung über die Ausbildung und Prüfung für den Amtsanwaltsdienst v. 26.3.2008, Nds. GVBl. 94, mit späteren Änderungen. **Nordrhein-Westfalen.** VO über die Ausbildung und Prüfung für die Laufbahn des Amtsanwaltsdienstes des Landes Nordrhein-Westfalen v. 6.11.2006, GV. NRW 520, mit späteren Änderungen. **Saarland.** Verordnung über die Ausbildung und Prüfung für den Amtsanwaltsdienst (AOJAA) v. 28.2.2008, Amtsbl. 358. **Sachsen-Anhalt.** Ausbildungs- und Prüfungsverordnung für die Laufbahn des Amtsanwaltsdienstes im Land Sachsen-Anhalt v. 15.12.2008, GVBl. LSA 459. **Schleswig-Holstein.** Landesverordnung über die Ausbildung und Prüfung der Amtsanwältinnen und Amtsanwälte (Amtsanwälte-APO) v. 13.12.2006, GVOBl. SchlH 367 mit späteren Änderungen. **Thüringen.** Thüringer Ausbildungs- und Prüfungsordnung für die Amtsanwaltslaufbahn v. 20.6.1997, GVBl. 248 mit späteren Änderungen.

2. Örtliche Sitzungsvertreter

Der im GVG nicht geregelte örtliche Sitzungsvertreter (gehobener Justizbeamter), ist funktionell Amtsanwalt, kann aber im Gegensatz zu diesem grundsätzlich nur die Aufgaben wahrnehmen, die **in der Hauptverhandlung vor dem Einzelrichter** anfallen (vgl. zB für Bayern Art. 14 Abs. 2 BayAGGVG. Zur **verfassungsrechtlichen Zulässigkeit** dieser Institution wie auch zur Gesetzgebungskompetenz der Länder vgl. BVerfG NJW 1981, 1033 und zu den Befugnissen des örtlichen Sitzungsvertreters OLG Frankfurt Rpfleger 1978, 221 mAnm *Reiß;* OLG Koblenz Rpfleger 1977, 214 mAnm *Reiß*. Was die Zulässigkeit der Bestellung von als **Rechtspflegern** eingesetzten Beamten zu örtlichen Vertretern der StA angeht, führt das BVerfG NJW 1981, 1033 (1034) aus: „Die Wahrnehmung der Aufgaben eines örtlichen Sitzungsvertreters wird durch die Rechtspflegertätigkeit nicht ausgeschlossen. Der Rechtspfleger ist nicht Richter im Sinn des Verfassungsrechts und des Gerichtsverfassungsrechts. Weder § 4 DRiG, der dem Richter andere als richterliche Aufgaben untersagt, noch § 151 GVG, der bestimmt, dass einem Staatsanwalt keine richterlichen Aufgaben übertragen werden dürfen, ist daher berührt, wenn ein Rechtspfleger als örtlicher Sitzungsvertreter der Staatsanwaltschaft bestellt wird. Die Pflicht der als Rechtspfleger eingesetzten Beamten, andere Dienstgeschäfte wahrzunehmen (§ 27 Abs. 1 RPflG), kann daher auch die Geschäfte eines Amtsanwalts umfassen ... Aufgrund ihrer gründlichen Ausbildung (§ 2 RPflG) und ihrer sachlichen Unabhängigkeit (§ 9 RPflG) erscheint bei den Rechtspflegern die sachgerechte Ausfüllung der Verfahrensrolle als Vertreter der Staatsanwaltschaft gerade in verstärktem Maße gewährleistet."

44

VII. Neue Bundesländer

1. Regelung bis zum 31.12.1996

Nach Anl. I zum EinigungsV Kap III Sachgebiet A Rechtspflege Abschn. III Nr. 3 (abgedruckt unter → § 34 Rn. 2) können Richter, Staatsanwälte, im Staatlichen Notariat tätig gewesene Notare, Gerichtssekretäre und andere Personen (zB Diplomjuristen oder Bedienstete der Jugendämter und ehemaligen Liegenschaftsämter) Rechtspflegeraufgaben wahrnehmen. Die genannte Maßgabe regelt allein

45

die **Voraussetzungen** für die Tätigkeit eines Rechtspflegers. Nur insoweit wird § 2 modifiziert. Im übrigen aber bleibt es bei dem Erfordernis der Abs. 1 S. 1, Abs. 3 (→ Rn. 30 ff.), dh es muss auch grundsätzlich der **Bereichsrechtspfleger** – das ist nach der **Legaldefinition des § 34 Abs. 2** wer nach Maßgabe des EinigungsV mit Rechtspflegeraufgaben betraut wurde – **in gleicher Weise** wie ein (Voll-)Rechtspfleger „mit den Aufgaben eines Rechtspflegers ... betraut werden (so zutreffend *Rellermeyer* Rpfleger 1994, 447). Ehemalige **Notare** können (nach Übernahme in den Justizdienst) mit allen Rechtspflegeraufgaben im Wege der Geschäftszuweisung (→ Rn. 30 ff.) beauftragt werden, ehemalige **Gerichtssekretäre** mit Aufgaben, die ihnen nach früherem DDR-Recht zugewiesen waren bzw. werden konnten (vgl. dazu *Rellermeyer* Rpfleger 1993, 48) oder zu deren Erledigung sie aufgrund von Fortbildungsmaßnahmen befähigt sind. **Sonstige Personen** können mit Rechtspflegeraufgaben betraut werden, wenn sie in bestimmten Sachbereichen einen Wissens- und Leistungsstand aufweisen, der dem von § 2 vergleichbar ist. Ist der **Bereichsrechtspfleger** mit den Aufgaben eines Rechtspflegers betraut, genießt er die **gleiche gerichtsverfassungsrechtliche Stellung** wie der Rechtspfleger (→ § 1 Rn. 94).

2. Regelung ab 1.1.1997

46   Neue **Bereichsrechtspfleger** konnten nach § 34 Abs. 1 nur bis zum 31.12.1996 bestellt werden; danach trat § 34 Abs. 2, 3 an die Stelle obiger Maßgabe des EinigungsV. Unter den Voraussetzungen des **§ 34a** kann der Bereichsrechtspfleger die **Befähigung zum Vollrechtspfleger** erwerben; Vollrechtspfleger ist er aber erst dann, wenn er mit entsprechenden Rechtspflegeraufgaben betraut wird (zum mißverständlichen Wortlaut des Abs. 1 → § 1 Rn. 94).

§ 3 Übertragene Geschäfte

Dem Rechtspfleger werden folgende Geschäfte übertragen:
1. in vollem Umfange die nach den gesetzlichen Vorschriften vom Richter wahrzunehmenden Geschäfte des Amtsgerichts in
   a) Vereinssachen nach den §§ 29, 37, 55 bis 79 des Bürgerlichen Gesetzbuchs sowie nach Buch 5 des Gesetzes über das Verfahren in Familiensachen und in den Angelegenheiten der freiwilligen Gerichtsbarkeit,
   b) den weiteren Angelegenheiten der freiwilligen Gerichtsbarkeit nach § 410 des Gesetzes über das Verfahren in Familiensachen und in den Angelegenheiten der freiwilligen Gerichtsbarkeit sowie den Verfahren nach § 84 Absatz 2, § 189 des Versicherungsvertragsgesetzes,
   c) Aufgebotsverfahren nach Buch 8 des Gesetzes über das Verfahren in Familiensachen und in den Angelegenheiten der freiwilligen Gerichtsbarkeit,
   d) Pachtkreditsachen im Sinne des Pachtkreditgesetzes,
   e) Güterrechtsregistersachen nach den §§ 1558 bis 1563 des Bürgerlichen Gesetzbuchs sowie nach Buch 5 des Gesetzes über das Verfahren in Familiensachen und in den Angelegenheiten der freiwilligen Gerichtsbarkeit, auch in Verbindung mit § 7 des Lebenspartnerschaftsgesetzes,
   f) Urkundssachen einschließlich der Entgegennahme der Erklärung,
   g) Verschollenheitssachen,

h) Grundbuchsachen, Schiffsregister- und Schiffsbauregistersachen sowie Sachen des Registers für Pfandrechte an Luftfahrzeugen,
i) Verfahren nach dem Gesetz über die Zwangsversteigerung und die Zwangsverwaltung,
k) Verteilungsverfahren, die außerhalb der Zwangsvollstreckung nach den Vorschriften der Zivilprozessordnung über das Verteilungsverfahren durchzuführen sind,
l) Verteilungsverfahren, die außerhalb der Zwangsversteigerung nach den für die Verteilung des Erlöses im Falle der Zwangsversteigerung geltenden Vorschriften durchzuführen sind,
m) Verteilungsverfahren nach § 75 Absatz 2 des Flurbereinigungsgesetzes, § 54 Absatz 3 des Landbeschaffungsgesetzes, § 119 Absatz 3 des Baugesetzbuchs und § 94 Absatz 4 des Bundesberggesetzes;
2. vorbehaltlich der in den §§ 14 bis 19b dieses Gesetzes aufgeführten Ausnahmen die nach den gesetzlichen Vorschriften vom Richter wahrzunehmenden Geschäfte des Amtsgerichts in
a) Kindschaftssachen und Adoptionssachen sowie entsprechenden Lebenspartnerschaftssachen nach den §§ 151, 186 und 269 des Gesetzes über das Verfahren in Familiensachen und in den Angelegenheiten der freiwilligen Gerichtsbarkeit,
b) Betreuungssachen sowie betreuungsgerichtlichen Zuweisungssachen nach den §§ 271 und 340 des Gesetzes über das Verfahren in Familiensachen und in den Angelegenheiten der freiwilligen Gerichtsbarkeit,
c) Nachlass- und Teilungssachen nach § 342 Absatz 1 und 2 Nummer 2 des Gesetzes über das Verfahren in Familiensachen und in den Angelegenheiten der freiwilligen Gerichtsbarkeit,
d) Handels-, Genossenschafts- und Partnerschaftsregistersachen sowie unternehmensrechtlichen Verfahren nach den §§ 374 und 375 des Gesetzes über das Verfahren in Familiensachen und in den Angelegenheiten der freiwilligen Gerichtsbarkeit,
e) Verfahren nach der Insolvenzordnung,
f) (weggefallen)
g) Verfahren nach der Verordnung (EG) Nr. 1346/2000 des Rates vom 29. Mai 2000 über Insolvenzverfahren (ABl. EG Nr. L 160 S. 1) und nach Artikel 102 des Einführungsgesetzes zur Insolvenzordnung sowie Verfahren nach dem Ausführungsgesetz zum deutsch-österreichischen Konkursvertrag vom 8. März 1985 (BGBl. I S. 535),
h) Verfahren nach der Schifffahrtsrechtlichen Verteilungsordnung;
3. die in den §§ 20 bis 24a, 25 und 25a dieses Gesetzes einzeln aufgeführten Geschäfte
a) in Verfahren nach der Zivilprozessordnung,
b) in Festsetzungsverfahren,
c) des Gerichts in Straf- und Bußgeldverfahren,
d) in Verfahren vor dem Patentgericht,
e) auf dem Gebiet der Aufnahme von Erklärungen,
f) auf dem Gebiet der Beratungshilfe,
g) auf dem Gebiet der Familiensachen,
h) in Verfahren über die Verfahrenskostenhilfe nach dem Gesetz über das Verfahren in Familiensachen und in den Angelegenheiten der freiwilligen Gerichtsbarkeit;

§ 3 1. Abschnitt. Aufgaben und Stellung des Rechtspflegers

4. **die in den §§ 29 und 31 dieses Gesetzes einzeln aufgeführten Geschäfte**
   a) **im internationalen Rechtsverkehr,**
   b) **(weggefallen)**
   c) **der Staatsanwaltschaft im Strafverfahren und der Vollstreckung in Straf- und Bußgeldsachen sowie von Ordnungs- und Zwangsmitteln.**

Übersicht

	Rn.
I. Normzweck; Entwicklung	1–7
1. Normzweck	1
2. Entwicklung	2–7
a) Grundsätze	2
b) Einzelheiten	3–7
II. Das gesetzliche System der Funktionsteilung	8–15
1. Grundsätzliches	8–10
2. Die Vollübertragung	11
3. Die Vorbehaltsübertragung	12, 13
4. Die Einzelübertragung	14
5. Die sog. Rechtspflegeverwaltung	15
III. Die nach Nr. 1 vollübertragenen Geschäfte im Einzelnen	16–106
1. Vereinssachen (Nr. 1 lit. a)	16–25
a) Allgemeines	16–18
b) Rechtspflegerzuständigkeit	19–25
2. Weitere Angelegenheiten der freiwilligen Gerichtsbarkeit nach § 410 FamFG sowie Verfahren nach § 84 Abs. 2, § 189 VVG (Nr. 1 lit. b)	26–43
a) Allgemeines	26, 27
b) Rechtspflegerzuständigkeit	28–43
3. Aufgebotsverfahren nach Buch 8 des FamFG (Nr. 1 lit. c)	44–48
a) Allgemeines	44–46
b) Rechtspflegerzuständigkeit	47, 48
4. Pachtkreditsachen im Sinne des Pachtkreditgesetzes (Nr. 1 lit. d)	49–53
a) Allgemeines	49, 50
b) Rechtspflegerzuständigkeit	51–53
5. Güterrechtsregistersachen nach den §§ 1558 bis 1563 BGB sowie nach Buch 5 FamFG, auch in Verbindung mit § 7 LPartG (Nr. 1 lit. e)	54–57
a) Allgemeines	54, 55
b) Rechtspflegerzuständigkeit	56, 57
6. Urkundssachen einschließlich der Entgegennahme der Erklärungen (Nr. 1 lit. f)	58–66
a) Allgemeines	58–60
b) Rechtspflegerzuständigkeit	61–66
7. Verschollenheitssachen (Nr. 1 lit. g)	67–78
a) Allgemeines	67–71
b) Rechtspflegerzuständigkeit	72–78
8. Grundbuchsachen, Schiffsregister- und Schiffsbauregistersachen sowie Sachen des Registers für Pfandrechte an Luftfahrzeugen (Nr. 1 lit. h)	79–90
a) Allgemeines	79, 80
b) Rechtspflegerzuständigkeit in Grundbuchsachen	81–87

Übertragene Geschäfte **§ 3**

Rn.
    c) Rechtspflegerzuständigkeit in Schiffsregister- und Schiffsbauregistersachen sowie Sachen des Registers für Pfandrechte an Luftfahrzeugen 88–90
  9. Verfahren nach dem Gesetz über die Zwangsversteigerung und die Zwangsverwaltung (Nr. 1 lit. i) 91–100
    a) Allgemeines 91, 92
    b) Rechtspflegerzuständigkeit 93–97
    c) Rechtsbehelfe 98–100
  10. Verteilungsverfahren (Nr. 1 lit. k, l, m) 101–106
    a) Allgemeines 101, 102
    b) Anwendungsbereich 103–105
    c) Rechtspflegerzuständigkeit 106
IV. Vorbehaltsübertragungen (Nr. 2) 107–199
  1. Vorbemerkung 107
  2. Kindschaftssachen und Adoptionssachen sowie entsprechende Lebenspartnerschaftssachen nach den §§ 151, 186 und 269 FamFG (Nr. 2 lit. a) 108–127
    a) Allgemeines 108
    b) Rechtspflegerzuständigkeit 109–127
  3. Betreuungssachen sowie betreuungsgerichtliche Zuweisungssachen nach den §§ 271 und 340 FamFG (Nr. 2 lit. b) 128–137
    a) Allgemeines 128
    b) Rechtspflegerzuständigkeit in Betreuungssachen (§ 271 FamFG) 129–137
  4. Nachlass- und Teilungssachen nach § 342 FamFG (Nr. 2 c) . . . 138–156
    a) Allgemeines 138
    b) Rechtspflegerzuständigkeit 139–156
  5. Handels- Genossenschafts- und Partnerschaftsregistersachen sowie unternehmensrechtliche Verfahren nach den §§ 374 und 375 FamFG (Nr. 2 d) 157–179
    a) Allgemeines 157–160
    b) Rechtspflegerzuständigkeit 161–179
  6. Verfahren nach der Insolvenzordnung (Nr. 2 e) 180–188
    a) Allgemeines 180, 181
    b) Die Struktur der Aufgabenverteilung 182–188
  7. Verfahren nach der VO EG Nr. 1346/2000 über Insolvenzverfahren und nach Art. 102 EGInsO sowie Verfahren nach dem AG zum dt.-österr. Konkursvertrags vom 8. 3. 1985 (Nr. 2 g) . . 189–195
    a) Allgemeines 189–194
    b) Rechtspflegerzuständigkeit 195
  8. Verfahren nach der Schifffahrtsrechtlichen Verteilungsordnung (Nr. 2 h) 196–199
    a) Allgemeines 196, 197
    b) Rechtspflegerzuständigkeit 198, 199
V. Die Einzelübertragungen (Nr. 3) 200
VI. Geschäfte der sog. Rechtspflegeverwaltung (Nr. 4) 201

I. Normzweck; Entwicklung

1. Normzweck

1 Die Vorschrift regelt die dem Rechtspfleger übertragenen gerichtlichen (richterlichen, → Rn. 10) Aufgaben und damit einen der **Schwerpunkte** des Gesetzes. Sie bedient sich einer durchaus gelungenen Systematik indem auf den Rechtspfleger **Tätigkeitsbereiche** verschiedenen Umfangs übertragen werden: Zunächst werden Geschäfte **uneingeschränkt** Nr. 1 „Vollübertragung", → Rn. 11), danach **vorbehaltlich** einzelner vom Richter wahrzunehmender Aufgaben (Nr. 2 „Vorbehaltsübertragung", → Rn. 12, 13) und schließlich **einzeln** übertragen (Nr. 3, 4 „Einzelübertragung", → Rn. 14).

2. Entwicklung

2 **a) Grundsätze.** Die Abgrenzung der Zuständigkeitsbereiche zwischen den beiden gerichtlichen Funktionsträgern war naturgemäß von Anfang an umstr. Waren die Gesetzgeber des Entlastungsgesetzes und des RPflG 1957 noch von dem Grundsatz ausgegangen, den Richter von sog „Massengeschäften" zu „entlasten", so trat dieser doch mehr zeitbedingte als sachgerechte Gedanke zu Recht mit dem RPflG 1969 in den Hintergrund. Als tragenden Gesichtspunkt kann man nunmehr die Schaffung eines eigenständigen und eigenverantwortlichen Berufsfeldes des Rechtspflegers ansehen (*Kissel/Mayer* Rpfleger 1984, 448), dessen Schwerpunkte in den Bereichen der fG (bei den Kindschaftssachen konzentriert auf den Bereich der Vermögenssorge) und der Zwangsvollstreckung liegen („Spezialist für FG und Vollstreckungswesen": vgl. *Zacher* RpflBl. 1970, 107; *Baumann* RpflBl. 1972, 6; *Lappe* ZRP 1974, 12; *Huhn* DRiZ 1975, 16). Als bindende Grenze für die Zuweisung von Geschäften an den Rechtspfleger wird Art. 92 GG angesehen (*Bassenge/Roth* Vor §§ 1 ff. Rn. 8). Angesichts des umstr. Rechtsprechungsbegriffes (→ § 1 Rn. 16 ff.) ist freilich diese Grenze nicht immer klar definierbar. Weitere substantielle Veränderungen im Funktionsbereich dürften wohl kaum ohne eine verfassungsrechtliche Verankerung vorgenommen werden können. Als Vorbild könnte dabei Art. 87a der Österreichischen Bundesverfassung dienen (vgl. *Schier* RpflBl. 1969, 2), auch könnte der Rechtspfleger in Art. 92 GG mit aufgenommen werden (vgl. *Eickmann* Rpfleger 1976, 163).

3 **b) Einzelheiten.** Den Beginn einer echten Funktionsteilung stellt die ZPO-Novelle 1909 (→ Einl. Rn. 16) dar: sie überträgt erstmals Aufgaben zur selbständigen Erledigung auf den damaligen Gerichtsschreiber, nämlich das Kostenfestsetzungsverfahren (gegen heftigen Widerstand der Anwaltschaft!) und die Erteilung des Vollstreckungsbefehls im Mahnverfahren.

4 Mit dem **REntlG** (→ Einl. Rn. 21) wurde die Möglichkeit geschaffen, dem Gerichtsschreiber durch landesrechtliche Regelungen das Mahnverfahren, bestimmte Klauselverfahren (§§ 730 Abs. 1, 733 ZPO) und bestimmte Verfahren der Mobiliarvollstreckung (§§ 828–863, 769 Abs. 2 ZPO) zu übertragen. Weiter ermächtigte das Gesetz – insoweit über das heute Geltende weit hinausgehend! – zur Zuweisung aller Geschäfte der **fG** an den Gerichtsschreiber „... die nach reichsrechtlichen Vorschriften durch den Richter wahrzunehmen sind".

5 Betrachtet man diese ersten Stationen der Entwicklung, so zeigt sich zunächst eindeutig eine Dominanz des Entlastungsgedankens („Massengeschäfte": Mahnver-

Übertragene Geschäfte **§ 3**

fahren!); allerdings finden wir bereits hier auch die künftig so bedeutsame Spezialisierung (fG und Vollstreckung) in ihren Ansätzen angelegt. Interessant die damals gegebene, heute jedoch kaum mehr denkbare Möglichkeit der Zuweisung **aller** fG-Angelegenheiten; eine Regelung, die nur aus dem seinerzeitigen Verständnis der rechtlichen Qualität der fG erklärt werden kann. Mit der zunehmenden Erkenntnis von der Rechtsprechungsqualität der fG (zur Entwicklung insoweit: *Baur* DNotZ 1955, 507; *Bettermann*, FS Lent, 1957, 17; → § 1 Rn. 40ff.) begegnen wir, im Kontext mit einer deutlichen Ausweitung der Rechtspflegerzuständigkeit in anderen Bereichen, im Bereich der fG künftig einer rückläufigen Entwicklung. Das RPflG 1957 war vor allem gekennzeichnet durch seine Regelungen zum Status und zur gerichtsverfassungsrechtlichen Stellung des Rechtspflegers (→ Vor § 1ff. Rn. 2, 6; § 1 Rn. 1, 14); im Bereich der Aufgabenabgrenzung brachte das Gesetz, sieht man von verschiedenen Einzelübertragungen in Zwangsversteigerungs- und Konkursverfahren ab, nichts wesentlich Neues.

Erst mit dem RPflG 1969/70 (→ § 40 Rn. 1) geschahen wieder wesentliche 6 Veränderungen in der Funktionsteilung zwischen Richter und Rechtspfleger. Besonders bedeutsam ist dabei die – richtige – Tendenz zum Abbau von Vorbehaltsangelegenheiten und zum Ausbau der Vollübertragungen. So wurden Grundbuch-, Güterrechtsregister- und Verschollenheitssachen voll übertragen, desgleichen die Führung des Handelsregisters A, sowie die Immobiliarvollstreckungsverfahren nach dem ZVG. Durch die Zuweisung verschiedener bisher vorbehaltener Einzelentscheidungen im Bereich des 8. Buches der ZPO wurde die Kompetenz des Rechtspflegers für Vollstreckungssachen weiter abgerundet; die Entscheidung nach § 765a ZPO verdient dabei wegen ihres anspruchsvollen und weitreichenden Charakters besondere Erwähnung. Verwässert wurde das Gesetz durch die Hereinnahme systemfremder, weil nichtrichterlicher Geschäfte der sog Rechtspflegeverwaltung (→ Rn. 15). In einer gerichtsverfassungsrechtlichen Regelung, als der man die Rechtspflegergesetzgebung bisher verstand, haben sie nichts zu suchen; ihre Systemfremdheit zeigt sich nicht zuletzt darin, dass die meisten Vorschriften des ersten Abschnittes (insbesondere die der sachlichen Unabhängigkeit) gem. § 32 auf sie nicht anwendbar sind.

Seit dem Gesetz von 1969/70 hat der Funktionsbereich im Zusammenhang mit 7 anderen gesetzgeberischen Maßnahmen zahlreiche Veränderungen erfahren (vgl. die Nachweise der Einzeländerungen → Einl. Rn. 40). Hervorzuheben sind davon: Durch das SorgeRG (1979) wurde § 14 in zahlreichen Einzelheiten geändert; das **BtG** (1990) ersetzte Entmündigung, Vormundschaft über Volljährige und die in einer großen Zahl von Fällen bestehende Gebrechlichkeitspflegschaft durch das Institut der Betreuung. Im Zusammenhang damit erfuhr die Funktionsteilung zwischen Richter und Rechtspfleger deutliche Veränderungen. Im Rahmen der sog „Einheitsentscheidung" (→ § 15 Rn. 2) ist der Richter nicht nur für die Anordnung der Betreuung zuständig, ist insoweit mithin objektiv ein „Rückschritt" gegenüber der bisherigen Regelung – auch für die Auswahl des Betreuers und der meisten darauf sich beziehenden Änderungsentscheidungen. Andererseits vollendet das Betreuungsgesetz die bereits lang angelegte aber nur schrittweise vorangebrachte Absicht, dem Rechtspfleger alle Zuständigkeiten im Bereich der Vermögenssorge zurückzuüberweisen; die insoweit letzten Richtervorbehalte wurden aufgehoben. Das 1. JuMoG v. 24.8.2004, BGBl. I S. 2198, hat **§ 31** umfassend geändert und die Begrenzungsverordnung aufgehoben. **§ 19** wurde wieder eingeführt und die Landesregierungen ermächtigt, durch RVO Richtervorbehalt in Nachlass- und Registersachen ganz oder teilweise aufzuheben. Das Rechtsbehelfssystem des § 11 wurde durch das 3. RpflÄndG v. 6.8.1998, BGBl. I S. 2030, grundlegend reformiert und die Durchgriffserinnerung abgeschafft. Seither findet gegen die Entscheidung des Rpfl, genauso wie gegen die richerliche Entscheidung, das nach den verfahrensrechtlichen Vorschriften zulässige Rechtsmittel statt. Außerdem wurde die Vorlagepflicht des § 5 eingeschränkt und die Regelung über die vorbereitende Tätigkeit für den Richter in § 25 aufgehoben. Durch Art. 23 FGG-RG v. 17.12.2008, BGBl. I S. 2586, wurde die funktionelle Zuständigkeit des Rechtspflegers in Kindschafts- und Adoptionssachen sowie in Betreuungs- und betreuungsgerichtlichen Zuweisungssachen den neuen Terminologien des FamFG angepasst (§ 3 Nr. 2 lit. a, b). Die Richtervorbehalte in diesen Angelegenheiten sind getrennt voneinander in §§ 14, 15 neu geregelt worden. Das Aufgebotsverfahren wurde dem Rechtspfleger voll übertragen (§ 3 Nr. 1 lit. c). Art. 3 2. BtÄndG v. 21.4.2005, BGBl. I S. 1073, hat die Möglichkeit zur Aufhebung von Richtervorbehalten durch die Landesregierungen in § 19 Abs. 1 Nr. 1 auf die Betreuungssachen erstreckt. Das Gesetz zur Änderung des Prozesskostenhilfe- und Beratungsrechts v. 31.8.2013, BGBl. I S. 3533, hat **§ 24a Abs. 2 und 3** angefügt. Das RBehelfsbelehrungG hat mit Wirkung vom 1.1.2014 **§ 11 Abs. 2** geändert und Richtervorbehalte in **§ 17** beseitigt.

II. Das gesetzliche System der Funktionsteilung

1. Grundsätzliches

8   § 3 regelt (wie schon in § 3 RPflG 1957) die auf den Rechtspfleger übertragenen Geschäfte. Die Vorschrift erfasst dabei verschiedenste **Tätigkeitsbereiche,** die zumeist als „Sachen" (zB Vereinssachen, Grundbuchsachen usw), gelegentlich auch als „Verfahren" bezeichnet werden. Abgrenzungsprobleme werden bei den einzelnen Regelungen behandelt. Ist die funktionelle Zuständigkeit des Rechtspflegers zu bestimmen, muss man die **konkrete** Tätigkeit dem Katalog des § 3 zuordnen. Danach lässt sich feststellen, ob es sich um eine voll (→ Rn. 11) oder unter Vorbehalt (→ Rn. 12) oder einzeln übertragene Tätigkeit handelt (→ Rn. 14). Eine weitere, § 3 ergänzende Regelung enthält § 37, der den Ländern die Übertragung landesrechtlich zugewiesener Aufgaben auf den Rechtspfleger ermöglicht.

9   Die Übertragung von Geschäften in § 3 **Nr. 1 und 2** betreffen solche des **AG. Nr. 3** beschränkt seine Zuweisung nicht alleine auf die Amtsgerichte, denn einige Geschäfte (zB Festsetzungsverfahren, Aufnahme von Erklärungen) können auch beim LG oder OLG zu erledigen sein. Besonders geregelt ist in § 3 Nr. 3 lit. d iVm § 23 das Verfahren vor dem **Patentgericht.** Für die **Arbeitsgerichtsbarkeit** bestimmt § 9 Abs. 3 S. 1 ArbGG, dass die Vorschriften des RPflG in allen Rechtszügen entsprechend gelten.

10   Übertragen werden in Nr. 1 und 2 nur **richterliche** Aufgaben, die diesen Charakter durch die Übertragung nicht verlieren; in Nr. 3 lit. b, e finden sich ehemalige Aufgaben des UdG, die zur Beseitigung des „Dualismus Rechtspfleger/UdG" zu gerichtlichen Geschäften „aufgewertet" wurden. In Nr. 4 finden sich Geschäfte der Rechtspflegeverwaltung, die nicht gerichtlicher Natur sind.

Übertragene Geschäfte § 3

2. Die Vollübertragung

Fällt ein gerichtliches Geschäft in den Katalog der **Nr. 1,** also den Bereich der Voll- 11
übertragung, ist ausschließlich der Rechtspfleger funktionell zuständig. Eine Zuständigkeit des Richters kann sich nur im Einzelfall aus §§ 4 Abs. 2, 5 oder 6 ergeben. Für den Umfang der Befugnisse des Rechtspflegers gilt § 4 Abs. 1 (→ Rn. 2 ff.).

3. Die Vorbehaltsübertragung

Fällt ein gerichtliches Geschäft in den Katalog der **Nr. 2** und damit in den Be- 12
reich der Vorbehaltsübertragung, so ist der Rechtspfleger grundsätzlich funktionell zuständig, es sei denn, die §§ 14–19b bestimmen einen Richtervorbehalt. Die **Auslegung** der Vorbehaltsregelungen hat sich grundsätzlich eng auf den Wortsinn zu beschränken (KG Rpfleger 1978, 321); in Zweifelsfällen spricht die **Vermutung,** angesichts der grundsätzlichen Zuweisung der Sachgebiete in Nr. 2 an den **Rechtspfleger, für dessen** Zuständigkeit (BayObLG Rpfleger 1974, 328 und 1982, 423; *Bassenge/Roth* Rn. 24; § 14 Rn. 2; § 16 Rn. 2).

Soweit dem Richter nach §§ 14–19b „Entscheidungen", „Maßnahmen" oder 13
„Regelungen" etc vorbehalten sind, hat er sich nicht nur auf die bloße Endentscheidung zu beschränken. Der Vorbehalt umfasst auch alle **vorbereitenden Tätigkeiten** die dieser Entscheidung **vorhergehen müssen.** Der Richter ist zB auch zuständig für die Durchführung von (Amts-)Ermittlungen, die Anhörung der Beteiligten, eine Beweisaufnahme, eine fakultative oder obligatorische mündliche Verhandlung oder Erörterung (OLG München OLGZ 1980, 191; *Ule* Rn. 162; *Bassenge/Roth* Rn. 24; *Eickmann* Rpfleger 1980, 480; *Gustavus* RpflBl. 1980, 13, 14). Die Zuweisung dieser vorbereitenden Maßnahmen an den Rechtspfleger durch den Richter wird nicht von § 7 gedeckt (OLG München OLGZ 1980, 191).

4. Die Einzelübertragung

Fällt ein Geschäft in den Katalog der **Nr. 3** und damit in den Bereich der Einzel- 14
übertragung, ist der Richter funktionell zuständig, sofern nicht die §§ 20–24a, 25 und 25a die Zuweisung an den Rechtspfleger vorsehen. Auch hier muss gelten, dass die Zuweisungsregeln – schon wegen § 8 Abs. 4 S. 1 – eng, dh ihrem Wortsinne nach, auszulegen sind. In einigen Fällen erstreckt sich die Einzelübertragung nicht nur auf einzelne Tätigkeiten, Entscheidungen usw sondern auf wesentliche Teile zivilprozessualer Verfahren, innerhalb derer Richtervorbehalte bestimmt sind, so zB in § 20 Nr. 1 Hs. 2 und Nr. 17 S. 2. Es handelt sich in diesen Fällen um eine **Vorbehaltsübertragung in der Einzelübertragung;** für sie gelten die in → Rn. 12, 13 dargestellten Grundsätze der Vorbehaltsübertragung entsprechend.

5. Die sog. Rechtspflegeverwaltung

Die Zuweisung der Nr. 4 betrifft einen (systemfremden) Sonderbereich, weil es 15
sich um Aufgaben handelt, die zu keiner Zeit dem Gericht oblagen, sondern entweder vom UdG oder der StA wahrgenommen wurden. Es handelt sich damit aber nicht um Aufgaben der Exekutive (Justizverwaltung), denn diese Geschäfte gehören kraft gesetzlicher Regelung zur Rechtspflege im weiteren Sinne (→ § 1 Rn. 8). Sie sind zwar dem Rechtspfleger übertragen, es finden aber nach § 32 die für gerichtliches Handeln typischen Regelungen (zB § 9), keine Anwendung. An

ihre Stelle treten die allgemeinen Regeln des Beamtenrechts (zB Weisungsrecht der Dienstaufsicht; Einzelheiten zu den Rechtsbehelfen bei §§ 29 und 31).

III. Die nach Nr. 1 vollübertragenen Geschäfte im Einzelnen

1. Vereinssachen (Nr. 1 lit. a)

16 a) **Allgemeines.** Vereinssachen wurden dem Rechtspfleger bereits im RPflG 1957 übertragen Die Vorschrift besteht seither unverändert.

17 Nach § 21 BGB erlangt ein Verein, dessen Zweck nicht auf einen wirtschaftlichen (vgl. dazu: OLG Hamm Rpfleger 2003, 370; BayObLG Rpfleger 1998, 345) Geschäftsbetrieb gerichtet ist, durch Eintragung in das Vereinsregister Rechtsfähigkeit. Satzungsänderungen bedürfen nach § 71 Abs. 1 S. 1 BGB gleichfalls zu ihrer Wirksamkeit der Eintragung. Des Weiteren sind vom Registergericht in Vereinssachen eine Vielzahl weiterer Eintragungen und sonstiger gerichtlicher Tätigkeiten zu erledigen(→ Rn. 20).

18 **Ausschließlich zuständig** ist nach § 55 BGB, § 377 Abs. 1 FamFG das AG in dessen Bezirk der Verein seinen Sitz hat. Für Vereine, die in den **neuen Bundesländern** nach dem (DDR-) Vereinigungsgesetz v. 21.2.1990, GBl. I 75, **vor** dem Beitritt entstanden sind, trifft Art. 231 § 2 EGBGB eine Übergangsregelung. Sie bestehen fort und es sind seit dem Beitritt die §§ 21–79 BGB anwendbar (Art. 231 § 2 Abs. 2 EGBGB).

19 b) **Rechtspflegerzuständigkeit.** Die funktionelle Zuständigkeit des Rechtspflegers in Vereinssachen erstreckt sich insbesondere auf das **Registereintragungsverfahren.**

20 aa) **Auf Anmeldung werden in das Vereinsregister eingetragen:**
– **der Verein** (Ersteintragung; § 59 BGB) nach Prüfung der materiell- und verfahrensrechtlichen Voraussetzungen nach §§ 21, 56–58, 64, 66 BGB, §§ 374 Nr. 4, 376ff. FamFG. (Zur inhaltlichen Kontrolle der Vereinssatzung vgl. BayObLG NJW-RR 2002, 456; *Fleck* Rpfleger 2009, 58).
– **Änderungen in der Person des Vorstands** (§ 67 Abs. 1 BGB), die **Auflösung des Vereins** (§ 74 BGB; Ausnahme: § 75 BGB = Insolvenzeröffnung) sowie, **Liquidatoren** (§§ 48, 76 BGB) einschließlich von Änderung in deren Person, Abweichungen von der Vetretungsmacht (§§ 48 Abs. 3, 76 BGB).und die Beendigung der Liquidation (OLG Zweibrücken Rpfleger 2005, 543). Zur Bestimmtheit von Beschränkungen der gesetzlichenVertretungsmacht des Vorstands vgl. BayObLG Rpfleger 1999, 544.
– **Satzungsänderungen** (§§ 33, 71 BGB; vgl. *Ziegler* Rpfleger 1984, 320. Dazu gehört auch die Bestellung von besonderen Vertretern nach § 30 BGB (BayObLG Rpfleger 1999, 332). Zur Verlegung des Vereinssitzes aus dem Bezirk des Registergerichts vgl. § 6 Abs. 1 VRV; die Verlegung des Vereinssitzes in das Ausland ist als Auflösung einzutragen, § 6 Abs. 3 VRV.
– die **Umwandlung** (Verschmelzung, Spaltung oder Formwechsel, vgl. §§ 16, 198, 278 UmwG iVm § 6 Abs. 4 VRV).
– die **Fortsetzung** des Vereins nach §§ 42 Abs. 1 S. 2, 75 Abs. 2 BGB.
– der **Verzicht** auf die Rechsfähigkeit (dazu: Kollhosser ZIP 1984, 1435) analog § 74 Abs. 2 BGB (Palandt/*Ellenberger* BGB § 74 Rn. 1).

21 Die funktionelle Zuständigkeit des Rechtspflegers im Eintragungsverfahren umfasst auch den Erlass einer **Zwischenverfügung** (§ 382 Abs. 4 FamFG) bzw. die

Übertragene Geschäfte **§ 3**

Zurückweisung der Anmeldung durch Beschluss (§ 60 BGB, § 382 Abs. 3 FamFG). Der Beschluss ist jeweils mit der Beschwerde anfechtbar (§ 11 Abs. 1 RPflG, §§ 58 ff., 382 Abs. 4 S. 2 FamFG).

bb) Von Amts wegen sind in das Vereinsregister einzutragen: 22
Hierher gehören insbesondere die Eintragungen
- eines nach § 29 bzw. § 48 Abs. 1 BGB **gerichtlich bestellten Vorstands** oder **Liquidators** (§§ 67 Abs. 2, 76 Abs. 3 BGB),
- **bei Insolvenz (§ 75 Abs. 1 S. 1 BGB)** die Eröffnung des Insolvenzverfahrens (§ 27 InsO) sowie des Beschlusses, durch den die Eröffnung des Insolvenzverfahrens mangels Masse, rechtskräftig abgewiesen worden ist (§ 26 InsO) und jeweils die Auflösung des Vereins (§ 42 InsO, § 75 Abs. 1 BGB). **Ferner sind einzutragen (§ 75 Abs. 1 S. 2 Nr. 1–5 BGB)** die Aufhebung des Eröffnungsbeschlusses (§ 34 Abs. 3 InsO; die Aufhebung durch das Beschwerdegericht hat ex tunc-Wirkung), die Bestellung eines vorläufigen Insolvenzverwalters, wenn zusätzlich Sicherungsmaßnahmen nach § 21 Abs. 2 Nr. 2 InsO angeordnet wurden, und die Aufhebung einer derartigen Maßnahme, die Anordnung der Eigenverwaltung durch den Schuldner (§ 270 InsO) und deren Aufhebung sowie die Anordnung der Zustimmungsbedürftigkeit von Rechtsgeschäften (§ 277 InsO), die Einstellung (§§ 207 ff. InsO) und Aufhebung (§ 200 InsO) des Verfahrens, die Überwachung der Erfüllung eines Insolvenzplans (§ 260 InsO) und die Aufhebung der Überwachung
- der **Entziehung der Rechtsfähigkeit** nach §§ 73, 74 Abs. 1 BGB, § 401 FamFG
- eines **Vermerks über die Löschung** wegen unzulässiger Eintragung (§ 395 Abs. 1 S. 2 FamFG; vgl. dazu: OLG Zweibrücken Rpfleger 2006, 658; KG Rpfleger 2001, 35)

Eintragungen von Amts wegen werden mit ihrem Vollzug im Register wirksam 23 (§ 384 Abs. 1 iVm § 382 Abs. 1 S. 1 FamFG). Sie sind auch nicht anfechtbar (§ 384 Abs. 1 iVm § 383 Abs. 3 FamFG, § 11 Abs. 3 S. 1 RPflG). Die Eintragung kann nur im Wege der Amtslöschung (§ 395 FamFG) beseitigt werden (Keidel/*Heinemann* FamFG § 383 Rn. 22). Eine unstatthafte Beschwerde ist in der Regel als Anregung (§ 24 FamFG) zur Einleitung eines Amtslöschungsverfahrens auszulegen (MüKo-FamFG/*Krafka* § 382 Rn. 13). Zulässig ist jedoch die sog. „Fassungsbeschwerde" (vgl. BT-Drs. 16/6308, 286).

cc) Auf Anzeige der nach § 3 Abs. 2 VereinsG zuständigen Verbots- 24
hörde sind in das Vereinsregister nach § 7 Abs. 2 VereinsG einzutragen:
- die Beschlagnahme des Vereinsvermögens (§ 3 Abs. 1 S. 2 VereinsG) und ihre Aufhebung,
- die Bestellung und Abberufung von Verwaltern nach der Beschlagnahme (§ 10 Abs. 3 VereinsG),
- die Auflösung des Vereins, nachdem das Verbot unanfechtbar geworden ist, und
- das Erlöschen des Vereins (§ 11 Abs. 2 S. 3 VereinsG).

dd) Sonstige Geschäfte des Registergerichts in Vereinssachen: 25
- **Ermächtigung** zur **Berufung einer Mitgliederversammlung,** § 37 Abs. 2 BGB; dazu: BayObLG Rpfleger 1970, 240; OLG Frankfurt a. M. Rpfleger 1973, 54; LG Heidelberg NJW 1975, 1661 (zur Anwendung des § 37 Abs. 2 BGB auf den nicht rechtsfähigen Verein).
- **Bestellung** eines **Notvorstandes** (§ 29 BGB) oder **Notliquidators** (§ 48 Abs. 1 iV, § 29 BGB).

- **Entziehung der Rechtsfähigkeit** bei Unterschreiten der Mindestmitgliederzahl (§ 73 BGB, § 401 FamFG).
- **Aussetzung** des Verfahrens wegen Vorgreiflichkeit eines streitigen Rechtsverhältnisses unter Fristsetzung zur Klageerhebung (§§ 21 Abs. 1, 381 FamFG).
- **Aufforderung** zur Vorlage einer schriftlichen **Bescheinigung** über die Mitgliederzahl (§ 72 BGB).
- **Zwangsgeldverfahren** gegen Vorstandsmitglieder eines Vereins oder dessen Liquidatoren um sie zur Befolgung der in § 78 BGB genannten Vorschriften anzuhalten (§§ 388–391 FamFG).
- **Bekanntgabe** der Eintragung an die Beteiligten (§ 383 Abs. 1 FamFG, § 13 VRV) und deren **Veröffentlichung** (§ 66 BGB, § 14 VRV, § 383 Abs. 2 FamFG).
- **Mitteilung** der Eintragung eines **Ausländervereins** oder einer organisatorischen Einrichtung eines ausländischen Vereins nach §§ 14, 15 VereinsG bzw. einer Satzungsänderung an die zuständige Verwaltungsbehörde (§ 400 FamFG).
- **Erteilung** von **Zeugnissen und Bescheinigungen** (§ 69 BGB, § 386 FamFG).

2. Weitere Angelegenheiten der freiwilligen Gerichtsbarkeit nach § 410 FamFG sowie Verfahren nach § 84 Abs. 2, § 189 VVG (Nr. 1 lit. b)

26   a) **Allgemeines.** Nach § 23a Abs. 2 Nr. 5 GVG **sind der freiwilligen Gerichtsbarkeit weitere Angelegenheiten zugewiesen, die § 410 FamFG zusammenfasst.** Das in § 410 Nr. 1 FamFG genannte Verfahren zur (freiwilligen) Abgabe einer eidesstattlichen Versicherung hat bereits das RPflG 1969 (damals: Offenbarungseid) auf den Rechtspfleger übertragen (vgl. dazu: LG Bochum Rpfleger 1994, 451; *Habscheid* NJW 1970, 1669; *Schmidt* Rpfleger 1971, 134). Das 1. RPflÄndG (Art. 2 §§ 1, 2 Nr. 5, 6 der Novelle vom 26.7.1970) hat den Offenbarungseid in eine eidesstattliche Versicherung umgewandelt. Davon zu unterscheiden ist die Abgabe einer eidesstattlichen Versicherung vor dem Vollstreckungsgericht nach § 889 ZPO aufgrund Verurteilung (Keidel/*Giers* FamFG § 410 Rn. 2; Rechtspflegerzuständigkeit: § 20 Nr. 17) sowie nach §§ 836, 883 ZPO (Zuständigkeit des Gerichtsvollziehers: § 802e ZPO). Die Abnahme der Vermögensauskunft nach § 802c ZPO obliegt ebenfalls dem Gerichtsvollzieher (§ 802e ZPO). Nach § 261 Abs. 1 BGB (neugefasst durch das FGG-RG v. 17.12.2008, BGBl. I S. 2586) kann das Gericht eine den Umständen entsprechende Änderung der eidesstattlichen Versicherung beschließen. Die Geschäfte hinsichtlich der Ernennung und Vernehmung (für die Beeidigung ist der Richter funktionell zuständig, § 4 Abs. 2 Nr. 1) von Sachverständigen zwecks Feststellung des Zustandes oder des Wertes einer Sache (§ 410 Nr. 2 FamFG), der Bestellung des Verwahrers einer Sache (§ 410 Nr. 3 FamFG) und der Entscheidung über den Pfandverkauf (§ 410 Nr. 4 FamFG) waren von Anfang an dem Rechtspfleger übertragen (§ 3 Abs. 1 Nr. 1 lit. b RPflG 1957). Die Aufnahme der §§ 84 Abs. 2, 189 VVG (Sachverständigenverfahren) in den Wortlaut des § 3 Nr. 1 lit. b durch Art. 23 Nr. 1 lit. a FGG-RG ist klarstellend erfolgt (BT-Drs. 16/6308, 321). Es handelt sich hierbei ebenfalls um eine weitere Angelegenheit der freiwilligen Gerichtsbarkeit iSd § 410 Nr. 2 FamFG (**aA** AMHRH/*Rellermeyer* Rn. 27: es liegt eine sonstige Angelegenheit der freiwilligen Gerichtsbarkeit iSd § 23a Abs. 2 Nr. 11 GVG vor).

Übertragene Geschäfte **§ 3**

Die **örtliche Zuständigkeit** richtet sich nach § 411 FamFG: 27
– Zuständig für die Abnahme der eidesstaatlichen Versicherung nach § 410 Nr. 1 FamFG ist das AG in dessen Bezirk die Verpflichtung zur Auskunft (§§ 260, 2028, 2057 BGB), zur Rechnungslegung (§ 259 BGB) oder zur Vorlegung des Verzeichnisses zu erfüllen ist (§ 411 Abs. 1 S. 1 FamFG) Hat der Verpflichtete seinen Wohnsitz oder Aufenthaltsort im Inland, kann er die Versicherung vor dem AG des Wohnsitzes oder Aufenthaltsort abgeben (§ 411 Abs. 1 S. 2 FamFG).
– Die Ernennung, Beeidigung und Vernehmung des Sachverständigen nach § 410 Nr. 2 FamFG erfolgt durch das AG in dessen Bezirk sich die Sache befindet (§ 411 Abs. 2 S. 1 FamFG). Die Zuständigkeit eines anderen AG kann vereinbart werden (§ 411 Abs. 2 S. 2 FamFG).
– Für die Geschäfte hinsichtlich der Verwahrung von Sachen und des Pfandverkaufs (§ 410 Nr. 3, 4 FamFG) ist das AG zuständig, in dessen Bezirk sich die Sache befindet (§ 411 Abs. 3 FamFG bzw in dessen Bezirk das Pfand aufbewahrt wird (§ 411 Abs. 4 FamFG).

b) Rechtspflegerzuständigkeit. aa) Eidesstattliche Versicherung nach 28
bürgerlichem Recht, §§ 259, 260, 2028 und 2057 BGB (§ 410 Nr. 1 FamFG).
Das **Verfahren** zur Abnahme der eidesstattlichen Versicherung richtet sich in allen Fällen nach FamFG Buch 1 und ergänzend nach §§ 411–413 FamFG. Dem Rechtspfleger obliegt insbesondere die Terminsbestimmung (§ 32 FamFG), die Anordnung des persönlichen Erscheinens des Verpflichteten (§§ 33, 413 S. 2 FamFG) und seine Belehrung (§ 413 S. 3 FamFG, § 480 ZPO) sowie die Abnahme der Versicherung an Eides statt (§ 413 S. 3 FamFG, §§ 478, 483 ZPO).

Weist der Rechtspfleger den Antrag auf Abnahme der eidesstattlichen Versicherung zurück, findet dagegen das Rechtsmittel der **Beschwerde** statt (§ 11 Abs. 1, 29
§§ 58 ff. FamFG); Frist: 1 Monat (§ 63 Abs. 1 FamFG). Die Terminsbestimmung ist als verfahrensleitende Anordnung nicht anfechtbar.
Die Pflichten im Einzelnen: 30
– **Rechenschaftspflicht nach § 259 BGB:** Wer zur Rechnungslegung über eine mit Einnahmen und Ausgaben verbundene Verwaltung verpflichtet ist (Rechenschaftspflicht§ 259 Abs. 1 BGB), hat, wenn Grund zur Annahme besteht, dass die in der Rechnung enthaltenen Angaben über die Einnahmen nicht mit der erforderlichen Sorgfalt gemacht worden sind, auf Verlangen zu Protokoll an Eides statt zu versichern, dass er nach bestem Wissen die Einnahmen so vollständig angegeben hat, als er dazu imstande war (§ 259 Abs. 2 BGB). Eine Rechenschaftspflicht besteht in allen Fällen einer Geschäftsbesorgung, mag sie auf Vertrag, Gesetz oder auftragloser Übernahme beruhen, wenn die Geschäftsbesorgung fremde oder gemischte (eigene/fremde) Angelegenheiten erfaßt (BGH NJW 1959, 1963; BGHZ 10, 385).
Sie besteht insbesondere für **folgende Personen:** Beauftragte (§ 666 BGB); Vereinsvorstand (§§ 27 Abs. 3, 666 BGB); Geschäftsführer ohne Auftrag (§§ 681, 666 BGB); Gesellschafter (§§ 713, 740 Abs. 2, 666 BGB); Pfandgläubiger (§ 1214 Abs. 1 BGB); Eltern (§§ 1667 Abs. 2, 1698 BGB); Vormund (§§ 1840 Abs. 1, 1890 BGB); Pfleger (§§ 1840 Abs. 1, 1890, 1915 Abs. 1 BGB); Betreuer (§§ 1840 Abs. 1, 1890, 1908i Abs. 1 BGB); Testamentsvollstrecker (§§ 2218, 666 BGB).
– **Auskunftspflicht nach § 260 BGB:** Ist jemand verpflichtet über den Bestand 31
eines Inbegriffs von Sachen ein Verzeichnis vorzulegen und besteht Grund zur Annahme, dass dieses nicht mit der erforderlichen Sorgfalt aufgestellt worden

ist, so hat der Verpflichtete auf Verlangen zu Protokoll an Eides statt zu versichern, dass er nach bestem Wissen den Bestand so vollständig angegeben hat, als er dazu imstande war (§ 260 Abs. 2 BGB).

Eine **gesetzliche Auskunftspflicht** besteht insbesondere für folgende Personen: Zedenten (§ 402 BGB); Beauftragte (§ 666 BGB); Ehegatten über Endvermögen (§ 1379 BGB); Erbschaftsbesitzer (§ 2027 BGB); Gesellschafter (§§ 713, 740 BGB); Geschäftsführer (§ 681 BGB); Nachlasspfleger (§ 2012 BGB); Vorerbe (§ 2127 BGB); Vormund (§ 1799 BGB); Erben (§§ 2003, 2005, 2011, 2314 BGB); Vorstandsmitglieder eines Vereins nach Vermögensbeschlagnahme (§ 10 Abs. 4 VereinsG). § 260 BGB ist entsprechend anwendbar auf die Auskunftspflicht der Verwandten (§ 1605 BGB) sowie geschiedener oder getrennt lebender Ehegatten und Lebenspartner (§§ 1580, 1361 Abs. 4 BGB; §§ 12, 16 LPartG) zur Feststellung des Unterhaltsanspruchs und zur Durchführung des Versorgungsausgleichs (§ 4 VersAusglG; § 20 LPartG).

Darüber hinaus nimmt die Rspr. eine aus § 242 BGB abgeleitete Auskunftspflicht an, wenn die Ungewißheit über Bestehen oder Umfang eines Anspruches durch Erteilung einer Auskunft beseitigt werden kann (BGHZ 10, 387; BGH NJW 1966, 117; BGH NJW 1962, 761).

32 – **Auskunftspflicht nach § 2028 BGB:** Wer sich zur Zeit des Erbfalls mit dem Erblasser in häuslicher Gemeinschaft befunden hat, ist dem Erben auf Verlangen verpflichtet Auskunft darüber zu erteilen, welche erbschaftlichen Geschäfte er geführt hat und was ihm über den Verbleib der Nachlassgegenstände bekannt ist (§ 2028 Abs. 1 BGB). Auf Verlangen hat er zu Protokoll an Eides statt zu versichern, dass er seine Angaben vollständig gemacht habe (§ 2028 Abs. 2 BGB).

33 – **Auskunftspflicht der Miterben nach § 2057 BGB:** Jeder Miterbe ist auf Verlangen verpflichtet, den übrigen Erben Auskunft über ausgleichungspflichtige Zuwendungen zu erteilen (§ 2057 S. 1 BGB iVm §§ 2050–2053 BGB). Auf Verlangen hat der Verpflichtete zu Protokoll an Eides statt zu versichern, dass er die Auskunft nach bestem Wissen erteilt habe (§ 2057 S. 2 iVm § 260 Abs. 2 BGB).

34 **bb) Ernennung, Beeidigung und Vernehmung des Sachverständigen in denen jemand nach den Vorschriften des bürgerlichen Rechts den Zustand oder den Wert einer Sache durch Sachverständige feststellen lassen kann (§ 410 Nr. 2 FamFG).** Das **Verfahren** zur Ernennung, Beeidigung und Vernehmung eines Sachverständigen richtet sich nach Buch 1 FamFG und ergänzend nach §§ 411, 412 und 414 FamFG. Es ist vom selbständigen Beweisverfahren nach §§ 485ff. ZPO zu unterscheiden. Der Sachverständige wird vom Rechtspfleger ernannt. Den Beteiligten (§ 412 Nr. 2 FamFG) ist rechtliches Gehör zu gewähren. Für die Beweiserhebung gelten nach § 30 Abs. 1 FamFG die §§ 412ff., 478ff. ZPO entsprechend. Die Erstellung eines schriftlichen Gutachtens durch den Sachverständigen (§ 411 Abs. 1 ZPO) ist im Regelfall ausreichend (Keidel/*Giers* FamFG § 410 Rn. 8). Bestehen am Gutachten Zweifel oder ist es unklar kann, außer in den Fällen der §§ 84 Abs. 2, 189 VVG, das Erscheinen des Sachverständigen zur Erläuterung angeordnet werden (§ 411 Abs. 2 ZPO). Die Beeidigung des Sachverständigen (§§ 410, 478ff. ZPO) erfolgt durch den Richter (§ 4 Abs. 2 Nr. 1 RPflG); insoweit hat der Rechtspfleger die Sache dem Richter vorzulegen (§ 4 Abs. 2 RPflG). Die Ernennung eines Sachverständigen ist nur zulässig, wenn Vorschriften des bürgerlichen Rechts (nicht notwendig des BGB) dies ausdrücklich gestatten (BayObLG

Übertragene Geschäfte **§ 3**

JFG 1, 31). Ist nicht der Wert einer einzelnen Sache, sondern eines Vermögensinbegriffs festzustellen (zB § 738 As. 2 BGB), ist § 410 Nr. 2 FamFG unanwendbar (Keidel/*Giers* FamFG § 410 Rn. 6; *Bassenge/Roth* FamFG § 410 Rn. 4).

In den folgenden Fällen kann aufgrund eines Gesetzes verlangt werden, dass der 35 Zustand oder der Wert einer Sache durch einen Sachverständigen begutachtet wird:
– §§ 1034, 1067 Abs. 1, 1075 Abs. 2 BGB; Feststellungen, die eine Sache betreffen, die mit einem Nießbrauch belastet ist,
– § 1377 Abs. 2 BGB; Feststellungen, die Vermögensgegenstände betreffen, die zum Anfangsvermögen eines Ehegatten) oder Lebenspartners (§ 6 S. 2 LPartG) gehören,
– § 2122 BGB; Feststellungen, die Nachlassgegenstände betreffen, die der Nacherbfolge unterliegen,
– §§ 610, 611 HGB; Feststellungen die Schiffsfrachtgut betreffen,
– §§ 84 Abs. 2 VVG, 189 VVG; Schadensfeststellungen die Versicherungsansprüche betreffen (vgl. dazu auch → Rn. 26).

Wird der Antrag auf Ernennung eines Sachverständigen vom Rechtspfleger zu- 36 rückgewiesen, findet dagegen die **Beschwerde** (§ 11 Abs. 1 RPflG, §§ 58ff. FamFG) statt; Frist: 1 Monat (§ 63 Abs. 1 FamFG). Der Beschluss, der dem Antrag stattgibt, ist mit der **Erinnerung** anfechtbar (§ 11 Abs. 2, § 414 FamFG, § 84 Abs. 2 VVG); Frist: 2 Wochen.

cc) Die Bestellung des Verwahrers in den Fällen der §§ 432, 1217, 1281, 37 **2039 BGB sowie die Festsetzung der von ihm beanspruchten Vergütung und seiner Aufwendungen (§ 410 Nr. 3 FamFG).** Das **Verfahren** (Antragsverfahren) richtet sich nach Buch 1 FamFG und ergänzend nach §§ 411 Abs. 3, 412 Nr. 3 FamFG. Der Verwahrer wird vom Rechtspfleger ausgewählt und bestellt; den Beteiligten (§ 412 Nr. 3 FamFG) ist davor rechtliches Gehör zu gewähren. Zu prüfen ist nur, ob ein gesetzlicher Verwahrungsfall gegeben ist (OLG Stuttgart Rpfleger 1999, 130). Die Ablieferung der Sache an den gerichtlich Verwahrer kann nicht nach § 35 FamFG erzwungen werden, notfalls ist Klage zu erheben (Keidel/*Giers* FamFG § 410 Rn. 11; *Bassenge/Roth* FamFG § 410 Rn. 8). In die Rechtspflegerzuständigkeit fallen ferner die Festsetzung der Vergütung und, anders als nach § 165 FGG (vgl. BT-Drs. 16/6308, 289/290; dazu: *Rellermeyer* Rpfleger 2009, 349) auch der Aufwendungen des Verwahrers. Der Festsetzungsbeschluss ist kein Vollstreckungstitel, er ist aber für das Prozessgericht bindend (Keidel/*Giers* FamFG § 410 Rn. 11; *Bassenge/Roth* FamFG § 410 Rn. 9).

Die Endentscheidungen des Rechtspflegers sind mit der **Beschwerde** anfecht- 38 bar (§ 11 Abs. 1, §§ 58ff. FamFG; Frist: 1 Monat (§ 63 Abs. 1 FamFG).

Das Gericht hat auf Verlangen einen Verwahrer zu bestellen, wenn an diesen an- 39 schließend eine Sache, die sich zur Hinterlegung **nicht** eignet (vgl. § 372 BGB u. HintG der Länder, zB Art. 9 BayHintG) abzuliefern ist. Solche Fälle regeln:
– § 432 Abs. 1 S. 2 BGB: Jeder Mitgläubiger kann die Ablieferung einer unteilbaren Sache an einen Verwahrer verlangen,
– § 1217 BGB: Der Verpfänder kann, bei Verletzung seiner Rechte durch den Pfandgläubiger die Ablieferung des Pfandes an einen Verwahrer verlangen. Die Verwahrer-(Verwalter-)bestellung gem. § 1052 BGB (= sicherheitspflichtiger Nießbraucher) erfolgt analog § 150 ZVG durch das Vollstreckungsgericht (MüKoBGB/*Pohlmann* § 1052 Rn. 2, 5).
– § 1281 BGB: Vor Pfandreife können sowohl der Pfandgläubiger als auch der Gläubiger einer verpfändeten Forderung, die auf Herausgabe oder Übereignung

einer Sache gerichtet ist, die Ablieferung der geschuldeten Sache an einen Verwahrer verlangen.
- § 2039 BGB: Jeder Miterbe kann vom Verpflichteten, gegen den sich ein zum Nachlass gehörender Anspruch richtet, Ablieferung der Sache an einen Verwahrer verlangen.

40 **dd) Abweichende Art des Pfandverkaufs im Fall des § 1246 Abs. 2 BGB (§ 410 Nr. 4 FamFG).** Der Pfandverkauf erfolgt im Regelfall durch öffentliche Versteigerung (§§ 1235–1240 BGB). Wenn es aber dem billigen Ermessen der Beteiligten (§ 1245 BGB = Eigentümer, Pfandgläubiger und evtl. Dritte, denen am Pfand ein Recht zusteht, das durch die Veräußerung erlischt) entspricht, kann jeder eine davon **abweichende Art** des Pfandverkaufs verlangen (§ 1246 Abs. 1 BGB). Kommt eine Einigung zwischen den Beteiligten nicht zustande, entscheidet das Gericht (§ 1246 Abs. 2 BGB).

41 Das **Verfahren** (Antragsverfahren) richtet sich nach Buch 1 FamFG und ergänzend nach §§ 411 Abs. 4 und 412 Nr. 4 FamFG. Der Rechtspfleger hat das Fehlen einer Einigung zwischen den Beteiligten über die abweichende Art des Pfandverkaufs zu prüfen. Streiten sich die Beteiligten über die Berechtigung zum Pfandverkauf, ist der Antrag zurückzuweisen (KG KGJ 24, 1; MüKoBGB/*Damrau* § 1246 Rn. 5). Wird dem Antrag entsprochen, ist in der gerichtlichen Entscheidung die Verwertungsart (zB freihändigen Verkauf) anzuordnen. Dadurch wird die Einigung der Beteiligten ersetzt (BayObLG Rpfleger 1983, 393). Den Beteiligten (§ 412 Nr. 4 FamFG) ist davor rechtliches Gehör zu gewähren.

42 Die Endentscheidungen des Rechtspflegers sind mit der **Beschwerde** anfechtbar (§ 11 Abs. 1, §§ 58 ff. FamFG; Frist: 1 Monat (§ 63 Abs. 1 FamFG).

43 § 410 Nr. 4 FamFG ist entsprechend anwendbar, wenn auf die Vorschriften über den Pfandverkauf verwiesen wird. So zB nach
- § 1257 BGB beim Pfandverkauf aufgrund eines gesetzlichen Pfandrechts; das sind die Fälle der: §§ 233, 562, 581 Abs. 2, 583, 592, 647, 704 BGB; §§ 397, 404, 441, 464, 475b, 623, 674, 731, 751 HGB),
- § 753 BGB bei der Aufhebung einer Gemeinschaft,
- §§ 2042 Abs. 2, 753 BGB bei der Auseinandersetzung einer Erbengemeinschaft §§ 371, 398 HGB beim Verkauf aufgrund des kaufmännischen Zurückbehaltungsrechts bzw. eines Kommissionsgutes.

3. Aufgebotsverfahren nach Buch 8 des FamFG (Nr. 1 lit. c)

44 **a) Allgemeines.** Mit Inkrafttreten des FamFG zum 1.9.2009 wurde das Aufgebotsverfahren, das davor als Urteilsverfahren in der ZPO (§§ 946 ff. ZPO aF) geregelt war, **der freiwilligen Gerichtsbarkeit** zugewiesen (§ 23a Abs. 2 Nr. 7 GVG). Damit ist der Gesetzgeber jahrelangen Forderungen nachgekommen (vgl. BT-Drs. 16/6308, 319; *Rellermayer* Rpfleger 2009, 349; *Meyer-Stolte* Rpfleger 1981, 331). Durch die damit verbundene Umgestaltung des Verfahrens von einem kontradiktorischen in ein nichtstreitiges, ergeht die Endentscheidung durch Ausschließungsbeschluss (§ 439 FamFG; früher: Ausschlussurteil, § 952 Abs. 1 ZPO aF). Die in der ZPO vorgesehene Anfechtungsklage (§ 957 ZPO aF) wird durch die Beschwerderegelung (§§ 58 ff. FamFG) ersetzt. Dadurch war die Vollübertragung des Aufgebotsverfahrens auf den Rechtspfleger möglich (Art. 23 Nr. 1a FGG-RG; vgl. BT-Drs. 16/6308, 321).

45 Nach der Legaldefinition in § 433 Hs. 1 FamFG handelt es sich bei Aufgebotssachen um Verfahren, in denen das Gericht öffentlich zur Anmeldung von Ansprü-

Übertragene Geschäfte **§ 3**

chen oder Rechten auffordert, mit der Wirkung, dass die Unterlassung der Anmeldung Rechtsnachteile zur Folge hat. Sie finden nur in den gesetzlich bestimmten Fällen statt (§ 433 Hs. 2 FamFG). Aufgebotsverfahren sehen vor
- § 927 BGB: Aufgebot des Grundstückseigentümers (§§ 442–443 FamFG),
- § 6 SchiffRG: Aufgebot des Schiffseigentümers (§ 446 FamFG),
- §§ 1170, 1171 BGB: Aufgebot des Grundpfandrechtsgläubigers (§§ 447–451 FamFG),
- §§ 66, 67 SchiffRG: Aufgebot des Schiffshypothekengläubigers (§ 452 FamFG),
- §§ 887, 1104, 1112 BGB, § 13 SchiffRG: Aufgebot des Berechtigten bei Vormerkung, Vorkaufsrecht und Reallast (§ 453 FamFG),
- § 1970 BGB: Aufgebot von Nachlassgläubigern (§§ 454–463 FamFG),
- §§ 1489 Abs. 2, 1970 BGB: Aufgebot der Gesamtgutsgläubiger (§ 464 FamFG),
- § 110 BinSchG: Aufgebot der Schiffsgläubiger (§ 465 FamFG),
- Aufgebot zur Kraftloserklärung von Urkunden (§§ 466–483 FamFG). Aufgeboten werden können folgende Papiere:
    - Hpotheken-, Grund- und Rentenschuldbriefe (§§ 1162, 1192 Abs. 1, 1199 BGB),
    - Wechsel und Schecks (Art. 90 WG, Art. 59 ScheckG)
    - Schuldverschreibungen auf den Inhaber (§ 799 Abs. 1 S. 2 BGB),
    - qualifizierte Legitimationspapiere (§ 808 Abs. 2 BGB; das Landesrecht kann Abweichungen vorsehen, Art. 102 Abs. 2 EGBGB; vgl. zB Art. 33 BayAGBGB),
    - kaufmännische Orderpapiere (§ 365 HGB),
    - Aktien und Zinsscheine (§ 72 AktG)
    - Schuldverschreibungen und Schatzanweisungen des Bundes

Sachlich zuständig ist das Amtsgericht (§ 23a Abs. 1 Nr. 2, Abs. 2 Nr. 7 GVG). **46** Die **örtliche Zuständigkeit** ist, je nach Art des Aufgebotsverfahrens, in Einzelvorschriften geregelt (vgl. §§ 442 Abs. 2, 446 Abs. 2, 447 Abs. 2, 452 Abs. 2, 454 Abs. 2, 465 Abs. 2 FamFG). Zum Aufgebotsverfahren nach § 140 ZVG → Rn. 92.

b) Rechtspflegerzuständigkeit. Das **Verfahren** (Antragsverfahren; § 434 **47** Abs. 1 FamFG) richtet sich nach den Büchern 1 und 8 FamFG. Der Rechtspfleger trifft die Entscheidung über den Antrag auf Einleitung des Aufgebotsverfahrens und erlässt, wenn der Antrag zulässig ist, das Aufgebot (§ 434 FamFG). Der Beschluss hat den Anmeldezeitpunkt zu bestimmen (§ 434 Abs. 2 Nr. 2 FamFG). Das Aufgebot ist öffentlich bekannt zu machen (§ 435 FamFG). Zwischen dem Tag der erstmaligen Veröffentlichung in einem elektronischen Informations- und Kommunikationssystem oder im elektronischen Bundesanzeiger und dem Anmeldezeitpunkt muss eine mindestens sechswöchige Aufgebotsfrist liegen (§ 437 FamFG; nach § 465 Abs. 5 beträgt diese Frist drei Monate). Das Gericht kann nähere Ermittlungen, insbesondere die eidesstattliche Versicherung einer Behauptung des Antragstellers, anordnen (§ 439 Abs. 1 FamFG) und die Sache mit den Beteiligten in einem Termin erörtern (§ 32 FamFG). Beim Aufgebot eines auf den Inhaber lautenden Papiers hat das Gericht auf Antrag eine Zahlungssperre zu erlassen (§ 480 FamFG). Die Endentscheidung ergeht in Form eines Ausschließungsbeschlusses, der erst mit seiner Rechtskraft wirksam wird (§ 439 Abs. 2, 440, 478 FamFG). Der Beschluss ist öffentlich zuzustellen (§ 441 FamFG).

Die Endentscheidung des Rechtspflegers ist mit der **Beschwerde** anfechtbar **48** (§ 11 Abs. 1, §§ 58ff. FamFG; Frist: 1 Monat (§ 63 Abs. 1 FamFG. § 61 Abs. 1 FamFG, der einen Mindestbeschwerdewert bestimmt, ist nicht anwendbar (§ 439

Abs. 3 FamFG). Der Beschluss, der das Aufgebot anordnet, ist als Zwischenentscheidung nicht anfechtbar (BT-Drs. 116/6308, 294). Das gleiche gilt für den Beschluss, der eine Zahlungssperre nach § 480 FamFG verfügt (Keidel/*Giers* FamFG § 480 Rn. 5). Wird der Antrag auf Erlass des Aufgebots zurückgewiesen, findet dagegen die Beschwerde statt (§ 11 Abs. 1, 58 ff. FamFG). Gegen die Zurückweisung des Antrags auf Erlass einer Zahlungssperre, findet die sofortige Beschwerde entsprechend §§ 562–572 ZPO statt (§ 480 Abs. 2 FamFG).

4. Pachtkreditsachen im Sinne des Pachtkreditgesetzes (Nr. 1 lit. d)

49 a) **Allgemeines.** Die Geschäfte in Pachtkreditsachen nach dem Pachtkreditgesetz v. 5.8.1951, BGBl. I S. 494, wurden dem Rechtspfleger bereits durch das RPflG 1957 übertragen. Seitdem hat sich die Vorschrift nicht geändert.

50 Zur Darlehenssicherung kann der Pächter eines landwirtschaftlichen Grundstücks einem Kreditinstitut an dem ihm gehörenden Inventar ein besitzloses Pfandrecht (§ 1204 Abs. 1 BGB) bestellen. Die Pfandrechtsbestellung erfolgt durch Einigung zwischen dem Pächter und dem Kreditinstitut und Niederlegung des schriftlichen Verpfändungsvetrages bei dem **Amtsgericht** (§ 2 Abs. 1 PachtkredG). **Örtlich** zuständig ist das Amtsgericht in dessen Bezirk der Sitz des Betriebes liegt (§ 2 Abs. 1 S. 1 PachtkredG). Es handelt sich um eine sonstige Angelegenheit der freiwilligen Gerichtsbarkeit (§ 23 a Abs. 2 Nr. 11 FamFG; im Verfahren werden Gebühren nach der GNotKG erhoben; vgl. KV GNotKG Nr. 15112 Nr. 1). Einzelheiten zum PachtkredG: MüKoBGB/*Damrau* Vor § 1204 Rn. 12; Palandt/*Bassenge* BGB Einf. § 1204 Rn. 2; *Sichtermann* PachtkredG.

51 b) **Rechtspflegerzuständigkeit.** Das Verfahren richtet sich nach **Buch 1 FamFG.** Der Rechtspfleger ist insbesondere für folgende Geschäfte zuständig:

52 – Entgegennahme des Verpfändungsvertrags nebst Vermerk über den Zeitpunkt (Tag, Stunde) seiner Niederlegung und Erteilung einer Bescheinigung (§§ 2 Abs. 1, 15 Abs. 2 PachtkredG; vgl. dazu: *Sichtermann* PachtkredG § 15 Rn. 2).
– Entgegennahme von Vereinbarungen über den Ausschluss der Pfandrechtserstreckung und von Abtretungsanzeigen, §§ 3 Abs. 2, 13 Abs. 1 S. 1 PachtkredG.
– Herausgabe des Verpfändungsvertrages an den Pächter nach Erlöschen des Pfandrechts (§ 15 Abs. 4 PachtkredG).
– Gewährung der Einsicht in niedergelegte Verpfändungsverträge und Erteilung von Abschriften (§ 16 Abs. 1 S. 1 PachtkredG; vgl. dazu: *Sichtermann* PachtkredG § 16 Rn. 1).
– Erteilung einer Bescheinigung für den Pächter eines landwirtschaftlichen Grundstücks, dass bei dem Amtsgericht kein Verpfändungsvertrag niedergelegt worden ist (Negativattest; § 16 Abs. 2 PachtkredG).

53 Endentscheidungen des Rechtspflegers sind mit der **Beschwerde** anfechtbar (§ 11 Abs. 1, §§ 58 ff. FamFG); Frist: 1 Monat (§ 63 Abs. 1 FamFG).

5. Güterrechtsregistersachen nach den §§ 1558 bis 1563 BGB sowie nach Buch 5 FamFG, auch in Verbindung mit § 7 LPartG (Nr. 1 lit. e)

54 a) **Allgemeines.** Die Übertragung der Geschäfte in Güterrechtsregistersachen auf den Rechtspfleger wurde mit dem RPflG von 1957 vorgenommen. Dabei handelte es sich um eine Vorbehaltsübertragung, bei der dem Richter die Eintragung

Übertragene Geschäfte **§ 3**

von Güterständen außerhalb des BGB und unter Beteiligung ausländischer Ehegatten vorbehalten war. Das RPflG von 1969 übertrug die Güterrechtsregistersachen voll auf den Rechtspfleger. Ein Vorbehalt wurde nicht mehr für notwendig erachtet, da der Rechtspfleger auch in Nachlasssachen mit Güterständen außerhalb des BGB befasst wird. Der Rechtspfleger kann sein Geschäft dem Richter vorlegen, wenn die Anwendung ausländischen Rechts in Betracht kommt (§ 5 Abs. 2 RPflG; vgl. Art. 15 EGBGB). Eintragungsfähig sind Tatsachen nur dann, wenn deren Eintragung gesetzlich zugelassen ist (vgl. BGH NJW 1976, 1258 und NJW 1964, 1795; *Gottschalg* NJW 1976, 1741; *Kanzleiter* DNotZ 1971, 453).

Sachlich zuständig ist das Amtsgericht (§ 23a Abs. 1 Nr. 2, Abs. 2 Nr. 3 GVG). **55**
Örtlich zuständig ist jedes Amtsgericht, in dessen Bezirk auch nur einer der Ehegatten oder Lebenspartner seinen gewöhnlichen Aufenthalt hat (§ 1558 Abs. 1 BGB, § 377 Abs. 3 FamFG; für Kaufleute vgl. dazu: Art. 4 EGHGB). Verlegt ein Ehegatte nach der Eintragung seinen gewöhnlichen Aufenthalt in einen anderen Bezirk, muss die Eintragung im Register dieses Bezirks wiederholt werden (§ 1559 BGB).

b) Rechtspflegerzuständigkeit. Das **Verfahren** (Antragsverfahren; § 1560 **56**
BGB; Ausnahme: Amtslöschung, § 395 FamFG) richtet sich nach den Büchern 1 und 5 FamFG (vgl. § 374 Nr. 5 FamFG). Der Rechtspfleger ist insbesondere für folgende Geschäfte zuständig:
– Eintragung, dass die Berechtigung des Ehegatten, Geschäfte mit Wirkung für den anderen Ehegatten vorzunehmen beschränkt oder ausgeschlossen wurde („Schlüsselgewalt"; §§ 1357 Abs. 2, 1561 Abs. 2 Nr. 4 BGB; §§ 7 S. 2, 8 Abs. 2 LPartG; dazu: BGH Rpfleger 1991, 455) sowie Eintragung der Aufhebung jeder Beschränkung (*Jansen/Ries* § 161 FGG Rn. 21). Auf Antrag kann die Beschränkung oder Ausschließung durch das Familiengericht aufgehoben werden (§ 1357 S. 1 Hs. 2 BGB; sonstige Familiensache: § 266 Abs. 2 FamFG).
– Eintragung der Ausschließung oder Änderung des gesetzlichen Güterstands durch Ehevertrag (§§ 1408–1414 BGB; § 7 S. 2 LPartG; zu ausländischen Güterständen vgl. Art. 15, 16 EGBGB). Ebenso die Eintragung der darauf gerichteten Veränderungen aufgrund Ehevertrag oder gerichtlicher Entscheidung (§§ 1412 Abs. 2, 1449 Abs. 2, 1470 Abs. 2 BGB; § 7 S. 2 LPartG; vgl. zu eintragungsfähigen Tatsachen *Keilbach* FamRZ 2000, 870)
– Eintragung der Erklärung von Vermögensgegenständen zum Vorbehaltsgut (§ 1418 Abs. 4 BGB; § 7 S. 2 LPartG).
– Eintragung des Einspruchs gegen den selbständigen Betrieb eines Erwerbsgeschäfts oder des Widerrufs der Einwilligung (§§ 1431 Abs. 3, 1456 Abs. 3 BGB).
– Eintragung der Aufhebung der Gütergemeinschaft durch rechtskräftiges Urteil (§ 1449 Abs. 2 BGB).
– Eintragung, dass in Abweichung von Art. 234 § 4 Abs. 1 EGBGB, der gesetzliche DDR-Güterstand der Eigentums- und Vermögensgemeinschaft aufgrund einer Optionserklärung weitergilt (Art. 234 § 4 Abs. 2, 3 S. 6 EGBGB; vgl. dazu: *Rellermeyer* Rpfleger 1993, 469).
– Amtslöschung unzulässiger Eintragungen (§ 395 FamFG; die Amtslöschung von Eintragungen im Güterrechtsregister ist zulässig, BayObLGZ 1963, 45; Keidel/*Heinemann* FamFG § 395 Rn. 24).
– Erteilung von Negativbescheinigungen (§ 386 FamFG).
– Fristsetzung zur Klageerhebung bei Verfahrensaussetzung (§ 381 FamFG).

Die **Eintragung** in das Register ist **nicht anfechtbar** (§ 11 Abs. 3 S. 1, § 383 **57**
Abs. 3 FamFG). Es kann aber die Amtslöschung angeregt werden (§§ 24, 395

FamFG). Wird die Anregung zur Löschung abgelehnt, findet dagegen die Beschwerde statt (OLG Düsseldorf Rpfleger 1995, 257).

6. Urkundssachen einschließlich der Entgegennahme der Erklärungen (Nr. 1 lit. f)

58 **a) Allgemeines.** Seit dem RPflG 1957 waren dem Rechtspfleger bestimmte Beurkundungsgeschäfte im Wege der Einzelübertragung zugewiesen. Das BeurkG v. 28.8.1969, BGBl. 1513, hat die Beurkundungszuständigkeit der Amtsgerichte auf wenige Fälle beschränkt und sie fast ausschließlich den Notaren übertragen. Die bei den Amtsgerichten verbliebenen Urkundssachen (§§ 62, 56 Abs. 3 S. 2, 57 Abs. 3 Nr. 4 BeurkG) hat das RPflG 1969/70 voll auf den Rechtspfleger übertragen (vgl. dazu *Zimmermann* Rpfleger 1970, 189; *Habscheid* NJW 1970, 1775). Die Übertragung umfasst auch alle Anschlussverrichtungen (§§ 44a–51 BeurkG). Die Erteilung von Ausfertigungen obliegt aber dem Urkundsbeamten der Geschäftsstelle (KG Rpfleger 1998, 65; *Winkler* Rpfleger 1971, 348).

59 Nicht zu den Urkundssachen gehört die allgemein anerkannte Befugnis des Rechtspflegers zur **Beurkundung eines Vergleichs** in den ihm zugewiesenen Verfahren, insoweit folgt seine funktionelle Zuständigkeit aus § 4 Abs. 1 (dazu MüKoBGB/*Einsele* § 127a Rn. 4, 5; OLG Nürnberg Rpfleger 1972, 305; *Bassenge* Rpfleger 1972, 241).

60 Auch die Aufnahme von **Vermögensverzeichnissen** (vgl. zB §§ 1640 Abs. 3, 1667 Abs. 1 S. 2, 2003 Abs. 3, 2314 Abs. 1 S. 3 BGB) durch eine Behörde gehört nicht hierher (OLG Hamm Rpfleger 1976, 212).

61 **b) Rechtspflegerzuständigkeit.** Für die Beurkundungstätigkeit gelten die Vorschriften des BeurkG, ausgenommen § 5 Abs. 2 BeurkG, entsprechend (§ 1 Abs. 2 BeurkG). Der Rechtspfleger hat eine Niederschrift aufzunehmen (§§ 8–16 BeurkG) sowie Prüfungs- und Belehrungspflichten (§ 17 BeurkG). Im Einzelnen sind den Amtsgerichten folgende Urkundssachen zugewiesen:

62 **aa) Abstammungs- und Unterhaltssachen (§ 62 Abs. 1 BeurkG):**
– **Die Beurkundung** der Erklärungen über die Anerkennung der Vaterschaft (§ 62 Abs. 1 Nr. 1 BeurkG). Die Zuständigkeit betrifft die Anerkennungserklärung des Mannes (§§ 1592 Nr. 2, 1594, 1596 BGB) sowie die Zustimmungserklärungen der Mutter und, falls erforderlich, auch des Kindes (§§ 1595–1597 BGB) und des Mannes, der im Zeitpunkt der Geburt mit der Mutter verheiratet ist (§ 1599 Abs. 2 S. 2 BGB).
– des **Widerrufs** der Anerkennung (§ 1597 Abs. 3 BGB),
– der Verpflichtung zur Erfüllung von **Unterhaltsansprüchen** eines **Kindes** (§ 62 Abs. 1 Nr. 2 BeurkG; §§ 1601 ff. BGB; § 794 Abs. 1 Nr. 5 ZPO),
– die Verpflichtung zur Erfüllung von **Unterhaltsansprüchen** aus Anlass der Geburt nach **§ 1615l BGB** (§ 62 Abs. 1 Nr. 3 BeurkG; § 794 Abs. 1 Nr. 5 ZPO).

63 **bb) Nachlasssachen:** Die Beurkundung
– der **Ausschlagungserklärung** eines Erben (§ 1945 Abs. 1, 2 BGB),
– der Erklärung über die **Anfechtung** der Annahme bzw. Ausschlagung der Erbschaft (§§ 1945 Abs. 1, 2, 1955 BGB; zur örtlichen Zuständigkeit vgl. §§ 343, 344 Abs. 7 FamFG),
– die Aufnahme einer **Versicherung an Eides statt** im Erbscheinsverfahren (§ 2356 Abs. 2 S. 1 BGB, § 56 Abs. 3 S. 2 BeurkG; zur örtlichen Zuständigkeit vgl. *Winkler* Rpfleger 1971, 346; OLG Frankfurt a. M. Rpfleger 1970, 206).

Übertragene Geschäfte §3

cc) Höfesachen (das Amtsgericht ist als Landwirtschaftsgericht sachlich zuständig; § 18 Abs. 1 HöfeO; § 2 Abs. 1 LwVG): Die Beurkundung 64
- der Erklärung der Hofwahl durch die Hoferben (§ 9 Abs. 2 S. 1 HöfeO),
- der Ausschlagungserklärung des Hoferben nach Anfall des Hofes (§ 11 HöfeO),
- der Bestimmung des Hoferben durch den überlebenden Ehegatten(§ 14 Abs. 3 S. 3 HöfeO).

dd) Landesrechtliche Vorschriften: 65
Nach § 61 Abs. 1 BeurkG bleiben die dort genannten landesrechtlichen Vorschriften, soweit sie Beurkundungen vorsehen, unberührt. Die zuständige Behörde bestimmt das Landesrecht.

Die Beurkundungstätigkeit des Rechtspflegers ist, da sie keine Entscheidung iSd 66 § 11 Abs. 1 darstellt, **unanfechtbar.** Gegen die Weigerung des Rechtspflegers, eine Beurkundung vorzunehmen, findet die (befristete) Erinnerung (§ 11 Abs. 2) statt (AMHRH/*Rellermeyer* Rn. 53).

7. Verschollenheitssachen (Nr. 1 lit. g)

a) Allgemeines. Das RPflG 1957 hat dem Rechtspfleger die Verschollenheits- 67 sachen im Wege der Vorbehaltsübertragung zugewiesen. Mit dem RPflG 1969/70 wurden die Verschollenheitssachen voll auf den Rechtspfleger übertragen.

Ein Verschollener (§ 1 VerschG) kann im **Aufgebotsverfahren** für tot erklärt 68 werden (§ 2 VerschG; dazu: BayObLG Rpfleger 1999, 229). Die materiellen Voraussetzungen der Verschollenheit regeln die §§ 3–7 VerschG und Art. 2 § 1 VerschÄndG). Danach kann die **Todeserklärung** gestützt werden auf:
- allgemeine Verschollenheit (§ 3 VerschG)
- Kriegsverschollenheit (§ 4 VerschG; Art. 2 § 1 VerschÄndG)
- Seeverschollenheit (§ 5 VerschG)
- Luftverschollenheit (§ 6 VerschG)
- allgemeine Gefahrverschollenheit (§ 7 VerschG).

Die Todeserklärung ist unzulässig, wenn der Tod des Verschollenen nicht zwei- 69 felhaft ist (§ 1 Abs. 2 VerschG). Ist aber eine Eintragung in das Sterberegister nicht erfolgt, so kann eine gerichtliche **Feststellung der Todeszeit** beantragt werden (§ 39 VerschG).

Das Aufgebotsverfahren nach § 2 VerschG und das Verfahren zur Feststellung der 70 Todeszeit sind (sonstige) Angelegenheiten der freiwilligen Gerichtsbarkeit (§ 23a Abs. 2 Nr. 11 GVG, §§ 13 Abs. 1, 40 VerschG).

Sachlich zuständig ist das Amtsgericht (§ 23a Abs. 1 Nr. 2 GVG, §§ 14, 40 71 VerschG. Die **örtliche Zuständigkeit** regeln §§ 15–15d, 40 VerschG.

b) Rechtspflegerzuständigkeit. aa) Aufgebotsverfahren bei Todeserklä- 72 **rung.** Das Verfahren (Antragsverfahren; § 16 Abs. 1 VerschG) richtet sich nach §§ 13–38 VerschG, ergänzt durch Buch 1 FamFG. Das Antragsrecht ergibt sich aus § 16 Abs. 2 VerschG; uU besteht eine familiengerichtliche oder betreuungsgerichtliche Genehmigungspflicht (§ 16 Abs. 3 VerschG). Ein für den Verschollenen bestellter Abwesenheitspfleger ist als gesetzlicher Vertreter antrags- und beschwerdeberechtigt (OLG Düsseldorf FamRZ 1998, 109). Der Rechtspfleger ist insbesondere für folgende Geschäfte zuständig:
- die Verfahrenseinleitung und Amtsermittlung der Voraussetzungen für das Aufgebot (§ 16 VerschG, § 26 FamFG; vgl. dazu: OLG Düsseldorf Rpfleger 1996, 207);
- die Entscheidung über den Erlass des Aufgebots (§ 19 VerschG) mit gleichzeitiger Festsetzung der Aufgebotsfrist (mindestens 6 Wochen; § 21 VerschG)

- die Todeserklärung des Verschollenen und die Feststellung des Todszeitpunkts oder die Abweisung des Antrags (§§ 23, 25 VerschG). Gem § 30 VerschG kann nur der Verschollene, falls er die Todeserklärung oder Todeszeitfeststellung überlebt hat, oder die StA die Aufhebung dieses Beschlusses beantragen.
- die Entscheidung über die Verfahrenskosten (§ 34 VerschG) und die Erinnerung gegen den Festsetzungsbeschluss des Urkundsbeamten der Geschäftsstelle (§ 35 Abs. 3 VerschG).
- die Entscheidung über einen Antrag auf Aufhebung der Todeserklärung; antragsbefugt sind der Betroffene oder der Staatsanwalt (§ 30 VerschG);

73 **bb) Feststellung der Todeszeit.** Das Verfahren (Antragsverfahren; §§ 16, 40 VerschG) richtet sich nach § 13 Abs. 1, §§ 14–17, 22, 22a, 24–38 VerschG sowie §§ 41–44 VerschG (vgl. § 40 VerschG).

74 Der Antragsteller hat nachzuweisen, dass der Tod nicht zweifelhaft ist, die übrigen erforderlichen Tatsachen hat er glaubhaft zu machen (§ 41 VerschG). Der Rechtspfleger ist insbesondere für folgende Geschäfte zuständig:
- den Erlass einer öffentlichen Aufforderung (§§ 42, 43 VerschG);
- die Feststellung der Todeszeit (§§ 44, 45 VerschG).

75 **cc) Änderungsverfahren zur Feststellung einer anderen Todeszeit.** Ist der Verschollene nicht in dem Zeitpunkt verstorben, der als Zeitpunkt des Todes festgestellt worden ist, so kann jeder, der ein rechtliches Interesse an der Feststellung einer anderen Todeszeit hat, die **Änderung** beantragen (§ 33a VerschG). Die Entscheidung über den Antrag trifft der Rechtspfleger.

76 Gegen den Beschluss, durch den der **Verschollene für tot** erklärt wird oder der Antrag zurückgewiesen wird, findet die sofortige Beschwerde statt; Frist: 1 Monat (§ 11 Abs. 1, § 26 Abs. 1 VerschG).

77 Das gleiche gilt in Bezug auf den Beschluss, durch den die **Todeszeit festgestellt** wird (§ 11 Abs. 1, §§ 26 Abs. 1, 40 VerschG) oder die **Todeszeitfeststellung geändert** wird (§§ 33a, 40 VerschG; zur Beschwerdeberechtigung des Antragstellers: KG Rpfleger 1997, 537) oder der Antrag zurückgewiesen wird.

78 Gegen den Beschluss, durch den die **Todeserklärung oder Todeszeitfeststellung aufgehoben** wird (§§ 30, 40 VerschG), findet die (befristete) Erinnerung statt (§ 11 Abs. 2, §§ 33 Abs. 1, 40 VerschG). Gegen den Beschluss, durch den die Aufhebung der Todeserklärung abgelehnt wird, findet die sofortige Beschwerde des Antragstellers statt (§ 11 Abs. 1, §§ 33 Abs. 2, 40 VerschG).

8. Grundbuchsachen, Schiffsregister- und Schiffsbauregistersachen sowie Sachen des Registers für Pfandrechte an Luftfahrzeugen (Nr. 1 lit. h)

79 **a) Allgemeines.** Durch das RPflG 1957 sind dem Rechtspfleger die Grundbuchsachen, die Schiffsregister- und Schiffsbauregistersachen (vgl. SchRegO v. 25.12.1993 idF der Bekanntmachung v. 26.5.1994, BGBl. I 1133, und Sachen des Registers für Pfandrechte an Luftfahrzeugen (vgl. LuftRG v. 26.2.1959, BGBl. I S. 57, ber. S. 223) im Wege der Vorbehaltsübertragung zugewiesen worden. Die Richtervorbehalte waren damals in den §§ 17, 18 sowie § 18a aufgeführt (vgl. dazu BT-Drs. II/161 Anl. 3, 4). Das RPflG 1969 hat die Richtervorbehalte vollständig beseitigt. Seit der Aufhebung des § 4 Abs. 2 Nr. 3 RPflG durch das 1. Justizmodernisierungsgesetz (JuMoG v. 24.8.2004, BGBl. I S. 2198) hat der Rechtspfleger auch

Übertragene Geschäfte §3

über das Verlangen, eine Entscheidung des Urkundsbeamten der Geschäftsstelle zu ändern (§ 12c Abs. 4 S. 1 GBO), zu befinden. Der Gesetzeswortlaut (§ 12 Abs. 4 S. 1 GBO) bezieht die Entscheidungszuständigkeit zwar auf den „Grundbuchrichter", dessen Geschäfte sind jedoch (vorbehalts- und einschränkungslos) dem Rechtspfleger übertragen (str.; so zB AMHRH/*Rellermeyer* Rn. 60; *Bassenge*/*Roth* § 4 Rn. 17; *Schöner*/*Stöber* Rn. 47; *Rellermeyer* Rpfleger 2004, 593; **aA:** *Meikel*/*Böttcher* § 12 Rn. 83; *Demharter* GBO § 12c Rn. 11). Die aufgrund Art. 19 Abs. 4 GG gegen die Vollübertragung erhobenen verfassungsrechtlichen Bedenken (eingehend: *Böttcher* Rpfleger 1986, 201) sind unbegründet, da § 71 Abs. 2 S. 2 GBO den Rechtsweg zum Richter gewährleistet (*Bassenge*/*Roth* Rn. 14; vgl. dazu auch: BayObLG Rpfleger 1992, 147 mAnm *Meyer-Stolte*). § 11 Abs. 3 S. 1 steht der Anwendung des § 71 Abs. 2 S. 2 GBO nicht entgegen.

Grundbuch- und Schiffsregistersachen sind Angelegenheiten der freiwilligen **80** Gerichtsbarkeit (§ 23a Abs. 2 Nr. 8, 10 GVG). Die Führung des Registers für Pfandrechte an Luftfahrzeugen nach §§ 78ff. LuftRG ist eine sonstige Angelegenheit der freiwilligen Gerichtsbarkeit (§ 23a Abs. 2 Nr. 11 GVG; BT-Drs. 16/6308, 397). **Sachlich zuständig** ist das Amtsgericht (§ 23a Abs. 1 Nr. 2 GVG). Die **örtliche Zuständigkeit** regeln § 1 GBO, § 1 SchRegO und § 78 LuftRG (zuständig ist das AG Braunschweig als Registergericht am Sitz des Luftfahrt-Bundesamtes).

b) Rechtspflegerzuständigkeit in Grundbuchsachen. aa) Eintragungen **81** **in das Grundbuch auf Antrag.** Eine Eintragung in das Grundbuch soll nur auf Antrag vorgenommen werden (§ 13 Abs. 1 S. 1 GBO; Antragsprinzip). Im Eintragungsverfahren entscheidet der Rechtspfleger über die **Anträge auf Eintragung**
- des Eigentumswechsels aufgrund Auflassung (§§ 873, 925 BGB);
- beschränkter dinglicher Rechte: Erbbaurecht (§§ 1, 14 ErbbauG) Vorkaufsrecht, Reallast, Nießbrauch, Grunddienstbarkeit, beschränkte persönliche Dienstbarkeit, Altenteil (§§ 1018–1112 BGB; § 49 GBO), Dauerwohnrecht (§ 31 WEG) Grundpfandrechte (§§ 1113–1203 BGB; einschließlich der Zwangssicherungs- und Arresthypothek §§ 866, 867, 932 ZPO);
- einer Vormerkung (§ 883 BGB);
- der Begründung, Änderung und Aufhebung von Wohnungs- und Teileigentum (§ 1 WEG);
- der Inhaltsänderung (§ 877 BGB), Rangänderung (§ 879 BGB), Übertragung (§§ 873, 1154 BGB) und Löschung (§ 875) beschränkter dinglicher Rechte;
- einer Grundbuchberichtigung (§ 22 GBO) und eines Wirksamkeitsvermerks (BGH Rpfleger 1999, 383).

bb) Eintragungen in das Grundbuch auf Ersuchen. Der Rechtspfleger ent- **82** scheidet auch über die Eintragungsersuchen von Behörden (§ 38 GBO). Um Eintragung können insbesondere ersuchen (zu Einzelheiten: *Demharter* GBO § 38 Rn. 5ff.)
- das Prozessgericht (§ 941 ZPO);
- das Vollstreckungsgericht (§ 130 ZVG; über die Ersuchen nach §§ 13, 34 ZVG sowie §§ §§ 23 Abs. 3, 32 Abs. 2, 3 InsO entscheidet der Urkundsbeamte der Geschäftsstelle; § 12c Abs. 2 Nr. 3 GBO);
- die Gerichtskasse (§§ 2, 7 JBeitrO); das Finanzamt sowie das Hauptzollamt (§§ 249 Abs. 1, 322 AO) als Vollstreckungsbehörden;
- die Flurbereinigungsbehörde (§§ 79ff. FlurbG);
- das Landwirtschaftsgericht (§ 3 HöfeVfO);
- die Enteignungsbehörde (§ 108 Abs. 6 BauGB);
- das Amt zur Regelung offener Vermögensfragen (§§ 11c, 34 Abs. 2 VermG);

- die Umlegungsstelle (§ 74 Abs. 1 BauGB);
- der Fiskus (Art. 233 § 13a EGBGB);
- der Notar (§ 92 Abs. 5 SachenRBerG; dazu: OLG Brandenburg Rpfleger 1999, 487).

83 **cc) Eintragungen in das Grundbuch von Amts wegen.** Die funktionelle Zuständigkeit des Rechtspflegers erstreckt sich ferner auf Grundbucheintragungen die von Amts wegen vorzunehmen sind, nämlich
- die Eintragung eines Amtswiderspruchs (§ 53 Abs. 1 S. 1 GBO);
- die Löschung einer inhaltlich unzulässigen Eintragung (§ 53 Abs. 1 S. 2 GBO);
- Nacherben- und Testamentsvollstreckervermerk; §§ 51, 52 GBO;
- die Grundbuchberichtigung, wenn der nach § 82 GBO auferlegte Berichtigungszwang ergebnislos bleibt (§ 82a GBO; § 14 GBBerG; § 78 Abs. 1 SachenRBerG; Zwangsmittel: § 35 FamFG);
- die Löschung gegenstandsloser Eintragungen (§§ 84ff. GBO)
- nach erlassener Zwischenverfügung, die Eintragung einer Vormerkung oder eines Widerspruchs und deren Löschung nach Zurückweisung des Eintragungsantrags (§ 18 Abs. 2 GBO).

84 **dd) Weitere Aufgaben des Grundbuchamtes.** Der Rechtspfleger hat auch die folgenden Aufgaben des Grundbuchamtes zu erledigen:
- das Rangklarstellungsverfahren (§§ 90ff. GBO), einschließlich der Bestellung eines Pflegers oder Zustellungsbevollmächtigten (§§ 96, 97 GBO); der das Verfahren abschließende Feststellungsbeschluss (§ 108 GBO) stellt, wegen seiner materiellen Rechtskraftwirkung, eine echte Streitentscheidung des Rechtspflegers dar (AMHRH/*Rellermeyer* Rn. 64; *Habscheid* Rpfleger 1989, 434; *Böttcher* Rpfleger 1986, 201; **aA** *Bassenge/Roth* Rn. 16).
- die Anlegung des Gebäudegrundbuchs (vgl. VO v. 15.7.1994, BGBl. I S. 1606),
- Androhung und Festsetzung von Zwangsgeldern bei Nichtbefolgung gerichtlicher Verfügungen (§ 35 FamFG),
- Erteilung, Aushändigung, Ergänzung, Unbrauchbarmachung von Hypotheken-, Grundschuld- und Rentenschuldbriefen (§§ 56ff. GBO; §§ 47ff. GBV), Schiffsurkunden und Zertifikaten bei Pfandrechten an Luftfahrzeugen
- die Festsetzung des Geschäftswertes (§ 79 GNotKG)
- die Auslegung einer Verfügung von Todes wegen, die in einer öffentlichen Urkunde enthalten ist (§ 35 Abs. 1 S. 2 GBO; BayObLG Rpfleger 2000, 266 und 1970, 344); die Vorlage eines Erbscheins zum Nachweis der Erbfolge kann in diesen Fällen nur verlangt werden, wenn es zur Feststellung des Erblasserwillens noch weiterer Ermittlungen bedarf (OLG Zweibrücken Rpfleger 2001, 137 mAnm *Winkler;* OLG Köln Rpfleger 2000, 157).

Zur Erteilung des Unschädlichkeitszeugnisses → § 37 Rn. 6ff.

85 Gegen die **Entscheidung** des Rechtspflegers findet die **Beschwerde** statt (§ 11 Abs. 1 iVm § 71 Abs. 1 GBO). Ist die Entscheidung durch Grundbucheintragung bereits vollzogen worden, schränkt § 71 Abs. 2 GBO ein: Gegen die Eintragung findet, wenn sich daran gutgläubiger Erwerb (§§ 892, 893 BGB) knüpfen kann (BGH Rpfleger 1958, 310; BayObLG 1987, 432), die Beschwerde nur mit dem Ziel statt, dass das Grundbuchamt nach § 53 GBO verfährt und einen Widerspruch einträgt oder eine Löschung vornimmt (→ § 11 Rn. 71ff.). § 11 Abs. 3 S. 1 schließt in diesem Fall die Erinnerung aus (dazu: *Dümig* Rpfleger 2000, 248). Das gilt für alle Grundbucheintragungen, die am öffentlichen Glauben teilnehmen und insbesondere auch bei Eintragung einer Zwangssicherungshypothek (hM; BGHZ 64, 197;

Übertragene Geschäfte **§ 3**

KG Rpfleger 1987, 301 und 1988, 359). Eine **Beschwerdefrist** ist nur in § 89 Abs. 1 GBO (Beschwerde gegen Feststellungsbeschluss = 2 Wochen) bestimmt. Der Rechtspfleger kann der Beschwerde abhelfen (§ 75 GBO).

Unstatthaft ist die Beschwerde in den Fällen der §§ 85 Abs. 2 GBO (= Lö- 86 schungsverfahren), 91 Abs. 1 S. 3, 105 Abs. 2 Hs. 1 und 109 GBO (= Rangklarstellungsverfahren); die Beschlüsse des Rechtspflegers unterliegen dort der **Erinnerung** (§ 11 Abs. 2 S. 1); Frist: 2 Wochen.

In den Fällen der §§ 105 Abs. 2, 110 Abs. 1 GBO (= Rangklarstellungsverfahren) 87 findet die Beschwerde nach §§ 58 ff. FamFG statt.

c) Rechtspflegerzuständigkeit in Schiffsregister- und Schiffsbauregis- 88 tersachen sowie Sachen des Registers für Pfandrechte an Luftfahrzeugen. Auf Schiffe, Schiffsbauwerke und Luftfahrzeuge sind häufig die für die unbeweglichen Sachen geltenden Vorschriften anzuwenden (vgl. zB §§ 864 Abs. 1, 870a ZPO, § 171a ZVG; Einzelheiten: *Hornung* Rpfleger 2003, 232; 1985, 271 und 1981, 271). Die Registerführung ist in §§ 1, 65 SchRegO und § 78 LuftRG geregelt. Die funktionelle Zuständigkeit des Rechtspflegers erstreckt sich insbesondere auf die
– Führung des Schiffs- und Schiffsbauregisters sowie des Registers für Pfandrechte an Luftfahrzeugen;
– Ausstellung von Schiffsurkunden (§ 60 SchRegO);
– Amtslöschung der Eintragung (§§ 21, 22, 56, 74 SchRegO);
– Eintragung eines Amtswiderspruchs (§§ 56, 74 SchRegO);
– Entscheidung über den Widerspruch des Schiffshypothekengläubigers gegen die Löschung eines Schiffes (§§ 20 Abs. 1, 21 Abs. 3 SchRegO).

Gegen die Entscheidung des Rechtspflegers findet die **Beschwerde** statt (§ 11 89 Abs. 1, § 75 Abs. 1 SchRegO, § 95 LuftRG). Ist die Entscheidung im Register durch Eintragung bereits vollzogen worden, schränkt § 75 Abs. 2 SchRegO, wie § 71 Abs. 2 GBO, ein: Mit der Beschwerde gegen eine Eintragung kann nur verlangt werden, dass das Registergericht angewiesen wird, nach § 56 SchRegO einen Widerspruch einzutragen oder eine Eintragung zu löschen (→ § 11 Rn. 80. § 11 Abs. 3 S. 1 schließt in diesem Fall die Erinnerung aus (→ Rn. 85). Über die Beschwerde entscheidet das Oberlandesgericht (§ 76 SchRegO, § 95 LuftRG).

Die Widerspruchsentscheidung nach §§ 20 Abs. 1 S. 4, 21 Abs. 3 SchRegO un- 90 terliegt der **Beschwerde nach §§ 58 ff. FamFG** (§ 11 Abs. 1, §§ 21 Abs. 3 S. 2, 90 SchRegO); Frist: 1 Monat (§ 63 Abs. 1 FamFG).

9. Verfahren nach dem Gesetz über die Zwangsversteigerung und die Zwangsverwaltung (Nr. 1 lit. i)

a) Allgemeines. Bis zum RPflG 1957 war der Rechtspfleger auf diesem Gebiet 91 nur vorverfügend als sog „Rechnungsbeamter" eingesetzt. Das RPflG 1957 sah in § 20 einzelne Übertragungen auf den Rechtspfleger vor, der Richter konnte jedoch dem Rechtspfleger im Wege der „erweiterten Übertragung" auch das gesamte Verfahren (mit Ausnahme der Anordnungs- und Beitrittsbeschlüsse) übertragen. Diese Möglichkeiten wurden in der Praxis in großem Umfang genutzt (*Weber* Rpfleger 1967, 251, 256: in bis zu 90% der Verfahren). Folgerichtig wurde hat das RPflG 1969/1970 die Vollübertragung auf den Rechtspfleger vorgenommen. Verfassungsrechtliche Bedenken bestehen nicht (OLG Celle Rpfleger 1979, 390; *Habscheid* NJW 1970, 5).

Sachlich zuständig ist das Amtsgericht/Vollstreckungsgericht (§§ 1 Abs. 1, 15 92 ZVG). Die **örtliche** Zuständigkeit liegt bei dem AG, in dessen Bezirk das Grundstück gelegen ist (§ 1 Abs. 1 ZVG). Eine Konzentration auf bestimmte Amtsgerichte ist möglich (§ 1 Abs. 2 ZVG). Bei der Zwangsversteigerung von Schiffen und Schiffsbauwerken tritt an die Stelle des Grundbuchs das Schiffsregister (§ 163 Abs. 2 ZVG), dh für die Zuständigkeit ist der Liegeplatz des Schiffes (§ 163 Abs. 1 ZVG) maßgeblich. Bei der Zwangsversteigerung von Luftfahrzeugen ist das AG Braunschweig (Sitz des Luftfahrtbundesamtes) nach § 171b Abs. 1 ZVG zuständig. An die Stelle des Grundbuchs tritt das Register für Pfandrechte an Luftfahrzeugen (§ 171b Abs. 2 ZVG).

93 **b) Rechtspflegerzuständigkeit. aa) Zwangsversteigerung.** Der Rechtspfleger ist funktionell zuständig
– zur Entscheidung über die Anträge auf Anordnung der Zwangsversteigerung (§ 15 ZVG) und die Zulassung des Beitritts zu dem Verfahren (§ 27 ZVG). Bei der Anordnung der Zwangsversteigerung von Schiffen, Schiffsbauwerken und Luftfahrzeugen ist die Bewachung und Verwahrung des Schiffs- bzw. Luftfahrzeugs anzuordnen (§ 165 Abs. 1, § 171c Abs. 2 ZVG). Erst mit der Vollziehung dieser Anordnung wird, im Gegensatz zur Zwangsversteigerung von Grundstücken (Wirksamwerden mit Zustellung des Anordnungsbeschlusses an Schuldner oder Eingang des Eintragungsersuchens § 22 Abs. 1 ZVG) die Beschlagnahme des Versteigerungsobjektes wirksam;
– für die Bestellung eines Zustellungsvertreters (§ 6 ZVG, § 185 ZPO) und die Entscheidung über dessen Vergütung (§ 7 Abs. 2 S. 3 ZVG);
– für das Ersuchen um Eintragung bzw. Löschung des Zwangsversteigerungsvermerks in das Grundbuch (§§ 19, 34 ZVG);
– zur Sicherung des Versteigerungsobjekts, auf Gläubigerantrag durch die Anordnung eines Zahlungsverbots (§ 22 Abs. 2 ZVG) bzw. von Maßregeln (§ 25 ZVG);
– zur Entscheidung über Anträge auf einstweilige Einstellung des Verfahrens (§§ 30a ff. ZVG) sowie über Vollstreckungsschutzanträge des Schuldners (§ 765a ZPO); dabei handelt es sich um Streitentscheidungen des Rechtspflegers (AMRHR/*Rellermeyer* Rn. 71; *Tams* Rpfleger 2007, 582; *Eickmann* Rpfleger 1976, 153). Bei der Zwangsversteigerung von Schiffen/Luftfahrzeugen ist nach der einstweiligen Einstellung des Verfahrens die Bewachung des Schiffs/Luftfahrzeugs einem Treuhänder zu übertragen. Seine Auswahl und Überwachung obliegen dem Rechtspfleger §§ 165 Abs. 2, 171c Abs. 3 ZVG);
– zur Festsetzung des Verkehrswertes des Grundstücks und zur evtl Bestellung eines Sachverständigen (§ 74a Abs. 5 ZVG; zur Abänderung der Wertfestsetzungsentscheidung vgl. BGH Rpfleger 2004, 172 und 2004, 433);
– zur Bestimmung des Versteigerungstermins (§ 36 ZVG) und dessen Bekanntmachung (§§ 39–41 ZVG; zum Zeitpunkt der elektronischen Bekanntmachung vgl. BGH Rpfleger 2009, 99) und für die Terminsvorbereitung (vgl. zB § 62 ZVG);
– für die Durchführung des Versteigerungstermins (§§ 66–78 ZVG; zu Hinweis- und Belehrungspflichten des Rechtspflegers im Termin vgl. BVerfG Rpfleger 1993, 32; *Stöber* ZVG Einl. Rn. 8; *Steiner/Storz* ZVG § 74 Rn. 13 und § 74a Rn. 15; DSHER/*Hintzen* § 74 Anm. 1c);
– für die Feststellung des geringsten Gebots (§§ 44, 45 ZVG) und die Entscheidung über Anträge auf Feststellung abweichender Versteigerungsbedingungen (§ 59 ZVG; zur Verfassungsmäßigkeit des § 59 Abs. 3 ZVG vgl. *Mayer* Rpfleger 2003, 281);

Übertragene Geschäfte § 3

- für die Anordnung einer anderweitigen Verwertung von beweglichen Sachen oder Forderungen (§ 65 ZVG);
- zur AufforderungGebote abzugeben (§ 66 Abs. 2 ZVG) und zum Einzel-, Gesamt- und Gruppenausgebot mehrerer Grundstücke (§§ 59, 63, 64 ZVG);
- zur Entscheidung darüber, ob ein Gebot zugelassen oder zurückgewiesen wird (§ 71 ZVG; zur Unwirksamkeit rechtsmißbräuchlich abgegebener Gebote vgl. BGH NJW 2007, 3279 = Rpfleger 2007, 483);
- für die Entscheidung über das Verlangen einer Sicherheitsleistung (§ 70 ZVG);
- für die Einstellung des Verfahrens wegen Vorlage eines Überweisungsnachweises durch den Schuldner im Versteigerungstermin (§ 75 ZVG; zur Einstellung bei Zahlung durch ablösungsberechtigte Dritte vgl. BGH Rpfleger 2009, 96) und wegen Mangels an Geboten (§ 77 ZVG);
- für die Entscheidung über den Zuschlag (§§ 74 ff. ZVG) durch seine Erteilung oder seine Versagung wegen Nichterreichens der 7/10 bzw. 5/10 Grenze (§§ 74 a, 85 a ZVG) oder weil ein Grund zur einstweiligen Einstellung oder Aufhebung des Verfahrens oder des Termins vorliegt (§ 33 ZVG) oder aus einem sonstigen Grund (§§ 83, 85. ZVG). Die Zuschlagsentscheidung stellt eine Streitentscheidung des Rechtspflegers dar (AMHRH/*Rellermeyer* Rn. 72; *Tams* Rpfleger 2007, 582; *Habscheid* Rpfleger 2001, 209; *Eickmann* Rpfleger 1976, 153);
- zur Erteilung einer vollstreckbaren Ausfertigung des Zuschlagsbeschlusses gegen einen Drittbesitzer (§ 93 Abs. 1 ZVG, § 727 ZPO, § 20 Nr. 12; vgl. dazu OLG Hamm Rpfleger 1989, 165); die Räumungsvollstreckung aus dem Zuschlagsbeschluss bedarf, wegen § 758 a Abs. 2 ZPO, keiner richterlichen Durchsuchungsanordnung (hM; LG Düsseldorf JurBüro 1987, 1578; *Stöber/Zöller* § 758 a Rn. 33; *Bassenge/Roth* Rn. 22);
- für die Bestimmung des Verteilungstermins und die Erlösverteilung (§ 105 ff. ZVG); dazu gehören insbesondere:
  - Feststellung der Teilungsmasse (§ 107 ZVG),
  - Aufstellen des Teilungsplanes (§ 113 ZVG) und Verhandlungen darüber (§ 115 ZVG),
  - Feststellen der Hilfsverteilung (§§ 126, 127 ZVG),
  - Ermächtigung zum Aufgebot zur Ausschließung unbekannter Berechtigter (§ 138 ZVG); für das Aufgebotsverfahren ist sachlich und örtlich das Amtsgericht/Vollstreckungsgericht zuständig (§ 140 Abs. 1 ZVG iVm §§ 433 ff. FamFG), die funktionelle Zuständigkeit des Rechtspflegers folgt aus § 3 Nr. 1 lit. c,
- zum Ersuchen an das Grundbuchamt um Eintragung des Erstehers, Löschung des Versteigerungsvermerks und der durch den Zuschlag erloschenen Rechte (§ 130 ZVG);
- zur Bestellung eines Vertreters für einen unbekannten Berechtigten (§ 135 ZVG)

Auf die Zwangsversteigerung von **Schiffen, Schiffsbauwerken und Luftfahrzeugen** finden die Vorschriften der §§ 1–161 ZVG entsprechende Anwendung (§§ 162, 171 a ZVG; zur Vergütung des Schiffstreuhänders vgl. LG Rostock Rpfleger 2001, 193; zum Widerspruchsrecht des Berechtigten aus Zurückbehaltungsrechts gegen den Teilungsplan vgl. LG Rostock Rpfleger 1999, 35). 94

bb) Zwangsverwaltung. Auf die Zwangsverwaltung (§§ 146–161 ZVG) finden die allgemeinen Vorschriften über die Zwangsversteigerung entsprechende Anwendung (§ 146 Abs. 1 ZVG). Der Rechtspfleger ist insbesondere funktionell zuständig für die 95

- Bestellung eines Zwangsverwalters (vgl. dazu: OLG Koblenz Rpfleger 2005, 618) einschließlich der Übergabe des Grundstücks an ihn (§ 150 ZVG), sowie dessen Kontrolle und die Entscheidung über seine Vergütung (§ 153 ZVG);
- Bestellung einer Aufsichtsperson, wenn der Schuldner Eigenverwalter des Grundstücks ist (§ 150c ZVG);
- Zwangsgeldfestsetzung und Entlassung des Zwangsverwalters bei pflichtwidrigem Handeln (§ 153 Abs. 2 ZVG);
- Bestimmung des Verteilungstermins (§ 156 ZVG);
- Erstellung und Ausführung des Teilungsplans (§ 157 ZVG);
- Entscheidung über Aufhebung der Verwaltung (§ 161 Abs. 1 ZVG), wenn der Antrag auf Anordnung zurückgenommen wird (BGH Rpfleger 2008, 56 und 2003, 457) oder die Gläubiger befriedigt sind, oder ein anderer Aufhebungsgrund vorliegt (§ 161 Abs. 2, 4 ZVG).

96 **cc) Zwangsversteigerung und Zwangsverwaltung in besonderen Fällen.** Auf die Verfahren in besonderen Fällen sind die §§ 1–171n ZVG entsprechend anzuwenden (§§ 172, 176, 180 Abs. 1).

97 Besondere Fälle sind
- die Zwangsversteigerung oder Zwangsverwaltung auf Antrag des **Insolvenzverwalters** (§§ 172–174a ZVG);
- die Zwangsversteigerung auf Antrag eines **Erben** (§§ 175–179 ZVG);
- die Zwangsversteigerung zum Zwecke der **Aufhebung einer Gemeinschaft** (§§ 180–185 ZVG):
  - zur Antragstellung ist, wenn der Miteigentumsanteil das ganze Vermögen eines Ehegatten darstellt, die Zustimmung des anderen Ehegatten nach § 1365 BGB erforderlich (hM; BGH Rpfleger 2007, 408),
  - im Verfahren ist der Rechtspfleger auch funktionell zuständig zur Beurkundung eines Vergleichs (OLG Nürnberg Rpfleger 1972, 305; *Hornung* Rpfleger 1972, 203); Vergleichsinhalt kann auch die Einigung der bisherigen Eigentümer über die Teilung eines Übererlöses sein (AMHRH/*Rellermeyer* Rn. 77);
  - das Verfahren kann nach § 180 Abs. 3 ZVG wegen Gefährdung des Wohles eines gemeinschaftlichen Kindes (zur Anwendung von § 180 Abs. 3, 4 ZVG bzw. § 765a ZPO auf Pflegekinder: BGH Rpfleger 2007, 408) auf Antrag einstweilen eingestellt werden (dazu: LG Konstanz Rpfleger 2002, 219; *Maurer* FamRZ 1987, 515).

98 **c) Rechtsbehelfe.** Gegen **Entscheidungen** des Rechtspflegers findet die **sofortige Beschwerde** statt (§ 11 Abs. 1 iVm § 95 ZVG iVm §§ 30b Abs. 3, 30d Abs. 3, 30f Abs. 3 S. 2, 74a Abs. 5 S. 3, 180 Abs. 2 S. 3, Abs. 3 S. 3 ZVG, §§ 567 ff. ZPO). Auf die Beschwerde gegen die Zuschlagsentscheidung sind vorrangig §§ 96–104 ZVG anzuwenden (→ § 11 Rn. 40).

99 **Vollstreckungsmaßnahmen** des Rechtspflegers (zB Anordnungs- und Beitrittsbeschluss) unterliegen der (unbefristeten) **Vollstreckungserinnerung** (§ 766 ZPO).

100 Unanfechtbar sind **Zwischenentscheidungen** des Rechtspflegers (zB Terminsbestimmung; → § 11 Rn. 24 ff.).

Übertragene Geschäfte §3

10. Verteilungsverfahren (Nr. 1 lit. k, l, m)

a) Allgemeines. Das RPflG 1957 hat dem Rechtspfleger erstmalig die Vertei- 101
lungsverfahren im **Rahmen der Zwangsvollstreckung** in das bewegliche Vermögen (§§ 872 ff. ZPO) und der Zwangsversteigerung (§§ 105 ff. ZVG) übertragen. Bei dieser Übertragung ist es auch anläßlich der Neufassung durch das RPflG 1969/70 geblieben. Sie sind jetzt in § 3 Nr. 3 lit. a iVm § 20 Nr. 17 sowie § 3 Nr. 1 lit. i dem Rechtspfleger zugewiesen. Dazu gehören auch die Verteilungsverfahren bei der Zwangsvollstreckung in die Schiffspart (§§ 858 Abs. 5, 872 ff. ZPO) und in Ersatzteile von Luftfahrzeugen (§ 100 Nr. 4 LuftRG, §§ 872 ff. ZPO).

Die Übertragungen in § 3 Nr. 1 lit. k, l, m betreffen **andere** Verteilungsverfah- 102
ren. Es handelt sich dabei um Fälle in denen außerhalb der Zwangvollstreckung ein Erlös entweder in Anwendung der §§ 872 ff. ZPO bzw. §§ 105 ff. ZVG zu verteilen ist (= § 3 Nr. 1 lit. k, l) oder in denen die §§ 105 ff. ZVG mit einigen Abweichungen gelten (= § 3 Nr. 1 lit. m).

b) Anwendungsbereich. aa) Verteilungsverfahren in Anwendung der 103
§§ 872 ff. ZPO (Nr. 1 lit. k). Hierunter fallen die Verteilungsverfahren nach
– § 55 S 1, 2 und 3 Hs. 1 **Bundesleistungsgesetz** (BLeistG v. 19.10.1956, BGBl. I S. 815 idF der Bek. v. 27.9.1961, BGBl. I S. 1769, ber. S. 1920). Ist in einem Entschädigungsverfahren aufgrund der Anforderung **beweglicher** Sachen (vgl. §§ 1, 2 BLeistG) ungewiss, wem die zu zahlende Entschädigung zusteht, so ist der Betrag zu hinterlegen und die Verteilung auf Antrag nach den Vorschriften der §§ 872 ff. ZPO durchzuführen;
– der VO zu § 11 Abs. 4 **Energiesicherungsgesetz** (EnSG v. 20.12.1974, BGBl. I S. 3681) iVm § 55 S. 1, 2 und 3 Hs. 1 BLeistG.

bb) Verteilungsverfahren in Anwendung der §§ 105 ff. ZVG (Nr. 1 lit. l). 104
Hierher gehören die Verteilungsverfahren nach
– **§ 55 S. 1, 2 und 3 Hs. 2 BLeistG sowie § 11 Abs. 4 EnGS** (→ Rn. 103), wenn sie die Entschädigung für ein **Grundstück,** ein eingetragenes Schiff oder Schiffsbauwerk oder ein in der Luftfahrzeugrolle oder im Register für Pfandrechte an Luftfahrzeugen eingetragenes Luftfahrzeug betreffen. In diesen Fällen sind die §§ 105 ff. ZVG sinngemäß anzuwenden.

Die Festsetzung und Verteilung einer Entschädigung in entsprechender Anwendung des § 55 BLeistG sehen ferner vor:
– § 9 S. 3 **VerkehrsleistungsG** (VerkLG v. 23.7.2004, BGBl. I S. 1865)
– § 17 Abs. 3 S. 1 **ErnährungssicherstellungsG** (ESG v. 9.7.1968, BGBl. I S. 782)
– § 15 Abs. 3 S. 1 **WirtschaftssicherstellungsG** (WiSG v. 24.8.1965, BGBl. I S. 920).
– **§§ 53, 53a EGBGB** aufgrund der Entziehung, Beschädigung oder Benutzung einer Sache im öffentlichen Interesse.

cc) Verteilungsverfahren in Anwendung der §§ 105 ff. ZVG mit Abwei- 105
chungen (Nr. 1 lit. m). Unter lit. m fällt die Verteilung einer Geldabfindung, die aufgrund **öffentlich** durchzuführender Maßnahmen im Zusammenhang mit der Neuordnung oder Beschaffung von Grundstücken zu zahlen ist. Eine Geldabfindung sehen vor:
– **§ 75 Abs. 2 Flurbereinigungsgesetz** (FlurbG v. 14.7.1953, BGBl. I S. 591). Wird bei der Neugestaltung des Flurbereinigungsgebiets Geld hinterlegt, kann

jeder Hinterlegungsbeteiligte, nach Eintritt des neuen Rechtszustandes, die Einleitung des gerichtlichen Verteilungsverfahrens beantragen. Die Verteilung richtet sich grundsätzlich nach §§ 105 ff. ZVG.
- **§ 54 Abs. 3 Landbeschaffungsgesetz** (LBG v. 23.2.1957, BGBl. I S. 134). Ähnlich wie im Verfahren nach dem Bundesleistungsgesetz (→ Rn. 103, 104) werden Grundstücke zum Zwecke der Verteidigung in Anspruch genommen. Die Entschädigung ist zu hinterlegen und nach §§ 105 ff. ZVG und Sonderbestimmungen des LBG zu verteilen.
- **§ 119 Abs. 3 Baugesetzbuch** (BauGB idF der Bek. v. 27.8.1997, BGBl. I S. 2141). Eine hinterlegte Enteignungsentschädigung ist auf Antrag eines Beteiligten im gerichtlichen Verteilungsverfahren zu verteilen; das Verteilungsverfahren wird gem. § 105 ff. ZVG und den Sonderbestimmungen des BauGB durchgeführt.
- **§ 94 Abs. 4 Bundesberggesetz** (BBergG v. 13.8.1980, BGBl. I S. 1310). Bei einer zur Sicherung der Rohstoffversorgung angeordneten Grundabtretung ist die geschuldete Entschädigung nach §§ 105 ff. ZVG und Sonderbestimmungen des BBergG durchzuführen.

106   c) **Rechtspflegerzuständigkeit.** Der Rechtspfleger ist funktionell insbesondere zuständig für
- den auf Antrag zu erlassenden Eröffnungsbeschluss und dessen Bekanntgabe;
- die Aufforderung an die Beteiligten, binnen zwei Wochen eine Forderungsaufstellung einzureichen (§ 873 ZPO bzw. § 106 ZVG);
- die Bestimmung des Verteilungstermins (§ 875 ZPO bzw. § 105 ZVG);
- die Aufstellung des Teilungsplanes (§ 874 ZPO bzw § 113 ZVG);
- das Abhalten des Verteilungstermins, die Feststellung des Teilungsplanes und die Verhandlung darüber (§ 876 ZPO bzw. §§ 105, 107, 113 ZVG),
- die Ausführung des Teilungsplanes durch Herausgabeersuchen an die Hinterlegungsstelle. Die Planausführung kann sofort erfolgen, wenn im Termin kein Widerspruch erfolgt oder ein erhobener sofort erledigt wird (§ 876 S. 1 ZPO, § 105 Abs. 1 S. 1 ZVG). Wird der Widerspruch nicht erledigt, darf der Plan nur ausgeführt werden soweit er vom Widerspruch nicht betroffen ist oder die Klagefrist fruchtlos verstrichen ist oder ein rechtskräftiges Urteil vorliegt (§§ 876 S. 4, 878 Abs. 1 S. 2, 882 ZPO bzw. § 115 Abs. 1 ZVG).

IV. Vorbehaltsübertragungen (Nr. 2)

1. Vorbemerkung

107   Während im Bereich der Vollübertragung das Gesetz, außer den Regeln der §§ 4, 5, keine weiteren speziellen Zuständigkeitsaussagen trifft, erschließt sich das Verständnis für die Aufgabenverteilung zwischen Richter und Rechtspfleger in den in Nr. 2 genannten Verfahren erst durch die in §§ 14–19b getroffenen Regelungen. Da Nr. 2 die Geschäfte generell auf den Rechtspfleger überträgt, sind die §§ 14 bis 19b als Ausnahmevorschriften eng auszulegen (BayObLG Rpfleger 1982, 423; 1974, 328; KG Rpfleger 1978, 321). Die dem Richter vorbehaltenen „Entscheidungen" oder „Maßnahmen" umfassen auch die dazu erforderlichen Vorbereitungshandlungen, wie zB Anhörungen und Beweisaufnahmen (*Eickmann* Rpfleger 1980, 480). Zur Natur der Vorbehaltsübertragung → Rn. 12, 13.

Übertragene Geschäfte **§ 3**

2. Kindschaftssachen und Adoptionssachen sowie entsprechende Lebenspartnerschaftssachen nach den §§ 151, 186 und 269 FamFG (Nr. 2 lit. a)

a) Allgemeines. Mit Inkrafttreten des FamFG wurde das Vormundschaftsgericht abgeschafft und die Zuständigkeit des Familiengerichts erweitert („Großes Familiengericht" BT-Drs. 16/6308, 321). Damit verbunden war auch eine Neuregelung der Verteilung der Geschäfte zwischen Richter und Rechtspfleger. Intention des Gesetzgebers war es, die geltende Aufgabenverteilung unverändert beizubehalten (BT-Drs. 16/6308, 321). **§ 3 Nr. 2 lit. a** überträgt auf den Rechtspfleger, mit Ausnahme der in **§ 14** genannten Richtervorbehalte, seither Familiensachen im Sinne der Abschnitte 3, 5 und 12 des Buches 2 des FamFG: Die Verfahren in Kindschaftssachen (§ 151 FamFG) und in Adoptionssachen (§ 186 FamFG) sowie entsprechende Lebenspartnerschaftssachen (§ 269 FamFG). Ferner werden nach **§ 3 Nr. 3 lit. g, h iVm §§ 20–24a, 25 und 25a** weitere Aufgabenbereiche auf dem Gebiete der Familiensachen einzeln auf den Rechtspfleger übertragen. **108**

b) Rechtspflegerzuständigkeit. aa) Kindschaftssachen (§ 151 FamFG). Der Begriff Kindschaftssachen ist in § 151 FamFG definiert. Es handelt sich dabei um Angelegenheiten für die nach dem BGB das Familiengericht zuständig ist, sie sind kraft Gesetzes Familiensachen (§ 111 Nr. 2 FamFG). Auf das Verfahren (Antrags- oder Amtsverfahren) sind die Bücher 1 und 2 FamFG anzuwenden. Es gelten insbesondere: § 26 FamFG (Amtsermittlungsgrundsatz), §§ 29, 30 FamFG (Beweiserhebung). Die Endentscheidung ergeht durch Beschluss (§ 38 FamFG), der eine Rechtsbehelfsbelehrung zu enthalten hat (§ 39 FamFG). **Sachlich** ausschließlich zuständig ist das Amtsgericht (§ 23a Abs. 1 Nr. 1, S. 2 GVG); die **örtliche** Zuständigkeit richtet sich nach §§ 152, 153 FamFG (vgl. dazu *Stößer* FamRZ 2009, 656). Die **funktionelle** Zuständigkeit des Rechtspflegers ist in Abgrenzung zu den enumerativen Richtervorbehalten des § 14 zu bestimmen. **109**

Danach sind dem **Rechtspfleger** in Kindschaftssachen insbesondere folgende Geschäfte übertragen: In Verfahren betreffend **110**

(1) die elterliche Sorge (§ 151 Nr. 1 FamFG): **111**
– die **Übertragung des Namensbestimmungsrechts auf einen Elternteil** (§ 1617 Abs. 2 S. 1 BGB), wenn die Untätigkeit der Eltern **nicht** auf eine Meinungsverschiedenheit zurückzuführen ist; die Namensbestimmung betrifft die elterliche Sorge (BT-Drs. 13/8511, 71; BGH NJW-RR 2000, 665 = FamRZ 1999, 1684); ein Richtervorbehalt nach § 14 Abs. 1 Nr. 5 besteht dann nicht, wenn keine Meinungsverschiedenheit zwischen den Sorgeberechtigten zu entscheiden ist (str; so wie hier: AMHRH/*Rellermeyer* § 14 Rn. 21; *Künkel* FamRZ 1998, 877; *Klüsener* Rpfleger 1998, 221, 226; **aA:** von einer Meinungsverschiedenheit ist regelmäßig auszugehen OLG Frankfurt a. M. Rpfleger 1996, 280 mAnm *Bestelmeyer;* LG Münster Rpfleger 1996, 99; Palandt/*Diederichsen* BGB § 1617 Rn. 8 und die Vorauflage dort: § 14 Rn. 106; → § 14 Rn. 35);
– die **Ersetzung der Einwilligung des anderen Elternteils** dessen Namen das Kind führt zur Einbenennung (§ 1618 S. 4 BGB, § 9 Abs. 5 S. 2 LPartG), wenn ihm die elterliche Sorge **nicht** zusteht (OLG Stuttgart Rpfleger 1999, 443 mAnm *Gloge;* OLG Dresden Rpfleger 1999, 1378; AMHRH/*Rellermeyer* § 14 Rn. 21; *Klüsener* Rpfleger 2002, 233); der Richtervorbehalt des § 14 Abs. 1 Nr. 5 erfasst diesen Fall nicht, da der Entscheidung keine Meinungsverschiedenheit zwischen den Sorgeberechtigten zugrunde liegt (→ § 14 Rn. 35);

- die **Entziehung der elterlichen Vertretungsmacht** (§ 1629 Abs. 2 S. 3 iVm § 1796 BGB); mangels Meinungsverschiedenheit zwischen Sorgeberechtigten besteht kein Richtervorbehalt nach § 14 Abs. 1 Nr. 5 (*Künkel* FamRZ 1998, 877);
- die **Unterstützung der Eltern bei Ausübung der Personensorge** (§ 1631 Abs. 3 BGB) zB durch Ermahnungen und Verwarnungen oder Bekräftigung elterlicher Umgangsverbote (MüKoBGB/*Huber* § 1631 Rn. 44). Es kann auch das persönliche Erscheinen des Kindes angeordnet werden (Palandt/*Diederichsen* BGB § 1631 Rn. 10). Ferner können die Eltern bei der Ermittlung des Kindesaufenthalts durch das FamG unterstützt werden. Zur Mitwirkung des Jugendamtes vgl. § 162 Abs. 1 FamFG, § 50 SGB VIII;
- die **Genehmigung bei Abweichungen von Erblasseranordnungen** (§§ 1639 Abs. 2, 1803 Abs. 2, 3 BGB);
- die **Anordnung der Aufnahme eines Vermögensverzeichnisses** (§ 1640 Abs. 3 BGB); zur Mitteilungspflicht von Standesamt und Nachlassgericht vgl. §§ 168a Abs. 1, 356 Abs. 1 FamFG; zur Vollstreckung vgl. § 35 FamFG (zur Vollstreckung nach dem FamFG vgl. *Dörndorfer* JurBüro 2011, 1);
- die **Genehmigung von Rechtsgeschäften** (§ 1643 BGB iVm §§ 1821, 1822 Abs. 1 Nr. 1, 3, 5, 8–11, 1825, 1828–1831 BGB); die Genehmigungsentscheidung wird erst mit Rechtskraft wirksam (§§ 40 Abs. 2, 63 Abs. 2 Nr. 2 FamFG) und ist, nachdem sie einem Dritten gegenüber wirksam geworden ist (vgl. §§ 1829–1831 BGB), nicht mehr änderbar (§ 48 Abs. 3 FamFG), auch die Erinnerung nach § 11 Abs. 2 RPflG ist ausgeschlossen (§ 11 Abs. 3 S. 1 RPflG); dem Rechtspfleger obliegt im Rahmen der Prüfung der Wirksamkeit und Genehmigungsfähigkeit des Rechtsgeschäfts auch die Inhaltskontrolle von AGB (*Eickmann* Rpfleger 1978, 5); bei Geschäften mit erheblicher wirtschaftlicher Bedeutung und Tragweite kann sich die Zuziehung von Sachverständigen empfehlen (*Bassenge/Roth* Rn. 27).
- die **Genehmigung zur Überlassung von Vermögensgegenständen an das Kind** (§ 1644 BGB);
- die **Genehmigung zum Beginn eines neuen Erwerbsgeschäfts im Namen des Kindes** (§ 1645 BGB);
- die **Anordnung von Maßnahmen bei Gefährdung des Kindesvermögens** (§§ 1666, 1667 BGB); äußerste Maßregel stellt die Entziehung der Vermögenssorge dar (dazu: OLG Frankfurt a. M. NJW-RR 2005, 1382); ist die elterliche Sorge einem Elternteil alleine nach §§ 1671, 1672 BGB übertragen worden und kommt die Entziehung der Vermögenssorge in Betracht, so soll der Rechtspfleger die Sache wegen des engen Sachzusammenhangs dem Richter zur Überprüfung der Übertragungsentscheidung nach § 1696 BGB vorlegen (AMHRH/*Rellermeyer* § 14 Rn. 11; *Klüsener* Rpfleger 1998, 221, 230). Angeordnet werden kann zB
    - Einreichung eines Vermögensverzeichnisses und Rechnungslegung über die Verwaltung des Kindesvermögens (§ 1667 Abs. 1 S. 1 BGB; zur Vollstreckung gerichtlicher Anordnungen nach § 35 FamFG *Dörndorfer* JurBüro 2011, 1);
    - mündelsichere Anlegung von Geld des Kindes mit der Maßgabe, dass zur Abhebung die familiengerichtliche Genehmigung erforderlich ist (§ 1667 Abs. 2 S. 2 BGB);
    - Sicherheitsleistung (§ 1667 Abs. 3 S. 1 BGB);
- die **Feststellung des Ruhens der elterlichen Sorge bei tatsächlichem Hindernis** (§ 1674 BGB; zum Ruhen wegen tatsächlicher Verhinderung s. BGH

Übertragene Geschäfte   § 3

Rpfleger 2005, 83; OLG Brandenburg FamRZ 2009, 237); zum Wirksamwerden des Beschlusses vgl. §§ 15 Abs. 2, 40 Abs. 1, 41 Abs. 1 FamFG; ist für die tatsächliche Verhinderung eines Elternteils eine psychische Erkrankung ursächlich und kommen Maßnahmen nach §§ 1666, 1666a BGB in Betracht, empfiehlt es sich, die Sache dem Richter vorzulegen (§§ 5 Abs. 1 Nr. 2 und 6; *Bassenge/Roth* § 14 Rn. 13; *Klüsener* Rpfleger 1998, 230);
- die **Feststellung, dass der Grund des Ruhens nicht mehr besteht** (§ 1674 Abs. 2 BGB);
- die **Entscheidung über den Auskunftsanspruch eines Elternteils** gegenüber dem anderen Elternteil (§ 1686 S. 2 BGB; *Künkel* FamRZ 1998, 877; *Klüsener* Rpfleger 1998, 221 (231); MüKoBGB/*Hennemann* § 1686 Rn. 14);
- die **Einschränkung der Befugnisse der Pflegeperson** (§ 1688 Abs. 3 S. 2, Abs. 4 BGB; *Künkel* FamRZ 1998, 877; *Klüsener* Rpfleger 1998, 221 (231); AMHRH/*Rellermeyer* § 14 Rn. 26; *Bassenge/Roth* § 14 Rn. 21);
- die **Einschränkung oder den Ausschluss der sorgerechtlichen Befugnisse** des Ehegatten des sorgeberechtigen Elternteils in Angelegenheiten des täglichen Lebens (§ 1687b Abs. 3 BGB; vgl. *Rellermeyer* Rpfleger 2001, 381, 383; das gleiche gilt nach § 9 Abs. 3 LPartG für Lebenspartner; insoweit **aA** *Bassenge/Roth* § 14 Rn. 21; § 9 Abs. 3 LPartG entspricht jedoch § 1687b BGB und nicht § 1687a BGB, so dass kein Richtervorbehalt besteht);
- **gerichtliche Maßnahmen bei Verhinderung der Eltern** (§ 1693 BGB); **112** dazu gehört auch die Bestellung eines Ergänzungspflegers; kommt eine vorläufige Unterbringung des Kindes in Betracht (vgl. Palandt/*Diederichsen* BGB § 1693 Rn. 2) ist der Richter funktionell zuständig;
- die **Abänderung eigener Entscheidungen** (§ 1696 BGB).

Ferner: Die Genehmigung bzw. Gestattung
- der Ermächtigung und ihrer Rücknahme zum selbständigen Erwerbsgeschäft eines Minderjähren (§ 112 BGB);
- zur Ablehnung bzw. Aufhebung der fortgesetzten Gütergemeinschaft durch den minderjährigen Ehegatten (§§ 1484, 1492 BGB);
- zum Verzicht auf den Anteil am Gesamtgut durch einen minderjährigen Abkömmling (§ 1491 BGB);
- des Aufschubs der Aufhebung und Auseinandersetzung der fortgesetzten Gütergemeinschaft bei Wiederverheiratung oder Begründung einer Lebenspartnerschaft durch den überlebenen Ehegatten (§ 1493 BGB);
- des Vaterschaftsanerkenntnisses bzw. der Zustimmung zur Anerkennung (§ 1596 BGB);
- des Widerrufs der Anerkennung sowie der Zustimmung des früheren Ehemannes der Mutter zur Anerkennung (§§ 1597 Abs. 3, 1599 Abs. 2 S. 2 iVm § 1596 BGB);
- zur Anfechtung oder Aufhebung eines Erbvertrages durch Vertrag sowie der Zustimmung zur Aufhebung durch Testament (§§ 2282 Abs. 2, 2290 Abs. 2 S. 2, 2291 BGB);
- eines Erbverzichtsvertrages bzw. zur Aufhebung des Erbverzichts sowie zu einem Zuwendungsverzicht (§§ 2347, 2351, 2352 BGB);
- des Antrags auf Einleitung eines Aufgebotsverfahrens zur Todeserklärung des Verschollenen (§ 16 Abs. 3 VerschG);
- des Antrags auf Entlassung aus der deutschen Staatsangehörigkeit bzw. zum Erwerb einer ausländischen Staatsangehörigkeit sowie zur Verzichtserklärung auf die deusche Staatsangehörigkeit (§§ 19 Abs. 1, 25 Abs. 1, 26 StAG; vgl. dazu: *Rellermeyer* Rpfleger 2009, 349, 351);

§ 3   1. Abschnitt. Aufgaben und Stellung des Rechtspflegers

113   (2) **das Umgangsrecht und die Kindesherausgabe (§ 151 Nr. 2 und 3 FamFG):** Es besteht ein umfassender Richtervorbehalt nach § 14 Abs. 1 Nr. 7 und 8; → § 14 Rn. 40 ff.,

114   (3) **die Vormundschaft (§ 151 Nr. 4 FamFG):**
  – die **Anordnung der Vormundschaft (auch vorgeburtlich) sowie die Auswahl und Bestellung des Vormunds** (§§ 1773–1792 BGB); die Anordnung einer Vormundschaft über einen Angehörigen eines fremden Staates sowie nach Aufhebung einer Adoption (§ 1764 Abs. 4 BGB) ist dem Richter vorbehalten (§ 14 Abs. 1 Nr. 10, 15; → § 14 Rn. 57 ff. u. 83 ff.);

114a – die **Entziehung der Vertretungsmacht bei einem Interessenskonflikt** (§ 1796 BGB); hierbei handelt es sich um eine Streitentscheidung (*Eickmann* Rpfleger 1976, 153, 155);
  – die **Genehmigung bzw. Zustimmungsersetzung bei Abweichungen von Erblasseranordnungen sowie von Anordnungen des Schenkers** (§ 1803 Abs. 2, 3 BGB);
  – die **(Außen-) Genehmigungen des Vormundschaftsrechts** (§§ 1828–1831 BGB) nach
    – § 1821 BGB (Rechtsgeschäfte über Grundstücke; Schiffe oder Schiffsbauwerke)
    – § 1822 BGB (sonstige Rechtsgeschäfte)
    – § 1819, 1820 BGB (Rechtsgeschäfte über hinterlegte Wertpapiere oder Kostbarkeiten)
    – § 1812 BGB (Rechtsgeschäfte über Forderungen und Wertpapiere, sofern nicht die Genehmigung nach §§ 1819–1822 BGB erforderlich ist); zur Genehmigungsentscheidung → Rn. 111; die Entscheidung von Meinungsverschiedenheiten zwischen Vormund und Gegenvormund, wenn letzterer die Erteilung einer Genehmigung zB nach § 1812 BGB verweigert, trifft der Rechtspfleger: Einer Streitentscheidung bedarf es nicht, weil das Familiengericht seine ihm durch Gesetz eingeräumte alternative Kompetenz (§ 1812 Abs. 2 BGB) wahrnimmt (so zutr. MüKoBGB/*Wagenitz* § 1812 Rn. 39 unter Aufgabe einer früheren Auffassung, dass der Richter zuständig ist).
  – die **(Innen-) Genehmigungen des Vormundschaftsrechts** nach
    – §§ 1810, 1811 BGB (Art der Geldanlegung)
    – § 1823 BGB (Erwerbsgeschäft des Mündels)
  – die **Erteilung der Befreiung** nach § 1817 BGB;
  – die **Anordnung der Hinterlegung** nach § 1818 BGB;
  – die **Genehmigung der Überlassung von Gegenständen an den Mündel** nach § 1824 BGB;
  – die **allgemeine Ermächtigung des Vormunds** nach § 1825 BGB;
  – die **Festsetzung der Vergütung, des Aufwendungsersatzes und der Aufwandsentschädigung** des Vormunds nach §§ 1835–1836 BGB; §§ 1, 3 VBVG (v. 21. April 2005, BGBl. I S 1073), einschließlich der Feststellung, dass die Vormundschaft berufsmäßig geführt wird (§ 1 Abs. 1 VBVG) und Festsetzung von Zahlungen an die Staatskasse (§ 168 Abs. 1 S. 2, Abs. 3 FamFG);
  – die **Beratung des Vormunds und die Aufsicht** über dessen gesamte Tätigkeit nach § 1837 Abs. 1, 2 BGB;
  – die **Rechnungsprüfung** nach § 1843 BGB;
  – das **Einschreiten gegen Pflichtwidrigkeiten des Vormunds** durch Gebote und Verbote nach § 1837 Abs. 2–4 BGB; Eingriffe in die Personensorge des

Vormunds nach §§ 1837 Abs. 4 BGB iVm §§ 1666, 1666a BGB sind dem Richter vorbehalten (§ 14 Abs. 1 Nr. 2; auch → Rn. 111); ebenso die Änderung dieser Entscheidungen nach § 1837 Abs. 4 BGB iVm § 1696 BGB;
- die **Anordnung einstweiliger Maßregeln,** wenn ein Vormund noch nicht bestellt ist oder der Vormund verhindert ist nach § 1846 BGB; ist der Minderjährige Angehöriger eines fremden Staates, sind vorläufige Maßregeln im Zusammenhang mit der Anordnung der Vormundschaft dem Richter vorbehalten (§ 14 Abs. 1 Nr. 10 iVm Art. 24 EGBGB; → § 14 Rn. 57);
- die **Aufhebung der Befreiung** nach § 1857 BGB;
- die **Aufhebung der Vormundschaft bei Verschollenheit oder Todeserklärung des Mündels** nach § 1884 BGB;
- die **Entlassung des Vormunds** nach §§ 1886–1889 BGB;
- die **Prüfung der Schlussrechnung** nach § 1892 BGB;
ferner:
- die **Genehmigung eines Ehevertrags** nach § 1411 BGB;
- die **Genehmigung zur Namensänderung oder Namensfeststellung** nach §§ 2, 8 NamÄndG;
- die **Genehmigung des Antrags auf Teilungsversteigerung** nach § 180 Abs. 2 ZVG;
- **parallel zur elterlichen Sorge:** die Genehmigung zu Geschäften, die unter → Rn. 112 genannt sind.

(4) die Pflegschaft oder die gerichtliche Bestellung eines sonstigen Vertreters für einen Minderjährigen oder für eine Leibesfrucht (§ 151 Nr. 5 FamFG): Die Anordnung der Pflegschaft sowie Auswahl und Bestellung des Pflegers in folgenden Fällen:
- **Ergänzungspflegschaft** (§ 1909 BGB; auch iVm § 41 Abs. 3 FamFG, KG Rpfleger 2010, 422; BVerfG Rpfleger 2000, 205);
- **Pflegschaft für eine Leibesfrucht** (§ 1912 BGB); die Bestellung eines (Verfahrens-)Ergänzungspflegers ist dann nicht erforderlich, wenn zwischen dem ges. Vertreter (Eltern, Vormund) und dem vertretenen Minderjährigen kein Interessensgegensatz in Betracht kommt. Ob ein solcher besteht, ist in jedem Einzelfall zu prüfen und in Anlehnung an die Kriterien des § 1796 BGB festzustellen (BGH 12.2.2014 – XII ZB 592/12, FamRZ 2014, 640 mAnm. *Zorn*).
- **Pflegschaft für einen unbekannten Beteiligten** (§ 1913 BGB), wenn positiv feststeht, dass der Beteiligte minderjährig oder noch nicht geboren ist (BT-Drs. 16/6308, 276);
- **Pflegschaft nach § 17 SachenRBerG** für einen minderjährigen Grundstückseigentümer oder Inhaber dinglicher Rechte auf Antrag des Nutzers. Nach § 14 Abs. 1 Nr. 10 besteht für die Anordnung der Pflegschaft (nicht: Auswahl und Bestellung des Pflegers) ein Richtervorhalt, wenn sie für einen Angehörigen eines fremden Staates erfolgt (→ § 14 Rn. 57 ff., 46).
Die Pflegerbestellung für einen Minderjährigen im Rangklarstellungsverfahren erfolgt durch das Grundbuchamt (= Grundbuchsache, § 96 GBO).
- die **Bestellung eines Vertreters für einen minderjährigen Beteiligten** nach § 81 AO auf Ersuchen der Finanzbehörden; § 207 BauGB auf Ersuchen der zuständigen Behörde; § 119 FlurbG auf Ersuchen der Flurbereinigungsbehörde; § 15 SGB X auf Ersuchen der zuständigen Behörde; § 16 VwVfG (und Verwaltungsverfahrensgesetze der Länder) auf Ersuchen der Verwaltungsbehörde.

§ 3   1. Abschnitt. Aufgaben und Stellung des Rechtspflegers

Nach § 14 Abs. 1 Nr. 9 besteht ein Richtervorhalt, wenn die Vertreterbestellung auf Grund dienstrechtlicher Vorschriften erfolgt (→ § 14 Rn. 54ff.).
– **alle unter** → Rn. 114a, 115 **genannten Geschäfte**, soweit nach Maßgabe des § 1915 Abs. 1 BGB das Vormundschaftsrecht anzuwenden ist.

117   Nicht unter § 151 Nr. 4 oder Nr. 5 FamFG fällt die Bestellung eines **Verfahrensbeistands** für einen Minderjährigen in Personensorge-, Abstammungs- und Adoptionssachen (§§ 158, 174, 191 FamFG) Dabei handelt es sich jeweils um eine die Endentscheidung vorbereretende **Zwischenentscheidung** (BGH NJW-RR 2003, 1369 = Rpfleger 2003, 500). Funktionell zuständig ist der für das Hauptsachverfahren zuständige Richter oder Rechtspfleger. Die Bestellung ist nicht selbständig anfechtbar (§§ 158 Abs. 3 S. 2 FamFG). Nimmt sie der Rechtspfleger vor, soll aber die Erinnerung (§ 11 Abs. 2) statthaft sein (BayObLG Rpfleger 2003, 19; dieser Entscheidung begegnen folgende Bedenken: auch die Erinnerung setzt eine Endentscheidung des Rechtspflegers voraus und daran fehlt es; außerdem gewährleistet § 58 Abs. 2 FamFG die Überprüfung durch den Richter). Für die Festsetzung der Vergütung des Verfahrensbeistands (vgl. §§ 158 Abs. 7, 168 FamFG) ist der Rechtspfleger funktionell zuständig (§ 3 Nr. 2 lit. a); insoweit besteht kein Richtervorbehalt nach § 14.

118   **(5) Die Genehmigung der freiheitsentziehenden Unterbringung eines Minderjährigen (§§ 1631b, 1800, und 1915 BGB) sowie die Anordnung der freiheitsentziehenden Unterbringung eines Minderjährigen nach den Landesgesetzten über die Unterbringung psychisch Kranker (§§ 151 Nr. 6, 7 FamFG):** Es besteht aufgrund Art. 104 Abs. 2 GG ein umfassender Richtervorbehalt.

119   **(6) Die Aufgaben nach dem Jugendgerichtsgesetz (§ 151 Nr. 8 FamFG):** Die Bestellung eines Pflegers, wenn dem Erziehungsberechtigten und dem gesetzlichen Vertreter verfahrensrechtliche Befugnisse entzogen wurden (§ 67 Abs. 4 S. 3 JGG); darauf erstreckt sich der ansonsten bestehende Richtervorbehalt nicht (§ 14 Nr. 14 → § 14 Rn. 78ff.);

120   **bb) Adoptionssachen.** Der Begriff Adoptionssachen ist in § 186 FamFG definiert. Es handelt sich dabei um Angelegenheiten die das BGB, wegen ihrer häufigen Bezüge zu den klassischen Familiensachen (BR-Drs. 309/07, 549), dem Familiengericht übertragen hat. Sie sind kraft Gesetzes Familiensachen (§ 111 Nr. 4 FamFG). Auf das Verfahren (Antrags- oder Amtsverfahren) sind die Bücher 1 und 2 FamFG anzuwenden. Es gelten insbesondere: § 26 FamFG (Amtsermittlungsgrundsatz), §§ 29, 30 FamFG (Beweiserhebung). Die Endentscheidung ergeht durch Beschluss (§ 38 FamFG), der eine Rechtsbehelfsbelehrung zu enthalten hat (§ 39 FamFG). **Sachlich** ausschließlich zuständig ist das Amtsgericht (§ 23a Abs. 1 Nr. 1, S. 2 GVG); die **örtliche** Zuständigkeit richtet sich nach § 187 FamFG. Die **funktionelle** Zuständigkeit des Rechtspflegers ist in Abgrenzung zu den Richtervorbehalten des § 14 zu bestimmen.

121   Danach sind dem **Rechtspfleger** in Adoptionssachen insbesondere folgende Geschäfte übertragen: In Verfahren betreffend

122   **(1) die Annahme als Kind (§ 186 Nr. 1 FamFG):**
– die **Erteilung einer Bescheinigung an das Jugendamt** über die kraft Gesetzes eingetretene Amtsvormundschaft nach § 1751 Abs. 1 S. 1 und 2 BGB, § 190 FamFG; die Bescheinigung hat deklaratorischen Charakter, sie soll eine frühzei-

Übertragene Geschäfte **§ 3**

tige Information des Jugendamtes über die Einwilligung der Eltern in die Adoption sicherstellen (BT-Drs. 7/5087, 14);
– die **Anordnung,** dass die Wirkungen des Offenbarungs- und Ausforschungsverbots nach § 1758 Abs. 1 BGB bereits eintreten, wenn ein Antrag auf Ersetzung der Einwilligung eines Elternteils gestellt worden ist (§ 1758 Abs. 2 S. 21 BGB);
Im Übrigen besteht nach § 14 Abs. 1 Nr. 15 ein Richtervorbehalt (→ § 14 Rn. 83 ff.). **123**

(2) die Ersetzung der Einwilligung zur Annahme als Kind (§ 186 Nr. 2 FamFG): Es besteht ein umfassender Richtervorbehalt nach § 14 Abs. 1 Nr. 15 (→ § 14 Rn. 83 ff.). **124**

(3) die Aufhebung des Annahmeverhältnisses (§ 186 Nr. 3 FamFG): Die **Anordnung der Namensführung** nach § 1765 Abs. 3 BGB; diese Entscheidung wird regelmäßig mit der Aufhebung vom Richter getroffen werden (§ 6); sie kann aber auch noch danach beantragt werden (Palandt/*Diederichsen* BGB § 1765 Rn. 4); **125**

Im Übrigen besteht nach § 14 Abs. 1 Nr. 15 ein Richtervorbehalt (→ § 14 Rn. 83 ff.). **126**

(4) die Befreiung vom Eheverbot des § 1308 Abs. 1 BGB (§ 186 Nr. 4 FamFG): Die Entscheidung ist nach § 14 Abs. 1 Nr. 16 dem Richter vorbehalten (→ § 14 Rn. 93 ff.). **127**

3. Betreuungssachen sowie betreuungsgerichtliche Zuweisungssachen nach den §§ 271 und 340 FamFG (Nr. 2 lit. b)

a) Allgemeines. Das FamFG fasst die Betreuungssachen sowie die betreuungsgerichtlichen Zuweissungsachen in Buch 3 zusammen. Es handelt sich um Verfahren für die vor dem Inkrafttreten des FGG-RG das Amtsgericht/Vormundschaftsgericht zuständig war. Seither sind sie dem Amtsgericht/Betreuungsgericht (§ 23 c Abs. 1 GVG) zugewiesen. Begriffsdefinitionen finden sich in §§ 271, 340 FamFG. Nach § 23a Abs. 2 Nr. 1 GVG handelt es sich um Angelegenheiten der freiwilligen Gerichtsbarkeit (zur FGG-Reform vgl. *Rellermeyer* Rpfleger 2009, 349; *Sonnenfeld* Rpfleger 2009, 361). Die Richtervorbehalte, die früher von § 14 Abs. 1 Nr. 4 RPflG aF mitgeregelt wurden, fasst § 15 eigenständig zusammen und bezweckt dadurch eine übersichtlichere Darstellung (BT-Dr. 16/6308, 322). Die Richterzuständigkeit bzgl der freiheitsentziehenden Unterbringung (§ 1906 Abs. 1 BGB) und unterbringungsähnlicher Maßnahmen (§ 1906 Abs. 4 BGB) ergibt sich bereits aus Art. 104 Abs. 2 GG (und der damit korrespondierenden Nichtaufnahme von Unterbringungssachen nach § 312 FamFG in die Vorbehaltsübertragung des § 3 Nr. 2 lit. b). **128**

b) Rechtspflegerzuständigkeit in Betreuungssachen (§ 271 FamFG). Auf das Verfahren (Antrags- oder Amtsverfahren) in Betreuungssachen sind die Bücher 1 und 3 FamFG anzuwenden. Es gelten insbesondere: § 26 FamFG (Amtsermittlungsgrundsatz), §§ 29, 30 FamFG (Beweiserhebung). Die Endentscheidung ergeht durch Beschluss (§ 38 FamFG), der eine Rechtsbehelfsbelehrung zu enthalten hat (§ 39 FamFG). **Sachlich** zuständig ist das Amtsgericht (§ 23a Abs. 1 Nr. 2 GVG); die **örtliche** Zuständigkeit richtet sich nach § 272 FamFG. Die **funktionelle** Zuständigkeit des Rechtspflegers ist in Abgrenzung zu den enumerativen Richtervorbehalten des § 15 Abs. 1 S. 1 zu bestimmen. Nach **§ 19 Abs. 1 S. 1 Nr. 1** können die Landesregierungen Richtervorbehalte ganz oder teilweise aufheben. **129**

130 Dem Rechtspfleger sind in Betreuungssachen insbesondere folgende Geschäfte übertragen: **In Verfahren**

131 **aa) zur Bestellung eines Betreuers und zur Aufhebung der Betreuung (§ 271 Nr. 1 FamFG):**
– die **Bestellung eines Betreuers** mit dem Wirkungskreis der Geltendmachung von Rechten des Betreuten gegenüber seinem **Bevollmächtigten** (§ 1896 Abs. 3 BGB = Vollmachtsüberwachungs- oder Kontrollbetreuung; vgl. dazu *Kunze* NJW 2007, 2220; LG Wiesbaden FamRZ 1994, 778), einschließlich seiner Entlassung, der Bestellung eines neuen Betreuers, der Aufhebung dieser Betreuung sowie zur Überprüfung der Auswahl nach § 291 FamFG (insoweit besteht kein Richtervorbehalt; § 15 Abs. 1 S. 2); betrifft diese Betreuung den Angehörigen eines fremdem Staates, geht der Richtervorbehalt des § 15 Abs. 1 S. 1 Nr. 5 vor;
– die **Bestellung eines Gegenbetreuers** (§§ 1908i Abs. 1 S. 1, 1792 BGB); der Gegenbetreuer hat die Pflicht, den Betreuer insbesondere bei der Vermögensverwaltung zu überwachen (§ 1799 BGB; vgl. dazu: BayObLG FamRZ 2004); seine Bestellung stützt sich nicht auf § 1896 BGB, sondern auf § 1908i Abs. 1 S. 1 iVm § 1792 BGB und unterliegt nicht dem Richtervorbehalt des § 15 Abs. 1 S. 1 Nr. 1 (LG Bonn Rpfleger 1993, 233; AMHRH/*Rellermeyer* § 15 Rn. 9; *Bassenge/Roth* § 15 Rn. 3; *Spanl* Rpfleger 1992, 142, 144; aA *Klüsener* Rpfleger 1991, 225, 228; MüKoBGB/*Schwab* § 1908i Rn. 12); auch der Richtervorbehalt des § 15 Abs. 1 S. 1 Nr. 7 betrifft die Maßnahme nach § 1792 BGB nicht. Zur Bestellung eines Ergänzungsbetreuers → § 15 Rn. 14;
– **die Entlassung des Betreuers,** wenn der Betreute eine gleich geeignete Person, die zur Übernahme bereit ist, als neuen Betreuer vorschlägt (§ 1908b Abs. 3 BGB), einschließlich der Bestellung des neuen Betreuers (§ 1908c BGB);
– **die Entlassung des Vereins- oder Behördenbetreuers** auf Antrag (§ 1908b Abs. 4 BGB), einschließlich der Anordnung, dass der Betreuer die Betreuung als Privatperson weiterführt (§ 1908b Abs. 4 S. 2, 3 BGB) bzw. die Bestellung eines neuen Betreuers (§ 1908c BGB);
– **die Entlassung eines Beamten oder Religionsdieners als Betreuer,** wenn die Erlaubnis zur Führung der Betreuung versagt oder zurückgenommen wurde (§§ 1908i Abs. 1 S. 1, 1888 BGB), einschließlich der Bestellung eines neuen Betreuers (§ 1908c BGB);

132 **bb) zur Anordnung eines Einwilligungsvorbehaltes (§ 271 Nr. 2 FamFG):** Es besteht ein umfassender Richtervorbehalt nach § 15 Abs. 1 S. 1 Nr. 4 (→ § 15 Rn. 27 ff.).

133 **cc) die die rechtliche Betreuung eines Volljährigen (§§ 1896 bis 1908i BGB) betreffen, soweit es sich nicht um eine Unterbringungssache handelt (§ 271 Nr. 3 FamFG)**
– **die mündliche Verpflichtung des Betreuers und die Unterrichtung über seine Aufgaben** (§ 289 Abs. 1 S. 1 FamFG), einschließlich der Erteilung einer Bestellungsurkunde (§ 290 FamFG) und, falls erforderlich, der Führung eines Einführungsgesprächs (§ 289 Abs. 2 FamFG);
– **die Anordnung an den Betreuer, einen Betreuungsplan zu erstellen** (§ 1901 Abs. 4 S. 2 BGB; vgl. dazu *Sonnenfeld* FamRZ 2005, 941);
– **die Anordnung der Ablieferung einer Betreuungsverfügung oder Vorsorgevollmacht,** wenn die Betreuung bereits angeordnet ist (§ 1901c BGB, § 285 FamFG) sowie die Anordnung von Zwangsmitteln (§ 35 FamFG; AMHRH/*Rellermeyer* § 15 Rn. 8; → § 15 Rn. 17);

Übertragene Geschäfte **§ 3**

- **die Bestellung eines Verfahrenspflegers** (§ 276 FamFG), wenn der Rechtspfleger für das Hauptsacheverfahren funktionell zuständig ist einschließlich der Festsetzung von Vergütung und Aufwendungsersatz (§ 277 FamFG); ansonsten obliegt die Bestellung des Verfahrenspflegers in Betreuungs-, Unterbringungs- und Freiheitsentziehungssachen (§§ 276, 317, 419 FamFG) dem im Hauptverfahren zuständigen Richter (AMHRH/*Rellermeyer* § 15 Rn. 55; → § 15 Rn. 17; zur Anfechtung der Bestellung → § 11 Rn. 50, 92).
- **die Abgabe und Übernahme von Betreuungsverfahren einschließlich der Vorlage an das nächsthöhere Gericht** (§§ 4, 5 FamFG) dann, wenn keine akuten dem Richtervorbehalt unterliegende Geschäfte (zB Entscheidung über einen Einwilligungsvorbehalt) anstehen (OLG Köln FamRZ 2006, 802; OLG Köln FamRZ 2001, 939; AMHRH/*Rellermeyer* § 15 Rn. 37; *Wesche* Rpfleger 1993, 395; **aA** der Richter ist immer zuständig: OLG Zweibrücken Rpfleger 2008, 640; OLG München Rpfleger 2008, 256; BayObLG Rpfleger 1993, 189 = FamRZ 1993, 448; *Bassenge/Roth* § 15 Rn. 13, 22; → § 15 Rn. 17);
- **die Entscheidung über die Erinnerung gegen den Kostenansatz** (§ 81 GNotKG), wenn er für das Hauptsacheverfahren zuständig ist (§ 4 Abs. 1; vgl. LG Koblenz FamRZ 2000, 305);
- **ferner** aufgrund der Verweisung des **§ 1908i Abs. 1 S. 1 BGB:**
  - die **Beratung und Beaufsichtigung** des Betreuers (§ 1837 Abs. 1 und 2 BGB) einschließlich eines Auskunftverlangens über die Führung der Betreuung (§ 1839 BGB);
  - **das Einschreiten bei pflichtwidrigem Verhalten** des Betreuers durch Gebote und Verbote (zum Begriff der Pflichtwidrigkeit vgl. OLG Karlsruhe Rpfleger 2005, 535; BayObLG BtPrax 2004, 69; MüKoBGB/*Wagenitz* § 1837 Rn. 3) sowie die **Zwangsgeldfesetzung** mit dem Ziel gerichtliche Anordnungen durchzusetzen (§ 1837 Abs. 3 BGB, § 35 FamFG);
  - **die Entgegennahme des Vermögensverzeichnisses,** einschließlich der Anordnung einer Ersatzvornahme (§ 1802 BGB, § 35 FamFG) sowie des Berichts über die persönlichen Verhältnisse des Betreuten (§ 1840 Abs. 1 BGB);
  - die **Prüfung** der periodischen Rechnung des Betreuers über seine Vermögensverwaltung (§§ 1840 Abs. 2 – 1843 Abs. 1 BGB);
  - **die Entgegennahme der Übersicht**des befreiten Betreuers über den Vermögensbestand (§§ 1854 Abs. 2, 1857a, 1908i Abs. 2 S. 2 Hs. 1 BGB) sowie **Einschränkung und Aufhebung der Befreiung** (§ 1908i Abs. 2, S. 2 Hs. 2; der geschäftsfähige Betreute kann den Betreuer nicht befreien (OLG München Rpfleger 2006, 73; *Damrau/Zimmermann* § 1857a BGB Rn. 1);
  - **die Entziehung der Vertretungsmacht** für Angelegenheiten mit erheblichem Interessensgegensatz (§ 1796 BGB); da es sich bei der Maßnahme nicht um eine Entlassung des Betreuers handelt und der Rechtspfleger auch für die Entziehung der Vertretungsmacht der Eltern nach §§ 1629 Abs. 2 S. 3, 1796 BGB zuständig ist, besteht kein Richtervorbehalt nach § 15 Abs. 1 S. 1 Nr. 1 (AMHRH/*Rellermeyer* § 15 Rn. 37; *Bassenge/Roth* § 15 Rn. 17; **aA:** *Jürgens/Klüsener* § 14 Rn. 38 und die Vorauflage dort: § 14 Rn. 66: der Richter ist zuständig, da die Entziehung einer Entlassung gleichkomme); auch der Richtervorbehalt des § 15 Abs. 1 S. 1 Nr. 7 erfasst die Anordnung nach § 1796 BGB nicht. Möglich ist auch die Bestellung eines Ergänzungspflegers analog § 1909 BGB (*Bassenge/Roth* § 15 Rn. 17; AMHRH/*Rellermeyer* § 15 Rn. 8; **aA** *Klüsener* Rpfleger 1991, 231).

§ 3 1. Abschnitt. Aufgaben und Stellung des Rechtspflegers

- **die Zwangsgeldfestsetzung** zur Erzwingung der Schlussrechnung (§§ 1890, 1892 BGB, § 35 FamFG; OLG Jena Rpfleger 2001, 75);
- **die Bewilligung eines Vorschusses sowie die Festsetzung des Aufwendungsersatzes, der Aufwandsentschädigung und der Vergütung** des Betreuers (§ 1908i Abs. 1 S. 1 BGB iVm §§ 1835, 1835a BGB, § 1 Abs. 2 VBVG, §§ 168, 292 FamFG; dazu *Zimmermann* FamRZ 2005, 950; *Bestelmeyer* Rpfleger 2005, 583; *Dodegge* NJW 2005, 1896) einschließlich der Bestimmung von Höhe und Zeitpunkt der Zahlungen des Betreuten an die Staatskasse (§§ 1836c, 1836e BGB, §§ 168, 292 FamFG); erfolgt keine Festsetzung nach § 168 Abs. 1 S. 1 FamFG, werden Ansprüche gegen die Staatskasse durch den Urkundsbeamten der Geschäftsstelle, in sinngemäßer Anwendung des JVEG, festgesetzt (§ 168 Abs. 1 S. 4 FamFG). Der Festsetzungsbeschluss kann, wenn der Beschwerdewert 600 EUR nicht übersteigt, auch eine Entscheidung über die Zulassung der Beschwerde enthalten (§ 61 Abs. 2, 3 FamFG; BayObLG Rpfleger 2004, 160; OLG Zweibrücken FGPrax 2005, 216; AMHRH/*Rellermeyer* § 15 Rn. 37). Ihre Nichtzulassung durch den Rechtspfleger ist mit der Erinnerung (§ 11 Abs. 2) anfechtbar (BT-Drs. 16/6308, 205).
- **die betreuungsgerichtliche Genehmigung** zu Rechtsgeschäften nach §§ 1821, 1822 Nr. 1–4, 6–13 BGB;
- **einstweilige Anordnung,** zB bei Verhinderung des Betreuers, im Rahmen der ihm übertragenen Geschäfte (§§ 49ff. FamFG; § 1908i Abs. 1 S. 1 BGB iVm § 1846 BGB; *Bassenge/Roth* § 15 Rn. 21; *Klüsener* Rpfleger 1991, 229);

sowie **die betreuungsgerichtliche Genehmigung zu der Kündigung oder Auflösung des Mietverhältnisses** über vom Betreuten gemieteten Wohnraum (§ 1907 Abs. 1 BGB); zur Anhörungpflicht vgl. § 299 FamFG; **dem Abschluss von Miet- und Pachtverträgen oder anderen Verträgen,** die den Betreuten zu wiederkehrenden Leistungen verpflichten, wenn das Vertragsverhältnis länger als vier Jahre dauern oder vom Betreuer Wohnraum vermietet werden soll (§ 1907 Abs. 3 BGB); zur Anhörungpflicht vgl. § 299 FamFG; **dem Versprechen oder der Gewährung einer Ausstattung** (§ 1908 BGB); **der Ermächtigung zum selbständigen Betrieb eines Erwerbsgeschäfts** durch den Betreuten sowie deren Rücknahme, wenn ein Einwilligungsvorgehalt angeordnet ist (§§ 1903 Abs. 1 S. 2, 112 BGB; AMHRH/*Rellermeyer* § 15 Rn. 39).

und **der Zustimmungsersetzung** beim Eintritt des Betreuten in ein Dienst- oder Arbeitsverhältnis (§§ 1903 Abs. 1 S. 2, 113 Abs. 3 BGB), wenn ein Einwilligungsvorbehalt angeordnet ist (AMHRH/*Rellermeyer* § 15 Rn. 39; zum Vormund → § 14 Rn. 70 = Richtervorbehalt; § 14 Abs. 1 Nr. 12 lit. a).

134 **c) Rechtspflegerzuständigkeit in betreuungsgerichtlichen Zuweisungssachen (§ 340 FamFG).** Das Amtsgericht/Betreuungsgericht ist ferner für die betreuungsgerichtlichen Zuweisungssachen, die § 340 FamFG definiert, **sachlich** zuständig (§§ 23a Abs. 1 Nr. 2 und 2 Nr. 1, 23c Abs. 1 GVG); die **örtliche** Zuständigkeit richtet sich nach §§ 341, 272 FamFG. Die **funktionelle** Zuständigkeit des Rechtspflegers ist, wie in Betreuungssachen, in Abgrenzung zu den enumerativen Richtervorbehalten des § 15 zu bestimmen. Danach sind dem Rechtspfleger in betreuungsgerichtlichen Zuweisungssachen insbesondere folgende Geschäfte übertragen: **In Verfahren**

135 **aa) die die Pflegschaft mit Ausnahme der Pflegschaft für einen Minderjährigen oder für eine Leibesfrucht betreffen** (§ 340 Nr. 1 FamFG):

Übertragene Geschäfte §3

- die **Anordnung** einer
  - **Abwesenheitspflegschaft** (§ 1911 BGB);
  - **Pflegschaft für unbekannte Beteiligte** (§ 1913 BGB); zB für unbekannte Nacherben bzw. Ersatznacherben, (vgl. dazu Rn. 116);
  - **Pflegschaft für ein öffentliches Sammelvermögen** (§ 1914 BGB);
  - **Pflegschaft nach § 17 Abs. 1 SachenRBerG;**
  - **Pflegschaft bei Vermögensbeschlagnahme** nach §§ 290, 292 Abs. 2, 443 Abs. 3 StPO.
- die **Auswahl und Bestellung des Pflegers;**
- die **Aufhebung der Pflegschaft** (§§ 1919, 1921 BGB).

Für die Anordnung der **Nachlasspflegschaft** (= betreuungsgerichtliche Zuweisungs- und Nachlasssache; BT-Drs. 16/6308, 283; Keidel/*Zimmermann* FamFG § 342 Rn. 4, 5; *Bassenge/Roth* § 15 Rn. 23) ist nach § 1962 BGB das Nachlassgericht zuständig (→ Rn. 142). Das gleiche gilt, wenn für einen abwesenden Beteiligten ein Pfleger in Teilungssachen zu bestellen ist (§ 364 FamFG; Keidel/*Zimmermann* FamFG § 364 Rn. 8–10). Die Pflegerbestellung im **Rangklarstellungsverfahren** erfolgt durch das Grundbuchamt (= Grundbuchsache; § 96 GBO). Zur Bestellung eines **Verfahrenspflegers** vgl. Rn. 133. Die Anordnung der Pflegschaft für einen **Ausländer** (Art. 24 EGBGB) ist dem Richter vorbehalten (vgl. § 15 Rn. 33 ff.).

bb) die die gerichtliche Bestellung eines sonstigen Vertreters für einen Volljährigen betreffen (§ 340 Nr. 2 FamFG): 136
- die **Vertreterbestellung** nach
  - **§ 16 Abs. 1 Nr. 1–3, 5, Abs. 4 VwVfG** sowie nach dem entsprechenden landesrechtlichen VwVfG;
  - **§ 81 Abs. 1 Nr. 1–3, 5, Abs. 4 AO;**
  - **§ 15 Abs. 1 Nr. 1–3, Abs. 4 SGB X;** Erfolgt die Vertreterbestellung nach § 16 Abs. 1 Nr. 4 VwVfG, 81 Abs. 1 Nr. 4 AO oder § 15 Abs. 1 Nr. 4 SGB X ist Betreuungsrecht anzuwenden (§ 16 Abs. 4 VwVfG; § 81 Abs. 4 AO, § 15 Abs. 4 SGB X; Keidel/*Budde* FamFG § 340 Rn. 6) und es besteht ein Richtervorbehalt (§ 15 Abs. 1 S. 1 Nr. 1; AMRHR/*Rellermeyer* § 15 Rn. 57). Ein genereller Richtervorbehalt gilt aber, wenn die Vertreterbestellung aufgrund dienstrechtlicher Vorschriften (zB § 3 BDG iVm § 16 VwVfG) erfolgt (§ 15 Abs. 1 Nr. 6).
- die **Vertreterbestellung** nach
  - § 207 S. 1 BauGB;
  - § 29a Abs. 1, 3 LBG;
  - § 119 Abs. 1, 4 FlurberG.
- die **Aufhebung** der von ihm angeordneten Vertreterbestellung.

cc) die sonstige, dem Betreuungsgericht zugewiesene Verfahren, betreffen (§ 340 Nr. 3 FamFG): Die Vorschrift ist Auffangregelung und ermöglicht die Zuweisung einzelner weiterer Aufgaben an das Betreuungsgericht (BT-Drs. 16/6308, 277). Dabei handelt es sich um Verfahren, die nicht von § 271 Nr. 3 FamFG als Betreuungssachen erfasst werden. Diese Vorschrift bezieht sich nämlich nur auf Verfahren, die Gegenstand der §§ 1896–1908i BGB sind (Keidel/*Budde* FamFG § 271 Rn. 3 und § 340 Rn. 4). Der Rechtspfleger ist zuständig für die betreuungsgerichtliche Genehmigung zu 137
- der **Anfechtung oder der Aufhebung eines Erbvertrags** des Betreuten (§§ 2282 Abs. 2, 2290 Abs. 3 S. 2, 2291 Abs. 1 S. 2 BGB);

- einem **Erbverzicht und dessen Aufhebung** sowie einem Zuwendungsverzicht (§§ 2347, 2351, 2352 BGB);
- dem **Antrag des Betreuers auf Anordnung der Teilungsversteigerung** (§ 181 Abs. 2 S. 2 ZVG);
- der **Anerkennung der Vaterschaft** durch den Betreuer bei Geschäftsunfähigkeit des Betreuten (§ 1596 Abs. 1 S. 3 BGB);
- der **Zustimmung** durch den Betreuer zum Vaterschaftsanerkenntnis bei Geschäfsunfähigkeit der Mutter (§§ 1596 Abs. 1 S. 3, 4 BGB) bzw. des (früheren) Ehemannes der Mutter (§§ 1599 Abs. 2 S. 2, 1596 Abs. 1 S. 3);
- dem **Antrag des Betreuers**
  - auf Einleitung des Aufgebotsverfahrens (§ 16 Abs. 3 VerschG);
  - auf Namensänderung (§§ 1, 2 Abs. 1 S. 2, 8 NamÄndG).

4. Nachlass- und Teilungssachen nach § 342 FamFG (Nr. 2 c)

138   a) **Allgemeines.** Nachlass- und Teilungssachen sind in § 342 FamFG definiert (Einzelheiten zum Nachlassverfahren: *Zimmermann* Rpfleger 2009, 437, *Heinemann* ZFE 2009, 8; *Fröhler* BWNotZ 2008, 183). Nach § 23a Abs. 2 Nr. 2 GVG handelt es sich um Angelegenheiten der freiwilligen Gerichtsbarkeit für die das Amtsgericht/Nachlassgericht **sachlich** zuständig ist (§ 23a Abs. 1 Nr. 2 GVG). Die **örtliche** Zuständigkeit richtet sich nach §§ 343, 344 FamFG.

139   b) **Rechtspflegerzuständigkeit. aa) Nachlasssachen.** Auf das Verfahren in Nachlasssachen sind die Bücher 1 und 4 FamFG anzuwenden. Es gelten insbesondere: § 26 FamFG iVm § 2358 BGB (Amtsermittlungsgrundsatz) und §§ 29, 30 FamFG (Beweiserhebung). Die Endentscheidung ergeht durch Beschluss (§§ 38, 352 FamFG), der eine Rechtsbehelfsbelehrung zu enthalten hat (§ 39 FamFG). Die **funktionelle** Zuständigkeit des Rechtspflegers ist in Abgrenzung zu den enumerativen Richtervorbehalten des § 16 zu bestimmen. Zu beachten ist dabei, dass nach **§ 19 Abs. 1 S. 1 Nr. 2–5** die Landesregierungen Richtervorbehalte in Nachlasssachen ganz oder teilweise aufheben können. Außerdem können aufgrund § 36b Abs. 1 S. 1 Nr. 1 Rechtspflegergeschäfte nach §§ 346, 347 FamFG dem Urkundsbeamten der Geschäftsstelle übertragen werden.

140   Dem Rechtspfleger sind in **Nachlasssachen** insbesondere folgende Geschäfte übertragen: In Verfahren, die

141   **(1) die besondere amtliche Verwahrung von Verfügungen von Todes wegen betreffen (§ 342 Abs. 1 Nr. 1 FamFG):**
- die **Anordnung der Annahme** und die Mitwirkung beim Verschluss (§ 346 Abs. 1, 2 FamFG);
- die **Mitteilung über die Verwahrung** an die zentrale Registerbehörde (§ 347 Abs. 1 FamFG);
- die **Anordnung der Rückgabe** (§§ 2256 Abs. 1, 2300 Abs. 1 BGB; § 346 Abs. 1 FamFG) einschließlich der Belehrung über die Rechtsfolgen der Rückgabe (§§ 2256 Abs. 1 S. 2, 2300 Abs. 2 S. 3 BGB).
- **Ermittlungen,** ob der Erblasser noch lebt, wenn die Verfügung von Todes wegen seit mehr als 30 Jahren verwahrt wird (§ 351 S. 1 BGB).

142   **(2) die Sicherung des Nachlasses einschließlich Nachlasspflegschaften betreffen (§ 342 Abs. 1 Nr. 2 FamFG):**

Übertragene Geschäfte § 3

- die **Anordnung** der Anlegung von Siegeln, der Hinterlegung von Geld, Wertpapieren und Kostbarkeiten sowie der Aufnahme eines Nachlassverzeichnisses (§ 1960 Abs. 2 BGB);
- die **Anordnung der Nachlasspflegschaft** (§§ 1960–1962 BGB; zur Zuständigkeit des Nachlassgerichts vgl. auch Rn. 135 und *Zimmermann* Rpfleger 2009, 437). Für die **Anordnung** der Pflegschaft ist der Rechtspfleger auch dann zuständig, wenn der Erblasser **Angehöriger eines fremden Staates** war (→ § 16 Rn. 23). Der Richtervorbehalt nach § 16 Abs. 1 Nr. 1 iVm § 14 Abs. 1 Nr. 10 betrifft dieses Geschäft nicht, da es sich um keine Personenpflegschaft für den Erblasser, sondern für den (unbekannten) Erben handelt und dieser nicht zwingend Angehöriger eines fremden Staates sein muss (MüKoBGB/*Leipold* § 1960 Rn. 7; AMHRH/*Rellermeyer* § 16 Rn. 13; **aA** OLG Hamm Rpfleger 1976, 94; Keidel/*Zimmermann* FamFG § 343 Rn. 90, § 345 Rn. 71; *Bassenge/Roth* § 16 Rn. 8). Dazu gehören insbesondere die
  - **Auswahl und Bestellung** des Pflegers (§ 1915 Abs. 1 iVm §§ 1779, 1789 BGB);
  - **Aufsicht über die Tätigkeit** des Pflegers (§ 1915 Abs. 1 iVm § 1837 BGB) und die **Genehmigungsentscheidungen** (§ 1915 Abs. 1 iVm §§ 1812 ff. BGB).
  - **Vermögensverzeichnis,** Herbeiführung der Einreichung (§§ 1962, 1915 Abs. 1, 1802 BGB);
  - **Hinterlegungsanordnung** (§§ 1962, 1915 Abs. 1, § 1818 BGB);
  - **Abgabe und Übernahme** einer Nachlasspflegschaft (§ 4 FamFG);
  - **Festsetzung der Vergütung und der Auslagen** (§ 1915 Abs. 1 iVm §§ 1835–1836e BGB);
  - **Entlassung** des Pflegers wegen pflichtwidrigen Verhaltens (§ 1915 Abs. 1 iVm § 1886 BGB);
  - **Aufhebung** der Pflegschaft bei Wegfall des Anordnungsgrundes (§ 1919 BGB);
  - **Prüfung** der *Schlussrechnung* und die Vermittlung ihrer Abnahme durch die Beteiligten (§ 1915 Abs. 1 iVm § 1892 BGB).

(3) die Eröffnung von Verfügungen von Todes wegen betreffen (§ 342 143 Abs. 1 Nr. 3 FamFG):
- die **Anordnung der Ablieferung** eines Testaments oder Erbvertrags (§ 358 FamFG; §§ 2259, 2300 Abs. 1 BGB);
- die **Erzwingung der Ablieferung** durch Festsetzung von Zwangsgeld (§ 35 FamFG; zur Vollstreckung nach dem FamFG vgl. *Dörndorfer* JurBüro 2010, 1); zur Anordnung der Zwangshaft ist der Richter funktionell zuständig (§ 4 Abs. 2 Nr. 2);
- die **Beauftragung des Gerichtsvollziehers** mit der Herausgabevollstreckung (§ 35 Abs. 4 FamFG, §§ 802e, 883 ZPO) sowie der **Abnahme der eidesstattlichen Versicherung** über den Verbleib der Verfügung von Todes wegen (§ 35 Abs. 4 FamFG iVm § 883 Abs. 2, 3 ZPO; Keidel/*Zimmermann* FamFG § 358 Rn. 14 ff.).
- die **Bestimmung eines Eröffnungstermins** und die Ladung der Beteiligten (§ 348 Abs. 2 FamFG);
- die **Eröffnung und die Bekanntgabe** des Inhalts der Verfügung von Todes wegen (§§ 348 Abs. 2, 3, 349 FamFG);

§ 3 1. Abschnitt. Aufgaben und Stellung des Rechtspflegers

- die **Gewährung der Einsicht** in eine eröffnete Verfügung von Todes wegen (§ 357 FamFG).

144 **(4) die Ermittlung der Erben betreffen (§ 342 Abs. 1 Nr. 4 FamFG):** Eine Amtsermittlungspflicht ist nur in Bayern (Art. 37 BayAGVG; vgl. dazu BayObLG Rpfleger 1994, 103) und in Baden-Württemberg (§ 41 bad.-württ. LFGG; vgl. dazu *Sandweg* BWNotZ 1979, 25) vorgesehen.

145 Zum Verfahren gehören die mit der Erledigung der Aufgabe notwendigerweise verknüpften Geschäfte, so dass der Rechtspfleger zB eine eidesstattliche Versicherung verlangen kann (§ 4 Abs. 1).

146 **(5) die Entgegennahme von Erklärungen, die nach gesetzlicher Vorschrift dem Nachlassgericht gegenüber abzugeben sind, betreffen (§ 342 Abs. 1 Nr. 5 FamFG):** Darunter fällt zB die **Entgegennahme** der
- Ausschlagungserklärung (§ 1945 BGB),
- Erklärung über die Anfechtung der Annahme, der Ausschlagung bzw. der Versäumung der Ausschlagungsfrist (§§ 1955, 1956 BGB),
- Erklärung über die Anfechtung eines Testaments oder Erbvertrags (§§ 2081, 2281 BGB),
- Erklärung über die Annahme oder Ablehnung des Amtes durch den Testamentsvollstecker (§ 2202 Abs. 2 BGB),
- Kündigung des Testamtensvollstreckers (§ 2226 Abs. 1 S. 2 BGB),
- Erklärungen, die eine fortgesetzte Gütergemeinschaft betreffen (vgl. §§ 1484 Abs. 2, 1491 Abs. 1, 1492 Abs. 2 BGB, § 7 S. 2 LPartG),
- eidesstattlichen Versicherung des Erben (§ 2006 BGB, § 361 FamFG).

147 **(6) Erbscheine, Testamentsvollstreckerzeugnisse und sonstige vom Nachlassgericht zu erteilende Zeugnisse betreffen (§ 342 Abs. 1 Nr. 6 FamFG):**
- die **Erteilung von Erbscheinen** (§§ 2253ff. BGB) und von **Zeugnissen** nach §§ 36, 37 GBO §§ 42, 74 SchRegO, sofern keine Verfügung von Todes wegen vorliegt und die Anwendung ausländischen Rechts nicht in Betracht kommt (§ 16 Abs. 1 Nr. 6); nach § 16 Abs. 2 kann der Richter dem Rechtspfleger die Erbscheins- oder Zeugniserteilung übertragen, wenn trotz Vorliegens einer Verfügung von Todes wegen die Erteilung aufgrund gesetzlicher Erbfolge zu erfolgen hat und deutsches Erbrecht anzuwenden ist; (Einzelheiten bei § 16). Der Erbscheins- bzw. Zeugniserteilung hat ein Feststellungsbeschluss vorauszugehen (§§ 352, 354 FamFG; vgl. dazu Keidel/*Zimmermann* FamFG § 352 Rn. 112 ff).
- die **Einziehung von Erbscheinen** (§ 2361 BGB) oder **Zeugnissen** nach §§ 36, 37 GBO, §§ 42, 74 SchRegO, wenn der Erbschein oder das Zeugnis nicht vom Richter erteilt wurde und nicht wegen einer Verfügung von Todes wegen einzuziehen ist (vgl. § 16 Abs. 1 Nr. 7);
- die **Erteilung von Zeugnissen** nach § 1507 BGB, § 7 S. 2 LPartG, § 354 FamFG (= Zeugnis über die Fortsetzung der Gütergemeinschaft); bei deren Beendigung ist die Kraftloserklärung des Zeugnisses entbehrlich (BayObLG Rpfleger 1968, 21 mAnm *Haegele*). Die **Einziehung** des Zeugnisses ist hingegen dem Richter vorbehalten (§ 16 Abs. 1 Nr. 7);
- die **Kraftloserklärung** von Erbscheinen und Zeugnissen (§§ 353, 354 FamFG, § 2361 Abs. 2 BGB; Keidel/*Zimmermann* FamFG § 353 Rn. 10; Näheres: → § 16 Rn. 66);

Übertragene Geschäfte §3

- die **Feststellung des Heimstättenfolgers** und die **Erteilung** von **Heimstättenfolgezeugnissen** bei Erbfällen vor dem 1.10.1993 (§ 24 RHeimstG iVm § 29 AVO-RHeimstG; vgl. dazu AMHRH/*Rellermeyer* § 16 Rn. 51, 52; *Hornung* Rpfleger 1994, 277; *Westphal* Rpfleger 1961, 129).

Für die Erteilung und Einziehung von Testamentsvollstreckerzeugnissen (§ 2368 **148** BGB) ist der Richter funktionell zuständig (→ § 16 Rn. 66).

(7) die Testamentsvollstreckung betreffen (§ 342 Abs. 1 Nr. 7 FamFG): 149
- die **Fristbestimmung zur Ernennung eines Testamentsvollstreckers** nach § 2198 Abs. 2 BGB in den Fällen des § 2198 Abs. 1 BGB (Bestimmung der Person des Testamentsvollstreckers durch einen Dritten) einschließlich Verlängerung oder Abkürzung einer vom Erblasser gesetzten Frist (Palandt/*Weidlich* BGB § 2198 Rn. 4);
- die **Fristbestimmung über die Annahme** des Amts (§ 2202 Abs. 3 BGB);
- die **Rückforderung** des kraftlos gewordenen Testamentsvollstreckerzeugnisses gem. § 2368 Abs. 3 BGB.

Die *Ernennung* des Testamentsvollstreckers, die Entscheidungen über den An- **150** trag, eine vom Erblasser für die Verwaltung des Nachlasses durch letztwillige Verfügung getroffene *Anordnung außer Kraft* zu setzen sowie von *Meinungsverschiedenheiten* zwischen mehreren Testamentsvollstreckern, sind dem **Richter vorbehalten** (§ 16 Abs. 1 Nr. 2–4). Das gleiche gilt für die *Entlassung* des Testamentsvollstreckers aus wichtigem Grund und die Erteilung bzw. Einziehung des *Testamentsvollstreckerzeugnisses* (§ 16 Abs. 1 Nr. 5–7; → § 16 Rn. 66).

Die Richtervorbehalte können nach Maßgabe des **§ 19** durch die Länder aufge- **151** hoben werden.

(8) die Nachlassverwaltung betreffen (§ 342 Abs. 1 Nr. 8 FamFG): 152
- die **Anordnung der Nachlassverwaltung** auf Antrag des Erben (auch: Erbeserben OLG Jena Rpfleger 2008, 641 und 2009, 235 mAnm Floeth) oder eines Nachlassgläubigers (§§ 1975, 1981 BGB), auch wenn der Erblasser Angehöriger eines fremden Staates war (→ Rn. 142).
- die **Auswahl und Verpflichtung des Nachlassverwalters** (§§ 1975, 1962, 1915 Abs. 1 iVm §§ 1779, 1789 BGB);
- die **öffentliche Bekanntmachung** der Anordnung der Nachlassverwaltung (§ 1983 BGB);
- die **Aufsichtsführung** über die Tätigkeit des Nachlassverwalters (§§ 1975, 1962, 1915 Abs. 1, §§ 1793, 1837 BGB) und die **Festsetzung einer angemessenen Vergütung** (§ 1987 BGB, § 168 FamFG; vgl. dazu OLG München Rpfleger 2006, 405 mwN).
- die **Aufhebung der Nachlassverwaltung,** wenn sich ergibt, dass eine kostendeckende Masse nicht vorhanden ist (§ 1988 Abs. 2 BGB).

(9) sonstige den Nachlassgerichten durch Gesetz zugewiesene Aufga- 153 ben, betreffen (§ 342 Abs. 1 Nr. 9 FamFG): Hierunter fallen zB (vgl. BT-Drs. 16/6308, 277):
- die **Feststellung des Erbrechts des Fiskus** nach öffentlicher Aufforderung (§§ 1964, 1965 BGB); – zur Entscheidung vgl. *Frohn* Rpfleger 1986, 37);
- die **Mitteilung der Ausschlagung der Erbschaft** an den Ersatzberufenen (§ 1953 Abs. 3 BGB);

- die **Mitteilung der Anfechtung der Annahme bzw. der Ausschlagung und der Vesäumung der Ausschlagungsfrist** an den Ersatzberufenen (§ 1957 Abs. 2 BGB);
- die **Mitteilung der Anfechtung eines Testaments oder Erbvertrags** an den dadurch Begünstigten (§ 2081 Abs. 2 BGB);
- die **Anordnung der Ablieferung** eines Testaments oder Erbvertrags (§ 358 FamFG; §§ 2259, 2300 Abs. 1 BGB; zur Erzwingung der Ablieferung → Rn. 143);
- die **Fristbestimmung** bei Vermächtnis und Auflage (§§ 2151 Abs. 3, 2153–2155, 2192, 2193 BGB);
- die **Stundung des Pflichtteils**, wenn der Anspruch (dem Grunde und der Höhe nach) nicht bestritten wird (§ 2331a BGB, § 362 FamFG), einschließlich der Entscheidungen über Anträge auf Verzinsung und Sicherheitsleistung (§ 2331a Abs. 2 S. 2 iVm § 1382 Abs. 2–4 BGB), auf Ausspruch der Verpflichtung des Schuldners zur Zahlung (§§ 264 Abs. 2, 362 FamFG) und auf Aufhebung oder Abänderung der rechtskräftigen Stundungsentscheidung (§ 2331a Abs. 2 S. 2 iVm § 1382 Abs. 6 BGB) sowie auf Erlass einer einstweiligen Anordnung (§ 49ff. FamFG; Keidel/*Zimmermann* FamFG § 362 Rn. 12);
- die **Bestimmung einer Inventarfrist** (§ 1994 Abs. 1 S. 1 BGB), einschließlich der Verlängerung der Frist und die Bestimmung einer neuen Inventarfrist (§§ 1995 Abs. 3, 1996, 2005 Abs. 2 BGB) und die Entgegennahme des Inventars (§ 1993 Abs. 1 BGB);
- die **amtliche Aufnahme des Inventars oder seine Übertragung** auf eine zuständige Behörde bzw. Beamten oder einen Notar (§ 2003 Abs. 1 BGB; das Nachlassgericht ist auch dann zur Antragsentgegennahme zuständig, wenn es nach Landesrecht, zB Art. 8 BayAGGVG, § 5 AGGVG-Thüringen, §§ 4, 8 AGGVG-Rheinand-Pfalz, zur Aufnahme nicht zuständig ist, OLG München Rpfleger 2008, 578);
- die **Entgegennahme** des Inventars (§ 2003 Abs. 3 BGB) und die **Gestattung der Einsicht** des Inventars (§ 2010 BGB);
- die **Entgegennahme der eidesstattlichen Versicherung** des Erben nach § 2006 Abs. 1 BGB, § 361 FamFG;
- die **Entgegennahme der Anzeige** des Eintritts der Nacherbfolge und die **Gestattung der Einsicht** der Anzeige (§ 2146 BGB);
- die **Entgegennahme** der Anzeige über den Erbschaftskauf oder über ähnliche Verträge und die Gestattung der Einsicht (§§ 2384, 2385 BGB);
- die **Mitteilung an das Familiengericht,** dass ein Kind Vermögen von Todes wegen erworben hat, das nach § 1640 Abs. 1 S. 1 und Abs. 2 BGB zu verzeichnen ist (§ 356 FamFG);
- die **Mitteilung an die zuständige Behörde,** wenn das Stiftungsgeschäft in einer Verfügung von Todes wegen besteht (§ 83 S. 1 BGB);
- die **Mitteilung des Erbfalls und des Erben** an das Grundbuchamt, wenn zum Nachlass ein Grundstück gehört (§ 83 GBO);
- die **Gewährung von Akteneinsicht** in den übertragenen Verfahren (§ 13 Abs. 7 FamFG, § 4 Abs. 1);
- die **Festsetzung des Geschäftswerts** (§ 79 GNotKG); auch wenn der Richter den Erbschein erteilt hat;
- **Rechtshilfeersuchen:** Der Rechtspfleger kann in eigener Verantwortung entsprechend ein Ersuchen stellen (§ 4 Abs. 1; BayObLG Rpfleger 1994, 103 und FamRZ 1997, 306; OLG Zweibrücken Rpfleger 2000, 381). Wird ein vom

Übertragene Geschäfte **§ 3**

Rechtspfleger ausgehendes Ersuchen durch das ersuchte Gericht abgelehnt, ist er auch befugt, den erforderlichen Antrag auf Entscheidung durch das Oberlandesgericht is von § 159 Abs. 1 S. 1 GVG zu stellen (BayObLG Rpfleger 1994, 103) und Beschwerde einzulegen (§ 11 Abs. 1, § 159 Abs. 1 S. 2 GVG; OLG Stuttgart Rpfleger 2002, 255; Zöller/*Lückemann* GVG § 159 Rn. 3).

Das **Aufgebot von Nachlassgläubigern** (§ 1970 BGB, § 454ff. FamFG) ist **154** keine Nachlasssache und gehört nicht hierher (AMHRH/*Rellermeyer* § 16 Rn. 81; **aA** Keidel/*Zimmermann* FamFG § 454 Rn. 7). Nachlasssachen und Aufgebotsverfahren sind nämlich jeweils als eigenständige Angelegenheiten der freiwilligen Gerichtsbarkeit definiert (vgl. § 23a Abs. 2 Nr. 2 und 7 GVG). Aufgebotsverfahren sind nach § 3 Nr. 1 lit. c dem Rechtspfleger in vollem Umfang übertragen.

bb) Teilungssachen. Auf das Verfahren in Teilungssachen sind die Bücher 1 und **155** 4 (dort insbesondere: §§ 363–373) FamFG anzuwenden. In Teilungssachen ist der frühere Richtervorbehalt des § 16 Abs. 1 Nr. 8 aF aufgehoben worden (vgl. dazu: BT-Drs. 15/1508, 29). Nach § 23a Abs. 3 GVG (eingefügt durch das G v. 26.6.2013, BGBl. I S. 1800, obliegen Teilungssachen iSv § 342 Abs. 2 Nr. 1 FamFG dem **Notar**. Die funktionelle Zuständigkeit des Rechtspflegers beschränkt sich auf die Teilungssachen iS § 342 Abs. 1 Nr. 2 FamFG (§ 3 Nr. 2c).

Der Rechtspfleger ist in **Teilungssachen** insbesondere zuständig für **156**
– **die Pflegschaft** für einen abwesenden Beteiligten (§ 364 FamFG); auch bei Angehörigen eines fremden Staates (Keidel/*Zimmermann* FamFG § 364 Rn. 9; →Rn. 142).
– Verfahren betreffend die **Zeugnisse** über die **Auseinandersetzung** des Gesamtguts einer ehelichen, lebenspartnerschaftlichen oder fortgesetzten **Gütergemeinschaft** nach den §§ 36, 37 GBO sowie nach §§ 42, 74 SchRegO (§ 342 Abs. 2 Nr. 2 FamFG).
Da für das Verfahren zur Erteilung, Einziehung oder Kraftloserklärung dieser Zeugnisse nach §§ 354, 373 Abs. 2 FamFG Vorschriften des Erbscheinsverfahrens entsprechend anzuwenden sind, ist der Rechtspfleger in diesen Angelegenheiten in gleichem Umfang wie bei Erbscheinserteilung zuständig (Richtervorbehalte bestimmen § 16 Abs. 1 Nr. 6 und 7; →Rn. 66).

5. Handels- Genossenschafts- und Partnerschaftsregistersachen sowie unternehmensrechtliche Verfahren nach den §§ 374 und 375 FamFG (Nr. 2 d)

a) Allgemeines. Auf das Verfahren in Handels- Genossenschafts- und Partner- **157** schaftsregistersachen (§ 374 Nr. 1–3 FamFG) sind die Bücher 1 und 5 FamFG anzuwenden. Das gilt auch für unternehmensrechtliche Verfahren, die § 375 FamFG definiert. Nach § 23a Abs. 2 Nr. 3 und 4 GVG handelt es sich um Angelegenheiten der freiwilligen Gerichtsbarkeit für die das Amtsgericht **sachlich** zuständig ist (§ 23a Abs. 1 Nr. 2 GVG). Die **örtliche** Zuständigkeit richtet sich nach §§ 376, 377 FamFG. Von den unternehmensrechtlichen Verfahren sind die Verfahren abzugrenzen, die **§ 71 Abs. 2 Nr. 4 GVG** dem Landgericht zuweist (vgl. dazu auch BT-Drs. 16/6308 S. 392 und BT-Drs. 16/9733 S. 298). Hierbei handelt es sich ebenfalls um Angelegenheiten der freiwilligen Gerichtsbarkeit (Keidel/*Heinemann* FamFG § 375 Rn. 2).

Keine Registersachen iSv § 374 FamFG sind die Grundbuch-, Schiffs- und **158** Schiffsbauregistersachen (→Rn. 79ff.).

137

§ 3   1. Abschnitt. Aufgaben und Stellung des Rechtspflegers

159   **Nicht zu den unternehmensrechtlichen Verfahren** iSv § 375 FamFG gehören Verfahren in Vereinssachen, Verfahren zur Einberufung der Mitgliederversammlung (§ 37 Abs. 2 BGB;) und Bestellung von Notvorständen und Notliquidatoren (§§ 29, 48 Abs. 1 BGB; → Rn. 25). Diese sind in den Katalog des § 375 FamFG nicht einbezogen worden; die Vorschriften der unternehmensrechtlichen Verfahren sind dennoch darauf entsprechend anzuwenden (Keidel/*Heinemann* FamFG § 375 Rn. 101–105; Bumiller/Harders/*Harders* FamFG § 375 Rn. 52; Schulte-Bunert/Weinreich/*Nedden-Boerger* FamFG § 375 Rn. 7). Zu den in vollem Umfang dem Rechtspfleger übertragenen Vereinssachen (§ 374 Nr. 4 FamFG) vgl. im Übrigen → Rn. 16 ff.

160   Zu den auf den Rechtspfleger vollübertragenen **Güterrechtsregistersachen** (§ 374 Nr. 5 FamFG) → Rn. 54 ff.

161   **b) Rechtspflegerzuständigkeit in Handelsregister-, Genossenschaftsregister- und Partnerschaftsregistersachen.** Das FamFG regelt das vom Amtsgericht/Registergericht zu beachtende Verfahren (dazu: *Ries* Rpfleger 2009, 441; *Heinemann* FGPrax 2009, 1) zur Eintragung (§§ 378–387 FamFG), Zwangsgeldfestsetzung (§§ 388–392 FamFG) und Löschung bzw. Auflösung (§§ 393–399 FamFG). Die materiellen Grundlagen für die eintragungsfähigen Inhalte finden sich in §§ 8 ff. HGB, §§ 10, 29 GenG und §§ 4, 5 PartGG. Daneben sind für die Eintragungen auch die sog. Registerverordnungen (Handelsregisterverordnung (HRV), Genossenschaftsregisterverordnung (GenRegV) und Partnerschaftsregisterverordnung (PRV) maßgebend. Das FamFG hat an der Aufgabenverteilung zwischen Richter und Rechtspfleger keine Änderungen bewirkt, so dass die Führung des Handelsregisters A (vgl. § 3 Abs. 2 HRV) und des Genossenschaftsregisters (das gilt auch für die Europäische Genossenschaft – SCE-VO-EG Nr. 1435/2003; ABl. EU L 207, 1) dem Rechtspfleger obliegt (*Bassenge/Roth* § 17 Rn. 1). Im Übrigen ist die **funktionelle** Zuständigkeit des Rechtspflegers in Abgrenzung zu den enumerativen Richtervorbehalten des § 17 zu bestimmen (vgl. dazu *Rellermeyer* Rpfleger 2009, 349). Nach **§ 19 Abs. 1 S. 1 Nr. 6** sind die Landesregierungen ermächtigt, Richtervorbehalte nach § 17 Nr. 1 und 2 Lit. b ganz oder teilweise aufzuheben. Außerdem ist für einige Geschäfte in Registersachen der Urkundsbeamte der Geschäftsstelle zuständig (vgl. §§ 4, 29 HRV, § 1 GenRegV und § 1 PRV).

162   Dem **Rechtspfleger** sind insbesondere folgende Geschäfte übertragen:
aa) Handelsregistersachen (§ 374 Nr. 1 FamFG, §§ 8–16 HGB):
– die *erste* **Eintragung** eines Einzelkaufmanns, einer OHG, KG, Europäischen Wirtschaftlichen Interessen-Vereinigung/EWIV (VO Nr. 2137/850, ABl. EG L 199, 1; vgl. dazu *Ziegler* Rpfleger 1989, 261) sowie einer § 33 HGB zuzuordnenden juristischen Personen (zB wirtschaftlicher Verein iSv § 22 BGB; Anstalt oder Körperschaft des öffentlichen Rechts; kommunaler Eigenbetrieb; vgl. dazu *Kornblum* Rpfleger 2009, 481), einschließlich der **Eintragung von Änderungen,** die zB die Firma, die Sitzverlegung, die Person des Inhabers oder den Gegenstand des Unternehmens betreffen (§§ 31, 33, 34, 107, 161 Abs. 2 HGB, § 2 Abs. 3 Nr. 1 EWIV-AusfG; zur Eintragung eines Haftungsausschlusses nach § 25 Abs. 2 HGB vgl. OLG München Rpfleger 2007, 328 und 2008, 494; zur Zuständigkeit bei der Sitzverlegung einer Personenhandelsgesellschaft vgl. KG Rpfleger 1997, 217 mAnm *Buchberger*);
– die **Eintragung** der Errichtung bzw. der Aufhebung einer Zweigniederlassung (§ 13 HGB, § 2 Abs. 3 Nr. 2 EWIV-AusfG);
– die **Eintragung** der Erteilung bzw. des Erlöschens einer Prokura (§ 53 HGB);

Übertragene Geschäfte §3

- die **Eintragung** der Auflösung einer Gesellschaft (§§ 34, 143, 161 Abs. 2 HGB, § 2 Abs. 3 Nr. 4 EWIV-AusfG, §§ 263, 289 Abs. 6 AktG, § 65 GmbHG, § 45 VAG);
- die **Eintragung** der Liquidatoren einer Gesellschaft (§§ 34, 148, 161 Abs. 2 HGB, § 2 Abs. 3 Nr. 5 EWIV-AusfG, §§ 266, 278 Abs. 3 Abs. 3 AktG, § 67 GmbHG, § 47 Abs. 3 VAG; zur Handelsregisteranmeldung des GmbH-Liquidators vgl. *Pfeifer* Rpfleger 2008, 408; zur Vertretungsbefugnis von GmbH-Liquidatoren vgl. BGH Rpfleger 2009, 156), einschließlich der **Eintragung** des Schlusses der Liquidation (§§ 273 Abs. 1, 278 AktG, § 74 GmbHG, § 47 Abs. 3 VAG, § 2 Abs. 3 Nr. 6 EWIV-AusfG);
- die **Eintragung** der Fortsetzung einer Gesellschaft (§§ 144, 161 Abs. 2 HGB, § 1 EWIV-AusfG, §§ 274, 278 Abs. 3 AktG; § 60 Abs. 1 Nr. 4 GmbHG, § 49 VAG); steht der Fortsetzungsbeschluss in Verbindung mit einer gleichzeitig einzutragenden Satzungsänderung (§ 274 Abs. 4 S. 2 iVm Abs. 2 Nr. 2 AktG), so soll beide Geschäfte, wegen des Sachzusammenhangs, der Richter bearbeiten (§§ 5 Abs. 1 Nr. 2, 6, 17 Abs. 1 Nr. 1b; AMHRH/*Rellermeyer* § 17 Rn. 47);
- die **Eintragung** einer nur die Fassung betreffenden Satzungsänderung bei einer AG, GmbH, KGaA, VVaG; (Beispiele für nur redaktionelle Änderungen: *Gustavus* RpflBl. 1980, 13);
- die **Eintragung** der Umwandlung, die eine OHG, KG (auch wenn sie nach formwechselnder Umwandlung aus einer AG hervorgegangen ist: OLG Hamm ZIP 2001, 571), Genossenschaft oder eine § 33 HGB zuzuordnende juristische Person betrifft; sind bei der einzutragenden Umwandlung Rechtsträger beteiligt, für die sowohl Richter als auch Rechtspfleger zuständig sind, so kommt eine getrennte Bearbeitung in Betracht (vgl. dazu Buchberger Rpfleger 1998, 147; AMHRH/*Rellermeyer* § 17 Rn. 27; für die gesamte Bearbeitung durch den Richter unter Anwendung der § 5 Abs. 1 Nr. 2, § 6 und, in Zweifelsfällen auch des § 7, ist *Bassenge/Roth* § 17 Rn. 7).
- die **Eintragung** des Erlöschens einer Firma bzw. die **Amtslöschung** einer erloschenen Firma im Handelsregister A (§ 393 FamFG, § 31 Abs. 2, 157 Abs. 1, 161 Abs. 2 HGB), einschließlich der Fristsetzung und Entscheidung über einen Widerspruch (MüKoFamFG/*Krafka* § 393 Rn. 7, 13; *Jansen/Steder* § 141 Rn. 32);
- die **Amtslöschung** einer Personenhandelsgesellschft iS § 394 Abs. 4 FamFG wegen Vermögenslosigkeit (Keidel/*Heinmann* FamFG § 394 Rn. 13; MüKoFamFG/*Krafka* § 394 Rn. 10);
- die **Amtslöschung** einer wegen des Mangels einer wesentlichen Voraussetzung unzulässigen Eintragung im Handelsregister A nach § 395 FamFG; das gilt auch für das Handelsregister B, wenn die ursprüngliche Eintragung nicht dem Richtervorbehalt unterlag (→ § 17 Rn. 52, 53);
- die **Amtslöschung** einer Kapitalgesellschaft oder eines Gesellschafterbeschlusses, wenn die Nichtigkeit bereits durch rechtskräftiges Urteil festgestellt ist (*Bassenge/Roth* § 17 Rn. 10; AMHRH/*Rellermeyer* § 17 Rn. 37 (52, 53); *Brüggemann* Rpfleger 1970, 198);
- die **Eintragung** der Auflösung einer nach § 399 FamFG rechtskräftig aufgelösten Gesellschaft (*Bassenge/Roth* § 17 Rn. 12; AMHRH/*Rellermeyer* § 17 Rn. 40; die Eintragung hat nur deklaratorische Bedeutung, KölnerKomm/*Kraft* § 262 Rn. 72; Keidel/*Heinmann* FamFG § 399 Rn. 35);
- die **Eintragung** von Änderungen, die vertretungsbefugte Personen von Kapitalgesellschaften mit Sitz im Ausland betreffen, beim Gericht der Zweigniederlassung (§ 13e Abs. 3 HGB);

§ 3 1. Abschnitt. Aufgaben und Stellung des Rechtspflegers

- die **Eintragung** der Eröffnung oder Ablehnung der Eröffnung eines Insolvenzverfahrens oder ähnlichen Verfahrens über das Vermögen von Kapitalgesellschaften mit Sitz im Ausland, beim Gericht der Zweigniederlassung (§ 13e Abs. 4 HGB);
- die **Eintragung** der Registerwahl von Kapitalgesellschaften mit Sitz im Ausland, bei den Gerichten der übrigen Zweigniederlassungen (§ 13e Abs. 5 S. 2 HGB);
- die **aufgrund von Spezialgesetzen vorgeschriebenen Eintragungen:** zB Ernennung und Abberufung des Sachwalters (§ 22m Abs. 1 KWG); Aufhebung und Erlöschen der Erlaubnis Bankgeschäfte betreiben oder Finanzdienstleistungen erbringen zu können (§§ 32 Abs. 1, 38 Abs. 1 KWG, § 10 Abs. 3 ZAG); des Übergangszeitpunktes bei Enteignung nach § 1 RettungsG (§ 2 Abs. 2 S. 5 RettungsG);
- die **Zurückweisung** von Eintragungsanträgen (§ 382 Abs. 3 FamFG);
- die **Androhung und Festsetzung von Zwangsgeld** (zB nach §§ 14, 37a, 125a HGB, § 79 GmbHG, §§ 388ff. FamFG), einschließlich der Entscheidung über den Einspruch (§ 390 FamFG; MüKoFamFG/*Krafka* § 388 Rn. 19; *Jansen/Steder* § 132 Rn. 64);
- die **Androhung und Festsetzung von Ordnungsgeld** (zB nach § 37 HGB, § 43 Abs. 2 KWG, § 392 FamFG), einschließlich der Entscheidung über den Einspruch (§§ 390, 392 FamFG; Keidel/*Heinemann* FamFG § 392 Rn. 19);
- die **Entscheidung über Erinnerungen** gegen den Kostenansatz (§ 79 GNotKG), wenn er für das gebührenpflichtige Geschäft zuständig war (BayObLG Rpfleger 2002, 485).

163 Die **funktionelle Zuständigkeit** des Rechtspflegers beinhaltet auch die Befugnis, Zwischenentscheidungen zu erlassen; Beispiele:
- **Aussetzung** des Verfahrens unter Fristsetzung zur Klageerhebung (§ 381 FamFG);
- **Erlass einer Zwischenverfügung** (§ 382 Abs. 4 FamFG, § 25 Abs. 1 S. 3 HRV);

164 **bb) Genossenschaftsregistersachen (§ 374 Nr. 2 FamFG, §§ 10–14, 155–157 GenG):**
- die *erste* **Eintragung** einer Genossenschaft (§§ 10–11a GenG) sowie einer Europäischen Genossenschaft (Art. 11 Abs. 1 VO-EG Nr. 1435/2003); dass die Eintragung der Europäischen Genossenschaft in das Genossenschaftsregister nach den für Aktiengesellschaften geltenden Vorschriften zu erfolgen hat (§ 3 S. 1 SCEAG), berührt die umfassende Zuständigkeit des Rechtspflegers in Genossenschaftsregistersachen nicht (vgl. BT-Drs. 16/6308, 323; AMHRH/*Rellermeyer* § 17 Rn. 51);
- die **Eintragung** von Satzungsänderungen (§§ 11, 16 GenG);
- die **Eintragung** der Änderung des Vorstands oder der Vertretungsbefugnis von Vorstandsmitgliedern (§ 28 S. 1 GenG) sowie der Erteilung oder des Erlöschens einer Prokura (§ 42 GenG);
- die **Eintragung** der Errichtung oder Aufhebung einer Zweigniederlassung (§ 14 GenG);
- die **Eintragung** der Auflösung der Genossenschaft, der Liquidatoren und ihrer Vertretungsbefugnis sowie Änderungen in den Personen der Liquidatoren oder ihrer Vertretungsbefugnis (§§ 82, 84 GenG);
- die **Eintragung** der Fortsetzung der Genossenschaft (§§ 79a Abs. 5, 117 Abs. 3 GenG);
- die **Amtslöschung** einer vermögenslosen Genossenschaft (§ 394 FamFG);

Übertragene Geschäfte § 3

- die **Amtslöschung** einer wegen des Mangels einer wesentlichen Voraussetzung unzulässig eingetragenen Genossenschaft (§ 395 FamFG);
- die **Amtslöschung** einer Genossenschaft (auch der Europäischen Genossenschaft), wenn die Voraussetzungen für eine Nichtigkeitsklage vorliegen (§ 397 FamFG, §§ 94, 95 GenG, § 35 SCEAG);
- die **Amtslöschung** eines eingetragenen Beschlusses der Generalversammlung einer Genossenschaft (§ 398 FamFG);
- die **Eintragung** der Sitzverlegung einer Europäischen Genossenschaft in das Ausland (Art. 7 Abs. 8 der VO-EG Nr. 1435/2003; § 35 S. 1 SCEAG);
- die **Zurückweisung** von Eintragungsanträgen (§ 382 Abs. 3 FamFG);
- die **Androhung und Festsetzung von Zwangsgeld** (§ 160 GenG iVm §§ 388–391 FamFG), einschließlich der Entscheidung über den Einspruch (§ 390 FamFG; MüKoFamFG/*Krafka* § 388 Rn. 19; *Jansen/Steder* § 132 Rn. 64);

Die **funktionelle Zuständigkeit** des Rechtspflegers beinhaltet auch die Befugnis, Zwischenentscheidungen zu erlassen. Beispiele: **165**
- **Aussetzung** des Verfahrens unter Fristsetzung zur Klageerhebung (§ 381 FamFG);
- **Erlass einer Zwischenverfügung** (§ 382 Abs. 4 FamFG, § 1 GenRegV, § 25 Abs. 1 S. 3 HRV);

cc) Partnerschaftsregistersachen (§ 374 Nr. 3 FamFG, §§ 1–11 PartGG): **166**
- die **erste Eintragung** einer Partnerschaft (§ 5 PartGG);
- die **Eintragung** von Änderungen der Personen der Partner und der Vertretungsmacht der Partner (§§ 3 Abs. 2, 4 PartGG) sowie der Verlegung des Sitzes der Partnerschaft (§ 5 Abs. 2 PartGG, § 13h HGB);
- die **Eintragung** der Errichtung und Aufhebung einer Zweigniederlassung sowie von Änderungen, der die Zweigniederlassung betreffenden Tatsachen (§ 5 Abs. 2 PartGG, § 13 HGB);
- die **Eintragung** der Auflösung der Partnerschaft sowie der Liquidatoren, von Änderungen der Personen und der Vertretungsmacht der Liquidatoren (§ 9 Abs. 1 PartGG, §§ 143, 148 HGB) und der Fortsetzung der Partnerschaft (§ 9 Abs. 1 PartGG, § 144 HGB);
- die **Amtslöschung** des erloschenen Namens einer Partnerschaft (§ 393 Abs. 6 FamFG);
- die **Amtslöschung** einer wegen des Mangels einer wesentlichen Voraussetzung unzulässig eingetragenen Partnerschaft (§ 395 FamFG);
- die **Zurückweisung** von Eintragungsanträgen (§ 382 Abs. 3 FamFG);
- die **Androhung und Festsetzung von Zwangsgeld** (§ 5 Abs. 2 PartGG iVm §§ 388–391 FamFG), einschließlich der Entscheidung über den Einspruch (§ 390 FamFG; MüKoFamFG/*Krafka* § 388 Rn. 19; *Jansen/Steder* § 132 Rn. 64);
- die **Androhung und Festsetzung von Ordnungsgeld** bei unbefugtem Gebrauch des Namens einer Partnerschaft (§ 2 Abs. 2 PartGG, § 392 Abs. 2 FamFG), einschließlich der Entscheidung über den Einspruch (§§ 390, 392 FamFG; Keidel/*Heinemann* FamFG § 392 Rn. 19);

Die **funktionelle Zuständigkeit** des Rechtspflegers beinhaltet auch die Befugnis, Zwischenentscheidungen zu erlassen. Beispiele: **167**
- **Aussetzung** des Verfahrens unter Fristsetzung zur Klageerhebung (§ 381 FamFG);
- **Erlass einer Zwischenverfügung** (§ 382 Abs. 4 FamFG, § 1 PRV, § 25 Abs. 1 S. 3 HRV).

168 **c) Rechtspflegerzuständigkeit in unternehmensrechtlichen Verfahren (§§ 375, 401–409 FamFG).** Bei den unternehmensrechtlichen Verfahren, die § 375 FamFG definiert, handelt es sich um Angelegenheiten, die nach §§ 145 Abs. 1, 148 und 160b Abs. 2 FGG aF teilweise als Handelssachen bezeichnet wurden (BT-Drs. 16/6308 S. 284; vgl. dazu auch Ries NZG 2009, 654). Sie sind als Angelegenheiten der freiwilligen Gerichtsbarkeit ausschließlich dem Amtsgericht zugewiesen (§ 23a Abs. 1 Nr. 2, Abs. 2 Nr. 4 GVG), das in diesen Verfahren nicht als Registergericht handelt (es bietet sich die Bezeichnung „Unternehmensgericht" an; vgl. Keidel/*Heinemann* FamFG § 375 Rn. 2). Zu unterscheiden davon sind Verfahren, die nach § 71 Abs. 2 Nr. 4 GVG dem Landgericht sachlich zugewiesen sind. Die **funktionelle** Zuständigkeit des Rechtspflegers ist in Abgrenzung zu den enumerativen Richtervorbehalten des § 17 Nr. 2 zu bestimmen (→ § 17 Rn. 72ff.; AMHRH/*Rellermeyer* § 17 Rn. 58, 59, der zu Recht einige Richtervorbehalte für nicht mehr sachgerecht hält). Vom Richtervorbehalt ausdrücklich ausgenommen werden von **§ 17 Nr. 2 lit a–d** Geschäfte nach §§ 146 Abs. 2, 147, 157 Abs. 2, 166 Abs. 3, 233 Abs. 3 (= § 338 Abs. 3 aF) HGB, §§ 264 Abs. 2, 273 Abs. 4 und 290 Abs. 3 AktG, § 66 Abs. 2, 3 und 5, § 74 Abs. 2 und 3 GmbHG.

169 Nach **§ 19 Abs. 1 S. 1 Nr. 6** sind die Landesregierungen nur ermächtigt, Richtervorbehalte nach § 17 Nr. 1 ganz oder teilweise aufzuheben.

170 Dem **Rechtspfleger** sind insbesondere folgende Geschäfte übertragen: In Verfahren, die

171 **aa) handelsrechtliche Angelegenheiten betreffen (§ 375 Nr. 1 FamFG):**
– **Ernennung und Abberufung von Liquidatoren** aus wichtigen Gründen **(§§ 146 Abs. 2, 147 HGB).** Die Angelegenheit war bereits durch die REntlV und das RPflG 1957 auf den Rechtspfleger übertragen. Das RPflG 1969 hat es dabei belassen.
Die Rechtspflegerzuständigkeit für die Abberufung der Liquidatoren (§ 147 Abs. 2 HGB) wird zT als Rechtsprechung iSd Art. 92 GG qualifiziert (→ § 1 Rn. 56ff.), entweder unter dem Gesichtspunkt der Streitentscheidung oder dem der Schwere des Eingriffs. Entspr gilt für den spiegelbildlichen § 146 Abs. 2 HGB. Dem ist im Hinblick auf streitentscheidenden Charakter dieser Geschäfte zuzustimmen, so dass ihre Übertragung auf den Rechtspfleger nur dann im Einklang mit der Verfassung steht, wenn man die Zulässigkeit eines Vorschaltverfahrens (→ § 1 Rn. 73 ff.) bejaht oder jedenfalls das historischen Argument (→ § 1 Rn. 40ff.) akzeptiert.
Die Liquidation einer **OHG** erfolgt nach § 146 Abs. 1 HGB, sofern sie nicht durch Gesellschafterbeschluss oder Gesellschaftsvertrag einzelnen Gesellschaftern oder anderen Personen übertragen ist, durch sämtliche Gesellschafter als Liquidatoren. Die **Ernennung** von Liquidatoren **durch das Gericht** erfolgt auf Antrag eines Beteiligten aus wichtigen Gründen (§ 146 Abs. 2 HGB); ebenso kann das Gericht aus wichtigen Gründen Liquidatoren **abberufen** (§ 147 Abs. 2 HGB). Für die **KG** finden die genannten Bestimmungen über § 161 Abs. 2 HGB Anwendung; (zu Einzelheiten: Keidel/*Heinemann* FamFG § 375 Rn. 9–14).
Jedenfalls die **Abberufung** eines Liquidators beinhaltet im Hinblick auf die ihm durch § 149 HGB eingeräumten weitgehenden Rechte und Pflichten einen erheblichen Eingriff in die Rechtsstellung der Gesellschafter (weitergehend zB *Ruwe* S. 61: echte Streitentscheidung und damit Rechtsprechung).
– **Bestimmung des Verwahrers der Bücher und Papiere (§ 157 Abs. 2 HGB).** Das Geschäft war bereits nach der REntlV und dem RPflG 1957 auf

Übertragene Geschäfte **§ 3**

den Rechtspfleger übertragen. Das RPflG 1969 hat hieran nichts geändert. Danach kann das Gericht, wenn unter den Gesellschaftern einer aufgelösten OHG oder KG (§ 161 Abs. 2 HGB), bzw. deren Erben keine Verständigung über die Aufbewahrung der Bücher und Papiere erzielt wird, einen Verwahrer bestimmen. In entspr Anwendung des § 147 HGB kann der Rechtspfleger den Verwahrer auch abberufen (zu Einzelheiten: Keidel/*Heinemann* FamFG § 375 Rn. 15–17).
- **Aufklärung des Kommanditisten (§§ 166 Abs. 3, 233 Abs. 3 HGB).** Die schon nach der REntlV und dem RPflG 1957 bestehende Rechtspflegerzuständigkeit wurde vom RPflG 1969 übernommen. Auf Antrag eines Kommanditisten oder stillen Gesellschafters kann das Gericht, wenn wichtige Gründe vorliegen, die Mitteilung einer Bilanz, eines Jahresabschlusses oder sonstiger Aufklärungen jederzeit anordnen; das gilt auch für die Vorlegung der Bücher und Papiere (zu Einzelheiten: Keidel/*Heinemann* FamFG § 375 Rn. 18–20). Die unterschiedliche Zuordnung der Geschäfte der §§ 166, 233 HGB – die Entscheidung über den ordentlichen Informations- und Auskunftsanspruch ist Richtersache, Rechtspflegeraufgabe hingegen die Entscheidung über den außerordentlichen Anspruch – ist iÜ wenig einleuchtend (so zutreffend *Habscheid* Rpfleger 1989, 434, 436).
Die **hM** (→ § 1 Rn. 56) ordnet die Tätigkeiten nach §§ 166 Abs. 3, 233 Abs. 3 HGB als Rechtsprechung iSd Art. 92 GG ein (vgl. dazu auch: BayObLG Rpfleger 1995, 207; *Habscheid* Rpfleger 2001, 209; AMHRH/*Rellermeyer* § 17 Rn. 66; **aA** wohl *Bassenge/Roth* § 17 Rn. 14). Damit ist ihre Übertragung auf den Rechtspfleger verfassungsrechtlich nur dann unbedenklich, wenn man entweder die Zulässigkeit des Vorschaltverfahrens bejaht (§ 1 Rn. 73ff.) oder jedenfalls das historische Argument akzeptiert (→ § 1 Rn. 40ff.). Über damit zusammenhängende Vorfragen (zB Bestehen der Gesellschaft oder Kommanditistenstellung) entscheidet das Prozessgericht (Keidel/*Heinemann* FamFG § 375 Rn. 20; *Jansen/Ries* § 145 Rn. 6; **aA** AMHRH/*Rellermeyer* § 17 Rn. 66). Die gerichtliche Anordnung wird als Endentscheidung nach §§ 86, 95 FamFG vollstreckt; **aA** Keidel/*Heinemann* FamFG § 375 Rn. 20; Schulte-Bunert/Weinreich/*Nedden-Boeger* FamFG § 375 Rn. 20: Vollstreckung erfolgt nach § 35 FamFG; dagegen spricht, dass nach § 35 FamFG nur Zwischenentscheidungen vollstreckt werden).

bb) die Geschäfte nach § 375 Nr. 2 FamFG sind dem Richter vorbehalten 172 (vgl. § 17 Nr. 2).

cc) Verfahren nach dem AktG betreffend (§ 375 Nr. 3 FamFG): 173
- **die Bestellung von Abwicklern** nach Löschung der Gesellschaft wegen Vermögenslosigkeit nach § 264 Abs. 2 AktG;
- **die Neubestellung von Abwicklern** nach Beendigung der Liquidation nach § 273 Abs. 4 AktG;
- **die Bestellung von Abwicklern** nach Löschung der KGaA wegen Vermögenslosigkeit nach § 290 Abs. 3 AktG.

Die Verfahren nach §§ 264 Abs. 2 und 290 Abs. 3 AktG hat Art. 6 Nr. 25 RBe- 174 helfsbelehrungG aus systematischen Gründen zusätzlich in § 375 Nr. 3 FamFG aufgenommen (vgl. BT-Drs. 17/10490, 21); **§ 17 Nr. 2c** nimmt sie vom Richtervorbehalt aus.

dd) die Geschäfte nach § 375 Nr. 4, 5 FamFG unterliegen in vollem Um- 174a fang dem Richtervorbehalt (vgl. § 17 Nr. 2).

ee) Verfahren nach dem GmbHG betreffend (§ 375 Nr. 6 FamFG): 175

– die **Bestellung und Abberufung von Liquidatoren** aus wichtigem Grund sowie die Bestellung von **Nachtragsliquidatoren** (§ 66 Abs. 2, 3 und 5 GmbHG; diese Angelegenheiten wurden früher den Registergerichten zugeordnet obwohl es sich um keine eigentlichen Registersachen handelt, BT-Drs. 16/6308, 284). Stellt sich nach Löschung wegen Vermögenslosigkeit heraus, dass noch Vermögen vorhanden ist, muss auch dieses unter Bestellung von **Nachtragsliquidatoren** abgewickelt werden (§ 66 Abs. 5 GmbHG; vgl. auch: §§ 264 Abs. 2, 273 Abs. 4, 290 Abs. 3 AktG, § 145 Abs. 3 HGB, § 83 Abs. 5 GenG). Insoweit wird der Fortbestand der Gesellschaft fingiert (BGH NJW 1968, 297, OLG Düsseldorf Rpfleger 1995, 257; Keidel/*Heinemann* FamFG § 394 Rn. 35).
Die Geschäfte nimmt **§ 17 Nr. 2d** vom Richtervorbehalt aus. Damit ist die Ernennung von Liquidatoren für Gesellschaften aller Rechtsformen und für Genossenschaften nach Löschung im Register wegen Vermögenslosigkeit einheitlich auf den Rechtspfleger übertragen (vgl. BT-Drs. 17/10490, 17).

– die **Ernennung eines Verwahrers** für Bücher und Schriften einer GmbH nach deren Liquidation (§ 74 Abs. 2 GmbHG);
– die **Ermächtigung** der GmbH-Gläubiger zur Einsicht in Bücher und Schriften (§ 74 Abs. 3 GmbHG); der Beschluss ist als Endentscheidung Vollstreckungstitel § 86 FamFG (MüKoFamFG/*Krafka* § 375 Rn. 38; Bumiller/Harders/*Harders* FamFG § 375 Rn. 23; Schulte-Bunert/Weinreich/*Nedden-Boeger* FamFG § 375 Rn. 53; **aA** Keidel/*Heinemann* FamFG § 375 Rn. 75: Durchsetzung des Anspruchs muss im Prozessweg erfolgen);
– die **Bestellung** eines Notgeschäftsführers für eine GmbH (§ 29 BGB analog; das Geschäft fällt in den Anwendungsbereich des § 3 Nr. 1a; AMHRH/*Rellermeyer* § 17 Rn. 114; *Bassenge/Roth* § 17 Rn. 14; zu den Voraussetzungen der Bestellung vgl. BayObLG Rpfleger 1996, 114; BayObLG FGPrax 1997, 235; OLG Frankfurt a. M. Rpfleger 2001, 241).

176 **ff) Genossenschaftsrechtliche Verfahren betreffen (§ 375 Nr. 7 und 8 FamFG):**

– die **Ermächtigung** der Mitglieder zur Einberufung oder Ankündigung der Beschlussgegenstände einer Generalversammlung (§ 45 Abs. 3 GenG; es handelt sich um ein echtes Streitverfahren der freiwilligen Gerichtsbarkeit; → § 1 Rn. 56);
– die **Bestellung eines Prüfungsverbandes** (§ 64b GenG); tritt die Genossenschaft später freiwillig einem (anderen) Prüfungsverband bei, ist die Anordnung nach § 64b GenG von Amts wegen aufzuheben (MüKoFamFG/*Krafka* § 375 Rn. 49);
– die **Bestellung und Abberufung von Liquidatoren** der aufgelösten Genossenschaft (§ 83 Abs. 3 und 4 GenG); es muss ein wichtiger Grund dafür vorliegen (§ 265 Abs. 3 S. 1 AktG, § 66 Abs. 2 GmbHG analog; OLG Naumburg FGPrax 1999, 68; Keidel/*Heinemann* FamFG § 375 Rn. 79; *Pöhlmann/Fandrich/Bloehs* § 83 GenG Rn. 7 und 10 mwN). Ob die Vergütung der Liquidatoren auch vom Gericht festgesetzt wird, ist strittig (bejahend: MüKoFamFG/*Krafka* § 375 Rn. 50; **aA** Keidel/*Heinemann* FamFG § 375 Rn. 79; *Jansen/Ries* § 148 Rn. 5; vgl. auch LAG Sachsen-Anhalt Rpfleger 1998, 172).
– die **Bestimmung eines Verwahrers** der Bücher und Schriften der liquidierten Genossenschaft (§ 93 S. 2 GenG);
– die **Ermächtigung** der Genossenschaftsgläubiger zur Einsichtnahme in Bücher und Schriften (§ 93 GenG; zur Durchsetzung des Anspruchs → Rn. 175);

Übertragene Geschäfte **§ 3**

– die **Ermächtigung der Mitglieder einer Europäischen Genossenschaft** zur Einberufung einer Generalversammlung (§ 54 Abs. 2 der VO EG Nr. 1435/2003 iVm § 45 Abs. 3 GenG, § 35 SCEAG).

Bei den registergerichtlichen Maßnahmen nach §§ 54a, 80 GenG (Fristbestimmung und Auflösung der Genossenschaft) handelt es sich um keine unternehmensrechtlichen Verfahren. **177**

gg) die Geschäfte nach § 375 Nr. 9–14 FamFG unterliegen im vollen Umfang dem Richtervorbehalt (§ 17 Nr. 2). **177a**

hh) Verfahren nach dem PartGG betreffen (§ 375 Nr. 15 FamFG): **178**
– die **Bestellung und Abberufung** eines Liquidators für die Partnerschaft (§ 10 PartGG iVm §§ 146 Abs. 2, 147 HGB);
– die **Bestimmung** eines Verwahrers der Bücher und Schriften der liquidierten Partnerschaft (§ 10 PartGG iVm § 157 Abs. 2 HGB).

ii) Verfahren nach dem SchVG betreffen (§ 375 Nr. 16 FamFG): Die Geschäfte nach § 9 Abs. 2 und 3 S. 2 SchV (Ermächtigung der Gläubiger zur Einberufung einer Gläubigerversammlung und Bestimmung des Vorsitzenden der Versammlung) und § 18 Abs. 2 S. 2 und 3 SchVG (Bestimmung des Abstimmungsleiters) bezieht **§ 17 Nr. 2** in den enumerativen **Richtervorbehalt** ein (BT-Drs. 17/10470, 17; → § 17 Rn. 176). **179**

6. Verfahren nach der Insolvenzordnung (Nr. 2 e)

a) Allgemeines. Dem System der Vorbehaltsübertragung entsprechend, ist auch in Insolvenzverfahren die funktionelle Zuständigkeit des Rechtspflegers in Abgrenzung zu den Richtervorbehalten zu bestimmen. Diese sind jedoch anders als etwa in Kindschafts-, Betreuungs-, Nachlass- oder Registersachen (§§ 14–17) nicht katalogmäßig aufgelistet. § 18 gliedert das gesamte Verfahren vielmehr in zwei **Verfahrensabschnitte:** Es sind zu unterscheiden Richtervorbehalte im Verfahren bis zur Entscheidung über den Eröffnungsantrag, einschließlich dieser Entscheidung und im Folgeverfahren. Der erste Verfahrensabschnitt ist dem Richtervorbehalten (§ 18 Abs. 1 Nr. 1 Alt. 1 und 2). Im nachfolgenden (eröffneten) Verfahren ist grundsätzlich der Rechtspfleger zuständig, wobei der Richter das Verfahren wieder an sich ziehen kann (Evokationsrecht; § 18 Abs. 2 S. 3). Diese Aufgabenverteilung zwischen Richter und Rechtspfleger hat sich aus der Sicht des Gesetzgebers praktisch bewährt (amtl. Begründung zum EGInsO, BT-Drs. 12/3803, 64; Vorschläge zur Streichung der Richtervorbehalte und zur Abschaffung des Evokationsrechts macht der Bund Deutscher Rechtspfleger in Rpfleger 1989, 358 und RpflBl. 2001, 39). Mit Wirkung zum 1.1.2013 unterstellte Art. 5 Nr. 2 Gesetz zur weiteren Erleichterung der Sanierung von Unternehmen (ESUG; vom 7.12.2011, BGBl. I S. 2582) das Insolvenzplanverfahren, wegen seiner wirtschaftlichen Bedeutung (RegE ESUG S. 68), einem Richtervorbehalt. **180**

Die örtliche Zuständigkeit ist auf das Amtsgericht am Sitz des Landgerichts konzentriert (§ 2 Abs. 1 InsO; zur örtlichen Zuständigkeit vgl. BGH NJW 2006, 847 = Rpfleger 2006, 284; OLG Karlsruhe NZI 2005, 505). Die Länder können durch Rechtsverordnung andere oder zusätzliche Amtsgerichte zu Insolvenzgerichten bestimmen (§ 2 Abs. 2 InsO). **181**

b) Die Struktur der Aufgabenverteilung. Die **Richtervorbehalte** erstrecken sich im Wesentlichen auf (zu Einzelheiten → § 18 Rn. 5 ff.): **182**

§ 3 1. Abschnitt. Aufgaben und Stellung des Rechtspflegers

- das Verfahren bis zur Entscheidung über den Eröffnungsantrag einschließlich dieser Entscheidung sowie der Auswahl und Ernennung des Insolvenzverwalters (§ 18 Abs. 1 Nr. 1 Alt. 1 und 2),
- das Verfahren über einen Schuldenbereinigungsplan im Verbraucherinsolvenzverfahren (§ 18 Abs. 1 Nr. 1 Alt. 3; vgl. dazu *Uhlenbruck* Rpfleger 1997, 358),
- das Verfahren über einen Insolvenzplan nach den §§ 217–256 und den §§ 258–269 InsO (§ 18 Abs. 1 Nr. 2 InsO),
- die Entscheidungen über den Antrag des Schuldners auf Restschuldbefreiung nach den §§ 287a, 290, 296 bis 297a und 300 InsO, wenn ein Insolvenzgläubiger deren Versagung beantragt (§ 18 Abs. 1 Nr. 3 Alt. 1),
- die Entscheidung über den Widerruf der Restschuldbefreiung nach § 303 InsO (§ 18 Abs. 1 Nr. 3 Alt. 2),
- die Entscheidungen nach §§ 344 bis 346 InsO im ausländischen Insolvenzverfahren (§ 18 Abs. 1 Nr. 4).

183 Dem **Rechtspfleger** sind insbesondere folgende Geschäfte übertragen:

184 **aa) Insolvenzeröffnungsverfahren:** Im Eröffnungsverfahren kann vom Richter zur Sicherung der Insolvenzmasse ein vorläufiger Insolvenzverwalter bestellt werden (§ 21 Abs. 2 Nr. 1 InsO). Für seine Tätigkeit erhält der Verwalter eine Vergütung und Auslagenersatz (§ 11 InsVV; zur Berechnungsgrundlage BGH NJW-RR 2008, 128 = NZI 2008, 33 = Rpfleger 2008, 155). Die Festsetzung der Vergütung erfolgt durch das Insolvenzgericht (§§ 21 Abs. 1 Nr. 1, 26a, 64 InsO; § 26a InsO stellt die Zuständigkeit des Insolvenzgerichts auch bei Nichteröffnung des Verfahrens klar; BT-Drs. 15/7511, 46). Funktionell zuständig ist der Richter, wenn die Vergütungsfestsetzung im Falle der Nichteröffnung oder bereits vor Verfahrenseröffnung zu erfolgen hat (OLG Köln Rpfleger 2001, 44 und Rpfleger 2002, 277, 279; **aA:** AG Düsseldorf ZInsO 2000, 54 = NZI 2000, 37). Ist die Vergütung aber erst nach der Eröffnung festzusetzen ist, da die Verfahrenseröffnung eine zeitliche Zäsur erzeugt, der Rechtspfleger funktionell zuständig; es sei denn, der Richter hat sich die Verfahrensfortführung nach § 18 Abs. 2 vorbehalten (OLG Köln Rpfleger 2001, 44; OLG Zweibrücken Rpfleger 2000, 414; LG Göttingen Rpfleger 2001, 317; *Kübler/Prütting/Eickmann* InsVV § 11 Rdn. 39; *Haarmeyer/Wutzke/Förster* InsVV § 8 Rn. 14; AMHRH/*Hintzen* § 18 Rn. 11; *Bassenge/Roth* § 18 Rn. 11; **aA:** LG Köln Rpfleger 1997, 273; LG Koblenz Rpfleger 1997, 427; AG Köln ZIP 2000, 418, 419; HK-InsO/*Keller* § 11 InsVV Rn. 13). Gleiches gilt für die Festsetzung der Vergütung, die den Mitgliedern eines vorläufigen Gläubigerausschusses zusteht (§§ 21 Abs. 1 Nr. 1a, 73 InsO, § 17 InsVV).

184a **bb) Eröffnetes Insolvenzverfahren:**
- *die Ausfertigung* einer Bestallungsurkunde für den Insolvenzverwalter (§ 56 Abs. 4 InsO) und den vorläufigen Insolvenzverwalter (§ 21 Abs. 2 Nr. 1 InsO);
- *die Entlassung* des Insolvenzverwalters von Amts wegen oder auf Antrag des Verwalters, des Gläubigerausschusses oder der Gläubigerversammlung (§ 59 Abs. 1 InsO; vgl. dazu BGH Rpfleger 2006, 220 = NZI 2006, 158);
- *die Bestellung* eines anderen, von der Gläubigerversammlung gewählten Insolvenzverwalters (§ 57 InsO; MüKoInsO/*Graeber* § 57 Rn. 23; HK/*Eickmann* § 57 RdNr. 11; *Bassenge/Roth* § 18 Rn. 6; AMHRH/*Hintzen* § 18 Rn. 21; **aA:** LG Hechingen ZIP 2001, 1970; AG Göttingen NZI 2003, 267; *Kübler/Prütting/ Lüke* § 57 Rn. 8);
- *die Aufsicht* über den Insolvenzverwalter einschließlich der Zwangsgeldfestsetzung bei Pflichtverletzung (§ 58 Abs. 1 und 2 InsO; zur Zwangsgeldfestset-

Übertragene Geschäfte **§ 3**

zung gegen den entlassenen Verwalter vgl. BGH Rpfleger 2005, 468 = NJW-RR 2005, 1211);
- *die Festsetzung* der Vergütung und Auslagen des Insolvenzverwalters (§ 64 InsO; § 8 InsVV) sowie der Mitglieder des Gläubigerausschusses (§§ 64, 73 InsO);
- *die Aufhebung* der Kostenstundung (§ 4c InsO);
- *die Zustimmung* zur Vorschussentnahme durch den Insolvenzverwalter sowie *die Bewilligung* eines Vorschusses bei Stundung der Verfahrenskosten (§ 9 InsVV);
- *die Prüfung* der Schlussrechnung und einer Zwischenrechnung des Insolvenzverwalters (§ 66 Abs. 2 und 3 InsO; zur Prüfung der Schlussrechnung durch Sachverständige vgl. *Vierhaus* ZinsO 2008, 521; *Weber* Rpfleger 2007, 523);
- *die Einsetzung* eines Gläubigerausschusses (§ 67 Abs. 1 InsO; die Einsetzung eines vorläufigen Gläubigerausschusses im Eröffnungsverfahren (§§ 21 Abs. 1 Nr. 1a, 22a InsO) obliegt dem Richter (→ § 18 Rn. 7);
- *die Entlassung* eines Mitglieds des Gläubigerausschusses von Amts wegen, auf Antrag des Mitglieds oder auf Antrag der Gläubigerversammlung (§ 70 InsO); die Entlassung eines Mitglieds des vorläufigen Gläubigerausschusses (§§ 21 Abs. 1 Nr. 1a, 70 InsO) während des Eröffnungsverfahrens erfolgt durch den Richter (→ § 18 Rn. 7);
- *die Einberufung* der Gläubigerversammlung (§§ 74, 75 InsO; zur Aufstellung der Tagesordnung für die von einem Gläubiger beantragte Gläubigerversammlung vgl. OLG Celle Rpfleger 2002, 476 = NZI 2002, 314) und deren Leitung (§ 76 InsO);
- *die Stimmrechtsentscheidung* in der Gläubigerversammlung (§§ 76 Abs. 2, 77 Abs. 2 S. 2 InsO); auf Antrag kann der Richter das Stimmrecht neu festsetzen und die Wiederholung der Abstimmung anordnen; § 18 Abs. 3; (vgl. dazu auch BT-Drs. 12/3803, 65);
- *die Aufhebung* eines Beschlusses der Gläubigerversammlung (§ 78 InsO);
- *das Ersuchen* um Eintragung der Insolvenzeröffnung in das Grundbuch, Register für Schiffe und Luftfahrzeuge (§§ 32, 33 InsO);
- *die Entscheidung* nach § 36 Abs. 1 S. 2 und Abs. 4 InsO über die Massezugehörigkeit eines Gegenstandes (zB Nichtberücksichtigung von Unterhaltspflichten des Schuldners nach § 850c Abs. 4 ZPO; Heraufsetzung des Pfändungsfreibetrags nach § 850f Abs. 1 ZPO; vgl. dazu BGH Rpfleger 2009, 470); im Eröffnungsverfahren ist funktionell der Richter zuständig (*Bassenge/Roth* § 18 Rn. 12; **aA** AG Göttingen Rpfleger 2003, 466); auch die Entscheidung über einen Vollstreckungsschutzantrag nach § 765a ZPO hat, wegen des Sachzusammenhangs, das Insolvenzgericht zu treffen (BGH FamRZ 2008, 404); das Insolvenzgericht trifft die Entscheidung nach § 36 Abs. 4 InsO funktional als besonderes Vollstreckungsgericht, so dass der statthafte Rechtsbehelf sich nach § 766 ZPO bzw. § 793 ZPO (§ 11 Abs. 1) richtet und die Rechtsbeschwerde einer Zulassung durch das Beschwerdegericht bedarf (§§ 6, 7 InsO sind unanwendbar; BGH Rpfleger 2004, 436 = NZI 2004, 278; **aA** *Bassenge/Roth* § 18 Rn. 19: wegen des insolvenzspezifischen Charakters der Entscheidung kann nicht auf die außerhalb der InsO vorgesehenen Rechtsmittel zurückgegriffen werden; hat der Rechtspfleger entschieden gilt daher § 11 Abs. 2; dieser Ansicht kann nicht gefolgt werden, da bei Anwendung des § 11 Abs. 2 der Rechtsmittelzug erheblich verkürzt wird); **185**
- *die Anordnung,* dass der Schuldner sich zur Erfüllung seiner Auskunfts- und Mitwirkungspflichten jederzeit zur Verfügung zu stellen hat (§§ 97 Abs. 3, 101 Abs. 1 InsO);

- *die Durchsetzung* der Auskunfts- und Mitwirkungspflichten des Schuldners durch Abnahme der eidesstattlichen Versicherung über Richtigkeit und Vollständigkeit seiner Auskunft (§§ 98 Abs. 1, 101 Abs. 1, 153 Abs. 2 InsO); die Anordnung zwangsweiser Vorführung und Haft (§§ 98 Abs. 2 und 3, 101 Abs. 1 iVm §§ 802g Abs. 2, 802h und 802j Abs. 1 ZPO) trifft der Richter (§ 4 Abs. 2 Nr. 2);
- *die Anordnung* einer Postsperre und deren Aufhebung (§§ 99 Abs. 1 und 3, 101 Abs. 1), wenn sie nicht bereits im Eröffnungsverfahren oder im Eröffnungsbeschluss vom Richter angeordnet wurde;
- *die Bezeichnung* der Stelle bei der Geld anzulegen ist sowie Wertpapiere und Kostbarkeiten zu hinterlegen sind (§ 149 Abs. 1 S. 2 InsO);
- *die Entscheidung* über den Antrag des Schuldners, dem Insolvenzverwalter die Stilllegung oder Veräußerung seines Unternehmens zu untersagen (§ 158n Abs. 2 S. 2 InsO);
- *die vorläufige Untersagung* von Rechtshandlungen durch den Insolvenzverwalter, die für das Insolvenzverfahren besonders bedeutsam sind und die Einberufung einer Gläubigerversammlung, die darüber zu beschließen hat (§§ 160, 161 S. 2 InsO);
- *die Anordnung,* dass die geplante Betriebsveräußerung nur mit Zustimmung der Gläubigerversammlung zulässig ist (§ 163 Abs. 1 InsO);
- *die Fristbestimmung* zur Verwertung einer beweglichen Sache oder Forderung durch den absonderungsberechtigten Gläubiger (§ 173 Abs. 2 InsO);
- *die Entscheidungen* und Maßnahmen im Zusammenhang mit der Forderungsfeststellung (§§ 175 Abs. 2, 177 Abs. 1 S. 2 und Abs. 2, 178 Abs. 2 InsO; Einzelheiten dazu *Merkle* Rpfleger 2001, 157)
- *die Erteilung* beglaubigter Tabellenauszüge über bestrittene Forderungen (§§ 179 Abs. 3, 184 Abs. 2 S. 3 InsO; zur Zulässigkeit einer Feststellungsklage des Gläubigers einer Forderung aus vorsätzlicher unerlaubter Handlung des Schuldners BGH NJW 2006, 2922 = Rpfleger 2006, 492);
- *die Entscheidung* über die Wiedereinsetzung in den vorigen Stand bei Versäumung des Prüfungstermins durch den Schuldner (§ 186 InsO);
- *die Entscheidung* über Einwendungen eines Gläubigers gegen das Verteilungsverzeichnis einer Abschlagsverteilung (§ 194 InsO) und der Schlussverteilung (§ 197 Abs. 3);
- *die Zustimmung* zur Schlussverteilung und *Bestimmung* des Schlusstermins (§§ 196 Abs. 2, 197 Abs. 1 InsO);
- *die Aufhebung* des Insolvenzverfahrens (§ 200 InsO);
- *die Anordnung* einer Nachtragsverteilung (§§ 203 Abs. 1, 211 Abs. 3 InsO);
- *die Einstellung* des Insolvenzverfahrens mangels Masse (§ 207 Abs. 1), nach Anzeige der Masseunzulänglichkeit (§ 211 InsO), wegen Wegfall des Eröffnungsgrundes (§ 212 InsO) oder mit Zustimmung der Gläubiger (§ 213 InsO);
- *das Ersuchen* um Eintragung der Aufhebung oder Einstellung des Insolvenzverfahrens in das Grundbuch, Register für Schiffe und Luftfahrzeuge (§§ 200 Abs. 2, 215 Abs. 1, 32, 33 InsO);

186 **cc) Insolvenzplanverfahren.** Die Erteilung einer qualifizierten Vollstreckungsklausel zum rechtskräftig bestätigten Insolvenzplan (§ 257 InsO, §§ 726 Abs. 1, 727 ZPO; vgl. § 20 Nr. 12).

187 **dd) Restschuldbefreiung**
- *die Bestimmung* eines Treuhänders (§ 288 S. 2 InsO);
- *die Aufsicht* über den Treuhänder, dessen *Entlassung* und die *Festsetzung* seiner Vergütung und Auslagen §§ 292 Abs. 3, 293 iVm §§ 58, 59, 64, 65 InsO, § 16 InsVV);

Übertragene Geschäfte **§ 3**

- *die Versagung* der Restschuldbefreiung auf Antrag des Treuhänders, weil seine Mindestvergütung nicht gedeckt ist (§§ 298, 300 Abs. 3 Hs. 2 InsO);
- *die Erteilung* der Restschuldbefreiung, wenn kein Insolvenzgläubiger die Versagung beantragt hat (§ 300 Abs. 1 InsO);

ee) Eigenverwaltung 188

- die *nachträgliche Anordnung* der Eigenverwaltung (§ 271 S. 1 InsO; MüKoInsO/*Wittig/Tetzlaff* § 271 Rn. 21; HK/*Landfermann* § 271 Rn. 3; *Kübler/Prütting/Pape* InsO § 271 Rn. 11) und *die Bestellung* des Sachwalters (§ 271 S. 2 InsO);
- die *Aufhebung* der Eigenverwaltung (§ 272 InsO; Nerlich/Römermann/*Riggert* InsO § 272 Rn. 1) und die *Bestellung* des Insolvenzverwalters (§ 272 Abs. 3 InsO; MüKoInsO/*Wittig/Tetzlaff* § 272 Rn. 45);
- die *Aufsicht* über den Sachwalter, die *Ausfertigung* einer Bestallung sowie die *Festsetzung* seiner Vergütung und Auslagen (§ 274 Abs. 1 InsO iVm §§ 56 Abs. 2, 58, 63, 64 InsO, §§ 8, 10 InsVV);
- die *Entlassung* des Sachwalters (§ 274 Abs. 1 iVm § 59 InsO);
- die *Anordnung* der Zustimmungsbedürftigkeit von Rechtsgeschäften des Schuldners (§ 277 Abs. 1 InsO) und das *Ersuchen* um Eintragung in das Grundbuch und Register für Schiffe und Luftfahrzeuge (§ 277 Abs. 3 S. 3 iVm §§ 32, 33 InsO);

7. Verfahren nach der VO EG Nr. 1346/2000 über Insolvenzverfahren und nach Art. 102 EGInsO sowie Verfahren nach dem AG zum dt.-österr. Konkursvertrags vom 8.3.1985 (Nr. 2 g)

a) Allgemeines. § 3 Nr. 2g Hs. 2 wurde mit Wirkung v. 1.1.2013 angefügt 189 (vgl. Art. 4 Nr. 1b RBehelfsbelehrungsG). Dadurch wurde eine Regelungslücke geschlossen (→ § 19a Rn. 1).

Das **internationale** Insolvenzrecht regeln §§ 335–358 InsO (= deutsches auto- 190 nomes Insolvenzrecht) sowie die VO (EG) Nr. 1346/2000 iVm Art. 102 EGInsO (= Europäisches Insolvenzrecht, in Kraft seit 31.5.2002; vgl. dazu ausführlich *Vallender* KTS 2005, 283; *Pannen/Riedemann* NZI 2004, 301; *Rellermeyer* Rpfleger 2003, 391). Im Verhältnis zu Österreich gilt ferner, wenn der sachliche Anwendungsbereich der vorrangigen VO (EG) Nr. 1346/2000 nicht eröffnet ist, subsidiär der deutsch-österreichische Konkursvertrag (DöKV) v. 25.5.1979, BGBl. 1985 II 410, und das Ausführungsgesetz dazu (DöKVAG) v. 8.3.1985, BGBl. I S. 535; vgl. dazu auch: BT-Drs. 17/10490, 16.

Entscheidungen nach §§ 344 bis 346 InsO behält § 18 Abs. 1 Nr. 4 dem Richter 191 vor (→ § 18 Rn. 23).

Die in den EU-Mitgliedstaaten (ausgenommen Dänemark) geltende VO (EG) 192 Nr. 1346/2000 regelt die internationale Zuständigkeit für Insolvenzverfahren (Art. 3 Abs. 1) und das anwendbare Insolvenzrecht (Art. 4 Abs. 1). Die Durchführung der VO (EG) 1346/2000 regelt Art. 102 EGInsO. Für die Eröffnung eines Partikular- oder Sekundärinsolvenzverfahrens nach Art. 3 Abs. 2–4, und Art. 27 ff. VO (EG) Nr. 1346/2000 ist der Richter funktionell zuständig (§ 18 Abs. 1 Nr. 1).

Die VO (EG) Nr. 1346/2000 ersetzt in ihrem sachlichen Anwendungsbreich 193 den deutsch-österreichischen Konkursvertrag (vgl. Art. 44 Abs. 1d; BT-Drs. 15/16, 26; *Eidenmüller* IPRax 2001, 2). Für die vor dem Inkrafttreten der EG-InsVO eröffneten Verfahren gilt dieser Vertrag jedoch fort (Rauscher/*Mäsch* EG-InsVO Art. 44 Rn. 6).

Die Richtervorbehalte zu § 3 Nr. 2 lit. g bestimmt § 19a (→ § 19a Rn. 5 ff.). 194

§ 3   1. Abschnitt. Aufgaben und Stellung des Rechtspflegers

195   **b) Rechtspflegerzuständigkeit.** Dem Rechtspfleger sind insbesondere folgende Geschäfte übertragen:
       aa) Verfahren nach der VO (EG) Nr. 1346/2000 und Art. 102 EGInsO:
- *die Anordnung* der öffentlichen Bekanntmachung der ausländischen Verfahrenseröffnung und der Verfahrensbeendigung sowie der Vorlage einer beglaubigten Übersetzung (Art. 102 § 5 EGInsO iVm Art. 21 VO (EG)Nr. 1346/2000);
- *das Ersuchen* um Eintragung der ausländischen Verfahrenseröffnung in das Grundbuch, Handelsregister und andere öffentliche Register (Art. 102 § 6 EGInsO iVm Art. 22 VO(EG)Nr. 1346/2000; es besteht kein Richtervorbehalt; anders: § 18 Abs. 1 Nr. 4 für den Fall des § 346 InsO);
- *die Aussetzung, Verlängerung oder Aufhebung* der Verwertung in einem inländischen Sekundärinsolvenzverfahren auf Antrag des Insolvenzverwalters des Hauptinsolvenzverfahrens (Art. 33 VO (EG) Nr. 1346/2000).

       bb) Verfahren nach dem Ausführungsgesetz zum deutsch-österreichischen Konkursvertrag vom 8.3.1985
- die allgemeine *Überwachung* des besonderen Verwalters nach §§ 4, 24 AusfG, für die Rechnungsprüfung sowie für die Entlassung des besonderen Verwalters (→ § 19a Rn. 9).
- die Veröffentlichung der Bestellung des besonderen Verwalters im österreichischen Amtsblatt zur Wiener Zeitung (§ 4 Abs. 1 S. 2 DöKVAG).

8. Verfahren nach der Schifffahrtsrechtlichen Verteilungsordnung (Nr. 2h)

196   **a) Allgemeines.** Nach § 611 Abs. 1 S. 1, Abs. 2 HGB kann die Haftung für Seeforderungen beschränkt werden (Übereinkommen v. 19.11.1976 über die Beschränkung der Haftung für Seeforderungen, BGBl. II 1986 786; Art. V Abs. 3 Haftungsübereinkommen von 1992, BGBl. 1994 II S. 1152). Die Errichtung und Verteilung eines Fonds im Sinne des Übereinkommens bestimmt sich nach den Vorschriften der Schifffahrtsrechtlichen Verteilungsordnung (SVertO) idF der Bek. v. 23.3.1999, BGBl. I S. 530. Angelehnt an das Insolvenzverfahren findet auch im eröffneten seerechtlichen Verteilungsverfahren nach der Anmeldung der Forderungen deren Feststellung in einem allgemeinen Prüfungstermin statt (§ 19 SVertO). Nur die festgestellten Forderungen werden bei der Verteilung der Haftungssumme berücksichtigt (§ 23 SVertO; Einzelheiten zum Verfahren *Freise* Rpfleger 1973, 41). Die Zuständigkeit für das seerechtliche Verteilungsverfahren haben die Bundesländer auf das **Amtsgericht Hamburg** konzentriert (§ 2 Abs. 4 SVertO; Abkommen v. 6.11.1991; vgl. zB BayGVBl. 1992, 98; 1993, 146).

197   Auch zur Verteilung eines Fonds im Sinne des § 5d Abs. 2 des Binnenschifffahrtsgesetzes kann ein Verteilungsverfahren eingeleitet werden. Dieses binnenschifffahrtsrechtliche Verteilungsverfahren richtet sich ebenfalls nach der SVertO (vgl. §§ 34ff. SVertO). Die Zuständigkeit regelt § 37 SVertO.

198   **b) Rechtspflegerzuständigkeit.** Im schifffahrtsrechtlichen Verteilungsverfahren ist die funktionelle Zuständigkeit des Rechtspflegers ähnlich wie im Insolvenzverfahren geregelt. Die **Richtervorbehalte** bestimmt **§ 19b.**

199   Dem Rechtspfleger sind insbesondere folgende Geschäfte übertragen:
- *die Beauftragung* des Sachwalters mit der Verwaltung und Verwertung von Sicherheiten (§§ 9 Abs. 2 S. 2, 34 Abs. 2 S. 1 SVertO);

- *die Aufsicht* über den Sachwalter, *die Ausfertigung* einer Bestallung sowie *die Festsetzung* seiner Vergütung und Auslagen (§§ 9 Abs. 1, 5 und 6, 34 Abs. 2 S. 2 SVertO, § 56 Abs. 2 InsO);
- *die Entlassung* des Sachwalters, *die Prüfung* seiner Rechnungslegung (§§ 9 Abs. 5 und 7, 34 Abs. 2 S. 1 SVertO);
- *die Leitung* des Prüfungstermins, *die Eintragung* der Ergebnisse der Forderungsprüfung in die Tabelle (§§ 18, 19 Abs. 2, 34 Abs. 2 S. 1 SVertO), *die Erteilung* von Tabellenauszügen (§§ 19 Abs. 3, 20 Abs. 2, 34 Abs. 2 S. 1 SVertO) sowie *die Bestimmung* eines besonderen Prüfungstermins (§§ 18 S. 3, 27, 34 Abs. 2 S. 1 SVertO);
- *die Enscheidung* über Einwendungen gegen das Verteilungsverzeichnis (§§ 26 Abs. 2, 34 Abs. 2 S. 1 SVertO iVm § 194 InsO);
- *die Anordnung* von Zahlungen sowie *der Verwertung* von Sicherheiten (§ 26 Abs. 1 S. 2 und 3, 34 Abs. 2 S. 1 SVertO);
- *die Verfahrensaufhebung* sowie *die Anordnung* einer Nachtragsvereilung (§§ 29 Abs. 2 und 3, 34 Abs, 2 S. 1 SVertO);
- *die Verfahrenseinstellung* bei Vorliegen eines Grundes nach §§ 17, 34 Abs. 2 S. 1 SVertO).

V. Die Einzelübertragungen (Nr. 3)

Hierbei handelt es sich, wie unter → Rn. 14 dargelegt, um Einzeltätigkeiten, Entscheidungen oder Verfahrensabschnitte, die in den **§§ 20–24a, 25 und 25a** einzeln aufgeführt sind. Auf die Erl. dort wird verwiesen. **200**

VI. Geschäfte der sog. Rechtspflegeverwaltung (Nr. 4)

Zu Begriff und Wesen der hier erfassten Geschäfte → Rn. 15 und § 1 Rn. 8 ff. Die einzelnen dem Rechtspfleger zugewiesenen Geschäfte sind in **§§ 29 und 31** aufgeführt. Auf die Erl. dort wird verwiesen. **201**

§ 4 Umfang der Übertragung

(1) **Der Rechtspfleger trifft alle Maßnahmen, die zur Erledigung der ihm übertragenen Geschäfte erforderlich sind.**

(2) **Der Rechtspfleger ist nicht befugt,**
1. **eine Beeidigung anzuordnen oder einen Eid abzunehmen,**
2. **Freiheitsentziehungen anzudrohen oder anzuordnen, sofern es sich nicht um Maßnahmen zur Vollstreckung**
    a) **einer Freiheitsstrafe nach § 457 der Strafprozessordnung oder einer Ordnungshaft nach § 890 der Zivilprozessordnung,**
    b) **einer Maßregel der Besserung und Sicherung nach § 463 der Strafprozessordnung oder**
    c) **der Erzwingungshaft nach § 97 des Gesetzes über Ordnungswidrigkeiten**
handelt.

(3) **Hält der Rechtspfleger Maßnahmen für geboten, zu denen er nach Absatz 2 Nummer 1 und 2 nicht befugt ist, so legt er deswegen die Sache dem Richter zur Entscheidung vor.**

Übersicht

	Rn.
I. Entwicklung; Normzweck	1
II. Der Grundsatz der umfassenden Sachkompetenz	2–18
1. Allgemeines	2
2. Einzelfragen	3–18
a) Abgabe von Verfahren	3
b) Akteneinsicht	4
c) Amtshilfe	5
d) Beschwerde	6
e) Erinnerung gegen den Kostenansatz	7
f) Inhaltskontrolle von AGB	8
g) Kompetenzkonflikt	9
h) Kostenentscheidung	10
i) Mündliche Verhandlung	11
j) Nebenentscheidungen	12
k) Öffentliche Zustellung und Auslandszustellung	13
l) Ordnungsgewalt	14
m) Prozesskostenhilfe und Verfahrenskostenhilfe	15
n) Rechtliches Gehör	16
o) Verfassungsmäßigkeit von Gesetzen	17
p) Vergleich	18
III. Einschränkungen	19–24
1. Beeidigung	19
2. Freiheitsentziehung	20–23
3. Urkundsbeamtenentscheidungen	24
IV. Richtervorlage	25, 26

I. Entwicklung; Normzweck

1 Die Regelung entspricht im Wesentlichen den §§ 4, 25 Abs. 3 RPflG 1957. Sie verleiht dem Rechtspfleger grundsätzlich dieselben verfahrensrechtlichen Befugnisse, wie sie dem Richter zustehen **(„Grundsatz der umfassenden Sachkompetenz"),** damit eine ordnungsgemäße und rationale Erledigung der zugewiesenen Aufgaben gewährleistet ist. Vermieden werden soll eine Trennung zusammengehöriger Verfahrensabschnitte und eine verfahrenshemmende Einschaltung des Richters. In Abs. 2 sind Einschränkungen des Grundsatzes der umfassenden Sachkompetenz vorgesehen. Während die Notwendigkeit der Einschränkung nach Nr. 2 sich unmittelbar aus Art. 104 Abs. 2 GG ergibt, ist die andere Einschränkung sachlich nur schwer begründbar (→ Rn. 19).

Umfang der Übertragung **§ 4**

II. Der Grundsatz der umfassenden Sachkompetenz

1. Allgemeines

Eine sachgemäße, unverzögerte und rationelle Erledigung der den beiden ge- 2
richtlichen Entscheidungsträgern jeweils zugewiesenen Verfahren(sabschnitte) gebietet es, eine selbständige und eigenständige Bearbeitung zu ermöglichen. Dem entspricht Abs. 1, der festlegt, dass der Rechtspfleger alle Maßnahmen trifft, die zur Erledigung der ihm übertragenen Geschäfte erforderlich sind. Dh, er ist für das gesamte Verfahren, für die Entscheidung über dessen Einleitung, alle Ermittlungen, Beweiserhebungen (§§ 355 ff. ZPO, §§ 29 ff. FamFG) und Nebenentscheidungen zuständig (BGH Rpfleger 2006, 205, 207). Im Zweifelsfall, insbesondere der Abgrenzung zu Abs. 2, spricht somit die Vermutung für die Sachkompetenz des Rechtspflegers. Davon unberührt bleibt die Vorlagepflicht nach § 5.

2. Einzelfragen

a) Abgabe von Verfahren. Der Rechtspfleger entscheidet über die Abgabe- 3
und Übernahme von Verfahren (§ 4 FamFG) in Angelegenheiten, die ihm in der Hauptsache übertragen sind (BayObLG NJW RR 2002, 1118; OLG Köln Rpfleger 2003, 368; OLG Zweibrücken Rpfleger 2005, 604 = FamRZ 2005, 2081; Keidel/ *Sternal* FamFG § 4 Rn. 34). Das gilt inbesondere für Verfahren in Vormundschafts- und Pflegschaftssachen (= Kindschaftssachen nach § 151 Nr. 4 und 5 FamFG). Dies gilt auch dann, wenn bei dem um Übernahme ersuchten Gericht eine dem Richter zugewiesene Aufgabe zu erledigen sein wird, weil die Abgabekompetenz aus dem anhängigen Verfahren fließt (so bereits BayObLG Rpfleger 1969, 16; AMHRH/ *Herrmann/Rellermeyer* Rn. 13). In Angelegenheiten die dem Richter übertragen sind, wie zB Unterbringungssachen (§§ 312 ff. FamFG), ist der Rechtspfleger zur Abgabe oder Übernahme nicht befugt (BayObLG Rpfleger 1992, 285). Sind neben dem Rechtspfleger-Verfahren noch Einzelverfahren anhängig, die in die Richterzuständigkeit fallen, erfasst die Abgabekompetenz des Rechtspflegers diese Verfahren nicht mit (BayObLG Rpfleger 1992, 12 und FamRZ 1989, 318; KG FamRZ 1972, 46). Bei Anhängigkeit mehrerer zuständigkeitsverschiedener Einzelverfahren ist ein Fall des § 5 Abs. 1 Nr. 2 gegeben (BayObLG Rpfleger 1987, 455; → § 8 Rn. 23). Str. ist die Abgabe bzw. die Übernahme für Betreuungssachen. Es besteht die Kompetenz des Rechtspflegers, weil es sich um eine Vorbehaltsübertragung handelt (§ 15) und insoweit kein Richtervorbehalt bestimmt ist (OLG Köln FamRZ 2006, 802 = FGPrax 2006, 72; FamRZ 2001; 939; OLG Hamm Rpfleger 1994, 211; OLG Düsseldorf Rpfleger 1994, 244 = FamRZ 1994, 1190; Keidel/*Sternal* FamFG § 4 Rn. 35 jedenfalls solange keine konkrete, vom Richter zu entscheidende Maßnahme, vorliegt; *Wesche* Rpfleger 1993, 395; *Klüsener* FamRZ 1993, 986; **aA** OLG Zweibrücken Rpfleger 2008, 640 = FGPrax 2008, 210; OLG München FGPrax 2008, 67; OLG Frankfurt FGPrax 2007, 119; BayObLG 1993, 189; *Bumiller/Harders* FamFG § 4 Rn. 15; *Bassenge/Roth* Rn. 7; → § 15 Rn. 23).

b) Akteneinsicht. Der Rechtspfleger entscheidet über Einsichtsanträge in An- 4
gelegenheiten die ihm übertragen sind (BayObLG Rpfleger 1991, 6; OLG Frankfurt Rpfleger 1997, 205; Keidel/*Sternal* FamFG § 13 Rn. 54; *Bassenge/Roth* Rn. 3).

5 c) Amtshilfe. Der Rechtspfleger kann in übertragenen Angelegenheiten und im Rahmen der allgemeinen Vorschriften Behörden und Gerichte um Rechts- und Amtshilfe (§ 156 GVG) ersuchen (BayObLG Rpfleger 1994, 103; OLG Stuttgart Rpfleger 1990, 357; *Bassenge/Roth* Rn. 4). Bei Ablehnung der Rechtshilfe kann er die Entscheidung des Oberlandesgerichts beantragen (§ 11 Abs. 1 iVm § 159 Abs. 2 GVG; OLG Stuttgart Rpfleger 2002, 255; OLG Zweibrücken Rpfleger 2000, 381; MüKoZPO/*Zimmermann* GVG § 159 Rn. 2; Zöller/*Lückemann* GVG § 159 Rn. 3; *Bassenge/Roth* Rn. 4 unter Aufgabe der früheren Auffassung). Das gilt auch für den Fall, dass sich ein Verfahrensbeteiligter gegen die ablehnende Entscheidung des ersuchten Rechtspflegers wendet (*Bassenge/Roth* Rn. 4). Sofern um eine Beeidigung von Zeugen ersucht wird, muss diese vorher wegen Abs. 2 Nr. 1 vom Richter angeordnet worden sein (OLG Oldenburg Rpfleger 1958, 281 und Rpfleger 1969, 135); auf diese Anordnung wird im Ersuchen zweckmäßigerweise hingewiesen.

6 d) Beschwerde. Soweit dem Gericht die Befugnis eingeräumt ist, gegen Entscheidungen eines anderen Gerichts Beschwerde einzulegen fällt dies nicht in den Kompetenzbereich des Rechtspflegers (BayObLG Rpfleger 1986, 303 damals zur weiteren Beschwerde in Nachlasssachen; KG OLGZ 1975, 63 damals zur weiteren Beschwerde in Registersachen; **aA** BayObLG Rpfleger 1981, 12 für § 130 ZVG; Steiner/*Eickmann* ZVG § 130 Rn. 16).

7 e) Erinnerung gegen den Kostenansatz. Über die Erinnerung (zB nach § 81 GNotKG, § 57 FamGKG; § 66 GKG) entscheidet der für das gebührenpflichtige Geschäft in der Hauptsache zuständige Rechtspfleger (OLG Zweibrücken Rpfleger 2006, 444; BayObLG NJW-RR 2002, 1118; Rpfleger 1990, 245; *Lappe* Rpfleger 2005, 306; *Bassenge/Roth* Rn. 8). Auch dann, wenn er davor den Geschäftswert festgesetzt hat (Korintenberg/*Lappe* noch zu § 14 KostO Rn. 86). Hat der Rechtspfleger in seiner Eigenschaft als Kostenbeamter die Kosten angesetzt, so kann er aus allgemeinen Gründen nicht selbst über die Erinnerung entscheiden (OLG Zweibrücken Rpfleger 2006, 444; BayObLG Rpfleger 1990, 245; berufen ist dann sein Vertreter *Bassenge/Roth* Rn. 8; AMHRH/*Herrmann/Rellermeyer* Rn. 25). Dem Rechtspfleger obliegt auch die Entscheidung über die Beschwerdezulassung, wenn der Beschwerdewert 200 EUR nicht übersteigt (§ 66 Abs. 2 S. 2 GKG). Wird die Beschwerde nicht zugelassen, muss im Erinnerungsverfahren (§ 11 Abs. 2) der Richter über die Zulassung neu entscheiden (BT-Drs. 15/1971, 185; *Bassenge/Roth* Rn. 8).

8 f) Inhaltskontrolle von AGB. Soweit im Rahmen seiner Hauptsachezuständigkeit (zB Grundbuchsachen) eine Inhaltskontrolle von allg Geschäftsbedingungen (§§ 307 ff. BGB) in Frage kommt (dazu allgemein *Eickmann* Rpfleger 1978, 1) wird sie vom Rechtspfleger vorgenommen (BayObLGZ 1979, 434 mwN; *Bassenge/Roth* Rn. 11 und § 3 Rn. 14).

9 g) Kompetenzkonflikt. Wird eine Zuständigkeitsbestimmung nach § 5 FamFG, § 14 StPO oder § 36 ZPO erforderlich, so kann der Rechtspfleger ohne Mitwirkung des Richters die erforderlichen Maßnahmen treffen (BayObLG Rpfleger 1988, 470; KG Rpfleger 1973, 86; *Bassenge/Roth* Rn. 6). Für das Kostenfestsetzungsverfahren gem. § 464b StPO hat der 2. Strafsenat des BGH (Rpfleger 1990, 347; mit krit. Anm. *Meyer-Stolte*) eine Befugnis des Rechtspflegers nach § 14 StPO verneint und auf § 5 verwiesen; er setzt sich damit in Widerspruch zu Entscheidungen anderer Senate (vgl. zB BGH Rpfleger 1984, 363 und Rpfleger 1987, 29). Die

Umfang der Übertragung **§ 4**

Auffassung des 2. Strafsenats ist abzulehnen; die pauschale Gleichstellung mit einer Vorlage nach Art. 100 GG (→ Rn. 17) ist verfehlt.

h) Kostenentscheidung. Soweit der Rechtspfleger zur Hauptsachentscheidung berufen ist, obliegt ihm auch die Entscheidung über gerichtliche und außergerichtliche Kosten (zB nach §§ 81 ff. FamFG). Auch die Festsetzung des Geschäftswertes wird als Nebengeschäft von der Zuständigkeit in der Hauptsache mit umfasst (BayObLG Rpfleger 1987, 58; LG München I Rpfleger 1989, 414). **10**

i) Mündliche Verhandlung. Sieht das Gesetz eine mündliche Verhandlung vor oder lässt sie zu (zB §§ 128 Abs. 4, 764 Abs. 3 ZPO; § 32 FamFG, § 100 GBO), so findet sie unter Vorsitz des Rechtspflegers statt. Anwaltszwang besteht gem. § 13 nicht. Vgl. auch → Rn. 14. **11**

j) Nebenentscheidungen. Die Hauptsacheentscheidung macht es uU notwendig, verfahrensfördernde Vor- oder Nebenentscheidungen zu erlassen, so zB über die Erholung von Stellungnahmen bei Behörden (Jugendamt, IHK); Androhung und Festsetzung von Ordnungsgeld (§ 35 FamFG); Beweiserhebungen (Zeugen, Sachverständigengutachten; Urkundenvorlage). Auch sie fallen unter die Hauptsachekompetenz (vgl. zu Zeugenladung und Verhängung von Ordnungsgeld LG Heilbronn Rpfleger 1995, 341; OLG Hamburg Rpfleger 1984, 196). **12**

k) Öffentliche Zustellung und Auslandszustellung. In den zur Hauptsachezuständigkeit des Rechtspflegers gehörenden Verfahren (zB Mahnverfahren, vereinfachte Unterhaltsfestsetzung) kann er auch öffentliche Zustellungen und Auslandszustellungen (§§ 183, 186 ZPO) anordnen bzw. bewilligen (München Rpfleger 1988, 370; AG Köln Rpfleger 1987, 461; BeckOK ZPO/*Dörndorfer* § 186 Rn. 1 und § 699 Rn. 11; MüKoZPO/*Häublein* § 186 Rn. 2; Thomas/Putzo/ *Hüßtege* ZPO § 186 Rn. 1 und § 699 Rn. 24; *Guntau* MDR 1981, 272, 274; *Hansens* Rpfleger 1991, 136; *Eickmann* Rpfleger 1979, 347; *Bassenge/Roth* Rn. 10; AMHRH/*Herrmann/Rellermeyer* Rn. 23). **13**

l) Ordnungsgewalt. Führt der Rechtspfleger eine mündliche Verhandlung durch, gelten §§ 177, 178 GVG, über die Sitzungspolizei und die Vorschriften über Ordnungsmittel in und außerhalb von Sitzungen, somit §§ 380, 390 ZPO, § 33 Abs. 3 FamFG. Ausgenommen sind wegen Abs. 2 Nr. 2 stets die Androhung oder Verhängung von Freiheitsentziehung, worunter auch die zwangsweise Vorführung von Beteiligten oder Zeugen fällt. **14**

m) Prozesskostenhilfe und Verfahrenskostenhilfe. In allen Angelegenheiten, die dem Rechtspfleger zugewiesen sind, folgt die Zuständigkeit zur PKH- und VKH-Entscheidung der Hauptsachezuständigkeit (*Bassenge/Herbst* Rn. 9); für die Verfahren der **Zwangsvollstreckung** trifft **§ 20 Nr. 5** eine eigenständige Regelung. Von Bedeutung sind insbesondere die PKH-Bewilligung (§§ 114 ff. ZPO) im Mahnverfahren (§§ 688 ff. ZPO) und die VKH-Bewilligung im vereinfachten Unterhaltsfestsetzungsverfahren (§§ 113 Abs. 1, 249 ff. FamFG). Die für das Mahnverfahren bewilligte PKH erstreckt sich nicht auf das streitige Verfahren nach Widerspruch oder Einspruch (MüKoZPO/*Motzer* § 119 Rn. 17). Ist der Rechtspfleger für die PKH-Entscheidung zuständig, kann er auch einen Rechtsanwalt beiordnen (MüKoZPO/*Motzer* § 121 Rn. 14 und § 127 Rn. 4). **15**

n) Rechtliches Gehör. Im Rahmen seiner verfahrensleitenden Tätigkeit ist der Rechtspfleger zur Gewährung des rechtlichen Gehörs nach Maßgabe der dafür gel- **16**

tenden allgemeinen Regeln verpflichtet (nach BVerfG Rpfleger 2000, 205 ist Art. 103 Abs. 1 GG auf das Verfahren vor dem Rechtspfleger nicht anwendbar; die Pflicht zum Gehör folgt vielmehr aus dem Recht auf ein rechtsstaatliches, faires Verfahren nach Art. 20 Abs. 3 GG, was aber im Ergebnis und in der Sache keinen Unterschied bedeutet; *Bassenge/Roth* Rn. 3; ausführlich dazu auch: *Eickmann* Rpfleger 1982, 449 ff.).

17   o) **Verfassungsmäßigkeit von Gesetzen.** Der Rechtspfleger ist zur verfassungskonformen Auslegung der Gesetze berechtigt und verpflichtet (*Bassenge/Roth* Rn. 12; *Bischof* Rpfleger 1994, 154, 155). Hält er aber ein Gesetz für verfassungswidrig, hat er die Sache dem Richter vorzulegen (§ 5 Abs. 1 Nr: 1; vgl. dort → Rn. 5).

18   p) **Vergleich.** Auch vor dem Rechtspfleger kann in einem ihm zugewiesenen Verfahren ein Vergleich (§ 794 Abs. 1 Nr. 1 ZPO, § 36 FamFG) geschlossen werden, dem die allgemeinen Wirkungen eines gerichtlichen Vergleichs zukommen (MüKoBGB/*Einsele* § 127a Rn. 4; vgl. auch OLG Nürnberg Rpfleger 1972, 305 Vergleich im Teilungsversteigerungsverfahren; *Bassenge* Rpfleger 1972, 241).

III. Einschränkungen

1. Beeidigung

19   Aus einer den tatsächlichen Verhältnissen des Gerichtsalltags nicht mehr entsprechenden Bewertung des Eides (dazu *Herbst* Rpfleger 1994, 484, 485; *Bassenge/Roth* Rn. 15) sind die Anordnung und Abnahme eines Eides (und der gleichstehenden Bekräftigung des § 484 ZPO) dem Richter zugewiesen, der auch über die Zulässigkeit der Vereidigung und über die verfahrensrechtliche Notwendigkeit einer Beeidigung entscheidet (OLG Oldenburg Rpfleger 1958, 281). Nicht erfasst wird die eidesstaatliche Versicherung, zu deren Entgegennahme der Rechtspfleger stets befugt ist.

2. Freiheitsentziehung

20   Sie liegt bei jedem Eingriff in die persönliche Bewegungsfreiheit vor, also bei Vorführung (§§ 380 Abs. 2 ZPO, § 33 Abs. 3 S. 3 FamFG), Ordnungs-, Erzwingungs- oder Zwangshaft (§§ 380 Abs. 1, 802g ZPO, § 35 Abs. 3 FamFG). Darüber hat nach Art. 104 Abs. 2 GG der Richter zu entscheiden. **Ausgenommen** sind **Vollstreckungsmaßnahmen:**

21   **a) im Rahmen von § 457 StPO und § 890 ZPO.** Nach § 457 StPO kann die Vollstreckungsbehörde Vorführungs- oder Haftbefehle erlassen, wenn ein Verurteilter sich nicht zum Strafantritt stellt oder der Flucht verdächtig ist und ferner, wenn ein Strafgefangener entweicht oder sich sonst dem Vollzug entzieht. Die Norm gilt entsprechend bei Ersatzfreiheitsstrafen (§§ 33, 50 Abs. 1 StVollstrO) und bei freiheitsentziehenden Sicherungsmaßregeln (§ 463 Abs. 1 StPO; → vgl. auch Rn. 22). Auch im Rahmen der gerichtlichen Vollstreckung von Unterlassungs- und Duldungspflichten nach § 890 ZPO ist der Rechtspfleger des Prozessgerichts zum Erlass des Haftbefehls zuständig (§ 31 Abs. 3; vgl. BayObLG Rpfleger 2002, 254; OLG München Rpfleger 1988, 540). Vgl. iÜ → § 31 Rn 16 ff.

Umfang der Übertragung **§ 4**

b) im Rahmen von **§ 463 StPO**. Bei der Vollstreckung von Maßregeln der Besserung und Sicherung gilt § 457 StPO entsprechend.

c) im Rahmen von **§ 97 OWiG**. Gegen den Betroffenen, der nicht freiwillig der 22 Ladung zum Antritt der Erzwingungshaft Folge leistet, kann ein Vorführungs- oder Haftbefehl erlassen werden (§§ 33, 87 Abs. 2 Nr. 3 StVollstrO).

Da in all diesen Fällen bereits eine richterliche Entscheidung über die Freiheits- 23 entziehung vorliegt, bestehen gegen die Ausnahmeregelungen keine verfassungsrechtlichen Bedenken (*Bassenge/Roth* Rn. 16).

3. Urkundsbeamtenentscheidungen

Nach Abs. 2 Nr. 3 aF hatte über Anträge, die auf Änderung einer Entscheidung 24 des Urkundsbeamten gerichtet waren, der Richter zu entscheiden. Die Vorschrift wurde durch das 1. JuMoG als überholt aufgehoben (BT-Drs. 15/1508, 29; *Rellermeyer* Rpfleger 2004, 593; *Bassenge/Roth* Rn. 17). Der Rechtspfleger entscheidet deshalb, im Rahmen seiner Zuständigkeit nach § 3, auch über Erinnerungen gegen Entscheidungen des Urkundsbeamten. Darunter fällt zB in Grundbuchsachen und Registersachen die Erinnerung nach § 12c Abs. 4 GBO, bzw. § 29 Abs. 2 HRV. Das gleiche gilt hinsichtlich der Erinnerung gegen die Festsetzungsentscheidung des Urkundsbeamten nach § 56 Abs. 1 RVG, wenn der Rechtspfleger für die PKH-Bewilligung zuständig war (nach § 20 Nr. 17 S. 1 in Zwangsvollstreckungsverfahren; OLG München JurBüro 1985, 1841; AMHRH/*Herrmann/Rellermeyer* Rn. 40) und, da der Rechtspfleger für die Bewilligung der Beratungshilfe zuständig ist, in Beratungshilfesachen (AG Kiel Rpfleger 2009, 249; AG Lübeck Rpfleger 1984, 75; *Bassenge/Roth* Rn. 17 und § 24a Rn. 6; **aA** LG Mönchengladbach Rpfleger 1989, 245; AMHRH/*Herrmann/Rellermeyer* Rn. 41). Gegen die Entscheidung des Rechtspflegers findet nach § 11 Abs. 1 das Rechtsmittel statt, das nach den allgemeinen Verfahrensvorschriften zulässig ist (zB § 58 FamFG, § 71 GBO, §§ 567, 573 Abs. 2 ZPO). Zur Anfechtung des Kostenansatzes des Kostenbeamten nach GKG, GNotKG usw (→ Rn. 7).

IV. Richtervorlage

In den in → Rn. 19, 20 genannten Fällen legt der Rechtspfleger die Sache „des- 25 wegen" dem Richter vor. Der Wortlaut soll klarstellen, dass der Richter außer der Entscheidung über die genannten Angelegenheiten und den entsprechenden Maßnahmen (Abnahme des Eides; Anordnung der Freiheitsentziehung) **keine weitere Verfahrenskompetenz** hat und auf die Erledigung der Vorlage beschränkt ist (AMHRH/*Herrmann/Rellermeyer* § 4 Rn. 43; *Bassenge/Roth* Rn. 18). Ein richterliches Evokationsrecht besteht außerhalb der Verfahren nach §§ 18, 19b nicht (AMHRH/*Herrmann/Rellermeyer* Rn. 45; *Klüsener* RpflStud 1990, 33; **aA** *Ule* Rn. 238, 243).

Der Richter erledigt die Vorlage im **natürlichen Zusammenhang** der not- 26 wendigen Maßnahmen. Im Verfahren zur Vermögensauskunft des Schuldner (§ 802c ZPO) erlässt er den Haftbefehl nach § 802g ZPO.

§ 5 Vorlage an den Richter

(1) **Der Rechtspfleger hat ihm übertragene Geschäfte dem Richter vorzulegen, wenn**
1. **sich bei der Bearbeitung der Sache ergibt, dass eine Entscheidung des Bundesverfassungsgerichts oder eines für Verfassungsstreitigkeiten zuständigen Gerichts eines Landes nach Artikel 100 des Grundgesetzes einzuholen ist;**
2. **zwischen dem übertragenen Geschäft und einem vom Richter wahrzunehmenden Geschäft ein so enger Zusammenhang besteht, dass eine getrennte Behandlung nicht sachdienlich ist.**

(2) **Der Rechtspfleger kann ihm übertragene Geschäfte dem Richter vorlegen, wenn die Anwendung ausländischen Rechts in Betracht kommt.**

(3) ¹**Die vorgelegten Sachen bearbeitet der Richter, solange er es für erforderlich hält.** ²**Er kann die Sachen dem Rechtspfleger zurückgeben.** ³**Gibt der Richter eine Sache an den Rechtspfleger zurück, so ist dieser an eine von dem Richter mitgeteilte Rechtsauffassung gebunden.**

I. Entwicklung; Normzweck

1   Die Vorschrift regelt für bestimmte Fälle **Vorlagepflichten** des an sich zuständigen Rechtspflegers an den Richter. Die Norm war im Wesentlichen bereits im RPflG 1957 enthalten. Im RPflG 1969 wurde die bisherige Fassung „... soll vorlegen ..." durch Einfügen des Wortes „hat" verändert, um die **Pflicht** des Rechtspflegers zur Vorlage herauszustellen Das 3. RPflGÄndG hat § 5 neu gefasst (zur Kritik an der aF AMHRH/*Herrmann/Rellermeyer* Rn. 1, 2). Die frühere Vorlagepflicht wegen rechtlicher Schwierigkeit ist, auch aufgrund des heutigen Ausbildungsstandes der Rechtspfleger (BT-Drs. 13/10244, 7), entfallen. Die Vorlagepflicht beschränkt sich auf zwei Fälle: Erfordernis einer Entscheidung nach Art. 100 GG und enger Sachzusammenhang. Hinzugekommen ist nach Abs. 2 ein Vorlagerecht, wenn die Anwendung ausländischen Rechts in Betracht kommt.

2   Die Vorschrift dient einer **elastischen Grenzziehung** zwischen der Zuständigkeit des Richters und der des Rechtspflegers; selbst eine noch so perfektionistische Abgrenzung der Zuständigkeitsbereiche kann Schwierigkeiten in der Behandlung des Einzelfalles nicht vermeiden. Kooperation und Koordination zwischen der beiden Entscheidungsträgern sind daher wünschenswert und notwendig (*Ule* Rn. 287 ff.). In der gerichtlichen Praxis sind Vorlagen nach § 5 selten.

II. Die Vorlagepflichten

1. Grundsätze

3   Die Vorlagepflichten ergreifen den gesamten Arbeitsbereich des Rechtspflegers, also grundsätzlich alle Tätigkeitsbereiche iSd § 3. Ausgenommen sind gem. § 32 die Geschäfte nach §§ 29 und 31. Ungeachtet der Einfügung des Wortes „hat" bleibt ein Verstoß gegen die Vorlagepflichten wegen der ausdrücklichen Regelung in § 8 Abs. 3 ohne Einfluss auf die Wirksamkeit des Geschäfts (→ § 8 Rn. 1, 6); es ist auch nicht deswegen anfechtbar (*Bassenge/Roth* Rn. 3; *Ule* Rn. 191; **aA** AMHRH/*Herrmann/*

Vorlage an den Richter **§ 5**

Rellermeyer Rn. 9, 27: Rechtsbehelf nach § 11 ist zulässig). Im Unterlassen der Vorlage liegt jedoch – wie *Bassenge/Roth* Rn. 3, zu Recht feststellt – keine per se anfechtbare Entscheidung; → § 8 Rn. 41). Die Vorlage kann weder vom Richter noch vom Dienstvorgesetzten erzwungen werden (*Bassenge/Roth* Rn. 2; *Ule* Rn. 188; *Schmalz* Rpfleger 1986, 1). Ein Recht des Richters, eine Sache an sich zu ziehen, besteht nur in den gesetzlich vorgesehenen Fällen des § 18 Abs. 2 S. 3 und § 19b Abs. 2 S. 3.

Die Nichtbeachtung der Vorlagepflichten kann jedoch **Amtshaftung** auslösen 4 (BGH NJW 1969, 509); beruht sie auf willkürlichen Erwägungen, kann sie wegen der Entziehung des gesetzlichen Richters, gegen Art. 101 Abs. 1 S. 2 GG verstoßen und die Verfassungsbeschwerde rechtfertigen (BVerfG Rpfleger 1988, 13).

2. Vorlagepflicht nach Abs. 1 Nr. 1: Verfassungswidrigkeit von Gesetzen (Art. 100 GG)

Hält ein Gericht ein Gesetz, auf dessen Gültigkeit es bei der Entscheidung an- 5 kommt, für verfassungswidrig, so hat es die Entscheidung des Bundesverfassungsgerichts bzw. eines Landesverfassungsgerichts darüber einzuholen (Art. 100 Abs. 1 GG). Ist bei der Bearbeitung einer Sache der Rechtspfleger zu dieser Auffassung gelangt, so verpflichtet ihn Abs. 1 Nr. 1 zur Vorlage an den Richter. Die Entscheidung über die Vorlage an das zuständige Verfassungsgericht wird dann vom Richter getroffen (OLG Stuttgart FamRZ 2002, 172; AG München ZIP 2003, 177). Die Anrufung des Verfassungsgerichts gehört zu den im GG selbst geregelten Kernbereichen der rechtsprechenden Gewalt (BVerfGE 22, 49; 30, 170; 55, 370; 61, 75; 101, 397). Es handelt sich dabei um einen speziellen Fall der früheren Vorlagepflicht wegen rechtlicher Schwierigkeit (BT-Drs. 13/10244, 7; *Bassenge/Roth* Rn. 4; AMHRH/ *Herrmann/Rellermeyer* Rn. 13). Die Vorlagepflicht erfasst auch die Einholung der Entscheidung des Bundesverfassungsgerichts nach Art. 100 Abs. 2 GG (*Bassenge/ Roth* Rn. 5). Auf die Aussetzung des Verfahrens durch den Rechtspfleger nach § 148 ZPO ist § 5 hingegen nicht anwendbar (OLG Stuttgart FamRZ 2003, 538, 539).

3. Vorlagepflicht nach Abs. 1 Nr. 2: Enger Sachzusammenhang

Enger Sachzusammenhang, der nach Nr. 2 zur Vorlage verpflichtet besteht, 6 wenn ein vom Rechtspfleger vorzunehmendes Geschäft schneller oder kostensparender mit einem vom Richter vorzunehmenden Geschäft verbunden werden kann, etwa weil dann zwei Entscheidungen in einem Beschluss getroffen werden können oder weil sich dann das Abhalten getrennter Termine erübrigt. **Beispielsfälle:** OLG Hamm Rpfleger 1973, 396 (= Ergänzungspflegschaft im Verfahren nach § 1666 BGB); BayObLG Rpfleger 1974, 328, 329 (= Geschäftswertfestsetzung durch den Richter).

Mit § 5 Abs. 1 Nr. 2 korrespondiert **§ 6,** der die Verpflichtung des Richters fest- 7 legt, ihm vorgelegte Geschäfte zu bearbeiten.

4. Vorlagerecht (Abs. 2): Anwendung ausländischen Rechts

Ob ausländisches Recht „in Betracht kommt", entscheiden die **Kollisionsre-** 8 **geln** des deutschen IPR. Sinnvoll wird auch die kollisionsrechtliche Prüfung – schon im Hinblick auf mögliche Rückverweisungen aus dem ausländischen Recht – bereits in die Vorlage mit einbezogen. Das Grundbuchamt kann den Güterstand ausländischer Grundstückserwerber grundsätzlich ungeprüft lassen (OLG Karlsruhe Rpfleger 1994, 248; BayObLG Rpfleger 1992, 341).

9 **Nicht** von der Norm erfasst sind allgemeine Regeln des **Völkerrechts,** die nach Art. 25 GG Bestandteil des Bundesrechts sind (bei Zweifel an deren Gültigkeit: Art. 100 Abs. 2 GG; → Rn. 5), **internationale Abkommen,** die unter Art. 59 Abs. 2 GG fallen, sowie die innerstaatlich unmittelbar geltenden **VO der EG** (Art. 24 Abs. 1 GG, Art. 249 Abs. 2 EG).

10 Das nach dem EinigungsV als Bundes- oder Landesrecht fortgeltende **Recht der früheren DDR** oder das nach den in das EGBGB eingefügten Regeln des intertemporären Rechts und auf bestimmte Sachverhalte noch anwendbare DDR-Recht (zB Art. 235 § 1 Abs. 1) ist Recht, das im Geltungsbereich des RPflG gilt, also von **Abs. 2 nicht erfasst** wird (LG Berlin Rpfleger 1991, 418; *Bassenge/Roth* Rn. 8; AMHRH/*Herrmann/Rellermeyer* Rn. 22: *Bestelmeyer* Rpfleger 1992, 321. Zweifelnd *Köster* Rpfleger 1991, 97, 101; *Adlerstein/Desch* DtZ 91, 193). Deshalb ist der Rechtspfleger für die Erteilung eines Erbscheines aufgrund gesetzlicher Erbfolge nach dem ZGB der früheren DDR zuständig; ein Vorlagerecht besteht nicht (AMHRH/*Herrmann/Rellermeyer* Rn. 22; *Bestelmeyer* Rpfleger 1992, 321, 328). Ein Vorlagerecht besteht bei Eintragung einer Europäischen Wirtschaftlichen Interessen-Vereinigung (EWIV) in das Handelsregister (*Ziegler* Rpfleger 1989, 261; AMHRH/*Herrmann/Rellermeyer* Rn. 24).

III. Die Tätigkeit des Richters (Abs. 3)

1. Grundsätze

11 Der Richter bearbeitet die vorgelegte Sache, solange er es für erforderlich hält (Abs. 3 S. 1). Seine Tätigkeit kann sich dabei auf das unbedingt Erforderliche beschränken (*Bassenge/Roth* Rn. 10). Die Prüfung der **Erforderlichkeit** umfasst zunächst die Prüfung, ob die Vorlage als solche **zulässig** ist. Aus der unterschiedlichen Natur der Vorlagegründe ergeben sich dabei unterschiedliche Grenzen:
– **Nr. 1:** Der Richter stellt fest, ob die Entscheidung eines Verfassungsgerichts einzuholen ist. Verneint er dies, kann er die Sache an den Rechtspfleger zurückzugeben (Abs. 3 S. 2).
– **Nr. 2:** Ein enger Sachzusammenhang kann vom Richter verneint werden. Diese „Kompetenz-Kompetenz" muss sich jedenfalls aus einer analogen Anwendung von § 7 ergeben. In diesem Fall gibt er die Sache zurück (Abs. 3 S. 2). Ansonsten gilt § 6.
– **Abs. 2:** Der Richter kann feststellen, es komme inländisches Recht zur Anwendung und die Angelegenheit zurückgeben; er kann sie natürlich auch selbst weiter bearbeiten.

2. Rückgabe

12 Die Rückgabe der vorgelegten Sache erfolgt schriftlich. Der Rechtspfleger ist an die bei Rückgabe der Sache geäußerte Rechtsauffassung des Richters **gebunden** (Abs. 3 S. 3). Diese Bindung schließt eine erneute Vorlage derselben Sache aus (BGH VersR 1968, 1186), gilt aber nur für diese Sache, die vorgelegt war und nicht generell. Auch aus der Amtlichen Begründung zum RPflG 1957 ergibt sich die gesetzgeberische Vorstellung einer (lediglich) **Einzelfallbindung,** wenn dort ausgeführt wird, die Richterauffassung sei „in Anlehnung an § 565 Abs. 2 ZPO" (jetzt § 563 Abs. 2 ZPO) bindend. Bindend ist nur eine Rechtsauffassung, nicht eine Be-

Bearbeitung; Bestimmung des zuständigen Organs §§ 6, 7

urteilung tatsächlicher Verhältnisse (*Bassenge/Roth* Rn. 10; *Engelhardt* Rpfleger 1964, 295).

§ 6 Bearbeitung übertragener Sachen durch den Richter

Steht ein übertragenes Geschäft mit einem vom Richter wahrzunehmenden Geschäft in einem so engen Zusammenhang, dass eine getrennte Bearbeitung nicht sachdienlich wäre, so soll der Richter die gesamte Angelegenheit bearbeiten.

Die Vorschrift fand sich bereits im RPflG 1957. Sie korrespondiert mit § 5 Abs. 1 1
Nr. 2 und soll sicherstellen, dass der Richter bei Bestehen eines Sachzusammenhanges (dazu: → § 5 Rn. 6) die ganze Angelegenheit, dh sowohl sein eigenes wie das Rechtspflegergeschäft bearbeiten „soll". Ein **Recht** des Richters, im Hinblick auf den Sachzusammenhang eine Sache an sich zu ziehen oder die Vorlage zu erzwingen, besteht nicht (*Bassenge/Roth* Rn. 1; Brüggemann JR 1965, 86; **aA** *Ule* Rn. 250). Ohne eine Vorlage durch den Rechtspfleger kann der Richter nicht tätig werden; ist vorgelegt, so kann die ansonsten in § 5 Abs. 3 S. 2 vorgesehene Rückgabemöglichkeit jedoch nur Platz greifen, wenn der Richter den Sachzusammenhang verneint. Ist ein enger Sachzusammenhang festzustellen besteht, trotz Sollvorschrift, eine gesetzliche Pflicht des Richters zur Bearbeitung (OLG Frankfurt a. M. FamRZ 2001, 116). Verstöße gegen die Bearbeitungspflicht sind in Bezug auf die Entscheidung ohne Folgen (*Bassenge/Roth* Rn. 1); eine Anfechtbarkeit der Entscheidung besteht deswegen nicht.

§ 7 Bestimmung des zuständigen Organs der Rechtspflege

¹Bei Streit oder Ungewissheit darüber, ob ein Geschäft von dem Richter oder dem Rechtspfleger zu bearbeiten ist, entscheidet der Richter über die Zuständigkeit durch Beschluss. ²Der Beschluss ist unanfechtbar.

I. Entwicklung; Normzweck

Das RPflG 1957 enthielt keine Regelung darüber, wer bei Streit oder Unge- 1
wissheit über die funktionelle Zuständigkeit zu entscheiden hat. Eine an sich naheliegende Regelung in Anlehnung an den Rechtsgedanken aus § 5 FGG wurde anläßlich der Beratungen zum RPflG 1969 verworfen, obwohl sie aus der Praxis (und allen beteiligten Berufsverbänden) einhellig vorgeschlagen worden war. Die geltende Regelung ist objektiv problematisch, weil ein Streit (und sei es auch nur ein Kompetenzkonflikt) nicht von einem Betroffenen entschieden werden sollte. Zudem ist in Zuständigkeitsentscheidungen in der Praxis unverkennbar, dass mitunter die Notwendigkeit der Zusammenhangserledigung (§ 6) zugunsten der Richterentlastung vernachlässigt wird (*Gustavus* RpflBl. 1980, 13; Kritik auch bei AMHRH/ *Herrmann/Rellermeyer* Rn. 3–5). Die Gesetzesbegründung rechtfertigt die getroffene Entscheidung mit der dadurch gewährleisteten raschen und einfachen Entscheidung über die Zuständigkeit und dem Zusammenhang mit ähnlichen Kompetenzen des Richters, zB im Vorlageverfahren.

II. Anwendungsbereich; Entscheidung

2 Die Norm gilt bei positivem oder negativem Kompetenzkonflikt zwischen Richter und Rechtspfleger, sowie bei Meinungsverschiedenheiten über die funktionelle Zuständigkeit zwischen Verfahrensbeteiligten und Rechtspfleger. Hält ein Beteiligter den Rechtspfleger für unzuständig, kann er eine Richterentscheidung über die Zuständigkeitsfrage anregen; im Hinblick auf § 8 Abs. 4 muss das Rechtsschutzbedürfnis für eine solche vorgreifliche Regelung bejaht werden. Bei Streitigkeiten über die Vorlagepflichten des § 5 gilt dessen Abs. 3 und nicht § 7.

3 Da § 7 nur die Zuständigkeitsabgrenzung zwischen Richter und Rechtspfleger regelt und regeln soll, gibt er nichts her zur Frage der **Zuständigkeit unter mehreren Rechtspflegern.** Die Auffassung, auch insoweit sei eine Meinungsäußerung des Richters verbindlich (*Arndt* § 7 Anm. 2), ist abzulehnen. Insoweit entscheidet der Dienstvorgesetzte, denn es handelt sich hier um eine Frage der Geschäftsverteilung, nicht um Zweifel über die funktionelle Zuständigkeit (OLG Karlsruhe Rpfleger 2000, 447; ebenso AMHRH/*Herrmann/Rellermeyer* Rn. 10; *Bassenge/Roth* Rn. 2; vgl. in diesem Zusammenhang auch → § 8 Rn. 10). Einen negativen Kompetenzkonflikt zwischen Rechtspflegern **verschiedener Instanzen** entscheidet gem. § 36 Abs. 1 Nr. 6, Abs. 2 ZPO, § 5 FamFG, das gemeinschaftlich höhere Gericht (OLG Karlsruhe Rpfleger 2000, 447OLG Celle Rpfleger 1996, 278 mit krit. Anm. *Meyer-Stolte;* Thomas/Putzo/*Hüßtege* ZPO § 36 Rn. 21). Die Entscheidung über einen Kompetenzkonflikt zwischen **Rechtspfleger und Urkundsbeamten** trifft der Rechtspfleger analog § 7 (*Bassenge/Roth* Rn. 2; → § 24 Rn. 7).

4 Der Richter entscheidet durch konstitutiv wirkenden **Beschluss** dieser sollte, schon wegen der uU prekären Situation, stets begründet werden. Eine bloße „Zuschreibung" der Sache durch den Richter an den Rechtspfleger genügt nicht (BGH Rpfleger 2005, 520; OLG München Rpfleger 2006, 263; OLG Köln Rpfleger 1986, 268; *Bassenge/Roth* Rn. 3; AMHRH/*Herrmann/Rellermeyer* Rn. 9). Wirksamkeit erlangt er bei Antrag eines Beteiligten mit der Bekanntgabe an diesen, ansonsten mit der Unterzeichnung. Der Beschluss ist unanfechtbar (S. 2). Eine unrichtige Entscheidung geht dem Gesetz vor, so dass die Rechtspflegerentscheidung wirksam ist (§ 8 Abs. 4 S. 2), jedoch – in der Zuständigkeitsfrage – anfechtbar (OLG München Rpfleger 1979, 346; OLG Frankfurt NJW 1973, 289; *Bassenge/Roth* Rn. 3 und § 8 Rn. 4; **aA** AMHRH/*Herrmann/Rellermeyer* Rn. 12 und § 8 Rn. 20; → § 8 Rn. 32). Die Richterentscheidung betrifft nur den Kompetenzkonflikt und nicht die Frage, ob die Sache einem bestimmten Geschäftsbereich des Gerichts zuzuordnen ist (LG Augsburg Rpfleger 2004, 616).

§ 8 Gültigkeit von Geschäften

(1) **Hat der Richter ein Geschäft wahrgenommen, das dem Rechtspfleger übertragen ist, so wird die Wirksamkeit des Geschäfts hierdurch nicht berührt.**

(2) **Hat der Rechtspfleger ein Geschäft wahrgenommen, das ihm der Richter nach diesem Gesetz übertragen kann, so ist das Geschäft nicht deshalb unwirksam, weil die Übertragung unterblieben ist oder die Voraussetzungen für die Übertragung im Einzelfalle nicht gegeben waren.**

(3) **Ein Geschäft ist nicht deshalb unwirksam, weil es der Rechtspfleger entgegen § 5 Absatz 1 dem Richter nicht vorgelegt hat.**

Gültigkeit von Geschäften **§ 8**

(4) ¹Hat der Rechtspfleger ein Geschäft des Richters wahrgenommen, das ihm nach diesem Gesetz weder übertragen ist noch übertragen werden kann, so ist das Geschäft unwirksam. ²Das gilt nicht, wenn das Geschäft dem Rechtspfleger durch eine Entscheidung nach § 7 zugewiesen worden war.

(5) Hat der Rechtspfleger ein Geschäft des Urkundsbeamten der Geschäftsstelle wahrgenommen, so wird die Wirksamkeit des Geschäfts hierdurch nicht berührt.

Übersicht

	Rn.
I. Entwicklung	1–4
II. Normzweck	5–7
1. Wirksamkeit bzw. Unwirksamkeit	5, 6
2. Anfechtbarkeit	7
III. Allgemeines	8–13
1. Anwendungsbereich	8–11
a) Allgemeines	8, 9
b) Verletzung des Geschäftsverteilungsplans	10, 11
2. Willkürliche Zuständigkeitsverstöße	12
3. Amtspflichtverletzung	13
IV. Zuständigkeitsüberschreitungen durch den Richter	14–19
1. Im Verhältnis zum Rechtspfleger	14–17
a) Abs. 1	14, 15
b) Zuständiger Richter iSd Abs. 1	16
c) Rechtsbehelfe	17
2. Im Verhältnis zum UdG	18, 19
a) Abs. 1 bzw. Abs. 5 analog	18
b) Rechtsbehelfe	19
V. Zuständigkeitsüberschreitungen des Rechtspflegers im Verhältnis zum Richter; Verstoß gegen die Vorlagepflicht	20–44
1. Nicht übertragbare Geschäfte	20–33
a) Grundsatz der Unwirksamkeit (Abs. 4 S. 1)	20–23
b) Die von Abs. 4 S. 1 nicht erfassten Fälle	24–28
c) Rechtsbehelfe	29, 30
d) Ausnahme vom Grundsatz der Unwirksamkeit nach Abs. 4 S. 2	31–33
2. Übertragbare Geschäfte (Abs. 2)	34–38
a) Inhalt	34, 35
b) Rechtsbehelfe	36–38
3. Verstoß gegen die Vorlagepflicht nach § 5 (§ 6)	39–44
a) Verstoß gegen § 5	39, 40
b) Rechtsbehelfe	41–44
VI. Zuständigkeitsüberschreitungen des Rechtspflegers im Verhältnis zum UdG (Abs. 5)	45–48
1. Inhalt; Normzweck	45, 46
2. Rechtsbehelfe	47, 48
VII. Zuständigkeitsüberschreitungen des UdG	49, 50
1. Inhalt	49
2. Rechtsbehelfe	50

I. Entwicklung

1 Die REntlV (→ Einl. Rn. 31) hatte Verstöße gegen die funktionelle Zuständigkeit im Verhältnis Richter/Rechtspfleger nur in Grundzügen geregelt: Nach § 10 S. 1 wurde die Gültigkeit eines vom **Richter** wahrgenommenen Geschäfts nicht dadurch berührt, dass es zu den auf den Rechtspfleger übertragenen Geschäften gehört und nach § 5 Abs. 2 blieb ein vom **Rechtspfleger** vorgenommenes Geschäft gültig, wenn es zur Übertragung zwar geeignet, im Einzelfall aber nicht übertragen war.

2 Das RPflG 1957 hatte für den **Richter** die Regelung des § 10 S. 1 REntlV in § 7 Abs. 1 übernommen. Im Hinblick auf die Rspr. (RG 110, 311: Unwirksamkeit einer zu Protokoll des Amtsrichters eingelegten weiteren Beschwerde in Sachen der fG) wurde das als „unentbehrlich" angesehen (*Strauß* Rpfleger 1957, 33). Für den **Rechtspfleger** wurde in Abs. 2 S. 1 die in § 5 Abs. 2 REntlV getroffene Regelung geändert: „Hat der Rechtspfleger ein Geschäft wahrgenommen, das ihm nicht übertragen ist, so ist das Geschäft unwirksam". In Abs. 2 S. 2 wurde näher bestimmt: „Hat er ein Geschäft wahrgenommen, das ihm der Richter im Rahmen dieses Gesetzes übertragen hat, so ist das Geschäft nicht deswegen unwirksam, weil die Voraussetzungen für die Übertragung im Einzelfall nicht gegeben waren".

3 Diese Regelung war nicht nur unvollständig (offen und entsprechend str. waren zB die Fragen eines positiven oder negativen Kompetenzkonflikts zwischen Rechtspfleger und Richter wie auch das Verhältnis Rechtspfleger und UdG: *Arndt* § 7 Rn. 17), sie führte auch zu verfahrensökonomisch wenig sinnvollen Ergebnissen: Für ein vom Rechtspfleger wahrgenommenes Geschäft zB in Zwangsversteigerungssachen, das ihm nach § 20 Abs. 2 RPflG 1957 übertragen werden konnte, aber nicht übertragen war, galt die Unwirksamkeitsfolge des § 7 Abs. 2 S. 1 (s. oben).

4 Das RPflG 1969 bereinigte diese Lücken und prozesswirtschaftlichen Unstimmigkeiten in den geltenden §§ 7, 8.

II. Normzweck

1. Wirksamkeit bzw. Unwirksamkeit

5 Die Aufgabenverteilung zwischen den drei Rechtspflegeorganen Richter/Rechtspfleger/Urkundsbeamter der Geschäftsstelle betrifft die **funktionelle Zuständigkeit**. Sie ist eine ausschließliche und unterliegt als solche nicht der Disposition der Parteien. Wird dagegen verstoßen, ist die Maßnahme grds. unwirksam, mindestens aber anfechtbar (*Bassenge/Roth* Rn. 1). § 8 sieht im Interesse der Rechtssicherheit, namentlich des Vertrauensschutzes, aber auch der Verfahrensökonomie vor, dass bei Zuständigkeitsüberschreitungen das vorgenommene Geschäft möglichst wirksam ist (OLG Zweibrücken Rpfleger 1997, 369).

6 Die dabei in Abs. 3 getroffene Regelung gehört systematisch jedenfalls dann hierher, wenn man § 5 Abs. 1 als funktionelle Zuständigkeitsregelung ansieht (→ § 9 Rn. 28). Im Übrigen wie nie zweifelhaft, dass das vom Rechtspfleger unter Missachtung der Vorlagepflicht wahrgenommene Geschäft, weil ihm immerhin generell zugewiesen, nicht nichtig, sondern wirksam ist (→ § 5 Rn. 3; *Arndt* § 7 Rn. 14). Wenn der Gesetzgeber sich im RPflG 1969 gleichwohl für eine entsprechende Aufnahme in § 8 entschieden hat, so nur, um deutlich zu machen, dass mit der Ersetzung des

Gültigkeit von Geschäften **§ 8**

Wortes „soll" in § 5 Abs. 1 durch „hat" an der bisherigen Rechtslage nichts geändert werden sollte (→ Rn. 39).

2. Anfechtbarkeit

§ 8 regelt ausdrücklich nur die Frage der Wirksamkeit bzw. Unwirksamkeit des 7
vom funktionell unzuständigen Rechtspflegeorgans vorgenommenen Geschäfts, nicht hingegen, in welchen Fällen der Zuständigkeitsmangel auf Anfechtung hin zu berücksichtigen ist (ebenso zB *Brehm* Rn. 131; **aA** OLG Hamburg Rpfleger 1959, 93; *Eickmann* Rpfleger 1976, 158, 161; allgemein zu dieser Frage = die „Gültigkeit" bzw. „Wirksamkeit" einer Entscheidung ist etwas anderes als „Unanfechtbarkeit": *Kissel/Mayer* GVG § 22d Rn. 2 f. mwN). Der unterschiedliche Wortlaut in den Abs. 1 und 5 („wird die Wirksamkeit des Geschäfts hierdurch nicht berührt") gegenüber Abs. 2 und 3 („ist das Geschäft nicht deshalb unwirksam") spricht jedenfalls dafür, dass auf eine im Wege der Anfechtung erhobene Rüge des funktionellen Zuständigkeitsverstoßes unterschiedlich zu reagieren ist (vgl. iÜ → Rn. 19, 29, 32, 36, 41, 47 und 50, diese unterschiedlichen Formulierungen beruhen auch nicht etwa auf sprachlichen Zufälligkeiten, wie die offensichtlich inhaltliche Parallelität der Abs. 1 mit 5 und 2 mit 3 erweist).

III. Allgemeines

1. Anwendungsbereich

a) Allgemeines. § 8 erfasst die Tätigkeit des Richters (iSd § 28), des Rechts- 8
pflegers und des UdG, unabhängig davon, ob die Überschreitung der Kompetenzschranken vorsätzlich oder fahrlässig oder nicht vorwerfbar erfolgt (aber → Rn. 13). Für den **Rechtspfleger** findet die Vorschrift **keine Anwendung,** insoweit er im Bereich der Rechtspflegeverwaltung (= im Aufgabenbereich der §§ 29 und 31) tätig wird (§ 32) oder Geschäfte des UdG oder sonstige Dienstgeschäfte der Justizverwaltung wahrnimmt (§ 27 Abs. 2), denn insoweit ist er nicht als Rechtspfleger tätig.

Entscheidet der Rechtspfleger des LG anstelle des zuständigen Rechtspflegers 9
des AG ist die Entscheidung wirksam (OLG Hamm Rpfleger 1976, 220; KG AnwBl. 1984, 383).

b) Verletzung des Geschäftsverteilungsplans. Nicht zur Anwendung kommt 10
§ 8 bei einem Verstoß gegen den Geschäftsverteilungsplan (nach BGH ZZP 2010, 363, mAnm *Assmann,* ist eine ad hoc Zuweisung bestimmter Geschäfte an den Rechtspfleger zulässig). Wird Rechtspfleger A anstelle des nach der Geschäftsverteilung zuständigen B tätig, ist die Vorschrift nach ihrem eindeutigen Wortlaut nicht – auch nicht analog – anwendbar. Es passt allein **§ 22d GVG analog** (ebenso *Bassenge/Roth* Rn. 1; offengelassen: OLG Frankfurt a. M. NJW 1968, 1289). Danach ist die vom unzuständigen Rechtspfleger vorgenommene Handlung wirksam. Bei einem **willkürlichen Verstoß** gegen den Geschäftsverteilungsplan ist die Entscheidung des Richters im Hinblick auf Art. 101 Abs. 1 S. 2 GG (MüKoZPO/*Zimmermann* GVG § 21e Rn. 66) anfechtbar. Die unzuständigen Rechtspflegers verletzt die Garantie eines rechtsstaatlich fairen Verfahrens (Art. 20 Abs. 3 GG) und ist deshalb ebenfalls anfechtbar.

Anderes gilt, wenn dem nach dem Geschäftsverteilungsplan unzuständig han- 11
delnden Beamten **allein Angelegenheiten der Rechtspflegeverwaltung** oder

„sonstige Dienstgeschäfte" (= solche des UdG oder der Justizverwaltung: § 27 Abs. 1) übertragen sind. Dann ist weder § 8 einschlägig (→ Rn. 8) noch § 22d GVG analog. So ist zB die Erbscheinserteilung aufgrund Anordnung eines allein mit Justizverwaltungsgeschäften befassten Beamten, auch wenn der die Befähigung zum Rechtspfleger besitzt, unzulässig und der Erbschein muss eingezogen werden; BGH NJW 1963, 1972; LG Frankfurt NJW 1968, 1289; Keidel/*Zimmermann* FamFG § 353 Rn. 3; auch → Rn. 26).

2. Willkürliche Zuständigkeitsverstöße

12 Weist der **Richter** im Rahmen der erweiterten Übertragung (zB nach §§ 16 Abs. 2, 18 Abs. 2 S. 2, 20 Nr. 4 lit. a) dem Rechtspfleger Aufgaben aus **willkürlichen,** also „unsachlichen" oder „nicht mehr zu rechtfertigenden" Erwägungen zu, ist das vom Rechtspfleger vorgenommene Geschäft zwar nach § 8 Abs. 2 nicht unwirksam, aber auf Anfechtung (§ 11) wegen Verstoßes gegen Art. 101 Abs. 1 S. 2 GG (Entzug des gesetzlichen Richters; zum Begriff der Willkür, der sich allein nach objektiven Maßstäben bestimmt: BVerfGE 6, 45, 53 = NJW 1957, 337; BVerfGE 19, 38, 43 = NJW 1965, 1323; BVerfGE 29, 45, 49) aufzuheben (→ Rn. 36) und notfalls auch mit verfassungsrechtlichen Rechtsbehelfen angreifbar (*Bassenge/Roth* Rn. 1). Zieht der Richter umgekehrt willkürlich Kompetenzen des Rechtspflegers an sich, bleibt – Art. 101 Abs. 1 S. 2 GG ist mangels eines „gesetzlichen Rechtspflegers" nicht anwendbar (→ § 1 Rn. 70) – nur ein disziplinarrechtliches Vorgehen. Letzeres gilt auch, wenn der **Rechtspfleger** willkürlich seine Zuständigkeitsgrenze zum UdG überschreitet.

3. Amtspflichtverletzung

13 Die **amtshaftungsrechtlichen** Folgen von funktionellen Zuständigkeitsverstößen sind außerhalb des RPflG geregelt (§ 839 BGB, Art. 34 GG) und werfen keine (rechtspfleger-) spezifischen Probleme auf (vgl. auch → Rn. 30).

IV. Zuständigkeitsüberschreitungen durch den Richter

1. Im Verhältnis zum Rechtspfleger

14 **a) Abs. 1.** Nimmt der Richter ein nach diesem Gesetz dem **Rechtspfleger** übertragenes Geschäft wahr, ist es wirksam. Hat zB der Richter anstelle des Rechtspflegers über einen Ersetzungsantrag nach § 1618 S. 4 BGB (BGH NJW 2002, 300), einen Antrag auf Entlassung des Insolvenzverwalters (LG Göttingen NJW-RR 2003, 1353), einen Antrag auf Fristsetzung nach § 926 Abs. 1 ZPO (LG Göttingen Rpfleger 1993, 440), den Antrag eines Kommanditisten gem. § 166 Abs. 3 HGB (BayObLG Rpfleger 1995, 207) oder über die Erinnerung gegen den Kostenansatz in einer Grundbuchsache nach § 81 GNotKG (OLG Zweibrücken Jur-Büro 1989, 50; vgl. auch LG Bayreuth JurBüro 1987, 578) entschieden, sind die Entscheidungen wirksam.

15 Früher war zweifelhaft, ob mit den „übertragenen" Geschäften in Abs. 1 nur die ehemals **richterlichen** Aufgaben gemeint sind oder auch die dem Rechtspfleger übertragenen ehemaligen **Urkundsbeamtengeschäfte** (ablehnend BayObLG Rpfleger 1981, 442: Einlegung einer Rechtsbeschwerde durch eine in die Sitzungsniederschrift der Hauptverhandlung aufgenommene Erklärung). Heute ist unstr, dass

Gültigkeit von Geschäften §8

Abs. 1 **alle Rechtspflegergeschäfte erfasst,** unabhängig davon, ob es sich um ehemalige richterliche Geschäfte handelt oder um ehemalige Geschäfte des UdG (BGH Rpfleger 1982, 411; BayObLG Rpfleger 1989, 360 mAnm *Meyer-Stolte* = NJW-RR 1989, 1241; *Bassenge/Roth* Rn. 2; AMHRH/*Herrmann/Rellermeyer* Rn. 8).

b) **Zuständiger Richter iSd Abs. 1.** Wirksamkeit nach Abs. 1 tritt **nur ein,** 16 wenn anstelle des an und für sich berufenen Rechtspflegers **der nach § 28** (analog), also nach den verfahrens- und gerichtsverfassungsrechtlichen Vorschriften, **zuständige „Richter"** entscheidet (ebenso *Bassenge/Roth* Rn. 2). Unwirksam ist deshalb zB die Fristsetzung zur Klageerhebung nach §§ 926 Abs. 1, 936 ZPO (zur Rechtspflegerzuständigkeit: § 20 Nr. 14) allein durch ein nicht zum Einzelrichter bestelltes Kammermitglied (OLG Nürnberg MDR 1965, 755).

c) **Rechtsbehelfe.** § 8 regelt die Folgen der Zuständigkeitsüberschreitung nur 17 unvollständig (→ Rn. 7). Ein gegen die Entscheidung des Richters allein deshalb eingelegtes Rechtsmittel, weil dieser anstelle des funktionell zuständigen Rechtspflegers tätig wurde, ist als unzulässig zu verwerfen (keine Aufhebung der Entscheidung: BGH NJW 2002, 300; LG Göttingen NJW-RR 2003, 1353; *Bassenge/Roth* Rn. 2; Keidel/*Sternal* FamFG Einl. Rn. 89 und § 65 Rn. 18).

2. Im Verhältnis zum UdG

a) **Abs. 1 bzw. Abs. 5 analog.** Wirksam ist das vom Richter vorgenommene 18 Geschäft auch bei einer Überschreitung seiner funktionellen Kompetenz im Verhältnis zum Urkundsbeamten (§ 8 Abs. 1 und 5 analog). Der Rechtsgedanke des § 8 Abs. 1 und 5 ist auf diesen, vom Gesetz nicht geregelten Fall, (zB Klauselerteilung nach § 724 ZPO durch den Richter) zu übertragen (OLG Köln Rpfleger 1977, 105; *Bassenge/Roth* Rn. 2; MüKoZPO/*Zimmermann* GVG § 153 Rn. 16; Zöller/*Lückemann* GVG § 153 Rn. 6: Beschwerdeeinlegung zu Protokoll des Richters). Die Gegenmeinung (RG 110, 331; OLG Düsseldorf Rpfleger 1956, 43; AMHRH/*Herrmann/Rellermeyer* Rn. 5, 6; *Keidel* NJW 1957, 523 Fn 29) lässt sich nach Erlass des Abs. 5 durch das RPflG 1969 nicht mehr aufrechterhalten: Die Wirksamkeit ergibt sich zwingend aus den beiden Rechtsfolgen des Abs. 1: Richter/Rechtspfleger = Wirksamkeit und Abs. 5: Rechtspfleger/UdG = Wirksamkeit.

b) **Rechtsbehelfe.** Zur Anfechtung (→ Rn. 7) gilt das oben (→ Rn. 17) Ausge- 19 führte: Ein Rechtsmittel ist als unzulässig zu verwerfen.

V. Zuständigkeitsüberschreitungen des Rechtspflegers im Verhältnis zum Richter; Verstoß gegen die Vorlagepflicht

1. Nicht übertragbare Geschäfte

a) **Grundsatz der Unwirksamkeit (Abs. 4 S. 1).** Nimmt der Rechtspfleger 20 ein richterliches Geschäft wahr, das ihm nach dem RPflG nicht übertragen ist und auch durch den Richter (zB nach § 16 Abs. 2) nicht übertragen werden kann, ist es – abgesehen vom Ausnahmefall des Abs. 4 S. 2 (→ Rn. 31) – nach **Abs. 4 S. 1 unwirksam** iSv nichtig (hM: BayObLG 1959, 89, 93; *Bassenge/Roth* Rn. 4; *Ule* Rn. 260). Das Geschäft (die Entscheidung) entfaltet keinerlei Rechtswirkungen und braucht nicht beachtet zu werden (OLG München Rpfleger 2001, 98); **Vollzugsakte** sind ausgenommen (→ Rn. 24 ff.). Es ist die Maßnahme aber existent und muss deshalb aufgehoben werden (BGH NJW 2005, 520; OLG München Rpfleger 2006, 263; *Bassenge/Roth* Rn. 4; → Rn. 23).

21 Der Mangel der fehlenden funktionellen Zuständigkeit ist **unheilbar**. Die bloße Billigung einer unwirksamen Entscheidung durch den zuständigen Richter oder das Beschwerdegericht kann ihr nicht zur Wirksamkeit verhelfen (BGH Rpfleger 2005, 520; OLG Zweibrücken Rpfleger 2003, 117; BayObLG Rpfleger 1980, 350; 1982, 422; 1987, 58; 1988, 472; *Bassenge/Roth* Rn. 4). Der Richter muss deshalb an die Stelle der an einem unbehebbaren Mangel leidenden Entscheidung des Rechtspflegers seine eigene setzen (BGH Rpfleger 2005, 520).

22 **Unwirksame Geschäfte sind zB:** Pflegerbestellung für Aufenthaltsbestimmungsrecht (OLG München Rpfleger 2006, 263); die Erlaubnis zur Vornahme einer Vollstreckungshandlung zur Nachtzeit (§ 758a ZPO, vgl. *Wieser* Rpfleger 1988, 293 mwN; *Goebel* DGVZ 1998, 161/5 mwN); Bestellung eines Abwesenheitspflegers für den Angehörigen eines fremden Staats (OLG Zweibrücken Rpfleger 2003, 117); die Zurückweisung eines im Zusammenhang mit einem Erbscheinsantrag gestellten Antrags auf Gestattung von Akteneinsicht durch den Rechtspfleger, obwohl ein Erbvertrag vorliegt (BayObLG Rpfleger 1982, 292); Entscheidung über die Erinnerung gegen den Kostenansatz für Kapitalerhöhung und Satzungsänderung (OLG Hamm Rpfleger 2001, 99).

23 In **Unterbringungs**sachen kann der Rechtspfleger weder um **Übernahme** ersuchen noch ein solches Ersuchen ablehnen; eine solche Verfügung ist unwirksam (BayObLG Rpfleger 1992, 285; 1993, 325 und NJW 1992, 1634); **Abs. 4 S. 1** ist hingegen nicht einschlägig, wenn der Rechtspfleger bei der Abgabeverfügung funktionell zuständig war und anschließend beim übernehmenden Gericht eine Aufgabe zu erledigen ist, die dem Richtervorbehalt unterliegt (BayObLG FamRZ 1969, 495). Zum Meinungsstreit im Zusammenhang mit der Abgabe von Betreuungssachen → § 4 Rn. 3.

24 **b) Die von Abs. 4 S. 1 nicht erfassten Fälle. aa) Zusammenhang.** Nicht anwendbar ist Abs. 4 S. 1 auf Geschäfte, die nach **§ 6** wegen des engen Zusammenhangs vom Richter hätten erledigt werden „sollen" (→ § 6 Rn. 1; AMHRH/*Herrmann/Rellermeyer* Rn. 19).

25 **bb) Registereintragungen.** Auch auf **Registereintragungen,** die auf Anweisung eines funktionell unzuständigen Organs erfolgten, findet Abs. 4 S. 1 keine Anwendung. Eine ordnungsgemäß vorgenommene **Eintragung** zB in ein Grundbuch ist wirksam, unabhängig davon, ob eine entsprechende Eintragungsverfügung überhaupt vorliegt, und, falls ja, ob der Rechtspfleger diese im Rahmen seiner Zuständigkeit verfügt hat oder nicht (OLG Neustadt Rpfleger 1961, 17; OLG Frankfurt a. M. Rpfleger 1961, 397; AMHRH/*Herrmann/Rellermeyer* Rn. 22; *Bassenge/ Roth* Rn. 4; *Demharter* GBO § 44 Rn. 67; *Keidel/Sternal* FamFG § 2 Rn. 36).

26 **cc) Erbscheine.** Beurteilt man bei der Erbscheinserteilung Verstöße gegen die in § 16 Abs. 1 Nr. 6, Abs. 2 getroffene Zuständigkeitsverteilung zwischen Rechtspfleger und Richter **nach der Regelung des § 8** gilt:
– **Die Wirksamkeit** des erteilten Erbscheins bleibt unter den **Voraussetzungen des Abs. 2 unberührt:** Der Rechtspfleger hat den Erbschein ohne entsprechende Übertragungsverfügung durch den Richter erteilt, obwohl die Voraussetzungen des § 16 Abs. 2 vorgelegen hätten („weil die Übertragung unterblieben ist": Abs. 2 Hs. 2 Fall 1); der Rechtspfleger hat den Erbschein aufgrund richterliche Übertragung erteilt, obwohl die Voraussetzungen des § 16 Abs. 2 für

Gültigkeit von Geschäften **§ 8**

eine Übertragung nicht vorgelegen haben (weil „die Voraussetzungen für die Übertragung ... nicht gegeben waren": Abs. 2 Hs. 2 Fall 2).
– Mit letzterer Fallgestaltung eng verwandt ist die des Abs. 4 **iVm § 7:** Der Richter entscheidet über die streitige Zuständigkeitsfrage zur Erbscheinserteilung durch Beschluss und weist dem Rechtspfleger die Erteilung zu, obwohl die Voraussetzungen des § 16 Abs. 2 objektiv nicht vorliegen.
– Der vom Rechtspfleger erteilte Erbschein ist nach Abs. 4 S. 1 **unwirksam,** wenn die Voraussetzungen des § 16 Abs. 2 nicht vorgelegen haben, wenn keine Übertragungsverfügung nach Abs. 2 Hs. 2 Fall 2 vorlag oder, wenn keine (uU unrichtige) Zuständigkeitsentscheidung zugunsten des Rechtspflegers nach § 7 getroffen wurde.

Eine solche in den Rechtsfolgen unterschiedliche Behandlung des gleichen Verfahrensfehlers trägt der **besonderen Bedeutung des Erbscheins für den Verkehrsschutz** nicht Rechnung. Nach allgM treten deshalb die Wirkungen der §§ 2365 ff. BGB auch dann ein, wenn der Erbschein bzw. die Erbscheinserteilungsanordnung (vgl. § 352 FamFG) wegen der Zuständigkeitsverletzung nach Abs. 4 unwirksam (= nichtig, → Rn. 20) wäre (zB *Bassenge/Roth* Rn. 4; *Jansen/Müther* § 7 Rn. 22; MüKoBGB/*J. Mayer* § 2353 Rn. 57; *Zimmermann* ZEV 1995, 275, 276; Firsching/Graf Nachlassrecht Rn. 4.150; *Weiß* Rpfleger 1984, 389, 393; – zu den unterschiedlichen Begründungen vgl. MüKoBGB/*J. Mayer* § 2353 Rn. 57). 27

Davon zu unterscheiden ist die Frage, ob ein solcher vom Rechtspfleger erteilter Erbschein allein wegen des funktionellen Zuständigkeitsverstoßes und unabhängig von der Frage, ob er sachlich richtig ist oder nicht, **einzuziehen ist** (§ 2361 BGB). Wird nach Erbscheinserteilung durch den Rechtspfleger später ein Testament aufgefunden, so ist der Erbschein dann nicht einzuziehen, wenn eine Übertragungsmöglichkeit nach § 16 Abs. 2 besteht (§ 8 Abs. 2); hM, zB KG NJW-RR 2004, 801 = FamRZ 2004, 1903; BayObLG FamRZ 1997, 1370; LG Frankfurt Rpfleger 1983, 476; MüKoBGB/*J. Mayer* § 2361 Rn. 13; Palandt/*Weidlich* BGB § 2361 Rn. 4; *Weiß* Rpfleger 1984, 389, 393). 28

c) Rechtsbehelfe. Entsprechend allgemeinen verfahrensrechtlichen Grundsätzen (zB *Rosenberg/Schwab/Gottwald* § 61 IV), wonach unwirksame, aber existente Entscheidungen mit den gewöhnlichen Rechtsmitteln angreifbar sind, damit der ihnen anhaftende Rechtsschein der Wirksamkeit beseitigt wird, kann eine nach Abs. 4 S. 1 unwirksame Entscheidung von allen Beteiligten begründet mit dem statthaften Rechtsbehelf nach § 11 **angefochten** werden, ohne dass es in diesen Fällen einer besonderen Beschwer bedürfte. Die Entscheidung muss dann, selbst wenn sie sachlich richtig wäre, aufgehoben und durch eine Entscheidung des Richters (mag sie auch im Ergebnis gleich lauten) ersetzt werden (BVerfG NJW 1985, 788; BGH NJW-RR 2005, 1299 = Rpfleger 2005, 520; OLG Zweibrücken Rpfleger 2003, 117; BayObLG Rpfleger 1980, 351; 82, 422; OLG München Rpfleger 1979, 346 mit zust. Anm. *Eickmann; Bassenge/Roth* Rn. 4; Keidel/*Meyer-Holz* FamFG § 58 Rn. 112). 29

Haben die Beteiligten die Unwirksamkeit der Entscheidung **erkannt,** kann die Nichtherbeiführung einer wirksamen Entscheidung durch Einlegung einer Beschwerde bzw. Erinnerung eine evtl Amtshaftung nach § 839 Abs. 3 BGB entfallen lassen (*Arndt* § 7 Rn. 16; AMHRH/*Herrmann/Rellermeyer* Rn. 26). 30

d) Ausnahme vom Grundsatz der Unwirksamkeit nach Abs. 4 S. 2. aa) Zuweisung. Keine Unwirksamkeit tritt ein, wenn der Richter dem Rechtspfleger ein **nicht übertragbares** Geschäft durch eine **Entscheidung nach § 7** zu- 31 gewiesen hat. Die Entscheidung des Richters muss hier aus Rechtssicherheitsgründen dem Gesetz vorgehen (BT-Drs. V/3134, 19), ansonsten würde die von § 7 bezweckte Regelung – rasche und einfache Entscheidung der Zuständigkeitsfrage – nicht erreicht. Hat der Richter in einem anderen Verfahren eine gleichgelagerte Zuständigkeitsfrage durch eine Zuweisung an den Rechtspfleger nach § 7 entschieden, empfiehlt es sich für den Rechtspfleger, einen neuerlichen Fall nach § 5 Abs. 1 Nr. 2 vorzulegen, falls er seine Zuständigkeit nicht für gegeben ansieht oder jedenfalls bezweifelt.

32 **bb) Rechtsbehelfe.** Unabhängig davon, dass der richterliche Zuweisungsbeschluss unanfechtbar ist (§ 7 S. 2), ist die (wirksame) Entscheidung des Rechtspflegers (§ 8 Abs. 4 S. 2) auf Rechtsbehelf nach § 11 hin aufzuheben (OLG Frankfurt a. M. NJW 1973, 289; *Bassenge/Roth* § 7 Rn. 3; **aA** AMHRH/*Herrmann/Rellermeyer* § 7 Rn. 12 und § 8 Rn. 20; *Ule* Rn. 264: Aus den Gesetzesmaterialien ergebe sich eindeutig, dass § 7 und § 8 Abs. 4 S. 2 deshalb geschaffen wurden, um die Zuständigkeitsfrage abschließend und mit Vorrang vor dem Gesetz zu entscheiden).

33 Der **Rechtspfleger** kann in diesem Fall dem Rechtsbehelf, auch wenn er ihn für begründet hält, im Hinblick auf den unanfechtbaren richterlichen Beschluss (§ 7 S. 2) **nicht abhelfen:** Dem Rechtsbehelfsführer, der vom Rechtsbehelf gerade wegen des funktionellen Zuständigkeitsverstoßes Gebrauch macht, geht es in erster Linie um die Entscheidung des zuständigen Organs und nicht um die (ihr notwendigerweise vorausgehende) Aufhebung der Entscheidung.

2. Übertragbare Geschäfte (Abs. 2)

34 **a) Inhalt.** Nimmt der Rechtspfleger ein **übertragbares** Geschäft iSd Abs. 2 vor, ist es wirksam, auch wenn die Übertragungsverfügung des Richter fehlt oder zwar vorliegt, ihre Voraussetzungen aber im Einzelfall nicht gegeben waren. Den Worten „im Einzelfall" kommt keine Bedeutung zu: Eine richterliche Übertragung zB nach § 16 Abs. 2 kann nach allgM nie im Wege einer generellen Verfügung erfolgen, sondern immer nur durch eine auf den Einzelfall bezogene Anordnung.

35 **Übertragbare Geschäfte iSd Abs. 2** sind: **§ 16 Abs. 2** (Erteilung eines Erbscheins oder Zeugnisses gem. §§ 36, 37 GBO, §§ 42, 74 SchRegO, wenn trotz Vorliegens einer letztwilligen Verfügung gesetzliche Erbfolge eintritt und deutsches Recht anzuwenden ist); **§§ 18 Abs. 2 S. 2,** (Übertragung eines vom Richter sich vorbehaltenen Insolvenzverfahrens; entspr gilt gem. **§ 19b Abs. 2 S. 2** für das Schifffahrtsrechtliche Verteilungsverfahren). Ferner – auch wenn der Gesetzgeber nicht von „übertragen" spricht, sondern von „beauftragen" bzw. „zurückgeben" (AMHRH/*Herrmann/Rellermeyer* Rn. 16; *Bassenge/Roth* Rn. 3) – **§§ 20 Nr. 4 lit. a, 23 Abs. 1 Nr. 2, 25a** (Ermittlungen und Anhörungen im Prozesskosten- bzw. Verfahrenskostenhilfeverfahren) sowie **§ 5 Abs. 3 S. 2** (vom Rechtspfleger vorgelegte Sachen, die der Richter nach § 5 Abs. 3 S. 1 bearbeitet, aber zurückgeben könnte).

36 **b) Rechtsbehelfe.** Die Entscheidung ist, wie grundsätzlich jede Rechtspflegerentscheidung (→ § 11 Rn. 19 ff.), mit dem statthaften Rechtsbehelf nach § 11 angreifbar (→ Rn. 7). Es gelten die allgemeinen Voraussetzungen (Vorliegen einer Entscheidung usw: → § 11 Rn. 19 ff.); zur Frage der Befristung vgl. § 11 Rn. 36 ff., 94.

37 Die Überschreitung der funktionellen Kompetenz führt zur **Aufhebung der Rechtspflegerentscheidung.** Das folgt bereits aus dem unterschiedlichen Wortlaut der Abs. 1 und 5 gegenüber 2, 3 (→ Rn. 7). Zudem liegt ein Entzug des gesetzlichen Richters vor. Es mag fraglich sein, in welchen Fällen ein Verstoß gegen

Gültigkeit von Geschäften **§ 8**

Art. 101 Abs. 1 S. 2 GG die Verfassungsbeschwerde rechtfertigt (dazu *Kissel/Mayer* GVG § 16 Rn. 32ff.). Hingegen kann es nicht zweifelhaft sein, dass der Entzug des gesetzlichen Richters auf Anfechtung hin zu korrigieren ist, wenn schon ein **durch einen** (unzuständigen) **Richter** begangener Verstoß grundsätzlich einen beachtlichen Verfahrensmangel beinhaltet (vgl. dazu *Kissel/Mayer* GVG § 16 Rn. 32; – **aA** *Ule* Rn. 266; es überzeugt jedoch das Argument, der Richter werde ohnehin mit der Sache befasst, nicht).

Hilft der zur Abhilfe befugte Rechtspfleger dem Rechtsbehelf, wie geboten, ab, **38** muss er die Sache, über deren ursprünglichen Antrag noch nicht entschieden wurde, dem Richter als funktionell zuständigem Organ vorlegen. Dieser kann dann die Sache entweder auf den Rechtspfleger übertragen oder selbst entscheiden.

3. Verstoß gegen die Vorlagepflicht nach § 5 (§ 6)

a) Verstoß gegen § 5. Abs. 3 bestimmt, dass ein **Verstoß gegen die Vorlage-** **39** **pflicht** des **§ 5 Abs. 1** die Wirksamkeit des Geschäfts unberührt läßt. Eine Folge der Neufassung des § 5 RPflG 1957 durch die Novelle 1969: Wenn § 5 Abs. 1 RPflG 1957 als Sollvorschrift ausgestaltet wurde, so aus der Erwägung, dass „eine Verletzung der Vorlagepflicht *(im Interesse der Rechtssicherheit und der Prozessökonomie)* nicht zur Nichtigkeit oder Anfechtbarkeit der vom Rechtspfleger getroffenen Maßnahme führen" sollte (BT-Drs. I/3839, 18). Die Umwandlung der Sollvorschrift des § 5 Abs. 1 RPflG 1957 in die nunmehrige Fassung („hat") durch das RPflG 1969 bezweckte die Herausstellung der Pflicht des Rechtspflegers zur Vorlage, sollte aber nichts daran ändern, dass das Geschäft wirksam blieb. Abs. 3 kam deshalb nach der Vorstellung des Gesetzgebers nur eine klarstellende Wirkung zu (BT-Drs. V/4341, 4).

Umfasst eine Abgabe- bzw. Übernahmeentscheidung des Rechtspflegers nach **40** **§ 4 FamFG** mehrere selbständige Geschäfte, von denen jedenfalls eines in die Richterzuständigkeit fällt, ist sie **unwirksam:** Es liegt dann nicht nur ein Verstoß gegen § 5 Abs. 1 Nr. 2 vor, sondern gleichzeitig ein Fall nach § 8 Abs. 4 S. 1 (BayObLG Rpfleger 1987, 455 mAnm *Meyer-Stolte*).

b) Rechtsbehelfe. Entscheidet der Rechtspfleger, obwohl er nach § 5 Abs. 1 **41** hätte vorlegen müssen, ist die Entscheidung alleine deswegen nicht anfechtbar (*Bassenge/Roth* § 5 Rn. 3; *Ule* Rn. 191; *Eickmann* Rpfleger 1976, 158, 161; **aA** die Vorauflage § 8 Rn. 31; AMHRH/*Herrmann/Rellermeyer* § 5 Rn. 9 und 27: Rechtsbehelf nach § 11 ist zulässig). Im Unterlassen der Vorlage liegt – wie *Bassenge/Roth* § 5 Rn. 3, zu Recht feststellt – keine anfechtbare Entscheidung. → § 5 Rn. 3). Ein Verstoß gegen die Vorlagepflicht kann aber uU Amtshaftung begründen (BGH NJW 1969, 509). Zur Zulässigkeit der Verfassungsbeschwerde im Falle der **willkürlichen Nichtbeachtung einer gesetzlichen Pflicht** zur Vorlage der Sache vgl. BVerfG Rpfleger 1988, 13).

Ob **im Einzelfall ein Verstoß gegen die Vorlagepflicht** des § 5 Abs. 1 und **42** damit ein Entzug des gesetzlichen Richters vorliegt, läßt sich nicht abstrakt feststellen, sondern nur anhand des konkreten Einzelfalles iVm einer uU gebotenen Auslegung der Norm. Ist dem Rechtspfleger durch die Verwendung unbestimmter Rechtsbegriffe ein **Beurteilungsspielraum** eingeräumt (zB: „enger Sachzusammenhang": § 5 Abs. 1 Nr. 2), ist eine Nachprüfung nur nach den Grundsätzen möglich, die für die Nachprüfung des Ermessens gelten (Thomas/Putzo/*Reichold* ZPO § 567 Rn. 29).

171

§ 8   1. Abschnitt. Aufgaben und Stellung des Rechtspflegers

43   Dienstaufsichtliche Maßnahmen bei Nichtbeachtung der Vorlagepflicht sind durch § 9 begrenzt (*Bassenge/Roth* § 5 Rn. 3; AMHRH/*Herrmann/Rellermeyer* § 5 Rn. 7).

44   Bei einem **Verstoß gegen § 6** – der Rechtspfleger nimmt ein übertragenes Geschäft wahr, obwohl es vom Richter hätte erledigt werden sollen (→ Rn. 24) – greifen die oben (→ Rn. 41, 42) erwähnten Gesichtspunkte nicht: Es handelt sich um eine „Sollvorschrift" und es liegt mangels einer funktionellen Zuständigkeitsregelung kein Entzug des gesetzlichen Richters vor

VI. Zuständigkeitsüberschreitungen des Rechtspflegers im Verhältnis zum UdG (Abs. 5)

1. Inhalt; Normzweck

45   Die Einfügung des Abs. 5 ist (BT-Drs. V/3134, 19) im Hinblick **auf § 24,** der die Aufnahme von rechtlich schwierigen Anträgen und Erklärungen vom UdG auf den Rechtspfleger übertrug, notwendig geworden: Insbesondere wegen der Generalklausel des § 24 Abs. 2 liegt es nahe, dass der Rechtspfleger einmal versehentlich in den Zuständigkeitsbereich des UdG eingreift. **Rechtssicherheit wie auch Vertrauensschutz** erfordern es deshalb, die Wirksamkeit seiner Handlungen auch in diesen Fällen zu gewährleisten. Nimmt der Beamte des gehobenen Justizdienstes bzw. der Qualifikationsebene 3 (vgl. zB Art. 5 BayLlbG), der überwiegend mit den Aufgaben eines Rechtspflegers betraut wurde (§ 2 Abs. 1 S. 1), ein **UdG-Geschäft** wahr (→ § 27 Rn. 8 ff.), das ihm **neben** seinen Rechtspflegergeschäften als „sonstiges" Geschäft iSd § 27 Abs. 1 zugewiesen wurde, ist er **insoweit als UdG tätig** und nicht als Rechtspfleger. Die Frage nach einer funktionellen Zuständigkeitsüberschreitung stellt sich in diesem Falle nicht. Anders, wenn der Beamte des gehobenen Justizdienstes bzw. Qualifikationsebene 3, der **nur** mit Rechtspflegeraufgaben betraut ist (= nur Rechtspfleger ist), ein UdG-Geschäft tätigt (zB Entscheidung über den Antrag des beigeordneten Anwalts auf Festsetzung seiner Vergütung nach § 55 RVG, OLG Hamm Rpfleger 1989, 319). Für diesen Fall enthält **§ 8 Abs. 5 eine Parallelregelung zu Abs. 1:** Das Geschäft ist wirksam.

46   Im Übrigen ist die Regelung des Abs. 5 auch deshalb erforderlich, weil das Gesetz den Rechtspfleger in § 27 Abs. 1 verpflichtet, unter gewissen Umständen Geschäfte des Urkundsbeamten zu verrichten. Dies wäre nicht möglich, würde eine Verletzung der Zuständigkeit des UdG die Unwirksamkeit des Geschäfts zur Folge haben.

2. Rechtsbehelfe

47   Hat der Rechtspfleger anstelle des UdG entschieden und liegt kein Fall des § 27 Abs. 1 vor, so ist das statthafte Rechtsmittel, da eine Rechtspflegerentscheidung vorliegt, nach **§ 11 Abs. 1** zu bestimmen (KG Rpfleger 1998, 65; BayObLG Rpfleger 1997, 101; *Bassenge/Roth* § 11 Rn. 11 und § 21 Rn. 4; Keidel/*Meyer-Holz* FamFG § 58 Rn. 17; **aA** OLG Hamm Rpfleger 1989, 319 und die Vorauflage Rn. 36). Die Vorschriften über die Anfechtung der Urkundsbeamtenentscheidung (zB Erinnerung nach § 573 ZPO) kommen nicht zur Anwendung und auch § 27 Abs. 2 ist hier nicht einschlägig (*Bassenge/Roth* § 11 Rn. 11 und § 21 Rn. 4).

48   Die jeweils statthaften Rechtsbehelfe führen jedoch **allein** wegen der Kompetenzüberschreitung nicht zur Aufhebung der Entscheidung: Das für den Richter Ausgeführte (→ Rn. 17) gilt entspr.

VII. Zuständigkeitsüberschreitungen des UdG

1. Inhalt

Nimmt der UdG Geschäfte des Rechtspflegers (etwa nach § 24 Abs. 1) oder andere Rechtspflegeraufgaben (zB nach § 21) wahr, sind sie nach allgM (AMHRH/ *Hintzen* § 24 Rn. 4; *Kissel/Mayer* GVG § 153 Rn. 25; MüKoZPO/*Zimmermann* GVG § 153 Rn. 116 ff; Keidel/*Meyer-Holz* FamFG § 58 Rn. 16) unwirksam (zB BayObLG Rpfleger 1993, 103: Aufnahme des Antrags auf Zulassung der Rechtsbeschwerde durch den UdG entgegen § 24 Abs. 1; OLG Hamm Rpfleger 1987, 509 und OLG Frankfurt a. M. Rpfleger 1991, 12: Erteilung einer qualifizierten Vollstreckungsklausel nicht durch den nach § 20 Nr. 12 funktionell zuständigen Rechtspfleger, sondern durch den UdG; **aA** OLG Zweibrücken FamRZ 2003, 1942). Das folgt insbesondere aus der gesetzlichen Wertung der Abs. 4, 5: „Nach Abs. 4 dieser Bestimmung ist ein vom Rechtspfleger wahrgenommenes Richtergeschäft unwirksam, wenn es dem Rechtspfleger weder übertragen war noch zugewiesen wurde noch übertragbar war. Demgegenüber berührt die Vornahme durch den Rechtspfleger die Wirksamkeit eines an sich vom UdG wahrzunehmenden Geschäfts nicht (§ 8 Abs. 5). Das lässt nur den Schluss zu, dass die Wahrnehmung von Rechtspflegergeschäften durch den UdG, bei der Sonderfälle wie die in § 8 Abs. 4 nicht in Betracht kommen, stets zur rechtlichen Unwirksamkeit führt" (OLG Hamm Rpfleger 1987, 509 [510]).

49

2. Rechtsbehelfe

Die Unwirksamkeit infolge des funktionellen Zuständigkeitsverstoßes kann mit der **Erinnerung nach § 573 ZPO** begründet geltend gemacht werden (zur generellen Angreifbarkeit unwirksamer Entscheidungen → Rn. 29). Das FamFG regelt die Anfechtung der Entscheidung des UdG nur im Zusammenhang mit der Erteilung des Rechtskraftzeugnisses (§ 46 S. 4 FamFG; dazu: BT-Drs. 16/12717, 69), es ist in anderen Fällen deshalb § 573 ZPO analog anzuwenden (Keidel/*Meyer-Holz* FamFG § 58 Anh. Rn. 12). Es entscheidet der Richter oder, wenn er für das Hauptsacheverfahren zuständig ist, der Rechtspfleger (Zöller/*Lückemann* GVG § 153 Rn. 7; *Bassenge/Roth* Rn. 6).

50

§ 9 Weisungsfreiheit des Rechtspflegers

Der Rechtspfleger ist sachlich unabhängig und nur an Recht und Gesetz gebunden.

Übersicht

	Rn.
I. Entwicklung	1–5
II. Normzweck	6–9
III. Sachliche Unabhängigkeit	10–30
1. Inhalt	10–22
a) Begriff der sachlichen Unabhängigkeit	10
b) Selbstverantwortlichkeit	11
c) Begriff der Weisung	12–14
d) Bindung an Dienstzeit	15, 16

	Rn.
e) Bindung an Recht und Gesetz	17–22
2. Anwendungsbereich	23, 24
3. Einschränkungen	25–30
a) Ausnahmen vom Grundsatz der umfassenden Sachkompetenz	26
b) Evokationsrecht	27
c) Vorlagepflicht	28
d) Bindung	29, 30
IV. Dienstaufsicht	31–77
1. Dienstaufsicht und sachliche Unabhängigkeit	31–35
a) Einschränkungen der Dienstaufsicht	31, 32
b) Uneingeschränkte Dienstaufsicht	33
c) Notwendige Dienstaufsicht	34, 35
2. Abgrenzung	36–38
a) Kernbereich	37
b) Äußere Ordnungsbereich	38
3. Rechtsgrundlagen, Organisation und Maßnahmen	39–44
a) Rechtsgrundlagen und Organisation	39–41
b) Dienstaufsichtliche Maßnahmen	42–44
4. Rechtsschutz	45
5. Anwendungsfälle	46–77
V. Dienstliche Beurteilungen	78–83
1. Leistungsprinzip	78, 79
2. Zulässiger Inhalt	80–83
VI. Die Verantwortlichkeit des Rechtspflegers	84–90
1. Haftung	84–89
a) Allgemeines	85
b) Haftungsprivileg	86–89
2. Strafrechtliche Verantwortlichkeit	90

I. Entwicklung

1 In Art. VI § 2 Abs. 1 REntlG (→ Einl. Rn. 21) wurden die Landesjustizverwaltungen „ermächtigt, den UdG mit der *selbständigen* Erledigung von Geschäften zu beauftragen, die nach reichsrechtlichen Vorschriften durch den Richter wahrzunehmen sind", und in § 2 Abs. 1 REntlV hieß es: „Richterliche Geschäfte werden durch die Rechtspfleger *selbständig* wahrgenommen, soweit für das betreffende Gericht eine Entlastung der Richter angeordnet ist". Damit sollte nur betont werden, dass die Tätigkeit des Rechtspflegers nicht lediglich eine vorbereitende war, sondern ihm – zur wirksamen Richterentlastung – auch die abschließende Entscheidung oblag (*Reichel* S. 38 f.); zur Frage der sachlichen Unabhängigkeit schwiegen REntlG und REntlV.

2 Weil man sich jedoch bereits vor Inkrafttreten des RPflG 1957 (weitgehend) einig war, dass der Rechtspfleger bei der Erledigung ehemals richterlicher Aufgaben nicht sachfremden Einflüssen unterliegen durfte (*Strauß* Rpfleger 1957, 34), wurde auf ihn § 1 GVG unmittelbar oder jedenfalls entsprechend angewandt und daraus die Weisungsfreiheit in Bezug auf die sachliche Bearbeitung der übertragenen Geschäfte hergeleitet (*Baumbach/Lauterbach,* ZPO, 18. Aufl. 1947, Anh. zu § 153 GVG Anm. 1; *Heim* DRiZ 1952, 148; *Rosenberg,* ZPO, 4. Aufl. 1949, § 25 III 2; *Reichel* S. 58 mwN).

Das RPflG 1957 hat diese Auffassung bestätigt, indem es in § 8 (nunmehr § 9) – 3
nach Habscheid (§ 9 I 2) „die **Magna Charta des Rechtspflegers**" – den wesentlichen **Inhalt** des § 1 GVG übernahm. Die Tatsache, dass der Gesetzgeber, abweichend vom Wortlaut des § 1 GVG, anstelle der (sachlichen) „Unabhängigkeit" das Wort „Selbständigkeit" verwendete, hatte im Schrifttum heftige Kritik erfahren. Es war geargwöhnt worden, es solle so ein Unterschied im Umfang der sachlichen Unabhängigkeit zwischen Richter und Rechtspfleger ausgedrückt werden (dazu *Arndt* § 8 Rn. 3 mwN). Grund für die Wortwahl war jedoch allein die (unzutreffende: → § 1 Rn. 63ff.) Auffassung, dass Unabhängigkeit unteilbar sei und daher neben der sachlichen auch die persönliche umfasse, letztere aber dem Rechtspfleger als Beamten nicht zukam (*Strauß* Rpfleger 1957, 34).

In den Beratungen zum RPflG 1969 wurde denn auch verlangt, den Begriff 4
„selbständig" durch „sachlich unabhängig" zu ersetzen (Nachw. bei *Niedereè* DRpflZ 1966, 1, 4). Wenn der Gesetzgeber gleichwohl den Begriff der Selbständigkeit beibehielt, so wohl deshalb, um den jedenfalls seinerzeit (gegenwärtig nur noch vereinzelt: → § 1 Rn. 64 und die Nachw. bei → § 1 Rn. 70) in Frage gestellten Unterschied zwischen Richter und Rechtspfleger herauszustellen (*Bassenge/Roth* Rn. 3; AMHRH/*Herrmann*/*Rellermeyer* Rn. 2; ebenso: *Lindacher* Rpfleger 1987, 45, 51; *Herbst* Rpfleger 1994, 481, 486).

Das **3. RPflGÄndG** hat § 9 neu gefasst. Damit wird nun auch im Gesetzestext 5
die volle sachliche Unabhängigkeit des Rechtspflegers zum Ausdruck gebracht (BT-Drs. 13/10244, 9; *Kissel/Mayer* GVG Einl. Rn. 89; *Hess/Vollkommer* JZ 2000, 785).

II. Normzweck

Die Aufgaben, die früher in richterlicher Unabhängigkeit wahrgenommen wur- 6
den, sollen auch nach der Übertragung auf den Rechtspfleger weiterhin **in sachlicher Unabhängigkeit** entschieden werden (ähnlich BT-Drs. I/3839, 18: „Als Organ der Rechtspflege kann der Rechtspfleger die ihm übertragenen Aufgaben nur wahrnehmen, wenn er irgendwelchen Weisungen in Bezug auf die sachliche Bearbeitung grundsätzlich nicht unterworfen ist").

Diese – aus der ausschließlichen Bindung an Recht und Gesetz herzuleitende – 7
sachliche Unabhängigkeit **deckt sich** (die Fassung des § 9 stimmt weitgehend mit dem Wortlaut des Art. 97 Abs. 1 GG und der §§ 1 GVG, 25 DRiG überein) – im judikativen (= ehemals richterlichen) Aufgabenbereich des Rechtspflegers (→ Rn. 10 ff.) **mit der richterlichen sachlichen Unabhängigkeit.** Das war auch schon früher ganz hM (Nachw. bei BGH Rpfleger 1988, 242; Celle Rpfleger 1979, 390; *Herbst* Rpfleger 1994, 481, 486).

Bindung an Recht und Gesetz bedeutet, dass der Rechtspfleger alle materiel- 8
len Rechtsnormen zu beachten hat. Dazu gehören alle gültigen Gesetze des Bundes und der Länder, Rechtsverordnungen, ratifizierte Staatsverträge, unmittelbar geltendes Gemeinschaftsrecht der EU, Satzungen öffentlich-rechtlicher Körperschaften, die allg Grundsätze des Völkerrechts und das Gewohnheitsrecht (*Bassenge/Roth* Rn. 3; → Rn. 18). Keine (materielle) Gesetzesqualität haben Verwaltungsvorschriften. Hält der Rechtspfleger ein Gesetz für verfassungswidrig, hat er die Sache dem Richter vorzulegen (§ 5 Abs. 1 Nr. 1).

Vom Anwendungsbereich des § 9 werden (notwendigerweise) auch **vorberei-** 9
tende Maßnahmen erfasst (*Brüggemann* JR 1965, 81, 85; *Bassenge/Roth* Rn. 8; *Rel-*

lermeyer Rpfleger 2004, 597). Eine (verfahrensabschließende) Entscheidung lässt sich nämlich nur dann frei von sachfremden Einflüssen treffen, wenn die Sammlung der Entscheidungsgrundlagen nach eigener Vorstellung und eigenem Ermessen erfolgen kann. Die sachliche Unabhängigkeit erstreckt sich daher auf die Befragung der Beteiligten, Beweiserhebungen wie zB die Anhörung von Sachverständigen und Zeugen, die Heranziehung von Akten, auf Rechtshilfeersuchen, Terminbestimmungen, Verhandlungsleitung, Aufgaben der Sitzungspolizei, usw.

III. Sachliche Unabhängigkeit

1. Inhalt

10   a) **Begriff der sachlichen Unabhängigkeit.** Die sachliche Unabhängigkeit wird vom (Verfassungs-)Gesetzgeber nicht umschrieben. Die (historisch bedingte: *Kissel/Mayer* GVG § 1 Rn. 39) Kurzdefinition – die freilich einer den jeweiligen gesellschaftlichen Gegebenheiten Rechnung tragenden Konkretisierung bedarf (vgl. dazu insbesondere → Rn. 31 ff.) – lautet: Der Rechtspfleger, der wie der Richter nur dem Gesetz unterworfen ist, entscheidet im judikativen Bereich (→ Rn. 23) frei von Weisungen staatlicher Organe und eigenverantwortlich. Wird dem Rechtspfleger gleichwohl eine Weisung erteilt, ist sie unverbindlich und muss nicht beachtet werden (so zB Erlass des JM Sachsen-Anhalt bei bestimmten Grundstücksveräußerungen keinen Widerspruch einzutragen; DtZ 1997, 48, 85; krit. dazu: *Wassermann* NJW 1997, 1219; *Bestelmeyer* DtZ 1997, 116).

11   b) **Selbstverantwortlichkeit.** Die Weisungsfreiheit des Rechtspflegers schließt aber die Kooperation mit dem Richter, wie zB Informationsaustausch und koordiniertes Zusammenarbeiten nicht aus (vgl. §§ 5, 18 Abs. 2, 19b Abs. 2; ausführlich dazu: *Uhle* Rn. 287 ff.).

12   c) **Begriff der Weisung.** Abgesehen von **Recht** und **Gesetz,** die den Rechtspfleger in stärkster Form binden (→ Rn. 17 ff.), dürfen ihm von keiner Seite – weder vom Parlament, noch der Regierung, den Behörden der Justizverwaltung oder dem nach § 28 zuständigen Richter – **Weisungen** erteilt werden.

13   Der Begriff der „Weisung" ist **weit zu verstehen** (Einzelheiten: *Schmidt-Räntsch* DRiG § 25 Rn. 6 ff.): Erfasst werden nicht nur Veranlassungen zu einer bestimmten Entscheidung, sondern auch Empfehlungen für eine konkrete Sachbehandlung oder zur Auslegung einer Rechtsnorm, wie überhaupt **Einflussnahmen jeder Art.** (auch: mittelbare Einflussnahmen auf Einzelsachen im Wege der Geschäftsverteilung; vgl. dazu: *Herbst* Rpfleger 1994, 486).

14   **Keine Weisungen** sind **Hinweise genereller Art,** zB auf veröffentlichte Entscheidungen, auf bevorstehende Gesetzesänderungen, auf Staatsverträge usw.

15   d) **Bindung an Dienstzeit.** Anders als der Richter, der in richterlicher Unabhängigkeit entscheidet, wann er seine richterliche Tätigkeit ausübt, ist der Rechtspfleger als Beamter an **Dienststunden** gebunden (BVerwG Rpfleger 2007, 19 mit krit. Anm. *Herrmann:* eine „große Chance" wurde verpasst; OVG Nordrhein-Westfalen Rpfleger 2005, 415; *Bassenge/Roth* Rn. 7; **aA** *Meyer-Stolte* Rpfleger 1991, 104; krit. auch AMHRH/*Herrmann/Rellermeyer* Rn. 33–36). Die Freiheit des Richters bei der Gestaltung seiner Arbeitszeit gehört zur persönlichen und auch sachlichen Unabhängigkeit (*Kissel/Mayer* GVG § 1 Rn. 154) und diese ist, anders als beim Rechtspfleger, von **Verfassungs wegen** garantiert (ähnlich BGH

Rpfleger 1991, 102: „Die Mitglieder des BRH sind somit – und dieser Ausgangspunkt darf bei der hier zu treffenden Entscheidung nicht aus dem Auge verloren werden – von Verfassungs wegen **nach dem Vorbild des Richters** unabhängig"). Der Rechtspfleger ist zudem (worauf *Bassenge/Roth* Rn. 7 zutreffend hinweist) im Vergleich zum Richter idR enger in den Gerichtsbetrieb (insbesondere durch die Übertragung von Geschäften nach § 27) eingebunden.

Soweit – die Bindung an festgesetzte Dienststunden (auch) damit begründet **16** wird (BVerwG Rpfleger 2007, 19; OVG Nordrhein-Westfalen Rpfleger 2005, 415; *Bassenge/Roth* Rn. 7), dass beim Richter die Nichteinhaltung allgemein festgesetzter Dienststunden Ausfluss der verfassungsrechtlich gewährten sachlichen Unabhängigkeit sei, während dem Rechtspfleger die sachliche Unabhängigkeit nur einfachgesetzlich eingeräumt werde, kann dem nicht gefolgt werden. Sachliche Unabhängigkeit ist nach ihrem Inhalt immer die von Art. 97 Abs. 1 GG gemeinte; die einfachgesetzliche Unabhängigkeit unterscheidet sich von der verfassungsrechtlich gewährleisteten allein darin, dass sie einem Gesetzesvorbehalt unterliegt, also vom (Einfach-)Gesetzgeber wieder abgeschafft werden könnte. Soweit die Tätigkeit des Rechtspflegers allerdings mit der richterlichen vergleichbar ist, muss ihm eine **freiere Zeiteinteilung** ermöglicht werden (*Bassenge/Roth* Rn. 7; AMHRH/*Herrmann/Rellermeyer* Rn. 35; so auch: *Wesche* Rpfleger 1993, 227; *Weiß* RpflBl. 1994, 70.

e) Bindung an Recht und Gesetz. Mit der Formulierung „nur an Recht und **17** Gesetz gebunden" wird der Grundsatz vom Vorrang des Gesetzes auch vor der Entscheidung des Rechtspflegers betont; darüber hinaus wird der Rechtspfleger durch seine ausschließliche Unterwerfung unter das Gesetz zu Gesellschafts- und Parteiunabhängigkeit verpflichtet (→ § 1 Rn. 67 ff.; *Brüggemann* JR 65, 81, 84; *Ule* Rn. 52).

aa) „Gesetze". Dies sind, neben der Verfassung, formelle Gesetze (Parlaments- **18** gesetze einschließlich ratifizierter Staatsverträge, unmittelbar geltender EU-VO) und materielle Gesetze (Rechtsverordnungen, Satzungen); allgemeine Regeln des Völkerrechts iS des Art. 25 GG; Gewohnheitsrecht. **Keine Gesetze** sind Verwaltungsvorschriften, also insbesondere die in Ministerialblättern veröffentlichten Bekanntmachungen, Anordnungen, Rundverfügungen usw. (v. Münch/*Kunig* GG Art. 97 Rn. 10, 12; *Schmidt-Räntsch* DRiG § 25 Rn. 11). Eine Bindung entfalten nur **gültige** Gesetze. Hat der Rechtspfleger insoweit Zweifel, hat er die Sache dem Richter vorzulegen damit dieser die verfassungsgerichtliche Entscheidung nach Art. 100 GG herbeiführen kann (§ 5 Abs. 1 Nr. 1; → Rn. 22).

bb) Auslegung. Der Rechtspfleger ist, im Gegensatz zu anderen Beamten, bei **19** der Rechtsanwendung an die Gesetzesauslegung **durch Dienstvorgesetzte** nicht gebunden. Der Rechtspfleger muss vielmehr – die Bindung an die Gesetze beinhaltet notwendig (MSBKB/*Ulsamer* BVerfGG Vorbem Rn. 42, 43) die Auslegung – selbst auslegen und hierbei die Rspr. der Gerichte und das Schrifttum berücksichtigen (OLG Hamm Rpfleger 1973, 104; LG Bremen Rpfleger 1976, 217). Lassen Wortlaut, Sinn und Zweck der anzuwendenden Norm ein verfassungswidriges wie auch verfassungskonformes Ergebnis zu, muss er sie verfassungskonform anwenden (*Bischof*, Anm. zu AG Kaiserslautern, Rpfleger 1994, 154).

cc) Präjudizien. Was die präjudizielle Wirkung **obergerichtlicher Entschei-** **20** **dungen** angeht, unterliegt der Rechtspfleger (nur) den beiden Einschränkungen in seiner Entscheidungsfreiheit, denen auch der Richter unterliegt: Bindung an bestimmte Entscheidungen des BVerfG, denen Gesetzeskraft zukommt (Art 94 Abs. 2 GG iVm § 31 Abs. 2 BVerfGG); Bindung an die Rechtsauffassung des Revisionsgerichts bei Zurückverweisung nach § 563 Abs. 2 ZPO, § 74 Abs. 6 S. 4 FamFG (für den Rechtspfleger von Bedeutung bei Zurückverweisung des Rechtsbeschwerdegerichts an das erstinstanzliche Gericht, § 74 Abs. 6 S. 2 FamFG; *Brüggemann* JR 1965, 81, 85; Keidel/*Meyer-Holz* FamFG § 74 Rn. 93, 94; – zur Vereinbarkeit der Bindung des Richters an die Entscheidung eines anderen Gerichts mit Art. 97 GG vgl. BVerfGE 87, 273, 278: Rechtspflege ist „konstitutionell uneinheitlich"!).

21 Zur **Bindung an die Rechtsauffassung des Richters** in den Fällen der §§ 5 Abs. 3 S. 3, 16 Abs. 2 S. 2 → Rn. 29.

22 **dd) Bindung.** Die **Bindung** an das Gesetz beinhaltet auch das Recht und die Pflicht, dessen **Vereinbarkeit mit der Verfassung** zu prüfen (*Bischof* Rpfleger 1994, 154 mwN). Zur **Vorlage an das BVerfG** nach Art. 100 Abs. 1 GG ist der Rechtspfleger allerdings nicht befugt (→ § 5 Rn. 5 ff.). Bei Bedenken an der Verfassungsmäßigkeit eines Gesetzes hat er die Sache dem Richter vorzulegen (§ 5 Abs. 1 Nr. 1). An die Rechtsauffassung des Richters ist der Rechtspfleger dann gebunden (§ 5 Abs. 3).

2. Anwendungsbereich

23 Die sachliche Unabhängigkeit erfasst („bei seinen Entscheidungen"!) nur den judikativen Bereich, also den von § 3 Nr. 1 bis 3 iVm §§ 14 ff. beschriebenen Bereich ehemals richterlicher Geschäfte (abgesehen von § 3 Nr. 3 lit. b, e: → § 1 Rn. 6), in dem der Rechtspfleger als Organ der Rechtspflege tätig wird. Sie erfasst **nicht: sonstige Dienstgeschäfte** (§ 27 Abs. 2) die mit den Aufgaben des Rechtspflegers betrauten Beamten und die in §§ 29 und 31 aufgeführten Geschäfte der Rechtspflegeverwaltung (vgl. § 32 sowie zur begrifflichen Einordnung dieser früher allgemein zur Justizverwaltung gerechneten Geschäfte → § 1 Rn. 7).

24 Nimmt der Beamte des gehobenen Justizdienstes (Qualifikationsebene drei) **neben Rechtspfleger- auch Verwaltungsaufgaben** wahr und erteilt der Dienstvorgesetzte die Weisung, Verwaltungssachen vorrangig zu erledigen, ist dies mit der sachlichen Unabhängigkeit nicht zu vereinbaren.

3. Einschränkungen

25 Die sachliche Unabhängigkeit des Rechtspflegers unterliegt **gesetzlichen** Einschränkungen. In Betracht kommen § 4 Abs. 2, 3; § 5 Abs. 1, Abs. 3 S. 3; § 16 Abs. 2 S. 2; § 18 Abs. 2 S. 3; § 19b Abs. 2 S. 3.

26 **a) Ausnahmen vom Grundsatz der umfassenden Sachkompetenz.** Zu diesem Begriff → § 4 Rn. 2. § 4 Abs. 2, 3 beinhalten keine Einschränkung der sachlichen Unabhängigkeit, sondern eine reine Zuständigkeitsabgrenzung wie in §§ 3, 14 ff. (*Arndt* § 8 Rn. 10; AMHRH/*Herrmann*/*Rellermeyer* Rn. 78; *Bassenge*/*Roth* Rn. 11.

27 **b) Evokationsrecht.** Das Evokationsrecht des Richters im Insolvenz- und Schifffahrtsrechtlichen Verteilungsverfahren nach **§§ 18 Abs. 2 S. 3, 19b Abs. 2 S. 3** enthält jedenfalls keine Beschränkung der sachlichen Unabhängigkeit iS der **Weisungsfreiheit** (der Richter kann die Entscheidung des Rechtspflegers lediglich übernehmen, AMHRH/*Herrmann*/*Rellermeyer* Rn. 76). Zu einer Einschränkung käme man nur dann, wenn man zur sachlichen Unabhängigkeit (auch) die **Entzie-**

Weisungsfreiheit des Rechtspflegers §9

hungsfreiheit rechnet (*Eickmann* Rpfleger 1976, 153, 158 und *Wolf* ZZP 1999, 361, 377, – die aber eine Einschränkung dennoch verneinen). Diese dürfte jedoch dem Bereich des Art. 101 Abs. 1 zuzuordnen sein (v. Münch/*Kunig* GG Art. § 101 Rn. 21): Eine vergleichbare Regelung – Wegnahme einer bei einer untergeordneten Instanz anhängigen Sache durch bloße Entschließung der übergeordneten Instanz – findet sich nämlich beim Richter nicht.

c) **Vorlagepflicht.** Ebenso wird die sachliche Unabhängigkeit nicht durch die 28 Vorlagepflicht **nach § 5 Abs. 1** beeinträchtigt. Vorlagepflichten, die sich auch anderswo finden (vgl. zur Vorlagepflicht des Richters bei Abweichung von obergerichtlichen Entscheidungen § 36 Abs. 3 S. 1 ZPO, § 121 GVG) sind Zuständigkeitsnormen, die das Gericht, an das vorzulegen ist, zum „gesetzlichen Richter" iS von Art. 101 GG werden lassen (BVerfG Rpfleger 1988, 13; LG Krefeld Rpfleger 1970, 429; AMHRH/*Herrmann*/*Rellermeyer* Rn. 73; *Habscheid* Rpfleger 2001, 209; *Eickmann* Rpfleger 1976, 153, 161; *Lindacher* Rpfleger 1987, 45, 47 mwN; anders: *Bassenge*/*Roth* Rn. 10).

d) **Bindung.** Was zuletzt die Bindung des Rechtspflegers an die Rechtsauffas- 29 sung des Richters angeht (§ 5 Abs. 3 S. 3, § 16 Abs. 2 S. 2), so unterliegt auch dieser ähnlichen – die sachliche Unabhängigkeit nicht beeinträchtigenden (BVerfGE 12, 67, 71) – verfahrensrechtlichen Bindungen (zB an Verweisungsbeschlüsse: § 281 Abs. 2 S. 4 ZPO, an Zuständigkeitsentscheidungen: §§ 36, 37 ZPO, § 5 FamFG an die Auffassung des Rechtsmittelgerichts: § 563 Abs. 2 ZPO, § 74 Abs. 6 S. 4 FamFG).

Die Ansicht von der durch § 9 nur „eingeschränkten" sachlichen Unabhängig- 30 keit lässt sich auch nicht damit begründen, dass die Bindung des Rechtspflegers im Gegensatz zu der auf den Einzelfall beschränkten Bindung des Richters weitergehe. Zum einen besteht eine solche Bindung nicht (→ § 5 Rn. 12), zum anderen ließe sich aus einem solchen Unterschied – seine Berechtigung unterstellt – kein qualitativer Unterschied zwischen der sachlichen Unabhängigkeit des Richters und der des Rechtspflegers ableiten (so aber *Ruwe* S. 84; wie hier: AMHRH/*Herrmann*/*Rellermeyer* Rn. 78; *Brüggemann* JR 1965, 81, 85; *Schorn* Rpfleger 1957, 267).

IV. Dienstaufsicht

1. Dienstaufsicht und sachliche Unabhängigkeit

a) **Einschränkungen der Dienstaufsicht.** Sachliche Unabhängigkeit und 31 Dienstaufsicht stehen in einem **Spannungsverhältnis** widerstreitender Interessen: Einerseits ist sicherzustellen, dass die sachliche Unabhängigkeit des Richters/ Rechtspflegers unangetastet bleibt, andererseits ist zu gewährleisten (→ Rn. 34), dass der Richter/Rechtspfleger pflichtgemäß handelt und notfalls zu pflichtgemäßem Handeln angehalten wird (*Schmidt-Räntsch* DRiG § 26 Rn. 2). Diese Gewährleistung ist Aufgabe der Dienstaufsicht (im Bereich der ordentlichen Gerichtsbarkeit auch **Justizaufsicht** genannt). Da sich die sachliche Unabhängigkeit des Rechtspflegers von der des Richters nicht unterscheidet (→ Rn. 7 ff., 10 ff.), gelten die Grundsätze, die für das richterliche Spannungsverhältnis „sachliche Unabhängigkeit und Dienstaufsicht" von Literatur und Rspr. **zum § 26 DRiG** erarbeitet wurden, **für den Rechtspfleger entsprechend** (AMHRH/*Herrmann*/*Rellermeyer* Rn. 40; *Bassenge*/*Roth* Rn. 13; *Weiß* RpflBl. 1994, 63).

32 § 26 DRiG lautet:

§ 26 Dienstaufsicht
(1) Der Richter untersteht einer Dienstaufsicht nur, soweit nicht seine Unabhängigkeit beeinträchtigt wird.
(2) Die Dienstaufsicht umfaßt vorbehaltlich des Absatzes 1 auch die Befugnis, die ordnungswidrige Art der Ausführung eines Amtsgeschäfts vorzuhalten und zu ordnungsgemäßer, unverzögerter Erledigung der Amtsgeschäfte zu ermahnen.
(3) Behauptet der Richter, daß eine Maßnahme der Dienstaufsicht seine Unabhängigkeit beeinträchtige, so entscheidet auf Antrag des Richters ein Gericht nach Maßgabe dieses Gesetzes.

33 **b) Uneingeschränkte Dienstaufsicht.** Nur soweit die sachliche Unabhängigkeit des Rechtspflegers tangiert ist (→ Rn. 23), stellt sich die Frage nach dem zulässigen Umfang der Dienstaufsicht. Nimmt der Beamte des gehobenen Justizdienstes (Qualifikationsebene drei) Aufgaben im Bereich der Rechtspflegeverwaltung (§ 3 Nr. 4 iVm §§ 29 und 31), insbesondere der Gerichts- und Justizverwaltung (§ 27 Abs. 1) wahr, bei denen ein Weisungsrecht des Dienstherrn besteht, sind dienstaufsichtliche Maßnahmen ohne Einschränkung zulässig (→ Rn. 23).

34 **c) Notwendige Dienstaufsicht.** Die sachliche Unabhängigkeit des Richters wie des Rechtspflegers ist kein Standesprivileg (BVerfGE 27, 211, 217), sondern dient der Erfüllung der aus der Verfassung ableitbaren (Art. 19 Abs. 4, 20 Abs. 2 GG) **Justizgewährungspflicht:** „Ohne die ständige Beobachtung der Arbeit des Richters (Rechtspflegers) und des Geschäftsablaufs bei den Gerichten könnte der Staat die vielen verschiedenartigen Vorkehrungen und Maßnahmen nicht treffen, die außer gelegentlichen Vorhalten und Ermahnungen iS des § 26 Abs. 2 DRiG erforderlich sind, um im Interesse aller Bürger eine geordnete Rechtspflege aufrechtzuerhalten" (BGH DRiZ 1978, 185; *Papier* NJW 1990, 8 f.).

35 Im Übrigen folgt das Erfordernis der Dienstaufsicht auch aus der Tatsache, dass Richter und Rechtspfleger – obwohl sachlich unabhängig und nur dem Gesetz unterworfen – in einem öffentlichen Dienst- und Treueverhältnis stehen, aus dem spezifische Dienstpflichten folgen, deren Einhaltung allein durch die Dienstaufsicht gewährleistet wird. Die **Grenzen** der Dienstaufsicht werden wiederum von der Justizgewährungspflicht bestimmt (*Papier* NJW 1990, 8 f.).

2. Abgrenzung

36 Die Abgrenzung zwischen **sachlicher Unabhängigkeit und Dienstaufsicht im Einzelnen** hat der Gesetzgeber der Rspr. überlassen. Der BGH als Dienstgericht des Bundes (vgl. etwa BGH NJW 1964, 2415; 1978, 824; 1988, 421, 1094) teilt die richterliche Tätigkeit zunächst in einen „Kernbereich" der rechtsprechenden Tätigkeiten und einen „äußeren Ordnungsbereich" ein.

37 **a) Kernbereich.** Zum Kernbereich gehören die eigentliche Rechtsfindung (Verhandlung und Entscheidungsfindung) und das nahe Umfeld: Maßnahmen, die der Rechtsfindung vorausgehen oder ihr nachfolgen, wie etwa Terminbestimmungen, Vorbereitung des Termins, Prozessleitung, Zeugenvernehmung, Beschlussberichtigung nach § 319 ZPO. Maßnahmen der Dienstaufsicht in diesem zentralen Bereich richterlicher Tätigkeit sind nicht gestattet, es sei denn, es handelt sich um eine „offensichtlich" fehlerhafte Amtsausübung (BGH NJW 1967, 2054; 1977, 437).

Weisungsfreiheit des Rechtspflegers **§ 9**

b) Äußere Ordnungsbereich. Der äußere Ordnungsbereich umfaßt demge- 38
genüber Tätigkeiten und sonstige dem Richter übertragene Aufgaben, die dem
Kernbereich der Rspr. soweit entrückt sind, dass für sie die Garantie des Art. 97
Abs. 1 GG nicht mehr in Anspruch genommen werden kann. In diesem Bereich,
er erstreckt sich insbesondere auf die Art **der Ausführung** eines Amtsgeschäfts
und die **äußere Form** der Erledigung richterlicher Geschäfte (BGH NJW 1978,
824; DRiZ 1978, 185), sind dienstaufsichtliche Maßnahmen ohne grundsätzliche
Einschränkung möglich, etwa Geschäftsprüfungen oder Anordnungen über die
Auflistung aufgelaufener Rückstände (BGH NJW 1988, 418), über die Meldung
der am Jahresende noch anhängigen Verfahren mit stichwortartiger Begründung,
weshalb sie noch anhängig waren (BGH DRiZ 1978, 185) oder ein „Unter-Vier-
Augen-Gespräch", das lediglich der Information oder bloßen Erörterung unter den
Gesprächspartnern dient (BGH MDR 1985, 933).

3. Rechtsgrundlagen, Organisation und Maßnahmen

a) Rechtsgrundlagen und Organisation. Die Dienstaufsicht ist eine Aufgabe 39
der Gerichtsverwaltung (→ § 27 Rn. 4) und beinhaltet (*Kissel/Mayer* GVG § 22
Rn. 38) die Ausübung aller Befugnisse eines Vorgesetzten iSd Rechts des öffentlichen Dienstes (vgl. insbesondere § 26 DRiG, §§ 144, 145 GVG, § 35 BeamtStG,
§ 62 BBG und die entsprechenden landesrechtlichen Parallelbestimmungen). Bei
der Regelung von **Inhalt und Umfang** hat die Bundeskompetenz – die Dienstaufsicht ist Teil der Gerichtsverfassung (Art. 72 Abs. 1 GG) – Vorrang, während die
Regelung der **Zuständigkeit** für die Gerichte des Bundes Bundessache und für
die Gerichte der Länder Ländersache ist (*Kissel/Mayer* GVG Einl. Rn. 18, § 1
Rn. 45, § 22 Rn. 40). Im Bereich der ordentlichen Gerichtsbarkeit war die Zuständigkeit durch die VO zur einheitlichen Regelung der Gerichtsverfassung v.
20.3.1935, RGBl. I S. 403 (BGBl. III 300-5), geregelt. Diese VO wurde mWv
24.4.2008 aufgehoben (1. G über die Bereinigung von Bundesrecht im Zuständigkeitsbereich des BMJ v. 19.4.2006, BGBl. I S. 866). Die **Länder** haben zwischenzeitlich eine Neuregelung vorgenommen (vgl. zB für Bayern Art. 20 AGGVG). Soweit dies nicht geschehen ist, gilt § 14 der VO v. 20.3.1935 landesrechtlich fort
(BT-Drs. 16/47, 52; Zöller/*Lückemann* GVG Einl. Rn. 10; *Schmidt-Räntsch* DiRG
§ 26 Rn. 12). Für die **Staatsanwaltschaften** ist grundsätzlich § 147 GVG einschlägig (der Vorschrift kommt allerdings nur deklaratorische Bedeutung zu, sofern die
Dienstaufsicht über die Staatsanwaltschaften bereits durch entsprechende landesrechtlichen Parallelvorschriften geregelt wird).

Die Dienstaufsicht über Richter, Beamte, Angestellte, Arbeiter und zur Ausbil- 40
dung zugewiesener Personen steht danach zu: **beim AG** dem Direktor/Präsidenten
(„Aufsichtsrichter"), **beim LG** dem LG-Präsidenten usw; **bei den Staatsanwaltschaften** dem „ersten Beamten", also zB dem Leitenden Oberstaatsanwalt der StA
beim Landgericht. **Oberste Dienstaufsichtsbehörde** ist der Justizminister.

Dienstvorgesetzter ist, wem die Dienstaufsicht zusteht: vgl. § 16 VO v. 41
20.3.1935 und die Parallelvorschriften im betreffenden landesrechtlichen AGGVG.
Dienstvorgesetzter des **Rechtspflegers** ist damit bei der StA der Leitende Oberstaatsanwalt, beim AG regelmäßig der aufsichtsführende Richter und bei den übrigen Gerichten der Präsident dieser Gerichte.

b) Dienstaufsichtliche Maßnahmen. Dienstaufsichtliche Maßnahmen 42
beschränken sich in entsprechender Anwendung des § 26 Abs. 2 DRiG (→ Rn. 32)

auf **Vorhalt** und **Ermahnung,** sowie auf schwächere Mittel wie **Hinweis, Belehrung** und **Beobachtung.** Strengere Mittel – Beanstandung, Missbilligung oder Rüge – sind nicht erlaubt: Reichen Vorhalt und Ermahnung nicht aus oder werden sie für nicht ausreichend erachtet werden, kann das Dienstaufsichtsorgan nur ein **Disziplinarverfahren** einleiten (BGH NJW 1976, 2054).

43 aa) **Vorhalt.** Vorhalt ist der Ausspruch eines **objektiven** Befundes, wonach die Ausführung eines Amtsgeschäfts ordnungswidrig sei (*Kissel/Mayer* GVG § 1 Rn. 47); ein aus der persönlichen Wertungssphäre stammendes Unwerturteil oder ein subjektiver Vorwurf darf damit nicht verbunden sein (*Kissel/Mayer* GVG § 1 Rn. 47 mwN). Beschwert sich etwa ein Anwalt darüber, dass er (äußerer Ordnungsbereich!) vom Rechtspfleger R ständig ohne Anrede angesprochen werde *(„Meier, sie müssen lauter sprechen"),* kann der Vorhalt nicht dahingehen, dass ein solche Bemerkung „unpassend" sei und deshalb „kritisiert" werde, vielmehr hat sich Vorhalt auf die objektive Darstellung des Vorfalls zu beschränken *(„Ich halte ihnen vor, dass sie folgende Äußerung gemacht haben: ...").*

44 bb) **Ermahnung.** Die Ermahnung, die regelmäßig mit einem Vorhalt verbunden sein wird, darf nur **allgemeiner Natur** sein, dh sie darf nicht auf Erledigung des einzelnen Falles ausgerichtet sein, sondern nur die **künftige Erledigung** gleichgelagerter Fälle betreffen (BGH DRiZ 1978, 280f.). Liegt deshalb in einem bestimmten Verfahren eine offensichtlich verzögerte Behandlung vor, kann die Ermahnung nicht dahin gehen, dass *„in der Sache Huber seit vier Monaten nichts geschehen ist";* zulässig ist nur eine Formulierung etwa derart, dass *„keine außerordentliche Belastung ersichtlich ist und deshalb erwartet wird, dass die anstehenden Sachen nach Möglichkeit unverzüglich bearbeitet werden".*

4. Rechtsschutz

45 **Rechtsschutz** gegenüber dienstaufsichtlichen Maßnahmen. § 26 Abs. 3 DRiG findet keine entsprechende Anwendung, dh das Richterdienstgericht hat für den Rechtspfleger keine Zuständigkeit (BGH MDR 2009, 216; BVerwG Rpfleger 1988, 244). Ihm stehen vielmehr, wie jedem Beamten, **formlose Rechtsbehelfe** zu (zum Antrags- und Beschwerderecht vgl. § 125 BBG bzw. die landesrechtlichen Parallelbestimmungen). Im Übrigen eröffnet § 126 BBG (bzw die entsprechenden Vorschriften im Landesrecht) den **Verwaltungsrechtsweg.** Behauptet deshalb ein Rechtspfleger, durch eine dienstaufsichtliche Maßnahme in seiner sachlichen Unabhängigkeit verletzt zu werden, sind für die Gewährung von Rechtsschutz – nach Durchführung des erforderlichen Vorverfahrens (§§ 126 Abs. 2 Abs. 3 BBG, §§ 68 ff. VwGO) – die Verwaltungsgerichte zuständig (VerwG Augsburg Rpfleger 1985, 352; *Wolf* JZ 1982, 224; *Bassenge/Roth* Rn. 17; – richtige Klageart wird regelmäßig die Anfechtungsklage sein, uU auch die Feststellungsklage nach §§ 40, 42, 43 VwGO).

5. Anwendungsfälle

46 Für das Spannungsverhältnis „sachliche Unabhängigkeit und Dienstaufsicht" bestehen zwischen Richter und Rechtspfleger keine sachlichen Unterschiede (→ Rn. 32). Soweit sich deshalb nachstehende Entscheidungen mit der richterlichen Tätigkeit befassen, sind sie für den Rechtspfleger entsprechend heranzuziehen:

47 – **Abgabe dienstlicher Erklärungen** in oder im Zusammenhang mit einem **Verfahren:** Die dienstliche Äußerung eines Richters im Ablehnungsverfahren ist Grundlage für die Entscheidung, ob am Verfahren Beteiligter bei vernünftiger

Würdigung aller Umstände Anlass hat, an der Unvoreingenommenheit des Richters zu zweifeln; die Äußerung gehört deshalb zum engeren Bereich richterlicher Tätigkeit und ist damit einer Dienstaufsicht entzogen (BGH DRiZ 1974, 130).
- **Anberaumung und Abhaltung von Sitzungen:** vgl. „Sitzungen", „Verfahren". 48
- **Anhörung von Beteiligten:** Inwieweit der Rechtspfleger eine Anhörung von 49 Beteiligten für erforderlich hält, obliegt allein seinem Ermessen. Für ein Eingreifen der Dienstaufsicht ist kein Raum. Sind die Grundsätze des rechtlichen Gehörs (Art. 20 Abs. 3, 103 GG; vgl. dazu *Habscheid* Rpfleger 2001, 201) verletzt, kann die Entscheidung deswegen angefochten werden. Ist eine Anhörung gesetzlich vorgeschrieben (zB §§ 159ff. FamFG;) oder ausdrücklich verboten (zB § 834 ZPO), können allerdings Verstöße im Wege der Dienstaufsicht vorgehalten werden.
- **Auflistungen** von **aufgelaufenen Rückständen** ohne Bewertung durch die 50 Dienstaufsichtsbehörde (BGH NJW 1988, 419ff.) gehören ebenso zum äußeren Ordnungsbereich wie der Vergleich von Erledigungszahlen (unter Auflistung nach Erledigungsarten, BGH MDR 1978, 488).
- **Außerdienstliches Verhalten:** Es bestehen keine Unterschiede zur Dienstauf- 51 sicht gegenüber anderen Staatsdienern: Der Rechtspfleger hat sein gesamtes Verhalten so einzurichten, dass das Vertrauen in seine Unabhängigkeit nicht gefährdet wird. Unabhängigkeit meint dabei nicht nur die Unabhängigkeit von den anderen beiden Staatsgewalten, sondern auch die Unabhängigkeit von Gruppen und Einrichtungen des Wirtschaftslebens und des sozialen Lebens sowie die Unabhängigkeit von den Beteiligten der bei dem Gericht anhängigen Verfahren (*Schmidt-Räntsch* DiRG § 39 Rn. 5).
- **Einseitige Interessenwahrnehmungen** gefährden das Vertrauen in diese Un- 52 abhängigkeit. Es ist deshalb jedenfalls die Mitwirkung des Rechtspflegers in solchen Vereinigungen und Verbänden dienstaufsichtlichen Maßnahmen zugänglich, deren Ziel bekanntermaßen auf das Führen von Rechtsstreitigkeiten gerichtet ist. Ob und inwieweit der Rechtspfleger „iÜ in Vereinigungen mitwirken darf, hängt ab von den Umständen des Einzelfalles, unter anderem: von der Tätigkeit im Gericht, von der Art. der Stadt (Großstadt oder Kleinstadt), in der das Gericht seinen Sitz hat, und auch von den Anschauungen der Gerichtseingesessenen" (*Schmidt-Räntsch* DiRG § 39 Rn. 12). Völlig unproblematisch ist dabei wegen des Grundrechts der Koalitionsfreiheit (Art. 9 Abs. 3 GG) die **Mitgliedschaft in einer Gewerkschaft** (§ 52 BeamtStG; § 116 BBG; wie auch die Mitarbeit in einem Arbeitskreis: BVerfG NJW 1984, 1874). Bei **politischen Äußerungen** unterliegt der Rechtspfleger keinen strengeren Beschränkungen als es die Beamtengesetze vorsehen (*Schmidt-Räntsch* DiRG § 39 Rn. 10f.).
- **Ausdrucksweise in Entscheidungen** (s. auch „Form"): Sie steht nach BGH 53 (NJW 1978, 824: dummdreiste Lüge; NJW 1980, 2530: prozessunfähiger Psychopath) mit deren sachlichem Inhalt in einer untrennbaren und deshalb insgesamt dem Kernbereich zuzurechnenden Gemengenlage. Diese Auffassung dürfte zu weit gehen (*Schmidt-Räntsch* DiRG § 26 Rn. 24; *Kissel/Mayer* GVG § 1 Rn. 63). Eine **Grenze** wird vielmehr dort zu ziehen sein, wo eine verbale Entgleisung die Menschenwürde oder den Ehre von Verfahrensbeteiligten über das von der Sachverhaltsdarstellung und deren rechtliche Würdigung her notwendige Maße beeinträchtigt (*Kissel/Mayer* GVG § 1 Rn. 63).
- **Auslegung des Gesetzes:** Die Anwendung des Gesetzes auf den zu beurteilen- 54 den Sachverhalt gehört zum Kernbereich rechtspflegerischer Tätigkeit. Jede

Einflussnahme darauf, sei es durch „allgemeine Weisungen", sog „Dienstbesprechungen" etc ist unzulässig. Eine Ausnahme gilt für nach § 5 vorgelegte Sachen (§ 5 Abs. 3 S. 3).

55 – **Bevorzugte Behandlung eines bestimmten Antrags:** Die Entscheidung, ob ein bestimmter Antrag wegen der besonderen Eilbedürftigkeit oder aus anderen Gründen bevorzugt erledigt werden soll, obliegt allein dem Rechtspfleger; die Dienstaufsicht hat sich jeder Einflussnahme darauf zu enthalten. Anweisungen des Behördenvorstands etwa derart, dass Anträge auf Eintragung einer Zwangshypothek vorab zu erledigen seien, sind unzulässig.

56 – **Beweisaufnahmen:** Anordnung und Durchführung gehören zum Kernbereich (BGH NJW 1980, 1850).

57 – **Bildschirmgerät:** s. „EDV".

58 – **Dauer des Verfahrens:** Der mit der Justizgewährungspflicht korrespondierende Justizgewährungsanspruch des einzelnen Bürgers betrifft nicht nur den Zugang zu den Gerichten als solchen, sondern auch die Garantie eines wirkungsvollen Rechtsschutzes (BVerfG NJW 1981, 39), zu dem eben auch eine zeitliche Komponente gehört (*Papier* NJW 1990, 10). Gegen **offensichtliche Verfahrensverzögerungen** muss deshalb dienstaufsichtlich eingeschritten werden (vgl. auch § 198 GVG). Nicht gerügt werden kann demgegenüber die **Länge von Fristen,** die, weil nicht gesetzlich vorgeschrieben, vom Rechtspfleger bestimmt worden sind (s. auch „Fristen").

59 – **Dienstaufsichtsbeschwerde:** Soweit sie den sachlichen Inhalt von Entscheidungen betrifft, ist sie unzulässig. Der Rechtspfleger hat es deshalb abzulehnen, zu solchen Beschwerden sachlich Stellung zu nehmen (und es ist der Dienstvorgesetzte verpflichtet, ihnen unter Hinweis auf die Unabhängigkeit des Rechtspflegers keine Folge zu geben, *Schmidt-Räntsch* DiRG § 26 Rn. 26).

60 – **Dienstliche Äußerungen** im Ablehnungsverfahren zählen zum Kernbereich (BGH DRiZ 1974, 130).

61 – **Dienststunden:** → Rn. 15.

62 – **EDV** (s auch „Formulierung"): Der Einsatz moderner inhaltsneutraler zeit-, kosten- und personalsparender Bürotechniken sichert die Funktionsfähigkeit der Justiz; die sachliche Unabhängigkeit darf ihrer Verwendung nicht entgegenstehen (*Kissel/Mayer* GVG § 1 Rn. 75). Es besteht deshalb eine **Amtspflicht** des Rechtspflegers, mit solchen ihm zur Verfügung gestellten Techniken zu arbeiten. Enthalten diese Techniken **vorgefertigte Entscheidungstexte** (Textbausteine oÄ), sind sie zu verwenden, sofern nur der Rechtspfleger im Einzelfall über Inhalt und Wortlaut befinden kann (OLG Köln Rpfleger 2004, 356; *Bassenge/Roth* Rn. 15; AMHRH/*Herrmann/Rellermeyer* Rn. 42).

63 – **Einseitige Interessenwahrnehmung:** s. „Außerdienstliches Verhalten".

64 – **Entscheidung:** Jede wie auch immer geartete Einflussnahme auf die Entscheidung des Rechtspflegers (= Würdigung des Sachverhalts, der Rechtslage und der Sachbehandlung) ist der Dienstaufsicht untersagt. Eine **Ausnahme** gilt nur für „offensichtlich" fehlerhafte Entscheidungen; begründet wird dies mit dem berechtigten Interesse des Staates, die Bindung des Richters (Rechtspflegers) an Gesetz und Recht als unverzichtbares „Komplementärelement" des Unabhängigkeitsprinzips auch im Wege der Dienstaufsicht sicherzustellen. Dabei wird dem Dienstaufsichtsorgan ein Einschreiten jedoch nicht schon dann erlaubt, wenn es die Sachverhaltsfeststellungen für falsch hält, die Rechtsanwendung als fehlerhaft oder das Verfahren als gesetzeswidrig ansieht.

Nur ein **offensichtlicher,** also jedem Zweifel entzogener **Fehlgriff** im Kernbe-

Weisungsfreiheit des Rechtspflegers **§ 9**

reich richterlicher (rechtspflegerischer) Tätigkeit erlaubt dem Dienstvorgesetzten den Vorhalt, dass ein gesetzeswidriges Verhalten vorliegt. So etwa bei der Anwendung eines formell aufgehobenes Gesetzes (BGH NJW 1967, 2054) oder der Nichtanwendung eines allgemein und allgemein bekannten Gesetzes (BGHZ 46, 147, 150; 47, 275, 287 f.); gleiches gilt für ein „offensichtlich prozessordnungswidriges Verhalten" (BGH DRiZ 1984, 365). Kein offensichtlicher Fehlgriff ist es hingegen, wenn der Rechtspfleger eine von der höchstrichterlichen Rspr. abweichende Meinung vertritt. In **Zweifelsfällen** hat die Maßnahme der Dienstaufsicht zu unterbleiben (BGH DRiZ 1977, 56).

– **Feststellung des Sachverhalts:** Sie gehört zum Kernbereich richterlicher Tätigkeit. Hinweise oder Anregungen, einen bestimmten Sachvortrag von Beteiligten zu beachten oder nicht zu beachten, sind unzulässig. 65

– **Form** (s. auch „Ausdrucksweise"): Hierzu zählt insbesondere die Einhaltung der Bestimmungen über die Form von Entscheidungen und deren Verkündung (zB §§ 310 ff. ZPO; § 38 FamFG). Die sachliche Unabhängigkeit erlaubt es nicht, sich über sie hinwegzusetzen. Dabei spielt es keine Rolle, ob es sich um gesetzliche oder um Vorschriften im Range unter dem Gesetz handelt. Auch Verwaltungsvorschriften sind zu beachten, soweit – wie etwa in Fragen des Rechtshilfeverkehrs – die Beteiligung der Justizverwaltung erforderlich ist. 66

– **Formulierung von Entscheidungen und Anträgen:** Der Rechtspfleger kann nicht angewiesen werden, für seine Entscheidungen eine bestimmte Formulierung zu wählen. Das gilt insbesondere für die Formulierung von Eintragungen in das Grundbuch oder in andere öffentliche Register. Dienstaufsichtliche Weisungen zur Verwendung bestimmter Eintragungsformulierungen sind unzulässig. Auch die in den amtlichen Mustern der Anlage 1 zur GBV (mehrfach geändert) vorgesehenen Probeeintragungen sind nur Beispiele und binden das Grundbuchamt nicht: Die Verantwortung für die Gesetzmäßigkeit der Eintragung trägt allein der Rechtspfleger, der deshalb auch den Inhalt der Eintragung in sachlicher Unabhängigkeit bestimmt. Ansonsten sind Vordrucke, die der Erleichterung des Geschäftsbetriebs dienen und die Entscheidungsfreiheit des Rechtspflegers nicht beeinträchtigen, zu benutzen (*Bassenge/Roth* Rn. 15; *Poretschkin* DRiZ 1987, 74; s. auch Stichwort „Vordrucke"). 67

– **Hilfsmittel:** Ihre Verwendung gehört zur Art. der Ausführung eines Amtsgeschäfts. Der Rechtspfleger kann deshalb im Wege der Dienstaufsicht angewiesen werden, bei seinen Entscheidungen die üblichen und anerkannten Hilfsmittel (Entscheidungssammlungen, Kommentare, Literatur) zu benutzen. Eine solche Anweisung kann dabei selbstverständlich nur in **allgemeiner Form** erfolgen. Unzulässig wäre es deshalb, im Wege der Dienstaufsicht zu beanstanden, dass der Rechtspfleger im Einzelfall eine bestimmte Entscheidung oder die in einem Kommentar vertretene Auffassung nicht berücksichtigt hat (*Schmidt-Räntsch* DiRG § 26 Rn. 23). 68

– **Loseblattsystem:** Die Anordnung der Justizverwaltung, die Altbestände der Grundbücher vom Einbandsystem auf das Loseblattsystem umzuschreiben, verletzt den Rechtspfleger nicht in seiner sachlichen Unabhängigkeit (VerwG Augsburg Rpfleger 1985, 352). 69

– **Politische Äußerungen:** s. „Außerdienstliches Verhalten". 70
– **Rückstände:** s. „Auflistung". 71
– **Sitzungen** (siehe auch „Dauer"): Die Terminbestimmung gehört zum Kernbereich richterlicher Tätigkeit (BGH DRiZ 1971, 317). Anderes gilt für eine Terminierung, die mit der Rechtsfindung in keinem Zusammenhang steht: Wird 72

die Bearbeitung einer Sache ohne eine sich aus dem Verfahren ergebende Notwendigkeit durch hinausgeschobene Terminierung oder Wiederaufhebung von Terminen hinausgezögert, etwa wegen vermeintlicher Überlastung (ein Grund, der mit der Rspr. in der betroffenen Sache nichts zu tun hat), ist ein dienstaufsichtliches Einschreiten möglich (BGH NJW 1969, 2199; DRiZ 1971, 317; 1984, 239f).

73 – **Sitzungspolizei:** Ihre Ausübung zählt zum Kernbereich richterlicher Tätigkeit (BGH NJW 1977, 437; 1967, 184, 188).

74 – **Unverzögerte Erledigung:** s. auch: „Dauer des Verfahrens". Schon aus dem Wortlaut des § 26 Abs. 2 DRiG folgt, dass die Feststellung, ob Dienstgeschäfte ohne Verzögerung erledigt werden, dienstaufsichtlicher Prüfung zugänglich ist. Die Entscheidung über die **Reihenfolge** der Erledigung der richterlicher Dienstgeschäfte zählt allerdings zum Kernbereich, solange sie nicht ohne erkennbaren sachlichen Grund gegenüber anderen erheblich zurückgestellt werden.

75 – **Verfahren:** Vorbereitung (einschließlich Terminbestimmung) und Durchführung gehören zum Kernbereich rechtspflegerischer Tätigkeit. Die **pünktliche Wahrnehmung** der Termine, das **angemessene Verhalten** im Umgang mit den Parteien bzw. Beteiligten zählen dagegen zum äußeren Ordnungsbereich und sind damit dienstaufsichtlichen Maßnahmen zugänglich (Einzelheiten: *Kissel/Mayer* GVG § 1 Rn. 67ff; *Schmidt-Räntsch* DRiG § 26 Rn. 23, 24, jeweils mwN; s. auch „Anhörung", „Ausdrucksweise", „Form", „Sitzungen").

76 – **Vordrucke:** s. „EDV" (auch „Loseblattsystem").

77 – **Vorlagepflicht:** Die Vorlagepflichten des § 5 sind der Dienstaufsicht entzogen (→ § 5 Rn. 3; ihre Verletzung kann aber eine Amtshaftung auslösen: → § 5 Rn. 4).

V. Dienstliche Beurteilungen

1. Leistungsprinzip

78 **Das Leistungsprinzip,** von der Verfassung vorgegeben (Art 33 Abs. 2GG) und – im Bereich der dritten Gewalt – auch von der Justizgewährungspflicht geboten (→ Rn. 34), macht eine dienstliche Beurteilung unverzichtbar: Es bedarf der Beurteilung der Persönlichkeit des Rechtspfleger wie auch seiner fachlichen Befähigungen und seiner Belastbarkeit, um bei der Besetzung der Rechtspflegerämter den jeweils bestgeeigneten Rechtspfleger auswählen zu können (für Richter: *Schaffer* DRiZ 1992, 292; *Schmidt-Räntsch* DiRG § 26 Rn. 30).

79 Die maßgebliche **Rechtsgrundlage** hinsichtlich Zuständigkeit (regelmäßig: der Leiter der Beschäftigungsbehörde), Form, Inhalt und Verfahren findet sich in den landesrechtlichen Laufbahnverordnungen bzw. Leistungslaufbahngesetzen der Länder (vgl. zB Art. 54ff. BayLlbG) samt den hierzu erlassenen Verwaltungsvorschriften, die einen Katalog von typischen Kriterien der Eignung, Befähigung und Leistung aufstellen.

2. Zulässiger Inhalt

80 Gegenstand der dienstlichen Beurteilung ist, das folgt aus ihrem Zweck (→ Rn. 78), insbesondere auch die Tätigkeit des Rechtspflegers in dem ihm **über-**

Weisungsfreiheit des Rechtspflegers   § 9

tragenen judikativen Aufgabenbereich (= die ihm in § 3 Nr. 1 bis 3 übertragenen ehemals richterlichen Aufgaben, → Rn. 33) und hier insbes: die erforderlichen spezifisch rechtspflegerischen Fähigkeiten und Leistungen (Rechtskenntnisse, Beherrschung der Technik der Rechtsanwendung, Sachverhaltsdarstellungen, Verhandlungsgeschick usw). Wie bei der Dienstaufsicht allgemein (→ Rn. 31) gilt es auch bei der dienstlichen Beurteilung (als einer besonderen Form der Dienstaufsicht), die sachliche Unabhängigkeit des Rechtspflegers mit der Justizgewährungspflicht in Einklang zu bringen.

Da zwischen der sachlichen Unabhängigkeit des Richters und der des Rechtspflegers kein qualitativer Unterschied besteht (→ Rn. 7, 10), gelten die **für die richterliche Beurteilung entwickelten Grundsätze und Maßstäbe entsprechend,** dh die dienstliche Beurteilung der Arbeit des Rechtspflegers darf seine Unabhängigkeit nicht beeinträchtigen. Die Beurteilung ist damit so zu fassen, dass sie weder durch psychologische Beeinflussung noch durch einzelfallbezogene Kritik (unmittelbare oder mittelbare) **Weisungen für die Behandlung künftiger gleichgelagerter oder ähnlicher Fälle enthält.** 81

Mit der sachlichen Unabhängigkeit des Rechtspflegers **unvereinbar sind zB Feststellungen wie:** Er ist „betont auf Wahrung der sachlichen Unabhängigkeit bedacht" (es wird eine übermäßig unangebrachte und damit ins Negative tendierende Verhaltensweise charakterisiert, BGH NJW 1987, 2443); die Ausführungen der „Zeugen, die im Zusammenhang erfolgen sollten, werden immer wieder einmal durch temperamentvoll vorgetragene Feststellungen oder Zwischenfragen" des Rechtspflegers unterbrochen (die Art, wie der Rechtspfleger Zeugen vernimmt, gehört zum Kernbestand sachlicher Unabhängigkeit, BGH DRiZ 1984, 365); die „Verhandlungsführung könnte etwas straffer" sein (BGH DRiZ 1990, 41, 46). 82

Umgekehrt sind zB folgende Feststellungen zulässig: „Die Sachaufklärung ist oft lückenhaft" (allgemein gehaltene Kritik, die den Rechtspfleger bei der Bearbeitung künftiger Fälle nicht in seiner Entscheidungsfreiheit hindert, BGH DRiZ 1957, 344, 349); es sei „unterlassen worden, bereits seit langem anhängige Verfahren mit der gebotenen Beschleunigung zum Abschluß zu bringen" (BGH NJW 1978. 2059). 83

VI. Die Verantwortlichkeit des Rechtspflegers

1. Haftung

Zivilrechtliche Haftung (zu Einzelheiten Palandt/*Sprau* BGB § 839 Rn. 15 ff. und zu den „zahlreichen Gefahren" insbesondere im ZVG-Verfahren: BGH FamRZ 2000, 149; *Stöber* ZVG Einl. 37). 84

a) Allgemeines. Eine rechtswidrige und grundsätzlich schuldhafte Amtspflichtverletzung des Rechtspflegers begründet für den Geschädigten einen Ersatzanspruch gegen den **Staat** (Art 34 GG iVm § 839 BGB) und eine **Eigenhaftung** des Rechtspflegers (§ 839 BGB) für den Fall, dass die Staatshaftung nicht eingreift. Ausgeschlossen ist die subsidiäre Eigenhaftung (§ 839 Abs. 3 BGB), wenn der Verletzte es schuldhaft unterlassen hat, den Schaden durch Einlegen eines „Rechtsmittels" abzuwenden. Dazu zählen ua: die Erinnerung nach § 11 Abs. 2 (BGH Rpfleger 1991, 12) oder die Anregung auf Eintragung eines Amtswiderspruchs in das Grundbuch, § 53 GBO). Kann der Dienstherr in Anspruch genommen werden, ist 85

187

diesem ein **Rückgriff** nur möglich, wenn dem Rechtspfleger Vorsatz oder grobe Fahrlässigkeit zur Last fällt (vgl. § 48 BeamtStG; § 75 BBG sowie die entsprechenden landesgesetzlichen Vorschriften).

86 **b) Haftungsprivileg.** Nach dem sog **Spruchrichterprivileg** des **§ 839 Abs. 2 BGB** ist die Eigenhaftung des Beamten (§ 839 Abs. 1 BGB) eingeschränkt, wenn er „bei dem Urteil in einer Rechtssache seine Amtspflicht" verletzt. **Zweck** des § 839 Abs. 2 BGB ist nicht der Schutz der verfassungsrechtlich gewährleisteten richterlichen Unabhängigkeit, sondern der **Schutz der Rechtskraft:** Es sollen Sachverhalte, über die rechtskräftig entschieden worden ist, auf dem Wege einer Amtshaftungsklage nur dann erneut überprüft werden, wenn ein strafbares Verhalten des „Beamten" behauptet wird (BGH NJW 1968, 989f.; MüKoBGB/*Papier* § 839 Rn. 321, 322).

87 Damit ist das Richterprivileg grundsätzlich auch auf den Rechtspfleger anzuwenden, soweit er im judikativen Bereich (§ 3 Nr. 1–3 iVm §§ 14ff., zB Entscheidungen über den Zuschlag nach § 90 ZVG, Vollstreckungsschutzanträge nach § 765a ZPO) tätig wird. Im Übrigen wäre auch nicht einzusehen, warum dem Rechtspfleger mit der Übertragung ehemals richterlicher Aufgaben eine schärfere Haftung auferlegt werden soll, als sie beim Richter bestand (wie hier: *Kollhosser/Bork/Jacoby* S. 21f.; *Hintzen* Rpfleger 2005, 335; anders die hM, zB *Bassenge/Roth* Rn. 18).

88 Der Begriff des **„Urteils"** iSd § 839 Abs. 2 BGB wurde von der früheren Rspr. sehr eng als Urteil iSd Prozessrechts ausgelegt (so dass schon aus diesem Grunde eine Anwendung des § 839 Abs. 2 BGB auf den Rechtspfleger entfiel). Heute wird der Begriff entspr seinem Zweck (Schutz der Rechtskraft) weiter verstanden: Auch instanzbeendende Beschlüsse fallen unter § 839 Abs. 2 BGB, wenn sie unter den für ein Urteil wesentlichen Gesichtspunkten ergehen (MüKoBGB/*Papier* § 839 Rn. 325). Solche Gesichtspunkte sind (BGHZ 36, 379, 382ff.; 51, 326, 329): instanzbeendende Entscheidung durch ein sachlich unabhängiges Organ; vorherige Gewährung rechtlichen Gehörs; urteilsvertretende Erkenntnis (nach ständiger Rspr. nicht gegeben im Kostenfestsetzungsverfahren und für Beschlüsse im Vollstreckungs- und Insolvenzverfahren BGHZ 36, 379, 382 mwN; ausgenommen die Eintragung einer Forderung durch das Insolvenzgericht in die Insolvenztabelle MüKoBGB/*Papier* § 839 Rn. 326); Begründungszwang, materielle Rechtskraftwirkung. Für Beschlüsse in den **Angelegenheiten der freiwilligen Gerichtsbarkeit** gilt § 839 Abs. 2 BGB damit nur, wenn sie streitentscheidender Natur sind (MüKoBGB/*Papier* § 839 Rn. 326).

89 In den **neuen Ländern** tritt neben die Haftungsgrundlage aus Art. 34 GG, § 839 BGB (Art. 230, Art. 232 § 10 EGBGB; Art. 3, 4 EinigungsV) die aus dem **StaatshaftungsG** der früheren DDR vom 12.5.1969, GBl. I S. 34. Dieses Gesetz gilt teilweise als altes Landesrecht fort (Art. 9 Abs. 2 iVm Anl. II, Kap. III, Sachgebiet B, Abschn. III; – vgl. dazu BGH VersR 2004, 604; Palandt/*Sprau* BGB § 839 Rn. 2a; eingehend: *Luhmann* NJW 1998, 3001; *Viehmann* S. 27f).

2. Strafrechtliche Verantwortlichkeit

90 Einschlägig sind – der Rechtspfleger ist Amtsträger iS des § 11 Nr. 2 StGB – insbesondere **§§ 331 ff. StGB** (Straftaten im Amt); in Betracht kommen aber auch andere Straftatbestände, wie etwa **§ 133 StGB** (Verwahrungsbruch: LG Bayreuth NJW-RR 1986, 678) oder **§ 266 StGB** (Untreue), wenn dem Rechtspfleger eine

unmittelbare und spezielle Vermögensbetreuungspflicht iS der Vorschrift obliegt (wie zB dem Nachlassrechtspfleger gegenüber dem Erben: BGH Rpfleger 1988, 242). Die in §§ 331 Abs. 2, 332 Abs. 2, 333 Abs. 2, 334 Abs. 2 StGB (Vorteilsannahme und -gewährung, Bestechlichkeit) vorgesehenen **Strafschärfungen** kommen für den Rechtspfleger **nicht** in Betracht, da er nicht Richter iS des § 11 Abs. 1 Nr. 3 StGB ist (*Fischer* StGB § 11 Rn. 28; Schönke/Schröder/*Eser/Hecker* StGB § 11 Rn. 29). Täter einer **Rechtsbeugung** (§ 336 StGB) kann ein Amtsträger nur sein, wenn seine Tätigkeit im Hinblick auf seinen Aufgabenbereich und seine Stellung mit der eines Richters vergleichbar ist; auf den Rechtspfleger trifft das bei der Wahrnehmung der Aufgaben nach § 3 Nr. 1, 2 zu (BGH Rpfleger 1987, 32; 1988, 242), nicht aber bei Tätigkeiten im Beratungshilfeverfahren nach § 24a (OLG Koblenz Rpfleger 1987, 260), oder bei Tätigkeiten auf richterliche Anweisung (OLG Düsseldorf MDR 1987, 604).

§ 10 Ausschließung und Ablehnung des Rechtspflegers

¹Für die Ausschließung und Ablehnung des Rechtspflegers sind die für den Richter geltenden Vorschriften entsprechend anzuwenden. ²Über die Ablehnung des Rechtspflegers entscheidet der Richter.

Übersicht

	Rn.
I. Entwicklung; Normzweck	1–2
II. Allgemeines	3–5
1. Anwendungsbereich	3
2. Begriffe von Ausschließung und Ablehnung; anwendbare Vorschriften	4, 5
III. Ausschließung	6–22
1. Nach der ZPO	6–16
a) Allgemeines	6–8
b) Ausschließungsgründe	9
c) Folgen	10–16
2. Nach FamFG	17–22
a) Allgemeines	17–19
b) Folgen	20–22
IV. Ablehnung nach ZPO und FamFG	23–67
1. Allgemeines	23
2. Besorgnis der Befangenheit	24–34
a) Rechtsgrundlagen	24
b) Begriff der Befangenheit	25, 26
c) Beispiele	27–34
3. Verfahren	35–42
a) Antrag	35, 36
b) Verlust des Ablehnungsrechts	37
c) Form	38, 39
d) Rechtsschutzbedürfnis	40, 41
e) Dienstliche Äußerung	42
4. Entscheidungen	43–47
a) Vorlage an den Richter (S. 2)	43, 44
b) Unzulässiges, unbegründetes Gesuch	45
c) Rechtsmissbräuchliche Ablehnung	46, 47

	Rn.
5. Rechtsbehelfe	48–53
a) Gegen den stattgebenden Beschluss	48
b) Gegen den ablehnenden Beschluss	49–51
c) Bei Verwerfung als rechtsmissbräuchlich durch den Rechtspfleger	52
d) Arbeitsgericht	53
6. Selbstablehnung	54–61
a) Allgemeines	54–56
b) Verfahren	57, 58
c) Rechtsbehelfe	59–61
7. Einzelheiten zur Sperrwirkung bzw. Wartepflicht des § 47 ZPO	62–67
a) Inhalt	62–64
b) Folgen der Nichtbeachtung der Sperrwirkung	65–67
V. Ausschließung und Ablehnung nach der StPO und dem BeurkG	68–72
1. Straf- und Bußgeldverfahren	68
2. Verfahren nach dem BeurkG	69–72
a) Allgemeines	69
b) Anwendbarkeit	70–72
VI. Verfahren nach §§ 29 und 31	73–75

I. Entwicklung; Normzweck

1 Nach dem REntlG und der REntlV (→ Einl. Rn. 21, 26) behielt der Rechtspflegeraufgaben wahrnehmende Beamte seinen Status als **UdG**. Über § 49 ZPO kamen damit für die Ausschließung und Ablehnung die §§ 41 ff. ZPO zur Anwendung, über § 31 StPO die §§ 22 ff. StPO und im Bereich der fG wurde mangels einer entsprechenden Regelung § 6 FGG aF analog angewandt (*Arndt* § 9 Rn. 1). Mit der Anerkennung des Rechtspflegers als einem vom UdG gelösten selbständigen Organ der Rechtspflege im RPflG 1957 entfiel die Anwendbarkeit des auf den UdG zugeschnittenen § 49 ZPO und es bedurfte einer **eigenständigen Regelung**. Dabei lag es nahe, sich bei der neu aufzunehmenden Regelung an die Formulierung des § 49 ZPO zu halten. Das RPflG **1969** hat in § 10 die Vorschrift des § 9 RPflG 1957 wörtlich übernommen.

2 **Zweck** der Ablehnung und der Ausschließung ist es, das Gericht freizuhalten von Rechtspflegern, „die dem rechtlich zu würdigenden Sachverhalt und den daran Beteiligten nicht mit der erforderlichen Distanz des unbeteiligten und deshalb am Ausgangsverfahren uninteressierten ‚Dritten' gegenüberstehen" (BVerfGE 46, 34, 36). Nur so kann einerseits eine gerechte Entscheidung des Einzelfalles erreicht und andererseits das Vertrauen in die Integrität der Rechtspflegeorgane gewahrt werden (ähnlich MüKoZPO/*Gehrlein* § 41 Rn. 1).

II. Allgemeines

1. Anwendungsbereich

3 § 10 gilt nur in dem durch § 3 Nr. 1–3 (iVm §§ 14 ff.) beschriebenen Aufgabenkreis (= bei der Wahrnehmung ehemals richterlicher Aufgaben). Die Vorschrift findet gem. § 32 keine Anwendung im Bereich der Rechtspflegeverwaltung (§§ 29, 31) sowie auf „sonstige Dienstgeschäfte" (§ 27 Abs. 1): Geschäfte des UdG, der Gerichts- und Justizverwaltung (vgl. § 27 Abs. 2). Nimmt der Rechtspfleger Aufgaben des UdG wahr (→ § 27 Rn. 11), finden über § 49 ZPO die §§ 41 ff. ZPO Anwendung (→ Rn. 1).

2. Begriffe von Ausschließung und Ablehnung; anwendbare Vorschriften

Ausschließung bedeutet, dass sich der Rechtspfleger in den gesetzlich aufge- 4 führten Fällen der Amtsausübung zu enthalten hat. **Ablehnung** ist die Geltendmachung eines Ausschließungsgrundes oder der Besorgnis der Befangenheit des Rechtspflegers durch einen Beteiligten oder den Rechtspfleger selbst (Selbstablehnung). In der Praxis überwiegt der Ablehnungsgrund wegen Besorgnis der Befangenheit bei weitem: Im Gegensatz zu den katalogisierten Ausschließungsgründen (deren Vorliegen den Beteiligten zumeist auch gar nicht bekannt ist), wird aufgrund seiner weiten Fassung eine flexible Anwendung immer dann ermöglicht, wenn ein Grund vorliegt, der nach objektiven und vernünftigen Erwägungen vom Standpunkt des Beteiligten aus Misstrauen gegen die Unparteilichkeit des Rechtspflegers (in Bezug auf die Sachlichkeit seiner Entscheidung) zu rechtfertigen geeignet ist.

Ausschließung und Ablehnung regeln sich nach den **einschlägigen Verfah-** 5 **rensordnungen** (§§ 41 ff. ZPO § 4 InsO iVm §§ 41 ff. ZPO (AG Göttingen Rpfleger 1999, 1400), § 6 FamFG (in Grundbuch- und Schiffsregistersachen sind im Beschwerdeverfahren über § 81 Abs. 2 GBO bzw. § 89 Abs. 2 SchRegO die §§ 41 ff. ZPO anwendbar); §§ 22 ff. StPO, §§ 3, 6, 7 BeurkG, §§ 46 Abs. 2, 49 ArbGG).

III. Ausschließung

1. Nach der ZPO

a) Allgemeines. Die in § 41 ZPO normierten Ausschlußgründe gelten in **allen** 6 Verfahren nach der **ZPO.** Sie sind entspr anwendbar in Familienstreitsachen (§§ 112, 113 Abs. 1 FamFG), im Verfahren nach dem **ZVG,** da dieses als ein Teil der ZPO anzusehen ist (vgl. § 869 ZPO), der **InsO** (§ 4 InsO), in den **Verteilungsverfahren** nach § 3 Nr. 1 lit. k, l und m, weil diese entweder nach den Vorschriften der ZPO oder nach den Vorschriften des ZVG durchzuführen sind, in Verfahren vor dem **Bundespatentgericht** (§ 86 Abs. 1 PatG verweist auf §§ 41 ff. ZPO; § 86 Abs. 2 PatG regelt zusätzliche Ausschließungsgründe) und dem **Arbeitsgericht** (§§ 46 Abs. 2, 49, 80 Abs. 2 ArbGG).

In **Grundbuch- und Schiffsregistersachen** gelten sie über §§ 81 Abs. 2 GBO, 7 89 Abs. 2 SchRegO, in den Beschwerdeverfahren.

Die Aufzählung in § 41 ZPO ist **erschöpfend,** eine entsprechende Anwendung 8 also ausgeschlossen (BGH NJW 2004, 163 mwN; Thomas/Putzo/*Hüßtege* ZPO § 41 Rn. 1, – zur Geltung des in § 54 Abs. 2 VwGO niedergelegten Grundsatzes neben § 41 ZPO: → Rn. 9). Ist deshalb der Rechtspfleger in einem **früheren Verfahren** wegen Besorgnis der Befangenheit mit Erfolg abgelehnt worden, ist er in einem anschließenden, wieder dieselben Beteiligten betreffenden Verfahren nicht in entsprechender Anwendung des § 41 ZPO kraft Gesetzes ausgeschlossen, es kann jedoch seine Ablehnung wegen Befangenheit gerechtfertigt sein (BayObLG FamRZ 1979, 348).

§ 10 1. Abschnitt. Aufgaben und Stellung des Rechtspflegers

9   **b) Ausschließungsgründe.** Zu den einzelnen Ausschließungsgründen vgl. § 41 ZPO und die einschlägige Kommentarliteratur. Im Übrigen gilt (§ 54 Abs. 2 VwGO, § 60 Abs. 2 SGG, § 51 Abs. 2 FGO, § 6 Abs. 1 S. 2 FamFG) der **allgemeine Grundsatz,** „dass in einem gerichtlichen Verfahren, das die Nachprüfung einer im Verwaltungsverfahren getroffenen Maßnahme zum Gegenstand hat, derjenige von der Ausübung des Richteramts ausgeschlossen ist, der beim Erlass der **Verwaltungsmaßnahme** mitgewirkt hat" (BayObLG Rpfleger 1974, 391, 393). Ausgeschlossen ist deshalb der Rechtspfleger von der Entscheidung über die **Erinnerung gegen den Kostenansatz,** den er als Kostenbeamter (= weisungsgebundener Verwaltungsbeamter) aufgestellt hat (BayObLG Rpfleger 1974, 391, 393; 1990, 245; 1993, 484). Im **umgekehrten Fall** gilt dies nicht (§ 27 Abs. 2): Der Rechtspfleger setzt zB in dieser Funktion den Streitwert fest und berechnet auf dieser Grundlage anschließend als UdG die Gerichtskosten (AMHRH/*Hintzen* Rn. 11).

10 **c) Folgen.** Der Ausschluss wirkt **kraft Gesetzes,** auch bei Unkenntnis der Beteiligten. Als zwingende öffentlich-rechtliche Bestimmung kann § 41 ZPO weder durch Einverständnis der Parteien bzw. der Beteiligten **abbedungen,** noch kann auf seine Einhaltung **verzichtet** werden (BLAH/*Hartmann* ZPO Übers. § 41 Rn. 9). Ebenso ist eine **Heilung** durch rügelose Einlassung (§ 295 ZPO) ausgeschlossen (Thomas/Putzo/*Hüßtege* ZPO Vor § 41 Rn. 3; MüKoZPO/*Gehrlein* § 41 Rn. 27).

11 **aa)** Bei Kenntnis des Rechtspflegers vom Vorliegen eines Ausschließungsgrundes, hat er sich nach Fertigung eines Aktenvermerks über den Ausschließungsgrund von Amts wegen **jeder weiteren Tätigkeit in der Sache zu enthalten,** dh er muß **alle** Amtshandlungen (zB auch Terminbestimmungen) unterlassen. Dies selbst dann, wenn es um eine unaufschiebbare Amtshandlung geht: **§ 47 ZPO** findet auf den nach § 41 ZPO Ausgeschlossenen keine (analoge) Anwendung (Thomas/Putzo/*Hüßtege* ZPO § 47 Rn. 2). An die Stelle des ausgeschlossenen Rechtspflegers tritt der nach der Geschäftsverteilung für diesen Fall vorgesehene Rechtspfleger und bei Fehlen einer entsprechenden Regelung der Vertreter.

12 Bestehen **Zweifel** über das Vorliegen eines Ausschließungsgrundes in der Person des Rechtspflegers, entscheidet der Richter (§ 10 S. 2 iVm § 28 RPflG, § 48 ZPO; → Rn. 43 ff.).

13 Wird der Rechtspfleger trotz Vorliegens eines Ausschließungsgrundes **weiter tätig** oder hält er einen Ausschließungsgrund nicht für gegeben, können die Verfahrensbeteiligten die Ausschließung **durch Ablehnung** (§ 42 Abs. 1 ZPO) geltend machen (→ Rn. 23 ff.).

14 **bb) Verfahrenshandlungen des ausgeschlossenen Rechtspflegers** können durch den Vertreter **wiederholt werden,** es sei denn, es ist das Gericht an seine Entscheidung gebunden; der Verfahrensmangel ist damit **geheilt** (Thomas/Putzo/ *Hüßtege* ZPO Vor § 41 Rn. 3).

15 Ansonsten ist die fehlerhafte Maßnahme nach allgM (BGH NJW-RR 2007, 776) wirksam (vgl. § 11 GBO), aber mit dem nach § 11 statthaften Rechtsbehelf **anfechtbar.** Unterbleibt eine Anfechtung, wird sie rechtskräftig (BGH NJW 1981, 133). Ist der Beschluss rechtskräftig oder unanfechtbar geworden, ist gem. § 579 Abs. 1 Nr. 2 ZPO, § 48 Abs. 4 FamFG, die **Wiederaufnahme des Verfahrens** möglich (OLG Oldenburg NJW-RR 1991, 61; OLG Hamm Rpfleger 1978, 422: rechtskräftiger Zuschlagsbeschluss im Zwangsversteigerungsverfahren; Zöller/*Greger* ZPO Vor § 578 Rn. 14; *Bassenge/Roth* Rn. 4).

16 **cc) Prozesshandlungen der Parteien.** Prozesshandlungen der Parteien (zB Antragsrücknahme) sind nicht deshalb unwirksam, weil sie vor dem ausgeschlosse-

Ausschließung und Ablehnung des Rechtspflegers **§ 10**

nen Rechtspfleger vorgenommen wurden (MüKoZPO/*Gehrlein* § 41 Rn. 28; Keidel/*Zimmermann* FamFG § 6 Rn. 17).

2. Nach FamFG

a) Allgemeines. Für alle Angelegenheiten im Anwendungsbereich des FamFG 17 (ausgenommen Familienstreitsachen, → Rn. 6) gelten über **§ 6 Abs. 1 S. 1 FamFG** die §§ 41–49 ZPO entsprechend. Die Beteiligtenstellung des Rechtspflegers ist nach § 7 FamFG zu bestimmen.

aa) Ausgeschlossen ist zB (§ 41 Nr. 1 ZPO) der Rechtspfleger, der einer **Er-** 18 **bengemeinschaft angehört,** wenn ein anderer Miterbe einen Antrag auf Erlass eines Erbscheins stellt oder **(§ 41 Nr. 4 ZPO)** der Rechtspfleger, der Vorstandsmitglied einer Genossenschaft ist. Die bloße **Mitgliedschaft in einer beteiligten Genossenschaft, Gewerkschaft oder einer Körperschaft** (zB Sparkasse) beinhaltet keinen Ausschließungsgrund (nach § 41 Nr. 1 ZPO; Keidel/*Zimmermann* FamFG § 6 Rn. 10; AMHRH/*Hintzen* Rn. 4), es sei denn es sind gerade Sonderrechte des Rechtspflegers betroffen: In gerichtlichen Angelegenheiten der Genossenschaft ist nämlich nur diese (als juristische Person: § 17 GenG) unmittelbar beteiligt (*Zimmermann/Keidel* Rpfleger 1957, 9). Kein Ausschließungsgrund (nach § 41 Nr. 4 ZPO) liegt auch **bei beendeter Vertretungsmacht als Vormund** vor, es wird sich aber dieser Rechtspfleger wegen Befangenheit ablehnen (→ Rn. 54 ff.). Bearbeitet der Rechtspfleger beim Vollstreckungsgericht Zwangsverwaltungsverfahren, kann er nicht zum Zwangsverwalter bestellt werden (OLG Stuttgart Rpfleger 2009, 44).

bb) Nach § 41 Nr. 5 ZPO liegt (noch) kein Ausschließungsgrund vor, wenn der 19 Rechtspfleger zunächst nur als Zeuge oder Sachverständiger benannt wurde oder, wenn er eine dienstliche Äußerung zu einem streitigen Sachverhalt abgegeben hat (BVerwG MDR 1980, 168).

b) Folgen. Es gilt grundsätzlich das zu → Rn. 14 ff. Ausgeführte. Der Rechts- 20 pfleger hat sich also der Amtsausübung zu enthalten. Tut er das nicht, kann er in entsprechender Anwendung des § 42 ZPO abgelehnt werden (→ Rn. 13). Für Eintragungen in das Grundbuch gilt § 11 GBO.

aa) Ein Verstoß gegen § 6 Abs. 1 FamFG, § 41 ZPO führt nicht zur Unwirksam- 21 keit der Handlung, bildet aber einen selbständigen **Anfechtungsgrund.** Eine Entscheidung ist deshalb nach allgemeinen Grundsätzen anfechtbar (Keidel/*Zimmermann* FamFG § 6 Rn. 6, 7, 17; Thomas/Putzo/*Hüßtege* ZPO Vor § 41 Rn. 3). Die Beteiligten können damit eine vom ausgeschlossenen Rechtspfleger getroffene Maßnahmen mit dem nach § 11 statthaften Rechtsbehelf begründet anfechten, sofern sie an sich statthaft ist, es sich also zB bei der Maßnahme um eine „Entscheidungen" iS des § 11 handelt und nicht nur um eine Terminbestimmung, eine Beweisanordnung, die einstweilige Zulassung eines Verfahrensbevollmächtigten usw (vgl. § 11 Rn. 19 ff.).

bb) Im Übrigen begründet ein Ausschließungsgrund auch eine **Wiederauf-** 22 **nahme** bei rechtskräftigen Entscheidungen (→ Rn. 15). **Kosten** für eine unzulässige Amtshandlung werden nicht erhoben (§ 21 GNotKG).

IV. Ablehnung nach ZPO und FamFG

1. Allgemeines

23 Ein Rechtspfleger kann **wegen Besorgnis der Befangenheit** abgelehnt werden **oder** (im Streitfall → Rn. 13) **wegen Vorliegens eines Ausschließungsgrundes.** Geltend gemacht wird die Ablehnung von den Parteien/Beteiligten (→ Rn. 35 ff.) oder durch pflichtgemäße Anzeige des ablehnbaren Rechtspflegers selbst (Selbstablehnung, → Rn. 54 ff.). Im Gegensatz zum ausgeschlossenen Rechtspfleger kann der abgelehnte Rechtspfleger bis zur Entscheidung gem. § 47 ZPO **unaufschiebbare Amtshandlungen** vornehmen (→ Rn. 62 ff.). Werden Handlungen unzulässigerweise vorgenommen, sind sie wirksam, aber anfechtbar (→ Rn. 66).

2. Besorgnis der Befangenheit

24 **a) Rechtsgrundlagen.** Im Verfahren nach der **ZPO** (und den verwandten Verfahren, → Rn. 6, einschließlich der Familienstreitsachen, § 113 Abs. 1 FamFG) gilt § 42 ZPO. Die Vorschrift ist auch im Anwendungsbereich des FamFG (Familiensachen – ausgenommen Familienstreitsachen- und den Angelegenheiten der fG) über § 6 Abs. 1 S. 1 FamFG entsprechend anwendbar.

25 **b) Begriff der Befangenheit.** Anders als bei der Ausschließung (§ 41 ZPO) führt das Gesetz für die Ablehnung wegen Besorgnis der Befangenheit keine einzelnen Gründe an (§ 42 Abs. 2 ZPO), weil die Bejahung dieses Ablehnungsgrundes von vielfältigen einzelfallbezogenen Wertungen abhängt. Es bleibt dem freien, pflichtgemäßen Ermessen überlassen, ob im Einzelfall zu befürchten ist, dass der Rechtspfleger nicht unparteiisch und sachlich verfahren werde. Maßgebend ist, ob es sich um einen **objektiv vernünftigen Grund** handelt (allgM; zB BGH FamRZ 2006, 1440; BGH NJW-RR 1986, 738; LG Göttingen Rpfleger 1976, 55), ob also aus Sicht eines vernünftigen Menschen ein Grund vorliegt, der geeignet ist, Mißtrauen gegen die Unparteilichkeit zu rechtfertigen. Rein subjektive, unvernünftige Vorstellungen und Gedankengänge des Antragstellers scheiden damit aus (BayObLG NJW-RR 1988, 191). Nicht erforderlich ist, dass der Rechtspfleger tatsächlich befangen ist oder sich für befangen hält; die „Besorgnis" genügt.

26 Bei **nicht behebbaren Zweifeln** sollte dem Ablehnungsgesuch stattgegeben werden (OLG Stuttgart MDR 2007, 545; OLG Hamm FamRZ 2007, 8835), nicht aber schon bei bloßen Zweifeln: Seit jeher vorhandene Grauzonen des Bereichs einer (oft unbewußten) Befangenheit lassen sich durch eine auch noch so großzügige Bejahung von Ablehnungsanträgen nicht beseitigen.

27 **c) Beispiele.**
– Die **Mitgliedschaft des Rechtspflegers** im selben Verein wie die Partei kann für sich allein nicht als Anzeichen einer Voreingenommenheit gewertet werden (OLG Karlsruhe NJW-RR 1988, 1534); erst recht gilt dies für Mitgliedschaften in einer **Gewerkschaft** oder in einer Massenorganisation wie dem **ADAC**. In einem Verfahren, in dem ein **Landkreis** Partei ist, muss dagegen die Besorgnis der Befangenheit eines Rechtspflegers, der zugleich Abgeordneter des Kreistages ist, zumindest dann bejaht werden, wenn es sich nach Materie und Streitwert um ein kommunalpolitisch bedeutsame Angelegenheit handelt (OLG Celle NdsRpfl. 1976, 91).

Ausschließung und Ablehnung des Rechtspflegers § 10

- **Starke Spannungen** zwischen Rechtspfleger und Verfahrensbevollmächtigtem 28
können die Besorgnis der Befangenheit begründen (BayObLG Rpfleger 1975,
93; **aA** OLG Karlsruhe NJW-RR 1987, 126). Das gilt auch für ein willkürliches,
einer **prozessualen Grundlage entbehrendes Vorgehen** (BayObLG DRiZ
1977, 244) oder für **unsachliche Randbemerkungen** zu den Schriftsätzen
(OLG Frankfurt a. M. NJW 2004, 621; OLG Brandenburg FamRZ 1995,
1497; OLG Koblenz NJW 1959, 906), nicht aber für einzelne **verfahrensrechtlich fehlerhafte Sachbehandlungen** (BayObLG Rpfleger 1994, 333).
- **Beleidigungen** begründen regelmäßig die Besorgnis der Befangenheit (OLG 29
Hamburg MDR 1989, 71, – etwa die Wortwahl „Kinkerlitzchen": OLG Hamburg NJW 1992, 2036), ebenso unangebrachte bissige Ironie OLG München
AnwBl. 1993, 242. Anders, wenn eine Parteivernehmung mit der Begründung
abgelehnt wird, man gehe „aufgrund jahrzehntelanger Erfahrung davon aus, dass
keine Partei vor Gericht die volle Wahrheit sage" (OLG Zweibrücken MDR
1982, 940).
- Die Eindeutigkeit der **Stellungnahme** zum Ausgang des Verfahrens führt für 30
sich allein noch nicht zur Besorgnis der Befangenheit (OLG Stuttgart NJW
2001, 1145).
- Die **Ermahnung einer Partei zur Wahrheit** ist auch dann kein Befangenheitsgrund, wenn das Gericht zugleich Zweifel an der Glaubwürdigkeit äußert 31
und die Einschaltung der Staatsanwaltschaft ankündigt (OLG Zweibrücken
FamRZ 1993, 576).
- Bei ungewöhnlich langer **Dauer eines Verfahrens** kann die Ablehnung be- 32
gründet sein: Es besteht Besorgnis der Befangenheit, der Rechtspfleger stehe
dem Rechtsschutzbegehren des Antragstellers gleichgültig gegenüber. Dies gilt
vor allem, wenn die an den Rechtspfleger persönlich gerichteten Erinnerungsschreiben des Antragstellers nicht beantwortet werden und nicht ersichtlich ist,
worauf die Verzögerung beruht (OLG Hamm JMBl NRW 1976, 111).
- **Hilfestellungen,** die gem. **§ 139 ZPO** im Insolvenz- und Zwangsversteige- 33
rungsverfahren erfolgen, begründen keine Besorgnis der Befangenheit (LG Göttingen Rpfleger 1976, 55; – bei Teilungsversteigerung ist der Rechtspfleger sogar
verpflichtet, vor der Zuschlagserteilung die Antragsrücknahme oder Einstellungsbewilligung anzuregen, wenn die Durchführung des Verfahrens zu wesentlichen Vermögensverlusten für den rechtlich unerfahrenen Antragsteller führen
würde: BVerfG Rpfleger 1976, 389 mAnm *Stöber* und *Vollkommer* = FamRZ
1976, 439).

Zu weiteren Beispielen: MüKoZPO/*Gehrlein* § 42 Rn. 8–37; Keidel/*Zimmermann* FamFG § 6 Rn. 25–37. 34

3. Verfahren

a) Antrag. Jede Partei ist **ablehnungsberechtigt** (§ 42 Abs. 3 ZPO), – im 35
FamFG-Verfahren jeder, der am Verfahren teilnimmt (§ 7 FamFG). Auch die, die
vom Befangenheitsgrund nicht betroffen ist („beide").

Der **Verfahrensbevollmächtigte** hat aus eigener Person **kein** selbständiges Ab- 36
lehnungsrecht (OLG Karlsruhe NJW-RR 1987, 126), ebenso nicht der **gesetzliche Vertreter** (OLG Köln NJW-RR 1988, 694). Gründet sich also die Besorgnis
der Befangenheit auf das Bestehen außergewöhnlicher Spannungen zwischen
Rechtspfleger und Verfahrensbevollmächtigtem, ist das Gesuch nur zulässig, wenn
es deutlich erkennen lässt, dass die Partei (der Beteiligte) aufgrund **eigenen** Ent-

schlusses die Ablehnung begehrt (OLG Karlsruhe Justiz 1984, 57). Im Zweifel ist davon auszugehen, dass der Verfahrensbevollmächtigte den Antrag stillschweigend im Namen der Partei stellt.

37 **b) Verlust des Ablehnungsrechts.** Nach §§ 43, 44 Abs. 4 ZPO. ist das Gesuch unzulässig, wenn die Partei (der Beteiligte) bereits verhandelt oder einen Antrag gestellt hat, ohne den ihr (ihm) bekannten Ablehnungsgrund geltend zu machen oder, wenn der in Kostenfestsetzungssachen (angeblich) entstandene Ablehnungsgrund nicht spätestens zugleich mit der Beschwerde/Erinnerung gegen den Festsetzungsbeschluss geltend gemacht wird (OLG Düsseldorf Rpfleger 1993, 188). Das Recht der anderen Partei zur Ablehnung und das Selbstablehnungsrecht des Rechtspflegers werden davon nicht berührt.

38 **c) Form.** Mündlich oder schriftlich in der Verhandlung oder zu Protokoll der Geschäftsstelle (§ 44 Abs. 1 ZPO). **Zuständiges Gericht:** §§ 10 S. 2, 28. Der abgelehnte Rechtspfleger ist grundsätzlich namentlich zu bezeichnen, es sei denn, er kann aufgrund der Gesuchsangaben zweifelsfrei ermittelt werden (OLG Braunschweig NJW 1976, 2024).

39 Der **Ablehnungsgrund** – es sind Tatsachen anzugeben – muss **glaubhaft** gemacht werden (§§ 44 Abs. 2, 294 ZPO; Ausnahme: § 291 ZPO). Der Ablehnende kann zur Glaubhaftmachung auch auf das Zeugnis des abgelehnten Rechtspflegers Bezug nehmen (§ 44 Abs. 2 S. 2 iVm Abs. 3 ZPO).

40 **d) Rechtsschutzbedürfnis.** Es **entfällt,** wenn der Rechtspfleger mit der Sache nicht mehr befasst ist (die Instanz ist mit allen Nebenentscheidungen beendet, Änderung der Geschäftsverteilung) oder, wenn die Entscheidung von ihm nicht mehr geändert werden kann.

41 **Rechtsmissbräuchlich** und damit unzulässig ist das Gesuch, wenn es nicht ernstlich gemeint ist oder zu Verschleppungen missbraucht wird (OLG Koblenz Rpfleger 1985, 368), wenn es nur Beschimpfungen und herabsetzende Äußerungen enthält, ohne dass dahinter ein ernstzunehmender Antrag steht (OLG Karlsruhe NJW 1973, 1658; OLG Stuttgart NJW 1977, 112); ebenso, wenn ein bereits einmal abgelehntes Gesuch erneut gestellt wird, ohne dass es neue tatsächliche Behauptungen enthält (BGH NJW 1974, 55; LG Kiel Rpfleger 1988, 544).

42 **e) Dienstliche Äußerung.** Die dienstliche Äußerung des Rechtspflegers gem. § 44 Abs. 3 ZPO hat sich nur auf Tatsachen zu beschränken; Ausführungen zur Zulässigkeit und Begründetheit oder Feststellungen dahin, dass man sich für befangen bzw. nicht befangen hält, sind unangebracht (Thomas/Putzo/*Hüßtege* ZPO § 44 Rn. 3). Besteht die Äußerung nicht nur darin, dass sich der Rechtspfleger nicht für befangen erklärt, ist sie dem Ablehnenden zur Wahrung des rechtlichen Gehörs vorzulegen (Thomas/Putzo/*Hüßtege* ZPO § 44 Rn. 3).

4. Entscheidungen

43 **a) Vorlage an den Richter (S. 2).** Hält der Rechtspfleger das Ablehnungsgesuch für **unzulässig oder unbegründet,** muss er es dem nach § 28- zuständigen Richter vorlegen (eine Ausnahme gilt für rechtsmißbräuchliche Gesuche: → Rn. 46, 47). Gleiches gilt in den Fällen, in denen er das Gesuch für **zulässig und begründet** erachtet. Im Gegensatz zum Richter am AG kann der Rechtspfleger nicht einfach einen Aktenvermerk fertigen und den Vorgang seinem Vertreter

Ausschließung und Ablehnung des Rechtspflegers **§ 10**

übergeben, **§ 10** S. 2 verdrängt als Sonderregelung § 45 Abs. 2 (S 1 und) S. 2 ZPO (AMHRH/*Hintzen* Rn. 17; MüKoZPO/*Gehrlein* § 49 Rn. 4).

Beim **AG** entscheidet der Amtsrichter uU der Familienrichter, wenn der abge- 44 lehnte Rechtspfleger beim Familiengericht tätig ist (OLG Frankfurt Rpfleger1982, 190; LG Konstanz Rpfleger 1983, 490; LG Bayreuth NJW-RR 1986, 678). – Der Richter am **Vollstreckungsgericht,** wenn es sich um die Ablehnung des in einer Zwangsversteigerungssache tätigen Rechtspflegers handelt: LG Konstanz Rpfleger 1983, 490). Über den beim **LG** tätigen abgelehnten Rechtspfleger entscheidet die Kammer (im ZPO-Verfahren ggf auch der Einzelrichter oder Vorsitzende der Kammer für Handelssachen: §§ 348, 348a, 349 ZPO, → § 28 Rn. 9 ff.) und über den beim **OLG,** oder **BGH** tätigen Rechtspfleger der Senat (→ § 28 Rn. 6). Der stattgebende Beschluss bedarf keiner Begründung.

b) **Unzulässiges, unbegründetes Gesuch.** Hält der Richter das Ablehnungs- 45 gesuch für unzulässig oder unbegründet, weist er es durch einen mit Gründen versehenen Beschluss zurück. Eine Vorlage an das übergeordnete Gericht kommt nicht in Betracht (AMHRH/*Hintzen* Rn. 17): § 45 Abs. 2 S. 1 ZPO findet keine Anwendung.

c) **Rechtsmissbräuchliche Ablehnung.** Der abgelehnte **Richter** kann nach 46 ganz hM ein rechtsmissbräuchliches Gesuch kraft Gewohnheitsrecht und entgegen § 45 Abs. 2 S. 1 ZPO **selbst** als unzulässig verwerfen (BVerfG NJW-RR 2008, 512 = Rpfleger 2008, 124; BGH NJW-RR 2005, 1226 = Rpfleger 2005, 415; BayObLG FamRZ 1993, 1339; OLG Koblenz Rpfleger 1985, 368; Keidel/*Zimmermann* FamFG § 6 Rn. 47).). Rechtsmissbräuchlich ist ein Ablehnungsgesuch dann, wenn es verfahrensfremde Ziele verfolgt, zB das Verfahren verzögern soll oder ohne neue Gründe wiederholt wird (BVerfG NJW-RR 2008, 512 = Rpfleger 2008, 124; BGH NJW-RR 2005, 1226 = Rpfleger 2005, 415; KG FamRZ 1986, 1022).

Gleiches gilt auch für den **Rechtspfleger** (BVerfG NJW-RR 2008, 512 = 47 Rpfleger 2008, 124; BGH NJW-RR 2005, 1226 = Rpfleger 2005, 415; OLG Celle NJW-RR 1989, 569; OLG Koblenz Rpfleger 1985, 368 mAnm *Meyer-Stolte;* AMHRH/*Hintzen* Rn. 18; Keidel/*Zimmermann* FamFG § 6 Rn. 50).

5. Rechtsbehelfe

a) **Gegen den stattgebenden Beschluss.** Der dem Antrag **stattgebende** 48 richterliche Beschluss ist unanfechtbar (§ 10 S. 1 iV. § 46 Abs. 2 Hs. 1 ZPO). **Ausnahmsweise** ist die sofortige Beschwerde statthaft, wenn rechtliches Gehör versagt wurde (OLG Frankfurt MDR 1979, 940).

b) **Gegen den ablehnenden Beschluss.** Wurde das Ablehnungsgesuch als **un-** 49 **begründet zurückgewiesen**), ist die **sofortige Beschwerde** gegeben (§ 10 S. 1 iVm § 46 Abs. 2 Hs. 2 ZPO; § 6 Abs. 2 FamFG). Gleiches gilt, vom Wortlaut des § 46 Abs. 2 ZPO abweichend, wenn das Gesuch als **unzulässig verworfen** wurde (OLG Frankfurt a. M. FamRZ 1993, 1467). Zuständiges Rechtsmittelgericht ist grundsätzlich das übergeordnete Gericht: das **LG** bei einer Entscheidung des Richters am AG, das **OLG** bei einer Entscheidung des LG, sowie in Familiensachen und Angelegenheiten der fG (§ 6 Abs. 2 FamFG, § 119 Abs. 1 GVG). Hat der Senat über das Ablehnungsgesuch hinsichtlich eines am OLG tätigen Rechtspflegers entschieden, ist die Entscheidung unanfechtbar (§ 567 Abs. 1 ZPO).

§ 10 1. Abschnitt. Aufgaben und Stellung des Rechtspflegers

50 Die Entscheidung des Beschwerdegerichts ist bei ihrer Zulassung mit der **Rechtsbeschwerde** zum BGH angreifbar (§ 574 Abs. 1 Nr. 2 ZPO; Keidel/*Zimmermann* FamFG § 6 Rn. 53). Gegen unanfechtbare Beschlüsse kann, wenn das rechtliche Gehör veletzt wurde, subsidiär noch die **Gehörsrüge** erhoben werden (§ 321a ZPO; § 44 FamFG; Thomas/Putzo/*Reichold* ZPO § 321a Rn. 1, 2).

51 Auch bei der Rechspflegerablehnung im **Insolvenzverfahren** findet die Rechtsbeschwerde nur nach Zulassung durch das Beschwerdegericht statt; § 7 InsO ist auf das Ablehnungsverfahren nicht anwendbar (BGH NZI 2002, 629; BGH NJW 2000, 1869; OLG Köln Rpfleger 2000, 32).

52 **c) Bei Verwerfung als rechtsmissbräuchlich durch den Rechtspfleger.** Hat der Rechtspfleger ein **rechtsmißbräuchlich** gestelltes Ablehnungsgesuch selbst verworfen (→ Rn. 47), ist diese Entscheidung mit der (befristeten) **Erinnerung** anfechtbar (§ 11 Abs. 2 S. 1; Keidel/*Zimmermann* FamFG § 6 Rn. 52; AMRH/*Hintzen* Rn. 19). Über sie entscheidet bei Nichtabhilfe durch den Rechtspfleger abschließend der Richter (§§ 10 S. 6, 28; **aA** AMRH/*Hintzen* Rn. 19: sofortige Beschwerde nach § 46 Abs. 2 ZPO ist gegeben).

53 **d) Arbeitsgericht.** Im arbeitsgerichtlichen Verfahren sind Entscheidungen im Ablehnungsverfahren nicht anfechtbar (§ 49 Abs. 3 ArbGG).

6. Selbstablehnung

54 **a) Allgemeines.** Zweifelt der Rechtspfleger, ob ein Ausschließungsgrund (§ 41 ZPO: → Rn. 6ff.) oder ein Befangenheitsgrund (§ 42 Abs. 2 ZPO: → Rn. 23ff.) vorliegt oder hält er sich für befangen, hat er hiervon Anzeige zu machen (§ 48 ZPO). Die Bezeichnung „Selbstablehnung" für diesen Vorgang ist irreführend: Sie unterstellt, der Rechtspfleger sei befugt, sich selbst abzulehnen; ein solches Recht besteht aber nicht. Die Vorschrift ist über § 6 Abs. 1 FamFG auch im Verfahren nach dem FamFG anwendbar.

55 Die entsprechende **Anzeige** – sie ist **Amtspflicht** des Rechtspflegers (Thomas/Putzo/*Hüßtege* ZPO § 48 Rn. 1; Zöller/*Vollkommer* ZPO § 48 Rn. 4) – entspricht der dienstlichen Äußerung iSv § 44 Abs. 3 ZPO, ist also eine Mitteilung von Tatsachen und kein Antrag. **Entbehrlich** ist die Anzeige nur, wenn **zweifelsohne** ein Ausschließungsgrund vorliegt (§ 41 ZPO, § 6 FamFG), etwa weil der Rechtspfleger in einer seinen Ehegatten betreffenden Angelegenheit entscheiden soll. Ein entsprechende Aktenvermerk samt formloser Weiterleitung des Vorgangs an den Vertreter genügen in diesem Fall (Thomas/Putzo/*Hüßtege* ZPO § 48 Rn. 1; Keidel/*Zimmermann* FamFG § 6 Rn. 61).

56 Für die **Tätigkeit** des Rechtspflegers nach erfolgter Anzeige gilt § 47 ZPO (entsprechend): Es besteht grundsätzlich Wartepflicht.

57 **b) Verfahren.** Über die Anzeige, die zu den Verfahrensakten zu nehmen ist (BVerfG NJW 1993, 2229), entscheidet gem. § 10 S. 2 RPflG iVm §§ 48, 45 Abs. 2 ZPO der nach § 28 zuständige Richter. Nachdem (in Reaktion auf die Entscheidung des BVerfG NJW 1993, 2229) Abs. 2 des § 48 („Die Entscheidung ergeht ohne Gehör der Parteien") aufgehoben wurde, handelt es sich nicht mehr um ein rein innerdienstliches Verfahren. Die Parteien (Beteiligten) haben Anspruch auf **rechtliches Gehör** (Art 103 Abs. 1 GG), so dass ihnen die Selbstablehnung mitzuteilen und Gelegenheit zur Stellungnahme zu geben ist.

58 Der Richter entscheidet **durch Beschluss**, in dem er das (Nicht-)Vorliegen eines Ausschließungsgrundes feststellt bzw. die Besorgnis der Befangenheit für (un-)begründet erklärt. Der Beschluss, der keine Kostenentscheidung enthält, ist den Parteien mitzuteilen (dem Rechtspfleger auf dem Dienstweg).

c) Rechtsbehelfe. aa) Gegen die Entscheidung des Richters. Die früher 59
hM – Nichtanfechtbarkeit des Beschlusses nach § 48 ZPO – lässt sich nach dem Wegfall des Abs. 2 (→ Rn. 57) nicht mehr aufrechterhalten. Es gilt vielmehr § 46 Abs. 2 ZPO: Unanfechtbarkeit des Beschlusses, der das Gesuch für begründet erklärt; ansonsten sofortige Beschwerde (OLG Karlsruhe NJW-RR 2000, 591; MüKoZPO/*Gehrlein* § 48 Rn. 9; Thomas/Putzo/*Hüßtege* ZPO § 48 Rn. 3; *Vollkommer* NJW 1994, 2007; **aA** VGH Kassel NJW 1994, 1083; Stein/Jonas/*Bork* ZPO § 48 Rn. 4; BLAH/*Hartmann* ZPO § 48 Rn. 12).

bb) Gegen die Entscheidung des Rechtspflegers. Hat der Rechtspfleger es 60
unterlassen, von einem die Ablehnung rechtfertigenden Sachverhalt Anzeige zu machen, kommt eine Anfechtung seiner Entscheidung nach § 11 Abs. 1 in Betracht und zwar mit der Begründung, der Rechtspfleger hätte wegen Besorgnis der Befangenheit abgelehnt werden können, hätte er, wozu eine Dienstpflicht besteht, Anzeige gemacht (BGH NJW 1995, 1677; BVerwG NJW 1998, 323f.; Zöller/*Vollkommer* ZPO § 48 Rn. 11; MüKoZPO/*Gehrlein* § 48 Rn. 5): Die Verpflichtung zur Anzeige ist auch eine prozessuale Pflicht gegenüber den Verfahrensbeteiligten. Folglich stellt die Verletzung der Pflicht einen Verfahrensmangel dar.

Zur Anfechtbarkeit **von Entscheidungen** des Rechtspflegers, die er nach er- 61
folgter Anzeige (§ 48 ZPO) getroffen hat, → Rn. 65 ff.

7. Einzelheiten zur Sperrwirkung bzw. Wartepflicht des § 47 ZPO

a) Inhalt. Die **Sperrwirkung** des § 47 ZPO beginnt erst **ab Kenntnis** vom 62
wirksam gestellten (also nicht offensichtlich rechtsmissbräuchlichen) und vollständigen (= mit Begründung versehenen) Gesuch (BGH NJW 2001, 1502; MüKoZPO/*Gehrlein* § 47 Rn. 3). Ab diesem Zeitpunkt darf der abgelehnte Rechtspfleger nur noch solche Handlungen vornehmen, die **keinen Aufschub dulden.** Das sind alle Handlungen, die einer Partei einen wesentlichen Nachteil ersparen (OLG Celle NJW-RR 1989, 569; LG Aachen Rpfleger 1986 Rn. 59; BLAH/*Hartmann* ZPO § 47 Rn. 2; *Weber* Rpfleger 1983, 491; – speziell für Zwangsversteigerungssachen: *Stöber* ZVG Einl. Anm. 26.3): zB Maßnahmen der Sitzungspolizei, Anordnung einer Ladung, Terminsaufhebung, Vernehmung eines todkranken Zeugen, Einstellung der Zwangsvollstreckung. Ebenso kann es zulässig sein, dass der abgelehnte Rechtspfleger eine Beweisaufnahme bei Gefahr im Verzug durchführt (LG Konstanz Rpfleger 1983, 490) oder einen Versteigerungstermin im Zwangsversteigerungsverfahren zu Ende führt (die Entscheidung über den Zuschlag darf jedoch grundsätzlich erst getroffen werden, wenn über die Befangenheit endgültig entschieden ist: OLG Celle NJW-RR 1989, 569; MüKoZPO/*Gehrlein* § 47 Rn. 3; AMHRH/*Hintzen* §Rn. 21; **aA** LG Konstanz Rpfleger 1983, 490 mit abl. Anm. *Weber*).

aa) Wird das **Ablehnungsgesuch** auf **Ausschlussgründe nach § 41 ZPO, § 6** 63
FamFG gestützt, darf der Rechtspfleger auch keine unaufschiebbaren Handlungen vornehmen: Er hat sich jeder (amtlichen) Tätigkeit zu enthalten (Zöller/*Vollkommer* ZPO § 47 Rn. 2; AMHRH/*Hintzen* Rn. 13). An seine Stelle tritt der nach dem Geschäftsverteilungsplan hierfür vorgesehene Rechtspfleger oder sein Vertreter (→ Rn. 11).

§ 10 1. Abschnitt. Aufgaben und Stellung des Rechtspflegers

64 bb) Wird das **Gesuch** als **unzulässig oder unbegründet** abgewiesen, **endet** die (vorläufige) Sperrwirkung des § 47 ZPO mit dem rechtskräftigen Abschluss des Ablehnungsverfahrens (hM: BayVerfGH NJW-RR 2001, 352; BayObLG MDR 1993, 471; 1988, 500; OLG Köln NJW-RR 2000, 592; OLG Brandenburg NJW-RR 2000, 1091; Thomas/Putzo/*Hüßtege* ZPO § 47 Rn. 1a; MüKoZPO/*Gehrlein* § 47 Rn. 3; Musielak/*Heinrich* ZPO § 47 Rn. 3; Zöller/*Vollkommer* ZPO § 47 Rn. 1). Ab Erlass der dem Gesuch **stattgebenden rechtskräftigen Entscheidung** wird die vorläufige Sperre zur endgültigen: Der abgelehnte Rechtspfleger steht jetzt einem ausgeschlossenen Rechtspfleger gleich (§ 41 ZPO).

65 b) Folgen der Nichtbeachtung der Sperrwirkung. aa) Erfolgloses Ablehnungsgesuch. Wird die Ablehnung für unbegründet erklärt, ist ein Verstoß gegen § 47 ZPO unschädlich; der Verfahrensfehler wird geheilt (BayObLG 1986, 252; KG Rpfleger 1977, 219; LG Kiel Rpfleger 1988, 544). Eine **Anfechtung** der Entscheidung des Rechtspflegers mit dem nach § 11 Abs. 1 statthaften Rechtsbehelf ist damit unbegründet.

66 bb) **Erfolgreiches Ablehungsgesuch.** Wird dem Gesuch stattgegeben und die Ablehnung für begründet erklärt, bleiben **unaufschiebbare Maßnahmen** wirksam (§ 47 ZPO). Eine **Anfechtung** (§ 11) der Entscheidung des Rechtspflegers hat Aussicht auf Erfolg nur, wenn sie an sich statthaft ist und die Ablehnung auf einem Ausschlussgrund nach § 41 ZPO (§ 6 FamFG) beruhte (Thomas/Putzo/*Hüßtege* ZPO § 47 Rn. 2).

67 cc) **Maßnahmen.** Wurden unter Nichtbeachtung der Sperrfrist **aufschiebbare** Maßnahmen getroffen, können diese durch den Vertreter wiederholt und so „geheilt" werden (das gilt auch für unaufschiebbare stattgefundene Handlungen eines nach § 41 ZPO, § 6 FamFG ausgeschlossenen Rechtspflegers). Ist die Wiederholung nicht möglich, weil das Gericht zB an seine Entscheidung gebunden ist, bleiben die Maßnahmen wirksam. Der Verfahrensmangel kann jedoch durch eine **Anfechtung** der Entscheidung erfolgreich gerügt werden, (MüKoZPO/*Gehrlein* § 47 Rn. 5). Dagegen ist der Rechtsbehelf nicht begründet, wenn behauptet wird, eine Ablehnung sei gerechtfertigt, es sei aber unterlassen worden, die Ablehnung des Rechtspflegers zu betreiben oder, wenn eine sofortige Beschwerde nach § 46 Abs. 2 ZPO zurückgenommen wurde (Thomas/Putzo/*Hüßtege* ZPO § 47 Rn. 7).

V. Ausschließung und Ablehnung nach der StPO und dem BeurkG

1. Straf- und Bußgeldverfahren

68 Im **Straf- und Bußgeldverfahren** ist der Rechtspfleger in dem durch § 22 festgelegten Aufgabenbereich sowie im Kostenfestsetzungsverfahren (§ 464b StPO) tätig. Ausschließung und Ablehnung richten sich nach **§ 22 StPO** (die Ausschlußgründe des § 23 StPO kommen nicht in Betracht) und **§§ 24–30 StPO:** Aus der Verweisung auf die §§ 103ff. ZPO in § 464b StPO ist nicht etwa zu schließen, dass auch für das Verfahren iÜ ZPO-Vorschriften zur Anwendung kommen. Über § 46 OWiG sind die §§ 22–30 StPO auch in Ordnungswidrigkeitenverfahren anwendbar. Zu den Geschäften des § 31 → Rn. 73.

2. Verfahren nach dem BeurkG

a) Allgemeines. Soweit das AG für Beurkundungen zuständig ist (§ 62 BeurkG; § 1945 BGB), hat das RPflG 1969 sie in vollem Umfang auf den Rechtspfleger übertragen (§ 3 Abs. 1 Nr. 1f). Gem. § 1 Abs. 2 BeurkG gelten für die Beurkundung durch den Rechtspfleger die Vorschriften des BeurkG (mit Ausnahme des § 5 Abs. 2 BeurkG) entsprechend, insbesondere also auch **§§ 3, 6, 7 BeurkG.** Werden dagegen Urkunden in einem Verfahren errichtet, die mit diesem typischerweise in einem inneren Zusammenhang stehen, ist **nicht das BeurkG maßgebend,** sondern das **betreffende Verfahrensgesetz** (AMHRH/*Hintzen* Rn. 2; *Winkler* BeurkG Teil B § 1 Rn. 30 mwN). Für die Beurkundung eines Vergleiches in einem Zwangsversteigerungsverfahren oder im Prozesskostenhilfe-Bewilligungsverfahren (§ 118 Abs. 2 ZPO iVm § 20 Nr. 4a) sind deshalb **§§ 41 ff. ZPO** einschlägig. Auf die Beurkundung der eidesstattlichen Versicherung nach § 38 BeurkG finden §§ 6, 7 BeurkG entsprechende Anwendung (zur Rechtspflegerzuständigkeit vgl. § 3 Abs. 1 Nr. 1b). **69**

b) Anwendbarkeit. Einschlägig sind §§ 3, 6, 7 iVm § 62 BeurkG und §§ 6, 7 iVm § 38 BeurkG. **§ 3 BeurkG** enthält sog relative Ausschließungsgründe und begründet eine Amtspflicht des Rechtspflegers, sich der Mitwirkung zu enthalten (*Winkler* BeurkG Teil B § 3 Rn. 7 mwN); ein Verstoß gegen die Sollvorschrift hat auf die Wirksamkeit der Beurkundung jedoch keinen Einfluß. **70**

Im Übrigen ist zu differenzieren: Ein Verstoß gegen **§ 6 BeurkG** macht den (formellen) Beurkundungsakt unwirksam. Die beurkundete Willenserklärung ist hingegen nach materiellem Recht wirksam, kann also – sofern eine öffentliche Beurkundung nicht Wirksamkeitserfordernis ist – als Privaturkunde rechtliche Bedeutung erlangen (BGH DNotZ 1963, 313). **§ 7 BeurkG:** Die Beurkundung ist nur insoweit unwirksam, als die beurkundete Willenserklärung dem Rechtspfleger oder seinem in der Norm genannten Angehörigen einen rechtlichen Vorteil verschaffen soll. Die weiter beurkundeten Erklärungen bleiben wirksam. Ist deshalb ein beurkundetes Rechtsgeschäft teilweise nichtig (§ 125 BGB), ist es im Zweifel insgesamt nichtig (§ 139 BGB). **71**

Nicht anwendbar sind §§ 3, 6, 7 BeurkG, wenn der Rechtspfleger auf der Grundlage der ZPO (StPO) tätig wird (→ Rn. 69). **72**

VI. Verfahren nach §§ 29 und 31

Bei den Geschäften der **Rechtspflegeverwaltung** ist § 10 nicht anwendbar (§ 32). Auch in diesen Verfahren müssen jedoch, ungeachtet der Weisungsgebundenheit des Rechtspflegers, gewisse Mindestgarantien für den Rechtsuchenden gegeben sein. Der Rechtspfleger hat deshalb in den Fällen, in denen seine Ausschließung begründet wäre, Amtshandlungen zu unterlassen. Praktische Bedeutung wird dies nur für den Bereich der **Strafvollstreckung** haben und hier wiederum nur für die Frage der **Ausschließung** (vgl. *Pohlmann/Jabel/Wolf* Rn. 5). Wird der Rechtspfleger tätig, obwohl ein Ausschließungsgrund vorliegt, ist die getroffene Maßnahme nicht wirksam, aber auf Anfechtung hin zu überprüfen (§ 31 Abs. 6). **73**

Liegen Tatsachen vor, die eine **Besorgnis der Befangenheit** rechtfertigen könnten, hat der Rechtspfleger seinen Dienstvorgesetzten zu unterrichten. Kommt dieser zum Ergebnis, dass ein ausreichender Grund nicht vorliegt, hat der Rechtspfleger aufgrund seiner Weisungsgebundenheit in der Sache weiter zu verfahren. **74**

§ 11   1. Abschnitt. Aufgaben und Stellung des Rechtspflegers

75   **Niedersachsen und Baden-Württemberg** haben die Ausschließung von Beamten der StA in § 7 Abs. 1 bzw. § 11 AGGVG wie folgt geregelt:
Wer das Amt der Staatsanwaltschaft ausübt, darf keine Amtshandlungen vornehmen, wenn er
1. in der Sache, die den Gegenstand des Verfahrens bildet, Verletzter oder Partei ist;
2. Ehegatte, Vormund oder Betreuer des Beschuldigten oder Verletzten oder einer Partei ist oder gewesen ist;
3. mit dem Beschuldigten, dem Verletzten oder einer Partei in gerader Linie verwandt oder verschwägert, in der Seitenlinie bis zum dritten Grad verwandt oder bis zum zweiten Grad verschwägert ist oder war;
4. in der Sache als Richter, als Polizeibeamter, als Anwalt des Verletzten oder einer Partei oder als Verteidiger tätig gewesen ist.

§ 11 Rechtsbehelfe

(1) **Gegen die Entscheidungen des Rechtspflegers ist das Rechtsmittel gegeben, das nach den allgemeinen verfahrensrechtlichen Vorschriften zulässig ist.**

(2) **[1]Kann gegen die Entscheidung nach den allgemeinen verfahrensrechtlichen Vorschriften ein Rechtsmittel nicht eingelegt werden, so findet die Erinnerung statt, die innerhalb einer Frist von zwei Wochen einzulegen ist. [2]Hat der Erinnerungsführer die Frist ohne sein Verschulden nicht eingehalten, ist ihm auf Antrag Wiedereinsetzung in den vorigen Stand zu gewähren, wenn er die Erinnerung binnen zwei Wochen nach der Beseitigung des Hindernisses einlegt und die Tatsachen, welche die Wiedereinsetzung begründen, glaubhaft macht. [3]Ein Fehlen des Verschuldens wird vermutet, wenn eine Rechtsbehelfsbelehrung unterblieben oder fehlerhaft ist. [4]Die Wiedereinsetzung kann nach Ablauf eines Jahres, von dem Ende der versäumten Frist an gerechnet, nicht mehr beantragt werden. [5]Der Rechtspfleger kann der Erinnerung abhelfen. [6]Erinnerungen, denen er nicht abhilft, legt er dem Richter zur Entscheidung vor. [7]Auf die Erinnerung sind im Übrigen die Vorschriften der Zivilprozessordnung über die sofortige Beschwerde sinngemäß anzuwenden.**

(3) **[1]Gerichtliche Verfügungen, Beschlüsse oder Zeugnisse, die nach den Vorschriften der Grundbuchordnung, der Schiffsregisterordnung oder des Gesetzes über das Verfahren in Familiensachen und in den Angelegenheiten der freiwilligen Gerichtsbarkeit wirksam geworden sind und nicht mehr geändert werden können, sind mit der Erinnerung nicht anfechtbar. [2]Die Erinnerung ist ferner in den Fällen der §§ 694, 700 der Zivilprozessordnung und gegen die Entscheidungen über die Gewährung eines Stimmrechts (§ 77 der Insolvenzordnung) ausgeschlossen.**

(4) **[1]Das Erinnerungsverfahren ist gerichtsgebührenfrei.**

Übersicht

	Rn.
I. Entwicklung	1–11
1. Entlastungsgesetze	1–3
2. Rechtspflegergesetz 1957	4, 5
3. Rechtspflegergesetz 1969	6, 7
4. Rechtspflege-Vereinfachungsgesetz; EGInsO	8, 9

Rechtsbehelfe **§ 11**

	Rn.
5. Drittes Gesetz zur Änderung des Rechtspflegergesetzes	10
6. FGG-Reformgesetz	11
7. G zur weiteren Erleichterung der Sanierung von Unternehmen..................................	11a
8. RBehelfsbelehrungG	11b
II. Allgemeines................................	12–35
1. Der Regelungsgehalt im Überblick..................	12–18
a) Abs. 1	12–16
b) Abs. 2–4	17, 18
2. Entscheidung	19–29
a) ZPO-Verfahren...........................	21
b) FamFGverfahren	22
c) Zwangsvollstreckungscharakter haben	23
d) Anordnungen	24, 25
e) Rechtshilfeersuchen	26
f) Meinungsäußerung	27
g) Abgabeverfügung.........................	28
h) Geschäfte des UdG	29
3. Rechtsbehelf und Rechtsmittel	30–35
a) Gesetzliche Rechtsbehelfe	31, 32
b) Formlose Rechtsbehelfe	33–35
III. Allgemein zulässiges Rechtsmittel (Abs. 1)	36–87
1. Zulässigkeit der Beschwerde nach ZPO (§§ 567–572 ZPO) ..	37–48
a) Statthaftigkeit	37–39
b) Einschränkungen	40
c) Frist	41
d) Form	42
e) Beschwer	43
f) Rechtsschutzbedürfnis	44
g) Sonstiges	45–48
2. Zulässigkeit der Beschwerde nach FamFG (§§ 58–69 FamFG)	49–70
a) Statthaftigkeit	49
b) Unstatthaftigkeit	50
c) Sofortige Beschwerde	51
d) Unanwendbarkeit	52
e) Sonderregelungen	53–60
f) Einschränkungen	61, 62
g) Frist	63–65
h) Form	66
i) Beschwerdeberechtigung	67
j) Rechtsschutzbedürfnis.......................	68
k) Sonstiges	69–70
3. Zulässigkeit der Grundbuchbeschwerde (§§ 71–81 GBO) ...	71–79
a) Statthaftigkeit	71–74
b) Einschränkung	75
c) Frist	76
d) Form	77
e) Beschwerdeberechtigung	78
f) Sonstiges	79
4. Zulässigkeit der Beschwerde nach SchRegO (§§ 75–90 SchRegO)	80

	Rn.
5. Zulässigkeit der Beschwerde nach StPO (§§ 304–311a StPO)	81–87
a) Statthaftigkeit	81a
b) Einschränkung	82
c) Besonderheit	83
d) Frist	84
e) Form	85
f) Beschwerdeberechtigung	86
g) Sonstiges	87
IV. Erinnerung (Abs. 2)	88–103
1. Allgemeines	88
2. Zulässigkeit	89–103
a) Statthaftigkeit	89–93
b) Frist	94
c) Form	95, 96
d) Erinnerungsberechtigung	97
e) Rechtsschutzbedürfnis	98
f) Sonstiges	99–103
V. Ausschluss der Erinnerung (Abs. 3)	104–112
1. Allgemeines	104, 105
2. Unabänderliche Entscheidungen und Zeugnisse (S. 1)	106–110
3. Mahn- und Vollstreckungsbescheid; Stimmrechtsentscheidung (S. 2)	111, 112
VI. Kosten (Abs. 4)	113

I. Entwicklung

1. Entlastungsgesetze

1 Mit der Übertragung richterlicher Aufgaben auf den UdG (und späteren Rechtspfleger) durch die Entlastungsgesetze (→ Einl. Rn. 21, 26) erschien es dem Gesetzgeber zur Klarstellung erforderlich, diese neuen Tätigkeiten ausdrücklich in das **Erinnerungsverfahren** einzubinden. Art. VI § 3 Abs. 2 REntlG bestimmte deshalb, dass auf „Einwendungen gegen Entscheidungen des UdG in dem ihm auf Grund des § 2 zur selbständigen Erledigung übertragenen Angelegenheiten ... die Vorschriften des § 576 und des § 577 Abs. 4 der ZPO entspr Anwendung (finden) mit der Maßgabe, dass an die Stelle des Prozessgerichts das Gericht tritt, an dessen Stelle der UdG entschieden hat". Die REntlV beließ es bei dieser Regelung, gewährte dem Rechtspfleger aber ein allgemeines Abhilferecht in § 3 Abs. 1 d REntlV, nachdem dieses zunächst ausgeschlossen worden war (dazu *Reichel* S. 54).

2 Danach ergab sich für die **Anfechtung von Entscheidungen des Rechtspflegers** folgender Rechtszustand: (1) Wäre die Entscheidung, hätte sie der Richter erlassen, mit der Beschwerde anfechtbar, kann gegen sie die Erinnerung an den Richter und gegen dessen Entscheidung Beschwerde eingelegt werden; der Rechtspfleger kann der Erinnerung, der Richter der Beschwerde abhelfen. (2) Wäre die Entscheidung, hätte sie der Richter erlassen, mit der sofortigen Beschwerde anfechtbar, ist gegen sie innerhalb der Beschwerdefrist die Erinnerung einzulegen, die zugleich als Eventualbeschwerde für den Fall gilt, dass das Gericht der sofortigen Erinnerung nicht abhilft. (3) Wäre die Entscheidung, sofern sie der Richter getroffen hätte, unanfechtbar, ist die Erinnerung gegeben.

Rechtsbehelfe **§ 11**

Diese Regelung war in der Praxis **teilweise nicht brauchbar:** Weder berücksichtigte sie die Fälle, in denen besondere Rechtsbehelfe (zB Widerspruch gegen Zahlungsbefehl, Einspruch gegen den Vollstreckungsbefehl: §§ 694, 700 ZPO aF) gegeben waren, noch erfasste sie diejenigen Fälle der fG, in denen Entscheidungen wegen ihrer Wirkung gegenüber Dritten nicht geändert werden konnten. 3

2. Rechtspflegergesetz 1957

Im Hinblick auf diese unvollständige Regelung stand der Gesetzgeber bei der Fassung des RPflG 1957 vor der naheliegenden Frage, ob er nicht gegen Entscheidungen des Rechtspflegers die **gleichen Rechtsbehelfe** wie gegen Entscheidungen des Richters zulassen sollte. Im **Hinblick auf die Rechtswegegarantie des Art. 19 Abs. 4 GG** hat er sich jedoch für eine an den früheren Rechtszustand angelehnte Regelung entschieden, ansonsten der Grundsatz (gleiche Rechtsmittel wie beim Richter) in den Fällen durchbrochen werden müsste, „in denen gegen die Entscheidung, sofern sie vom Richter erlassen wäre, ein Rechtsmittel nicht gegeben wäre. Es wäre nicht tragbar, hier den Akt des Rechtspflegers als endültig hinzunehmen. Deshalb müßte in diesen Fällen ein neuer Rechtsbehelf eingeführt werden" (BT-Drs. II/161, 18). 4

Dem Rechtsbehelf des § 10 RPflG 1957 lagen folgende Erwägungen zugrunde: Gegen alle Entscheidungen des Rechtspflegers muss die Erinnerung möglich sein, es sei denn, die Entscheidung hat inzwischen Rechtswirkungen gegenüber Dritten hervorgerufen oder könnte sie hervorrufen; ausgeschlossen bleibt die Erinnerung im Mahnverfahren in den Fällen der §§ 694, 700 ZPO aF. Der Rechtspfleger kann aus Gründen der Prozessökonomie der unbefristeten (einfachen) Erinnerung abhelfen, nicht aber (ähnlich wie bei §§ 577 Abs. 3 ZPO aF, 18 Abs. 2 FGG aF) der befristeten, weil es das Interesse des Rechtssuchenden an einer baldigen Entscheidung erfordert, dass die Stelle, die entschieden hat, die Sache sogleich weitergibt. Hilft der Rechtspfleger der (einfachen) Erinnerung nicht ab, entscheidet der Richter. Mit dessen Entscheidung mündet der Weg wieder in den allgemeinen Gang des Verfahrens ein, dh gegen die Entscheidung des Richters sind die allgemeinen Rechtsbehelfe zulässig. Im Interesse einer Verfahrensverkürzung – für den Fall, dass der Richter der Erinnerung nicht abhilft und dessen Entscheidung mit der Beschwerde angefochten werden müsste – ist dem Gericht die Möglichkeit einzuräumen, von einer eigenen Entscheidung abzusehen und die Erinnerung unmittelbar an das Rechtsmittelgericht weiterzuleiten, **wenn** vom Erinnerungsführer bereits vorsorglich die Entscheidung des Beschwerdegerichts beantragt wird. 5

3. Rechtspflegergesetz 1969

Bei der Neufassung des RPflG hat der Gesetzgeber an der Regelung des § 10 RPflG 1957 – nunmehr § 11 – aus den oben (→ Rn. 2) angeführten Gründen im Wesentlichen festgehalten, zum einen jedoch den Kreis der Geschäfte, die mit der Erinnerung nicht angefochten werden können, **erweitert** und zum anderen die sog **Durchgriffserinnerung** eingeführt: Die **bisherige Regelung** – Befassung des übergeordneten Gerichts mit der Sache nur, wenn die Partei gegen die Entscheidung des Richters das zulässige Rechtsmittel einlegte oder wenn sie beim Einlegen der Erinnerung bereits die Weiterleitung an das höhere Gericht für den Fall beantragt hatte, dass der Richter diesem Rechtsbehelf nicht stattgeben will (Eventualbeschwerde, → Rn. 1) – **wurde umgekehrt, um das Rechtsbehelfsverfah-** 6

§ 11 1. Abschnitt. Aufgaben und Stellung des Rechtspflegers

ren zu beschleunigen: Der Richter hat **von Amts wegen,** also unabhängig von einer entspr Antragstellung, die Sache dem übergeordneten Gericht vorzulegen, wenn er der Erinnerung nicht abhelfen will.

7 Damit erübrigen sich nach Absicht des Gesetzgebers sowohl eine schriftlich begründete Entscheidung des Richters als auch eine Beschwerdeschrift des Rechtsmittelführers (BT-Drs. V/3134, 19). Die Partei soll durch diesen Automatismus allerdings auch nicht benachteiligt werden; sie kann deshalb den Rechtsbehelf ohne Kostennachteile zurücknehmen, solange das Beschwerdegericht nicht mit der Sache befasst ist (Abs. 6 S. 2 aF).

4. Rechtspflege-Vereinfachungsgesetz; EGInsO

8 Da die Durchgriffserinnerung die Beschwerdegerichte oft unnötig belastete und eine Sachentscheidung verzögerte (AMHRH/*Hintzen* Rn. 3; *Rausch/Rokitta-Lidman* Rpfleger 1997, 326), wurde die Regelung vielfach kritisiert (vgl. *Bischof* MDR 1975, 632). Der BT hat aber einen Vorschlag des BR zur Abschaffung der Durchgriffserinnerung im Festsetzungsverfahren zunächst nicht aufgegriffen (BT-Drs. 7/650, SW. 281). Auch einem Vorschlag des BDR zur generellen Abschaffung der Erinnerung ist man zunächst nicht gefolgt. Zur Vereinfachung und besseren Durchschaubarkeit der Rechtsbehelfe im Kostenfestsetzungsverfahren wurde schließlich durch das Rechtspflege-Vereinfachungsgesetz v. 17.12.1990, BGBl. I S. 2847, § 104 Abs. 3 aF ZPO eine „beispiellos komplizierte und misslungene" Vorschrift (Thomas/Putzo, 16. Aufl., ZPO § 104 Anm. 4) bereinigt. § 21 Abs. 2 wurde ersatzlos gestrichen; entspr wurde § 11 Abs. 2 S. 1 aF („Der Rechtspfleger kann, außer im Falle des Absatzes 2 Satz 2, der Erinnerung abhelfen") neu gefasst: Damit wurde die damals in § 21 Abs. 2 S. 2 geregelte Abhilfebefugnis des Rechtspflegers bei Erinnerungen im Kostenfestsetzungs- und Vergütungsfestsetzungsverfahren nach § 11 Abs. 1 und 2 S. 1 Hs. 2 übernommen. Eine sachliche Änderung war dadurch nicht eingetreten (*Hansens* NJW 1991, 953).

9 Durch Art. 14 Nr. 2 EGInsO v. 5.10.1994, BGBl. I S. 2911, wurde – bedingt durch die ab 1.1.1999 in Kraft tretende **Insolvenzordnung** – der damalige Abs. 5 S. 2 geändert.

5. Drittes Gesetz zur Änderung des Rechtspflegergesetzes

10 § 11 wurde durch das 3. RpflÄndG v. 6.8.1998, BGBl. I S. 2030, neu gefasst. Die Durchgriffserinnerung wurde abgeschafft und durch das nach den „allgemeinen Verfahrensvorschriften" zulässige Rechtsmittel ersetzt. Dadurch sollte die Stellung des Rechtspflegers als eigenständiges Organ der Gerichtsverfassung deutlicher ausgedrückt und die Belastung des Richters im Erinnerungsverfahren beseitigt werden (BT-Drs. 13/10244, 6, 7).

6. FGG-Reformgesetz

11 Art. 23 FGG-RG v. 17.12.2008, BGBl. I 2586, hat **Abs. 2 S. 1 und 3 S. 1** an die Terminologie des FamFG angepasst.

7. G zur weiteren Erleichterung der Sanierung von Unternehmen

11a **Abs. 3 S. 2** wurde durch Art. 5 ESUG mit Wirkung v. 1.1.2013, auf Grund der Erweiterung des Richtervorbehalts in § 18 Abs. 1 Nr. 2, geändert.

Rechtsbehelfe **§ 11**

8. RBehelfsbelehrungG

Durch Art. 4 Nr. 2 RBehelfsbelehrungG wird **Abs. 2 mit Wirkung v.** 11b
1.1.2014 neu gefasst. Ua wird die Einlegungsfrist für die Erinnerung aus Gründen der Verfahrensvereinfachung einheitlich auf zwei Wochen festgelegt (BT-Drs. 17/10490, 35: → Rn. 94).

II. Allgemeines

1. Der Regelungsgehalt im Überblick

a) **Abs. 1.** Nach Abs. 1 ist gegen **alle Entscheidungen des Rechtspflegers** 12
das Rechtsmittel gegeben, das nach den **allgemeinen verfahrensrechtlichen Vorschriften** zulässig ist. Statthaft ist somit das Rechtsmittel das zulässig wäre, falls der Richter entschieden hätte (BT-Drs. 13/10244, 7).

Eröffnet ist dadurch in 13
– **FamSachen und Angelegenheiten der fG:** befristete Beschwerde (§ 58 ff. FamFG) bzw. Einspruch (§§ 389, 390 FamFG) oder Widerspruch (§ 393 FamFG; MüKoFamFG/*Krafka* § 393 Rn. 7, 13);
– **ZPO-Angelegenheiten:** sofortige Beschwerde (§§ 567 ff. ZPO);
– **StPO-Angelegenheiten:** sofortige Beschwerde (§§ 304 ff. StPO);
– **Grundbuchsachen:** Grundbuchbeschwerde (§§ 71 ff. GBO);
– **Schiffsregistersachen:** Beschwerde (§§ 75 ff. SchRegO);
– **Kostensachen:** Beschwerde (§§ 66–68 GKG, § 33 RVG, §§ 57–59 FamGKG, § 81 GNotKG).

In Verfahren vor dem **Patentgericht** ist nach der Spezialregelung in § 23 Abs. 2 14
die befristete Erinnerung statthaft.

In **Beratungshilfeverfahren** findet nur die unbefristete Erinnerung statt (§ 7 14a
BerHG, § 24 a Abs. 1; → § 24 a Rn. 17).

Bei **Ablehnung der Rechtshilfe** durch den Rpfl. des ersuchten Gerichts (§ 159 15
GVG) kann der Rpfl. des ersuchenden Gerichts Beschwerde einlegen (§ 159 Abs. 1
S. 1 GVG, § 4 Abs. 1; OLG Zweibrücken Rpfleger 2000, 381; OLG Stuttgart
Rpfleger 2002, 255; OLG München Rpfleger 1973, 19; Zöller/*Lückemann* ZPO
§ 159 Rn. 3; MüKoZPO/*Zimmermann* § 159 Rn. 2; **aA** BayObLG Rpfleger 1995,
451: Zunächst hat der Richter des ersuchten Gerichts nach § 11 Abs. 2 den Antrag
zu überprüfen).

Gegen **Ordnungsgeldbeschlüsse,** die der Rpfl. wegen Ungebühr verhängt 16
(§ 178 GVG, § 4 Abs. 1 und 2 Nr. 2), findet die Beschwerde statt, die innerhalb
einer **Notfrist** von **einer Woche** einzulegen ist (§ 181 GVG, § 569 ZPO analog;
OLG München NJW 1968, 308; OLG Frankfurt NJW 1967, 1281, 1282; OLG
Hamm NJW 1963, 1791, *Kissel/Mayer* GVG § 181 Rn. 2; Zöller/*Lückemann* GVG
§ 181 Rn. 2; MüKoZPO/*Zimmermann* GVG § 181 Rn. 7).

b) **Abs. 2–4.** Soweit die Entscheidung des Rechtspflegers nach den allgemei- 17
nen verfahrensrechtlichen Bestimmungen **nicht** anfechtbar ist, findet die **befristete Erinnerung** statt (Abs. 2 S. 1). Die Regelung stellt aus verfassungsrechtlichen
Gründen (vgl. Art. 19 Abs. 4 GG) die Anfechtung der Rechtspflegerentscheidung
und damit ihre Überprüfung durch den Richter sicher (BT-Drs. 13/10244, 7; vgl.
BVerfG Rpfleger 2001, 828 und BVerfG Rpfleger 2000, 205). Der Rechtspfleger

kann der Erinnerung (teilweise) abhelfen, andernfalls hat er sie dem Richter zur abschließenden Entscheidung vorzulegen (Abs. 2 S. 5 und 6; → Rn. 99).

18 **Abs. 3** schließt in den dort genannten Fällen die Erinnerung aus, da eine Anfechtung bzw. Überprüfung anderweitig sichergestellt ist oder verfahrensrechtlich spezielle Rechtsbehelfe vorgesehen sind (→ Rn. 104 ff.). Nach **Abs. 4** ist das Erinnerungsverfahren gerichtsgebührenfrei.

2. Entscheidung

19 Der Anfechtung nach Abs. 1 und 2 unterliegt „**die Entscheidung**" des Rechtspflegers.

20 **Insoweit gilt für alle Verfahrensbereiche:** Der Begriff der „Entscheidung" ist im Sinne einer umfassenden Rechtsschutzgewährung **möglichst weit auszulegen** (KG Rpfleger 2009, 304 und Rpfleger 1973, 32; *Meyer-Stolte* Rpfleger 1972, 196).

21 a) **ZPO-Verfahren.** In Verfahren die der ZPO unterliegen sowie den gleichstehenden Verfahren (Zwangsversteigerung und -verwaltung, Insolvenzverfahren, Verfahren vor dem Patentgericht) sind „**Entscheidungen**" Beschlüsse, Verfügungen und Anordnungen jeder Art, die in der Sache selbst oder über eine Verfahrensfrage bindend entscheiden (vgl. auch *Arndt* § 10 Rn. 8; AMHRH/*Hintzen* Rn. 6; *Bassenge/Roth* Rn. 10). Darunter fallen zB Entscheidung über die Berechtigung einer Zeugnisverweigerung (§§ 386 ff. ZPO); Verhängung von Ordnungs- und Zwangsmaßnahmen (zB nach § 380 ZPO; LG Heilbronn Rpfleger 1995, 341); Erteilung einer weiteren vollstreckbaren Ausfertigung (§ 733 ZPO); einstweilige Verfahrenseinstellung (§§ 28 ff. ZVG) usw.

22 b) **FamFG-Verfahren.** Im Anwendungsbereich des FamFG sind Entscheidungen alle **sachlichen** Entschließungen des Rechtspflegers mit **Außenwirkung** (Keidel/*Meyer-Holz* FamFG § 58 Rn. 16). Das sind Beschlüsse, die in der Sache selbst oder über eine Verfahrensfrage (zunächst) bindend entscheiden (OLG Köln NJW 1989, 173). Darunter fallen alle **Endentscheidungen** in Form von Beschlüssen (vgl. § 38 Abs. 1 S. 1 FamFG), die ein Verfahren bzw. einen Verfahrensabschnitt abschließen, unabhängig davon, ob der Inhalt materieller oder formeller Art ist, sofern nur feststeht, dass eine (auch für Dritte erkennbare) Entscheidung mit Außenwirkung getroffen werden sollte. Entscheidungscharakter haben auch die sie **vorbereitenden Verfügungen** (Zwischenentscheidungen), wenn durch sie in Rechte der Beteiligten eingegriffen wird (BayObLG Rpfleger 1981, 401; OLG Hamm Rpfleger 1986, 139; *Bassenge/Roth* Rn. 10) zB Anordnung der Ergänzung eines Antrags oder eines Beweismittels (OLG Frankfurt Rpfleger 1977, 362; Zwischenverfügungen mit Fristsetzung zur Beseitigung eines Mangels etwa in Grundbuch- oder Registersachen (§ 18 Abs. 1 S. 1 GBO, § 382 Abs. 4 FamFG; OLG Hamm Rpfleger 2000, 70 und Rpfleger 1986, 139); einstweilige Anordnungen (§§ 49 ff. FamFG); Anordnung von Ordnungs- oder Zwangsmaßnahmen nach §§ 33, 35 FamFG.

23 c) **Zwangsvollstreckungsverfahren.** Im Zwangsvollstreckungsrecht ist der Begriff der „Entscheidung" iS § 11 ebenso auszulegen wie iS § 793 ZPO und setzt mithin voraus, dass rechtliches Gehör gewährt wird (OLG Köln JurBüro 2000, 48; OLG Hamm Rpfleger 1973, 222; OLG Koblenz Rpfleger 1972, 220). Einseitige Vollstreckungsmaßnahmen des Rechtspflegers (zB Pfändungs- und Überweisungsbeschlüsse) sind damit nicht nach § 11 sondern nach § 766 ZPO mit der Vollstreckungserinnerung anfechtbar (Zöller/*Stöber* ZPO § 766 Rn. 2, 3 und § 829 Rn. 28).

Rechtsbehelfe **§ 11**

d) Anordnungen. Keine Entscheidungen sind die das Verfahren leitenden 24 bzw. vorbereitenden Anordnungen (Verfügungen), die weder in die Rechte des Gegners oder Dritter eingreifen: zB Ladungen, Beweisanordnungen (BGH NJW-RR 2008, 737; BayObLG BtPrax 2005, 38; OLG Köln Rpfleger 1990, 353), Anordnung einer Urkundenvorlage, Entscheidungen über die Zulässigkeit von Fragen, Ersuchen an andere Behörden. Solche Maßnahmen können grundsätzlich nur zusammen mit der Entscheidung überprüft werden, deren Vorbereitung sie dienten (vgl. § 58 Abs. 2 FamFG; *Bassenge/Roth* Rn. 10; AMHRH/*Hintzen* Rn. 7). Auch die Bewilligung der öffentlichen Zustellung oder **Terminbestimmungen** können grundsätzlich nicht selbständig angegriffen werden. Eine selbständig angreifbare Entscheidung liegt aber vor, wenn ein Antrag auf öffentliche Zustellung oder Terminbestimmung abgelehnt wurde (OLG Brandenburg FamRZ 2006, 1772; BeckOK ZPO/*Dörndorfer* § 186 Rn. 3; Thomas/Putzo/*Hüßtege* ZPO § 216 Rn. 12). **Keine Entscheidungen** sind ferner **bloße Meinungsäußerungen,** Mitteilungen von Rechtsansichten (BayObLG NJW-RR 1988, 869 und NJW 1999, 292; OLG Köln NJW1 1989, 173); die Anregung, eine Registeranmeldung (BGH NJW 1980, 2521; OLG Nürnberg FGPrax 2000, 3) oder einen Erbscheinsantrag (BayObLG 1975 348; KG Rpfleger 1974, 398) zurückzunehmen; Hinweise nach § 139 ZPO oder § 28 FamFG (BayObLG Rpfleger 1983, 300 bzgl. Urkundenbeweis); die Vorlage nach § 5, ebensowenig die „Nichtvorlage".

Ein bloßes **Untätigbleiben** des Rechtspflegers kann mit der **Dienstaufsichts-** 25 **beschwerde** gerügt werden (BGH NJW 1985, 1471). Es sei denn, das Verfahren wird in einer sachlich schlechthin nicht zu rechtfertigenden Weise verzögert (allg. dazu BVerfG NJW 2000, 503 und BVerfG NJW 2001, 961; Keidel/*Meyer-Holz* FamFG § 58. 65ff). Eine solches (objektiv) willkürliches und damit den Tatbestand der Rechtsverweigerung erfüllendes Verhalten ist mit der **Verzögerungsrüge** angreifbar (§ 198 GVG). Die früher zugelassene Untätigkeitserinnerung ist damit überholt (OLG Brandenburg MDR 2012, 305; Thomas/Putzo/*Reichold* ZPO § 567 Rn. 10).

e) Rechtshilfeersuchen. Bei einem Rechtshilfeersuchen handelt es sich zwar 26 um eine verfahrensleitende (bzw verfahrensfördernde) Maßnahme, der grundsätzlich keine selbständige Bedeutung beikommt (OLG München Rpfleger 1973, 19 mwN), es ist jedoch die **Ablehnung** eines solchen Ersuchens durch den Rechtspfleger im Hinblick auf das vom Gesetzgeber in § 159 GVG rechtsmittelähnlich ausgestalteten Verfahrens anfechtbar (BayObLG Rpfleger 1995, 451).

f) Meinungsäußerung. Die Meinungsäußerung des Rechtspflegers im Ver- 27 einseintragungsverfahren hinsichtlich einer der Eintragung entgegenstehenden **Rechtsmeinung,** ohne eine Beseitigungsauflage zu erteilen oder die beantragte Eintragung abzulehnen, stellt keine beschwerdefähige Entscheidung dar (BGH Rpfleger 1998, 420; OLG Köln NJW 1989, 173; OLG Hamm Rpfleger 1975, 134); gleiches gilt, wenn der Rechtspfleger schriftlich empfiehlt, einen auf Eigentumsumschreibung gerichteten Antrag zurückzunehmen und einen Grundbuchberichtigungsantrag einzureichen (BGH Rpfleger 1980, 273; BayObLG 1998, 67). Eine hiergegen gerichtete Beschwerde ist im Hinblick auf den mangelnden Entscheidungscharakter unstatthaft (*Demharter* GBO § 71 Rn. 19; AMHRH/*Hintzen* Rn. 9: mangels Beschwer unzulässig).

g) Abgabeverfügung. Die Abgabeverfügung des Rechtspflegers oder UdG 28 (§ 36b Abs. 1 Nr. 2) im Mahnverfahren ist unanfechtbar (§ 696 Abs. 1 S. 3 Hs. 2

§ 11 1. Abschnitt. Aufgaben und Stellung des Rechtspflegers

ZPO; § 36b Abs. 3; so zB Thomas/Putzo/*Hüßtege* ZPO § 696 Rn. 6; MüKoZPO/*Voit* § 696 Rn. 3; BeckOK ZPO/*Dörndorfer* § 696 Rn. 2). Mit der Abgabe wird die Sache beim Empfangsgericht anhängig, das ohne Bindung an die Abgabeverfügung seine sachliche und örtliche Zuständigkeit prüft, wie wenn bei ihm Klage erhoben worden wäre (§ 696 Abs. 5 ZPO).

29 **h) Geschäfte des UdG. Keine** Entscheidung des **Rechtspflegers** liegt vor, wenn er ein Geschäft des UdG wahrnimmt. Sofern die nach § 8 Abs. 5 wirksame Maßnahme überhaupt der Anfechtung unterliegt, ist das Rechtsmittel nicht nach § 11 zu bestimmen, sondern nach den jeweiligen Verfahrensgesetzen (**aA** KG Rpfleger 1998, 65; *Bassenge/Roth* Rn. 11). Entscheidet zB der Rechtspfleger anstelle des dafür funktionell zuständigen **UdG** über einen Antrag des beigeordneten Rechtsanwalts auf Festsetzung seiner aus der Staatskasse zu gewährenden Vergütung (§ 55 Abs. 1 RVG), ist die Entscheidung mit der Erinnerung nach § 56 RVG anfechtbar und nicht nach § 11 (OLG Hamm Rpfleger 1989, 319 zu § 128 BRAGO aF).

3. Rechtsbehelf und Rechtsmittel

30 Unter dem Oberbegriff des **Rechtsbehelfs** werden die verschiedenen Möglichkeiten zur Anfechtung gerichtlicher Entscheidungen zusammengefasst. Es gibt gesetzliche und formlose Rechtsbehelfe. Bei den **gesetzlichen Rechtsbehelfen** unterscheidet man ordentliche und außerordentliche.

31 **a) Gesetzliche Rechtsbehelfe. aa) Ordentliche Rechtsbehelfe.** Dazu gehören zunächst die **Rechtsmittel** Beschwerde, Berufung und Revision (ZPO und StPO; FamFG nur die Beschwerde); sie richten sich gegen eine noch nicht endgültige Entscheidung und zielen auf Abänderung oder Beseitigung durch ein übergeordnetes Gericht ab. Charakterisiert wird die Rechtsmittel durch den **Devolutiveffekt** (Abwälzungswirkung: das Verfahren wird in der höheren Instanz anhängig). Bei der Beschwerde tritt dieser Effekt nur ein, wenn sie nicht durch Abhilfe (§ 572 Abs. 1 ZPO, § 68 Abs. 1 FamFG, § 306 Abs. 2 StPO) gegenstandslos geworden ist. Hinzu tritt regelmäßig der **Suspensiveffekt** (Hemmungswirkung: Hemmung des Eintritts der formellen Rechtskraft). Davon zu unterscheiden ist die Frage der Hemmung der Vollstreckung der angefochtenen Entscheidung, die in den einzelnen Verfahrensordnungen unterschiedlich geregelt ist: vgl. für die Beschwerde § 570 Abs. 2 ZPO, § 64 Abs. 3 FamFG, § 307 Abs. 2 StPO. **Weitere ordentliche** Rechtsbehelfe (aber mangels Devolutiveffekts **keine Rechtsmittel**) sind: Einspruch gegen Versäumnisurteil und Vollstreckungsbescheid (§§ 338, 700 ZPO); Widerspruch gegen Mahnbescheid (§ 694 ZPO); Einspruch im Zwangsgeldverfahren nach §§ 389, 390 FamFG; Widerspruch im Amtslöschungsverfahren (§§ 393 ff. FamFG); Einspruch gegen Strafbefehl (§ 410 StPO); Erinnerung gegen die Entscheidung des UdG (§ 573 ZPO) oder Rpfl. (Abs. 2).

Verwirkung von befristeten Rechtsbehelfen ist, wenn die Frist nicht zu laufen begonnen hat, nur unter besonderen Umständen möglich (BGH MDR 2011, 62).

32 **bb) Außerordentliche Rechtsbehelfe.** Sie durchbrechen die Rechtskraft. Hierzu zählen insbesondere die Wiederaufnahme des Verfahrens (§§ 578 ff. ZPO, §§ 359 ff. StPO, § 48 Abs. 2 FamFG), die Wiedereinsetzung in den vorigen Stand (§§ 233 ff. ZPO, §§ 235, 329 Abs. 3 StPO, §§ 17 ff. FamFG) sowie die Abänderung rechtskräftiger Entscheidungen mit Dauerwirkung (§ 48 Abs. 1 FamFG).

Rechtsbehelfe **§ 11**

b) Formlose Rechtsbehelfe. Von den gesetzlich nicht geregelten Rechtsbe- 33
helfen sind hier nur von Bedeutung die Gegenvorstellung und die Dienstaufsichtsbeschwerde.

aa) Gegenvorstellung. Durch die von der Rspr. entwickelte Gegenvorstellung 34
soll das Gericht, das entschieden hat (und nicht die höhere Instanz), veranlasst werden, seine Entscheidung aus übersehenen oder neuen tatsächlichen wie rechtlichen Gründen von Amts wegen zu ändern (vgl. BGH NJW 1998, 82 und BGH NJW 1998, 1229; OLG Brandenburg FamRZ 2001, 294). Sie wird aus einer analogen Anwendung des Art. 19 Abs. 4 GG abgeleitet (BFH NJW 2006, 861). Ihr Zweck ist es, der Partei/dem Beteiligten in den Fällen einen Rechtsbehelf zu verschaffen, in denen gerichtliche Beschlüsse mit gesetzlichen Rechtsbehelfen nicht mehr angefochten werden können (vgl. zB MüKoZPO/*Lipp* § 567 Rn. 18; Keidel/*Meyer-Holz* FamFG § 58 Rn. 48ff.). Hinzu kommen muss, dass das Gericht an seine (mit gesetzlichen Rechtsbehelfen nicht mehr anfechtbaren) Beschluss nicht auf Grund materieller Rechtskraft gebunden ist (BVerfG NJW 2009, 829). Die Gegenvorstellung ermöglicht insbesondere bei Verfassungsverstößen wie zB Verletzung des rechtlichen Gehörs (Art. 103 Abs. 1 GG), bei einem Verstoß gegen die Garantie des gesetzlichen Richters (Art. 101 Abs. 1 S. 2 GG) oder einem Verstoß gegen das Willkürverbot (Art. 20 GG) eine Korrektur der Beschlüsse (BVerfG NJW 1983, 1900; BGH NJW 2000, 590; Keidel/*Meyer-Holz* FamFG § 58 Rn. 49; *Bassenge/Roth* Rn. 7). Hauptanwendungsbereich der Gegenvorstellung sind damit die grundsätzlich unanfechtbaren Beschlüsse, sofern schwere Verfahrensverstöße, Tatsachenirrtümer oder neue Tatsachen vorgetragen werden.

bb) Dienstaufsichtsbeschwerde. Während die Gegenvorstellung dem Ver- 35
fahrensrecht angehört, rechnet die **Dienstaufsichtsbeschwerde** zum Justizverwaltungsrecht; sie ist nicht auf die Beseitigung/Änderung einer Entscheidung gerichtet sondern auf eine Überprüfung der Sachbehandlung oder des dienstlichen Verhaltens durch den Dienstvorgesetzten (Keidel/*Meyer-Holz* FamFG § 58 Rn. 24).

III. Allgemein zulässiges Rechtsmittel (Abs. 1)

Nach den allgemeinen verfahrensrechtlichen Vorschriften ist gegen die Ent- 36
scheidungen des Rechtspflegers, die idR in Beschlussform erlassen werden, grds. das Rechtsmittel der **Beschwerde** gegeben (vgl. zB §§ 38, 58 FamFG, § 304 StPO; → Rn. 13). Darüber ist in der Entscheidung zu **belehren** (§ 232 S. 1 ZPO; § 39 FamFG; § 35a StPO; § 9 Abs. 5 ArbGG).

1. Zulässigkeit der Beschwerde nach ZPO (§§ 567–572 ZPO)

a) Statthaftigkeit. In Verfahren, die dem ZPO-Verfahrensrecht unterliegen, ist 37
über § 11 Abs. 1 an die **§§ 567 ff. ZPO** anzuknüpfen. Nach § 567 Abs. 1 ZPO findet die (sofortige) Beschwerde gegen die im ersten Rechtszug ergangenen Entscheidungen der AGe und LGe statt. Vorausgesetzt wird ferner, dass die Beschwerde nach **ausdrücklicher Vorschrift** statthaft ist (§ 567 Abs. 1 Nr. 1 ZPO) oder ein Gesuch ohne notwendige mündliche Verhandlung **zurückgewiesen** worden ist (§ 567 Abs. 1 Nr. 2 ZPO). Die sofortige Beschwerde als statthaftes Rechtsmittel sehen zahlreiche Vorschriften vor (vgl. § 104 Abs. 3 S. 1, § 127 Abs. 2 und 3, § 691 Abs. 3 S. 1, § 793 ZPO, § 4d Abs. 1 InsO, § 30b Abs. 3 ZVG). Die sofortige Be-

schwerde gegen Entscheidungen des Rpfl. ist zB nach § 793 ZPO auch in den Fällen der §§ 850b Abs. 2, 850f, 850g, 850i ZPO zulässig. Die Zurückweisung (gleichbedeutend: Ablehnung oder Verwerfung; Thomas/Putzo/*Reichold* ZPO § 567 Rn. 6) eines Gesuchs ohne notwendige mündliche Verhandlung (§ 128 Abs. 4 ZPO) erfolgt durch Beschluss (Bsp: Abweisung des Antrags auf Erlass eines Vollstreckungsbescheids oder Pfändungs-/Überweisungsbeschlusses durch den Rpfl). Die Beschwerde richtet sich auch dann nach §§ 567 ff. ZPO, wenn **andere Verfahrensgesetze** ihre unmittelbare oder entsprechende Anwendung bestimmen (zB §§ 4, 6 InsO, §§ 35 Abs. 5, 87 Abs. 4 FamFG, §§ 15 Abs. 1, 27 Abs. 4 AVAG). **Adressat** der Beschwerde ist nach Wahl des Beschwerdeführers entweder das Gericht erster Instanz (judex a quo) oder das Beschwerdegericht (judex ad quem). Grds. ist wegen der Abhilfebefugnis (§ 572 Abs. 1 ZPO) die Einlegung beim Ausgangsgericht zu empfehlen (Zöller/*Heßler* ZPO § 569 Rn. 2; Thomas/Putzo/*Reichold* ZPO § 569 Rn. 2). **Beschwerdegericht** ist das LG (Entscheidung Rpfl/AG; § 72 Abs. 1 S. 1 GVG) bzw. das OLG (Entscheidung Rpfl/LG; § 119 Abs. 1 Nr. 2 GVG). Die Entscheidung über die Beschwerde trifft der Einzelrichter (§ 568 Abs. 1 S. 1 ZPO), der die volle Stellung des Beschwerdegerichts hat (Thomas/Putzo/*Reichold* ZPO § 567 Rn. 4).

38 **Unanwendbar** sind die §§ 567 ff. ZPO auf Beschwerden in Kostensachen nach §§ 66 ff. GKG, §§ 57 ff. FamGKG, § 33 RVG, §§ 81-83 GNotKG.

39 In einigen Fällen verdrängen **besondere Rechtsbehelfe,** die sofortige Beschwerde nach §§ 567 ff. ZPO. Kraft **Sonderregelung** greifen in folgenden Bereichen:
– Widerspruch und Einspruch nach **§§ 694, 700 ZPO** im Mahnverfahren (mit Widerspruch, nicht mit Erinnerung nach § 11 Abs. 2 kann der Antragsgegner auch die vom Antragsteller im MB geltend gemachten Kosten beanstanden; MüKoZPO/*Schüler* § 694 Rn. 4; BeckOK ZPO/*Dörndorfer* § 694 Rn. 2; zur Aufnahme der Kosten in den Vollstreckungsbescheid → Rn 111).
– Klauselerinnerung nach **§ 732 ZPO** bei Einwendungen gegen die Erteilung der (qualifizierten) Vollstreckungsklausel (OLG Naumburg FamRZ 2003, 695; LG Frankenthal Rpfleger 1983, 31; OLG Karlsruhe Rpfleger 1983, 118; Zöller/*Stöber* ZPO § 732 Rn. 4; Thomas/Putzo/*Seiler* ZPO § 732 Rn. 1; MüKoZPO/*Wolfsteiner* § 732 Rn. 8): Abhilfe durch den Rpfl. ist zulässig (LArbG Düsseldorf Rpfleger 1997, 119), das folgt aus dem allgemeinen prozessualen Grundsatz, wonach bei einem unbefristeten Rechtsbehelf das Rechtspflegeorgan, das in der Sache entschieden hat, abhelfen kann (zustimmend: OLG Koblenz JurBüro 2002, 550 = FamRZ 2003, 108; LG Frankenthal Rpfleger 1984, 424; OLG Karlsruhe Rpfleger 1983, 118; **aA** MüKoZPO/*Wolfsteiner* § 732 Rn. 11); hilft der Rechtspfleger ab, steht dem Gläubiger die Beschwerde zu (§§ 567 Abs. 1, 793 ZPO); hilft er nicht ab, muss der Richter, auch wenn er die Erinnerung für unzulässig/unbegründet hält, entscheiden (Zöller/*Stöber* ZPO § 732 Rn. 4).
– Vollstreckungserinnerung nach **§ 766 ZPO** bei Vollstreckungsmaßnahmen des Rpfl. (allgM; so zB OLG Hamm Rpfleger 1972, 222; KG Rpfleger 1973, 32; Zöller/*Stöber* ZPO § 766 Rn. 3; Thomas/Putzo/*Seiler* ZPO § 766 Rn. 2; MüKoZPO/*Wolfsteiner* § 766 Rn. 18). Mit der Vollstreckungserinnerung anfechtbare Vollstreckungs**maßnahmen** sind alle dem Vollstreckungsgericht zugewiesenen Vollstreckungshandlungen und jede Mitwirkung bei solchen (§ 764 Abs. 1 ZPO), die auf einseitigen Antrag des Gläubigers und **ohne Anhörung** des Schuldners ergangen sind. Die Erinnerung ist somit der Rechtsbehelf, mit dem der Schuldner sich erstmals rechtliches Gehör verschaffen kann. Den Ge-

Rechtsbehelfe **§ 11**

gensatz bilden **Entscheidungen** des Vollstreckungsgerichts, mit denen entweder ein Antrag auf Erlass einer Zwangsmaßnahme abgelehnt wird oder die **nach Anhörung** der Parteien/Beteiligten erlassen werden und mithin auf einer rechtlichen und tatsächlichen Würdigung des beiderseitigen Vorbringens beruhen. Ob die Anhörung notwendig, freigestellt oder unzulässig war, ist unerheblich. **Entscheidungen** des Rechtspflegers (zB Ablehnung – auch teilweise – des beantragten Pfändungs- und Überweisungsbeschlusses; dessen Erlass nach vorherigem Gehör des Schuldners; Aufhebung des erlassenen Beschlusses) sind nach allgM mit der sofortigen Beschwerde nach § 11 Abs. 1 iVm §§ 567 Abs. 1, 793 ZPO anfechtbar; (zB OLG Köln Rpfleger 1991, 360; Stein/Jonas/*Münzberg* ZPO § 766 Rn. 7; *Stöber* Forderungspfändung Rn. 730a). Der Rpfl. kann und muss in begründeten Fällen, nach Anhörung des Erinnerungsgegners, der Erinnerung **abhelfen** (OLG Frankfurt Rpfleger 1979, 111; LG Frankenthal Rpfleger 1984, 362). **Hilft der Rechtspfleger ab,** liegt eine Entscheidung des Vollstreckungsgerichts vor, die mit der sofortigen Beschwerde (§ 11 Abs. 1 iVm §§ 567 Abs. 1, 793 ZPO) anfechtbar ist (OLG Koblenz Rpfleger 1978, 226; Thomas/Putzo/*Seiler* ZPO § 766 Rn. 2; Zöller/*Stöber* ZPO § 766 Rn. 24). Die Abhilfebefugnis gestattet dem Rechtspfleger auch den Erlass einstweiliger Anordnungen nach §§ 766 Abs. 1 2, 732 ZPO (LG Frankenthal Rpfleger 1984, 424 mwN), gegen die die (befristete) Erinnerung nach § 11 Abs. 2 gegeben ist (→ Rn. 92). **Hilft der Rechtspfleger nicht ab,** entscheidet das Vollstreckungsgericht (Richter; § 20 Nr. 17 S. 2). Dagegen findet die sofortige Beschwerde statt (§§ 567 Abs. 1, 793 ZPO). Im Rechtsmittelverfahren kann ein durch richterlichen Beschluss aufgehobener Pfändungsbeschluss nicht wiederhergestellt werden. Ein nur mit diesem Ziel eingelegtes Rechtsmittel ist unzulässig (BGH 21.2.2013 – VII ZB 9/11, BeckRS 2013, 05052; BGH NJW 1976, 1453);
– (befristete) Erinnerung nach **§ 23 Abs. 2** bei Entscheidungen in **Patentgerichtssachen;**
– (unbefristete) Erinnerung nach **§ 7 BerHG**, i. V. **§ 24a Abs. 2** bei Abweisung des Antrags auf **Beratungshilfe** (→ § 24a Rn. 14);
– Das **Verteilungsverfahren** (§ 872 ZPO) tritt kraft Gesetzes ein, die Einleitung ist deshalb nicht anfechtbar (Zöller/*Stöber* ZPO § 872 Rn. 7; *Wieser* ZZP 1990, 171, 177; **aA** AMHRH/*Hintzen* Rn. 125: Erinnerung nach § 11 Abs. 2 findet statt).

b) Einschränkungen. Nach **§ 567 Abs. 2 ZPO** ist die Zulässigkeit der Beschwerde an einen Beschwerdewert (= Rechtsmittelstreitwert) geknüpft. Gegen Entscheidungen über **Kosten** ist die Beschwerde nur zulässig, wenn der Wert des Beschwerdegegenstands 200 EUR übersteigt. Maßgebend für den Beschwerdewert ist die Differenz zwischen dem zugesprochenen oder auferlegten Kostenbetrag und der vom Beschwerdeführer beantragten Verbesserung (Thomas/Putzo/*Reichold* ZPO § 567 Rn. 14; Zöller/*Heßler* ZPO § 567 Rn. 40; Musielak/*Ball* ZPO § 511 Rn. 18). Bedeutsam ist diese Einschränkung bei der Beschwerde gegen den **Kostenfestsetzungsbeschluss** des Rpfl. im Verfahren nach §§ 103 ff. ZPO. Liegt der Beschwerdewert unter 200,01 EUR ist die Beschwerde unzulässig. In diesem Fall findet die (befristete) Erinnerung nach § 11 Abs. 2 statt. Auch **§ 127 Abs. 2 S. 2 Hs. 2 ZPO** schränkt ein: Die sofortige Beschwerde des Antragstellers gegen ihm ungünstige PKH-Entscheidungen findet nur statt, wenn der Hauptsachestreitwert über 600,00 EUR liegt, es sei denn es sind ausschließlich die persönlichen oder wirtschaftlichen Voraussetzungen für die PKH verneint worden. Da gegen die **PKH-** 40

213

Entscheidungen des Rpfl. die Beschwerde im gleichen Umfang wie gegen richterliche Entscheidungen stattfindet (OLG Köln FamRZ 2004, 1117; Zöller/*Geimer* ZPO § 127 Rn. 10), ist die Beschwerde des PKH-Antragstellers daher unzulässig, wenn der Rpfl. in den ihm übertragenen Verfahren (zB Mahnverfahren, Zwangsvollstreckung) die PKH-Bewilligung wegen fehlender Erfolgsaussichten versagt hat oder Zahlungen bestimmt hat und der Hauptsachestreitwert nicht über 600,00 EUR liegt. Statthaft ist dann die (befristete) Erinnerung (§ 11 Abs. 2). In **Verfahren nach dem ZVG** sind die Sondervorschriften des ZVG zur sofortigen Beschwerde (§§ 95–104 ZVG) zu beachten. Diese Vorschriften tragen den Besonderheiten des Versteigerungsverfahrens Rechnung (*Stöber* ZVG § 95 Rn. 1). § 95 regelt Beschränkungen der Beschwerde gegen die vor Zuschlag ergehenden Entscheidungen und §§ 96–104 bestimmen Besonderheiten für die Anfechtung der Entscheidung über den Zuschlag.

41   **c) Frist.** Die **sofortige Beschwerde** ist grds. innerhalb einer **Notfrist** (§ 224 Abs. 1 S. 2 ZPO) von **zwei Wochen** einzulegen (§ 569 Abs. 1 S. 1 ZPO). Die Frist beginnt idR mit Zustellung der Entscheidung (§ 569 Abs. 1 S. 2 ZPO). In **Zwangsversteigerungssachen** gilt für den Fristbeginn die Sonderregelung des **§ 98 ZVG** (OLG Köln Rpfleger 1997, 34). Die Frist für die Beschwerde gegen die Versagung des Zuschlags läuft für alle Beteiligten ab Verkündung (§ 98 S. 1 ZVG). Richtet sich die Beschwerde gegen die Erteilung des Zuschlags, beginnt die Frist für alle im Versteigerungstermin erschienenen (oder vertretenen) Beteiligten ab Verkündung der Entscheidung (§ 98 S. 2 ZVG) und für die übrigen Beteiligten ab Zustellung. Für den Ersteher, den mithaftenden Bürgen (§ 69 Abs. 3 ZVG) und den mithaftenden Meistbietenden läuft die Frist dagegen selbst dann erst ab Zustellung, wenn sie im Termin erschienen sind (*Stöber* ZVG § 98 Rn. 2.1.c). Fristberechnung: § 222 ZPO. Richtet sich die Beschwerde gegen eine **PKH- oder VKH-Entscheidung,** beträgt die Notfrist einen Monat (§ 127 Abs. 2 S 4 ZPO; § 76 Abs. 2, 113 Abs. 1 FamFG). Bei unverschuldeter Fristversäumung kann **Wiedereinsetzung** in den vorigen Stand gewährt werden (§§ 233 ff. ZPO). Ist die Rechtsbehelfsbelehrung (§ 232 S. 1 ZPO) unterblieben oder ist sie fehlerhaft, wird das Fehlen des Verschuldens vermutet (§ 233 S. 2 ZPO). Es ändert dies aber nichts am gesetzlichen Fristbeginn (BGH NJW-RR 2004, 408; MüKoZPO/*Lipp* § 569 Rn. 4). Die sofortige Beschwerde kann bereits ab Erlass (Existenz) der Entscheidung eingelegt werden, so dass deren Zustellung nicht abgewartet werden muss (BAG NJW 2008, 1610; OLG Köln MDR 1976, 497; Zöller/*Heßler* ZPO § 569 Rn. 4; Musielak/*Ball* ZPO § 569 Rn. 2; Thomas/Putzo/*Reichold* ZPO § 569 Rn. 3, 18).

42   **d) Form.** Die sofortige Beschwerde gegen eine Rpfl-Entscheidung kann durch Einreichung einer **Beschwerdeschrift oder** zu **Protokoll der GeschStelle** (UdG § 153 GVG oder Rpfl. § 24 Abs. 2 Nr. 1; § 129a ZPO) eingelegt werden (§ 569 Abs. 2 S. 1 und Abs. 3 Nr. 1 ZPO). Da auf das Verfahren in dem die Rpfl.-Entscheidung erging abzustellen ist, besteht nach § 13 **kein Anwaltszwang** (BGH NJW 2006, 2261; OLG Nürnberg MDR 2000, 232; KG NJW-RR 2000, 213; Thomas/Putzo/*Reichold* ZPO § 569 Rn. 13). Das gilt auch für die **Einlegung** der sofortige Beschwerde gegen eine Rpfl-Entscheidung (zB KFB) in einem erstinstanzlichen Verfahren vor dem LG (OLG München NJW-RR 2000, 213; MüKoZPO/*Lipp* § 569 Rn. 16; Zöller/*Heßler* ZPO § 569 Rn. 11). Auch im **Beschwerdeverfahren** können Erklärungen ohne anwaltliche Vertretung zu Protokoll der Geschäftsstelle abgegeben werden (§§ 78 Abs. 3, 571 Abs. 4 ZPO). Nur für die Vertretung in einer (fakultativen) mündlichen Verhandlung vor dem Beschwerdegericht muss ein An-

Rechtsbehelfe **§ 11**

walt bestellt werden (Thomas/Putzo/*Reichold* ZPO § 571 Rn. 8; *Bassenge/Roth* Rn. 39). § 569 Abs. 2 S. 2 stellt den Mindestinhalt der Beschwerdeschrift klar (BT-Drs. 14/4722, 112). Es muss die angefochtene Entscheidung bezeichnet und erklärt werden, dass Beschwerde eingelegt wird. Ein förmlicher Antrag ist nicht erforderlich, wenn nur zum Ausdruck gebracht wird, was der Beschwerdeführer will (BGH NJW 2004, 1112, 1113; BGH MDR 2004, 348). Nach § 571 Abs. 1 ZPO „soll" die Beschwerde begründet werden. Das Fehlen einer Begründung steht aber ihrer Zulässigkeit nicht entgegen (MüKoZPO/*Lipp* § 571 Rn. 4, 5).

e) Beschwer. Die Zulässigkeit der Beschwerde setzt ferner eine Beschwer des 43 Beschwerdeführers voraus (BLAH/*Hartmann* ZPO § 567 Rn. 13; Musielak/*Ball* ZPO § 567 Rn. 19; Zöller/*Heßler* ZPO § 567 Rn. 5). Der Beschwerdeführer muss bestrebt sein, die Beschwer mit dem Rechtsmittel zu beseitigen. Die Beschwerde darf deshalb nicht ausschließlich einen neuen Anspruch verfolgen (BGH NJW-RR 1988, 959; OLG Karlsruhe FamRZ 1980, 682). Die Beschwer muss zum Zeitpunkt der Entscheidung durch das Beschwerdegericht noch vorliegen (BGH NJW-RR 2004, 1365) und darf nicht bereits wegen prozessualer Überholung entfallen sein (OLG Köln NJW-RR 1989, 1406). Eine Beschwerdesumme muss nur bei Kostenbeschwerden erreicht werden (§ 567 Abs. 2 ZPO; → Rn. 40). Zur Beschwerdeberechtigung bei Erteilung und Versagung des Zuschlags vgl. § 97 ZVG.

f) Rechtsschutzbedürfnis. Es fehlt, wenn das Beschwerdeziel bereits anderweitig erreicht wurde oder die Beschwerde gegenstandslos geworden ist, weil zB 44 die angefochtene ZwV-Maßnahme ausgeführt oder beendet wurde (MüKoZPO/*Lipp* § 572 Rn. 26; Thomas/Putzo/*Reichold* ZPO § 572 Rn. 18).

g) Sonstiges. Der Rpfl. hat eine **Abhilfebefugnis** (§ 572 Abs. 1 ZPO; OLG 45 Stuttgart MDR 2003, 110; OLG Naumburg Rpfleger 2002, 526). Das Abhilfeverfahren ist Teil des Beschwerdeverfahrens (Thomas/Putzo/*Reichold* ZPO § 572 Rn. 1). Str. ist, ob auch einer unzulässigen Beschwerde abgeholfen werden darf (muss): Bejahend OLG Frankfurt NJW-RR 2003, 140, 141; OLG Nürnberg MDR 1961, 509; Zöller/*Heßler* ZPO § 572 Rn. 14; Musielak/*Ball* ZPO § 572 Rn. 4; Wieczorek/*Schütze/Jänich* ZPO § 572 Rn. 3; wenigstens Statthaftigkeit ist erforderlich: BLAH/Hartmann ZPO § 572 Rn. 4; Thomas/Putzo/*Reichold* ZPO § 572 Rn. 2; Abhilfe nur, wenn das Gericht den gerügten Mangel auch von Amts wegen beseitigen darf: MüKoZPO/*Lipp* § 572 Rn. 7). Hilf der Rpfl. nicht oder nur zum Teil ab, ist die Beschwerde unverzüglich (§ 121 Abs. 1 BGB) dem Beschwerdegericht vorzulegen (§ 572 Abs. 1 S. 1 Hs. 2 ZPO). Die **Vorlage** erfordert einen Beschluss (KG Rpfleger 2008, 126; OLG Stuttgart MDR 2003, 110), der idR und insbesondere dann, wenn neue Tatsachen vorgebracht werden, zu begründen ist (OLG München Rpfleger 2004, 167; Thomas/Putzo/*Reichold* ZPO § 572 Rn. 10; MüKoZPO/*Lipp* § 572 Rn. 12; Musielak/*Ball* ZPO § 572 Rn. 9). Eine Bezugnahme auf die Gründe der angefochtenen Entscheidung ist zulässig, wenn sich diese mit dem Vorbringen des Beschwerdeführers bereits auseinandersetzt (OLG Bamberg JurBüro 1987, 569). Der Nichtabhilfebeschluss ist den Parteien zur Wahrung des rechtl Gehörs fls mitzuteilen (§ 329 Abs. 1 S. 1 ZPO; OLG Zweibrücken Rpfleger 2000, 537). Die Vorlagepflicht besteht auch dann, wenn die Beschwerde unzulässig ist (BGH NJW-RR 2009, 718). Wegen des Devolutiveffekts geht mit der Vorlage die funktionelle Zuständigkeit auf das Beschwerdegericht über, das Untergericht ist zur Abhilfe nicht mehr befugt (Musielak/*Ball* ZPO § 572 Rn. 9; Thomas/Putzo/*Reichold* ZPO § 572 Rn. 11).

§ 11 1. Abschnitt. Aufgaben und Stellung des Rechtspflegers

46 Hilft der Rpfl. der Beschwerde (teilweise) ab, so kann der Gegner gegen die **Abhilfeentscheidung** im Umfang seiner Beschwer mit der sofortigen Beschwerde oder befristete Erinnerung (Abs. 2) vorgehen (Thomas/Putzo/*Reichold* ZPO § 572 Rn. 5). Wird durch eine neue (weitere) Abhilfeentscheidung des Rpfl. der ursprüngliche Beschluss wieder hergestellt ist, da die erste Beschwerde nicht wieder auflebt, eine neue Beschwerde erforderlich (OLG München Rpfleger 1989, 55; *Bassenge/Roth* Rn. 36; AMHRH/*Hintzen* Rn. 70). Wird nach **Teilabhilfe** durch den Rpfl. die Beschwerdesumme (§ 567 Abs. 2 ZPO) nicht mehr erreicht (zB bei Beschwerde gegen KFB), ist die Beschwerde idR in eine Erinnerung (§ 11 Abs. 2) umzudeuten und dem Richter (§ 11 Abs. 2 S. 6) vorzulegen (vgl. BVerfG FamRZ 2001, 828; OLG Düsseldorf Rpfleger 1998, 103).

47 Eine **Zurückverweisung** durch das Beschwerdegericht kommt nur bei schweren Verfahrensverstößen in Betracht (Thomas/Putzo/*Reichold* ZPO § 572 Rn. 20). Hat der Rechtspfleger an Stelle des funktionell zuständigen Richters die Entscheidung erlassen, ist zwingend zurückzuverweisen (BGH NJW-RR 2005, 1299). Bei einer Zurückverweisung kann das Beschwerdegericht dem Untergericht die erforderlichen Anordnungen übertragen (§ 572 Abs. 3 ZPO). Es kann zB anordnen, dass die vom Beschwerdeführer beantragte PKH nicht wegen fehlender Hilfsbedürftigkeit verweigert werden darf (MüKoZPO/*Lipp* § 572 Rn. 34).

48 Aus §§ 528 S. 2, 557 Abs. 1 ZPO wird allgemein gefolgert, dass das **Verbot der reformatio in peius** auch im Beschwerdeverfahren gilt (BGH NJW-RR 2004, 1422; BGH MDR 2005, 1434; OLG Hamm JurBüro 1984, 1904; Zöller/*Heßler* ZPO § 572 Rn. 39; Wieczorek/*Schütze/Jänich* ZPO § 572 Rn. 63; MüKoZPO/*Lipp* § 572 Rn. 35). Bei der Beschwerde gegen **Kostenfestsetzungs- und Vergütungsfestsetzungsbeschlüsse** gilt das Verschlechterungsverbot nur hinsichtlich des Gesamtbetrags. Es darf der Beschwerdeführer insoweit betragsmäßig nicht schlechter gestellt werden (BGH NJW-RR 2004, 1422; BGH MDR 2005, 1434; LG Nürnberg JurBüro 1975, 771; KG MDR 1977, 941; MüKoZPO/*Lipp* § 572 Rn. 36; Zöller/*Heßler* ZPO § 572 Rn. 40). Bei unverändertem Ergebnis ist der Austausch von Posten daher zulässig (OLG Nürnberg JurBüro 1975, 771). Gg das Verbot wird verstoßen, wenn der Rpfl. im Wege der Teilabhilfe den KFB insgesamt aufhebt und eine neue Festsetzung vornimmt (OLG München Rpfleger 1984, 285). Das Verbot der Schlechterstellung gilt auch dann, wenn der Beschwerdes trotz nur teilweiser Anfechtung vom Rechtsmittelgericht im Ganzen aufgehoben und das Verfahren an den Rechtspfleger zurückverwiesen wird (OLG Köln NJW 1975, 2347). Es gilt **nicht**, wenn es sich um **die Art der prozessualen Erledigung** handelt (das Beschwerdegericht verwirft zB den vom Rpfl. als unbegründet abgewiesenen Antrag als unzulässig; KG JurBüro 1986, 220) oder, wenn von Amts wegen zu berücksichtigende **unverzichtbare Verfahrensvoraussetzungen fehlen** (BGH NJW 1986, 1494; OLG Celle MDR 2003, 523; OLG Köln 1975, 2347, 2349).

2. Zulässigkeit der Beschwerde nach FamFG (§§ 58–69 FamFG)

49 **a) Statthaftigkeit.** Nach § 58 Abs. 1 FamFG findet gegen die im ersten Rechtszug ergangenen Endentscheidungen (§ 38 Abs. 1 FamFG) der AGe und LGe grds. die **Beschwerde** statt. Nach § 11 Abs. 1 iVm § 58 Abs. 1 FamFG unterliegen damit die Endentscheidungen des Rpfls. in **Angelegenheiten des FamFG** (§ 1 FamFG) der (befristeten) Beschwerde. § 58 Abs. 2 FamFG unterwirft auch die nicht selbständig anfechtbaren Zwischenentscheidungen der Prüfungskompetenz des Beschwerdegerichts (Keidel/*Meyer-Holz* FamFG § 58 Rn. 1). Die Beschwerde kann sich

Rechtsbehelfe **§ 11**

auch isoliert, ohne dass die Hauptsacheentscheidung angefochten wird, gegen eine **Kostenentscheidung** richten (BT-Drs. 16/6308, 168; OLG München FamRZ 2010, 1465; Keidel/*Zimmermann* FamFG § 81 Rn. 82; Zöller/*Herget* FamFG § 82 Rn. 5; Thomas/Putzo/*Hüßtege* FamFG Vor § 80 Rn. 6 und 7; *Bumiller/Harders* FamFG § 61 Rn. 1). In diesem Fall muss aber der Beschwerdewert über 600 EUR liegen (§ 61 Abs. 1; OLG München FamRZ 2012, 391; OLG Hamburg, FamRZ 2010, 665; OLG Stuttgart, FamRZ 2010, 664, FGPrax 2010, 111; **aA** OLG Nürnberg, FamRZ 2010, 998). **Adressat** der Beschwerde ist **nur** das Gericht dessen Entscheidung angefochten wird (§ 61 Abs. 1 FamFG), dh das Gericht erster Instanz (judex a quo). Über die Beschwerde entscheidet idR das OLG (§ 119 Abs. 1 Nr. 1 GVG). Das LG ist Beschwerdegericht in Freiheitsentziehungssachen und in den von den Betreuungsgerichten entschiedenen Sachen (§ 72 Abs. 1 S. 2 GVG). Der Einzelrichter ist nur nach Übertragung durch den Senat oder die Kammer zur Entscheidung zuständig (§ 68 Abs. 4 FamFG, § 526 ZPO). Die Beschwerde ist gegen **End**entscheidungen statthaft (§ 58 Abs. 1 Hs. 1 FamFG). Das sind Entscheidungen (Beschlüsse), die den Verfahrensgegenstand ganz oder teilweise erledigen (§ 38 Abs. 1 FamFG; → Rn. 19 ff.). **Bsp:** Entscheidungen des Rpfl. nach § 1667 BGB (Sorgerechtsentscheidung wegen Vermögensgefährdung); §§ 1643, 1821, 1822, 1812 BGB (Genehmigungsentscheidg; OLG Frankfurt a. M. FamRZ 2004, 713; OLG Brandenburg FamRZ 2004, 1049 zu § 621e ZPO aF); § 1909 BGB (AnO einer Ergänzungspflegschaft; OLG Bamberg FamRZ 2005, 1500; Musielak/*Borth* FamFG § 58 Rn. 4); § 1674 BGB (Ruhen der elterlichen Sorge); § 231 Abs. 2 FamFG iVm §§ 3 Abs. 2 S. 3 BKGG, § 64 Abs. 2 S. 3 EStG (Kindergeldbezugsberechtigung); § 256 FamFG (vereinfachte Unterhaltsfestsetzung → § 25 Rn. 8); § 261 Abs. 2 FamFG iVm §§ 1382, 1383 BGB (Stundung der Ausgleichsforderung und Übertragung von Vermögensgegenständen); §§ 1617, 1618 BGB (Namenserteilung und Einbennung); § 352 FamFG (Erbscheinsantrag). Der Beschwerde unterliegen auch die durch Beschluss erlassenen Weisungen (Gebote und Verbote) an Vormund, Betreuer oder Pfleger nach §§ 1837 Abs. 2, 1908i Abs. 1, 1915 Abs. 1 BGB (Keidel/*Meyer-Holz* FamFG § 58 Rn. 20) sowie die Innengenehmigungen nach §§ 1803 Abs. 2, 1811, 1823 BGB (OLG Frankfurt a. M. FGPrax 2002, 257; OLG Köln NJW-RR 2001, 577). Auch gegen die Erteilung oder Verweigerung eines Negativattests (OLG Hamm FamRZ 1991, 605), die Festsetzung der Vergütung des Berufsbetreuers oder Verfahrenspflegers (§ 277 FamFG) sowie die Anordnung von Zahlungen des Mündels oder Betreuten (§§ 168, 292 FamFG) findet die Beschwerde statt. Auch die ablehnende Wiedereinsetzungsentscheidung des Rechtspflegers ist mit der Beschwerde anfechtbar.

b) Unstatthaftigkeit. Unstatthaft ist die Beschwerde gegen **Zwischen- und** 50 **Nebenentscheidungen** (zB AnO des GBA auf Vorlage eines Erbscheins; OLG München FGPrax 2010, 122). Diese können vom Beschwerdegericht (vAw) grds. nur zusammen mit der Endentscheidung überprüft werden (§ 58 Abs. 2 FamFG). Es sei denn auch eine Inzidentprüfung ist gesetzlich ausgeschlossen (BT-Drs. 16/6308, 204; Keidel/*Meyer-Holz* FamFG § 58 Rn. 106; *Bumiller/Harders* FamFG § 58 Rn. 19). **Bsp:** Verweisungsbeschluss (§ 3 Abs. 3 FamFG); Zurückweisung von Anträgen auf Aktenüberlassung (§ 13 Abs. 4 S. 2 FamFG) oder Fristverlängerung (§ 16 Abs. 2 FamFG iV § 225 Abs. 3 ZPO) oder Festsetzung des Minderjährigenunterhalts im vereinfachten Verfahren (§ 250 Abs. 2 S. 3 FamFG); Bestellung eines Verfahrenspflegers (§ 276 Abs. 6 FamFG). In diesen Fällen ist die Rpfl-Entscheidung mit der befr Erinnerung nach Abs. 2 anfechtbar (Keidel/*Sternal* FamFG § 3 Rn. 41

und § 16 Rn. 39; Keidel/*Giers* FamFG § 250 Rn. 16; Keidel/*Budde* FamFG § 276 Rn. 14; → Rn. 92). **Zwischenverfügungen** sind als Zwischenentscheidungen grds. unanfechtbar (Keidel/*Meyer-Holz* FamFG § 58 Rn. 68; Keidel/*Zimmermann* FamFG § 352 Rn. 147; zu ihrer Anfechtbarkeit in Register- und GB-Sachen → Rn. 22, 71). Das gleiche gilt für **Bewirkungshandlungen** wie zB Entgegennahme der Ausschlagungs- oder Anfechtungserklärung (§§ 1945, 1955 BGB), Testamentseröffnung sowie Aushändigung des Erbscheins oder die Einleitung eines Amtsverfahrens (OLG Stuttgart FGPrax 2003, 72) und die Ablehnung der Verfahrenseinstellung vor Abschluss der Ermittlungen (§ 26 FamFG; OLG Frankfurt a. M. FGPrax 2008, 153). Die **Eintragungsverfügung** in Registersachen stellt ein gerichtliches Internum dar und ist deshalb, auch wenn sie als eine Art Vorbescheid den Beteiligten bekannt gegeben wurde, nicht anfechtbar (OLG Stuttgart Rpfleger 1970, 283; Keidel/*Heinemann* FamFG § 382 Rn. 4; **aA** *Holzer* ZNotP 2008, 266, 271).

51 c) **Sofortige Beschwerde.** In einigen **gesetzlich geregelten Fällen** ist die selbständige Anfechtung von **Zwischen- und Nebenentscheidungen** mit der **sofortigen Beschwerde nach §§ 567–572 ZPO** eröffnet (BT-Drs. 16/6308, 166). **Bsp:** Aussetzung eines Verfahrens (§ 21 Abs. 2 FamFG); Anordnung von Ordnungs- und Zwangsmitteln (§§ 33 Abs. 3 S. 5, 35 Abs. 5 FamFG); erbrechtliche Fristsetzungen nach § 355 Abs. 1 FamFG (gg Fristbestimmungen nach § 2151, 2153–2155, 2192, 2193 BGB findet die Beschwerde nach § 58 FamFG statt; Keidel/*Meyer-Holz* FamFG § 58 Rn. 54); Aufhebung einer Zahlungssperre nach § 482 Abs. 3; Entscheidungen in der Vollstreckung (§ 87 Abs. 4 FamFG) sowie über die Verfahrenskostenhilfe (§ 76 Abs. 2 FamFG iVm § 127 Abs. 2–4 ZPO; → Rn. 40 und § 25a Rn. 3) und im Kostenfestsetzungsverfahren (§ 85 FamFG iVm § 104 Abs. 3 ZPO); Entscheidung über die Zeugnisverweigung (§ 387 Abs. 3 ZPO).

52 d) **Unanwendbarkeit.** Unanwendbar sind die §§ 58ff. FamFG in **Kostensachen.** In diesen Angelegenheiten findet die Beschwerde nach FamGKG (§§ 57–60 FamGKG) bzw. GNotKG (§§ 1 Abs. 6, 81-83) statt (zur isolieren Anfechtung der Kostenentscheidung → Rn. 49).

53 e) **Sonderregelungen. aa) Nachlasssachen** (§ 342 FamFG): Im **Erbscheinsverfahren** hat das Nachlassgericht nach **§ 352 Abs. 1 FamFG** durch Beschluss zu entscheiden, dass die für die Erbscheinserteilung erforderlichen Tatsachen als festgestellt erachtet werden. Der **Feststellungsbeschluss,** der den Vorbescheid ersetzt (BT-Drs. 16/6308, 281), unterliegt als Zwischenentscheidung der Beschwerde (§§ 58ff. FamFG; Keidel/*Zimmermann* FamFG § 352 Rn. 137). **Nach Erbscheinserteilung** (= Aushändigung oder Übersendung einer Ausfertigung an den Antragsteller; Keidel/*Zimmermann* FamFG § 352 Rn. 130) ist die Beschwerde nur noch mit dem **Ziel seiner Einziehung** zulässig (§ 352 Abs. 3 FamFG; OLG Köln NJW-RR 1994, 1421). Der Antrag des Beschwerdeführers ist darauf zu richten, dass das Beschwerdegericht (OLG) das Nachlassgericht zur Einziehung des Erbscheins anweist (BT-Drs. 16/6308, 281). Das gilt auch, wenn der Rpfl. den Erbschein erteilt hat; § 11 Abs. 3 schließt in diesen Fällen die Erinnerung nach § 11 Abs. 2 aus. Möglich ist auch der Antrag an das Nachlassgericht den Erbschein von Amts wegen einzuziehen (§ 2361 BGB). **Anderes** gilt nur für **offenbare Unrichtigkeiten** oder unzulässige bzw. entbehrliche Zusätze, wenn diese den sachlichen Gehalt des Erbscheins unberührt lassen und am öffentlichen Glauben nicht teilnehmen (BayObLG FamRZ 1989, 1348; OLG Frankfurt Rpfleger 1978, 310): Der Inhalt

Rechtsbehelfe **§ 11**

des Erbscheins kann hier noch berichtigt und deshalb auch uneingeschränkt mit der Beschwerde gerügt werden (vgl. auch Keidel/*Zimmermann* FamFG § 352 Rn. 146).
Mit Einziehung wird der Erbschein kraftlos (§ 2361 Abs. 1 S. 2 BGB). Nach **er- 54 folgter Erbscheinseinziehung** ist deshalb die Beschwerde gegen den Einziehungsbeschluss nur noch mit dem **Ziel** zulässig, dass das OLG das Nachlassgericht anweist, einen neuen gleichlautenden Erbschein zu erteilen (§ 353 Abs. 2 S. 1 FamFG). Eine unbeschränkt eingelegte Beschwerde wird im Zweifel dahingehend ausgelegt (§ 353 Abs. 2 S. 2 FamFG). Der **Kraftloserklärungsbeschluss** des Nachlassgerichts (§ 2361 Abs. 2 BGB) ist nach seiner öffentlichen Bekanntmachung nicht mehr anfechtbar (§ 353 Abs. 3 FamFG).

Das Gleiche (→ Rn. 53, 54) gilt nach **§ 354 FamFG für sonstige Zeugnisse 55** nach § 1507 BGB (Fortsetzung der Gütergemeinschaft), § 2368 BGB (Testamentsvollstreckerzeugnis), § 36 GBO (Auseinandersetzung eines Nachlasses oder Gesamtgutes), § 37 GBO (Auseinandersetzung bei Grundpfandrechten) und §§ 42, 74 SchRegO (Nachweis der Erbfolge).

bb) Registersachen (§ 374 FamFG): Die **Eintragung** in das Register ist unan- **56** fechtbar (§ 383 Abs. 3 FamFG). Zulässig ist aber die lediglich auf Korrektur oder Klarstellung der Registereintragung gerichtete sog. Fassungsbeschwerde (BT-Drs. 16/6308, 286). Eine Eintragung (auch Löschung; MüKoFamFG/*Krafka* § 383 Rn. 10) kann nur durch **Amtslöschung** (§ 395 FamFG) beseitigt werden (BGH NJW 1966, 1813; OLG Zweibrücken FGPrax 2002, 132). Eine Beschwerde gegen eine Eintragung ist grds. nur mit dem Ziel zulässig, dass das Beschwerdegericht (OLG) das Registergericht zur Einleitung eines Amtslöschungsverfahren anweist (OLG Zweibrücken FGPrax 2002, 132; Keidel/*Heinemann* FamFG § 383 Rn. 23). Eine unbeschränkt eingelegte Beschwerde ist idR dahingehend auszulegen (MüKoFamFG/*Krafka* § 383 Rn. 12; Keidel/*Heinemann* FamFG § 383 Rn. 23). Wird die Anregung zurückgewiesen, kann dagegen Beschwerde eingelegt werden (OLG Hamm FGPrax 2010, 322).

cc) Gegen die **Zwangsgeldandrohung** nach § 388 FamFG durch das Regis- **57** tergericht (Rpfleger) findet der **Einspruch** statt. Eine Beschwerde oder Erinnerung (§ 11 Abs. 2) gegen die Verfügung ist, da noch keine Endentscheidung vorliegt, unzulässig (BT-Drs. 16/6308, 287). Eine dennoch eingelegte „Beschwerde" ist als Einspruch auszulegen (BayObLG FGPrax 2005, 36; Keidel/*Heinemann* FamFG § 388 Rn. 40). Die Beschwerde ist auch nicht statthaft, wenn vorgebracht wird, dass das Zwangsgeldverfahren unzulässig sei (MüKoFamFG/*Krafka* § 388 Rn. 28; Keidel/*Heinemann* FamFG § 388 Rn. 40; **aA** Jansen/*Steder* FGG § 132 Rn. 113). Es handelt sich beim Einspruch um einen der Beschwerde **vorgeschalteten Rechtsbehelf,** durch den erreicht werden soll, dass über das Bestehen der Verpflichtung und die Festsetzung von Zwangsgeld in einem einheitlichen Verfahren entschieden werden soll. Ohne eine vorherige erfolglose Einlegung fehlt der Beschwerde das Rechtsschutzbedürfnis. Die Einspruchsentscheidung trifft der Rpfl. (MüKoFamFG/*Krafka* § 388 Rn. 19).

dd) Im **Löschungsverfahren nach §§ 393 ff. FamFG** findet gegen die **Lösch- 58 ungsankündigung Widerspruch** statt. Der Rechtsbehelf bedarf keiner Form und ist innerhalb der vom Gericht bestimmten Frist einzulegen. Bei Fristversäumung ist Wiedereinsetzung in den vorigen Stand möglich (§§ 17–19 FamFG analog; Keidel/ *Heinemann* FamFG § 393 Rn. 22; **aA** *Jansen/Steder* FGG § 141 Rn. 47; Schulte-Bunert/Weinreich/*Nedden-Boeger* FamFG § 393 Rn. 47). Wie beim Einspruch (→ Rn. 57) handelt es sich um einen der Beschwerde **vorgeschalteten Rechtsbehelf.** Ohne die vorherige erfolglose Einlegung des Widerspruchs fehlt der Be-

§ 11 1. Abschnitt. Aufgaben und Stellung des Rechtspflegers

schwerde das Rechtsschutzbedürfnis, es ist die als „Beschwerde" bezeichnete Schrift jedoch regelmäßig als Widerspruch zu behandeln. Die Widerspruchsentscheidung trifft der Rechtspfleger (Keidel/*Heinemann* FamFG § 393 Rn. 10; MüKoFamFG/ *Krafka* § 393 Rn. 7, 13; Jansen/*Steder* FGG § 141 Rn. 32).

59   **ee)** Nach **VerschG** findet gegen Beschlüsse nach **§ 26 Abs. 1 VerschG** (Todeserklärung bzw. Antragsablehnung), **§ 33 a Abs. 3 S. 1 VerschG** (= Ablehnung der Feststellung einer anderen Todeszeit) und **§§ 39, 40 VerschG** (= Ablehnung der Feststellung des Todes und des Todeszeitpunktes bei unzulässiger Todeserklärung) die „sofortige" Beschwerde statt; Frist: 1 Monat. Gemeint ist die befr Beschwerde nach §§ 58 ff. FamFG (Keidel/*Meyer-Holz* FamFG § 58 Rn. 74). Auch Kostenentscheidung und Kostenfestsetzung können nach **§ 36 VerschG,** wenn die Beschwerdesumme 50 EUR übersteigt, mit der Beschwerde angefochten werden. Übersteigt der Wert des Beschwerdegegenstandes die Beschwerdesumme nicht, findet gegen die Rpfl-Entscheidung die befr Erinnerung nach § 11 Abs. 2 statt (→ Rn. 88 ff.).

60   **ff)** Soweit der Rechtspfleger in **Urkundssachen** tätig wird (vgl. § 3 Nr. 1 lit. f; § 62 BeurkG; § 1945 Abs. 1 und 2 BGB), ist mangels einer „Entscheidung" für eine Beschwerde von vornherein kein Raum (→ § 3 Rn. 66). Mit der Beschwerde (§§ 58 ff. FamfG) anfechtbar sind lediglich gem. §§ 1 Abs. 2, 54 BeurkG Verfügungen, die der Beurkundung **nachfolgen** und Geschäfte nach §§ 45, 46, 51 BeurkG betreffen.

61   **f) Einschränkungen.** Nach § 61 Abs. 1 FamFG ist die Beschwerde in vermögensrechtlichen Angelegenheiten nur zulässig, wenn der Beschwerdewert (dazu: BGH NJW 2002, 2720; → Rn. 40) über 600 EUR liegt oder das Gericht erster Instanz die Beschwerde zugelassen hat (§ 61 Abs. 2 FamFG). Die Vorschrift beschränkt, entsprechend § 511 Abs. 2 Nr. 1 ZPO, in Angelegenheiten von geringer wirtschaftlicher Bedeutung den Instanzenzug. Um eine **vermögensrechtliche** Angelegenheit handelt es sich dann, wenn sie entweder auf Geld oder geldwerte Gegenstände gerichtet ist oder ihr Gegenstand auf einem vermögensrechtlichen Rechtsverhältnis beruht (BGHZ 14, 72/4; Thomas/Putzo/*Reichold* ZPO Einl. IV Rn. 1). Das gilt auch, wenn die Angelegenheit zwar ein nichtvermögensrechtliches Verhältnis betrifft, aber eine vermögenswerte Leistung zum Gegenstand hat (Keidel/*Meyer-Holz* FamFG § 61 Rn. 2). Bei Abgrenzungsproblemen ist darauf abzustellen, ob der Beschwerdeführer wirtschaftliche Interessen verfolgt (BGH NJW 1986, 3143; BGH NJW 1992, 3305). **Bsp:** vermögensrechtlicher Natur sind Erbscheinserteilung und Einziehung (BayObLG FamRZ 2005, 822; Grundbuchsachen (BayObLG JurBüro 1997, 605); Genehmigungsverfahren die sich auf ein Rechtsgeschäft beziehen (OLG Frankfurt a. M. Rpfleger 1979, 423); Kosten- und Auslagenentscheidungen, auch wenn es sich um eine nichtvermögensrechtliche Angelegenheit handelt, weil Kosten eine vermögenswerte Leistung darstellen (OLG München FamRZ 2010, 1465; OLG Hamburg FamRZ 2010, 665; OLG Stuttgart FamRZ 2010, 664; **aA** OLG Nürnberg FamRZ 2010, 998).); Zwangsgeldfestsetzungsverfahren (Bumiller/Harders/*Bumiller* FamFG § 61 Rn. 1); Vergütungsfestsetzungsverfahren; nicht: Betreuerbestellung (BayObLG MDR 1996, 751). Bei der Berechnung des **Wertes des Beschwerdegegenstands** (Beschwerdewert oder Beschwerdesumme) ist nicht die Beschwer maßgebend, es ist vielmehr darauf abzustellen in welchem Umfang der Beschwerdeführer eine Abänderung beantragt (BGH NJW 1992, 3305). Der Beschwerdewert kann nicht alleine durch Antragserweiterung im Beschwerdeverfahren erzeugt werden (BayObLG, NZM

Rechtsbehelfe **§ 11**

2001, 244; OLG Schleswig FGPrax 2005, 17). Für die Berechnung des Wertes ist grds. auf den Zeitpunkt der Rechtsmitteileinlegung abzustellen (BGH FamRZ 2009, 495; Keidel/*Meyer-Holz* FamFG § 61 Rn. 16).

Übersteigt der Beschwerdewert 600,00 EUR nicht, ist die Beschwerde nur zu- 62 lässig, wenn das Gericht erster Instanz sie **zugelassen** hat (§ 61 Abs. 2 FamFG). Schweigt der Beschluss dazu, gilt dies als Nichzulassung (Thomas/Putzo/*Reichold* FamFG § 61 Rn. 5). Die Nichtzulassung durch den Rpfl. ist mit der Erinnerung (Abs. 2; → Rn. 88 ff.) anfechtbar. Möglich ist die Zulassung durch den Rpfl. auch im Abhilfeverfahren nach Abs. 2 S. 5 (BGH NJW 2004, 779; OLG Stuttgart FGPrax 2010, 111 mAnm *Sternal*). Die Zulassung ist für das Beschwerdegericht bindend (§ 61 Abs. 3 S. 2 FamFG). Dieses kann deshalb die Beschwerde nicht mit der Begründung als unzulässig verwerfen, dass das Gericht erster Instanz die Zulassungsvoraussetzungen (§ 61 Abs. 3 S. 1) falsch beurteilt hat (Bumiller/Harders/*Bumiller* FamFG § 61 Rn. 4).

g) Frist. Die Beschwerdefrist beträgt idR **einen Monat** (§ 63 Abs. 1 FamFG). 63 Richtet sich die Beschwerde gegen eine einstweilige Anordnung oder einen Beschluss, der die Genehmigung (Erteilung oder Verweigerung) eines Rechtsgeschäfts zum Gegenstand hat, beträgt die Beschwerdefrist **zwei Wochen** (§ 63 Abs. 2 Nr. 1 und 2 FamFG). Das gleiche gilt nach § 355 Abs. 2 FamFG für die Beschwerde gegen den Beschluss der Meinungsverschiedenheiten zwischen Testamentsvollstreckern über die Vornahme eines Rechtsgeschäfts entscheidet (vgl. § 2224 Abs. 1 S. 1 BGB). Eine Fristverlängerung oder Verkürzung durch das Gericht oder auf Grund einer Parteivereinbarung ist nicht zulässig (OLG Stuttgart Rpfleger 2012, 30; Keidel/*Sternal* FamFG § 63 Rn. 9; *Bumiller/Harders* FamFG § 63 Rn. 1; Schulte-Bunert/Weinreich/*Unger* FamFG Rn. 4). Die Frist beginnt jeweils mit der schriftlichen Bekanntgabe des Beschlusses an die Beteiligten (§ 63 Abs. 3 S. 1, 15 Abs. 1, 2 FamFG). Eine mündliche Bekanntgabe (Verkündung) löst die Frist nicht aus (§ 41 Abs. 2 S. 4 FamFG; Keidel/*Sternal* FamFG § 632 Rn. 15, 19). Die **Bekanntgabe** kann nach Ermessen des Gerichts (BT-Drs. 16/6308, 182, 196) entweder durch Zustellung nach den §§ 166–195 ZPO (§ 15 Abs. 2 Alt 1 FamFG) oder dadurch bewirkt werden, dass das Schriftstück unter der Anschrift des Adressaten mit der Post gegeben wird (§ 15 Abs. 2. Alt. 2 FamFG). In letzterem Falle gilt bei Übersendung im Inland das Schriftstück drei Tage nach Aufgabe zur Post als bekannt gegeben (§ 15 Abs. 2 S. 2 FamFG). Entspricht der Beschluss nicht dem erklärten Willen eines Beteiligten, ist er an diesen zuzustellen (§ 41 Abs. 2 FamFG). Wird dennoch durch Aufgabe zur Post bekanntgemacht, löst auch diese die Beschwerdefrist aus (§ 63 Abs. 3 S. 1 FamFG; Keidel/*Meyer-Holz* § 41 Rn. 10; **aA** MüKoFamFG/*Fischer* § 63 Rn. 16). Die Beschwerde kann bereits ab **Existenz** des Beschlusses (vgl. § 38 Abs. 3 S. 3 FamFG), also bereits vor seiner Bekanntgabe, eingelegt werden (BayObLG FamRZ 1990, 774; KG Rpfleger 1977, 132; Keidel/*Meyer-Holz* FamFG § 63 Rn. 15; Thomas/Putzo/*Reichold* FamFG § 63 Rn. 1). **Sonderregelungen** zur Bekanntgabe treffen § 24 Abs. 3 VerschG, § 32 Abs. 2 S. 1 LwVG sowie § 99 Abs. 4 S. 4 AktG.

Kann an einen Beteiligten der Beschluss nicht schriftlich bekannt gegeben wer- 64 den, beginnt die Beschwerdefrist spätestens mit Ablauf von **fünf Monaten** nach Erlass (§ 63 Abs. 3 S. 2 FamFG). Die Frist endet dann nach Ablauf von 6 Monaten bzw. in den Fällen des § 63 Abs. 2 FamFG nach Ablauf von 5 Monaten und 2 Wochen. Beschwert der Beschluss einen Beteiligten der mangels Hinzuziehung (§ 7 Abs. 2 Nr. 1 FamFG) am Verfahren nicht teilgenommen hat, so beginnt die Beschwerdefrist mit der zeitlich letzten Bekanntgabe an einen der hinzugezogenen Beteiligten

§ 11   1. Abschnitt. Aufgaben und Stellung des Rechtspflegers

(BT-Drs. 16/9733; OLG Hamm Rpfleger 2011, 87; Keidel/*Sternal* FamFG § 63 Rn. 44, 45; MüKoFamFG/*Fischer* § 63 Rn. 34; Schulte-Bunert/Weinreich/*Unger* FamFG § 63 Rn. 22; Thomas/Putzo/*Reichold* FamFG § 63 Rn. 3; Bumiller/Harders/*Bumiller* FamFG § 63 Rn. 6; kritisch: *Maurer* FamRZ 2009, 465; **aA** Musielak/BorthFamFG § 63 Rn. 6: die Frist beginnt nicht zu laufen).

65   Die Einlegung der Beschwerde bei einem **unzuständigen Gericht** (zB Beschwerdegericht) wahrt die Frist nicht (Keidel/*Sternal* FamFG § 63 Rn. 41). Das unzuständige Gericht ist zur Weiterleitung im ordentlichen Geschäftsgang an das zuständige Gericht verpflichtet (BVerfG NJW 1995, 3173; BGH NJW 2011, 3240; BGH NJW 1998, 908). Fristberechnung: § 16 Abs. 2 FamFG iVm § 222 ZPO, §§ 187 Abs. 1, 188 Abs. 2, 3 BGB. Bei unverschuldeter Fristversäumnis kann **Wiedereinsetzung** gewährt werden (§§ 17–19 FamFG). Ist eine Rechtsbehelfsbelehrung (§ 39 FamFG) unterblieben oder fehlerhaft, wird ein Fehlen des Verschuldens vermutet (§ 17 Abs. 2 FamFG).

66   **h) Form.** Die befristete Beschwerde gegen eine Rpfl.-Entscheidung kann durch Einreichung einer **Beschwerdeschrift** (erforderlich ist eigenhändige Unterschrift des Beschwerdeführers oder seines Bevollmächtigten) oder zu **Niederschrift der Geschäftsstelle** des Gerichts, dessen Entscheidung angefochten wird, eingelegt werden (§ 64 Abs. 2 S. 1 FamFG; funktionell zuständig: UdG § 153 GVG oder Rpfl. § 24 Abs. 2 Nr. 1). Die Niederschrift kann auch durch die Geschäftsstelle eines anderen Gerichts aufgenommen werden (§ 25 Abs. 2, 3 FamFG; Keidel/*Sternal* FamFG § 64 Rn. 19; Schulte-Bunert/Weinreich/*Unger* FamFG § 64 Rn. 259). Notwendiger Inhalt der Beschwerdeschrift bzw. Niederschrift (§ 64 Abs. 2 S. 3, 4 FamFG): Zu bezeichnen ist der angefochtene Beschluss (Gericht, Aktenzeichen) und es muss erklärt werden, dass Beschwerde eingelegt wird. Insoweit dürfen die Anforderungen nicht überzogen werden, es genügt, wenn die Identität des angefochtenen Beschlusses festgestellt werden kann (Keidel/*Sternal* FamFG § 64 Rn. 25; Thomas/Putzo/*Reichold* FamFG § 64 Rn. 7). Auch eine falsche Bezeichnung des Rechtsmittels (zB als Einspruch, Widerspruch oder Berufung) ist unschädlich, wenn der Wille des Beschwerdeführers zur Nachprüfung des Beschlusses durch eine höhere Instanz erkennbar ist (BGH NJW 1953, 624; BayObLG FamRZ 2000, 1099). **Anwaltszwang** besteht weder für die Einlegung der Beschwerde noch für das Beschwerdeverfahren vor dem OLG/LG (§ 10 Abs. 1, 2 FamFG); Ausnahme: § 114 Abs. 1 FamFG (Ehesachen und Folgesachen sowie selbständige Familienstreitsachen).

67   **i) Beschwerdeberechtigung.** Die Zulässigkeit der befristeten Beschwerde setzt ferner voraus, dass der Beschwerdeführer durch den Beschluss in seinen Rechten beeinträchtigt ist (§ 59 Abs. 1 FamFG). Fehlt es an einer Rechtsbeeinträchtigung ist die Beschwerde als unzulässig zu verwerfen (BGH FamRZ 1996, 856; OLG Hamm FamRZ 2004, 887). Erforderlich ist, dass in die Rechtsstellung des Beschwerdeführers **unmittelbar nachteilig** eingegriffen wird. Das ist anhand der Beschlussformel festzustellen (BayObLG MDR 2001, 94). Ein nachteiliger Eingriff ist idR dann erfolgt, wenn der Beschluss ein materielles Recht des Beschwerdeführers einschränkt, aufhebt oder mindert oder seine Ausübung erschwert (BGH NJW-RR 2004, 440; BayObLG NJW 1988, 2745; OLG Dresden NJW-RR 1998, 830). So ist zB der Käufer eines Grundstücks nicht beschwerdeberechtigt, wenn dem minderjährigen Verkäufer zu dem Rechtsgeschäft die familiengerichtliche Genehmigung versagt wird (OLG München, Rpfleger 2009, 679); es sei denn, das Rechtsgeschäft ist gar nicht genehmigungsbedürftig (BayObLG Rpfleger 1988,

Rechtsbehelfe **§ 11**

482; FamRZ 1977, 141; OLG Hamm FamRZ 1984, 1036). Auch Eltern, Vormund, Pfleger und Betreuer haben bei Versagung einer Außengenehmigung kein **eigenes** Beschwerderecht, sie können die Beschwerde nur als gesetzl Vertreter in fremden Namen einlegen (hM; BayObLG FPR 2002, 160; OLG Dresden FamRZ 2001, 1307; OLG Stuttgart FGPrax 2001, 199; Keidel/*Meyer-Holz* FamFG § 59 Rn. 31ff. und Rn. 91; **aA** MüKoBGB/*Wagenitz* § 1828 Rn. 51; Jürgens/*v. Crailsheim* BGB § 1828 Rn. 24: auch der Vertreter ist beschwerdeberechtigt). Kein eigenes Beschwerderecht hat auch ein nicht sorgeberechtigter Kindsvater gegen eine Entscheidung, die einen Entzug des Sorgerechts der Mutter ablehnt (BGH NJW-RR 2009, 436). Das Gleiche gilt für Großeltern bei Auswahl des Vormunds (BGH 26.6.2013 – XII ZB 31/13). Auch bei einem Verstoß gegen zwingende **verfahrensrechtliche Vorschriften** wird der Beteiligte in seinen Rechten beeinträchtigt (OLG Hamm, FamRZ 1977, 22; und NJW 1979, 434; OLG Koblenz FamRZ 1985, 1266; Bumiller/Harders/*Bumiller* FamFG § 59 Rn. 6; **aA** Keidel/*Meyer-Holz* FamFG § 59 Rn. 7: Beschwerdeberechtigung nur, wenn auch die materielle Rechtsstellung des Beschwerdeführers beeinträchtigt wurde; so auch Johannsen/Henrich/*Althammer* FamFG § 59 Rn. 4), In **Antragsverfahren** schränkt **§ 59 Abs. 2 FamFG** die Beschwerdeberechtigung ein. Die Antragsabweisung als solche begründet alleine noch kein Beschwerderecht für den Antragsteller, es muss vielmehr auch eine materielle Beschwer iS § 59 Abs. 1 FamFG feststellbar sein (BGH NJW-RR 2011, 1809; BGH NJW 2003, 3772). Es sei denn, der Antrag ist ohne Sachentscheidung als unzulässig verworfen worden (BGH NJW-RR 1998, 361). Sind mehrere Personen (zB Miterben bei Erbscheinserteilung) antragsberechtigt, dann sind bei Antragsabweisung auch diejenigen beschwerdeberechtigt, die den Antrag zwar nicht gestellt haben, aber noch wirksam stellen könnten (BGH NJW 1993, 662; Keidel/*Meyer-Holz* FamFG § 59 Rn. 41; Bumiller/Harders/*Bumiller* § 59 Rn. 41; zweifelnd: Thomas/Putzo/*Reichold* FamFG § 59 Rn. 3). Bei einem **Zuständigkeitsstreit** (§ 5 FamFG) fehlt es an einer erforderlichen Beschwer, da ein am Streit oder an der Ungewissheit beteiligtes örtliches Gericht in keinem Recht verletzt ist, wenn auch ein anderes Gericht seine örtliche Zuständigkeit verneint. Gleiches gilt bei einem **Abgabestreit**, da § 4 FamFG dem ersuchenden Gericht kein Recht auf Übernahme der Vormundschaft usw gibt. Nach ganz hM kann der Rpfl. die Entscheidung des Obergerichts (§ 5 Abs. 1 FamFG) in diesen Fällen – im Rahmen der ihm übertragenen Geschäfte selbst herbeiführen (§ 4 Abs. 1; BayObLG NJW-RR 2002, 1118; OLG Köln FGPrax 2003, 82 = FamRZ 2003, 1477). Zu Streitigkeiten bei **Rechtshilfeersuchen** → Rn. 26

j) Rechtsschutzbedürfnis. Es fehlt zB bei der Erteilung der Genehmigung zu **68** einem Rechtsgeschäft, da der ges Vertreter von der Genehmigung keinen Gebrauch machen muss (Keidel/*Meyer-Holz* FamFG § 59 Rn. 91) oder, wenn die Genehmigungsentscheidung wegen zwischenzeitlicher Volljährigkeit des Kindes (Mündels) obsolet geworden ist (§ 1829 Abs. 3 BGB).

k) Sonstiges. Der Rechtspfleger ist zur (teilweisen) **Abhilfe** befugt (§ 68 Abs. 1 **69** S. 1 FamFG); Ausnahme: Familiensachen (§ 68 Abs. 1 S. 2 FamFG). Das Abhilfeverfahren, das Teil des Beschwerdeverfahrens beim Untergericht ist (OLG Hamm NJW 2010, 3246), muss zwingend durchgeführt werden (Keidel/*Sternal* FamFG § 68 Rn. 5). Ob die Abhilfebefugnis auch bei einer **unzulässigen Beschwerde** besteht ist str (Keidel/*Sternal* FamFG § 68 Rn. 9: Auch einer unzulässigen Beschwerde kann abgeholfen werden, da darüber, ob sie statthaft und iÜ zulässig ist nach § 68 Abs. 2 FamFG alleine das Beschwerdegericht entscheidet; **aA** Thomas/Putzo/*Reichold*

ZPO § 572 Rn. 2, 7 zu der Beschwerde nach § 567 ZPO: die Beschwerde muss wenigstens statthaft sein. Neue Tatsachen und Beweismittel sind zu berücksichtigen (OLG Düsseldorf FamRZ 2006, 1551). Die Entscheidung über die Abhilfe ergeht nach Gewährung **rechtlichen Gehörs** durch zu begründenden Beschluss (OLG München MDR 2010, 1000). Er ist den Beteiligten bekannt zu geben und mit einer Rechtsbehelfsbelehrung zu versehen, da eine Anfechtung durch andere Beteiligte in Betracht kommt (§§ 39, 41 FamFG). Wird der Beschwerde insgesamt abgeholfen, ist auch über die Kosten der Beschwerde zu entscheiden (§ 84 FamFG; KG JurBüro 2011, 493). Bei Nichtabhilfe reicht eine kurze Begründung (zB „aus den Gründen der angefochtenen Entscheidung wird nicht abgeholfen") nur, wenn die Beschwerde auf keine neuen Gesichtspunkte eingeht (OLG Düsseldorf FamRZ 2006, 1551; OLG München MDR 2004, 291). Die Nichtabhilfeenscheidung ist nicht anfechtbar (OLG Brandenburg FGPrax 2000, 256). Wird nach **Teilabhilfe** durch den Rpfl. die **Beschwerdesumme** (§ 61 Abs. 1 FamFG) nicht mehr erreicht, ist die Beschwerde idR in eine Erinnerung (§ 11 Abs. 2) umzudeuten und dem Richter (§ 11 Abs. 2 S. 7) vorzulegen (vgl. BVerfG FamRZ 2001, 828; OLG Düsseldorf Rpfleger 1998, 103). Das Verbot der **reformatio in peius** gilt in **Amts**verfahren grds. nicht (BGH FamRZ 1989, 957; OLG Brandenburg, FamRZ 2009, 2103; BayObLG NJW-RR 1997, 389 für Nachlassverfahren in Bayern; Bumiller/Harders/*Bumiller* FamFG § 68 Rn. 6). Das Gericht ist nicht an einen Antrag des Beschwerdeführers gebunden (BGH FamRZ 1992, 414). In den reinen **Antrags**verfahren steht der Verfahrensgegenstand zur Disposition der Beteiligten, so dass Sachanträge das Gericht binden (BGH FamRZ 1984, 2879; BayObLG Z 1967, 408 für Grundbuchverfahren; OLG Hamm OLGZ 1967, 71 für Erbscheinsverfahren; Keidel/*Sternal* FamFG § 68 Rn. 14 und § 69 Rn. 22; Bumiller/Harders/*Bumiller* FamFG § 69 Rn. 6). Hat zB der Pfleger gegen die Festsetzung seiner Vergütung Beschwerde eingelegt, darf das Beschwerdegericht die Vergütung nicht herabsetzen (KG NJW-RR 1987, 5; Bumiller/Harders/*Bumiller* FamFG § 69 Rn. 6). Im Kostenfestsetzungsverfahren darf der Beschwerdefüher betragsmäßig nicht verschlechtert werden (Keidel/*Sternal* FamFG § 69 Rn. 18).

70 Eine **Zurückverweisung** der Sache durch das Beschwerdegericht ist nur in zwei Fällen zulässig. Unter Aufhebung des angefochtenen Beschlusses darf (von Amts wegen) an das Gericht erster Instanz zurückverwiesen werden, wenn dieses in der Sache noch nicht entschieden hat, weil es zB einen Antrag aus formellen Gründen abgewiesen hat (§ 69 Abs. 1 S. 2 FamFG). Ferner auf Antrag eines Beteiligten dann, wenn das Verfahren an einem wesentlichen Mangel leidet und zur Entscheidung eine umfangreiche oder aufwändige Beweisaufnahme notwendig wäre (§ 69 Abs. 1 S. 3). Ein schwerwiegender Verfahrensmangel liegt zB bei ungenügender Sachaufklärung vor (BayObLG NJW-RR 2002, 679).

3. Zulässigkeit der Grundbuchbeschwerde (§§ 71–81 GBO)

71 **a) Statthaftigkeit.** Nach § 71 Abs. 1 GBO findet gegen die **Entscheidung** des Grundbuchamts das Rechtsmittel der Beschwerde statt. Die §§ 71 ff GBO verdrängen in ihrem Anwendungsbereich die §§ 58 ff. FamFG. Damit unterliegt auch die Entscheidung des **Rpfl.** in Grundbuchsachen der Beschwerde (§ 11 Abs. 1 iVm § 71 Abs. 1 GBO). Die Beschwerde nach § 71 GBO und nicht die Erinnerung nach § 766 ZPO findet statt, wenn das GBA (Rpfl.) als **Vollstreckungsorgan** im Rahmen der Eintragung einer Arrest- oder Zwangssicherungshypothek tätig geworden ist (OLG München FGPrax 2010, 232; OLG Köln MDR 2009, 52; OLG Frankfurt

Rechtsbehelfe **§ 11**

a. M. NJW-RR 2007, 1248; OLG Köln FGPrax 2008, 193; OLG Zweibrücken Rpfleger 2001, 174; Zöller/*Stöber* ZPO § 867 Rn. 24; Zöller/*Vollkommer* ZPO § 932 Rn. 3; Thomas/Putzo/*Seiler* ZPO § 867 Rn. 19; *Demharter* GBO § 71 Rn. 3, 12). Die Entscheidung über Einwendungen im Rahmen des § 89 Abs. 3 InsO trifft das GBA (*Demharter* GBO § 71 Rn. 3; BeckOK GBO/*Kramer* § 71 Rn. 84). Auch wenn der **Rpfl. anstelle des UdG** entschieden hat, findet gegen die nach § 8 Abs. 5 wirksame Entscheidung, die Beschwerde nach § 71 GBO und nicht die Erinnerung nach § 12c Abs. 4 GBO statt (OLG Dresden FGPrax 2010, 66; KG Rpfleger 1972, 54; KG Rpfleger 1998, 65; BayObLG FGPrax 1997, 13; *Demharter* GBO § 71 Rn. 6; KEHE/*Briesemeister* GBO § 71 Rn. 10; *Meikel/Streck* GBO § 71 Rn. 14; BeckOK GBO/*Kramer* § 71 Rn. 72; **aA** OLG Hamm Rpfleger 1989, 319). Der Anfechtung unterliegen grds. nur **Sachentscheidungen,** das sind solche, die ein Verfahren endgültig erledigen und **Zwischenverfügungen** nach § 18 GBO (OLG Frankfurt a. M. JurBüro 1980, 1565; *Demharter* GBO § 71 Rn. 34). In Zwischenverfügungen stellt jede einzelne Beanstandung eine Entscheidung iS § 71 dar und kann deshalb für sich allein angefochten werden (BGH NJW 1994, 1158; *Demharter* GBO § 71 Rn. 34). Entscheidungen sind ab ihrem **Erlass** (vgl. § 38 Abs. 3 S. 3 FamFG) anfechtbar; davor liegt idR nur ein unanfechtbarer Entwurf vor (OLG Jena FGPrax 1997, 172; *Demharter* GBO § 71 Rn. 11; BeckOK GBO/*Kramer* § 71 Rn. 82, 83). Alle Beschlüsse des GBA haben eine **Rechtsmittelbelehrung** zu enthalten (§ 39 FamFG; ergänzend dazu: § 89 Abs. 2 GBO, §§ 2 Abs. 1 und 2, 4 Abs. 4 GBMaßnG).

aa) Unanfechtbarkeit. Unanfechtbar sind rein **innerdienstliche Verfügun-** 72 **gen** die den internen Geschäftsbetrieb betreffen und keine Bekanntmachung erfordern (BayObLG Rpfleger 1989, 147; BeckOK GBO/*Kramer* § 71 Rn. 94; *Demharter* GBO § 71 Rn. 20). Das gilt für die **Eintragungsverfügung** auch dann, wenn sie den Beteiligten bekannt gemacht wurde (hM: *Demharter* GBO § 71 Rn. 20; Bauer/v. Oefele/*Budde* GBO § 71 Rn. 16; KEHE/*Briesemeister* GBO § 71 Rn. 59; *Weiss* DNotZ 1985, 524, 525; Keidel/*Heinemann* FamFG § 382 Rn. 4 für die Eintragungsverfügung in Registersachen; **aA** LG Lübeck NJW-RR 1995, 1420; OLG Saarbrücken OLGZ 1972, 129; LG Memmingen Rpfleger 1990, 251 mAnm *Minkus;* Meikel/*Streck* GBO § 71 Rn. 22; zweifelnd: BeckOK GBO/*Kramer* § 71 Rn. 94). Der hM ist zuzustimmen, dafür spricht auch der Umkehrschluss aus § 352 Abs. 1 FamFG, der für die Entscheidung über die Erbscheinsteilung ausdrücklich einen Beschluss verlangt (Keidel/*Heinemann* FamFG § 382 Rn. 4). Die Rötung einer Eintragung im GB ist als **buchungstechnische Maßnahme** ebenfalls unanfechtbar (*Demharter* GBO § 71 Rn. 20).

bb) Unstatthaftigkeit. Unstatthaft ist die Grundbuchbeschwerde, wenn ge- 73 setzlich bestimmt ist, dass die Entscheidung des GBA **unanfechtbar** ist. Das gilt für Entscheidungen nach § 85 Abs. 2 GBO (Löschung gegenstandsloser Eintragungen), §§ 91 Abs. 1, 105 Abs. 2 Hs. 1 und 109 GBO (Rangklarstellungsverfahren). In diesen Fällen findet gegen die Rpfl-Entscheidung die befr **Erinnerung** nach Abs. 2 statt (*Demharter* GBO § 71 Rn. 7; BeckOK GBO/*Kramer* § 71 Rn. 4). Auf Grund ausdrücklicher Regelung in §§ 105 Abs. 2 Hs. 2, 110 Abs. 1 GBO ist gegen die dort genannten Entscheidungen im **Rangklarstellungsverfahren** die Beschwerde nach §§ 58 ff. FamFG zulässig (vgl. auch → Rn. 92). Dasselbe gilt für die isolierte Anfechtung von **Kostenentscheidungen** (→ Rn. 49).

cc) Sonderfälle. In folgenden Fällen ist die Anfechtung **besonders** geregelt: In 74 Grundbuchsachen findet gegen die Erinnerungsentscheidung über den **Kostenansatz** die Beschwerde nach § 81 Abs. 2 GNotKG und gegen die **Geschäftswertfestsetzung** die Beschwerde nach § 83 Abs. 1 GNotKG statt. Eine Erinnerung gegen

§ 11 1. Abschnitt. Aufgaben und Stellung des Rechtspflegers

den Kostenansatz, die damit begründet wird, dass der Geschäftswert unrichtig angenommen wurde, ist idR als Antrag auf Festsetzung des Geschäftswertes umzudeuten (OLG Hamm FGPrax 2007, 287). Die Anordnung von **Zwangsmaßnahmen** nach § 35 FamFG unterliegt der sofortige Beschwerde nach §§ 567 ff. ZPO (§ 35 Abs. 5 FamFG; OLG München FGPrax 2010, 122; *Demharter* GBO § 1 Rn. 68 und § 71 Rn. 3). Das gleiche gilt für die Anfechtung der Beschlüsse im Verfahren über die **Verfahrenskostenhilfe** (§ 76 Abs. 2 FamFG). Gegen die Zurückweisung eines Antrags nach **§§ 1 oder 4 Abs. 2 GBMaßnG** findet die Beschwerde nach §§ 58 ff. FamFG statt (§§ 2, 4 Abs. 4 GBMaßnG). Die Eintragung einer **Grundstücksbeschlagnahme oder** einer **Arresthypothek** nach §§ 111c Abs. 2 und 111d Abs. 1, 2 StPO kann nur mit **strafprozessualen** Rechtsbehelfen angefochten werden (*Meyer-Goßner* § StPO 111f Rn. 15; → Rn. 83). Auf Antrag findet eine gerichtliche Überprüfung der Maßnahme statt (§ 113 Abs. 5 StPO; OLG Jena FGPrax 2012, 101). Eintragungen des **UdG** sind mit der Erinnerung anfechtbar (§ 12c Abs. 4 GBO). Über die Erinnerung enscheidet, seit Aufhebung des § 4 Abs. 2 Nr. 3, der Rpfl (OLG München MDR 2011, 1228; OLG München FGPrax 2011, 68; OLG Rostock FGPrax 2010, 180; BeckOK GBO/*Kral* § 12c Rn. 23; *Demharter* GBO § 12c Rn. 11; Bauer/v. Oefele/*Maaß* GBO § 12c Rn. 18). Erst die Entscheidung des Rpfl. unterliegt der Beschwerde (*Demharter* GBO § 71 Rn. 10; (Bauer/v. Oefele/*Budde* GBO § 71 Rn. 4; **aA** (KEHE/*Briesemeister* § 71 Rn. 11: die Beschwerde ist sofort statthaft).

75   b) **Einschränkung.** Nach **§ 71 Abs. 2 S. 1 GBO** ist die Beschwerde gegen eine **Eintragung** unzulässig. Darunter fällt auch die Löschung durch Nichtübertragung nach § 46 Abs. 2 GBO (*Demharter* GBO § 71 Rn. 36). Die hM bezieht die Einschränkung aber nur auf Eintragungen an die sich **gutgläubiger Erwerb** anschließen kann (BGH Rpfleger 1952, 310; BayObLG 1987, 432). Begründet wird die eingeschränkte Anwendung der Vorschrift damit, dass eine Löschung der Eintragung einem gutgläubigen Erwerb seine Grundlage entziehen würde (BGHZ 25, 16, 22; BGH WM 1989, 1760; *Demharter* GBO § 71 Rn. 1 und 37; Bauer/v. Oefele/*Budde* GBO § 71 Rn. 36; KEHE/*Briesemeister* GBO § 71 Rn. 1; Meikel/*Streck* GBO § 71 Rn. 2; BeckOK GBO/*Kramer* § 71 Rn. 108, 109). Die Rpfl.-Entscheidung würde folglich der befristeten Erinnerung nach § 11 Abs. 2 unterliegen, die jedoch konsequenter Weise § 11 Abs. 3 ausschließt (→ Rn. 106). Die Anfechtung stellt in diesem Fall **§ 71 Abs. 2 S. 2 GBO** sicher: Mit der Beschwerde kann zwar nicht die Löschung, aber eine **Anweisung an das GBA** nach **§ 53 GBO** zu verfahren und einen Widerspruch einzutragen oder eine Löschung vorzunehmen, verlangt werden (zur Verfassungsmäßigkeit der Einschränkung vgl. *Dümig* Rpfleger 2000, 248). Eine unbeschränkt eingelegte Beschwerde ist idR dahingehend auszulegen (BayObLG Rpfleger 1980, 64; OLG Hamm OLGZ 1977, 264, 267). Die Beschwerde kann nur darauf gestützt werden, dass das GBA unter **Verletzung gesetzlicher Vorschriften** eingetragen hat und dadurch das **GB unrichtig** geworden ist (§ 53 Abs. 1 S. 1 GBO; BeckOK GBO/*Holzer* § 53 Rn. 15). Das gilt auch bei Eintragung einer Zwangssicherungshypothek (OLG Hamm FGPrax 2005, 192; OLG Schleswig Rpfleger 2006, 536; BeckOK GBO/*Holzer* § 53 Rn. 24; *Demharter* GBO § 71 Rn. 51; KEHE/*Briesemeister* § 71 Rn. 21; **aA** OLG Celle Rpfleger 1990, 112; Meikel/*Streck* GBO § 71 Rn. 82: Unrichtigkeit des GB genügt). **Andere Eintragungen,** die nicht der Einschränkung des § 71 Abs. 2 S. 2 GBO unterliegen, weil sich kein gutgl Erwerb anschließen kann, sind **uneingeschränkt** mit der Beschwerde anfechtbar (BGHZ 64, 194, 199; BGH NJW 1990, 258; BayObLG Rpfleger 1987, 57; *Demhar-*

Rechtsbehelfe **§ 11**

ter GBO § 71 Rn. 38 ff). Darunter fallen die Eintragungen rein tatsächlicher Angaben wie zB (falsche) Angaben im Bestandsverzeichnis bzgl Größe oder Lage des Grdst (OLG München MDR 2011, 1228; *Demharter* GBO § 22 Rn. 23 und § 71 Rn. 46); fehlerhafte Eintragungen zur Nutzungsart und Fläche von Grundstücken (BayObLG Rpfleger 1976, 251); falsche Schreibweise des Namens eines Berechtigen; fehlerhafte Eintragungen von Widersprüchen, Verfügungsverboten und -beschränkungen, wie zB Vor- und Nacherbenvermerke; Testamentsvollstrecker-, Insolvenz- und Zwangsversteigerungsvermerke- nicht: deren Löschung-; ferner: die Eintragung einer Vormerkung jedenfalls dann, wenn sie aufgrund einstweiliger Verfügung erfolgte (BayObLG Rpfleger 1987, 57); Unterwerfungsklauseln nach § 800 ZPO und Mithaftvermerke nach § 48 GBO; nicht übertragbare Rechte, wie zB Nießbrauch, beschränkt persönliche Dienstbarkeit; die Eintragung mehrerer Berechtigter ohne die gem. § 47 GBO erforderliche Angabe eines Gemeinschaftsverhältnisses. Auch die **Antragsabweisung und Zwischenverfügungen** gehören hierher.

c) **Frist.** Die GB-Beschwerde ist, außer im Falle des § 89 GBO, nicht befristet. **76**

d) **Form.** Die Beschwerde ist durch Einreichung einer **Beschwerdeschrift** **77** (eigenhändige Unterschrift ist zweckmäßig aber nicht notwendig; *Demharter* GBO § 73 Rn. 7) oder durch Erklärung zu **Niederschrift** des GBA oder der Geschäftsstelle des Beschwerdegerichts (UdG § 153 GVG bzw. Rpfl. § 24 Abs. 2 Nr. 1) einzulegen (§ 73 Abs. 2 S. 1 GBO). **Anwaltszwang** besteht nicht (§ 10 Abs. 1 FamFG; *Demharter* GBO § 73 Rn. 6); Bevollmächtigte müssen nach § 10 Abs. 2 FamFG vertretungsbefugt sein. **Adressat** der Beschwerde kann nach § 73 Abs. 1 GBO sowohl das GBA als auch das Beschwerdegericht sein. Wegen der Abhilfebefugnis durch das GBA (§ 75 GBO) empfiehlt sich die Einlegung beim GBA (*Demharter* GBO § 73 Rn. 5). Beschwerdegericht ist das **OLG**/Zivilsenat (§§ 72, 81 Abs. 1 GBO), in der nach GVG vorgeschriebenen Besetzung. Eine Entscheidung durch den Einzelrichter ist nicht vorgesehen, § 526 ZPO und § 68 Abs. 4 FamFG sind auf die GB-Beschwerde nicht anwendbar (*Demharter* GBO § 81 Rn. 3).

e) **Beschwerdeberechtigung.** Dazu ist in den §§ 71 ff. GBO nichts bestimmt. **78** Da aber diese Vorschriften die Grundbuchbeschwerde nach hM (*Demharter* GBO § 71 Rn. 57; BeckOK GBO/*Kramer* § 71 Rn. 188) abschließend regeln, ist § 59 FamFG nicht anzuwenden. Nach allgM beschwerdeberechtigt ist die Entscheidung des GBA jeden, der dadurch in seiner Rechtsstellung beeinträchtigt wäre, wenn die Entscheidung in dem behaupteten Sinn unrichtig wäre (BGHZ 1980, 126; OLG Hamm FGPrax 1995, 181; OLG Köln Rpfleger 2002, 195; BayObLGZ 1994, 115, 117). Im **Eintragungsverfahren** ergibt sich die Beschwerdeberechtigung aus dem Antragsrecht (OLG Karlsruhe FGPrax 2005, 219: OLG Hamm NJW-RR 1996, 1230). Das gilt auch bei Erlass einer **Zwischenverfügung** (BGH Rpfleger 1998, 420).

f) **Sonstiges.** Das GBA (Rpfleger) ist verpflichtet (BayObLG Rpfleger 1999, **79** 525; OLG Jena Rpfleger 2000, 210), einer **begründeten** Beschwerde **abzuhelfen** (§ 75 GBO). Das gilt auch, wenn die Beschwerde unzulässig ist (*Demharter* GBO § 75 Rn. 6). Dann ist auch keine Beschwerdeberechtigung erforderlich (Meikel/ *Streck* GBO § 75 Rn. 3; BeckOK GBO/*Kramer* § 75 Rn. 8). Die Abhilfeentscheidung, die durch Beschluss ergeht, kann zB die Antragsabweisung samt Kostenentscheidung aufheben und die Eintragung vornehmen. Die Entscheidung ist zu begründen (OLG Celle Rpfleger 2011, 278). Einem Gegner ist vor der Abhilfe

§ 11   1. Abschnitt. Aufgaben und Stellung des Rechtspflegers

rechtliches Gehör zu gewähren. Wird der Beschwerde nicht abgeholfen, sind die Beteiligten davon zu unterrichten (OLG München FGPrax 2008, 13). Die Abhilfebefugnis des GBA endet, wegen des Devolutiveffekts, mit der Vorlage an das Beschwerdegericht (**aA** *Demharter* GBO § 75 Rn. 7; BeckOK GBO/*Kramer* § 75 Rn. 5: Abhilfe ist bis zur Entscheidung durch das Beschwerdegericht zulässig). Das Verbot der **reformatio in peius** gilt im Abhilfeverfahren nicht (*Demharter* GBO § 75 Rn. 12; BeckOK GBO/*Kramer* § 75 Rn. 13).

4. Zulässigkeit der Beschwerde nach SchRegO (§§ 75–90 SchRegO)

80   **Entscheidungen** des Registergerichts unterliegen der Beschwerde (§ 75 Abs. 1 SchRegO; vgl. BT-Drs. 16/6308, 205). Die Beschwerde entspricht im Wesentlichen der Grundbuchbeschwerde. Kann sich an die Eintragung gutgläubiger Erwerb anschließen, **schränkt § 75 Abs. 2 SchRegO**, wie § 71 Abs. 2 GBO, dahingehend ein, dass die Beschwerde nur mit dem Ziel die Eintragung eines Widerspruchs oder einer Löschung (§ 56 SchRegO) statthaft ist. Soweit die Eintragung nicht am öffentlichen Glauben des Registers teilnimmt, ist die Beschwerde uneingeschränkt zulässig (→ Rn. 75). Soweit die „sofortige Beschwerde" statthaft ist (zB § 21 Abs. 3 SchRegO), finden die §§ 58 ff. FamFG Anwendung (§ 90 SchRegO).

5. Zulässigkeit der Beschwerde nach StPO (§§ 304–311a StPO)

81   Dem Rechtspfleger sind auf dem Gebiet der Strafrechtspflege gerichtliche Entscheidungen nur im geringen Umfang zugewiesen: es sind dies die in **§ 22** aufgeführten Geschäfte und dazu nach § 21 Nr. 1 die **Kostenfestsetzung** (§ 464b StPO). Auf die sonstigen in **§ 31** aufgeführten (staatsanwaltschaftlichen) Geschäfte des Rechtspflegers im Strafverfahren, ist § 11 **nicht** anwendbar (§ 32).

81a   **a) Statthaftigkeit.** Nach § 304 Abs. 1 StPO ist die Beschwerde grds gegen alle von den Gerichten im ersten Rechtszug erlassenen Beschlüsse zulässig. Bei den Maßnahmen nach § 111f Abs. 2 StPO, § 22 Nr. 1 fehlt es am Entscheidungscharakter. Die Beschwerde findet statt gegen die vom Rpfl. (§ 22 Nr. 2) des mit der Hauptsache befassten **Gerichts** angeordnete **Notveräußerung** (§ 1111 Abs. 1, 3 S. 1 StPO, § 46 Abs. 1 OWiG) und die AnO einer **anderweitigen Verwertung** nach § 825 ZPO (§ 1111 Abs. 1, 5 S. 2–4 StPO, § 46 Abs. 1 OWiG; § 11 Abs. 1 iVm § 304 Abs. 1 StPO; OLG Hamburg NStZ-RR 2011, 345; *Meyer-Goßner* StPO § 1111 Rn. 16; **aA** OLG Köln NJW 2004, 2994; KK-StPO/*Nack* § 1111 Rn. 9: Erinnerung ist statthaft). Werden diese Maßnahmen durch die StA (Rpfl) angeordnet ist der statthafte Rechtsbehelf über § 31 Abs. 6 zu bestimmen (→ § 31 Rn. 25). Auch die Entscheidung des Rpfl. (§ 22 Nr. 3) über die **Leistungsfähigkeit** des Beschuldigten nach **§§ 52 Abs. 2 und 53 Abs. 3 RVG** unterliegt der Beschwerde (§§ 11 Abs. 1 iVm § 52 Abs. 3 RVG, § 304 Abs. 1 StPO). Gegen den **Kostenfestsetzungsbeschluss** des Rpfl. im Verfahren nach **§ 464b StPO** ist die sofortige Beschwerde nach § 11 Abs. 1 iVm § 104 Abs. 3 S. 1 ZPO statthaft. Das Beschwerdeverfahren richtet sich aber, da § 464b S. 3 StPO insoweit nicht in die ZPO verweist, nach StPO-Grundsätzen (vgl. BGH NJW 2003, 763).

82   **b) Einschränkung.** Nach § 304 Abs. 3 StPO ist die Beschwerde gegen Entscheidungen über Kosten oder notwendige Auslagen nur zulässig, wenn der **Beschwerdewert** 200,00 EUR übersteigt. Die Wertgrenze ist auch auf die **Kosten-**

Rechtsbehelfe **§ 11**

festsetzung nach § 464b StPO anzuwenden (*Meyer-Goßner* StPO § 304 Rn. 9 und § 464b Rn. 7). Maßgebend ist der Unterschiedsbetrag zwischen dem festgesetzten Betrag und dem Betrag, den der Beschwerdeführer verlangt (→ Rn. 40). Eine Beschwer kann mit der Beschwerde nicht dadurch geschaffen werden, dass eine neue Erstattungsforderung geltend gemacht wird (LG Göttingen Rpfleger 1991, 34; LG Düsseldorf JurBüro 1983, 887; *Meyer-Goßner* StPO § 464b Rn. 9). Wird der Beschwerdewert nicht erreicht, findet gegen die Rpfl.-Entscheidung die Erinnerung nach Abs. 2 statt. Ob es sich bei der **Feststellung der Leistungsfähigkeit** des Beschuldigten (§§ 52, 53 RVG) um eine Entscheidung über Kosten handelt und damit § 304 Abs. 3 StPO anzuwenden ist, ist str (bejahend: *Hartung/Schons/Enders* RVG § 52 Rn. 71; *Hartmann* RVG § 52 Rn. 39; verneinend: *Schneider/Wolf* RVG § 52 Rn. 79; *Gerold/Schmidt/Burhoff* RVG § 52 Rn. 24; *Mayer/Kroiß* RVG § 52 Rn. 22).

c) Besonderheit. Gegen **gerichtliche Vollstreckungsmaßnahmen,** die zur 83 Vollziehung der Beschlagnahme oder des Arrestes (§ 111f Abs. 3 S. 3 StPO) vom Rpfl. (§ 22 Nr. 2) getroffen wurden, kann nach § 111f Abs. 5 StPO die **Entscheidung des Gerichts** (Richter) beantragt werden (OLG Celle NStZ 2011, 175; *Greve* NJW 2007, 15; *Meyer-Goßner* StPO § 111f Rn. 15; **aA** OLG Hamm NStZ 2008, 586: Beschwerde nach § 304 StPO).

d) Frist. Nur in den Fällen der **sofortigen Beschwerde,** die ausdrücklich be- 84 stimmt sind (*Meyer-Goßner* StPO § 311 Rn. 1), ist die Beschwerde innerhalb einer Woche einzulegen (§ 311 Abs. 1 StPO). Die Beschwerdefrist beginnt mit der Bekanntmachung (§ 35 StPO) der Entscheidung (§ 311 Abs. 2 StPO); Fristberechnung: § 43 StPO. In den übrigen Fällen kann das Rechtsmittel unbefristet als einfache Beschwerde eingelegt werden. Gegen den **Kostenfestsetzungsbeschluss** (§ 464b StPO) des Rpfl. findet die sofortige Beschwerde nach § 11 Abs. 1 iVm § 104 Abs. 3 ZPO statt (→ Rn. 81). Nach überwiegender Auffassung gilt für die Einlegung die **Wochenfrist** des **§ 311 Abs. 2 StPO** (für die sog „strafprozessuale Lösung" sind ua: BGHSt 48, 106, 107/108; OLG Koblenz NJW 2005, 917; OLG Hamm Rpfleger 2004, 732; OLG Celle Rpfleger 2001, 97; OLG Dresden StV 2001, 634; OLG Düsseldorf Rpfleger 2000, 126; KG Rpfleger 2000, 38f; OLG Karlsruhe NStZ-RR 2000, 254 ff; OLG Schleswig SchlHA 2001, 133; *Meyer-Goßner* StPO § 464b Rn. 7; KMR/*Stöckel* StPO § 464b Rn. 2, 13; KK-StPO/*Gieg* § 464b Rn. 4; **aA:** OLG Düsseldorf NStZ 2003, 324; Rpfleger 2001, 96; OLG Köln Rpfleger 2000, 422; OLG Nürnberg NStZ-RR 2001, 224; *Popp* NStZ 2004, 367: die zweiwöchige Frist des § 569 Abs. 1 S. 1 ZPO gilt). Wird die Frist versäumt, kann auf Antrag **Wiedereinsetzung** in den vorigen Stand beantragt werden (§ 44 StPO). Bei unterbliebener oder falscher Rechtsbehelfsbelehrung (§ 35a StPO) wird fehlendes Verschulden vermutet (§ 44 S. 2 StPO; OLG Hamm Rpfleger 2004, 732; KK-StPO/*Gieg* § 464b Rn. 4).

e) Form. Die Beschwerde ist bei dem Gericht einzulegen, dass die angefoch- 85 tene Entscheidung erlassen hat (§ 306 Abs. 1 StPO; judex a quo). Sie kann schriftlich oder zu Protokoll der Geschäftsstelle (UdG § 153 GVG bzw. Rpfl. § 24 Abs. 2 Nr. 1) eingelegt werden. Die Beschwerdeschrift muss den Willen erkennen lassen, dass eine Überprüfung der angefochtenen Entscheidung begehrt wird (KK-StPO/*Gieg* § 306 Rn. 8). Für die Beschwerde gegen die Rpfl.-Entscheidung besteht auch vor dem LG **kein Anwaltszwang** (§ 13; OLG Düsseldorf NStZ 2003, 324; *Meyer-Goßner* StPO § 464b Rn. 7).

§ 11 1. Abschnitt. Aufgaben und Stellung des Rechtspflegers

86 **f) Beschwerdeberechtigung.** Die Zulässigkeit der Beschwerde setzt ferner voraus, dass die angefochtene Entscheidung in die Rechtsstellung des Beschwerdeführers (zB sein Vermögen) nachteilig eingegriffen hat. Die Entscheidung nach §§ 52, 53 RVG kann den Verteidiger und den Beschuldigten, nicht aber die nur mittelbar betroffene Staatskasse, beschweren (Gerold/Schmidt/*Burhoff* RVG § 52 Rn. 24; *Hartmann* RVG § 52 Rn. 38).

87 **g) Sonstiges.** Nach Einlegung der **unbefristeten** (einfachen) Beschwerde hat der Rpfl eine **Abhilfebefugnis** (§ 306 Abs. 2 Hs. 1 StPO). Bei der **sofortigen** Beschwerde besteht grds. ein **Abhilfeverbot** (§ 311 Abs. 3 S. 1 StPO); Ausnahme: § 311 Abs. 3 S. 2 StPO bei Verletzung des rechtl Gehörs. Der Rechtspfleger kann daher der sofortigen Beschwerde gegen den Kostenfestsetzungsbeschluss nach § 464b StPO grds. **nicht** abhelfen (OLG Düsseldorf Rpfleger 1999, 234; OLG Hamm NJW 1999, 3726; *Meyer-Goßner* StPO § 464b Rn. 7; **aA:** OLG Schleswig SchlHA 2009, 244). Die Beschwerdeentscheidung trifft der für Strafverfahren vorgesehene **Spruchkörper** (*Meyer-Goßner* StPO § 464b Rn. 7; KMR/*Stöckel* StPO § 464b Rn. 15; **aA** OLG Düsseldorf NStZ 2003, 324; KK-StPO/*Gieg* § 464b Rn. 4: nach § 568 S. 1 ZPO trifft die Entscheidung der originäre Einzelrichter). Das **Verbot der reformatio in peius** gilt nicht (OLG Hamburg NStZ-RR 2010, 327; OLG Düsseldorf MDR 1991, 370; LG Göttingen Rpfleger 1991, 34; *Meyer-Goßner* StPO § 464b Rn. 8; KMR/*Stöckel* StPO § 464b Rn. 2, 16; KK-StPO/*Gieg* § 464b Rn. 4). Der Gegenmeinung (OLG Hamm Rpfleger 1972, 266; OLG München AnwBl. 1979, 198; LG Düsseldorf JurBüro 1983, 887) wäre nur dann zuzustimmen, wenn sich das Beschwerdeverfahren nach ZPO-Grundsätzen richten würde und § 308 Abs. 1 ZPO anzuwenden wäre (*Meyer-Goßner* StPO § 464b Rn. 8). Eine **Zurückverweisung** durch das Beschwerdegericht ist nur in eng begrenzten Ausnahmefällen zulässig, etwa dann, wenn ein Verfahrensmangel vorliegt, den auch das Beschwerdegericht nicht beheben kann (BGH NJW 1964, 2119; OLG Düsseldorf NJW 2002, 2963; OLG Jena NStZ 2007, 421; *Meyer-Goßner* StPO § 310 Rn. 7, 8).

IV. Erinnerung (Abs. 2)

1. Allgemeines

88 Die **Erinnerung** ist – wie zB die Erinnerung nach § 573 ZPO gegen Entscheidungen des UdG – ein gesetzlicher (ordentlicher) **Rechtsbehelf,** nicht aber (→ Rn. 31) **ein Rechtsmittel,** weil sie zu einer Nachprüfung der Entscheidung im gleichen Rechtszug durch das gleiche Gericht führt (kein Devolutiveffekt). Die früher str Frage, ob eine nach den gesetzlichen Vorschriften für unanfechtbar erklärte richterliche Entscheidung in den Fällen **greifbarer Gesetzeswidrigkeit ausnahmsweise** dennoch mit der Beschwerde anfechtbar ist (dazu Thomas/Putzo/*Reichold* ZPO § 567 Rn. 7 mwN), spielt beim Rechtspfleger keine Rolle: Seine Entscheidungen unterliegen immer der Anfechtung. Neben der **durch Art. 19 Abs. 4 GG** gebotenen **richterlichen Kontrolle** einer Maßnahme der öffentlichen Gewalt, bezweckt die Erinnerung gleich jedem Rechtsbehelf, eine Richtigkeitskontrolle (vgl. BVerfG NJW-RR 2001, 1077; BGH Rpfleger 2008, 485). Wird nicht eine Entscheidung des Rechtspflegers gerügt, sondern seine Amtsführung, zB eine überlange Verfahrensdauer, ist eine Überprüfung durch den Dienstvorgesetzten auf Grund einer **Dienstaufsichtsbeschwerde** (→ Rn. 35) nur in den Grenzen des § 9 möglich. Liegt eine angreifbare Entscheidung (→ Rn. 19 ff.) vor, ist Erinnerung erst

Rechtsbehelfe **§ 11**

ab Erlass der Entscheidung statthaft. Bei **nicht verkündeten Entscheidungen** ist auf den Zeitpunkt abzustellen, zu dem der Rechtspfleger die Entscheidung (Beschluss) unterschrieben **und** sie der Geschäftsstelle zur Veranlassung der Bekanntgabe an die Beteiligten übergeben hat (vgl. § 38 Abs. 3 S. 3 FamFG; BT-Drs. 16/6308, 195). Ab diesem Zeitpunkt ist die Entscheidung als solche existent geworden (und kann wirksam schon vor Zustellung angefochten werden, OLG Koblenz NJW-RR 1986, 935; OLG Frankfurt Rpfleger 1974, 272). Entscheidungen, die **verkündet werden,** sind mit Verkündung erlassen. Die Einlegung einer **vorsorglichen Erinnerung** für den Fall der Ablehnung des Antrags oder Gesuchs ist unzulässig (OLG Hamm Rpfleger 1979, 461; Zöller/*Heßler* ZPO § 567 Rn. 14).

2. Zulässigkeit

a) **Statthaftigkeit.** Ein Rechtsbehelf ist **statthaft,** wenn er gegen die ange- 89
fochtene Entscheidung nach dem einschlägigen Verfahrensgesetz seiner Art nach überhaupt vorgesehen ist. Die Statthaftigkeit ist eine von mehreren Zulässigkeitsvoraussetzungen des Rechtsbehelfs. Die Erinnerung ist nach Abs. 2 **S. 1** gegen **Entscheidungen** (→ Rn. 19 ff.) des Rechtspflegers statthaft, gegen die nach den allgemeinen Verfahrensvorschriften ein Rechtsmittel **nicht** gegeben ist. Das trifft insbesondere auf Entscheidungen zu die, hätte sie der Richter erlassen, nicht anfechtbar wären (→ Rn. 92). Das ist zB der Fall, wenn eine Anfechtung **gesetzlich** ausgeschlossen ist (zB §§ 127 Abs. 2 S. 2, 567 Abs. 2 ZPO, § 33 Abs. 1 VerschG). Aber auch dann, wenn ein Rechtsmittel zwar statthaft, im Einzelfall aber unzulässig ist (BGH Rpfleger 2008, 485, 487). So ist zB die mangels Beschwerdeberechtigung (§ 59 Abs. 1 FamFG) unzulässige Beschwerde der Großeltern gegen die Auswahlentscheidung des Rpfl. nach § 1778 BGB als Erinnerung zu behandeln (BGH 26.6.2013 – XII ZB 31/13; BGH FamRZ 2011, 552). Auch bei Erschöpfung des Instanzenzugs ist ein Rechtsmittel nicht mehr statthaft. Nur gegen **Entscheidungen** des **Rechtspflegers** ist die Erinnerung statthaft, also nicht gegen Entscheidungen des UdG und gegen Entscheidungen, die der Richter anstelle des an sich zuständigen Rechtspflegers wirksam (§ 8 Abs. 1) getroffen hat. Auch gegen **Zwischentscheidungen** des Rpfl., wie zB die Bewilligung der öffentlichen Zustellung (§ 186 ZPO), ist die Erinnerung nicht statthaft (BeckOK ZPO/*Dörndorfer* § 186 Rn. 3 → Rn. 24; **aA** AMHRH/*Hintzen* Rn. 53). Die Erinnerung ist ferner in den Fällen des Abs. 3 (→ Rn. 104 ff.), wie auch gegen Entscheidungen im Bereich der sonstigen Dienstgeschäfte des § 27 Abs. 1 (vgl. § 27 Abs. 2) und der Geschäfte nach §§ 29 und 31 (vgl. § 32) **nicht statthaft.** Das gilt auch, wenn der Betroffene die Beschwerdefrist versäumt hat (OLG Nürnberg MDR 2005, 534).

Ist die Erinnerung nicht statthaft, weil keine **Entscheidung** vorliegt, darf der 90
Rechtspfleger sie nicht als unzulässig zurückweisen; er muss sie dem Richter vorlegen (Abs. 2 S. 6, § 28). Dieser hat **abschließend zu entscheiden** und die Erinnerung durch Beschluss als unzulässig (weil unstatthaft) zurückzuweisen. Wird anstelle einer statthaften Erinnerung „Beschwerde" eingelegt, ist diese als Erinnerung nach § 11 Abs. 2 zu behandeln (OLG Köln NJW 2004, 2994; OLG Stuttgart NJW-RR 2000, 1103).

Hat eine Partei, weil die Beschwerdesumme nicht erreicht wird, Erinnerung 91
und die andere Partei Beschwerde eingelegt, so sind beide Rechtsbehelfe nach Nichtabhilfe durch den Rpfl. dem Beschwerdegericht vorzulegen; sie werden als **Beschwerde und Anschlussbeschwerde** behandelt (OLG Schleswig JurBüro 1993, 489; *Bassenge/Roth* Rn. 38).

§ 11 1. Abschnitt. Aufgaben und Stellung des Rechtspflegers

92 aa) **Einzelfälle.** Die **Erinnerung (Abs. 2)** ist in folgenden Fällen **statthaft:**
- **§ 99 Abs. 1 ZPO:** Die Kostenentscheidung, die der Rpfl. in Abhilfe der sofortige Beschwerde gegen den KFB trifft, ist isoliert mit der befristeten Erinnerung anfechtbar (OLG Koblenz NJW-RR 2000, 362).
- **§§ 104 Abs. 3, 567 Abs. 2 ZPO:** Übersteigt der Wert des Beschwerdegegenstandes 200,00 EUR nicht, findet gegen den KFB des Rpfl. die befristete Erinnerung statt (BVerfG FamRZ 2001, 828; LG Berlin JurBüro 1999, 313). IdR ist nach Teilabhilfe durch den Rpfl. eine Beschwerde, wenn die Beschwerdesumme nicht mehr erreicht wird, in eine befristete Erinnerung umzudeuten (→ Rn. 46, 69, 90).
- **§ 127 Abs. 2 ZPO:** Übersteigt der Streitwert in der Hauptsache 600,00 EUR nicht, so findet gegen die PKH-Entscheidung des Rpfl. (zB PKH-Bewilligung iVm Zahlungsauflagen) die befr Erinnerung statt (→ Rn. 40).
- **§ 127 Abs. 3 ZPO:** Die PKH-Bewilligung kann durch die Staatskasse nur nach Maßgabe des § 127 Abs. 3 ZPO angefochten werden. In anderen Fällen (zB Änderung der Zahlungsbestimmungen) ist die befristete Erinnerung der Staatskasse statthaft (LAG Nürnberg Rpfleger 2002, 17 und 2002, 464).
- **§ 184 ZPO:** Gg die AnO der Bestellung eines Zustellungsbevollmächtigten durch den Rpfl. ist die befristete Erinnerung zulässig (Zöller/*Stöber* ZPO § 184 Rn. 3; *Bassenge/Roth* Rn. 13; AMHRH/*Hintzen* Rn. 53).
- **§ 225 Abs. 3 ZPO:** Die Verweigerung einer Fristverlängerung durch den Rpfl. unterliegt der befristete Erinnerung (Zöller/*Vollkommer* ZPO § 926 Rn. 19).
- **§ 238 Abs. 3 ZPO:** Die Gewährung der Wiedereinsetzung in den vorigen Stand durch den Rpfl. kann vom Gegner mit der befristeten Erinnerung angefochten werden (AMHRH/*Hintzen* Rn. 53).
- **§ 319 Abs. 3 Alt. 1 ZPO:** Die Abweisung des Berichtigungsantrags durch den Rpfl. unterliegt der befristeten Erinnerung (LG Berlin JurBüro 1999, 539; Zöller/*Vollkommer* ZPO § 319 Rn. 27).
- **§ 567 Abs. 1 ZPO:** Gegen die Entscheidung des Rpfl. am OLG findet die befristete Erinnerung statt (BayObLG Rpfleger 1999, 321).
- **§ 689 Abs. 3 S. 2 ZPO:** Die Zurückweisung des Antrags auf Erlass des MB durch den Rpfl. ist mit der befristeten Erinnerung anfechtbar (BeckOK ZPO/ *Dörndorfer* § 691 Rn. 12).
- **§§ 699 Abs. 3, 700 ZPO:** Lehnt der Rpfl. (teilweise) die Aufnahme von Kosten in den Vollstreckungsbescheid ab, findet dagegen die befristete Erinnerung des ASt. statt, wenn der abgelehnte Posten die Beschwerdesumme (§ 567 Abs. 2 ZPO) nicht erreicht (KG 4.8.2005 – 1 W 291/05, BeckRS 2005, 10648 = KGR 2005, 974; BeckOK ZPO/*Dörndorfer* § 699 Rn. 4). Der Antragsgegner hingegen muss Einspruch einlegen (BeckOK ZPO/*Dörndorfer* § 699 Rn. 7; BLAH/*Hartmann* ZPO § 699 Rn. 28 und § 700 Rn. 6, Zöller/*Vollkommer* ZPO § 699 Rn. 14; **aA:** Thomas/Putzo/*Hüßtege* ZPO § 699 Rn. 20; MüKoZPO/ *Schüler* § 699 Rn. 66).
- **§§ 732 Abs. 2, 766 Abs. 1 S. 2, 769 Abs. 2 ZPO:** Einstweilige Anordnungen des Rpfl. unterliegen der befristeten Erinnerung (OLG Köln JurBüro 2000, 48; Zöller/*Stöber* ZPO § 732 Rn. 17; Zöller/*Herget* ZPO § 769 Rn. 12; *Stöber* ZVG § 95 Rn. 2.4).
- **§ 926 ZPO:** Gegen die AnO der Klageerhebung durch den Rpfl. findet die befristete Erinnerung des Gläubigers statt (BGH NJW-RR 1987, 685; Zöller/*Vollkommer* ZPO § 926 Rn. 19; Thomas/Putzo/*Reichold* ZPO § 926 Rn. 6).

Rechtsbehelfe **§ 11**

- **§ 1081 Abs. 2 ZPO:** Die Ablehnung der Berichtigung oder des Widerrufs der Bestätigung durch den Rpfl. kann mit der befristeten Erinnerung angefochten werden (OLG Nürnberg IPrax 2011, 393; *Rellermeyer* Rpfleger 2005, 389, 401; Zöller/*Geimer* ZPO § 1081 Rn. 9).
- **§ 61 Abs. 1 FamFG:** Übersteigt in vermögensrechtlichen Angelegenheiten (zB Vergütungsfestsetzung) der Wert des Beschwerdegegenstandes die Beschwerdesumme (600 EUR) nicht, findet gegen die Rpfl.-Entscheidung die befristete Erinnerung statt.
- **§ 61 Abs. 2 und 3 S. 1 FamFG:** Die Nichtzulassung der Beschwerde durch den Rpfl. unterliegt der befristeten Erinnerung (BT-Drs. 16/6308 S. 205; Keidel/*Meyer-Holz* FamFG § 58 Rn. 3; *Bassenge/Roth* Rn. 25). Der Rpfl. kann die Beschwerde auch im Wege der Abhilfe (§ 11 Abs. 2 S. 5) zulassen (OLG Stuttgart FGPrax 2010, 11 mAnm *Sternal;* OLG Zweibrücken FGPrax 2005, 216).
- **§ 256 FamFG:** Einwände gegen den Festsetzungsbeschluss des Rpfl. im vereinfachten Verfahren über den Unterhalt Minderjähriger, die im Beschwerdeverfahren ausgeschlossen sind (§ 256 FamFG), können mit der befristete Erinnerung geltend gemacht werden (BGH Rpfleger 2008, 485, 487; OLG Stuttgart Rpfleger 2000, 263; **aA** *Bassenge/Roth* Rn. 13: Es bleibt nur die Klage).
- **§ 276 Abs. 6 FamFG:** Die Bestellung eines Verfahrenspflegers durch den Rpfl. unterliegt der befristeten Erinnerung (BayObLG Rpfleger 2003, 19 = FamRZ 2003, 189; Keidel/*Budde* FamFG § 276 Rn. 14).
- **§§ 89 Abs. 2, 91 Abs. 1, 105 Abs. 2 Hs. 1, 109 GBO:** Die Entscheidungen im Rangklarstellungs- und Löschungsverfahren unterliegen der befristeten Erinnerung (→ § 3 Rn. 86).
- **§§ 34–36 VerschG:** Kostenentscheidung und Kostenfestsetzung des Rpfl. unterliegen der befristeten Erinnerung, wenn der Wert des Beschwerdegegenstandes die Beschwerdesumme (50,00 EUR) nicht übersteigt.
- **§ 404 Abs. 5 S. 3 Hs. 2 StPO:** Die Aufhebung der im Adhäsionsverfahren bewilligten PKH durch den Rpfl. nach § 124 Abs. 1 Nr. 5 ZPO (= § 124 Nr. 4 ZPO aF) unterliegt der befristeten Erinnerung (OLG Stuttgart Rpfleger 2007, 427).
- **§ 64 InsO, § 9 InsVV:** Versagt der Rpfl. dem Insolvenzverwalter die Genehmigung zur Entnahme eines Gebührenvorschusses, findet dagegen die befristete Erinnerung statt (BGH NJW 2003, 210 = Rpfleger 2003, 94).
- **§ 196 Abs. 2 InsO:** Die Zustimmung zur Schlussverteilung bzw. der Verweigerung durch den Rpfl. kann mit der befristeten Erinnerung angefochten werden (MüKoInsO/*Füchsl/Weishäupl* § 196 Rn. 11).
- **§ 211 InsO:** Die Einstellung des Insolvenzverfahrens nach Anzeige der Masseunzulänglichkeit durch den Rpfl. ist mit der befristeten Erinnerung anfechtbar (BGH Rpfleger 2007, 280; MüKoInsO/*Hefermehl* § 211 Rn. 12; Uhlenbruck/*Fuchs/Weishäupl* InsO § 196 Rn. 14).
- **§ 300 InsO:** Der Treuhänder kann gegen die Erteilung der Restschuldbefreiung durch den Rpfl. mit der befristeten Erinnerung vorgehen (MüKoInsO/*Stephan* § 300 Rn. 31; vgl. auch LG München I ZInsO 2000, 519).

bb) Sonderregelungen. 93
- Die Entscheidung des Rpfl. in **Patentgerichtssachen** unterliegt nach **§ 23 Abs. 2** S. 1 der Erinnerung. **Frist:** Zwei Wochen (§ 23 Abs. 2 S. 2). § 11 Abs. 1 und 2 S. 1 sind nicht anzuwenden (§ 23 Abs. 2 S. 3). Anwendbar bleiben aber § 11 Abs. 2 S. 2–7.

— In **Beratungshilfesachen** findet gegen die Antragsabweisung durch den Rpfl. nach § **7 BerHG** nur die Erinnerung statt (→ § 24a Rn. 14). Die Erinnerung ist unbefristet zulässig, da § 24a Abs. 2 die Anwendung des § 11 Abs. 2 S. 1–4 ausschließt (vgl. auch OLG Stuttgart MDR 1984, 153).
— Zur **Klauselerinnerung und Vollstreckungserinnerung** → Rn. 39.

94   **b) Frist.** Die Erinnerung ist innerhalb einer Frist von **2 Wochen** einzulegen (Abs. 2 S. 1 Hs. 2). Die Vereinheitlichung der Einlegungsfrist auf zwei Wochen **mit Wirkung v. 1.1.2014** (Art. 4 Nr. 2 RBehelfsbelehrungsG) dient der Verfahrensvereinfachung (BT-Drs. 17/10490, 16). Die Frist beginnt mit der ordnungsgemäßen Bekanntmachung (zB Zustellung) der Entscheidung. Bei mehreren Verfahrensbeteiligten läuft die Frist jeweils gesondert. Zur **Fristwahrung** ist es erforderlich, dass der Rechtsbehelf innerhalb der Frist bei dem Gericht, dem der Rpfl. angehört, eingeht (OLG München Rpfleger 1992, 425; *Bassenge/Roth* Rn. 22; AMHRH/*Hintzen* Rn. 60). Der Eingang beim übergeordneten Gericht wahrt die Frist nicht. **Fristberechnung** erfolgt nach § 222 ZPO iVm §§ 187 ff. BGB. Bei unverschuldeter **Fristversäumung** kann innerhalb einer Frist von 2 Wochen nach Beseitigung des Hindernisses **Wiedereinsetzung in den vorigen Stand** beantragt werden (Abs. 2 S. 2). Dem Rechtsgedanken des § 17 Abs. 2 FamFG und des § 233 S. 2 ZPO entsprechend (BT-Drs. 17/10490, 16), wird ein Fehlen des Verschuldens vermutet, wenn eine Rechtsbehelfsbelehrung unterblieben oder fehlerhaft ist (Abs. 2 S. 3). Erachtet der Rpfl. die Erinnerung für (teilweise) begründet, hat er im Rahmen der Abhilfeentscheidung (Abs. 2 S. 5) auch über den Wiedereinsetzungsantrag zu entscheiden (BT-Drs. 17/10490 S. 16; vgl. Anm. *Meyer-Stolte* zu OLG Düsseldorf Rpfleger 1983, 29). Hält der Rpfl. den Wiedereinsetzungsantrag oder die Erinnerung für unzulässig oder unbegründet, hat er sie dem Richter zur Entscheidung vorzulegen (Abs. 2 S. 6; OLG Koblenz NJW-RR 2002, 1219).

95   **c) Form.** Die Erinnerung kann **schriftlich oder zu Protokoll der Geschäftsstelle** (UdG § 153 GVG oder Rpfl. § 24 Abs. 2 Nr. 1) bei dem Gericht, dem der Rpfl. angehört, eingelegt werden (§ 11 Abs. 2 S. 7 iVm § 569 Abs. 2 S. 1 und Abs. 3 Nr. 1 ZPO). Für die Einlegung besteht auch dann **kein Anwaltszwang** (§ 13), wenn nach Vorlage durch den Rpfl. (Abs. 2 S. 6) ein Kollegialgericht über die Erinnerung zu entscheiden hat (MüKoZPO/*Lipp* § 573 Rn. 12; Zöller/*Heßler* ZPO § 569 Rn. 11; *Bassenge/Roth* Rn. 29). Nur im Verfahren vor dem Kollegialgericht besteht nach Maßgabe des § 571 Abs. 4 ZPO Anwaltszwang (§ 78 Abs. 1 ZPO). **Inhaltlich** muss die Erklärung die angefochtene Entscheidung bezeichnen und erkennen lassen, dass ihre Überprüfung gewollt ist (Abs. 2 S. 7 iVm § 569 Abs. 2 ZPO; BGH NJW 1992, 243; BGH NJW 2004, 1112). Die ausdrückliche Bezeichnung als „Rechtsbehelf" oder „Erinnerung" ist entbehrlich und eine falsche Bezeichnung unschädlich (LG Berlin Rpfleger 1982, 479; OLG Karlsruhe Rpfleger 1994, 341). Eine Begründung ist nicht zwingend vorgeschrieben (Abs. 2 S. 7 iVm § 571 Abs. 1 ZPO: „soll"…). Zur Klarstellung des Erinnerungsziels ist eine Begründung aber jedenfalls zu empfehlen. Mangels eines bestimmten Antrags oder einer Begründung ist die gesamte Rechtspflegerentscheidung angefochten worden. Wird vom Erinnerungsführer eine Begründung angekündigt, muss der Rechtspfleger mit seiner Entscheidung eine angemessene Zeit warten, um das rechtliche Gehör zu gewährleisten.

96   Soweit sich der Erinnerungsführer **vertreten lässt,** gelten die allgemeinen Vertretungsregelungen (§§ 164 ff. BGB, §§ 80 ff. ZPO).

Rechtsbehelfe **§ 11**

d) Erinnerungsberechtigung. Die angefochtene Entscheidung muss den Er- 97
innerungsführer entweder formell (zB durch Antragsabweisung) oder materiell
dadurch **benachteiligen,** dass sie seine Rechte beeinträchtigt. Eine Erinnerungssumme schreibt Abs. 2 S. 1 nicht vor. Nach hM kann der Rpfl. bei einem **Abgabestreit** die Entscheidung des Obergerichts (§ 5 Abs. 1 FamFG) selbst herbeiführen
(§ 4 Abs. 1; BayObLG NJW-RR 2002, 1118; OLG Köln FGPrax 2003, 82 =
FamRZ 2003, 1477). Einer vorgängigen richterlichen Überprüfung bedarf es
nicht. Die Verfügung mit der die örtliche Zuständigkeit verneint bzw. die Übernahme des Verfahrens abgelehnt wird, ist auch nicht mit der Erinnerung anfechtbar
(BayObLG Rpfleger 1988, 470; KG Rpfleger 1968, 225). Zu Streitigkeiten bei
Rechtshilfeersuchen → Rn. 26.

e) Rechtsschutzbedürfnis. Es muss zum Zeitpunkt der Entscheidung über die 98
Erinnerung noch bestehen. **Beispiele** für ein (ausnahmsweise) **fehlendes** Rechtsschutzbedürfnis: Nach Erlass der angegriffenen Entscheidung ist noch Antragsrücknahme möglich (weil die Entscheidung erst mit Rechtskraft wirksam wird: vgl. § 22
Abs. 1 S. 1 FamFG); die Auswirkungen der Entscheidung können in sonstiger Weise
verhindert werden (OLG Hamm Rpfleger 1984, 354: Anfechtung einer familien-
gerichtlich erteilten Genehmigung, obwohl der Vormund beantragt hatte, diese
nicht zu erteilen); eine Zwischenentscheidung ist durch den Erlass der Endentscheidung überholt worden (KG FamRZ 1968, 466; vgl. auch BayObLG 1987, 369);
die Entscheidung ist durch Veränderung der Sach- und Rechtslage bedeutungslos
geworden (BayObLG FamRZ 1990, 551); die Wirkungen einer angefochtenen
Entscheidung sind endgültig eingetreten und entfallen auch bei Aufhebung dieser
Entscheidung nicht (LG Darmstadt FamRZ 1958, 332). Das Rechtsschutzbedürfnis
fehlt auch in den Fällen des **Rechtsmissbrauchs** (vgl. OLG Köln Rpfleger 1980,
233; Zöller/*Heßler* ZPO § 567 Rn. 17; Engel Rpfleger 1981, 81) oder wenn lediglich eine Änderung der Entscheidungsbegründung verlangt wird (OLG Köln
Rpfleger 1986, 184).

f) Sonstiges. Der Rpfl. hat eine **Abhilfebefugnis** (Abs. 2 S. 5). Zur Abhilfe ist 99
er verpflichtet, wenn er die Erinnerung für zulässig und begründet erachtet (arg.
§ 572 Abs. 1 S. 1 Hs. 1 ZPO; BayObLG Rpfleger 1990, 246; OLG München
Rpfleger 1981, 412 = JurBüro 1981, 1539). Neues Vorbringen ist zu berücksichtigen (Abs. 2 S. 7 iVm § 571 Abs. 2 ZPO). Die Abhilfebefugnis besteht nur bis zur
Vorlage der Erinnerung an den Richter (KG Rpfleger 1985, 455; *Bassenge/Roth*
Rn. 33). Ab diesem Zeitpunkt geht die funktionelle Zuständigkeit (Entscheidungszuständigkeit) auf den Richter über (Keidel/*Meyer-Holz* FamFG § 58 Anh. Rn. 7).
Teilabhilfe ist zulässig (OLG Hamm Rpfleger 1971, 14; OLG Düsseldorf Rpfleger
1986, 404 mAnm *Lappe/Meyer-Stolte*). Der Rpfl. hat kein Ermessen zwischen Teilabhilfe und Vorlage an den Richter zur einheitlichen Entscheidung (AMHRH/
Hintzen Rn. 75). Die teilweise Abhilfe erfolgt durch **Abänderung** des ursprünglichen Beschlusses. Nur so ist der Fortbestand des Beschlusses, soweit der Erinnerung nicht abgeholfen wurde, gewährleistet. Bei Teilabhilfe darf der Rechtspfleger
deshalb nicht aus vermeintlichen Klarstellungsgründen unter Aufhebung des ursprünglichen Beschlusses einen neuen Beschluss erlassen und die Erinnerung im
Hinblick auf die teilweise Nichtabhilfe dem Richter vorlegen (OLG München
Rpfleger 1984, 285). Will der Rechtspfleger der Erinnerung (teilweise) stattgeben,
muss er dem Gegner bzw. den Beteiligten **rechtliches Gehör** gewähren (Art. 20
Abs. 3, 103 Abs. 1 GG). **Entbehrlich** ist eine Anhörung nur dann, wenn er nicht
(teilweise) abhelfen will (OLG München Rpfleger 1993, 104). Wenn der Erinne-

rungsführer eine Begründung angekündigt hat, muss der Rechtspfleger eine angemessene Äußerungsfrist abwarten, im Regelfall 2 bis 3 Wochen (OLG Köln NJW-RR 1986, 1124 mwN). Die **Abhilfeentscheidung,** die den Gegner beschwert, unterliegt ihrerseits der Anfechtung nach Abs. 1 oder 2 (KG Rpfleger 1982, 229). Wird der Teilabhilfebeschluss des Rechtspflegers (vom Gegner) angefochten und der verbleibende Teil des (ursprünglichen) Beschlusses dem Richter vorgelegt, liegen **zwei Erinnerungsverfahren** vor, die der Richter zweckmäßigerweise verbinden kann (§ 147 ZPO bzw. § 20 FamFG). Hilft der Rpfl. dem gegnerischen Rechtsbehelf ab und stellt die ursprüngliche Entscheidung wieder her, lebt die erste Erinnerung nicht wieder auf und es ist eine erneute Anfechtung erforderlich (OLG München Rpfleger 1989, 55 = JurBüro 1989, 402; LG Berlin Rpfleger 1989, 56). Bei Abhilfe (nicht: Teilabhilfe) ist auch über die **Kosten** des Erinnerungsverfahrens zu entscheiden (OLG Düsseldorf JurBüro 1989, 1578 und Rpfleger 1970, 780; OLG München Rpfleger 1977, 70). Bei **Nichtabhilfe** legt der Rpfl. die Erinnerung unverzüglich (§ 11 Abs. 2 S. 7 iVm § 572 Abs. 1 S. 1 Hs. 2 ZPO) dem zuständigen Richter (§ 28) zur Entscheidung vor (§ 11 Abs. 2 S. 6). Die Nichtabhilfe erfolgt durch **Beschluss** (OLG Stuttgart MDR 2003, 110) der zu begründen (OLG Zweibrücken Rpfleger 2000, 537) und vom Rpfl. zu unterzeichnen ist (BayObLG NJW-RR 1996, 38). Eine **Bezugnahme** auf die Gründe der angefochtenen Entscheidung ist zulässig und ausreichend *(... helfe ich aus den Gründen der angefochtenen Entscheidung nicht ab),* **wenn** sich diese mit dem Erinnerungsvorbringen bereits auseinandersetzen (OLG Bamberg JurBüro 198787, 569). Werden hingegen mit der Erinnerung **neue und auch offensichtlich erhebliche Gesichtspunkte** geltend gemacht, muss in der Begründung auf sie eingegangen werden (OLG München Rpfleger 2004, 167, Rpfleger 1992, 382 und Rpfleger 1990, 156; OLG Köln FamRZ 2010, 146). Der **Nichtabhilfebeschluss** ist den Parteien/Beteiligten bekannt zu geben (OLG München FGPrax 2008, 13). Bei der Nichtabhilfeentscheidung handelt es sich um eine **echte Sachentscheidung** und nicht lediglich um eine gerichtsinterne Mitteilung (OLG München Rpfleger 1990, 156 und 1992, 382; OLG Stuttgart JurBüro 1984, 1410). Die **Frage der Nichtabhilfe** darf der Rechtspfleger bei der Vorlage an den Richter **nicht offen lassen** (BayObLG Rpfleger 1990, 246; OLG München Rpfleger 1981, 412). **Verwirft** der Rechtspfleger die Erinnerung als **unzulässig** oder **weist** er sie als unbegründet **zurück,** ist die Maßnahme unwirksam (§ 8 Abs. 4 S. 1). Der Richter muss dann die Erinnerungsentscheidung von Amts wegen nachholen. Bei der Beschwerde wird die Ansicht vertreten (zB Thomas/Putzo/*Reichold* ZPO § 572 Rn. 7), dass entgegen § 572 ZPO für das Gericht, bei eindeutig unstatthafter Beschwerde, die Vorlagepflicht entfällt. Für den Rechtspfleger gilt das schon wegen Art. 19 Abs. 4 GG nicht. Er muss deshalb auch solche Erinnerungen dem Richter (§ 28) vorlegen, die nach seiner Auffassung unzweifelhaft unstatthaft sind.

100 Ist die Erinnerung unzulässig oder unbegründet, wird sie vom **zuständigen Richter (§ 28),** bei Kollegialgerichten durch den originären **Einzelrichter** (§ 11 Abs. 2 S. 7 iVm § 568 Abs. 1 ZPO), zurückgewiesen. Andernfalls hilft er ihr unter (teilweiser) Aufhebung oder Abänderung der Entscheidung des Rpfl. nach den für die Beschwerde geltenden Grundsätzen ab (§ 11 Abs. 2 S. 7; OLG Stuttgart Rpfleger 2008, 475; BayObLG Rpfleger 2003, 19). **Eine eigene Entscheidung** wird der Richter treffen, wenn keine weitere Sachaufklärung durch den Rechtspfleger erforderlich ist (OLG Karlsruhe Rpfleger 1993, 484). Werden neue Tatsachen berücksichtigt, ist den anderen Beteiligten rechtliches Gehör zu gewähren (*Bassenge/Roth* Rn. 43). Der Richter kann die angefochtene Entscheidung auch aufheben

Rechtsbehelfe **§ 11**

und die Sache mit bindenden Weisungen für die weitere Sachbehandlung dem Rechtspfleger zurückgeben. Ein solches Vorgehen ist jedoch nur **ausnahmsweise** gerechtfertigt (OLG Karlsruhe Rpfleger 1993, 484; OLG Hamm Rpfleger 1978, 386). Die Sache darf **noch nicht entscheidungsreif** sein und es muss **das Verfahren** des Rechtspflegers oder seine **Entscheidung** an einem **schweren Mangel** leiden: etwa weil eine mögliche Abhilfe nicht geprüft wurde, weil die Abhilfebefugnis zu Unrecht verneint wurde oder weil die Entscheidung keine geeignete Grundlage für die weitere Beurteilung gibt. Allein das Fehlen von Beschlussgründen ist regelmäßig nicht als schwerer Mangel anzusehen (Thomas/Putzo/*Reichold* ZPO § 572 Rn. 120 zur Beschwerde). Bei einer **Zurückverweisung** kann der Richter dem Rpfl. die erforderliche Anordnung übertragen (§ 11 Abs. 2 S. 7 iVm § 572 Abs. 3 ZPO; OLG Karlsruhe Rpfleger 1993, 484). Die Zurückweisung der Erinnerung durch den Richter ist **unanfechtbar;** die Rechtswegegarantie des Art. 19 Abs. 4 GG ist damit gewährleistet worden (BVerfG NJW 2000, 1709). Die Anfechtbarkeit der Abhilfeentscheidung richtet sich nach den allg Verfahrensvorschriften (MüKo-ZPO/*Lipp* § 573 Rn. 15); idR wird auch sie unanfechtbar sein. Die Entscheidung ergeht in **Beschlussform,** ist zu begründen und regelmäßig mit einer Entscheidung über die **außergerichtlichen Kosten** des Erinnerungsverfahrens zu versehen.

Das **Verbot der reformatio in peius,** also der Abänderung einer Entscheidung zum Nachteil des Erinnerungsführers auf seinen (einseitig) eingelegten Rechtsbehelf gewährleistet, dass niemand aus Besorgnis eine Schlechterstellung zu erfahren, die Einlegung eines ihm zustehenden Rechtsbehelfs unterlässt. Dieses Abänderungsverbot gilt grds. auch **im Erinnerungsverfahren.** Das Verschlechterungsverbot gilt in allen der **ZPO** unterliegenden Verfahren, insbesondere in den **Kosten- und Vergütungsfestsetzungsverfahren** (grundlegend OLG Köln NJW 1975, 2347: „Das bereits Erreichte soll dem Rechtsmittelführer nicht genommen werden, sofern nicht auch sein Gegner ein Rechtsmittel eingelegt hat"; vgl. auch BGH NJW 1986, 1496; OLG München Rpfleger 1982, 196; Zöller/*Heßler* ZPO § 572 Rn. 39–43 zur Beschwerde; → Rn. 48). 101

Der Erinnerung kommt kraft Gesetzes nur dann eine **aufschiebende Wirkung** zu, wenn sie sich gegen die Festsetzung eines **Ordnungs- oder Zwangsmittels** richtet (Abs. 2 S. 7 iVm § 570 Abs. 1 ZPO). In den übrigen Fällen können Rpfl oder Richter diese **Wirkung anordnen** (Abs. 2 S. 7 iVm § 570 Abs. 2 und 3 ZPO). Die Aussetzung steht **im freien Ermessen** („kann"; Thomas/Putzo/*Reichold* ZPO § 570 Rn. 2), wird sich bei einer zweifelhaften Sach- und Rechtslage jedoch immer dann empfehlen, wenn der Vollzug der angefochtenen Entscheidung dem Erinnerungsführer uU einen unverhältnismäßigen Schaden bringen könnte. Die Aussetzungsentscheidung des Rpfl, die von Amts wegen (insbesondere auch durch den Richter) jederzeit geändert werden kann und mit der Erinnerungsentscheidung von selbst außer Kraft tritt, ist mit der Erinnerung grundsätzlich **nicht selbständig anfechtbar** (Thomas/Putzo/*Reichold* ZPO § 570 Rn. 2). Grund: Die Sache gelangt ohnehin zum Richter, der dann auch über die Angemessenheit der Aussetzung entscheidet. 102

Rücknahme und Verzicht auf die Erinnerung ist zulässig (vgl. zur Beschwerde Thomas/Putzo/*Reichold* ZPO § 569 Rn. 19; Zöller/*Heßler* ZPO § 567 Rn. 15, 55). 103

V. Ausschluss der Erinnerung (Abs. 3)

1. Allgemeines

104 Abs. 3 berührt den Grundsatz, dass die Entscheidung des Rpfl. aus verfassungsrechtlichen Gründen der Anfechtung unterliegen müssen (→ Rn. 88) nicht. **S 1 modifiziert** diesen Grundsatz vielmehr dahingehend, dass Verfügungen, Beschlüsse oder Zeugnisse des Rpfl., wenn sie **Dritten** gegenüber **bindend und unabänderlich** geworden sind, (auch) nicht mehr mit der Erinnerung angefochten werden können. Die Vorschrift dient der **Rechtssicherheit** (*Bassenge/Roth* Rn. 16). Die vor dem Zeitpunkt der Unabänderlichkeit statthaften und die danach verbleibenden Rechtsbehelfe (Beschwerde oder Erinnerung) genügen der Rechtswegegarantie des Art. 19 Abs. 4 GG (BayObLG Rpfleger 1992, 147 mAnm *Meyer-Stolte*), sie werden durch S. 1 nicht beschränkt. Wird gegen eine der von Abs. 3 S. 1 erfassten Entscheidungen des Rpfl. Erinnerung eingelegt, hat er sie dem Richter (§ 28) vorzulegen (Abs. 2 S. 6). Dieser entscheidet abschließend, indem er die Erinnerung durch einen mit Gründen versehen Beschluss als unzulässig, weil unstatthaft, verwirft.

105 S. 2 stellt klar, dass in den dort genannten Fällen **spezielle Rechtsbehelfe** die Erinnerung **verdrängen**.

2. Unabänderliche Entscheidungen und Zeugnisse (S. 1)

106 Die Erinnerung gegen die Entscheidung des Rpfl. ist **unstatthaft** (zur Statthaftigkeit der Beschwerde → Rn. 75), wenn sie im **Grundbuch, Schiffsregister** oder **Schiffsbauregister** durch **Eintragung**, an die sich **gutgläubiger Erwerb** anschließen kann, bereits vollzogen wurde (§ 71 Abs. 2 S. 1 GBO, § 72 Abs. 2 SchRegO). Die Wirkung der Eintragung als Grundlage der Publizitätswirkung des öffentlichen Registers (§ 892 BGB) darf (auch) nicht im Erinnerungsverfahren beseitigt werden. Mit der Beschwerde (§ 72 ff. GBO) kann jedoch die Eintragung eines **Widerspruchs oder eine Amtslöschung** (§ 53 GBO, § 56 SchRegO) verlangt werden (§ 71 Abs. 2 S. 2 GBO; BGH NJW 1975, 1282).

107 Auch in **Registersachen** (§ 374 FamFG) ist die Erinnerung nach Eintragung in das Register unstatthaft (vgl. auch § 383 Abs. 3 FamFG). Mit der Beschwerde (§§ 58 ff. FamFG) kann aber die Einleitung eines **Amtslöschungsverfahrens** (§ 395 FamFG) verlangt werden (BT-Drs. 16/6308, 286; BGH NJW 1996, 1813 mAnm *Jansen;* OLG Zweibrücken FGPrax 2002, 132; Keidel/*Heinemann* FamFG § 383 Rn. 22: auch → Rn. 56).

108 **Nach Erbscheinserteilung** durch den Rpfl. ist die Erinnerung unstatthaft (vgl. auch § 352 Abs. 3 FamFG; auch → Rn. 53). Statthaft ist die Beschwerde (§§ 58 ff. FamFG) mit dem Ziel der Erbscheinseinziehung (§ 352 Abs. 3 FamFG; → Rn. 53). Das gilt auch nach Erteilung der in **§ 354 FamFG** genannten **Zeugnisse** (Testamentsvollstreckerzeugnis, § 2368 BGB; Überweisungszeugnisse nach §§ 36, 37 GBO, §§ 42, 74 SchRegO und Zeugnis über die Fortsetzung der Gütergemeinschaft, § 1507 BGB).

109 Die **familiengerichtliche-, betreuungsgerichtliche und nachlassgerichtliche (Außen-) Genehmigungsentscheidung** des Rpfl. zu einem Rechtsgeschäft (§§ 1643, 1812, 1821, 1822, 1908i, 1915, 1962 BGB) unterliegt der Beschwerde (§ 11 Abs. 1 iVm §§ 58 ff. FamFG). Die Beschwerde ist innerhalb einer Frist von

Rechtsbehelfe **§ 11**

2 Wochen einzulegen (§ 63 Abs. 2 Nr. 2 FamFG). Der Genehmigungsbeschluss wird erst mit Rechtskraft wirksam (§ 40 Abs. 2 FamFG). Ist die rechtskräftige Genehmigungsentscheidung einem **Dritten gegenüber wirksam** geworden, kann sie aus Gründen des Vertrauensschutzes nicht mehr geändert werden (vgl. § 48 Abs. 3 FamFG), so dass ab diesem Zeitpunkt auch die Erinnerung ausgeschlossen ist. **Einem Dritten gegenüber** wird die rechtskräftige Genehmigungsentscheidung und damit das Rechtsgeschäft unter folgenden Voraussetzungen wirksam: Bei **abgeschlossenen Verträgen** (Nachgenehmigung) ist das nicht bereits mit Erteilung der Genehmigung an den Sorgeberechtigten (Eltern, Vormund, Betreuer, Pfleger) der Fall, sondern erst mit deren Mitteilung durch den gesetzlichen Vertreter an den Vertragspartner (§ 1829 Abs. 1 BGB). Solange diese Mitteilung (sie gilt auch für die Verweigerung der Genehmigung), die auch durch einen Bevollmächtigten erfolgen kann, dem Geschäftsgegner nicht zugegangen ist (§ 130 BGB) ist das Rechtsgeschäft noch nicht wirksam. Wurde die Genehmigung bereits **vor Abschluss des Vertrages** erteilt (nur möglich, wenn der wesentliche Vertragsinhalt feststeht; KG MDR 1966, 238), wird sie – § 1829 BGB erfasst diesen Fall nicht –, nach hM (BayObLG 1960, 283; Keidel/*Engelhardt* FamFG § 48 Rn. 23) **mit Vertragsschluss wirksam,** falls er sich in den Grenzen der Genehmigung hält (und nicht noch andere Genehmigungen erforderlich sind). Bei **einseitigen Rechtsgeschäften,** etwa einer genehmigungspflichtigen Kündigung, ist gem. § 1831 BGB eine **Vorgenehmigung** erforderlich, so dass das Wirksamwerden dieser Genehmigungsverfügung gegenüber Dritten mit der Vornahme des Rechtsgeschäfts zusammenfällt. **Innengenehmigungen** (sie werden in Ausübung einer Aufsichtspflicht erteilt: zB §§ 1803, 1811, 1823 BGB) sowie **Negativatteste** bzw. deren Ablehnung wegen Genehmigungsbedürftigkeit (OLG Hamm Rpfleger 1991, 56) unterliegen hingegen uneingeschränkt der Beschwerde (Keidel/*Meyer-Holz* FamFG § 58 Rn. 19, 20).

Auch in **Beratungshilfesachen** ist Abs. 3 gem. **§ 24a Abs. 2** nicht anzuwenden. **110** Dieser Ausschlusstatbestand enthält die **Klarstellung,** dass Beratungshilfeentscheidungen im Erinnerungsverfahren keinen Bestandsschutz genießen sollen und stets mit Erinnerung nach § 7 BerHG iVm § 11 Abs. 2 S. 5–7 angreifbar sind (so zB OLG Hamm Rpfleger 1984, 322; *Kammeier* Rpfleger 1998, 503; *Weiß* Rpfleger 1988, 341 (grundlegend); vgl. auch → § 24a Rn. 15 und zur Anfechtung der Ablehnung des Antrags → Rn. 93).

3. Mahn- und Vollstreckungsbescheid; Stimmrechtsentscheidung (S. 2)

Die im Mahnverfahren getroffenen **Sonderregelungen (§ 694 ZPO:** Wider- **111** spruch gegen den Mahnbescheid, **§ 700 ZPO:** Einspruch gegen den Vollstreckungsbescheid) hatten sich bereits bei Einführung des RPflG 1957 „bewährt und eingebürgert" (BT-Drs. II/168, 18), so dass der Gesetzgeber die Erinnerung in diesen Fällen ausschloss. Art. 19 Abs. 4 GG steht nicht entgegen, weil das vom Rechtspfleger betriebene Mahnverfahren durch den Widerspruch bzw. Einspruch in das gewöhnliche Streitverfahren übergeleitet wird und so der Zugang zum Richter auf andere Weise als durch § 11 gewährleistet ist. Statthafte Rechtsbehelfe gegen einen vom Rechtspfleger erlassenen Mahn- oder Vollstreckungsbescheid sind deshalb allein Widerspruch bzw. Einspruch **(§§ 694, 700 ZPO).** Eine „Erinnerung" ist als Widerspruch bzw. Einspruch zu behandeln. **Unstatthaft** ist (entgegen *Hofmann* Rpfleger 1982, 325, 328 und Musielak/*Voit* ZPO § 692 Rn. 3) die Erinnerung

§ 12   1. Abschnitt. Aufgaben und Stellung des Rechtspflegers

nach Abs. 2 auch dann, wenn unter Anerkennung des Anspruchs lediglich die **mitaufgeführten Kosten** oder die **Kostengrundentscheidung** angegriffen werden (für Widerspruch die ganz hM: BGH NJW 2005, 212; BeckOK ZPO/*Dörndorfer* § 694 Rn. 2; MüKoZPO/*Schüler* § 694 Rn. 4; AMHRH/*Hintzen* Rn. 102; Thomas/Putzo/*Hüßtege* ZPO § 694 Rn. 5; Zöller/*Vollkommer* ZPO § 694 Rn. 1).

112 Der in Abs. 3 S. 2 Alt. 2 **genannte Fall** soll der Gefahr einer **Verzögerung** des Insolvenzverfahrens entgegenwirken (BT-Drs. V/4341, 4; *Bassenge/Roth* Rn. 19). Mögliche Bedenken aus Art. 19 Abs. 4 GG im Hinblick auf die Unanfechtbarkeit der Rechtspflegerentscheidung wurde durch Einfügung des **§ 18 Abs. 3** Rechnung getragen (BT-Drs. 12/3803, 565): Besteht in der Gläubigerversammlung **Streit über ein Stimmrecht,** so trifft das Insolvenzgericht eine Stimmrechtsentscheidung (§ 77 Abs. 2 S. 2 InsO). Wurde diese vom Rpfl. getroffen und hat sich seine Entscheidung auf das Ergebnis einer Abstimmung ausgewirkt, kann der Richter auf Antrag das Stimmrecht neu festsetzen und die Wiederholung der Abstimmung anordnen. Die Erinnerung wird dadurch verdrängt.

VI. Kosten (Abs. 4)

113 Das Erinnerungsverfahren ist **gerichtsgebührenfrei** (BT-Drs. I/3839, 19). Abs. 4 erfasst nur Gerichtsgebühren. **Auslagen** werden daher nach Nr. 9000 ff. KV-GKG, Nr. 2000 KV-FAmGKG auch im Erinnerungsverfahren erhoben. Bei anwaltlicher Vertretung entsteht ein 0,5 Verfahrensgebühr (Nr. 3500 VV-RVG), so dass die abschließende Erinnerungsentscheidung (auch Abhilfeentscheidung durch den Rpfl) eine **Kostenentscheidung** enthalten muss (§ 308 Abs. 2 ZPO). Beschlussergänzung nach § 321 Abs. 1 ZPO ist möglich; Antragsfrist: 2 Wochen (Gerold/Schmidt/*Müller-Rabe* RVG Nr. 3500 VV-RVG Rn. 25).

§ 12 Bezeichnung des Rechtspflegers

Im Schriftverkehr und bei der Aufnahme von Urkunden in übertragenen Angelegenheiten hat der Rechtspfleger seiner Unterschrift das Wort „Rechtspfleger" beizufügen.

I. Entwicklung und Normzweck

1. Entwicklung

1 Das REntlG (→ Einl. 21, → Anh. II 3) hatte diejenigen unter den **Gerichtsschreibern,** die – seit dem Reichsgesetz „zur Änderung der Bezeichnung Gerichtsschreiberei, Gerichtsschreiber und Gerichtsdiener" vom 9.7.1927, RGBl. I S. 175: „Urkundsbeamter der Geschäftsstelle" – die Landesregierungen mit der Wahrnehmung bestimmter richterlicher Geschäfte beauftragen konnten, **nicht besonders benannt.** Die Bezeichnung „Rechtspfleger" für diese Gruppe (als einer Funktionsbezeichnung) wurde vielmehr erstmals durch die PreußEntlV (1923, → Einl. Rn. 26) eingeführt; sie setzte sich im allgemeinen Sprachgebrauch, zT auch in landesrechtlichen Verwaltungsvorschriften, bald durch (*Arndt* Einl. 3).

2 Eine **reichseinheitliche Einführung** erfolgte erst 1943 durch die REntlV: § 1 Abs. 1 REntlV bestimmte, dass richterliche Geschäfte von „Beamten, welche die

Bezeichnung des Rechtspflegers **§ 12**

Prüfung für den gehobenen Justizdienst bestanden haben, *als Rechtspfleger* selbständig wahrgenommen werden können", und § 6 REntlV ordnete an, dass „im Schriftverkehr und bei der Aufnahme von Urkunden in übertragenen Angelegenheiten ... das betreffende Gericht anzugeben und der Unterschrift die Amtsbezeichnung des Beamten und seine Eigenschaft *als Rechtspfleger* beizufügen" ist („AG, Huber, Justizinspektor als Rechtspfleger").

Die Bezeichnung „als" war nur solange konsequent, als die Zuständigkeit des 3 Rechtspflegers noch von der des Richters abgeleitet wurde. Mit seiner Anerkennung als einem selbständigem Organ der Gerichtsbarkeit durch das RPflG 1957 wurde deshalb auf die Angabe des betr Gerichts und die Amtsbezeichnung verzichtet. Die jetzige Regelung stimmt mit § 11 RPflG 1957 wörtlich überein.

2. Normzweck

Die Überprüfung gerichtlicher Entscheidungen und der Wirksamkeit von Urkunden 4 im Hinblick auf evtl. Zuständigkeitsverstöße (§ 8), auf Ausschließungs- und Ablehnungsgründe (§ 10) wie auch die Wahl des richtigen Rechtsbehelfs erfordern die Feststellung, **wer** („Unterschrift") **in welcher Funktion** („Rechtspfleger") gehandelt hat. Diese Feststellung soll § 12 ermöglichen (BT-Drs. I/3839, 20; *Arndt* § 11 Rn. 2; AMHRH/*Herrmann*/*Rellermeyer* Rn. 2; *Bassenge*/*Roth* Rn. 2).

II. Funktionsbezeichnung, Amtsbezeichnung, akademischer Grad

1. Funktions- und Amtsbezeichnung

Die Bezeichnung „Rechtspfleger" ist eine reine Funktionsbezeichnung, wie zB 5 Richter am Amtsgericht oder Vorsitzender Richter, nicht aber eine Amtsbezeichnung (wie zB Justizinspektor; → § 1 Rn. 82; BVerwG Rpfleger 2007, 19). Damit ist sie notwendig mit der Erfüllung von **Rechtspflegeaufgaben** iS des Gesetzes verknüpft (→ § 1 Rn. 1 ff.). Nimmt der Beamte des gehobenen Justizdienstes Aufgaben der Justizverwaltung oder des UdG wahrnimmt, ist die Verwendung der Bezeichnung „Rechtspfleger" unzulässig, „zumal dadurch beim Publikum irrige Vorstellungen über die Wirkung der Verfügung (zB Anfechtbarkeit nach § 11) hervorgerufen werden können" (*Arndt* § 11 Rn. 4; *Rellermeyer* Rpfleger 2000, 477).

2. Pflicht zur Verwendung

§ 12 gebietet („hat ... beizufügen") die Verwendung der Bezeichnung „Rechts- 6 pfleger" (und lässt sie ausreichen): „Huber, Rechtspfleger". Andererseits verbietet § 12 nicht, dass der Rechtspfleger neben seiner Funktionsbezeichnung und seinem Namen seinen **beamtenrechtlichen Titel** – „Huber, Rechtspfleger, Justizamtmann" – setzt (*Bassenge*/*Roth* Rn. 1; **aA** AMHRH/*Herrmann*/*Rellermeyer* Rn. 7: „hat er wegzulassen"; in manchen Ländern ist diese Frage durch Verwaltungsvorschrift geregelt). Weil es sich um Funktionsbezeichnung handelt, hat auch der **Bereichspfleger** (§ 34 Abs. 2) mit „Rechtspfleger" zu zeichnen. (*Rellermeyer* Rpfleger 1994, 447).

3. „Diplom-Rechtspfleger" als akademischer Grad

7 Die Bezeichnung „Diplom-Rechtspfleger" ist keine Funktionsbezeichnung, sondern beinhaltet einen **akademischen** Grad (→ § 2 Rn. 28). Als solcher kann er der Bezeichnung Rechtspfleger beigefügt werden: „Huber, Rechtspfleger, Dipl-Rpfl." bzw. „Huber, Justizamtmann, Rechtspfleger, Dipl-Rpfl.". Der Grad **allein** („Huber, Diplom- Rechtspfleger") vermag – trotz der Ähnlichkeit des Wortlauts – die durch § 12 gebotene Funktionsbezeichnung „Rechtspfleger" **nicht zu ersetzen**, da er auch Richtern, Anwälten oder nicht mit Rechtspflegergeschäften betrauten Beamten zukommen kann (ebenso *Bassenge/Roth* Rn. 1).

4. Rechtsfolgen bei Verstoß

8 Eine Unterzeichnung nur mit dem Namen (und der Amtsbezeichnung) unter Weglassen der Funktionsbezeichnung, macht die Verfügung oder die Urkunde nicht unwirksam; sie vermag auch nicht die Anfechtbarkeit der Entscheidung zu begründen, da es sich um eine bloße Ordnungsvorschrift handelt (AMHRH/*Herrmann/Rellermeyer* Rn. 2; *Bassenge/Roth* Rn. 4).

III. Anwendungsbereich

1. Allgemeines

9 § 12 erfasst seinem Wortlaut nach zwar nur den Schriftverkehr und die Aufnahme von Urkunden, erstreckt sich jedoch nach seinem Sinn und Zweck auf **alle Rechtspflegeaufgaben** (§ 1 Rn. 8 ff.), also auch auf die Geschäfte nach §§ 29 und 31 (§ 32), nicht aber (→ Rn. 5) auf die sonstigen Dienstgeschäfte des § 27.

10 Soweit es um die Aufnahme von Erklärungen (§ 24) geht, weist AMHRH/*Herrmann/Rellermeyer* Rn. 5 zu Recht darauf hin, dass die Niederschrift nicht (entspr der früheren Übung durch den UdG) einzuleiten ist mit „*Wagner als Rechtspfleger der Geschäftsstelle*" (es gibt keinen Rechtspfleger der Geschäftsstelle: § 24 Rn. 1, 2), sondern „*Gegenwärtig: Wagner, Rechtspfleger*" oder „*Vor dem unterzeichnenden Rechtspfleger Wagner erschien*".

2. Begriff des „Schriftverkehrs"

11 Schriftverkehr sind zunächst einmal sämtliche nach außen gerichtete Amtshandlungen (Anordnungs-, Aufklärungs-, Bestätigungs-, Genehmigungs-, Kostenfestsetzungs-, Zurückweisungsbeschlüsse, Zwischenverfügungen usw), aber auch Anschreiben an Verfahrensbeteiligte. Den Gegensatz bilden die Fälle, in denen kraft Herkommens oder ausdrücklicher Verwaltungsvorschrift **nur unterzeichnet** wird, wie etwa bei der Unterzeichnung der Einträge im Grundbuch oder in anderen Registern.

12 Auf **interne Aktenverfügungen** wie Terminbestimmungen, Eintragungsverfügungen usw ist § 12, das ergibt der Normzweck der Vorschrift wie auch ihr Wortlaut („Schriftverkehr"), nicht anzuwenden (ebenso AMHRH/*Herrmann/Rellermeyer* Rn. 4; **aA** *Arndt* § 11 Rn. 5).

3. Aufnahme von Urkunden

Gemeint sind Beurkundungen im Rahmen des § 3 Nr. 1f (→ § 3 Rn. 58 ff.). Zur **13**
Aufnahme von Erklärungen (§ 24) → Rn. 10.

IV. Unterschrift

Die Unterschrift, der die Bezeichnung „Rechtspfleger" hinzuzufügen ist, muss **14**
den Text **abschließen,** also an dessen Ende stehen (BayObLG Rpfleger 1991,
450). Nicht verkündete **Entscheidungen** (Beschlüsse), denen die Unterschrift
fehlt, sind nicht existent; es handelt sich um bloße Entscheidungsentwürfe. Zu
zeichnen ist mit dem (Familien-) Namen. Ein bloßes **Paraphieren,** also etwa die
Verwendung des Handzeichens „H" bzw. „Hu" für Huber, erfüllt die an eine Unterschrift zu stellende Anforderung nicht (BGH NJW 1987, 957; 1333; Düsseldorf
Rpfleger 1989, 276; OLG Köln Rpfleger 1991, 198; *Bassenge/Roth* Rn. 1). Wird
gegen eine nicht unterschriebene Zwischenverfügung Beschwerde eingelegt wird
der Mangel durch eine unterschriebene Nichtabhilfeverfügung, die sich darauf bezieht, geheilt (OLG Zweibrücken Rpfleger 2004, 38).

Lesbar braucht die Unterschrift nicht zu sein; es genügt ein die Identität des **15**
Unterschreibenden ausreichend kennzeichnender individueller Schriftzug (BGH
NJW 1987, 1333).

Für **verfahrensleitende Verfügungen,** etwa eine Terminbestimmung, gelten **16**
diese Grundsätze nicht: Ihre Wirksamkeit wird, wenn sie – was insbesondere bei paraphierten Verfügungen anzunehmen ist (OVG Münster NJW 1991, 1628) – mit
Willen des Verfassers den Geschäftsbetrieb verlassen haben, nicht berührt.

§ 13 Ausschluss des Anwaltszwangs

**§ 78 Absatz 1 der Zivilprozessordnung und § 114 Absatz 1 des Gesetzes
über das Verfahren in Familiensachen und in den Angelegenheiten der freiwilligen Gerichtsbarkeit sind auf Verfahren vor dem Rechtspfleger nicht
anzuwenden.**

I. Entwicklung und Normzweck

Während der Geltung der REntlV (→ Einl. Rn. 26) war der Rechtspfleger noch **1**
UdG (§ 1 Abs. 3 REntlV), so dass nach § 78 Abs. 2 ZPO aF (jetzt: § 78 Abs. 3 ZPO)
kein Anwaltszwang bestand.

Das RPflG 1957 begründete zwar die Stellung des Rechtspflegers als einem eigenständigen Organ der Rechtspflege **neben** anderen Organen, wie etwa dem **2**
Richter oder dem UdG (→ § 1 Rn. 2), ließ die Regelung über den Anwaltszwang
aber offen. Es war daher im Schrifttum umstritten, ob im Verfahren vor dem
Rechtspfleger Anwaltszwang gem. § 78 Abs. 1 ZPO in den Fällen bestand, in denen
er Geschäfte beim LG oder einem höheren Gericht wahrnahm. Ganz überwiegend
wurde dies verneint (*Baumbach/Lauterbach,* ZPO, 24. Aufl. 1956, § 78 Anm. 2 A c;
Stein/Jonas/ *Schönke,* ZPO, 18. Aufl. 1953, § 78 Anm iVm 1b).

Der Gesetzgeber des RPflG 1969 hielt im Hinblick auf diese Streitfrage, und **3**
weil beabsichtigt war, dem Rechtspfleger in größerem Umfang Aufgaben zu über-

tragen, die er beim LG oder bei einem Gericht des höheren Rechtszugs wahrzunehmen hat, eine **Klarstellung** iS der bisher hM für erforderlich (BT-Drs. V/3134, 20).

II. Anwendungsbereich („Verfahren vor dem Rechtspfleger")

1. Amtsgericht

4 In Verfahren vor dem **AG** besteht Anwaltszwang nur in den in § 114 Abs. 1 FamFG aufgeführten **Familiensachen** (= Ehesachen und Folgesachen sowie selbständige Familienstreitsachen). Die dem Rechtspfleger übertragenen Familiensachen (vgl. §§ 3 Nr. 2 lit. a, 25) unterliegen demnach nicht dem Anwaltszwang.

2. Landgericht und höhere Gerichte

5 a) **Allgemeines.** Der Hauptanwendungsbereich des § 13 bezieht sich auf die Verfahren vor dem **LG** und **höheren Gerichten,** Verfahren also, in denen der Rechtspfleger vor allem in dem durch § 20 Nr. 11–15, § 21 Nr. 1, 2 festgelegten Aufgabenbereich tätig wird. §§ 78 Abs. 1 ZPO, 114 Abs. 1 FamFG werden hier durch § 13 verdrängt: **Das gesamte Verfahren vor dem Rechtspfleger unterliegt keinem Anwaltszwang.** Beauftragt der Vorsitzende den Rechtspfleger nach § 20 Abs. 1 Nr. 4a bzw. § 20 Abs. 2 mit Maßnahmen nach § 118 ZPO, besteht im anschließenden Verfahren vor dem Rechtspfleger kein Anwaltszwang; das gilt auch für einen Vergleichsabschluss nach § 118 Abs. 1 S. 3 Hs. 2 ZPO (OLG Hamburg FamRZ 1988, 1299).

6 b) **Einspruch gegen Vollstreckungsbescheid.** Das gilt auch dann, wenn in einem Mahnverfahren der Rechtsstreit nach Widerspruchserhebung an das **LG** abgegeben wird und der Rechtspfleger des LG, wenn der Widerspruch oder der Antrag auf Durchführung des streitigen Verfahrens zurückgenommen wurde, den Vollstreckungsbescheid erlassen hat (§ 699 Abs. 1 S. 3 ZPO) und hiergegen **Einspruch (§ 700 ZPO)** erhoben wird. Der Einspruch muss nach ganz hM nicht durch einen Anwalt erfolgen (AMHRH/*Hintzen* Rn. 13 *Hornung* Rpfleger 1978, 431; MüKoZPO/*Schüler* § 700 Rn. 18; Thomas/Putzo/*Hüßtege* ZPO § 700 Rn. 5; BeckOK ZPO/*Dörndorfer* § 700 Rn. 5; Zöller/*Vollkommer* ZPO § 700 Rn. 6; **aA** BLAH/*Hartmann* ZPO § 700 Rn. 10; *Crevecoueur* NJW 77, 1324). Grund: Der Widerspruch hat zur Abgabe des Verfahrens an das LG geführt, so dass mit seiner Rücknahme das streitige Verfahren beendet und das Mahnverfahren wieder auflebt. Damit aber – der Erlass des Vollstreckungsbescheids und der Einspruch hiergegen gehören zum Mahnverfahren – handelt es sich noch um ein „Verfahren vor dem Rechtspfleger" (§ 13, § 702 ZPO), das erst mit Abgabe an die Kammer (zum zweiten Mal) in das streitige Verfahren übergeht.

7 c) **Beschwerde und Erinnerung.** Die **Einlegung der Beschwerde** (§ 11 Abs. 1) **bzw. Erinnerung** (§ 11 Abs. 2) gegen eine Entscheidung des Rechtspflegers, gehört zum „Verfahren vor dem Rechtspfleger": Der Rechtspfleger ist stets der „erste Adressat" (*Bergerfurth* Rpfleger 1978, 205) des Rechtsbehelfs. Die Einlegung ist damit keinem Anwaltszwang unterworfen (BGH Rpfleger 2006, 416 = NJW 2006, 2260; OLG Stuttgart JurBüro 1991, 560; AMHRH/*Hintzen* Rn. 3, 10; *Bassenge/Roth* § 11 Rn. 27, 29). Das gilt unabhängig davon, ob für das Ausgangsverfahren Anwaltszwang bestand.

Ausschluss des Anwaltszwangs **§ 13**

Auch für zusätzliche schriftliche Äußerungen der Parteien im Beschwerdever- 8
fahren besteht dann kein Anwaltszwang (§ 571 Abs. 4 S. 1 ZPO, §§ 64 Abs. 2 S. 1,
68 Abs. 3 S. 1 FamFG). Wird (ausnahmsweise) **mündliche Verhandlung angeordnet,** herrscht für diese im ZPO-Verfahren Anwaltszwang (AMHRH/*Hintzen*
Rn. 7, 10; BLAH/*Hartmann* ZPO § 571 Rn. 8, 9; Thomas/Putzo/*Reichold* ZPO
§ 571 Rn. 8).

III. Vorlagen nach §§ 4 Abs. 3, §§ 5, 7

Vorlagen nach diesen Bestimmungen führen nicht zu einem selbständigen Ver- 9
fahren, sondern bleiben, wie insbesondere aus § 5 Abs. 3 folgt (OLG Bamberg Jur-Büro 1988, 1728 zu § 5 aF), in derselben Instanz. Sie sind ein **gerichtsinterner** Teil
des Verfahrens vor dem Rechtspfleger. Ein Anwaltszwang besteht deshalb nicht
(AMHRH/*Hintzen* Rn. 16).

Zweiter Abschnitt. Dem Richter vorbehaltene Geschäfte in Familiensachen und auf dem Gebiet der freiwilligen Gerichtsbarkeit sowie in Insolvenzverfahren und schifffahrtsrechtlichen Verteilungsverfahren

§ 14 Kindschafts- und Adoptionssachen

(1) Von den dem Familiengericht übertragenen Angelegenheiten in Kindschafts- und Adoptionssachen sowie den entsprechenden Lebenspartnerschaftssachen bleiben dem Richter vorbehalten:
1. Verfahren, die die Feststellung des Bestehens oder Nichtbestehens der elterlichen Sorge eines Beteiligten für den anderen zum Gegenstand haben;
2. die Maßnahmen auf Grund des § 1666 des Bürgerlichen Gesetzbuchs zur Abwendung der Gefahr für das körperliche, geistige oder seelische Wohl des Kindes;
3. die Übertragung der elterlichen Sorge nach den §§ 1626a, 1671, 1678 Absatz 2, § 1680 Absatz 2 und 3 sowie § 1681 Absatz 1 und 2 des Bürgerlichen Gesetzbuchs;
4. die Entscheidung über die Übertragung von Angelegenheiten der elterlichen Sorge auf die Pflegeperson nach § 1630 Absatz 3 des Bürgerlichen Gesetzbuchs;
5. die Entscheidung von Meinungsverschiedenheiten zwischen den Sorgeberechtigten;
6. *(aufgehoben)*
7. die Regelung des persönlichen Umgangs zwischen Eltern und Kindern sowie Kindern und Dritten nach § 1684 Absatz 3 und 4, § 1685 Absatz 3 und § 1686a Absatz 2 des Bürgerlichen Gesetzbuchs, die Entscheidung über die Beschränkung oder den Ausschluss des Rechts zur alleinigen Entscheidung in Angelegenheiten des täglichen Lebens nach den §§ 1687, 1687a des Bürgerlichen Gesetzbuchs sowie über Streitigkeiten, die eine Angelegenheit nach § 1632 Absatz 2 des Bürgerlichen Gesetzbuchs betreffen;
8. die Entscheidung über den Anspruch auf Herausgabe eines Kindes nach § 1632 Absatz 1 des Bürgerlichen Gesetzbuchs sowie die Entscheidung über den Verbleib des Kindes bei der Pflegeperson nach § 1632 Absatz 4 oder bei dem Ehegatten, Lebenspartner oder Umgangsberechtigten nach § 1682 des Bürgerlichen Gesetzbuchs;
9. die Anordnung einer Betreuung oder Pflegschaft auf Grund dienstrechtlicher Vorschriften, soweit hierfür das Familiengericht zuständig ist;
10. die Anordnung einer Vormundschaft oder einer Pflegschaft über einen Angehörigen eines fremden Staates einschließlich der vorläufigen Maßregeln nach Artikel 24 des Einführungsgesetzes zum Bürgerlichen Gesetzbuche;
11. die religiöse Kindererziehung betreffenden Maßnahmen nach § 1801 des Bürgerlichen Gesetzbuchs sowie den §§ 2, 3 und 7 des Gesetzes über die religiöse Kindererziehung;

12. die Ersetzung der Zustimmung
    a) eines Sorgeberechtigten zu einem Rechtsgeschäft,
    b) eines gesetzlichen Vertreters zu der Sorgeerklärung eines beschränkt geschäftsfähigen Elternteils nach § 1626c Absatz 2 Satz 1 des Bürgerlichen Gesetzbuchs,
    c) des gesetzlichen Vertreters zur Bestätigung der Ehe nach § 1315 Absatz 1 Satz 3 zweiter Halbsatz des Bürgerlichen Gesetzbuchs;
13. die Befreiung vom Erfordernis der Volljährigkeit nach § 1303 Absatz 2 des Bürgerlichen Gesetzbuchs und die Genehmigung einer ohne diese Befreiung vorgenommenen Eheschließung nach § 1315 Absatz 1 Satz 1 Nummer 1 des Bürgerlichen Gesetzbuchs;
14. die im Jugendgerichtsgesetz genannten Verrichtungen mit Ausnahme der Bestellung eines Pflegers nach § 67 Absatz 4 Satz 3 des Jugendgerichtsgesetzes;
15. die Ersetzung der Einwilligung oder der Zustimmung zu einer Annahme als Kind nach § 1746 Absatz 3 sowie nach den §§ 1748 und 1749 Absatz 1 des Bürgerlichen Gesetzbuchs, die Entscheidung über die Annahme als Kind einschließlich der Entscheidung über den Namen des Kindes nach den §§ 1752, 1768 und 1757 Absatz 4 des Bürgerlichen Gesetzbuchs, die Genehmigung der Einwilligung des Kindes zur Annahme nach § 1746 Absatz 1 Satz 4 des Bürgerlichen Gesetzbuchs, die Aufhebung des Annahmeverhältnisses nach den §§ 1760, 1763 und 1771 des Bürgerlichen Gesetzbuchs sowie die Entscheidungen nach § 1751 Absatz 3, § 1764 Absatz 4, § 1765 Absatz 2 des Bürgerlichen Gesetzbuchs und nach dem Adoptionswirkungsgesetz vom 5. November 2001 (BGBl. I S. 2950, 2953), soweit sie eine richterliche Entscheidung enthalten;
16. die Befreiung vom Eheverbot der durch die Annahme als Kind begründeten Verwandtschaft in der Seitenlinie nach § 1308 Absatz 2 des Bürgerlichen Gesetzbuchs;
17. die Genehmigung für den Antrag auf Scheidung oder Aufhebung der Ehe oder auf Aufhebung der Lebenspartnerschaft durch den gesetzlichen Vertreter eines geschäftsunfähigen Ehegatten oder Lebenspartners nach § 125 Absatz 2 Satz 2, § 270 Absatz 1 Satz 1 des Gesetzes über das Verfahren in Familiensachen und in den Angelegenheiten der freiwilligen Gerichtsbarkeit.

(2) Die Maßnahmen und Anordnungen nach den §§ 10 bis 15, 20, 21, 32 bis 35, 38, 40, 41, 44 und 47 des Internationalen Familienrechtsverfahrensgesetzes vom 26. Januar 2005 (BGBl. I S. 162), soweit diese dem Familiengericht obliegen, bleiben dem Richter vorbehalten.

Übersicht

	Rn.
I. Entwicklung	1–6
II. Normzweck	7, 8
III. Allgemeine Grundsätze	9–11
1. Auslegung, Analogie	9, 10
2. Umfang von Vorbehalten	11
IV. Vorbehalte des Abs. 1	12–106

Kindschafts- und Adoptionssachen **§ 14**

	Rn.
1. Verfahren, die die Feststellung des Bestehens oder Nichtbestehens der elterlichen Sorge eines Beteiligten für den anderen zum Gegenstand haben (Abs. 1 Nr. 1)	12–14
a) Entwicklung; Normzweck	12
b) Materieller Zusammenhang	13
c) Funktionelle Zuständigkeit	14
2. Maßnahmen auf Grund des § 1666 BGB zur Abwendung der Gefahr für das körperliche, geistige oder seelische Wohl des Kindes (Abs. 1 Nr. 2)	15–19
a) Entwicklung; Normzweck	15
b) Materieller Zusammenhang	16
c) Funktionelle Zuständigkeit	17–19
3. Übertragung der elterlichen Sorge nach §§ 1626a, 1671, 1678 Abs. 2, 1680 Abs. 2 und 3 sowie 1681 Abs. 1 und 2 BGB (Abs. 1 Nr. 3)	20–24
a) Entwicklung; Normzweck	20
b) Materieller Zusammenhang	21
c) Funktionelle Zuständigkeit	22–24
4. Entscheidung über die Übertragung von Angelegenheiten der elterlichen Sorge auf die Pflegeperson nach § 1630 Abs. 3 BGB (Abs. 1 Nr. 4)	25–28
a) Entwicklung; Normzweck	25
b) Materieller Zusammenhang	26
c) Funktionelle Zuständigkeit	27, 28
5. Entscheidung von Meinungsverschiedenheiten zwischen den Sorgeberechtigten (Abs. 1 Nr. 5)	29–36
a) Entwicklung; Normzweck	29
b) Materieller Zusammenhang	30–34
c) Funktionelle Zuständigkeit	35, 36
6. Ersetzung der Sorgeerklärung nach Art. 224 § 2 Abs. 3 EGBGB aF (Abs. 1 Nr. 6 aF)	37–39
a) Entwicklung; Normzweck	37
b) Materieller Zusammenhang	38, 39
7. Regelung des persönlichen Umgangs zwischen Eltern und Kindern sowie Kindern und Dritten nach § 1684 Abs. 3 und 4, § 1685 Abs. 3, § 1686a Abs. 2, die Entscheidungen nach §§ 1687, 1687a BGB sowie § 1634 Abs. 2 BGB (Abs. 1 Nr. 7)	40–46
a) Entwicklung; Normzweck	40, 41
b) Materieller Zusammenhang	42, 43
c) Funktionelle Zuständigkeit	44–46
8. Entscheidung über den Anspruch auf Herausgabe des Kindes nach § 1632 Abs. 1 BGB sowie die Entscheidung über den Verbleib des Kindes bei der Pflegeperson nach § 1632 Abs. 4 oder bei dem Ehegatten, Lebenspartner oder Umgangsberechtigten nach § 1682 BGB (Abs. 1 Nr. 8)	47–53
a) Entwicklung; Normzweck	47, 48
b) Materieller Zusammenhang	49, 50
c) Funktionelle Zuständigkeit	51–53
9. Anordnung einer Betreuung oder Pflegschaft auf Grund dienstrechtlicher Vorschriften, soweit hierfür das Familiengericht zuständig ist (Abs. 1 Nr. 9)	54–56
a) Entwicklung; Normzweck	54

	Rn.
b) Materieller Zusammenhang	55
c) Funktionelle Zuständigkeit	56

10. Anordnung einer Vormundschaft oder einer Pflegschaft über einen Angehörigen eines fremdem Staates einschließlich der vorläufigen Maßregeln nach Art. 24 EGBGB (Abs. 1 Nr. 10) 57–60
    a) Entwicklung; Normzweck 57
    b) Materieller Zusammenhang 58
    c) Funktionelle Zuständigkeit 59, 60
11. Religiöse Kindererziehung betreffenden Maßnahmen nach § 1801 BGB sowie den §§ 2, 3 und 7 RelKErzG (Abs. 1 Nr. 11) 61–64
    a) Entwicklung; Normzweck 61, 62
    b) Materieller Zusammenhang 63
    c) Funktionelle Zuständigkeit 64
12. Ersetzung der Zustimmung eines Sorgeberechtigten zu einem Rechtsgeschäft; eines gesetzlichen Vertreters zu der Sorgeerklärung eines beschränkt geschäftsfähigen Elternteils nach § 1626c Abs. 2 Satz 1 BGB; des gesetzlichen Vertreters zur Bestätigung der Ehe nach § 1315 Abs. 1 Satz 3 Hs. 2 BGB (Abs. 1 Nr. 12) 65–74
    a) Entwicklung; Normzweck 65–69
    b) Materieller Zusammenhang 70–72
    c) Funktionelle Zuständigkeiten 73, 74
13. Befreiung vom Erfordernis der Volljährigkeit nach § 1303 Abs. 2 BGB und die Genehmigung einer ohne diese Befreiung vorgenommenen Eheschließung nach § 1315 Abs. 1 Satz 1 Nr. 1 BGB (Abs. 1 Nr. 13) 75–77
    a) Entwicklung; Normzweck 75
    b) Materieller Zusammenhang 76
    c) Funktionelle Zuständigkeiten 77
14. Die im JGG genannten Verrichtungen mit Ausnahme der Bestellung eines Pflegers nach § 67 Abs. 4 Satz 3 JGG (Abs. 1 Nr. 14) 78–82
    a) Entwicklung; Normzweck 78, 79
    b) Materieller Zusammenhang 80
    c) Funktionelle Zuständigkeit 81, 82
15. Ersetzung der Einwilligung oder der Zustimmung zu einer Annahme als Kind nach § 1746 Abs. 3 usw. (Abs. 1 Nr. 15) ... 83–92
    a) Entwicklung; Normzweck 83–85
    b) Materieller Zusammenhang 86
    c) Funktionelle Zuständigkeit 87–92
16. Befreiung vom Eheverbot der durch die Annahme als Kind begründeten Verwandtschaft in der Seitenlinie nach § 1308 Abs. 2 BGB (Abs. 1 Nr. 16) 93–95
    a) Entwicklung; Normzweck 93
    b) Materieller Zusammenhang 94
    c) Funktionelle Zuständigkeit 95
17. Genehmigung für den Antrag auf Scheidung usw. (Abs. 1 Nr. 17) 96–98
    a) Entwicklung; Normzweck 96
    b) Materieller Zusammenhang 97
    c) Funktionelle Zuständigkeit 98

	Rn.
18. Maßnahmen und Anordnungen des Familiengerichts nach dem IntFamRVG (Abs. 2)	99–106
a) Entwicklung; Normzweck	99
b) Materieller Zusammenhang	100–103
c) Funktionelle Zuständigkeit	104–106

I. Entwicklung

Bereits durch die PrAV 1923 (samt Änderungen, → Einl. Rn. 23) waren dem **1** Rechtspfleger auf dem Gebiet des Vormundschaftswesens im Wege der **Einzelübertragung** umfangreiche Tätigkeiten zur selbständigen Erledigung zugewiesen worden. Die REntlV (→ Einl. Rn. 26) hatte diesen Katalog von Aufgaben in den §§ 12–14 fast unverändert übernommen und in § 16 den OLG-Präsidenten ermächtigt, weitere Geschäfte als zur Übertragung geeignet zu bezeichnen. Ausgenommen waren die in § 16 Abs. 3 aufgelisteten Geschäfte, für die ein Richtervorbehalt festgelegt wurde.

Das RPflG 1957 führte demgegenüber die Vormundschaftssachen insgesamt in **2** den Zuständigkeitsbereich des Rechtspflegers über (§ 3 Nr. 2 lit. a) und hielt sich im Vorbehaltskatalog (damals noch den § 12) im Wesentlichen an den des § 16 Abs. 3 REntlV. Die **weitere Geschichte** (s. hierzu die Anmerkungen bei den einzelnen Vorbehalten) ist geprägt durch die intensiven gesetzgeberischen Aktivitäten auf dem Gebiete des Familienrechts, insbesondere in den 70er Jahren: VolljkG (1974); 1. EheRG (1976); AdG (1976); SorgeRG (1979); TSG (1980).

Ansonsten wurde die Vorschrift durch die Gesetzgebung wieder betroffen und **3** zwar durch: SorgeRÜbkAG (1990): Änderung des Abs. 1 Nr. 3 f, 4; Neueinfügung des Abs. 2; KJHG (1990): Neuaufnahme der Nr. 6 a in Abs. 1; Änderung der bisherigen Nr. 6 a bis 6 b; Aufhebung der Nr. 22; BtG (1990): Änderung des Absätze I Nr. 4, 6, 20 a, 21 und Aufhebung von Abs. 1 Nr. 9–11 und 17; FamNamRG (1993): Änderung des Abs. 1 Nr. 3 f.

Da es bei den Vorbehalten des § 14 (seit dem 1. EheRG, 1976) nicht nur um **4** Vormundschafts-, sondern auch um Familienrechtssachen geht (§ 3 Rn. 108 ff.), bedurfte die **Überschrift** zu § 14 **einer redaktionellen Änderung** in „Vormundschafts- und Familiensachen".

Art. 23 Nr. 4 FGG-RG hat mit Wirkung vom 1. 9. 2009 die Richtervorbehalte **5** zu § 3 Nr. 2 lit. a neu gefasst. Die Aufgabenverteilungen zwischen Richter und Rechtspfleger blieben aber auch nach Inkrafttreten des FamFG unverändert (BT-Drs. 16/6308, 321; → § 3 Rn. 108 ff.). Die durch das Reformgesetz vorgenommenen Änderungen waren nur eine notwendige Folge der neuen Systematik und Terminologie des FamFG (dazu: *Rellermeyer* Rpfleger 2009, 349). Das Vormundschaftsgericht wurde abgeschafft, seine Aufgaben sind dem **Familiengericht** (Kindschafts- und Adoptionssachen; §§ 23 a Abs. 1, 23 b GVG, §§ 111 Nr. 2, 4, 151, 186 FamFG; dazu auch: *Borth* FamRZ 2009, 157) sowie dem, bei den Amtsgerichten neu eingerichteten, **Betreuungsgericht** (Betreuungs-, Unterbringungs- und betreuungsrichtliche Zuweisungssachen; §§ 23 a Abs. 2 Nr. 1, 23 c GVG, §§ 271, 312, 340 FamFG) übertragen worden. Dadurch ist die Aufspaltung der Zuständigkeiten auf Vormundschafts- und Familiengericht entfallen (BT-Drs. 16/6308, 233). Der Begriff der Kindschaftssachen wurde neu definiert (§ 151 FamFG), sie werden durch das BGB dem Familiengericht zugewiesen. Diese, teilweise gravierenden, Änderungen bedingten eine Neuordnung der Richtervorbehalte, die § 14 für die **„Kindschafts- und Adoptionssachen"** sowie den entsprechenden **Lebenspartnerschaftssachen** abschließend auflistet. Daneben überträgt § 25 iVm § 3 Nr. 3 lit. g im Einzelnen noch **„sonstige Geschäfte auf dem Gebiet der Familiensachen",** für die er auch bisher schon zuständig war (zB das vereinfachte Unterhaltsverfahren nach § 245 FamFG), auf den Rechtspfleger. Die Landesregierungen können nach § 19 Abs. S. 1 Nr. 1 bestimmte Richtervorbehalte aufheben (→ § 19 Rn. 5).

6 Art. 4 RBehelfsbelehrungsG hat mit Wirkung vom 1.1.2014 Nr. 17 angefügt und Abs. 2 neu gefasst. **Art. 4 G zur Reform der elterlichen Sorge nicht miteinander verheirateter Eltern** v. 19.5.2013, BGBl. I S. 795, hat Nr. 3 neu gefasst und Nr. 6 aufgehoben. **Art. 3 G zur Stärkung der Rechte des leiblichen, nicht rechtlichen Vaters** v. 4.7.2013, BGBl. I S. 2176, hat Nr. 7 geändert.

II. Normzweck

7 Die Vorschrift knüpft an § 3 Nr. 2 lit. a an: Mit Ausnahme der hier aufgelisteten Geschäfte fallen alle anderen in **Kindschafts- und Adoptionssachen** in die Zuständigkeit des Rechtspflegers (Vorbehaltsübertragung, → § 3 Rn. 12, 108 ff.). Die Richtervorbehalte sind eng auszulegen (→ Rn. 5; *Bassenge/Roth* Rn. 2; AMHRH/*Rellermeyer* Rn. 3)

8 **Normzweck** des § 14 ist in erster Linie: Alle Entscheidungen **im Bereich der Vermögensverwaltung** sollen vom Rechtspfleger bearbeitet werden; **nur die personenrechtlichen Entscheidungen** sind dem Richter vorzubehalten (BT-Drs. V/3134, 14, 20, V/4341 zum RPflG 1969; BT-Drs. 11/4528, 97 zum BtG; *Bassenge/Roth* Rn. 2). Vgl. iÜ die Anmerkungen zu den einzelnen Vorbehalten. Bis zum BtG war dieser Normzweck allerdings nur als Grundsatzentscheidung verwirklicht und insbesondere in Nr. 9 aF durchbrochen (Richtervorbehalte für vormundschaftsgerichtliche Genehmigung einzelner erbrechtlicher Geschäfte sowie von Gesellschaftsverträgen, Vergleichen und Schiedsverträgen).

III. Allgemeine Grundsätze

1. Auslegung, Analogie

9 Der Katalog der Richtervorbehalte ist **eng auszulegen,** und zwar „tunlichst in einer auf den Wortsinn beschränkten, formalisierten Weise" (KG Rpfleger 1978, 321). Dies ergibt sich aus der gesetzlichen Systematik: Zum einen sind Kindschafts- und Adoptionssachen (§ 3 Nr. 2 lit. a) generell auf den Rechtspfleger übertragen und es haben die Richtervorbehalte Ausnahmecharakter; zum anderen sind die Vorbehalte insoweit streng katalogisiert, als sie keine generalklauselartige Formulierung enthalten. Auch im Hinblick auf § 8 Abs. 4 S. 1 ist im Interesse der Rechtssicherheit eine enge Auslegung geboten: Es darf die schwere Folge der Unwirksamkeit einer Rechtspflegerentscheidung auf einem ihm generell übertragenen Gebiet nur eintreten, wenn von vornherein klar und eindeutig feststeht, dass ein Richtervorbehalt greift (KG Rpfleger 1978, 321; ebenso – für Nachlasssachen – BayObLG Rpfleger 1974, 328; 1982, 423; *Bassenge/Roth* Rn. 2; → § 3 Rn. 12, AMHRH/*Rellermeyer* Rn. 3). In verbleibenden **Zweifelsfällen** spricht eine Vermutung für die Zuständig-

Kindschafts- und Adoptionssachen **§ 14**

keit des Rechtspflegers (BayObLG Rpfleger 1982, 423f.; AMHRH/*Rellermeyer* § 3 Rn. 8; *Bassenge/Roth* Rn. 2; auch → § 3 Rn. 12, 13).

Aus den gleichen Gründen rechtfertigt sich eine **analoge Anwendung** der 10 Richtervorbehalte nur ausnahmsweise.

2. Umfang von Vorbehalten

Soweit ein Richtervorbehalt greift (→ § 3 Rn. 12), umfasst er – nicht nur die 11 Endentscheidung, sondern **alle Geschäfte,** die die Grundlage der Entscheidung bilden, durch sie veranlasst sind oder sich sonst als verfahrensrechtliche Nebenentscheidung darstellen (→ § 3 Rn. 13; BayObLG BWNotZ 1994, 18; *Jürgens/Klüsener* Rn. 36): zB Durchführung von Ermittlungen, Anhörungen, Beweiserhebungen, Bestellung eines Verfahrenspflegers oder Maßnahmen nach **§ 4 FamFG** (Abgabe an anderes Gericht). Letzteres gilt auch, wenn die Abgabe bzw. Übernahme mehrere selbständige Geschäfte umfasst, die zT in die Zuständigkeit des Rechtspflegers fallen. Will umgekehrt der Rechtspfleger nach § 4 FamFG vorgehen, kann er dies nur, wenn er allein für die abgegebenen (übernommenen) Geschäfte funktionell zuständig ist; wird auch nur ein in die Zuständigkeit des Richters fallendes Geschäfte berührt, muss die Angelegenheit (nach Vorlage, § 5 Abs. 1 Nr. 2) von diesem entschieden werden (BayObLG Rpfleger 1987, 455; zur Abgabe von Betreuungsverfahren → § 4 Rn. 3).

IV. Vorbehalte des Abs. 1

1. Verfahren, die die Feststellung des Bestehens oder Nichtbestehens der elterlichen Sorge eines Beteiligten für den anderen zum Gegenstand haben (Abs. 1 Nr. 1)

a) Entwicklung; Normzweck. Auch nach bisherigem Recht war für die 12 Streitentscheidung über das Bestehen oder Nichtbestehen der elterlichen Sorge für einen Partei für die andere nach dem aufgehobenen § 640 Abs. 2 Nr. 5 ZPO der Richter zuständig. Nach der Definition des **§ 151 Nr. 1 FamFG** ist diese Angelegenheit eine **Kindschaftssache** („elterliche Sorge") für die das Familiengericht zuständig ist (§ 111 Nr. 2 FamFG). **Gerechtfertigt** ist der Richtervorbehalt, weil es sich um einen erheblichen personenbezogenen Eingriff mit streitentscheidendem Charakter handelt.

b) Materieller Zusammenhang. Die Streitigkeit über das **Bestehen oder** 13 **Nichtbestehen der elterlichen Sorge** muss sich auf das Verhältnis des Kindes zu den Eltern oder gegenüber einem Elternteil beziehen (Thomas/Putzo/*Hüßtege* FamFG § 151 Rn. 6). Darunter fällt jeder Streit um Eintritt oder Beendigung der elterlichen Sorge (zB Eintritt der Volljährigkeit, *Schulte-Bunert* S. 567).

c) Funktionelle Zuständigkeit. Dem **Richter** ist vorbehalten: Das Verfahren 14 zur Feststellung des Bestehens oder Nichtbestehens der elterlichen Sorge eines Beteiligten für den anderen.

2. Maßnahmen auf Grund des § 1666 BGB zur Abwendung der Gefahr für das körperliche, geistige oder seelische Wohl des Kindes (Abs. 1 Nr. 2)

15 a) **Entwicklung; Normzweck.** Der entsprechende Vorbehalt in § 16 Abs. 3 lit. k REntlV wurde in § 12 Nr. 9 RPflG 1957 übernommen, da „die Entscheidung, die mit einer echten Streitentscheidung eng verwandt ist, dem Richter vorbehalten werden muß" (BT-Drs. II/161, 19). Das RPflG **1969** hat den Vorbehalt (damals in Nr. 8) um Entscheidungen im Bereich der Vermögensvorsorge (nach § 1666 Abs. 2 BGB aF, – die Vorschrift wurde unter Einfügung des § 1666a BGB durch das SorgeRG neu gefasst) erweitert, da es sich um schwerwiegende Maßnahmen handelt (BT-Drs. V/4341, 4). Der Vorbehalt in seiner derzeitigen Fassung berücksichtigt die Grundentscheidung des Gesetzgebers (Rn. 8), wonach grundsätzlich nur Maßnahmen der Personensorge dem Richter vorbehalten sein sollen, Entscheidungen im Bereich der Vermögenssorge dagegen dem Rechtspfleger.

16 b) **Materieller Zusammenhang.** Wird das körperliche, geistige oder seelische Wohl des Kindes oder sein Vermögen gefährdet, und sind die Eltern zur Abwendung der Gefahr nicht willens bzw. nicht in der Lage, hat das Familiengericht die erforderlichen Maßnahmen zu ergreifen (§ 1666 Abs. 1 BGB): Es kann etwa die Ausübung der **Personensorge** beschränken oder entziehen, eine Trennung des Kindes von der Familie bewirken (§ 1666a Abs. 1 BGB) oder die Personensorge ganz entziehen (§ 1666a Abs. 2 BGB). Werden Erklärungen der Eltern (zB Einwilligung in eine Operation) erforderlich, können diese ersetzt werden (§ 1666 Abs. 3 Nr. 5 BGB). Auch ein Entzug der **Vermögenssorge** ist möglich, wenn das Kindeswohl durch Verletzung des Unterhaltspflicht (§§ 1601 ff. BGB) gefährdet ist (§ 1666 Abs. 2 BGB).

17 c) **Funktionelle Zuständigkeit.** Dem Richter sind vorbehalten: Alle Maßnahmen im Bereich der **Personensorge**. § 1666a BGB ist zwar im Vorbehalt des Abs. 1 Nr. 2 nicht ausdrücklich aufgeführt, es folgt die Richterzuständigkeit jedoch zwingend aus der Tatsache, dass § 1666 Abs. 1 BGB durch § 1666a BGB ergänzt wird (*Bassenge/Roth* Rn. 7). Dies gilt auch für Änderungsentscheidungen nach § 1696 BGB.

18 In Betracht kommen zB folgende Maßnahmen (vgl. dazu *Röchling* FamRZ 2008, 1495; *Schwab* FamRZ 1998, 457 ff):
– **Gebote,** öffentliche Hilfen in Anspruch zu nehmen (§ 1666 Abs. 3 Nr. 1 BGB),
– **Kontaktaufnahmeverbote,** auch gegenüber Dritten (§ 1666 Abs. 3 Nr. Nr. 4, Abs. 4 BGB),
– die **Ersetzung** von Erklärungen des Sorgerechtsinhabers (Vogel FPR 2008, 617),
– die **Trennung** des Kindes von der elterlichen Familie (§ 1666a Abs. 1 BGB),
– die **(teilweise) Entziehung** der elterlichen Sorge (§ 1666a Abs. 2 BGB). Wird auf Grund der Entziehung der elterlichen Sorge eine Vormundschaft (§§ 1773 ff. BGB) oder Pflegschaft (§ 1909 Abs. 1 S. 1 BGB) erforderlich, ist für deren Anordnung der Rechtspfleger zuständig (AMHRH/*Rellermeyer* Rn. 10; **aA** OLG München Rpfleger 2006, 263 zu dem früheren § 1697 BGB; *Bassenge/Roth* Rn. 7). Die Zuständigkeit des Richters kann sich aber wegen des engen Sachzusammenhangs aus § 6 ergeben.

19 Zur **Zuständigkeit des Rechtspflegers** → § 3 Rn. 108 ff.

Kindschafts- und Adoptionssachen **§ 14**

3. Übertragung der elterlichen Sorge nach §§ 1626a, 1671, 1678 Abs. 2, 1680 Abs. 2 und 3 sowie 1681 Abs. 1 und 2 BGB (Abs. 1 Nr. 3)

a) Entwicklung; Normzweck. § 16 Abs. 3 lit. k REntlV hatte die Regulung 20 von Fragen der (damals noch) „elterlichen Gewalt" über Kinder aus nichtigen oder aufgelösten Ehen (zusammen mit dem Umgangsrecht) dem Richter vorbehalten. Das RPflG 1957 hat den Vorbehalt in § 12 Nr. 17 übernommen und, im Hinblick auf die Neufassung durch das Gleichberechtigungsgesetz, mit § 12 Nr. 16 lit. a einen weiteren Vorbehalt in Bezug auf die Regelung von Fragen der „elterlichen Gewalt" gem. §§ 1672, 1678–1680 BGB eingefügt (zur früheren Rechtslage: *Arndt* § 12 Rn. 55ff.). Das RPflG 1969 fasste die Vorbehalte in § 14 Nr. 14 zusammen und schränkte sie gleichzeitig ein: Die Entscheidungen für die Regelung der „elterlichen Gewalt" nach §§ 1678–1680 BGB aF wurde dem Rechtspfleger übertragen, da sie an bestimmte Sachverhalte geknüpft sind, die festzustellen keine Schwierigkeiten boten (BT-Drs. V/3134, 21). Der Richtervorbehalt erstreckte sich damit nur noch auf die Tatbestände der §§ 1671, 1672, 1738 Abs. 2 BGB aF. § 14 Nr. 15 aF beruhte auf dem SorgeRG (1979) und ist durch Art. 23 Nr. 4 FGG-RG wörtlich nach Nr. 3 übernommen worden. Das **G zur Reform der elterlichen Sorge nicht miteinander verheirateter Eltern** v. 16.4.2013, BGBl. I S. 795, hat Nr. 3 geändert. Der Vorbehalt rechtfertigt sich aus dem Gesichtspunkt der Streitentscheidung, der Personensorge (→ Rn. 8) und des Eingriffs in das Elternrecht (Art. 6 GG).

b) Materieller Zusammenhang. Sorgerechtsentscheidungen durch **Über-** 21 **tragung** der elterlichen Sorge kommen in Betracht bei **nicht miteinander verheirateten Eltern** die keine Sorgeerklärung abgegeben haben (§ 1626a Abs. 2 BGB), bei **Getrenntleben** der Eltern (§ 1671 BGB), beim Ruhen der elterlichen Sorge (§ 1678 Abs. 2 BGB), beim **Tod oder bei Todeserklärung** eines alleinsorgeberechtigten Elternteils (§ 1680 Abs. 2, § 1681 Abs. 1 und 2) sowie bei **Entziehung** der elterlichen Sorge (§ 1680 Abs. 3 BGB).

c) Funktionelle Zuständigkeit. Dem **Richter** sind vorbehalten: Die **Über-** 22 **tragung** der elterlichen Sorge auf
– **einen Elternteil alleine** nach **§ 1671 Abs. 1 BGB** bei dauerndem Getrenntleben während bestehender Ehe sowie nach Scheidung oder Aufhebung der Ehe;
– **den Vater eines nichtehelichen Kindes alleine** nach **§ 1671 Abs. 2 BGB** bei dauerndem Getrenntleben und Alleinsorge der Mutter nach § 1626a Abs. 3 BGB;
– **die Eltern eines nichtehelichen Kindes gemeinsam** nach **§ 1626a Abs. 2 BGB;**
– **einen Elternteil alleine** auf Grund Ruhens der elterlichen Sorge des anderen Elternteils, dem die Sorge nach § 1626a Abs. 3 BGB oder § 1671 BGB alleine zustand nach **§ 1678 Abs. 2 BGB;** die Vorschrift ist ihrem Wortlaut entsprechend nicht auf ein Ruhen der elterlichen Sorge infolge kurzfristiger Verhinderung angelegt. In letzteren Fällen (zB bei nur vorübergehender tatsächlicher Verhinderung) findet eine Übertragung der elterlichen Sorge nicht statt, vielmehr ist eine **Ergänzungspflegschaft** (§ 1909 BGB) durch das Familiengericht einzuleiten (BayObLG FamRZ 1962, 32; MüKoBGB/*Hennemann* § 1678 Rn. 11, 14; Palandt/*Diederichsen* BGB § 1678 Rn. 10);
– **den überlebenden Elternteil** beim Tod oder bei Todeserklärung des anderen, alleinsorgeberechtigten Elternteils nach **§§ 1680 Abs. 2, 1681 Abs. 1 BGB;**

§ 14 2. Abschnitt. Dem Richter vorbehaltene Geschäfte im FamR etc.

– **den anderen Elternteil** nach § 1680 Abs. 3 BGB, wenn dem alleinsorgeberechtigten Elternteil die elterliche Sorge entzogen wurde;
Ferner: die **Rückübertragung** der elterlichen Sorge bei irriger Todeserklärung oder Feststellung der Todeszeit nach **§ 1681 Abs. 2 BGB.**

23 Auch für **Änderungsentscheidungen** nach § 1696 BGB ist der Richter zuständig (*Klüsener* Rpfleger 1998, 224, 231).

24 Zur **Zuständigkeit des Rechtspflegers** → § 3 Rn. 108 ff..

4. Entscheidung über die Übertragung von Angelegenheiten der elterlichen Sorge auf die Pflegeperson nach § 1630 Abs. 3 BGB (Abs. 1 Nr. 4)

25 **a) Entwicklung; Normzweck.** Der Vorbehalt wurde durch Art. 9 Abs. 2 Nr. 2 KJHG (1990) als Nr. 6a (aF) eingefügt. Art. 23 Nr. 4 FGG-RG hat ihn wörtlich nach Nr. 4 übernommen. Die Zuständigkeit des Richters folgt aus dem personensorgerechtlichen Charakter der Übertragungsentscheidung (BT-Drs. 11/5948, 119; auch → Rn. 8).

26 **b) Materieller Zusammenhang.** Geben die Eltern ihr Kind auf eigenen Wunsch für längere Zeit in Familienpflege, soll sichergestellt werden, dass es von der Pflegeperson ordnungsgemäß betreut wird, diese also zB kurzfristig über den Besuch eines Arztes entscheiden kann. **Diesem Zweck** dient § 1630 Abs. 3 BGB, wonach das Familiengericht auf Antrag der Eltern oder der Pflegeperson Angelegenheiten der elterlichen Sorge auf die Pflegeperson übertragen und dieser dadurch die Rechte und Pflichten eines Pflegers (vgl. § 1630 Abs. 3 S. 3 BGB) verschaffen kann (BT-Drs. 8/2788, 47; Palandt/*Diederichsen* BGB § 1630 Rn. 12; zur Übertragung der gesamten Personensorge KG FamRZ 2006, 1291; die Übertragung der gesamten elterlichen Sorge ist unzulässig OLG Thüringen FamRZ 2009, 992).

27 **c) Funktionelle Zuständigkeit.** Dem **Richter** ist vorbehalten: **Die Übertragung von Angelegenheiten** der elterlichen Sorge auf eine Pflegeperson (§ 1630 Abs. 3 BGB). Auch für die Aufhebung der Übertragung ist der Richter zuständig (*Bassenge/Roth* Rn. 14).

28 Zur Zuständigkeit des Rechtspflegers bei Beschränkung der Entscheidungsbefugnisse der Pflegeperson nach § 1688 Abs. 3 S. 2 BGB (Kindschaftssache: Keidel/*Engelhardt* FamFG § 151 Rn. 6; → § 3 Rn. 108 ff.).

5. Entscheidung von Meinungsverschiedenheiten zwischen den Sorgeberechtigten (Abs. 1 Nr. 5)

29 **a) Entwicklung; Normzweck.** Einen entsprechender Vorbehalt enthielt bereits § 16 Abs. 3 lit. n REntlV. Das RPflG 1957 hat ihn in § 12 Nr. 6, das RPflG 1969 in Nr. 5 übernommen. Die Ersetzung des Wortes „Gewalthaber" durch „Sorgeberechtigten" – beruht auf dem SorgeRG (1979). Art. 23 Nr. 4 FGG-RG hat den Vorbehalt wörtlich nach Nr. 5 übernommen. Es handelt sich um eine personenrechtliche Entscheidung (Rn. 4) und um eine Streitentscheidung, für die der Richter zuständig ist (BT-Drs. II/161, 19).

30 **b) Materieller Zusammenhang.** § 1627 BGB sieht ein gemeinschaftliches und gleichrangiges Handeln der **Eltern** vor. Treten Meinungsverschiedenheiten auf und ist eine Einigung nicht möglich, entscheidet das Familiengericht nach

Kindschafts- und Adoptionssachen **§ 14**

Maßgabe des § 1628 BGB. Meinungsverschiedenheiten können auch bei der **Namensbestimmung** auftreten. Insoweit sehen die §§ 1617, 1618 BGB die Entscheidungszuständigkeit des Familiengerichts vor.

So wie bei Eltern, entscheidet das Familiengericht auch bei Meinungsverschie- 31
denheiten zwischen **Eltern und Pfleger** (§ 1630 Abs. 2 BGB), zwischen **mehreren Vormündern** (§§ 1797, 1798 BGB), **Pflegern bzw. Vormund und Pfleger** (§§ 1915, 1797, 1798 BGB). Zu Meinungsverschiedenheiten zwischen mehreren **Betreuern** (§§ 1899, 1908i, 1797, 1798 BGB) → § 15 Rn. 44, 45.

Entscheidungen des Familiengerichts sind auch bei **Interessenkonflikten** etwa 32
zwischen Eltern und Kind oder Vormund und Mündel (§§ 1629 Abs. 2 S. 3, 1796 BGB) oder bei **Auskunfterteilung** über die persönlichen Verhältnisse des Kindes (§ 1686 BGB) erforderlich.

Die Möglichkeit, eine gerichtliche Entscheidung über eine andere Art. der Un- 33
terhaltsgewährung herbeizuführen (§ 1612 Abs. 2 S. 2 BGB aF), ist durch Art. 1 Nr. 17 URechtÄndG vom 21. 12. 2007, BGBl. I S. 3189, beseitigt worden.

Zwar liegt, vgl. den Wortlaut des Abs. 1 Nr. 5, keine „Entscheidung" im engeren 34
Wortsinn vor, es ist jedoch auch eine „Übertragung" nach **§ 1628 BGB** eine Form der Entscheidung des Meinungsstreits (AG Pankow-Weißensee Rpfleger 2009, 314; AMHRH/*Rellermeyer* Rn. 18 und 20). Das Gleiche gilt im Falle des **§ 1617 Abs. 2 BGB.**

c) Funktionelle Zuständigkeit. Dem **Richter** sind vorbehalten, 35
– die **Entscheidung von Meinungsverschiedenheiten zwischen den Eltern,** wenn sie sich entgegen § 1627 BGB nicht einigen können; das Familiengericht kann nach § 1628 BGB die Entscheidungsbefugnis einem Elternteil übertragen.
– die **Übertragung des Namensbestimmungsrechts** auf einen Elternteil nach § 1617 Abs. 2 BGB, **wenn** die Untätigkeit der Eltern auf eine Meinungsverschiedenheit zurückzuführen ist (str.; es besteht generell ein Richtervorbehalt, da bei Untätigkeit idR von einer Meinungsverschiedenheit auszugehen ist: OLG Fankfurt a. M. Rpfleger 1996, 280m. abl. Anm. *Bestelmeyer;* LG Münster Rpfleger 1996, 99; *Bassenge/Roth* Rn. 16 und die Vorauflage § 14 Rn. 106; **aA:** auf eine Meinungsverschiedenheit kann nicht zwingend geschlossen werden: AMHRH/*Rellermeyer* Rn. 21; *Klüsener* Rpfleger 1998, 221, 226; *Künkel* FamRZ 1998, 877, auch → § 3 Rn. 111);
– die **Entscheidung von Meinungsverschiedenheiten zwischen Eltern und Pfleger** (§ 1630 Abs. 2 BGB) sowie **mehreren Vormündern** (§§ 1797, 1798 BGB) oder **Pflegern bzw. Vormund und Pfleger** (§§ 1915 Abs. 1, 1797, 1798 BGB); zu Meinungsverschiedenheiten zwischen Vormund und Gegenvormund → Rn. 36 und → § 3 Rn. 114a; in **Betreuungssachen** erstreckt § 15 Nr. 7 den Richtervorbehalt auf entsprechende Entscheidungen des Betreuungsgerichts nach § 1908i Abs. 1 S. 1 iVm §§ 1797 Abs. 1 S. 2, 1798 BGB (→ § 15 Rn. 45);
– die **Ersetzung der Einwilligung** des anderen Elternteils zur Einbenennung, wenn den Eltern die elterliche Sorge **gemeinsam** zusteht (§ 1618 S. 4 BGB, § 9 Abs. 5 S. 2 LPartG); in diesem Fall ist eine Meinungsverschiedenheit zwischen Sorgeberechtigten zu entscheiden (*Klüsener* Rpfleger 2002, 233; AMHRH/*Rellermeyer* Rn. 20).

In die Zuständigkeit des **Rechtspflegers** fallen dagegen: 36
– die **Entscheidung über die Entziehung der Vertretungsmacht** wegen eines Interessenkonflikts (§ 1629 Abs. 2 S. 3; §§ 1908i Abs. 1 S. 1, 1796 BGB); Grund:

§ 14   2. Abschnitt. Dem Richter vorbehaltene Geschäfte im FamR etc.

In diesen Fällen geht es grundsätzlich nicht um „Meinungsverschiedenheiten zwischen Sorgeberechtigten" (AMHRH/*Rellermeyer* Rn. 21; *Bassenge/Roth* Rn. 17; *Künkel* FamRZ 1998, 877); → § 3 Rn. 111;
- die **Ersetzung der Einwilligung des anderen Elternteils** dessen Namen das Kind führt zur Einbenennung (§ 1618 S. 4 BGB, § 9 Abs. 5 S. 2 LPartG) wenn diesem die elterliche Sorge nicht zusteht (OLG Dresden FamRZ 1999, 1378; OLG Köln FamRZ 1999, 735; AMHRH/*Rellermeyer* Rn. 21; *Heistermann* FamRZ 2003, 279); in diesem Fall geht es ebenfalls nicht um eine Meinungsverschiedenheit zwischen Sorgeberechtigten; → § 3 Rn. 111;
- die **Entscheidung von Meinungsverschiedenheiten** zwischen Vormund und Gegenvormund, wenn letzterer die Erteilung einer Genehmigung zB nach § 1812 BGB verweigert: Einer Entscheidung des Streits bedarf es nicht, weil das Familiengericht (Rechtspfleger) die ihm durch Gesetz eingeräumte alternative Kompetenz (§ 1812 Abs. 2 BGB) wahrnimmt (so zutreffend MüKoBGB/*Wagenitz* § 1812 Rn. 39 unter Aufgabe einer früheren Auffassung, dass der Richter zuständig ist); auch → § 3 Rn. 114a;
- die **Entscheidung über den Auskunftsanspruch** nach § 1686 S. 2 BGB; → § 3 Rn. 111.

6. Ersetzung der Sorgeerklärung nach Art. 224 § 2 Abs. 3 EGBGB aF (Abs. 1 Nr. 6 aF)

37   **a) Entwicklung; Normzweck.** Der Vorbehalt war in § 14 Abs. 1 Nr. 15a aF geregelt und wurde durch Art. 23 Nr. 4 FGG-RG nach Nr. 6 übernommen. Art. 224 § 2 Abs. 3 EGBGB und Nr. 6 sind durch Art. 4 und 5 d G zur Reform der elterlichen Sorge nicht miteinander verheirateter Eltern v. 16.4.2013, BGBl. I S. 795, mit Wirkung vom 19.5.2013 **aufgehoben** worden.

38   **b) Materieller Zusammenhang.** Art. 224 § 2 Abs. 3 EBGBG war aufgrund einer Entscheidung des BVerfG (BVerfGE 107, 150; NJW 2003, 995 = Rpfleger 2003, 179) eingefügt worden. Es handelte sich um eine Übergangsregelung nach der ein Elternteil eines nichtehelichen Kindes, der mit dem anderen Elternteil in häuslicher Gemeinschaft gelebt, sich aber vor dem 1.7.1998 (= Inkrafttreten des KindRG) getrennt hat, die **Sorgeerklärung** des anderen ersetzen lassen konnte (§ 1626a Abs. 1 Nr. 1 BGB; zur verfassungskonformen Anwendung vgl. Entscheidung des BVerfG v. 21.7.2010, BGBl. I S. 1173; dazu *Höfelmann* FamRZ 2004, 65).

39   Nach **Art. 229 § 30 EGBGB** gilt ein vor dem 19.5.2013 gestellter Antrag auf Ersetzung der Sorgeerklärung des anderen Elternteils als ein Antrag auf Übertragung der elterlichen Sorge nach § 1626a Abs. 2 BGB. Die Entscheidung trifft nach Nr. 3 der Richter.

7. Regelung des persönlichen Umgangs zwischen Eltern und Kindern sowie Kindern und Dritten nach § 1684 Abs. 3 und 4, § 1685 Abs. 3, § 1686a Abs. 2, die Entscheidungen nach §§ 1687, 1687a BGB sowie § 1632 Abs. 2 BGB (Abs. 1 Nr. 7)

40   **a) Entwicklung; Normzweck.** Der Vorbehalt bzgl des persönlichen Verkehrs war bereits in § 16 Abs. 3 lit. k REntlV enthalten. Das RPflG 1957 hat ihn – zusammen mit der Regelung der (damals noch) „elterlichen Gewalt" über Kinder aus nichtigen oder aufgelösten Ehen – in § 12 Nr. 17 übernommen (zum früheren

Kindschafts- und Adoptionssachen § 14

Recht: *Arndt* § 12 Rn. 55 ff.). Das RPflG 1969 hat das Umgangsrecht (damals noch: „Verkehrsregelung") in geänderter Fassung als selbständigen Vorbehalt in Nr. 16 aufgeführt, wobei er sich lediglich auf die „Regelung des persönlichen Verkehrs zwischen Eltern und Kindern" beschränkte. Die jetzige Fassung – Ersetzung des unschönen Wortes „Verkehrs" durch „Umgangs" samt des Einbezugs Dritter – beruht auf dem SorgeRG (1979) mit seiner Änderung ua der §§ 1632, 1634, 1711 BGB. Der Vorbehalt ist durch Art. 4 Nr. 6 KindRG neu gefasst (BT-Drs. 13/4899, 15) und durch Art. 23 Nr. 4 FGG-RG nach Nr. 7 übernommen worden. Durch G v. 4.7.2013, BGBl. I S. 2176, (→ Rn. 6) wurde der Vorbehalt geändert.

Da hier regelmäßig über einen zwischen den Eltern bestehenden Streit zu entscheiden ist, jedenfalls aber in das Elternrecht (Art 6 GG) eingegriffen wird, ist der Richter zuständig (*Arndt* § 12 Rn. 55; BT-Drs. II/161, 20). 41

b) Materieller Zusammenhang. Nach **§§ 1684, 1685 BGB** haben die Eltern (auch der Vater eines nichtehelichen Kindes), das Kind sowie Großeltern und Geschwister ein Recht auf Umgang. Das Gleiche gilt nach **§ 1686a Abs. 2 BGB** für den leiblichen, nicht rechtlichen Vater. Das Familiengericht kann über den Umfang des **Umgangsrechts** entscheiden und seine Ausübung, auch gegenüber Dritten, näher regeln (§§ 1684 Abs. 3 und 4, 1685 Abs. 3 BGB). Es kann ferner die **Entscheidungsbefugnis** nach §§ **1687 Abs. 1 S. 2, 4, 1687a BGB** in Angelegenheiten des täglichen Lebens einschränken oder ausschließen (§ 1687 Abs. 2 BGB). 42

Die Personensorge umfasst nach **§ 1632 Abs. 2 BGB** ferner das Recht, den Umgang des Kindes auch **mit Wirkung für und gegen Dritte** zu bestimmen (§ 1632 Abs. 2 BGB). Kommt es hierüber zu Streitigkeiten und können sich die Eltern nicht einigen, entscheidet das Familiengericht (§ 1632 Abs. 3 BGB). 43

c) Funktionelle Zuständigkeit. Dem **Richter** sind vorbehalten, die Entscheidungen über 44
- den **Umfang und die Ausübung des Umgangsrechts,** auch gegenüber Dritten (§§ 1684 Abs. 3, 1685 Abs. 3, 1686a Abs. 2 BGB);
- die **Einschränkung, den Ausschluss des Umgangsrechts oder die Anwesenheit** mitwirkungsbereiter Dritter beim Umgang (§§ 1684 Abs. 4, 1685 Abs. 3 BGB);
- die **Einschränkung oder den Ausschluss der Entscheidungsbefugnis** in Angelegenheiten des täglichen Lebens (§§ 1687 Abs. 2, 1687a BGB; vgl. *Klüsener* Rpfleger 1998, 221, 224);
- **Streitigkeiten, die den Umgang** des Kindes auch mit Wirkung für und gegen Dritte betreffen (§ 1632 Abs. 2 BGB).

Vom Richtervorbehalt werden auch Ermittlungen (§ 26 FamFG) und Beweiserhebungen (§§ 29 ff. FamFG), die der Vorbereitung der Entscheidung dienen, erfasst (*Bassenge/Roth* Rn. 20). 45

In die Zuständigkeit des **Rechtspflegers** fallen hingegen die Entscheidungen über 46
- die **Einschränkung oder den Ausschluss der sorgerechtlichen Befugnisse** des Ehegatten des sorgeberechtigten Elternteils in Angelegenheiten des täglichen Lebens (§ 1687b Abs. 3 BGB; → § 3 Rn. 111);
- die **Einschränkung oder den Ausschluss** der Entscheidungsbefugnisse der Pflegeperson in Angelegenheiten des täglichen Lebens (§ 1688 Abs. 3 S. 2 und Abs. 4 BGB; → § 3 Rn. 111);
- **Streitigkeiten hinsichtlich des Auskunftsrechts** eines Elternteils gegenüber dem anderen Elternteil (§ 1686 BGB; → § 3 Rn. 111);

8. Entscheidung über den Anspruch auf Herausgabe des Kindes nach § 1632 Abs. 1 BGB sowie die Entscheidung über den Verbleib des Kindes bei der Pflegeperson nach § 1632 Abs. 4 oder bei dem Ehegatten, Lebenspartner oder Umgangsberechtigten nach § 1682 BGB (Abs. 1 Nr. 8)

47 a) **Entwicklung; Normzweck.** Der Vorbehalt ist in das RPflG 1957 in § 12 Nr. 6a eingefügt worden und betraf zunächst nur den Anspruch auf Herausgabe des Kindes (§ 1632 Abs. 2 BGB aF); das RPflG 1969 hat ihn übernommen. Durch das SorgeRG (1979) wurde der Vorbehalt um die Tatbestände der § 50d FGG, § 1632 Abs. 4 BGB erweitert. Art. 4 Nr. 3 KindRG hat den Vorbehalt als Nr. 7 neu gefasst und Entscheidungen nach § 1682 BGB miteinbezogen. Art. 23 Nr. 4 FGG-RG übernahm den Vorbehalt als Nr. 8 und stellte klar, dass er sich auch auf Lebenspartner iSd LPartG bezieht.

48 Die **Richterzuständigkeit** rechtfertigt sich aus dem Gesichtspunkt der Streitentscheidung.

49 b) **Materieller Zusammenhang.** Die Personensorge (§ 1631 Abs. 1 BGB) umfasst ua das **Aufenthaltsbestimmungsrecht**. **§ 1632 Abs. 1 BGB** ergänzt dieses Recht und gibt dem (den) Sorgeberechtigten einen Anspruch auf Herausgabe des Kindes. Zuständig ist das **Familiengericht** (§ 1632 Abs. 3 BGB; § 151 Nr. 3 FamFG). Entsprechende Lebenspartnerschaftssachen sind in § 9 Abs. 7 LPartG geregelt.

50 Haben die Eltern ihr Kind in **Familienpflege** gegeben und lebt es seit längerer Zeit in der Pflegestelle, kann das Wohl des Kindes durch eine Herausnahme aus der Pflege und eine Zurückführung zu den Eltern gefährdet werden. In diesem Fall kann das **Familiengericht** nach Maßgabe der **§§ 1632 Abs. 4, 1682 BGB** anordnen, dass das Kind bei der Pflegeperson oder der Bezugsperson verbleibt (vgl. dazu OLG Hamm FamRZ 2005, 814: die Verbleibensanordnung betrifft die Herausgabe des Kindes).

51 c) **Funktionelle Zuständigkeit.** Dem **Richter** sind vorbehalten, die Entscheidungen über
– die **Herausgabe** des Kindes (§ 1632 Abs. 1 BGB; einschließlich des Erlasses einer einstweiligen Anordnung über die Herausgabe persönlicher Sachen des Kindes; *Bassenge/Roth* Rn. 22);
– den **Verbleib** des Kindes bei einer Pflegeperson (§ 1632 Abs. 4 BGB) oder bei einer Bezugsperson (zB Stiefelternteil, Lebenspartner, Großeltern; §§ 1682, 1685 Abs. 1 BGB).

52 § 1682 BGB dürfte über den Wortlaut hinaus auch dann anwendbar sein, wenn die Alleinsorge des anderen Elternteil auf einer Entscheidung nach §§ 1696, 1671, 1672 BGB basiert (*Klüsener* Rpfleger 1998, 221, 224; *Bassenge/Roth* Rn. 22; AMHRH/*Rellermeyer* Rn. 44).

53 Vom Vorbehalt der Nr. 8 werden auch entsprechende Entscheidungen in **Vormundschaftssachen** (§ 1800 iVm § 1632 Abs. 1 und 4 BGB) und **Pflegschaftssachen** (§ 1915 Abs. 1 iVm §§ 1800, 1632 Abs. 1 und Abs. 4 BGB) erfasst; in **Betreuungssachen** erstreckt § 15 Nr. 7 den Richtervorbehalt auf Entscheidungen nach § 1908i Abs. 1 S. 1 iVm § 1632 Abs. 1 bis 3 BGB.

Kindschafts- und Adoptionssachen §14

9. Anordnung einer Betreuung oder Pflegschaft auf Grund dienstrechtlicher Vorschriften, soweit hierfür das Familiengericht zuständig ist (Abs. 1 Nr. 9)

a) Entwicklung; Normzweck. Einen entsprechenden Richtervorbehalt hat 54
§ 14 Abs. 1 Nr. 4 aF enthalten. Art. 23 Nr. 4 FGG-RG hat den Vorbehalt nach Nr. 9 übernommen. Für die Betreuungssachen ist er in § 15 Nr. 6 aufgelistet worden.

b) Materieller Zusammenhang. Die Anordnung einer Pflegschaft bzw. die 55
Bestellung eines Betreuers ist in **§ 85 Abs. 2 WDO** für die Fälle der Verhandlungsunfähigkeit bzw. Abwesenheit von Soldaten vorgesehen. In Disziplinarverfahren kommt nach **§ 3 BDG iVm § 16 VwVfG** (vgl. auch die entsprechenden Regelungen in den Landesgesetzen) die Bestellung eines Vertreters für die Wahrnehmung von Rechten im Verwaltungsverfahren in Betracht, wenn ein Beteiligter infolge einer psychischen Krankheit oder körperlicher, geistiger oder seelischer Behinderung im Verfahren nicht tätig werden kann. Ist die betroffene Person minderjährig, handelt es sich um eine Kindschaftssache (§ 151 Nr. 5 FamFG) für die das Familiengericht zuständig ist (§ 111 Nr. 2 FamFG). Bei Volljährigen liegt eine betreuungsgerichtliche Zuweisungssache mit der Zuständigkeit des Betreuungsgerichts vor (§ 340 Nr. 2 FamFG; → § 15 Rn. 41).

c) Funktionelle Zuständigkeit. Dem **Richter** sind vorbehalten, 56
– die **Anordnung einer Pflegschaft oder Bestellung eines Betreuers** für einen Minderjährigen auf Grund dienstrechtlicher Vorschriften (§ 85 Abs. 2 WDO); die Betreuerbestellung erfolgt durch Einheitsentscheidung des Richters (= Auswahl und Bestellung des Betreuers), während bei der Pflegschaft sich die Richterzuständigkeit auf die Anordnung der Pflegschaft beschränkt, die Auswahl und Bestellung des Pflegers hingegen fallen in den Zuständigkeitsbereich des Rechtspflegers (AMHRH/*Rellermeyer* Rn. 79, 80).
– die **Bestellung eines Vertreters** für einen Minderjährigen auf Grund dienstrechtlicher Vorschriften (§ 3 BDG iVm § 16 VwVfG bzw. den entsprechenden Landesgesetzen).

10. Anordnung einer Vormundschaft oder einer Pflegschaft über einen Angehörigen eines fremdem Staates einschließlich der vorläufigen Maßregeln nach Art. 24 EGBGB (Abs. 1 Nr. 10)

a) Entwicklung; Normzweck. Einen entsprechenden Richtervorbehalt hat 57
bereits § 14 Abs. 1 Nr. 4 aF, der durch das RPflG 1969 eingefügt wurde, enthalten. Art. 23 Nr. 4, 5 FGG-RG hat den Vorbehalt nach Nr. 10 bzw. in Betreuungssachen nach § 15 Nr. 5 übernommen. Der Vorbehalt wurde mit der notwendigen Prüfung internationalen Privatrechts begründet (BT-Drs. V/3134; kritisch: AMHRH/*Rellermeyer* Rn. 56). Die Länder können den Richtervorbehalt aufheben (§ 19 Abs. 1 S. 1 Nr. 1).

b) Materieller Zusammenhang. Für das Entstehen, die Änderung und das 58
Ende einer Vormundschaft oder Pflegschaft über einen fremden Staatsangehörigen ist das Recht des Staates, dem der Mündel oder Pflegling angehört, maßgebend (Art. 24 Abs. 1 S. 1 EGBGB). Als **vorläufige Maßregeln** (Art. 24 Abs. 3 EGBGB) kommen zB in Betracht: Sicherung von Guthaben, Anordnung der Hinterlegung von Geld oder Wertpapieren, Aufstellung eines Vermögensverzeichnisses.

§ 14 2. Abschnitt. Dem Richter vorbehaltene Geschäfte im FamR etc.

59 **c) Funktionelle Zuständigkeit.** Dem **Richter** sind vorbehalten, die **Anordnung** einer Vormundschaft oder Pflegschaft über einen Angehörigen eines fremden Staates, einschließlich vorläufiger Maßregeln nach Art. 24 EGBGB.

60 **Rechtspflegerzuständigkeit:** Für die Folgemaßnahmen, wie zB Auswahl und Bestellung des Vormunds oder Pflegers, ist der Rechtspfleger zuständig (AMHRH/*Rellermeyer* Rn. 58).

11. Religiöse Kindererziehung betreffenden Maßnahmen nach § 1801 BGB sowie den §§ 2, 3 und 7 RelKErzG (Abs. 1 Nr. 11)

61 **a) Entwicklung; Normzweck.** Eine entsprechende Richterzuständigkeit war bereits in § 16 Abs. 3 lit. b und lit. k REntlV begründet. Das RPflG 1957 hat den Vorbehalt in § 12 Nr. 21 aufgenommen (zum bisherigen Recht: *Arndt* § 12 Rn. 66). Das RPflG 1969 hat den Vorbehalt beibehalten, die §§ 9, 10 RelKErzG jedoch als überholt nicht mehr aufgeführt. Art. 23 Nr. 4 FGG-RG hat den Vorbehalt von Nr. 19 nach Nr. 11 übernommen.

62 Die hier zu treffenden Entscheidungen berühren die Grundrechte aus Art. 6, 7 GG; abgesehen von diesem verfassungsrechtlichen Gesichtspunkt rechtfertigt sich die Richterzuständigkeit aus der Tatsache, dass die Entscheidungen, zT unter Abwägung verschiedener Interessen, die sich widerstreiten können, wie in einem streitigen Verfahren ergehen (BT-Drs. II/161, 20; *Arndt* § 12 Rn. 66).

63 **b) Materieller Zusammenhang.** Die Personensorge der **Eltern** oder des **Vormunds** schließt die religiöse Erziehung des Kindes mit ein. Gehört ein für das Kind bestellter **Vormund** nicht dem Bekenntnis an, in dem der Mündel zu erziehen ist, kann die Sorge für die religiöse Erziehung durch das Familiengericht entzogen (und gegebenenfalls einem zu bestellenden **Pfleger** übertragen) werden **(§ 1801 Abs. 1 BGB)**. Können sich die **Eltern** nicht einigen, dass das Kind in einem anderen als dem zur Zeit der Eheschließung gemeinsamen Bekenntnis oder in einem anderen Bekenntnis als bisher erzogen oder dass das Kind von einem Religionsunterricht abgemeldet werden soll, hat das Familiengericht **zu vermitteln** oder **zu entscheiden** (§§ 2 Abs. 2, Abs. 3 RelKErzG; – Einzelheiten zum RelKErzG, zuletzt geändert durch Art. 7 § 31 BtG, bei MüKoBGB/*Huber* Anh. § 1631). Trifft der **allein sorgeberechtigte Vormund oder Pfleger** Bestimmungen hinsichtlich der religiösen Erziehung, bedarf er hierzu der **familiengerichtlichen Genehmigung** (§§ 3 Abs. 2 RelKErzG). Im Übrigen ist für **alle Streitigkeiten** – zB zwischen Vater oder Mutter einerseits und Pfleger andererseits (§ 3 Abs. 1 RelKErzG) – das Familiengericht zuständig (§ 7 RelKErzG).

64 **c) Funktionelle Zuständigkeit.** Dem **Richter** sind vorbehalten,
– die **Vermittlung** bei einem Elternstreit über die religiöse Erziehung des Kindes oder, wenn sich die Eltern nicht einigen können, *die Entscheidung* über einen Bekenntniswechsel des Kindes oder über die Abmeldung vom Religionsunterricht (§ 2 Abs. 2, 3, § 6 RelKErzG);
– die **Entziehung** der Sorge für die religiöse Erziehung bei Bekenntnisverschiedenheit von Einzelvormund und Mündel (§ 1801 Abs. 1 BGB);
– die **Genehmigung** zu der Bestimmung der religiösen Erziehung des Kindes durch Vormund oder Pfleger (§ 3 Abs. 2, § 6 RelKErzG);
– die **Entscheidung** sonstiger Streitigkeiten im Anwendungsbereich des RelKErzG (§ 7 RelKErzG);

Kindschafts- und Adoptionssachen § 14

12. Ersetzung der Zustimmung eines Sorgeberechtigten zu einem Rechtsgeschäft; eines gesetzlichen Vertreters zu der Sorgeerklärung eines beschränkt geschäftsfähigen Elternteils nach § 1626 c Abs. 2 Satz 1 BGB; des gesetzlichen Vertreters zur Bestätigung der Ehe nach § 1315 Abs. 1 Satz 3 Hs. 2 BGB (Abs. 1 Nr. 12)

a) *Entwicklung; Normzweck.* § 12 Nr. 6 RPflG 1957 hatte noch – in weit- 65 gehender Übereinstimmung mit § 16 Abs. 3 lit. f, n REntlV – sämtliche Zustimmungserfordernisse in den Richtervorbehalt aufgenommen, weil die Verfügung des Vormundschaftsgerichts einen Streit entscheidet und iÜ weitgehend nach dem Ermessen zu treffen ist (BT-Drs. II/161, 19). Das RPflG 1969 hat diesen Vorbehalt unverändert übernommen; als maßgebend sah es allerdings das Kriterium „personenrechtliche Entscheidungen dem Richter, Entscheidungen im Vermögensbereich dem Rechtspfleger" an (BT-Drs. V/4341, 2). Das SorgeRG (1979) ersetzte das Wort „Gewalthaber" durch „Sorgeberechtigter". Auch das BtG brachte eine terminologische Bereinigung: gegenüber „Ersetzung der Einwilligung oder Genehmigung" heißt es jetzt „Ersetzung der Zustimmung". In konsequenter Durchführung des **Normzwecks** (→ Rn. 7, 8) schränkte das BtG den bisherigen Vorbehalt insoweit ein, als für die Ersetzung der Zustimmung eines Ehegatten nach **§ 1452 BGB** jetzt der **Rechtspfleger** zuständig ist (§ 25 Nr. 3a): Die Maßnahme hat überwiegend **vermögensrechtlichen Charakter,** da es um die Sicherstellung der Funktionsfähigkeit der Verwaltung des Gesamtguts durch beide Ehegatten geht.

Den früher in § 14 Abs. Nr. 6 aF enthaltenen Richtervorbehalt hat Art. 23 Nr. 4 66 und 11 FGG-RG neu strukturiert: Die **Zustimmungsersetzung eines Sorgeberechtigten** in § 14 Abs. 1 Nr. 12 a übernommen worden, während sich die **güterrechtliche Zustimmungsersetzung nach § 1452 BGB** seither als Einzelübertragung in **§ 25 Nr. 3 a** befindet.

Der Richtervorbehalt des **§ 14 Abs. 1 Nr. 12 lit. b** ist durch das KindRG auf 67 Grund eines Vorschlags des Bundesrats, damals als § 14 Abs. 1 Nr. 9, eingefügt worden (BT-Drs. 13/4899, 160, 171); Art. 23 Nr. 4 FGG-RG hat ihn nach Nr. 12 lit. b übernommen. Er wurde damit begründet, dass wie bei der Zustimmung zum Scheidungsantrag der Richter zuständig sein soll.

Einen Abs. 1 Nr. 12c entsprechenden Vorbehalt hat bereits § 16 Abs. 3 lit. d 68 REntlV enthalten. Das RPflG 1957 hat ihn nach § 12 Nr. 14 übernommen. Das EheschlRG hat den Vorbehalt neu gefasst und in § 14 Abs. 1 Nr. 12 eingefügt. Art. 23 Nr. 4 FGG-RG hat ihn schließlich in § 14 Abs. 1 Nr. 12c aufgelistet.

Bei den Verfahren der Zustimmungsersetzung eines Ehegatten nach §§ 1365 69 Abs. 2, 1369 Abs. 2 BGB (= Zugewinngemeinschaft) und §§ 1426, 1430, 1487 Abs. 1 BGB (= Gütergemeinschaft) handelt es sich um **Güterrechtssachen** (§ 261 Abs. 2 FamFG), für die, mangels Übertragung auf den Rechtspfleger durch § 3, der Richter funktionell zuständig ist. Ferner fallen nicht unter **Abs. 1 Nr. 12a** die Ersetzung der Einwilligung zur Einbennungen eines Stiefkindes nach § 1618 S. 4 BGB, § 9 Abs. 5 LPartG (→ § 3 Rn. 111 und → Rn. 35, 36), die Ersetzung der Zustimmung des Schenkers bei Abweichung von seinen Anordnungen nach § 1803 Abs. 3 BGB (→ § 3 Rn. 111, 114) und die Ersetzung der Genehmigung des Gegenvormundes nach §§ 1810, 1812 Abs. 2 BGB, da diesem keine Sorgeberechtigung zusteht (→ § 3 Rn. 114).

70 **b) Materieller Zusammenhang. aa) Ersetzung der Zustimmung eines Sorgeberechtigten zu einem Rechtsgeschäft.** Nach § 113 BGB kann der gesetzliche Vertreter den Minderjährigen zu einem Dienst- oder Arbeitsverhältnis **ermächtigen** (§ 113 Abs. 1 BGB). Die Ermächtigung hat die partielle Geschäftsfähigkeit des Minderjährigen zur Folge. Ist der gesetzliche Vertreter ein Vormund (Pfleger), kann die von ihm verweigerte Ermächtigung auf Antrag des Minderjährigen durch das Familiengericht **ersetzt** werden (§ 113 Abs. 3 BGB). Das Verfahren ist Kindschaftssache nach § 151 Nr. 4 FamFG.

71 **bb) Ersetzung der Zustimmung zur Sorgeerklärung.** Den nicht miteinander verheirateten Eltern steht das Sorgerecht für ihr Kind gemeinsam zu, wenn sie **Sorgeerklärungen** abgeben (§ 1626c Abs. 1 BGB). Ein beschränkt geschäftsfähiger Elternteil bedarf dazu der Zustimmung seines gesetzlichen Vertreters, die durch das Familiengericht **ersetzt** werden kann (§ 1626c Abs. 2 BGB). Das Verfahren ist Kindschaftssache (§ 151 Nr. 1, 4 oder 5 FamFG).

72 **cc) Ersetzung der Zustimmung zur Bestätigung der Ehe.** Die **Bestätigung** durch einen minderjährigen Ehegatten, einer unter Verstoß gegen § 1304 BGB (= Geschäftsunfähigkeit) oder im Falle des § 1314 Abs. 2 Nr. 1 BGB (= Bewußtlosigkeit oder vorübergehende Störung der Geistestätigkeit) geschlossenen und deshalb aufhebbaren Ehe, bedarf der Zustimmung des gesetzlichen Vertreters die durch das Familiengericht **ersetzt** werden kann (§ 1315 Abs. 1 S. 3 Hs. 2 BGB). Das Verfahren ist Kindschaftssache (§ 151 Nr. 1, 4 oder 5 FamFG).

73 **c) Funktionelle Zuständigkeiten.** Dem **Richter** ist vorbehalten, die **Ersetzung der Zustimmung**
– eines Sorgeberechtigten zu einem Rechtsgeschäft,
– zur Sorgeerklärung (einschließlich deren Verweigerung; AMHRH/*Rellermeyer* Rn. 31) und
– zur Bestätigung der Ehe.

74 In die **Rechtspflegerzuständigkeit** fallen demgegenüber die unter Rn. 69 aufgeführten Fälle: Zuwendender (§ 1803 Abs. 3 BGB) und Gegenvormund (§§ 1810, 1812 Abs. 2 BGB), da sie nicht dem in Abs. 1 Nr. 12a aufgeführten Personenkreis angehören.

13. Befreiung vom Erfordernis der Volljährigkeit nach § 1303 Abs. 2 BGB und die Genehmigung einer ohne diese Befreiung vorgenommenen Eheschließung nach § 1315 Abs. 1 Satz 1 Nr. 1 BGB (Abs. 1 Nr. 13)

75 **a) Entwicklung; Normzweck.** Befreiungen nach §§ 1, 4, 6 EheG aF waren ursprünglich Justizverwaltungsakte, deren Vorbereitung dem AG oblag. Das RPflG 1957 hatte sie deshalb nicht als Vorbehalte aufgenommen. Das FamRÄndG (1961) übertrug mit seiner Neufassung des EheG diese Entscheidungen auf die Gerichte und stellte sie zugleich – im Hinblick auf deren Schwierigkeit und die weitreichenden Folgen – unter Einfügung des § 12 Nr. 19a unter die Richterzuständigkeit. Das RPflG 1969 hat den Vorbehalt nach § 14 Nr. 18 übernommen. Die späteren Änderungen des EheG durch das VolljkG (1974), das AdG (1976) und das 1. EheRG (1976) machten eine Neufassung des Vorbehalts nicht erforderlich. Erst das EheschlRG hat ihn neu gefasst. Art. 23 Nr. 4 FGG-RG hat diesen Vorbehalt in § 14 Abs. 1 Nr. 13 aufgelistet und seinen restlichen Regelungsgehalt nach § 14

Kindschafts- und Adoptionssachen   **§ 14**

Abs. 1 Nr. 16 übernommen. Er rechtfertigt sich auf Grund der weitreichenden Folgen der Entscheidung.

b) Materieller Zusammenhang. Eine Ehe soll nicht vor Eintritt der Volljährigkeit eingegangen werden (= Ehemündigkeit; § 1303 Abs. 1 BGB). Es kann jedoch das Familiengericht auf Antrag **Befreiung** davon erteilen, wenn der Antragsteller das 16. Lebensjahr vollendet hat und sein künftiger Ehegatte volljährig ist (§ 1303 Abs. 2). Eine ohne die Befreiung geschlossene Ehe kann durch das Familiengericht **genehmigt** werden (§ 1315 Abs. 1 S. 1 Nr. 1 BGB). Bei den Verfahren handelt es sich um Kindschaftssachen (§ 151 Nr. 1, 4 oder 5 FamFG).   76

c) Funktionelle Zuständigkeiten. Dem **Richter** sind vorbehalten,   77
– die Befreiung vom Erfordernis der Volljährigkeit bei Eheschließung sowie
– die Genehmigung einer ohne diese Befreiung geschlossenen Ehe.

14. Die im JGG genannten Verrichtungen mit Ausnahme der Bestellung eines Pflegers nach § 67 Abs. 4 Satz 3 JGG (Abs. 1 Nr. 14)

a) Entwicklung; Normzweck. Der Vorbehalt (geändert durch JGGÄndG v. 30.8.1990, BGBl. I S. 1853) war (in erweiterter Form) bereits in § 16 Abs. 3 lit. b REntlV enthalten und ist vom RPflG 1957 (in Nr. 22) übernommen worden. Das RPflG 1969 hat ihn unverändert gelassen. Eine Einschränkung brachte das BtG, das die Pflegerbestellung nach § 67 Abs. 4 S. 3 JGG vom Richtervorbehalt ausnahm. Dies aufgrund der Tatsache, dass dem Rechtspfleger nach geltendem Recht in der überwiegenden Zahl der Fälle ohnehin die Bestellung eines Pflegers obliegt und das JGG zwischen notwendiger Verteidigerbestellung und Pflegerbestellung trennt (BT-Drs. 11/4528, 166). Art. 23 Nr. 4 FGG-RG übernahm den Vorbehalt von § 14 Abs. 1 Nr. 21 aF nach Nr. 14.   78

Die Beibehaltung des Vorbehalts ist geboten, da es sich um schwerwiegende Angelegenheiten der **Personensorge** handelt (Rn. 8 und BT-Drs. 11/4528, 166).   79

b) Materieller Zusammenhang. Nach § 34 Abs. 2 S. 1 JGG sollen dem Jugendrichter die **familiengerichtlichen Erziehungsmaßnahmen** übertragen werden. Solche Aufgaben sind: die Unterstützung der Eltern, des Vormunds und des Pflegers durch geeignete Maßnahmen (§ 1631 Abs. 3, §§ 1800, 1915 BGB) und die Maßnahmen zur Abwendung einer Gefährdung des Jugendlichen (§§ 1666, 1666a, 1837 Abs. 4, 1915 BGB). Die in § 34 JGG aF vorgesehenen Entscheidungen betr die Erziehungsbeistandschaft und die Fürsorgeerziehung nach dem früheren JWG sind mit Inkrafttreten des KJHG entfallen. Bei seiner Entscheidung kann der Jugendrichter, wenn er nicht auf Jugendstrafe erkennt, im Urteil dem Familiengericht die Auswahl und Anordnung von Erziehungsmaßregeln überlassen (**§ 53 S. 1 JGG**). Die Rechte der Erziehungsberechtigten und des gesetzlichen Vertreters im Verfahren regelt **§ 67 Abs. 1–3 JGG**, wobei der Jugendrichter diese Rechte unter den Voraussetzungen des § 67 Abs. 4 S. 1 JGG entziehen kann. Soweit nun sämtliche Berechtigte zumindest teilweise ausgeschlossen sind, muss das Familiengericht einen **Pfleger** bestellen (§ 67 Abs. 4 S. 3 JGG). Verfahren, die Aufgaben nach dem JGG betreffen sind Kindschaftssachen (§ 151 Nr. 5, 8 FamFG).   80

c) Funktionelle Zuständigkeit. Dem **Richter** (Jugendrichter oder Familienrichter) sind vorbehalten,   81

§ 14 2. Abschnitt. Dem Richter vorbehaltene Geschäfte im FamR etc.

- **Unterstützung des Sorgeberechtigten** nach § 34 Abs. 3 Nr. 1 JGG (iV § 1631 Abs. 3 BGB; außerhalb § 34 JGG ist dafür der Rechtspfleger zuständig; → § 3 Rn. 111) und
- **Maßnahmen zur Abwendung der Gefährdung** des Jugendlichen nach § 34 Abs. 3 Nr. 2 JGG (iV §§ 1666, 1666a BGB; einschließlich der Benachrichtigung gem. § 70 S. 2 und 3 JGG).
- **Auswahl und Anordnung von Erziehungsmaßregeln** nach §§ 53, 104 Ab. 4 JGG.

82 Demgegenüber ist der **Rechtspfleger** zuständig für die Bestellung des **Pflegers** nach § 67 Abs. 4 S. 3 JGG (→ § 3 Rn. 119).

15. Ersetzung der Einwilligung oder der Zustimmung zu einer Annahme als Kind nach § 1746 Abs. 3 usw. (Abs. 1 Nr. 15)

83 a) **Entwicklung; Normzweck.** In § 12 Nr. 3 RPflG 1957 waren die Geschäfte des **Vormundschaftsgerichts** hinsichtlich von Entscheidungen bei der Annahme an Kindes Statt dem Richter vorbehalten und für Maßnahmen des AG als sog „Bestätigungsgericht" (bzgl des damals noch erforderlichen Annahmevertrages) war der Rechtspfleger ohnehin nicht zuständig (zum früheren Recht: *Arndt* § 12 Rn. 15). § 14 Nr. 3 RPflG 1969 schränkte den Vorbehalt, soweit es um die Tätigkeit des Vormundschaftsgerichts ging, erheblich ein und übertrug iÜ die Geschäfte des AG als Bestätigungsgericht auf den Rechtspfleger (mit Ausnahme des in § 15 neu geschaffenen Richtervorbehalts hinsichtlich der Entscheidung über die Befreiung vom Erfordernis der Ehelosigkeit).

84 Das AdG (1976) gestaltete das Adoptionsrecht von Grund auf neu: Das **Vertragssystem** wurde durch das **Dekretsystem** ersetzt; frühere (dem Rechtspfleger obliegende) Genehmigungstatbestände entfielen, neue wurden eingeführt. Gleichzeitig wurde das gesamte Verfahren dem **Vormundschaftsgericht** zugewiesen. Soweit nach dem neuen Recht dessen Mitwirkung erforderlich war, sind die entsprechenden Geschäfte weitestgehend auf den Richter übertragen worden. Dem Rechtspfleger verbleiben nur einige wenige Aufgaben (bei denen sich noch dazu wegen des engen Sachzusammenhangs vielfach eine Wahrnehmung durch den Richter anbieten wird). Geändert wurde der Vorbehalt zuletzt (bzgl der „Genehmigung der Einwilligung des Kindes zur Annahme") durch das SorgeRÜbkAG (1990): Ersetzung des Art. 22 Abs. 2 S. 2 EGBGB aF durch § 1746 Abs. 1 S. 4 BGB sowie durch das FamNamRG (1993): Ersetzung des § 1757 Abs. 2 BGB aF durch § 1757 Abs. 4 BGB. Art. 23 Nr. 4 FGG-RG hat den Richtervorbehalt von § 14 Abs. 1 Nr. 3 f aF unverändert nach Nr. 15 übernommen.

85 **Grund** für die umfassende Richterzuständigkeit sind die weitreichenden Wirkungen einer Volladoption, die einen tiefgreifenden Einschnitt in die Rechtsstellung der Beteiligten beinhalten: Die vollständige Herauslösung des Angenommenen aus der Ursprungsfamilie (und damit, wenn auch regelmäßig mit Einwilligung der Eltern, Aufhebung des grundgesetzlich geschützten Elternrechts, Art. 6 GG); ebensolche Eingliederung in die Aufnahmefamilie (dazu BT-Drs. 7/3061, 79, 80 und *Bassenge/Roth* Rn. 36; AMHRH/*Rellermeyer* Rn. 96).

86 b) **Materieller Zusammenhang.** Das Gesetz unterscheidet bei der Minderjährigen- (§§ 1741–1766 BGB) und Volljährigenadoption (§§ 1767–1772 BGB) sowohl in den Voraussetzungen als in den Folgen: **Minderjährige**, die angenommen werden, erwerben die **volle** rechtliche Stellung eines gemeinschaftlichen Kin-

Kindschafts- und Adoptionssachen § 14

des oder eines Kindes des Annehmenden (§ 1754 Abs. 1 BGB) und, es werden die Verwandtschaftsbeziehungen zu den bisherigen Verwandten grundsätzlich abgebrochen (§ 1755 BGB, – zu den Ausnahmen bei Verwandten- und Stiefkinderadoption vgl. § 1756 BGB). Bei der **Volljährigenadoption** beschränken sich demgegenüber die Wirkungen der Annahme auf den Annehmenden und den Angenommenen; auch bleiben dessen Rechte und Pflichten aus Verwandtschaftsverhältnissen im Wesentlichen unverändert bestehen (§ 1770 BGB). Die Verfahren in Adoptionssachen (§ 186 FamFG) sind **Familiensachen** (§ 111 Nr. 4 FamFG). Das gilt auch für entsprechende Lebenspartnerschaftssachen nach § 9 Abs. 6, 7 LPartG (§§ 111 Nr. 11, 269 Abs. 1 Nr. 4 FamFG).

c) Funktionelle Zuständigkeit. Der **Richter** ist zuständig: 87
aa) Annahme als Kind: Für die
– *Genehmigung* der Einwilligung des Kindes bzw. seines gesetzlichen Vertreters nach § 1746 Abs. 1 S. 4 BGB bei Auslandsadoptionen;
– *Ersetzung* der nach §§ 1746 Abs. 1 S. 2, 3 BGB erforderlichen Einwilligung oder Zustimmung des Vormunds oder Pflegers des anzunehmenden Kindes; 1746 Abs. 3 BGB);
– *Ersetzung* der nach 1747 BGB erforderlichen Einwilligung eines Elternteils (§ 1748 BGB);
– *Ersetzung* der Einwilligung des Ehegatten des Annehmenden (§ 1749 Abs. 1 S. 2 BGB – eine Ersetzung der Einwilligung des Ehegatten des Anzunehmenden, vgl. § 1749 Abs. 2 BGB, ist vom Gesetzgeber nicht vorgesehen, BT-Drs. 7/5087, 13);
– *Entscheidung* über die Annahme als Kind (§§ 1752, 1768 BGB), einschließlich der Entscheidung über die Änderung des Vornamens und Beifügung des bisherigen Familiennamens (§ 1757 Abs. 4 BGB bzw. §§ 1767 Abs. 2 iVm 1757 Abs. 4 BGB);
bb) Aufhebung des Annahmeverhältnisses: Für die 88
– *Aufhebung* nach § 1760 BGB wegen des Fehlens wesentlicher Voraussetzungen, wie zB der nach § 1746 BGB erforderlichen Einwilligung des Kindes;
– *Aufhebung* von Amts wegen aus schwerwiegenden Gründen zum Wohle des minderjährigen Kindes nach § 1763 BGB;
– *Aufhebung* bei Vorliegen eines wichtigen Grundes nach § 1771 BGB (Volljährigenadoption);
– *Aufhebung* eines in der ehemaligen DDR begründeten Annahmeverhältnisses in den Fällen des Art. 234 § 13 Abs. 4–7 EGBGB.
cc) Sonstige Maßnahmen: Für die 89
– *Rückübertragung* der elterlichen Sorge auf einen Elternteil dessen Einwilligung zur Annahme kraftlos geworden (vgl. § 1750 Abs. 4 BGB) nach § 1764 Abs. 4 BGB (hierbei handelt es sich um eine Kindschaftssache, BT-Drs. 16/6308, 247);
– *Entscheidung* nach § 1765 Abs. 2 BGB über die Beibehaltung des durch die Adoption erworbenen Namens nach deren Aufhebung;
– die *Bestellung* eines Verfahrensbeistandes für einen minderjährigen Verfahrensbeteiligten (§ 191 FamFG);
– *Entscheidungen* im Anwendungsbereich des AdWirkG (dazu *Maurer* FamRZ 2003, 1337 ff; *Hölzel* StAZ 2003, 289, 292).

Kein ausdrücklicher Vorbehalt besteht für den Fall der sog **Volladoption** mit 90 „starken Wirkungen" nach § 1772 BGB, es folgt die Richterzuständigkeit, unabhängig von § 6, aus der Tatsache, dass diese Entscheidung notwendiger Bestandteil des „Ausspruchs der Annahme" ist (§§ 1772 S. 1 BGB; so auch: *Bassenge/Roth* Rn. 37; AMHRH/*Rellermeyer* Rn. 98).

91 Soweit der Richter zuständig ist, trifft er auch **alle Maßnahmen,** die seine Entscheidung **vorbereiten.** Das gilt nicht nur für solche Verrichtungen, die zu den eigentlichen Grundlagen der Entscheidung gehören (zB Durchführung der Anhörungen nach §§ 192ff. FamFG; *Bassenge/Roth* Rn. 39; AMHRH/*Rellermeyer* Rn. 98), sondern auch für verfahrensrechtliche Nebenentscheidungen wie die Einholung der gutachterlichen Äußerung der Adoptionsvermittlungsstelle (§ 189 FamFG; aA *Bassenge/Roth* § 14 Rn. 39).

92 Zum Zuständigkeitsbereich des **Rechtspflegers** → § 3 Rn. 121 ff.

16. Befreiung vom Eheverbot der durch die Annahme als Kind begründeten Verwandtschaft in der Seitenlinie nach § 1308 Abs. 2 BGB (Abs. 1 Nr. 16)

93 **a) Entwicklung; Normzweck.** Bis zum FGG-RG befand sich der Vorbehalt, in der Fassung des EheschlRG v. 4.5.1998, BGBl. I S. 833, in § 14 Abs. 1 Nr. 18. Begründet wurde er mit der einheitlichen Richterzuständigkeit im Rahmen der Befreiung von Eheverboten (BT-Drs. 7/3061). Nach § 186 Nr. 4 FamFG handelt sich um eine Adoptionssache.

94 **b) Materieller Zusammenhang.** Nach § 1308 Abs. 1 BGB soll eine Ehe nicht geschlossen werden zwischen Personen, deren Verwandtschaft im Sinne des § 1307 BGB durch Annahme als Kind begründet worden ist. Das Eheverbot betrifft Adoptionsverwandtschaften in gerader Linie, sowie von vollbürtigen und halbbürtigen Geschwistern. Es sei denn, das Annahmeverhältnis wurde aufgelöst. Das Familiengericht kann auf Antrag Befreiung erteilen, wenn eine Verwandtschaft in der Seitenlinie besteht (§ 1308 Abs. 2 BGB).

95 **c) Funktionelle Zuständigkeit.** Dem **Richter** ist vorbehalten: Die Befreiung vom Eheverbot der Adoptionsverwandtschaft, die zwischen dem Antragsteller und seinem künftigen Ehegatten in der Seitenlinie besteht.

17. Genehmigung für den Antrag auf Scheidung usw. (Abs. 1 Nr. 17)

96 **a) Entwicklung; Normzweck.** Einen entsprechenden Vorbehalt hatte das RPflG 1957 von § 16 Abs. 3 lit. b REntlV nach § 12 Nr. 16 übernommen. Das RPflG 1969 hat den Vorbehalt, der durch Art. 8 Nr. 2 lit. d 1. EheRG (1976) neugefasst wurde, in § 14 Abs. 1 Nr. 14 beibehalten. Im Zuge der FGG-Reform ist der Vorbehalt entfallen, ohne dass damit ein Zuständigkeitswechsel vom Richter auf den Rpfl. beabsichtigt war (BT-Drs. 17/10490, 29). Art. 4 Nr. 3 RBehelfsbelehrungsG hat § 14 Abs. 1 mit Nr. 17 um einen ausdrücklichen Richtervorbehalt für diejenigen Fälle ergänzt, in denen das Genehmigungsverfahren eine Kindschaftssache im Sinne des § 151 Nr. 1, 4 und 5 FamFG betrifft (BT-Drs. 17/10490, 29). Der Vorbehalt wird damit gerechtfertigt, das die in Betracht kommende Entscheidung tief in die persönliche Sphäre des Betroffenen eingreift (BT-Drs. II/161, 20).

97 **b) Materieller Zusammenhang.** Nach §§ 125 Abs. 2 S 2 und 270 Abs. 1 S 1 FamFG bedarf der Antrag auf Scheidung oder Aufhebung einer Ehe oder auf Aufhebung einer Lebenspartnerschaft durch den gesetzlichen Vertreter der Genehmi-

Kindschafts- und Adoptionssachen **§ 14**

gung durch das Familien- oder Betreuungsgericht. Dem Vormund oder Pfleger erteilt die Genehmigung das Familiengericht, während sie dem Betreuer eines geschäftsunfähigen (Ehe-)Partners das Betreuungsgericht erteilt (vgl. § 15 Abs. 1 S. 1 Nr. 10; → § 15 Rn. 55-57).

c) Funktionelle Zuständigkeit. Dem Richter ist vorbehalten: Die Genehmigung des Familiengerichts zum Antrag des Vormunds oder Pflegers auf Scheidung oder Aufhebung einer Ehe (§ 125 Abs. 2 S. 2 FamFG). 98

18. Maßnahmen und Anordnungen des Familiengerichts nach dem IntFamRVG (Abs. 2)

a) Entwicklung; Normzweck. Der Vorbehalt wurde durch das SorgeRÜbkAG erstmals in das RPflG als neuer Abs. 2 eingefügt. Art. 2 Abs. 2 G zum internationalen Familienrecht v. 26.1.2005, BGBl. I S. 162, hat den Vorbehalt dem Internationalen Familienverfahrensrechtsgesetz angepasst (vgl. dazu: *Schulte-Bunert* FamRZ 2007, 1608; *Gruber* FamRZ 2005, 1603; *Schlauß* FPR 2004, 279). Art. 45 FGG-RG hat den Vorbehalt geändert. Art. 4 Nr. 3 RBehelfsbelehrungsG hat § 14 Abs. 2 neugefasst. Der Richtervorbehalt rechtfertigt sich aus dem Gesichtspunkt der Streitentscheidung. Wie Abs. 1 betrifft auch Abs. 2 nur Maßnahmen und Anordnungen in Kindschafts- und Adoptionssachen. Geschäfte nach dem ErwSÜAG behält systemgerecht § 15 Abs. 2 dem Richter vor. 99

b) Materieller Zusammenhang. Das IntFamRVG dient der Aus- und Durchführung folgender internationaler Regelungen (vgl. § 1 IntFamRVG): 100
- **VO (EG) Nr. 2201/2003** des Rates vom 27.11.2003, ABl. EU L 338, 1, über die Zuständigkeit und die Anerkennung und Vollstreckung von Entscheidungen in Ehesachen und in Verfahren betreffend die elterliche Verantwortung und zur Aufhebung der VO (EG) Nr. 1347/2000 (dazu: *Rieck* NJW 2008, 182; *Coester-Waltjen* FamRZ 2005, 241).
- **Haager Übereinkommen** über die zivilrechtlichen Aspekte internationaler Kindesentführung – HKÜ – v. 25.10.1980, BGBl. 1990 II 207. Das Übereinkommen regelt die Rückführung von (in einen Vertragsstaat) widerrechtlich verbrachten oder zurückgehaltenen Kindern, die das 16. Lebensjahr noch nicht vollendet haben: Unter weitgehender Ausschaltung von Rechtsfragen sollen in einem Schnellverfahren allein die tatsächlichen Verhältnisse wiederhergestellt werden (dazu: *Gruber* Rpfleger 2002, 545; *Mansel* NJW 1990, 2176). 101
- **Europäisches Sorgerechtsübereinkommen** über die Anerkennung und Vollstreckung von Entscheidungen über das Sorgerecht für Kinder und die Wiederherstellung des Sorgerechtsverhältnisses (ESÜ) vom 20 5. 1980, BGBl. 1990 II 220. Das ESÜ gilt für Kinder unter 16 Jahren und regelt die Anerkennung und Vollstreckung von Sorgerechtsentscheidungen (Art 7). 102

Die Aus- und Durchführung der internationalen Regelungen obliegt dem Generalbundesanwalt beim BGH als zentrale Behörde (§ 2 IntFamRVG). Die gerichtlichen Zuständigkeiten und das gerichtliche Verfahren regeln §§ 10ff. IntFamRVG. 103

c) Funktionelle Zuständigkeit. Der **Richter** entscheidet im Verfahren nach dem FamFG (§ 14 IntFamRVG) insbesondere über 104
- die in den §§ 10–12 IntFamRVG bezeichneten Angelegenheiten;
- den Erlass einstweiliger Anordnungen (§ 15 IntFamRVG);

- die Zulassung der Zwangsvollstreckung aus einem Titel, der in einem anderen Staat vollstreckbar ist (§§ 20, 21 IntFamRVG); die Vollstreckungsklausel wird vom Urkundsbeamten der Geschäftsstelle erteilt (§§ 23 IntFamRVG);
- die Anerkennungsfeststellung nach § 32IntFamRVG;
- die Anordnung auf Herausgabe des Kindes (§ 33 IntFamRVG);
- die Änderung oder Aufhebung von Beschlüssen (§ 34 IntFamRVG);
- die Entscheidung über Schadensersatz wegen ungerechtfertigter Vollstreckung (§ 35 IntFamRVG);
- Maßnahmen zur Beschleunigung des Verfahrens auf Rückgabe eines Kindes nach dem Haager Kindesentführungsübereinkommen (§ 38 IntFamRVG);
- den Antrag auf Feststellung der Widerrechtlichkeit des Verbringens oder Zurückhaltens eines Kindes (§ 41 IntFamRVG);
- die Vollstreckung durch Anordnung von Ordnungsmitteln (§ 44 IntFamRVG; vgl. dazu: *Schulte-Bunert* FamRZ 2007, 1608);
- die Genemigung der Zustimmung zur Unterbringung eines Kindes (§ 47 IntFamRVG).

105 Nach § 29 Nr. 3 (→ § 29 Rn. 8) ist der **Rechtspfleger** im internationalen Rechtsverkehr zuständig für die Entgegennahme von Anträgen, die in anderen Vertragsstaaten zu erledigen sind (§ 42 Abs. 1 IntFamRVG) sowie für die Entscheidung über die Befreiung von der Erstattungspflicht für Übersetzungskosten bei ausgehenden Ersuchen (§ 5 Abs. 2 IntFamRVG). Insoweit handelt es sich um Verwaltungsgeschäfte auf die nach § 32 die §§ 5–11 nicht anzuwenden sind.

106 Die Vollstreckungsklausel nach § 23 IntFamRVG sowie die Bescheinigung nach § 48 IntFamRVG erteilt der Urkundsbeamte der Geschäftsstelle.

§ 15 Betreuungssachen und betreuungsgerichtliche Zuweisungssachen

(1) ¹**Von den Angelegenheiten, die dem Betreuungsgericht übertragen sind, bleiben dem Richter vorbehalten:**
1. **Verrichtungen auf Grund der §§ 1896 bis 1900, 1908a und 1908b Absatz 1, 2 und 5 des Bürgerlichen Gesetzbuchs sowie die anschließende Bestellung eines neuen Betreuers;**
2. **die Bestellung eines neuen Betreuers im Fall des Todes des Betreuers nach § 1908c des Bürgerlichen Gesetzbuchs;**
3. **Verrichtungen auf Grund des § 1908d des Bürgerlichen Gesetzbuchs, des § 291 des Gesetzes über das Verfahren in Familiensachen und in den Angelegenheiten der freiwilligen Gerichtsbarkeit;**
4. **Verrichtungen auf Grund der §§ 1903 bis 1905 des Bürgerlichen Gesetzbuchs;**
5. **die Anordnung einer Betreuung oder Pflegschaft über einen Angehörigen eines fremden Staates einschließlich der vorläufigen Maßregeln nach Artikel 24 des Einführungsgesetzes zum Bürgerlichen Gesetzbuche;**
6. **die Anordnung einer Betreuung oder Pflegschaft auf Grund dienstrechtlicher Vorschriften;**
7. **die Entscheidungen nach § 1908i Absatz 1 Satz 1 in Verbindung mit § 1632 Absatz 1 bis 3, § 1797 Absatz 1 Satz 2 und § 1798 des Bürgerlichen Gesetzbuchs;**
8. **die Genehmigung nach § 6 des Gesetzes über die freiwillige Kastration und andere Behandlungsmethoden;**

Betreuungssachen und betreuungsgerichtliche Zuweisungssachen **§ 15**

9. die Genehmigung nach § 3 Absatz 1 Satz 2 sowie nach § 6 Absatz 2 Satz 1, § 7 Absatz 3 Satz 2 und § 9 Absatz 3 Satz 1, jeweils in Verbindung mit § 3 Absatz 1 Satz 2 des Gesetzes über die Änderung der Vornamen und die Feststellung der Geschlechtszugehörigkeit in besonderen Fällen;
10. die Genehmigung für den Antrag auf Scheidung oder Aufhebung der Ehe oder auf Aufhebung der Lebenspartnerschaft durch den gesetzlichen Vertreter eines geschäftsunfähigen Ehegatten oder Lebenspartners nach § 125 Absatz 2 Satz 2, § 270 Absatz 1 Satz 1 des Gesetzes über das Verfahren in Familiensachen und in den Angelegenheiten der freiwilligen Gerichtsbarkeit.

²Satz 1 Nummer 1 bis 3 findet keine Anwendung, wenn die genannten Verrichtungen nur eine Betreuung nach § 1896 Absatz 3 des Bürgerlichen Gesetzbuchs betreffen.

(2) **Die Maßnahmen und Anordnungen nach den §§ 6 bis 12 des Erwachsenenschutzübereinkommens-Ausführungsgesetzes vom 17. März 2007 (BGBl. I S. 314) bleiben dem Richter vorbehalten.**

Übersicht

	Rn.
I. Entwicklung	1–6
II. Normzweck	7, 8
III. Vorbehalte des Abs. 1	9–57
1. Verrichtungen auf Grund der §§ 1896–1900, 1908a, 1908b Abs. 1, 2 und 5 BGB (Abs. 1 Nr. 1)	10–18
a) Entwicklung; Normzweck	10, 11
b) Materieller Zusammenhang	12, 13
c) Funktionelle Zuständigkeit	14–18
2. Bestellung eines neuen Betreuers im Falle des Todes des Betreuers nach § 1908c BGB (Abs. 1 Nr. 2)	19–22
a) Entwicklung; Normzweck	19
b) Materieller Zusammenhang	20
c) Funktionelle Zuständigkeit	21, 22
3. Verrichtungen auf Grund § 1908d BGB, § 291 FamFG (Abs. 1 Nr. 3)	23–26
a) Entwicklung; Normzweck	23
b) Materieller Zusammenhang	24
c) Funktionelle Zuständigkeit	25, 26
4. Verrichtungen auf Grund der §§ 1903–1905 BGB (Abs. 1 Nr. 4)	27–32
a) Entwicklung; Normzweck	27
b) Materieller Zusammenhang	28–30
c) Funktionelle Zuständigkeit	31, 32
5. Anordnung der Betreuung oder Pflegschaft über einen Angehörigen eines fremden Staates usw (Abs. 1 Nr. 5)	33–37
a) Entwicklung; Normzweck	33
b) Materieller Zusammenhang	34
c) Funktionelle Zuständigkeit	35–37
6. Anordnung der Betreuung oder Pflegschaft auf Grund dienstrechtlicher Vorschriften (Abs. 1 Nr. 6)	38–41
a) Entwicklung; Normzweck	38

	Rn.
b) Materieller Zusammenhang	39, 40
c) Funktionelle Zuständigkeit	41
7. Entscheidung nach § 1908i Abs. 1 S. 1 iVm § 1632 Abs. 1–3, § 1797 Abs. 1 S. 2 und § 1798 BGB (Abs. 1 Nr. 7)	42–46
a) Entwicklung; Normzweck	42
b) Materieller Zusammenhang	43, 44
c) Funktionelle Zuständigkeit	45, 46
8. Genehmigung nach § 6 KastrG (Abs. 1 Nr. 8)	47–50
a) Entwicklung; Normzweck	47
b) Materieller Zusammenhang	48, 49
c) Funktionelle Zuständigkeit	50
9. Genehmigung nach § 3 Abs. 1 S. 2, § 6 Abs. 2 S. 1, § 7 Abs. 3 S. 2 etc. TSG (Abs. 1 Nr. 9)	51–54
a) Entwicklung; Normzweck	51
b) Materieller Zusammenhang	52, 53
c) Funktionelle Zuständigkeit	54
10. Genehmigung für den Antrag auf Scheidung usw (Abs. 1 Nr. 10)	55–57
a) Entwicklung; Normzweck	55
b) Materieller Zusammenhang	56
c) Funktionelle Zuständigkeit	57
IV. Vorbehalt des Abs. 2: Maßnahmen und Anordnungen nach §§ 6–12 ErwSÜAG	58–60
a) Entwicklung; Normzweck	58
b) Materieller Zusammenhang	59
c) Funktionelle Zuständigkeit	60

I. Entwicklung

1 Das RPflG 1957 hatte in § 12 Nr. 4 die Anordnung einer Vormundschaft/Pflegschaft sowie die Auswahl des Vormunds oder Pflegers dem Richter vorbehalten und damit weitgehend die Regelung des § 16 Abs. 3 lit. a REntlV übernommen. Fallen gelassen wurde der Vorbehalt hinsichtlich der Anordnung einer Beistandschaft (vgl. zum Rechtszustand bis zum RPflG 1957 *Arndt* § 12 Rn. 16 ff.). Das RPflG 1969 beschränkte die Richterzuständigkeit auf die Anordnung der Vormundschaft/Pflegschaft über einen Volljährigen oder Ausländer, einschließlich der Auswahl und Entlassung des Vormunds/Pflegers sowie vorläufiger Maßregel nach Art. 23 Abs. 2 EGBGB aF (ausgenommen eines Sonderfalls der Gebrechlichkeitspflegschaft). Das ÄndG v. 27.6.1970 räumte dem Rechtspfleger weitere Zuständigkeiten ein. Lediglich die Anordnung einer vorläufigen Vormundschaft, einer Gebrechlichkeitspflegschaft (es sei denn, sie wurde zur Geltendmachung eines auf öffentlichem Recht beruhenden Rentenanspruchs angeordnet), die vormundschaftsgerichtlichen Geschäfte nach Art. 24 EGBGB (früher Art. 23) sowie die Anordnung einer Vormundschaft oder Betreuung nach dienstrechtlichen Vorschriften wurden dem Richter vorbehalten (BT-Drs. V/3134, 20, 21).

2 Eine wesentliche **Neugestaltung des Vorbehalts** erfolgte durch das BtG (1990): Die Entmündigung und damit die Vormundschaft über Volljährige wurde ebenso wie die Gebrechlichkeitspflegschaft abgeschafft. An deren Stelle trat als neues einheitliches Institut die Betreuung. Aufgegeben wurde dabei das nach bishe-

Betreuungssachen und betreuungsgerichtliche Zuweisungssachen **§ 15**

rigem Recht geltende **Trennsystem** (nur Anordnung der vorläufigen Vormundschaft und zT der Gebrechlichkeitspflegschaft durch den Richter; alle übrigen Geschäfte – Auswahl des vorläufigen Vormunds und Pflegers, Anordnung der Vormundschaft über einen entmündigten Volljährigen, Auswahl usw – durch den Rechtspfleger) zugunsten der **Einheitsentscheidung:** Bei der erstmaligen Bestellung eines Betreuers erfolgen Anordnung der Betreuung (= Feststellung der Voraussetzungen der Betreuung und des erforderlichen Aufgabenkreises), Auswahl und Bestellung des Betreuers durch eine einzige Entscheidung, die Betreuerbestellung (§ 69 FGG aF). Abgelöst wurde zudem die „gespaltene" Zuständigkeit des Prozessgerichts (Entmündigungssachen) sowie des Vormundschaftsgerichts (vorläufige Vormundschaft, Gebrechlichkeitspflegschaft) durch eine Konzentration aller „Betreuungssachen" beim Vormundschaftsgericht unter gleichzeitiger Ersetzung von ZPO- und FGG-Verfahren durch ein einheitliches FGG-Verfahren.

Das **FamFG** definiert die Betreuungssachen und betreuungsgerichtlichen Zu- 3
weisungssachen in den **§§ 271, 340**. Es handelt sich um Angelegenheiten der freiwilligen Gerichtsbarkeit (§ 23a Abs. 2 Nr. 1 GVG), die § 23c Abs. 1 GVG dem Amtsgericht/Betreuungsgericht zuweist. Der durch Art. 23 Nr. 1b FGG-RG geänderte § 3 Nr. 2 lit. b überträgt die Betreuungssachen und betreuungsgerichtliche Zuweisungssachen nach den §§ 271 und 340 FamFG auf den Rechtspfleger als Vorbehaltssachen (→ § 3 Rn. 129 ff.). Die bis dahin in § 14 Abs. 1 Nr. 4 aF geregelten Richtervorbehalte sind zum Zwecke der übersichtlicheren Darstellung eigenständig durch Art. 23 Nr. 5 FGG-RG nach § 15 übernommen worden (BT-Drs. 16/6308, 322). Die bisherige Zuständigkeitsverteilung zwischen Richter und Rechtspfleger wurde aber nicht geändert (*Rellermeyer* Rpfleger 2009, 349). Art. 4 Nr. 3 **RBehelfsbelehrungsG** hat § 15 Abs. 1 S. 1 um die Nr. 10 ergänzt.

Die Vorbehalte sind als Ausnahmevorschriften eng auszulegen (→ § 14 Rn. 9- 4
11).

Unterbringungssachen (§ 312 FamFG) werden von § 3 Nr. 2 lit. b nicht er- 5
fasst, dafür ist aus verfassungsrechtlichen Gründen (Art. 104 Abs. 2 GG) weiterhin der Richter zuständig (*Roth* JZ 2009, 585), so dass ihre Nennung im Katalog des § 15 entbehrlich ist.

Nach Maßgabe des **§ 19 Abs. 1 S. 1 Nr. 1** können die Länder einzelne Richter- 6
vorbehalte ganz oder teilweise aufheben.

II. Normzweck

Die Grundentscheidung des Gesetzgebers bei der Neufassung des RPflG 1957, 7
wonach **dem Richter die personenrechtlichen Entscheidungen** vorzubehalten, die **Entscheidungen im Bereich der Vermögenssorge** jedoch **auf den Rechtspfleger** zu übertragen sind (→ § 14 Rn. 8), wurden durch das Betreuungsgesetz jedenfalls insoweit konsequent fortgeschrieben, als die bisherigen Richtervorbehalte für vormundschaftsgerichtliche Genehmigungen betr die Vermögenssorge (Abs. 1 Nr. 9, 17) gestrichen wurden.

Die weitere Grundentscheidung des Gesetzgebers für die Richterzuständigkeit 7a
bei der **Einheitsentscheidung** (→ Rn. 10) wurde in erster Linie mit dem **Fürsorgegegedanken** gerechtfertigt (BT-Drs. 11/4528, 91). Abgesehen davon würde eine Zweiteilung des Verfahrens die **Betroffenen psychisch stark belasten** (persönliche Anhörung sowohl bei der Betreueranordnung als bei der Betreuerauswahl) und es müßten die Betroffenen die Entscheidung, ob sie die Betreuung selbst bean-

tragen wollen, in Unkenntnis der Person des zu erwartenden Betreuers treffen; letztere „Entscheidung" für oder gegen eine freiwillige Betreuung sei **unzumutbar** und liege nahe an der Grenze zur Verweigerung rechtlichen Gehörs, da das Gericht zB nicht zusichern könne, dass die Betroffenen den eigenen Sohn und nicht einen unbekannten Dritten als Betreuer zu erwarten haben (BT-Drs. 11/4528, 118, 119). Zuletzt sei die Einheitsentscheidung auch aus **verfahrensökonomischen Gründen** sinnvoll (BT-Drs. 11/4528, 119).

8 Die **Zusammenführung** von Anordnung der Betreuung und Auswahl des Betreuers in einer richterlichen Entscheidung – eine Ausnahme gilt lediglich für die Bestellung eines Vollmachtbetreuers (§ 1896 Abs. 3 BGB, → Rn. 18; → § 3 Rn. 131) –, ist vielfach kritisiert worden. Zu Recht weisen *Damrau/Zimmermann* BGB § 1986 Rn. 11 darauf hin, dass der Rechtspfleger, der aufgrund der Aufgabenzuweisung dauernd mit Vormündern, Pflegern und Betreuern zusammenarbeitet, die Geeignetheit des Betreuers oftmals wird besser beurteilen können als der Richter (s. auch *Bassenge/Herbst* Rn. 2, der das „Dogma" der Einheitsentscheidung angesichts der praktischen Bewährung der bisherigen Aufgabenverteilung für wenig überzeugend hält; das gelte auch für das Argument des „starken personalen Einschlags", da dieses sich, was den Betreuer angeht, doch nur mittelbar auswirke; zur Kritik an der Einheitsentscheidung vgl. auch *Bobenhausen* Rpfleger 2001, 467; *Bürgle* NJW 1988, 1884; *Kirsch* Rpfleger 1989, 485; *Klüsener* Rpfleger 1989, 217, 224; *Pardey* ZRP 1988, 333; *Rink* Rpfleger 1989, 14; *Wesche* DAV 1988, 499; *ders.* Rpfleger 1988, 227; *ders.* Rpfleger 1989, 225).

III. Vorbehalte des Abs. 1

9 In **Baden-Württemberg** sind für Aufgaben des Betreuungsgerichts **Amtsgerichte und Notare im Landesdienst** zuständig (§§ 1, 36, 37, 50 Abs. 1 LFGG). Nach § 37 Abs. 1 Nr. 1–5 LFGG bestehen Richtervorbehalte für Verrichtungen in Unterbringungssachen, für Verrichtungen nach §§ 1903–1906 BGB sowie für die Bestellung eines Betreuers auf Grund dienstrechtlicher Vorschriften. Im Übrigen ist das Amtsnotariat als Betreuungsgericht ua für die Bestellung eines Betreuers samt Folgeentscheidungen zuständig (zu Einzelheiten vgl. *Bühler* BWNotZ 1991, 153, 158; *Stolz* BWNotZ 1991, 164).

1. Verrichtungen auf Grund der §§ 1896–1900, 1908a, 1908b Abs. 1, 2 und 5 BGB (Abs. 1 Nr. 1)

10 a) **Entwicklung; Normzweck.** Maßgebend für die Richterzuständigkeit bei der, durch **Einheitsentscheidung** vorzunehmenden Betreuerbestellung (§§ 1896–1900 BGB mit Ausnahme des § 1896 Abs. 3 BGB), ist in erster Linie der personale Bezug: Auch wenn zu den Aufgaben des Betreuers solche der Vermögenssorge gehören, soll „im Mittelpunkt des neuen Rechts ... der Mensch mit seinen personalen Bezügen stehen und nicht seine Vermögensangelegenheiten", so dass es nur folgerichtig ist, „wenn die Bestellung eines Betreuers, der jedenfalls auch Aufgaben der Personensorge wahrzunehmen hat, dem Richter vorbehalten wird" (BT-Drs. 11/4528, 97). Hinzu tritt der Gesichtspunkt der Verfahrensökonomie. Dem Rechtspfleger etwa die Bestellung des Betreuers dann zuzuweisen, wenn dessen Aufgabenkreis lediglich Maßnahmen der Vermögenssorge umfaßt, ist nicht praktikabel: Der Aufgabenkreis des Betreuers lässt sich idR erst am Ende des (Bestellungs-)Verfahrens beurteilen, es muss die Frage der funktionellen Zuständigkeit aber zweckmäßigerweise schon bei Beginn des Verfahrens geklärt sein.

Betreuungssachen und betreuungsgerichtliche Zuweisungssachen **§ 15**

Die **übrigen** Richterzuständigkeiten im Betreuungsrecht rechtfertigen sich ne- **11** ben dem Gesichtspunkt der Personensorge,
- entweder aus **verfassungsrechtlichen Gründen:** schwerwiegende Eingriffe in die Person enthalten insbes.: der Einwilligungsvorbehalt, § 1903 BGB; die Genehmigung der Einwilligung des Betreuers in eine Untersuchung des Gesundheitszustandes ua nach § 1904 BGB; die Genehmigung der Einwilligung des Betreuers in die Sterilisation, § 1905 BGB; die Genehmigung einer Unterbringung mit Freiheitsentzug, § 1906 Abs. 2 BGB, Art. 104 Abs. 2 S. 1 GG,
- oder aus **Gründen des Sachzusammenhangs:** zB Maßnahmen nach §§ 1908b bis 1908d BGB.

b) Materieller Zusammenhang. Nach **§ 1896 BGB bestellt** das **Be- 12 treuungsgericht** einem Volljährigen, der auf Grund einer psychischen Krankheit oder einer körperlichen, geistigen oder seelischen Behinderung seine Angelegenheiten ganz oder teilweise nicht besorgen kann auf seinen Antrag oder von Amts wegen im Rahmen einer Einheitsentscheidung (→ Rn. 2) einen Betreuer. Als Betreuer ist grds. eine geeignete natürliche Person zu bestellen (§ 1897 Abs. 1 BGB). Es kann aber auch ein Mitarbeiter eines nach § 1908f BGB anerkannten Betreuungsvereins (Vereinsbetreuer) oder einer in Betreuungsangelegenheiten zuständigen Behörde (Behördenbetreuer) bestellt werden (§ 1897 Abs. 2 BGB). Das Betreuungsgericht kann mehrere Betreuer bestellen, wenn die Angelegenheiten des Betreuten hierdurch besser besorgt werden können (§ 1899 Abs. 1 BGB). Für die Entscheidung über die Einwilligung zur Sterilisation des Betreuten ist stets ein besonderer Betreuer zu bestellen (§ 1899 Abs. 2 BGB). Ist eine hinreichende Betreuung durch natürliche Personen nicht möglich, so bestellt das Betreuungsgericht einen anerkannten Betreuungsverein zum Betreuer (§ 1900 Abs. 1 BGB) und, wenn auch dadurch eine hinreichende Betreuung nicht erfolgen kann, die zuständige Betreuungsbehörde zum Betreuer (§ 1900 Abs. 4 BGB iVm BtBG v. 12.9.1990, BGBl. I S. 2002, S. 2025). In Betreuungssachen ist der Betroffene ohne Rücksicht auf seine Geschäftsfähigkeit verfahrensfähig (§§ 9 Nr. 4, 275 FamFG). Der Beschluss über die Bestellung des Betreuers (vgl. § 286 FamFG) wird grds. mit seiner Bekanntgabe an den Betreuer wirksam (§§ 40 Abs. 1, 287 Abs. 1 FamFG).

Der Betreuer ist zu **entlassen,** wenn seine Eignung, die Angelegenheiten des **13** Betreuten zu besorgen, nicht mehr gewährleistet ist oder ein anderer wichtiger Grund vorliegt (§ 1908b Abs. 1 BGB). Er kann seine Entlassung verlangen, wenn Umstände eintreten, auf Grund derer ihm die Betreuung nicht mehr zugemutet werden kann (§ 1908b Abs. 2 BGB). Der Verein oder eine Behörde ist zu entlassen, sobald der Betreute durch eine oder mehrere natürliche Personen hinreichend betreut werden kann (§ 1908b Abs. 5 BGB). Nach der Entlassung ist ein neuer Betreuer zu bestellen (§ 1908c BGB).

c) Funktionelle Zuständigkeit. Dem Richter sind vorbehalten (soweit nicht **14** durch Landesgesetz etwas anderes bestimmt ist; § 19 Abs. 1 S. 1 Nr. 1):
- die **Bestellung eines Betreuers** (§ 1896 BGB), einschl. der Auswahl des Betreuers (§ 1897 BGB) und der Bestimmung seines Aufgabenkreises (§ 1896 Abs. 2, 4 BGB). Ausnahme: Bestellung nach § 1896 Abs. 3 BGB (→ Rn. 9 und → § 3 Rn. 131);
- die **Bestellung mehrerer Betreuer** (Mitbetreuer) samt Bestimmung getrennter oder gemeinsamer Aufgabenkreise (§ 1899 Abs. 1, 3 BGB);
- die **Bestellung eines Sonderbetreuers** für die Einwilligung in die Sterilisation (§ 1899 Abs. 2 BGB);

- die **Bestellung eines Ergänzungsbetreuers** (§ 1899 Abs. 4 BGB), wenn der Betreuer an der Besorgung einer Angelegenheit tatsächlich (zB Krankheit) oder rechtlich (zB nach §§ 1908i Abs. 1 S. 1, 1795 BGB oder nach § 181 BGB) verhindert ist oder, wenn er ihm die Besorgung einzelner oder aller Angelegenheiten überträgt (*Klüsener* Rpfleger 1991, 225; *Spanl* Rpfleger 1992, 142); für die Bestellung eines **Ergänzungspflegers** nach § 1909 Abs. 1 BGB analog ist daneben kein Raum (so zutreffend *Jürgens/Klüsener* § 14 Rn. 25; *Schwab* FamRZ 1992, 499; kritisch: *Wesche* Rpfleger 1992, 377).
- die **vorsorgliche Betreuerbestellung** und Anordnung eines Einwilligungsvorbehalts für einen Minderjährigen, der das 17. Lebensjahr vollendet hat (§ 1908a BGB);
(zur **Bestellung** eines Betreuers **aufgrund dienstrechlicher Vorschriften** → Rn. 38 ff.);
- die **Entlassung** des Betreuers **mangels Eignung oder aus einem anderen wichtigem Grund** (§ 1908b Abs. 1 BGB; – zu Recht weist *Wesche* Rpfleger 1990, 444, darauf hin, dass diese Richterzuständigkeit wenig praxisgerecht ist: Eine Rechtspflegerzuständigkeit bei späterem Betreuerwechsel wäre angesichts der häufigeren Kontakte des Rechtspflegers zum Betroffenen richtiger gewesen, da diesem damit eine bessere Entscheidungsgrundlage zur Verfügung steht; zust. *Klüsener* Rpfleger 1991, 225, 232, im Hinblick auf die dem Rechtspfleger obliegende Aufsicht über die gesamte Betreuertätigkeit; so auch: *Bassenge/Roth* Rn. 3);
- die **Entlassung auf Verlangen** des Betreuers (§ 1908b Abs. 2 BGB), wenn ihm die Betreuung nicht zugemutet werden kann;
- die **Entlassung des Vereins bzw. der Behörde** als Betreuer, wenn eine natürliche Person die Betreuung übernehmen kann (§ 1908b Abs. 5 BGB);
- die anschließende **Bestellung eines neuen Betreuers** (§ 1908c BGB) in den Entlassungsfällen nach § 1908b Abs. 1, 2 und 5 BGB;

15 ferner:

16 Die **Durchführung des Verfahrens** in den ihm vorbehaltenen Angelegenheiten in Betreuungssachen obliegt dem Richter. Eine explizite Aufnahme der entsprechenden Verrichtungen in den Katalog des § 15 erübrigt sich, da es sich um verfahrensrechtliche, die Hauptsacheentscheidung vorbereitende, **Nebenentscheidungen** handelt. **Der Richter** hat deshalb auch alle Maßnahmen durchzuführen, die seine Entscheidung vorbereiten oder durch sie veranlasst sind (zB erforderliche Ermittlungen, Anhörungen, Beweiserhebungen und Mitteilungen). Zu diesen Maßnahmen gehören insbes:

17
- die *Einholung eines Gutachtens* über die Notwendigkeit der Betreuerbestellung (§ 280 FamFG), die *Anordnung der Untersuchung* des Betroffenen, ggfs seiner *Vorführung* zur Untersuchung (§ 283 FamFG) und seiner *Unterbringung* soweit dies zur Vorbereitung des Gutachtens erforderlich ist (§ 284 FamFG);
- die eine Betreuerbestellung vorbereitende *Anordnung der Ablieferung* einer Betreuungsverfügung oder Vorsorgevollmacht (§ 1901c BGB; § 285 FamFG); wurde die Betreuung bereits angeordnet und das Verfahren damit abgeschlossen, fällt die Anordnung in die Rechtspflegerzuständigkeit (AMHRH/*Rellermeyer* Rn. 8; *Bassenge/Roth* Rn. 21; auch → § 3 Rn. 133);
- die *Verlängerung* der Betreuerbestellung (§ 295 FamFG);
- *Abgabe/Ablehnung der Übernahme*(§§ 4, 5 FamFG; auch → § 3 Rn. 133): Betreuungssachen sind grds. dem Rechtspfleger zugewiesen, ein ausdrücklicher Richtervorbehalt für die Abgabe- bzw. Übernahmeentscheidung besteht nicht

Betreuungssachen und betreuungsgerichtliche Zuweisungssachen **§ 15**

(AMHRH/*Rellermeyer* Rn. 37). Die Entscheidung trifft aber der Richter, wenn ihm vorbehaltene Verrichtungen anhängig oder konkret zu erwarten sind. So ist der Richter zB zuständig, wenn über die Anordnung eines Einwilligungsvorbehalts noch nicht entschieden ist (BayObLG FamRZ 1992, 986) oder, wenn wegen eines Betreuerwechsels eine Abgabe erfolgen soll und der Rechtspfleger für die Entlassung und Neubestellung nicht zuständig ist (OLG Frankfurt NJW 1993, 669). Trifft der Rechtspfleger eine im Abgabeverfahren unwirksame Verfügung (§ 8 Abs. 4), kann gleichwohl das angegangene Gericht durch eine richterliche Handlung zuständig werden (BayObLG Rpfleger 1993, 189). Über diese Fälle hinaus wird zT die Auffassung vertreten, der Rechtspfleger sei in **Betreuungssachen allgemein** von einer Entscheidung über die Abgabe bzw. der Übernahme, wie auch der Vorlage eines diesbezüglich Streits an das Obergericht, ausgeschlossen (BayObLG Rpfleger 1993, 189 unter Aufgabe seiner gegenteiligen früheren Ansicht: Rpfleger 1992, 285; KG Rpfleger 1996, 237; *Bassenge/Roth* Rn. 13, 22). Da der Richter laufend zu prüfen habe, ob die Betreuung aufgehoben oder verlängert werden müsse, könne der Rechtspfleger durch eine Abgabe dem Richter möglicherweise die zentralen Entscheidungen (wie Aufhebung oder Verlängerung der Betreuung) entziehen. Die Abgabezuständigkeit des Rechtspflegers beschränke sich daher auf Verfahren betreffend Kontrollbetreuer (§ 1896 Abs. 3 BGB). Dem kann nicht gefolgt werden (ablehnend auch OLG Düsseldorf Rpfleger 1994, 244; OLG Hamm Rpfleger1994, 211; *Wesche* Rpfleger 1993, 385). Wie *Klüsener* FamRZ 1993, 986 zutreffend darlegt, obliegt dem Richter gerade nicht die laufende Überwachung des Betreuers. Die Beaufsichtigung ist allein Aufgabe des Rechtspflegers (und es hat der Gesetzgeber bewusst in Kauf genommen, dass derjenige, der beaufsichtigt, nicht auch die entspr Folgeentscheidungen, wie zB die Entlassung eines ungeeigneten Betreuers, treffen kann: BT-Drs. 11/4528, 164ff.);
– die *Bestellung eines vorläufigen Betreuers* durch einstweilige Anordnung (§§ 300, 301 FamFG);
– *einstweilige Anordnungen* in vorbehaltenen Angelegenheiten (§§ 49ff. FamFG; §§ 1980i Abs. 1 S. 1, 1846 BGB; *Bassenge/Roth* Rn. 12; AMHRH/*Rellermeyer* Rn. 8).
– die Bestellung eines *Verfahrenspflegers* (§ 276 FamFG) in vorbehaltenen Angelegenheiten (auch → § 3 Rn. 133). Hat der Richter den Verfahrenspfleger bestellt, ist er auch für die *Bewilligung von Vergütung* und *Aufwendungsersatz* (§ 277 FamFG) zuständig (*Bassenge/Roth* Rn. 13; AMHRH/Rellermeyer Rn. 55; *Damrau/Zimmermann* § 14 Rn. 6).

Zur Zuständigkeit des **Rechtspflegers** (§ 15 Abs. 1 S. 2) bei Vollmachtsüberwachungs- oder Kontrollbetreuung nach § 1896 Abs. 3 BGB → § 3 Rn. 131; zur Bestellung eines *Gegenbetreuers* (§ 1908i Abs. 1 S. 1 iVm §§ 1792, 1799 BGB) und der damit verbundenen Rechtspflegerzuständigkeit → § 3 Rn. 131; zur teilweisen *Entziehung der Vertretungsmacht* wegen Interessenskollision (§ 1908i Abs. 1 S. 1 BGB iVm § 1796 BGB) und der damit verbundenen Rechtspflegerzuständigkeit vgl. § 3 Rn. 133; **aA** die Vorauflage § 14 Rn. 66: der Richter ist zuständig, da diese Maßnahme einer teilweise Entlassung gleichkomme. **18**

2. Bestellung eines neuen Betreuers im Falle des Todes des Betreuers nach § 1908c BGB (Abs. 1 Nr. 2)

19 **a) Entwicklung; Normzweck.** Der Vorbehalt wurde durch das BtG (1990) in den neu gefassten § 14 Abs. 1 Nr. 4 aF aufgenommen und durch Art. 23 Nr. 5 FGG-RG in § 15 eingestellt. Die **Richterzuständigkeit** ist aus Gründen des Sachzusammenhangs gerechtfertigt (auch → Rn. 11).

20 **b) Materieller Zusammenhang.** Wie die Entlassung führt auch der Tod des Betreuers nicht zur Beendigung der Betreuung. Es muss deshalb möglichst rasch ein neuer Betreuer bestellt werden, denn ein Verhinderungsfall, der zur Anwendung des § 1899 Abs. 4 BGB führen würde, liegt nicht vor (*Bienwald* Anmerkung OLG Frankfurt a. M. FamRZ 2008, 2059). Verfahren: § 296 Abs. 2 FamFG.

21 **c) Funktionelle Zuständigkeit.** Dem **Richter** ist **vorbehalten:** Die Bestellung eines **neuen Betreuers nach dem Tode** des Betreuers (§ 1908c BGB).

22 Zur Zuständigkeit des **Rechtspflegers** (§ 15 Abs. 1 S. 2) bei Vollmachtsüberwachungs- oder Kontrollbetreuung nach § 1896 Abs. 3 BGB → § 3 Rn. 131.

3. Verrichtungen auf Grund § 1908d BGB, § 291 FamFG (Abs. 1 Nr. 3)

23 **a) Entwicklung; Normzweck.** Der Vorbehalt wurde durch das BtG (1990) in den neu gefassten § 14 Abs. 1 Nr. 4 aF aufgenommen und durch Art. 23 Nr. 5 FGG-RG nach § 15 übernommen. Die **Richterzuständigkeit** ist aus Gründen des Sachzusammenhangs gerechtfertigt (auch → Rn. 11).

24 **b) Materieller Zusammenhang.** Nach § 1908d Abs. 1 BGB ist die Betreuung, wenn ihre Voraussetzungen ganz oder teilweise weggefallen sind von Amts wegen, aufzuheben oder der Aufgabenkreis des Betreuers entsprechend zu beschränken. Das gleiche gilt, wenn der Betreuer auf Antrag bestellt wurde und der Betreute die Aufhebung oder Einschränkung beantragt (§ 1908d Abs. 2 BGB). Wenn dies erforderlich wird, ist der Aufgabenkreis des Betreuers zu erweitern (§ 1908d Abs. 3 BGB). Verfahren: § 294 FamFG. Auf Verlangen der Betroffenen kann das Gericht die Auswahl der Person, der ein Verein oder eine Behörde die Wahrnehmung der Betreuung übertragen hat, überprüfen (§ 291 S. 1 FamFG). Es kann auch die Auswahl einer anderen Person aufgeben (§ 291 S. 2 FamFG).

25 **c) Funktionelle Zuständigkeit.** Dem **Richter** sind **vorbehalten:**
– die Entscheidung über die **Aufhebung** der Betreuung oder die **Einschränkung** des Aufgabenkreises des Betreuers (§ 1908d Abs. 1, 2 BGB; § 294 FamFG);
– die Entscheidung über die **Erweiterung** des Aufgabenkreises des Betreuers (§ 1908d Abs. 3 BGB, § 293 FamFG);
– die Überprüfung der **Betreuerauswahl** durch einen Verein oder eine Behörde und die Anordnung der *Auswahl* einer anderen Person (§ 291 FamFG).

26 Zur Zuständigkeit des **Rechtspflegers** (§ 15 Abs. 1 S. 2) bei Vollmachtsüberwachungs- oder Kontrollbetreuung nach § 1896 Abs. 3 BGB → § 3 Rn. 131.

4. Verrichtungen auf Grund der §§ 1903–1905 BGB (Abs. 1 Nr. 4)

a) Entwicklung; Normzweck. Der Vorbehalt wurde durch das BtG (1990) in den neu gefassten § 14 Abs. 1 Nr. 4 aF aufgenommen und durch Art. 23 Nr. 5 FGG-RG nach § 15 übernommen. Die **Richterzuständigkeit** ist aus **verfassungsrechtlichen Gründen,** wegen der schwerwiegenden Eingriffe in die Person, geboten (auch → Rn. 7). 27

b) Materieller Zusammenhang. Durch die Bestellung eines Betreuers wird die Geschäftsfähigkeit des Betreuten nicht berührt. Nach **§ 1903 Abs. 1 S. 1 BGB** kann das **Betreuungsgericht** jedoch, wenn dies zur Gefahrenabwehr erforderlich ist, einen **Einwilligungsvorbehalt** anordnen (§ 1903 Abs. 1 S. 1 BGB). Rechtsgeschäfte des Betreuten sind dann zustimmungsbedürftig (§ 1903 Abs. 1 S. 2 BGB). Es sei denn, die Willenserklärung bringt dem Betreuten einen lediglich rechtlichen Vorteil (§ 1903 Abs. 3 S. 1 BGB). Das gilt auch, wenn das Gericht nichts anderes angeordnet hat, für eine Angelegenheit des täglichen Lebens (§ 1903 Abs. 3 S. 2 BGB). Für die Einschränkung, Aufhebung oder Erweiterung eines Einwilligungsvorbehalts gilt § 1908 d BGB entsprechend (§ 1980 d Abs. 4 BGB). 28

Die Einwilligung des Betreuers in eine Untersuchung des Gesundheitszustands, eine Heilbehandlung oder einen ärztlichen Eingriff bedarf nach **§ 1904 Abs. 1 BGB** der **Genehmigung** des **Betreuungsgerichts,** wenn die begründete Gefahr besteht, dass der Betreute auf Grund der Maßnahme stirbt oder einen schweren und länger dauernden gesundheitlichen Schaden erleidet. Genehmigungsbedürftig ist nach Maßgabe des **§ 1904 Abs. 2 BGB** auch die Nichteinwilligung oder der Widerruf der Einwilligung des Betreuers. Das gleiche gilt für einen Bevollmächtigten (§ 1904 Abs. 4 BGB). Die Genehmigung ist nicht erforderlich, wenn Einvernehmen darüber besteht, dass das dem in einer Patientenverfügung (§ 1901 a BGB) festzustellenden Willen des Betreuten entspricht (§ 1904 Abs. 4 BGB). 29

Auch die Einwilligung des Sonderbetreuers (§ 1899 Abs. 2 BGB) in eine Sterilisation des Betreuten bedarf nach **§ 1905 BGB** der **Genehmigung** des **Betreuungsgerichts** (§ 1905 Abs. 2 BGB). 30

c) Funktionelle Zuständigkeit. Dem **Richter** sind **vorbehalten:** 31
– die einstweilige Anordnung eines **vorläufigen Einwilligungsvorbehalts** (§§ 300, 301 FamFG);
– die Anordnung eines **Einwilligungsvorbehalts** (§ 1903 BGB; § 286 FamFG) und falls dies erforderlich ist, seiner sofortigen Wirksamkeit (§ 287 Abs. 2 FamFG);
– die Anordnung der oder **Erweiterung oder Verlängerung** eines Einwilligungsvorbehalts (§ 1908 d Abs. 3, 4 BGB; § 295 FamFG);
– die Entscheidung über die **Aufhebung oder Einschränkung** eines Einwilligungsvorbehalts (§ 1908 d Abs. 1, 2 und 4 BGB; §§ 294 Abs. 3, 295 Abs. 2 FamFG);
– die Genehmigung der **Einwilligung** des Betreuers nach § 1904 Abs. 1 BGB zu einer **ärztlichen Maßnahme;**
– die Genehmigung der **Nichteinwilligung bzw. des Widerrufs der Einwilligung** des Betreuers nach § 1904 Abs. 2 BGB zu einer ärztlichen Maßnahme;
– die Genehmigung der **Einwilligung** des Betreuers zur **Sterilisation** des Betreuten nach § 1905 BGB.

Die Genehmigung zur freiheitsentziehenden Unterbringung bzw. zu freiheitsentziehenden Maßnahmen (§ 1906 Abs. 2, 4 BGB) unterfällt als Unterbringungssa- 32 che (§ 312 Nr. 1, 2 FamFG) aus verfassungsrechtlichen Gründen (Art. 104 Abs. 2 GG) der Richterzuständigkeit (→ Rn. 5).

5. Anordnung der Betreuung oder Pflegschaft über einen Angehörigen eines fremden Staates usw (Abs. 1 Nr. 5)

33 **a) Entwicklung; Normzweck.** Der Vorbehalt wurde durch das RPflG 1969 in § 14 Abs. 1 Nr. 4 aF aufgenommen. Er wurde mit der notwendigen Prüfung internationalen Privatrechts begründet (BT-Drs. V/3134; → § 14 Rn. 57). Art. 23 Nr. 5 FGG-RG hat ihn nach § 15 übernommen. Auf Vorschlag des Rechtsausschusses wurde der Vorbehalt um die Anordnung einer Pflegschaft über einen Ausländer ergänzt, da es sich dabei nicht um eine Familiensache, sondern um eine betreuungsgerichtliche Zuweisungssache (§ 340 Nr. 1 FamFG) handeln kann. § 14 Nr. 10 erfasst diesen Fall dann nicht (BT-Dr. 16/9733, 301). Die Länder können den Richtervorbehalt nach Maßgabe des **§ 19 Abs. 1 S. 1 Nr. 1** aufheben.

34 **b) Materieller Zusammenhang.** Für das Entstehen, die Änderung und das Ende einer Betreuung oder Pflegschaft über einen fremden Staatsangehörigen ist das Recht des Staates, dem der Betreute oder Pflegling angehört, maßgebend (Art. 24 Abs. 1 S. 1 EGBGB). Vorläufige Maßregeln sowie der Inhalt der Betreuung oder der angeordneten Pflegschaft unterliegen dem Recht des anordnenden Staates (Art. 24 Abs. 3 EGBGB). Als vorläufige Maßregeln kommen zB in Betracht: Sicherung von Guthaben, Anordnung der Hinterlegung von Geld oder Wertpapieren, Aufstellung eines Vermögensverzeichnisses.

35 **c) Funktionelle Zuständigkeit.** Dem **Richter** sind vorbehalten: die **Bestellung eines Betreuers und die Anordnung** einer *Pflegschaft* für einen Angehörigen eines fremden Staates, einschließlich vorläufiger Maßregeln nach Art. 24 EGBGB.

36 In die Richterzuständigkeit fällt auch die Bestellung eines Überwachungs- oder Kontrollbetreuers für einen Ausländer (§ 1896 Abs. 3 BGB; *Bassenge/Roth* Rn. 7; AMHRH/*Rellermeyer* Rn. 14). Die Betreuerbestellung erfolgt durch Einheitsentscheidung (→ Rn. 2, 8).

37 **Rechtspflegerzuständigkeit:** Da nur die Anordnung der Pflegschaft dem Richter vorbehalten ist, trifft der Rechtspfleger die Folgemaßnahmen, wie zB Auswahl und Bestellung des Pflegers (AMHRH/*Rellermeyer* § 14 Rn. 58).

6. Anordnung der Betreuung oder Pflegschaft auf Grund dienstrechtlicher Vorschriften (Abs. 1 Nr. 6)

38 **a) Entwicklung; Normzweck.** Einen entsprechenden Richtervorbehalt hat § 14 Abs. 1 Nr. 4 aF enthalten. Art. 23 Nr. 5 FGG-RG hat den Vorbehalt nach Abs. 1 Nr. 6 übernommen. Die Länder können den Richtervorbehalt nach Maßgabe des **§ 19 Abs. 1 S. 1 Nr. 1** aufheben.

39 **b) Materieller Zusammenhang.** Die Anordnung einer Betreuung oder Pflegschaft ist in **§ 85 Abs. 2 WDO** für die Fälle der Verhandlungsunfähigkeit bzw. Abwesenheit von Soldaten vorgesehen. In Diszplinarverfahren kommt nach **§ 3 BDG iVm § 16 VwVfG** (vgl. auch die entsprechenden Regelungen in den Landesgesetzen) die Bestellung eines Vertreters für die Wahrnehmung von Rechten im Verwaltungsverfahren in Betracht, wenn ein Beteiligter infolge einer psychischen

Krankheit oder körperlicher, geistiger oder seelischer Behinderung im Verfahren nicht tätig werden kann. Bei Volljährigen liegt eine betreuungsgerichtliche Zuweisungssache mit der Zuständigkeit des Betreuungsgerichts vor (§ 340 Nr. 2 FamFG).

Ist die betroffene Person minderjährig, handelt es sich um eine Kindschaftssache 40 (§ 151 Nr. 5 FamFG) für die das Familiengericht zuständig ist (§ 111 Nr. 2 FamFG; → § 14 Rn. 54 ff.).

c) **Funktionelle Zuständigkeit.** Dem **Richter** sind vorbehalten, 41
- die **Anordnung einer Betreuung oder Pflegschaft** für einen Volljährigen auf Grund dienstrechtlicher Vorschriften (§ 85 Abs. 2 WDO); die Betreuerbestellung erfolgt durch Einheitsentscheidung des Richters (= Auswahl und Bestellung des Betreuers), während bei der Pflegschaft sich die Richterzuständigkeit auf die Anordnung der Pflegschaft beschränkt. Die Auswahl und Bestellung des Pflegers hingegen fallen in den Zuständigkeitsbereich des Rechtspflegers (AMHRH/*Rellermeyer* Rn. 17, 18);
- die **Bestellung eines Vertreters** für einen Volljährigen auf Grund dienstrechtlicher Vorschriften (§ 3 BDG iVm § 16 VwVfG und entsprechende Landesgesetze).

7. Entscheidung nach § 1908i Abs. 1 S. 1 iVm § 1632 Abs. 1–3, § 1797 Abs. 1 S. 2 und § 1798 BGB (Abs. 1 Nr. 7)

a) **Entwicklung; Normzweck.** Ein entsprechender Richtervorbehalt hat sich 42 früher nach allgM (*Bassenge/Roth* Rn. 9) aus § 14 Abs. 1 Nr. 5, 7, 16 aF ergeben. Art. 23 Nr. 5 FGG-RG hat den Vorbehalt in Abs. 1 Nr. 7 aufgenommen. Auf Vorschlag des Rechtsausschusses wurde in den Wortlaut auch die Entscheidung nach § 1632 Abs. 1 BGB einbezogen (BT-Drs. 16/9733, 301). Die Richterzuständigkeit rechtfertigt sich aus dem Gesichtspunkt der Streitentscheidung.

b) **Materieller Zusammenhang.** Die Personensorge des Betreuers umfasst 43 auch das Recht, die **Herausgabe** des Betreuten von jedem zu verlangen, der ihn widerrechtlich vorenthält (§ 1908i Abs. 1 S. 1 iVm § 1632 Abs. 1, 3 BGB). Vor der Herausgabeanordnung ist der Betreute persönlich anzuhören (OLG Frankfurt a. M.; FamRZ 2003, 964). Vollstreckung: §§ 88 ff. FamFG. Auch den **Umgang** des Betreuten mit Dritten kann der personensorgeberechtigte Betreuer bestimmen (§ 1908i Abs. 1 S. 1 iVm § 1632 Abs. 2, 3 BGB; Bienwald/Sommerfeld/Hofmann/ *Bienwald* BGB § 1908i Rn. 16 ff.). Auf den Umgang des Betreuten mit den eigenen Kindern ist § 1684 BGB nicht anzuwenden (OLG Hamm FamRZ 2009, 810).

Sind mehrere Betreuer bestellt worden, so entscheidet das Betreuungsgericht bei 44 **Meinungsverschiedenheiten** zwischen den Betreuern, die mit demselben Aufgabenkreis befasst sind (§§ 1899 Abs. 3, § 1908i Abs. 1 S. 1 iVm § 1797 Abs. 1 S. 2 BGB). Das gleiche gilt, wenn sie mit unterschiedlichen Aufgabenkreisen betraut sind und diese von der vorzunehmenden Handlung insgesamt betroffen werden (§ 1899 Abs. 1 S. 2, § 1908i Abs. 1 S. 1 iVm § 1798 BGB; *Damrau/Zimmermann* BGB § 1899 Rn. 10).

c) **Funktionelle Zuständigkeit.** Dem **Richter** sind vorbehalten 45
- die **Anordnung der Herausgabe** des Betreuten von einem Dritten (§ 1908i Abs. 1 S. 1 iVm § 1632 Abs. 1 und 3 BGB);
- die **Entscheidung über den Umgang des** Betreuten mit Dritten (§ 1908i Abs. 1 S. 1 iVm § 1632 Abs. 2, 3 BGB);

– die **Entscheidung von Meinungsverschiedenheiten** zwischen mehreren Betreuern (§ 1908i Abs. 1 S. 1 iVm §§ 1797 Abs. 1 S. 1, 1798 BGB).

46 **Rechtspflegerzuständigkeit:** Der Rechtspfleger ist zuständig zur Entscheidung von Meinungsverschiedenheiten zwischen Betreuer und Gegenbetreuer (§ 1908i Abs. 1 S. 1 iVm §§ 1810 S. 1, 1812 Abs. 2 BGB). Zur Rechtspflegerzuständigkeit bei Meinungsverschiedenheiten zwischen Vormund und Gegenvormund → § 14 Rn. 36).

8. Genehmigung nach § 6 KastrG (Abs. 1 Nr. 8)

47 **a) Entwicklung; Normzweck.** Ein entsprechender Richtervorbehalt ist mit Inkrafttreten des KastrG in das RPflG 1957 in § 12 Nr. 10 lit. b aufgenommen und als § 14 Nr. 20 in das RPflG 1967 übernommen worden. Art. 23 Nr. 5 FGG-RG hat ihn nach § 15 Abs. 1 Nr. 8 übertragen. Der Vorbehalt ist aus verfassungsrechtlichen Gründen geboten.

48 **b) Materieller Zusammenhang.** Zur Unfruchtbarmachung (Sterilisation und Kastration) vgl. auch § 1631 c BGB und § 1905 BGB. Das KastrG gestattet die Kastration (Entfernung oder dauernde Herbeiführung der Funktionsuntüchtigkeit der Keimdrüsen) des Mannes vom 25. Lebensjahr ab mit seiner Einwilligung oder der seines Betreuers zur Bekämpfung (Beseitigung) eines abnormen Geschlechtstriebs und dadurch bedingter schwerwiegender Krankheiten, seelischer Störungen oder Leiden. Unter der gleichen Voraussetzung, aber ohne die des Mindestalters und ohne notwendige Herbeiführung der Funktionsuntüchtigkeit der Keimdrüsen, ist eine sonstige ärztliche Behandlung von Mann oder Frau möglich (zB radioaktive Bestrahlung).

49 Ist der Betroffene nicht fähig, Grund und Bedeutung der Kastration voll einzusehen, so ist die Kastration ua nur dann zulässig, wenn der Betroffene einen Betreuer erhalten hat, zu dessen Aufgabenbereich die Angelegenheit gehört, und dieser in die Behandlung eingewilligt hat (§ 3 Abs. 3 Nr. 2, Abs. 4 KastrG). Das gleiche gilt für andere Behandlungsmethoden nach § 4 KastrG. Der Betreuer bedarf dazu der **Genehmigung** durch das Betreuungsgericht (§ 6 KastrG). Bei der Angelegenheit handelt es sich, da sie von § 271 Nr. 3 FamFG nicht erfasst wird, um eine betreuungsgerichtliche Zuweisungssache (§ 340 Nr. 3 FamFG; Keidel/*Budde* FamFG § 340 Rn. 4).

50 **c) Funktionelle Zuständigkeit.** Dem **Richter** ist vorbehalten die Genehmigung nach § 6 KastrG zur Einwilligung des Betreuers in die freiwillige Kastration und andere Behandlungsmethoden.

9. Genehmigung nach § 3 Abs. 1 S. 2, § 6 Abs. 2 S. 1, § 7 Abs. 3 S. 2, § 9 Abs. 3 S. 1 etc. TSG (Abs. 1 Nr. 9)

51 **a) Entwicklung; Normzweck.** Einen entsprechenden Richtervorbehalt enthielt § 14 Nr. 20 lit. a aF, der durch das Transsexuellengesetz (TSG) eingefügt wurde (BT-Drs. 8/2947, 6, 16). Art. 23 Nr. 5 FGG-RG hat ihn nach § 15 Abs. 1 Nr. 9 übernommen. Der Vorbehalt rechtfertigt sich auf Grund der personensorgerechtlichen Prägung der Angelegenheit.

52 **b) Materieller Zusammenhang.** Wenn der Betroffene drei Jahre als Transsexueller gelebt hat und keine Änderung seines Drangs, dem anderen Geschlecht anzugehören, zu erwarten ist, kann er beim Amtsgericht eine **Änderung seines Vor-**

Betreuungssachen und betreuungsgerichtliche Zuweisungssachen **§ 15**

namens beantragen (**§ 1 TSG,** – sog kleine Lösung). Daneben kann der Betroffene unter der zusätzlichen Voraussetzung, dass er unverheiratet und dauernd fortpflanzungsunfähig ist und sich einer operativen Geschlechtsumwandlung unterzogen hat, seine gerichtliche **Feststellung der Geschlechtszugehörigkeit** beantragen (**§ 8 TSG**). Die Vorschrift ist entsprechend anwendbar, wenn die Umstände, die zur Änderung des Vornamens geführt haben, nicht mehr vorliegen (**§§ 6 Abs. 2 S. 1, 7 Abs. 3 S. 2 TSG**) oder wenn es um die Feststellung der Geschlechtsumwandlung geht (**§ 9 Abs. 3 S. 1 TSG**).

Anträge des gesetzlichen Vertreters auf Änderung des Vornamens und Feststellung der Geschlechtszugehörigkeit bedürfen bei geschäftsunfähigen Personen der gerichtlichen **Genehmigung** (§ 3 Abs. 1, § 6, § 7 und § 9 TSG). Bei der Angelegenheit handelt es sich, da sie von § 271 Nr. 3 FamFG nicht erfasst wird, um eine betreuungsgerichtliche Zuweisungssache (§ 340 Nr. 3 FamFG; Keidel/*Budde* FamFG § 340 Rn. 4). 53

c) Funktionelle Zuständigkeit. Dem **Richter** ist vorbehalten die Genehmigung von Anträgen des gesetzlichen Vertreters auf Änderung des Vornamens und Feststellung der Geschlechtszugehörigkeit (§ 3 Abs. 1 S. 2, § 6 Abs. 2 S. 1, § 7 Abs. 3 S. 2 und § 9 Abs. 3 S. 1 TSG). 54

10. Genehmigung für den Antrag auf Scheidung usw (Abs. 1 Nr. 10)

a) Entwicklung; Normzweck. Der Richtervorbehalt war früher in § 14 Abs. 1 Nr. 14 aF geregelt und ist im Rahmen der FGG-Reform entfallen (BT-Drs. 17/10490, 16; → § 14 Rn. 96). Da dadurch ein Zuständigkeitswechsel vom Richter zum Rpfl. nicht beabsichtigt war, ist zur Klarstellung § 15 Abs. 1 S. 1 um Nr. 10 ergänzt worden. 55

b) Materieller Zusammenhang. Nach §§ 125 Abs. 2 S. 2 und 270 Abs. 1 S. 1 FamFG bedarf der Antrag des Betreuers auf Scheidung oder Aufhebung einer Ehe oder auf Aufhebung einer Lebenspartnerschaft der Genehmigung durch das Betreuungsgericht; zur Zuständigkeit des FamG → § 14 Rn. 96–98. 56

c) Funktionelle Zuständigkeit. Dem **Richter** ist vorbehalten: Die Genehmigung des Betreuungsgerichts zum Antrag des Betreuers auf Scheidung oder Aufhebung einer Ehe (§§ 125 Abs. 2 S. 2, 270 Abs. 1 S. 1 FamFG). 57

IV. Vorbehalt des Abs. 2: Maßnahmen und Anordnungen nach §§ 6–12 ErwSÜAG

a) Entwicklung; Normzweck. Der Richtervorbehalt wurde durch Art. 2 Abs. 2 ErwSÜAG, BGBl. 2007 I 314, in § 14 Abs. 2 eingefügt. Art. 23 Nr. 5 FGG-RG hat ihn systemgerecht nach § 15 Abs. 2 übernommen. 58

b) Materieller Zusammenhang. Das **ErwSÜAG** (näher dazu: *Helms* FamRZ 2008, 1995; *Wagner/Beyer* BtPrax 2006, 83) regelt die gerichtliche Zuständigkeit in Ausführung des **Haager Übereinkommens** vom 13.1.2000 über den internationalen Schutz von Erwachsenen, BGBl. 2007 II S. 323. Nach § 6 ErwSÜAG ist das **Betreuungsgericht** zuständig für die Feststellung der Anerkennung oder Nichtanerkennung einer in einem anderen Vertragsstaat getroffenen Maßnahme nach Arti- 59

§ 16 2. Abschnitt. Dem Richter vorbehaltene Geschäfte im FamR etc.

kel 23 des Übereinkommens, die Vollstreckbarerklärung einer in einem anderen Vertragsstaat getroffenen Maßnahme nach Artikel 25 des Übereinkommens sowie das Konsultationsverfahren nach Artikel 33 des Übereinkommens zum Schutz betreuungsbedürftiger Erwachsener. Es handelt sich um betreuungsgerichtliche Zuweisungssachen (§ 340 Nr. 3 FamFG).

60 c) **Funktionelle Zuständigkeit.** Dem **Richter** ist vorbehalten
– die **Anerkennung oder Nichtanerkennung** von Maßnahmen, die in einem anderen Vertragsstaat getroffen worden sind (§§ 6, 8, 9 ErwSÜAG);
– die **Vollstreckbarerklärung** von Titeln aus anderen Vertragsstaaten (§§ 6, 10 ErwSÜAG);
– das **Konsultationsverfahren** (§ 6, 12 ErwSÜAG).

§ 16 Nachlass- und Teilungssachen

(1) **In Nachlass- und Teilungssachen bleiben dem Richter vorbehalten**
1. **die Geschäfte des Nachlassgerichts, die bei einer Nachlasspflegschaft oder Nachlassverwaltung erforderlich werden, soweit sie den nach § 14 dieses Gesetzes von der Übertragung ausgeschlossenen Geschäften in Kindschaftssachen entsprechen;**
2. **die Ernennung von Testamentsvollstreckern (§ 2200 des Bürgerlichen Gesetzbuchs);**
3. **die Entscheidung über Anträge, eine vom Erblasser für die Verwaltung des Nachlasses durch letztwillige Verfügung getroffene Anordnung außer Kraft zu setzen (§ 2216 Absatz 2 Satz 2 des Bürgerlichen Gesetzbuchs);**
4. **die Entscheidung von Meinungsverschiedenheiten zwischen mehreren Testamentsvollstreckern (§ 2224 des Bürgerlichen Gesetzbuchs);**
5. **die Entlassung eines Testamentsvollstreckers aus wichtigem Grund (§ 2227 des Bürgerlichen Gesetzbuchs);**
6. **die Erteilung von Erbscheinen (§ 2353 des Bürgerlichen Gesetzbuchs) sowie Zeugnissen nach den §§ 36, 37 der Grundbuchordnung oder den §§ 42, 74 der Schiffsregisterordnung, sofern eine Verfügung von Todes wegen vorliegt, oder die Anwendung ausländischen Rechts in Betracht kommt, ferner die Erteilung von Testamentsvollstreckerzeugnissen (§ 2368 des Bürgerlichen Gesetzbuchs);**
7. **die Einziehung von Erbscheinen (§ 2361 des Bürgerlichen Gesetzbuchs) und von Zeugnissen nach den §§ 36, 37 der Grundbuchordnung und den §§ 42, 74 der Schiffsregisterordnung, wenn die Erbscheine oder Zeugnisse vom Richter erteilt oder wegen einer Verfügung von Todes wegen einzuziehen sind, ferner die Einziehung von Testamentsvollstreckerzeugnissen (§ 2368 des Bürgerlichen Gesetzbuchs) und von Zeugnissen über die Fortsetzung einer Gütergemeinschaft (§ 1507 des Bürgerlichen Gesetzbuchs).**

(2) [1]Liegt eine Verfügung von Todes wegen vor, ist aber dennoch ein Erbschein oder ein Zeugnis nach den §§ 36, 37 der Grundbuchordnung oder den §§ 42, 74 der Schiffsregisterordnung auf Grund gesetzlicher Erbfolge zu erteilen, so kann der Richter die Erteilung des Erbscheins oder des Zeugnisses dem Rechtspfleger übertragen, wenn deutsches Erbrecht an-

Nachlass- und Teilungssachen **§ 16**

zuwenden ist. ²Der Rechtspfleger ist an die ihm mitgeteilte Auffassung des Richters gebunden.

Übersicht

	Rn.
I. Entwicklung	1–4
II. Systematischer Zusammenhang und Normzweck	5–11
III. Allgemeines	12–15
1. Auslegung	12, 13
2. Vorbereitende Tätigkeiten	14, 15
IV. Die einzelnen Vorbehalte des Abs. 1	16–68
1. Nachlasspflegschaft, Nachlassverwaltung (Nr. 1)	16–26
a) Entwicklung und Normzweck	16, 17
b) Materieller Zusammenhang	18–20
c) Funktionelle Zuständigkeit	21–26
2. Ernennung von Testamentsvollstreckern (Nr. 2)	27–29
a) Entwicklung; Normzweck	27
b) Materieller Zusammenhang	28
c) Funktionelle Zuständigkeit	29
3. Entscheidung über Anträge, eine vom Erblasser für die Verwaltung des Nachlasses getroffene Anordnung außer Kraft zu setzen, § 2216 Abs. 2 S. 2 BGB (Nr. 3)	30–34
a) Entwicklung; Normzweck	30–32
b) Materieller Zusammenhang	33
c) Funktionelle Zuständigkeit	34
4. Entscheidung von Meinungsverschiedenheiten zwischen mehreren Testamentsvollstreckern, § 2224 BGB (Nr. 4)	35–37
a) Entwicklung; Normzweck	35
b) Materieller Zusammenhang	36
c) Funktionelle Zuständigkeit	37
5. Entlassung eines Testamentsvollstrecker aus wichtigem Grund, § 2227 BGB (Nr. 5)	38–43
a) Entwicklung; Normzweck	38–40
b) Materieller Zusammenhang	41
c) Funktionelle Zuständigkeit	42, 43
6. Erteilung von Erbscheinen usw (Nr. 6)	44–61
a) Entwicklung; Normzweck	44–48
b) Materieller Zusammenhang	49–51
c) Internationale Zuständigkeit	52, 53
d) Funktionelle Zuständigkeit	54–59
e) Hoferbfolge	60, 61
7. Einziehung von Erbscheinen und Zeugnissen usw (Nr. 7)	62–68
a) Entwicklung; Normzweck	62, 63
b) Materieller Zusammenhang	64, 65
c) Funktionelle Zuständigkeit	66–68
V. Erweiterte Übertragung durch den Richter (Abs. 2)	69–79
1. Entwicklung	69, 70
2. Voraussetzungen	71–76
3. Ermessensentscheidung	77
4. Bindung	78, 79

I. Entwicklung

1 Die Heranziehung des Rechtspflegers (damals noch: Gerichtsschreiber) auf dem Gebiet des Nachlassrechts setzte mit der PrAV von 1906, neu gefaßt durch die PrAV 1910, − → Einl. Rn. 9 ff.) ein, entwickelte sich in den einzelnen Ländern jedoch unterschiedlich (dazu *Arndt* § 13 Rn. 1). Eine Vereinheitlichung brachte erst die REntlV (→ Einl. Rn. 18 ff.: § 20 stellte einen engen Katalog von Angelegenheiten auf, die generell dem Rechtspfleger zugewiesen waren; diese Zuweisung konnte nach näherer Anordnung des OLG-Präsidenten um die Übertragung weiterer Geschäfte einfacher Art, von denen § 21 Abs. 1 einige Beispiele aufführte, erweitert werden; § 21 Abs. 2 enthielt die Richtervorbehalte; § 22 ordnete die Vorlage an den Richter an, wenn der Erblasser ein Ausländer war.

2 Das RPflG 1957 beseitigte diese wenig übersichtlichen Regelung. Es übertrug die Nachlass- und Teilungssachen (iS des 5. Abschnitts des FGG) in § 3 Abs. 1 Nr. 2 lit. b grundsätzlich auf den Rechtspfleger und stellte in § 13 lediglich einen Vorbehaltskatalog auf.

3 Das RPflG 1969 übernahm in § 3 Nr. 2 lit. c, § 16 diese Systematik unter weiterer Einschränkung der Richtervorbehalte. Das JuMoG v. 24.8.2004 hat den Vorbehalt des § 16 Abs. 1 Nr. 8 aF als gegenstandslos aufgehoben (BT-Drs. 15/1508, 29; *Rellermeyer* Rpfleger 2004, 593). Art. 23 Nr. 6 FGG-RG hat § 16 der Terminologie des FamFG angepasst.

4 Die Länder können nach Maßgabe des **§ 19 Abs. 1 S. 1 Nr. 2−5** Richtervorbehalte des § 16 Abs. 1 Nr. 1, 2, 5−7 ganz oder teilweise aufheben.

II. Systematischer Zusammenhang und Normzweck

5 § 16 knüpft an § 3 Nr. 2 lit. c an: Mit Ausnahme der hier aufgeführten Geschäfte fallen alle anderen Nachlass- und Teilungssachen iS § 342 FamFG in den Zuständigkeitsbereich des Rechtspflegers oder Notars (**Vorbehaltsübertragung,** → § 3 Rn. 138 ff., 155).

6 Der **Normzweck** des Vorbehaltskatalogs lässt sich im Gegensatz zu dem des § 14 für Kindschaftssachen (Angelegenheiten der Personenfürsorge dem Richter, Angelegenheiten der Vermögensfürsorge dem Rechtspfleger, → § 14 Rn. 8) nicht auf einen einheitlichen Grundsatz zurückführen. Es ist vielmehr zu differenzieren (vgl. im Einzelnen die Anmerkungen bei den betroffenen Vorbehalten):

7 **Nr. 1** (Parallelgeschäfte zu § 14 bei einer Nachlasspflegschaft oder Nachlassverwaltung) verweist seit Inkrafttreten des FamFG nur noch auf § 14 Nr. 5 (Meinungsverschiedenheiten zwischen mehreren Nachlassverwaltern bzw. Nachlasspflegern; § 1915 Abs. 1 iVm § 1798 BGB). Der Richtervorbehalt rechtfertigt sich deshalb, anders als nach früherem Recht, allein aus dem Gesichtspunkt der Streitentscheidung (zum früheren Recht − Vorbehalt auch im Hinblick auf das Gleichlaufprinzip − vgl. BT-Drs. II/161, 20 und VI/874, 3 sowie → Rn. 17).

8 **Nr. 2, 6, 7** betreffen Angelegenheiten (Ernennung eines Testamentsvollstreckers, Erteilung oder Einziehung eines Erbscheins oder ähnlichen Zeugnisses), bei denen es auf die **Beurteilung** einer **letztwilligen Verfügung** ankommt. Der Rechtspfleger soll nicht mit Problemen der Auslegung einer letztwilligen Verfügung (und der Frage der etwaigen Anwendung ausländischen Rechts) belastet werden (BT-Drs. II/161, 20 und VI/874, 3; zust. BayObLG Rpfleger 1974, 329, 391).

Nachlass- und Teilungssachen **§ 16**

Diese Erwägungen lassen sich angesichts der heutigen Fachhochschulausbildung des Rechtspflegers (→ § 2 Rn. 21 ff.; dazu auch: *Klüsener/Rausch/Walter* Rpfleger 2001, 215) wie auch der Tatsache, dass der Grundbuchrechtspfleger im Hinblick auf § 35 Abs. 1 S. 2 GBO seit jeher mit Auslegungsproblemen (und der Frage der Anwendung ausländischen Rechts) „belastet" ist (Vor § 1 Rn. 14), nicht mehr aufrechterhalten (Näheres → Vor § 1 Rn. 10-13; vgl. AMHRH/*Rellermeyer* Rn. 3, 32).

Nr. 3 (Außerkraftsetzung einer letztwilligen Anordnung des Erblassers bezüglich **9** der Nachlassverwaltung) ermöglicht dem Nachlassgericht, den Erblasserwillen für unbeachtlich zu erklären. Dieser Eingriff in den Willen des letztwillig Verfügenden soll wegen seines schwerwiegenden Charakters dem Richter vorbehalten bleiben (BT-Drs. V/3134, 22).

Nr. 4 (Entscheidung von Meinungsverschiedenheiten zwischen mehreren Tes- **10** tamentsvollstreckern) beinhaltet eine echte Streitentscheidung.

Nr. 5 hat einen der Streitentscheidung ähnlichen Charakter (Entlassung eines **11** Testamentsvollstreckers).

III. Allgemeines

1. Auslegung

Als Ausnahmevorschrift ist § 16 **eng** auszulegen (BayObLG Rpfleger 1974, 217, **12** 329, 391; 1982, 423; *Bassenge/Roth* Rn. 2); grundsätzlich spricht eine Vermutung für die Zuständigkeit des Rechtspflegers (→ § 3 Rn. 12; vgl. auch KG Rpfleger 1978, 321; Keidel/*Zimmermann* FamFG § 343 Rn. 83). Hat deshalb der Richter in einem Nachlassverfahren lediglich den Erbschein erteilt, während vom Rechtspfleger alle sonstigen Geschäfte des Nachlassgerichts vorgenommen wurden (Testamentseröffnung, Abnahme der eidesstattlichen Versicherung), so widerspricht es der vom Gesetzgeber gewählten Grenzziehung zwischen den Zuständigkeiten des Rechtspflegers und Richters, den Richter für die **Wertfestsetzung** (§ 79 GNotKG) für zuständig zu erklären: Der gesetzgeberische Grund (→ Rn. 8), den Rechtspfleger nicht mit Fragen der Auslegung einer letztwilligen Verfügung zu befassen, „kann nicht für das Nebengeschäft der Wertfestsetzung gelten, die noch dazu im gesamten Bereich der KostO" (jetzt: GNotKG) „dem Rechtspfleger überlassen ist" (BayObLG Rpfleger 1974, 329).

Darüber hinaus erfasst die Zuständigkeit des Rechtspfleger auch die Entschei- **13** dung über **Erinnerungen gegen den Kostenansatz** (§ 81 Abs. 1 GNotKG), da die Gründe, auf denen bei übertragenen Geschäften die Zuständigkeit des Rechtspflegers anstelle des Richters zur Wertfestsetzung beruhen, auch auf die Entscheidung über die Erinnerung gegen den Kostenansatz zutreffen (BayObLG 1974, 392; – ausgeschlossen ist der Rechtspfleger nur dann, wenn er selbst als Kostenbeamter die Kostenrechnung aufgestellt hat: → § 4 Rn. 7; → § 10 Rn. 9).

2. Vorbereitende Tätigkeiten

Das RPflG kennt – im Bereich der Vorbehaltsübertragung – keinen allgemeinen **14** Grundsatz, wonach vom Rechtspfleger alle einer Entscheidungsfindung vorausgehenden vorbereitenden Tätigkeiten auch dann zu erledigen sind, wenn der Richter entscheidet (→ § 3 Rn. 13). Vielmehr gilt: Ist eine Entscheidung dem Richter vorbehalten, hat er grundsätzlich auch alle Vorbereitungen und Ermittlungen (zB Zeugeneinvernahmen), die seiner Entschlussfassung vorausgehen, selbst zu erledigen (OLG München Rpfleger 1980, 479 mAnm *Eickmann;* so auch: Keidel/*Zimmermann* FamFG § 343 Rn. 84; *Ule* Rn. 162; *Zimmermann* ZEV 95, 276).

15 Auch über § 27 Abs. 1 (der weitergehende § 25 wurde aufgehoben) kann der Rechtspfleger nicht zu vorbereitenden Tätigkeiten herangezogen werden, die **zum Kernbereich einer richterlichen Entscheidungsfindung** gehören (*Bassenge*/*Roth* § 27 Rn. 4; AMHRH/*Rellermeyer* § 27 Rn. 14). Dazu gehören insbesondere (zB OLG München Rpfleger 1980, 479; Keidel/*Zimmermann* FamFG § 343 Rn. 85): Entscheidungen über die Art. der Ermittlungen, Beweiserhebungen, gesetzlich vorgeschriebene oder zur Sachaufklärung gebotene persönliche Anhörungen. Insoweit gilt der Grundsatz der Unmittelbarkeit der Beweisaufnahme auch für die freiwillige Gerichtsbarkeit (Keidel/*Zimmermann* FamFG § 343 Rn. 85).

IV. Die einzelnen Vorbehalte des Abs. 1

1. Nachlasspflegschaft, Nachlassverwaltung (Nr. 1)

16 **a) Entwicklung und Normzweck.** Das RPflG 1957 hatte in § 13 Nr. 1 den Vorbehalt des § 21 Abs. 2 lit. e REntlV fast wörtlich übernommen. Danach erstreckte sich die Richterzuständigkeit – neben der Verweisung auf den Vorbehaltskatalog des § 12 RPflG 1957 (Vormundschaftssachen) für Geschäfte bei der Nachlasspflegschaft und -verwaltung – **auch** auf die „Anordnung einer Nachlasspflegschaft, die Anordnung und die Aufhebung der Nachlaßverwaltung". Das RPflG 1969 **beschränkte den Vorbehalt** im Hinblick auf den erweiterten Zuständigkeitsbereich des Rechtspflegers in Vormundschaftssachen (→ § 14 Rn. 1) auf seinen heutigen Wortlaut. Zu dem ursprünglich vorgeschlagenen gänzlichen Verzicht (BT-Drs. V/3134, 5) konnte sich der Gesetzgeber nicht entschließen. Auch das 1. RPflÄndG hatte entgegen dem Regierungsentwurf Nr. 1 nicht gestrichen, um sicherzustellen, „dass bei Nachlasspflegschaften oder -verwaltungen etwa erforderlich werdende Genehmigungen im gleichen Umfang wie in Vormundschaftssachen dem Richtervorbehalt unterliegen" (BT-Drs. VI/874, 3). Eine wesentliche inhaltliche Einschränkung des Vorbehalts (er bezog sich bis dahin auf § 14 Abs. 1 Nr. 4, 5, 9, 17) brachte das BtG mit der Streichung der Vorbehalte des § 14 Abs. 1 Nr. 9 und 17.

17 Der **ursprüngliche Zweck des Vorbehalts** – sicherzustellen, dass die bei Nachlasspflegschaften und -verwaltungen erforderlich werdenden gerichtlichen Maßnahmen im gleichen Umfang zwischen Rechtspfleger und Richter aufgeteilt werden, wie bei den entspr Vormundschaftsangelegenheiten (Gleichlaufprinzip, → Rn. 7) – hat angesichts des nunmehr stark eingeschränkten Aufgabenbereichs (Rn. 21 ff.) keine Bedeutung mehr. Die Aufrechterhaltung des Vorbehalts rechtfertigt lediglich der Gesichtspunkt der Streitentscheidung.

18 **b) Materieller Zusammenhang. Nachlasspflegschaft und Nachlassverwaltung** sind Unterarten der Pflegschaft (§§ 1909 ff. BGB), auf die gem. § 1915 Abs. 1 BGB die Vorschriften über die Vormundschaft Anwendung finden.

19 Die **Nachlasspflegschaft** (§§ 1960–1962 BGB, § 342 Abs. 1 Nr. 2 FamFG) dient der Sicherung des Nachlasses bis zur Annahme der Erbschaft bei Vorliegen eines Sicherungsbedürfnisses oder bei Ungewissheit über die Person des Erben.

20 **Die Nachlassverwaltung** (§§ 1975–1988 BGB, §§ 342 Abs. 1 Nr. 8, 359 FamFG) dient der Haftungsbschränkung: Mit dem Erbfall geht das Vermögen des

Nachlass- und Teilungssachen **§ 16**

Erblassers auf den Erben über (§ 1922 BGB) und vereinigt sich mit dessen Vermögen. Weil nun diese haftungsmäßige Einheit sowohl den Interessen der Nachlassgläubiger zuwiderlaufen kann (bei einer Überschuldung des Eigenvermögens besteht die Gefahr, dass sie sich den Nachlass mit den Privatgläubigern des Erben teilen müssen), als auch den Interessen des Erben (bei Überschuldung des Nachlasses kann er sein Eigenvermögen verlieren), eröffnet das Gesetz die Möglichkeit, Nachlass und Eigenvermögen wieder zu trennen: der Nachlass den Nachlassgläubigern, das Privatvermögen den Privatgläubigern. Eine solche Trennung kann herbeigeführt werden durch Nachlassverwaltung oder Nachlassinsolvenz (§ 1975 BGB iVm §§ 315 ff. InsO).

c) **Funktionelle Zuständigkeit. aa) Allgemeines.** Als „Geschäfte des Nachlassgerichts, die „den nach § 14 dieses Gesetzes von der Übertragung ausgeschlossenen Geschäften in Kindschaftssachen entsprechen, kommen seit dem Inkrafttreten des BtG (1992) und des FGG-RG (2009) von vornherein nur noch **§ 14 Abs. 1 Nr. 5 und Nr. 10 in Betracht** (AMHRH/*Rellermeyer* Rn. 11; Keidel/*Zimmermann* FamFG § 343 Rn. 100). 21

Geschäfte der Nachlassinsolvenz (→ Rn. 20) werden in § 16 nicht aufgeführt: Das Nachlassinsolvenzverfahren wird nicht vom Nachlassgericht durchgeführt, sondern vom Insolvenzgericht nach §§ 315 ff. InsO; zur Zuständigkeit des Rechtspflegers und den Richtervorbehalten vgl. § 3 Nr. 2 lit. e und § 18.

Insoweit ist die **Richterzuständigkeit** für die Entscheidung von Meinungsunterschieden zwischen mehreren Nachlasspflegern oder -verwaltern (**§ 14 Nr. 5** iVm §§ 1962, 1960, 1975, 1915 Abs. 1, 1797 Abs. 1 S. 2, 1798 BGB) nach Gesetzeswortlaut und Normzweck eindeutig. 22

Nicht gefolgt werden kann hingegen der hM, wonach über Abs. 1 Nr. 1 auch § 14 Abs. 1 Nr. 10 einzubeziehen ist, der Richtervorbehalt sich also auch auf die **Anordnung** der Nachlasspflegschaft hinsichtlich des inländischen **Nachlasses eines Ausländers** erstreckt (OLG Hamm Rpfleger 1976, 94; Keidel/*Zimmermann* FamFG § 343 Rn. 90 und FamFG § 345 Rn. 71; *Bassenge/Roth* Rn. 8; Palandt/*Weidlich* BGB § 1961 Rn. 3; ausdrücklich offengelassen von BayObLG Rpfleger 1982, 423). Dagegen spricht zunächst der **Wortlaut** der Vorschrift: „Geschäfte des Nachlassgerichts, die *bei* einer Nachlasspflegschaft erforderlich werden", setzen deren Anordnung notwendig voraus; auch bei weitester Auslegung ist die Anordnung aber kein Geschäft **bei** der Nachlasspflegschaft. Gegen eine Einbeziehung spricht zudem die **historische Entwicklung:** Der Vorbehalt, der zunächst auch die Anordnung der Nachlasspflegschaft erfasste, wurde gerade eben um diesen „gekürzt" (→ Rn. 7). Somit bliebe nur eine **analoge Anwendung** des § 14 Abs. 1 Nr. 10, für die jedoch mangels einer Regelungslücke keine Notwendigkeit spricht (dazu eingehend *Meyer-Stolte*, Anm. zu OLG Hamm Rpfleger 1976, 94). Seit Inkrafttreten des FamFG sind die deutschen Nachlassgerichte für die Anordnung vorläufig sichernder Maßnahmen – wozu Nachlasspflegschaften auch dann rechnen, wenn das ausländische Recht solche nicht kennt – **international zuständig** (§§ 105, 343, 344 Abs. 4 FamFG; Palandt/*Thorn* EGBGB Art. 25 Rn. 18). Kollisionsrechtliche Erwägungen (die für einen Richtervorbehalt sprechen könnten) erübrigen sich, da das deutsche Nachlassgericht nach inländischen Vorschriften zu prüfen hat, ob die Voraussetzungen für die Anordnung einer Nachlasspflegschaft vorliegen. Der Nachlasspfleger ist gesetzlicher Vertreter der (unbekannten) Erben und diese müssen nicht unbedingt Angehörige eines fremden Staates sein (so aber der Vorbehalt 23 des § 14 Abs. 1 Nr. 10). Für die Zuständigkeit des Richters ist deshalb kein Raum (AMHRH/*Rellermeyer* Rn. 13; MüKoBGB/*Leipold* § 1960 Rn. 7).

24 Eindeutig ist die Zuständigkeit des **Rechtspflegers** gegeben, wenn der Erblasser neben der ausländischen auch die deutsche Staatsangehörigkeit besaß (BayObLG Rpfleger 1982, 423).

25 **bb) Richtervorbehalt.** Dem **Richter** ist vorbehalten die **Entscheidung von Meinungsverschiedenheiten** zwischen mehreren Nachlasspflegern oder Nachlassverwaltern (§ 16 Abs. 1 Nr. 1 iVm § 14 Abs. 1 Nr. 5).

26 Die **globale Verweisung** des Richtervorbehalts in Abs. 1 Nr. 1 auf „§ 14" ist überzogen. Eine entsprechende Klarstellung durch den Gesetzgeber (Vorbehalt lediglich bei Meinungsverschiedenheiten mehrerer Nachlasspfleger bzw. Nachlassverwalter) wäre deshalb angebracht.

2. Ernennung von Testamentsvollstreckern (Nr. 2)

27 **a) Entwicklung; Normzweck.** Der Vorbehalt war bereits in § 21 Abs. 2 lit. c REntlV enthalten und wurde vom RPflG 1957 (§ 13 Nr. 2) und RPflG 1969 (§ 16 Nr. 1) unverändert übernommen. Maßgebend für die Aufnahme in den Katalog war für den Gesetzgeber die Erwägung, dass die Ernennung eines Testamentsvollstreckers stets eine wirksame Verfügung von Todes wegen voraussetzt, so dass diese auf ihre Wirksamkeit zu prüfen und uU auszulegen ist (BT-Drs. II/161, 20). Heute trifft dieses Argument nicht mehr zu (→ Rn. 8). Der Vorbehalt sollte deshalb gestrichen werden (so auch: AMHRH/*Rellermeyer* Rn. 55).

28 **b) Materieller Zusammenhang.** Der Erblasser kann einen Testamentsvollstrecker durch letztwillige Verfügung (§§ 2197, 2299 BGB: Testament, Erbvertrag) ernennen. Er kann die Bestimmung der Person des Testamentsvollstreckers aber auch einem Dritten überlassen (§ 2198 BGB) oder das Nachlassgericht um die Ernennung ersuchen (§ 2200 BGB). Wirksam wird die Ernennung, die durch Beschluss zu erfolgen hat (§ 38 FamFG), mit Bekanntgabe (§ 40 Abs. 1 FamFG) an den ernannten Testamentsvollstrecker (Palandt/*Weidlich* BGB § 2200 Rn. 6).

29 **c) Funktionelle Zuständigkeit.** Dem **Richter** ist vorbehalten die *Ernennung* von Testamentsvollstreckern (§ 2200 BGB).

3. Entscheidung über Anträge, eine vom Erblasser für die Verwaltung des Nachlasses getroffene Anordnung außer Kraft zu setzen, § 2216 Abs. 2 S. 2 BGB (Nr. 3)

30 **a) Entwicklung; Normzweck.** § 21 Abs. 2 lit. d REntlV hatte die Außerkraftsetzung der vom Erblasser durch Letztverfügung getroffenen Anordnungen nach § 2216 Abs. 2 BGB dem Richter übertragen. Dies aus der Erwägung, dass die Befugnis des Nachlassgerichts, den ausdrücklich erklärten Erblasserwillen für unbeachtlich zu erklären, über die bloße Auslegung letztwilliger Verfügungen hinausgeht und „wohl die weitestgehende materiell-rechtliche Befugnis" darstellt, „die dem Nachlassrichter überhaupt eingeräumt worden ist" (*Arndt* § 13 Rn. 13; *Arnold* Rpfleger 1952, 305, 309; *Bassenge/Roth* Rn. 10).

31 Das RPflG 1957 hatte den Vorbehalt, wohl versehentlich (*Arndt* § 13 Rn. 13), nicht übernommen, so dass seinerzeit empfohlen worden war (*Arndt* § 13 Rn. 13

Nachlass- und Teilungssachen **§ 16**

sowie die Nachw. bei *Arnold/Meyer-Stolte,* 3. Aufl., Rn. 16.3.1), in diesen Fällen das Geschäft gem. § 5 Abs. 1 Nr. 2 RPflG 1957 grundsätzlich dem Richter vorzulegen.

Bei der Neufassung durch das RPflG 1969 wurde § 2216 Abs. 2 BGB (wieder) **32** als Richtervorbehalt aufgenommen. Dem ist im Hinblick auf die Rspr. des BVerfG, wonach mit ein Kriterium für das Vorliegen von Rechtsprechung iSd Art. 92 GG die „Schwere eines Eingriffs" ist (→ § 1 Rn. 16ff.), zuzustimmen. Dieses Kriterium ist zwar als allgemeines Zuordnungsmerkmal für Rechtsprechungstätigkeiten wenig tauglich, begegnet aber jedenfalls dann keinen Bedenken, wenn – wie hier: zur Wertung der dem Nachlassgericht eingeräumte Möglichkeit vgl. schon oben *Arndt* – die Schwere des Eingriffs außer Frage steht.

Vgl. auch BT-Drs. V/3134, 22: „Die in § 2216 Abs. 2 S. 2 BGB dem Nachlaßgericht eingeräumte Befugnis ist jedoch sehr schwerwiegend. Der ausdrücklich erklärte Wille des Erblassers kann hier unbeachtlich erklärt werden. Die Entscheidung sollte daher wieder auf den Richter übertragen werden".

b) Materieller Zusammenhang. § 2216 Abs. 1 BGB verpflichtet den Testa- **33** mentsvollstrecker zu einer ordnungsgemäßen Verwaltung, dh er hat das Vermögen nach objektiven Kriterien zu bewahren und zu vermehren, wobei ihm aus der Natur der Sache ein weitgehender Ermessensspielraum eingeräumt ist (BGHZ 25, 280, 283); Anordnungen des Erblassers – sie sind von bloßen Wünschen zu unterscheiden (BayObLG 1976, 77) – sind hierbei zu befolgen (§ 2216 Abs. 2 S. 1 BGB). Soweit ihre Befolgung allerdings zu einer erheblichen **Nachlassgefährdung** bzw. (weitergehend) zu einer Gefährdung der Interessen der Nachlassbeteiligten (Palandt/*Weidlich* BGB § 2216 Rn. 5) führen würde, kann das Nachlassgericht sie außer Kraft setzen (§ 2216 Abs. 2 S. 2 BGB), wenn ein entsprechender **Antrag** des Testamentsvollstreckers oder eines anderen Beteiligten vorliegt; dabei kann das Nachlassgericht – zuständig ist der Richter – keine eigenen Anordnungen treffen, sondern nur aufheben oder ablehnen (KG OLGZ 1971, 220).

c) Funktionelle Zuständigkeit. Dem **Richter** ist vorbehalten die **Entschei-** **34** **dung** über den Antrag des Testamentsvollstreckers oder eines anderen Beteiligten, eine Anordnung des Erblassers über die Verwaltung des Nachlasses außer Kraft zu setzen (§ 2216 Abs. 2 S. 2 BGB).

4. Entscheidung von Meinungsverschiedenheiten zwischen mehreren Testamentsvollstreckern, § 2224 BGB (Nr. 4)

a) Entwicklung; Normzweck. § 13 Nr. 3 RPflG 1957 hat diesen Vorbehalt **35** des § 21 Abs. 2 lit. d REntlV übernommen, da es sich um eine **echte Streitentscheidung** handelt (BT-Drs. II/161, 20; vgl. zum früheren Recht auch *Arndt* § 13 Rn. 12). Das RPflG 1969 hat es bei diesem Rechtszustand belassen.

b) Materieller Zusammenhang. Hat der Erblasser mehrere Testamentsvoll- **36** strecker ernannt (§§ 2197, 2199 BGB), führen sie das Amt gemeinschaftlich (§ 2224 Abs. 1 S. 1 Hs. 1 BGB). Soweit Meinungsverschiedenheiten auftreten, entscheidet auf Antrag, zu dem jeder der Testamentsvollstrecker oder ein anderer Beteiligter berechtigt ist, (unter Ausschluss des Prozessgerichts) das Nachlassgericht (§ 2224 Abs. 1 S. 1 Hs. 2 BGB). Der Erblasser kann allerdings die Zuständigkeit des Nachlassgerichts ausschließen und einen Dritten benennen (§ 2224 Abs. 1 S. 3 BGB).

37 **c) Funktionelle Zuständigkeit.** Dem **Richter** ist vorbehalten die **Entscheidung** von Meinungsverschiedenheiten zwischen mehreren Testamentsvollstreckern (§ 2224 BGB).

5. Entlassung eines Testamentsvollstreckers aus wichtigem Grund, § 2227 BGB (Nr. 5)

38 **a) Entwicklung; Normzweck.** Die Vorschrift schließt sich an § 13 Nr. 4 RPflG 1957 an und deckt sich inhaltlich mit § 21 Abs. 2 lit. e REntlV (zum früheren Rechtszustand: *Arndt* § 13 Rn. 14).

39 **Grund** für die Aufnahme des Richtervorbehalts war für den Gesetzgeber die Erwägung, dass es bei der Entlassung eines Testamentsvollstreckers „ebenso wie bei der Entlassung eines Vormunds (§ 12 Nr. 13) häufig schwierig (ist), den Sachverhalt zu ermitteln und zu würdigen, (weshalb) die Entscheidung des Nachlaßgerichts ebenso wie die Entscheidung des Vormundschaftsgerichts im Falle des § 12 Nr. 13 dem Richter vorbehalten bleiben muß" (BT-Drs. II/161, 20). Mit der Übertragung des ursprünglichen Richtergeschäfts der Entlassung des Vormunds auf den Rechtspfleger (Änderungsgesetz 1970) ist diese Erwägung gegenstandslos geworden (dazu: BT-Drs. VI/289, 2, 5; BT-Drs. VI/874, 2, 3).

40 Der Richtervorbehalt wurde gleichwohl aus der Erwägung aufrecht erhalten, dass die seinerzeit vom Gesetzgeber angenommene Vergleichbarkeit der Entlassung eines Testamentsvollstreckers mit der eines Vormunds (Pflegers) nicht zutrifft: Wie *Arndt* § 13 Rn. 14 ausführt, untersteht der Vormund der ständigen Aufsicht und Kontrolle des Vormundschaftsgerichts (Rechtspflegers), so dass für die Entscheidungsfindung der Entlassung eine hinreichende Sachkompetenz besteht. Bei der Entlassung des Testamentsvollstreckers, der einer vergleichbaren Aufsicht des Nachlassgerichts nicht untersteht, fehlt diese Kompetenz. Über den Antrag nach § 2227 BGB, und damit über den regelmäßig vorausgegangenen Konflikt des Antragstellers mit dem Testamentsvollstrecker ist vielmehr ad hoc zu entscheiden, womit die Entscheidung „in der Regel den Charakter **einer Streitentscheidung**" hat (*Arndt* § 13 Rn. 14; vgl. auch: AMHRH/*Rellermeyer* Rn. 61: für die Beibehaltung des Vorbehalts besteht kein Bedürfnis mehr).

41 **b) Materieller Zusammenhang.** Das Amt des Testamentsvollstreckers erlischt mit der Erledigung der zugewiesenen Aufgabe (BGHZ 41, 23), mit Fristablauf (§ 2210 BGB) oder unter den Voraussetzungen des § 2225 BGB. Eine vorzeitige Beendigung ist nur durch Kündigung (§ 2226 BGB) oder **Entlassung** seitens des Nachlassgerichts aus wichtigem Grund möglich (§ 2227 BGB). Letzteres allerdings nur – der Testamentsvollstrecker untersteht nicht der Aufsicht des Nachlassgerichts – **auf Antrag** eines Beteiligten (Erbe, Mitvollstrecker, Vermächtnisnehmer, Auflagenberechtigter, Pflichtteilsberechtigter, – nicht aber: gewöhnlicher Nachlassberechtigter).

42 **c) Funktionelle Zuständigkeit.** Dem **Richter** ist vorbehalten die **Entscheidung** über die Entlassung eines Testamentsvollstreckers aus wichtigem Grund (§ 2227 BGB).

43 Die im Verfahren zumeist umfangreichen tatsächlichen Erhebungen (§ 26 FamFG) obliegen gleichfalls dem Richter (→ Rn. 14 und → § 3 Rn. 13).

Nachlass- und Teilungssachen **§ 16**

6. Erteilung von Erbscheinen usw (Nr. 6)

a) Entwicklung; Normzweck. § 21 Abs. 2 lit. f REntlV enthielt Richtervor- 44
behalte hinsichtlich der Erteilung eines Erbscheins bei letztwilliger Verfügung, die
Einziehung von Erbscheinen, die Erteilung und Einziehung von Testamentsvollstreckerzeugnissen und Zeugnissen über die Fortsetzung einer Gütergemeinschaft sowie für alle Bescheinigungen, bei denen erbrechtliche Wirkungen des Güterstandes
zu berücksichtigen waren.

Das RPflG 1957 hat diese Vorbehalte (bis auf die Erteilung des Zeugnisses über 45
die Fortsetzung der Gütergemeinschaft) übernommen, jedoch übersichtlicher gegliedert: in § 13 Nr. 5 wurde die Erteilung von Erbscheinen usw und in Nr. 6 die
Einziehung geregelt; gleichzeitig hat es den Vorbehaltskatalog um die Erteilung
von Überweisungszeugnissen nach §§ 36, 37 GBO und §§ 42, 74 SchRegO erweitert.

Das RPflG 1969 hat letzteren Vorbehalt zugunsten des Rechtspflegers wiede- 46
rum eingeschränkt: Soweit gesetzliche Erbfolge eingetreten ist, also keine letztwillige Verfügung auszulegen ist, bietet die Erteilung von Überweisungszeugnissen
keine erheblichen rechtlichen Schwierigkeiten, so dass der Richtervorbehalt bei
diesen Zeugnissen auf die Fälle beschränkt werden kann, in denen eine Verfügung
von Todes wegen vorliegt (BT-Drs. V/3134, 22).

Maßgebend für die Zuständigkeitsverteilung bei der **Erteilung von Erbschei-** 47
nen und **nachlassgerichtlichen Zeugnissen** ist, ob eine Verfügung von Todes
wegen **vorliegt.** Dh, schon beim bloßen Vorhandensein einer letztwilligen Verfügung oder der Behauptung eine solche sei vorhanden (BayObLG Rpfleger 1977,
210) greift der Richtervorbehalt, ohne Rücksicht darauf, ob diese für die Beerbung
maßgebend ist (*Jung* Rpfleger 2002, 543); möglich ist bei unwirksamer Verfügung:
Übertragung nach § 16 Abs. 2. Die Prüfung der Wirksamkeit des Erblasserwillens
und seine Auslegung ist häufig mit erheblichen rechtlichen Schwierigkeiten verknüpft und deshalb vom Richter vorzunehmen. Die Erteilung eines **Fremdrechtserbscheins** (§ 105 FamFG, § 2369 BGB), ist– wegen der bei der Anwendung ausländischen Rechts stets anzunehmenden Schwierigkeit – in jedem Fall dem Richter
vorbehalten. Ein solcher Vorbehalt besteht auch für die Erteilung von **Testamentsvollstreckerzeugnissen,** da ihr die oft nur im Wege der Auslegung festzustellende
Prüfung der Rechtswirksamkeit der Anordnung seitens des Erblassers vorausgehen
muss.

Angesichts der Tatsache, dass der Grundbuchrechtspfleger schon seit langem mit 48
der Auslegung letztwilliger Verfügungen befasst ist (vgl. § 35 Abs. 1 S. 2 GBO), waren
obige Überlegungen für den Richtervorbehalt schon bei Erlass des RPflG 1969 wenig überzeugend. Heute treffen sie zudem angesichts des erreichten Ausbildungsstandes nicht mehr zu (Näheres → Rn. 8 und → Vor § 1 Rn. 10-13). Der Vorbehalt des
Abs. 1 Nr. 6 sollte deshalb gestrichen werden (vgl. AMHRH/*Rellermeyer* Rn. 3, 32).

b) Materieller Zusammenhang. aa) Erbschein. Weil der Feststellung, auf 49
welche(n) Erben und in welchem Umfang der Nachlass mit dem Erbfall unmittelbar
(§ 1922 BGB) übergegangen ist, oft erhebliche tatsächliche und rechtliche Schwierigkeiten entgegenstehen, der Rechtsverkehr aber verlässliche Angaben benötigt,
stellt das Nachlassgericht auf Antrag ein Zeugnis über die erbrechtlichen Verhältnisse aus. Dieses Zeugnis kann sein Allein- oder Teilerbschein (§ 2353 BGB),
gemeinschaftlicher Erbschein (§ 2357 BGB), gemeinschaftlicher Teilerbschein (Erbschein nur für eine Gruppe von Miterben), Gruppenerbschein (Erbschein in dem
mehrere Teilerbscheine äußerlich zusammengefasst sind) oder Sammelerbschein

(Erbschein, in dem mehrere Erbscheine bei mehrfachem Erbgang zusammengefasst sind) oder gegenständlich beschränkter Erbschein (§ 2369 BGB).

50 **bb) Testamentsvollstreckerzeugnis.** Das Testamentsvollstreckerzeugnis (§ 2368 BGB) dient dem gleichen Zweck wie der Erbschein: Es bestätigt, dass der im Zeugnis Genannte wirksam zum Testamentsvollstrecker ernannt ist und dass keine weiteren als aufgeführten Beschränkungen oder Erweiterungen seiner Befugnisse bestehen (KG NJW 1964, 1905). Das Amt des Testamentsvollstreckers beginnt mit der Annahme (§ 2202 BGB). Für die Annahmeerklärung gegenüber dem zuständigen Nachlassgericht (§ 130 BGB, § 343 FamFG) genügt privatschriftliche Form; vom Nachlassgericht kann der Testamentsvollstrecker eine **Bestätigung** über die Annahme seines Amtes verlangen (Palandt/ *Weidlich* BGB § 2202 Rn. 1).

51 **cc) Nachlassgerichtliche Zeugnisse.** Zeugnisse nach §§ 36, 37 GBO, §§ 42, 74 SchRegO (sog Überweisungszeugnisse) dienen der Erleichterung der Auseinandersetzung einer Erben- oder Gütergemeinschaft im Grundbuch- bzw. Schiffs(bau)Registerverfahren. Soll etwa bei einem zu einem Nachlass gehörenden Schiff bzw. einer Schiffshypothek einer von mehreren Erben als Eigentümer bzw. neuer Gläubiger eingetragen werden, genügt zum Nachweis der Erbfolge und der zur Eintragung des Rechtsübergangs erforderlichen Erklärungen ein Zeugnis des Nachlassgerichts (§ 42 SchRegO).

52 **c) Internationale Zuständigkeit.** Das FGG-RG hat den Gleichlaufgrundsatz beseitigt (BT-Drs. 16/6308, 221; zur neuen Rechtslage: *Schaal* BWNotZ 2007, 154). Die internationale Zuständigkeit richtet sich seither nach **§ 105 FamFG**. Danach ist ein deutsches Nachlassgericht zur Erbscheinserteilung zuständig, wenn im Inland eine örtliche Zuständigkeit besteht. Maßgeblich ist das deutsche Verfahrensrecht. Welche Erbrechtsordnung für die Beerbung maßgebend ist, richtet sich nach dem anwendbaren Erbstatut das nach deutschem IPR zu bestimmen ist (Art. 25 EGBGB). Hat der Erblasser Vermögen im In- und Ausland hinterlassen, kann der Erbschein **gegenständlich beschränkt** erteilt werden (§ 2369 BGB). Das gilt gleichermaßen für deutsche und ausländische Erblasser (Keidel/ *Zimmermann* FamFG § 343 Rn. 51).

53 Für **erbrechtliche Fälle im Beitrittsgebiet** ist das Recht der früheren DDR maßgebend, wenn der Erblasser vor der Vereinigung (3.10.1990) gestorben ist (Art 235 § 1 Abs. 1, Art. 236 § 1 EGBGB). Dabei tritt eine Nachlassspaltung ein, wenn der Erblasser Vermögen in beiden Teilen Deutschlands hatte. Insoweit bleibt es dem Antragsteller überlassen, ob der zu erteilende Erbschein als **Doppelerbschein** (= Bescheinigung des Erbrechts nach den beiden maßgeblichen Rechtsordnungen) oder als **besonderer beschränkter Erbschein** (= beschränkt auf das in der ehemaligen DDR belegene Vermögen) erteilt werden soll (vgl. dazu BayObLG NJW-RR 2001, 950, *Köster* Rpfleger 1991, 97). Da für die Erbscheinserteilung die Anwendung „ausländischen Rechts" nicht in Betracht kommt, ist der Richtervorbehalt insoweit nicht anwendbar (OLG Zweibrücken FamRZ 1992, 1474; *Bassenge/Roth* Rn. 17; Bestelmeyer Rpfleger 1992, 321).

54 **d) Funktionelle Zuständigkeit.** Dem **Richter** sind vorbehalten,
55 – die **Erteilung von Erbscheinen und Zeugnissen** nach §§ 36, 37 GBO, §§ 42, 74 SchRegO, wenn eine **Verfügung von Todes wegen vorliegt,** oder die **Anwendung ausländischen Rechts in Betracht kommt.** Dies unabhängig davon, ob die Verfügung wirksam oder unwirksam ist (BayObLG Rpfleger 1977, 210, Keidel/ *Zimmermann* FamFG Rn. 95), ob sie überhaupt eine Erbeinsetzung

Nachlass- und Teilungssachen **§ 16**

enthält (*Arndt* § 13 Rn. 17; aA LG Berlin Rpfleger 1972, 23) oder ob ohne Vorlage einer Urkunde nur behauptet wird, eine Verfügung von Todes wegen sei vorhanden oder vorhanden gewesen (BayObLG Rpfleger 1977, 210). Kommt der Richter zum Ergebnis, dass keine die gesetzliche Erbfolge beeinflussende Verfügung von Todes wegen vorliegt, kann er die Erteilung des Erbscheins bzw. Zeugnisses dem Rechtspfleger nach § 16 Abs. 2 übertragen (→ Rn. 69ff.).
– die **Erteilung** von **Testamentsvollstreckerzeugnissen** (§ 2368 BGB; sie setzen stets eine Verfügung von Todes wegen voraus), einschließlich (→ Rn. 50) der **Bestätigung** über die Annahme des Testamentsvollstreckeramtes (Keidel/ *Zimmermann* FamFG § 343 Rn. 97). 56

Die funktionelle Zuständigkeit des Richters beschränkt sich in diesen Fällen nicht auf die Erteilung des Erbscheins und der genannten Zeugnisse, sondern erfasst auch **das vorangehende Verfahren** (→ Rn. 15). Eine etwaige Beweisaufnahme muss der Richter deshalb selbst durchführen und kann sie nicht dem Rechtspfleger überlassen (OLG München Rpfleger 1980, 479). 57

Zu den **Folgen eines Verstoßes** gegen die funktionelle Zuständigkeit → § 8 Rn. 14ff. 58

Zur funktionellen Zuständigkeit des **Rechtspflegers** → § 3 Nr. 2 lit. c Rn. 138ff. 59

e) **Hoferbfolge.** Für land- und forstwirtschaftliche Betriebe mit einem gewissen Mindestwirtschaftswert gilt in den Ländern Hamburg, Niedersachsen, Nordrhein-Westfalen und Schleswig-Holstein die **HöfeO** (mit der HöfeVfO). Wichtigster Inhalt der HöfeO ist die Regelung des **Anerbenrechts,** das die sonst im Erbrecht geltende Gesamtrechtsnachfolge im Interesse der Erhaltung der Einheit des Hofes und seines Zubehörs zugunsten einer Sondererbfolge (= des Hoferben) durchbricht (s dazu Palandt/*Weidlich* BGB § 1922 Rn. 12 und EGBGB Art. 64 Rn. 1ff.). Für die Erteilung des **Hoffolgezeugnisses** nach der HöfeO wie auch für die Erteilung eines Erbscheins über das hoffreie Vermögen ist das **Landwirtschaftsgericht** ausschließlich zuständig (§ 18 Abs. 2 HöfeO; MüKoBGB/*J. Mayer* § 2353 Rn. 151ff.), dh – beim Landwirtschaftsgericht gibt es keine Zuständigkeit des Rechtspflegers – **der Richter.** Damit ist der Rechtspfleger auch dann nicht zuständig, wenn in den Fällen gesetzlicher Erbfolge ein Erbschein über das hoffreie Vermögen zu erteilen ist (BGH Rpfleger 1988, 530 mit Anm. *Meyer-Stolte*). 60

Landesrechtliche Sonderordnungen zum **Anerbenrecht** gibt es (nur) in den Ländern Baden-Württemberg, Bremen, Hessen und Rheinland-Pfalz (MüKoBGB/*Leipold* Einl. § 1922 Rn. 141ff. und MüKoBGB/*J. Mayer* § 2353 Rn. 156, 157; Palandt/*Weidlich* BGB § 1922 Rn. 12 und EGBGB Art. 64 Rn. 2, 3). Sachlich zuständig ist das Nachlassgericht, so dass sich die Verteilung der funktionellen Zuständigkeit zwischen Richter und Rechtspfleger nach §§ 3 Nr. 2 lit. c, 16 Abs. 1 Nr. 6, 7, Abs. 2 regelt. 61

7. Einziehung von Erbscheinen und Zeugnissen usw (Nr. 7)

a) **Entwicklung; Normzweck.** Nach § 13 Nr. 6 RPflG 1957 waren, wie schon in § 21 Abs. 2 lit. f REntlV, dem Richter vorbehalten die Einziehung von Erbscheinen, Überweisungszeugnissen, Testamentsvollstreckerzeugnissen und von Zeugnissen über die Fortsetzung der Gütergemeinschaft. 62

§ 16 Abs. 1 Nr. 7 RPflG 1969 schränkte den Richtervorbehalt mit der naheliegenden Begründung ein, dass der Rechtspfleger, „der bereits nach geltendem Recht 63

Erbscheine erteilt, wenn keine Verfügung von Todes wegen vorliegt, auch befähigt sein wird, Erbscheine und Zeugnisse gem. §§ 36, 37 GBO und §§ 42, 74 SchRegO einzuziehen, die er selbst erteilt hat oder jedenfalls erteilen kann" (BT-Drs. V/3134, 22). Maßgebend für den Richtervorbehalt war für den Gesetzgeber, dass die Einziehung von Erbscheinen und Zeugnissen einen Streit zwischen mehreren Beteiligten voraussetzt und die Entscheidung oft auch rechtlich schwierig ist (BT-Drs. I/3839, 21). Diese Erwägungen überzeugen nicht (mehr): Was die „rechtliche Schwierigkeit" angeht, so ist ihr der Rechtspfleger aufgrund seiner heutigen Ausbildung gewachsen (schon → Rn. 8). Auch mag der „Streit" in der Praxis oft eine Voraussetzung für die Einziehung sein, eine Streitentscheidung – die einen Richtervorbehalt zwingend erforderlich machen würde – ist die Einziehung jedenfalls nicht. Die Aufgabe sollte deshalb auf den Rechtspfleger übertragen werden.

64   **b) Materieller Zusammenhang.** Ergibt sich, dass der bereits erteilte **Erbschein** (zB wegen falscher rechtlicher Würdigung) unrichtig war oder (etwa wegen neuer Tatsachen) unrichtig geworden ist, kann die die Erteilung anordnende Verfügung mit Rücksicht auf die Wirkungen der §§ 2365, 2366 BGB gegenüber Dritten nicht mehr mit rückwirkender Kraft abgeändert, oder mit Rechtsbehelfen angefochten werden (vgl. § 352 Abs. 3 FamFG, § 11 Abs. 3 S. 1). Das Nachlassgericht muss den Erbschein vielmehr einziehen; mit der Einziehung wird er kraftlos (§ 2361 Abs. 1 BGB). Kann der Erbschein nicht erlangt werden, ist er durch Beschluss für kraftlos zu erklären (§ 2361 Abs. 2 BGB iVm § 186 ZPO; vgl. MüKoBGB/*J. Mayer* § 2361 Rn. 42; Keidel/*Zimmermann* FamFG § 353 Rn. 28). Entsprechend gilt für **Überweisungszeugnisse** nach §§ 36, 37 GBO und §§ 42, 74 SchRegO (§ 354 FamFG; Keidel/*Zimmermann* FamFG § 354 Rn. 2, 3), **Testamentsvollstreckerzeugnisse** (§§ 2368 Abs. 3, 2361 BGB) und für **Zeugnisse über die Fortsetzung einer Gütergemeinschaft** (§§ 1507 S. 2, 2361 BGB).

65   Endet das Amt des Testamentsvollstreckers, wird das Zeugnis von selbst kraftlos (§ 2368 Abs. 3 Hs. 2 BGB). Weil damit auch die Wirkungen zugunsten Dritter (§ 2365 BGB, gutgläubiger Erwerb) entfallen, erübrigt sich eine förmliche Einziehung und ist unzulässig (MüKoBGB/*J.Mayer* § 2368 Rn. 50). Es kann jedoch das Nachlassgericht das Zeugnis zu den Akten zurückfordern, um einem möglichen Missbrauch zu begegnen (OLG Köln Rpfleger 1986, 261). Die Rückforderung kann durch Vollstreckung (§ 35 Abs. 1, 4 FamFG) erzwungen werden.

66   **c) Funktionelle Zuständigkeit.** Dem **Richter** sind vorbehalten,
– die **Einziehung von Erbscheinen** (Anerbenbescheinigungen, Hoffolgezeugnissen) **und Zeugnissen,** wenn die Erteilung durch ihn erfolgte oder hätte erfolgen müssen oder wenn eine letztwillige Verfügung der Grund für die Einziehung ist;
– die **Einziehung von Testamentsvollstreckerzeugnissen** gem. §§ 2368 Abs. 3 Hs. 1, 2361 Abs. 1 BGB; nicht aber: Rückforderung eines nach § 2368 Abs. 3 Hs. 2 BGB kraftlos gewordenen Testamentsvollstreckerzeugnisses (→ Rn. 65 aE: die Rückforderung ist keine Einziehung iS des § 2361 BGB: MüKoBGB/*J.Mayer* § 2368 Rn. 50; AMHRH/*Rellermeyer* Rn. 34);
– **Einziehung von Zeugnissen über die Fortsetzung einer Gütergemeinschaft** (§ 1507 BGB);
– **Kraftloserklärung** von Erbscheinen und Überweisungszeugnissen. Das Gesetz sieht, auch wenn der Richter den Erbschein (das Zeugnis) erteilt hat, für die Kraftloserklärung **keinen** Richtervorbehalt vor (Keidel/*Zimmermann* FamFG § 353 Rn. 10). Grund: Mit Erlass des Einziehungsbeschlusses ist den Erwägun-

gen, die für die Richterzuständigkeit sprechen (→ Rn. 46 ff.), Rechnung getragen; die sich hieran anschließende Kraftloserklärung (im Beschlusswege) ist lediglich eine Annexhandlung. Soweit allerdings im Einzelfall Einziehung und Kraftloserklärung miteinander verbunden werden, wird der Richter im Hinblick auf § 6 beide Geschäfte wahrnehmen (AMHRH/*Rellermeyer* Rn. 33). **Anderes gilt,** wenn **allein ein Kraftloserklärungsbeschluss** ausreicht, weil von vornherein feststeht, dass die Einziehungsanordnung nicht durchzuführen ist (BayObLG OLG 40, 155; Palandt/*Weidlich* BGB § 2361 Rn. 13). Der Beschluss ist dann vom Richter zu erlassen, weil hier die Kraftloserklärung gleichsam an die Stelle der Einziehung tritt.

Zur funktionellen Zuständigkeit des **Rechtspflegers** → § 3 Nr. 2 lit. c Rn. 138 ff. **67**

(Frühere) **Nr. 8** (gerichtliche Vermittlung der Erbauseinandersetzung) wurde durch das 1. JuMoG als gegenstandslos aufgehoben (BT-Drs. 15/1508, 29; vgl. dazu *Rellermeyer* Rpfleger 2004, 593). Zur Zuständigkeit der Notare in Teilungssachen → § 3 Rn. 156. Eine zur Auseinandersetzung erforderliche Genehmigung (§§ 1643, 1908i Abs. 1, 1915 Abs. 1, 1821, 1822 Nr. 2 BGB) erteilt der Rechtspfleger des Familien- oder Betreuungsgerichts und im Sonderfall des § 368 Abs. 3 FamFG des Nachlassgerichts. **68**

V. Erweiterte Übertragung durch den Richter (Abs. 2)

1. Entwicklung

Weder die Preußische AV noch die REntlV (→ Rn. 1) hatten die Möglichkeit gekannt, die Rechtspflegerzuständigkeit im Einzelfall durch **richterliche Anordnung** zu erweitern. Erst das RPflG 1957 nahm – nach dem Vorbild des § 6 Abs. 1 der Sächsischen RPflVO vom 18.2.1926 (dazu: *Arndt* § 20 Rn. 35) – in § 20 Abs. 2 für das Verfahren der Zwangsversteigerung und -verwaltung (und in §§ 21 Abs. 2, 22 Abs. 2 für das Konkurs- und Vergleichsverfahren) eine solche Übertragungsregelung auf. Angesichts des „ständig steigenden Gebrauchs", den die Praxis von dieser Möglichkeit gemacht hatte (BT-Drs. V/3134, 14), entschloss sich der Gesetzgeber des RPflG 1969 in § 16 einen vergleichbaren Tatbestand aufzunehmen. **69**

Diese Zuständigkeitserweiterung des Rechtspflegers durch richterliche Anordnung im Einzelfall lag auch deshalb nahe, weil der Rechtspfleger sich einerseits bei der Erteilung von Erbscheinen aufgrund gesetzlicher Erbfolge bewährt hatte und andererseits das Verfahren, insbesondere bei einer Vielzahl von Miterben, für den Richter oft eine erhebliche Belastung darstellt (BT-Drs. V/3134, 22). **70**

2. Voraussetzungen

Trotz Vorliegens einer Verfügung von Todes wegen **kann gesetzliche Erbfolge eintreten,** etwa weil **71**

– der Erblasser zB nur Vermächtnisse angeordnet, aber keine Erbeinsetzung vorgenommen hat,
– die letztwillige Verfügung (teilweise) unwirksam oder gegenstandslos ist.

Soweit in solchen Fällen ein Erbschein oder ein Zeugnis nach §§ 36, 37 GBO oder §§ 42, 74 SchRegO aufgrund gesetzlicher Erbfolge **nach deutschem Recht** zu erteilen ist, kann der Richter diese Aufgabe dem Rechtspfleger übertragen.

§ 16   2. Abschnitt. Dem Richter vorbehaltene Geschäfte im FamR etc.

72   Gleiches gilt, wenn (ohne Vorlage einer Urkunde) **nur behauptet wird,** eine Verfügung von Todes wegen sei vorhanden oder doch vorhanden gewesen, und wenn der Richter aufgrund durchgeführter Ermittlungen zu der Überzeugung gelangt, dass eine die gesetzliche Erbfolge beeinflussende Verfügung von Todes wegen nicht vorhanden ist oder war (BayObLG Rpfleger 1977, 210).

73   Die Übertragung ist – das folgt aus der Entstehungsgeschichte (*Arndt* § 20 Rn. 35) und dem Gesetzeswortlaut (die Ermessensentscheidung, die das Wort „kann" statuiert, verbietet eine generalisierende Anwendung) – **nur für den Einzelfall möglich,** kann also nicht allgemein ausgesprochen werden (BGH Rpfleger 1968, 276 für den Fall der Übertragung im Zwangsversteigerungs- und Zwangsverwaltungsverfahren nach § 20 Abs. 2 aF; *Bassenge/Roth* Rn. 13). Im Interesse der Rechtssicherheit soll sie **aktenkundig gemacht werden,** doch ist dies für ihre Wirksamkeit nicht erforderlich (BGH Rpfleger 1968, 276; *Bassenge/Roth* Rn. 13; **aA** *Arndt* § 20 Rn. 36).

74   Die Übertragung kann nur **durch den Nachlassrichter** erfolgen und nicht durch das Beschwerdegericht anläßlich der Zurückverweisung eines Erbscheinsverfahrens (*Bassenge/Roth* Rn. 13; **aA** LG Berlin Rpfleger 1972, 23).

75   **Nicht anwendbar** ist § 16 Abs. 2, wenn der Erblasser in seiner letztwilligen Verfügung „seine gesetzlichen Erben ohne nähere Bestimmung bedacht" hat (vgl. § 2066 BGB) oder, wenn er eine mit der gesetzlichen Erbfolge übereinstimmende Erbfolge angeordnet hat: Der Erbschein ist dann aufgrund gewillkürter Erbfolge zu erteilen, nicht aber „aufgrund gesetzlicher Erbfolge" (§ 16 Abs. 2, – s. auch AMHRH/*Rellermeyer* Rn. 35).

76   Ein Erbschein, der vom Rechtspfleger **ohne ausdrückliche Übertragungsverfügung** erteilt wird, ist nach § 8 Abs. 2, in Ausnahme von § 8 Abs. 4 S. 1, wirksam, wenn die Voraussetzungen der Übertragung (gesetzliche Erbfolge nach deutschem Recht) vorlagen (BayObLG Rpfleger 1977, 210). Lagen diese Voraussetzungen nicht vor – etwa weil der Rechtspfleger den Erbschein in Unkenntnis des Vorliegens einer letztwilligen Verfügung erteilt hat –, wäre an und für sich (vgl. § 8 Abs. 4 S. 1) von einer unwirksamen iS von nichtigen Erteilung auszugehen (anders: AMHRH/*Rellermeyer* Rn. 36, der diese Fälle unter § 8 Abs. 2 einordnet). Nach allgM ist jedoch im Hinblick auf die besondere Bedeutung des Erbscheins für den Verkehrsschutz von einer wirksamen Erteilung auszugehen (→ § 8 Rn. 27).

3. Ermessensentscheidung

77   Liegen die Voraussetzungen für eine Delegation vor (→ Rn. 73), „kann" (Abs. 2 S. 1) der Richter sie vornehmen, dh die Übertragung steht in seinem **Ermessen.** Da die Vorschrift zur Entlastung des Richters geschaffen wurde – nach Auffassung des Gesetzgebers ist sie insbesondere für solche Fälle vorgesehen, in denen eine Vielzahl von Miterben vorhanden sind (BT-Drs. V/3134, 22) –, wird im Regelfall alles für eine Übertragung sprechen (*Ule* Rn. 233), dh es wird der Richter nur in Ausnahmefällen, etwa bei rechtlichen und tatsächlichen Schwierigkeiten, die Erteilung selbst vornehmen.

4. Bindung

78   Der Rechtspfleger ist bei seiner Entscheidung an die ihm **mitgeteilte** Auffassung des Richters gebunden. Er muss also bzgl der Frage, ob gesetzliche Erbfolge greift oder nicht, die richterliche Meinung – etwa, dass die letztwillige Verfügung unwirk-

Registersachen und unternehmensrechtliche Verfahren § 17

sam sei oder zwar wirksam, aber keine Erbfolgeneinsetzung beinhalte – akzeptieren. Gleiches gilt, wenn es darum geht, ob ausländisches oder deutsches Recht anzuwenden ist. Die ausdrückliche Aufnahme dieser Bindungswirkung an die richterliche Auffassung in Abs. 2 S. 2 durch das RPflG 1969 war notwendig, weil die Voraussetzungen des § 5 Abs. 3 S. 3 nicht gegeben sind: Der Richter gibt die Sache dem Rechtspfleger nicht „zurück", sondern überträgt ihm die Bearbeitung.

Die **Entscheidung der Erbfolge selbst,** also den materiellen Inhalt des Erb- 79 scheins kann der Richter nicht bindend vornehmen. Insoweit entscheidet der Rechtspfleger weisungsfrei (§ 9; vgl. BayObLG Rpfleger 1996, 248).

§ 17 Registersachen und unternehmensrechtliche Verfahren

In Handels-, Genossenschafts- und Partnerschaftsregistersachen sowie in unternehmensrechtlichen Verfahren nach dem Buch 5 des Gesetzes über das Verfahren in Familiensachen und in den Angelegenheiten der freiwilligen Gerichtsbarkeit bleiben dem Richter vorbehalten
1. bei Aktiengesellschaften, Kommanditgesellschaften auf Aktien, Gesellschaften mit beschränkter Haftung und Versicherungsvereinen auf Gegenseitigkeit folgende Verfügungen beim Gericht des Sitzes und, wenn es sich um eine Gesellschaft mit Sitz im Ausland handelt, beim Gericht der Zweigniederlassung:
   a) auf erste Eintragung,
   b) auf Eintragung von Satzungsänderungen, die nicht nur die Fassung betreffen,
   c) auf Eintragung der Eingliederung oder der Umwandlung,
   d) auf Eintragung des Bestehens, der Änderung oder der Beendigung eines Unternehmensvertrages,
   e) auf Löschung im Handelsregister nach den §§ 394, 395, 397 und 398 des Gesetzes über das Verfahren in Familiensachen und in den Angelegenheiten der freiwilligen Gerichtsbarkeit und nach § 4 Absatz 3 Satz 1 des Versicherungsaufsichtsgesetzes,
   f) Beschlüsse nach § 399 des Gesetzes über das Verfahren in Familiensachen und in den Angelegenheiten der freiwilligen Gerichtsbarkeit;
2. die nach § 375 Nummer 1 bis 6, 9 bis 14 und 16 des Gesetzes über das Verfahren in Familiensachen und in den Angelegenheiten der freiwilligen Gerichtsbarkeit zu erledigenden Geschäfte mit Ausnahme der in
   a) § 146 Absatz 2, § 147 und § 157 Absatz 2 des Handelsgesetzbuchs,
   b) § 166 Absatz 3 und § 233 Absatz 3 des Handelsgesetzbuchs,
   c) § 264 Absatz 2, § 273 Absatz 4 und § 290 Absatz 3 des Aktiengesetzes,
   d) § 66 Absatz 2, 3 und 5 sowie § 74 Absatz 2 und 3 des Gesetzes betreffend die Gesellschaften mit beschränkter Haftung,
geregelten Geschäfte.

Übersicht

	Rn.
I. Entwicklung	1–6
II. Systematischer Zusammenhang; Normzweck	7–13
III. Allgemeine Grundsätze	14
IV. Die einzelnen Vorbehalte	15–176
1. Ersteintragung, AG, KGaA, GmbH, VVaG (Nr. 1 lit. a)	15–24

	Rn.
a) Entwicklung; Normzweck	15–18
b) Materieller Zusammenhang	19, 20
c) Funktionelle Zuständigkeit	21–24
2. Eintragung von Satzungsänderungen, die nicht nur die Fassung betreffen, AG, KGaA, GmbH, VVaG (Nr. 1 lit. b)	25–32
a) Entwicklung; Normzweck	25, 26
b) Materieller Zusammenhang	27–29
c) Funktionelle Zuständigkeit	30–32
3. Eintragung der Eingliederung oder der Umwandlung, AG, KGaA, GmbH, VVaG (Nr. 1 c)	33–44
a) Entwicklung; Normzweck	33
b) Materieller Zusammenhang	34–42
c) Funktionelle Zuständigkeit	43, 44
4. Eintragung des Bestehens, der Änderung oder der Beendigung eines Unternehmensvertrages, AG, KGaA (Nr. 1 lit. d)	45–48
a) Entwicklung; Normzweck	45
b) Materieller Zusammenhang	46, 47
c) Funktionelle Zuständigkeit	48
5. Löschung im Handelsregister nach den §§ 394, 395, 397 und 398 FamFG und nach § 4 Abs. 3 S. 1 VAG (Nr. 1 lit.e)	49–66
a) Entwicklung; Normzweck	49–55
b) Materieller Zusammenhang (in Bezug auf den Richtervorbehalt)	56–63
c) Funktionelle Zuständigkeit	64–66
6. Beschlüsse nach § 399 FamFG, AG, KGaA, GmbH (Nr. 1 lit. f)	67–71
a) Entwicklung; Normzweck	67, 68
b) Materieller Zusammenhang	69
c) Funktionelle Zuständigkeit	70, 71
7. Die nach § 375 Nr. 1–6, 9–14 und 16 FamFG zu erledigenden Geschäfte (Nr. 2)	72–176
a) Allgemeines	72–74
b) Entwicklung; Normzweck	75–80
c) Materieller Zusammenhang und funktionelle Zuständigkeit	81–176

I. Entwicklung

1   Neben anderen Registersachen (Genossenschaftsregister, Vereinsregister, Güterrechtsregister, Musterregister) erfolgte in **Handelsregistersachen** eine Übertragung richterlicher Geschäfte auf den damaligen Gerichtsschreiber erstmals, und dies bereits in weitem Umfang, durch die PrAV von 1906 (→ Einl. Rn. 15): In Abteilung A wurden ihm sämtliche Eintragungsverfügungen überlassen und in Abteilung B solche, die auf den Wechsel in der Person von Geschäftsführern und die Erteilung bzw. das Erlöschen von Prokuren gerichtet waren. Die aufgrund Art. VI § 2 REntlG (1921) ergangenen Entlastungsvorschriften der Länder folgten im Wesentlichen diesem Beispiel. Unterschiede bestanden insbesondere hinsichtlich der Übertragung der Geschäfte des Handelsregisters B (und des Genossenschaftsregisters).

2   Nachdem die HRV eine gewisse Vereinheitlichung gebracht hatte, ordnete § 23 REntlV die Zuständigkeiten des Rechtspflegers in Registerangelegenheiten neu (Einzelheiten der Entwicklung bis zum REntlV: *Arndt* § 15 Rn. 1). Die Regelung

Registersachen und unternehmensrechtliche Verfahren § 17

in dieser Vorschrift war jedoch reichlich unübersichtlich, weil sie die Registersachen rein schematisch und unabhängig von ihrem sachlichen Zusammenhang mit unterschiedlichen Übertragungsarten erfasste: Vollübertragung: Musterregister und Handelsregister A; Vorbehaltsübertragung: Genossenschaftsregister, Vereinsregister, Schiffs- und Schiffsbauregister, Güterrechtsregister; Einzelübertragung: Handelsregister B.

Das RPflG 1957 stellte deshalb **auf zusammengehörende Gruppen** ab. Im Bereich des Handels- und Genossenschaftsregisters wurden dem Rechtspfleger, unter Beibehaltung der Regelung des § 23 REntlV iü, nunmehr auch die mit der Führung des Handelsregisters B zusammenhängenden Geschäfte im Wege der Vorbehaltsübertragung zugewiesen. Die Richtervorbehalte wurden in § 15 zusammengefaßt: Nr. 1 regelte die dem Richter vorbehaltenen Angelegenheiten des Handelsregisters B und des Genossenschaftsregisters; Nr. 2 nahm die wichtigsten Löschungen im Amtsverfahren von der Übertragung aus; Nr. 3 fasste von den in § 145 RFGG enthaltenen sonstigen Verrichtungen auf dem Gebiet des Handelsrechts die rechtlich schwierigen oder wirtschaftlich besonders bedeutungsvollen Geschäfte zusammen und Nr. 4 überwies dem Richter die Angelegenheiten im Zusammenhang mit der Schadensfeststellung bei Schiffsunfällen. 3

Das RPflG 1969 übertrug dem Rechtspfleger die Führung auch des Genossenschaftsregisters in vollem Umfang und ordnete in § 17 – unter teilweiser Einschränkung, aber auch Schaffung neuer Vorbehalte – den Kreis der dem Richter übertragenen Geschäfte systematisch neu (vgl. die Begründung in BT-Drs. V/3134, 23; eine Zusammenstellung der Änderungen gegenüber dem RPflG 1957 bringt *Brüggemann* Rpfleger 70, 198). Mit der Übertragung der Führung des Musterregisters von den Amtsgerichten auf das Patentamt (Gesetz v. 18.12.1986, BGBl. I S. 2501; vgl. § 8 GeschmMG nF) ist die frühere Rechtspflegerzuständigkeit auf diesem Gebiet entfallen. § 3 Nr. 1 lit. c wurde deshalb aufgehoben. 4

Das FGG-RG hat die im FGG als „Handelssachen" bezeichneten Angelegenheiten im FamFG neu strukturiert und § 17 der Systematik und Terminologie des FamFG (§§ 374 ff. FamFG) angepasst. Diese Folgeänderungen haben die bis dahin bestehende Aufgabenabgrenzung zwischen Richter und Rechtspfleger beibehalten (BT-Drs. 16/6308, 300). 5

Art. 4 Nr. 5 RBehelfsbelehrungsG hat § 17 Nr. 1 lit. e geändert und Nr. 2 neugefasst. Mit der Neufassung der Nr. 2 wird die Ernennung von Liquidatoren für Gesellschaften aller Rechtsformen und für Genossenschaften nach Löschung wegen Vermögenslosigkeit **einheitlich auf den Rechtspfleger** übertragen. Anlass dieser Änderung war einerseits die bis dahin unklare Regelung der funktionellen Zuständigkeit für die in § 66 Abs. 5 GmbHG geregelten Fälle und andererseits wird dadurch die, je nach Rechtsform der Gesellschaft, unterschiedliche Zuständigkeit des Richters bzw. des Rechtspflegers für die Ernennung von Liquidatoren beseitigt (BT-Drs. 17/10490, 17). Nr. 2 lit. e wurde aufgehoben durch G vom 20.4.2013, BGBl. I S. 831. 6

II. Systematischer Zusammenhang; Normzweck

§ 17 korrespondiert mit § 3 Nr. 2 lit. d. Beide Vorschriften beziehen sich auf Handels- Genossenschafts- und Partnerschaftsregistersachen sowie unternehmensrechtliche Verfahren nach dem Buch 5 des FamFG. In den Zuständigkeitsbereich des **Rechtspflegers** fällt die Führung 7

- des **Handelsregisters A** und
- des **Genossenschaftsregisters** (auch für die Europäische Genossenschaft (SCE), → § 3 Rn. 164).

8 Eine **Einzelaufführung** der umfassenden Rechtspflegerzuständigkeiten in § 3 Nr. 2 lit. d **erübrigt sich,** da die enumerativen Richtervorbehalte des § 17 grundsätzlich keine Zweifel offenlassen. Soweit dies ausnahmsweise einmal der Fall ist oder eine Klarstellung angebracht erscheint, wird das beim entsprechenden Vorbehalt angemerkt.

9 Damit ist der **Rechtspfleger** für die Führung des **Handelsregisters A** (Einzelkaufleute, OHG, KG, Europäische wirtschaftliche Vereinigung/EWIV, juristische Person iS § 33 HGB,) wie auch des **Genossenschaftsregisters in vollem Umfang zuständig** (Einzelheiten → § 3 Rn. 164 ff.). Das gilt auch für die Führung des **Partnerschaftsregisters,** da § 17 keinen Richtervorbehalt bestimmt (*Hornung* Rpfleger 1998, 8; AMHRH/*Rellermeyer* Rn. 53; *Bassenge/Roth* Rn. 1). In dieses Register sind seit dem 1.7.1995 Partnerschaftsgesellschaften einzutragen, also Vereinigungen, in denen sich Angehörige freier Berufe zu einer (in Anlehnung an das OHG-Recht) gestalteten Personengesellschaft zusammenschließen können (Einzelheiten → § 3 Rn. 166).

10 Anderes gilt für die Führung des **Handelsregisters B** (AG, KGaA, GmbH, VVaG): Hier sollten nach der Vorstellung des Gesetzgebers (vgl. BT-Drs. II/161, 121 und V/3134, 23) dem **Richter** solche Geschäfte vorbehalten bleiben (vgl. § 17 Nr. 1),
- die entweder eine Streitentscheidung beinhalten,
- rechtlich schwierig bzw. wirtschaftlich besonders bedeutungsvoll sind,
- reine Ermessensentscheidungen enthalten oder
- eine besondere Sachkunde verlangen.

11 Diese Zielvorgaben, die bereits bei Erlass des RPflG 1957, vor allem aber des RPflG 1969, nicht konsequent beachtet wurden, beruhten auf einem Berufsprofil des Rechtspflegers, das mit dem gegenwärtigen nicht vergleichbar ist. Es lassen sich deshalb mit diesen (ursprünglichen) Vorgaben heute eine Reihe von Richterzuweisungen nicht mehr aufrechterhalten (dazu Näheres bei den einzelnen Vorbehalten). Dass iÜ dem Gesetzgeber der 90er Jahre die Tatsache des **qualitativen Wandels des Berufsprofils des Rechtspflegers** durchaus bewusst war, hat sich beim Erlass des BtG gezeigt: „Inzwischen ist auf Grund des 2. RPflÄndG die Ausbildung des Rechtspflegers erheblich verbessert. Sie ist nunmehr eine praxisbezogene Fachhochschulausbildung auf wissenschaftlicher Grundlage. Von daher ist an die Beurteilung der Frage, ob ein vormundschaftsgerichtliches Geschäft der Vermögenssorge für den Rechtspfleger schwierig ist, **ein anderer Maßstab anzulegen** als im Jahre 1969" (BT-Drs. 11/4528, 98).

12 Außerdem sind dem **Richter** rechtlich schwierige Einzelgeschäfte aus dem Bereich der **unternehmensrechtlichen Verfahren** (§ 375 FamFG) vorbehalten (vgl. § 17 Nr. 2).

13 Die Länder können nach **§ 19 Abs. 1 S. 1 Nr. 6** die Richtervorbehalte des § 17 Nr. 1 ganz oder teilweise aufheben.

III. Allgemeine Grundsätze

14 Da dem Rechtspfleger grundsätzlich alle Geschäfte in Registersachen übertragen sind, ist § 17 als Ausnahmevorschrift **eng auszulegen.** Regelmäßig spricht

eine **Vermutung für die Zuständigkeit des Rechtspflegers** (→ § 3 Rn. 12; vgl. auch Keidel/*Heinemann* FamFG § 377 Rn. 22). Im Übrigen gilt:
- Greift ein **Richtervorbehalt des § 17,** sind grundsätzlich **alle Vorbereitungen und Ermittlungen,** die der richterlichen Beschlussfassung vorausgehen, von der Übertragung auf den Rechtspfleger ausgenommen (AMHRH/*Rellermeyer* Rn. 7; auch → § 3 Rn. 13, § 14 Rn. 11). Ist im Einzelfall eine Übertragung vorbereitender Tätigkeiten auf den Rechtspfleger möglich, gilt dies jedenfalls nicht für solche Maßnahmen, die zum Kernbereich richterlicher Entscheidungsfindung zählen (→ § 16 Rn. 14, 15).
- Ist umgekehrt der **Rechtspfleger** zuständig, entscheidet er **in vollem Umfang,** also auch – geht es etwa um den Antrag eines Kommanditisten auf Vorlegung von Büchern und Papieren aus wichtigem Grund gem. § 166 Abs. 3 HGB (vgl. dazu: Keidel/*Heinemann* FamFG § 377 Rn. 25) – über **Vorfragen,** wie zB das Bestehen der Gesellschaft oder ihre Beendigung; ebenso kann er zB in Anwendung der §§ 26, 29 FamFG Sachverständige zuziehen und die Befolgung seiner Anordnungen erzwingen (§ 35 FamFG).

IV. Die einzelnen Vorbehalte

1. Ersteintragung, AG, KGaA, GmbH, VVaG (Nr. 1 lit. a)

a) Entwicklung; Normzweck. § 23 Abs. 1 lit. b REntlV hatte die Verfügungen auf Ersteintragung bei Erwerbs- und Wirtschaftsgenossenschaften dem Richter vorbehalten. § 15 RPflG 1957 hat den Vorbehalt übernommen und ihn auf die AG, KGaA, GmbH und den VVaG erstreckt. Letzteres war erforderlich geworden, weil das Handelsregister B – anders als nach dem REntlG – nicht mehr vom Richter, sondern grundsätzlich vom Rechtspfleger geführt wurde. Das RPflG 1969 übertrug die Führung des Genossenschaftsregisters dem Rechtspfleger, behielt iÜ aber die Vorbehalte bei und stellte klar (vgl. zum früheren Rechtszustand *Eickmann/Riedel* Rn. 4a), dass der Richtervorbehalt hinsichtlich der Ersteintragung von Zweigniederlassungen nur ausländische Gesellschaften erfasst. 15

Maßgebend für die Aufnahme des Vorbehalts sind nach Ansicht des Gesetzgebers zum einen erhebliche rechtliche Schwierigkeiten, die mit der Prüfung eines Gründungsvorgangs verbunden sein können, zum anderen die große gesellschaftsrechtliche und wirtschaftliche Bedeutung, die solchen Eintragungen zukommt (BT-Drs. I/3839, 22, zust. *Arndt* § 15 Rn. 21). Dies trifft auf die Ersteintragung einer AG, einer KGaA, eines VVaG wie auch auf Zweigniederlassungen mit Auslandssitz idR zu, während sich umgekehrt erwiesen hat, dass die Satzungen von Gesellschaften mit beschränkter Haftung häufig so gestaltet sind, dass ihre Überprüfung vor der Ersteintragung auch durch den Rechtspfleger wahrgenommen werden können. 16

Diese Gesichtspunkte gelten nicht bei der Ersteintragung der **Zweigniederlassung einer inländischen Gesellschaft** (Rechtspflegerzuständigkeit), weil hier die Prüfungsbefugnis des Gerichts, insbesondere seit Inkrafttreten des EHUG (Gesetz über elektronische Handelsregister und Genossenschaftsregister sowie das Unternehmensregister v. 10. 11. 2006, BGBl. I S. 2553), auf wenige Gesichtspunkte beschränkt ist (zB: Feststellung der tatsächlichen Errichtung der Zweigniederlassung, § 13 Abs. 2 HGB; Baumbach/Hopt/*Merkt* HGB § 13 Rn. 13). Was ansonsten schon vor der Eintragung bei der Hauptniederlassung zu prüfen war (zB Vollkaufmannseigenschaft, richtige Firma), prüft das Registergericht nicht mehr nach. 17

§ 17 2. Abschnitt. Dem Richter vorbehaltene Geschäfte im FamR etc.

18 Anderes gilt für **Zweigniederlassungen von Gesellschaften mit Sitz im Ausland:** Die Prüfungen, die sonst dem Gericht bei Eintragung der Hauptniederlassung oblagen, sind hier vom Gericht der inländischen Zweigniederlassung vorzunehmen (Richterzuständigkeit).

19 **b) Materieller Zusammenhang.** Die AG entsteht nach einem mehrstufigen komplizierten Gründungsverfahren mit Eintragung im Handelsregister (§ 41 Abs. 1 S. 1 AktG); die Anmeldung hat durch sämtliche Gründer und Mitglieder des Vorstands und Aufsichtsrats zu erfolgen (§ 36 AktG). Das gilt gem. § 278 Abs. 3 AktG auch für die **KGaA,** wobei an die Stelle des Vorstands die persönlich haftenden Gesellschafter treten. Zur Entstehung der **GmbH** mit Eintragung vgl. § 11 Abs. 1 GmbHG (Anmeldung durch sämtliche Geschäftsführer, § 78 GmbHG). Beim **VVaG** tritt gem. §§ 5, 15 VAG Wirksamkeit bereits mit Erlaubnis der Aufsichtsbehörde ein (sog Konzessionssystem), so dass der Eintragung (§ 32 VAG), die nach § 30 VAG von sämtlichen Vorstands- und Aufsichtsratsmitglieder zu erfolgen hat, nur deklaratorische Bedeutung zukommt.

20 Die früher im AktG und GmbHG geregelten registerrechtlichen Vorschriften für **Zweigniederlassungen** von Kapitalgesellschaften mit inländischem und ausländischem Sitz wurden im Hinblick auf die Zweigniederlassungsrichtlinie (11. gesellschaftsrechtliche Richtlinie des Rats vom 22.12.1989, 89/666/EWG) durch Gesetz vom 22.7.1993, BGBl. I S. 1282, sowie durch das EHUG (→ Rn. 17) in **§§ 13, 13 d – 13 g HGB** zusammengeführt und teilweise (va im Hinblick auf die Offenbarungspflicht) neu gefasst.

21 **c) Funktionelle Zuständigkeit.** Dem **Richter** ist vorbehalten **die Ersteintragung der AG** (§§ 36 – 40 AktG), **KGaA** (§ 278 Abs. 3 AktG), **GmbH** (§§ 7, 8, 10 GmbH) und des **VVaG** (§§ 31 – 33 VAG).

22 Handelt es sich hingegen um die **Ersteintragung einer Zweigniederlassung,** erstreckt sich der Richtervorbehalt nur auf Gesellschaften mit Sitz im Ausland, während für die Ersteintragung von Zweigniederlassungen **inländischer Gesellschaften der Rechtspfleger** zuständig ist (Rn. 17, 18; AMHRH/*Rellermeyer* Rn. 47; *Bassenge/Roth* Rn. 3).

23 Enthält eine Erstanmeldung **mehrere Anträge** (zB Eintragung einer GmbH, Befreiung der Geschäftsführer von den Beschränkungen des § 181 BGB) und wird der Antrag unzulässigerweise nur **zT vollzogen** (die Eintragung der Befreiung unterbleibt), ist **der Richter auch dann zuständig,** wenn die beantragte Vollziehung des offenen Teils an und für sich in den Zuständigkeitsbereich des Rechtspflegers fällt: Es liegt noch eine Angelegenheit vor, die zur Entscheidung über die erste Anmeldung gehört, da diese nicht so, wie beantragt, ausgeführt worden war (BayObLG Rpfleger 1988, 472; *Bassenge/Roth* Rn. 4).

24 Im Übrigen erstreckt sich die Zuständigkeit des Richters **auf die Prüfung aller gesetzlichen Voraussetzungen** (zB Prüfung der Zuständigkeit des Registergerichts, des Vorliegens der Unbedenklichkeitsbescheinigung des Finanzamts, der formgerechten Anmeldung). Sie **umfasst damit auch die vorbereitende Tätigkeit** (→ Rn. 14, – Einholung der Stellungnahme der Organe des Handelsstandes usw), die als Teil eines einheitlichen Verfahrens zur Sicherung staatlicher Kontrolle bei der Entstehung einer juristischen Person darstellt (*Gustavus* RpflBl. 1980, 13; eines Rückgriffs auf § 6 bedarf es deshalb nicht und eine Anordnung nach § 7 zur Vornahme dieser Geschäfte durch den Rechtspfleger wäre verfehlt).

Registersachen und unternehmensrechtliche Verfahren § 17

2. Eintragung von Satzungsänderungen, die nicht nur die Fassung betreffen, AG, KGaA, GmbH, VVaG (Nr. 1 lit. b)

a) Entwicklung; Normzweck. Das RPflG 1957 hatte den Vorbehalt in § 15 25
Nr. 1 lit. b aufgenommen. Im Übrigen gilt das zu Rn. 11 Ausgeführte entsprechend: Sollte sich deshalb der Gesetzgeber entschließen, die Überprüfung der Satzung einer GmbH vor der Ersteintragung auf den Rechtspfleger zu übertragen (→ Rn. 11), ist ihm wegen des sachlichen Zusammenhangs auch die Eintragung einer Satzungsänderung zu übertragen.

Im Übrigen greift der Gesichtspunkt der rechtlichen Schwierigkeit auch insoweit nicht, als es um **Sitzverlegungen** der eingangs genannten Gesellschaften geht (§ 13h HGB und – für AG und KGaA – §§ 45, 278 Abs. 3 AktG): Es sind lediglich die Firmenausschließlichkeit (§ 30 HGB) und die tatsächliche Sitzverlegung zu prüfen (→ Rn. 10). Diese Aufgabe sollte deshalb künftig dem Rechtspfleger übertragen werden (AMHRH/*Rellermeyer* Rn. 16; *Krafka/Willer* Rn. 347; *Buchberger* Rpfleger 1990, 513). 26

b) Materieller Zusammenhang. Satzung bzw. Gesellschaftsvertrag bilden die 27
notwendige rechtsgeschäftliche Grundlage für jede Gesellschaft.

Für die AG verwendet der Gesetzgeber den Begriff **Satzung** (vgl. zB § 23 AktG) und für die GmbH den Begriff **Gesellschaftsvertrag** (zB in §§ 2 Abs. 1, 15 Abs. 5 GmbHG). Im gesellschaftsrecht spricht man jedoch auch bei der GmbH von Satzung (zB Baumbach/Hueck/*Zöllner/Noack* GmbHG § 53 Rn. 2).

Wird die Satzung durch Beschlüsse der zuständigen Organe **geändert,** wird die Änderung erst wirksam, wenn sie in das Handelsregister eingetragen ist (§ 181 Abs. 3 AktG, § 278 Abs. 3 AktG, § 54 Abs. 3 GmbHG, § 40 Abs. 3 VAG). Satzungsänderung ist grundsätzlich alles, was den Text der ursprünglichen Satzung erweitert, kürzt oder abändert, unabhängig davon, ob die Änderung den Inhalt (= sachliche Änderung) oder nur den Wortlaut (= Fassungsänderung, redaktionelle Änderungen) betrifft (*Hüffer* AktG § 179 Rn. 4; Baumbach/Hueck/*Zöllner/Noack* GmbHG § 53 Rn. 20 ff.).

Inhaltsänderungen sind zB: Änderungen der Firma, des Sitzes (OLG Köln 28
Rpfleger 2005, 30; OLG Frankfurt a. M. NJW-RR 2002, 1395), des Unternehmensgegenstandes, des Grundkapitals, der Dauer der Gesellschaft oder Regelungen über das genehmigte Kapital.

Fassungsänderungen liegen demgegenüber vor, wenn (*Gustavus* RpflBl. 1980, 29
14 unter Hinweis auf RG 104, 349) eine Satzungsbestimmung durch eine Gesetzesänderung überflüssig oder unwirksam geworden ist und deshalb ersatzlos gestrichen wird oder, wenn eine Satzung an den geänderten Wortlaut des Gesetzes angepasst wird. Gleiches gilt zB beim Wechsel im Vorstand, Aufsichtsrat bzw. beim Wechsel der Geschäftsführer.

c) Funktionelle Zuständigkeit. Dem **Richter** ist vorbehalten **die Eintra-** 30
gungen von Satzungsänderungen, die nicht nur die Fassung betreffen (§§ 179–181, 278 Abs. 3 AktG; § 8 EGAktG; §§ 53–59 GmbHG; § 40 VAG). Dies unabhängig davon, ob über die bloße Eintragung hinaus der Inhalt des Handelsregisters zu ändern ist oder nicht.

Soweit es sich um eine bloße **Fassungsänderung** (→ Rn. 29) handelt, verbleibt 31
es bei der Zuständigkeit des **Rechtspflegers** (insbesondere wenn es sich um die Neufassung einer inhaltlich unveränderten Satzung handelt, ist jedoch Zurückhal-

305

§ 17   2. Abschnitt. Dem Richter vorbehaltene Geschäfte im FamR etc.

tung zu empfehlen; vgl. hierzu *Gustavus* RpflBl. 1980, 14, der iÜ – im Hinblick auf die Unsicherheiten in der Praxis bei der Abgrenzung zwischen Satzungs- und bloßer Fassungsänderung – zu Recht anregt, dem Richter nur solche Satzungsänderungen vorzubehalten, die wörtlich im Handelsregister einzutragen sind).

32 Für die Eintragung von Satzungsänderungen bei **Zweigniederlassungen** ist der Richter nur zuständig, wenn es sich um Gesellschaften mit **ausländischem** Sitz handelt (vgl. den Gesetzeswortlaut und → Rn. 17, 18).

3. Eintragung der Eingliederung oder der Umwandlung, AG, KGaA, GmbH, VVaG (Nr. 1 c)

33 a) **Entwicklung; Normzweck.** Das RPflG 1969 hat den entsprechenden Vorbehalt des § 15 Nr. 1 lit. c RPflG 1957 (mit Ausnahme der die Erwerbs- und Wirtschaftsgenossenschaften betreffenden Angelegenheiten) übernommen, unter der Klarstellung, dass der Richtervorbehalt in Bezug auf Zweigniederlassungen nur ausländische Gesellschaften erfasst (→ Rn. 17). Die Worte „der Eingliederung" wurden in den Vorbehalt durch die Neuordnung des Unternehmensrechts durch das AktG vom 6.9.1965, BGBl. I S. 1089, eingefügt. Die frühere Fassung „Eintragung der Eingliederung, Verschmelzung, Vermögensübertragung oder Umwandlung") wurde durch das neue UmwG (1994) ersetzt: Da es sich bei Verschmelzungen und Vermögensübertragungen um bloße Formen der Umwandlung handelt (→ Rn. 36, 41), ist eine Aufführung entbehrlich geworden (auch die Spaltung gehört dazu: BT-Drs. 12/6699, 18). Zum Normzweck gilt das zu → Rn. 10 Ausgeführte sinngemäß: Die Vorgänge sind in sachlicher und rechtlicher Hinsicht äußerst komplex und schwierig.

34 b) **Materieller Zusammenhang. aa) Eingliederung.** Nach §§ 319, 320 AktG kann die Hauptversammlung einer AG die organisatorische Einordnung der Gesellschaft in eine andere AG mit Sitz im Inland beschließen; die rechtliche Selbständigkeit der eingegliederten Gesellschaft wird dadurch nicht berührt. Wirksam wird die Eingliederung der Gesellschaft mit Eintragung im Handelsregister (§ 319 Abs. 7 AktG).

35 bb) **Umwandlung.** An Möglichkeiten zur Umstrukturierung von Unternehmen sieht das **UmwG** verschiedene Rechtsinstitute vor: Verschmelzung, Spaltung, Vermögensübertragung und Formwechsel (vgl. *Hirte* ZinsO 2004, 353; *Böhringer* Rpfleger 2001, 59; *Buchberger* Rpfleger 1996, 186). Dabei verwendet der Gesetzgeber (vgl. § 1 UmwG) anstelle des Begriffs „Unternehmen" den des **Rechtsträgers,** weil es in (fast) allen Umwandlungsfällen „nicht darauf ankommt, ob ein Rechtsträger ein Unternehmen im betriebswirtschaftlichen und rechtlichen Sinn betreibt", vielmehr entscheidend ist, „ob eine im Rechtsverkehr auftretende juristische Einheit an einem Umwandlungsvorgang beteiligt ist" (BT-Drs. 12/6699, 71). Die Rechtsträger, die vom jeweiligen Rechtsinstitut Gebrauch machen können, werden im UmwG aufgeführt: So kann zB eine OHG mit einer KG verschmolzen werden (§ 3 UmwG), es kann aber eine OHG nicht an einer Vermögensübertragung beteiligt sein (§ 175 UmwG). Wirksam wird die Umwandlung mit Eintragung im Handelsregister (zB §§ 20, 131, 304 UmwG; BGH Rpfleger 2007, 78).

36 (1) **Verschmelzung** (§§ 2–122l UmwG) erfolgt durch Übertragung des gesamten Vermögens eines Rechtsträgers auf einen anderen (schon bestehenden oder neu gegründeten) Rechtsträger im Wege der Gesamtrechtsnachfolge, wobei den

Anteilsinhabern des übertragenden (und erlöschenden) Rechtsträgers im Wege des Anteilstausches eine Beteiligung am übernehmenden oder neuen Rechtsträger gewährt wird (§§ 2, 20 UmwG).

(2) Spaltung (§§ 123–173 UmwG) ist eine Art. Gegenstück zur Verschmelzung und kommt als Aufspaltung, Abspaltung oder Ausgliederung vor: 37
– **Aufspaltung** (§ 123 Abs. 1 UmwG): Ein Rechtsträger teilt unter Auflösung 38 ohne Abwicklung sein gesamtes Vermögen auf und überträgt die Vermögensanteile auf mindestens zwei andere schon bestehende oder noch zu gründende Rechtsträger gegen Gewährung von Anteilen oder Mitgliedschaften.
– **Abspaltung** (§ 123 Abs. 2 UmwG): Der übertragende Rechtsträger bleibt bestehen und überträgt nur einen Teil seines Vermögens (regelmäßig einen oder mehrere Betriebe) auf bereits bestehende oder neue Rechtsträger gegen Gewährung von Anteilen oder Mitgliedschaften. Aufspaltung und Abspaltung waren dem deutschen Gesellschaftsrecht bis 1991 fremd (Eingang fanden diese beiden Rechtsformen erstmals für bestimmte Rechtsträger in den neuen Bundesländern anläßlich der Wiedervereinigung: BT-Drs. 12/6699, 71). 39
– **Ausgliederung** (§ 123 Abs. 3 UmwG): Wie bei der Abspaltung wird nur ein 40 (Vermögens-)Teil von einem Rechtsträger auf den anderen übertragen. Während jedoch bei der Abspaltung die Anteilsinhaber des erlöschenden Rechtsträgers im Wege des Anteilstausches Anteile des übernehmenden (bzw neuen) Rechtsträgers erlangen, gelangen bei der Ausgliederung die als Gegenwert gewährten Anteile des übernehmenden (bzw neuen) Rechtsträgers in das Vermögen des übertragenden Rechtsträgers selbst.

(3) Vermögensübertragung (§§ 174–189 UmwG): Ein Rechtsträger überträgt unter Auflösung und ohne Abwicklung im Wege der Gesamtrechtsnachfolge sein gesamtes Vermögen oder einen Vermögensteil auf einen anderen Rechtsträger; als Gegenleistung wird den Anteilsinhabern des übertragenden Rechtsträgers keine Beteiligung am neuen Rechtsträger gewährt, sondern eine Gegenleistung in anderer Form (zB Entgelt). 41

(4) Formwechsel (§§ 190–304 UmwG): Die formwechselnde Umwandlung 42 beschränkt sich auf die Änderung der Rechtsform eines Rechtsträgers unter Wahrung seiner rechtlichen Identität (und grundsätzlich auch unter Beibehaltung der bisherigen Anteilsinhaber): zB Umwandlung einer OHG in eine GmbH oder in eine eingetragene Genossenschaft (§§ 191, 214 Abs. 1 UmwG).

c) **Funktionelle Zuständigkeit.** Dem **Richter** sind vorbehalten die **Eintragungen, die die Eingliederung oder Umwandlung** bei einer AG, KGaA, GmbH, VVaG betreffen (§§ 319–327 AktG, UmwG, § 14a VAG). 43
Zur funktionellen Zuständigkeit des **Rechtspflegers** → § 3 Rn. 157 ff. 44

4. Eintragung des Bestehens, der Änderung oder der Beendigung eines Unternehmensvertrages, AG, KGaA (Nr. 1 lit. d)

a) **Entwicklung; Normzweck.** Der Vorbehalt wurde im Hinblick auf die 45 Neuregelung des Rechts der verbundenen Unternehmen in §§ 291 ff. AktG durch § 44 Nr. 2 EGAktG in § 15 Nr. 1 lit. e RPflG 1957 eingefügt; das RPflG 1969 hat ihn übernommen. Die Richterzuständigkeit rechtfertigt sich im Hinblick auf die in rechtlicher und wirtschaftlicher Hinsicht besonders schwierige Materie.

§ 17 2. Abschnitt. Dem Richter vorbehaltene Geschäfte im FamR etc.

46 **b) Materieller Zusammenhang. aa) Unternehmensverträge.** Unternehmensverträge (§§ 291, 292 AktG; § 278 Abs. 3 AktG) sind konzernrechtliche Organisationsverträge, deren Wirksamwerden eine Zustimmung der Hauptversammlung und die Eintragung im Handelsregister voraussetzen (§§ 293, 294 AktG; 278 Abs. 3 AktG); entsprechendes gilt für **Änderungen** (§ 295 AktG). Zur **Beendigung** durch Aufhebung oder Kündigung vgl. §§ 296, 297, 298 AktG. Zum Unternehmensvertrag zwischen zwei **GmbHs:** BGH Rpfleger 1989, 109).

47 **bb) Vertragstypen.** Durch den **Beherrschungsvertrag** unterstellt eine AG oder KGaA ihre Leitung einem anderen Unternehmen (§ 291 Abs. 1 Hs. 1 AktG). Im **Gewinnabführungsvertrag** verpflichtet sich eine AG oder KGaA, ihren Gewinn an eine anderes Unternehmen (den Vertragspartner oder einen Dritten) abzuführen (§ 291 Abs. 1 Hs. 2 AktG); gleichgestellt ist ein Vertrag, durch den eine AG bzw. KGaA ihr Unternehmen für Rechnung eines anderen Unternehmens führt (§ 291 Abs. 1 S. 2 AktG). Anders beim **Gewinngemeinschaftsvertrag;** mit ihm verpflichtet sich eine AG bzw. KGaA, ihren Gewinn ganz oder teilweise mit dem Gewinn eines anderen Unternehmens zusammenzulegen (§ 292 Abs. 1 Nr. 1 AktG, – Gewinnpool). Beim **Teilgewinnabführungsvertrag** (§ 292 Abs. 1 Nr. 2 AktG) können Vertragspartner nicht nur Unternehmer, sondern auch sonstige Personen sein. Mit einem **Betriebspachtvertrag** verpachtet eine AG (KGaA) ihren Betrieb einem anderen Unternehmen, ohne selbst noch geschäftlich tätig zu sein (§ 292 Abs. 1 Nr. 3 Hs. 1 AktG), und im **Betriebsüberlassungsvertrag** (Geschäftsführungsvertrag) verpflichtet sich die AG (KGaA), ihren gesamten Betrieb einem anderen zu überlassen, der ihn unter dem Namen der überlassenden Gesellschaft, aber auf eigene Rechnung führt (§ 292 Abs. 1 Nr. 3 Hs. 2 AktG).

48 **c) Funktionelle Zuständigkeit.** Dem **Richter** ist vorbehalten
– **die Eintragung des Bestehens** des Unternehmensvertrages (einschließlich seiner Art. und des Namens des anderen Vertragsteils, § 294 AktG);
– **die Eintragung seiner Änderung** (§§ 294, 295) und **Beendigung** (unter Angabe des Grundes und des Zeitpunkts: §§ 296–298 AktG).

5. Löschung im Handelsregister nach den §§ 394, 395, 397 und 398 FamFG und nach § 4 Abs. 3 S. 1 VAG (Nr. 1 lit.e)

49 **a) Entwicklung; Normzweck. aa) Frühere §§ 142, 144 FGG und § 2 LöschG.** Während § 23 Abs. 1 lit. a REntlV dem Rechtspfleger die mit der Führung des Handelsregisters A zusammenhängenden Geschäfte – und damit auch die Löschung einer Einzelfirma, OHG und KG von Amts wegen (§§ 141, 142 FGG) – voll übertragen hatte, behielt das RPflG 1957 in § 15 Nr. 2 das Amtslöschungsverfahren nach §§ 141–144, 147 FGG dem Richter vor. Das RPflG 1969 beseitigte solche Ungereimtheiten und grenzte die Funktionsbereiche wieder klar ab: Der **Rechtspfleger,** dem jetzt auch das Genossenschaftsregister zur alleinigen Führung übertragen ist, ist für die Amtslöschungen bei den von ihm geführten beiden Registern zuständig, also für die Löschung einer Einzelfirma, OHG, KG (§ 141 FGG) und einer Genossenschaft (§ 147 FGG). Damit beschränkt sich der **Richtervorbehalt** für die Verfügung auf Löschung unzulässiger Eintragungen nach **§ 142 FGG** auf das **Handelsregister B** und auf **§ 144 FGG,** der ohnehin nur Kapitalgesellschaften erfasst (die Amtslöschung nach **§ 143 FGG** erfolgt aufgrund richterlicher Entscheidung, so dass ein Richtervorbehalt entbehrlich ist).

Registersachen und unternehmensrechtliche Verfahren **§ 17**

Das FGG-RG hat das früher in §§ 141–144 FGG geregelte Löschungsverfahren 50
in die §§ 393 ff. FamFG übernommen. Art. 23 FGG-RG hat § 17 Nr. 1 lit. e an die
Systematik und Terminologie des FamFG angepasst. Das LöschG wurde mit Inkrafttreten der InsO aufgehoben.

Der Vorbehalt rechtfertigt sich aus der Erwägung, dass die zu treffenden Ent- 51
scheidungen – sieht man von der GmbH ab (→ Rn. 10) – regelmäßig rechtlich sehr
schwierig sind und, zB bei der Prüfung der Nichtigkeit von Gesellschaften oder
Versammlungsbeschlüssen, eine umfassende Kenntnis der Materie des Rechts der
Kapitalgesellschaften voraussetzen. Nicht gefolgt werden kann der zT vertretenen
Ansicht, dass es sich um einen schweren Eingriff handle, der folglich als Rechtsprechung zu qualifizieren sei (→ § 1 Rn. 16 ff.). Wäre dem so, wäre die vom Gesetzgeber vorgenommene Zuständigkeitsverteilung zwischen Rechtspfleger und Richter
für Amtslöschungen von Personengesellschaften, Kapitalgesellschaften und Genossenschaften nicht nachvollziehbar.

Obiger Normzweck ermöglicht auch die richtige Eingrenzung des Vorbehalts in 52
Bezug auf **Löschungen nach § 395 FamFG** (früher: § 142 FGG). Der Vorbehalt
will nicht alle Amtslöschungen im HR B auf den Richter übertragen. Erfasst werden
soll **nur die Löschung von Kapitalgesellschaften bzw. des VVaG** (*Bassenge/
Roth* Rn. 10; AMHRH/*Rellermeyer* Rn. 37; *Buchberger* Rpfleger 1992, 508). Da
eine Löschung nach § 395 FamFG keine größeren rechtlichen Schwierigkeiten bereitet als die Entscheidung über die Eintragung, macht es keinen Sinn, dem Rechtspfleger etwa die Ersteintragung der **Zweigniederlassung einer inländischen Gesellschaft** zu übertragen (→ Rn. 17), dem Richter aber die Löschung dieser
Zweigniederlassung von Amts wegen vorzubehalten (so zutreffend *Buchberger* Rpfleger 1992, 508).

MaW: In Registern korrespondiert mit der Eintragungszuständigkeit auch die 53
Zuständigkeit für die Löschung nach § 395 FamFG. So wie dem Rechtspfleger
nach § 3 Nr. 1 lit. a, e, Nr. 2 lit. d mit den Geschäften des Vereins-, Güterrechts-, Ge-
nossenschafts- und Handelsregisters A auch die Löschung unzulässiger Eintragungen
übertragen sind, ist ihm auch eine Löschung im HR B übertragen, wenn er für die
Eintragung zuständig war (ebenso: *Bassenge/Roth* Rn. 10; AMHRH/*Rellermeyer*
Rn. 37; *Buchberger* Rpfleger 1992, 509).

bb) § 43 Abs. 2 KWG aF. Das KWG hat früher für die Fälle der § 39–41 KWG 54
das Löschungsverfahren von Amts wegen nach § 142 FGG für anwendbar erklärt
(§ 43 Abs. 2 S. 1, 3 KWG), so dass nach Ansicht des Gesetzgebers auch § 43 Abs. 2
KWG in den Richtervorbehalt mit einbezogen werden musste. Da § 43 Abs. 2
KWG (idF d. G v. 17.12.2008, BGBl. I S. 2586) keine **eigenständige** Regelung
zur Löschung eines Unternehmens mehr enthält sondern § 395 FamFG unberührt
lässt, ist die Vorschrift durch **Art. 4 Nr. 5 RBehelfsbelehrungG** aus dem Wortlaut
von Nr. 1 lit. e gestrichen worden (BT-Drs. 17/10470, 16).

Für die Durchführung des **Firmenmissbrauchsverfahrens nach § 43 Abs. 2** 55
S. 1 KWG, § 392 FamFG ist der Rechtspfleger zuständig (§ 3 Nr. 2 lit. d; → § 3
Rn. 162).

b) Materieller Zusammenhang (in Bezug auf den Richtervorbehalt). 56
aa) § 394 FamFG. Löschung vermögensloser Gesellschaften und Genossenschaften. Eine AG, KGaA, GmbH oder Genossenschaft, die kein Vermögen besitzt,
kann auf Antrag der amtlichen Berufsvertretung des Handelsstandes, der Steuerbe-
hörde oder von Amts wegen gelöscht werden (Einzelheiten: Keidel/*Heinemann*
FamFG § 394 Rn. 7 ff).

309

§ 17   2. Abschnitt. Dem Richter vorbehaltene Geschäfte im FamR etc.

57   bb) § 395 FamFG. **Löschung einer unzulässigen Eintragung,** sofern es sich um Kapitalgesellschaften handelt (auch: inländische Zweigniederlassungen ausländischer Kapitalgesellschaften). Eintragungen im Handelsregister, die von Anfang an unzulässig waren oder nachträglich unzulässig geworden sind (OLG Zweibrücken Rpfleger 2002, 83; BayObLG Rpfleger 1994, 419), sind zu löschen. Die Unzulässigkeit der Eintragung muss auf einem wesentlichen Mangel beruhen, der rechtlich zweifelsfrei zu erkennen ist, und wenn eine Löschung bei pflichtgemäßer Abwägung aller Umstände angebracht erscheint (BayObLG 1970, 269, 272). Die Unzulässigkeit (für die Löschung der Eintragung nichtiger Vorgänge ist § 397 FamFG maßgebend) kann sich ergeben (Einzelheiten: Keidel/*Heinemann* FamFG § 395 Rn. 15ff.): aus dem **Eintragungsinhalt** (zB Verletzung der Vorschriften über die Firmenbildung, OLG Hamm DNotZ 1967, 391) oder aus **Verfahrensmängeln** (zB Verletzung von Anhörungspflichten BayObLG NJW-RR 2000, 1348).

58   cc) § 397 FamFG. **Löschung einer AG, KGaA, GmbH.** Gegenüber § 395 FamFG ist § 397 FamFG die speziellere Vorschrift (OLG Köln Rpfleger 2002, 209; BayObLG 1989, 44, 49; Keidel/*Heinemann* FamFG § 397 Rn. 4; MüKoFamFG/ *Krafka* § 395 Rn. 4). Die allgemeine Vorschrift des § 395 FamFG (= das Registergericht kann eine Eintragung löschen, wenn diese „wegen des Mangels einer wesentlichen Voraussetzung unzulässig" ist), gilt für alle in Abteilung A einzutragende Gesellschaften und Beschlüsse. Für die in Abteilung B einzutragenden Kapitalgesellschaften kommt sie nur zur Anwendung, wenn es sich **nicht** um die Löschung der Gesellschaften oder deren Beschlüsse handelt (MüKoFamFG/*Krafka* § 395 Rn. 4).

59   Eine eingetragene AG, KGaA oder GmbH kann durch das Registergericht als nichtig gelöscht werden, wenn eine Nichtigkeitsklage nach §§ 275, 276 AktG, §§ 75, 76 GmbHG erhoben werden könnte, wenn also etwa die Satzung nicht die Bestimmungen des § 23 Abs. 3 AktG bzw. des § 3 GmbHG enthält (zB Gegenstand des Unternehmens, Höhe des Grundkapitals bzw. Betrag des Stammkapitals sind nicht bestimmt). Die Aufzählung der Nichtigkeitsgründe ist erschöpfend (BGHZ 21, 378).

60   Unabhängig vom Amtsverfahren nach § 397 FamFG kann die Frage der Nichtigkeit einer Gesellschaft von den Beteiligten auch auf dem **Wege des Zivilprozesses** geklärt werden (§§ 275, 276, 278 Abs. 3 AktG, §§ 75, 76 GmbHG; Keidel/*Heinemann* FamFG § 397 Rn. 7; auch parallel zum Löschungsverfahren nach § 397 FamFG: MüKoFamFG/*Krafka* § 397 Rn. 11; *Scholz/Schmidt* GmbHG § 75 Rn. 29).

61   dd) § 398 FamFG. **Löschung nichtiger Beschlüsse.** Ein in das Handelsregister eingetragener Beschluss der Hauptversammlung einer AG/KGaA oder der Gesellschafterversammlung einer GmbH kann vom Registergericht als nichtig gelöscht werden, wenn er durch seinen Inhalt zwingende Vorschriften des Gesetzes verletzt und seine Beseitigung im öffentlichen Interesse erforderlich erscheint. Zur Klärung der Frage nichtiger Beschlüsse **im Zivilprozess** (§§ 241 ff., 278 Abs. 3 AktG, – auf die GmbH entsprechend anwendbar: Keidel/*Heinemann* FamFG § 398 Rn. 7; *Wicke* GmbHG § 47 Anh. Rn. 1).

62   ee) § 4 Abs. 3 S. 1 VAG. **Löschung unzulässiger Bezeichnungen.** Die Vorschrift wurde durch Art. 4 Nr. 5 des G zur Einführung einer Rechtsmittelbelehrung im Zivilprozess usw. v. 5.12.2012, BGBl. I S. 2418, als spezieller Löschungstatbestand anstelle des § 43 Abs. 2 KWG in den Katalog aufgenommen.

63   Nur **Versicherungsunternehmen** iSv § 1 Abs. 1 und § 1a Abs. 1 VAG sowie deren Verbände dürfen in der Firma, als Zusatz zur Firma, zur Bezeichnung des Ge-

Registersachen und unternehmensrechtliche Verfahren § 17

schäftszwecks oder zu Werbezwecken die Bezeichnung „Versicherung", „Versicherer", „Assekuranz", „Rückversicherung" oder „Rückversicherer" und entsprechende fremdsprachliche Bezeichnungen sowie eine Bezeichnung, in der eines dieser Worte enthalten ist, führen (§ 4 Abs. 1 S. 1 VAG). Soweit nun ein Unternehmen eine Firma (einen Firmenzusatz) führt, deren Gebrauch unzulässig ist, ist die Firma (der Firmenzusatz) oder der Unternehmensgegenstand von Amts wegen nach § 4 Abs. 3 S. 1 VAG iVm § 395 FamFG zu löschen (Einzelheiten: Keidel/*Heinemann* FamFG § 395 Rn. 52–54).

c) Funktionelle Zuständigkeit. Dem **Richter** sind vorbehalten das **Amtslö-** 64 **schungsverfahren** nach §§ 394, 395, 397 und 398 FamFG und nach, § 4 Abs. 3 S. 1 VAG gegenüber einer AG, KGaA, GmbH oder der inländischen Zweigniederlassung einer ausländischen Kapitalgesellschaft. Die Zuständigkeit erstreckt sich auch auf die Entscheidung über die Aussetzung eines Amtslöschungsverfahrens (BayObLG Rpfleger 1983, 443).

Zur funktionellen Zuständigkeit des **Rechtspflegers** → § 3 Rn. 157 65

In Bezug auf Löschungen nach §§ 393 ff. FamFG ist der Rechtspfleger – der Vor- 66 behalt nach Nr. 1e korrespondiert (nur) mit dem der Nr. 1a – dann zuständig, wenn er für die Eintragung zuständig war (→ Rn. 52, 53). Wird die Nichtigkeit der AG, KGaA, GmbH oder eines Beschlusses der Gesellschafterversammlung im Zivilprozess durch rechtskräftiges Urteil festgestellt (Rn. 60), ist für einen Richtervorbehalt kein Raum. Der Rechtspfleger ordnet die Eintragung des entsprechenden Vermerks an, § 25 Abs. 1 HRV (*Brüggemann* Rpfleger 1970, 199). Im Übrigen verbleibt es ohnehin bei der Rechtspflegerzuständigkeit: zB für die Löschung einer unzulässigen Eintragung bei der Zweigniederlassung einer inländischen Kapitalgesellschaft. oder dem Verfahren nach § 43 Abs. 2 S. 2 KWG, § 395 FamFG gegenüber einer Genossenschaft.

6. Beschlüsse nach § 399 FamFG, AG, KGaA, GmbH (Nr. 1 lit. f)

a) Entwicklung; Normzweck. Der Vorbehalt bzgl des früheren § 144a FGG 67 (Auflösung einer AG, KGaA oder GmbH wegen Mangels der Satzung) wurde in das RPflG 1969 neu aufgenommen (die Einfügung des § 144a FGG beruht auf dem „Gesetz zur Durchführung der Ersten Richtlinie des Rates der Europäischen Gemeinschaften zur Koordinierung des Gesellschaftsrechts" v. 15.8.1969, BGBl. I S. 1146. Die Richterzuständigkeit ist jedenfalls nach heutigem Stand der Rechtspflegerausbildung (→ Rn. 11) nicht (mehr) wegen der Schwierigkeit der Materie geboten (so noch BT-Drs. V/3862, 18). Im Übrigen erfordern die enumerativ aufgeführten Satzungsmängel (→ Rn. 69) auch nicht annähernd die Sachkompetenz wie bei der Amtslöschung nach §§ 394 ff. FamFG (→ Rn. 56 ff.; – was die Bewertung der angeblichen „Schwierigkeit der Materie" angeht. Der Vorbehalt sollte deshalb entfallen (ebenso: AMHRH/*Rellermeyer* Rn. 38).

Der frühere **§ 144b FGG** ist bereits mit Inkrafttreten des MoMiG v. 23.10.2008 68 aufgehoben worden.

b) Materieller Zusammenhang. § 399 FamFG ergänzt § 397 FamFG und 69 betrifft die notwendigen Satzungsbestandteile einer AG, KGaA, GmbH (§§ 23 Abs. 3, 278 Abs. 3 AktG; § 3 Abs. 1 GmbHG), die von § 397 FamFG nicht erfasst werden. Im Verhältnis zu § 395 FamFG ist § 399 FamFG Sondervorschrift (BayObLG BB 1989, 727; KG Rpfleger 1991, 255 je zum früheren § 144a FGG). Die feststellbaren Mängel der Satzung sind in § 399 Abs. 1 und 4 FamFG enumerativ aufgeführt; zB § 23 Abs. 3 Nr. 1 AktG, § 3 Abs. 1 Nr. 1 GmbHG: Nichtigkeit der Firma wegen Unzulässigkeit nach § 4 AktG bzw. § 4 GmbHG; Fehlen einer Bestimmung über den Sitz der Gesellschaft.

70 **c) Funktionelle Zuständigkeit.** Dem **Richter** sind vorbehalten die **Beschlüsse nach § 399 FamFG:**
– **Fristsetzung** zur Behebung eines Mangels der Satzung oder des Gesellschaftsvertrages (§ 399 Abs. 1, 4 FamFG);
– **Feststellung** des Mangels (§ 399 Abs. 2, 4 FamFG).

71 Wird die Gesellschaft als Folge des Verfahrens nach § 399 FamFG aufgelöst (§§ 263 S. 2, 3, 289 Abs. 6 S. 3 AktG, § 65 Abs. 1 S. 2, 3 GmbHG), ist für eine **Löschung** der **Rechtspfleger** funktionell zuständig gem. § 3 Nr. 2 lit. d, weil der Vorbehalt des § 17 Nr. 1 f nur die „Beschlüsse" erfasst und nicht deren Rechtsfolgen (AMHRH/*Rellermeyer* Rn. 40; *Bassenge*/*Roth* Rn. 12).

7. Die nach § 375 Nr. 1–6, 9–14 und 16 FamFG zu erledigenden Geschäfte (Nr. 2)

72 **a) Allgemeines.** Das HGB, das AktG, das GmbHG wie auch andere Gesetze auf dem Gebiet des Handelsrechts schreiben in einer Reihe von Fällen die Mitwirkung des Gerichts vor. Der frühere § 145 FGG erklärte diese Fälle, zwischen denen ein Zusammenhang nur dadurch besteht, dass es sich **nicht** um Angelegenheiten des Handels**registers** handelt, als Angelegenheiten der fG und hat sie der sachlichen Zuständigkeit des AG zugewiesen.

73 Eine dem § 145 FGG entsprechende Vorschrift findet sich im FamFG nicht mehr. Die in § 145 FGG enthaltene Aufzählung der den Amtsgerichten zugewiesenen Einzelgeschäfte ist jedoch in vollem Umfang in **§ 375 FamFG** eingeflossen, der definiert, welche Geschäfte der neu eingeführte Begriff **„unternehmensrechtliche Verfahren"** umfasst (BT-Drs. 16/6308, 322). § 23a Abs. 1 Nr. 2, Abs. 2 Nr. 4 GVG weist sie als **Angelegenheiten der fG** dem **Amtsgericht** zu. Die Zuständigkeit des Prozessgerichts ist damit, auch für einstweilige Verfügungen, ausgeschlossen (Keidel/*Heinemann* FamFG § 375 Rn. 2).

74 Das AG des § 375 FamG ist **nicht Registergericht** iS der §§ 378 ff. FamFG, so dass insbesondere § 380 FamFG (Mitwirkung der Organe des Handelsstandes und anderer Stände), § 381 FamFG (Aussetzungsbefugnis) nicht zur Anwendung kommen (BayObLG NJW-RR 1988, 547 und Rpfleger 1995, 207; Keidel/*Heinemann* FamFG § 375 Rn. 2 schlägt die Bezeichnung „Unternehmensgericht" vor).

75 **b) Entwicklung; Normzweck.** Während die REntlV die in § 145 FGG (= § 145 RFGG) aufgeführten Geschäfte von einer Übertragung auf den Rechtspfleger ausgenommen hatte, weil es sich nicht um Angelegenheiten des Registergerichts handelte (dazu *Arndt* § 15 Rn. 1 f., 49), wurden vom RPflG 1957 in § 15 Nr. 3 (wenig übersichtlich) diejenigen Angelegenheiten zu Richtersachen erklärt, bei denen „schwierige Tatfragen zu klären und regelmäßig Zeugen oder Sachverständige richterlich zu vernehmen sind", bei denen Entscheidungen „ohne Angabe näherer Maßstäbe nach freiem Ermessen zu treffen sind" oder bei denen es sich um die „Entscheidung eines echten Streits zwischen den Parteien" handelt (BT-Drs. II/161, 21; zu den Unstimmigkeiten und Versehen, die dem Gesetzgeber hierbei unterlaufen sind: *Arndt* § 15 Rn. 50).

76 Das RPflG 1969 hat in § 17 Nr. 2 die Angelegenheiten des § 145 FGG übersichtlicher gestaltet, zugleich aber den Richtervorbehalt (teils zu Lasten des Rechtspflegers gegenüber der früheren Regelung) auf alle Geschäfte aus dem Bereich des Seerechts und des Rechts der Kapitalgesellschaften erweitert. Dies mit dem Argument, dass es sich „durchwegs um schwierige Geschäfte" handle, „die eine besondere Sachkunde verlangen" (BT-Drs. V/3134, 23).

Angesichts der in § 145 FGG reichlich bunt zusammengewürfelten Geschäfte überzeugt diese pauschale Begründung nicht: Im Übrigen ist auch die „Rechtsmasse", die § 145 FGG abdeckt, nicht (mehr) mit der identisch ist, die bei Erlass des RPflG 1969 vorlag. Manche der aufgeführten Geschäfte des Seerechts und des Rechts der Kapitalgesellschaften sind durchaus nicht schwierig (so schon *Eickmann/Riedel* Rn. 5 a). Andere Geschäfte sind zwar schwierig, es ist der Rechtspfleger aber diesen Schwierigkeiten aufgrund der (durch das 2. RpflÄndG bewirkten) erheblichen qualitativen Steigerungen seiner Berufsausbildung (inzwischen) gewachsen (dazu, dass der Gesetzgeber – an anderer Stelle – diesen Gesichtspunkt heute durchaus berücksichtigt: → Rn. 11!). Angebracht ist deshalb eine an den jeweiligen Geschäften ausgerichtete **Einzelbetrachtung** (vgl. dazu die nachfolgenden Anmerkungen), wobei insbesondere auch darauf abzustellen ist, ob die betreffende Angelegenheit streitentscheidenden Charakter hat (bzw. diesem nahekommt) oder nicht (→ § 1 Rn. 20 ff.). Eine solche fallweise Betrachtung erweist, dass eine deutliche Reduzierung der Vorbehalte angebracht ist (ebenso: AMHRH/*Rellermeyer* Rn. 58). 77

Art. 23 FGG-RG hat die Richtervorbehalte neu strukturiert und der Systematik des FamFG angepasst. Soweit die, im Vergleich mit § 17 Nr. 2 aF, neu hinzugekommenen Angelegenheiten bisher nicht dem Richter vorbehalten waren (§ 45 Abs. 3, § 64b, § 83 Abs. 3, 4 und § 93 GenG, § 66 Abs. 2, 3 und § 74 Abs. 2, 3 GmbHG), sind diese vom Richtervorbehalt ausgenommen worden (BT-Drs. 16/6308, 322, 323). Das Gleiche gilt für Angelegenheiten im Zusammenhang mit der Europäischen Genossenschaft (vgl. § 375 Nr. 8 FamFG). Damit ist die bisherige Streitfrage (vgl. § 17 Rn. 64 der Vorauflage) zur Zuständigkeit geklärt; BT-Drs. 16/6308, 323). 78

Art. 4 Nr. 5 G zur Einführung einer Rechtsmittelbelehrung im Zivilprozess und zur Änderung anderer Vorschriften usw. v. 5.12.2012, BGBl. I S. 2418, hat Nr. 2 neu gefasst und dem durch Art. 6 Nr. 25 dieses G geänderten **§ 375 FamFG** angepasst. 79

Die Vorbehalte der Nr. 2 können von den Ländern nicht nach § 19 aufgehoben werden. 80

c) Materieller Zusammenhang und funktionelle Zuständigkeit. Dem **Richter** sind vorbehalten:

Die Geschäfte nach § 375 Nr. 1–6, 9–14 und 16 FamFG. Die Vorbehalte im Einzelnen (in chronologischer Aufzählung): 81

aa) § 375 Nr. 1 FamFG: die Bestellung und Abberufung des Abschlussprüfers (§ 318 Abs. 3 bis 5 HGB)

Die Vorschrift wurde durch das BiRiLiG in das HGB (und § 145 Abs. 1 FGG) eingefügt. Jahresabschluss und Lagebericht von Kapitalgesellschaften, die nicht kleine iS des § 267 Abs. 1 HGB sind, sind durch einen Abschlussprüfer zu prüfen (§ 316 HGB). Der Prüfer wird grundsätzlich von den Gesellschaftern ... gewählt (§ 318 Abs. 1 HGB), ist jedoch unter den Voraussetzungen des § 318 Abs. 3, 4 HGB vom Gericht zu bestellen. Geschieht letzteres, obliegt dem Gericht die **Festsetzung der Auslagen und der Vergütung** (§ 318 Abs. 5 HGB). 82

Im Fall des § 318 Abs. 3 HGB (Bestellung eines anderen Abschlussprüfers anstelle des gewählten Prüfers zB wegen Besorgnis der Befangenheit) hat die Bestel- 83

§ 17 2. Abschnitt. Dem Richter vorbehaltene Geschäfte im FamR etc.

lung streitentscheidenden Charakter, so dass die Richterzuständigkeit geboten ist. Bei den übrigen Angelegenheiten gilt der Gesichtspunkt des Sachzusammenhangs.

Geschäfte nach §§ 146 Abs. 2, 147, 157 Abs. 2, 166 Abs. 3, 233 Abs. 3 HGB fallen in die Rechtspflegerzuständigkeit; vgl. Nr. 2 lit. a aE „mit Ausnahme der in …"; → § 3 Rn. 171 ff.

84 **bb) § 375 Nr. 2 FamFG:**
Die Vorschrift wurde durch Art. 11 G v. 20. 4. 2013, BGBl. I S. 831, neu gefasst.

(1) das Beweisaufnahmeverfahren nach § 11 BinSchG im Bereich der Binnenschifffahrt:

85 Art. 6 G v. 20. 4. 2013 (→ Rn. 84) hat § 17 Nr. 2e aufgehoben. Das Verfahren unterliegt damit dem Richtervorbehalt (§ 17 Nr. 2).

86 Gemeint ist das Verfahren zur Feststellung von Ursachen und Folgen eines Schiffsunfalls, der sich während einer Binnenschifffahrt ereignet hat. Die Beweisaufnahme richtet sich nach den Vorschriften der ZPO (§ 13 BinSchG).

87 Maßgebend für die Richterzuständigkeit ist die Erwägung, dass schwierige Tatfragen zu klären und regelmäßig Zeugen oder Sachverständige richterlich zu vernehmen sind (BT-Drs. II/161, 21 zu § 522 HGB aF).

88 Das Verklarungsverfahren im Bereich der Seeschifffahrt (§§ 522-525 HGB aF) ist durch das G v. 20. 4. 2013 (→ Rn. 84) abgeschafft worden.

89 Auch die Regelung in § 590 HGB aF (Bestimmung des Abreisetermins eines Schiffes) ist ersatzlos entfallen.

(2) Verfahren nach den Vorschriften dieses Gesetzes, die die Dispache betreffen:

90 Ein entsprechender Vorbehalt war bereits im RPflG 1957 (§ 15 Nr. 3 lit. d) aufgenommen. Mit „Vorschriften dieses Gesetzes …" sind die Vorschriften im **Buch 5 Abschnitt 4 FamFG** (§§ 403-409 FamFG), bei Weigerung des Dispacheurs zur Aufmachung der Dispache, gemeint. Als **Havarei** (Havarie) werden Schäden bezeichnet, die ein See- oder Binnenschiff oder die Ladung während einer Reise erleiden und als **große Havarei** Schäden, die der Schiffskapitän dem Schiff und der Ladung vorsätzlich zufügt, um sie aus einer gemeinsamen Gefahr zu retten, einschließlich der zu diesem Zweck aufgewendeten Kosten (vgl. § 588 HGB für Seeschiffe und § 78 BinSchG für Binnenschiffe).

91 Der gesamte Schaden wird gem. § 592 HGB über das Schiff, die Ladung und die Fracht nach dem Verhältnis des Wertes des Schiffes, der Ladung und der Fracht verteilt. Zu diesem Zwecke wird von einem Sachverständigen **(Dispacheur)** ein Verteilungsplan **(die Dispache)** erstellt, in dem die Beitragspflicht der Beteiligten zum Ersatz der festgestellten Schäden festgelegt wird. Ist kein allgemein bestellter Dispacheur vorhanden, ist er vom Gericht zu ernennen (§ 595 Abs. 2 HGB).

92 Maßgebend für die **Richterzuständigkeit** bzgl der Ernennung des Dispacheurs war seinerzeit die hohe Verantwortung, die ihm angesichts seiner bedeutsamen und weitreichenden Prüfungs- und Entscheidungsbefugnisse übertragen wird (BT-Drs. II/161, 21).

93 Die Vorschriften des HGB über die große Havarei sind auf die Binnenschifffahrt entsprechend anzuwenden (§ 78 Abs. 3 BinSchG).

(3) die Verfahren nach § 595 Abs. 2 HGB (Seereise) auch in Verbindung mit § 78 BinSchG (Binnenschifffahrt):

94 Das RPflG 1969 hat einen entsprechenden Vorbehalt in § 15 Nr. 4 RPflG 1957 übernommen. Ihm liegt die Erwägung zugrunde (BT-Drs. II/161, 21), dass die in tatsächlicher und rechtlicher Beziehung schwierigen Entscheidungen und Verfü-

Registersachen und unternehmensrechtliche Verfahren **§ 17**

gungen im Zusammenhang mit einer Dispache die Einschaltung des Richters erforderlich machen.

Der Richtervorbehalt bezieht sich auf das **Verfahren** nach §§ 377 Abs. 2, 95
403–409 FamFG. Erfasst werden: Die Entscheidung über die Weigerung des Dispacheurs (§ 403 FamFG); die Anordnung der Aushändigung von Schriftstücken seitens eines Beteiligten an den Dispacheur (§§ 404, 405 Abs. 3 FamFG); Verhandlung über die Dispache (§§ 405, 406 FamFG, – die Tätigkeit des Richters im Termin beschränkt sich auf eine Vermittlung; eine Streitentscheidung kann er nicht treffen).

Die **Entscheidung** des Gerichts kann lauten auf eine Bestätigung oder Berich- 96
tigung der Dispache (§ 406 FamFG). Wird der Widerspruch weiter verfolgt, muss dies im Prozessweg geschehen (§ 407 FamFG iVm §§ 878, 879 ZPO). Nach Erledigung des Widerspruchs durch rechtskräftiges Urteil oder in anderer Weise ist die Dispache zu bestätigen oder zu berichtigen (§ 407 Abs. 2 FamFG). Zur Wirksamkeit der Dispache und der Zwangsvollstreckung, die nach Maßgabe der §§ 86 ff. FamFG erfolgt (Keidel/*Heinemann* FamFG § 409 Rn. 78), vgl. § 409 FamFG.

cc) § 375 Nr. 3 FamFG:

(1) die Bestellung von Gründungsprüfern (AG, KGaA; § 33 Abs. 3 AktG)

Das RPflG 1957 hatte dieses Geschäft dem Rechtspfleger übertragen, andererseits 97
aber die Bestellung etwa von Sonderprüfern (zur Prüfung eines Vorgangs bei der Gründung oder der Geschäftsführung auf Antrag von Aktionären, § 118 Abs. 2, Abs. 3 AktG aF: § 15 Nr. 3k RPflG 1957) und Abschlussprüfern (§ 15 Nr. 3 lit. m RPflG 1957) dem Richter vorbehalten. Dies mit dem Argument, dass es sich um „die Bestellung sachkundiger Personen mit bedeutsamen Prüfungs- und Entscheidungsbefugnissen" handelt, so dass angesichts „der hohen Verantwortung, die diesen Personen übertragen wird", die Auswahl dem Richter zu überlassen ist (BT-Drs. II/161, 21). Da dieser Gesichtspunkt (früher) auch für die Bestellung von Gründungsprüfern (§ 33 Abs. 3 AktG) zutraf, hat das RPflG 1969 die Unstimmigkeit beseitigt und die Bestellung dem Richter zugewiesen.

Heute treffen diese Erwägungen nicht mehr zu (Rn. 77), und **allein** der Ge- 98
sichtspunkt, dass dem Richter auch die übrigen Angelegenheiten im Zusammenhang mit den Gründungsvorgängen vorbehalten sind, trägt nicht. Der Vorbehalt sollte vom Gesetzgeber entfernt werden.

Im Rahmen der Entstehung einer AG – die Gründung erfolgt in mehreren Ak- 99
ten, beginnend mit der Festlegung der Satzung und endend mit der Eintragung im Handelsregister – erfolgt eine Prüfung des gesamten Hergangs der Gründung (§ 4 AktG) durch Vorstand und Aufsichtsrat (§ 33 AktG), um unsolide Gründungen zu verhindern. Grundlage der Prüfung ist der Gründungsbericht der Gründer (§ 32 AktG). Unter den Voraussetzungen des § 33 Abs. 2 AktG hat zusätzlich eine Prüfung durch **Gründungsprüfer** zu erfolgen, die vom Gericht bestellt werden (§ 33 Abs. 3 S. 1 AktG). Entsprechendes gilt für die **KGaA** (§ 278 Abs. 3 AktG).

(2) die Entscheidung von Meinungsverschiedenheiten zwischen Gründern und Prüfern und die Festsetzung der Vergütung und Auslagen (AG, KGaA; § 35 AktG)

Entscheidung von Meinungsverschiedenheiten zwischen Gründern und 100
Gründungsprüfern (§ 35 Abs. 2 AktG). Nach § 35 Abs. 1 AktG können die Gründungsprüfer (vgl. dazu Rn. 99) von den Gründern alle für eine sorgfältige Prüfung erforderlichen Aufklärungen und Nachweise verlangen. Kommt es hinsichtlich des Umfangs dieser Aufklärungs- und Nachweispflicht zu Meinungsverschiedenheiten

315

§ 17   2. Abschnitt. Dem Richter vorbehaltene Geschäfte im FamR etc.

zwischen Gründern und Gründungsprüfern, entscheidet das Gericht (§ 35 Abs. 2 S. 1 AktG).

101   Es handelt sich um eine echte Streitentscheidung. Der Vorbehalt des RPflG 1957 (§ 15 Nr. 3 e) wurde deshalb vom RPflG 1969 zu Recht übernommen.

102   **Festsetzung der Vergütung und Auslagen** der Gründungsprüfer (§ 35 Abs. 3 AktG). Der Vorbehalt des § 15 Nr. 3 f RPflG 1957 (der dem Richter allerdings nur die Festsetzung der **Vergütung** vorbehielt, während seine Zuständigkeit auch für die Festsetzung der baren **Auslagen** im Wege der Auslegung begründet wurde: *Arnold* § 15 Anm. 15 I) wurde vom RPflG 1969 übernommen, wobei sich die frühere „Unstimmigkeit" durch die globale Verweisung auf den früheren § 145 FGG erledigt hat.

103   Die Richterzuständigkeit hat der Gesetzgeber mit der Erwägung begründet, dass es sich bei der Festsetzung der Vergütung um eine reine Ermessensentscheidung handelt, für die das Gesetz keine näheren Maßstäbe setzt (BT-Drs. II/161, 21). Dem ist zuzustimmen, da der Richter zur Findung der „richtigen Maßstäbe" wegen seiner Zuständigkeit nach § 35 Abs. 2 AktG (Rn. 64) besser in der Lage ist.

(3) die Kraftloserklärung von Aktien (§ 73 Abs. 1 AktG)

104   **§ 73 Abs. 1 AktG; Genehmigung der Kraftloserklärung von Aktien durch die Gesellschaft.** Sind Aktienurkunden nach Ausgabe unrichtig geworden (etwa durch Herabsetzung des Nennbetrages oder durch Umwandlung von Inhaber- in Namensaktien) und wurden sie der Gesellschaft trotz ihrer Aufforderung nicht zur Berichtigung bzw. zum Umtausch eingereicht, können sie mit Genehmigung des Gerichts für kraftlos erklärt werden (§ 73 AktG).

105   Während das RPflG 1957 dieses Geschäft dem Rechtspfleger zuordnete, hat es das RPflG 1969 dem Richter vorbehalten. Dies mit einer pauschalen und – angesichts dessen, dass das Gericht nur die gesetzlichen Voraussetzungen, nicht aber die Zweckmäßigkeit prüft –, wenig überzeugenden Begründung: schwieriges Geschäft, das eine besondere Sachkunde verlangt; Entscheidung von erheblicher Bedeutung (BT-Drs. V/3134, 23). Der Vorbehalt sollte künftig entfallen und die Angelegenheit, wie schon früher, dem Rechtspfleger übertragen werden (auch → Rn. 77, 98).

(4) die Bestellung von Vorstandsmitgliedern und die Festsetzung der Vergütung und Auslagen (§ 85 AktG)

106   Der Vorbehalt wurde vom RPflG **1957** (§ 15 Nr. 3 lit. f idF des § 44 Nr. 3 EGAktG) übernommen. Ist ein bisheriges Vorstandsmitglied ganz ausgeschieden oder ist eine Vorstandsstelle nicht besetzt (liegt also nicht eine bloße Verhinderung vor), so dass der Vorstand wegen Fehlens des Mitglieds zur Erfüllung ihm obliegender wesentlicher Aufgaben nicht in der Lage ist, kann das Gericht in dringenden Fällen auf Antrag eines Beteiligten ein Mitglied bestellen (§ 85 Abs. 1 AktG).

107   Maßgebend für den Richtervorbehalt ist nach Auffassung des Gesetzgebers die hohe Verantwortung, die diesem Personenkreis übertragen wird (BT-Drs. II/161, 121). Dem ist – anders als zB im Falle des § 33 Abs. 3 AktG ist der wirtschaftliche Bereich, in dem sich die Entscheidung auswirkt, ungleich „sensibler" – zuzustimmen. Diese Erwägung muss auch greifen, wenn das Gesellschaftsinteresse **die Entlassung** eines gerichtlich bestellten (Not-)Vertreters erfordert.

108   Auf die Bestellung von Vorstandsmitgliedern eines **VVaG** ist die Vorschrift entsprechend anwendbar (§ 34 S. 2 VAG), nicht aber (mangels eines Vorstands) auf die **KGaA** (vgl. § 278 Abs. 3 AktG, – Jansen/*Ries* FGG § 145 Rn. 18; Keidel/*Heinemann* § 375 Rn. 44).

Den Vorbehalt für die **Festsetzung der Vergütung und Auslagen** für gericht- 109
lich bestellte Vorstandsmitglieder (§ 85 Abs. 3 AktG) hat das RPflG **1969** aus § 15
Nr. 3f RPflG **1957** (idF des § 44 Nr. 3 EGAktG) übernommen (zur Festsetzung
vgl. Rn. 65). Ein gerichtlich bestelltes Vorstandsmitglied kann Ersatz seiner baren
Auslagen sowie eine Vergütung für seine Tätigkeit verlangen (§ 85 Abs. 3 S. 1
AktG). Können sich das Mitglied und die Gesellschaft nicht einigen, setzt das Gericht die Auslagen und die Vergütung fest (§ 85 Abs. 3 S. 2 AktG). Die Vorschrift
gilt (entsprechend) für einen **VVaG** (§ 34 S. 2 VAG).

Die Richterzuständigkeit für die Festsetzung begründet sich aus dem streitent- 110
scheidenden Charakter wie auch dem Gesichtspunkt des Sachzusammenhangs.

Der Richtervorbehalt **erfasst nicht** die entsprechenden Fälle der Notbestellung 111
von Geschäftsführern einer GmbH. Das GmbHG enthält keine Vorschriften
über die Notbestellung von fehlenden Geschäftsführern; es ist § 29 BGB entsprechend anzuwenden (→ § 3 Rn. 159; BayObLG Rechtspfleger 1975, 244; OLG
Düsseldorf Rpfleger 1976, 358; AMHRH/*Rellermeyer* Rn. 114; *Bassenge/Roth*
Rn. 14 – zur Abgrenzung zwischen dem Notvertreter des § 29 BGB und einem
Pfleger gem. § 1913 BGB vgl. OLG Düsseldorf Rpfleger 1976, 358), so dass hierfür
der **Rechtspfleger** zuständig ist

(5) die Abberufung von Mitgliedern des Aufsichtsrats (§ 103 Abs. 3 AktG) 112
Das RPflG 1969 hat den Vorbehalt des § 15 Nr. 3 lit. g RPflG 1957 (idF des § 44
Nr. 3 EGAktG) übernommen. Abgesehen von den in § 103 Abs. 1, 2 AktG geregelten Fällen kann jedes Aufsichtsratsmitglied, gleichgültig, worauf seine Bestellung
beruht, vom Gericht bei Vorliegen eines wichtigen Grundes abberufen werden
(§ 103 **Abs. 3** AktG). Für die Abberufung von Aufsichtsratsmitgliedern der Arbeitnehmer sowie der weiteren Mitglieder, ausgenommen die von der Hauptversammlung ohne Bindung an einen Wahlvorschlag gewählten, gelten **neben** § 103 Abs. 3
AktG die mitbestimmungsrechtlichen Vorschriften (§ 103 **Abs. 4** AktG). Für **Ersatzmitglieder** kommen über § 103 **Abs. 5** AktG Abs. 3 und 4 zur Anwendung.
Entsprechendes gilt für Aufsichtsrats- bzw. Ersatzmitglieder einer **KGaA** (§ 278
Abs. 3 AktG) und eines **VVaG** (§ 35 Abs. 3 VAG).

Die Richterzuständigkeit wird damit begründet, dass die Feststellung eines 113
„wichtigen Grundes" eine hohe Sachkompetenz erfordert, die sich aus der hohen
Verantwortung ergibt, die den zu bestellenden Personen übertragen wird (BT-Drs.
II/161 zu § 15 Nr. 3 RPflG 1957). begründet.

(6) die Ergänzung des Aufsichtsrats (§ 104 AktG)
Das RPflG 1969 hat den Vorbehalt des § 15 Nr. 3 lit. g RPflG 1957 (idF des § 44 114
Nr. 3 EGAktG) übernommen. Ist der Aufsichtsrat einer AG entweder beschlussunfähig oder, was nicht gleichzusetzen ist, zahlenmäßig unzureichend besetzt, kann
das Gericht zur Wiederherstellung der Beschlussfähigkeit (§ 104 Abs. 1, **4** AktG)
oder der Ergänzung auf den vollen gesetzlichen oder satzungsmäßigen Bestand
(§ 104 **Abs. 2–4** AktG) – ähnlich wie beim Vorstand (Rn. 67) – auf Antrag eine Bestellung vornehmen. Die Bestellung bedarf der Annahme des Amts durch das Aufsichtsratsmitglied.

Entsprechendes gilt für die **KGaA** (§ 278 Abs. 3 AktG) und für den **VVaG** (§ 35 115
Abs. 3 VAG). Auf eine **GmbH** mit in der Regel mehr als 500 Arbeitnehmern findet
§ 104 AktG gem. § 1 Abs. 1 Nr. 3 DrittelbG ebenfalls Anwendung.

Soweit ein wichtiger Grund vorliegt, wird man dem Gericht (Richter) auch das 116
Recht für die **Abberufung** der von ihm bestimmten Person einräumen müssen

§ 17 2. Abschnitt. Dem Richter vorbehaltene Geschäfte im FamR etc.

(Keidel/*Heinemann* FamFG § 375 Rn. 51; OLG Dresden NJW-RR 1998, 830: Abberufung auch ohne wichtigen Grund möglich).

117 Die **Festsetzung der Vergütung und Auslagen** der bestellten Aufsichtsratsmitglieder erfolgt durch das Gericht (§ 104 Abs. 6 AktG; auf die KGaA bzw. den VVaG anwendbar über § 278 Abs. 3 AktG bzw. § 35 Abs. 3 VAG). Für die Richterzuständigkeiten spricht nicht, wie bei § 85 AktG (Rn. 68), der Gesichtspunkt der Streitentscheidung, vielmehr gelten die für § 35 AktG angeführten Gründe (→ Rn. 103) entsprechend.

(7) die Ermächtigung zur Einberufung einer Hauptversammlung (§ 122 Abs. 3 AktG)

118 Das RPflG 1957 hatte (in § 15 Nr. 3 lit. g) einen entsprechenden Vorbehalt im Rahmen der Stufengründung vorgesehen (§ 30 AktG aF). Mit der Neubekanntmachung des AktG v. 6.9.1965 und der Änderung des § 15 RPflG 1957 durch § 44 EGAktG war ein Richtervorbehalt für § 122 Abs. 3 AktG (nF) nicht verknüpft, so dass zweifelhaft war, ob ein solcher nicht aus § 3 Abs. 2 RPflG zu begründen war (s dazu *Arnold/Meyer-Stolte*, 3. Aufl., Rn. 17.26.1). Diese Zweifel hat das RPflG 1969 durch die Verweisung (über den früheren § 145 FGG) beseitigt.

119 Der Vorstand einer AG muss eine Hauptversammlung einberufen, wenn es eine Aktionärsminderheit verlangt, die Anteile von zusammen 5% (bzw des in der Satzung festgelegten geringeren Prozentsatzes) des Grundkapitals hält (§ 122 Abs. 1 AktG). Dieselbe Minderheit oder Aktionäre mit Aktien im Nennbetrag von 500 000 EUR können verlangen, dass weitere Gegenstände zur Beschlussfassung einer schon einberufenen Hauptversammlung angekündigt werden (§ 122 Abs. 2 AktG). Wird diesen Verlangen nicht entsprochen, kann das Gericht die Aktionäre, die das Verlangen gestellt haben, zur Einberufung und Ankündigung ermächtigen und zugleich über den Vorsitz in der Hauptversammlung bestimmen (§ 122 Abs. 3 AktG). Entsprechendes gilt für die **KGaA** (§ 278 Abs. 3 AktG) und für den **VVaG** (§§ 36 S. 1, 36b VAG).

120 Die Richterzuständigkeit wird mit dem streitentscheidenden Charakter der Maßnahme sowie ihren weitreichenden Folgen begründet.

(8) die Bestellung besonderer Vertreter und die Festsetzung der Vergütung und Auslagen (§ 147 Abs. 2 AktG)

121 Das RPflG 1969 hat den Vorbehalt des § 15 Nr. 3i RPflG 1957 (idF des § 44 Nr. 3 EGAktG) übernommen. § 147 AktG bezweckt die Sicherung der tatsächlichen Geltendmachung der der AG zustehenden Ersatzansprüche aus der Gründung (§§ 46 ff. AktG) oder der Nachgründung (§ 53 AktG). Zu diesem Zwecke verpflichtet er die Verwaltung, diese Ansprüche geltend zu machen. Das Gericht bestellt insoweit nach Maßgabe des § 147 Abs. 2 AktG besondere Vertreter. Entspr gilt für die **KGaA** (§ 278 Abs. 3 AktG) und für den **VVaG** (§§ 36 S. 1, 36b VAG).

122 Die Richterzuständigkeit wird damit begründet, dass der Rechtspfleger, der mit Gründungsvorgängen nicht vertraut ist, eine Abwägung, wie sie § 147 Abs. 2 S. 2 AktG erfordert („für eine gehörige Geltendmachung zweckmäßig erscheint"), nicht vornehmen kann.

123 Die **Festsetzung der Vergütung und Auslagen** gerichtlich bestellter Vertreter regelt sich nach § 147 Abs. 2 S. 6 AktG. Zur entsprechenden Anwendung auf KGaA, VVaG vgl. §§ 278 Abs. 3 AktG, 36 S. 1 VAG. Die Richterzuständigkeit rechtfertigt sich – wie bei §§ 35, 104 AktG (→ Rn. 103) – aus Gründen des Sachzusammenhangs.

Registersachen und unternehmensrechtliche Verfahren　　　　　　§ 17

(9) die Bestellung von Prüfern bei Kapitalerhöhung mit Sacheinlagen (§ 183a Abs. 3 AktG)
§ 183a AktG wurde mWv 1.9.2009 durch Art. 1 ARUG, BGBl. I S. 2479, eingefügt und § 387 Nr. 3 FamFG entsprechend ergänzt (Art. 8 G v. 19.11.2010, BGBl. I S. 1592). 124

Bei einer Erhöhung des Grundkapitals mit Sacheinlagen hat eine Prüfung stattzufinden (§§ 182, 183 Abs. 3 AktG). Unter den Voraussetzungen des § 33a Abs. 2 AktG erfolgt die Prüferbestellung durch das Amtsgericht. 125

Das Geschäft wird vom Richtervorbehalt des § 17 Nr. 2 erfasst. Die Richterzuständigkeit beruht darauf, dass die Bestellung sachkundiger Personen mit bedeutsamen Prüfungs- und Entscheidungsbefugnissen verbunden ist (→ Rn. 97, 98). 126

(10) die Bestellung und Abberufung von Abwicklern (§ 265 Abs. 3 und 4 AktG)
Das RPflG 1969 hat den Vorbehalt des § 15 Nr. 3l (idF des § 44 Nr. 3 EGAktG) RPflG 1957 übernommen. Die Abwicklung einer AG erfolgt durch Abwickler (Liquidatoren). Gesetzlich zum Abwickler berufen sind sämtliche Vorstandsmitglieder (§ 265 Abs. 1 AktG, – geborene Abwickler), falls nicht durch Satzung oder Beschluss der Hauptversammlung andere Personen bestellt sind (§ 265 Abs. 2 AktG, – gekorene Abwickler). Entsprechendes gilt für die persönlich haftenden Gesellschafter einer **KGaA** (§ 278 Abs. 3 AktG) und die Vorstandsmitglieder eines **VVaG** (§ 47 VAG). Als befohlene Abwickler bezeichnet man demgegenüber die **durch Gericht** nach Maßgabe des § 265 Abs. 3 AktG („Vorliegen eines wichtigen Grundes") bestellten Abwickler. Eine Abberufung durch das Gericht sieht die Vorschrift gleichfalls vor. Auf die KGaA und den VVaG findet § 256 Abs. 3 AktG entsprechend Anwendung (§§ 278 Abs. 3 AktG, 36 S. 2 VAG), modifiziert durch §§ 290 Abs. 2 AktG, 47 Abs. 2 VAG. 127

Die Richterzuständigkeit ist aus dem Gesichtspunkt der Sachkompetenz geboten (vgl. auch die entsprechenden Anmerkungen zu §§ 85, 147 AktG: → Rn. 107, 122). 128

Die **Festsetzung der Auslagen und der Vergütung** gerichtlicher bestellter Abwickler erfolgt durch das Gericht, wenn keine Einigung zwischen Gesellschaft und Abwickler erzielt wird (§ 265 Abs. 4 AktG; hieraus – Gesichtspunkt des streitentscheidenden Charakters wie auch der des Sachzusammenhangs, vgl. auch die Anmerkung zu § 35 AktG: Rn. 65 – rechtfertigt sich die **Richterzuständigkeit**). Für die **KGaA** und den **VVaG** vgl. §§ 278 Abs. 3 AktG, 36 S. 2 VAG. 129

(11) die Befreiung von der Prüfung des Jahresabschlusses und des Lageberichts der Abwickler (§ 270 Abs. 3 AktG)
Das RPflG 1969 hat den Vorbehalt des § 15 Nr. 3m RPflG 1957 (idF des § 44 Nr. 3 EGAktG) übernommen. Für den Beginn der Abwicklung haben die Abwickler eine Eröffnungsbilanz samt erläuterndem Bericht zu erstellen. Entsprechendes gilt für den Jahresabschluss samt Lagebericht am Schluss eines jeden Jahres (§ 270 Abs. 1 AktG). Die Prüfung des Jahresabschlusses und des Lageberichts erfolgt durch Abschlussprüfer (§§ 316 ff. HGB), es kann das Gericht jedoch hiervon befreien, wenn die Verhältnisse der Gesellschaft so überschaubar sind, dass eine Prüfung im Interesse der Gläubiger und Aktionäre nicht geboten ist (§ 270 Abs. 3 AktG). Entsprechendes gilt für die **KGaA** und die **VVaG** (§ 278 Abs. 3 AktG, § 47 Abs. 3 S. 2 VAG). 130

Die Richterzuständigkeit ist aus Gründen der Sachkompetenz geboten; der Rechtspfleger ist in diesem Bereich auch sonst nicht tätig. 131

(12) die Bestimmung des Verwahrungsortes für Bücher und Schriften, die Gewährung der Einsicht sowie die Bestellung von Nachtragsabwicklern (§ 273 Abs. 2–3 AktG)

132 **Bestimmung des Aufbewahrungsorts** für Bücher und Schriften nach Abschluss der Abwicklung; **Gestattung der Einsicht** (§ 273 Abs. 2 und 3 AktG): Das RPflG 1957 kannte (auch nicht in der Fassung nach § 44 EGAktG) keinen entsprechenden Vorbehalt, so dass für die hier zu treffenden Entscheidungen der Rechtspfleger zuständig war. Das RPflG 1969 hat sie dem Richter mit der Begründung zugewiesen, dass es sich (bei den „Angelegenheiten der Kapitalgesellschaften") um Entscheidungen „zumeist von erheblicher Bedeutung" handle.

133 Dies überzeugt angesichts der naheliegenden Vergleichbarkeit mit den Entscheidungen nach § 157 Abs. 2 HGB, die dem Rechtspfleger obliegen, nicht (vgl. auch *Arnold/Meyer-Stolte* Rn. 17.33.1). Da für die Bestimmung eines Aufbewahrungsortes und der Einsicht auch keine besondere Sachkompetenz (in Bezug auf Kapitalgesellschaften) erforderlich ist, steht jedenfalls dieser Gesichtspunkt einer Rückübertragung auf den Rechtspfleger nicht entgegen. Allerdings fragt es sich (vgl. die nachfolgende Anmerkung), ob die Zuständigkeitsaufspaltung innerhalb einer Norm sinnvoll ist.

134 Der Richtervorbehalt erfasst nur die AG sowie (→ Rn. 137) die KGaA und den VVaG. Bei der liquidierten **GmbH** ist für die Bestimmung des Verwahrers der Bücher und Schriften sowie zur Ermächtigung der Einsicht (§ 74 Abs. 2 und 3 GmbHG) der **Rechtspfleger** zuständig. (Ausnahme zum Richtervorbehalt in § 17 Nr. 2 lit. d).

135 Stellt sich nach Abschluss der Abwicklung und Löschung der Gesellschaft heraus, dass weiteres Vermögen vorhanden und zur Befriedigung der Gläubiger zu verwenden ist, hat das Gericht auf Antrag eines Beteiligten die bisherigen Abwickler neu zu bestellen oder andere Abwickler zu berufen. Die (erneute) **Bestellung von Abwicklern** (§ 273 Abs. 4 AktG) obliegt dem **Rechtspfleger** (vgl. § 17 Nr. 2 lit. c). Dies gilt auch für die gerichtliche **Festsetzung der Auslagen und Vergütung** nach § 273 Abs. 4 S. 2 AktG iVm § 265 Abs. 4 AktG.

136 Das **GmbHG** enthält keine Regelung über eine Nachtragliquidation, es ist jedoch nach allgM (BGH Rpfleger 2003, 508; OLG Frankfurt Rpfleger 1993, 327) § 273 Abs. 4 AktG auf die GmbH entspr anzuwenden, wenn sich nach beendeter Liquidation und Löschung weitere Abwicklungsmaßnahmen als notwendig erweisen. Für die Bestellung ist demnach auch der Rechtspfleger zuständig (*Rellermeyer* Rpfleger 2013, 61, 63).

137 Zur (entsprechenden) Anwendung des § 273 Abs. 2 – Abs. 4 AktG auf die **KGaA** und die **VVaG** vgl. §§ 278 Abs. 3 AktG, 47 Abs. 3 S. 1 VAG.

dd) § 375 Nr. 4 FamFG:

(1) die Einberufung der Hauptversammlung einer SE (Art. 55 Abs. 3 VO (EG) Nr. 2157/2001)

138 Die Vorschrift ermöglicht Aktionären, deren Anteile zusammen mindestens 5% des Kapitals (§ 50 Abs. 1 SEAG) oder nach der Satzung einen geringeren Anteil erreichen, die **Einberufung der Hauptversammlung** oder die **Ergänzung der Tagesordnung** einer **Europäischen Gesellschaft (SE)**. Wird die Hauptversammlung nicht rechtzeitig bzw. nicht spätestens zwei Monate nach der Antragstellung einberufen, kann das Amtsgericht am Sitz der Gesellschaft die Einberufung anordnen oder die Antragsteller dazu ermächtigen.

Registersachen und unternehmensrechtliche Verfahren § 17

Der Richtervorbehalt entspricht demjenigen zur Einberufung der Hauptversammlung nach § 122 Abs. 3 AktG (→ Rn. 118). 139

(2) die Abberufung der Mitglieder des Verwaltungsrats einer SE (§ 29 SEAG)
Die Satzung einer SE kann als Verwaltungsorgan einen **Verwaltungsrat** vorsehen (= monistisches System; Art. 38 Abs. 3b VO(EG) Nr. 2157/2001). Liegt in der Person eines Verwaltungsratsmitglieds ein **wichtiger Grund** vor, so kann ihn das Amtsgericht **abberufen** (§ 29 Abs. 3 SEAG). 140

Der Richtervorbehalt entspricht demjenigen zur Abberufung von Mitgliedern des Aufsichtsrats nach § 103 Abs. 3 AktG (→ Rn. 112). 141

(3) die Ergänzung des Verwaltungsrats einer SE (§ 30 SEAG)
Ist der Verwaltungsrat einer SE beschlussunfähig oder verfügt er länger als drei Monate nicht über die erforderliche Mitgliederzahl, wird er auf Antrag vom Amtsgericht **ergänzt** (§ 30 SEAG). Das Gericht setzt auf Antrag auch die Vergütung und Auslagen der bestellten Verwaltungsratsmitglieder fest (§ 30 Abs. 4 SEAG). 142

Der Richtervorbehalt entspricht demjenigen zur Ergänzung des Aufsichtsrats nach § 104 AktG (→ Rn. 114). 143

(4) die Bestellung eines geschäftsführenden Direktors einer SE (§ 45 SEAG)
Der Verwaltungsrat einer SE bestellt, zur gerichtlichen und außergerichtlichen Vertretung der SE, einen oder mehrere **geschäftsführende Direktoren** (§§ 40ff. SEAG). Fehlt ein erforderlicher geschäftsführender Direktor, so wird er in dringenden Fällen auf Antrag vom das Amtsgericht bestellt (§ 45 SEAG). Das Gericht setzt auf Antrag auch die Vergütung und Auslagen der bestellten geschäftsführenden Direktors fest (§ 45 SEAG iVm § 85 Abs. 3 AktG). 144

Der Richtervorbehalt entspricht demjenigen zur Bestellung von Vorstandsmitgliedern nach § 85 AktG (→ Rn. 106). 145

ee) § 375 Nr. 5 FamFG: Bestellung eines besonderen Vertreters zur Geltendmachung von Schadensersatzansprüchen (§ 26 Abs. 1, 4, 206 S. 2 und 3 UmwG)
Die anlässlich einer **Verschmelzung bzw. eines Formwechsels** entstandenen **Schadensersatzansprüche** können gegen die Mitglieder des Vertretungsorgans des übertragenden oder formwechselnden Rechtsträgers nur durch einen **besonderen Vertreter** geltend gemacht werden (§§ 26 Abs. 1, 206 UmwG). Dieser wird vom Amtsgericht bestellt, das auch die **Vergütung und Auslagen** des Vertreters festsetzt und die Bestimmung trifft, in welchem Umfang diese von Anteilsinhabern und Gläubigern zu tragen sind (§§ 26 Abs. 4, 206 S. 3 UmwG). 146

Die Vorbehalte wurden durch das UmwG aufgenommen. Das zu § 147 Abs. 2 AktG Ausgeführte (Rn. 121, 122) gilt entsprechend.

ff) § 375 Nr. 6 FamFG: Befreiung von der Prüfung des Jahresabschlusses (§ 71 Abs. 3 GmbHG)
Sind die Verhältnisse der GmbH überschaubar, kann das Amtsgericht von der Prüfung des Jahresabschlusses und des Lageberichts durch einen Abschlussprüfer befreien (§ 71 Abs. 3 GmbHG). 147

Es handelt sich um eine Parallelvorschrift zu § 270 Abs. 3 AktG (→ Rn. 130). 148
Zur Zuständigkeit des Rechtspflegers bei den Geschäften nach § 66 Abs. 2, 3 und 5 GmbHG (Bestellung und Abberufung von Liquidatoren; Bestellung von 149

Nachtragsliquidatoren) sowie § 74 Abs. 2 und 3 GmbHG (Verwahrung der Bücher und Schriften sowie Gewährung der Einsicht) → § 3 Rn. 175.

gg) § 375 Nr. 7 und 8 FamFG: Genossenschaftsrechtliche Verfahren

150 Diese Verfahren bezieht § 17 Nr. 2 nicht in den Richtervorbehalt ein. Es ist deshalb der **Rechtspfleger** zur Erledigung der in § 375 Nr. 7 und 8 FamFG genannten Angelegenheiten zuständig; → § 3 Rn. 176.

hh) § 375 Nr. 9 FamFG: Bestellung von Prüfern zur Prüfung der Rechnungslegungspflicht (§§ 2 Abs. 3 und 12 Abs. 3 PublizitätsG)

151 Ein entsprechender Vorbehalt wurde in das RPflG 1957 unter § 15 Nr. 3n durch das PublizitätsG eingefügt; das RPflG 1969 hat ihn durch die Verweisung auf den früheren § 145 FGG (der durch das PublizitätsG ebenfalls geändert worden war) übernommen.

152 Zur Prüfung der Frage, ob ein Unternehmen in der Rechtsform des § 3 Abs. 1 PublG (insbes: GmbH, OHG, KG, Einzelkaufmann) gem. §§ 1 ff. PublG Rechnung zu legen hat, hat das Gericht von Amts wegen **Prüfer zu bestellen,** wenn Anlass zu der Annahme besteht, dass das Unternehmen zur Rechnungslegung nach dem 1. Abschnitt des Gesetzes verpflichtet ist (§ 2 Abs. 3 PublG). Dasselbe gilt, wenn Anlass für die Annahme besteht, dass eine (Teil-) Konzernleitung nach dem 2. Abschnitt des Gesetzes zur Rechnungslegung verpflichtet ist (§ 12 Abs. 3 PublG).

153 Ist eine solche Bestellung erfolgt, setzt das Gericht auch die **Vergütung und Auslagen** der Prüfer fest (§ 2 Abs. 3 S. 4 PublG iVm § 142 Abs. 6 AktG).

ii) § 375 Nr. 10 FamFG: Abberufung von Aufsichtsratsmitgliedern (§ 11 Abs. 3 MontanMitbestG)

154 Das RPflG 1969 hat den Vorbehalt des § 15 Nr. 3g RPflG 1957 (idF § 44 Nr. 3 EGAktG) übernommen.

155 In den Aufsichtsrat eines der in § 1 MontanMitbestG vom 21.5.1951, BGBl. I S. 347, aufgeführten Unternehmen entsenden die Arbeitnehmer ebenso viele Mitglieder wie die Anteilseigner (§ 4 Abs. 1a, b MontanMitbestG); Pattsituationen werden durch die Entsendung eines weiteren (neutralen) Mitglieds aufgelöst (§ 4 Abs. 1 lit. c MontanMitbestG). Die Abberufung dieses Mitglieds kann nun auf Antrag von mindestens drei Aufsichtsratsmitgliedern durch das Gericht aus **wichtigem Grund** erfolgen (§ 11 Abs. 3 iVm §§ 8, 4 Abs. 1 lit. c MontanMitbestG).

156 **Entsprechend anwendbar erklärt wird § 11 Abs. 3 MontanMitbestG** durch § 5 Abs. 3 S. 2 MitbestErgG auf das (neutrale) Aufsichtsratsmitglied (§ 5 Abs. 1 c MitbestErgG) eines Unternehmens nach §§ 1–3 MitbestErgG (herrschendes Unternehmen eines Konzerns, solange die Montanquote mindestens 20 % erreicht).

157 Der Vorbehalt entspricht demjenigen des § 103 Abs. 3 AktG (→ Rn. 112).

jj) § 375 Nr. 11 FamFG:
(1) Stimmrechtstreuhänder (§ 2c Abs. 2 S. 2–7 KWG)

158 Der Vorbehalt wurde durch das Gesetz zur Änderung des KWG v. 21.12.1992, BGBl. I S. 2211, aufgenommen. Nach § 2c Abs. 2 S. 1 KWG kann das Bundesanstalt für Finanzdienstleistungsaufsicht (BaFin) unter den angeführten Voraussetzungen dem Inhaber einer bedeutenden Beteiligung die Ausübung des Stimmrechts untersagen. Für diesen Fall ist vom Amtsgericht am Sitz des Kreditinstitutes ein **Stimmrechtstreuhänder** zu **bestellen.** Sind die Voraussetzungen nach § 2c Abs. 2 S. 1 KWG entfallen, ist die Bestellung des Treuhänders zu **widerrufen** (§ 2c Abs. 2 S. 5 KWG).

Ferner ist der Richter zuständig für die **Festsetzung der Vergütung und Aus-** 159
lagen des Treuhänders (§ 2c Abs. 2 S. 7 KWG). Für die Aufnahme des Vorbehalts
gilt die Erwägung zu → Rn. 123 entsprechend.

(2) Bestellung eines Sachwalters bei Insolvenzgefahr (§ 2 o KWG)
Besteht bei einem das Refinanzierungsregister führenden Unternehmen **Insol-** 160
venzgefahr iS § 46a KWG, so bestellt das Amtsgericht am Sitz des registerführenden Unternehmens auf Antrag der BaFin eine oder zwei Personen als **Sachwalter**
(§ 2o Abs. 1 S. 1 KWG). Die Auswahl der Person trifft das Gericht nach freiem Ermessen (Keidel/*Heinemann* FamFG § 375 Rn. 87). Auf Antrag der BaFin ist der
Sachwalter aus wichtigem Grund abzuberufen (§§ 2o Abs. 2, 22l Abs. 2 S. 3
KWG).

(3) Abberufung von Geschäftsleitern und Mitgliedern des Verwaltungs-
oder Aufsichtsorgans (§ 36 Abs. 3 S. 2 KWG)
Die Vorschrift wurde durch G vom 28. 8. 2013, BGBl. I S. 3395, eingefügt

(4) die Bestellung eines Prüfers (§ 28 Abs. 2 KWG)
Das RPflG 1969 hat den Richtervorbehalt „als weiteres schwieriges Geschäft des 161
Registergerichts" aufgenommen (BT-Drs. V/3134, 23). Art. 23 FGG-RG hat den
Vorbehalt unverändert übernommen und ihn, auf Grund einer Beschlussempfehlung des Rechtsausschusses (BT-Drs. 16/9733, 301), zur sprachlichen Klarstellung
an den Anfang der Vorschrift gestellt. Art. 6 Nr. 25 lit. d RBehelfsbelehrungG hat
das Verfahren nach § 28 Abs. 2 KWG systemgerecht nach § 375 Nr. 11 FamFG
übernommen. Es unterfällt damit nach der Änderung des § 17 Nr. 2 unverändert
dem Richtervorbehalt (BT-Drs. 17/10490, 21).

Auf Antrag der BaFin hat das Gericht unter den Voraussetzungen des § 28 Abs. 2 162
S. 1 Nr. 1–3 KWG (zB Ablehnung der Annahme des Prüfungsauftrags durch den
gewählten Prüfer und keine unverzügliche Bestellung eines neuen Prüfers) ein Prüfer zu bestellen. Zur **Festsetzung der Vergütung und Auslagen** des bestellten
Prüfers durch das Gericht vgl. § 28 Abs. 2 S. 3 KWG iVm § 318 Abs. 5 HGB und
zur Abberufung § 28 Abs. 2 S. 4 KWG.

(5) die Bestellung eines Abwicklers (§ 38 Abs. 2 S. 2 KWG)
Wird die Erlaubnis zum Betreiben von Bankgeschäften oder Finanzdienstleis- 163
tungen zurückgenommen oder erlischt diese (§ 35 Abs. 2 KWG), so kann die BaFin
bestimmen, dass das Kreditinstitut **abzuwickeln** ist (§ 38 KWG). Auf Antrag der
BaFin bestellt das Gericht Abwickler (§ 38 Abs. 2 S. 2 KWG).

(6) die Bestellung eines Treuhänders bei Finanzholding-Gesellschaften
(§ 45a Abs. 2 S. 1, 3, 4 und 6 KWG)
Der Vorbehalt beruht auf der Änderung des § 145 Abs. 1 FGG durch das Gesetz 164
zur Änderung des KWG vom 28. 9. 1994, BGBl. I S. 2735. Er enthält eine Parallelregelung – Bestellung eines **Stimmrechtstreuhänders** durch das Amtsgericht auf
Antrag der BaFin – zu § 2c Abs. 2 KWG (→ Rn. 158) für den Fall, dass eine Finanzholding-Gesellschaft an der Spitze einer Finanzholding-Gruppe iSd §§ 10a Abs. 3
S. 1, 2, 13b Abs. 2 KWG den nach § 45a KWG erforderlichen Übermittlungspflichten nicht nachkommt.

kk) § 375 Nr. 11a FamFG:
Zur Klarstellung hat Art. 6 Nr. 25 RBehelfsbelehrungG das Verfahren nach **§ 2a** 165
Abs. 4 S. 2 und 3 InvG in § 375 Nr. 11a zusätzlich als unternehmensrechtliches
Verfahren aufgenommen (BT-Drs. 17/10490, 21).

166 Auf Antrag hat das Gericht einen Treuhänder zu bestellen, auf den es die Ausübung des Stimmrechts überträgt; § 2c Abs. 2 Satz 3 bis 9 KWG ist entsprechend anzuwenden (→ Rn. 158). Das Verfahren unterfällt aufgrund der Änderung des § 17 Nr. 2 dem Richtervorbehalt.

ll) § 375 Nr. 12 FamFG:
(1) Ernennung eines Sachwalters (§ 31 Abs. 1 PfandBG)

167 Die Vorschrift wurde durch G vom 28.8.2013, BGBl. I S. 3395, mWv 1.1.2014 aufgehoben. Das Verfahren der Sachwalterernennung unterstellt § 31 Abs. 11 PfandBG den entsprechenden insolvenzgerichtlichen Verfahrensvorschriften (vgl. §§ 274 ff. InsO).

mm) § 375 Nr. 13 FamFG:
(1) die Bestellung und Abberufung von Abwicklern (§ 47 Abs. 2 VAG)

168 Die Vorschrift wurde durch Art. 6 Nr. 25 RBehelfsbelehrungG als unternehmensrechtliches Verfahren in § 375 Nr. 13 FamFG aufgenommen.

169 Aus wichtigen Gründen hat das Gericht **Abwickler** zu bestellen, wenn es der Aufsichtsrat oder eine in der Satzung zu bestimmende Minderheit von Mitgliedern beantragt. Das Geschäft ist mit der Bestellung von Abwicklern nach HGB, AktG und GmbHG vergleichbar und unterfällt dem Richtervorbehalt.

170 Für die gerichtliche **Festsetzung der Auslagen und Vergütung** gilt § 265 Abs. 4 AktG (→ Rn. 129) entsprechend (§ 47 Abs. 3 S. 1 VAG).

(2) Bestellung eines Stimmrechtstreuhänders nach dem VAG (§ 104 Abs. 2 S. 3–8)

171 Die Vorschrift wurde durch G vom 27.6.2013, BGBl. I S. 1862, geändert. § 104u VAG wurde aufgehoben. Der Vorbehalt beruht auf der Änderung des § 145 Abs. 1 FGG durch das Dritte Durchführungsgesetz/EWG zum VAG v. 21.7.1994, BGBl. I S. 1630. Der durch dieses Gesetz neu eingefügte § 104 VAG (Beaufsichtigung der Inhaber bedeutender Beteiligungen an Versicherungsunternehmen) regelt die Möglichkeit für die BaFin die Ausübung der Stimmrechte zu untersagen und diese auf einen **Treuhänder** zu übertragen (§ 104 Abs. 2 VAG). Bestellt wird dieser vom Amtsgericht des Sitzes des Versicherungsunternehmens (Abs. 2 S. 5 VAG).

(3) Gemischte Finanzholding-Gesellschaften (§ 28 Abs. 2 S. 1–5 FKAG)
Auf Antrag der BaFin kann das Gericht einen Treuhänder bestellen, auf den es die Ausübung der Stimrechte überträgt.

nn) § 375 Nr. 14 FamFG: Bestellung eines Stimmrechtstreuhänders nach dem BörsG (§ 6 Abs. 4 S. 4–7 BörsG)

172 Die Börsenaufsichtsbehörde (§ 3 Abs. 1 BörsG) kann dem Inhaber einer bedeutenden Beteiligung an dem Träger einer Börse, die Ausübung der Stimmrechte untersagen. Auf Antrag bestellt das Amtsgericht am Sitz des Trägers der Börse einen **Treuhänder** dem die Ausübung der Stimmrecht übertragen werden (§ 6 Abs. 4 BörsG). Auf Antrag setzt das Gericht die **Vergütung und Auslagen** des Treuhänders fest (§ 6 Abs. 4 S. 7 BörsG).

oo) § 375 Nr. 15 FamFG: Verfahren nach § 10 PartGG iVm §§ 146 Abs. 2, 147, 157 Abs. 2 HGB

173 Für die Ernennung von **Liquidatoren** einer Partnerschaft und deren Abberufung sowie die Bestimmung eines **Verwahrers** der Bücher und Papiere ist der **Rechtspfleger** zuständig; → § 3 Rn. 178. Der frühere Richtervorbehalt in § 17 Nr. 2 lit. a aF hat sich von selbst aufgehoben („... mit Ausnahme der ...") und ist

Insolvenzverfahren **§ 18**

deshalb durch Art. 4 Nr. 5 RBehelfsbelehrungG gestrichen worden (BT-Drs. 17/10470, 16/17).

**pp) § 375 Nr. 16 FamFG:
Einberufung einer Gläubigerversammlung**
Art. 4 Nr. 5 d RBehelfsbelehrungG bezieht die Geschäfte nach **§ 9 Abs. 2 und 3 S. 2 SchVG** (Einberufung einer Gläubigerversammlung) und **§ 18 Abs. 2 S. 2 und 3 SchVG** (Bestimmung eines Abstimmungsleiters) wegen der Ähnlichkeit mit solchen nach § 122 Abs. 3 AktG in den Richtervorbehalt mit ein (BT-Drs. 17/10470, 17). → Rn. 118. 174

§ 18 Insolvenzverfahren

(1) Im Verfahren nach der Insolvenzordnung bleiben dem Richter vorbehalten:
1. das Verfahren bis zur Entscheidung über den Eröffnungsantrag unter Einschluss dieser Entscheidung und der Ernennung des Insolvenzverwalters sowie des Verfahrens über einen Schuldenbereinigungsplan nach den §§ 305 bis 310 der Insolvenzordnung,
2. das Verfahren über einen Insolvenzplan nach den §§ 217 bis 256 und den §§ 258 bis 269 der Insolvenzordnung,
3. bei einem Antrag des Schuldners auf Erteilung der Restschuldbefreiung die Entscheidungen nach den §§ 289, 296, 297 und 300 *(ab 1. 7. 2014: §§ 287a, 290, 296 bis 297a und 300)* der Insolvenzordnung, wenn ein Insolvenzgläubiger die Versagung der Restschuldbefreiung beantragt, sowie die Entscheidung über den Widerruf der Restschuldbefreiung nach § 303 der Insolvenzordnung,
4. Entscheidungen nach den §§ 344 bis 346 der Insolvenzordnung.

(2) ¹Der Richter kann sich das Insolvenzverfahren ganz oder teilweise vorbehalten, wenn er dies für geboten erachtet. ²Hält er den Vorbehalt nicht mehr für erforderlich, kann er das Verfahren dem Rechtspfleger übertragen. ³Auch nach der Übertragung kann er das Verfahren wieder an sich ziehen, wenn und solange er dies für erforderlich hält.

(3) Hat sich die Entscheidung des Rechtspflegers über die Gewährung des Stimmrechts nach § 77 der Insolvenzordnung auf das Ergebnis einer Abstimmung ausgewirkt, so kann der Richter auf Antrag eines Gläubigers oder des Insolvenzverwalters das Stimmrecht neu festsetzen und die Wiederholung der Abstimmung anordnen; der Antrag kann nur bis zum Schluss des Termins gestellt werden, in dem die Abstimmung stattfindet.

(4) ¹Ein Beamter auf Probe darf im ersten Jahr nach seiner Ernennung Geschäfte des Rechtspflegers in Insolvenzsachen nicht wahrnehmen. ²Rechtspfleger in Insolvenzsachen sollen über belegbare Kenntnisse des Insolvenzrechts und Grundkenntnisse des Handels- und Gesellschaftsrechts und der für das Insolvenzverfahren notwendigen Teile des Arbeits-, Sozial- und Steuerrechts und des Rechnungswesens verfügen. ³Einem Rechtspfleger, dessen Kenntnisse auf diesen Gebieten nicht belegt sind, dürfen die Aufgaben eines Rechtspflegers in Insolvenzsachen nur zugewiesen werden, wenn der Erwerb der Kenntnisse alsbald zu erwarten ist.

§ 18 2. Abschnitt. Dem Richter vorbehaltene Geschäfte im FamR etc.

Übersicht

	Rn.
I. Entwicklung	1–4
II. Eröffnungsverfahren	5–9
III. Das weitere Verfahren	10–16
1. Grundsatz	10–12
2. Vorbehalt des Verfahrens	13–16
IV. Schuldenbereinigungsplan	17
V. Insolvenzplan	18
VI. Restschuldbefreiung	19–22
VII. Internationales Insolvenzrecht	23, 24
VIII. Anfechtung der Stimmrechtsentscheidung	25
IX. Anforderungen für die Übernahme der Geschäfte eines Rechtspflegers in Insolvenzsachen	26

I. Entwicklung

1 Eine Übertragung von Zuständigkeiten im Verfahren nach der KO und der VerglO auf den Rechtspfleger sahen weder das REntlG noch die REntlV vor; informell wurde der Rechtspfleger jedoch häufig vorverfügend eingesetzt. Erst das RPflG 1957 enthielt in seinem § 21 diverse Einzelübertragungen und ermöglichte darüber hinaus in § 21 Abs. 2 eine Übertragung des ganzen eröffneten Verfahrens durch den Richter. Von dieser Möglichkeit wurde in großem Umfang Gebrauch gemacht (*Weber* Rpfleger 1968, 215). Das RPflG 1969 machte deshalb die Ausnahme des § 21 Abs. 2 zur gesetzlichen Regel und legte in den §§ 18, 19 nur noch ein Vorbehaltsrecht des Richters für einzelne Verfahren fest.

2 Das Gesetz ordnet die Konkurs- und Vergleichsverfahren dem Bereich der **Vorbehaltsübertragung** zu (§ 3 Nr. 2 lit. e, f); der Richtervorbehalt besteht nicht in der Aufzählung von Einzeltätigkeiten, sondern in der Abgrenzung eines Verfahrensabschnittes (Eröffnungsverfahren) vom Folgeverfahren. § 18 war auch auf die in den neuen Ländern weiter geltende GesO, **entsprechend anwendbar** (Art. 8 Anl. I Kap. III Sachgebiet A Abschn. I Nr. 4 EinigungsV).

3 Im Zuge der **Insolvenzrechtsreform** (zur Geschichte der Reform: *Hofmann* DRiZ 1994, 411; *Serick* ZIP 1989, 422) wurden KO, VerglO und GesO von der am 1.1.1999 in Kraft getretenen InsO, BGBl. 1994 I 2866) abgelöst (Art. 2, 110 EGInsO, BGBl. 1994 I 2911). Der durch Art. 14 EGInsO neu gefasste § 18 trat an die Stelle der bisherigen §§ 18, 19. Das Gesetz zur Änderung der InsO und anderer Gesetze vom 26.10.2001, BGBl. I S. 2710, führte ua die Stundungsregelungen der §§ 4a–4d InsO ein. Weitere Änderungen wurden durch das Gesetz zur Neuregelung des internationalen Insolvenzrechts vom 14.3.2003, BGBl. I S. 345 vorgenommen. Dessen Art. 2 fügte in die InsO §§ 335–358 ein und Art. 4 erweiterte den Richtervorbehalt in § 18 Abs. 1 um die Nr. 3. Der Vorbehalt wurde damit begründet, dass der Richter auch sonst für Maßnahmen die in §§ 344–346 InsO geregelt sind, zuständig ist (BT-Drs. 15/16, 27).

4 Das **ESUG** (Gesetz zur weiteren Erleichterung der Sanierung von Unternehmen vom 7.12.2011, BGBl. I S. 2582) unterstellte mit Wirkung zum 1.1.2013 das Insolvenzplanverfahren einem Richtervorbehalt (Schrifttum: *Römermann* NJW 2012, 645; *Dahl* NJW-Spezial 2012, 21). § 18 Abs. 1 Nr. 2, Abs. 3 und 4 wurde durch Art. 5 Nr. 2 ESUG neu gefasst, die bisherigen Nr. 2 und 3 in Abs. 1 wurden zu Nr. 3 und 4. Begründet wurde der Vorbehalt mit der wirtschaftlichen Bedeutung

Insolvenzverfahren **§ 18**

des Planverfahrens (RegE ESUG S. 68). Zur Struktur der Aufgabenverteilung zwischen Richter und Rechtspfleger → § 3 Rn. 182.

Durch **Art. 2 des G** zur Verkürzung des Restschuldbefreiungsverfahrens und **4a** zur Stärkung der Gläubigerrechte vom 15.7.2013, das **am 1.7.2014** in Kraft tritt, wird § 18 Abs. 1 Nr. 3 neu gefasst.

II. Eröffnungsverfahren

Nach **Abs. 1 Nr. 1 Hs. 1** ist dem Richter vorbehalten das Verfahren bis zur **Entscheidung** über den Eröffnungsantrag (§§ 13 ff. InsO) unter **Einschluss** dieser Entscheidung (§§ 26, 27 InsO) und der **Ernennung** des Insolvenzverwalters (§ 27 Abs. 1 und 2 Nr. 2 InsO). Der Vorbehalt erstreckt sich auch auf die Anordnung der **Eigenverwaltung** und die Bestellung des Sachwalters (§ 270 Abs. 1 InsO). Erst die Verfahrenseröffnung erzeugt eine Zäsur der Richterzuständigkeit (AMHRH/*Hintzen* Rn. 12; *Bassenge/Roth* Rn. 6), so dass die Ernennung eines **anderen,** zB des nach § 57 InsO von der Gläubigerversammlung gewählten Insolvenzverwalters, in die Zuständigkeit des Rechtspflegers fällt (→ § 3 Rn. 184a). Es sei denn, der Richter hat sich das weitere Verfahren vorbehalten (§ 18 Abs. 2 S. 1). **5**

In den **Vorbehalt** fallen somit zunächst die Prüfung des Antrags und der eingereichten Unterlagen, die Ermittlung aller für das Verfahren bedeutsamer Umstände sowie ggfs die Beauftragung eines Sachverständigen (§ 5 Abs. 1 InsO). Ferner erstreckt sich der Richtervorbehalt auf die dann erforderliche Anhörung des Schuldners bzw. der übrigen Mitglieder des Vertretungsorgans des Schuldners ua (§§ 14 Abs. 2, 15 Abs. 2 S. 1 InsO) und die Anordnungen zur Durchsetzung der Auskunftspflicht des Schuldners (§§ 20, 97, 98 InsO). Darunter fällt auch die Abnahme einer eidesstattlichen Versicherung nach § 98 Abs. 1 InsO, da sie zeitlich mit dem Eröffnungsverfahren zusammenhängt (*Haarmeyer* Rpfleger 1997, 273). § 25 aF, der landesgesetzliche Regelungen ermöglichte, die den Richter befugten Ermittlungstätigkeiten und Anhörungen auf den Rechtspfleger zu übertragen, ist durch das 3. RPflÄndG gestrichen worden. Art. 23 FGG-RG hat die Vorschrift in neuer Fassung wieder eingefügt. **6**

Der Richter ist weiter zuständig für die Anordnung von **Sicherungsmaßnahmen** (§§ 21 ff. InsO), also insbesondere für die Bestellung eines vorläufigen Insolvenzverwalters, die Einsetzung eines vorläufigen Gläubigerausschusses (§ 21 Abs. 2 Nr. 1, 1a InsO) und die Entlassung von Mitgliedern des vorläufigen Gläubigerausschusses (§ 70 InsO). Ferner für die Auferlegung eines allgemeinen Verfügungsverbots bzw. eines Zustimmungsvorbehalts (§ 21 Abs. 2 Nr. 2 InsO), die Untersagung oder einstweilige Einstellung von Zwangsvollstreckungsmaßnahmen in Gegenstände, die nicht der Immobiliarvollstreckung unterliegen (§ 21 Abs. 2 Nr. 3 InsO) sowie die Anordnung einer vorläufigen Postsperre (§ 21 Abs. 2 Nr. 4 InsO). Der Vorbehalt erstreckt sich auch auf die Ersuchen um Eintragung der Verfügungsbeschränkung an das Grundbuchamt und die Registergerichte (§§ 23 Abs. 3, 32 Abs. 2, 33 InsO) sowie die Löschung entsprechender Eintragungen (§§ 25 iVm §§ 23, 32, 33 InsO). Andererseits ist für alle Ersuchen dieser Art. der Rechtspfleger zuständig, wenn sie im bereits eröffneten Verfahren zu geschehen haben. Für die **Festsetzung der Vergütung** des vorläufigen Insolvenzverwalters ist der Richter zuständig, wenn sie im (noch) nicht eröffneten Verfahren zu geschehen hat. Hat die Festsetzung **nach** Eröffnung zu erfolgen, fällt sie nach dem Grundsatz des § 4 in die Zuständigkeit des Rechtspflegers (→ § 3 Rn. 184a). **7**

§ 18 2. Abschnitt. Dem Richter vorbehaltene Geschäfte im FamR etc.

8 Vom Vorbehalt erfasst werden ferner die Anordnung einer Vorschusszahlung (§ 26 Abs. 1 S. 2 InsO) bzw. die Kostenstundung nach § 4a InsO sowie die Abweisung des Eröffnungsantrags mangels Masse (§ 26 Abs. 1 S. 1 InsO). Auch für die im Eröffnungsbeschluss zu treffenden Anordnungen nach §§ 27–29 InsO (Aufforderung an die Gläubiger zur fristgemäßen Forderungsanmeldung, Bestimmung des Berichts- und Prüfungstermins) ist der Richter zuständig. Dass die Termine der Gläubigerversammlungen im Interesse einer gedeihlichen Zusammenarbeit mit dem Rechtspfleger abgestimmt werden, der sie ja wahrzunehmen hat, versteht sich von selbst (vgl. dazu auch AMHRH/*Hintzen* Rn. 18). Die Entscheidung darüber, ob ein Gegenstand zur Insolvenzmasse gehört (§ 36 Abs. 4 InsO) unterfällt dem Vorbehalt, wenn sie in das Eröffnungsverfahren fällt (*Bassenge/Roth* Rn. 12; **aA** AG Göttingen Rpfleger 2003, 466; → § 3 Rn. 184b).

9 Die Entscheidung über die **Vollstreckungserinnerung** nach §§ 36 Abs. 4, 89 Abs. 3, 148 Abs. 2 InsO, § 766 ZPO trifft der Richter (§ 20 Nr. 17 S. 2 geht § 3 Nr. 2 lit. e vor) des Insolvenzgerichts als besonderes Vollstreckungsgericht (hM; BGH NJW-RR 2008, 294; AMHRH/*Rellermeyer* § 20 Rn. 63; **aA** *Bassenge/Roth* Rn. 19: wenn der Rechtspfleger entschieden hat, findet befristete Erinnerung nach § 11 Abs. 2 statt; Einzelheiten → § 3 Rn. 185).

III. Das weitere Verfahren

1. Grundsatz

10 Nach der Eröffnung des Insolvenzverfahrens obliegt das gesamte weitere Verfahren dem Rechtspfleger. Dh er ist für alle Maßnahmen zuständig, die **nach** der Eröffnung anfallen. Darunter fallen zB die Entscheidungen über die **Postsperre** (ebenso: *Bassenge/Roth* Rn. 12; AMHRH/*Hintzen* Rn. 36); auch deren Anordnung, sofern dies nicht bereits im Eröffnungsbeschluss oder im Eröffnungsverfahren geschah. Desgleichen führt der Rechtspfleger allgemein die **Aufsicht** über den Verwalter (§ 58 InsO); er leitet die Gläubigerversammlungen und trifft auch die Entscheidung über einen unerledigten Antrag auf Festsetzung der Vergütung des vorläufigen Insolvenzverwalters (→ § 3 Rn. 184).

11 In die Zuständigkeit des Rechtspflegers fällt nach der Eröffnung auch die **eidesstattliche Versicherung** des Schuldners nach §§ 98 Abs. 1, 153 Abs. 2 InsO (MüKoInsO/*Passauer/Stephan* § 98 Rn. 12; *Schmerbach* NZI 2002, 539), während für die Anordnung der zwangsweisen Vorführung und der Haft (§ 98 Abs. 2, 3 InsO) der Richter zuständig ist (§ 4 Abs. 2 Nr. 2).

12 Näheres zur **Rechtspflegerzuständigkeit** im eröffneten Verfahren → § 3 Rn. 184-185.

2. Vorbehalt des Verfahrens

13 Nach Abs. 2 kann sich der Richter in Einzelfällen das Verfahren über den Zeitpunkt des Abs. 1 hinaus ganz oder teilweise **vorbehalten.** Auch der Vorbehalt einzelner Entscheidungen ist zulässig (*Frind* ZinsO 2001, 993; **aA** *Rellermeyer* Rpfleger 2002, 68 und 2004, 149). Die Entscheidung geschieht zweckmäßig im Zusammenhang mit dem Eröffnungsbeschluss und ist aktenkundig zu machen (BGH Rpfleger 1968, 276; *Bassenge/Roth* Rn. 15).

14 **Anlass** für einen solchen **Vorbehalt** mag die besondere wirtschaftliche oder sonstige Bedeutung des Falles sein; auch rechtliche oder tatsächliche Schwierigkei-

Insolvenzverfahren § 18

ten, die bereits absehbar sind, können in Ausnahmefällen und unter Berücksichtigung der Fähigkeiten und Erfahrungen des zuständigen Rechtspflegers, einen Vorbehalt rechtfertigen. Eine Anfechtung des Vorbehalts ist nicht statthaft (*Mohrbutter/ Drischler* NJW 1971, 361; MüKoInsO/*Schmahl* §§ 27–29 Rn. 139; *Bassenge/Roth* Rn. 15; AMHRH/*Hintzen* Rn. 54).

Hält der Richter den **Vorbehalt nicht** mehr für **erforderlich,** so kann er nach 15 **Abs. 2 S. 2** das Verfahren dem Rechtspfleger übertragen; nach **Abs. 2 S. 3** (eingefügt durch das RPflG 1969) kann diese Übertragung wiederum rückgängig gemacht werden, indem der Richter das Verfahren (erneut) an sich zieht **(Evokationsrecht).**

Streitig ist, ob das Evokationsrecht auch **ohne** einen vorhergegangenen **Vorbe-** 16 **halt** mit richterlicher Übertragung besteht, dh ob der Richter befugt ist, ein vom Rechtspfleger nach Eröffnung aufgrund der gesetzlichen Zuweisung übernommenes Verfahren während dessen Verlauf **erstmals an sich zu ziehen** (bejahend: AG Göttingen Rpfleger 2008, 475; AG Duisburg NJW-RR 2003, 1133; *Bassenge/Roth* Rn. 15; MüKoInsO/*Schmahl* §§ 27–29 Rn. 142; *Ule* Rn. 238; verneinend: *Mohrbutter/Drischler* NJW 1971, 361, 362; *Klüsener* RpflStud 1990, 33; *Drischler* KTS 1971, 127; *Hoffmann* Rpfleger 1970, 373; AMHRH/*Hintzen* Rn. 57). Die ablehnende Auffassung entspricht dem Gesetzeswortlaut, der als solcher eindeutig ist. Freilich waren es Sinn und Zweck der Ergänzung von Abs. 2, eine weitestgehend flexible Regelung der Zuständigkeitsabgrenzung zu erreichen, die eine einzelfallbezogene Einschaltung des Richters ermöglichen sollte. Dieser aus den Materialien des RPflG 1969 zu entnehmende Telos der Regelung spricht für eine Bejahung des richterlichen Eintrittsrechts, weil einer der vorgenannten Anlässe auch während des Verfahrens auftreten kann.

IV. Schuldenbereinigungsplan

Die Systematik des Richtervorbehalts in Abs. 1 Nr. 1 Hs. 1 legt es nahe, in der 17 sog **Verbraucherinsolvenz** (§§ 304 ff. InsO) auch das Verfahren über einen Schuldenbereinigungsplan (§§ 305–310 InsO) dem Richter vorzubehalten, **Abs. 1 Nr. 1 Hs. 2** (vgl. BT-Drs. 12/7303, 107). Denn hier ruht das Verfahren über den Eröffnungsantrag (§ 306 Abs. 1 InsO), während versucht wird, die Zustimmung der Gläubiger zum Schuldenbereinigungsplan, der eine Regelung zur Schuldenbereinigung enthalten soll (§ 305 Abs. 1 Nr. 4 InsO), zu erhalten. Das ganze Verfahren und die in diesem Zeitraum zu treffenden Einzelmaßnahmen, wie zB die Aufforderung an den Schuldner seine Unterlagen zu Vervollständigung (§§ 305 Abs. 3 S. 2. 306 Abs. 2 S. 2 InsO), die Anordnung von Sicherungsmaßnahmen (§ 306 Abs. 2 S. 1 InsO), die Feststellung der Annahme des Schuldenbereinigungsplans (§ 308 Abs. 1 S. 1 InsO) und die Zustimmungsersetzung (§ 309 Abs. 1 InsO) fallen in die Zuständigkeit des Richters, da das Insolvenzverfahren (noch) nicht eröffnet ist.

V. Insolvenzplan

Dem Richter vorbehalten ist nach **Abs. 1 Nr. 2** das gesamte Verfahren über 18 einen **Insolvenzplan** nach den §§ 217–256 und den §§ 258–269 InsO. Der Vorbehalt wurde durch das **ESUG** mit Wirkung zum 1.1.2013 eingefügt (→ Rn. 4). Die Übertragung der funktionellen Zuständigkeit für das gesamte Insolvenzplanverfahren vom Rechtspfleger auf den Richter wurde mit der „wirtschaftlichen Bedeutung und den rechtlichen Implikationen" des neu gestalteten Planverfahrens begründet (RegE ESUG S. 68).

VI. Restschuldbefreiung

19 Ist der Schuldner eine **natürliche** Person, so kann er auf Antrag von den im Insolvenzverfahren nicht erfüllten Verbindlichkeiten der Insolvenzgläubiger (§ 38 InsO) befreit werden (§§ 286–303a InsO). Der Antrag des Schuldners ist mit dem Eröffnungsantrag zu verbinden (§§ 287 Abs. 1 S. 1, 305 Abs. 1 Nr. 2 InsO). Ist er damit nicht verbunden worden, so ist er innerhalb von zwei Wochen nach dem gerichtlichen Hinweis gem. § 20 Abs. 2 InsO zu stellen (§ 287 Abs. 1 S. 2 InsO).

20 Als Teil des eröffneten Verfahrens ist für das Verfahren zur Restschuldbefreiung grds. der **Rechtspfleger** zuständig (§ 3 Nr. 2 lit. e).

21 Näheres zur **Rechtspflegerzuständigkeit** → § 3 Rn. 187.

22 **Vorbehalten** ist dem Richter die Entscheidung über den Antrag auf Restschuldbefreiung nach **§ 287a InsO**. Nach **Abs. 1 Nr. 3** erstreckt sich der Richtervorbehalt (seit 1.7.2014) ferner auf die **Entscheidungen** nach den §§ 290, 296 bis 297a, 300 InsO. Es sind dies die Fälle, in denen ein Insolvenzgläubiger die Versagung der Restschuldbefreiung beantragt. Der auf § 290 Abs. 1 InsO gestützte Antrag kann bis zum Schlusstermin bzw. der Einstellung nach § 211 InsO gestellt werden (§ 297 Abs. 2 InsO). Auch danach kann die Versagung bis zum Ende der Abtretungsfrist nach §§ 296, 297a, 300 Abs. 3 InsO beantragt werden. Der Richter trifft auch die Entscheidung über den Antrag eines Insolvenzgläubigers auf den Widerruf der Restschuldbefreiung nach § 303 InsO. Diese Entscheidungen „kommen der rechtsprechenden Tätigkeit iSv Art. 92 GG zumindest sehr nahe", weil sie in einem kontradiktorischen Verfahren ergehen, regelmäßig schwierige Abwägungen und Bewertungen erfordern und tief in die rechtliche Stellung von Schuldner oder Gläubiger eingreifen (BT-Drs. 12/3803).

VII. Internationales Insolvenzrecht

23 Art. 4 Gesetz zur Neuregelung des Insolvenzrechts v. 14.3.2003, BGBl. I S. 345, fügte in § 18 Abs. 1 RPflG die Nr. 3 ein (→ Rn. 3). Das ESUG hat den Vorbehalt nach **Abs. 1 Nr. 4** übernommen (→ Rn. 4). §§ 335–358 InsO regeln das deutsche internationale Insolvenzrecht (*Rellermeyer* Rpfleger 2003, 391). Für Insolvenzverfahren im Bereich der EU-Mitgliedstaaten (ausgenommen Dänemark) gelten die VO (EG) Nr. 1346/2000 des Rates vom 29. Mai 2000 über Insolvenzverfahren, ABl. L 160, 1) und Art. 102 EGInsO (zum Richtervorbehalt vgl. § 19a). Nach § 343 Abs. 1 S. 1 InsO wird die Eröffnung eines ausländischen Insolvenzverfahrens grds. **anerkannt**. Es sei denn, das ausländische Gericht war international nicht zuständig oder es ist gegen den ordre public verstoßen worden (§ 343 Abs. 1 S. 2 InsO).

24 Der **Richtervorbehalt** (kritisch dazu: AMHRH/*Hintzen* Rn. 52, 53) bezieht sich auf **Unterstützungshandlungen** deutscher Insolvenzgerichte nach §§ 344–346 InsO. Im Einzelnen erstreckt er sich auf die Anordnung von Sicherungsmaßnahmen nach § 21 InsO, die das im Inland belegene Vermögen, das von einem deutschen Sekundärinsolvenzverfahren erfasst wird, betreffen (§§ 344, 356 InsO), die Entscheidung über die öffentliche Bekanntmachung auf Antrag des ausländi-

Aufhebung von Richtervorbehalten § 19

schen Insolvenzverwalters im Inland (§ 345 InsO) und die Eintragung der Verfahrenseröffnung oder von Sicherungsmaßnahmen in das Grundbuch (§ 346 InsO). Für die Eröffnung eines Partikular- oder Sekundärinsolvenzverfahren über inländisches Vermögen (§§ 354, 356 InsO) ist der Richter nach Abs. 1 Nr. 1 zuständig.

VIII. Anfechtung der Stimmrechtsentscheidung

Die Ausdehnung des Richtervorbehalts auf das Insolvenzplanverfahren machte 25 eine Neufassung des Abs. 3 erforderlich (→ Rn. 4). Gegen die Entscheidung des Rechtspflegers über die **Stimmrechtsgewährung nach § 77 InsO** ist die Erinnerung ausgeschlossen (§ 11 Abs. 3 S. 2). Aus verfassungsrechtlichen Gründen (Art. 19 Abs. 4 GG; vgl. BT-Drs. 12/3803, 65) muss jedoch eine Überprüfung der Rechtspflegerentscheidung durch den Richter gewährleistet sein. Hat sich die Entscheidung des Rechtspflegers auf das Ergebnis einer Abstimmung ausgewirkt, so kann deshalb der Richter auf Antrag eines Gläubigers oder des Insolvenzverwalters das Stimmrecht neu festsetzen und die Wiederholung der Abstimmung anordnen (Abs. 3). Die richterliche Entscheidung ist unanfechtbar (BGH NJW-RR 2009, 277).

IX. Anforderungen für die Übernahme der Geschäfte eines Rechtspflegers in Insolvenzsachen

Abs. 4 S. 1 schreibt vor, dass ein Beamter auf Probe im ersten Jahr nach seiner 26 Ernennung Geschäfte des Rechtspflegers in Insolvenzsachen nicht wahrnehmen darf. Diese Aufgaben sollen erfahrenen Rechtspflegern übertragen werden (BT-Drs. 12/7303, 66). **Abs. 4 S. 2 und 3**, die durch Art. 5 Nr. 2c ESUG eingefügt wurden, bestimmen die Anforderungen, die an einen Rechtspfleger der mit Insolvenzsachen betraut wurde, gestellt werden. Dadurch sollen einheitliche Mindestanforderungen für die Übernahme der Aufgaben eines Rechtspflegers in Insolvenzsachen festgelegt werden (RegE ESUG S. 68). Zur Parallelregelung für Richter vgl. § 22 Abs. 6 GVG.

§ 19 Aufhebung von Richtervorbehalten

(1) ¹Die Landesregierungen werden ermächtigt, durch Rechtsverordnung die in den vorstehenden Vorschriften bestimmten Richtervorbehalte ganz oder teilweise aufzuheben, soweit sie folgende Angelegenheiten betreffen:
1. die Geschäfte nach § 14 Absatz 1 Nummer 9 und 10 sowie § 15 Absatz 1 Satz 1 Nummer 1 bis 6, soweit sie nicht die Entscheidung über die Anordnung einer Betreuung und die Festlegung des Aufgabenkreises des Betreuers auf Grund der §§ 1896 und 1908a des Bürgerlichen Gesetzbuchs sowie die Verrichtungen auf Grund der §§ 1903 bis 1905 und 1908 d des Bürgerlichen Gesetzbuchs und von § 278 Absatz 5 und § 283 des Gesetzes über das Verfahren in Familiensachen und in den Angelegenheiten der freiwilligen Gerichtsbarkeit betreffen;

2. die Geschäfte nach § 16 Absatz 1 Nummer 1, soweit sie den nach § 14 Absatz 1 Nummer 9 und 10 dieses Gesetzes ausgeschlossenen Geschäften in Kindschaftssachen entsprechen;
3. die Geschäfte nach § 16 Absatz 1 Nummer 2;
4. die Geschäfte nach § 16 Absatz 1 Nummer 5, soweit der Erblasser den Testamentsvollstrecker nicht selbst ernannt oder einen Dritten zu dessen Ernennung bestimmt hat;
5. die Geschäfte nach § 16 Absatz 1 Nummer 6 und 7;
6. die Geschäfte nach § 17 Nummer 1.

²Die Landesregierungen können die Ermächtigung auf die Landesjustizverwaltungen übertragen.

(2) In der Verordnung nach Absatz 1 ist vorzusehen, dass der Rechtspfleger das Verfahren dem Richter zur weiteren Bearbeitung vorzulegen hat, soweit bei den Geschäften nach Absatz 1 Satz 1 Nummer 2 bis 5 gegen den Erlass der beantragten Entscheidung Einwände erhoben werden.

(3) Soweit von der Ermächtigung nach Absatz 1 Nummer 1 hinsichtlich der Auswahl und Bestellung eines Betreuers Gebrauch gemacht wird, sind die Vorschriften des Gesetzes über das Verfahren in Familiensachen und in den Angelegenheiten der freiwilligen Gerichtsbarkeit über die Bestellung eines Betreuers auch für die Anordnung einer Betreuung und Festlegung des Aufgabenkreises des Betreuers nach § 1896 des Bürgerlichen Gesetzbuchs anzuwenden.

Übersicht

	Rn.
I. Entwicklung	1, 2
II. Verordnungsermächtigung (Abs. 1)	3–15
1. Allgemeines	3, 4
2. Einzelne Angelegenheiten	5–15
a) Abs. 1 S. 1 Nr. 1 (= Familien- und Betreuungssachen)	5–7
b) Abs. 1 S. 1 Nr. 2–5 (= Nachlass- und Teilungssachen)	8–13
c) § 19 Abs. 1 S. 1 Nr. 6 (= Registersachen)	14, 15
III. Zuständigkeitsbeschränkung (Abs. 2)	16
IV. Anwendbare Verfahrensvorschriften bei Zuständigkeitsspaltung in Betreuungssachen (Abs. 3)	17
V. Landesrechtliche Regelungen	18–25
1. Baden-Württemberg	18, 19
2. Bayern	20
3. Hessen	21
4. Mecklenburg-Vorpommern	22
5. Niedersachsen	23
6. Rheinland-Pfalz	24
7. Thüringen	25

I. Entwicklung

1 Die (frühere) VerglO wurde mit Inkrafttreten der InsO durch Art. 2 Nr. 1 EGInsO aufgehoben. In der Folge wurde auch § 19, der die Richtervorbehalte in Vergleichssachen regelte (vgl. dazu die Vorauflage), durch Art. 14 EGInsO aufgehoben.

Aufhebung von Richtervorbehalten **§ 19**

Die Vorschrift wurde durch Art. 9 des 1. JuMoG wieder eingefügt (dazu: *Reller-* 2 *meyer* Rpfleger 2004, 593) und regelt, idF des Art. 3 des 2. BtÄndG, seither als **Öffnungsklausel** die Befugnis für die Landesregierungen Richtervorbehalte in **Betreuungssachen, Handelsregistersachen sowie Nachlass- und Teilungssachen** aufzuheben (BT-Drs. 15/1508, 13). Abs. 1 S. 1 Nr. 1 und 2 sowie Abs. 3 wurden durch Art. 23 FGG-RG geändert. Art. 4 Nr. 6 RBehelfsbelehrungG hat Abs. 1 S. 1 Nr. 1, 2 und 6 geändert. Die frühere Verweisung in Nr. 1 und 2 auf § 14 Abs. 1 Nr. 8 war ein Redaktionsversehen (*Rellermeyer* Rpfleger 2009, 349) und wurde berichtigt. Durch die Aufnahme des § 14 Abs. 1 Nr. 9 in den Katalog und die Herausnahme der Geschäfte nach § 15 Abs. 1 S 1 Nr. 7–9 und Abs. 2 wurde die Öffnungsklausel an das frühere Recht wieder angepasst (BT-Drs. 17/10490, 17). Nr. 6 wurde infolge der Neufassung des § 17 Nr. 2 geändert (→ Rn. 14).

II. Verordnungsermächtigung (Abs. 1)

1. Allgemeines

Die Öffnungsklausel ermächtigt die Landesregierungen **Richtervorbehalte,** 3 die in Abs. 1 S. 1 Nr. 1–6 iVm §§ 14–17 aufgeführt sind, durch Rechtsverordnung ganz oder teilweise **aufzuheben.** Es bleibt aber den Ländern überlassen, ob und in welchem Umfang sie von der Ermächtigung Gebrauch machen (vgl. zu Gestaltungsmöglichkeiten BT-Drs. 15/1508, 30). Die Landesregierungen können die Ermächtigung auf die Landesjustizverwaltungen übertragen (Abs. 1 S. 2).

Die Möglichkeit, weitere Geschäfte des Richters auf den Rechtspfleger zu über- 4 tragen, soll den Ländern einen effizienten und ökonomischen Einsatz der personellen Ressourcen ermöglichen (BT-Drs. 15/1508, 14). Die fiskalpolitisch motivierte Öffnungsklausel führt jedoch zu einer bedauerlichen Zersplitterung der funktionellen Zuständigkeit und damit zu einer intransparenten Rechtspflege (vgl. *Zimmermann* FamRZ 2008, 124; AMHRH/*Rellermeyer* Rn. 2; *Bassenge/Roth* Rn. 1). Werden die in § 19 genannten Richtervorbehalte – zu Recht – nicht mehr für erforderlich gehalten, sollten sie durch eine bundeseinheitliche Regelung beseitigt werden (so auch: AMHRH/*Rellermeyer* Rn. 2).

2. Einzelne Angelegenheiten

a) Abs. 1 S. 1 Nr. 1 (= Familien- und Betreuungssachen). aa) Familien- 5 **sachen.** Nach § 14 Abs. 1 Nr. 9 und 10 sind die Anordnung einer Betreuung oder Pflegschaft auf Grund dienstrechtlicher Vorschriften, soweit hierfür das Familiengericht zuständig ist sowie die Anordnung einer Vormundschaft oder Pflegschaft über einen Angehörigen eines fremden Staates einschließlich der vorläufigen Maßregeln nach Art. 24 EGBGB dem Richter vorbehalten. Diese Vorbehalte können aufgehoben werden.

bb) Betreuungssachen. Die in § 15 Abs. 1 Nr. 1–6 geregelten Richtervorbe- 6 halte können mit, aus verfassungsrechtlichen Gründen gebotenen Einschränkungen, aufgehoben werden (BT-Drs. 15/2494, 27; vgl. dazu auch: Sonnenfeld FamRZ 2005, 941; *Fröschle* BtPraxis Spezial 2005, 20). Beim **Richter** müssen folgende Geschäfte verbleiben:
– die Anordnung der Betreuung (auch über einen Angehörigen eines fremden Staates) einschließlich ihrer Verlängerung und die Festlegung des Aufgabenkrei-

ses des Betreuers (§ 1896 BGB); ferner Entscheidungen, die eine Vorführung des Betroffenen zur Anhörung (§ 278 Abs. 5 FamFG) und das Betreten seiner Wohnung betreffen (§ 283 FamFG);
– die mit der Anordnung untrennbar verbundenen vorbereitenden Maßnahmen, wie die Bestellung eines Verfahrenspflegers für den Betroffenen (§ 276 FamFG) und, aus verfassungsrechtlichen Gründen (Art. 104 Abs. 2 GG), die Anordnungen der Unterbringung des Betroffenen zur Begutachtung (§ 284 FamFG; vgl. dazu: *Sonnenfeld* FamRZ 2005, 941; *Bassenge/Roth* Rn. 2; AMHRH/*Rellermeyer* Rn. 5);
– die (vorsorgliche) Anordnung der Betreuung für einen Minderjährigen (§ 1908a BGB);
– die Entscheidung über die Aufhebung der Betreuung (§ 1908d Abs. 1, 2 BGB);
– die Anordnung, Verlängerung, Erweiterung, Einschränkung oder Erweiterung eines Einwilligungsvorbehalts (§§ 1903, 1908d Abs. 4 BGB);
– die Erteilung einer Genehmigung nach § 1904 BGB bei ärztlichen Maßnahmen einschließlich der vorbereitenden Maßnahmen (§ 298 FamFG);
– die Genehmigung der Sterilisation des Betreuten nach § 1905 BGB, § 297 FamFG;
– der Erlass einstweiliger Anordnungen (zB §§ 300, 301 FamFG), wenn das Hauptgeschäft dem Richter vorbehalten ist.

7 Dem **Rechtspfleger** können folgende Geschäfte übertragen werden (dazu: BT-Drs. 15/4874, 27):
– als Teil der Entscheidung nach § 1896 BGB, die Auswahl und Bestellung des Betreuers auch in Verbindung mit § 1908a BGB (insoweit wird das Prinzip der Einheitsentscheidung aufgelöst; BT-Drs. 15/4874, 28; *Fröschle* BtPrax Spezial 2005, 20; *Sonnenfeld* FamRZ 2005, 941) sowie die damit verbundenen Entscheidungen nach §§ 1897–1900 BGB;
– die Bestellung eines Ergänzungsbetreuers nach § 1899 Abs. 4 BGB (so zB § 1 Nr. 1 VO des bayer. Staatsministeriums der Justiz v. 15.3.2006; GVBl. 2006 S. 170);
– die Entlassung des Betreuers (§ 1908b BGB; dazu: *Rausch* FGPrax 2006, 52) und die Bestellung eines neuen Betreuers (§ 1908c BGB);
– die Überprüfung der Betreuerauswahl nach § 291 FamFG (AMHRH/*Rellermeyer* Rn. 6; *Sonnenfeld* FamRZ 2005, 941);
– die Anordnung einer Betreuung oder Pflegschaft auf Grund dienstrechtlicher Vorschriften (vgl. zB § 16 Abs. 1 Nr. 4 VwVfG), da sich diese Anordnung nicht auf § 1896 BGB stützt (*Bassenge/Roth* Rn. 2; *Sonnenfeld* FamRZ 2005, 945; **aA** AMHRH/*Rellermeyer* Rn. 6: Die Anordnung der Betreuung muss auch in diesen Fällen dem Richter vorbehalten bleiben.).

8 **b) Abs. 1 S. 1 Nr. 2–5 (= Nachlass- und Teilungssachen).** Zur Änderung der Nr. 2 durch Art. 4 Nr. 6 lit. b RBehelfsbelehrungsG → Rn. 1. Die Einbeziehung von Nachlasssachen in die Öffnungsklausel wird insbesondere mit der zwischenzeitlich erheblich verbesserten Rechtspflegerausbildung begründet (BT-Drs. 15/1508, 30).

9 **aa) Nachlasspflegschaft- und Nachlassverwaltung (Abs. 1 S. 1 Nr. 2).** Nach § 16 Abs. 1 Nr. 1 iVm § 14 Abs. 1 Nr. 9 und 10 ist die Anordnung einer Nachlasspflegschaft oder Nachlassverwaltung (einschließlich vorläufiger Maßregeln), die einen Angehörigen eines fremden Staates betrifft sowie deren Anordnung

Aufhebung von Richtervorbehalten **§ 19**

auf Grund dienstrechtlicher Vorschriften, einem Richtervorbehalt unterstellt. Dieser kann aufgehoben werden.

bb) Ernennung von Testamentsvollstreckern (Abs. 1 S. 1 Nr. 3). Die Er- 10
nennung von Testamentsvollstreckern (§ 2200 BGB) behält § 16 Abs. 1 Nr. 2 dem Richter vor. Dieser Vorbehalt kann aufgehoben werden.

cc) Entlassung eines Testamentsvollstreckers (Abs. 1 S. 1 Nr. 4). Die Ent- 11
lassung eines Testamentsvollstreckers aus wichtigem Grund (§ 2227 BGB) obliegt dem Richter (§ 16 Abs. 1 Nr. 5). Dieses Geschäft kann dem Rechtspfleger übertragen werden. Ausgenommen von der Übertragungsmöglichkeit sind die Fälle, in denen der Erblasser den Testamentsvollstrecker selbst ernannt oder einen Dritten hierzu bestimmt hat (§§ 2197, 2198 BGB), da hier der Erblasserwille tangiert wird (BT-Drs. 15/1508, 30).

dd) Erbschein, Testamentsvollstreckerzeugnis und sonstige nachlassge- 12
richtliche Zeugnisse (Abs. 1 S. 1 Nr. 5). Nach § 16 Abs. 1 Nr. 6 ist dem Richter die Erteilung von Erbscheinen (§ 2353 BGB) sowie Zeugnissen nach §§ 36, 37 GBO oder §§ 42, 74 SchRegO vorbehalten, sofern eine Verfügung von Todes wegen vorliegt, oder die Anwendung ausländischen Rechts in Betracht kommt und ferner die Erteilung von Testamensvollstreckerzeugnissen. Einem Richtervorbehalt unterliegt nach § 16 Abs. 1 Nr. 7 auch die Einziehung von Erbscheinen (§ 2361 BGB) und von Zeugnissen nach §§ 36, 37 GBO oder §§ 42, 47 GBO, die vom Richter erteilt wurden oder wegen einer Verfügung von Todes wegen einzuziehen sind und ferner, die Einziehung von Testamentsvollstreckerzeugnissen (§ 2368 BGB) und von Zeugnissen über die Fortsetzung einer Gütergemeinschaft (§ 1507 BGB).
Diese Vorbehalte können **aufgehoben** werden. 13

c) § 19 Abs. 1 S. 1 Nr. 6 (= Registersachen). Der frühere Richtervorbehalt in 14
§ 17 Nr. 2 lit. b ist durch Art. 4 Nr. 5 lit. RBehelfsbelehrungsG beseitigt worden (→ Rn. 1). Mit der Neufassung des § 17 Nr. 2 wurde die Ernennung von Liquidatoren für Gesellschaften aller Rechtsformen und für Genossenschaften nach Löschung im Register wegen Vermögenslosigkeit einheitlich auf den Rechtspfleger übertragen.

Die Öffnungsklausel betrifft deshalb nur noch den Richtervorbehalt nach § 17 15
Nr. 1 (= Führung des Handelsregisters B) der aufgehoben werden kann.

III. Zuständigkeitsbeschränkung (Abs. 2)

Werden dem Rechtspfleger Nachlasssachen nach Abs. 1 S. 1 Nr. 2–5 übertragen, 16
ist in der Verordnung eine **Vorlagepflicht** an den Richter und zwar für den Fall vorzusehen, dass gegen den Erlass der beantragten Entscheidungen Einwände erhoben werden (Abs. 2). Die Rechtspflegerzuständigkeit beschränkt sich deshalb auf nichtstreitige Fälle. Werden Einwendungen vorgebracht, wobei es nicht darauf ankommt, ob sie von einem Verfahrensbeteiligten (§ 7 FamFG) erhoben werden, soll der Richter aus verfassungsrechtlichen Gründen (Art. 92 GG) die Streitentscheidung treffen (BT-Drs. 15/1508, 33, 45; zu Recht kritisch dazu: AMHRH/*Rellermeyer* Rn. 13; *Hintzen* Rpfleger 2005, 335; *Rellermeyer* Rpfleger 2004, 593, 595).

IV. Anwendbare Verfahrensvorschriften bei Zuständigkeitsspaltung in Betreuungssachen (Abs. 3)

17 Die FamFG-Terminologie (zB § 271 Nr. 1 FamFG) stellt auf die „Bestellung eines Betreuers" und damit auf die sog. „Einheitsentscheidung" (= Anordnung der Betreuung, Festlegung des Aufgabenkreises und Auswahl des Betreuers in einem Beschluss) ab. Bei einer **Zuständigkeitsspaltung** nach Abs. 1 Nr. 1, bleibt dem Richter nur noch die Anordnung und die Festlegung des Aufgabenkreises vorbehalten. Abs. 3 verhindert, dass dadurch eine Regelungslücke im FamFG entsteht und stellt klar, dass Vorschriften, die sich ihrem Wortlaut nach auf die „Bestellung" eines Betreuers beziehen, auch auf die Anordnung einer Betreuung und Festlegung des Aufgabenkreises (§§ 271 ff. FamFG) anwendbar sind.

V. Landesrechtliche Regelungen

1. Baden-Württemberg

18 § 1 VO zur Übertragung richterlicher Aufgaben auf den Rechtspfleger v. 3.12.2004, GBl. 919, iVm § 19 Abs. 1 S. 1 Nr. 6 hat die in § 17 Nr. 1 und 2 lit. b bestimmten Richtervorbehalte in Handels- und Registersachen aufgehoben.

19 *Hinweis:* Zur zwischenzeitlichen Beseitigung der in § 17 Nr. 2 lit. b bestimmten Richtervorbehalte durch Art. 4 Nr. 5 lit. b RBehelfsbelehrungG → Rn. 1, 14.

2. Bayern

20 § 1 VO zur Aufhebung von Richtervorbehalten (AufhRiVbV) v. 15.3.2006, BayGVBl. 170, iVm § 19 Abs. 1 S. 1 Nr. 1, hat die Richtervorbehalte in Betreuungssachen (§ 15) insoweit aufgehoben worden, als sie sich beziehen auf die Bestellung eines Ergänzungsbetreuers (§ 1899 Abs. 4 BGB) und die Bestellung eines neuen Betreuers (§ 1908c BGB), sofern diese wegen Todes des bisherigen Betreuers erforderlich wird. § 1a dieser VO hat mit Wirkung vom 1.1.2014 die Richtervorbehalte in Nachlass- und Teilungssachen (§ 16 Abs. 1 Nr. 2, 5 soweit der Erblasser den Testamentsvollstrecker nicht selbst ernannt oder einen Dritten zu dessen Ernennung bestimmt hat sowie 6 und 7) aufgehoben, wenn nicht die Anwendung ausländischen Rechts in Betracht kommt.

3. Hessen

21 § 1 Abs. 1 VO zur Aufhebung von Richtervorbehalten v. 29.10.2008, GVBl. 927, hat die in § 19 Abs. 1 S. 1 Nr. 2 bis 5 genannten Richtervorbehalte in Nachlasssachen (§ 16) aufgehoben.

4. Mecklenburg-Vorpommern

22 § 1 Abs. 1 VO zur Aufhebung von Richtervorbehalten v. 11.12.2007, GVOBl. M-V 2008, 2, hat die in § 19 Abs. 1 S. 1 Nr. 2 bis 5 genannten Richtervorbehalte in Nachlasssachen aufgehoben.

Verfahren nach dem internationalen Insolvenzrecht § 19a

5. Niedersachsen

§ 16h Abs. 1 S. 1 VO zur Regelung von Zuständigkeiten in der Gerichtsbarkeit 23
und der Justizverwaltung v. 22.1.1998, NdsGVBl. 1998, 66, idF Art. 1 Nr. 6 VO v.
19.7.2005, NdsGVBl. 258 hat die Richtervorbehalte in Nachlass- und Registersachen (§ 19 Abs. 1 S. 1 Nr. 2 bis 6) aufgehoben.

6. Rheinland-Pfalz

§ 1 Abs. 1 VO zur Übertragung von Aufgaben auf den Rechtspfleger und den 24
Urkundsbeamten der Geschäftsstelle v. 15.5.2008, GVBl. 81, hat Richtervorbehalte in Betreuungs-, Nachlass- und Registersachen (§ 19 Abs. 1 S. 1 Nr. 1–6) aufgehoben.

7. Thüringen

§ 1 VO zur Aufhebung von Richtervorbehalten v. 20.10.2008, GVBl. 426, hat 25
die Richtervorbehalte in Registersachen (§ 19 Abs. 1 S. 1 Nr. 6) aufgehoben.

§ 19a Verfahren nach dem internationalen Insolvenzrecht

(1) **In Verfahren nach der Verordnung (EG) Nr. 1346/2000 des Rates vom 29. Mai 2000 über Insolvenzverfahren (ABl. EG Nr. L 160 S. 1) und nach Artikel 102 des Einführungsgesetzes zur Insolvenzordnung bleiben dem Richter vorbehalten:**
1. **die Einstellung eines Insolvenzverfahrens zugunsten der Gerichte eines anderen Mitgliedstaats nach Artikel 102 § 4 des Einführungsgesetzes zur Insolvenzordnung,**
2. **die Anordnung von Sicherungsmaßnahmen nach Artikel 38 der Verordnung (EG) Nr. 1346/2000.**

(2) **Im Verfahren nach dem Ausführungsgesetz zum deutsch-österreichischen Konkursvertrag vom 8. März 1985 (BGBl. I S. 535) bleiben dem Richter vorbehalten:**
1. **die Einstellung eines Verfahrens zugunsten der österreichischen Gerichte (§§ 3, 24 des Ausführungsgesetzes),**
2. **die Bestellung eines besonderen Konkurs- oder besonderen Vergleichsverwalters, wenn der Konkurs- oder Vergleichsverwalter von dem Richter ernannt worden ist (§§ 4, 24 des Ausführungsgesetzes),**
3. **die Anordnung von Zwangsmaßnahmen einschließlich der Haft (§§ 11, 15, 24 des Ausführungsgesetzes),**
4. **die Entscheidung über die Postsperre (§§ 17, 24 des Ausführungsgesetzes).**

I. Entwicklung

§ 19a, der durch G v. 8.3.1985, BGBl. I S. 535, eingefügt wurde, regelte ursprünglich den Richtervorbehalt in Ausführung des deutsch-österreichischen Konkursvertrags (DöKV) v. 25.5.1979, BGBl. 1985 II S. 410. Die am 31.5.2002 in

§ 19 a   2. Abschnitt. Dem Richter vorbehaltene Geschäfte im FamR etc.

Kraft getretene VO (EG) 1346/2000 v. 29.5.2000, ABl. L 160, 1) ersetzt in ihrem sachlichen Anwendungsbereich den DöKV (Art. 44 Abs. 1 d; auch → § 3 Rn. 193). § 19a wurde in der Folge neu gefasst (Art. 4 G v. 14.3.2003, BGBl. I S. 345. Nach Art. 44 Abs. 2 VO(EG) 1346/2000 gilt der DöKV jedoch für Verfahren fort, die vor dem 31.5.2002 eröffnet worden sind. Das gleiche gilt für Verfahren, in denen die Anwendung der VO (EG) Nr. 1346/2000 deshalb ausgeschlossen ist, weil der Schuldner den Mittelpunkt seiner hauptsächlichen Interessen außerhalb der Europäischen Union, jedoch Niederlassungen in Deutschland und Österreich hat und in einem dieser Staaten ein Insolvenzverfahren eröffnet wird (BT-Drs. 17/10490, 16; Rauscher/*Mäsch* Art. 44 EG-InsVO Rn. 6; *Smid* EurInsVO Art. 44 Rn. 4). Da aufgehobene Rechtsvorschriften auch für die Zukunft auf Rechtsverhältnisse anwendbar bleiben, die während der Geltung der Vorschriften bestanden haben oder entstanden sind (BT-Drs. 17/10490, 16 sowie BT-Drs. 16/47, 39 ff., Abschn. A. IV.1. der Begründung zum 1. BMJBerG und BT-Drs. 16/5051, 23 ff., Abschn. A. II.2. der Begründung zum 2. BMJBerG). Die frühere Fassung des § 19 a bleibt deshalb für die vor dem 31. Mai 2002 eröffneten Verfahren nach dem DöKVAG anwendbar. Für die Fälle, in denen der DöKV anzuwenden ist, weil die Anwendung der VO (EG) Nr. 1346/2000 sachlich ausgeschlossen ist, bestand deshalb ein Regelungslücke.

2   Art. 4 Nr. 7 RBehelfsbelehrungG hat § 19a daher durch Abs. 2 um seine bis zum 19.3.2003 gültige Fassung ergänzt.

II. Regelungsbereich

3   Die am 31.5.2002 in Kraft getretene VO (EG) 1346/2000, ABl. L 160, 1) regelt das internationale Insolvenzrecht innerhalb der EU (ausgenommen Dänemark). Das Gesetz zur Neuregelung des Insolvenzrechts vom 14.3.2003, BGBl. I S. 345, bestimmt in Art. 1 die Durchführung der VO (EG) und schloss mit **Art. 102 EGInsO** eine Regelungslücke. Verfahren nach der VO (EG) 1346/2000 und nach Art. 102 EGInsO sind dem Rechtspfleger unter Vorbehalt übertragen (§ 3 Nr. 2 lit. g Hs. 1; → § 3 Rn. 195). Die Richtervorbehalte regeln §§ 18 und 19a. Die Eröffnung eines Hauptinsolvenzverfahrens (Art. 3 Abs. 1 VO (EG) 1346/2000), Partikular- oder Sekundärinsolvenzverfahrens (Art. 3 Abs. 2–4, 27 ff. VO (EG) 1346/2000) obliegt damit stets dem Richter (§ 18 Abs. 1 Nr. 1).

4   Der **DöKV** und das dazu ergangene **AusfG (DöKVAG)** v. 8.3.1985, BGBl. I S. 535, haben im Verhältnis der Vertragsstaaten ein einheitliches Insolvenzverfahren geschaffen, das die Wirkungen des in einem Vertragsstaat eröffneten Verfahrens grundsätzlich auf das Gebiet des anderen Vertragsstaates erstreckt. Die Zuständigkeitsabgrenzung Richter/Rechtspfleger muss deshalb unterscheiden zwischen einem **in Österreich** eröffneten Verfahren, für das in Deutschland unterstützende Maßnahmen zu geschehen haben (→ Rn. 10) und einem **in Deutschland** anhängigen Verfahren, das unter den Vertrag fällt (→ Rn. 9).

III. Funktionelle Zuständigkeit

1. Verfahren nach der VO (EG) 1346/2000 und Art. 102 EGInsO

Dem **Richter** sind nach **Abs. 1** vorbehalten 5
- (deutsches) Hauptinsolvenzverfahren
  - **Nr. 1:** die Einstellung des Verfahrens auf Grund Art. 102 § 4 EGInsO, weil bereits ein Hauptinsolvenzverfahren in einem anderen EU-Mitgliedsstaat eröffnet wurde;
  ferner:
  - die tatsächlichen Feststellungen und rechtlichen Erwägungen der internationalen Zuständigkeit des deutschen Insolvenzgerichts (Art. 3 Abs. 1 VO (EG) 1346/2000, Art. 102 § 2 EGInsO);
  - die Unterrichtung der Gläubiger, die in einem anderen Mitgliedsstaat ihren Aufenthaltsort oder Sitz haben, über die Folgen einer nachträglichen Forderungsanmeldung nach § 177 InsO (Art. 40, 42 VO (EG) 1346/2000, Art. 102 § 11 EGInsO); es ist zwar insoweit kein Richtervorbehalt bestimmt, die Richterzuständigkeit ergibt sich jedoch auf Grund des Sachzusammenhangs mit der Eröffnungsentscheidung (§ 6; AMHRH/*Rellermeyer* Rn. 8; *Rellermeyer* Rpfleger 2003, 391, 393);
- **Sicherungsmaßnahmen (Nr. 2):** auf Antrag eines vorläufigen Verwalters, der 6 von einem anderen EU-Mitgliedsstaat bestellt wurde, die Anordnung von Sicherungsmaßnahen nach Art. 38 VO (EG) 1346/2000 (Abs. 1 Nr. 2); in Betracht kommen Maßnahmen nach § 21 InsO zur Sicherung des im Inland befindlichen Schuldnervermögens; ferner:
- (deutsches) **Sekundärinsolvenzverfahren:** das Verlangen eines Kostenvor- 7 schusses nach Art. 30 VO (EG) 1346/2000.

2. Verfahren nach dem Ausführungsgesetz zum deutsch-österreichischen Konkursvertrag (Abs. 2)

a) Deutsches Insolvenzverfahren: Ist in Deutschland ein Verfahren anhängig, 8 das unter den Vertrag fällt, gelten zunächst die sich aus § 18 ergebenden Richtervorbehalte. Nach Art. 2 und 3 Abs. 1 des Vertrages darf unter bestimmten Voraussetzungen ein bereits eröffnetes (deutsches) Verfahren mit Rücksicht auf ein in Österreich anhängiges Verfahren nicht fortgesetzt werden; es ist nach § 3 AusfG einzustellen. Nach Art. 9 des Vertrages (§ 4 AusfG) ist für das österreichische Gebiet ein besonderer Konkursverwalter zu bestellen.

Dem **Richter** sind nach **Abs. 2** vorbehalten: 9
- **Nr. 1:** die Einstellung des Verfahrens zugunsten der österreichischen Gerichte (§§ 3, 24 AusfG); die Richterzuständigkeit erfasst, auf Grund des Sachzusammenhangs (§ 6), auch die vorausgehenden Anhörungen nach § 3 Abs. 1 S. 2 AusfG.
- **Nr. 2:** die Bestellung eines besonderen Konkurs- oder besonderen Vergleichsverwalters, wenn der Konkurs- oder Vergleichsverwalter von dem Richter ernannt worden ist (§§ 4, 24 AusfG); ergibt sich die Notwendigkeit einer Entscheidung über die Entlassung des österreichischen Verwalters, so wäre dafür der Rechtspfleger zuständig. Liegt jedoch ein Fall vor, in dem die anschließende Bestellung eines neuen österreichischen Verwalters vom Vorbehalt erfasst wird, weil

§ 19b 2. Abschnitt. Dem Richter vorbehaltene Geschäfte im FamR etc.

der amtierende Hauptverwalter vom Richter ernannt wurde, sollte nach den Gedanken des Sachzusammenhangs (§ 6) auch das Entlassungsverfahren vom Richter betrieben werden.

10 **b) Österreichisches Insolvenzverfahren:** Ist in Österreich ein Insolvenzverfahren anhängig, so ist es in Deutschland nach Maßgabe der §§ 5–19 AusfG zu **unterstützen.** Hierunter fallen Maßnahmen des Grundbuchamts, des Registergerichts (§§ 5–8 AusfG) und des Patentamtes (§ 9 AusfG) sowie Maßnahmen der Einzelzwangsvollstreckung (§ 10 AusfG); für sie gelten die allgemeinen inländischen Zuständigkeitsregeln. Nach § 11 AusfG können, wie in Art. 10 des Vertrages vorgesehen, auf Ersuchen des österreichischen Gerichts oder des Masseverwalters Zwangsmaßnahmen zur Erfassung, Sicherung und Inbesitznahme der Masse angeordnet werden; darunter fällt auch die Anordnung der Haft (§ 15 AusfG). Auf Antrag ist darüber zu entscheiden, ob eine Postsperre gegen den Schuldner besteht (§ 17 AusfG). Diese Vorschriften gelten nach § 24 AusfG für Vergleichs- und Ausgleichsverfahren entsprechend.

11 Für den in § 18 AusfG vorgesehenen Erlass einer **einstweiligen Verfügung** auf Eintragung einer Vormerkung, ist das Amtsgericht zuständig, in dessen Bezirk die unbewegliche Sache belegen ist.

12 Dem **Richter** sind nach **Abs. 2** vorbehalten:
– **Nr. 3:** die Anordnung von Zwangsmaßnahmen einschließlich der Haft (§§ 11, 15, 24 AusfG);
– **Nr. 4:** die Entscheidung über die Postsperre (§§ 17, 24 AusfG).

§ 19b Schifffahrtsrechtliches Verteilungsverfahren

(1) **Im Verfahren nach der Schifffahrtsrechtlichen Verteilungsordnung bleiben dem Richter vorbehalten:**
1. **das Verfahren bis zur Entscheidung über den Eröffnungsantrag unter Einschluss dieser Entscheidung und der Ernennung des Sachwalters;**
2. **die Entscheidung, dass und in welcher Weise eine im Verlaufe des Verfahrens unzureichend gewordene Sicherheit zu ergänzen oder anderweitige Sicherheit zu leisten ist (§ 6 Absatz 5 der Schifffahrtsrechtlichen Verteilungsordnung);**
3. **die Entscheidung über die Erweiterung des Verfahrens auf Ansprüche wegen Personenschäden (§§ 16, 30 und 44 der Schifffahrtsrechtlichen Verteilungsordnung);**
4. **die Entscheidung über die Zulassung einer Zwangsvollstreckung nach § 17 Absatz 4 der Schifffahrtsrechtlichen Verteilungsordnung;**
5. **die Anordnung, bei der Verteilung Anteile nach § 26 Absatz 5 der Schifffahrtsrechtlichen Verteilungsordnung zurückzubehalten.**

(2) ¹**Der Richter kann sich das Verteilungsverfahren ganz oder teilweise vorbehalten, wenn er dies für geboten erachtet.** ²**Hält er den Vorbehalt nicht mehr für erforderlich, kann er das Verfahren dem Rechtspfleger übertragen.** ³**Auch nach der Übertragung kann er das Verfahren wieder an sich ziehen, wenn und solange er dies für erforderlich hält.**

I. Entwicklung

§ 19b wurde durch § 39 Nr. 3 Seerechtlichen Verteilungsordnung v. 21.6.1972, **1**
BGBl. I S. 935, als § 19a eingefügt. § 26 Nr. 3 DöKVG v. 8.3.1985, BGBl. I S. 535,
hat die Vorschrift als § 19b übernommen.

II. Verfahrensgang

Ausgehend von § 11 Abs. 1 S. 1, Abs. 2 HGB kann über das Verfahren der **2**
Schifffahrtsrechtlichen Verteilungsordnung eine Beschränkung der Reederhaftung herbeigeführt werden (→ § 3 Rn. 196). Das dort geregelte Verteilungsverfahren weist eine mit dem Insolvenzverfahren vergleichbare Struktur auf. Es lag deshalb nahe dieses Verfahren, in einer § 18 vergleichbaren Ausgestaltung, dem Rechtspfleger zuzuweisen. § 3 Nr. 2 lit. h nimmt eine Vorbehaltsübertragung an den Rechtspfleger vor (→ § 3 Rn. 198).

Aufgrund eines Abkommens der Länder (→ § 3 Rn. 196) ist sachlich und örtlich **3**
das **AG Hamburg zuständig.**

Das Verfahren dient einerseits der **Beschränkung** der Reederhaftung für verlo- **4**
rengegangene Frachtschiffe auf eine nach der Tonnage zu bestimmende Haftungssumme, andererseits der **Verteilung** dieser Haftungssumme an die Berechtigten. Das Verfahren wird auf Antrag des Schuldners eröffnet, wenn die Summe der geltend gemachten Ersatzansprüche höher ist als die Haftungssumme. Diese wird vom Gericht festgesetzt, die Gläubiger werden zur Anmeldung ihrer Ansprüche aufgefordert. Im weiteren Fortgang des Verfahrens werden die Anmeldungen in einem Prüfungstermin geprüft und wie im Insolvenzverfahren behandelt. Anschließend kommt es zu einem Verteilungsverfahren (vgl. allgemein dazu: *Freise* Rpfleger 1973, 41).

III. Richtervorbehalte

Die Richtervorbehalte werden damit begründet, dass regelmäßig schwierige **5**
materielle Überlegungen anzustellen sind und die Entscheidungen schwerwiegende Folgen für die Betroffenen haben können (BT-Drs. VI/2226, 31).

Dem Richter sind nach **Abs. 1** vorbehalten: **6**
– **Nr. 1:** das Verfahren bis zur Entscheidung über den Eröffnungsantrag, diese Entscheidung selbst und die, in der Eröffnungsentscheidung zu treffende, Ernennung des Sachwalters (§§ 7 Abs. 2, 9 Abs. 1, 32, 34 SVertO). Vgl. insoweit → § 18 Rn. 5.
– **Nr. 2:** die Entscheidung über eine Sicherheitsergänzung oder einen Sicherheitenaustausch, wenn die für die Haftsumme bedeutsame Sicherheit unzureichend geworden ist (zB wegen Wertverlust des Sicherungsgegenstands; § 6 Abs. 5 SVertO).
– **Nr. 3:** die Entscheidung über die Erweiterung des Verfahrens auf Ansprüche wegen Personenschäden (§§ 16, 30, 44 SVertO); war das Verfahren zunächst mit der Annahme bloßer Sachschäden eröffnet und betrieben worden, bedarf es bei nachträglicher Geltendmachung von Personenschäden der Erhöhung der Haftungssumme und dadurch bedingt, einer Erweiterung des Verfahrens.

- **Nr. 4:** die Entscheidung über die Zulassung einer Zwangsvollstreckung nach § 17 Abs. 4 SVertO; wird im Falle des § 6 Abs. 5 SVertO (oder Nr. 2) die Sicherheit nicht ergänzt oder ausgetauscht, ist das Verfahren nach § 17 SVertO einzustellen. Das führt wieder zum Eintritt unbeschränkter Haftung, weshalb das nach der Verfahrenseinleitung bestehende Verbot der Einzelvollstreckung durch Anordnung im Einzelfall beseitigt werden kann.
- **Nr. 5:** die Anordnung, bei der Verteilung Anteile nach § 26 Abs. 5 SVertO zurückzubehalten; das durch die Verfahrensanordnung ausgelöste Vollstreckungsverbot erfasst grundsätzlich nur inländische Vermögenswerte. Hat ein Gläubiger sich aus einer im Ausland vorgenommenen Vollstreckungshandlung befriedigt, so ist an seiner Stelle nunmehr der Schuldner im Verteilungsverfahren hebungsberechtigt. Anteile, die auf einen solchen Anspruch entfallen, können kraft Einzelanordnung des Gerichts bei einer bevorstehenden oder drohenden Auslandsvollstreckung zurückbehalten werden.

IV. Vorbehalt des Verfahrens (Abs. 2)

7 Der Richter kann sich das schifffahrtsrechtliche Verteilungsverfahren, wie nach § 18 Abs. 2 das Insolvenzverfahren, ganz oder teilweise vorbehalten und, das auf den Rechtspfleger übergegangene Verfahren, wieder an sich ziehen (Abs. 2; → § 18 Rn. 13 ff.).

Dritter Abschnitt. Dem Rechtspfleger nach § 3 Nummer 3 übertragene Geschäfte

§ 20 Bürgerliche Rechtsstreitigkeiten

(1) Folgende Geschäfte im Verfahren nach der Zivilprozessordnung werden dem Rechtspfleger übertragen:
1. das Mahnverfahren im Sinne des Siebenten Buchs der Zivilprozessordnung einschließlich der Bestimmung der Einspruchsfrist nach § 700 Absatz 1 in Verbindung mit § 339 Absatz 2 der Zivilprozessordnung sowie der Abgabe an das für das streitige Verfahren als zuständig bezeichnete Gericht, auch soweit das Mahnverfahren maschinell bearbeitet wird; jedoch bleibt das Streitverfahren dem Richter vorbehalten;
2. (weggefallen)
3. die nach den §§ 109, 715 der Zivilprozessordnung zu treffenden Entscheidungen bei der Rückerstattung von Sicherheiten;
4. im Verfahren über die Prozesskostenhilfe
   a) die in § 118 Absatz 2 der Zivilprozessordnung bezeichneten Maßnahmen einschließlich der Beurkundung von Vergleichen nach § 118 Absatz 1 Satz 3 zweiter Halbsatz, wenn der Vorsitzende den Rechtspfleger damit beauftragt;
   b) die Bestimmung des Zeitpunktes für die Einstellung und eine Wiederaufnahme der Zahlungen nach § 120 Absatz 3 der Zivilprozessordnung;
   c) die Änderung und die Aufhebung der Bewilligung der Prozesskostenhilfe nach den §§ 120a, § 124 Absatz 1 Nummer 2 bis 5 der Zivilprozessordnung;
5. das Verfahren über die Bewilligung der Prozesskostenhilfe in den Fällen, in denen außerhalb oder nach Abschluss eines gerichtlichen Verfahrens die Bewilligung der Prozesskostenhilfe lediglich für die Zwangsvollstreckung beantragt wird; jedoch bleibt dem Richter das Verfahren über die Bewilligung der Prozesskostenhilfe in den Fällen vorbehalten, in welchen dem Prozessgericht die Vollstreckung obliegt oder in welchen die Prozesskostenhilfe für eine Rechtsverfolgung oder Rechtsverteidigung beantragt wird, die eine sonstige richterliche Handlung erfordert;
6. im Verfahren über die grenzüberschreitende Prozesskostenhilfe innerhalb der Europäischen Union die in § 1077 der Zivilprozessordnung bezeichneten Maßnahmen sowie die dem Vollstreckungsgericht nach § 1078 der Zivilprozessordnung obliegenden Entscheidungen; wird Prozesskostenhilfe für eine Rechtsverfolgung oder Rechtsverteidigung beantragt, die eine richterliche Handlung erfordert, bleibt die Entscheidung nach § 1078 der Zivilprozessordnung dem Richter vorbehalten;
6a. die Entscheidungen nach § 22 Absatz 3 des Auslandsunterhaltsgesetzes vom 23. Mai 2011 (BGBl. I S. 898);

7. das Europäische Mahnverfahren im Sinne des Abschnitts 5 des Elften Buchs der Zivilprozessordnung einschließlich der Abgabe an das für das streitige Verfahren als zuständig bezeichnete Gericht, auch soweit das Europäische Mahnverfahren maschinell bearbeitet wird; jedoch bleiben die Überprüfung des Europäischen Zahlungsbefehls und das Streitverfahren dem Richter vorbehalten;
8. (weggefallen)
9. (weggefallen)
10. die Anfertigung eines Auszugs nach Artikel 20 Absatz 1 Buchstabe b der Verordnung (EG) Nr. 4/2009 des Rates vom 18. Dezember 2008 über die Zuständigkeit, das anwendbare Recht, die Anerkennung und Vollstreckung von Entscheidungen und die Zusammenarbeit in Unterhaltssachen;
11. die Ausstellung, die Berichtigung und der Widerruf einer Bestätigung nach den §§ 1079 bis 1081 der Zivilprozessordnung sowie die Ausstellung der Bestätigung nach § 1106 der Zivilprozessordnung;
12. die Erteilung der vollstreckbaren Ausfertigungen in den Fällen des § 726 Absatz 1, der §§ 727 bis 729, 733, 738, 742, 744, 745 Absatz 2 sowie des § 749 der Zivilprozessordnung;
13. die Erteilung von weiteren vollstreckbaren Ausfertigungen gerichtlicher Urkunden und die Entscheidung über den Antrag auf Erteilung weiterer vollstreckbarer Ausfertigungen notarieller Urkunden nach § 797 Absatz 3 der Zivilprozessordnung und § 60 Satz 3 Nummer 2 des Achten Buches Sozialgesetzbuch;
14. die Anordnung, dass die Partei, welche einen Arrestbefehl oder eine einstweilige Verfügung erwirkt hat, binnen einer zu bestimmenden Frist Klage zu erheben habe (§ 926 Absatz 1, § 936 der Zivilprozessordnung);
15. die Entscheidung über Anträge auf Aufhebung eines vollzogenen Arrestes gegen Hinterlegung des in dem Arrestbefehl festgelegten Geldbetrages (§ 934 Absatz 1 der Zivilprozessordnung);
16. die Pfändung von Forderungen sowie die Anordnung der Pfändung von eingetragenen Schiffen oder Schiffsbauwerken aus einem Arrestbefehl, soweit der Arrestbefehl nicht zugleich den Pfändungsbeschluss oder die Anordnung der Pfändung enthält;
16a. die Anordnung, dass die Sache versteigert und der Erlös hinterlegt werde, nach § 21 des Anerkennungs- und Vollstreckungsausführungsgesetzes vom 19. Februar 2001 (BGBl. I S. 288, 436) und nach § 51 des Auslandsunterhaltsgesetzes vom 23. Mai 2011 (BGBl. I S. 898);
17. die Geschäfte im Zwangsvollstreckungsverfahren nach dem Achten Buch der Zivilprozessordnung, soweit sie von dem Vollstreckungsgericht, einem von diesem ersuchten Gericht oder in den Fällen der §§ 848, 854, 855 der Zivilprozessordnung von einem anderen Amtsgericht oder dem Verteilungsgericht (§ 873 der Zivilprozessordnung) zu erledigen sind. Jedoch bleiben dem Richter die Entscheidungen nach § 766 der Zivilprozessordnung vorbehalten.

(2) ¹Die Landesregierungen werden ermächtigt, durch Rechtsverordnung zu bestimmen, dass die Prüfung der persönlichen und wirtschaftlichen Verhältnisse nach den §§ 114 und 115 der Zivilprozessordnung ein-

Bürgerliche Rechtsstreitigkeiten § 20

schließlich der in § 118 Absatz 2 der Zivilprozessordnung bezeichneten Maßnahmen, der Beurkundung von Vergleichen nach § 118 Absatz 1 Satz 3 der Zivilprozessordnung und der Entscheidungen nach § 118 Absatz 2 Satz 4 der Zivilprozessordnung durch den Rechtspfleger vorzunehmen ist, wenn der Vorsitzende das Verfahren dem Rechtspfleger insoweit überträgt. ²In diesem Fall ist § 5 Absatz 1 Nummer 2 nicht anzuwenden. ³Liegen die Voraussetzungen für die Bewilligung der Prozesskostenhilfe hiernach nicht vor, erlässt der Rechtspfleger die den Antrag ablehnende Entscheidung; anderenfalls vermerkt der Rechtspfleger in den Prozessakten, dass dem Antragsteller nach seinen persönlichen und wirtschaftlichen Verhältnissen Prozesskostenhilfe gewährt werden kann und in welcher Höhe gegebenenfalls Monatsraten oder Beträge aus dem Vermögen zu zahlen sind.

(3) Die Landesregierungen können die Ermächtigung nach Absatz 2 auf die Landesjustizverwaltungen übertragen.

Übersicht

	Rn.
I. Entwicklung	1–5
II. Einzelne durch Abs. 1 übertragene Tätigkeiten und Tätigkeitsbereiche	6–122
1. Mahnverfahren (Nr. 1)	6–8
2. Nr. 2	9, 10
3. Rückgabe von Sicherheiten (Nr. 3)	11
4. Verfahren über die Prozesskostenhilfe (Nr. 4)	12–17
5. PKH – Bewilligung für die Zwangsvollstreckung (Nr. 5)	18, 19
6. Grenzüberschreitende Prozesskostenhilfe (Nr. 6)	20–22
a) Ausgehende Ersuchen (§ 1077 ZPO)	21
b) Eingehende Ersuchen (§ 1078 ZPO)	22
7. Entscheidungen nach § 22 Abs. 3 AUG (Nr. 6a)	23, 24
8. Europäisches Mahnverfahren (Nr. 7)	25, 26
9. Nr. 8, 9	27
10. Auszug nach Art. 20 Abs. 1 lit. b VO (EG) Nr. 4/2009 (Nr. 10)	28, 29
11. Bestätigungen nach §§ 1079–1081, 1106 ZPO (Nr. 11)	30–45
a) Bestätigungen nach §§ 1079–1081 ZPO	31–39
b) Bestätigung nach § 1106 ZPO	40–45
12. Qualifizierte Vollstreckungsklauseln; weitere vollstreckbare Ausfertigungen (Nr. 12)	46–65
a) Titelergänzende Klausel (§ 726 Abs. 1 ZPO)	49, 50
b) Titelübertragende Klausel (§ 727 ZPO)	51, 52
c) Weitere Fälle der Klauselerteilung	53–63
d) Rechtsbehelfe	64, 65
13. Erteilung weiterer vollstreckbarer Ausfertigungen von Urkunden (Nr. 13)	66–70
14. Fristbestimmung zur Klageerhebung (Nr. 14)	71–73
15. Aufhebung eines vollzogenen Arrestes (Nr. 15)	74–76
16. Forderungspfändung und Schiffspfändung aus einem Arrestbefehl (Nr. 16)	77–79
17. Anordnungen nach § 21 AVAG und § 51 AUG (Nr. 16a)	80–82
18. Zwangsvollstreckung (Nr. 17)	83–122
a) Allgemeines	83, 84
b) Vollstreckungsgericht	85–110

	Rn.
c) Verfahren eines von dem Vollstreckungsgericht ersuchten Gerichts	111
d) Geschäfte eines „anderen Amtsgerichts."	112–114
e) Verfahren des Verteilungsgerichts	115, 116
f) Ausgenommene Geschäfte	117–122
III. Öffnungsklausel (Abs. 2, 3)	123

I. Entwicklung

1 Der Zivilprozess wird dem traditionellen Kernbereich der Rechtsprechung iSv Art. 92 GG (BVerfGE 22, 49, 74ff.) zugerechnet. Somit verstand es sich aus dem allgemeinen Vorverständnis gegenüber dem Rechtspflegeramt, dass im Bereich des eigentlichen zivilprozessualen Verfahrens nur einzelne Tätigkeitsbereiche und Maßnahmen als zur Übertragung auf den Rechtspfleger geeignet angesehen wurden. Folgerichtig steht § 20 am Beginn des Abschnittes, der sich mit den in **§ 3 Nr. 3 lit. a** genannten **Einzelübertragungen** befasst.

2 Bereits in § 11 REntlV war eine Anzahl von Einzelgeschäften als zur Wahrnehmung durch den Rechtspfleger geeignet genannt. In § 19 RPflG 1957 wurde deren Umfang deutlich erweitert. Seine wesentliche Kontur hat die Vorschrift mit dem RPflG 1969/70 erhalten, das, neben einigen Katalogerweiterungen, insbesondere charakterisiert war durch die Umwandlung „schwierigerer Urkundsbeamtengeschäfte" in Geschäfte des Rechtspflegers. Sinnvoll war diese Umwandlung weniger wegen der Schwierigkeit der Geschäfte als deshalb, weil sie allgemein vom sog „Urkundsbeamten des gehobenen Dienstes" erledigt wurden und ihre Umwidmung somit zur Beseitigung einer sinnlos gewordenen Doppelfunktion beitrug. Bedeutung kam daneben insbesondere der Umwandlung des Offenbarungseides in eine eidesstattliche Versicherung zu, eine Maßnahme, die im Hinblick auf § 4 Abs. 2 Nr. 1 notwendig erschien, um das Verfahren der Vermögensoffenbarung auf den Rechtspfleger übertragen zu können. Der Katalog des § 20 ist danach häufig geändert worden, so zB durch die 2. Zwangsvollstreckungsnovelle vom 17.12.1997, BGBl. I S. 666, die die Zuständigkeit zur Abnahme der eidesstattlichen Versicherung auf den Gerichtsvollzieher übertragen hat oder das FGG-RG vom 17.12.2008, BGBl. I S. 2586, das Geschäfte, die früher in der ZPO geregelt waren (zB Unterhaltssachen), in das FamFG übernommen hat (vgl. § 25 Nr. 2). Das früher im Einleitungssatz vor Nr. 1 angegebene „Mieterschutzgesetz" ist aufgehoben worden, seine Angabe ist deshalb durch Art. 4 Nr. 8 RBehelfsbelehrungG gestrichen worden. Das G vom 31.8.2013, BGBl. I S. 3533, hat Nr. 4c geändert und Abs. 2, 3 angefügt.

3 Die Länder können die in **§ 36b Abs. 1 Nr. 2–4** genannten Geschäfte auf den Urkundsbeamten der Geschäftsstelle übertragen.

4 Nach **§ 9 Abs. 3 ArbGG** gilt die Vorschrift auch im Bereiche der Arbeitsgerichtsbarkeit.

5 Die Regelungen in § 20 sind **Zuweisungen** im Rahmen der **Einzelübertragung.** Für die Auslegung gilt also (→ § 3 Rn. 14), dass die Rechtspflegerzuständigkeit nur soweit reicht, wie das Gesetz sie dezidiert ausspricht. Jenseits dessen spricht die Zuständigkeitsvermutung für den Richter.

Bürgerliche Rechtsstreitigkeiten　　　　　　　　　　　　　　　　　　**§ 20**

II. Einzelne durch Abs. 1 übertragene Tätigkeiten und Tätigkeitsbereiche

1. Mahnverfahren (Nr. 1)

Das in den §§ 688–703d ZPO geregelte Mahnverfahren ist voll dem Rechtspfle- 6
ger zugewiesen mit **Ausnahme** der Streitverfahren, die sich an einen Widerspruch
bzw. Einspruch anschließen (§§ 696, 697, 700 Abs. 3–6 ZPO). Eine spezielle, von
§ 689 Abs. 2 ZPO abweichende, Regelung zur örtlichen Zuständigkeit trifft § 43
Nr. 6 WEG. Innerhalb des Verfahrens erklärt der Rechtspfleger nach dem Grundsatz
des § 4 alle notwendig werdenden Entscheidungen; zur Bewilligung der öffentlichen
Zustellung des Vollstreckungsbescheides → § 4 Rn. 13. Der Rechtspfleger bestimmt
bei Auslandszustellung des Mahnbescheids (§§ 688 Abs. 3, 703d ZPO, § 32 AVAG)
auch die Einspruchsfrist (§§ 339 Abs. 2, 700 Abs. 1 ZPO; *Bassenge/Roth* Rn. 4;
AMHRH/*Rellermeyer* Rn. 4; zum Auslandsmahnverfahren vgl. *Hintzen/Riedel*
Rpfleger 1997, 293). Das gilt auch bei öffentlicher Zustellung des Vollstreckungsbescheides.

Die **Rechtspflegerzuständigkeit endet** mit der Abgabe nach Widerspruch 7
oder Einspruch. Wird der Widerspruch zurückgenommen, endet das Streitverfahren. Die Zuständigkeit des Rechtspflegers (des Prozess- oder Familiengerichts;
§ 699 Abs. 1 S. 3 ZPO; § 113 Abs. 2 FamFG) lebt wieder auf (OLG Frankfurt
a. M. Rpfleger 1990, 201). Das Verfahren bleibt beim Gericht anhängig, an das abgegeben wurde (BGH NJW-RR 2006, 1575 Rn. 6 = Rpfleger 2006, 611; MüKoZPO/*Schüler* § 697 Rn. 33).

Da das Gesetz ausdrücklich auch das **maschinell bearbeitete Verfahren** nennt, 8
ist klargestellt, dass dem Rechtspfleger die Organisation und Überwachung des maschinellen Verfahrens obliegt (vgl. dazu *Beinghaus/Thielke* Rpfleger 1991, 294). Die
ausdrücklich betonte Zuständigkeit des Rechtspflegers für das gesamte maschinelle
Verfahren kann nur bedeuten, dass er die Programmverantwortung trägt und dass
das Programm die Möglichkeit offenlassen muss, im Einzelfall (der nicht vorprogrammiert sein darf) in den maschinellen Ablauf einzugreifen und eine Einzelfallentscheidung zu treffen.

2. Nr. 2

Nr. 2 hatte früher dem Rechtspfleger das **Aufgebotsverfahren** einzeln übertra- 9
gen. Einschränkungen in der Zuständigkeit wurden mit der Notwendigkeit begründet, den Erlass von Urteilen allein dem Richter vorzubehalten. Die dadurch
bewirkte Aufteilung der Zuständigkeit hat sich als äußerst unpraktikabel erwiesen.

Die Vorschrift ist durch Art. 23 FGG-RG aufgehoben worden. Das Verfahren ist 10
seither als **Angelegenheit der freiwilligen Gerichtsbarkeit** (§ 23a Abs. 2 Nr. 7
GVG) in Buch 8 FamFG (§§ 433ff. FamFG) geregelt. Da die Endentscheidung
nicht mehr in Urteilsform sondern als Beschluss erlassen wird (vgl. § 38 FamFG)
hat **§ 3 Nr. 1 lit. c** das Verfahren dem Rechtspfleger voll übertragen (→ § 3
Rn. 44ff.).

3. Rückgabe von Sicherheiten (Nr. 3)

11 Verfahren bei Rückgabe geleisteter Sicherheiten sind in **§§ 109 und 715 ZPO** geregelt. Diese Geschäfte hat bereits § 11 Abs. 1 lit. d REntlV und danach § 19 Nr. 3 RPflG 1957 dem Rechtspfleger übertragen. Der Zweck des Verfahrens nach § 109 ZPO besteht darin, die Rückgabe einer **prozessualen** Sicherheit durchzusetzen, wenn die Veranlassung für deren Erbringung weggefallen ist. Der Rechtspfleger hat auf Antrag zu prüfen, ob der Grund für die Sicherheitsleistung weggefallen ist (dazu: BGH Rpfleger 2006, 205; MüKoZPO/*Schulz* § 109 Rn. 8–15); dazu hat er dem Antragsgegner ein Frist zu setzen, innerhalb dieser in die Rückgabe einwilligt oder Klageerhebung wegen seiner Schadensersatzansprüche (vgl. § 717 Abs. 2 ZPO) nachweist (§ 109 Abs. 1 ZPO). Auf weiteren Antrag entscheidet der Rechtspfleger nach Fristablauf über die Rückgabe (§ 109 Abs. 2 ZPO). Neben dem Verfahren nach § 109 ZPO sieht das Gesetz in § 715 ZPO ein vereinfachtes Rückgabeverfahren für die Fälle der Gläubigersicherheitsleistung nach §§ 709, 711, 712 Abs. 2 S. 2 ZPO vor. Auch hier entscheidet der Rechtspfleger.

4. Verfahren über die Prozesskostenhilfe (Nr. 4)

12 Im Zivilprozess ist die Bewilligung der PKH dem Richter vorbehalten, weil sie in einem untrennbaren Zusammenhang mit der Sachentscheidung steht (§ 114 ZPO; dazu: *Hellstab* Rpfleger 2006, 246). Die vorgeschriebene Prüfung der Erfolgsaussicht muss dem Gericht obliegen, das in der Hauptsache zur Entscheidung berufen ist. Deshalb entscheidet der **Rechtspfleger** über die Bewilligung der PKH in den **Verfahren,** die **ihm** zugewiesen sind, also zB im Mahnverfahren (→ § 4 Rn. 15). Nach § 25 a gilt Nr. 4 im Verfahren über die Verfahrenskostenhilfe (§ 76–78 FamFG) entsprechend. Zur Beantragung der PKH/VKH ist ein amtliches **Formular** zu benutzen (§ 117 Abs. 3 ZPO, § 11a Abs. 2 ArbGG iVm VO v. 6.1.2014 zur Verwendung eines Formulars für die Erklärung über die persönlichen Verhältnisse bei Prozess- und Verfahrenskostenhilfe – PKHFV –; BGBl. I S. 34).

13 Nach **Nr. 4** sind dem **Rechtspfleger** in den PKH-Verfahren, die dem **Prozessgericht zugewiesenen** sind, **einzelne Verrichtungen** übertragen:

14 **a) Nr. 4 lit. a:** Das Prozessgericht bzw. bei Kollegialgerichten dessen Vorsitzender kann dem Rechtspfleger die **Erhebungen nach § 118 Abs. 2 ZPO** übertragen. Erforderlich ist stets eine auf den Einzelfall bezogene Zuweisung durch das Prozessgericht (Vorsitzenden); eine generelle Zuweisung, etwa im Geschäftsverteilungsplan, wäre unzulässig. Im Rahmen dieser Erhebungen kann die Anordnung der Vorlegung oder Beiziehung von Urkunden oder Akten geschehen, es können Auskünfte eingeholt und in Ausnahmefällen auch Zeugen und Sachverständige vernommen werden (MüKoZPO/*Motzer* § 118 Rn. 20). Der **Rechtspfleger** kann auch mit der **Beurkundung** eines **Vergleichs** nach **§ 118 Abs. 1 S. 3 Hs. 2 ZPO** betraut werden. Der Auftrag zur Beurkundung eines Vergleiches umfasst notwendigerweise auch die hierfür erforderliche Erörterung des Sach- und Streitstandes (§ 4 Abs. 1; AMHRH/*Rellermeyer* Rn. 16; **aA** OLG Köln Rpfleger 1986, 493; *Bassenge/Roth* Rn. 15). Die Entscheidung nach § 118 Abs. 2 S. 4 ZPO kann nicht übertragen werden (LAG Düsseldorf Rpfleger 1996, 326).

15 **b) Nr. 4 lit. b:** Nach **§ 120 Abs. 3 ZPO** sind bei PKH-Bewilligung mit Anordnung von Ratenzahlungen die angeordneten Zahlungen **einzustellen,** wenn die anfallenden Kosten durch sie gedeckt sind. Ferner auch dann, wenn der beigeordnete Anwalt oder die Staatskasse die Kosten anderweitig (zB gegen den Prozess-

Bürgerliche Rechtsstreitigkeiten §20

gegner) geltend machen können. Insoweit entscheidet der **Rechtspfleger.** Diese Zuständigkeit besteht **kraft Gesetzes** und bedarf, anders als oben (→ Rn. 14), keiner gesonderten Maßnahme des Richters. Der Rechtspfleger hat zu Beginn der Ratenzahlung die anfallenden Kosten vorläufig zu berechnen und sodann die Frage der Kostendeckung laufend zu überwachen (vgl. Nr. 2.5.1 DB-PKHG) Er verfügt die Einstellung der Zahlungen, wenn die bisher angefallenen und die derzeit vorzuschießenden Kosten gedeckt sind. Fallen danach weitere Kosten an, ordnet der Rechtspfleger die Wiederaufnahme der Zahlungen an. Die Einstellung der Zahlungen ist ferner anzuordnen, wenn die Kosten aufgrund Kostenentscheidung oder vergleichsweiser Übernahme vom Gegner zu tragen sind (OLG Köln JurBüro 1987, 451).

c) Nr. 4 lit. c: Nach § 120a ZPO kann bei einer wesentlichen Veränderung der **16** persönlichen oder wirtschaftlichen Verhältnisse der Bewilligungsbeschluss **abgeändert** werden. Hierfür ist der **Rechtspfleger** ohne gesonderte richterliche Zuweisung zuständig. § 120a ZPO ist lex specialis gegenüber den Beschwerdevorschriften; eine auf eine nachträgliche Veränderung der Verhältnisse gestützte Beschwerde ist als Abänderungsantrag durch den Rechtspfleger zu behandeln (MüKoZPO/ *Motzer* § 120 Rn. 12). Das Verfahren nach § 120a ZPO greift auch nach rechtskräftigem Abschluss des Rechtsstreits; die Zuständigkeit des Gerichts (hier: Rechtspfleger) bleibt bestehen (OLG Köln Rpfleger 1999, 282; *Bratfisch* Rpfleger 1988, 280; MüKoZPO/*Motzer* § 120 Rn. 13).

Nach **§ 124 ZPO** kann in den dort genannten Fällen die Bewilligung von Pro- **17** zesskostenhilfe aufgehoben werden. Zuständig ist für den Fall von § 124 **Nr. 1** der **Richter,** weil es dabei um die Beurteilung der für die Sachentscheidung wesentlichen Angaben geht; in den Fällen der § 124 **Nr. 2–5** entscheidet der **Rechtspfleger.** Die Entscheidung ergeht nach Anhörung der betroffenen Partei, des Gegners und des beigeordneten Anwalts als Ermessensentscheidung (OLG Bremen FamRZ 1984, 411; OLG Schleswig SchlHA 1983, 128; OLG Stuttgart JurBüro 1986, 297).

d) Abs. 2, 3: Auf Grund der **Öffnungsklausel** in Abs. 2, 3 können die Landesregierungen bestimmen, dass die Prüfung der persönlichen und wirtschaftlichen Verhältnisse nach §§ 114, 115 ZPO durch den Rechtspfleger vorzunehmen ist, wenn der Vorsitzende das Verfahren dem Rechtspfleger insoweit überträgt (→ Rn. 123).

5. PKH – Bewilligung für die Zwangsvollstreckung (Nr. 5)

Nr. 5 betrifft die PKH-**Bewilligung** für die **Zwangsvollstreckung,** da die im **18** Erkenntnisverfahren bewilligte PKH die Vollstreckung nicht mit umfasst (vgl. § 119 Abs. 1 ZPO; so bereits: BGH Rpfleger 1979, 195). Nach den Grundgedanken des Sachzusammenhangs und der einzelfallorientierten Prüfung der Erfolgsaussicht ist die PKH-Entscheidung in das Vollstreckungsverfahren verlagert. Es entscheidet das Vollstreckungsgericht (§ 117 Abs. 1 S. 3 ZPO) durch den **Rechtspfleger.** Die PKH-Bewilligung für die Zwangsvollstreckung in das bewegliche Vermögen umfasst alle Vollstreckungshandlungen im Bezirk des Vollstreckungsgerichts einschließlich des Verfahrens auf Abgabe der Vermögensauskunft (§ 119 Abs. 2 ZPO).

Ist das Prozessgericht Vollstreckungsorgan, das sind die Fälle der Handlungs-, **19** Duldungs- und Unterlassungsvollstreckung nach §§ 887, 888, 890 ZPO, obliegt die PKH-Bewilligung dem Richter (Nr. 5 Hs. 2). Das gilt auch, wenn die PKH-Bewilligung für eine **sonstige richterliche Handlung** beantragt wird (zB Erinnerungsverfahren nach § 766 ZPO; *Behr/Handtke* Rpfleger 1981, 266).

§ 20 3. Abschnitt. Dem Rechtspfleger übertragene Geschäfte

6. Grenzüberschreitende Prozesskostenhilfe (Nr. 6)

20 Nr. 6 wurde durch Art. 3 EGPKHG v. 15.12.2004, BGBl. I S. 3392, eingefügt. Danach ist der Rechtspfleger zuständig für die Bewilligung der grenzüberschreitenden Prozesskostenhilfe in Verfahren nach **§§ 1077, 1078 ZPO** (vgl. dazu *Rellermeyer* Rpfleger 2005, 61). Auf diese Geschäfte sind die §§ 5–11 anzuwenden, § 32 gilt nicht (AMHRH/*Rellermeyer* Rn. 19; *Bassenge/Roth* Rn. 19).

21 **a) Ausgehende Ersuchen (§ 1077 ZPO).** Dem Rechtspfleger obliegt die **Entgegennahme und Übermittlung** von Anträgen natürlicher Personen auf Bewilligung grenzüberschreitender Prozesskostenhilfe (§ 1077 Abs. 1 ZPO). Bei der Antragstellung sind Standardformulare zu verwenden (§ 1077 Abs. 2 ZPO iVm EG-PKHVV v. 21.12.2004, BGBl. I S. 3538). Der Antrag kann auch zu Protokoll der Geschäftsstelle (Rechtspflegerzuständigkeit: § 24 Abs. 2 Nr. 3; **aA** AMHRH/*Rellermeyer* Rn. 19) erklärt werden (§§ 117 Abs. 1 S. 1, 1076 ZPO). Ein offensichtlich unbegründeter Antrag (zB es liegt kein grenzüberschreitender Bezug vor oder es handelt sich bei der Rechtssache nicht um eine Zivil- oder Handelssache, vgl. Art. 1 Abs. 2 Richtlinie 2003/8/EG, ABl EG L 26, 41, ABl EU L 32, 15) ist nach kursorischer Prüfung seiner Schlüssigkeit (keine Schlüssigkeitsprüfung iS § 114 ZPO erforderlich; vgl. BT-Drs. 15/3281 S. 14) ganz oder teilweise zurückzuweisen (§ 1077 Abs. 3 ZPO). Dagegen findet, wenn der Streitwert der Hauptsache 600 EUR übersteigt, innerhalb einer Notfrist von 1 Monat die sofortige Beschwerde statt (§ 11 Abs. 1, § 1077 Abs. 3 S. 3 iVm **§ 127 Abs. 2 S. 2 und 3 ZPO**). Andernfalls, der Streitwert übersteigt die 600 EUR nicht, ist die Erinnerung (§ 11 Abs. 2) der statthafte Rechtsbehelf, es sei denn der Rechtspfleger hat die Ablehnung alleine auf die fehlenden persönlichen oder wirtschaftlichen Verhältnisse gestützt (§ 127 Abs. 2 S. 2 Hs. 2 ZPO). Über die Beschwerde entscheidet das Landgericht (§ 72 GVG), die Erinnerungsentscheidung trifft der Richter (§§ 11 Abs. 2 S. 6, 28). Das gilt auch bei Ablehnung des Antrags auf Ausstellung einer Bescheinigung nach § 1077 Abs. 6 ZPO; (AMHRH/*Rellermeyer* Rn. 21).

22 **b) Eingehende Ersuchen (§ 1078 ZPO).** Dem Rechtspfleger obliegt die **Entscheidung** über eingehende Ersuchen um grenzüberschreitende Prozesskostenhilfe, wenn die Bewilligung für ein ihm übertragenes Geschäft beantragt wird (§ 4 Abs. 1; *Rellermeyer* Rpfleger 2005, 61, 63) und in Zwangsvollstreckungsangelegenheiten, es sei denn das Prozessgericht ist Vollstreckungsorgan (Hs. 2; vgl. → Rn. 19 und BT-Drs. 15/3281, 14). Ist der Richter für das Hauptsacheverfahren zuständig, entscheidet er über den Antrag.

7. Entscheidungen nach § 22 Abs. 3 AUG (Nr. 6a)

23 Nr. 6a wurde durch Art. 2 Nr. 1a G zur Durchführung der VO (EG) Nr. 4/2009, ABl. L 7, 1, und zur Neuordnung bestehender Aus- und Durchführungsbestimmungen auf dem Gebiet des **internationalen Unterhaltsverfahrensrechts** v. 23.5.2011, BGBl. I S. 898, eingefügt und betrifft Unterhaltssachen, die in den Anwendungsbereich des Auslandsunterhaltsgesetzes fallen (vgl. § 1 AUG).

24 Danach obliegt dem Rechtspfleger die **Entscheidung** nach § 22 Abs. 3 AUG. Die Vorschrift regelt die Möglichkeit, eine **Erstattung** der nach Art. 45, 46 Abs. 1 VO (EG) Nr. 4/2009 verauslagten Kosten anzuordnen (BT-Drs. 17/4887, 41). Nach Art. 67 der VO kann in Ausnahmefällen Kostenerstattung von der unterliegenden Partei, der unentgeltliche PKH bewilligt wurde, verlangt werden. Voraus-

Bürgerliche Rechtsstreitigkeiten **§ 20**

gesetzt wird, dass die Vermögensverhältnisse der Partei dies zulassen. Das ist vom Rechtspfleger im Rahmen einer Billigkeitsprüfung festzustellen. Die Anordnung der Kostenerstattung wird aber nur dann gerechtfertigt sein, wenn das Kind wegen seiner finanziellen Verhältnisse, die ggfs noch zu ermitteln sind, nicht einmal einen Anspruch auf Verfahrenskostenhilfe gegen Ratenzahlungen hätte (§ 115 Abs. 2 ZPO; BT-Drs. 174887, 41).

8. Europäisches Mahnverfahren (Nr. 7)

Nr. 7 wurde durch G zur Verbesserung der grenzüberschreitenden Forderungsdurchsetzung und Zustellung v. 30.10.2008, BGBl. I S. 2122, eingefügt. **25**

Die Vorschrift regelt die Rechtspflegerzuständigkeit im Europäischen Mahnverfahren nach der VO (EG) Nr. 1896/2006, ABl. L 399, 1; EuMVVO). Die nationale Ausführung der **EuMVVO** übernehmen **§§ 1087–1096 ZPO**. Nach § 1087 ZPO ist sachlich und örtlich das AG Wedding in Berlin zuständig. Die VO führt ein Verfahren zur beschleunigten und vereinfachten Rechtsdurchsetzung ein (Art. 1 EuMVVO; zum Verfahren vgl. *Vollkommer/Huber* NJW 2009, 1105; *Dörndorfer* JurBüro 2012, 4; *Rellermeyer* Rpfleger 2009, 11). Die Anwendung der EuMVVO setzt voraus, dass es sich um eine **grenzüberschreitende Rechtssache** handelt (Art. 2 Abs. 1, 3 Abs. 1 EuMVVO). Das gemeinschaftsrechtliche Verfahren tritt fakultativ neben das nationale Mahnverfahren nach §§ 688, 703 d ZPO, § 32 Abs. 1 AVAG, das durch die EuMVVO nicht verdrängt wird (vgl. § 688 Abs. 4 ZPO). Der Antragsteller kann die Verfahrensart wählen (Art. 1 Abs. 2 EuMVVO). Das europaweite Erkenntnisverfahren nach der EuMVVO beginnt mit einem Europäischen Zahlungsbefehl (Art. 12 EuMVVO). Das Verfahren ist formalisiert und wird unter Benutzung von Formblättern, die der EuMVVO angefügt sind, durchgeführt. Nach Antragseingang prüft der Rechtspfleger (Amtsgericht Wedding in Berlin) den Antrag zunächst auf seine Schlüssigkeit in formeller Hinsicht (BT-Drs. 16/8839, 30). Er muss den Anforderungen der Art. 2, 3, 4, 6 und 7 EuMVVO entsprechen (Art. 8 EuMVVO). Ob darüber hinaus auch eine weitere rechtliche Prüfung seiner Begründetheit stattzufinden hat, ist umstritten (vgl. dazu: *Sujecki* NJW 2007, 1622). Der Wortlaut des Art. 8 EuMVVO scheint dafür zu sprechen. Der Prüfung der geltend gemachten Forderung auf ihre Begründetheit (im Sinne von Schlüssigkeit) steht aber andererseits der Verfahrenscharakter entgegen. Das uU maschinelle Verfahren findet nämlich stark formalisiert und zunächst parteieinseitig statt. Art. 8 EuMVVO ist deshalb so auszulegen, dass zwar keine Schlüssigkeitsprüfung, aber eine Plausibilitätsprüfung stattzufinden hat. Offensichtlich unbegründete Forderungen sind aus dem Verfahren ausgeschlossen. Das Verfahren ist, anders als das deutsche Mahnverfahren, ein einstufiges Verfahren. Es endet, wenn kein Einspruch gegen den Zahlungsbefehl eingelegt wird, mit dessen Vollstreckbarerklärung (Art. 18 EuMVVO). Eines Exequaturverfahrens bedarf es nicht (Art. 19 EuMVVO). Wird Einspruch gegen den Zahlungsbefehl eingelegt, muss in das streitige Verfahren, das sich nach nationalem Recht richtet und für das der Richter zuständig ist (Hs. 2), übergeleitet werden (Art. 17 EuMVVO). Die Überpüfung des Europäischen Zahlungsbefehls nach Art. 20 EuMVVO, § 1092 ZPO obliegt ebenfalls dem Richter. **26**

9. Nr. 8, 9

Die Vorschriften wurden durch Art. 7 Abs. 3 G v. 17.12.1990, BGBl. I S. 2847, aufgehoben. **27**

10. Auszug nach Art. 20 Abs. 1 lit. b VO (EG) Nr. 4/2009 (Nr. 10)

28 Nr. 10 wurde neugefasst durch Art. 2 Nr. 1 lit. b G v. 23.5.2011, BGBl. I S. 898; (auch → Rn. 23). Die früher hier geregelte Einzelübertragung des vereinfachten Festsetzungsverfahrens über den Unterhalt Minderjähriger ist nach § 25 Abs. 1 Nr. 2 lit. c übernommen worden.

29 Dem Rechtspfleger obliegt die **Anfertigung** eines Auszugs nach Art. 20 Abs. 1 lit. b VO (EG) Nr. 4/2009. Diesen benötigt der Antragsteller für Vollstreckungszwecke. Der Auszug ist unter Verwendung des in Anhang I der VO vorgesehenen Formblatts anzufertigen. Die Zuweisung dieses Geschäfts an den Rechtspfleger entspricht seiner Zuständigkeit für vergleichbare Bestätigungen (vgl. Nr. 11) nach der Vollstreckungstitelverordnung (EuVTVO) und nach der Verordnung zur Einführung eines europäischen Verfahrens für geringfügige Forderungen (EuGFVO).

11. Bestätigungen nach §§ 1079–1081, 1106 ZPO (Nr. 11)

30 Nr. 11 wurde durch Art. 23 FGG-RG v. 17.12.2008, BGBl. I S. 2586, neu gefasst. Die früher hier geregelte Einzelübertragung der Bezifferung eines Unterhaltstitels (§ 790 ZPO aF) ist nach § 25 Abs. 1 Nr. 2 lit. b übernommen worden.

31 **a) Bestätigungen nach §§ 1079–1081 ZPO.** Nach Hs. 1 Alt. 1 obliegt dem Rechtspfleger die **Ausstellung, die Berichtigung und der Widerruf** einer **Bestätigung** nach der VO (EG) Nr. 805/2004 v. 21.4.2004 (= Europäische Vollstreckungstitel-VO; **EuVTVO**; vgl. dazu: *Rellermeyer* Rpfleger 2005, 389; *Dörndorfer* JurBüro 2012, 4; *Wagner* IPrax 2005, 401) iVm §§ 1079–1081 ZPO. Die VO trat am 21.1.2005 in Kraft (Art. 26, 33 EuVTVO) und gilt seit 21.10.2005. Sie ist auf Titel, die seit 21.1.2005 existent sind anwendbar.

32 Die EuVTVO bezweckt die Vollstreckung aus Titeln der EU-Mitgliedstaaten, ausgenommen Dänemark (Präambel Nr. 25) dadurch zu beschleunigen, dass ein zusätzliches Vollstreckbarerklärungsverfahren als Zwischenverfahren im Vollstreckungsmitgliedstaat, wie dies die EuGVVO in Art. 38ff. vorsieht, entfällt (Art. 1, 5 EuVTVO). Dem Titel wird nämlich bereits im Ursprungsmitgliedstaat eine Bestätigung als „Europäischer Titel" erteilt (Art. 6 EuVTVO). Der Anwendungsbereich der EuVTVO erfasst nach Art. 2 Abs. 1 Zivil-und Handelssachen. Ausgenommen sind nach Art. 2 Abs. 2 ua öffentlich-rechtliche und erbrechtliche Angelegenheiten. Ein Titel kann nur dann als Europäischer Vollstreckungstitel bestätigt werden, wenn er bestimmte Voraussetzungen erfüllt, die insbesondere an sein Zustandekommen und die titulierte Forderung gestellt werden (Art. 6 Abs. 1 EuVTVO).

33 Zur **Bestätigung** als Europäischer Vollstreckungstitel **eignen** sich:
– gerichtliche Entscheidungen (Art. 4 Nr. 1 EuVTVO): zB Urteile, Vollstreckungsbescheide, Beschlüsse (auch: Kostenfestsetzungsbeschlüsse),
– öffentliche Urkunden (Art 4 Nr. 3 a–b, Art. 25 EuVTVO): zB notarielle und gerichtliche Urkunden sowie Jugendamtsurkunden und
– gerichtliche Vergleiche (Art. 24 EuVTVO): Vor Gericht geschlossene (§ 794 Abs. 1 Nr. 1 ZPO) oder gebilligte Vergleiche (zB Anwaltsvergleiche § 796a ZPO).

34 Ferner muss eine **unbestrittene Geldforderung**, die entweder bereits fällig ist oder deren Fälligkeitsdatum im Titel angegeben ist (auch wiederkehrende Ansprüche fallen darunter, zB Unterhaltsansprüche) tituliert worden sein (Art. 4 Nr. 2 EuVTVO). Unter welchen Voraussetzungen eine Forderung als unbestritten gilt bestimmt Art. 3 EuVTVO. Das ist zB der Fall, wenn der Schuldner die Forderung anerkannt oder ihr in einem gerichtlichen Vergleich zugestimmt hat (Art. 3 Abs. 1

Bürgerliche Rechtsstreitigkeiten **§ 20**

Lit. a EuVTVO). Ferner dann, wenn der Schuldner der Forderung nicht widersprochen hat (Art. 3 Abs. 1 lit. b, c EuVTVO; Konsequenz: Versäumnisurteil oder Vollstreckungsbescheid ist erlassen worden) oder sie in einer öffentlichen Urkunde ausdrücklich anerkannt hat (Art. 3 Abs. 1 Lit. d; zB Unterhaltsverpflichtung).

Erforderlich ist nach Art. 6 Abs. 1 EuVTVO ferner ein Gläubigerantrag auf Be- 35 stätigung; der Antrag kann schon mit der Klageschrift bzw. dem Mahnantrag verbunden werden. Der Antrag muss an das Ursprungsgericht gestellt werden (Art. 6 Abs. 1 iVm Art. 4 Nr. 6 EuVTVO). Ein gerichtlicher oder gerichtlich gebilligter Vergleich wird durch das Gericht, das ihn gebilligt hat oder vor dem er geschlossen wurde, bestätigt (Art. 24 Abs. 1 EuVTVO).

Weiter muss Nach Art. 6 Abs. 1 lit. a EuVTVO die Entscheidung im Ursprungs- 36 mitgliedsstaat vollstreckbar sein; Rechtskraft ist nicht erforderlich, vorläufige Vollstreckbarkeit genügt. Eine einstweilige Einstellung der Zwangsvollstreckung hindert die Bestätigung nicht. Einer gesonderten Vollstreckungsklausel bedarf der Titel nach seiner Bestätigung nicht mehr (vgl. für die Inlandsvollstreckung: § 1082 ZPO).

Die Bestätigung wird im Inland von den Gerichten, Notaren und Behörden (zB 37 Jugendamt) ausgestellt, denen die Erteilung einer vollstreckbaren Ausfertigung obliegt (Art. 6 Abs. 1 EuVTVO iVm § 1079 ZPO; vgl. auch 724, 797 ZPO, § 60 5.3 Nr. 1 SGB VIII). Eine Anhörung des Schuldners vor der Erteilung der Bestätigung findet nicht statt. Die Bestätigung ist unter Verwendung der Formblätter nach der VO (EG) Nr. 1869/2005 v. 16. 11. 2005 zu erteilen.

Die Ausstellung der Bestätigung ist unanfechtbar (Art. 10 Abs. 4 EuVTVO). Es 38 kann jedoch der Schuldner deren **Berichtigung oder Widerruf** beantragen (Art. 10 Abs. 1 EuVTVO, § 1081 ZPO; diese Rechtsbehelfe gehen § 11 Abs. 2 RPflG vor; **aA** AMHRH/*Rellermeyer* Rn. 30; *Bassenge/Roth* Rn. 24). Über den Antrag entscheidet die Stelle (Gericht, Notar oder Behörde), die die Bestätigung ausgestellt hat (Art. 10 Abs. 2 EuVTVO; vgl. § 1081 Abs. 1 S. 1 und 2 ZPO). Vor der Entscheidung kann der Schuldner im Vollstreckungsmitgliedstaat einen Antrag auf Aussetzung oder Beschränkung der Vollstreckung stellen (Art. 21, 23 EuVTVO; vgl. § 1084 ZPO); die Entscheidung über diesen Antrag trifft der Richter; eine Rechtspflegerzuständigkeit ergibt sich dafür nicht, auch nicht aus § 20 Nr. 17 S. 1, da es sich um kein Geschäft des Vollstreckungsgerichts handelt.

Gegen die **Zurückweisung** des Antrags auf Ausstellung der Bestätigung durch 39 den Rechtspfleger findet die sofortige Beschwerde statt (§§ 567 Abs. 1 Nr. 2, 1080 Abs. 2 ZPO; § 11 Abs. 1; OLG Düsseldorf Rpfleger 2010, 604; *Bassenge/Roth* Rn. 24; AMHRH/*Rellermeyer* Rn. 30; **aA** Thomas/Putzo/*Hüßtege* ZPO § 1080 Rn. 3: § 732 ZPO ist analog anzuwenden). Die Ablehnung der Berichtigung oder eines Widerrufs der Bestätigung durch den Rechtspfleger, ist mit der (sofortigen) Erinnerung anfechtbar (§§ 319 Abs. 3 Alt. 1, 1081 Abs. 3 ZPO, § 11 Abs. 2; OLG Zweibrücken Rpfleger 2009, 222; vgl. auch BT-Drs. 15/5222, 14). Gibt der Rechtspfleger dem Antrag statt, unterliegt seine Entscheidung der sofortigen Beschwerde (§§ 319 Abs. 3 Alt. 2, 567 Abs. 1, 1081 Abs. 3 ZPO, § 11 Abs. 1).

b) Bestätigung nach § 1106 ZPO. Nach Hs. 1 Alt. 2 obliegt dem Rechtspfle- 40 ger ferner die **Ausstellung der Bestätigung** nach § 1106 ZPO iVm Art. 20 Abs. 2 VO (EG) Nr. 861/2007 vom 11.7.2007 zur Einführung eines europäischen Verfahrens für geringfügige Forderungen (EuGFVO; Small-Claims-VO). Die VO trat am 1. 1. 2009 in Kraft (Art. 29 EuGFVO).

Die EuGFVO führt ein **einfaches und schnelles Verfahren** zur Titulierung 41 von **geringfügigen Forderungen** mit einem Hauptsachestreitwert bis zu

353

§ 20 3. Abschnitt. Dem Rechtspfleger übertragene Geschäfte

2 000 EUR ein (vgl. Art. 1 EuGFVO). Vorausgesetzt wird, wie beim Europäischen Zahlungsbefehl, dass es sich um eine grenzüberschreitende Rechtssache handelt (Art. 2 Abs. 1 und Art. 3 EuGFVO). Der Titel ist ohne, dass es einer Anerkennung durch den Vollstreckungsmitgliedstaat bedarf vollstreckbar (Art. 20 Abs. 1 EuGFVO). Das Verfahren nach der EuGFVO steht, neben dem ZPO-Klageverfahren oder Mahnverfahren mit Anerkennung der Entscheidung nach der EuGVVO bzw. Bestätigung nach der EuVTVO und dem Europäischen Mahnverfahren nach der EuMVO, zur Wahl antragstellenden Partei. Die EuGFVO gilt in allen EU-Mitgliedstaaten, ausgenommen Dänemark (Art. 2 Abs. 3 EuGFVO) und ist seit 1.1.2009 anwendbar. Die Durchführung der VO regeln national die §§ 1097–1109 ZPO. Das Verfahren wird grds. schriftlich durchgeführt (Art. 5 Abs. 1 S. 1 EuGFVO, § 1097 ZPO). Klage und Klageerwiderung sind mit Formblättern einzureichen (Art. 4 Abs. 1, Art. 5 Abs. 3 EuGFVO). Es besteht kein Anwaltszwang (Art. 10 EuGFVO).

42 Soweit die EuGFVO keine spezielle Regelung enthält, ist das einzelstaatliche Verfahrensrecht anzuwenden.

43 Die **Anwendung** der EuGFVO setzt folgendes voraus:
– es muss sich um eine grenzüberschreitende Rechtssache handeln (Art. 2 Abs. 1, Art. 3 EuGFVO); eine solche liegt dann vor, wenn mindestens eine Partei ihren Wohnsitz bzw. Sitz nicht im Gerichtsstaat, sondern in einem anderen Mitgliedstaat hat (Art. 3 Abs. 1 EuGFVO). Der Wohnsitz bestimmt sich nach Art. 59, 60 EuGVVO; maßgebend ist der Zeitpunkt der Einreichung des Klageformblatts beim zuständigen Gericht (Art. 3 Abs. 2, 3 EuGFVO);
– sie für Rechtssachen in Zivil- und Handelssachen anzuwenden Art. 2 Abs. 1 S. 1 EuGFVO; sie ist insbesondere nicht anwendbar auf Arbeits- und Unterhaltssachen, erbrechtliche und güterrechtliche Angelegenheiten sowie Staatshaftungssachen (Art. 2 Abs. 1 und 2 EuGFVO).
– die mit der Klage geltend gemachte Forderung darf in der Hauptsache (= ohne Zinsen, Kosten und Auslagen) 2 000 EUR nicht überschreiten (Art. 2 Abs. 1 S. 1 EuGFVO). Abzustellen ist auf den Zeitpunkt der Verfahrenseinleitung.

44 Die **Verfahrenseinleitung** hat der Kläger unter Benutzung eines Klageformblatts (= Anlage A der EuGFVO) zu beantragen (Art. 4 Abs. 1 EuGFVO). Beweismittel (zB Urkunden) sind beizufügen. Die Klageerwiderung hat ebenfalls mit Formblatt zu erfolgen (Art. 5 Abs. 2 EuGFVO). Das Klageformblatt, die Erwiderung, eine Widerklage und die Beschreibung von Beweismitteln sind in der Sprache des Gerichts vorzulegen (Art. 6 Abs. 1 EuGFVO). Hat eine Partei die Annahme eines Schriftstücks verweigert, weil es nicht in der Amtssprache des Empfangsmitgliedstaates oder in einer Sprache, die der Empfänger versteht, abgefasst ist, so setzt das Gericht die andere Partei davon in Kenntnis, damit diese eine Übersetzung des Schriftstücks vorlegt (Art. 6 Abs. 3 EuGFVO). Für die Erklärung der Annahmeverweigerung bestimmt § 1098 ZPO eine Notfrist von 1 Woche; der Empfänger ist über die Folgen der Fristversäumung zu belehren. Damit das Bagatellverfahren zügig durchgeführt werden kann, sieht die EuGFVO einige **Verfahrensvereinfachungen** vor. Der Aufwand für das Gericht und die Parteien soll in einer angemessenen Relation zum Verfahrensgegenstand stehen. Das Gericht kann das Verfahren schriftlich durchführen (Art. 5 Abs. 1 S. 1 EuGFVO); eine mündliche Verhandlung ist nur ausnahmsweise vorgesehen (Art. 5 Abs. 1 S. 2 EuGFVO). Sie kann auch per Videokonferenz stattfinden (Art. 8 EuGFVO). Anwaltszwang besteht nicht (Art. 10 EuGFVO); die Beweismittel und den Umfang der Beweisaufnahme frei wählen (Art. 9 Abs. 1 EuGFVO). Es kann Zeugen und Sachverständige auch schriftlich im Wege des Freibeweises befragen. Das Gericht soll das am wenigsten aufwändige Be-

Bürgerliche Rechtsstreitigkeiten **§ 20**

weismittel wählen (Art. 9 Abs. 3 EuGFVO); die offensichtlich unzulässige oder unbegründete Klage noch vor deren Zustellung abweisen (Art. 4 Abs. 4 EuGFVO). Dem Kläger ist davor ein Hinweis (Art. 19 iVm § 139 ZPO) zu erteilen. Eine **rasche Verfahrensdurchführung** gewährleisten auch Fristen, die Art. 5 Abs. 2–6 EuGFVO für das Gericht und die Parteien bestimmen. Eine **Widerklage** des Beklagten (Begriffsbestimmung: Art. 6 Nr. 3 EuGVVO) ist zulässig, für sie gelten die Vorschriften über die Klage (Art. 5 Abs. 6 EuGFVO). Die Widerklage muß aber auf denselben Vertrag bzw. Lebenssachverhalt wie die Klage (sog. Konnexität) gestützt werden. Der Kläger hat auf eine Widerklage innerhalb von 30 Tagen zu antworten (Art. 5 Abs. 6 S. 3 EuGFVO). Überschreitet die Widerklage die Wertgrenze des Art. 2 Abs. 1 EuGFVO (= 2000 EUR), ist die EuGFVO unanwendbar und das Verfahren über Klage und Widerklage wird nach dem jeweiligen nationalen Recht durchgeführt (Art. 5 Abs. 7 EuGFVO, § 1099 Abs. 2 ZPO). Eine **Geständnisfiktion** kennt das Bagatellverfahren nicht. Bei Säumnis einer Partei ist nach Art. 7 Abs. 3 EuGFVO vielmehr eine Entscheidung nach Lage der Akten zu erlassen (vgl. § 1103 ZPO). Bei unverschuldeter Fristversäumnis kann eine Überprüfung des Urteils beantragt werden (Art. 18 EuGFVO). Zustellungen erfolgen durch die Post (Art. 13 Abs. 1 EuGFVO). Eine öffentliche Zustellung ist nicht vorgesehen. **Rechtsmittel** gegen das Urteil richten sich nach dem jeweiligen nationalen Recht (Art. 17 Abs. 1 EuGFVO). Das Urteil eines deutschen Gerichts ist infolgedessen mit der Berufung anfechtbar, wenn der Beschwerdewert 600 EUR übersteigt (§ 511 Abs. 2 ZPO). Die Revision bedarf der Zulassung (§§ 542 ff. ZPO).

Weist der Rechtspfleger den Antrag auf Erteilung der Bestätigung nach § 1106 **45** ZPO zurück, so findet dagegen die **sofortige Beschwerde** statt (§§ 567 Abs. 1, 1106 Abs. 2 S. 2 ZPO; § 11 Abs. 1). Gegen die Erteilung der Bestätigung ist ein Rechtsmittel nicht vorgesehen (Thomas/Putzo/*Hüßtege* ZPO § 1106 Rn. 7). Wenn der Schuldner Rechtsmittel in der Hauptsache eingelegt hat, kann er nach Art. 23 EuGVFO vorgehen; dieser Rechtsbehelf geht § 11 Abs. 2 vor (**aA** *Bassenge/Roth* Rn. 26; AMHRH/*Rellermeyer* Rn. 33: befristete Erinnerung nach § 11 Abs. 2 findet statt).

12. Qualifzierte Vollstreckungsklauseln; weitere vollstreckbare Ausfertigungen (Nr. 12)

Die Erteilung qualifizierter Vollstreckungsklauseln hat das RPflG 1957 (§ 19 **46** Nr. 9, 10) dem Rechtspfleger übertragen.

Die Vollstreckungsklausel bescheinigt dem Vollstreckungstitel seine **Vollstre-** **47** **ckungsreife.** Sie bestätigt, dass der Titel sich zur Zwangsvollstreckung eignet, einen vollstreckungsfähigen Inhalt hat und besteht. Das wird von den Vollstreckungsorganen nicht mehr geprüft (Thomas/Putzo/*Hüßtege*/*Seiler* ZPO § 724 Rn. 2; vgl. auch *Jaspers* Rpfleger 1995, 4). Das Klauselerteilungsverfahren ist dem Erkenntnisverfahren zuzuordnen (MüKoZPO/*Wolfsteiner* § 724 Rn. 3). Grds. genügt die einfache Klausel (§§ 724, 725 ZPO), die der Urkundsbeamte der Geschäftsstelle erteilt. Benötigt der Vollstreckungstitel jedoch eine qualifizierte Klausel nach **§ 726 Abs. 1 ZPO** (= titelergänzende Klausel) oder nach **§ 727 ZPO** (= titelübertragende oder Rechtsnachfolgeklausel) ist der Rechtspfleger funktionell zuständig. Es handelt sich in diesen Fällen um Angelegenheiten mit rechtlicher Schwierigkeit. Eine vom funktionell unzuständigen UdG erteilte Klausel ist unwirksam (BGH NJW 2006, 776; OLG Hamm Rpfleger 2011, 621; OLG Frankfurt Rpfleger 1991, 12; **aA** OLG Zweibrücken Rpfleger 1997, 369; MüKoZPO/*Wolfsteiner* § 724 Rn. 21).

§ 20 3. Abschnitt. Dem Rechtspfleger übertragene Geschäfte

48 Im Anwendungsbereich des AVAG (vgl. § 1 AVAG) entscheidet über den Antrag auf Vollstreckbarerklärung **ausländischer** Titel der Vorsitzende einer Zivilkammer des Landgerichts (§§ 3, 8 Abs. 1 AVAG). Die Klausel wird dann vom UdG erteilt (§ 9 AVAG). Eine ähnliche Regelung findet sich auch in §§ 40, 41 AUG.

49 **a) Titelergänzende Klausel (§ 726 Abs. 1 ZPO).** Nach § 726 Abs. 1 ZPO ist, wenn die Vollstreckung vom Eintritt einer vom Gläubiger zu beweisenden Tatsache (zB Beseitigung von Baumängeln durch den Gläubiger; Fälligkeit des Zahlungsanspruchs erst nach Kündigung durch den Gläubiger; zu den komplexen Fällen: MüKoZPO/*Wolfsteiner* § 726 ZPO Rn. 6–15) abhängig ist, die Klausel erst zu erteilen, wenn der Beweis durch qualifizierte Urkunden geführt wird. Der Nachweis ist entbehrlich, wenn der Eintritt der Tatsache offenkundig ist (§ 291 ZPO) oder ausdrücklich zugestanden wurde (§ 288 ZPO; § 138 Abs. 3 ZPO ist nicht anzuwenden; BGH Rpfleger 2005, 611). Zulässig ist die Vereinbarung einer erleichterten Beweisführung (zB mit Privaturkunden; OLG Stuttgart NJW-RR 1986, 549). Ist ein Nachweis des Tatsacheneintritts nicht möglich, muss der Gläubiger zum Prozessgericht **Klage** auf Erteilung der Vollstreckungsklausel erheben (§ 731 ZPO). Wird der Klage stattgegeben und ist nunmehr die **Klausel** zu erteilen, obliegt die Klauselerteilung nach überwiegender Auffassung dem Rechtspfleger (LG Stuttgart Rpfleger 2000, 537; Hk-ZPO/*Kindl* ZPO § 731 Rn 9; *Kindl/Meller-Hannich/Wolf/Giers* ZPO § 731 Rn. 14; Musielak/*Lackmann* ZPO § 731 Rn. 8; Stein/Jonas/*Münzberg* ZPO § 731 Rn. 16; *Wüllenkemper* Rpfleger 1989, 87). Richtigerweise wird in diesen Fällen die Klausel vom UdG erteilt (MüKoZPO/*Wolfsteiner* § 731 ZPO Rn. 16; Thomas/Putzo/*Seiler* ZPO § 731 Rn. 8; Zöller/*Stöber* ZPO § 731 Rn. 6; *Bassenge/Roth* Rn. 28; AMHRH/*Rellermeyer* Rn. 35; *Napierala* Rpfleger 1989, 493). Für die Zuständigkeit des Rechtspflegers spricht zwar der Gesetzeswortlaut, denn die zu erteilende Klausel ist immer noch eine Klausel nach § 726 Abs. 1 ZPO; Sinn und Zweck der gesetzlichen Zuweisung (= Prüfung der schwierigen Voraussetzungen des § 726 ZPO) sind jedoch nicht erfüllt, denn alle erforderlichen Prüfungen hat bereits das Prozessgericht vorgenommen.

50 § 795b ZPO überträgt die Klauselerteilung dem **UdG,** wenn die Wirksamkeit gerichtlicher Vergleiche ausschließlich vom Eintritt einer sich aus der Verfahrensakte ergebenden Tatsache abhängig ist (vgl. dazu *Sandhaus* Rpfleger 2008, 236; damit hat sich der frühere Meinungsstreit zur Zuständigkeit Rechtspfleger/UdG erledigt; vgl. dazu BGH Rpfleger 2006, 87 und die Vorauflage Rn. 34). In den Anwendungsbereich der Vorschrift fallen insbesondere unter Widerrufsvorbehalt geschlossene Vergleich, wenn das Gericht Adressat des Widerrufs ist und ein, unter der (aufschiebenden) Bedingung rechtskräftiger Scheidung, geschlossener Unterhaltsvergleich.

51 **b) Titelübertragende Klausel (§ 727 ZPO).** Nach **§ 727 ZPO** ist unter bestimmten Voraussetzungen die Klausel für oder gegen den Rechts- oder Besitznachfolger einer Partei zu erteilen. Entsprechendes gilt dies für den eine Vollstreckungsnachfolge regelnden **§ 93 Abs. 1 ZVG** (OLG Hamm Rpfleger 1989, 165; AMHRH/*Rellermeyer* Rn. 35; *Böttcher* ZVG § 93 Rn. 2; **aA** OLG Frankfurt Rpfleger 1989, 209 Klauselerteilung erfolgt durch den UdG; *Stöber* ZVG § 93 Nr. 2, 3: § 726 Abs. 1 ZPO ist analog anzuwenden). Da Rechtsnachfolge iSv § 727 ZPO auch beim **gesetzlichen Übergang** von Ansprüchen nach § 72 Abs. 2 SGB II, § 187 SGB III, § 94 SGB XII, § 7 UVorschG, § 37 BAföG vorliegt, besteht die Rechtspflegerzuständigkeit auch in diesen Fällen (MüKoZPO/*Wolfsteiner* § 727 Rn. 23*).* Bezieht sich der Forderungsübergang auf Urkunden, die vom **Urkundsbeamten des Jugendamts** aufgenommen wurden (vgl. § 59 SGB VIII), ist das **Ju-**

Bürgerliche Rechtsstreitigkeiten § 20

gendamt auch für die Erteilung der Rechtsnachfolgeklausel zuständig (§ 60 SGB VIII; LG Berlin Rpfleger 1970; MüKoZPO/*Wolfsteiner* § 797 Rn. 45).

Die Klauselerteilung für bzw. gegen den **Insolvenzverwalter** (BGH Rpfleger 52 2005, 610) und den vorläufigen Insolvenzverwalter, wenn dieser verwaltungs- verfügungsbefugt ist (§ 22 Abs. 1 InsO), obliegt ebenfalls dem Rechtspfleger.

c) Weitere Fälle der Klauselerteilung. Nach **§ 728 ZPO** ist § 727 ZPO ent- 53 sprechend anwendbar, wenn ein gegenüber dem Vorerben ergangenes Urteil für oder gegen den Nacherben vollstreckt werden soll, oder wenn eine Klauselerteilung im Verhältnis Testamentsvollstrecker/Erbe in Frage kommt.

Nach **§ 729 ZPO** ist § 727 ZPO entsprechend anwendbar auf die dort genann- 54 ten Fälle **eines kraft Gesetzes** eintretenden Schuldbeitritts, der eine Vollstreckungsnachfolge erzeugt (MüKoZPO/*Wolfsteiner* § 729 Rn. 2).

§ 729 **Abs. 1** ZPO erfasst eine **Vermögensübernahme,** die nach § 419 BGB 55 aF vor dem 1.1.1999 stattgefunden hat (Art. 223a EGBGB) sowie die Übernahme sonstiger Sondervermögen, die eine Schuldenhaftung des Erwerbers auslöst, wie zB der Erbschaftskauf nach § 2382 BGB (dazu: MüKoZPO/*Wolfsteiner* § 729 Rn. 6; Thomas/Putzo/*Seiler* ZPO § 729 Rn. 2).

Das gleiche gilt nach § 729 **Abs. 2** für die **Firmenübernahme** im Anwendungs- 56 bereich von § 25 HGB. Entsprechendes gilt für die Fälle des Geschäftseintritts nach § 28 HGB und des Gesellschafterbeitritts nach § 130 HGB (MüKoZPO/*Wolfsteiner* § 729 Rn. 10, 15). Die (analoge) Anwendung des § 729 Abs. 2 ZPO auf den Fall des Gesellschafterbeitritts bei der BGB-Außengesellschaft ist strittig (bejahend: BGH NJW 2003, 1803 mAnm *K. Schmidt;* Thomas/Putzo/*Seiler* ZPO § 729 Rn. 3; verneinend: MüKoZPO/*Wolfsteiner* § 729 Rn. 16; *Deckenbrock/Dötsch* Rpfleger 2003, 644).

Unter bestimmten Umständen kann gem. **§ 733 ZPO** eine weitere vollstreck- 57 bare Ausfertigung erteilt werden. Über den Antrag entscheidet der Rechtspfleger. Das Geschäft kann auf den UdG **übertragen** werden (§ 36b Abs. 1 Nr. 3).

Der Gläubiger eines Nießbrauchbestellers kann sich über **§ 738 iVm § 727** 58 **ZPO** auf einfachem Weg einen Titel gegen den Nießbraucher beschaffen. Sonst müsste er Duldungsklage (§ 737 ZPO) erheben. In der Klausel ist die Vollstreckbarkeit des Titels in die dem Nießbrauch unterliegenden Gegenstände (nicht: in das persönliche Vermögen des Nießbrauchers) zu bescheinigen (MüKoZPO/*Wolfsteiner* § 738 Rn. 1).

Auch **§ 742 ZPO** enthält eine entsprechende Anwendung der Grundsätze des 59 § 727 ZPO auf Fälle eines gegen das Gesamtgut einer ehelichen Gütergemeinschaft vollstreckbaren Titel bei einer nach Rechtshängigkeit erst eingetretenen Gütergemeinschaft.

Nach **§ 744 ZPO** ist § 727 ZPO entsprechend anwendbar auf die Klauseltei- 60 lung nach Beendigung einer ehelichen Gütergemeinschaft.

Nach **§ 744a ZPO** gilt dasselbe (und auch § 742 ZPO) für den optierten Güter- 61 stand der Eigentums- und Vermögensgemeinschaft nach Art. 234 § 4 Abs. 2 EGBGB. Die Vorschrift ist zwar in Nr. 12 nicht ausdrücklich genannt, sie wird jedoch wegen ihres Zusammenhanges mit § 727 ZPO auch in die hier erörterte Zuständigkeit fallen (so auch: AMHRH/*Rellermeyer* Rn. 36).

Gem. **§ 745 Abs. 2 ZPO** gelten die §§ 743, 744 ZPO nach der Beendigung 62 einer fortgesetzten Gütergemeinschaft insoweit, als nunmehr die Klauselerteilung gegen den überlebenden Ehegatten bzw. die anteilsberechtigten Abkömmlinge möglich ist.

§ 20 3. Abschnitt. Dem Rechtspfleger übertragene Geschäfte

63 In § 749 **ZPO** ist die Anwendbarkeit von § 727 ZPO im Falle der Testamentsvollstreckung geregelt.

64 **d) Rechtsbehelfe.** Gegen die **Erteilung** der Vollstreckungsklausel (einfache, qualifizierte) findet als lex specialis die Klauselerinnerung nach **§ 732 ZPO** statt. § 11 RPflG (beim Rechtspfleger) bzw. § 573 ZPO (beim UdG) und auch § 766 ZPO werden durch diesen speziellen Rechtsbehelf verdrängt (OLG Naumburg FamRZ 2003, 695; LG Detmold JurBüro 2011, 274; Thomas/Putzo/*Seiler* ZPO § 732 Rn. 1). Bestreitet der Schuldner bei der Erteilung qualifizierter Klauseln (§§ 726 Abs. 1, 727 ff. ZPO) den Eintritt der Tatsache bzw. die Rechtsnachfolge, kann er wahlweise auch Klauselgegenklage (§ 768 ZPO) erheben. Der Erinnerung (§ 732 ZPO) können Rechtspfleger bzw. UdG abhelfen (OLG Koblenz FamRZ 2003, 108; OLG Stuttgart Rpfleger 1997, 521).

65 **Lehnt** der Rechtspfleger des Amts- oder Landgerichts (erster Rechtszug) **die Klauselerteilung ab,** ist seine Entscheidung mit der sofortigen Beschwerde (§ 11 Abs. 1 RPflG, § 567 Abs. 1 Nr. 2 ZPO) anfechtbar (vgl. LAG Düsseldorf Rpfleger 2006, 90). Gegen die Ablehnung durch den Rechtspfleger des OLG findet die Erinnerung (§ 11 Abs. 2) statt (MüKoZPO/*Wolfsteiner* § 724 Rn. 54). Die Ablehnung durch den UdG ist mit der Erinnerung (§ 573 ZPO) anfechtbar.

13. Erteilung weiterer vollstreckbarer Ausfertigungen von Urkunden (Nr. 13)

66 Unter bestimmten Voraussetzungen (vgl. § 733 ZPO) kann eine weitere vollstreckbare Ausfertigung von **gerichtlichen Urkunden** und, nach gerichtlicher Entscheidung auch von **notariellen bzw. Jugendamtsurkunden** erteilt werden (§ 797 Abs. 3 ZPO, § 60 S. 3 Nr. 2 SGB VIII). Die Erteilung bzw. Entscheidung obliegt dem Rechtspfleger.

67 Für die Erteilung einer **weiteren vollstreckbaren** Ausfertigung einer **gerichtlichen** Urkunde bedarf es einer Entscheidung des Gerichts, das die Urkunde verwahrt (§ 797 Abs. 1, 3 ZPO). Der Rechtspfleger entscheidet nach Anhörung des Schuldners (§ 733 Abs. 1 ZPO) und erteilt ggf. die weitere vollstreckbare Ausfertigung. Die Erteilung der weiteren vollstreckbaren Ausfertigung kann dem UdG **übertragen** werden (§ 36b Abs. 1 Nr. 4).

68 Ist eine **weitere vollstreckbare Ausfertigung** einer **notariellen Urkunde** beantragt worden, hat der verwahrende Notar von Amts wegen den Antrag dem AG vorzulegen, in dessen Bezirk er seinen Amtssitz hat (§ 797 Abs. 3 ZPO; BayObLG Rpfleger 2000, 74; OLG Düsseldorf DNotZ 1977, 571). Dem zuständigen **Rechtspfleger** obliegen die Anhörung der Parteien und die Entscheidung, ob eine weitere Ausfertigung erteilt werden kann. Die **Erteilung selbst** nimmt der Notar vor, dem auch die Prüfungskompetenz für die weiteren Ausfertigungsvoraussetzungen (Klauselvoraussetzungen) zukommt (OLG Düsseldorf DNotZ 1977, 571; MüKoZPO/*Wolfsteiner* § 797 Rn. 5).

69 Die von **Beamten oder Angestellten des Jugendamts** nach § 59 SGB VIII errichteten Urkunden werden vom **Jugendamt** vollstreckbar ausgefertigt. Soll jedoch eine weitere vollstreckbare Ausfertigung erteilt werden, so ist – wie bei notariellen Urkunden – eine Entscheidung des AG zu erwirken (§ 60 Abs. 2 S. 3 Nr. 2 SGB VIII). Auch dafür ist der **Rechtspfleger** zuständig.

70 **Konsularische Urkunden** müssen, sollen sie vollstreckbar ausgefertigt werden, nach § 10 Abs. 3 Nr. 5 S. 2 KonsG dem **AG Berlin-Schöneberg** zur amtlichen

Bürgerliche Rechtsstreitigkeiten **§ 20**

Verwahrung übergeben werden. Dieses Gericht entscheidet dann auch über die Erteilung einer weiteren vollstreckbaren Ausfertigung. Da die Vorschriften für gerichtliche Urkunden anwendbar sind (MüKoZPO/*Wolfsteiner* § 797 Rn. 47), ist auch hier die Zuständigkeit des **Rechtspflegers** gegeben.

14. Fristbestimmung zur Klageerhebung (Nr. 14)

Die Eilverfahren Arrest und einstweilige Verfügung sind dem **Richter** zugewiesen. Bereits das RPflG 1957 (§ 19 Nr. 11) hat dem **Rechtspfleger** aber **einzelne** Maßnahmen und Entscheidungen übertragen. 71

Nach **§ 926 Abs. 1 ZPO** hat das Arrestgericht, wenn die Hauptsache noch nicht anhängig ist, auf Antrag anzuordnen, dass die Partei, die den Arrestbefehl erwirkt hat, binnen einer zu bestimmenden Frist Klage zu erheben habe. Dies gilt über § 936 ZPO auch im Verfahren der einstweiligen Verfügung. Für die **Fristsetzung** ist der Rechtspfleger zuständig; das gilt auch für die Entscheidung über eine Fristverlängerung (§ 224 Abs. 2 ZPO, § 4 Abs. 1; MüKoZPO/*Drescher* § 926 Rn. 9; Zöller/*Vollkommer* ZPO § 926 Rn. 8; *Bassenge*/*Roth* Rn. 30). Die nach fruchtlosem Fristablauf anzuordnenden Sanktionen (vgl. §§ 926 Abs. 2, 936 ZPO) obliegen dem Richter. Ist der Antrag auf Fristsetzung bereits mit dem Arrestgesuch verbunden worden, entscheidet darüber, wegen des Sachzusammenhangs, der Richter (§ 6; MüKoZPO/*Drescher* § 926 Rn. 4; Zöller/*Vollkommer* ZPO § 926 Rn. 9; Stein/Jonas/*Grunsky* § 926 ZPO Rn. 3). 72

Die Fristsetzung durch den Rechtspfleger kann der Gläubiger mit der befristeten Erinnerung (§ 11 Abs. 2) angreifen; gegen die Antragsabweisung findet die sofortige Beschwerde (§ 11 Abs. 1, § 567 Abs. 1 Nr. 2 ZPO) statt (OLG Stuttgart Rpfleger 2008, 475). 73

15. Aufhebung eines vollzogenen Arrestes (Nr. 15)

Das Geschäft wurde dem Rechtspfleger bereits durch § 11 Abs. 1 lit. h REntlV und § 19 Nr. 12 RPflG 1957 übertragen. 74

Wird der in einem Arrestbefehl als sog Lösungssumme angeordnete Geldbetrag (§ 923 ZPO) hinterlegt, so sind bisher vorgenommene Vollzugsmaßnahmen (vgl. § 928 ZPO; nicht etwa der Arrestbefehl selbst!) aufzuheben (**§ 934 Abs. 1 ZPO**). Zuständig ist das Vollstreckungsgericht; bestand der Vollzug in der Pfändung einer Forderung, entscheidet das Arrestgericht (vgl. § 930 Abs. 1 S. 3 ZPO; Thomas/Putzo/*Seiler* ZPO § 934 Rn. 2). Die Aufhebungsentscheidung ist vom zuständigen Vollstreckungsorgan nach den allgemeinen Regeln (zB Pfandsiegelabnahme durch den GV) zu vollziehen. Bestand der Arrestvollzug in der Eintragung einer Arresthypothek (§ 932 ZPO), so führt bereits die Hinterlegung, nicht erst die Aufhebung nach § 932 Abs. 2 ZPO, den Übergang des Rechts auf den Eigentümer herbei (§ 868 Abs. 2 ZPO). 75

Für die in **§ 934 Abs. 2 ZPO** geregelte Aufhebung der Arrestvollziehung, weil der Antragsteller einen Kostenvorschuss nicht erbracht hat, ist der **Richter** zuständig. 76

16. Forderungspfändung und Schiffspfändung aus einem Arrestbefehl (Nr. 16)

Die Geschäfte wurden dem Rechtspfleger durch RPflG 1957 (§ 19 Nr. 13) und RPflG 1969 übertragen. 77

§ 20   3. Abschnitt. Dem Rechtspfleger übertragene Geschäfte

78   Der Arrest kann ua vollzogen werden durch die **Pfändung von Forderungen** (§ 930 Abs. 1 ZPO) oder durch die **Pfändung eines Schiffs bzw. Schiffsbauwerkes** (§ 931 Abs. 1, 2 ZPO). Diese Vollstreckungsmaßnahmen sind dem Arrestgericht als Vollstreckungsgericht zugewiesen (§§ 930 Abs. 1 S. 3, 931 Abs. 3 ZPO). Das **Arrestgericht** kann die **Pfändung** entweder dergestalt aussprechen, dass es die Pfändungsanordnung in den Arrestbeschluss oder das Urteil (MüKoZPO/*Drescher* § 930 ZPO Rn. 4) mit aufnimmt; dafür ist dann der **Richter** schon wegen des Sachzusammenhangs zuständig. Die Pfändung kann jedoch auch durch einen **gesonderten Beschluss** angeordnet werden, den dann der **Rechtspfleger** des Arrestgerichts erlässt.

79   Sind die in § 930 ZPO genannten Maßnahmen **abzuändern,** so geschieht dies durch das Organ, das sie getroffen hat (*Bassenge/Roth* Rn. 31; AMHRH/*Rellermeyer* Rn. 47; aA LG München I Rpfleger 1989, 400: Abänderung eines Pfändungsbeschlusses, der im Arrestbefehl enthalten war, durch den Rechtspfleger). Ist eine **weitere, zusätzliche** Vollstreckungsmaßnahme (zB Pfändung einer weiteren Forderung) notwendig, so entscheidet der **Rechtspfleger** (OLG München Rpfleger 1975, 34).

17. Anordnungen nach § 21 AVAG und § 51 AUG (Nr. 16a)

80   Nr. 16a wurde durch G v. 23.5.2011, BGBl. I S. 898, Hs. 2 angefügt. Eine ausdrückliche Übertragung dieser Angelegenheiten auf den Rechtspfleger war erforderlich, da es sich um keine Geschäfte nach dem 8. Buch der ZPO handelt. Nr. 17 S. 1 erfasst sie deshalb nicht.

81   Nach **§ 21 AVAG bzw. § 51 AUG** kann in Fällen, in denen bei der Vollstreckung ausländischer Titel zunächst nur Sicherungsmaßnahmen (Sicherungsvollstreckung) zulässig sind (vgl. § 18 AVAG; §§ 50, 52 ff. AUG), eine Anordnung, vergleichbar der des § 930 Abs. 3 ZPO erlassen werden. Anzuordnen ist, dass gepfändete Sachen bei drohendem Wertverlust oder unverhältnismäßigen Aufbewahrungskosten zu versteigern und der Erlös zu hinterlegen ist.

82   Auch für eine Anordnung nach **§ 930 Abs. 3 ZPO** (Versteigerung beweglicher Sachen bei drohendem Wertverlust oder hohem Kostenanfall) ist der **Rechtspfleger** zuständig, weil die Anordnung dem Vollstreckungsgericht zugewiesen ist und mithin unter Nr. 17 fällt (MüKoZPO/*Drescher* § 930 Rn. 9).

18. Zwangsvollstreckung (Nr. 17)

83   **a) Allgemeines.** Im **Zwangsvollstreckungsverfahren** nach dem 8. Buch der ZPO ist der Rechtspfleger, vorbehaltlich der unten (→ Rn. 117 ff.) dargestellten Ausnahmen, zuständig soweit Geschäfte zu erledigen sind von
– dem Vollstreckungsgericht (→ Rn. 85 ff.),
– einem von diesem ersuchten Gericht (→ Rn. 111),
– einem anderen AG in den Fällen der §§ 848, 854, 855 ZPO (→ Rn. 112 ff.) oder
– dem Verteilungsgericht (→ Rn. 115).

84   Durch die Aufnahme in § 3 Nr. 3 lit. a behandelt der Gesetzgeber gesetzessystematisch die Zwangsvollstreckungsangelegenheiten als Einzelübertragung. Demgegenüber ist jedoch **§ 20 Nr. 17 S. 1**, betrachtet man die Norm isoliert, als typische **Vorbehaltsübertragung** ausgestaltet: Sie weist dem Rechtspfleger Vollstreckungssachen pauschal zu und nimmt Einzelgeschäfte aus. Das rechtfertigt eine Interpretation nach den für die Vorbehaltsübertragung geltenden Grundsätzen (→ § 3 Rn. 12,

Bürgerliche Rechtsstreitigkeiten **§ 20**

13): Zuständigkeitsvermutung für den Rechtspfleger, enge Auslegung der Richtervorbehalte (ebenso: AMHRH/*Rellermeyer* Rn. 52).

b) Vollstreckungsgericht. Die Maßnahmen des Vollstreckungsgerichts sind 85 nachstehend (→ Rn. 88-110) aufgezählt. **Nicht** dem Vollstreckungsgericht zugewiesen ist, schon nach dem abweichenden Sprachgebrauch in § 758a Abs. 4 ZPO, die **Erlaubnis zur Vollstreckung in Wohnungen zur Nachtzeit** (21–6 Uhr) sowie an Sonn- und Feiertagen. Sie ist nach überwiegender Auffassung vom Richter zu erteilen (KG DGVZ 1975, 57; OLG Düsseldorf NJW 1978, 2205; Zöller/*Stöber* ZPO § 758a Rn. 35; MüKoZPO/*Heßler* § 758a Rn. 54; Thomas/Putzo/*Seiler* ZPO § 758a Rn. 31; *Bassenge/Roth* Rn. 64; AMHRH/*Rellermeyer* Rn. 64).

Über die **Klage auf vorzugsweise Befriedigung** (§ 805 ZPO) hat zwar, sofern 86 die sachliche Zuständigkeit des Amtsgerichts überhaupt besteht, nach § 805 Abs. 2 ZPO das Vollstreckungsgericht zu entscheiden. Es handelt sich jedoch um ein typisches streitiges **Prozessverfahren,** das bei teleologischer Auslegung nicht unter Nr. 17 fallen kann (ebenso: *Bassenge/Roth* Rn. 34); zuständig ist der **Richter.**

In die **Rechtspflegerzuständigkeit** fallen: 87

aa) Vollstreckungsschutz. Entscheidungen über Vollstreckungsschutz **nach** 88 **§ 765a ZPO.** Wird der Antrag in ein Erinnerungs- oder anderes vollstreckungsrechtliches Verfahren, für das der Richter zuständig ist, mit eingebracht (s dazu MüKoZPO/*Heßler* § 765a Rn. 81), ist **§ 6** (Sachzusammenhang) anzuwenden. Demgegenüber hat LG Frankenthal (Rpfleger 1984, 28) in einem Verfahren gem. § 887 ZPO die Bearbeitung des Schutzantrags durch den Rechtspfleger deshalb für zutreffend erachtet, weil die prozessgerichtliche Anordnung bereits erlassen und unanfechtbar war. Dem ist zuzustimmen. Wird jedoch der Schutzantrag in ein noch nicht durch Entscheidung beendetes Richterverfahren eingebracht, ist eine Entscheidung allein des Schutzantrags durch den Rechtspfleger zwar wirksam (er ist zuständig), jedoch wegen des evidenten Sachzusammenhangs untunlich. Wird der Antrag im Insolvenzverfahren gestellt, entscheidet das Insolvenzgericht darüber (BGH Rpfleger 2008, 150).

Es handelt sich um eine echte Streitentscheidung des Rechtspflegers (*Eickmann* 89 Rpfleger 1976, 153, 156). Verfassungsrechtliche Bedenken gegen die Übertragung bestehen nicht, da über das Rechtsbehelfsverfahren die richterliche Entscheidung herbeigeführt werden kann (vgl. MüKoZPO/*Heßler* § 764 Rn. 21; ausführlich auch *Gaul/Schilken/Becker-Eberhard* § 27 III 3 mwN; *Gaul* Rpfleger 1971, 46).

bb) Einstellung der Zwangsvollstreckung
– Einstellung der Vollstreckung in **Eilfällen** nach **§ 769 Abs. 2 ZPO** unter Be- 90 stimmung einer Frist, innerhalb der die Entscheidung des Prozessgerichts beizubringen ist.
– Einstellung der Vollstreckung nach **§§ 775, 776, 1085 ZPO,** sofern es sich um eine Vollstreckung handelt, bei der der Rechtspfleger als Vollstreckungsorgan (Vollstreckungsgericht, ersuchtes Gericht, anderes AG, Grundbuchamt) berufen ist.

cc) Bestellung eines Vertreters
– Bestellung eines einstweiligen besonderen Vertreters nach **§ 779 Abs. 2 ZPO** 91 bei Fortsetzung der Zwangsvollstreckung nach dem Tod des Schuldners.
– Bestellung eines Vertreters bei der Zwangsvollstreckung in ein herrenloses Grundstück, Schiff, Schiffsbauwerk nach **§ 787 ZPO.**

§ 20 3. Abschnitt. Dem Rechtspfleger übertragene Geschäfte

92 **dd) Austauschpfändung; Pfändung von Haustieren.** Zulassung der Austauschpfändung (§ 811a ZPO) und Zulassung der (ausnahmsweisen) Pfändung eines **Haustieres** (§ 811c ZPO).

93 **ee) Anordnung einer Schätzung.** Entscheidung über die Schätzung gepfändeter Sachen nach **§ 813 Abs. 1 ZPO**.

94 **ff) Ermächtigung zur Wertpapierverwertung.** Ermächtigung des Gerichtsvollziehers zur Verwertung von Wertpapieren nach §§ 822, 823 ZPO

95 **gg) Anordnung einer anderen Verwertungsart.** Die Anordnung der Versteigerung einer gepfändeten Sache durch eine **andere Person** als den Gerichtsvollzieher nach **§ 825 Abs. 2 ZPO**. Im Verfahren nach **§ 825 ZPO** kann auch der **Unpfändbarkeitseinwand** (§ 811 ZPO) mit entschieden werden. Eine Richtervorlage gem. § 766 ZPO erscheint entbehrlich, weil der Rechtspfleger nur incidenter entscheidet. Hält er § 811 ZPO nicht für gegeben, kann der Schuldner die gem. § 825 Abs. 2 ZPO ergehende Entscheidung angreifen. Jedes andere Verfahren wäre unökonomisch (wie hier: *Lüke* JuS 1970, 629, 630; **aA** Behandlung des Einwandes der Unpfändbarkeit als Erinnerung nach § 766 ZPO die hM: MüKoZPO/*Gruber* § 825 Rn. 16; Zöller/*Stöber* ZPO § 825 Rn. 15; *Schuschke/Walker* § 825 Rn. 20; vgl. dazu ferner OLG Frankfurt a. M. Rpfleger 1980, 303 zur Aufklärung des Schuldners).

96 **hh) Anordnung abweichender Zuständigkeit.** Die Anordnung, dass ein anderer Gerichtsvollzieher Verrichtungen zu übernehmen hat nach § **827 Abs. 1 ZPO**.

97 **ii) Bestimmung des Gerichtsvollziehers.** Die Bestimmung des Gerichtsvollziehers für die Zwangsvollstreckung gegen eine juristische Person des öffentlichen Rechts nach **§ 882a Abs. 1 S. 3 ZPO**.

98 **jj) Pfändung von Forderungen und anderen Vermögensrechten.** Verfahren der Zwangsvollstreckung in Forderungen und andere Vermögensrechte nach **§§ 828–863 ZPO.** Dem Rechtspfleger obliegen die Entscheidung über den Antrag auf Erlass des Pfändungs- und Überweisungsbeschlusses, die Anordnung einer anderen Verwertungsart (§ 844 ZPO), die Bestellung des Treuhänders nach § 847a ZPO (wegen des Sequesters nach § 848 s. Rn. 113), die Entscheidungen nach § 850b Abs. 2, § 850c Abs. 4, § 850e Nr. 2, 2a und 4, § 850k Abs. 4 und 9 ZPO. Der Rechtspfleger ist auch zuständig zur Klarstellung seines als Blankettbeschluss erlassenen Pfändungs- und Überweisungsbeschlusses (BGH Rpfleger 2006, 202).

99 Der Rechtspfleger ist weiter zuständig für die Entscheidungen gem. **§ 850f ZPO**. Die Beurteilung des Gläubigeranspruchs durch das Prozessgericht bindet ihn bei der Pfändung nach § 850f Abs. 2 ZPO (BGH NJW-RR 2011, 791; BGH NJW-RR 2003, 515).

100 Die Entscheidung nach § 850f Abs. 1 ZPO trifft im Insolvenzverfahren das Insolvenzgericht (§ 36 Abs. 4 InsO; OLG Köln Rpfleger 2001, 92). Bei Lohnabtretung kann § 850f Abs. 1 ZPO entsprechend angewendet werden, zuständig ist aber das Prozessgericht (BGH NJW-RR 2003, 1367).

101 Die Rechtspflegezuständigkeit umfasst ferner das **Änderungsverfahren nach § 850g ZPO** (über dessen Verhältnis zu § 766 ZPO s. MüKoZPO/Smid, § 850g Rn. 4), die Gewährung von **Pfändungsschutz** nach **§ 850i ZPO** (= sonstige Einkünfte), **§ 851a ZPO** (= Einkünfte aus dem Verkauf landwirtschaftlicher Erzeugnisse) und **§ 851b ZPO** (= Miet- und Pachteinkünfte).

Bürgerliche Rechtsstreitigkeiten **§ 20**

Schließlich obliegen dem Rechtspfleger Anordnungen nach **§ 857 Abs. 4 und** 102
5, § 858 ZPO sowie die Pfändung und Überweisung des Anspruchs auf Herausgabe einer Sache nach **§ 886 ZPO.**

kk) Eidesstattliche Versicherung nach bürgerlichem Recht (§ 889 ZPO). 103
Ist der Schuldner nach den **§§ 259, 260, 2028, 2057 BGB** zur Abgabe einer eidesstattlichen Versicherung **verurteilt** worden, so ist ihm die Versicherung auf Gläubigerantrag durch das Vollstreckungsgericht abzunehmen; zuständig ist der Rechtspfleger. Für das Verfahren gelten die §§ 478–480 und 483 ZPO entsprechend. Erscheint der Schuldner nicht zum Termin oder verweigert er die Abgabe der eidesstattlichen Versicherung, ist nach § 888 ZPO zu verfahren (§ 889 Abs. 2 ZPO). Die Zwangsmaßnahmen obliegen zwar nicht dem Prozessgericht, denn „das Vollstreckungsgericht" verfährt nach § 888 ZPO, dennoch ist für ihre Anordnung, da auch Zwangshaft verhängt werden kann, der Richter zuständig (§ 4 Abs. 2 Nr. 2; Zöller/*Stöber* ZPO § 889 Rn. 4; MüKoZPO/*Gruber* § 889 Rn. 10; *Brehm* NJW 1975, 249, 250; Musielak/*Lackmann* ZPO § 899 Rn. 4; *Hornung* Rpfleger 1998, 381, 405; **aA** AMHRH/*Rellermeyer* Rn. 59; *Bassenge/Roth* Rn. 36).

Will der Schuldner die Versicherung **freiwillig** abgeben (dh ohne dass er dazu 104
verurteilt wurde), handelt es sich um eine **weitere Angelegenheit der freiwilligen Gerichtsbarkeit** (§ 23 Abs. 2 Nr. 5 GVG, § 410 Nr. 1 FamFG). Das Verfahren richtet sich nach §§ 410–413 FamFG iVm §§ 478–480 und 483 ZPO und ist in vollem Umfang dem Rechtspfleger übertragen (**§ 3 Nr. 1 lit. b).**

ll) Schuldnerverzeichnis nach §§ 882b–882h ZPO. §§ 882b–882h ZPO 105
wurden mit Wirkung v. 1.1.2013 durch Art. 1 Nr. 17 G zur Reform der Sachaufklärung in der Zwangsvollstreckung v. 29.7.2009, BGBl. I S. 2258, eingefügt (vgl. dazu *Vollkommer* NJW 2012, 3681; *Dörndorfer* JurBüro 2012, 617).

Das Schuldnerverzeichnis fungiert als Auskunftsregister über die Kreditunwür- 106
digkeit einer Person und wird landesweit von einem **zentralen Vollstreckungsgericht** als Internetregister geführt (§§ 882b Abs. 1, 882h Abs. 1 ZPO). An dieser neuen Zweckbestimmung orientieren sich Eintragungsinhalte und Eintragungsgründe. Einzutragen sind die in § 882b Abs. 2 und 3 ZPO aufgelisteten Daten. Eintragungen (auch mehrfache) werden vom **Gerichtsvollzieher** von Amts wegen angeordnet (§ 882c Abs. 1 ZPO nF), wenn der Schuldner
– die Abgabe der Vermögensauskunft verweigert hat (§ 882c Abs. 1 Nr. ZPO nF),
– die Vermögensauskunft zwar abgeben hat, aber eine Prognoseentscheidung des Gerichtsvollziehers ergibt, dass nach dem Inhalt des Vermögensverzeichnisses die Vollstreckung nicht zu einer vollständigen Befriedigung des Gläubigers führen wird (§ 882c Abs. 1 Nr. 2 ZPO),
– dem Gerichtsvollzieher nicht innerhalb eines Monats nach Abgabe der Vermögensauskunft oder Bekanntgabe der Zuleitung an einen Drittgläubiger (§ 802d Abs. 1 S. 2 ZPO) die vollständige Befriedigung des Gläubigers nachweist (§ 882c Abs. 1 Nr. 3 ZPO).

Die Einsicht in das Schuldnerverzeichnis ist über eine **Internetplattform** (www. 107
vollstreckungsportal.de) ua demjenigen gestattet, der darlegt, dass er die Angaben zum Zwecke der Zwangsvollstreckung benötigt (§§ 882f S. 1 Nr. 1, 882h Abs. 1 ZPO, § §§ 5, 6 SchuFV).

Gegen die Eintragungsanordnung kann der Schuldner binnen zwei Wochen 108
Widerspruch einlegen (§ 882d Abs. 1 ZPO); es entscheidet darüber der **Rechtspfleger** des zuständigen Vollstreckungsgerichts (§ 764 Abs. 2 ZPO). Gegen dessen Entscheidung findet die sofortige Beschwerde zum Landgericht statt (§ 11 Abs. 1,

§§ 567 ff., 793 ZPO). Dem Rechtspfleger des Vollstreckungsgerichts obliegt auch die Entscheidung über den Antrag des Schuldners auf einstweilige Aussetzung der Eintragung nach § 882d Abs. 2 S. 1 ZPO. Ferner ist der Rechtspfleger des zentralen Vollstreckungsgerichts zuständig für die Anordnung der vorzeitigen Löschung der Eintragung in das Schuldnerverzeichnis (§ 882e Abs. 3 ZPO).

109 Zur Auskunftspflicht des Schuldners und zur Durchsetzung der Schuldnerpflichten im Insolvenzverfahren nach §§ 97, 98 InsO → § 3 Rn. 184.

110 **mm) Widerspruch des Schuldners nach § 882d ZPO.** → Rn. 108.

111 **c) Verfahren eines von dem Vollstreckungsgericht ersuchten Gerichts.** Hierher gehören die Fälle der **§§ 156 ff. GVG,** denn im Rahmen seiner funktionellen Zuständigkeit kann der Rechtspfleger gem. § 4 Abs. 1 auch ein Rechtshilfeersuchen an ein anderes Gericht richten. Das ersuchte Gericht handelt durch den Rechtspfleger, sofern für die Maßnahme der Rechtspfleger zuständig wäre, handelte das ersuchende Gericht selbst.

112 **d) Geschäfte eines „anderen Amtsgerichts".** Das Gesetz nennt folgende Fälle der Rechtspflegerzuständigkeit:

113 **aa) Sequesterbestellung. §§ 848, 855 ZPO** = Bestellung eines **Sequesters** durch das AG der belegenen Sache bei Pfändung des Anspruchs auf Herausgabe oder Übertragung des Eigentums an einer unbeweglichen Sache. Ist für die Pfändung und Sequesterbestellung dasselbe Gericht zuständig, kann die Bestellung auch durch den Rechtspfleger des Vollstreckungsgerichts im Pfändungsbeschluss geschehen (Zöller/*Stöber* ZPO § 848 Rn. 3). Dem Rechtspfleger obliegt auch die Festsetzung einer Vergütung in Anwendung von § 153 ZVG (BGH NJW-RR 2005, 1283).

114 **bb) Ernennung eines Gerichtsvollziehers. § 854 Abs. 1 S. 2 ZPO** = Ernennung eines **Gerichtsvollziehers** zur Entgegennahme einer beweglichen Sachen nachdem ein Anspruch auf sie mehrfach gepfändet wurde.

115 **e) Verfahren des Verteilungsgerichts.** Im Verteilungsverfahren (§§ 872–882 ZPO) besteht in vollem Umfange die Zuständigkeit des Rechtspflegers.

116 Das Verfahren über die **Widerspruchsklage** (§§ 878–881 ZPO) ist dem Verteilungsgericht als **Prozessgericht** zugewiesen (MüKoZPO/*Eickmann* § 878 Rn. 1), so dass dort die Zuständigkeit des **Richters** besteht.

117 **f) Ausgenommene Geschäfte.** Neben den bereits erwähnten **Richterzuständigkeiten**
– Erlaubnis zur Vollstreckung in der Wohnung des Schuldners an Sonn- und Feiertagen sowie zur Nachtzeit nach **§ 758a Abs. 4 ZPO** (→ Rn. 85)
– Klage auf vorzugsweise Befriedigung nach **§ 805 ZPO** (→ Rn. 86),
– **Haftanordnung** (→ Rn. 103, 118),
– Widerspruchsklage im **Verteilungsverfahren** (→ Rn. 116),
besteht die Zuständigkeit des **Richters** in allen Verfahren und für alle Maßnahmen, die im 8. Buch der ZPO ausdrücklich dem **Prozessgericht** zugewiesen sind, also insbesondere für die **vollstreckungsrechtlichen Klagerechtsbehelfe nach §§ 732, 767, 771–774 ZPO.**

118 Dem Richter obliegen ferner der Erlass einer Durchsuchungsanordnung (Art 13 Abs. 2 GG; BVerfG NJW 1979, 1539) nach **§ 758a Abs. 1 S. 1 ZPO** (zum Vordruckzwang vgl. § 758a Abs. 6 ZPO iVm § 1 ZVFV; BGBl. I 2012 S. 1822; gilt nicht für Anträge nach § 287 Abs. 4 AO (BGH 20.3.2014 – VII ZB 64/13,

Bürgerliche Rechtsstreitigkeiten **§ 20**

BeckRS 2014, 357644), die Verlängerung oder Verkürzung einer Räumungsfrist nach **§§ 721, 794a ZPO** und der Erlass eines Haftbefehls nach **§ 802g ZPO**, wenn der Schuldner die Vermögensauskunft nach § 802c ZPO verweigert oder dem Termin (§ 802f ZPO) fernbleibt; ein nach Abgabe der Vermögensauskunft verbrauchter Haftbefehl kann vom Rechtspfleger aufgehoben werden, § 4 Abs. 2 Nr. 2 steht nicht entgegen (Thomas/Putzo/*Seiler* ZPO § 802g Rn. 13). Außerdem trifft der Richter die Entscheidung über Anträge auf Verweigerung, Aussetzung oder Beschränkung der Zwangsvollstreckung nach **§§ 1084, 1096, 1109 ZPO** (= Buch 11 ZPO, justizielle Zusammenarbeit in der EU).

Soweit die Zuständigkeit des Vollstreckungsgerichts besteht, enthält **Nr. 17 S. 2** 119 einen **Richtervorbehalt:** Vorbehalten ist das Erinnerungsverfahren des **§ 766 ZPO** (auch iV § 777 ZPO), einschließlich einstweiliger Anordnungen. Es kommt dabei nicht darauf an, ob sich die Erinnerung gegen eine Vollstreckungsmaßnahme des Gerichtsvollziehers oder des Gerichts richtet. Der Rechtsbehelf findet gegen **einseitige Maßnahmen der Vollstreckungsorgane,** die ohne Anhörung des Schuldners erlassen wurden, statt (zB Pfändungs-, Überweisungsbeschluss). § 766 ZPO geht § 11 RPflG als lex specialis vor (OLG Oldenburg Rpfleger 1978, 267; Thomas/Putzo/*Seiler* ZPO § 766 Rn. 2). Der Rechtspfleger kann der Erinnerung abhelfen und insoweit auch eine einstweilige Anordnung nach §§ 732 Abs. 2, 766 Abs. 1 S. 2 treffen (allgM; OLG Koblenz Rpfleger 1978, 227; *Bassenge/Roth* Rn. 41; AMHRH/*Rellermeyer* Rn. 63). Zur Zulässigkeit der Vollstreckungserinnerung allgemein s. Thomas/Putzo/*Seiler* ZPO § 766 Rn. 14–22). Zur Zuständigkeit des Insolvenzgerichts (Richter) → § 18 Rn. 9.

Über den Antrag des Insolvenzverwalters einen Zwangsgeldbeschluss des 120 Rechtspflegers aufzuheben, da die zu erzwingende Handlung vorgenommen wurde, entscheidet in analoger Anwendung des § 766 ZPO der nach § 18 zuständige Rechtspfleger (LG Oldenburg Rpfleger 1982, 351 m. kritischer Anm. *Uhlenbruck;* AMHRH/*Rellermeyer* Rn. 63).

Zur Behandlung des Unpfändbarkeitseinwands nach § 811 ZPO im Verfahren 121 nach § 825 ZPO → Rn. 95.

Nicht die Vollstreckungserinnerung (§ 766 ZPO), sondern die sofortige Be- 122 schwerde (§ 11 Abs. 1, §§ 567 ff., 793 ZPO) findet statt, wenn eine **Entscheidung** des Rechtspflegers vorliegt. Das sind Fälle, in denen dem Schuldner rechtliches Gehör gewährt wurde (OLG Köln NJW-RR 2001, 69; *Bassenge/Roth* Rn. 42). Der Schuldner soll zB angehört werden bei Entscheidungen nach §§ 850b Abs. 2, 850c Abs. 4, 850f Abs. 1, 850g, 850i, 850k Abs. 4 ZPO. Ob der Schuldner sich tatsächlich äußert ist unbeachtlich (*Hornung* Rpfleger 1989, 274).

III. Öffnungsklausel (Abs. 2, 3)

Die Öffnungsklausel wurde auf Vorschlag des Rechtsausschusses (BT-Drs. 17/ 123 1358) aufgenommen. Die Landesregierungen (Abs. 2) und, nach Übertragung auf sie (Abs. 3), die Landesjustizverwaltungen können danach bestimmen, dass die **Bedürftigkeitsprüfung** nach §§ 114, 115 ZPO sowie **Maßnahmen und Entscheidungen** nach § 118 Abs. 1 S. 3, Abs. 2 durch den Rechtspfleger vorzunehmen ist, wenn der Vorsitzende ihm das Verfahren insoweit überträgt.

§ 21 Festsetzungsverfahren

Folgende Geschäfte im Festsetzungsverfahren werden dem Rechtspfleger übertragen:
1. die Festsetzung der Kosten in den Fällen, in denen die §§ 103 ff. der Zivilprozessordnung anzuwenden sind;
2. die Festsetzung der Vergütung des Rechtsanwalts nach § 11 des Rechtsanwaltsvergütungsgesetzes;
3. die Festsetzung der Gerichtskosten nach den Gesetzen und Verordnungen zur Ausführung von Verträgen mit ausländischen Staaten über die Rechtshilfe sowie die Anerkennung und Vollstreckung gerichtlicher Entscheidungen und anderer Schuldtitel in Zivil- und Handelssachen.

Übersicht

	Rn.
I. Entwicklung; Normzweck	1–7
1. Entwicklung	1–7
II. Allgemeines	8–11
1. Übersicht	8
2. Einzelnen Verfahren in Kostensachen	9, 10
3. Insbesondere das Kostenfestsetzungsverfahren	11
III. Kostenfestsetzung nach §§ 103 ff. ZPO (Nr. 1)	12–16
1. Die übertragenen Bereiche	12–14
2. Die nicht übertragenen Bereiche	15
3. Festsetzung einer Vergütung aus der Staatskasse	16
IV. Vergütungsfestsetzung nach § 11 RVG (Nr. 2)	17, 18
V. Rechtsbehelfe	19–24
1. Kostenfestsetzung nach §§ 103 ff. ZPO	19–21
2. Vergütungsfestsetzung nach § 11 RVG	22
3. Andere Festsetzungsverfahren	23, 24
VI. Festsetzung der Gerichtskosten im internationalen Rechtsverkehr (Nr. 3)	25

I. Entwicklung; Normzweck

1. Entwicklung

1 Mit der Zivilprozessnovelle vom **1.6.1909** (→ Einl. Rn. 16) wurde das Kostenfestsetzungsverfahren in Zivilsachen vom Richter auf den UdG (zT auch noch als „Gerichtsschreiber" bezeichnet) zur selbständigen Erledigung übertragen; 1921 folgte die Übertragung für Strafsachen (→ Einl. Rn. 21). Da es sich um das (nach heutiger Terminologie) erste eigentliche „Rechtspflegergeschäft" handelte, bezeichnet man den Vorgang vom Jahre 1909 zu Recht als die **Geburtsstunde des Rechtspflegers** (→ Einl. Rn. 16).

2 Das RPflG 1957 verzichtete darauf, das Kostenfestsetzungsverfahren auf den Rechtspfleger zu übertragen, und beließ es – entsprechend der gesetzlichen Terminologie zB in § 104 Abs. 1 S. 1 ZPO aF („Die Entscheidung über das Festsetzungsgesuch ergeht durch den Urkundsbeamten der Geschäftsstelle") – bei diesem Rechtszustand. Die **Personalunion** von Rechtspfleger und UdG war damit weiter festgeschrieben. Die Landesjustizverwaltungen hatten nämlich mit der in tatsäch-

Festsetzungsverfahren **§ 21**

licher und rechtlicher Hinsicht schwierigen Materie der Kostenfestsetzung durchwegs Beamte des gehobenen Justizdienstes (= zum Rechtspfleger befähigte Beamte) betraut, die diese Aufgabe zusammen mit Rechtspflegeraufgaben wahrnahmen.

Das RPflG 1969 übertrug angesichts dieser Handhabung in der Praxis, und auch 3 im Zuge der Tendenz, den Dualismus zwischen dem Rechtspfleger und dem Urkundsbeamten weitgehend zu beseitigen (vgl. AMRHR/*Hintzen* Rn. 2; *Bassenge/Herbst* § 20 Rn. 1 und → Einl. Rn. 7; *Lappe* RpflBl. 1968, 44), die Kostenfestsetzung in § 23 Abs. 1 Nr. 1, 2 auf den **Rechtspfleger.** Ebenso übertragen wurde die Kostenfestsetzung im **internationalen Rechtshilfeverkehr** (§ 23 Abs. 1 Nr. 3, – ehemals richterliche Tätigkeit), da dieses Geschäft seinem Wesen nach mit der Festsetzung nach §§ 103 ff. ZPO vergleichbar ist.

Dem weitergehenden Vorschlag des Regierungsentwurfs, dem Rechtspfleger, 4 nach Beauftragung durch den Vorsitzenden, auch die **Festsetzung des Streitwerts** für die Gebührenberechnung zu übertragen (Argument: Der Rechtspfleger wird im Kostenrecht eingehend ausgebildet und erscheint daher grundsätzlich auch befähigt, Wertfestsetzungen vorzunehmen), ist der Gesetzgeber nicht gefolgt.

Die Tatsache, dass einerseits das Kostenfestsetzungsverfahren dem **Rechtspfleger** 5 übertragen war, andererseits aber der **UdG** in der ZPO stehen blieb (§ 104 Abs. 1 S. 1 ZPO aF, → Rn. 2 und → § 26 Rn. 22 zu „§ 21 Nr. 1"), verursachte bis hinauf zu den Senaten der Oberlandesgerichte (AMRH/*Hintzen* Rn. 2) Verwirrung. Das RpflVereinfG v. 17.12.1990, BGBl. I S. 2847, hat deshalb klarstellend für die ordentliche Gerichtsbarkeit und die Arbeitsgerichtsbarkeit (vgl. § 9 Abs. 3 ArbGG) die „Geschäftsstelle" bzw. den „Urkundsbeamten der Geschäftsstelle" in §§ 103 Abs. 2 S. 1, 104 Abs. 1 S. 1, 106 Abs. 1 S. 1, 107 Abs. 1 S. 2 ZPO durch das „Gericht" ersetzt (in der Verwaltungs-, Finanz- und Sozialgerichtsbarkeit ist dagegen – dort gibt es (noch) keinen Rechtspfleger – weiterhin der UdG zuständig, §§ 164 VwGO, § 149 Abs. 1 FGO, § 197 Abs. 1 SGG). Des Weiteren wurde aus Vereinfachungsgründen die eigenständige Regelung des Erinnerungsverfahrens in § 104 Abs. 3 ZPO aF aufgehoben; § 104 Abs. 3 S. 1 ZPO bestimmt nunmehr, dass gegen die Entscheidung die sofortige Beschwerde stattfindet. Damit wurde die umstr. Frage, ob auch die einen Kostenfestsetzungsantrag lediglich aus formellen Gründen zurückweisende Entscheidung mit der einfachen oder sofortigen Beschwerde anfechtbar ist, in letzterem Sinne entschieden. Ferner wurde die beispiellos verwirrende und misslungene (*Thomas/Putzo* ZPO, 16. Aufl. 1990, § 104 Anm. 4) Regelung des besonderen Erinnerungsverfahrens in § 21 Abs. 2 aF, mit ihrer Verweisung sowohl auf Vorschriften des § 11 RPflG wie des § 104 Abs. 3 ZPO aF, ersatzlos aufgehoben.

Zweck der Regelung war es, die gängige Praxis (→ Rn. 2) auf eine **gesetzliche** 6 Grundlage zu stellen, um damit zugleich die (bis zum Inkrafttreten des RPflG 1969 bestehende) **Funktionenverschränkung** in einer Person (weiter) abzubauen: Der gehobene Beamte des Justizdienstes, der Rechtspfleger hinsichtlich der Tätigkeiten nach § 3 war und zugleich UdG bei der Kosten- und Vergütungsfestsetzung nach §§ 103 ff. ZPO, § 19 BRAGO aF, ist nunmehr auch bei letzteren Tätigkeiten **Rechtspfleger** (zum „Rechtspfleger", „UdG" und „Kostenbeamten" als Funktionsbezeichnungen auch → § 26 Rn. 8 ff.).

Nr. 2 wurde geändert durch Art. 4 Abs. 17 KostRMoG v. 5.5.2004, BGBl. I 7 S. 718.

II. Allgemeines
1. Übersicht

Für die:	ist zuständig:
– **Festsetzung der zu erstattenden Kosten, §§ 103 ff. ZPO** (= prozessuale Kostenerstattung im Außenverhältnis der Parteien); vgl. auch § 85 FamFG, § 464b S. 3 StPO	Rpfleger: Nr. 1
– **Festsetzung der Vergütung des Rechtsanwalts, § 11 RVG** (= Innenverhältnis Anwalt/Mandant)	Rpfleger: Nr. 2
– **Festsetzung der Gerichtskosten aufgrund von Ausführungsgesetzen zu internationalen Rechtshilfeverträgen**	Rpfleger: Nr. 3
– **Festsetzung der aus der Staatskasse nach § 55 RVG zu gewährenden Vergütung**	Urkundsbeamte der Geschäftsstelle

2. Einzelnen Verfahren in Kostensachen

9   Fallen für ein Tätigwerden der Justiz(verwaltung) und ihrer Organe wie auch der Rechtsanwälte, Kosten an (zB Gerichtskosten, Justizverwaltungskosten, Prozesskosten, Vergütung von Sachverständigen, Entschädigung von Zeugen) stehen für ihre Behandlung **eine Reihe von Verfahren** zur Verfügung. Die wichtigsten sind:
– **Gerichtskosten** werden durch Kostenansatz (= Justizverwaltungsakt; BDPZ/ *Zimmermann* GKG § 19 Rn. 2) erhoben (§ 19 GKG, § 18 GNotKG).
– über die Höhe des **prozessualen Kostenerstattungsanspruchs**, der sich aus einer Kostengrundentscheidung in dem gerichtlichen Verfahren ergibt, wird im **Kostenfestsetzungsverfahren** nach §§ 103 ff. ZPO entschieden (→ Rn. 12 ff.);
– die sich aus dem RVG ergebende **gesetzliche Anwaltsvergütung** wird im **vereinfachten** (Vergütungs-)**Festsetzungsverfahren** nach § 11 RVG ihrer Höhe nach festgesetzt (Rn. 17 ff.);
– die **Vergütung** der Sachverständigen, Dolmetscher und Übersetzer sowie die **Entschädigung** der ehrenamtlichen Richter und Zeugen (vgl. § 1 Abs. 1 JVEG) wird regelmäßig durch Verwaltungsakt berechnet und angewiesen (BDPZ/*Binz* JVEG § 4 Rn. 2). Auf Antrag oder, wenn das Gericht dies für angemessen hält, kann der öffentlich-rechtliche Vergütungsanspruch auch durch gerichtlichen Beschluss festgesetzt werden (§ 4 Abs. 1 S. 1 JVEG; der Rechtspfleger ist dafür zuständig, wenn er die Heranziehung veranlasst hat; § 4 Abs. 1).
– die **Festsetzung der aus der Staatskasse** zu gewährenden Vergütung für den beigeordneten oder bestellten Rechsanwalt sowie für Beratungshilfetätigkeiten erfolgt nach § 55 RVG.

10   Die **funktionelle Zuständigkeit** liegt in den Fällen des § 21 Nr. 1 und 2 beim **Rechtspfleger**, ansonsten beim **UdG** oder **Kostenbeamten**.

In den **Aufgabenbereich des UdG** fallen insbesondere (zum funktionellen Begriff des UdG: → § 26 Rn. 11; zu seiner Stellung allgemein wie auch zu seinem Aufgabenbereich: → § 26 Rn. 12 ff.): Verfahren auf Festsetzung der aus der Staatskasse zu gewährenden Anwalts-

Festsetzungsverfahren **§ 21**

vergütung nach § 55 RVG, (zB: bei PKH-Beiordnung, Beiordnung in Straf- und Bußgeldsachen, Beratungshilfetätigkeit) sowie die Kostenfestsetzung im Verwaltungs-, Sozial- und Finanzgerichtsverfahren (§ 164 VwGO; vgl. dazu BVerwG Rpfleger 2007, 595), § 197 SGG; § 149 FGO); **Aufgabe des Kostenbeamten** (zu diesem Begriff: → § 26 Rn. 18) ist demgegenüber das Kostenansatzverfahren (§ 4 Abs. 1 KostVfg; → § 26 Rn. 20).

3. Insbesondere das Kostenfestsetzungsverfahren

Der Rechtspfleger übt eine Tätigkeit aus, die der richterlichen gleichkommt **11** (→ Rn. 1 und → § 26 Rn. 22 zu „§ 21 Nr. 1" sowie LG Essen Rpfleger 1964, 183); er entscheidet sachlich unabhängig (§ 9). Bei der Festsetzung ist er allerdings an die bestandskräftige Kostengrundentscheidung **gebunden** (BGH BGHReport 2006, 687; OLG Düsseldorf Rpfleger 2005, 55). Dies auch dann, wenn sie eine dem geltenden Recht unbekannte und unzulässige Rechtsfolge ausspricht (OLG Karlsruhe JurBüro 1988, 1073 mit abl. Anm. von *Mümmler;* LG Koblenz Rpfleger 1991, 359; vgl. auch Zöller/*Herget* ZPO § 104 Rn. 21; **aA** LG Aschaffenburg JurBüro 1985, 1064 mit zust. Anm. *Mümmler;* LG Bonn Rpfleger 1991, 359; zur zulässigen Auslegung der Kostengrundentscheidung vgl. Zöller/*Herget* ZPO § 104 Rn. 21).

III. Kostenfestsetzung nach §§ 103 ff. ZPO (Nr. 1)

1. Die übertragenen Bereiche

§ 21 Nr. 1 gilt für alle gerichtlichen Verfahren, in denen die §§ 103 ff. ZPO di- **12** rekt oder kraft Verweisung anzuwenden sind: Die entsprechende Anwendung bestimmen zB für
- **Zwangsvollstreckungssachen:** § 788 Abs. 2 ZPO
- **Arbeitssachen,** soweit § 12a Abs. 1 ArbGG die Kostenerstattung nicht ausschließt: § 46 Abs. 2 S. 1 ArbGG,
- **Strafsachen:** § 464b S. 3 StPO (vgl. dazu: LG Stendal NStZ 2001, 277 Ls.; OLG Hamm NJW 1999 und BGH NStZ 1991, 145),
- **Familiensachen und Angelegenheiten der freiwilligen Gerichtsbarkeit:** §§ 85 bzw. 113 Abs. 1 S. 2 FamFG,
- **Landwirtschaftssachen:** § 45 Abs. 2 LwVG,
- **Kartellsachen:** § 78 S. 3 GWB.

Wird ein vorläufig vollstreckbares Urteil geändert oder aufgehoben, entsteht ein **13** Schadensersatzanspruch nach § 717 Abs. 2 S. 1 ZPO, wenn aufgrund des Ersturteils zu Unrecht Kosten gezahlt wurden. Die **Rückfestsetzung** überzahlter Kosten nach **§ 91 Abs. 4 ZPO** zulässig und obliegt ebenfalls dem Rechtspfleger. § 91 Abs. 4 ZPO, eingefügt durch das 1. JuMoG v. 24.8.2004, BGBl. I S. 2198), hat einen früheren Meinungsstreit zur Zulässigkeit der Rückfestsetzung (vgl. dazu die Vorauflage Rn. 10; s. zur alten Rechtslage auch *Schmidt-Räntsch* MDR 2004, 1329) erledigt. Ist die Rückfestsetzung zulässig entfällt für eine Leistungsklage das Rechtsschutzbedürfnis (OLG Düsseldorf MDR 2011, 189; MüKoZPO/*Schulz* § 91 Rn. 45). Auch nach Aufhebung und Abänderung der Kostengrundentscheidung in einem späteren Vergleich ist Rückfestsetzung zulässig (OLG München NJW-RR 2006, 72). Das gilt auch bei nachträglicher Streitwertänderung (OLG Düsseldorf Rpfleger 2005, 696). Ob der Gegner dagegen materiell-rechtliche Einwendungen erheben kann ist umstr. (dagegen: OLG München NJW-RR 2006, 72; Thomas/Putzo/*Hüßtege* ZPO § 91 Rn. 68; *Schmidt-Räntsch* MDR 2004, 1329;

§ 21　　　　　　　　　3. Abschnitt. Dem Rechtspfleger übertragene Geschäfte

Rückfestsetzung ist dann unzulässig: *Knauer/Wolf* NJW 2004, 2857). Unbestrittene Gegenansprüche können berücksichtigt werden (OLG Brandenburg Rpfleger 2012, 106).

14　Zuständig ist der Rechtspfleger auch für die **Bewilligung der öffentlichen Zustellung** nach § 186 ZPO im Kostenfestsetzungsverfahren (§ 4 Abs. 1; OLG München Rpfleger 1988, 370; BeckOK ZPO/*Dörndorfer* § 186 Rn. 1; Thomas/Putzo/*Hüßtege* ZPO § 186 Rn. 1).

2. Die nicht übertragenen Bereiche

15　Nicht auf den Rechtspfleger übertragen ist die Kostenfestsetzung im **Verwaltungs-, Sozial- und Finanzgerichtsverfahren** (→ Rn. 5). Ebenso nicht die Kostenfestsetzung im Verfahren vor dem **Anwaltsgericht** (sie werden vom Vorsitzenden der Kammer des Anwaltsgerichts durch Beschluss festgesetzt, § 199 Abs. 1 BRAO; s. dazu *Hansens* JurBüro 1990, 1625) oder das Verfahren zur Festsetzung der **Vergütung eines Sequesters,** der durch einstweilige Verfügung eingesetzt wurde (OLG Köln Rpfleger 1986, 268). Die Vergütung des nach § 848 ZPO bestellten Sequesters setzt hingegen der Rechtspfleger fest (dazu: BGH NJW-RR 2005, 1283).

3. Festsetzung einer Vergütung aus der Staatskasse

16　Vom Kostenfestsetzungsverfahren nach §§ 103 ff. ZPO zu unterscheiden sind die Verfahren zur Festsetzung einer Vergütung aus der Staatskasse (zB Festsetzung der Vergütung des im Rahmen der Prozesskostenhilfe beigeordneten Anwalts und des Pflichtverteidigers in Strafsachen, §§ 45, 55 RVG) sowie für die Festsetzung der Vergütung im Rahmen der Beratungshilfe nach dem BerHG (§§ 44, 55 RVG; vgl. → § 24a Rn. 16, vgl. → Rn. 9, 10). Das Verfahren ist jeweils besonders geregelt. §§ 103 ff. ZPO finden **keine** Anwendung; zuständig ist der **UdG** (zB Düsseldorf Rpfleger 1990, 348: Festsetzung der Vergütung des dem Nebenkläger im Wege der Prozesskostenhilfe beigeordneten Anwalts).

IV. Vergütungsfestsetzung nach § 11 RVG (Nr. 2)

17　Das Kostenfestsetzungsverfahren nach §§ 103 ff. ZPO betrifft den **prozessualen Kostenerstattungsanspruch** der Prozessparteien zueinander (= das Außenverhältnis). Das Verfahren nach § 11 RVG (früher: § 19 BRAGO aF) betrifft dagegen das **Innenverhältnis** des Anwalts zu seinem Auftraggeber, hat also einen anderen Verfahrensgegenstand (vgl. die Übersicht → Rn. 8).

18　Ist der Rechtsanwalt in **Verfahren vor staatlichen Gerichten** tätig geworden, kann er seine gesetzliche Vergütung (§ 1 Abs. 1 S. 1 RVG) sowie eine nach § 42 RVG festgestellte Pauschgebühr und die zu ersetzenden Aufwendungen (§ 670 BGB) nach § 11 RVG gerichtlich festsetzen lassen. Damit ist ein vereinfachtes und gebührenfreies Verfahren eröffnet, das dem Rechtsanwalt dient (der Kostenfestsetzungsbeschluss ist ein zur Zwangsvollstreckung geeigneter Titel, § 11 Abs. 2 S. 3 RVG iVm § 794 Abs. 1 Nr. 2 ZPO) wie auch dem Auftraggeber (er kann eine kostenfreie Nachprüfung der Kostenberechnung des Anwalts durch den Rechtspfleger erreichen). In welcher Funktion der Rechtsanwalt in dem gerichtlichen Verfahren tätig war (zB als Verfahrensbevollmächtigter, Terminsvertreter oder Verkehrsanwalt)

Festsetzungsverfahren **§ 21**

kommt es nicht an (Gerold/Schmidt/*Müller-Rabe* RVG § 11 Rn. 11 ff.). Auch Verteidigergebühren können nach Maßgabe des § 11 Abs. 8 RVG festgesetzt werden.

V. Rechtsbehelfe

1. Kostenfestsetzung nach §§ 103 ff. ZPO

Die Rechtsbehelfe gegen die **Entscheidungen** des Rechtspflegers im Kosten- 19
festsetzungsverfahren nach §§ 103 ff. ZPO richten sich nach § 11 iVm § 104
Abs. 3 ZPO. Danach findet statt:
- **Sofortige Beschwerde** (§ 11 Abs. 1, § 104 Abs. 3 ZPO), wenn der Wert des 20
Beschwerdegegenstandes 200 EUR übersteigt (§ 567 Abs. 2 ZPO) und bei Zulassung auch die **Rechtsbeschwerde** (§ 574 Abs. 1 Nr. 2 ZPO); unstatthaft in
Strafsachen: BGH NJW 2003, 763). Der Rechtspfleger kann der sofortigen Beschwerde abhelfen (§ 572 Abs. 1 S. 1 ZPO; aber nicht in Strafsachen: KK-StPO/
Gieg § 464b Rn. 4). Die Beschwerde ist in bürgerlichen Rechtsstreitigkeiten,
Arbeitssachen (vgl. § 78 S. 1 ArbGG), Familiensachen und Angelegenheiten der
freiwilligen Gerichtsbarkeit (vgl. §§ 85, 113 Abs. 1 S. 2 FamFG) innerhalb einer
Notfrist von 2 Wochen einzulegen (§ 569 Abs. 1 ZPO). Ob in Strafsachen die
Wochenfrist des § 311 Abs. 2 StPO gilt, ist umstritten (**dafür** nach wohl überwiegender Ansicht: OLG Koblenz NJW 2005, 917; OLG Hamm Rpfleger
2004, 732; OLG Celle Rpfleger 2001, 97; OLG Dresden StV 2001, 634; OLG
Düsseldorf Rpfleger 2000, 126; KG Rpfleger 2000, 38; OLG Karlsruhe NStZ-RR 2000, 254; OLG Schleswig SchlHA 2001, 133; KK-StPO/*Gieg* § 464b
Rn. 4; **dagegen:** OLG Düsseldorf NStZ 2003, 324; Rpfleger 2001, 96; OLG
Köln Rpfleger 2000, 422; OLG Nürnberg NStZ-RR 2001, 224; *Popp* NStZ
2004, 367, 368). Damit eine einheitliche Behandlung der Rechtsmittel und
Rechtsmittelbelehrung gewährleistet wird, ist der letzeren Auffassung (Beschwerdefrist 2 Wochen) der Vorzug zu geben.
- **Erinnerung** (§ 11 Abs. 2), wenn der Beschwerdewert (§ 567 Abs. 2 ZPO) nicht 21
erreicht wird. Die Erinnerung setzt keine bestimmte Erinnerungssumme voraus
(Thomas/Putzo/*Hüßtege* ZPO § 104 Rn. 28). Es muss jedoch der Erinnerungsführer irgendwie beschwert sein, so dass nur dann mit der Erinnerung auch eine
Nachliquidation verfolgt werden kann (OLG Frankfurt Rpfleger 1978, 29). Die
Erinnerung ist innerhalb einer Frist von 2 Wochen einzulegen (§ 11 Abs. 2 S. 1).
Wiedereinsetzung (§ 11 Abs. 2 S. 2-4) auch durch den Rechtspfleger (§ 4 Abs. 1)
ist möglich. Zur Fristproblematik in Strafsachen → Rn. 19–21.

2. Vergütungsfestsetzung nach § 11 RVG

Nach **§ 11 Abs. 2 S. 3 RVG** sind die Vorschriften der jeweiligen Verfahrensord- 22
nung über das Kostenfestsetzungsverfahren entsprechend anzuwenden. Insoweit
gelten die Ausführungen in → Rn. 20 entsprechend.

3. Andere Festsetzungsverfahren

§ 11 findet nur für die in § 21 Nr. 1 und 2 genannten Festsetzungverfahren An- 23
wendung. Hat deshalb zB **der UdG** die Pflichtverteidigervergütung festgesetzt
(§ 55 RVG), muss über die Erinnerung des Anwalts gegen den Festsetzungsbeschluss nach § 56 S. 1 RVG das Gericht des Rechtszugs (Rechtspfleger in übertrage-

§ 22   3. Abschnitt. Dem Rechtspfleger übertragene Geschäfte

nen Geschäften; → § 4 Rn. 24; in den übrigen Fällen der Richter) entscheiden bei dem die Festsetzung erfolgt ist. Entscheidet der **Rechtspfleger anstelle des UdG**, ist aber nicht § 56 RVG, sondern § 11 maßgebend (dazu → § 8 Rn. 47).

24   In der **Verwaltungs-, Sozial- und Finanzgerichtsbarkeit** setzt der UdG die Kosten nach §§ 103 ff. ZPO und die Rechtsanwaltsvergütung nach § 11 RVG fest. Gegen die Entscheidung des UdG findet die Erinnerung statt (§ 165 VwGO, Frist: 2 Wochen; § 197 Abs. 2 SGG, Frist: 1 Monat; § 149 Abs. 2 FGO, Frist: 2 Wochen).

VI. Festsetzung der Gerichtskosten im internationalen Rechtsverkehr (Nr. 3)

25   Die Festsetzung fiel bis zum RPflG 1969 in die Zuständigkeit des Richters (→ Rn. 3). Aufgrund verschiedener Ausführungsgesetze und VO zur internationalen Rechtshilfe, zB des § 8 Abs. 1 des Ausführungsgesetzes zum Haager Übereinkommen über den Zivilprozess vom 18.12.1958, BGBl. I S. 939, geändert durch G v. 27.7.2001, BGBl. I S. 1887, können die Gerichte auf Antrag der zuständigen Behörde Gerichtskosten festsetzen, wenn der Kläger zwar von der Sicherheitsleistung oder der Vorschusspflicht für die Kosten befreit war, gegen ihn aber eine Kostenentscheidung ergangen ist. Dadurch soll es der Gerichtskasse, die nur für den innerstaatlichen Bereich Kostenrechnungen nach der JBeitrO einziehen kann, ermöglicht werden, Gerichtskosten auch gegen einen im Ausland wohnenden Kostenschuldner beizutreiben (vgl. §§ 66, 67 ZRHO).

§ 22   **Gerichtliche Geschäfte in Straf- und Bußgeldverfahren**

Von den gerichtlichen Geschäften in Straf- und Bußgeldverfahren werden dem Rechtspfleger übertragen:
1. **die Geschäfte bei der Durchführung der Beschlagnahme (§ 111 f Absatz 2 der Strafprozessordnung, § 46 Absatz 1 des Gesetzes über Ordnungswidrigkeiten),**
2. **die Geschäfte bei der Vollziehung des Arrestes sowie die Anordnung der Notveräußerung und die weiteren Anordnungen bei deren Durchführung (§ 111 f Absatz 3 Satz 3, § 111 l der Strafprozessordnung, § 46 Absatz 1 des Gesetzes über Ordnungswidrigkeiten), soweit die entsprechenden Geschäfte im Zwangsvollstreckungs- und Arrestverfahren dem Rechtspfleger übertragen sind,**
3. **die Entscheidung über Feststellungsanträge nach § 52 Absatz 2 und § 53 Absatz 3 des Rechtsanwaltsvergütungsgesetzes.**

I. Entwicklung

1   Das Strafverfahren stellt zweifellos einen Kernbereich der Rechtsprechung dar. Nach dem tradierten Verständnis vom Status des Rechtspflegers musste deshalb seine Betrauung mit Maßnahmen und Entscheidungen im laufenden Verfahren an Art. 92 GG scheitern. Das RPflG 1957 hatte folgerichtig dem Rechtspfleger keine gerichtlichen Zuständigkeiten im Bereich der Strafrechtspflege übertragen. Im RPflG 1969/70 (→ § 40 Rn. 1) wurden dem Rechtspfleger erstmals Maßnahmen in abgeschlossenen Verfahren zugewiesen, nämlich die nachträgliche Bewilligung von

Stundungen und Teilzahlungen bei Geldstrafen nach § 28 StGB aF. Durch das EGStGB wurde § 22 völlig neu gefasst, nachdem die in ihm bisher erfassten Geschäfte infolge der Neuregelung des Strafverfahrens nicht mehr dem Gericht, sondern der Vollstreckungsbehörde zugewiesen sind (vgl. § 459a Abs. 1 StPO). Seither befasst sich § 22 mit den neu eingeführten Maßnahmen der Sicherstellung von Gegenständen, deren Einziehung oder Verfallserklärung in Frage kommen kann. Daneben erfasst die Norm die Maßnahmen, die zur Sicherstellung von Wertersatz, Geldstrafen (-bußen) oder Verfahrenskosten vorgesehen sind. Maßnahmen dieser Art. werden entweder durch das Gericht (Ermittlungsrichter, nach Anklageerhebung das zuständige Hauptverfahrensgericht) vorgenommen; es kann aber auch die StA entsprechend verfahren, dann gilt für die funktionelle Zuständigkeit § 31 (→ § 31 Rn. 7). Im OWi-Verfahren gelten die Vorschriften nach § 46 Abs. 1 OWiG entsprechend. Vgl. allgemein dazu: *Huber* Rpfleger 2002, 285; *Reiß* Rpfleger 1975, 49. Diese im Wege der Einzelübertragung nach **§ 3 Nr. 3 lit. c** zugewiesenen Geschäfte sind mit den nach § 20 Nr. 17 übertragenen Zwangsvollstreckungsgeschäften vergleichbar (BT-Drs. 7/1261). Das 2. OpferrechtsreformG v. 29.7.2009, BGBl. I S. 2280, hat Nr. 3 angefügt.

II. Allgemeines

§ 22 überträgt auf den Rechtspfleger **gerichtliche** Aufgaben; es handelt sich insoweit nicht um sog Rechtspflegeverwaltung. § 32 gilt hier nicht (ebenso: AMHRH/*Rellermeyer* Rn. 2). Das bedeutet insbesondere die Anwendbarkeit von § 9 und die damit bewirkte Ausschluss von richterlichen Weisungen. Nur, wenn gem. § 5 vorgelegt wurde, ist der Rechtspfleger an eine vom Richter mitgeteilte Rechtsauffassung gebunden (§ 5 Abs. 3 S. 3). 2

III. Die übertragenen Geschäfte

1. Beschlagnahme (Nr. 1)

Nach § 111c Abs. 2 StPO erfolgt die Beschlagnahme eines Grundstücks oder grundstücksgleichen Rechts durch die Eintragung eines **Beschlagnahmevermerkes** in das Grundbuch, der dann entsprechend den Vorschriften des ZVG (vgl. §§ 20, 21 ZVG) eine Verfügungsbeschränkung (vgl. §§ 135, 136 BGB) bewirkt. Nach § 111c Abs. 4 StPO wird die Beschlagnahme von Schiffen, Schiffsbauwerken und Luftfahrzeugen gleichfalls durch einen Registervermerk bewirkt, sofern das Beschlagnahmeobjekt selbst eingetragen ist. Sofern das nicht der Fall ist, kann die vorgängige Eintragung herbeigeführt werden, § 111c Abs. 4 S. 3 StPO. Nach § 111f Abs. 2 StPO ist für die entsprechenden Ersuchen an die Grundbuchämter bzw. die registerführenden Gerichte das die Beschlagnahme anordnende Gericht oder die StA zuständig. Nach Nr. 1 ist die **gerichtliche** Tätigkeit dem Rechtspfleger übertragen; besteht die Zuständigkeit der **StA**, so gilt **§ 31 Abs. 1 Nr. 1.** 3

2. Arrestvollziehung und andere Eilmaßnahmen (Nr. 2)

a) Arrestvollziehung. Ansprüche auf Geldstrafen, Kosten sowie aus Verfall- und Einziehungsentscheidungen können durch **dinglichen Arrest** gesichert werden, § 111d Abs. 1 StPO. Die Arrestvorschriften der ZPO gelten für den Vollzug 4

§ 22 3. Abschnitt. Dem Rechtspfleger übertragene Geschäfte

entspr, § 111 d Abs. 2 StPO. Nach § 111 f Abs. 3 S. 3 StPO ist für den Arrestvollzug durch Pfändung eines eingetragenen Schiffes oder Schiffsbauwerkes sowie für eine Forderungspfändung bei Gefahr im Verzug die Staatsanwaltschaft (§ 111 e Abs. 1 StPO) oder auf deren Antrag das Gericht, das den Arrest angeordnet hat, zuständig. Die **gerichtlichen** Maßnahmen sind dem Rechtspfleger zugewiesen, „soweit die entsprechenden Geschäfte im Zwangsvollstreckungs- und Arrestverfahren dem Rechtspfleger übertragen sind". Es gelten somit die oben in **§ 20 Rn. 52, 53** dargestellten Einschränkungen. Soweit die **StA** zuständig ist, gilt **§ 31 Abs. 1 Nr. 2.** Das Ersuchen an das Grundbuchamt auf Eintragung einer Arresthypothek fällt, da Nr. 2 nicht auf § 111 f Abs. 2 StPO verweist, in die Richterzuständigkeit (AMHRH/*Rellermeyer* Rn. 7; *Huber* Rpfleger 2002, 285).

5   Nach § 46 Abs. 1 OWiG gelten diese Vorschriften sinngemäß auch für das Bußgeldverfahren.

6   **b) Notveräußerung.** Gegenstände, die nach § 111 c StPO beschlagnahmt worden sind, sowie die Gegenstände, die aufgrund eines Arrestes nach § 111 d StPO gepfändet worden sind, dürfen nach § 111 l StPO bereits vor Urteilsrechtskraft veräußert werden, wenn Verderb oder Wertminderung zu besorgen sind, unverhältnismäßige Kosten entstehen oder die Verwahrung mit unverhältnismäßigen Schwierigkeiten verbunden ist. Für das Verfahren gelten die §§ 814 ff. ZPO entsprechend. Die Zuständigkeiten ergeben sich aus § 111 l Abs. 2 und Abs. 3 StPO: Im Ermittlungsverfahren ist die StA zuständig (§ 111 l Abs. 2), nach Anklageerhebung grundsätzlich das Gericht (§ 111 l Abs. 3 StPO). Übertragen sind dem Rechtspfleger auch hier wieder die **gerichtlichen** Entscheidungen (Maßnahmen); bei **staatsanwaltschaftlicher** Zuständigkeit gilt **§ 31 Abs. 1 Nr. 2.**

7   Zuständig ist der **Rechtspfleger** mithin für die Anordnung der Notveräußerung selbst, sowie für alle die Entscheidungen, die in dem Verfahren nach §§ 814 ff. ZPO dem Vollstreckungsgericht obliegen, sofern der Rechtspfleger im Zwangsvollstreckungsverfahren für sie zuständig ist. Hierher gehören also die Maßnahmen nach §§ 822, 823 ZPO, sowie die Entscheidungen nach § 825 Abs. 2 ZPO (vgl. § 111 l Abs. 5 S. 3, 4 StPO) und § 827 ZPO. Die Verwertung der Sache selbst obliegt dem Gerichtsvollzieher (AG Hannover Rpfleger 2003, 20).

8   Die **Richterzuständigkeit** besteht auch hier im Rahmen des Vorbehalts nach § 20 Nr. 17 a, dh bei allen Erinnerungen gegen das Verfahren des Gerichtsvollziehers.

9   Nach § 46 Abs. 1 OWiG gelten diese Vorschriften sinngemäß auch für das Bußgeldverfahren.

3. Festellungen nach §§ 52, 53 RVG

10   Der in einem **Strafverfahren** gerichtlich **bestellte** Rechtsanwalt (Pflichtverteidiger; vgl. §§ 141 ff. StPO), kann von dem Beschuldigten Zahlung der Gebühren eines Wahlverteidigers verlangen (§ 52 Abs. 1 S. 1 RVG). Der Anspruch entfällt, soweit die Staatskasse nach §§ 45 Abs. 3, 55 RVG eine Vergütung gezahlt hat (§ 52 Abs. 1 S. 2 RVG). Die Geltendmachung des Anspruchs setzt, wenn dem Beschuldigten kein Erstattungsanspruch gegen die Staatskasse zusteht voraus, dass die wirtschaftliche Leistungsfähigkeit des Beschuldigten **gerichtlich** feststellt (§ 52 Abs. 2 RVG).

11   Ist der Rechtsanwalt einem Privatkläger, Nebenkläger oder dem Antragsteller im Klageerzwingungsverfahren **beigeordnet** worden, gilt dies entsprechend (§ 53 Abs. 1 RVG).

Der dem Nebenkläger, dem nebenklageberechtigten Verletzten oder dem Zeu- 12
gen als **Beistand** bestellte Rechtsanwalt (vgl. §§ 68b Abs. 2, 397a Abs. 1, 406g
Abs. 4 StPO), kann einen Anspruch aus einer Vergütungsvereinbarung gegen seine
Partei nur geltend machen, wenn deren Leistungsfähigkeit gerichtlich festgestellt
worden ist (§ 53 Abs. 3 RVG).

Die Entscheidung nach §§ 52 Abs. 2 und 53 Abs. 3 RVG trifft der Rechtspfleger; 13
diese Geschäfte sind mit den nach § 20 Nr. 4c übertragenen vergleichbar (BT-Drs. 16/13671).

§ 23 Verfahren vor dem Patentgericht

(1) Im Verfahren vor dem Patentgericht werden dem Rechtspfleger die folgenden Geschäfte übertragen:
1. die nach den §§ 109, 715 der Zivilprozessordnung in Verbindung mit § 99 Absatz 1 des Patentgesetzes zu treffenden Entscheidungen bei der Rückerstattung von Sicherheiten in den Fällen des § 81 Absatz 6 und des § 85 Absatz 2 und 6 des Patentgesetzes sowie des § 20 des Gebrauchsmustergesetzes;
2. bei Verfahrenskostenhilfe (§§ 129 bis 137 des Patentgesetzes, § 21 Absatz 2 des Gebrauchsmustergesetzes, § 24 des Designgesetzes, § 11 Absatz 2 des Halbleiterschutzgesetzes, § 36 des Sortenschutzgesetzes) die in § 20 Nummer 4 bezeichneten Maßnahmen;
3. (weggefallen)
4. der Ausspruch, dass eine Klage, ein Antrag auf einstweilige Verfügung, ein Antrag auf gerichtliche Entscheidung im Einspruchsverfahren sowie eine Beschwerde als nicht erhoben gilt (§ 6 Absatz 2 des Patentkostengesetzes) oder eine Klage nach § 81 Absatz 6 Satz 3 des Patentgesetzes als zurückgenommen gilt;
5. die Bestimmung einer Frist für die Nachreichung der schriftlichen Vollmacht (§ 97 Absatz 5 Satz 2 des Patentgesetzes, § 18 Absatz 2 des Gebrauchsmustergesetzes, § 4 Absatz 4 Satz 3 des Halbleiterschutzgesetzes, § 81 Absatz 5 Satz 3 des Markengesetzes, § 23 Absatz 4 Satz 3 des Designgesetzes);
6. die Anordnung, Urschriften, Ablichtungen oder beglaubigte Abschriften von Druckschriften, die im Patentamt und im Patentgericht nicht vorhanden sind, einzureichen (§ 125 Absatz 1 des Patentgesetzes, § 18 Absatz 2 des Gebrauchsmustergesetzes, § 4 Absatz 4 Satz 3 des Halbleiterschutzgesetzes);
7. die Aufforderung zur Benennung eines Vertreters nach § 25 des Patentgesetzes, § 28 des Gebrauchsmustergesetzes, § 11 Absatz 2 des Halbleiterschutzgesetzes, § 96 des Markengesetzes, § 58 des Geschmacksmustergesetzes; *[Änderung durch das Gesetz vom 10.10.2013, BGBl. I S. 3799, ist nicht ausführbar]*
8. (weggefallen)
9. die Erteilung der vollstreckbaren Ausfertigungen in den Fällen des § 20 Nummer 12 dieses Gesetzes in Verbindung mit § 99 Absatz 1 des Patentgesetzes, § 18 Absatz 2 des Gebrauchsmustergesetzes, § 4 Absatz 4 Satz 3 des Halbleiterschutzgesetzes, § 82 Absatz 1 des Markengesetzes, § 23 Absatz 4 Satz 3 des Designgesetzes;

10. die Erteilung von weiteren vollstreckbaren Ausfertigungen gerichtlicher Urkunden nach § 797 Absatz 3 der Zivilprozessordnung in Verbindung mit § 99 Absatz 1 des Patentgesetzes, § 18 Absatz 2 des Gebrauchsmustergesetzes, § 4 Absatz 4 Satz 3 des Halbleiterschutzgesetzes, § 82 Absatz 1 des Markengesetzes, § 23 Absatz 4 Satz 3 des Designgesetzes;
11. die Entscheidung über Anträge auf Gewährung von Akteneinsicht an dritte Personen, sofern kein Beteiligter Einwendungen erhebt und es sich nicht um Akten von Patentanmeldungen, Patenten, Gebrauchsmusteranmeldungen, Gebrauchsmustern, angemeldeter oder eingetragener Topographien handelt, für die jede Bekanntmachung unterbleibt (§§ 50, 99 Absatz 3 des Patentgesetzes, §§ 9, 18 Absatz 2 des Gebrauchsmustergesetzes, § 4 Absatz 4 Satz 3 des Halbleiterschutzgesetzes, § 82 Absatz 3 des Markengesetzes, § 23 Absatz 4 Satz 3 des Designgesetzes);
12. die Festsetzung der Kosten nach §§ 103 ff. der Zivilprozessordnung in Verbindung mit § 80 Absatz 5, § 84 Absatz 2 Satz 2, § 99 Absatz 1, § 109 Absatz 3 des Patentgesetzes, § 18 Absatz 2 des Gebrauchsmustergesetzes, § 4 Absatz 4 Satz 3 des Halbleiterschutzgesetzes, § 71 Absatz 5, § 82 Absatz 1, § 90 Absatz 4 des Markengesetzes, § 23 Absatz 4 Satz 3 des Designgesetzes;
13. die Erteilung der vollstreckbaren Ausfertigungen in den Fällen des § 125i des Markengesetzes und § 64 des Designgesetzes.

(2) ¹**Gegen die Entscheidungen des Rechtspflegers nach Absatz 1 ist die Erinnerung zulässig.** ²**Sie ist binnen einer Frist von zwei Wochen einzulegen.** ³**§ 11 Absatz 1 und 2 Satz 1 ist nicht anzuwenden.**

Übersicht

	Rn.
I. Allgemeines	1–3
II. Entwicklung	4, 5
III. Die übertragenen Aufgaben	6–24
1. Rückgabe von Sicherheiten (Abs. 1 Nr. 1)	6–8
2. Verfahrenskostenhilfe (Abs. 1 Nr. 2)	9
3. Fiktion der Rücknahme der Klage usw (Abs. 1 Nr. 4)	10, 11
4. Fristbestimmung für die Vollmachtsvorlage (Abs. 1 Nr. 5)	12, 13
5. Einreichung von Urschriften usw (Abs. 1 Nr. 6)	14–16
6. Benennung eines Vertreters (Abs. 1 Nr. 7)	17
7. Vollstreckbare Ausfertigungen (Abs. 1 Nr. 9, 10)	18–20
8. Akteneinsicht (Abs. 1 Nr. 11)	21, 22
9. Kostenfestsetzung (Abs. 1 Nr. 12)	23
10. Vollstreckbare Ausfertigungen von Kostenfestsetzungsentscheidungen nach § 125i MarkenG und § 64 DesignG (Abs. 1 Nr. 13)	24
IV. Erinnerungsverfahren (Abs. 2)	25–28

I. Allgemeines

1   § 23 gilt für das Verfahren vor dem **Patentgericht** (= Bundespatentgericht). Das Patentgericht entscheidet über **Klagen** auf Nichtigerklärung von Patenten und in

Verfahren vor dem Patentgericht **§ 23**

Zwangslizenzverfahren (vgl. § 65 Abs. 1 PatG). Ferner ist es zuständig für die Entscheidung über Beschwerden gegen Beschlüsse der Prüfungsstellen und Patentabteilungen des Patentamts (vgl. § 18 GebrMG, § 23 Abs. 4 DesignG). Verfahrensgesetz ist das PatG. **Rechtsmittelinstanz** ist der BGH. § 3 Nr. 3 lit. d überträgt dem Rechtspfleger einzelne, in § 23 aufgelistete Geschäfte im Verfahren vor dem Patentgericht (zur Stellung des Rechtspflegers beim Bundespatentgericht vgl. *Kappl* RpflBl. 1992, 74).

Für **Klagen aus einem Patentverhältnis** (Patentstreitigkeiten) verbleibt es bei 2 der Zuständigkeit der **ordentlichen Gerichte.**

Wegen der abweichenden Struktur des Gerichtsaufbaus und wegen der beson- 3 deren Aufgaben des Patentgerichts (und seiner Geschäftsstelle) regelt § 23 die übertragenen Aufgaben einschließlich des Rechtsbehelfsverfahrens **abschließend** (BT-Drs. V/3134, 27).

II. Entwicklung

Das RPflG 1957 enthielt keine Regelung, die es erlaubte, Geschäfte des Bundes- 4 patentgerichts auf den Rechtspfleger zu übertragen. Da jedoch auch bei diesem Gericht ein Bedürfnis für die Entlastung der Richter durch den Rechtspfleger bestand und dort beschäftigte Beamten des gehobenen Justizdienstes die Voraussetzungen für eine Tätigkeit als Rechtspfleger erfüllten, entschied sich der Gesetzgeber in das RPflG 1969 eine Parallelregelung aufzunehmen. Dabei konnte er vielfach auf bewährte Übertragungen im Bereich der Zivilgerichtsbarkeit zurückgreifen. Zu den Änderungen einzelner Vorschriften insbesondere durch die Vereinfachungsnovelle vom 3.12.1976, das PKHG und das HalblSchG vgl. die jeweiligen Anmerkungen.

§ 23 wurde vielfach geändert. Wesentliche Modifizierungen gehen auf **Mar-** 5 **kenG** zurück. Dieses Gesetz löste das **Warenzeichengesetz** ab und brachte eine vollständige und in sich geschlossene Regelung über den Schutz der im geschäftlichen Verkehr verwendeten Kennzeichen (Marken, geschäftliche Bezeichnungen, geographische Herkunftsangaben). Betroffen von der Änderung sind Abs. 1 Nr. 4, 5, 7 bis 12: Die bisherigen Verweisungen auf verfahrensrechtliche Regelungen des Warenzeichengesetzes wurden durch die nunmehrigen Bestimmungen des MarkenG ersetzt. Die jüngsten Änderungen erfolgten durch das **RBehelfsbelehrungsG** und das **G zur Modernisierung des GebrMG vom 10.10.2013,** BGBl. I S. 3799.

III. Die übertragenen Aufgaben

1. Rückgabe von Sicherheiten (Abs. 1 Nr. 1)

Dem Rechtspfleger obliegen die Entscheidungen über die Rückgabe von 6 Sicherheiten (§§ 109, 715 ZPO mit § 99 Abs. 1 PatG). Diese übertragenen Geschäfte entsprechen denen, die dem Rechtspfleger in bürgerlichen Rechtsstreitigkeiten nach § 20 Nr. 3 zugewiesen sind.

Einschlägig sind die Rückgabe der geleisteten Sicherheiten nach **§ 81 Abs. 6** 7 **PatG** (Prozesskostensicherheit für den Beklagten seitens des im Ausland wohnenden Klägers in einem Verfahren wegen Erklärung der Nichtigkeit oder Zurücknahme des Patents oder wegen Erteilung einer Zwangslizenz) und **§ 85 Abs. 2, und 6 PatG** (Sicherheitsleistung des Klägers, dem im Verfahren wegen Erteilung einer Zwangslizenz die Benutzung der Erfindung durch einstweilige Verfügung gestattet wird). Diese Bestimmungen über die Sicherheitsleistung gelten für eingetragene Gebrauchsmuster entsprechend **(§ 20 GebrMG)**.

8 Dem Rechtspfleger obliegen die Bestimmung der Frist nach § 99 Abs. 1 PatG, § 109 Abs. 1 ZPO und die Anordnung der Rückgabe der Sicherheit nach § 109 Abs. 2 bzw. § 715 S. 1 ZPO (iVm § 99 Abs. 1 PatG); dazu → § 20 Rn. 11.

2. Verfahrenskostenhilfe (Abs. 1 Nr. 2)

9 Die Regelung, die auf § 20 Abs. 1 Nr. 4 verweist, wurde durch das PKHG neu gefasst und durch Gesetz v. 15.8.1986, BGBl. I S. 1446, das HalblSchG und das G v. 5.12.2012, BGBl. I S. 2418 sowie das G v. 10.10.2013 (→ Rn. 5), geändert; Einzelheiten zur Rechtspflegerzuständigkeit → § 20 Rn. 13 ff.

3. Fiktion der Rücknahme der Klage usw (Abs. 1 Nr. 4)

10 Soweit das PatG vor Durchführung einzelner Verfahrensarten (Beschwerdeverfahren, Verfahren wegen Erklärung der Nichtigkeit oder wegen Erteilung einer Zwangslizenz, Berufungsverfahren usw) die Zahlung einer Gebühr bzw. Sicherheit anordnet, diese aber nicht geleistet wird, ist nach **§ 6 Abs. 2 PatKostG** auszusprechen, dass die Beschwerde (**§ 73 Abs. 2 PatG**) als nicht erhoben, der Antrag auf gerichtliche Entscheidung im Einspruchsverfahren (**§§ 59 Abs. 1, 61 Abs. 2 PatG**), die Klage (**§ 81 Abs. 6 S. 3 PatG**) als nicht erhoben bzw. zurückgenommen sowie der Antrag auf Gestattung der Benutzung durch einstweilige Verfügung (**§ 85 Abs. 1 PatG**) als nicht gestellt gilt. Wird die Gebühr nach Fristablauf entrichtet und ein Antrag auf Wiedereinsetzung gestellt, entscheidet darüber der Rechtspfleger (*Bassenge/Roth* Rn. 2). Im Beschwerdeverfahren entscheidet darüber der Beschwerdesenat (*Kappl* RpflBl. 1992, 74).

11 Die Übertragung auf den Rechtspfleger rechtfertigt sich aus der Erwägung, dass der Ausspruch in den genannten Fällen keine rechtlichen Schwierigkeiten bietet, da lediglich zu prüfen ist, ob die Partei die vorgeschriebene Gebühr nicht fristgemäß bezahlt oder die geforderte Sicherheit nicht gewährleistet hat (BT-Drs. V/3134, 28).

4. Fristbestimmung für die Vollmachtsvorlage (Abs. 1 Nr. 5)

12 Die Regelung hat § 20 Abs. 1 Nr. 14 zum Vorbild. Nach §§ 25, 97 PatG kann sich ein Beteiligter vor dem Patentgericht in jeder Lage des Verfahrens durch einen Bevollmächtigten vertreten lassen. Die Vollmacht, die schriftlich zu den Gerichtsakten einzureichen ist, kann auch nachgereicht werden; in letzterem Fall kann das Patentgericht durch den Rechtspfleger eine **Frist** bestimmen (**§ 97 Abs. 5 S. 2 PatG**).

13 **§ 81 Abs. 5 S. 3 MarkenG** enthält eine Parallelregelung; **§ 18 Abs. 2 GebrMG, § 4 Abs. 4 S. 3 HalblSchG, § 23 Abs. 4 S. 3 DesignG** verweisen auch auf § 97 PatG.

Verfahren vor dem Patentgericht **§ 23**

5. Einreichung von Urschriften usw (Abs. 1 Nr. 6)

Wird die Klage auf Erklärung der Nichtigkeit des Patents auf die Behauptung 14
gestützt, dass der Gegenstand der Anmeldung oder des Patents mangels Neuheit
(§ 3 PatG) nicht patentfähig sei, ist der Inhalt der Klageschrift daraufhin zu überprüfen, ob bestimmte Druckschriften im Patentamt oder im Patentgericht vorhanden sind. Ist das nicht der Fall, kann das Patentgericht nach **§ 125 Abs. 1 PatG** die Einreichung der erforderlichen Unterlagen in der benötigten Stückzahl verlangen.

Auf § 125 Abs. 1 PatG verweisen **§ 18 Abs. 2 GebrMG, § 4 Abs. 4 S. 3** 15
HalblSchG.

Die entsprechende **Anordnung** obliegt dem Rechtspfleger, da rechtliche 16
Schwierigkeiten bei der Überprüfung der Einspruchs- bzw. der Klageschrift in tatsächlicher Hinsicht sowie der Feststellung, ob bestimmte Druckschriften beim Patentamt oder Patentgericht vorhanden sind, nicht auftreten (BT-Drs. V/3134, 28).

6. Benennung eines Vertreters (Abs. 1 Nr. 7)

Wer im Inland weder Wohnsitz noch Niederlassung hat, kann an einem Verfahren 17
vor dem Patentgericht nur teilnehmen und die Rechte an einem Patent nur geltend
machen, wenn er im Inland einen Patentanwalt oder einen Rechtsanwalt als Vertreter bestellt hat (**§ 25 PatG**). Entspr gilt nach **§ 28 GebrMG, § 11 Abs. 2**
HalblSchG, § 96 MarkenG, § 58 GeschmMG (die durch Art. 5 Abs. 2 G v.
10.10.2013, → Rn. 5, vorgenommene Änderung ist in Nr. 7 nicht ausführbar;
richtig wohl: § 58 DesignG). Die Aufforderung zur Benennung eines Patentanwalts oder Rechtsanwalts als Vertreter obliegt dem Rechtspfleger.

7. Vollstreckbare Ausfertigungen (Abs. 1 Nr. 9, 10)

Da das PatG die **Zwangsvollstreckung** aus Entscheidungen und Urkunden des 18
BPatG nicht eigenständig regelt, gelten nach **§ 99 Abs. 1 PatG** insoweit GVG und
ZPO entsprechend.

Die Fälle der **vollstreckbaren** Ausfertigung entsprechen den in § 20 Nr. 12 auf- 19
geführten Tatbeständen (→ § 20 Rn. 46 ff.). Bei der **weiteren vollstreckbaren**
Ausfertigung ist von den in § 20 Nr. 13 genannten Fällen nur §§ 733, 797 Abs. 3
ZPO einschlägig (→ § 20 Rn. 66 ff.) weshalb die Verweisung in Abs. 1 Nr. 10 entsprechend eingeschränkt.

§ 18 Abs. 2 GebrMG, § 4 Abs. 4 S. 3 HalblSchG, § 82 Abs. 1 MarkenG, 20
§ 23 Abs. 4 S. 3 DesignG verweisen auf die entsprechende Anwendung der
ZPO-Vorschriften.

8. Akteneinsicht (Abs. 1 Nr. 11)

Akteneinsicht an **Dritte** ist nach Maßgabe des **§ 31 PatG** zu gewähren **(§§ 50,** 21
99 Abs. 3 S. 1 PatG). Die Einsicht in die Akten von Verfahren wegen Nichtigkeit
wird nicht gewährt, wenn und soweit der Patentinhaber ein entgegenstehendes
schutzwürdiges Interesse dartut (§ 99 Abs. 3 S. 3 PatG). Zuständig für die Entscheidung ist das Patentgericht (Senat; § 99 Abs. 3 S. 2 PatG) bzw., in dem nach Nr. 11
eingeschränkt übertragenen Umfang, der Rechtspfleger, wenn also a) kein Beteiligter Einwendungen erhebt und b) es sich nicht um Geheimpatente handelt, für die
gem. **§ 50 PatG** jede Bekanntmachung unterbleibt.

§ 23 3. Abschnitt. Dem Rechtspfleger übertragene Geschäfte

22 § 82 Abs. 3 MarkenG ist §§ 99 Abs. 3, 31 PatG nachgebildet. Zur entspr Anwendung der §§ 99 Abs. 3, 31 PatG vgl. **§§ 9, 18 Abs. 2 GebrMG** (§ 9 GebrMG – geheime Gebrauchsmuster – enthält eine Parallelvorschrift zu § 50 PatG), **§ 4 Abs. 4 S. 3 HalblSchG, § 23 Abs. 4 S. 3 DesignG**.

9. Kostenfestsetzung (Abs. 1 Nr. 12)

23 Die Vorschrift entspricht § 21 Nr. 1. Dem Rechtspfleger ist danach übertragen die Festsetzung der Kosten nach §§ 103 ff. ZPO iVm § **80 Abs. 5, 84 Abs. 2 S. 2, 99 Abs. 1, 109 Abs. 3 PatG, §§ 9, 18 Abs. 2 GebrMG, § 4 Abs. 4 S. 3 HalblSchG** (iVm § 18 Abs. 2 GebrMG), **§§ 71 Abs. 5, 82 Abs. 1, 90 Abs. 4 MarkenG, § 23 Abs. 4 S. 3 DesignG.** Insoweit sind für das Kostenfestsetzungsverfahren und die Zwangsvollstreckung aus Kostenfestsetzungsbeschlüssen in Patent-, Gebrauchsmuster-, Halbleiterschutz- und Designsachen sowie für geschützte Marken und sonstige Kennzeichen (geschäftliche Bezeichnungen und geographische Herkunftsangaben) die §§ 103 ff. ZPO entsprechend anzuwenden.

10. Vollstreckbare Ausfertigungen von Kostenfestsetzungsentscheidungen nach § 125i MarkenG und § 64 DesignG (Abs. 1 Nr. 13)

24 Die Vorschrift überträgt auf den Rechtspfleger Geschäfte, die mit den Zuweisungen nach Nr. 9 und 10 vergleichbar sind. Nach **Art. 86 VO (EG) Nr. 207/2009** und **Art. 71 VO (EG) Nr. 6/2002** findet aus Kostenfestsetzungsentscheidungen des Harmonisierungsamtes für den Binnenmarkt in Alicante die Zwangsvollstreckung statt. Die Vollstreckungsklausel erteilt nach **§ 125i MarkenG bzw. § 64 DesignG iVm Nr. 13** der Rechtspfleger des Bundespatentgerichts.

IV. Erinnerungsverfahren (Abs. 2)

25 Die **Besonderheiten** des Verfahrens vor dem Patentgericht erfordern eine selbständige Regelung des Rechtsbehelfs gegen Entscheidungen des Rechtspflegers:

26 Nach Abs. 2 S. 3 sind § 11 Abs. 1 und 2 S. 1 nicht anzuwenden. Es ist vielmehr (ausschließlich) die **Erinnerung** (2-Wochenfrist) statthaft (Abs. 2 S. 1 und 2). Grund: Im Interesse der Rechtssicherheit und der Beschleunigung des Verfahrens ließe sich bei der Art. der hier in Frage kommenden Entscheidungen die Zulassung einer unbefristeten Erinnerung nicht rechtfertigen, außerdem soll der BGH entlastet werden (BT-Drs. V/3134, 28 und BT-Drs. 13/10244, 8). Der Rechtspfleger kann der Erinnerung abhelfen (§ 11 Abs. 2 S. 5), andernfalls legt er sie dem Richter des PatG (§ 28) zur Entscheidung vor (§ 11 Abs. 2 S. 6).

27 Gg die Entscheidung des Patentgerichts kann **Rechtsbeschwerde** zum BGH eingelegt werden, sofern sie in dem betr Fall gesetzlich zugelassen ist (*Bassenge/Roth* Rn. 3).

28 Hinsichtlich der **Gebühren** gibt es keine Besonderheiten; es gilt § 11 Abs. 4.

§ 24 Aufnahme von Erklärungen

(1) Folgende Geschäfte der Geschäftsstelle werden dem Rechtspfleger übertragen:
1. die Aufnahme von Erklärungen über die Einlegung und Begründung
   a) der Rechtsbeschwerde und der weiteren Beschwerde,
   b) der Revision in Strafsachen;
2. die Aufnahme eines Antrags auf Wiederaufnahme des Verfahrens (§ 366 Absatz 2 der Strafprozessordnung, § 85 des Gesetzes über Ordnungswidrigkeiten).

(2) Ferner soll der Rechtspfleger aufnehmen:
1. sonstige Rechtsbehelfe, soweit sie gleichzeitig begründet werden;
2. Klagen und Klageerwiderungen;
3. andere Anträge und Erklärungen, die zur Niederschrift der Geschäftsstelle abgegeben werden können, soweit sie nach Schwierigkeit und Bedeutung den in den Nummern 1 und 2 genannten Geschäften vergleichbar sind.

(3) § 5 ist nicht anzuwenden.

Übersicht

	Rn.
I. Entwicklung	1
II. Bedeutung; Abgrenzung	2–9
III. Zuständigkeitsverstöße	10–13
1. UdG statt Rechtspfleger	10, 11
2. Rechtspfleger statt UdG	12
3. Richter statt Rechtspfleger bzw. UdG	13
IV. Die obligatorische Rechtspflegerzuständigkeit (Abs. 1)	14–21
1. Allgemeines	14
2. Die einzelnen zugewiesenen Erklärungen	15–21
a) Rechtsbeschwerde und weitere Beschwerde (Abs. 1 Nr. 1a)	15–19
b) Revision in Strafsachen (Abs. 1 Nr. 1 lit. b)	20
c) Wiederaufnahmeantrag (Abs. 1 Nr. 2)	21
V. Die fakultative Rechtspflegerzuständigkeit (Abs. 2)	22–26
a) Sonstige Rechtsbehelfe (Abs. 2 Nr. 1)	24
b) Klagen und Klageerwiderungen (Abs. 2 Nr. 2)	25
c) Andere Erklärungen (Abs. 2 Nr. 3)	26
VI. Unanwendbarkeit des § 5 (Abs. 3)	27

I. Entwicklung

Nach den verschiedenen Verfahrensordnungen können Erklärungen, die gegenüber dem Gericht abzugeben sind, zu Niederschrift der Geschäftsstelle oder des UdG abgegeben werden. Es handelt sich naturgemäß um Erklärungen höchst unterschiedlichen Schwierigkeitsgrades: Erklärungen in Bezug auf lediglich verfahrensleitende Maßnahmen (zB Antrag auf Terminverlegung) bis hin zu rechtlich schwierigen, nach den Verfahrensgesetzen einem Anwalts- oder Formzwang unterliegenden Prozess- oder Verfahrenshandlungen. Schon nach den früheren landesrechtlichen Geschäftsstellenvorschriften waren besonders schwierige und bedeut-

§ 24 3. Abschnitt. Dem Rechtspfleger übertragene Geschäfte

same Erklärungen durch den UdG aufzunehmen. Den dadurch geschaffenen „Dualismus Rechtspfleger/UdG" will die Rechtspflegergesetzgebung beseitigen (vgl. dazu im Einzelnen die Anmerkungen zu § 26). Grundgedanke ist, die Aufgaben des UdG grundsätzlich den Beamten des mittleren Justizdienstes zuzuweisen. Deshalb wurden durch das RPflG 1969 erstmals rechtlich schwierige Erklärungen (Anträge) dem Rechtspfleger im Wege der Einzelübertragung nach § 3 Nr. 3 lit. e zugewiesen. Das Gesetz vom 19.12.1979, BGBl. I S. 2306, hat Abs. 2 neugefasst.

II. Bedeutung; Abgrenzung

2   Die Regelungen in den einzelnen Verfahrensgesetzen, die einheitlich von Erklärungen sprechen, die „zu Protokoll des UdG oder der Geschäftsstelle" abgegeben werden können, werden durch § 24 überlagert (ebenso: *Bassenge/Roth* Rn. 1). Die Vorschrift trennt die dort scheinbar einheitlichen Erklärungen in solche, die vor dem Rechtspfleger abgegeben werden **müssen** (Abs. 1; zur Wirksamkeitsproblematik: Rn. 8 ff.) und solche, die der Geschäftsstelle verbleiben. Innerhalb des letztgenannten Geschäftskreises **soll** der Rechtspfleger in bestimmten Fällen tätig werden (Abs. 2; → Rn. 22 ff.); ein Handeln des UdG in diesem Bereich ist jedoch wirksam (→ Rn. 11).

3   Die in **Abs. 1** genannten Erklärungen innerhalb der obligatorischen Rechtspflegerzuständigkeit (→ Rn. 14 ff.) sind **keine** Geschäftsstellenaufgaben, sondern eigenständige **Rechtspflegeraufgaben** (vgl. § 26; dazu auch: *Roth* FamRZ 2006; *Rellermeyer* Rpfleger 2008, 542; *Marquardt* Rpfleger 1970, 3, *Müller-Engelmann* RpflJB 1988, 342; *Bassenge/Roth* Rn. 1; AMHRH/*Hintzen* Rn. 3). Dies zeigt sich schon daran, dass – neben den anderen allgemeinen Vorschriften mit Ausnahme von § 5 – insbesondere § 9 anwendbar ist (ebenso: *Bassenge/Roth* Rn. 2; *Ule* Rn. 42).

4   Der Rechtspfleger ist nicht etwa im Rahmen des § 24 zugleich Angehöriger der Geschäftsstelle, er bleibt auch insoweit **Gericht**. Bildlich gesprochen: Nicht der Rechtspfleger ging zu den Aufgaben, sondern diese gingen zu ihm und wurden **gerichtliche Rechtspflegeakte**. Dies ist keineswegs systemfremd, denn auch in § 3 Nr. 1 f) finden sich gerichtliche Beurkundungsangelegenheiten. § 24 unterscheidet sich von der genannten Regelung nur durch den Zusammenhang der hier zu behandelnden Erklärungen mit einem anhängigen gerichtlichen Verfahren (zutreffend *Bassenge/Roth* Rn. 2).

5   Nach Abs. 3 ist § 5 nicht anzuwenden. Dies mag aus der Tatsache erklärbar sein, dass es sich nicht um ehemals richterliche Geschäfte handelt (*Bassenge/Roth* Rn. 2). Naheliegender erscheint der Gedanke, dass es sich im Anwendungsbereich des § 24 häufig um Fälle handelt, in denen Rechtsbehelfe gegen vorgängige Richterentscheidungen infrage stehen oder Anträge zu stellen sind, mit denen der Richter nachfolgend befasst wird. Es erscheint psychologisch wenig sinnvoll, den Richter einzuschalten: Die Beteiligten könnten nicht selten, ob zu Recht oder zu Unrecht, Besorgnis der Befangenheit empfinden.

6   Besorgnis der **Befangenheit** kann auch dadurch ausgelöst werden, dass **derselbe Rechtspfleger** Erklärungen **mehrerer** Beteiligter mit entgegengesetzten Interessen entgegennimmt (vgl. dazu: *Lappe* Rpfleger 1985, 94). Auch wenn der Rechtspfleger den Beteiligten nicht im Rahmen eines Mandatsverhältnisses gegenübertritt, sondern als neutrales Gerichtsorgan, sein Handeln mithin also nicht als unzulässig angesehen werden kann, sollte eine solche Konstellation doch durch geeignete Maßnahmen der Geschäftsverteilung vermieden werden.

Aufnahme von Erklärungen **§ 24**

Streit oder Ungewissheit über die **Zuständigkeit** zwischen dem Rechtspfleger 7
und dem UdG entscheidet in analoger Anwendung von § 7 der **Rechtspfleger**
(*Bassenge/Roth* Rn. 8). Eine entsprechende ausdrückliche Regelung war im Regierungsentwurf vorgesehen, wurde jedoch in den Ausschussberatungen mit dem Hinweis auf die Kompetenz des Behördenvorstands gestrichen (BT-Drs. V/4341). Dieser Hinweis ist unzutreffend, denn er vermengt die Begriffe der gesetzlichen Zuständigkeit und der Geschäftsverteilung. Letztere kann nicht die funktionelle Zuständigkeit regeln, sondern muss sie voraussetzen (so auch: BT-Drs. 8/2024, 18, 19; *Bassenge/Roth* Rn. 8; AMHRH/*Hintzen* Rn. 8).

Bei einer **Weigerung** des Rechtspflegers, im Rahmen seiner Zuständigkeit tätig 8
zu werden, ist § 23 EGGVG nicht anzuwenden (KG Rpfleger 1995, 288 m. zust. Anm. *Herrmann* NJW-RR 1995, 637). Statthaft ist vielmehr die **Erinnerung** nach
§ 11 Abs. 2 (KG Rpfleger 2009, 304; *Bassenge/Roth* Rn. 3; AMHRH/*Hintzen*
Rn. 21; **aA** Dienstaufsichtsbeschwerde findet statt: MüKoZPO/*Wagner* § 129a
Rn. 6; Musielak/*Stadler* ZPO § 129a Rn. 4; Zöller/*Greger* ZPO § 129a Rn. 2).

Ablehnung und **Ausschließung** des Rechtspflegers richten sich nach § 10. 9

III. Zuständigkeitsverstöße

1. UdG statt Rechtspfleger

Wird der UdG im Anwendungsbereich des **Abs. 1** tätig, also im Rahmen der 10
obligatorischen Rechtspflegerzuständigkeit, ist sein Handeln **unwirksam** (§ 8
Abs. 4 anlog; → § 8 Rn. 49). Das gilt ganz allgemein auch für alle Personen, die die Voraussetzungen des § 2 nicht erfüllen (OLG Köln Rpfleger 2006, 222; OLG Düsseldorf Rpfleger 1994, 157: Angestellter; OLG Karlsruhe Rpfleger 1974, 402: Rechtspflegeranwärter).

Die Verletzung von Abs. 2 lässt die Wirksamkeit einer vom UdG aufgenomme- 11
nen Erklärung unberührt (*Bassenge/Roth* Rn. 2; AMHRH/*Hintzen* Rn. 4; **aA** AG
Kleve FamRZ 2006, 1138 m. abl. Anm. *Roth*).

2. Rechtspfleger statt UdG

Hat der Rechtspfleger ein Geschäft des UdG wahrgenommen, das nicht unter 12
§ 24 fällt, ist es nach § 8 Abs. 5 wirksam (§ 8 Rn. 45; AMHRH/*Hintzen* Rn. 7; *Bassenge/Roth* Rn. 2).

3. Richter statt Rechtspfleger bzw. UdG

Handelt der Richter anstelle des Rechtspflegers, ist sein Handeln wirksam, § 8 13
Abs. 1 (BGH Rpfleger 1982, 411; BayObLG Rpfleger 1989, 360 mAnm *Meyer-Stolte*). Dasselbe gilt, wenn er ein Geschäft des UdG wahrnimmt (§ 8 Rn. 2; MüKoZPO/*Zimmermann* GVG § 153 Rn. 16; Zöller/*Gummer* GVG § 153 Rn. 11).

IV. Die obligatorische Rechtspflegerzuständigkeit (Abs. 1)

1. Allgemeines

In den in Abs. 1 genannten Fällen ist die formgerechte Mitwirkung des Rechts- 14
pflegers Wirksamkeitsvoraussetzung. Er muss nach § 4 alles für die ordnungsgemäße

Erledigung des Geschäfts Notwendige tun, also zB die Erschienenen über Form und Frist eines Rechtsbehelfs belehren (OLG Frankfurt Rpfleger 1979, 105), auf den **Inhalt der Erklärungen** einzuwirken und dafür die **Verantwortung** übernehmen (BVerfG NJW 1983, 2762, 2764; BayObLG Rpfleger 1991, 450; *Müller-Engelmann* Rpfleger 1987, 493). Alle Vermerke, die darauf hindeuten, dass der Rechtspfleger die Verantwortung nicht übernimmt, zB weil er den Rechtsbehelf eigentlich für unzulässig oder sinnlos hält, führen dazu, dass es an der vorgeschriebenen Form fehlt. Dasselbe gilt, wenn der Rechtspfleger auf einem vom Antragsteller mitgebrachten Schriftstück lediglich Vermerke irgendwelcher Art. (zB: „aufgenommen", „Entgegengenommen") anbringt oder es nur mit Eingangs- und Schlussformeln versieht (OLG Düsseldorf Rpfleger 1991, 298; BayObLG Rpfleger 1995, 342). Ebenso wenig genügt die bloße Bezugnahme auf einen Schriftsatz des Antragstellers (OLG Karlsruhe Rpfleger 1994, 104; OLG Köln Rpfleger 1994, 495). Eine fernmündliche Rechtsmitteleinlegung ist unwirksam, auch wenn der Rechtspfleger zur Aufnahme bereit ist. Es ist die körperliche Anwesenheit des Erklärenden erforderlich (BGH NJW-RR 2009, 852).

2. Die einzelnen zugewiesenen Erklärungen

15 a) **Rechtsbeschwerde und weitere Beschwerde (Abs. 1 Nr. 1a). aa) Rechtsbeschwerde.** Die Rechtsbeschwerde kann in einigen Verfahrensarten **schriftlich** eingelegt werden (vgl. zB § 102 PatG, § 85 Abs. 1 MarkenG, § 76 Abs. 3 GWB); da eine Einlegung zu Protokoll der Geschäftsstelle nicht vorgesehen und damit § 24 unanwendbar ist, scheidet eine Einschaltung des Rechtspflegers aus.

16 Soweit sich der Rechtsbeschwerdeführer durch einen **Rechtsanwalt** vertreten lassen muss, scheidet eine Aufnahme durch den Rechtspfleger ebenfalls aus (§§ 10 Abs. 4, 114, 70 ff. FamFG; §§ 78 Abs. 1, 574 ff. ZPO, dazu: BGH NJW-RR 2002, 1721, BGH NJW 2002, 2181).

17 Die Einlegung zu **Protokoll** und damit die Aufnahme durch den Rechtspfleger lassen zu: § 79 Abs. 3 OWiG iVm § 341 Abs. 1 StPO in Bußgeldverfahren und § 118 Abs. 3 StVollzG (dazu: OLG Karlsruhe Rpfleger 1977, 447) in Strafvollzugsangelegenheiten. Das gilt, wegen des Sachzusammenhangs, auch für den Antrag auf Zulassung der Rechtsbeschwerde in Bußgeldverfahren nach § 80 Abs. 3 OWiG iVm §§ 341 Abs. 1, 345 Abs. 2 StPO (BayObLG Rpfleger 1993, 103).

18 Das Verfahrenskostenhilfe-Gesuch zur Einlegung der Rechtsbeschwerde (§ 138 Abs. 2 PatG, § 24 GeschmMG) ist jeweils zu Protokoll der Geschäftsstelle zulässig. Solche Erklärungen fallen nicht unter Abs. 1, weil im Gegensatz zum Antrag nach § 80 Abs. 3 OWiG der **unmittelbare** Zusammenhang mit der Rechtsbeschwerde fehlt, wohl aber unter Abs. 2 Nr. 3.

19 bb) **Weitere Beschwerde.** In den meisten Verfahrensordnungen ist die weitere Beschwerde durch die Rechtsbeschwerde ersetzt worden. Sie ist nur noch vorgesehen und vom Rechtspfleger aufzunehmen
– in Kostensachen (§§ 66 Abs. 4 und 5, 69 GKG, § 14 Abs. 5 und 6 KostO, § 33 Abs. 6 und 7 RVG, § 4 Abs. 5 und 6 JVEG),
– im Strafverfahren bezüglich Haft und einstweiliger Unterbringung sowie bei Anordnung des dinglichen Arrests nach § 111b Abs. 2 StPO über einen Betrag von mehr als 20 000 EUR (§§ 310 Abs. 1, 306 StPO).

20 b) **Revision in Strafsachen (Abs. 1 Nr. 1 lit. b). Revision in Strafsachen:** Sowohl die **Einlegung** (§ 341 Abs. 1 StPO) als auch die **Begründung** (§ 345

Aufnahme von Erklärungen **§ 24**

Abs. 2 StPO) können zu Protokoll der Geschäftsstelle erklärt werden (grundlegend dazu: BVerfG Rpfleger 2002, 279; auch: OLG Dresden Rpfleger 2005, 563; grundlegend: *Peglau* Rpfleger 2007, 633). Zur sachlichen und örtlichen Zuständigkeit bei inhaftierten Verurteilten vgl. OLG Celle Rpfleger 1991, 240: Zuständig ist neben dem Rechtspfleger des Gerichts, dessen Entscheidung angefochten wird (§§ 341, 345 StPO) auch der Rechtspfleger des AG, in dessen Bezirk die Haftanstalt liegt (§ 299 Abs. 1 StPO). Wird der Verurteilte dem nach §§ 341, 345 StPO zuständigen Rechtspfleger vorgeführt, kann dieser ihn nicht an den Rechtspfleger des (subsidiär) gegebenen § 299 StPO verweisen.

c) Wiederaufnahmeantrag (Abs. 1 Nr. 2). Dem Rechtspfleger ist übertragen **21** die Aufnahme eines Antrags auf **Wiederaufnahme des Verfahrens** in Straf- und Bußgeldsachen nach § 366 Abs. 2 StPO, § 85 OWiG. Zuständig zur Aufnahme ist der Rechtspfleger des Wiederaufnahmegerichts (§ 140a GVG) oder des Gerichts dessen Urteil angefochten wird (§ 367 Abs. 1 StPO). Befindet sich der Verurteilte nicht auf freiem Fuß, kann der Antrag auch zu Protokoll der Geschäftsstelle des Gerichts seines Verwahrortes erklärt werden (§ 299 StPO; KK-StPO/Paul § 299 Rn. 3).

V. Die fakultative Rechtspflegerzuständigkeit (Abs. 2)

In Abs. 2 sind Erklärungen (Verfahrenshandlungen) aufgeführt, die zwar wirksam **22** auch vom UdG aufgenommen werden können, jedoch wegen ihrer grundsätzlichen rechtlichen Schwierigkeiten vom Rechtspfleger aufgenommen werden sollen. Die Vorschrift gilt über § 9 Abs. 3 ArbGG auch für den Bereich der Arbeitsgerichtsbarkeit. In **Hamburg** schränkt die Sonderregelung des **§ 36a** den Anwendungsbereich des Abs. 2 ein.

Die **faktische Schwierigkeit** im Bereich des Abs. 2 besteht darin, dass die **23** Rechtsuchenden vom Rechtspfleger regelmäßig Rechtsrat bzgl der Erfolgsaussichten ihrer Klage etc erwarten, den dieser im Hinblick auf die Neutralitätspflicht nicht erteilen darf. Die Beratung des Rechtspflegers muss sich auf die Fragen der Zulässigkeit eines Rechtsbehelfs, einer Klage usw beschränken; materieller Rechtsrat bleibt selbst in Beratungshilfeangelegenheiten dem Anwalt vorbehalten. Anders als ein Rechtsanwalt, kann der Rechtspfleger auch Erklärungen mehrerer Beteiligter mit gegensätzlichen Standpunkten aufnehmen, da er nicht deren Vertreter, sondern neutrales Gerichtsorgan ist (*Lappe* Rpfleger 1985, 94; *Bassenge/Roth* Rn. 7). Er kann jedoch, wenn Befangenheit zu besorgen ist, abgelehnt werden (dazu schon → Rn. 9).

a) Sonstige Rechtsbehelfe (Abs. 2 Nr. 1). Nach Abs. 2 Nr. 1 soll Rechtspfle- **24** ger auch „sonstige" Rechtsbehelfe aufnehmen. Hinzukommen muss aber (nicht für die Zulässigkeit des Rechtspflegerhandelns, sondern für die Pflicht des Rechtspflegers zum Tätigwerden), dass der Erschienene nicht nur den Rechtsbehelf als solchen einlegen will, sondern, dass dieser zugleich **begründet** wird. Die Vorschrift ist auf alle Rechtsbehelfsaufnahmen anwendbar, die nicht bereits nach Abs. 1 dem Rechtspfleger zugewiesen sind. Hierunter fallen zB die sofortige Beschwerde (§§ 567 ff. ZPO) und die befristete Beschwerde (§§ 58 ff. FamFG); die Beschwerde nach § 57 Abs. 2 FamGKG und § 73 GBO; Erinnerungen gegen Rechtspfleger- und UdG-Entscheidungen (§ 11 Abs. 2, § 573 ZPO; Vollstreckungserinnerung und der Vollstreckungsschutzantrag gem. § 766 bzw. § 765a ZPO; der Einspruch

385

gegen Versäumnisurteil und Vollstreckungsbescheid und die Berufung in Strafsachen nach §§ 314, 317 StPO.

25   **b) Klagen und Klageerwiderungen (Abs. 2 Nr. 2).** Hierunter fallen die zivilprozessualen (vollstreckungsrechtlichen) und die arbeitsgerichtlichen Klagen (soweit es sich nicht um einen Anwaltsprozess handelt, vgl. § 496 ZPO) sowie strafrechtliche Privatklagen nach § 381 StPO.

26   **c) Andere Erklärungen (Abs. 2 Nr. 3).** Abs. 2 Nr. 3 eröffnet die Möglichkeit, alle Anträge und Erklärungen deren Abgabe zu Protokoll der Geschäftsstelle zulässig ist und die nicht bereits von Abs. 2 Nr. 1 oder 2 erfasst werden, vom Rechtspfleger aufnehmen zu lassen. Vorausgesetzt wird, dass sie nach Schwierigkeit und Bedeutung den in Nrn. 1 und 2 genannten Geschäften vergleichbar sind. Maßgebend sind dabei Schwierigkeit und Bedeutung der Angelegenheit für den Erklärenden. Hierher gehören zB Anträge im isolierten Sorgerechtsverfahren (AG Kleve Rpfleger 2006, 401 = FamRZ 2006, 1138). Ist zur Antragstellung ein Vordruck eingeführt, wird grds. der UdG zuständig sein (AMHRH/*Hintzen* Rn. 19).

VI. Unanwendbarkeit des § 5 (Abs. 3)

27   Da über die aufzunehmenden Rechtsbehelfe und Anträge regelmäßig der Richter zu entscheiden hat, schließt Abs. 3 die Vorlage an den Richter nach § 5 aus (dazu schon → Rn. 5).

§ 24a Beratungshilfe

(1) Folgende Geschäfte werden dem Rechtspfleger übertragen:
1. **die Entscheidung über Anträge auf Gewährung und Aufhebung von Beratungshilfe einschließlich der grenzüberschreitenden Beratungshilfe nach § 10 Absatz 4 des Beratungshilfegesetzes;**
2. **die dem Amtsgericht nach § 3 Absatz 2 des Beratungshilfegesetzes zugewiesenen Geschäfte.**

(2) § 11 Absatz 2 Satz 1 bis 4 und Absatz 3 ist nicht anzuwenden.

I. Entwicklung

1   Staatliche Hilfen für die Rechtsberatung sozial schwacher Mitbürger wurden zunächst aufgrund landesrechtlicher Regelungen unter Einschaltung des Rechtspflegers gewährt (*Herbst* ZPR 1975, 219). Das BerHG hat diese Regelungen bundeseinheitlich übernommen. Mit dem in diesem Zusammenhang eingefügten § 24a wurden dem Rechtspfleger die Aufgaben des AG in Beratungshilfesachen im Wege der Einzelübertragung (§ 3 Nr. 3 lit. f) übertragen; es handelt sich, wie die Stellung der Vorschrift im 3. Abschnitt zeigt, um Rechtspflegeaufgaben.

2   Das BerHG wurde zuletzt geändert durch Art. 2 G zur Änd. des Prozesskostenhilfe- und Beratungshilferechts v. 31.8.2013, BGBl. I S. 3533; in Folge der Reform wurde auch § 24a Abs. 1 Nr. 1 neu gefasst. § 24a Abs. 2 wurde durch das RBehelfsbelehrungG geändert.

Beratungshilfe § 24a

II. Das Verfahren der Beratungshilfe

1. Voraussetzungen

Nach § 1 Abs. 1 BerHG wird auf Antrag für die Wahrnehmung von Rechten au- 3
ßerhalb eines gerichtlichen Verfahrens und im obligatorischen Güteverfahren nach
§ 15a EGZPO Beratungshilfe gewährt, wenn der Rechtssuchende die erforderlichen Mittel nicht aufbringen kann, nicht andere zumutbare Möglichkeiten für
eine Hilfe zur Verfügung stehen und die Wahrnehmung der Beratungshilfe nicht
mutwillig erscheint Die Rechtswahrnehmung soll in erster Linie in der **Beratung**
des Rechtsuchenden bestehen; erst danach („... soweit erforderlich ...") kann sie
sich auf eine Vertretung gegenüber Dritten erstrecken (§ 2 Abs. 1 BerHG). Der
Rat soll dem Rechtsuchenden die Rechtslage verdeutlichen und ihn in die Lage
versetzen, die notwendigen Schritte einzuleiten. Da die Beratung außerhalb eines
gerichtlichen Verfahrens stattfindet endet sie dort, wo die Prozesskostenhilfe beginnen könnte.

Nach **§ 1 Abs. 1 Nr. 1 BerHG** scheidet die Gewährung von Beratungshilfe aus,
wenn der Rechtssuchende die erforderlichen Mittel selbst aufbringen kann (§ 1
Abs. 1 Nr. 1 BerHG). Das ist nach § 1 Abs. 2 BerHG dann der Fall, wenn Prozesskostenhilfe ohne einen eigenen Beitrag zu den Kosten zu gewähren wäre Insoweit
wird auf die PKH-Vorschriften der ZPO, und insbesondere auf § 115 ZPO verwiesen. Danach ist von der Festsetzung von Monatsraten abzusehen, wenn aufgrund
des einzusetzenden Einkommens Monatsraten von weniger als 10,– EUR zu zahlen
wären (§ 115 Abs. 2 S. 2 ZPO). Übersteigt das einzusetzende Einkommen diese
Grenze, wäre die PKH-Bewilligung mit Ratenzahlungen zu verbinden und deshalb
Beratungshilfe zu versagen.

Die Gewährung von Beratungshilfe hängt nach **§ 1 Abs. 1 Nr. 2 BerHG** weiter 4
davon ab, dass dem Rechtsuchenden keine anderen zumutbaren Mittel für eine
Hilfe zur Verfügung stehen = (Subsidiaritätsklausel). Als andere Möglichkeiten
kommen zB in Betracht: Beratungstätigkeit von Organisationen, Ansprüche auf
Beratung im Bereich der öffentlichen Verwaltung auf Grund von Rechtsvorschriften und kommunale Beratungsstellen für rechtliche Betreuung. Dass der Ratsuchende zunächst selbst tätig werden kann, ist keine andere Möglichkeit iS **§ 1
Abs. 1 Nr. 2 BerHG.** So kann zB ein Unterhaltsgläubiger nicht darauf verwiesen
werden, seinen Anspruch selber geltend zu machen. Die Einzelfallprüfung kann jedoch ergeben, dass eine Unterstützung durch das Jugendamt im Rahmen einer
Beistandschaft (vgl. § 1712 Abs. 1 Nr. 2 BGB) sich als andere Hilfsmöglichkeit anbietet (AG Rotenburg Wümme Rpfleger 1990, 171). Auch die Möglichkeit sich
durch einen Rechtsanwalt unentgeltlich oder gegen Vereinbarung eines Erfolgshonorars beraten oder vertreten zu lassen, ist keine andere Möglichkeit der Hilfe (§ 1
Abs. 1 S. 2 iVm Abs. 1 Nr. 2 BerHG). Der Rechtssuchende kann deshalb nicht darauf verwiesen werden, sich an Rechtsanwaltskanzleien zu wenden, die unentgeltlich (§ 4 Abs. 1 S. 3 RVG) oder gegen Erfolgshonorar beraten (§ 4a Abs. 1 S. 3 RVG;
vgl. BT-Drs. 17/11472, 37).

Beratungshilfe ist nach **§ 1 Abs. 1 Nr. 3 BerHG** zu versagen, wenn die Rechts- 5
wahrnehmung mutwillig erscheint. Nach der Legaldefinition des **§ 1 Abs. 3 S. 1
BerHG** ist das ist dann der Fall, wenn ein Rechtsuchender, der keine Beratungshilfe beansprucht, bei verständiger Würdigung aller Umstände der Rechtsangelegenheit davon absehen würde, sich auf eigene Kosten rechtlich beraten oder vertre-

ten zu lassen. Dabei ist auch auf die Kenntnisse und Fähigkeiten des Antragstellers sowie seine besondere wirtschaftliche Lage abzustellen (§ 1 Abs. 3 S. 2 BerHG). Mutwilligkeit kann auch dann vorliegen, wenn der Rechtssuchende Beratungshilfe für Vertretung in Anspruch nimmt, obwohl die Beratung ergeben hat, dass für sein Rechtsschutzbegehren keine Aussicht auf Erfolg besteht (BT-Drs. 17/11472, 37).

2. Geltungsbereich

6 Den Geltungsbereich der Beratungshilfe erstreckt § 2 Abs. 2 S. 1 BerHG auf **alle rechtlichen Angelegenheiten.** Einbezogen sind damit auch steuerrechtliche Angelegenheiten (BT-Drs. 17/11472, 38). Die Neuregelung entspricht den Vorgaben des BVerfG (BVerfGE 122, 39). Auch dem von einer Straftat Betroffenen sowie Zeugen kann Beratungshilfe gewährt werden. § 2 Abs. 2 S. 2 BerHG begrenzt die Beratungshilfe in Angelegenheiten des Straf- und Ordnungswidrigkeitenrechts alleine auf die Beratung; für die Vertretung wird sie nicht gewährt (Ausnahme: Vertretung bei einer polizeilichen Vernehmung). Nach §§ 10, 10a BerHG wird Beratungshilfe auch in Streitsachen mit grenzüberschreitendem Bezug nach der Richtlinie 2003/8/EG und in Unterhaltssachen nach VO (EG) Nr. 4/2009 gewährt. Nach § 2 Abs. 3 BerHG ist Beratungshilfe ausgeschlossen, wenn **ausländisches** Recht anzuwenden ist und der Sachverhalt keinen Bezug zum Inland hat.

3. Inhalt von Beratungshilfe

7 Beratungshilfe besteht nach § 2 Abs. 1 S. 1 BerHG in Beratung und, soweit erforderlich in Vertretung. Die **Beratung** erfolgt in der Weise, dass dem Ratsuchenden ein mündlicher bzw. schriftlicher Rat oder eine Auskunft erteilt wird (vgl. die Definition in § 34 Abs. 1 S. 1 RVG). Wenn die Umstände es erfordern, kann die Ratstätigkeit sich auch auf die Vertretung gegenüber Dritten in Form von informellen Besprechungen, Schreiben oder durch Vertragsgestaltung erstrecken (vgl. Nr. 2503 VV-RVG). Nach § 2 Abs. 1 S. 2 BerHG ist eine **Vertretung** erforderlich, wenn der Rechtssuchende wegen des Umfangs, der Schwierigkeit oder der Bedeutung der Rechtsangelegenheit seine Rechte nicht selbst wahrnehmen kann. Abzustellen auf den Zeitpunkt nach erfolgter Beratung (BT-Drs. 17/11472, 38).

4. Gewährung der Beratungshilfe

8 **a) Allgemein.** Die Beratungshilfe wird durch **Rechtsanwälte und durch Rechtsbeistände,** die Mitglied einer Rechtsanwaltskammer sind, gewährt (§ 3 Abs. 1 S. 1 BerHG, § 209 BRAO; zur Beratungs-, Hinweis- und Aufklärungspflicht vgl. § 49a BRAO; zur Höhe der Vergütung vgl. § 44 RVG sowie Nr. 2500-2508 VV-RVG). Im Umfang ihrer jeweiligen Befugnisse zur Rechtsberatung wird sie nach § 3 Abs. 1 S. 2 BerHG auch gewährt durch **Steuerberater und Steuerbevollmächtigte, Wirtschaftsprüfer und vereidigte Buchprüfer sowie Rentenberater.** Ferner kann sie durch diese Beratungspersonen auch in Beratungsstellen gewährt werden, die auf Grund einer Vereinbarung mit der Landesjustizverwaltung eingerichtet sind (§ 3 Abs. 1 S. 3 BerHG).

9 Nach § 3 Abs. 2 BerHG kann Beratungshilfe auch das **Amtsgericht** gewähren; funktionell zuständig ist der Rechtspfleger (§ 24a Abs. 1 Nr. 2 BerHG). Die Tätigkeit des Amtsgerichts muss sich dabei auf Auskünfte und Hinweise sowie die Aufnahme von Erklärungen und Anträge beschränken. Ein konkreter Rat, wie sich der

Beratungshilfe § 24a

Ratsuchende verhalten soll sowie eine Vertretung in Form eines Schreibens oder eines Anrufs scheiden aus. Die Auskunft kann sich zB auf Verfahrenszuständigkeiten, Rechtsbehelfsmöglichkeiten oder allgemeine rechtliche Gesichtspunkt beziehen (*Kammeier* Rpfleger 1998, 503; *Greisinger* NJW 1985, 1671). Es kann ferner auf die Hilfemöglichkeiten durch eine andere Stelle iSd § 1 Abs. 1 Nr. 2 BerHG (zB kommunale Beratungsstellen) hingewiesen werden.

b) Zuständigkeit. Über den **Antrag** auf Beratungshilfe entscheidet (sachlich 10 und örtlich) das **Amtsgericht** in dessen Bezirk der Rechtsuchende seinen allgemeinen Gerichtsstand hat (§ 4 Abs. 1 S. 1 BerHG). Die Vorschrift knüpft an die §§ 12ff. ZPO und damit insbesondere an den Wohnsitz des Antragstellers an. Fehlt ein allgemeiner Gerichtsstand im Inland ist das Amtsgericht örtlich zuständig in dessen Bezirk ein Bedürfnis für Beratungshilfe auftritt (§ 4 Abs. 1 S. 2 BerHG). Ein Beratungsbedürfnis kann sich zB am Urlaubsort (BayObLG Büro 1984, 121) oder am Ort eines Unfallereignisses ergeben. Das gilt auch für eingehende Ersuchen um grenzüberschreitende Beratungshilfe (§ 10 Abs. 4 S. 1, § 10a Abs. 2 S. 2 BerHG).

c) Antrag. Der Antrag kann mündlich oder schriftlich gestellt werden (§ 4 11 Abs. 2 S. 1 BerHG). Die Möglichkeit zur mündlichen Antragstellung dient einer raschen und unbürokratischen Erledigung der Angelegenheit, sie ist in der gerichtlichen Praxis der Normalfall. Wird der Antrag schriftlich gestellt, muss ein **amtlicher Vordruck** benutzt werden (§ 11 BerHG iVm BerHVV vom 17.12.1994, BGBl. I S. 3839). Der Antragsteller ist verpflichtet, den für die Gewährung der Beratungshilfe maßgeblichen Sachverhalt vorzubringen (§ 4 Abs. 2 S. 2 BerHG). Der funktionell zuständige Rechtspfleger (§ 24a Abs. 1 Nr. 1 BerHG) muss anhand der Sachverhaltsschilderung prüfen können, ob eine Sofortauskunft (§ 3 Abs. 2 BerHG, § 24a Abs. 1 Nr. 2 RPflG) genügt oder andere Hilfemöglichkeiten vorzuziehen sind und dass keine Mutwilligkeit erkennbar ist. Auf Verlangen hat der Rechtsuchende nach § 4 Abs. 4 S. 1 BerHG seine **tatsächlichen Angaben** durch urkundliche Nachweise (z. B. Verdienstbescheinigung, Rentenbescheid) glaubhaft zu machen. Das Gericht kann auch eine eidesstattliche Versicherung verlangen (§ 4 Abs. 4 S. 1 BerHG) und Auskünfte einholen (§ 4 Abs. 4 S. 2 BerHG). Zeugen und Sachverständige werden nicht vernommen (§ 4 Abs. 4 S. 3 BerHG). Nach § 4 Abs. 5 BerHG ist der Antrag des Rechtsuchenden abzulehnen, wenn er innerhalb einer von dem Gericht gesetzten Frist seine Angaben über die persönlichen und wirtschaftlichen Verhältnisse nicht glaubhaft macht oder bestimmte Fragen nicht oder nur ungenügend beantwortet.

In den Fällen **nachträglicher** Antragstellung (vgl. § 6 Abs. 2 BerHG) kann die 12 Beratungsperson vor Beginn der Beratung nach § 4 Abs. 6 BerHG vom Rechtsuchenden Belege zu seinen persönlichen und wirtschaftlichen Verhältnissen verlangen. Ferner hat er zu erklären, dass ihm in derselben Angelegenheit weder Beratungshilfe gewährt bzw. versagt wurde und, dass kein gerichtliches Verfahren anhängig ist oder war.

Soweit das BerHG nichts anderes bestimmt richtet sich das Verfahren über den 13 Antrag auf Gewährung der Beratungshilfe nach dem **FamFG** (§ 5 S. 1 BerHG).

5. Rechtspflegerzuständigkeiten

a) Sofortberatung (§ 3 Abs. 2 BerHG; Abs. 1 Nr. 2). Wenn eine **sofortige** 14 **Auskunft** möglich ist, gemeint sind Rechtsauskünfte, also zB der Hinweis auf zulässige Rechtsmittel gegen gerichtliche Entscheidungen, kann die Beratungshilfe durch den **Rechtspfleger** gewährt werden (§ 3 Abs. 2 BerHG, § 24a Abs. 1 Nr. 2). Nicht zulässig sind Empfehlungen und Auskünfte zu den Erfolgsaussichten eines Rechtsbehelfs. Abzustellen ist nicht auf die Schwierigkeit der Auskunft, sondern darauf ob sie ohne weiteren zeitlichen Aufwand, sozusagen „aus dem Stand" erteilt werden kann.

15   b) **Entscheidung über den Antrag (§ 6 Abs. 1, BerHG; Abs. 1 Nr. 1).** Ist dem Antrag auf Gewährung der Beratungshilfe stattzugeben, wird dem Rechtsuchenden vom Amtsgericht (Rechtspfleger) ein **Berechtigungsschein** ausgestellt (§ 6 Abs. 1 BerHG). Die Angelegenheit auf die sich die Beratungshilfe bezieht, ist genau zu bezeichnen; eine Beschränkung alleine auf Beratung ist nicht zulässig. Der Berechtigungsschein befugt die Partei dazu, mit der Beratung oder Vertretung eine Beratungsperson ihrer Wahl, ohne örtliche Bindung, zu beauftragen. Nach § 6 Abs. 2 S. 1 BerHG kann der Antrag auf Beratungshilfe auch nachträglich gestellt werden, wenn sich der Rechtsuchende sofort an eine Beratungsperson gewandt hat. Das ist in der Praxis der Regelfall (BT-Drs. 17/11472, 40). Nach hM kann in diesem Falle der Antrag auch von der Beratungsperson schriftlich gestellt werden; Frist: Vier Wochen nach Beginn der Beratungshilfetätigkeit (§ 6 Abs. S. 2 BerHG). Es handelt sich um eine Ausschlussfrist (BT-Drs. 17/11472, 41). In diesem Fall ist über den nachträglich gestellten Antrag auf Bewilligung der Beratungshilfe zu entscheiden, ohne dass ein Berechtigungsschein ausgestellt werden muss. In dieser Situation trägt grds die Beratungsperson das Gebührenrisiko, wenn das Amtsgericht die Gewährung der Beratungshilfe versagt (*Eckert* FamRZ 2001, 172). Hat die Beratungsperson aber den Rechtsuchenden bei Mandatsübernahme hierauf hingewiesen, kann sie von ihm die Vergütung nach den allgemeinen Vorschriften verlangen (§ 8a Abs. 4 BerHG).

16   c) **Aufhebung der Bewilligung.** Das Gericht kann die Bewilligung von Amts wegen aufheben, wenn die Voraussetzungen für die Beratungshilfe nicht vorgelegen haben und seit der Bewilligung nicht mehr als ein Jahr vergangen ist (§ 6a Abs. 1 BerHG). Es besteht, anders als im Falle der PKH-Aufhebung nach § 124 ZPO, ein gerichtlicher **Ermessensspielraum**. Die Aufhebung kann auch auf Antrag der Beratungsperson erfolgen, wenn der Rechtsuchende auf Grund der Beratung oder Vertretung etwas erlangt hat (§ 6a Abs. 2 S. 1 BerHG). Der Antrag ist nur zulässig, wenn die Beratungsperson noch keine Beratungshilfevergütung aus der Staatskasse (§ 44 S. 1 RVG) beantragt hat (§ 6a Abs. 2 S. 2 Nr. 1 BerHG). Ferner muss der Rechtsuchende bei der Mandatsübernahme auf die Möglichkeit der Antragstellung, der Aufhebung der Bewilligung sowie die sich für die Vergütung ergebenden Rechtsfolgen nach § 8a Abs. 2 BerHG hingewiesen worden sein (§ 6a Abs. 2 S 2 Nr. 2 BerHG). Der Hinweis bedarf, um Beweisschwierigkeiten zu verhindern, der Textform (vgl. § 126b BGB).

6. Rechtsbehelf

17   Gegen den Beschluss, durch den der Antrag auf Bewilligung der Beratungshilfe **zurückgewiesen** oder durch den die Beratungshilfe wieder **aufgehoben** wird, ist nur die unbefristete **Erinnerung** statthaft (§ 7 BerHG iVm §§ 11 Abs. 2 S. 5–7, 24a Abs. 2). Diese Regelung geht der FamFG-Beschwerde (§§ 58 ff. FamFG) vor. Anfechtbar ist auch die nur auf Beratung beschränkte Bewilligung.

18   Ein Rechtsbehelf der **Staatskasse** gegen die Bewilligung der Beratungshilfe ist nicht statthaft (BR-Drs. 17/13538, 41; BT-Drs. 17/11472, 42).

Beratungshilfe § 24a

7. Vergütungsanspruch bei Beratungshilfe

Die im Rahmen der Beratungshilfe tätig gewordene **Beratungsperson** erhält 19
eine Vergütung aus der Landeskasse (§ 8 Abs. 1 S. 1 BerHG, § 44 S. 1 RVG). Die
Gebühren richten sich nach **Abschnitt 5** des **VV-RVG** (= Nr. 2500-2508). Auch
eine Beratungsperson, die nicht Rechtsanwalt ist, kann Gebühren nach diesen Vorschriften abrechnen. Sie steht insoweit einem Rechtsanwalt gleich (§ 8 Abs. 1 S. 2
BerHG). Die Bewilligung der Beratungshilfe bewirkt, dass die Beratungsperson
gegen den Rechtssuchenden keinen Anspruch auf Vergütung geltend machen
kann; ausgenommen ist nur die Beratungshilfegebühr nach § 44 S. 2 RVG (§ 8
Abs. 2 S. 1 BerHG). Das gilt auch in den Fällen nachträglicher Beantragung (§ 6
Abs. 2 BerHG) bis zur Entscheidung durch das Gericht (§ 8 Abs. 2 S. 2 BerHG).
Die Vergütung wird vom Urkundsbeamten der Geschäftsstelle des in § 4 Abs. 1
BerHG bestimmten Gerichts fest gesetzt (§ 55 Abs. 4 RVG). Der öffentlich-rechtliche Anspruch unterliegt der regelmäßigen Verjährungsfrist von 3 Jahren (§ 195
BGB); die Frist beginnt mit Ablauf des Jahres in dem der Anspruch fällig geworden
ist (§ 199 Abs. 1 BGB, § 8 Abs. 1 S. 1 RVG). Mit Gewährung einer Vergütung aus
der Staatskasse geht, wie bei bewilligter Prozesskostenhilfe, der Zahlungsanspruch
des Rechtsanwalts gegen einen **ersatzpflichtigen Gegner** kraft Gesetzes auf diese
über (§ 59 Abs. 1, 3 RVG). Zulässig sind Vergütungsvereinbarung (BT-Drs. 17/
11472, 42, 43), Verzicht auf eine Vergütung (§ 4 Abs. 1 S. 2 RVG) und Vereinbarung eines Erfolgshonorars (§ 4a Abs. 1 RVG; vgl. BT-Drs. 17/11472, 50).

Eine **Aufhebung** der Beratungshilfe berührt den Vergütungsanspruch der Bera- 20
tungsperson gegen die Staatskasse nicht (§ 8a Abs. 1 S. 1 BerHG). Es sei denn, die
Beratungsperson hat Kenntnis oder grob fahrlässige Unkenntnis davon, dass die Bewilligungsvoraussetzungen nicht vorlagen (§ 8 Abs. 1 S. 2 Nr. 1 BerHG) oder sie hat
die Aufhebung selbst beantragt (§ 8a Abs. 1 S. 2 Nr. 2 iVm § 6a Abs. 2 BerHG). In
diesen Fällen fehlt ein schutzwürdiges Interesse. Wird die Bewilligung aufgehoben,
kann die Beratungsperson, statt aus der Staatskasse, direkt vom Rechtssuchenden
eine Vergütung nach den allgemeinen Vorschriften verlangen, wenn sie keine Vergütung aus der Staatskasse fordert oder einbehält und den Rechtssuchenden bei
Mandatsübernahme auf die Möglichkeit der Aufhebung sowie die Folgen für die
Vergütung hingewiesen hat (§ 8a Abs. 2 S. 1 BerHG). Die bereits geleistete Beratungshilfegebühr (Nr. 2500 VV-RVG) ist auf den Vergütungsanspruch anzurechnen
(§ 8a Abs. 2 S. 2 BerHG). Der **Direktanspruch** der Beratungsperson gegen den
Rechtssuchenden bestimmt sich nach den **allgemeinen Vorschriften.** Dieser Verweis führt, soweit keine Vergütungsvereinbarung geschlossen wurde, bei (reiner)
Beratungstätigkeit durch einen Rechtsanwalt als Beratungsperson zu § 612 Abs. 2
BGB, § 34 Abs. 1 S. 2 RVG und in Vertretungsfällen zu den Gebühren nach Teil 2
VV-RVG. Auch bei Ablehnung des nachträglich gestellten Antrags, kann die Beratungsperson vom Rechtssuchenden die Vergütung nach den allgemeinen Vorschriften oder die (vorsorglich) vereinbarte Vergütung verlangen, wenn der Rechtssuchende darauf hingewiesen wurde (§ 8a Abs. 4 BerHG). Die Staatskasse kann vom
Rechtssuchenden Erstattung des an die Beratungsperson geleisteten oder von dieser
einbehaltenen Betrages verlangen, wenn die Bewilligung deshalb aufgehoben wird,
weil die persönlichen und wirtschaftlichen Voraussetzungen hierfür nicht vorgelegen haben (§ 8a Abs. 3 BerHG).

§ 24b Amtshilfe

(1) **Die Landesregierungen werden ermächtigt, durch Rechtsverordnung die Geschäfte der Amtshilfe dem Rechtspfleger zu übertragen.**

(2) **Die Landesregierungen können die Ermächtigung auf die Landesjustizverwaltungen übertragen.**

I. Entwicklung

1   Von der durch das 1. JuMoG eingefügten Ermächtigungsklausel haben bislang nur Baden-Württemberg (§ 2 VO v. 3.12.2004, GBl. 919), Niedersachsen (§ 16h Abs. 2 VO v. 22.1.1998, Nds.GVBl. 66 idF d VO v. 19.7.2005, Nds.GVBl. 258) und Rheinland-Pfalz (§ 1 Abs. 2 VO v. 15.5.2008, GVBl. 81) Gebrauch gemacht.

II. Allgemeines

2   Die Vorschrift bezieht sich auf Geschäfte der **Amtshilfe,** die von solchen der Rechtshilfe iS der §§ 156–168 GVG zu unterscheiden sind. Amtshilfe bezieht sich auf Hilfeleistungen, die das Gericht nicht als Organ der Rechtsprechung im verfassungsrechtlichen Sinne, sondern als Teil der Staatsverwaltung für andere Behörden erbringt (BT-Drs. 15/1508, 33; vgl. dazu *Rellermeyer* Rpfleger 2004, 593). Rechtshilfe hingegen bezieht sich auf Aufgaben, die nicht der Justizverwaltung sondern der Rechtsprechung zuzuordnen sind (MüKoZPO/*Zimmermann* GVG § 156 Rn. 3 ff.; Zöller/*Lückemann* GVG § 156 Rn. 1 ff.). Die Gewährung von Amtshilfe obliegt dem Rechtspfleger im Rahmen seiner funktionellen Zuständigkeit (§ 4 Abs. 1). Aus der systematischen Stellung der Vorschrift in Abschn. 3 folgt, dass die §§ 5–11, insbesondere § 9, anzuwenden sind (*Bassenge/Roth* Rn. 1) und es sich deshalb nur um Amtshilfegeschäfte handeln kann, für die an sich der Richter zuständig wäre (AMHRH/*Rellermeyer* Rn. 2).

III. Amtshilfe

3   § 24b ist zB auf behördliche Ersuchen um Vernehmung von Personen nach § 20 ZDG, § 116 Abs. 2 FlurbG, anzuwenden. Zur eidlichen Vernehmung ist der Rechtspfleger jedoch nicht befugt (§ 4 Abs. 2 Nr. 1). Amtshilfeersuchen, die von Organen der Justizverwaltung zu erledigen sind (zB Ersuchen um Bereitstellung eines Amtszimmers, eines Protokollführers oder einer Auskunftserteilung) fallen, da in diesen Fällen weisungsgebunden gehandelt wird, nicht darunter (MüKoZPO/*Zimmermann* GVG § 156 Rn. 4; AMHRH/*Rellermeyer* Rn. 4).

§ 25 Sonstige Geschäfte auf dem Gebiet der Familiensachen

Folgende weitere Geschäfte in Familiensachen einschließlich der entsprechenden Lebenspartnerschaftssachen werden dem Rechtspfleger übertragen:
1. (weggefallen)

Sonstige Geschäfte auf dem Gebiet der Familiensachen § 25

2. in Unterhaltssachen
   a) Verfahren nach § 231 Absatz 2 des Gesetzes über das Verfahren in Familiensachen und in den Angelegenheiten der freiwilligen Gerichtsbarkeit, soweit nicht ein Verfahren nach § 231 Absatz 1 des Gesetzes über das Verfahren in Familiensachen und in den Angelegenheiten der freiwilligen Gerichtsbarkeit anhängig ist,
   b) die Bezifferung eines Unterhaltstitels nach § 245 des Gesetzes über das Verfahren in Familiensachen und in den Angelegenheiten der freiwilligen Gerichtsbarkeit,
   c) das vereinfachte Verfahren über den Unterhalt Minderjähriger;
3. in Güterrechtssachen
   a) die Ersetzung der Zustimmung eines Ehegatten, Lebenspartners oder Abkömmlings nach § 1452 des Bürgerlichen Gesetzbuchs,
   b) die Entscheidung über die Stundung einer Ausgleichsforderung und Übertragung von Vermögensgegenständen nach den §§ 1382 und 1383 des Bürgerlichen Gesetzbuchs, jeweils auch in Verbindung mit § 6 Satz 2 des Lebenspartnerschaftsgesetzes, mit Ausnahme der Entscheidung im Fall des § 1382 Absatz 5 und des § 1383 Absatz 3 des Bürgerlichen Gesetzbuchs, jeweils auch in Verbindung mit § 6 Satz 2 des Lebenspartnerschaftsgesetzes,
   c) die Entscheidung über die Stundung einer Ausgleichsforderung und Übertragung von Vermögensgegenständen nach § 1519 des Bürgerlichen Gesetzbuchs in Verbindung mit Artikel 12 Absatz 2 Satz 1 und Artikel 17 des Abkommens vom 4. Februar 2010 zwischen der Bundesrepublik Deutschland und der Französischen Republik über den Güterstand der Wahl-Zugewinngemeinschaft, jeweils auch in Verbindung mit § 7 des Lebenspartnerschaftsgesetzes, soweit nicht über die Ausgleichsforderung ein Rechtsstreit anhängig wird.

I. Entwicklung

§ 24 RPflG 1957 hatte den Ländern die Möglichkeit eröffnet, durch eigene Vorschriften die Rechtspfleger mit der Vorbereitung richterlicher Amtshandlungen zu befassen. § 25 RPflG 1969 übernahm die Vorschrift, die sich damals in Abschn. 4 befand, im gleichen Wortlaut. Sie wurde, weil der Entlastungsgedanke als nicht mehr zeitgemäß angesehen wurde (BT-Drs. 13/10244 S. 8, 11), durch das 3. RPflÄndG aufgehoben (zu § 25 aF s. die Vorauflage). Das FGG-RG vom 17.12.2008, BGBl. I S. 2586, hat die dem Familiengericht zugewiesenen Angelegenheiten neu definiert und geordnet (§ 111 FamFG). Die Vorbehaltsübertragung in § 3 Nr. 2 lit. a, § 14 erfasst deshalb nur noch Kindschafts- und Adoptionssachen sowie entsprechend Lebenspartnerschaftssachen. § 25 **ergänzt** und überträgt dem Rechtspfleger, so wie früher § 3 Nr. 2 lit. a aF und § 20 Nr. 10, 11 aF, **weitere Geschäfte in Familiensachen** einschließlich der entsprechenden Lebenspartnerschaftssachen (vgl. dazu *Rellermeyer* Rpfleger 2009, 349). Es handelt sich um **Einzelübertragungen** (§ 3 Nr. 3 lit. g) in **Unterhaltssachen nach § 231 Abs. 2 FamFG** (= Bestimmung des Kindergeldbezugsberechtigten), **§ 245 FamFG** (= Bezifferung des Unterhaltstitels), §§ 249 ff. FamFG (= vereinfachtes Verfahren über den Unterhalt Minderjähriger) sowie in **Güterrechtssachen** nach **§ 1452 BGB** (= Zustimmungsersetzung) und **§§ 1382, 1383 BGB** (= Stundung der Ausgleichsforderung; Übertragung von Ver-

1

mögensgegenständen). Der in Nr. 3 durch G v. 15.3.2012, BGBl. II 178, angefügte Buchst. c überträgt dem Rechtspfleger ferner die Entscheidung über die Stundung einer Ausgleichsforderung und Übertragung von Vermögensgegenständen nach **§ 1519 BGB** iVm Art. 12 Abs. 2 S. 2 u. Art. 17 des Abk. vom 4.12.2010 zwischen der Bundesrepublik Deutschland und der Französischen Republik über den Güterstand der Wahl-Zugewinngemeinschaft, BGBl. II 2012, 180.

2 Art. 23 FGG-RG hatte die in § 14 Abs. 1 Nr. 2a aF geregelte Rechtspflegerzuständigkeit in **Versorgungsausgleichssachen** nach § 25 Nr. 1 übernommen. Nr. 1 ist aber, da nach der Reform des Versorgungsausgleich diese Geschäfte entfallen sind, durch Art. 14 VAStrRefG vom 3.4.2009, BGBl. I S. 700, aufgehoben worden (vgl. dazu *Borth* FamRZ 2009, 562; *Bergner* NJW 2009, 1169). § 48 VersAusglG regelt als allgemeine Übergangsvorschrift die Überleitung der vor dem 1.9.2009 anhängigen Verfahren über den Versorgungsausgleich. Soweit danach die bis dahin geltenden Vorschriften noch anzuwenden sind vgl. § 14 Rn. 16ff. der Vorauflage.

II. Unterhaltssachen (Nr. 2)

3 Unterhaltssachen nach § 231 Abs. 1 FamFG und entsprechende Lebenspartnerschaftssachen nach § 269 Abs. 1 Nr. 8 und 9 FamFG sind **Familienstreitsachen** (§ 112 Nr. 1 FamFG). In Unterhaltssachen ist grds. der Richter funktionell zuständig. Die frühere Zuständigkeit des Rechtspflegers zur Entscheidung über die Unterhaltsbestimmung (vgl. §§ 3 Nr. 2 lit. a, 14 aF) ist auf Grund der Neufassung des § 1612 Abs. 2 S. 2 BGB durch das am 1.1.2008 in Kraft getretene UÄndG v. 21.12.2007, BGBl. I S. 3189, entfallen. Die Entscheidung darüber wird bereits im Verfahren über den Kindesunterhalt durch den Richter getroffen (vgl. dazu BT-Drs. 16/1830, 25, 26; *Scholz* FamRZ 2009, 2021). In Unterhaltssachen sind dem Rechtspfleger folgende Geschäfte einzeln (§ 3 Nr. 3 lit. g) übertragen:

1. Bestimmung des Kindergeldbezugsberechtigten (Nr. 2 lit. a)

4 Das Kindergeld für ein Kind wird nur an einen Berechtigten gezahlt (§ 64 Abs. 1 EStG, § 3 BKGG). Sind mehrere Personen bezugsberechtigt und haben sie eine Bestimmung zum Bezugsrecht nicht getroffen, so bestimmt das **Familiengericht** auf Antrag den Berechtigten (§ 64 Abs. 2 S. 2, 3 EStG, § 3 Abs. 2 S. 2 BKGG). Es handelt sich bei dieser Unterhaltssache um keine Familienstreitsache (vgl. §§ 112 Nr. 1, 231 Abs. 2 FamFG). Auf das Verfahren sind deshalb nach § 231 Abs. 2 S. 2 FamFG die §§ 235–245 FamFG nicht anzuwenden, sie werden durch die Vorschriften des 1. Buches (= §§ 1–110 FamFG) ersetzt.

2. Bezifferung dynamisierter Unterhaltstitel (Nr. 2 lit. b)

5 Dieses Geschäft hatte bereits § 20 Nr. 11 Hs. 1 aF dem Rechtspfleger übertragen. Das Verfahren betrifft die Bezifferung eines nach **§ 1612a BGB** dynamisierten Unterhaltstitels, wenn daraus im Ausland vollstreckt werden soll (§ 245 FamFG; früher: § 790 ZPO aF). Die Bezifferung ist erforderlich, da der Vollstreckungstitel den zu zahlende Unterhalt nur als Prozentsatz des jeweiligen Mindestunterhalts angibt (vgl. dazu *Wagner* IPRax 2005, 401; *Rellermeyer* Rpfleger 2005, 389). Die Bezifferung kann der Schuldner mit der Klauselerinnerung anfechten (§ 245 Abs. 3

Sonstige Geschäfte auf dem Gebiet der Familiensachen **§ 25**

FamFG, § 732 ZPO). Wird der Antrag ganz oder teilweise zurückgewiesen findet die sofortige Beschwerde statt (§ 11 Abs. 1, § 245 Abs. 3 FamFG, § 567 Abs. 1 Nr. 2 ZPO; *Bassenge/Roth* Rn. 5).

3. Vereinfachtes Verfahren über den Unterhalt Minderjähriger (Nr. 2 lit. c)

Das vereinfachte Verfahren, das früher in §§ 645–660 ZPO aF geregelt war und 6 nach §§ 249 ff. FamFG im Wesentlichen unverändert übernommen wurde, hatte schon § 20 Nr. 10 a aF dem Rechtspfleger zugewiesen. Die Abänderungsverfahren nach §§ 655, 656 ZPO aF samt der in § 20 Nr. 10 b geregelten Rechtspflegerzuständigkeit sind dagegen ersatzlos weggefallen (vgl. dazu BT-Drs. 16/6308). Nach § 112 Nr. 1 FamFG handelt es sich um eine **Familienstreitsache** (*Rellermeyer* Rpfleger 2009, 349; aA *Bassenge/Roth* Rn. 7).

Die Möglichkeit zur **Dynamisierung** des Unterhalts eines minderjährigen Kin- 7 des ggü dem Elternteil, mit dem es nicht in einem Haushalt lebt, ist durch das KindUG vom 6.4.1998, BGBl. I S. 666) eingeführt worden. Das UÄndG (→ Rn. 3), dessen Art. 4 das KindUG wieder aufgehoben hat, reformierte §§ 1612a und 1612b BGB und fügte in § 36 Nr. 4 EGZPO eine Übergangsvorschrift ein (ausführlich dazu: *Vossenkämper* FamRZ 2008, 201; *Klinkhammer* FamRZ 2008, 193). Das vereinfachte Verfahren findet auf Antrag statt, wenn der festzusetzende Unterhalt vor Berücksichtigung der Leistungen nach § 1612 b oder § 1612 c BGB das 1,2 fache des Mindestunterhalts nach § 1612 a Abs. 1 BGB nicht übersteigt (§ 249 Abs. 1 FamFG). Es darf außerdem noch keine gerichtliche Entscheidung oder ein vollstreckbarer Schuldtitel vorliegen und auch kein gerichtliches Verfahren anhängig sein (§ 249 Abs. 2 FamFG). Für die Antragstellung ist ein amtlicher **Vordruck** zu benutzen (§ 259 Abs. 2 FamFG iVm KindUFV, BGBl. I 2007 S. 3283, der die zwingenden Antragsinhalte (§ 250 Abs. 1 FamFG) erfasst. Auf Grund des nicht unkomplizierten Verfahrensablaufs kann im Rahmen der Verfahrenskostenhilfe grds. ein Rechtsanwalt beigeordnet werden (§ 113 Abs. 1 FamFG, § 121 Abs. 2 ZPO; OLG Schleswig NJW-RR 2007, 774; OLG München MDR 2002, 702; OLG Brandenburg FamRZ 2002, 1199; *Bassenge/Roth* Rn. 10: für die Beiordnung ist § 78 Abs. 2 FamFG maßgebend). In dem einstufigen Verfahren kann der Antragsteller seinen **individuell** ermittelten Unterhalt, im Rahmen den § 249 Abs. 1 FamFG festlegt, festsetzen lassen (§ 250 Abs. 1 Nr. 6 FamFG; OLG Karlsruhe NJW-RR 2006, 1587; *van Els* Rpfleger 2003, 477). Übersteigt der verlangte Unterhalt den Rahmen des § 249 Abs. 1 FamFG, ist das vereinfachte Verfahren unzulässig. In diesem Fall muss eine Unterhaltssache anhängig gemacht werden. Der Antragsgegner ist auf die in § 252 FamFG genannten **Einwendungen** beschränkt (OLG Naumburg FamRZ 2000, 360). Eine inhaltliche Prüfung der Einwendungen durch den Rechtspfleger findet nicht statt (OLG Bamberg FamRZ 2001, 108). Sind die erhobenen Einwendungen zulässig, so wird ohne sachliche Entscheidung darüber auf Antrag in das streitige Verfahren übergeleitet (§§ 254, 255 FamFG). Werden keine oder nach § 252 Abs. 1 S. 3 FamFG als unzulässig zurückzuweisende oder nach § 252 Abs. 2 FamFG unzulässige Einwendungen erhoben, wird der Unterhalt und der erstattungsfähigen Verfahrenskosten durch Beschluss festgesetzt (§ 253 FamFG).

Der Antragsteller kann gegen die **Antragsabweisung** durch den Rechtspfleger 8 mit der Erinnerung vorgehen (§ 11 Abs. 2, § 250 Abs. 2 S. 3 FamFG; *Georg* Rpfleger 2004, 329; *van Els* Rpfleger 2003, 477). Er kann auch einen neuen (zulässigen)

Antrag einreichen oder eine Unterhaltssache anhängig machen (BGH Rpfleger 2008, 485). Bei teilweiser Zurückweisung seines Antrags findet, damit widersprüchliche Entscheidungen vermieden werden, ebenfalls befristete Beschwerde statt (BGH Rpfleger 2008, 485 mit zust. Anm. Vossenkämper in FamRZ 2008, 1431; *Bassenge/Roth* Rn. 15). Gegen den **Festsetzungsbeschluss** findet die Beschwerde statt, die innerhalb einer Monatsfrist einzulegen ist (§ 11 Abs. 1 iVm § 58 Abs. 1, 256 FamFG). Die Beschwerde kann der Antragsgegner nur auf die in § 256 FamFG genannten Einwände stützen, ansonsten ist sie unzulässig und es kommt Erinnerung nach § 11 Abs. 2 in Betracht (BGH Rpfleger 2008, 485; OLG Stuttgart Rpfleger 2000, 263; AMHRH/*Rellermeyer* Rn. 9; **aA** *Bassenge/Roth* Rn. 16; *Georg* Rpfleger 2004, 329). Ein rechtskräftiger Festsetzungsbeschluss kann auf Antrag im Verfahren nach § 240 FamFG abgeändert werden.

III. Güterrechtssachen (Nr. 3)

9 Nr. 3 weist dem Rechtspfleger **einige Güterrechtssachen** nach § 261 **Abs. 2 FamFG** im Wege der Einzelübertragung (§ 3 Nr. 3 lit. g) zu. Diese Verfahren werden von der Vorbehaltsübertragung des § 3 Nr. 2 lit. a nicht erfasst. Für die restlichen Angelegenheiten sowie Verfahren in Güterrechtssachen nach § 261 **Abs. 1 FamFG** ist der Richter funktionell zuständig.

1. Ersetzung der Zustimmung zu einem Rechtsgeschäft nach § 1452 BGB (Nr. 3 lit. a)

10 Schon § 14 Abs. 1 Nr. 6 aF hatte dem Rechtspfleger dieses Geschäft zugewiesen. Die Maßnahme mit streitentscheidendem Charakter (AMHRH/*Rellermeyer* Rn. 11) hat überwiegend vermögensrechtlichen Einschlag, da es um die Sicherstellung der Funktionsfähigkeit der Verwaltung des Gesamtguts durch beide Ehegatten geht (BT-Drs. 5/3134, 20; BT-Drs. 11/4528, 97, 166). Die in § 261 Abs. 2 FamFG weiter genannten Zustimmungsersetzungsfälle der §§ 1365 Abs. 2, 1369 Abs. 2, 1426, 1430 BGB haben dagegen personenrechtlichen Bezüge und sind dem Richter vorbehalten. Entsprechendes gilt für Lebenspartnerschaftssachen (§ 6 S. 2 LPartG).

2. Stundung der Ausgleichsforderung und Übertragung von Vermögensgegenständen nach §§ 1382, 1383 BGB (Nr. 3 lit. b)

11 Mit Schaffung der **Familiengerichte** wurden die Aufgaben, die das BGB diesen Gerichten übertrug, im Wege der Vorbehaltsübertragung dem Rechtspfleger übertragen (§ 3 Nr. 2 lit. a aF). Davon erfasst waren auch die Verfahren nach **§§ 1382, 1383 BGB**. In den Fällen der §§ 1382 **Abs. 5,** 1383 **Abs. 3** BGB waren diese Geschäfte jedoch dem Richter vorbehalten (vgl. § 14 Abs. 1 Nr. 2 lit. a aF). Der entsprechende Richtervorbehalt ist jetzt nach Nr. 3 lit. b übernommen worden.

12 **§ 1382 BGB** soll den ausgleichpflichtigen Ehegatten vor unzumutbaren wirtschaftlichen Schwierigkeiten schützen, da die Ausgleichsforderung mit Beendigung des Güterstandes entsteht und auch sofort fällig wird (vgl. § 1378 Abs. 3 BGB). Das Familiengericht kann deshalb die Forderung **stunden,** wenn der Anspruch vom Schuldner nicht bestritten wird. Soweit über die Forderung ein Verfahren anhängig ist, kann nach § 1382 Abs. 5 BGB der Stundungsantrag nur noch „in diesem Verfahren" gestellt werden.

Verfahrenskostenhilfe § 25 a

Grundprinzip der Zugewinngemeinschaft ist es, Unterschiede im Vermögenszuwachs nur in Geld auszugleichen. **§ 1383 BGB** durchbricht dieses Prinzip für solche (seltenen) Ausnahmefälle, in denen eine Ausgleichsforderung bei schwankendem Geldwert unzureichend ist. Das Familiengericht kann hier anordnen, dass der Schuldner bestimmte Vermögensgegenstände unter Anrechnung auf die Ausgleichsforderung an den Gläubiger zu übertragen hat. Nach § 1383 Abs. 3 BGB gilt, wenn ein Verfahren über die Ausgleichsforderung anhängig ist, 1382 Abs. 5 BGB entsprechend. 13

Wird über die Zugewinnausgleichsforderung ein Verfahren anhängig, ist das dafür zuständige Familiengericht (§§ 111 Nr. 9, 261, 262 Abs. 2 FamFG iVm §§ 12 ff. ZPO) auch für die Entscheidungen nach §§ 1382 Abs. 5, 1383 Abs. 3 BGB zuständig und es entscheidet der Richter. Dagegen ist der **Rechtspfleger** zuständig, wenn die Ausgleichsforderung unstr., rechtskräftig entschieden oder durch Vergleich oder sonstige Vereinbarung geklärt ist. 14

Werden die Anträge nach §§ 1382, 1383 BGB **während der Anhängigkeit einer Ehesache** in 1. Instanz gestellt, ergibt sich aus §§ 137, 262 Abs. 1 FamFG die ausschließliche Zuständigkeit dieses Gerichts, unabhängig davon, ob die Zugewinnausgleichsforderung str ist oder nicht. Zuständig ist der **Richter;** es bedarf insoweit weder eines Rückgriffs auf § 25 Nr. 3 lit. b noch auf §§ 6, 5 Abs. 1 Nr. 2 (*Bassenge/Roth* Rn. 19). 15

Wird **die Ehesache erst rechtshängig,** nachdem Verfahren nach §§ 1382, 1383 BGB anhängig geworden sind, ist von Amts wegen an das Gericht der Ehesache abzugeben (§ 263 FamFG). Zuständig für die Abgabe ist der Rechtspfleger (*Bassenge/Roth* Rn. 19). 16

3. Stundung der Ausgleichsforderung und Übertragung von Vermögensgegenständen nach § 1519 BGB (Nr. 3 lit. c)

Die durch G v. 15.3.2012 (→ Rn. 1) eingefügte Vorschrift überträgt dem Rechtspfleger die Entscheidung über die Stundung und Übertragung von Vermögensgegenständen auch im Zusammenhang mit dem Güterstand der **Wahl-Zugewinngemeinschaft** nach § 1519 BGB iVm dem deutsch/französischen Abk. vom 4.12.2010 (→ Rn. 1). Stundung und Übertragung von Vermögensgegenständen sehen Art. 17 und 12 Abs. 2 dieses Abk. vor. 17

§ 25 a Verfahrenskostenhilfe

In Verfahren über die Verfahrenskostenhilfe werden dem Rechtspfleger die dem § 20 Nummer 4 und 5 entsprechenden Geschäfte übertragen.

I. Entwicklung

Die Vorschrift ist durch das FGG-RG eingefügt worden. Sie bezieht sich auf das, weitgehend der Prozesskostenhilfe (§§ 114 ff. ZPO) entsprechende, Institut der **Verfahrenskostenhilfe** nach §§ 76 ff. FamFG (vgl. dazu *Götsche* FamRZ 2009, 383). Im Wege der **Einzelübertragung** (§ 3 Nr. 3 lit. h), werden dem Rechtspfleger im Verfahren über die Verfahrenskostenhilfe die in § 20 Nr. 4 und 5 bezeichneten Geschäfte übertragen (vgl. *Rellermeyer* Rpfleger 2009, 349). Diese Maßnahmen 1

§ 25 a   3. Abschnitt. Dem Rechtspfleger übertragene Geschäfte

werden, wenn der Rechtspfleger für das Hauptsacheverfahren (zB Aufgebotsverfahren) zuständig ist, bereits von **§ 4 Abs. 1** erfasst.

II. Allgemeines

2   Anders als § 14 FGG, der pauschal auf die §§ 114 ff. ZPO verwiesen hat, regelt das FamFG in §§ 76–78 die Verfahrenskostenhilfe **teilweise eigenständig.** § 76 Abs. 1 FamFG ersetzt gleich eingangs terminologisch die „Prozesskostenhilfe" durch „Verfahrenskostenhilfe", da Regelungsgegenstand des FamFG keine Prozesse sondern Verfahren sind (vgl. BT-Drs. 16/6308, 212). In Familienstreitsachen (§ 112 FamFG) gelten die §§ 76–78 FamFG zwar nicht, es sind vielmehr uneingeschränkt die §§ 114 ff. ZPO entsprechend anzuwenden (§ 113 Abs. 1 FamFG). Nach § 113 Abs. 5 Nr. 1 FamFG tritt aber auch in diesen Verfahren die Bezeichnung „Verfahren" an die Stelle der Bezeichnung „Prozess".

III. Rechtspflegergeschäfte

3   Dazu → § 20 Rn. 13 ff., 123. Ein Beschluss des Rechtspflegers, der im Verfahrenskostenhilfeverfahren ergeht, ist mit der **sofortigen Beschwerde** anfechtbar (§ 11 Abs. 1, §§ 76 Abs. 2 FamFG iVm §§ 567 ff, 127 Abs. 2–4 ZPO); Frist: 1 Monat (§ 76 Abs. 2 FamFG, 127 Abs. 2 S. 3 ZPO). Übersteigt der Hauptsachewert 600,– EUR nicht, findet die Erinnerung (§ 11 Abs. 2, § 127 Abs. 2 S. 2 ZPO) statt.

Vierter Abschnitt. Sonstige Vorschriften auf dem Gebiet der Gerichtsverfassung

§ 26 Verhältnis des Rechtspflegers zum Urkundsbeamten der Geschäftsstelle

Die Zuständigkeit des Urkundsbeamten der Geschäftsstelle nach Maßgabe der gesetzlichen Vorschriften bleibt unberührt, soweit sich nicht aus § 20 Satz 1 Nummer 12 (zu den §§ 726 ff. der Zivilprozessordnung), aus § 21 Nummer 1 (Festsetzungsverfahren) und aus § 24 (Aufnahme von Erklärungen) etwas anderes ergibt.

Übersicht

	Rn.
I. Entwicklung	1–7
1. Bis zum Erlass des RPflG 1957	1–3
2. RPflG 1957	4
3. RPflG 1969	5
4. RpflVereinfG	6, 7
5. 1. JuMoG	7
II. Normzweck	8–10
III. Allgemeines	11–21
1. Begriff des UdG	11
2. Rechtliche Stellung des UdG	12
3. Der UdG als Organ der Rechtspflege	13, 14
4. Beamte des Justizdienstes als UdG	15–17
5. Kostenbeamter	18–21
a) Begriff	18–21
IV. Die auf den Rechtspfleger übertragenen Geschäfte; Funktionsüberschreitungen	22–26
1. Ehemalige UdG-Geschäfte als Rechtspflegeraufgaben	22–24
2. Zuständigkeitsverstöße	2, 26
a) Im Verhältnis Rechtspfleger/UdG	25
b) Im Verhältnis UdG/Rechtspfleger	26
V. Übertragung von Rechtspflegeraufgaben auf den UdG	27

I. Entwicklung

1. Bis zum Erlass des RPflG 1957

Während noch die ZPO-Novelle von 1909 (→ Einl. Rn. 16) den Weg beschritten hatte, die Kostenfestsetzung und die Erteilung des Vollstreckungsbefehls aus dem Zuständigkeitsbereich des Richters herauszunehmen und der alleinigen Zuständigkeit des **„Gerichtsschreibers"** zu überweisen, ermächtigte das REntlG (1921) die Landesjustizverwaltungen zur Übertragung richterlicher Geschäfte auf den „Gerichtsschreiber", ohne sie dadurch ihres Charakters als einem richterlichen Geschäft zu entkleiden. Als beispielhaft vorangegangen war insoweit Preußen mit

1

§ 26

dem Gesetz vom 14.12.1920 betreffend die Übertragung richterliche Geschäfte in Grundbuchsachen auf die Gerichtsschreiber (→ Einl. Rn. 20).

2 Die vielfach als diskriminierend empfundene Bezeichnung „Gerichtsschreiber" wurde in der **Gesetzessprache** (Gesetz vom 9.7.1927, RGBl. I S. 175) durch „Urkundsbeamter der Geschäftsstelle" (und „Gerichtsschreiberei" durch „Geschäftsstelle") ersetzt. Die Entlastung des Richters durch den Gerichtsschreiber bzw. UdG wurde zunächst noch als Experiment angesehen. Es bestand deshalb keine Veranlassung, unter den Beamten der Geschäftsstelle diejenigen besonders hervorzuheben, denen richterliche Aufgaben übertragen wurden.

3 Die Forderung nach einer **Zweiteilung des Amtes des UdG** und nach einer **besonderen Herausstellung** desjenigen Beamten, dem **richterliche** Geschäfte übertragen waren, setzte erst ein, als man erkannte, dass die 1921 begonnene „kleine Justizreform" (Einl. Rn. 18ff.), „eine organische Weiterentwicklung der Gerichtsverfassung" darstellte (*Arndt* § 25 Rn. 2 mwN). In der gesetzlichen Terminologie (anders in Verwaltungsvorschriften, → § 1 Rn. 3) wurde der „Rechtspfleger" jedoch weiterhin als „Gerichtsschreiber" bzw. „UdG" bezeichnet.

2. RPflG 1957

4 Im RPflG 1957 wurden die richterlichen Geschäfte erstmals nicht auf den UdG übertragen, sondern auf das neu geschaffene Gerichtsorgan „Rechtspfleger". In § 25 Abs. 1 aF wurden die beiden Funktionsträger Rechtspfleger/UdG innerhalb der Rechtspflege klar voneinander geschieden und in Abs. 2 wurden die für den UdG geltenden Vorschriften als auf den Rechtspfleger unanwendbar erklärt.

BT-Drs.: „Während für den Rechtspfleger seit den Anfängen der Entlastung bis jetzt noch die Vorschriften des UdG galten, kann in Zukunft eine solche Anlehnung an andere Einrichtungen entbehrt werden. Deshalb wird in Abs. 2 hervorgehoben, dass die gesetzlichen Vorschriften über den UdG auf den Rechtspfleger nicht mehr anzuwenden sind".

Damit war der Rechtspfleger aus der Geschäftsstelle (§ 153 GVG) herausgelöst. Ungeachtet der Trennung der beiden Funktionsträger waren jedoch eine Reihe von Aufgaben, die nach den Verfahrensgesetzen vom UdG zu erledigen waren, dem Beamten des gehobenen Dienstes durch die **Geschäftsstellenverordnungen** der Länder vorbehalten. Das entsprach auch durchaus der Absicht der Gesetzgebers (BT-Drs. I/3839, 29).

3. RPflG 1969

5 Diesen „im gehobenen Justizdienst bestehenden Dualismus Rechtspfleger/UdG soweit wie möglich zu beseitigen", war mit ein Ziel des RPflG 1969, das damit einer in der Literatur immer wieder erhobenen Forderung nachkam (zB *Schneider* RpfBl. 1959, 69; *Wedewer* JVBl 1958, 1; *Weber* Rpfleger 1967, 251, 254):
– Diejenigen Geschäfte des UdG, bislang wahrgenommen wegen ihrer Schwierigkeit von Beamten des gehobenen Dienstes, wurden **in Rechtspflegergeschäfte umgewandelt** (vgl. zB für die Kostenfestsetzung § 21 Abs. 1 Nr. 1 RPflG 1969);
– § 25 Abs. 2 RPflG 1957, der klargestellt hatte, dass die Vorschriften über den UdG auf den Rechtspfleger nicht anwendbar sind, wurde als entbehrlich gestrichen;

– § 25 Abs. 3 (Zuständigkeit des Richters für Entscheidungen über Erinnerungen gegen die Entscheidungen des UdG) wurde aus systematischen Gründen in § 4 Abs. 2 Nr. 3 aufgenommen.

4. RPflVereinfG

In der Folgezeit wurde der Ausnahmekatalog des „Soweit-Satzes" in § 26 6 mehrfach geändert und der jeweiligen Gesetzeslage im Hinblick auf die Abgrenzung der Funktionsbereiche Rechtspfleger/UdG angepasst, zuletzt durch das RPflVereinfG: Die Verweisung in § 26 aF auf § 21 Nr. 2 aF (iVm § 19 BRAGO aF) wurde gestrichen, da für das Vergütungsfestsetzungsverfahren § 11 Abs. 1 RVG nicht mehr den UdG als zuständig bezeichnet. Die Klarstellung der Zuständigkeit des Rechtspflegers für das Kostenfestsetzungsverfahren nach § 21 Nr. 1 bleibt dagegen auch nach der neuen Fassung der §§ 103 ff. ZPO, die den UdG nicht mehr erwähnen (→ § 21 Rn. 5), für die Verfahren außerhalb der ordentlichen und der Arbeitsgerichtsbarkeit erforderlich (BT-Drs. 11/3621, 34).

5. 1. JuMoG

Das 1. JuMoG v. 24.8.2004 hat § 4 Abs. 2 Nr. 3 aF aufgehoben (→ § 4 Rn. 24). 7

II. Normzweck

Nur anhand der historischen Entwicklung (→ Rn. 1 ff) wird der Regelungs- 8 zweck der Norm, der an denjenigen der §§ 20 Abs. 1 S. 1 Nr. 12, 21 Nr. 1, 24 anknüpft deutlich: Nach **Bereinigung der Funktionenverschränkung** (dazu zB → § 21 Rn. 6) durch das RPflG 1969, das bisherige – vom Beamten des gehobenen Dienstes wahrgenommene – UdG-Aufgaben in Rechtspflegeraufgaben **umgewandelt** hat, soll **klargestellt** werden, dass die **Kompetenzen des Rechtspflegers von denen des UdG zu trennen sind** (AMHRH/*Rellermeyer* Rn. 7). Rechtspflegeraufgaben dem Beamten des gehobenen Justizdienstes bzw. der dritten Qualifikationsebene der Fachlaufbahn Justiz, die verbliebenen UdG-Aufgaben (grundsätzlich) dem Beamten des mittleren Justizdienstes bzw. der zweiten Qualifikationsebene der Fachlaufbahn Justiz.

Die Klarstellung erfolgt dadurch, dass die Zuständigkeit des UdG „nach Maß- 9 gabe der gesetzlichen Vorschriften" – gemeint ist: nach Maßgabe der die Zuständigkeit des UdG regelnden Bestimmungen (→ Rn. 4) – „unberührt" gelassen werden. So wird deutlich: Für alle Geschäfte, die in den einschlägigen Verfahrensvorschriften den „UdG" als funktionell zuständiges Organ festlegen, ist der UdG (grundsätzlich: der Beamte des mittleren Dienstes bzw der zweiten Qualifikationsebene, → Rn. 8) zuständig. Demgegenüber sind alle (schwierigen) Geschäfte des „UdG" (zB § 21 Nr. 1 iVm § 464 b S. 1 StPO), die früher vom Beamten des gehobenen Dienstes als UdG wahrgenommen wurden, nunmehr dem Rechtspfleger übertragen.

Dazu, dass die Klarstellung bzgl § 21 Nr. 1 für die ordentliche Gerichtsbarkeit ins 10 Leere geht, (→ Rn. 22).

III. Allgemeines

1. Begriff des UdG

11 Die Bezeichnungen „Rechtspfleger" und „Urkundsbeamter der Geschäftsstelle" sind keine Amtsbezeichnungen, sondern ausschließlich **gerichtsverfassungsrechtliche Funktionsbezeichnungen** (→ § 1 Rn. 82, 83): Rechtspfleger und UdG (§ 153 GVG) sind neben dem Richter, Staatsanwalt, Gerichtsvollzieher, Notar, Rechtsanwalt usw **Organe der Rechtspflege** (→ § 1 Rn. 4). Wenn zT heute noch der Rechtspfleger mit dem UdG verwechselt wird, so beruht dies zum einen auf der möglichen Personalunion (→ Rn. 1), zum anderen und zuvörderst aber in der historisch gemeinsamen Wurzel: Die Geschichte des Rechtspflegers und des UdG ist die einer sich nach und nach vollzogenen Aufspaltung einer zunächst gemeinsamen gerichtsverfassungsrechtlichen Institution, nämlich der des **Gerichtsschreibers** (→ Einl. Rn. 2 ff.; zur geschichtlichen Entwicklung vgl. auch *Kissel/Mayer* § 153 GVG Rn. 1 ff.).

2. Rechtliche Stellung des UdG

12 Stellung, Aufgaben und Vorbildungsvoraussetzungen des **Rechtspflegers** sind, wenn auch außerhalb des GVG, so doch innerhalb der Gerichtsverfassung (→ Vor § 1 Rn. 2) **gesetzlich** festgelegt. Eine dem RPflG vergleichbare **eigenständige** Regelung für den **UdG** fehlt und wurde vom (Bundes-)Gesetzgeber auch nicht für erforderlich gehalten. Er hat es angesichts der gesetzlichen Aufgabenzuweisung in der ZPO, dem FamFG, der GBO (GBV), der StPO, der HRV usw (→ Rn. 4) für ausreichend erachtet (Gesetz zur Neuregelung des UdG vom 19. 12. 1979, BGBl. I S. 2306, – dazu *Buhrow* NJW 1981, 907), in § 153 Abs. 2 GVG lediglich die Ausbildungsvoraussetzungen bundeseinheitlich festzulegen. § 153 Abs. 2 S. 1 GVG beinhaltet dabei nur eine **Leitfunktion** des mittleren Dienstes bzw. der Qualifikationsebene zwei für den UdG (*Kissel/Mayer* § 153 GVG Rn. 19); mit den Aufgaben eines UdG kann daher insbesondere auch beauftragt werden, wer die Rechtspflegerprüfung bestanden hat (§ 153 Abs. 3 Nr. 1 GVG). Nähere Vorschriften zu § 153 Abs. 1–3 GVG haben die Länder erlassen (vgl. z.B BayGeschStVO vom 1. 2. 2005, GVBl. 40).

3. Der UdG als Organ der Rechtspflege

13 Im Rahmen seines Aufgabenbereiches übt der UdG als **Organ der Rechtspflege** (nicht: der Gerichts- und Justizverwaltung) seine ihm kraft Gesetzes zugewiesenen Tätigkeiten in eigener Verantwortung **selbständig** aus. Weder der Richter, noch der Rechtspfleger oder die Justizverwaltung können ihm Weisungen erteilen (RG 110, 315; *Kissel/Mayer* GVG § 153 Rn. 25; MüKoZPO/*Zimmermann* GVG § 153 Rn. 9; Zöller/*Lückemann* GVG § 153 Rn. 6).

14 Aufgaben des **UdG** sind insbes.
– **in ZPO-Verfahren:** Führung des Protokolls bei mündlichen Verhandlungen und Beweisaufnahmen (§§ 159 ff. ZPO); Entgegennahme von Klagen, Anträgen und sonstigen Erklärungen zu Protokoll der Geschäftsstelle (§§ 44, 103, 109, 117, 129, 386 ff, 402, 496, 569, 573 ZPO ua, (soweit nicht Rechtspflegerzuständigkeit gem. § 24 besteht); Ladungen der Zeugen und Parteien (§§ 377, 497 ZPO ua); Beglaubigung von Schriftstücken, Erteilung

Verhältnis zu Urkundsbeamten der Geschäftsstelle § 26

von Ausfertigungen und Abschriften (§§ 299, 317 ZPO ua); Erteilung von vollstreckbaren Ausfertigungen (§§ 724, 725, 797 ZPO, soweit nicht Rechtspflegerzuständigkeit nach §§ 20 S. 1 Nr. 12 und 26 besteht); Festsetzung der Vergütung des beigeordneten und bestellten Anwalts (§ 55 RVG);
– **in Strafsachen:** Führung des Protokolls (§§ 86, 118a, 168, 226, 271 ff. StPO ua); Aufnahme von Erklärungen, Anträgen und Rechtsmitteln zu Protokoll der Geschäftsstelle (§§ 158, 299, 306, 314, 317 StPO ua, soweit nicht Rechtspflegerzuständigkeit nach § 24 besteht: zB §§ 341, 345 Abs. 2, 366 Abs. 2 StPO);
– **in FamFG-Verfahren:** Entgegennahme von Anträgen und Erklärungen §§ 25, 64 FamFG, (soweit nicht Rechtspflegerzuständigkeit nach § 24 besteht); Zustellung und Bekanntmachung gerichtlicher Verfügungen (§ 15 FamFG), Erteilung von Ausfertigungen, Auszügen und Abschriften sowie Rechtskraftzeugnissen (§§ 13, 46 FamFG), Tätigkeiten des Grundbuchamtes und Registergerichts (zB § 12c GBO, §§ 27–29 HRV).

Sonstige Tätigkeiten wie Führen der Register, Überwachung von Fristen, Aktenführung, Weglegen und Ausscheiden von Akten usw (in diesem „Bürobereich" gilt der Grundsatz der Weisungsfreiheit (→ Rn. 13) selbstverständlich nicht).

4. Beamte des Justizdienstes als UdG

Wer die Aufgaben eines UdG wahrnehmen soll, wird für ihre Bereiche durch 15 Verwaltungsvorschriften (Geschäftsstellenverordnungen) des Bundes und der Länder (vgl. zB § 1 BayGeschStVO) bestimmt (Ermächtigungsgrundlage: § 153 Abs. 4 GVG). Die Geschäfte des UdG werden danach grds. von **Beamten des mittleren Justizdienstes bzw. der zweiten Qualifikationsebene** der Fachlaufbahn Justiz (Justizfachwirte), in der Organisationsform der Serviceeinheit, erledigt. Mit diesen Aufgaben können auch Arbeitnehmer betraut werden, die einen vergleichbaren Wissens- und Leistungsstand aufweisen (§ 153 Abs. 5 S. 1 GVG). Bei zwingender Notwendigkeit können diese Aufgaben auch Beamten des gehobenen Dienstes bzw. der dritten Qualifikationsebene übertragen werden (vgl. zB § 5 Abs. 3 BayGeschStVO).

Beamte der dritten Qualifikationsebene können somit **in drei Funktionsbereichen tätig** werden: 16
– als Rechtspfleger,
– als UdG und
– als Kostenbeamter (dazu → Rn. 18).

Der Funktionsbereich des Beamten der zweiten Qualifikationsebene beschränkt 17 sich auf die Funktionen eines UdG und eines Kostenbeamten (→ Rn. 18 ff.).

5. Kostenbeamter

a) Begriff. Die Bezeichnung „Kostenbeamter" ist, gleich der des Rechtspflegers oder des UdG (→ Rn. 13), eine gerichtsverfassungsrechtliche **Funktionsbezeichnung.** 18

Kostenbeamter ist (vgl. § 1 KostVfg) grds. ein Beamter der zweiten Qualifika- 19 tionsebene (mittlerer Justizdienst); zudem kann auch geeigneten Arbeitnehmern diese Aufgabe übertragen werden). Er ist für den rechtzeitigen, richtigen und vollständigen Ansatz der Kosten verantwortlich" ist (§ 2 KostVfg).

Der **Kostenansatz** besteht in der Aufstellung der Kostenrechnung (§§ 4, 27 ff. 20 KostVfg): damit verbunden ist die Feststellung der angefallenen Gerichtskosten, die Feststellung des Kostenschuldners und die Verfügung der Kosteneinziehung. Der Kostenansatz ist **keine gerichtliche Tätigkeit,** insbesondere keine Rechtspfleger- oder Urkundsbeamtentätigkeit, sondern **Justizverwaltungsangelegen-**

403

§ 26 4. Abschnitt. Sonstige Vorschriften

heit (genauer: Justizverwaltungsakt). Das bedeutet: Während Rechtspfleger und UdG als Organe der Rechtspflege keinen Weisungen in Bezug auf die ihnen gesetzlich zugewiesenen Aufgaben unterliegen, ist der Kostenbeamte als Justizverwaltungsbeamter **weisungsgebunden** (BDPZ/*Zimmermann* GKG § 19 Rn. 2).

21 Die **Zuständigkeiten** (örtliche und sachliche) zum Kostenansatz regeln jeweils für ihren Anwendungsbereich **§ 19 GKG**, **§ 18 FamGKG** und **§ 18 GNotKG**, ergänzt durch §§ 5 und 6 KostVfg. Vom **Kostenansatz** ist die **Kostenfestsetzung** zu unterscheiden. Der Kostenansatz dient der Feststellung und Erhebung der Gerichtskosten, also der Gebühren und Auslagen der Staatskasse. Daran beteiligt sind Staat und Kostenschuldner. Die Kostenfestsetzung dient demgegenüber der Feststellung der Höhe des prozessualen Kostenerstattungsanspruchs, also des Anspruchs der obsiegenden Partei gegen den unterlegenen Verfahrensgegner und ist Rechtspflegergeschäft (§ 21). Gegen den Kostenansatz ist die **Erinnerung** des Kostenschuldners und der Staatskasse gegeben (§ 66 Abs. 1 GKG, § 57 Abs. 1 FamGKG, § 81 Abs. 1 GNotKG). Über die Erinnerung entscheidet das Gericht, bei dem die Kosten angesetzt sind. Dabei ist in Angelegenheiten die dem Rechtspfleger zugewiesen sind (zB Grundbuchsachen), der Rechtspfleger das Gericht iSd § 5 Abs. 1 GKG, § 57 Abs. 1 FamGKG, § 81 Abs. 1 GNotKG (§ 4 Abs. 1; § 4 Rn. 7; BDPZ/*Zimmermann* GKG § 66 Rn. 33 und FamGKG § 57 Rn. 8). Gegen seine Entscheidung ist, wenn der Beschwerdewert 200 EUR übersteigt, die Beschwerde (§ 11 Abs. 1) und ansonsten die Erinnerung (§ 11 Abs. 2) gegeben.

§ 26 und § 27 Abs. 1 Hs. 2 („einschließlich der Geschäfte des UdG") haben das Verhältnis des Rechtspflegers zum UdG zum Gegenstand. § 27 Abs. 1 Hs. 1 („andere Dienstgeschäfte") stellt klar, dass der als Rechtspfleger tätige Beamte des gehobenen Justizdienstes bzw. der Qualifikationsebene drei (grundsätzlich) Aufgaben (auch) eines Kostenbeamten wahrzunehmen hat.

IV. Die auf den Rechtspfleger übertragenen Geschäfte; Funktionsüberschreitungen

1. Ehemalige UdG-Geschäfte als Rechtspflegeraufgaben

22 Mit der Übertragung der in § 26 genannten ehemaligen UdG-Geschäfte haben diese ihren Charakter als Geschäftsstellenaufgaben verloren und sind nunmehr **eigenständige Rechtspflegeraufgaben** (auch → Vor §§ 1 ff. Rn. 7 und → § 24 Rn. 4 ff.). Im Einzelnen handelt es sich um folgende Aufgaben:
– **§ 20 (S. 1) Nr. 12**: Erteilung der **Vollstreckungsklausel** in besonderen Fällen gem. §§ 726 ff. ZPO. (Die Zitierung von „Satz 1" bei § 20 ist überflüssig: die Vorschrift kennt keinen weiteren Satz.)
– **§ 21 Nr. 1**: Das **Kostenfestsetzungsverfahren gem. §§ 103 ff. ZPO** oblag früher dem Richter und enthielt echte gerichtliche Entscheidungen. Mit der Übernahme dieser Geschäfte durch den Beamten des gehobenen Dienstes (→ Rn. 5, 6) – wurde die Aufgabe in die Geschäftsstelle eingegliedert. §§ 103 ff. ZPO aF sprachen deshalb auch davon, dass das „Gesuch um Festsetzung ... bei der Geschäftsstelle des Gerichts" anzubringen ist (§ 103 ZPO aF) oder, dass „die Entscheidung über das Festsetzungsgesuch durch den UdG" ergeht usw. Nach der Neufassung der §§ 103 ff. ZPO durch das RPflVereinfG ist nur noch vom „Gericht" die Rede, dh: Das dem Rechtspfleger in § 21 übertragene Kostenfestsetzungsverfahren ist **keine Aufgabe der Geschäftsstelle, sondern des Gerichts**. Die Aufführung des § 21 Nr. 1 in § 26 geht deshalb (für die ordentliche Gerichtsbarkeit) ins Leere.

– Die **Aufnahme von Erklärungen nach § 24** rechnen zwar dem Wortlaut nach zu den Aufgaben der „Geschäftsstelle" (zB § 569 Abs. 3 ZPO, § 64 Abs. 2 FamFG, §§ 341, 366 Abs. 2 StPO), es haben diese Tätigkeiten jedoch durch die Übertragung auf den Rechtspfleger in § 24 diesen Charakter verloren und sind nunmehr Rechtspflegergeschäfte (→ § 24 Rn. 4 ff.). Das war eine sachgerechte Entscheidung, da der Beratung der Rechtsuchenden bei der Entgegennahme der in § 24 genannten schwierigen Anträge eine besondere Bedeutung zukommt (Betonung des Fürsorgegedankens gegenüber dem rechtsuchenden Staatsbürger).

Abgesehen von diesen dem Rechtspfleger übertragenen (ehemaligen) Geschäften des Urkundsbeamten bleibt „die Zuständigkeit des UdG nach Maßgabe der gesetzlichen Vorschriften unberührt" (dazu die Beispiele unter → Rn. 14). 23

Bei **Streit oder Ungewissheit über die Zuständigkeit** entscheidet der Rechtspfleger in analoger Anwendung des § 7 (BLAH/*Hartmann* GVG § 153 Rn. 3; *Bassenge/Roth* § 24 Rn. 8; AMHRH/*Rellermeyer* § 24 Rn. 8). 24

2. Zuständigkeitsverstöße

a) Im Verhältnis Rechtspfleger/UdG. Nimmt der Rechtspfleger ein Geschäft des UdG wahr, ist es wirksam, **§ 8 Abs. 5** (zu Einzelheiten: → § 8 Rn. 45, → § 24 Rn. 12). Diese Kompetenzüberschreitung führt nicht dazu, dass die Entscheidung – weil Entscheidung des „Rechtspflegers" – nach § 11 angreifbar ist: § 11 ist, wie aus § 27 Abs. 2 folgt, ausschließlich im Bereich der dem Rechtspfleger **zugewiesenen Geschäfte** anzuwenden. Wird der Beamte des gehobenen Dienstes bzw. der dritten Qualifikationsebene nicht als Rechtspfleger tätig sondern als UdG, gelten die für den UdG maßgeblichen Rechtsbehelfe (OLG Hamm Rpfleger 1989, 319), regelmäßig also die **Erinnerung** nach **§ 573 ZPO,** soweit nicht spezialgesetzlich anderweitig geregelt (zB § 56 RVG: Entscheidung des UdG über den Antrag des beigeordneten Anwalts auf Festsetzung seiner aus der Staatskasse zu gewährenden Vergütung). 25

b) Im Verhältnis UdG/Rechtspfleger. Nimmt der UdG ein Geschäft des Rechtspflegers wahr, ist es unwirksam (→ § 8 Rn. 49, § 24 Rn. 10). 26

V. Übertragung von Rechtspflegeraufgaben auf den UdG

Durch das G zur Übertragung von Rechtspflegeraufgaben auf den UdG v. 16. 2. 2002, BGBl. I S. 1810, ist **§ 36 b** eingefügt worden. Die Landesregierungen können durch RVO die in § 36 b Abs. 1 Nr. 1–5 genannten Rechtspflegergeschäfte ganz oder teilweise auf den UdG übertragen (→ § 36 b Rn. 4). 27

§ 27 Pflicht zur Wahrnehmung sonstiger Dienstgeschäfte

(1) **Durch die Beschäftigung eines Beamten als Rechtspfleger wird seine Pflicht, andere Dienstgeschäfte einschließlich der Geschäfte des Urkundsbeamten der Geschäftsstelle wahrzunehmen, nicht berührt.**

(2) **Die Vorschriften dieses Gesetzes sind auf die sonstigen Dienstgeschäfte eines mit den Aufgaben des Rechtspflegers betrauten Beamten nicht anzuwenden.**

§ 27 4. Abschnitt. Sonstige Vorschriften

I. Justiz- und Gerichtsverwaltung

1. Begriff der Justizverwaltung

1   Von der **Rechtspflege** (zu diesem Begriff → § 1 Rn. 3ff) ist die **Justizverwaltung** zu unterscheiden (Zöller/*Lückemann* GVG Einl. Rn. 10). Darunter verstand man nach früherer ganz überwiegend, heute nur noch vereinzelt (zB Zöller/*Lückemann* GVG Einl. Rn. 13) vertretener Auffassung die Erfüllung aller Verwaltungsaufgaben, die den Justizbehörden zugewiesen sind (also einschließlich der heutigen Gerichtsverwaltung: dazu → Rn. 8ff.): zB die Sorge für den Personal- und Sachbedarf, die Dienstaufsicht über die Organe der Rechtspflege (einschließlich der Notare), die Durchführung des Strafvollzugs und bestimmter Entscheidungen und sog. Justizverwaltungsakte.

2   Für solche – jedenfalls nach früherer Ansicht (→ § 1 Rn. 8ff.) unzweifelhaft – zur Justizverwaltung rechnenden Aufgaben, die dem **Rechtspfleger** in §§ 29 und 31 übertragen sind, wurde anlässlich der Beratungen zum RPflG die neue (Gruppen-)Bezeichnung **Rechtspflegeverwaltung** gewählt (BT-Drs. V/3134, 29), die von der Kommentarliteratur zum RPflG übernommen wurde (zB AMHRH/*Rellermeyer* § 32 Rn. 1; *Eickmann/Böttcher* § 3 Rn. 17, Vor § 29 Rn. 1, § 32 Rn. 1). Im allgemeinen (gerichtsverfassungsrechtlichen) Sprachgebrauch, hat sie keinen Eingang gefunden. Man kann diese Aufgaben – Geschäfte im internationalen Rechtsverkehr, Geschäfte der Vollstreckung durch die StA – auch heute noch als Justizverwaltungsaufgaben im materiellen Sinn ansehen (→ § 1 Rn. 11ff.), der Gesetzgeber rechnet sie jedenfalls seit dem RPflG 1969/70 **nicht mehr zur Justizverwaltung, sondern** zur **Rechtspflege.**

2. Neuere Terminologie

3   Heute setzt man an die Stelle des herkömmlichen Begriffs der Justizverwaltung die Begriffe von **Gerichts- und Justizverwaltung** (vgl. zur Organisation der Justiz *Kissel/Mayer* GVG § 12 Rn. 84ff.; *Domcke,* FS Bengl, 1983, S. 2ff.), es lässt sich jedoch eine klare terminologische Trennung zwischen beiden Begriffen nicht durchführen. Gerichts- und Justizverwaltung machen den gesamten Tätigkeitsbereich der dritten (rechtsprechenden) Gewalt aus, der materiell zur Exekutive zählt (MüKoZPO/*Zimmermann* § 1 GVG Rn. 6; s. auch Zöller/*Lückemann* GVG Einl. Rn. 10, der aber iÜ die Gerichtsverwaltung als Teil der Justizverwaltung sieht).

4   **a) Gerichtsverwaltung.** Ihr ist die gesamte verwaltende Tätigkeit zuzuordnen, die die Existenz und Funktionstüchtigkeit der Gerichte sicherstellen soll (AMHRH/*Herrmann/Rellermeyer* Rn. 6), insbesondere also die Schaffung der personellen und sachlichen Voraussetzungen für die Tätigkeit der Gerichte: Personalverwaltung (Einstellung, Ernennung, Entlassung, Beförderung, Dienstaufsicht, Disziplinargewalt); Bereitstellung von Gebäuden und Arbeitsräumen; von Inneneinrichtung und Arbeitsmitteln; Organisation des Dienstbetriebs (zB Geschäftsstellendienst, Wachtmeisterdienst, Öffnungszeiten), Aufgaben des Haushalts- Kassen- und Rechnungswesens, Aus- und Fortbildung des Nachwuchses aller Laufbahngruppen einschließlich Prüfungen.

5   **b) Justizverwaltung.** Sie erfasst alle Verwaltungstätigkeiten, die zwar keine Verbindung mit der Rspr. (→ § 1 Rn. 8ff.) aufweisen, aber aus Gründen der Zweck-

Pflicht zur Wahrnehmung sonstiger Dienstgeschäfte **§ 27**

mäßigkeit, der größeren Sachkunde oder des inneren Zusammenhangs wie auch aus Traditionsgründen den Justizbehörden zur Erledigung zugewiesen sind (*Kissel/ Mayer* GVG § 12 Rn. 54). Dazu rechnen ua: Bestellung der Notare (§ 12 BNotO); Berechnung der Gerichtskosten; Geschäfte der Hinterlegung; Führung des Strafregisters; Bearbeitung von Dienstaufsichtsbeschwerden; Befreiung vom Ehefähigkeitszeugnis für Ausländer gem. § 1309 Abs. 2 BGB; Gewährung von Akteneinsicht zB nach § 299 ZPO; Rechtshilfe mit dem Ausland; Strafvollzug; Gnadenentscheidungen, soweit vom Inhaber des Gnadenrechts auf den Justizminister übertragen (vgl. Art. 60 Abs. 2 und 3 GG und die Länderverfassungen zB: Art. 47 Abs. 4 Bay-Verf).

II. Entwicklung und Normzweck

1. Entwicklung

Die (mit § 26 RPflG 1957 übereinstimmende) Vorschrift knüpft in Abs. 1 an die 6
Regelung des § 1 Abs. 3 REntlV an. Entsprechende Bestimmungen enthielten bereits die Entlastungsgesetze, da nie zweifelhaft war, dass der seinerzeitige UdG neben den vormals richterlichen Geschäften auch noch andere Dienstgeschäfte zu erledigen hatte (zu Einzelheiten: → § 26 Rn. 1 ff).

2. Normzweck

Die Bezeichnung „Rechtspfleger" dient allein dazu, die **Funktion** dieses Or- 7
gans innerhalb der Rechtspflege zu umschreiben; die beamtenrechtliche Stellung des Rechtspflegers wird dadurch nicht berührt (→ § 1 Rn. 79 ff.). Abs. 1 statuiert deshalb keine neuen Pflichten des Beamten, sondern **stellt nur klar,** dass seine aufgrund der **beamtenrechtlichen Vorschriften** bestehende Pflicht zur Übernahme anderer Dienstgeschäfte unberührt bleibt (BT-Drs. I/3839, 29; AMHRH/*Herrmann/Rellermeyer* Rn. 3). Diese Klarstellung wird durch **Abs. 2,** wonach sich der Beamte nicht auf seine Stellung als Rechtspfleger berufen kann, ergänzt.

III. Andere Dienstgeschäfte (Abs. 1)

1. Allgemeines

Als **Beamter** des gehobenen Justizdienstes bzw. der dritten Qualifikationsebene 8
ist der Rechtspfleger zur Wahrnehmung „anderer Dienstgeschäfte" im Rahmen der beamtenrechtlichen Vorschriften verpflichtet, dh er kann aus dem RPflG keinen Anspruch herleiten, ausschließlich als Rechtspfleger beschäftigt zu werden (→ § 2 Rn. 30; BT-Drs. I/3839, 29; *Bassenge/Roth* Rn. 1). Umgekehrt kann er nicht gegen seinen Willen auf Dauer von der Tätigkeit (auch) als Rechtspfleger ausgeschlossen werden (AMHRH/*Herrmann/Rellermeyer* § 26 Rn. 1). Das widerspräche sowohl der Fürsorgepflicht des Dienstherrn als auch dem allgemeinen Grundsatz, dass der Beamte einen Anspruch auf Übertragung eines amtsgemäßen Aufgabenbereichs hat (zB BVerwG ZBR 1975, 346; 1981, 28 und 1983, 182). Zu letzterem zählt aber die Rechtspflegertätigkeit, die das Berufsbild des Beamten des gehobenen Justizdienstes prägt. Nimmt der Beamte des gehobenen Dienstes neben Rechtspflegeraufgaben auch „andere Dienstgeschäfte" wahr, steht der Anweisung des Dienst-

§ 27   4. Abschnitt. Sonstige Vorschriften

vorgesetzten, zur vorrangigen Erledigung von Gerichts- und Justizverwaltungsaufgaben, die sachliche Unabhängigkeit (§ 9) entgegen (→ § 9 Rn. 31 ff.).

2. Fallgruppen

9   Als „**andere Dienstgeschäfte**" kommen zwei Fallgruppen in Betracht:
10 – **Geschäfte der Justiz- und Gerichtsverwaltung** (früher einheitlich als Justizverwaltung bezeichnet → Rn. 1 ff.): Angelegenheiten aus dem Reise- und Umzugskostenrecht, aus dem Personalwesen (einschließlich der Besoldung), aus dem Haushalts- und Kassenwesen, Geschäftsleiter- oder Gruppenleiterfunktion, allgemeine Verwaltungs- und Organisationsangelegenheiten, Geschäfte des Kostenbeamten, des Bezirksrevisors, des örtlichen Sitzungsvertreters der Staatsanwaltschaft oder Geschäfte des Amtsanwalts (BVerfG NJW 1981, 1033; dazu → § 2 Rn. 40 ff).
11 – **Geschäfte des UdG** (dazu → § 26 Rn. 13, 14) sind in Abs. 1 ausdrücklich herausgestellt. Insoweit hat die Vorschrift – anders als bei ihrer Einführung durch das RPflG 1957 – nur noch geringe Bedeutung. Grund: Alle ehemals vom Beamten des gehobenen Justizdienstes wahrgenommenen (schwierigen) Geschäfte des UdG sind inzwischen durch das RPflG auf den Rechtspfleger übertragen worden (→ §§ 21, 24), haben sich also von UdG-Aufgaben in Rechtspflegergeschäfte gewandelt (→ § 24 Rn. 3 ff, § 26 Rn. 22).
12 Praktische Bedeutung kommt der Vorschrift deshalb nur insofern zu, als in den Geschäftsstellenverordnungen der Länder noch nicht alle Geschäfte des UdG ausschließlich Beamten des mittleren Dienst bzw. der zweiten Qualifikationsebene zugewiesen sind (vgl. zB §§ 5, 7 BayGeschStVO). Ansonsten – soweit eine solche Zuweisung erfolgt ist – verbleiben lediglich die (Ausnahme-)Situationen, weil nicht genügend Beamte des mittleren Justizdienstes zur Verfügung stehen (zB § 5 Abs. 3 BayGeschStVO). Dass es sich um **Ausnahmesituationen** handeln muss, folgt aus allgemeinen beamtenrechtliche Grundsätzen, wonach keine Pflicht zur Übernahme von Tätigkeiten einer nicht gleichwertigen Laufbahngruppe besteht (*Arndt* § 26 Rn. 12; AMHRH/*Herrmann/Rellermeyer* Rn. 3).

3. Mitwirkung bei Richtergeschäften

13 § 25 aF, der durch das 3. RPflÄndG aufgehoben wurde, befugte die Landesjustizverwaltungen dazu, den Rechtspfleger mit der Mitwirkung bei Richtergeschäften zu beauftragen. Die Vorschrift wurde als rechtssystematisch und -politisch überholt betrachtet, ihre Aufhebung sollte dem heutigen Berufsbild des Rechtspflegers Rechnung tragen (BT-Drs. 13/10244, 81). Mit der Streichung des § 25 aF wollte der Gesetzgeber die vorbereitende Tätigkeit des Rechtspflegers endgültig beseitigen (AMHRH/*Herrmann/Rellermeyer* Rn. 11; *Rellermeyer* Rpfleger 1998, 312). Da der Richter nicht Vorgesetzter oder Dienstvorgesetzter des Rechtspflegers ist, kann eine Weisung an den Rechtspfleger zur Mitwirkung auch nicht auf § 27 gestützt werden (so auch AMHRH/*Herrmann/Rellermeyer* Rn. 13). § 27 wird zwar allg. als **beamtenrechtliche** Norm verstanden, es wäre jedoch **zweckwidrig** die Vorschrift als „Ersatzlösung" für § 25 aF zu betrachten (AMHRH/*Herrmann/Rellermeyer* Rn. 23; **aA** aber *Bassenge/Roth* Rn. 3).

IV. Unanwendbarkeit des RPflG (Abs. 2)

Erfüllt der Beamte des gehobenen Dienstes bzw. der dritten Qualifikationsebene **14** Aufgaben, die keine Rechtspflegergeschäfte sind, kommt ihm die besondere Stellung, die ihm **das RPflG** verleiht, nicht zu. Das gilt insbesondere für § 9. Die sachliche Unabhängigkeit ist kein dem gehobenen Justizdienst schlechthin verliehenes Privileg, sondern notwendig mit **den** Aufgaben verknüpft, deren Erledigung wegen ihrer besonderen Bedeutung im Interesse des Bürgers einer neutralen und weisungsfreien Instanz bedarf. Abs. 2 bestimmt deshalb: Die **Vorschriften des RPflG** sind nicht anwendbar, wenn ein mit den Aufgaben eines Rechtspflegers betrauter Beamter des gehobenen Justizdienstes sonstige Geschäfte (= UdG-, Gerichts- und Justizverwaltungsgeschäfte: → Rn. 4, 5) wahrnimmt (auch → § 9 Rn. 23, 24).

Bestimmungen außerhalb des RPflG werden durch Abs. 2 nicht berührt: **15** Nimmt deshalb der Rechtspfleger ein Geschäft des UdG wahr, kommt ihm auch die diesem Organ der Rechtspflege eingeräumte **Selbständigkeit** (→ § 26 Rn. 13) zu.

§ 28 Zuständiger Richter

Soweit mit Angelegenheiten, die dem Rechtspfleger zur selbständigen Wahrnehmung übertragen sind, nach diesem Gesetz der Richter befasst wird, ist hierfür das nach den allgemeinen Verfahrensvorschriften zu bestimmende Gericht in der für die jeweilige Amtshandlung vorgeschriebenen Besetzung zuständig.

I. Entwicklung

Zur Zeit der REntlV bestanden keine Zweifel darüber, welchem Richter gegebenenfalls eine Sache vorzulegen war (§ 3 REntlV) oder welcher Richter über eine Erinnerung (§ 573 ZPO) zu entscheiden hatte: Solange allein der UdG neben dem Richter tätig war, stand damit auch fest, dass der „Richter" *das* Gericht war, dem die Geschäftsstelle angehörte (AMHRH/*Herrmann/Rellermeyer* Rn. 1). Erst mit der Anerkennung des Rechtspflegers im RPflG 1957 als einem neben dem UdG **eigenständigen** Organ der Rechtspflege ergab sich die Notwendigkeit **der gesetzlichen Festlegung** des nach §§ 4, 5, 6, 7, 11 usw zuständigen Richters (BT-Drs. I/3839, 29). Das RPflG 1969 hat die Vorschrift des § 27 RPflG 1957 (nunmehr in § 28) unverändert übernommen.

II. Normzweck

Rechtspfleger und Richter treten nach dem RPflG miteinander vielfach in Verbindung: vgl. etwa § 4 Abs. 3, § 5 (Vorlage an den Richter), § 6 (Bearbeitung von Rechtspflegergeschäften durch den Richter), § 7 (Richterentscheidung bei Ungewissheit oder Streit über die Zuständigkeit), § 10 (Richterentscheidung über die Ablehnung des Rechtspflegers), § 11 Abs. 2, (Erinnerungsverfahren), § 16 Abs. 2

§ 28

(Übertragung der Erbscheinserteilung auf den Rechtspfleger durch den Richter). Schon aus diesem Grunde bedarf es einer Zuordnung des Rechtspflegers zu „seinem" Richter.

3 Abgesehen davon ist das Erfordernis der Bestimmung des zuständigen = gesetzlichen Richters für den (das GVG ergänzenden) Bereich des RPflG aus **verfassungsrechtlichen Gründen** geboten (Art 101 Abs. 1 S. 2 GG): Mit der Herauslösung des Rechtspflegers aus der Geschäftsstelle (→ § 26 Rn. 8 ff.) steht bzw. stand nicht mehr ohne weiteres fest, wer etwa über die Erinnerung zu entscheiden hat (vgl. *Arndt* Rn. 2: „Der nach § 28 zuständige Richter ist daher sachlich identisch mit dem gesetzlichen Richter"; s. auch AMHRH/*Herrmann/Rellermeyer* Rn. 3).

III. Anwendungsbereich

4 § 28 legt den zuständigen Richter immer dann fest, wenn das RPflG im Rahmen der „Angelegenheiten, die dem Rechtspfleger zur selbständigen Wahrnehmung übertragen sind" (vgl. § 3) eine Mitwirkung des Richters (Maßnahme oder Entscheidung) vorsieht (dazu → Rn. 2). Dies also auch dann – die Formulierung „befasst wird" ist missverständlich –, wenn der Richter **von sich aus** ein Rechtspflegergeschäft nach § 6 an sich zieht oder sich zB das Insolvenzverfahren nach § 18 Abs. 2 S. 1, ganz oder teilweise vorbehält.

5 Im Bereich der **Arbeitsgerichtsbarkeit** ist § 28 – trotz der Einschränkung „nach diesem Gesetz" – kraft Verweisung des § 9 Abs. 3 ArbGG entsprechend anwendbar (*Ule* Rn. 9; *Bassenge/Roth* Rn. 1). In **Strafvollstreckungsangelegenheiten** geht § 31 Abs. 6 vor.

IV. Zuständiger Richter

1. Allgemeines

6 Als gesetzlichen Richter (→ Rn. 3) bezeichnet § 28 das „nach den allgemeinen Verfahrensvorschriften zu bestimmende Gericht". Mit **Gericht** ist nicht das Gericht im organisatorischen Sinn (= als Behörde) gemeint, sondern das Gericht im **prozessualen** Sinn, also der **Spruchkörper** (*Bassenge/Roth* Rn. 2): beim AG der „Amtsrichter" (Einzelrichter am AG), beim LG die Kammer bzw. in ZPO-Verfahren (nicht in Strafsachen; OLG Düsseldorf Rpfleger 1991, 104) auch der originäre oder obligatorische Einzelrichter (§§ 348 Abs. 1 S. 1, 348a, 568 ZPO), beim OLG, BGH und BPatG der Senat.

7 **Allgemeine Verfahrensvorschriften** iS der Vorschrift sind nicht die Bestimmungen über die sachliche und örtliche Zuständigkeit, da zuständig in jedem Fall der „Richter" **desjenigen** Gerichts ist, bei dem der Rechtspfleger tätig ist (*Hofmann/Kersting* § 27 Anm. 2): Sämtliche Zuordnungsvorschriften des RPflG ergeben nur einen Sinn, wenn es um die (arbeitsteilige) Zusammenarbeit an **demselben** Gericht geht, weshalb § 28 lediglich den **gerichtsintern** zuständigen Spruchkörper festlegt (*Hofmann/Kersting* § 27 Anm. 2; *Ule* Rn. 102). Da es nun Verfahrensvorschriften mit gerichtsinterner Zuständigkeitsregelungen nur ganz vereinzelt gibt (vgl. etwa §§ 23b, 23c, 97 GVG), bleibt regelmäßig allein der **Geschäftsverteilungsplan** zur Festlegung des zuständigen Spruchkörpers.

Zuständiger Richter **§ 28**

Ist ein Rechtspfleger **mehreren Richtern** zugeordnet, ist ebenfalls der Ge- 8
schäftsverteilungsplan maßgebend (*Arndt* § 27 Rn. 5; *Bassenge/Roth* Rn. 2). Auf
Strafvollstreckungsgeschäfte ist § 28 nicht anwendbar: → Rn. 5.

2. Kollegialgerichte

a) Allgemeine Grundsätze. Kollegialgerichte entscheiden in der (konkreten) 9
Besetzung, die durch Gesetz (GVG, ZPO, FamFG usw) und Geschäftsverteilungsplan für die jeweilige Amtshandlung vorgeschrieben ist, da sich die Worte „nach den allgemeinen Verfahrensbestimmungen" auch auf dieses Erfordernis beziehen (*Arndt* § 27 Rn. 6; *Bassenge/Roth* Rn. 2; *Hofmann/Kersting* § 27 Anm. 2; *Ule* Rn. 104). Wird deshalb gegen einen Kostenfestsetzungsbeschluss des Rechtspflegers am LG Erinnerung (§ 11 Abs. 2) eingelegt, weil der Beschwerdewert 200 EUR nicht übersteigt und ist „zuständiger Richter" die vollbesetze Kammer, trifft diese die Erinnerungsentscheidung.

Beim **Schöffengericht** und der **kleinen Strafkammer** kommt eine Mitwir- 10
kung der Schöffen nicht in Betracht, sofern (wie regelmäßig) die hier einschlägigen Entscheidungen außerhalb der Hauptverhandlung zu treffen sind (§§ 76 Abs. 1 S. 2, 30 Abs. 2 GVG).

Anders bei der **Kammer für Handelssachen.** Hier gehören zur „vorgeschrie- 11
benen Besetzung" auch die ehrenamtlichen Handelsrichter, es sei denn, es greift (auch → Rn. 12) § 349 Abs. 2 oder 3 ZPO (insbes.: Erinnerung nach § 11 Abs. 2 gegen einen Kostenfestsetzungsbeschluss: § 349 Abs. 2 Nr. 12 ZPO).

b) Besonderheiten. Bei einem Kollegialgericht kommt als „zuständiger Rich- 12
ter" auch der **Vorsitzende** und zwar in den Fällen des § 20 Nr. 4 a und § 23 Abs. 1 Nr. 2 in Betracht (*Bassenge/Roth* Rn. 2).

Das **Beschwerdegericht** kann die Beschwerdentscheidung in Familiensachen 13
und Angelegenheiten der fG einem seiner Mitglieder als Einzelrichter übertragen (§ 68 Abs. 4 FamFG).

Zulässig ist die Einschaltung eines **beauftragten Richters** zur Durchführung 14
einer Beweisaufnahme (zB nach § 361 ZPO) oder einer Anhörung. Wird in einem solchen Fall der beauftragte Richter als „Einzelrichter" bezeichnet, ist dies unschädlich (BayObLG FamRZ 1976, 43, 46).

3. Konzentrierung von richterlichen Zuständigkeiten

Nicht zulässig ist es, durch den Geschäftsverteilungsplan beim AG **einen** Richter 15
bzw. beim LG **eine** Kammer zu bestimmen und diesem Organ eine Aufgabe (etwa die Entscheidung über Kompetenzstreitigkeiten nach § 7) oder mehrere Aufgaben des § 28 zuzuweisen (so auch AMHRH/*Herrmann/Rellermeyer* Rn. 5). Das folgt, wie *Ule* Rn. 99 zu Recht ausführt, zum einen aus dem eindeutigen Gesetzeswortlaut („hierfür"), zum anderen aus einer systematischen Interpretation: In allen das Rechtspfleger-Richter-Verhältnis betr Vorschriften ist von „dem" Rechtspfleger und „dem" Richter die Rede, dh es soll stets „derselbe (eingearbeitete) Richter korrespondierend zuständig sein" (*Ule* Rn. 99).

Fünfter Abschnitt. Dem Rechtspfleger übertragene Geschäfte in anderen Bereichen

Vorbemerkung zu den §§ 29 ff.

Durch das RPflG 1969 sollte unter anderem der Dualismus Rechtspfleger/UdG 1 innerhalb der Laufbahngruppe des gehobenen Justizdienstes beseitigt werden (→ § 26 Rn. 5, 8 ff.). Der 5. Abschnitt weist deshalb eine Reihe von Aufgaben, die bereits bisher von Beamten des gehobenen Dienstes erledigt wurden, nunmehr dem Rechtspfleger zu. Diese sog Geschäfte der „Rechtspflegeverwaltung" sind keine ehedem richterlichen Geschäfte: Die wenig überzeugende Bezeichnung erweckt den Eindruck, als handele es sich um Angelegenheiten der Exekutive, was jedoch unzutreffend ist. Sie gehören kraft ausdrücklicher gesetzlicher Regelung zur **Rechtspflege im weiteren Sinne** (dazu → § 1 Rn. 8 ff.). Die Zuweisung dieser Geschäfte an den Rechtspfleger und ihre damit verbundene Ausprägung zu (echten) Rechtspflegergeschäften stärkt die Selbständigkeit des Rechtspflegers (*Bassenge/Roth* Vorbemerkungen § 29 Rn. 3).

Nach § 32 gelten für die Angelegenheiten des 5. Abschnittes die Vorschriften 2 über Vorlagepflicht, sachliche Unabhängigkeit und Erinnerungsverfahren nicht. Auch dort, wo nichts ausdrücklich (vgl. § 31 Abs. 6) bestimmt ist, treten an deren Stelle die allgemeinen Regeln des Verwaltungs- und insbesondere des Beamtenrechts (*Bassenge/Roth* Vorbemerkungen § 29 Rn. 2).

§ 29 Geschäfte im internationalen Rechtsverkehr

Dem Rechtspfleger werden folgende Aufgaben übertragen:
1. die der Geschäftsstelle des Amtsgerichts gesetzlich zugewiesene Ausführung ausländischer Zustellungsanträge;
2. die Entgegennahme von Anträgen auf Unterstützung in Unterhaltssachen nach § 7 des Auslandsunterhaltsgesetzes vom 23. Mai 2011 (BGBl. I S. 898) sowie die Entscheidung über Anträge nach § 10 Absatz 3 des Auslandsunterhaltsgesetzes;
3. die Entgegennahme von Anträgen nach § 42 Absatz 1 und die Entscheidung über Anträge nach § 5 Absatz 2 des Internationalen Familienrechtsverfahrensgesetzes vom 26. Januar 2005 (BGBl. I S. 162).

I. Entwicklung

Die Vorschrift wurde durch Art. 2 G zur Durchführung der VO (EG) Nr. 4/2009 und zur Neuordnung bestehender Aus- und Durchführungsbestimmungen auf dem Gebiet des internationalen Unterhaltsverfahrensrechts vom 23.5.2011, BGBl. I S. 898, mW vom 18.6.2011 neu gefasst. Nr. 2 wurde Art. 7 AUG angepasst, im Übrigen waren die Änderungen redaktioneller Natur (BT-Drs. 17/4887, 51).

II. Regelungsbereich

1 Dem Rechtspfleger sind im Wege der Einzelübertragung nach § 3 **Nr. 4 lit. a** zugewiesen:

1. Ausländische Zustellungsanträge (Nr. 1)

2 In den Anwendungsbereich der Nr. 1 und damit in den Zuständigkeitsbereich des Rechtspflegers fallen ausländische Zustellungsanträge, die der Geschäftsstelle des AG **gesetzlich** in Ausführung des **Rechtshilfeverkehrs** mit dem Ausland zugewiesen sind (BT-Drs. 5/32194). Als **Rechtsgrundlagen** kommen insbesondere in Betracht (vgl. § 3 ZRHO):
– § 2 Abs. 2 AusfG zum Haager Zivilprozessübereinkommen vom 18.12.1958, BGBl. I S. 939;
– § 4 Abs. 2 AusfG zum Haager Zustellübereinkommen 1965 vom 22.12.1977, BGBl. I S. 3105,
– § 1069 Abs. 2 ZPO iVm Art. 2 Abs. 2 und Art. 7 VO (EG) Nr. 1393/2007.

3 Ferner sind auch nach den jeweiligen Ausführungsvorschriften zu zahlreichen **bilateralen Rechtshilfeverträgen** (vgl. die Zusammenstellung im Länderteil der ZRHO) Zustellungen durch die Geschäftsstelle des AG zu bewirken. Die Zustellungen erfolgen grds. nach den Vorschriften der ZPO (vgl. §§ 101, 111 ZRHO). Vorausgeht – insoweit außerhalb der Rechtspflegerzuständigkeit – eine Prüfung der eingehenden Ersuchen durch eine Prüfungsstelle (§ 84 ZRHO).

4 Im **vertragslosen** Rechtshilfeverkehr ist grds. der Urkundsbeamte der Geschäftsstelle zuständig (§ 110 Abs. 2 ZRHO; vgl. AMHRH/*Rellermeyer* Rn. 2). Die **GeschStVO** der Länder können diese Aufgabe Beamten des gehobenen Dienstes bzw. der dritten Qualifikationsebene übertragen (so zB § 7 Abs. 1 Nr. 2 Bay-GeschStVO). Die Erledigung des Rechtshilfegeschäfts wird dann aber nicht in der Funktion des Rechtspflegers vorgenommen, da es sich um eine reine Justizverwaltungsangelegenheit handelt (AMHRH/*Rellermeyer* Rn. 2 und § 37 Rn. 4; **aA** *Bassenge/Roth* Rn. 5 und § 37 Rn. 2: die Übertragung erfolgt nach § 37).

5 Zustellungen in **Strafsachen waren** bis zum Inkrafttreten des G über die internationale Rechtshilfe in Strafsachen (IRG) durch die StA zu erledigen, sie wurden von § 29 nicht erfasst (*Horand* Rpfleger 1986, 425). Nunmehr ist über § 157 Abs. 1 GVG, §§ 36 Abs. 1 und 37 Abs. 1 S. 1 StPO § 168 ZPO entsprechend anzuwenden, so dass die Zuständigkeit der Geschäftsstelle begründet wird und damit auch die des Rechtspflegers (*Bassenge/Roth* Rn. 3; AMHRH/*Rellermeyer* Rn. 2).

2. Anträge nach §§ 7 und 10 Abs. 3 AUG (Nr. 2)

6 Der Rechtspfleger ist zuständig zur **Entgegennahme von Anträgen auf Unterstützung in Unterhaltssachen** nach § 7 AUG. In seine Zuständigkeit fällt die Entgegennahme des Antrags und, wenn dieser mündlich gestellt wird, die Aufnahme einer Niederschrift. Er hat dabei darauf hinzuwirken, dass die erforderlichen Angaben vollständig gemacht werden und die notwendigen Unterlagen beigefügt sind. Die Prüfung der Erfolgsaussichten des Antrags obliegt dem Vorstand des Amtsgerichts oder dem nach der Geschäftsverteilung zuständigen Richter als Justizverwaltungsgeschäft (§§ 7 Abs. 2, 9 AUG; vgl. BT-Drs. 17/4887, 51).

Geschäfte der Staatsanwaltschaft, Vollstreckung §§ 30, 31

Dem Rechtspfleger obliegt ferner die Entscheidung über den **Antrag auf Befreiung** von der Pflicht, die Kosten der durch die zentrale Behörde (vgl. § 4 AUG) veranlassten Übersetzung, zu erstatten (§ 10 Abs. 3 AUG). Vorausgesetzt wird, dass dem Antragsteller nach § 113 FamFG iVm § 115 ZPO ratenfreie Verfahrenskostenhilfe zu bewilligen wäre. 7

3. Anträge nach §§ 42 und 5 Abs. 2 IntFamRVG (Nr. 3)

Der Rechtspfleger ist zuständig zur **Entgegennahme von Anträgen,** die in anderen Vertragsstaaten zu erledigen sind (§ 42 IntFamRVG) und zur **Entscheidung über Anträge** nach § 5 Abs. 2 IntFamRVG, die auf Befreiung von der Pflicht zur Erstattung von Übersetzungskosten gerichtet sind. Auch in diesen Fällen wird, wie nach § 10 Abs. 3 AUG (→ Rn. 7), vorausgesetzt, dass dem Antragsteller ratenfreie Prozesskostenhilfe zu bewilligen wäre. 8

III. Stellung des Rechtspflegers

Nach § 32 sind die §§ 5–11 unanwendbar. Es gelten die allgemeinen verwaltungs- und beamtenrechtlichen Vorschriften → § 32 Rn. 3ff.). 9

§ 30 (weggefallen)

§ 31 Geschäfte der Staatsanwaltschaft im Strafverfahren und Vollstreckung in Straf- und Bußgeldsachen sowie von Ordnungs- und Zwangsmitteln

(1) **Von den Geschäften der Staatsanwaltschaft im Strafverfahren werden dem Rechtspfleger übertragen:**
1. **die Geschäfte bei der Durchführung der Beschlagnahme (§ 111f Absatz 2 der Strafprozessordnung),**
2. **die Geschäfte bei der Durchführung der Beschlagnahme und Vollziehung des Arrestes sowie die Anordnung der Notveräußerung und die weiteren Anordnungen bei deren Durchführung (§ 111f Absatz 1, 3, § 111l der Strafprozessordnung), soweit die entsprechenden Geschäfte im Zwangsvollstreckungs- und Arrestverfahren dem Rechtspfleger übertragen sind.**

(2) ¹**Die der Vollstreckungsbehörde in Straf- und Bußgeldsachen obliegenden Geschäfte werden dem Rechtspfleger übertragen.** ²**Ausgenommen sind Entscheidungen nach § 114 des Jugendgerichtsgesetzes.** ³**Satz 1 gilt entsprechend, soweit Ordnungs- und Zwangsmittel von der Staatsanwaltschaft vollstreckt werden.**

(2a) **Der Rechtspfleger hat die ihm nach Absatz 2 Satz 1 übertragenen Sachen dem Staatsanwalt vorzulegen, wenn**
1. **er von einer ihm bekannten Stellungnahme des Staatsanwalts abweichen will oder**
2. **zwischen dem übertragenen Geschäft und einem vom Staatsanwalt wahrzunehmenden Geschäft ein so enger Zusammenhang besteht, dass eine getrennte Sachbearbeitung nicht sachdienlich ist, oder**

3. ein Ordnungs- oder Zwangsmittel von dem Staatsanwalt verhängt ist und dieser sich die Vorlage ganz oder teilweise vorbehalten hat.

(2b) Der Rechtspfleger kann die ihm nach Absatz 2 Satz 1 übertragenen Geschäfte dem Staatsanwalt vorlegen, wenn
1. sich bei der Bearbeitung Bedenken gegen die Zulässigkeit der Vollstreckung ergeben oder
2. ein Urteil vollstreckt werden soll, das von einem Mitangeklagten mit der Revision angefochten ist.

(2c) ¹Die vorgelegten Sachen bearbeitet der Staatsanwalt, solange er es für erforderlich hält. ²Er kann die Sachen dem Rechtspfleger zurückgeben. ³An eine dabei mitgeteilte Rechtsauffassung oder erteilte Weisungen ist der Rechtspfleger gebunden.

(3) Die gerichtliche Vollstreckung von Ordnungs- und Zwangsmitteln wird dem Rechtspfleger übertragen, soweit sich nicht der Richter im Einzelfall die Vollstreckung ganz oder teilweise vorbehält.

(4) (weggefallen)

(5) ¹Die Leitung der Vollstreckung im Jugendstrafverfahren bleibt dem Richter vorbehalten. ²Dem Rechtspfleger werden die Geschäfte der Vollstreckung übertragen, durch die eine richterliche Vollstreckungsanordnung oder eine die Leitung der Vollstreckung nicht betreffende allgemeine Verwaltungsvorschrift ausgeführt wird. ³Der Bundesminister der Justiz wird ermächtigt, durch Rechtsverordnung mit Zustimmung des Bundesrates auf dem Gebiet der Vollstreckung im Jugendstrafverfahren dem Rechtspfleger nichtrichterliche Geschäfte zu übertragen, soweit nicht die Leitung der Vollstreckung durch den Jugendrichter beeinträchtigt wird oder das Vollstreckungsgeschäft wegen seiner rechtlichen Schwierigkeit, wegen der Bedeutung für den Betroffenen, vor allem aus erzieherischen Gründen, oder zur Sicherung einer einheitlichen Rechtsanwendung dem Vollstreckungsleiter vorbehalten bleiben muss. ⁴Der Richter kann die Vorlage von übertragenen Vollstreckungsgeschäften anordnen.

(6) ¹Gegen die Maßnahmen des Rechtspflegers ist der Rechtsbehelf gegeben, der nach den allgemeinen verfahrensrechtlichen Vorschriften zulässig ist. ²Ist hiernach ein Rechtsbehelf nicht gegeben, entscheidet über Einwendungen der Richter oder Staatsanwalt, an dessen Stelle der Rechtspfleger tätig geworden ist. ³Er kann dem Rechtspfleger Weisungen erteilen. ⁴Die Befugnisse des Behördenleiters aus den §§ 145, 146 des Gerichtsverfassungsgesetzes bleiben unberührt.

(7) Unberührt bleiben ferner bundes- und landesrechtliche Vorschriften, welche die Vollstreckung von Vermögensstrafen im Verwaltungszwangsverfahren regeln.

Übersicht

	Rn.
I. Entwicklung	1
II. Allgemeines	2, 3
III. Geschäfte der Staatsanwaltschaft im Strafverfahren (Abs. 1)	4–7
1. Zuständigkeit	4–6
2. Einzelne Maßnahmen	7

Geschäfte der Staatsanwaltschaft, Vollstreckung **§ 31**

	Rn.
IV. Geschäfte der Strafvollstreckung (Abs. 2–2c)	8–15
1. Zuständigkeit	8
2. Übertragene Geschäfte	9–12
a) Grundsatz	9, 10
b) Einzelne Geschäfte	11, 12
3. Vorlagepflichten und Vorlagerechte	13–15
V. Gerichtliche Vollstreckung von Ordnungs- und Zwangsmitteln (Abs. 3)	16–20
1. Grundsätze	16–18
2. Einzelfälle	19, 20
VI. Vollstreckung im Jugendstrafverfahren (Abs. 5)	21–24
VII. Rechtsbehelfe; Weisungsbefugnis (Abs. 6)	25, 26
VIII. Verwaltungszwangsverfahren (Abs. 7)	27

I. Entwicklung

Das REntlG (→ Anh. II.3.) hatte die Landesjustizverwaltungen ermächtigt, die **1** Geschäfte der Strafvollstreckung mit gewissen Ausnahmen ua auch auf UdG zu übertragen. Das RPflG 1957 hielt an dieser Konzeption der Übertragbarkeit kraft Ermächtigung fest (§ 35 Abs. 1 Nr. 1). Davon wurde durch § 10 StrVollstrO und Abschnitt II Nr. 6 der Richtlinien zu §§ 82–85 JGG Gebrauch gemacht. Das RPflG 1969 hat die Ermächtigung in eine unmittelbare Übertragung umgewandelt, wobei der Umfang der übertragenen Geschäfte im Wesentlichen mit der bisherigen Rechtslage übereinstimmt. Durch Art. 94 Nr. 6 EGStGB wurden dem Rechtspfleger der StA daneben bestimmte Geschäfte im Strafverfahren zugewiesen, wie sie nach § 22 auch dem Rechtspfleger des Gerichts obliegen. Art. 9 1. JuMoG vom 24.8.2004, BGBl. I S. 2198, hat Abs. 2a–2c eingefügt, Abs. 4 aufgehoben sowie Abs. 2 und 6 neugefasst. Die auf § 31 Abs. 2 S. 2 aF basierende Begrenzungsverordnung des Bundesministeriums der Justiz vom 26.6.1970, BGBl. I S. 992, wurde durch Art. 12 1. JuMoG aufgehoben, ein restlicher Vorbehalt ist nach § 31 Abs. 2 S. 2 übernommen worden (BT-Drs. 15/1508, 33ff.).

II. Allgemeines

§ 31 konkretisiert **§ 3 Nr. 4c**. Im Wege der **Einzelübertragung** werden dem **2** Rechtspfleger Geschäfte der Staatsanwaltschaft in Strafverfahren (Abs. 1) sowie, mit Ausnahme der Entscheidung nach § 114 JGG (Abs. 2 S. 2) solche, die der **Vollstreckungsbehörde** in Straf- und Bußgeldsachen obliegen, zugewiesen (Abs. 2; vgl. *Rellermeyer* Rpfleger 2004, 593). Es handelt sich dabei nicht um Angelegenheiten der Justizverwaltung sondern der **Rechtspflegeverwaltung** (*Meyer-Goßner* StPO Vor § 449 Rn. 1; *Bassenge/Roth* Rn. 1). Dazu gehören auch die in § 42 Abs. 1 S. 1 IStGHG genannten Maßnahmen (§ 42 Abs. 1 S. 3 IStGHG). Ferner wird die **gerichtliche** Vollstreckung von **Ordnungs- und Zwangsmitteln** dem Rechtspfleger übertragen (Abs. 3). Die Leitung der Vollstreckung im Jugendstrafverfahren behält Abs. 5 grds. dem Jugendrichter vor.

Die Vollstreckung von Geldstrafen und Geldbußen durch die Vollstreckungsbe- **3** hörde kann nach **§ 36b Abs. 1 Nr. 5** auf den Urkundsbeamten der Geschäftsstelle übertragen werden

III. Geschäfte der Staatsanwaltschaft im Strafverfahren (Abs. 1)

1. Zuständigkeit

4 Abs. 1, den das 1. JuMoG nicht geändert hat, befasst sich mit der **Beschlagnahme** von Gegenständen, der **Arrestvollziehung** sowie der Anordnung einer **Notveräußerung**. Maßnahmen dieser Art, die Verfall und Einziehung von Gegenständen sicherstellen sollen (vgl. § 111b StPO), werden entweder durch das **Gericht**, dann gilt § 22 oder bei Gefahr im Verzug durch die **StA**, in diesem Fall gilt § 31 Abs. 1, angeordnet (Einzelheiten bei *Huber* Rpfleger 2002, 285).

5 Dem Rechtspfleger obliegen Geschäfte bei der
– Durchführung der Beschlagnahme (§ 111f Abs. 2 StPO; § 31 Abs. 1 Nr. 1),
– Durchführung der Beschlagnahme und Vollziehung des Arrests (§ 111f Abs. 1, 3 StPO; § 31 Abs. 1 Nr. 2 Alt. 1) und
– der Anordnung einer Notveräußerung sowie bei deren Durchführung (§ 111l StPO; § 31 Abs. 1 Nr. 2 Alt. 2).

6 Die Aufgaben decken sich insoweit mit den dem Rechtspfleger des Strafgerichts in § 22 zugewiesenen (→ § 22 Rn. 3 ff.).

2. Einzelne Maßnahmen

7 Der Rechtspfleger ist zuständig für
– das **Ersuchen** an Grundbuchamt und Registergericht um Eintragung eines **Beschlagnahmevermerks** in das Grundbuch, Schiffs- und Schiffsbauregister sowie das Register für Pfandrechte an Luftfahrzeugen (§§ 111c Abs. 2 S. 1, 4 S. 2, 111f Abs. 2 StPO);
– die **Anmeldung** der Eintragung eines nicht eingetragenen aber eintragungsfähigen Schiffsbauwerks oder Luftfahrzeugs (§§ 111c Abs. 4 S. 3, 111f Abs. 2 StPO);
– die **Beauftragung** von Ermittlungspersonen (§ 152 GVG) mit der Beschlagnahme bzw. Pfändung beweglicher Sachen (§§ 111c Abs. 1, 111f Abs. 1 und 3 StPO; vgl. *Brettschneider* NStZ 2000, 180);
– die **Pfändung** von Forderungen und anderen Vermögensrechten (§§ 829, 857 ZPO; §§ 111c Abs. 3, 111d Abs. 2, 111f Abs. 1 und 3 S. 3 StPO);
– das **Ersuchen** an das Grundbuchamt um Eintragung einer **Arresthypothek** (§ 932 Abs. 1 ZPO; §§ 111d Abs. 2, 111f Abs. 2 und 3 S. 2 StPO);
– die **Anordnung** der Pfändung von eingetragenen Schiffen und Schiffsbauwerken (§§ 930, 931 ZPO; §§ 111d Abs. 2, 111f Abs. 3 S. 3 StPO).;
– die **Anordnung** einer Notveräußerung (§§ 111l Abs. 1–3 StPO);
– **Anordnungen** zur **Durchführung** der Notveräußerung (§§ 814–825 ZPO; § 111l Abs. 5 StPO; vgl. AG Hannover Rpfleger 2003, 20).

IV. Geschäfte der Strafvollstreckung (Abs. 2–2c)

1. Zuständigkeit

8 **Rechtsgrundlagen** der Strafvollstreckung sind in den §§ 449–463d StPO, §§ 89–104 OWiG, §§ 82–89a, 110 JGG geregelt. Bei der Vollstreckung von Geld-

Geschäfte der Staatsanwaltschaft, Vollstreckung **§ 31**

strafen treten JBeitrO und EBAO hinzu. In Straf- und Bußgeldsachen obliegen die Aufgaben der **Vollstreckungsbehörde** der **StA** (§ 451 StPO, §§ 91, 92 OWiG), in Verfahren gegen Jugendliche und Heranwachsende dem **Jugendrichter des AG** (§§ 82 Abs. 1, 110 Abs. 1 JGG). Durch **Abs. 2 S. 1** werden die der **StA** obliegenden Vollstreckungsaufgaben, dem Rechtspfleger übertragen. Dazu gehört auch die Vollstreckung von Ordnungs- und Zwangsmitteln, soweit sie von der StA vollstreckt werden (Abs. 2 S. 3). Im Jugendstrafverfahren bleibt die Leitung der Vollstreckung grds. dem **Jugendrichter** vorbehalten (Abs. 5 S. 1).

2. Übertragene Geschäfte

a) Grundsatz. Zugewiesen sind dem Rechtspfleger die Aufgaben, die der 9
Staatsanwaltschaft als **Vollstreckungsbehörde** obliegen. Der **Zuständigkeitsbereich des Rechtspflegers** umfasst sowohl die Vollstreckung von Freiheits- wie von Geldstrafen. Im Rahmen der Freiheitsstrafenvollstreckung obliegt dem Rechtspfleger auch der Erlass von Haftbefehlen (vgl. § 4 Abs. 2 Nr. 2 a–c) in den Fällen der §§ 457, 463 StPO, § 97 OWiG und auch § 35 Abs. 7 BtMG (*Weber* BtMG § 35 Rn. 283; *Körner* BtMG § 35 Rn. 449). Der Rechtspfleger berechnet die Strafdauer und trifft die erforderlichen Maßregeln. **Nicht** übertragen sind Aufgaben, die der **Strafverfolgungsbehörde** obliegen oder **gerichtliche** Maßnahmen. Ausgenommen sind also die Fälle der §§ 56a Abs. 2, 56e–g, 57, 59a, 59b, 79b StGB, §§ 453, 453b, 453c, 454, 456c, 458, 459d, 459f, 459h, 460, 461 Abs. 2, 462, 462a, 463 Abs. 2–6 StPO, § 104 OWiG. Sind in diesen Fällen Anträge zu stellen oder seitens der StA Stellungnahmen abzugeben, wird die StA als Strafverfolgungsbehörde tätig (AMHRH/*Rellermeyer* Rn. 10); der Rechtspfleger kann insoweit allenfalls gem. § 27 vorbereitend tätig werden (*Bassenge*/*Roth* Rn. 8).

Abs. 2 weist dem Rechtspfleger die Geschäfte nach Art. der **Vorbehaltsüber-** 10
tragung wie § 3 Nr. 2 zu (ebenso: AMHRH/*Rellermeyer* Rn. 7), denn das Gesetz überträgt die Strafvollstreckungsgeschäfte mit Ausnahme der (nur noch) in Abs. 2 S. 2 vorbehaltenen Einzelmaßnahme nach § 114 JGG (Vollzug von Freiheitsstrafen in der Jugendstrafanstalt; vgl. BT-Drs. 15/1508, 33; → Rn. 1) pauschal dem Rechtspfleger.

b) Einzelne Geschäfte. Der Rechtspfleger ist zuständig für **Anträge, Ent-** 11
scheidungen und Maßnahmen im Rahmen des
- **§ 455 StPO:** Vollstreckungsaufschub und Unterbrechung bei Krankheit des Verurteilten (§§ 45, 46 StVollstrO; vgl. dazu *Zeitler* Rpfleger 2009, 205);
- **§ 456 StPO:** Vorübergehender Vollstreckungsaufschub in Härtefällen (vgl. BT-Drs. 15/1508, 34);
- **§ 456a StPO:** Absehen von Vollstreckung bei Auslieferung, Überstellung und Ausweisung;
- **§ 456c Abs. 2–4 StPO:** Aufschub und Aussetzung eines Berufsverbots;
- **§ 461 Abs. 1 StPO:** Anrechnung von Krankenhausaufenthalt;
- **§ 463c Abs. 3 und 4 StPO:** Gerichtliche Zwangsgeldfestsetzung gegen Verleger und Programmverantwortliche bei unterlassener öffentlicher Bekanntmachung;
- **§ 79b StGB:** Verlängerung der Verjährungsfrist durch das Gericht;
- **§ 35 BtMG:** Zurückstellung der Strafvollstreckung bei Betäubungsmittelabhängigkeit des Verurteilten und Widerruf der Zurückstellung; Erlass eines Vollstreckungshaftbefehls;

419

- **§ 36 BtMG:** Anrechnung und Strafaussetzung zur Bewährung;
- **§ 454b StPO:** Reihenfolge der Vollstreckung und Anschlussvollstreckung (vgl. auch §§ 43 ff. StVollstrO); Unterbrechung der Vollstreckung (s auch OLG Hamm Rpfleger 2008, 332);
- **§ 455a StPO:** Vollstreckungsaufschub und -unterbrechung aus Gründen der Vollzugsorganisation (beachte § 46a StVollstrO; dazu *Jabel* Rpfleger 1983, 412);
- **§§ 161, 457 Abs. 1 StPO:** Ermittlungen für Strafvollstreckungszwecke;
- **§ 457 Abs. 2 und 3 StPO:** Ladung zum Strafantritt (§ 27 ff. StVollstrO); Vorführungs- oder Haftbefehl (§ 4 Abs. 2 Nr. 2a); Auschreibung und Aufenthaltsermittlung;
- **§ 459c Abs. 1 StPO:** Beitreibung der Geldstrafe (dazu: §§ 3, 7, 8 ff. EBAO; zur Geldstrafenvollstreckung vgl. auch *Siggelkow* Rpfleger 2005, 644; *Zeitler* Rpfleger 2005, 70; *Heinze* ZVI 2006, 14);
- **§ 459a StPO:** Zahlungserleichterungen bei Geldstrafenvollstreckung (§ 42 StGB);
- **§ 459e StPO:** Vollstreckung der Ersatzfreiheitsstrafe (§ 43 StGB);
- **§ 459g StPO:** Vollstreckung von Nebenfolgen (Verfall, Einziehung und Unbrauchbarmachung);
- **§ 463 StPO:** Vollstreckung von Maßregeln der Besserung und Sicherung;

12 Der Rechtspfleger trifft ferner die Entscheidung über
- die Anwendbarkeit eines **Straffreiheitsgesetzes** (BT-Drs. 15/1508, 34);
- die **Tilgung** einer uneinbringlichen Geldstrafe durch freie **Arbeit** (Art. 293 EGStGB).

3. Vorlagepflichten und Vorlagerechte

13 Die früher in § 2 BegrVO geregelten **Vorlagepflichten** an den Staatsanwalt sind durch das 1. JuMoG nach § 31 Abs. 2a–2c in modifizierter Form übernommen und zum Teil (vgl. Abs. 2b), in Anlehnung an § 5, als **Vorlagerechte** ausgestaltet worden. Da § 5 auf die nach § 31 übertragenen Geschäfte der Rechtspflegeverwaltung nicht anwendbar ist (§ 32), bedurfte es einer gesonderten Regelung (vgl. BT-Drs. 15/1508, 35). Die Vorlagepflichten betreffen die nach **Abs. 2 S. 1** übertragenen Geschäfte der Vollstreckungsbehörde u, da S. 1 insoweit entsprechend gilt (Abs. 2 S. 3), werden auch die von der Staatsanwaltschaft zu vollstreckenden Ordnungs- und Zwangsmittel, wenn sich der Staatsanwalt die Vorlage vorbehalten hat, erfasst (**aA** AMHRH/*Rellermeyer* Rn. 12: die Vorlagepflicht des § 31 Abs. 2a Nr. 3 geht ins Leere). Im Unterschied zu den Vorlagepflichten nach § 5 sind die hier geregelten Pflichten im Rahmen der allgemeinen Weisungsbefugnis des § 31 Abs. 6 S. 3 **erzwingbar** (*Bassenge/Roth* Rn. 12; AMHRH/*Rellermeyer* Rn. 11).

14 Der Vorlagegrund des Abs. 2a Nr. 2 ist mit dem des § 5 Abs. 1 Nr. 2 identisch (= Sachzusammenhang). Abs. 2c entspricht der Regelung in § 5 Abs. 3, so dass die zu § 5 dargestellten Grundsätze entsprechende Anwendung finden.

15 Der Rechtspfleger sollte seine **Überlegungen** zur Vorlage schriftlich darlegen (*Pohlmann/Jabel/Wolf* § 10 Rn. 42). Der Staatsanwalt bearbeitet die vorgelegten Sachen, solange er es für erforderlich hält (Abs. 2c S. 1). Bei der **Rückgabe** kann er seine Rechtsauffassung mitteilen oder eine Weisung erteilen; daran ist der Rechtspfleger gebunden (Abs. 2c S. 2 und 3).

Geschäfte der Staatsanwaltschaft, Vollstreckung **§ 31**

V. Gerichtliche Vollstreckung von Ordnungs- und Zwangsmitteln (Abs. 3)

1. Grundsätze

Nach dem unveränderten Abs. 3 ist der Rechtspfleger zuständig für die **gericht-** 16 **liche Vollstreckung** (zur Vollstreckung durch die StA vgl. Abs. 2 S. 3) von **Ordnungs- und Zwangsmitteln** (= Ordnungs- und Zwangsgeld bzw. -haft) gegen Zeugen und Sachverständige, Parteien und Beteiligte. Ordnungs- und Zwangsmitteln, die das **Prozessgericht**, ein Gericht der **fG oder** das **Strafgericht** nach §§ 177, 178 GVG (vgl. § 179 GVG, § 36 Abs. 2 S. 2 StPO, § 88 Abs. 2 StVollstrO) angeordnet hat, werden vom Rechtspfleger des anordnenden Gerichts vollstreckt (OLG München Rpfleger 1988, 540; Stein/Jonas/*Brehm* ZPO § 890 Rn. 44; *Bassenge/Roth* Rn. 13).

Ist die Ordnungs- oder Zwangshaft in einem **Straf- oder Bußgeldverfahren** 17 nach §§ 51, 70, 77, 81c, 95 StPO, § 46 Absatz 1 OWiG angeordnet worden, so ist nach § 36 Abs. 2 S. 1 StPO und § 88 Abs. 1 StVollstrO die **StA** durch ihren Rechtspfleger zuständig (§ 31 Abs. 2 S. 3; *Pohlmann/Jabel/Wolf* StVollstrO § 88 Rn. 10; AMHRH/*Rellermeyer* Rn. 16).

Die Vollstreckung der Ordnungs- und Zwangsmittel erfolgt grds. nach der 18 **JBeitrO** (§ 1 Abs. 1 Nr. 3 und 2 JBeitrO iVm mit der **EBAO** (Einforderungs- und Beitreibungsanordnung v. 20.11.1974 idF v. 1.4.2001 (vgl. BDPZ/*Zimmermann* § 1 EBAO Rn. 1; BayObLG Rpfleger 1991, 13).

2. Einzelfälle

Der Rechtspfleger ist zuständig für die gerichtliche Vollstreckung von Ord- 19 nungs- und Zwangsmitteln nach
- **§§ 141 Abs. 3, 380, 390 Abs. 1, 409, 411 Abs. 1 ZPO:** Zwangsmittel gegen 20 Zeugen und Sachverständige im Zivilprozess und anderen Verfahren, in denen die ZPO anzuwenden ist;
- **§§ 33, 35 FamFG:** Zwangs- und Ordnungsgeld gegen Beteiligte zur Erzwingung der Vornahme und Unterlassung von Handlungen;
- **§§ 178–180 GVG:** Ordnungsmittel wegen Ungebühr gegen Parteien, Beschuldigte, Zeugen, Sachverständige oder andere nicht beteiligte Personen, sofern nicht Sofortvollzug durch den Vorsitzenden angeordnet wurde (§ 179 GVG; vgl. MüKoZPO/*Zimmermann* GVG § 179 Rn. 6).
- **§ 890 ZPO:** Erzwingung von Unterlassungen und Duldungen. Nach hM obliegt die Beitreibung des Ordnungsgeldes dem Rechtspfleger des Prozessgerichts v. Amts wegen gem. § 31 Abs. 3 iVm §§ 1 Abs. 1 Nr. 3 und 2 JBeitrO und §§ 2, 8 und 9 EBAO (MüKoZPO/*Gruber* § 890 Rn. 38). Das gilt auch für die Vollstreckung der Ordnungshaft (OLG München Rpfleger 1988, 540 = NJW-RR 1988, 1407; Zöller/*Stöber* ZPO § 890 Rn. 23; Stein/Jonas/*Brehm* ZPO § 890 Rn. 44). Mit der Verhaftung kann der Rpfl. den GV beauftragen (Musielak/*Lackmann* ZPO § 890 Rn. 15). Es kann auch die StA um Übernahme der Vollstreckung ersucht werden (§ 88 Abs. 2 StVollstrO; *Pohlmann/Jabel/Wolf* StVollstrO § 88 Rn. 11; *Bassenge/Roth* Rn. 13; AMHRH/*Rellermeyer* Rn. 19).
- **§ 888 ZPO:** Erzwingung von unvertretbaren Handlungen. Nach überwiegender Ansicht sind sowohl Zwangsgeld als auch Zwangshaft auf Antrag des Gläubi-

421

§ 31

gers nach den **allgemeinen Regeln** (§§ 803 ff. ZPO) zu vollstrecken (MüKoZPO/*Gruber* § 888 Rn. 31; – hinsichtlich des Zwangsgelds insbes: BGH NJW 1983, 1859; OLG Stuttgart FamRZ 1997, 1495; OLG Hamm FamRZ 1982, 185; OLG Frankfurt a. M. JurBüro 1986, 1259; KG DGVZ 1980, 85; *Brehm* NJW 1975, 249). Der Rechtspfleger kann dann nach den allgemeinen Regeln mit einer solchen Vollstreckung befasst werden, etwa bei der Pfändung einer Forderung oder der Eintragung einer Zwangssicherungshypothek. Die Vollstreckung der Zwangshaft erfolgt nach §§ 802 g – 802 j ZPO.

VI. Vollstreckung im Jugendstrafverfahren (Abs. 5)

21 Hier ist im Grundsatz die Zuständigkeit des **Jugendrichters** unberührt geblieben, weil der **Jugendstrafvollzug** besondere pädagogische Voraussetzungen erfüllen soll, die durch den Jugendrichter, der den Verurteilten aus dem Verfahren kennt, am besten gewährleistet sind.

22 Von der in **Abs. 5 S. 3** vorgesehenen Ermächtigung für den Bundesminsters der Justiz, durch RVO dem Rechtspfleger weitere Geschäfte zu übertragen, ist bisher kein Gebrauch gemacht worden. Nach **§ 33 a** gelten somit weiterhin die von den **Landesjustizverwaltungen** erlassenen einheitlichen Entlastungsregelungen. Dem Rechtspfleger sind nach Abschn. II Nr. 6 der RL zu §§ 82–85 JGG die Geschäfte übertragen, durch die eine richterliche Vollstreckungsanordnung oder eine allgem Verwaltungsvorschrift ausgeführt wird. **Beispiele** (vgl. dazu auch *Pohlmann/Jabel/Wolf/Wolf* StVollstrO § 1 Rn. 14–22): Ausführung richterlicher Vollstreckungsanordnungen (Ladung zum Arrestantritt und Aufnehmeersuchen; Erlass des Vollstreckungs- und Vorführungshaftbefehls), Verwertung und Vernichtung eingezogener oder verfallener Gegenstände, Einziehung des Führerscheins. Da die RL den Anforderungen an eine klare Zuständigkeitsabgrenzung zwischen Richter und Rpfl. nicht gerecht wird, bedarf es einer **gesetzlichen Grundlage** (vgl. *Reiß* Rpfl. 1987, 54, 57; *Jabel* Rpfleger 1983, 140; kritisch auch: AMHRH/*Rellermeyer* Rn. 26 und 28; *Bassenge/Roth* Rn. 14).

23 In **Bußgeldsachen** gegen Jugendliche und Heranwachsende ergibt sich eine eigenartige Rechtslage: Abs. *2* S. 1 überträgt dem Rechtspfleger allgemein die Vollstreckung in Bußgeldsachen, ohne Jugendliche und Heranwachsende auszunehmen. Einschränkungen finden sich weder in Abs. 5, noch in § 33 a. Das alles kann nach der Systematik des Gesetzes nur zu dem Ergebnis führen, dass in Bußgeldsachen die Vollstreckung gegen Jugendliche in die Zuständigkeit des **Rechtspflegers** fällt. § 87 Abs. 1 S. 2 StVollstrO ändert als Verwaltungsvorschrift daran nichts (ebenso: *Pohlmann/Jabel/Wolf/Wolf* StVollstrO § 87 Rn. 25; *Bassenge/Roth* Rn. 14; AMHRH/*Rellermeyer* § 31 Rn. 7; vgl. auch *Vogel* Rpfleger 1970, 60).

24 Nach den **§§ 85 Abs. 6, 89 a Abs. 3 JGG** ist ein Verfahren in bestimmten Fällen an die StA abzugeben, wenn der Verurteilte das 24. bzw. 21. Lebensjahr erreicht hat. Dort gelten die allgemeinen Vorschriften, dh § 31 Abs. 2, so dass grds. die Zuständigkeit des Rechtspflegers besteht (*Hamann* Rpfleger 1992, 147 und Rpfleger 1991, 406).

Geschäfte der Staatsanwaltschaft, Vollstreckung **§ 31**

VII. Rechtsbehelfe; Weisungsbefugnis (Abs. 6)

Da die Strafvollstreckung der **Rechtspflegeverwaltung** zuzuordnen ist, ist § 11   25
nicht anzuwenden (§ 32). **Abs. 6,** der durch das 1. JuMoG neugefasst wurde, lehnt
das Rechtsbehelfssystem in der Strafvollstreckung aber an die Systematik des § 11
an. Nach Abs. 6 S. 1 ist gegen Maßnahmen des Rechtspflegers, der nach den allgemeinen verfahrensrechtlichen Vorschriften zulässige Rechtsbehelf gegeben. Gg
Entscheidungen und Maßnahmen des Rpfl. in Geschäften der StA als **Vollstreckungsbehörde** finden statt: In Angelegenheiten nach
– §§ 459a, 459c, 459e und 459g StPO können **Einwendungen** erhoben werden über die das **Gericht** entscheidet (§ 459h StPO);
– §§ 454b Abs. 1 und 2, 455, 456, 456c Abs. 2 StPO können ebenfalls **Einwendungen** erhoben werden (vgl. OLG Stuttgart Justiz 1990, 472; StraFo 2008, 525) über die das Gericht entscheidet (§ 458 Abs. 2 StPO);
– §§ 111f StPO und § 111l StPO (Beschlagnahme und Notveräußerung) kann auf **Antrag** die **gerichtliche Entscheidung** herbeigeführt werden (§§ 111f Abs. 5 und § 111l Abs. 6 StPO);
– § 35 Abs. 1 BtMG kann **Antrag** auf **gerichtliche Entscheidung** (§ 35 Abs. 2 S. 2, 3 BtMG, § 23 EGGVG) gestellt werden;
– § 35 Abs. 5 BtMG kann die Entscheidung des Gerichts herbeigeführt werden (**§ 35 Abs. 7 S. 2 BtMG**);
– Art. 7 Abs. 1–3 EGStGB (Vollstreckung eines Ordnungsgeldes) entscheidet über **Einwendungen** (vgl. KG Rpfleger 2008, 37) das Gericht (**Art. 7 Abs. 4 EGStGB**).
Der Staatsanwalt wird mit diesen Rechtsbehelfen nicht befasst (AMHRH/*Rellermeyer* Rn. 29; *Bassenge/Roth* Rn. 15).

Ist nach den allgemeinen verfahrensrechtlichen Vorschriften ein Rechtsbehelf   26
nicht gegeben, so entscheidet über Einwendungen der Richter (§ 28) oder Staatsanwalt an dessen Stelle der Rpfl. tätig geworden ist (Abs. 6 S. 2). Die Einwendungen
bedürfen keiner Form und sind nicht fristgebunden (OLG Koblenz Rpfleger 1976,
127 mAnm *Vollkommer*). Da der Fortgang der Vollstreckung nicht gehindert wird,
können sie gegenstandslos werden (*Kölsch* NJW 1976, 409). Die Sache kann an
den Rpfl. verbunden mit **Weisungen,** zurückgegeben werden (Abs. 6 S. 3). Die
Weisungsbefugnis besteht **allgemein,** sie ist nicht auf ein konkretes Einwendungsverfahren beschränkt (vgl. *Pohlmann* Rpfleger 1970, 77; *Bassenge/Roth* Rn. 15). Die
Entscheidung des Staatsanwalts kann mit der Beschwerde nach § 21 StVollstrO angefochten werden (AMHRH/*Rellermeyer* Rn. 29). Die Weisungsbefugnisse des Behördenleiters nach §§ 145, 146 GVG bleiben unberührt (Abs. 6 S. 4). Dieser kann
die Sache an sich ziehen und sie einem anderen Rpfl. übertragen (AMHRH/*Rellermeyer* Rn. 29).

VIII. Verwaltungszwangsverfahren (Abs. 7)

Bundes- und landesrechtliche Voschriften, welche die Vollstreckung von Ver-   27
mögensstrafen im **Verwaltungszwangsverfahren** regeln bleiben unberührt
(Abs. 7). Dabei handelt es sich um Angelegenheiten in denen die Gerichtskasse, das
Bundesamt für Justiz oder eine andere landesrechtlich bestimmte Behörde nach **§ 2
Abs. 1, 2 JBeitrO** Vollstreckungsbehörde ist (BT-Drs. V/3134, 30).

§ 32 Nicht anzuwendende Vorschriften

Auf die nach den §§ 29 und 31 dem Rechtspfleger übertragenen Geschäfte sind die §§ 5 bis 11 nicht anzuwenden.

I. Allgemeines

1 § 32 wurde geändert mWv 1.12.2010 durch Art. 78 Abs. 3 G v. 23.11.2007, BGBl. I S. 2614.

2 Die Vorschrift regelt Besonderheiten für die Geschäfte der sog **Rechtspflegeverwaltung** (→ § 3 Rn. 15). Gemeinsam ist diesen Geschäften, dass sie keine ehemaligen Richteraufgaben darstellen und deshalb auf sie die rechtsstaatlichen Garantien nicht erstreckt werden müssen, die für die Kernbereiche gerichtlicher Tätigkeit erforderlich sind. Erfasst sind die Geschäfte nach **§ 29** (Internationaler Rechtsverkehr) und **§ 31** (Geschäfte der StA).

II. Die einzelnen Normen

3 **Nicht anwendbar** sind auf das Tätigwerden des Rechtspflegers in diesen Bereichen:
– **§ 5** (Vorlagepflichten). Im Rahmen des **§ 29** gelten zunächst die allgemeinen Vorschriften über die Geschäftsstellen; soweit sie Vorlageregeln enthalten, betreffen diese das Verhältnis UdG/Rechtspfleger und sind hier nicht, auch nicht analog anwendbar. Es muss deshalb auf das allgemeine Beamtenrecht rekurriert werden, das insoweit ein Recht auf Einschaltung des Dienstvorgesetzten vorsieht. Für den Bereich des **§ 31** gelten dessen Abs. 2a–2c.

4 – **§ 6** (Bearbeitung durch den Richter). Im Anwendungsbereich des **§ 29** erscheint die in § 6 geregelte Konstellation nicht vorstellbar. Im Bereich des **§ 31** regelt dessen Abs. 2a Nr. 2 Vorlagepflichten des Rechtspflegers an den Staatsanwalt, wenn ein Fall eintritt, wie ihn § 6 beschreibt.

5 – **§ 7** (Kompetenzkonflikt). Für den Bereich des **§ 29** erscheint ein Zuständigkeitskonflikt nicht denkbar. Im Bereich des § 31 wird er vom gemeinsamen Dienstvorgesetzten entschieden.

6 – **§ 8** (Folgen von Zuständigkeitsverstößen). Erledigt der Rechtspfleger ein Justizverwaltungsgeschäft, das ihm nicht zugewiesen ist, so gelten allgemeine verwaltungsrechtliche Regeln. Obwohl nach § 2 Abs. 3 Nr. 1 VwVfG dieses Gesetz im Bereich der Gerichts- und Justizverwaltung grundsätzlich nicht anwendbar ist, können die in den §§ 44, 45 VwVfG geregelten allgemeinen Grundsätze doch entspr herangezogen werden. Danach ist die Maßnahme wirksam. Im Bereich des **§ 31** sind bei Verstößen des Rechtspflegers gegen eine Vorlagepflicht oder eine Rückgabeverfügung die Gedanken aus § 8 Abs. 2 und 3 entspr anzuwenden (*Ule* Rn. 271).

7 – **§ 9** (Sachliche Unabhängigkeit). Sie ist der Ausdruck rechtsstaatlicher Gerichtsbarkeit; in den Bereichen verwaltungsrechtlicher oder staatsanwaltlicher Tätigkeit kann sie nicht anwendbar sein, weil dort die tradierte beamtenrechtliche Weisungsunterworfenheit gilt (vgl. speziell für die StA: § 146 GVG). Für die Tätigkeit nach § 31 vgl. dort Abs. 6 S. 3.

Nicht anzuwendende Vorschriften **§ 32**

- **§ 10** (Ausschließung und Ablehnung). Auch diese Regelungen, auf den Kernbe- 8
reich gerichtlichen Tätigwerdens zugeschnitten, gelten hier nicht unmittelbar
(→ § 10 Rn. 3). Allerdings sind sie Ausdruck eines elementaren rechtsstaatlichen
Gedankens, des verfassungsrechtlich gebotenen Objektivitäts- und Unbefangen-
heitsprinzips (vgl. BVerfGE 52, 380, 390; 55, 355, 360; 70, 143, 151, 214, 230).
Sie finden sich deshalb auch im allgemeinen Beamtenrecht (vgl. zB Art. 79
BayBG) und in den §§ 20, 21 VwVfG, dort verstanden als „verwaltungsverfah-
rensrechtliche Ausprägung hergebrachter Grundsätze des Berufsbeamtentums"
(*Stelkens/Bonk/Sachs* VwVfG § 20 Rn. 2). Freilich sind sie dort jeweils „nur" als
Vorschriften ausgestaltet, die sich an die Behörde und ihre Bediensteten richten.
Ablehnungsrechte der Verfahrensbeteiligten **bestehen** – verfassungsrechtlich
zulässig (BVerfGE 29, 70) – **nicht.** Auch mit dieser Einschränkung können die
allgemeinen Regeln hierher übernommen werden (aA *Ule* Rn. 286, der auch die
Ablehnung durch Beteiligte bejaht.).
- **§ 11** (Rechtsbehelfe). Im Rahmen von **§ 29** gelten die allgemeinen Geschäfts- 9
stellenregeln, wobei zweckmäßig die dort für den UdG getroffenen Regeln
entspr anzuwenden sind. Im Bereich des **§ 31** gilt dessen Abs. 6 (→ § 31 Rn. 25).

Sechster Abschnitt. Schlussvorschriften

§ 33 Regelung für die Übergangszeit, Befähigung zum Amt des Bezirksnotars

(1) Justizbeamte, die die Voraussetzungen des § 2 nicht erfüllen, können mit den Aufgaben eines Rechtspflegers betraut werden, wenn sie vor dem 1. September 1976 nach den jeweils geltenden Vorschriften die Prüfung für den gehobenen Justizdienst bestanden haben oder, soweit sie eine Prüfung nicht abgelegt haben, vor dem 1. Juli 1970 nicht nur zeitweilig als Rechtspfleger tätig waren.

(2) Mit den Aufgaben eines Rechtspflegers kann auch ein Beamter des Justizdienstes betraut werden, der im Lande Baden-Württemberg die Befähigung zum Amt des Bezirksnotars erworben hat.

Fassung ab 1.1.2018:

(1) Justizbeamte, die die Voraussetzungen des § 2 nicht erfüllen, können mit den Aufgaben eines Rechtspflegers betraut werden, wenn sie vor dem 1. September 1976 nach den jeweils geltenden Vorschriften die Prüfung für den gehobenen Justizdienst bestanden haben oder, soweit sie eine Prüfung nicht abgelegt haben, vor dem 1. Juli 1970 nicht nur zeitweilig als Rechtspfleger tätig waren.

(2) Mit den Aufgaben eines Rechtspflegers kann auch ein Beamter des Justizdienstes betraut werden, der im Lande Baden-Württemberg die Befähigung zum Amt des Bezirksnotars erworben hat.

(3) [1]Nimmt ein Beamter des Justizdienstes nach Absatz 2 Aufgaben nach § 3 Nummer 2 Buchstabe a, b oder c wahr, gelten § 14 Absatz 1 Nummer 2, 5, 7, 8 und 12 Buchstabe a sowie § 15 Nummer 1 bis 6 und § 16 nicht. [2]Dem Richter bleiben vorbehalten:
1. *die Genehmigung für den Antrag auf Scheidung oder Aufhebung der Ehe durch den gesetzlichen Vertreter eines geschäftsunfähigen Ehegatten nach § 125 Absatz 2 Satz 2 des Gesetzes über das Verfahren in Familiensachen und in den Angelegenheiten der freiwilligen Gerichtsbarkeit,*
2. *die Genehmigungen nach § 1800 in Verbindung mit § 1631b, den §§ 1906 und 1915 Absatz 1 in Verbindung mit den §§ 1800, 1631b des Bürgerlichen Gesetzbuchs, die Anordnung einer Freiheitsentziehung auf Grund der §§ 1846, 1908i Absatz 1 Satz 1 des Bürgerlichen Gesetzbuchs oder der §§ 283 und 284 des Gesetzes über das Verfahren in Familiensachen und in den Angelegenheiten der freiwilligen Gerichtsbarkeit, die Anordnung einer Vorführung nach § 278 Absatz 5 des Gesetzes über das Verfahren in Familiensachen und in den Angelegenheiten der freiwilligen Gerichtsbarkeit sowie alle Entscheidungen in Unterbringungssachen; dies gilt jeweils auch bei Unterbringung durch einen Bevollmächtigten,*
3. *die Anordnung, Erweiterung oder Aufhebung eines Einwilligungsvorbehalts sowie die Bestellung eines Betreuers oder Pflegers auf Grund dienstrechtlicher Vorschriften,*
4. *die nach § 1596 Absatz 1 Satz 3 und den §§ 1904, 1905 des Bürgerlichen Gesetzbuchs erforderlichen Genehmigungen sowie die Anordnung einer Pflegschaft und*

§ 33

die Bestellung eines Pflegers für Minderjährige oder für Betreute zur Entscheidung über die Ausübung des Zeugnisverweigerungsrechtes eines Minderjährigen oder Betreuten bei Verhinderung des gesetzlichen Vertreters und
5. *der Erlass einer Maßregel in Bezug auf eine Untersuchung des Gesundheitszustandes, eine Heilbehandlung oder einen ärztlichen Eingriff nach §§ 1846, 1908i Absatz 1 Satz 1 und § 1915 Absatz 1 des Bürgerlichen Gesetzbuchs.*

I. Entwicklung

1 § 33 Abs. 1 wurde durch Art. 35 G vom 19.4.2006, BGBl. I S. 866, neu gefasst. Die Amtsnotariate im Lande Baden-Württemberg werden einer Strukturreform unterzogen. Reformziel ist der Wechsel vom Amtsnotariat hin zum freien Notariat. Aus diesem Grund fügt Art. 35 G zur Änderung der BNotO und anderer Gesetze v. 15.7.2009, BGBl. I S. 1798, **mWv 1.1.2018** den oben abgedruckten Abs. 3, der nochmals durch G vom 18.2.2013, BGBl. I S. 266, geändert worden ist, an.

II. Übergangsregelung (Abs. 1)

2 Mit Abs. 1 reagierte der Gesetzgeber auf die Änderung des § 2 durch das RPflG 1969 (vgl. dazu § 2 Rn. 4; – eine entsprechende Regelung enthielt bereits das RPflG 1957): Wer nach altem Recht als Rechtspfleger tätig geworden ist oder tätig werden konnte, darf mit Rechtspflegeraufgaben auch dann (weiter) betraut werden, wenn er die Voraussetzungen, die neues Recht infolge Änderung des § 2 zur Befähigung zum Rechtspflegeramt aufstellt, nicht mehr erfüllt.

3 Das 2. RpflÄndG 1976, BGBl. I S. 2186, das als erforderliche Zulassungsvoraussetzung grundsätzlich die Hochschulreife einführte (→ § 2 Rn. 5), enthielt in Art. 2 eine ähnliche Übergangsvorschrift die nach Neufassung des § 33 Abs. 1 (Rn. 1) aufgehoben wurde. Für Bereichsrechtspfleger gelten §§ 34 und 34a.

III. Bezirksnotare (Abs. 2)

1. Normzweck

4 Die Vorschrift wurde, bedingt durch die Änderung des § 2 RPflG 1969 (dazu → § 2 Rn. 4), ergänzend in das RPflG 1969 aufgenommen. Ihr Zweck hängt mit den landesrechtlichen Besonderheiten im vormaligen Land Württemberg zusammen, die auch nach der Vereinigung mit dem Land Baden fortbestehen.

2. Allgemeines

5 In Baden-Württemberg bestehen – (Reichs- und) Bundesrecht regelt(e) nicht zwingend die Wahrnehmung der Geschäfte der FG durch Amtsgerichte (Art 147, 218 EGBGB, §§ 189, 193 RFGG, 89 GBO aF) – **Sonderformen des Notariats mit notariellen und gerichtlichen Funktionen** (auch → § 35 Rn. 1). Dies sowohl im Hinblick auf die übrigen Bundesländer (das baden-württembergische Amtsnotariat ist in Deutschland einmalig) als auch im Hinblick auf die ehemaligen Länder Baden und Württemberg.

6 Die unterschiedlichen Strukturen der badischen und der württembergischen Notariatsformen sind auch mit Inkrafttreten des Landesgesetzes über die FG

(LFGG) am 1.7.1975 bestehen geblieben (→ § 35 Rn. 4). Das gilt insbesondere für die Zuständigkeit nur des württembergischen Amtsnotars für Vormundschaftssachen (§ 36 LFGG), für die Entlastungen nur des badischen Amtsnotars in Grundbuchsachen durch den Rechtspfleger (§ 29 LFGG) und vor allem für die unterschiedlichen **Befähigungsnachweise** der „Notare im Landesdienst" (§ 2 LFGG):

– **Badisches Rechtsgebiet** (OLG-Bezirk Karlsruhe): Der badische Notar ist Beamter des höheren Dienstes. Zum Notar kann nur ernannt werden, wer die Befähigung zum Richteramt nach dem DRiG hat. Die Funktionsbezeichnung lautet „Notar", die Dienstbezeichnung „Justizrat", „Oberjustizrat", „Notariatsdirektor". 7

– **Württembergisches Rechtsgebiet** (OLG-Bezirk Stuttgart). Der württembergische Notar ist Beamter des gehobenen Dienstes. Zum Notar kann ernannt werden, wer die Befähigung zum Bezirksnotar erworben hat. Insoweit sind die Vorschriften über die Ausbildung und Prüfung für die Laufbahn des Bezirksnotars maßgebend (APrONot vom 11.7.1980, GBl. 531, idF vom 14.6.1993, GBl. 507): Zulassungsvoraussetzung ist grundsätzlich die Hochschulreife; vom fünfjährigen Vorbereitungsdienst werden 42 Monate der praktischen Ausbildung und 18 Monate der theoretischen Ausbildung auf der Württembergischen Notarakademie. Die Dienstbezeichnung lautet „Bezirksnotar". 8

Das früher selbständige dritte Rechtsgebiet, das **hohenzollerische,** ist – soweit es um hier einschlägige Rechtsgebiete geht –, mit Inkrafttreten des LFGG in das württembergische Rechtsgebiet eingegliedert worden (§ 50 LFGG).

3. Regelungsgehalt

Bedeutung hat Abs. 2 nur für das **württembergische Rechtsgebiet.** Das Bestehen der Notariatsprüfung schließt zwar die Befähigung zum Amt des Rechtspflegers mit ein (§ 1 Abs. 2 BezNotAO), ist aber keine „Rechtspflegerprüfung", wie sie § 2 Abs. 1 voraussetzt (bzw keine „Prüfung für den gehobenen Justizdienst": § 2 Abs. 1 aF). Da die Ausbildungswege zum Bezirksnotar und zum Rechtspfleger jedoch im Wesentlichen als gleichwertig anzusehen sind, stellt Abs. 2 klar, dass die Befähigung zum Amt des Bezirksnotars auch zur Wahrnehmung von Rechtspflegeraufgaben (in anderen Bundesländern) befähigt. 9

Der mWv **1.1.2018** angefügte **Abs. 3** (→ Rn. 1) schränkt für die als Rechtspfleger beschäftigten Bezirksnotare (Abs. 2) Richtervorbehalte ein. Die Regelung entspricht im Wesentlichen § 37 LFGG und wird mit der besonderen Qualifikation der Bezirksnotare begründet (BT-Drs. 16/8696, 12; kritisch dazu *Rellermeyer* RpflBl. 2008, 6). 10

§ 33a Übergangsregelung für die Jugendstrafvollstreckung

Bis zum Inkrafttreten der auf Grund der Ermächtigung nach § 31 Absatz 5 zu erlassenden Rechtsverordnung gelten die Bestimmungen über die Entlastung des Jugendrichters in Strafvollstreckungsgeschäften weiter.

Die Vorschrift ist im Zusammenhang mit **§ 31 Abs. 5 S. 3** zu sehen: Das REntlG ermächtigte die Landesjustizverwaltungen in Art. VI § 1 Abs. 3 zum Erlass von Vorschriften zur Entlastung des Richters bei der Strafvollstreckung (→ Anh. II 3). Für die Vollstreckung im Jugendstrafverfahren wurden aufgrund dieser Ermächtigungs- 1 grundlage mit Bekanntmachung vom 1.12.1962 von den Landesjustizverwaltungen gleichlautende Verwaltungsvorschriften erlassen (abgedruckt bei *Pohlmann/Jabel/Wolf* § 1 Rn. 13).

2 An die Stelle der früheren Ermächtigungsgrundlage (Art VI § 1 Abs. 3 REntlG) ist § 31 Abs. 5 S. 3 getreten, eingefügt durch das RPflG 1969. Von dieser neuen Ermächtigungsgrundlage ist bislang kein Gebrauch gemacht worden. Da man nun zweifeln könnte, ob mit Wegfall der alten Ermächtigungsgrundlage – Art. VI § 1 Abs. 3 REntlG wurde durch § 38 Abs. 1 Nr. 2 RPflG 1969 aufgehoben → § 38 Rn. 2) – auch die auf dieser Grundlage erlassenen Verwaltungsvorschriften über die Entlastung des Jugendrichters in Strafvollstreckungsgeschäften weggefallen sind, stellt § 33 a klar, dass dies nicht der Fall ist (= Art. VI § 1 Abs. 3 REntlG gilt als Ermächtigungsgrundlage für die erlassenen Verwaltungsvorschriften weiter: *Ule* Rn. 12; aA *Pohlmann* Rpfleger 1970, 78).

3 Die Vorschrift gilt nur für **Jugendstrafsachen**, nicht für Bußgeldsachen (→ § 31 Rn. 23).

§ 34 Wahrnehmung von Rechtspflegeraufgaben durch Bereichsrechtspfleger

(1) **Mit Ablauf des 31. Dezember 1996 ist die Maßgabe zu diesem Gesetz in Anlage I Kapitel III Sachgebiet A Abschnitt III Nummer 3 des Einigungsvertrages vom 31. August 1990 (BGBl. 1990 II S. 889) nicht mehr anzuwenden.**

(2) **Beschäftigte, die nach dieser Maßgabe mit Rechtspflegeraufgaben betraut worden sind (Bereichsrechtspfleger), dürfen die Aufgaben eines Rechtspflegers auf den ihnen übertragenen Sachgebieten auch nach Ablauf der in Absatz 1 genannten Frist wahrnehmen.**

(3) **¹Bereichsrechtspfleger können auch nach dem 31. Dezember 1996 auf weiteren Sachgebieten mit Rechtspflegeraufgaben betraut werden, wenn sie auf Grund von Fortbildungsmaßnahmen zur Erledigung von Aufgaben auf diesen Sachgebieten geeignet sind. ²Dies gilt entsprechend für Beschäftigte, die bis zu diesem Zeitpunkt nur an Fortbildungsmaßnahmen für die Aufgaben der Justizverwaltung, die von Beamten des gehobenen Dienstes wahrgenommen werden, erfolgreich teilgenommen haben.**

I. Normzweck

1 § 34 wurde durch G v. 24.6.1994, BGBl. I S. 1374, neu gefasst. Die Vorschrift regelt mWv 1.1.1997 die Wahrnehmung von Rechtspflegeraufgaben durch **Bereichsrechtspfleger**. Nach der Legaldefinition des Abs. 2 sind das Beschäftigte, die nach der in Abs. 1 bezeichneten Maßgabe zum Einigungsvertrag, mit Rechtspflegeraufgaben betraut worden sind.

2 Die Maßgabe zum Einigungsvertrag lautete wie folgt:

a) Solange und soweit Rechtspfleger mit einer den Erfordernissen des § 2 entsprechenden Ausbildung nicht oder nicht in ausreichender Zahl zur Verfügung stehen, werden die den Rechtspflegern übertragenen Aufgaben der Rechtspflege von Richtern und von im Staatlichen Notariat tätig gewesenen Notaren sowie Geschäfte der Staatsanwaltschaft, soweit sie durch das

Rechtspflegergesetz dem Rechtspfleger übertragen worden sind, von Staatsanwälten wahrgenommen.

Gerichtssekretäre können Rechtspflegeraufgaben auf Sachgebieten wahrnehmen, die ihnen nach dem bisherigen Recht des in Artikel 3 des Vertrages genannten Gebietes zur Erledigung zugewiesen sind oder zugewiesen werden können. Gerichtssekretäre können nach näherer Bestimmung des Landesrechts mit weiteren Rechtspflegeraufgaben betraut werden, wenn sie auf Grund von Fortbildungsmaßnahmen zur Erledigung dieser Aufgaben geeignet sind.

b) Die Landesjustizverwaltungen können bestimmen, dass mit Aufgaben eines Rechtspflegers auch betraut werden kann, wer auf dem Sachgebiet, das ihm übertragen werden soll, einen Wissens- und Leistungsstand aufweist, der dem durch die Ausbildung nach § 2 vermittelten Stand vergleichbar ist.

c) Für die Anfechtung von Entscheidungen, die der Richter anstelle des Rechtspflegers getroffen hat, gilt § 11 Abs. 3; § 11 Abs. 5 bleibt unberührt.

II. Wahrnehmung von Rechtspflegeraufgaben

1. Personeller Umfang

a) Richter, Notare, Staatsanwälte und Gerichtssekretäre. Mit Rechtspflegeraufgaben durften betraut werden: 3
- **Richter,** dh Personen, die in den Richterdienst des betreffenden Landes (sei es unmittelbar, sei es durch Übernahme) eingestellt sind. Insoweit deckt sich die Regelung mit § 2 Abs. 3, geht aber darüber hinaus, weil sie nicht nur eine Befähigung feststellt, sondern zugleich die Verpflichtung zur Aufgabenübernahme festlegt.
- **Notare** der ehedem Staatlichen Notariate der DDR, soweit sie in den Justizdienst nicht in den richterlichen Dienst übernommen wurden. Da sie die Befähigung zum Richteramt besitzen, gilt § 2 Abs. 3 auch für sie.
- **Staatsanwälte,** dh Personen, die in den Staatsanwaltsdienst des betreffenden Landes (sei es unmittelbar, sei es durch Übernahme) eingestellt sind.
- **Gerichtssekretäre** (auch: Sekretäre, Justizsekretäre, vgl. die Benennungen in §§ 4, 33 AngleichVO; in §§ 27, 35, 43 DDR – GVG 1974; in § 3 1. DVO zum VereinG und in § 14a FGB), soweit sie nach der Vereinigung im Justizdienst und in der bisherigen Dienststellung verblieben sind.

b) Sonstige Personen mit Spezialkenntnissen. Hierher gehören insbesondere Personen, die nach der Ausgliederung der Angelegenheiten der FG aus dem Gerichtsbereich „Rechtspflegermaterien" im Verwaltungsbereich erledigt haben, also zB im Jugendamt mit Vormundschaftsangelegenheiten befasste Bedienstete oder die sog Grundbuchführer in den Liegenschaftsdiensten; vgl. dazu auch *Rellermeyer* Rpfleger 1993, 45 und 1994, 447; *Rieß/Hilger* Rn. 61 ff.). 4

c) Rechtspraktikanten, Richterassistenten, Staatsanwaltsassistenten, Diplomjuristen. Diese Personen können, vergleichbar den Rechtsreferendaren nach § 2 Abs. 5, nach Maßgabe des § 8 RpflAnpG mit der zeitweiligen Wahrnehmung von Rechtspflegeraufgaben betraut werden. 5

2. Sachlicher Umfang

a) Richter und Notare. Richter und Notare können mit allen Rechtspflegeraufgaben betraut werden; insbesondere ist es ohne Belang, dass die staatlichen No- 6

§ 34 6. Abschnitt. Schlussvorschriften

tare im Wesentlichen nur für Erbschafts-, Vormundschafts- und Pflegschaftsangelegenheiten und das allgemeine Beurkundungswesen zuständig waren.

7 **b) Staatsanwälte.** Staatsanwälte können (und müssen) alle dem Rechtspfleger übertragenen Geschäfte der StA wahrnehmen.

8 **c) Gerichtssekretäre.** Soweit es sich um **Sachgebiete** handelt, mit denen sie **befasst waren** oder **befasst werden konnten** (zur Stellung des Sekretärs und dessen Aufgabenbereiche: *Rellermeyer* Rpfleger 1993, 45 47) auch Gerichtssekretäre Rechtspflegeraufgaben wahrnehmen.

Außerhalb dieses Bereiches können **Sekretäre** mit Aufgaben nach dem RPflG betraut werden, sofern eine landesrechtliche Zuweisungsnorm besteht und Bezug auf diese Tätigkeit „Fortbildungsmaßnahmen" absolviert wurden.

9 **d) Sonstige Personen.** Ihnen kann jede Rechtspflegeraufgabe zugewiesen werden, sofern eine auf die Person bezogene **Einzelfallprüfung** einen § 2 vergleichbaren Kenntnisstand auf dem zugewiesenen Bereich ergibt. Pauschale Vermutungen sind unzulässig.

10 **e) Rechtspraktikanten usw.** Sie sind Rechtsreferendaren gleichgestellt. Insoweit kann also auf → § 2 Rn. 29 verwiesen werden.

3. Zeitliche und sachliche Geltung

11 Die einigungsvertragliche Maßgabe (→ Rn. 1) ist ab 1.1.1997 nicht mehr anzuwenden **(Abs. 1).** Bereichsrechtspfleger dürfen aber die Aufgaben auf den ihnen übertragenen Sachgebieten auch nach dem 31.12.1996 als Rpfl. wahrnehmen **(Abs. 2).**

12 Betrauungen mit Rechtspflegeraufgaben auf **weiteren Sachgebieten** sind nach Maßgabe von **Abs. 3 S. 1** möglich. Zulässig ist das jedoch nur in Bezug auf Bereichsrechtspfleger, die vor dem 1.1.1997 bereits unter Berufung auf die einigungsvertragliche Maßgabe mit einer Rechtspflegeraufgabe betraut worden sind und auf Grund von Fortbildungsmaßnahmen zur Erledigung der weiteren Aufgaben geeignet sind. Dabei ist es für Abs. 3 unerheblich, ob die seinerzeitige Betrauung nach Abs. 2 fortgilt, und eine andere, die bisher nicht zulässig gewesen wäre, hinzutritt, oder ob anstelle der bisher zulässigen eine andere zugewiesen wird.

Beispiel: Gerichtssekretär X war bisher mit Zwangsversteigerungssachen betraut. Er soll nunmehr (allein oder zusätzlich) Grundbuchsachen bearbeiten.

13 Beschäftigte, die bis zum 31.12.1996 an Fortbildungsmaßnahmen für den gehobenen **Justizverwaltungsdienst** teilgenommen haben (= keine „Bereichsrechtspfleger" iSd → Rn. 1, 2) und nunmehr an Fortbildungsmaßnahmen in Rechtspflegergebieten teilnehmen, können insoweit mit Rechtspflegeraufgaben betraut werden **(Abs. 3 S 2).** Für diesen Personenkreis gilt mithin nicht das in Abs. 3 S. 1 verlangte Erfordernis der Rechtspflegertätigkeit vor dem Stichtag.

14 Da sich die Maßgabe zum Einigungsvertrag auf das Beitrittsgebiet bezog, beschränkt sich der Geltungsbereich des § 34 auch darauf (AMHRH/*Herrmann*/*Hintzen* Rn. 5; aA *Bassenge*/*Roth* Rn. 5). Im Referentenentwurf war zwar in einem Abs. 4 die Beschäftigung der Bereichsrechtspfleger auch in den alten Bundesländern vorgesehen. Die Vorschrift wurde jedoch heftig kritisiert und ist gestrichen worden.

4. Stellung der Bereichsrechtspfleger

Bereichsrechtspfleger haben die **gerichtsverfassungsrechtliche** Stellung eines 15
Rechtspflegers. Die §§ 4–12 sind deshalb uneingeschränkt anzuwenden (*Bassenge/
Roth* Rn. 4). Sie zeichnen nach § 12 in ihrer Funktion als „Rechtspfleger" ohne
einschränkenden Zusatz (AMHRH/*Herrmann/Hintzen* Rn. 3).

§ 34a Ausbildung von Bereichsrechtspflegern zu Rechtspflegern

(1) ¹**Bereichsrechtspfleger, die an für sie bestimmten Lehrgängen einer Fachhochschule teilgenommen und diese Ausbildung mit einer Prüfung erfolgreich abgeschlossen haben, erwerben die Stellung eines Rechtspflegers und dürfen mit allen Rechtspflegeraufgaben betraut werden.** ²**Die Lehrgänge dauern insgesamt achtzehn Monate und vermitteln den Teilnehmern die wissenschaftlichen Erkenntnisse und Methoden sowie die berufspraktischen Fähigkeiten und Kenntnisse, die zur Erfüllung der Aufgaben eines Rechtspflegers erforderlich sind.**

(2) ¹**Erfolgreich abgeschlossene Aus- und Fortbildungslehrgänge, an denen ein Bereichsrechtspfleger seit dem 3. Oktober 1990 teilgenommen hat, können auf die für die betreffenden Sachgebiete bestimmten Lehrgänge nach Absatz 1 angerechnet werden.** ²**Auf diesen Sachgebieten kann eine Prüfung nach Absatz 1 entfallen.**

(3) **Die Länder können vorsehen, dass die Prüfung nach Absatz 1 jeweils für die einzelnen Sachgebiete am Ende der Lehrgänge abgelegt wird.**

(4) **Das Nähere regelt das Landesrecht.**

I. Normzweck

Die Vorschrift, die durch G v. 24.6.1994, BGBl. I S. 1374, eingefügt wurde, be- 1
fasst sich mit den „**Bereichsrechtspflegern**", die nach § 34 (→ § 34 Rn. 1–5) nur
in bestimmten Sachgebieten eingesetzt werden können. Geregelt ist für diesen Personenkreis der Erwerb der Eigenschaft eines **Vollrechtspflegers,** also eines nach
den allgemeinen Regeln einsetzbaren Rechtspflegers. Dies könnte an sich auch
gem. § 34 Abs. 3 geschehen, also durch die jeweils über Einzelfortbildungsmaßnahmen schrittweise erreichbare Erweiterung der Sachbefähigung, sofern solche Fortbildungsmaßnahmen von der Landesjustizverwaltung angeboten werden.

II. Erwerb der Vollbefähigung

1. Lehrgänge

Sie setzt zunächst die Teilnahme an **Fachhochschullehrgängen** voraus (Abs. 1 2
S. 1). Diese Lehrgänge müssen „für sie bestimmt" sein, dh es genügt nicht, die
Bereichsrechtspfleger an regulären, für die Studenten eingerichteten Lehrveranstaltungen teilnehmen. Die Lehrgangsdauer beträgt insgesamt 18 Monate (Abs. 1 S. 2);
Aus- und Fortbildungslehrgänge können auf den das bestimmte Sachgebiet betreffenden Lehrgangsteil angerechnet werden (Abs. 2 S. 1).

§ 35

Beispiel: Auf die Fächer „Zwangsvollstreckung" und „Zivilprozess" entfallen je 3 Monate des Lehrganges. X hat Fortbildungsmaßnahmen in der Vollstreckung von 4 Monaten und im Zivilprozess von 2 Monaten absolviert. Er ist also vom Fach „Zwangsvollstreckung" befreit und kann auf das Fach „Zivilprozess" 2 Monate anrechnen lassen. Ein Monat (Überschuss in „Zwangsvollstreckung") ist nicht anrechenbar.

3   Ob die Lehrgänge in einem Stück oder mit Unterbrechungen durchgeführt werden, schreibt das Gesetz nicht vor. Hinsichtlich des Lehrgangsinhalts wird auf § 2 Abs. 1 S. 2 abgestellt: Die Lehrgänge müssen den regulären Studiengängen gleichwertig sein.

2. Prüfung

4   Die theoretischen Studien nach Abs. 1 S. 1 sind mit einer Prüfung abzuschließen. Aus der bei der Lehrgangsbeschreibung gewählten Beziehung zu § 2 Abs. 1 S. 2 folgt, dass diese Prüfung der regulären Rechtspflegerprüfung grundsätzlich vergleichbar und mit ihr gleichwertig sein muss. Sie muss also – vorbehaltlich Abs. 2 S. 2 (→ Rn. 5) – dieselben Fächer umfassen, aus einem schriftlichen und einem mündlichen Teil von derselben Dauer wie die reguläre Prüfung bestehen und einen entsprechenden Schwierigkeitsgrad aufweisen. In den anrechenbaren Bereichen (Abs. 2 S. 1, → Rn. 2) kann die Prüfung entfallen.

5   Das Gesetz läßt es zu, dass die Prüfung **auf einmal,** also am Ende des Gesamtlehrganges abgenommen wird, sie kann jedoch auch in **Teilen** jeweils am Ende eines (Teil-)Lehrganges abgelegt werden, wenn das Landesrecht dies so vorsieht. Einzelheiten regelt, wie auch nach § 2 Abs. 6, das **Landesrecht, Abs. 4.** Es hat vorzuschreiben
– wie die 18 Monate Lehrgang auf die einzelnen „Fächer" zu verteilen sind,
– ob der Lehrgang an einem Stück oder in Teilen (für welche Fächer?) durchgeführt wird,
– ob Fortbildungsmaßnahmen von der Prüfung in Einzelfächern unter welchen Voraussetzungen befreien,
– ob die Prüfung im Ganzen oder in Teilen abgelegt wird.

6   Besondere Regelungen über die Ermittlung der Prüfungsnote werden jedenfalls dann notwendig, wenn die Möglichkeit der Teilbefreiung besteht; Besonderheiten ergeben sich zudem in den Ländern, in denen in die Prüfungsgesamtnote auch Ausbildungsnoten, vor allem aus den Praxisstationen, einfließen. Eine Praxisausbildung findet ja im Rahmen von § 34a nicht statt.

§ 35 Vorbehalt für Baden-Württemberg

(1) **Im Lande Baden-Württemberg werden bei den Notariaten und den Grundbuchämtern im Rahmen ihrer Zuständigkeit die beim Amtsgericht nach § 3 Nummer 1 Buchstaben f, h und i, nach § 3 Nummer 2 Buchstabe a und b vorbehaltlich der §§ 14 und 15 dieses Gesetzes sowie nach § 3 Nummer 2 Buchstabe c vorbehaltlich des § 16 dieses Gesetzes dem Rechtspfleger übertragenen Geschäfte sowie Teilungssachen im Sinne des § 342 Absatz 2 Nummer 1 des Gesetzes über das Verfahren in Familiensachen und in den Angelegenheiten der freiwilligen Gerichtsbarkeit von einem zum Rechtspflegeramt befähigten Beamten wahrgenommen, sofern diesen Behörden solche Beamte als Rechtspfleger zugewiesen werden.**

Vorbehalt für Baden-Württemberg **§ 35**

(2) Der einem Notariat zugewiesene Rechtspfleger ist auch für die Beurkundung einer Erbscheinsverhandlung einschließlich der Abnahme einer eidesstattlichen Versicherung (§ 2356 des Bürgerlichen Gesetzbuchs) zuständig.

(3) ¹Im Übrigen gelten die Vorschriften dieses Gesetzes mit der Maßgabe entsprechend, dass der Notar neben dem Rechtspfleger für die diesem übertragenen Geschäfte zuständig bleibt. ²An die Stelle des Richters tritt der Notar. ³Über Erinnerungen nach § 11 Absatz 2 Satz 6 entscheidet der Richter des Amtsgerichts, in dessen Bezirk das Notariat oder Grundbuchamt seinen Sitz hat.

(4) Soweit nach landesrechtlichen Vorschriften für die dem Betreuungsgericht, Nachlassgericht oder Grundbuchamt obliegenden Verrichtungen andere Behörden als die Amtsgerichte zuständig sind, bleibt die Entscheidung dem Richter vorbehalten, wenn die Abänderung einer Entscheidung einer solchen Behörde bei dem Amtsgericht nachzusuchen ist.

I. Normzweck

Die Vorschrift – die sich inhaltlich mit § 33 RPflG 1957 deckt – nimmt, wie 1 schon § 33 Abs. 2 (und auch § 36), auf die landesrechtlichen Besonderheiten in Baden-Württemberg Rücksicht. § 35 Abs. 3 S. 3 wurde durch das RBehelfsbelehrungG neu gefasst. Abs. 1 wurde durch G vom 26.6.2013, BGBl. I S. 1800, geändert. § 35 wird durch Art. 6 G vom 15.7.2009, BGBl. I S. 1798, **mWv 1.1.2018 aufgehoben.**

II. Notariatsverfassung in Baden-Württemberg

1. Amtsnotariat

Im Gegensatz zu allen übrigen deutschen Ländern hat sich in Baden-Württemberg – Reichsrecht stand nicht entgegen und Bundesrecht steht nicht entgegen (→ § 33 Rn. 5) – eine **eigenständige Organisation der fG** entwickelt, geprägt durch das sog **Amtsnotariat** (zur Geschichte des Notariatsrechts in den Ländern zunächst von Baden und Württemberg sowie dem späteren Baden-Württemberg vgl. *Arndt* Rn. 6 f.; *Baur* § 5 III b; *Henssler* DRiZ 1976, 75 mwN). Dieses Amtsnotariat ist gekennzeichnet durch eine Funktionenkombination von (notarieller) Beurkundungszuständigkeit und der Zuständigkeit in Grundbuch- und Nachlasssachen (im württembergischen Gebiet auch: Vormundschaftssachen (*Richter* Rpfleger 1975, 417). Zu den unterschiedlichen Ausprägungen des badischen und württembergischen Amtsnotariats → § 33 Rn. 6 ff.

In Baden-Württemberg bestehen die **Grundbuchämter** nicht bei den Amtsgerichten wie im übrigen Bundesgebiet, sondern ... als staatliche Behörden in jeder Gemeinde (§ 1 Abs. 1 LFGG, – die Einrichtung erfolgte vielfach im Rathaus). **Grundbuchbeamte** sind die Notare für die im Notariatsbereich gehörenden Grundbuchämter und die Notarvertreter (§ 29 Abs. 1 LFGG), im badischen Rechtsgebiet auch (durch besondere Anordnung des JM den Notariaten zugewiesene) Rechtspfleger.

2

435

2. LFGG

3 Das bis 1.7.1975 in einer Vielzahl von landesrechtlichen Gesetzen, Verordnungen und Verwaltungsvorschriften enthaltene Recht der fG wurde mit Inkrafttreten des Baden-Württembergischen Landesgesetzes über die fG (LFGG, GBl. BW S. 116) bereinigt. Auch wurde das Recht der (früheren) badischen Amtsnotare und der württembergischen Bezirksnotare – beide werden in § 2 LFGG unter der Gruppenbezeichnung „Notare im Landesdienst" erfasst –, in wesentlichen Punkten vereinheitlicht (*Henssler* DRiZ 1976, 75; *Richter* Rpfleger 1975, 417).

4 Die **strukturellen Unterschiede** der beiden Notariatsformen sind jedoch im Wesentlichen bestehen geblieben: dazu → § 33 Rn. 6 ff.

Im **badischen** Rechtsgebiet ist das Amtsnotariat die einzige Notariatsform. Im **württembergischen** Rechtsgebiet können neben Amtsnotaren (= Bezirksnotaren) auch Notare zur hauptberuflichen Amtsausübung außerhalb des Landesdienstes bestellt werden (sog **Nurnotare**), soweit hierfür neben dem Bezirksnotar ein Bedürfnis besteht (§ 3 Abs. 2 LFGG).

III. Badisches Rechtsgebiet (Abs. 1–3)

5 Abs. 1 bis 3 betreffen früher nur das badische Rechtsgebiet, also den OLG Bezirk Karlsruhe. Abs. 1 wurde durch G v. 26.6.2013, BGBl. I S. 1800, geändert. Danach können neben dem badischen seither auch im württembergischen Rechtsgebiet (OLG-Bezirk Stuttgart; vgl. § 1 Abs. 4 LFGG) in den Notariaten Rechtspfleger verwendet werden. Dies führt zu einer Vereinheitlichung der Rechtslage in Baden-Württemberg (BT-Drs. 16/8696, 12).

1. Regelungsgehalt der Abs. 1, 2

6 Die staatlichen Notariate in Baden-Württemberg nehmen auch Aufgaben des Nachlassgerichts des Grundamtes und im württembergischen Rechtsgebiet, auch solche des Betreuungsgerichts, wahr (§§ 1, 29, 36, 38 LFGG) Da den Notariaten und Grundbuchämtern nur wenige Rechtspfleger zugeteilt sind, erfolgt eine Übertragung von Aufgaben nach Abs. 1 lediglich insoweit, als solche Rechtspfleger bei den einzelnen Notariaten und Grundbuchämtern in Baden-Württemberg schon vorhanden sind oder von der Landesjustizverwaltung (noch) zugewiesen werden. Solche Aufgaben sind:
– **§ 3 Nr. 1 f:** Urkundssachen einschließlich der Entgegennahme von Erklärungen;
– **§ 3 Nr. 1 h:** Grundbuchsachen sowie Sachen des Registers für Pfandrechte an Luftfahrzeugen; für Schiffs- und Schiffsbauregister gilt die Übertragung nicht, da diese Aufgaben schon immer durch die AG (Konzentrationsgericht) bearbeitet wurden;
– **§ 3 Nr. 1 i:** Verfahren nach ZVG; da die Zwangsversteigerungs- und Zwangsverwaltungssachen seit 1972 auf die Amtsgerichte übertragen wurden (VO des JM über die Zuständigkeit der Amtsgerichte in Zwangsversteigerungs- und Zwangsverwaltungssachen v. 30.7.1971, GBl. 359) geht der Verweis ins Leere;
– **§ 3 Nr. 2 lit. a:** Kindschafts- und Adoptionssachen sowie entsprechende Lebenspartnerschaftssachen nach den §§ 151, 186 und 269 FamFG vorbehaltlich § 14;
– **§ 3 Nr. 2 lit. b:** Betreuungssachen und betreuungsgerichtliche Zuweisungssachen nach §§ 271 und 340 FamFG vorbehaltlich § 15;

– **§ 3 Nr. 2 lit. c:** Nachlass und Teilungssachen nach § 342 Abs. 1 Nr. 1 FamFG mit dem Vorbehalt des § 16.

Der Rechtspfleger kann ferner für die Beurkundung einer Erbscheinsverhandlung einschließlich der Abnahme der eidesstattlichen Versicherung (§ 2356 BGB) vornehmen (**Abs. 2**). 7

2. Regelungsgehalt des Abs. 3

Für Vorlagen nach § 4 Abs. 2 und § 5 sowie Entscheidungen nach §§ 7, 10 tritt an die Stelle des Richters der Notar (**Abs. 3 S. 2**). Der durch das RechtsbehelfsbelehrungsG (→ Rn. 1) geänderte Abs. 3 **S. 3** stellt klar, dass die Gleichstellung von Richter und Notar nicht im Falle des § 11 Abs. 2 S. 6 gilt. Über Erinnerungen gegen die Entscheidung des Rechtspflegers entscheidet der Richter des AG in dessen Bezirk das Notariat oder Grundbuchamt seinen Sitz hat. Wenn Abs. 3 S. **1** bestimmt, dass der Notar **neben** dem Rechtspfleger für die genannten Aufgaben zuständig ist (Rn. 6), ist damit nicht gesagt, dass der Notar befugt sei, eine vom Rechtspfleger bearbeitete Sache jederzeit an sich zu ziehen. Die Regelung ist vielmehr nur im Sinn einer konkurrierende Zuständigkeit von Rechtspfleger und Notar aufzufassen (*Arndt* Rn. 20). 8

IV. Württembergisches Rechtsgebiet (Abs. 4)

Abs. 4 betrifft das württembergische (und das frühere hohenzollerische) Rechtsgebiet, also den OLG Bezirk Stuttgart (vgl. § 1 Abs. 4 LFGG). 9

Im Gegensatz zu Abs. 1 (bis Abs. 3: „Im Lande Baden-Württemberg werden …") fehlt zwar ein entsprechender ausdrücklicher Hinweis des Gesetzgebers, es ist die in Abs. 4 beschriebene Rechtslage jedoch nur im württembergischen Gebiet gegeben. 10

Inzwischen ist die Vorschrift jedoch gegenstandslos geworden: Durch Gesetz vom 19.11.1991, GBl. 681, wurden die Landesvorschriften Baden-Württembergs an das neue Betreuungsrecht angepasst; in Betreuungs-, Nachlass- und Grundbuchsachen, die durch Bezirksnotare entschieden werden, ist die Beschwerde an das LG bzw. OLG gegeben (§ 5 Abs. 1 LFGG). Die AG entscheiden nach der Sondervorschrift des § 81 Abs. 1 GNotKG über eine Erinnerung gegen den Kostenansatz (§ 26 Rn. 21) in Betreuungs-, Nachlass- und Grundbuchsachen (OLG Karlsruhe Rpfleger 1997, 56; LG Heilbronn Justiz 1976, 211). 11

§ 36 Neugliederung der Gerichte in Baden-Württemberg

¹Das Land Baden-Württemberg kann bei der Neugliederung von Amtsgerichtsbezirken die Vorschriften des Grundbuch- und Notarrechts, die am Sitz des Amtsgerichts gelten, auf die dem Bezirk dieses Amtsgerichts neu eingegliederten Gebietsteile erstrecken. ²Mit dem Inkrafttreten einer solchen Bestimmung gelten in den eingegliederten Gebietsteilen die bundesrechtlichen Vorschriften des Grundbuch- und Notarrechts insoweit, als sie am Sitz des Amtsgerichts in Kraft sind.

Die Vorschrift, die § 34 RPflG 1957 unverändert übernimmt, hat nichts mit der Stellung oder den Aufgaben des Rechtspflegers zu tun. Sie wurde nur **anlässlich** 1

§ 36a 6. Abschnitt. Schlussvorschriften

der Kodifizierung des Rechtspflegerrechts aus Zweckmäßigkeitsgründen aufgenommen (*Hofmann/Kersting* Anm. 1). § 36 wird gem. Art. 6 G v. 15.7.2009, BGBl. I S. 1798, **mWv 1.1.2018** aufgehoben.

2   Die Tatsache, dass der Bundesgesetzgeber dem Land Baden-Württemberg die Ermächtigung zur Rechtsangleichung innerhalb eines Landes erteilt – an sich Aufgabe des Landesgesetzgebers – (*Arndt* Rn. 2), erklärt sich aus dem besonderen Rechtszustand in Baden-Württemberg (→ § 35 Rn. 2, § 33 Rn. 2ff.) und soll die durch unterschiedliche Rechtsverhältnisse in den Landesteilen erschwerte Neugliederung der Gerichtsbezirke erleichtern: Um zu verhindern, dass bei einer solchen Neugliederung über die früheren Landesgrenzen hinweg die Rechtseinheit auf dem Gebiet des Notar- und Grundbuchrechts verloren geht, kann der räumliche Geltungsbereich von Bundesrecht eingeschränkt oder ausgedehnt werden.

§ 36a Vorbehalt für die Freie und Hansestadt Hamburg

In der Freien und Hansestadt Hamburg gilt § 24 Absatz 2 mit der Maßgabe, dass der Rechtspfleger die dort bezeichneten Anträge und Erklärungen nur dann aufnehmen soll, wenn dies wegen des Zusammenhangs mit einem von ihm wahrzunehmenden Geschäft, wegen rechtlicher Schwierigkeiten oder aus sonstigen Gründen geboten ist.

1   Der Vorbehalt wurde durch das Gesetz zur Neuregelung des Rechts des UdG vom 19.12.1979 aufgenommen (→ § 26 Rn. 6) und soll den besonderen Personalverhältnissen in Hamburg Rechnung tragen. Er gilt auch für die Arbeitsgerichtsbarkeit (§ 9 Abs. 3 ArbGG). In Hamburg wird damit die bis 1979 **allgemein** geltende Einschränkung von § 24 Abs. 2 aF („Andere als die in Abs. 1 bezeichneten Anträge und Erklärungen, die zur Niederschrift der Geschäftsstelle abgegeben werden können, soll der Rechtspfleger aufnehmen, wenn dies wegen des Zusammenhangs mit einem von ihm wahrzunehmenden Geschäft, wegen rechtlicher Schwierigkeiten oder aus sonstigen Gründen geboten ist") beibehalten. Das ist, wie *Bassenge/Roth* Rn. 1 zur Recht betont, unter dem Gesichtspunkt der Rechtseinheit bedauerlich.

2   Besteht zwischen Rechtspfleger und UdG Streit oder Ungewissheit über die Zuständigkeit, entscheidet nach § 7 analog der Rechtspfleger. Der BT hat die im Regierungsentwurf in Anlehnung an § 7 vorgesehene Entscheidungsbefugnis des Rechtspflegers mit der Begründung gestrichen, es handle sich hierbei um einen Eingriff in den Behördenaufbau, weshalb die Entscheidung dem Behördenvorstand überlassen bleiben müsse (BT-Drs. V/4341, 6, 27). Diese Auffassung verkennt, dass die funktionelle Zuständigkeit des Rechtspflegers nicht zur Disposition des Behördenvorstands steht (→ § 24 Rn. 7; so auch: AMHRH/*Herrmann/Rellermeyer* Rn. 1; *Bassenge/Roth* § 24 Rn. 8).

§ 36 b Übertragung von Rechtspflegeraufgaben auf den Urkundsbeamten der Geschäftsstelle

(1) ¹Die Landesregierungen werden ermächtigt, durch Rechtsverordnung folgende nach diesem Gesetz vom Rechtspfleger wahrzunehmende Geschäfte ganz oder teilweise dem Urkundsbeamten der Geschäftsstelle zu übertragen:
1. die Geschäfte bei der Annahme von Testamenten und Erbverträgen zur amtlichen Verwahrung nach den §§ 346, 347 des Gesetzes über das Verfahren in Familiensachen und in den Angelegenheiten der freiwilligen Gerichtsbarkeit (§ 3 Nummer 2 Buchstabe c);
2. das Mahnverfahren im Sinne des Siebenten Buchs der Zivilprozessordnung einschließlich der Bestimmung der Einspruchsfrist nach § 700 Absatz 1 in Verbindung mit § 339 Absatz 2 der Zivilprozessordnung sowie der Abgabe an das für das streitige Verfahren als zuständig bezeichnete Gericht, auch soweit das Mahnverfahren maschinell bearbeitet wird (§ 20 Nummer 1);
3. die Erteilung einer weiteren vollstreckbaren Ausfertigung in den Fällen des § 733 der Zivilprozessordnung (§ 20 Nummer 12);
4. die Erteilung von weiteren vollstreckbaren Ausfertigungen gerichtlicher Urkunden nach § 797 Absatz 3 der Zivilprozessordnung (§ 20 Nummer 13);
5. die der Staatsanwaltschaft als Vollstreckungsbehörde in Straf- und Bußgeldsachen obliegenden Geschäfte bei der Vollstreckung von Geldstrafen und Geldbußen (§ 31 Absatz 2); hierzu gehört nicht die Vollstreckung von Ersatzfreiheitsstrafen.

²Die Landesregierungen können die Ermächtigung auf die Landesjustizverwaltungen übertragen.

(2) ¹Der Urkundsbeamte der Geschäftsstelle trifft alle Maßnahmen, die zur Erledigung der ihm übertragenen Geschäfte erforderlich sind. ²Die Vorschriften über die Vorlage einzelner Geschäfte durch den Rechtspfleger an den Richter oder Staatsanwalt (§§ 5, 28, 31 Absatz 2a und 2b) gelten entsprechend.

(3) Bei der Wahrnehmung von Geschäften nach Absatz 1 Satz 1 Nummer 2 kann in den Fällen der §§ 694, 696 Absatz 1, § 700 Absatz 3 der Zivilprozessordnung eine Entscheidung des Prozessgerichts zur Änderung einer Entscheidung des Urkundsbeamten der Geschäftsstelle (§ 573 der Zivilprozessordnung) nicht nachgesucht werden.

(4) ¹Bei der Wahrnehmung von Geschäften nach Absatz 1 Satz 1 Nummer 5 entscheidet über Einwendungen gegen Maßnahmen des Urkundsbeamten der Geschäftsstelle der Behördenleiter, an dessen Stelle der Urkundsbeamte tätig geworden ist. ²Er kann dem Urkundsbeamten Weisungen erteilen. ³Die Befugnisse des Behördenleiters aus den §§ 145, 146 des Gerichtsverfassungsgesetzes bleiben unberührt.

I. Entwicklung

1 Die Vorschrift wurde als **Öffnungsklausel** durch RpflAufgÜG v. 16.6.2002, BGBl. I S. 1810, eingefügt und zwischenzeitlich mehrfach, zuletzt durch Art. 23 FGG-RG v. 17.12.2008, BGBl. I S. 2586), geändert. § 36b befugt die Länder dazu, Geschäfte des Rechtspflegers ganz oder teilweise auf den UdG (§ 153 GVG) und damit auf Beamte des mittleren Justizdienstes bzw. der zweiten Qualifikationsebene der Fachlaufbahn Justiz, zu übertragen (BT-Drs. 14/6457, 8 ff.). Die Ermächtigung kann auf die Landesjustizverwaltungen delegiert werden (Abs. 1 S. 2). Die Vorschrift führt zu einer unübersichtlichen Regelung der funktionellen Zuständigkeit und befördert außerdem den unerwünschten Dualismus Rechtspfleger/UdG (kritisch auch: *Wiedemann* NJW 2002, 3448; *Harm* RpflBl. 2002, 3; *Bassenge/Roth* Rn. 1; AMHRH/Rellermeyer Rn. 2).

II. Allgemeines

2 Als Organ der Rechtspflege erledigt der UdG seine Aufgaben in sachlicher Unabhängigkeit (*Kissel/Mayer* GVG § 153 Rn. 25; MüKoZPO/*Zimmermann* GVG § 153 Rn. 9). Folgende **Bundesländer** haben bisher von der Ermächtigung Gebrauch gemacht:
– Baden-Württemberg (§ 1 VO v. 27.11.2002, GBl. 492);
– Bayern (§ 6 GeschStVO v. 1.2.2005, GVBl. 40);
– Bremen (§ 1 VO v. 22.3.2006 (GBl. 193);
– Hamburg (§ 1 VO v. 18.5.2005, GBl. 200);
– Hessen (§ 1 VO v. 8.10.2003, GBl. 290);
– Niedersachsen (§ 1 VO v. 4.7.2005, GBl. 223);
– Rheinland-Pfalz (§ 2 VO v. 15.5.2008, GBl. 81);
– Sachsen-Anhalt (§ 1 VO v. 22.9.2004, GBl. 724);
– Thüringen (§ 1 VO v. 27.5.2003; GBl. 319, geänd. durch VO v. 10.3.2008 GBl. 66).

3 Der UdG trifft in eigener Zuständigkeit alle Maßnahmen, die zur Erledigung der ihm übertragenen Geschäfte erforderlich sind (Abs. 2 S. 1). Insoweit hat er dieselben Befugnisse, wie sie nach § 4 Abs. 1 dem Rechtspfleger zustehen. Nach Abs. 2 S. 2 gelten die Vorlagepflichten nach §§ 5, 31 Abs. 2a und 2b für ihn entsprechend. Auf § 4 Abs. 2 wird, da seine Anwendung im Rahmen der Aufgabenübertragung nicht in Betracht kommt, nicht verwiesen (BT-Drs. 14/6457, 9).

III. Übertragbare Geschäfte

4 Nach **Abs. 1 S. 1** können auf den UdG ganz oder teilweise folgende Rechtspflegergeschäfte übertragen werden:
– **Nr. 1:** Geschäfte bei der Annahme von Testamenten und Erbverträgen zur besonderen amtlichen Verwahrung nach §§ 346, 347 FamFG (vgl. § 3 Nr. 2 lit. c); es sind dann zwei UdG mit der Verwahrung der Vfg von Todes wegen befasst (BT-Drs. 14/645, 8).
– **Nr. 2:** das Mahnverfahren (§§ 688 ff. ZPO) einschließlich der Abgabe an das Streitgericht (vgl. § 20 Nr. 1); das Europäische Mahnverfahren nach §§ 1087 ff. ZPO ist nicht übertragbar (vgl. § 20 Nr. 7);

§ 37

- **Nr. 3, 4:** die Erteilung weiterer vollstreckbarer Ausfertigungen gerichtlicher Vollstreckungstitel nach § 733 ZPO (vgl. § 20 Nr. 12) sowie gerichtlicher Urkunden (vgl. § 20 Nr. 13); nicht übertragbar ist die Entscheidung über den Antrag auf Erteilung einer weiteren vollstreckbaren Ausfertigung durch den Notar bzw. das Jugendamt;
- **Nr. 5:** die der Staatsanwaltschaft als Vollstreckungsbehörde obliegenden Geschäfte bei der Vollstreckung von Geldstrafen und Geldbußen (vgl. § 31 Abs. 2); nicht übertragbar ist die Vollstreckung von Ersatzfreiheitsstrafen (§ 459e StPO);

IV. Rechtsbehelfe

Gegen die Entscheidung des UdG in den nach **Abs. 1 S. 1 Nr. 1, 3 und 4** übertragenen Geschäften findet, wie sonst auch, die **Erinnerung nach § 573 ZPO** statt (auch in Angel der fG *Bassenge/Roth* Rn. 5; AMHRH/*Rellermeyer* Rn. 4). Der UdG kann abhelfen (§ 573 S. 3 iVm § 572 ZPO), andernfalls entscheidet über die Erinnerung der Rechtspfleger an dessen Stelle der UdG gehandelt hat. Die Entscheidung des Rechtspflegers ist mit dem nach § 11 Abs. 1 statthaften Rechtsmittel anfechtbar (*Bassenge/Roth* Rn. 5). 5

Hat der UdG nach **Abs. 1 S. 1 Nr. 2** Geschäfte im Mahnverfahren wahrgenommen, schließt **Abs. 3** die Erinnerung nach § 573 ZPO aus. Es ist das Verfahren vielmehr nach Widerspruch gegen den Mahnbescheid bzw. Einspruch gegen den Vollstreckungsbescheid an das Streitgericht abzugeben (§§ 694, 696, 700 Abs. 3 ZPO). Die Abgabeentscheidung des UdG ist in Anlehnung an § 11 Abs. 3 S. 2 iVm § 696 Abs. 1 S. 3 Hs. 2 ZPO unanfechtbar (BT-Drs. 14/6457, 10). 6

Da § 573 ZPO in Strafsachen nicht anwendbar ist, trifft **Abs. 4,** der durch Art. 9 1. JuMoG v. 24.8.2004, BGBl. I S. 2198, angefügt wurde, eine Sonderregelung über die Anfechtung von Entscheidungen des UdG im Rahmen der Geldstrafen- und Bußgeldvollstreckung. Es entscheidet über Einwendungen gegen Maßnahmen des UdG der Rechtspfleger, der ggü dem UdG ein Weisungsrecht hat (Abs. 4 S. 2). Die Befugnisse des Behördenleiters aus §§ 145, 146 GVG werden davon nicht berührt. Dieser kann zB die Sache an sich ziehen. 7

§ 37 Rechtspflegergeschäfte nach Landesrecht

Die Länder können Aufgaben, die den Gerichten durch landesrechtliche Vorschriften zugewiesen sind, auf den Rechtspfleger übertragen.

I. Allgemeines

Das RPflG überträgt dem Rechtspfleger Tätigkeiten, die das **Bundesrecht** den Gerichten zur Erledigung zuweist. Darüber hinaus kann jedoch ein Bedürfnis bestehen, dem Rechtspfleger auch Geschäfte zu übertragen, die den Gerichten durch landesrechtliche Vorschriften zugewiesen sind. Die Norm schafft für solche Übertragungen der Rechtsgrundlage; ihre Ausfüllung hat durch entsprechende Gesetze der Länder zu geschehen. 1

Das Landesrecht kann dem Rechtspfleger auch durch **Gesamtverweisung** auf Bundesrecht Aufgaben zuweisen. Das kann dann der Fall sein, wenn das Landes- 2 recht, wie zB Art. 37 BayAGGVG, einer bestimmten Abteilung des AG (zB Nachlassgericht oder Betreuungsgericht) die Zuständigkeit zuweist. Davon wird auch die funktionelle Zuständigkeit des Rechtspflegers erfasst (AMHRH/*Rellermeyer* Rn. 3; *Bassenge/Roth* Rn. 3; *Rellermeyer* Rpfleger 1996, 317).

3   Nicht in den Anwendungsbereich des § 37 fällt die Erledigung von Zustellungen im **vertraglosen** Rechtshilfeverkehr. Soweit die GeschStVO der Länder dieses Geschäft dem UdG des gehobenen Dienstes zuweisen, handelt es sich um eine reine Justizverwaltungsangelegenheit (→ § 29 Rn. 4). Zum **vertraglichen** Rechtshilfeverkehr vgl. **§ 29**.

II. Bestehende Regelungen

1. Baden-Württemberg

4   Nach § 34 Abs. 2 S. 2 G v. 6.4.1982, GBl. 97, sind dem Rechtspfleger die Geschäfte des AG im Verteilungsverfahren nach einer Enteignung übertragen.

2. Bayern

5   Art. 19 Abs. 2 BaySchlG v. 25.4.2000, GVBl. 268, überträgt dem Rechtspfleger die Erteilung der Vollstreckungsklausel zu einem vor einer Gütestelle nach Art. 5 Abs. 2 und 3 S. 2 BaySchlG geschlossenen Vergleich.

6   Über den Antrag auf Erteilung eines Unschädlichkeitszeugnisses nach dem BayUnschZG v. 15.6.1898, GVBl. S. 301, iVm Art. 120 EGBGB entscheidet der Richter, da es sich um keine Grundbuchsache handelt (*Demharter* Rpfleger 2004, 406; *Bassenge/Roth* Rn. 2; AMHRH/*Rellermeyer* Rn. 6; **aA** *Kirchmayer* Rpfleger 2004, 203).

3. Hamburg

7   Dort besteht das „Hamburgische Gesetz zur Übertragung richterlicher Aufgaben auf den Rechtspfleger" (HambRPflG v. 10.5.1971, GVBl. 89). Übertragene Aufgaben:
– Erteilung von Unschädlichkeitszeugnissen (§ 1 Nr. 1 HambRPflG);
– Feststellung der Mündelsicherheit von Grundpfandrechten (§ 1 Nr. 2 HambRPflG).

4. Nordrhein-Westfalen

8   Das Gesetz zur Übertragung landesrechtlicher Geschäfte auf den Rechtspfleger (G v. 14.10.1975, GV NRW 562) überträgt folgende Geschäfte:
– Geschäfte im Zusammenhang mit dem Austritt aus Kirchen und Religionsgemeinschaften gem. § 5 KiAustrG (§ 1 Nr. 1 LRPflG NRW idF des G v. 23.6.1998, GV NRW 467);
– Erteilung der Vollstreckungsklausel nach § 33 Abs. 2 SchiedsAG (§ 1 Nr. 2 LRPflG NRW);
– Geschäfte des AG in Nachlass- und Teilungssachen nach Art. 19–28 PrFGG (§ 1 Nr. 3 LRPflG NRW).

Aufhebung und Änderung von Vorschriften §38

5. Rheinland-Pfalz

Dort besteht das „Landesgesetz zur Übertragung von Aufgaben auf den Rechts- 9
pfleger" (LRpflG v. 11.6.1974, GVBl. 225). Übertragene Geschäfte:
- Erteilung der Vollstreckungsklausel in Schiedsmannssachen gem. § 29 Abs. 2 SchiedsO (§ 1 Nr. 1 LRPflG; dazu: *Drischler* Rpfleger 1984, 308);
- Grundbuchgeschäfte nach §§ 16–18 LFGG iVm § 143 Abs. 1 und 2 GBO (§ 1 Nr. 2 LRPflG; vgl. dazu *Rellermeyer* Rpfleger 1996, 317);
- Verteilungsverfahren nach § 41 des Landesenteignungsgesetzes (§ 1 Nr. 3 LRpflG);
- Führung der Höferolle nach § 27 HO-RhPf (§ 1 Nr. 4 LRPflG).

6. Sachsen

§ 47 Abs. 2 SächsJG v. 24.11.2000, SächsGVBl. 482, überträgt dem Rechtspfle- 10
ger die Erteilung von Unschädlichkeitszeugnissen nach § 46 SächsJG.

7. Schleswig-Holstein

§ 9 Abs. 4 LandesschlG v. 11.12.2001, GVOBl. 361, überträgt dem Rechtspfle- 11
ger die Ausstellung eines Beratungshilfescheins zur Befreiung von der Vergütungspflicht für ein Schlichtungsverfahren (vgl. dazu *Rellermeyer* Rpfleger 2002, 419).

§ 38 Aufhebung und Änderung von Vorschriften

(1) **(Aufhebung von Vorschriften)**
(2) **(Änderung von Vorschriften)**
(3) **(weggefallen)**

Abs. 1 Nr. 1: Zu einer **Neufassung** eines Gesetzes entschließt sich der Gesetz- 1
geber gewöhnlich nicht bereits nach gut 10 Jahren. Wenn er dies gleichwohl mit dem RPflG 1969 – und anschließend mit dem RPflG 1970 (→ § 40 Rn. 1) – tat, so aus zwei Gründen:
- Zum einen, weil die zwischenzeitlich erfolgten Änderungen des RPflG 1957 (und die beabsichtigten Änderungen durch das RPflG 1969: vgl. unten) so umfangreich geworden waren, dass ein Änderungsgesetz kaum mehr verständlich gewesen wäre (BT-Drs. V/3134, 15);
- zum anderen, weil das RPflG 1957 in gewisser Weise noch als Experiment angesehen wurde (BT-Drs. V/3134, 13, V/4341, 1): Bereits bei den Beratungen zu diesem Gesetz war die Forderung erhoben worden, den Kreis der dem Rechtspfleger übertragenen Geschäfte zu erweitern; man wollte aber abwarten, ob sich das neue Gesetz bewährt. Nachdem dies der Fall war und auch die Länder die personellen und ausbildungsmäßigen Vorbedingungen für eine Erweiterung der Aufgaben geschaffen hatten, stand einer Vergrößerung des Kreises der vom Rechtspfleger wahrzunehmenden Geschäfte nichts mehr im Wege.

Abs. 1 Nr. 2: Art. VI § 1 (Nr) III REntlG – vgl. zum Gesetzestext → Anh. II.3. 2
enthielt eine Ermächtigungsgrundlage für die Landesjustizverwaltungen zur Übertragung von Geschäften der Strafvollstreckung auf den Rechtspfleger. An ihre Stelle ist § 31 getreten.

3 **Abs. 2:** Die Vorschrift betrifft Änderungen der HinterlegungsO, veranlasst durch die (frühere) Übertragung der Geschäfte der Hinterlegungsstelle auf den Rechtspfleger (§ 30 aF). Nach Aufhebung der HinterlegungsO durch Art. 17 G v. 23.11.2007, BGBl. I S. 2614, wird das Hinterlegungsrecht als Justizverwaltungsgeschäft durch die **Landesgesetzgeber** geregelt. § 30 wurde durch Art. 78 Abs. 3 G v. 23.11.2007 ebenfalls aufgehoben, die Länder können die Hinterlegungsgeschäfte nach § 37 auf den Rechtspfleger übertragen.

4 **Abs. 3:** Die Vorschrift enthielt eine Sonderregelung für Baden-Württemberg in Bezug auf die durch § 35 Abs. 1 Nr. 2 RPflG 1957 aufgehobene Ermächtigungsgrundlage des § 13 EGZVG. Abs. 3 wurde zwischenzeitlich aufgehoben.

§ 39 Überleitungsvorschrift

Für die Anfechtung von Entscheidungen des Rechtspflegers gelten die §§ 11 und 23 Absatz 2 in der vor dem 1. Oktober 1998 geltenden Fassung, wenn die anzufechtende Entscheidung vor diesem Datum verkündet oder, wenn eine Verkündung nicht stattgefunden hat, der Geschäftsstelle übergeben worden ist.

Entwicklung

1 Die Vorschrift enthielt früher die vor der Wiedervereinigung übliche **Berlinklausel:** Aufgrund des Genehmigungsvorbehalts der westlichen Militärgouverneure galten die vom Bundestag beschlossenen Gesetze nicht unmittelbar in Berlin, es konnte nach Art. 87 Abs. 2 der Verfassung von Berlin jedoch das Berliner Abgeordnetenhaus durch Gesetz feststellen, dass ein Gesetz der Bundesrepublik unverändert in Berlin Anwendung findet. Wenn der Bundesgesetzgeber eine solche Übernahme wollte, nahm er eine Bestimmung wie die vorliegende auf. In Berlin ist danach das RPflG 1969 durch Übernahmegesetz vom 11.11.1969, GVBl. Berlin 2434, 2436, und das RPflG 1970 durch Übernahmegesetz vom 29.6.1970, GVBl. Berlin 945, 946, in Kraft getreten.

2 Die Berlinklausel spielt im heutigen Gesetzgebungsverfahren nach dem Wegfall der verfassungsrechtlichen Sonderstellung von Berlin keine Rolle mehr.

3 Das 3. RPflÄndG v. 6.8.1998, BGBl. I S. 2030, hat §§ 11 und 23 Abs. 2 neu gefasst und in § 39 die Überleitung geregelt.

§ 40 (Inkrafttreten)

Fassung bis 31.12.2012:

§ 40 Dieses Gesetz tritt am 1. Juli 1970 in Kraft; § 31 Abs. 2 Satz 2 tritt am Tage nach der Verkündung in Kraft.

I. Hs. 1

1 Das RPflG 1969 v. 5.11.1969, BGBl. I S. 2065, war zwar verkündet (8.11.1969), aber noch nicht in Kraft getreten, als bereits eine Änderung durch das 1. RpflÄndG (1970) beschlossen war (→ Einl. Rn. 39). **Beide Gesetze** sind am 1.7.1970 in Kraft getreten. Deshalb wird zT auch vom „RPflG 1969/1970" gesprochen.

II. Hs. 2

Die Regelung betrifft die **BegrVO.** Der Gesetzgeber legte das Inkrafttreten des 2
§ 31 Abs. 2 S. 2 (ursprünglich § 31 Abs. 1 S. 3) – Ermächtigungsgrundlage zum Erlass der (späteren) BegrenzungVO – bereits auf den Tag der **Verkündung** des RPflG 1969 (= 8.11.1969) vor, um (seinerzeit) dem JM Gelegenheit zu geben, die BegrenzungsVO noch rechtzeitig zum Tag des Inkrafttretens des RPflG (1.7.1970) erlassen zu können. Die Gelegenheit wurde vom JM (gerade noch rechtzeitig) genutzt: Am 26.6.1970 wurde die BegrenzungsVO erlassen (und ist am 1.7.1970, zusammen mit dem RPflG 1969/1970, in Kraft getreten).

Die BegrVO wurde durch Art. 12 1. JuMoG v. 24.8.2004, BGBl. I S. 2198, auf- 3
gehoben, so dass § 40 Hs. 2 zwischenzeitlich gegenstandslos geworden ist (*Bassenge/ Roth* Rn. 1; AMHRH/*Rellermeyer* Rn. 2).

Anhang

I. Verordnung zur einheitlichen Regelung der Gerichtsverfassung

Vom 20. März 1935 (RGBl. I S. 403; BGBl. III 300-5)
Aufgehoben durch Gesetz vom 19.4.2008, BGBl. I S. 866

Auf Grund des Artikels 5 des Ersten Gesetzes zur Überleitung der Rechtspflege auf das Reich vom 16. Februar 1934 (Reichsgesetzbl. I S. 91) wird für den Bereich der ordentlichen Gerichtsbarkeit übergangsweise verordnet:

Artikel I. Gliederung der Gerichte

§ 1

(1) Die Errichtung und Aufhebung eines Gerichts und die Verlegung eines Gerichtssitzes wird durch Reichsgesetz angeordnet.

(2) ...

(3) Stadt- und Landgemeinden, die mit ihrem ganzen Gebiet einheitlich einem Amtsgericht zugeteilt sind, gehören dem Bezirk dieses Gerichts mit ihrem jeweiligen Gebietsumfang an.

§ 2

Der Reichsminister der Justiz entscheidet über
1. bis 5. ...
6. die Zuweisung von Angelegenheiten der freiwilligen Gerichtsbarkeit aus den Bezirken mehrerer Oberlandesgerichte an ein Oberlandesgericht.

Artikel II. Amtsgerichte

§ 3

Der Reichsminister der Justiz kann anordnen, dass außerhalb des Sitzes eines Amtsgerichts Zweigstellen errichtet oder Gerichtstage abgehalten werden.

§ 4

(1) ...

(2) ¹Der Reichsminister der Justiz kann einen oder mehrere Amtsrichter zu ständigen Vertretern des aufsichtführenden Amtsrichters bestellen. ²Wird kein ständiger Vertreter bestellt oder ist dieser behindert, so wird der aufsichtführende Amtsrichter durch den dem Dienstalter,

Anhang I. VO zur einheitl. Regelung der Gerichtsverfassung

bei gleichem Dienstalter durch den der Geburt nach ältesten Amtsrichter vertreten. ³Der Reichsminister der Justiz kann Grundsätze für die Vertretung des aufsichtführenden Amtsrichters aufstellen.

§§ 5 und 6 ...

Artikel III. Landgerichte

§ 7

(1) ¹Der Reichsminister der Justiz kann Grundsätze für die Verteilung der Geschäfte bei den Landgerichten und für die Vertretung des Landgerichtspräsidenten aufstellen. ²Er bestellt den ständigen Vertreter des Präsidenten (§ 66 Abs. 2 des Gerichtsverfassungsgesetzes).

(2) Die Zahl der Zivil- und Strafkammern bei den Landgerichten bestimmt der Landgerichtspräsident; der Oberlandesgerichtspräsident kann ihm Weisungen hierfür erteilen.

(3) bis (5) ...

Artikel IV. Oberlandesgerichte

§ 8

(1) ¹Der Reichsminister der Justiz kann Grundsätze für die Verteilung der Geschäfte bei den Oberlandesgerichten und für die Vertretung des Oberlandesgerichtspräsidenten aufstellen. ²Der ständige Vertreter des Präsidenten (§ 66 Abs. 2, § 117 des Gerichtsverfassungsgesetzes) ist der Vizepräsident des Oberlandesgerichts.

(2) Die Zahl der Zivil- und Strafsenate bei den Oberlandesgerichten bestimmt der Oberlandesgerichtspräsident; der Reichsminister der Justiz kann ihm hierfür Weisungen erteilen.

Artikel V–VII

§§ 9–11 ...

Artikel VIII. Geschäftsstellen und Gerichtsvollzieher

§ 12

Der Reichsminister der Justiz erläßt die allgemeinen Anordnungen für die Geschäftsstellen der Gerichte und der Staatsanwaltschaften und für die Gerichtsvollzieher.

I. VO zur einheitl. Regelung der Gerichtsverfassung **Anhang**

Artikel IX. Justizverwaltung

§ 13

¹*Die Präsidenten der Gerichte, die aufsichtführenden Amtsrichter, der Oberreichsanwalt, die Leiter der Staatsanwaltschaften und die Vorsteher der Gefangenenanstalten haben nach näherer Anordnung des Reichsministers der Justiz die ihnen zugewiesenen Geschäfte der Justizverwaltung zu erledigen.* ²*Sie werden im Falle der Behinderung in diesen Geschäften durch ihren ständigen Vertreter vertreten und können die ihrer Dienstaufsicht unterstellten Beamten zu den Geschäften der Justizverwaltung heranziehen.*

§ 14

(1) Die Dienstaufsicht üben aus
1. *der Reichsminister der Justiz über sämtliche Gerichte, Staatsanwaltschaften und Gefangenenanstalten,*
2. *die Präsidenten des Reichsgerichts… über das Gericht, dem sie angehören,*
3. *der Oberlandesgerichtspräsident und der Landgerichtspräsident über die Gerichte ihres Bezirks,*
4. *der aufsichtführende Amtsrichter über das Amtsgericht,*
5. *der Oberreichsanwalt über die Reichsanwaltschaft,*
6. *der Generalstaatsanwalt beim Oberlandesgericht und der Oberstaatsanwalt beim Landgericht über die Staatsanwaltschaften, der Generalstaatsanwalt auch über die Gefangenenanstalten des Bezirks,*
7. *der Vorsteher des badischen Notariats, der Leiter der Amtsanwaltschaft und der Vorsteher der Gefangenenanstalt über die unterstellte Behörde.*

(2) Dem Landgerichtspräsidenten steht die Dienstaufsicht über ein mit einem Präsidenten besetztes Amtsgericht nicht zu.

(3) Der Reichsminister der Justiz bestimmt, bei welchen Amtsgerichten der Präsident die Dienstaufsicht über andere zum Bezirk des übergeordneten Landgerichts gehörigen Amtsgerichte an Stelle des Landgerichtspräsidenten ausübt.

§ 15

¹*Die Dienstaufsicht über eine Behörde erstreckt sich zugleich auf die bei ihr angestellten oder beschäftigten Beamten, Angestellten und Arbeiter.* ²*Die Dienstaufsicht des aufsichtführenden Amtsrichters beschränkt sich jedoch,…, auf die bei dem Amtsgericht angestellten oder beschäftigten nichtrichterlichen Beamten, die Angestellten und Arbeiter; die Dienstaufsicht des Leiters der Amtsanwaltschaft, sofern er nicht Oberstaatsanwalt ist, beschränkt sich auf die nicht dem höheren oder dem Amtsanwaltsdienst angehörigen Beamten.*

§ 16

(1) Wer die Dienstaufsicht über einen Beamten ausübt, ist Dienstvorgesetzter des Beamten.

(2) In der Dienstaufsicht liegt die Befugnis, die ordnungswidrige Ausführung eines Amtsgeschäfts zu rügen und zu seiner sachgemäßen Erledigung zu ermahnen.

Anhang I. VO zur einheitl. Regelung der Gerichtsverfassung

§ 17

(1) Beschwerden in Angelegenheiten der Justizverwaltung werden im Dienstaufsichtswege erledigt.

(2) Über Aufsichtsbeschwerden, die sich gegen einen im ersten Rechtszuge vom Präsidenten eines Amtsgerichts erlassenen Bescheid richten, entscheidet der Oberlandesgerichtspräsident endgültig, wenn für Beschwerden dieser Art. bestimmt ist, dass die Entscheidung des Landgerichtspräsidenten endgültig ist.

Artikel X. Schluß- und Übergangsvorschriften

§ 18

Der Reichsminister der Justiz kann die Ausübung der ihm in dieser Verordnung übertragenen Befugnisse auf die ihm unmittelbar nachgeordneten Präsidenten der Gerichte und Leiter der Staatsanwaltschaften übertragen.

§§ 19 und 20

§ 21

(1) Diese Verordnung tritt mit dem 1. April 1935 in Kraft.

(2) ...

II. Ausgewählte preußische Entlastungsvorschriften vor dem Reichsentlastungsgesetz

1. Preußische Allgemeine Verfügung betreffend die Heranziehung des Gerichtsschreibers und der Kanzlei zur Hilfeleistung in richterlichen Geschäften und die Entlastung des Gerichtsschreibers durch die Kanzlei

vom 25. April 1906

(Preußisches JMBl. 1906, 112ff.)

I. Hilfeleistung in richterlichen Geschäften durch den Gerichtsschreiber und die Kanzlei
  1. *Der Gerichtsschreiber hat bei den dem Richter obliegenden schriftlichen Arbeiten nach Maßgabe der Vorschriften unter Nr. 2 bis 5 durch Anfertigung der Entwürfe Hilfe zu leisten.*
  2. *Die Entwürfe zu den in der Anlage unter I aufgeführten richterlichen Geschäften sind dem Richter ohne besondere Anordnung gleichzeitig mit den veranlassenden Vorgängen von dem Gerichtsschreiber vorzulegen. Hat der Gerichtsschreiber Zweifel über die Art. der Erledigung, so hat er die Weisung des Richters, soweit möglich mündlich, einzuholen.*
  3. *Entwürfe zu den unter Anlage II aufgeführten richterlichen Geschäften sind von dem Gerichtsschreiber nach der schriftlichen oder mündlichen Anordnung des Richters auszuführen.*
  4. *Dem Oberlandesgerichtspräsidenten bleibt es überlassen, die Heranziehung des Gerichtsschreibers auf ähnliche Geschäfte auszudehnen oder aus besonderen Gründen für einzelne Gerichte einzuschränken oder auszuschließen.*
  5. *Dem Richter steht es jederzeit frei, von der Heranziehung des Gerichtsschreibers allgemein oder im Einzelfall abzusehen. Dies gilt insbesondere, soweit die Beschäftigung der Referendare zum Zwecke der Ausbildung deren Heranziehung erforderlich macht.*
  6. *Der Richter ist befugt, die Kanzlei heranzuziehen:*
     a) *zur Anfertigung der Entwürfe für den Kopf und den entscheidenden Teil der in der Anlage nicht aufgeführten Urteile in Zivil- und Strafprozessen, sofern die Parteibezeichnung und der entscheidende Teil aus dem Sitzungsprotokoll hervorgeht oder vom Richter durch einen Vermerk auf dem Protokoll, gegebenenfalls unter Verweisung auf bestimmte Stellen in den Akten, ersichtlich gemacht ist,*
     b) *zur Anfertigung der Entwürfe von Beschlüssen auf Eröffnung des Hauptverfahrens, soweit die Eröffnung nach der Anklageformel erfolgt oder die Abweichungen vom Richter schriftlich ersichtlich gemacht sind,*
     c) *für die wörtliche Einrückung umfangreicherer Teile des Akteninhalts oder sonstigen Urkundenmaterials in die Entscheidungen, sofern die einzurückenden Stellen genau gekennzeichnet sind,*
     d) *behufs Herstellung von Urteilsurschriften im Wege der Abschrift solcher Entwürfe, die infolge von Verbesserungen oder Zusätzen zur Aufnahme in die Akten ungeeignet erscheinen, sofern zugleich mittels Maschinendurchschlags oder auf andere mechanische Weise den Parteien zu erteilende Urteilsabschriften oder Ausfertigungen herzustellen sind,*

Anhang   II. Ausgewählte preußische Entlastungsvorschriften

    e) für das Diktat umfangreicherer Verhandlungen der freiwilligen Gerichtsbarkeit, soweit nicht ein Gerichtsschreiber als Protokollführer zugezogen ist.
II. *Entlastung des Gerichtsschreibers durch die Kanzlei*
   1. *Soweit ein Bedürfnis für Entlastung des Gerichtsschreibers mit Rücksicht auf dessen Heranziehung zu den Geschäften unter Nr. 2 bis 4 besteht, kann der Vorstand des Gerichts auf dem unter Nr. III der Allgemeinen Verfügung vom 5. April 1895 – Just.-Minist.-Bl. S. 125 – vorgesehenen Wege durch Übertragung des dort erwähnten Schreibwerkes oder ähnlicher Schreibarbeiten wesentlich mechanischer Art, wie zB des Beschreibens von Aktendeckeln und Aktenschwänzen, auf die Kanzlei Abhilfe gewähren.*
   2. *Die Beschäftigung der Kanzlei mit den unter Nr. 7 genannten Schreibarbeiten ist derart zu regeln, dass der Kanzleiarbeiter tunlichst seinen Platz in der Gerichtsschreiberei hat und hier die Arbeiten unter Aufsicht und gegebenenfalls unter Anleitung des Gerichtsschreibers verrichtet. Der Vorstand des Gerichts hat die Zeitdauer festzusetzen, bis zu der täglich für jede Abteilung der Gerichtsschreiberei die Beschäftigung der Kanzlei erfolgen darf.*
III. *Gemeinsame Bestimmungen*
   1. *Die Entlohnung der Kanzleiarbeiter für die unter Nr. 6e und 7 genannten Geschäfte geschieht nach Stunden und Zehntelstunden unter Gewährung eines Zuschlags von einem Zehntel für jede angefangene Stunde der tatsächlich aufgewendeten Arbeitszeit. Für die unter Nr. 6e aufgeführten Geschäfte hat der Richter, für die unter Nr. 7 aufgeführten der Gerichtsschreiber zu bescheinigen, welche Zeit der Kanzleiarbeiter beschäftigt gewesen ist und dass dieser in der Beschäftigungszeit entsprechende Menge brauchbarer Arbeit abgeliefert hat. Auf Grund dieser Bescheinigung erfolgt, nachdem der Zuschlag zu dem Zeitaufwande hinzugerechnet ist, unter entsprechender Anwendung des § 23 der Kanzleiordnung die Eintragung in den Monatszettel.*
   2. *Durch die Heranziehung des Gerichtsschreibers oder der Kanzlei wird an der Verantwortlichkeit des Richters und des Gerichtsschreibers für die ihnen obliegenden Geschäfte nichts geändert.*
   3. *Die Inanspruchnahme der Hilfeleistung hat zu unterbleiben, wenn damit im einzelnen Falle die Gefahr einer für die Geschäftserledigung nachteiligen Verzögerung verbunden ist.*
   4. *Durch die Bestimmungen zu I und II bleiben die Vorschriften unberührt, die auf eine Begünstigung des urschriftlichen Verkehrs abzielen (Allgemeine Verfügung vom 25. Juni 1897 – Just.-Minist.-Bl. S. 147 – § 9; Allgemeine Verfügung vom 9. Oktober 1897 – Just.-Minist.-Bl. S. 263 –; RundErlass vom 25. Juni 1897 – I 2813 – vgl. Just.-Minist.-Bl. S. 162).*
   5. *Die in Nr. iVm der Allgemeinen Verfügung vom 5. April 1895 – Just.-Minist.-Bl. S. 125 – wird durch folgende Vorschrift ersetzt:*
    Für häufig wiederkehrende, in bestimmten Formeln, aber ohne Benutzung von Formularen zu erledigende Schreibarbeiten, zB für Vollstreckungsbefehle, Rechtskraftzeugnisse, Notfristatteste, Übertragungen von Terminsbestimmungen, Vollstreckungsbefehle, Eingangsvermerke in anderen Sachen als Grundbuchsachen, für Wiedervorlegungen, Weglegungen, Anzeigen über Strafantritt usw., sind tunlichst Stempel zu verwenden. Die Verwendung von Stempeln hat zu unterbleiben für Beurkundungen, die rechtlich bedeutsam und zugleich für längere Dauer bestimmt sind, namentlich für Protokolle oder Teile von ihnen, Eingangsvermerke in Grundbuchsachen, Urteilsformeln.
   6. *Der RundErlass vom 19. Mai 1900 – I 2481 (Müller, Justizverwaltung S. 186), das Reskript vom 11. Juli 1892 – I 3191 – (Müller, Justizverwaltung S. 1286),*

1. Preuß. Allg. Verfügung vom 25.4.1906 **Anhang**

*der RundErlass vom 5. Mai 1882 – I 1600 – zu Nr. 2 (Müller, Justizverwaltung
S. 267), das Reskript vom 24. Januar 1884 – I 127 – (Müller, Justizverwaltung
S. 267) werden aufgehoben.*
Berlin, den 25. April 1906 *Der Justizminister*
Dr. Beseler

Anlage
I. Anfertigung der Entwürfe aus eigener Entschließung des Gerichtsschreibers
Zivilprozess
1. *Kostenfestsetzungsbeschlüsse.*
2. *Versäumnisurteile (mit Ausnahme der gegen den Berufungsbeklagten erlassenen), Anerkenntnis- und Läuterungsurteile, Kostenurteile aufgrund Zurücknahme der Klage, Urteile aufgrund Zurücknahme des Einspruchs oder der Berufung.*
3. *Zahlungsbefehle.*
4. *Beschlüsse auf Einstellung der Zwangsvollstreckung.*

Strafprozeß
5. *Beschlüsse auf Festsetzung der einem Privatkläger, Nebenkläger oder Angeklagten zu erstattenden Kosten.*
6. *Beschlüsse auf Verwerfung verspätet eingelegter Berufung oder Revision oder nicht fristund formgerechtfertigter Revision oder formwidrigen Antrags auf Wiederaufnahme des Verfahrens sowie auf Einstellung des Privatklageverfahrens infolge Zurücknahme der Privatklage außerhalb der Hauptverhandlung.*
7. *Verfügungen auf den Einspruch gegen einen Strafbefehl oder auf den Antrag auf gerichtliche Entscheidung nach vorangegangener polizeilicher Verfügung und bei Zurücknahme des Einspruchs oder des Antrags.*
8. *Verfügungen bei Eingang einer Privatklage.*
9. *Die regelmäßig nach Rechtskraft des Urteils wiederkehrenden Verfügungen, insbesondere behufs Vollstreckung.*

Konkurs
10. *Regelmäßig wiederkehrende Verfügungen nach der Eröffnung des Verfahrens.*

Zwangsversteigerung und Zwangsverwaltung
11. *Verfügungen auf Anberaumung des Versteigerungs- und des Verteilungstermins.*
12. *Mitteilungen an die Beteiligten über die Personen der betreibenden Gläubiger.*
13. *Festsetzung der Gebühren und Auslagen eines Zustellungsvertreters.*

Freiwillige Gerichtsbarkeit
14. *Alle formularmäßigen und sonstigen regelmäßig wiederkehrenden Verfügungen, insbesondere die Ersuchen, Mitteilungen, Aufforderungen, Erinnerungen an Waisenräte, Eltern, Vormünder, Pfleger, Verfügungen auf Geburts- und Todesanzeigen der Standesbeamten, Verfügungen bei Beendigung einer Vormundschaft oder Pflegschaft.*
15. *Beglaubigungsvermerke.*

Grundbuchsachen
16. *Die regelmäßigen Verfügungen zur Erhaltung der Übereinstimmung zwischen Grundbuch und Steuerbuch.*

Registerangelegenheiten
17. *Verfügungen auf Eintragung in das Handelsregister A.*
18. *Verfügungen auf Eintragung in das Musterregister.*
19. *Verfügungen auf Eintragung in die Liste der Genossen.*

Anhang II. Ausgewählte preußische Entlastungsvorschriften

20. *Verfügungen auf Eintragung des Eigentumswechsels (ohne gleichzeitige Pfandbestellung), der Verlegung des Heimatorts in das Schiffs- oder Binnenschiffsregister.*
21. *Verfügungen auf Eintragung der Einführung der Gütergemeinschaft oder Gütertrennung.*

Allgemein
22. *Verfügungen betreffend Einforderung, Versendung, Weglegung und Vernichtung von Akten.*
23. *Tatsächliche Auskünfte aus Akten und Verfügungen betreffend Ermittelung von Wohnungen, Aufenthaltsorten und sonstigen Personalien.*

II. Anfertigung der Entwürfe nach Weisung des Richters
Zivilprozess
24. *Ersuchen und Erledigung von Beweisbeschlüssen im Inland und um Zustellungen im Auslande.*
25. *Beschlüsse auf Bewilligung oder Ablehnung des Armenrechts.*
26. *Pfändungs- und Überweisungsbeschlüsse.*
27. *Anordnung der Hinterlegung des Erlöses versteigerter Sachen.*
28. *Verteilungspläne.*
29. *Haftbefehle.*
30. *Anordnung des Arrestgerichts auf Klageerhebung und Aufhebung des Arrestes nach Sicherheitsleistung.*
31. *Aufgebotsbeschlüsse.*

Strafprozeß
32. *Strafbefehle.*
33. *Vorführungsbefehle.*
34. *Steckbriefe.*
35. *Beschlüsse auf Eröffnung der Voruntersuchung und auf Übertragung der Voruntersuchung auf den Amtsrichter.*
36. *Beschlüsse auf Bewilligung oder Ablehnung des Armenrechts.*
37. *Beschlüsse auf Einstellung des Verfahrens wegen Abwesenheit oder Geisteskrankheit des Angeschuldigten.*
38. *Ersuchen um Zustellungen im Auslande.*
39. *Urteile gegen Wehrpflichtige, gegen geständige Bettler und Landstreicher, gegen der Gewerbsunzucht geständige Frauenspersonen und in allen Fällen des § 211 Abs. 2 der Strafprozeßordnung, auf Verwerfung des Einspruchs oder der Berufung wegen Nichterscheinens des Angeklagten oder Privatklägers oder Nebenklägers.*
40. *Ausfüllung der bei der Aussetzung der Strafvollstreckung mit Aussicht auf Begnadigung einzureichenden Verzeichnisse A und B mit Ausnahme der Spalten 7, 8 des Verzeichnisses A und der Spalten 8, 9 des Verzeichnisses B.*

Konkurs
41. *Eröffnungsbeschlüsse mit den begleitenden Verfügungen.*
42. *Anordnung der Aushändigung von Sendungen an den Konkursverwalter.*

Zwangsversteigerung und Zwangsverwaltung
43.*Alle unter I nicht erwähnten formularmäßigen Beschlüsse und Verfügungen.*

Freiwillige Gerichtsbarkeit
44. *Beschlüsse auf Volljährigkeitserklärung.*
45. *Vorbereitung von Schichtungs- und Auseinandersetzungsverhandlungen sowie der Verhandlungen über Testamentseröffnung, Erbschaftsausschlagung und sonstige Erklärungen gegenüber dem Nachlaßgerichte.*

2. Preuß. Gesetz vom 14.12.1920 **Anhang**

Grundbuchsachen
46. Vorbereitung einfacher Verhandlungen zu Auflassungen, zu Bestellungen, Abtretungen, Löschungen von Hypotheken usw. einschließlich der Beurkundung von Schuldverschreibungen und Quittungen, zu Bewilligungen der Eintragung von Grunddienstbarkeiten, zu Entlassungen einzelner Grundstücke aus der Mithaft, zu Erklärungen über Vorrechtseinräumungen.

Standesamtssachen
47. Beschlüsse auf Berichtigung der Standesamtsregister.

2. Preußisches Gesetz
betreffend die Übertragung richterlicher Geschäfte
in Grundbuchsachen auf die Gerichtsschreiber

vom 14. Dezember 1920
(Preußische GS. 1921, 75)

§ 1.

[1]*Nach näherer Anordnung des Justizministers können Gerichtsschreiber mit der selbständigen Erledigung bestimmter richterlicher Geschäfte in Grundbuchsachen beauftragt werden.*
[2]*Ebenso können Geschäfte der Gerichtsschreiber in Grundbuchsachen Kanzleibeamten übertragen werden.*

§ 2.

[1]*Wird die Änderung einer Entscheidung des Gerichtsschreibers in den Angelegenheiten, die ihm aufgrund des § 1 zur selbständigen Erledigung übertragen worden sind, verlangt, so ist die Entscheidung des Gerichts nachzusuchen, dem der Gerichtsschreiber angehört.*

[2]*Die Beschwerde findet in den Fällen, in denen sie zulässig ist, erst gegen die Entscheidung des Gerichts statt.*

Anhang II. Ausgewählte preußische Entlastungsvorschriften

3. Gesetz zur Entlastung der Gerichte (Reichsentlastungsgesetz)

vom 11. März 1921

(RGBl. 229)

– Auszug –

Artikel VI

§ 1

Die Landesjustizverwaltungen werden ermächtigt,

I. zu bestimmen, dass Gerichtsschreiber[1] die Entscheidung über den Erlass des Vollstreckungsbefehls auch im Falle der Ablehnung zu treffen haben sowie die Vollstreckungsklausel im Falle des § 730 Abs. 1 und des § 733 der Zivilprozessordnung ohne Einholung einer Anordnung des Vorsitzenden erteilen können;
II. die Erledigung der folgenden Geschäfte des Richters Gerichtsschreiber zur selbständigen Erledigung zu übertragen:
 1. die nach § 109 und § 715 der Zivilprozessordnung, betreffend Rückgabe von Sicherheiten, zu treffenden Entscheidungen;
 2. den Erlass von Zahlungsbefehlen;
 3. die in bezug auf die Zwangsvollstreckung in Forderungen und andere Vermögensrechte nach §§ 828 bis 863 der Zivilprozessordnung zu treffenden Entscheidungen;
 4. die in den Fällen der §§ 771, 805 vom Vollstreckungsgerichte gemäß § 769 Abs. 2 der Zivilprozessordnung zu treffenden Entscheidungen;
 5. Anordnungen des Arrestgerichts auf Klageerhebung und Aufhebung des vollzogenen Arrestes nach Hinterlegung des in dem Arrestbefehle festgestellten Geldbetrags;
III. die Strafvollstreckung mit Ausnahme der Entscheidungen über Aufschub und Unterbrechung der Strafvollstreckung sowie der richterlichen Entscheidungen gemäß §§ 490–494 der Strafprozeßordnung Gerichtsschreibern, Amtsanwälten oder bei der Staatsanwaltschaft hierfür zu bestellenden Beamten zu übertragen.

§ 2

¹Auf dem Gebiete der freiwilligen Gerichtsbarkeit werden die Landesjustizverwaltungen ferner ermächtigt, Gerichtsschreiber mit der selbständigen Erledigung von Geschäften zu beauftragen, die nach reichsrechtlichen Vorschriften durch den Richter wahrzunehmen sind.

²Es sollen einem Gerichtsschreiber nur solche Geschäfte übertragen werden, die einfacherer Art. sind und zu deren Erledigung er mit Rücksicht auf seine Berufsbildung und die durch seine praktische Tätigkeit gewonnenen Erfahrungen geeignet ist. ³Die Beurkundung einer Verfügung von Todeswegen oder eines Ehevertrags sowie die Verhängung von Ordnungsstrafen können einem Gerichtsschreiber nicht übertragen werden.

---

[1] Anm.: Später der Urkundsbeamte der Geschäftsstelle.

3. ReichsentlastungsG **Anhang**

§ 3

[1]Über Einwendungen gegen Maßnahmen zur Strafvollstreckung, die von den im § 1 Nr. III bezeichneten Beamten getroffen worden sind, entscheidet der Staatsanwalt oder der Amtsrichter, an dessen Statt der Beamte entschieden hat.

[2]Auf Einwendungen gegen Entscheidungen des Gerichtsschreibers in den ihm aufgrund des § 2 zur selbständigen Erledigung übertragenen Angelegenheiten finden die Vorschriften des § 576 und des § 577 Abs. 4 der Zivilprozessordnung entsprechende Anwendung mit der Maßgabe, dass an die Stelle des Prozessgerichts das Gericht tritt, an dessen Statt der Gerichtsschreiber entschieden hat.

Artikel VII

Dieses Gesetz tritt am 1. April 1921 in Kraft.

Sachregister

*Die halbfett gesetzten Ziffern bezeichnen den jeweiligen Paragraphen,
die mageren Ziffern die Randnummern*

Abänderung
von Arrestmaßnahmen **20** 79
von Unterhaltstiteln **25** 6
Abänderungsbefugnis: s. Abhilfebefugnis
Abänderungsverbot: s. reformatio in peius
Abberufung
von Abschlussprüfern **17** 82
von Aufsichtsratsmitgliedern und Abwicklern (Liquidatoren)
– AG/KGaA, VVaG **17** 112, 127
– in besonderen Fällen **17** 140, 154, 160
– OHG, KG **3** 171
Abgabe des Verfahrens
Abgabestreit, Beschwer **11** 67
in Betreuungssachen **3** 133; **4** 3; **15** 17
Unanfechtbarkeit der Abgabeverfügung im Mahnverfahren **11** 28
Abhilfe
durch den Rechtspfleger
– Beschwerde **11** 39, 45, 69, 79, 87
– Erinnerung **11** 99
Abhilfebefugnis s. Abhilfe
Abhilfepflicht 11 39
Ablehnung des Rechtspflegers
Allgemeines **10** 3, 23
anwendbare Vorschriften **10** 5
Anwendungsbereich **10** 3
Begriff **10** 4
Besorgnis der Befangenheit **10** 25 ff.
– in Rechtspflegeverwaltungssachen **10** 73
– wegen Beleidigungen **10** 29
– wegen fehlerhafter Sachbehandlung **10** 28
– wegen Hilfestellungen **10** 33
– wegen langer Verfahrensdauer **10** 32
– wegen Stellungnahmen **10** 30
– wegen Vorliegens eines Ausschließungsgrundes **10** 23
– wegen Willkür **10** 28
– Verfahren nach BeurkG **10** 69
– Verfahren nach FamFG **10** 23 ff.
– Verfahren nach StPO **10** 68
– Verfahren nach ZPO **10** 23 ff..
Dienstliche Äußerung des Rechtspflegers **10** 42
Entscheidungen **10** 43 ff.
Entwicklung **10** 1

Geltendmachung **10** 35 ff.
bei Geschäften nach §§ 29 und 31 **10** 73
Normzweck **10** 2
Rechtsbehelfe
– gegen den ablehnenden Beschluss **10** 49
– im arbeitsgerichtlichen Verfahren **10** 53
– gegen den stattgebenden Beschluss **10** 48
– gegen Verwerfung als rechtsmissbräuchlich **10** 52
Selbstablehnung
– Allgemeines **10** 54
– Anzeige **10** 55
– Rechtsbehelfe **10** 59
– Verfahren **10** 57
Sperrwirkung **10** 62
Wartepflicht: s. Sperrwirkung
Ablehnung des UdG 10 1
Abschlussprüfer,
nach § 270 Abs. 3 AktG (Befreiung von der Prüfung des Jahresabschlusses ua) **17** 130
Abspaltung (UmwG) **17** 39
Abweichende Rechtsauffassungen von Richter und Rechtspfleger 5 12; **7** 4
Abwesenheitspflegschaft 3 135
Abwickler (Liquidatoren) **Abberufung**
AG/KGaA, VAG: s. dort
OHG, KG s. dort
Verein **3** 22
Adoption
Allgemeines **14** 83 ff.
Aufhebung des Annahmeverhältnisses **14** 88
Ersetzung der Zustimmung **14** 87
Minderjährigenadoption **14** 85
Volljährigenadoption **14** 85
funktionelle Zuständigkeiten **3** 122 ff.; **14** 87 ff.
AG/KGaA
Abwickler
– Befreiung von der Prüfung des Jahresabschlusses/Lageberichts **17** 92
– Bestellung, Abberufung **17** 82, 97, 112, 106, 121, 124, 127
Aufsichtsrat
– Abberufung von (Ersatz-)Mitgliedern **17** 112

Sachregister

- Abberufung nach § 11 Abs. 3 Montan-MitbestG **17** 156
- Ergänzung **17** 114

besondere Vertreter, Bestellung/Vergütung **17** 121

Bücher/Schriften
- Bestimmung des Aufbewahrungsortes; Gestattung der Einsicht **17** 132

Ersteintragung **17** 15 ff.

Gründungsprüfer
- Bestellung **17** 97
- Meinungsverschiedenheiten zwischen Gründern und Prüfern **17** 100
- Vergütung/Auslagen **17** 102

Hauptversammlung, Ermächtigung zur Einberufung **17** 118

Kraftloserklärung von Aktien, Genehmigung **17** 104

Löschung von Amts wegen **17** 49 ff.
- nach § 2 LöschG **17** 50
- nach § 43 Abs. 2 S. KWG **17** 54
- funktionelle Zuständigkeit **3** 157; **17** 57 ff., 64
- der Gesellschaft **17** 58
- nichtiger Beschlüsse **17** 61

Löschung im Zivilprozess **17** 60

Satzungsänderung **17** 25 ff.

Umwandlung (Verschmelzung, Spaltung, Vermögensübernahme, Formwechsel) **17** 35 ff.

Unternehmensverträge **17** 46 ff.

Vorstandsmitglieder
- Bestellung fehlender **17** 106
- Vergütung/Auslagen **17** 109

Zweigniederlassung
- Ersteintragung **17** 17, 18
- Satzungsänderung **17** 32

Akademischer Grad 2 28; **12** 7
Akteneinsicht 4 4
Aktien, Kraftloserklärung **17** 104
Aktiengesellschaft: s. AG
Allgemeine Regeln des Völkerrechts und Vorlagepflicht **5** 9
Amtsanwalt 2 42 ff.
Amtsbezeichnung; Funktionsbezeichnung 12 5 ff.
Amtsgerichtsbezirke, Neugliederung in Baden-Württemberg **36**
Amtshaftung 5 4, 13; **8** 13; **9** 85 ff
Amtshilfe; Rechtshilfe 4 5; **11** 15; **24b** 2, 3; **29** 2 ff.
Amtsnotariat 35 2
Amtslöschung
im Genossenschaftsregister: s. dort
im Handelsregister **3** 162; **11** 56; **17** 49 ff.; s. auch Löschung im Handelsregister
im Grundbuch **3** 83; **11** 75
im Güterrechtsregister **3** 56
im Vereinsregister **3** 22

Amtspflichtverletzung durch Rechtspfleger: s. Amtshaftung
Amtswiderspruch 11 75
Analoge Anwendung von Richtervorbehalten **14** 10
Andere Art der Verwertung (§ 825 ZPO) **20** 95
Androhung/Festsetzung von Zwangsgeld: s. Ordnungs- und Zwangsmittel
Anerbenrecht 16 60
Anerkennung der Vaterschaft 3 62
Anfechtung
eines Erbvertrags **3** 112, 137
familien-, betreuungs-, nachlassgerichtliche Genehmigung **11** 109
in Grundbuchsachen: s. dort
in Nachlasssachen: s. dort
in Registersachen: s. dort
in Strafsachen: s. dort
Annahme als Kind: s. Adoption
Annahme des Testamentsvollstreckeramts **3** 149; **16** 50, 56
Anordnung
einer Betreuung **15** 14 ff., 62 f.; s. auch Einheitsentscheidung
der Hinterlegung von Geld (Art. 24 Abs. 3 EGBGB) **14** 58
der Klageerhebung (§§ 926, 936 ZPO) **20** 71
auf Mitteilung einer Bilanz (§§ 166, 233 HGB) **3,** 171
einer Nachlasspflegschaft/-verwaltung **3,** 136
einer Pflegschaft **3,** 116, 133, 135, 136
einer Sicherheitsleistung: s. dort
einer Vormundschaft **3,** 114; **14,** 57
Anordnung nach § 21 AVAG und § 51 AUG 20 80 ff.
Anrechnung von Ausbildungszeiten 2 8, 24
Antragsaufnahme: s. Aufnahme von Erklärungen
Antragsverfahren 11 67, 69
Anwaltsvergütung: s. Festsetzung/Anwaltsvergütung
Anwaltszwang
im Erinnerungsverfahren **11** 95; **13** 7
Ausschluss **13** 2 ff.
vor dem AG **13** 4
im Beschwerdeverfahren **11** 42, 66, 85; **13** 7
und Familiensachen **13** 4, 5
vor dem LG und höheren Gerichten **13** 5
bei schriftlichen Erklärungen **13** 8
und Vorlagen nach § 4 Abs. 3, §§ 5, 7 RPflG **13** 9

Sachregister

Arbeitsgerichtsbarkeit
allgemein zur Anwendbarkeit des RPflG
Vor 1 1; **3** 9
Ablehnung, Ausschließung **10** 6ff., 23ff.
Befähigung **2** 12ff.
Festsetzungsverfahren **21** 12ff.
Vorbehalt für Hamburg **36a**
zuständiger Richter **28** 5
Arrestaufhebung 11, 83
Arrest; s. auch einstweiliger Rechtsschutz
Aufhebung **20** 74
Fristbestimmung zur Klageerhebung **20** 71
nach StPO **31** 4
Vollziehung **3** 81, **20** 78
Arresthypothek 3 81, **11** 71
Aufbewahrungsort für Bücher ua **17** 132
Aufgabenverteilung Richter/Rechtspfleger: s. Funktionsteilung
Aufgebotsverfahren 3 44ff.
Aufhebung
des Annahmeverhältnisses **3** 125; **14** 88
der Arrestvollziehung **20** 74
der Beschränkung/Ausschließung der Schlüsselgewalt **3** 56
in Betreuungssachen **15** 12ff.
eines Erbvertrags oder Erbverzichtsvertrags **3** 112, 137
der Gemeinschaft (§§ 753, 755, 756 BGB) **3** 97
des gesetzlichen Güterstands **3** 56
der gesetzlichen Gütergemeinschaft **3** 56
des Insolvenzverfahrens **3** 185
von Nachlaßpflegschaft/-verwaltung **16** 21
von Terminen **9** 72; **11** 24
der Todeserklärung **3** 78
des vollzogenen Arrestes **20** 74, 75
der Vormundschaft/Pflegschaft **3** 114a, 135
der Zahlungssperre im Aufgebotsverfahren **3** 48
Aufnahme von Erklärungen
Angabe des Wortes „Rechtspfleger" **12** 6
Besonderheiten in Hamburg **36a**
fakultative Zuständigkeit des Rechtspflegers **24** 22ff.
funktionelle Zuständigkeit **24** 15ff.; **26** 22
Grundsätze, Abgrenzung **24** 2ff.
Rechtsbeschwerden **24** 15
Revision in Strafsachen **24** 20
Verantwortung des Rechtspflegers, Unwirksamkeit **24** 10
Weitere Beschwerden **24** 19
Wiederaufnahme **24** 21
Zuständigkeitsverstöße **24** 10ff.
Aufschiebende Wirkung, Beschwerde; Erinnerung **11** 31, 88, 102
Aufsichtsrat, Ergänzung **17** 114

Aufsichtsratsmitglieder
Abberufung **17** 112
Bestellung **17** 106
Ergänzung **17** 114
Gründungsprüfung **17** 97
Pflichtverletzung **17** 121
Vergütung **17** 106
Aufspaltung (UmwG) **17** 38
Aufstiegsbeamte 2 8, 18
Aufwandsentschädigung 3 114a
Aufwendungsersatz: s. auch Festsetzung/ Auslagen und Vergütung
Betreuer **3** 133
Verfahrenspfleger **3** 133; **15** 17
Vormund **3** 114a
Ausbildung des Rechtspflegers
Anrechnung berufsspezifischer Zeiten **2** 24
am Arbeitsplatz **2** 23
Ausbildungs- und Prüfungsordnungen: s. dort
Befähigung **2** 8, 31ff.
von Bereichsrechtspflegern zu Rechtspflegern **34a**
Diplomierung **2** 28; **12** 7
fachliche Voraussetzungen **2** 8, 12ff.
Fachstudium **2** 15, 21
geschichtliche Entwicklung **2** 1ff.
Gesetzgebungskompetenz **2** 9
künftige Konzeptionen **2** 14
Lehr- und Studienpläne **2** 21ff.
praktischer Studiengang **2** 23
Rechtspflegerprüfung **2** 26ff.
Unterrichtsgebiete **2** 22
verwaltungsinterne A. **2** 13
Vorbereitungsdienst **2** 20; s. auch dort
Zulassungsvoraussetzungen **2** 16ff.
Ausbildungs- und Prüfungsordnungen
Allgemeines **2** 37
der einzelnen Länder **2** 39
Funktion **2** 37
Inhalt **2** 37
Rechtsqualität **2** 37ff.
Ausbildungszeit, Anrechnung **2** 24
Auseinandersetzung(sverfahren)
Erbengemeinschaft **3** 156
Ausfertigung von Urkunden
vollstreckbare Ausfertigung: s. Klauselerteilungsverfahren
weitere vollstreckbare Ausfertigungen
– gerichtlicher Urkunden **20** 66
– des Jugendamts **20** 69
– in Patentgerichtssachen **23** 19
– konsularische Urkunden **20** 70
– notarielle Urkunden **20** 68
Ausgleichsforderung (§§ 1382 Abs. 5, 1383 Abs. 3 BGB) **25** 1, 11ff.
Ausgliederung (UmwG) **17** 40

461

Sachregister

Auskunftsersuchen
betr Bücher und Papiere **17** 131
Auslagenersatz: s. Aufwendungsersatz, Aufwandsentschädigung
Ausland; s. auch Ausländer
ausländische Zustellungsanträge **29** 2; **37** 3
Kostenfestsetzung im internationalen Rechtsverkehr **20** 23
Unterhaltssachen: Rechtshilfeverkehr **20** 23; **29** 6; **30** 6
Vertreterbestellung **23** 17
Vorlagepflicht (§ 5 RPflG) **5** 5 ff.; **8** 39 ff.; **9** 28
Ausländer: s. Fremde Staatsangehörigkeit
Ausländische Zustellungsanträge 29 2 ff.
Auslandsunterhaltsgesetz (AUG)
20 23 ff.; **29** 6
Auslegung
von Gesetzen und sachliche Unabhängigkeit **9** 54
letztwilliger Verfügungen **16** 8
der Richtervorbehalte **3** 107; **14** 9; **16** 12
Ausschließung des Rechtspflegers
und Ablehnung: s. dort
Allgemeines **1** 67; **10** 4, 6 ff
in Angelegenheiten der Rechtspflegerverwaltung **10** 73
Anwendungsbereich **10** 3
Begriff **10** 4
einschlägige Vorschriften **10** 4, 6 ff.
Entwicklung **10** 1
nach FamFG
– Folgen **10** 23 ff.
– Voraussetzungen **10** 6 ff.
– Wirksamkeit gerichtlicher Handlungen **10** 10 ff.
Geschäfte nach §§ 29 ff.. RPflG **10** 73; **32** 8
Grundbuch- und Schiffsregistersachen **10** 7, 17
Normzweck **10** 1
im Verfahren
– nach BeurkG **10** 69
– nach RPflG (§§ 29, 31) **10** 73
– nach StPO **10** 68
– nach InsO, ZPO, ZVG **10** 6 ff.
– vor dem Arbeitsgericht **10** 6
– vor dem Bundespatentgericht **10** 6
in den Verteilungsverfahren **10** 6
nach ZPO
– Folgen **10** 6 ff.
– Heilung **10** 10
– Voraussetzungen **10** 9
– Weiteres Tätigwerden trotz A. **10** 10 ff.
– Zweifel über das Vorliegen eines Ausschließungsgrundes **10** 12
in Verwaltungssachen **10** 73; **32** 8

Ausschließung des UdG 10 1
Ausschließung der Schlüsselgewalt 3 56
Ausschluss der Erinnerung nach § 11 RPflG
durch Sondervorschriften
– §§ 732, 766 ZPO **11** 39
– in Registersachen **11** 56, 106
nach Abs. 3 S. 1
– bei Genehmigungen **11** 109
– bei öffentlichen Zeugnissen **11** 55
– beschränkte Beschwerde (in Grundbuchsachen) **3** 85; **11** 71
– in Erbscheinssachen **11** 53 ff., 108
– in Grundbuchsachen **11** 71 ff.
– in sonstigen Registersachen **11** 56
– Normzweck **11** 106
nach Abs. V S. 2
– in **Insolvenzverfahren 11** 112
– in Mahnsachen **11** 111
– Normzweck **11** 111
wegen Verzögerung **11** 25
Außengenehmigung 11 109
Äußerer Ordnungsbereich 9 38
Außerkraftsetzen einer letztwilligen Anordnung 16 30 ff.
Außerordentliche Rechtsbehelfe 11 32
Aussetzung
in Handelsregistersachen **3** 163, 165
der Vollziehung im Erinnerungsverfahren **11** 102
Austauschpfändung 20 92
Auszug nach VO(EG) Nr. 4/2009 20 28

Baden-Württemberg
Ausbildungs- und Püfungsordnung **2** 39
Badisches Rechtsgebiet **33** 7; **35** 5 ff.
Betreuungssachen **35** 6, 11
Neugliederung der Gerichtsbezirke **36**
Notariatsverfassung in B. **35** 1 ff.
Vorbehalt für landesrechtliche Zuständigkeitsregelungen **35** 1 ff.
Württembergisches Rechtsgebiet **33** 8; **35** 9
Sonderlaufbahn des Rechtspflegers **1** 81
Sonderlaufbahn des Amtsanwalts **2** 42 f.
Bank, Amtslöschung bei Firmenmissbrauch **3** 162; **17** 55
Beamte Betreuung **3** 131
Beamtenrecht und § 2 RPflG **2** 11
Beamtenstatus des Rechtspflegers
Allgemeines **1** 79 ff.
Berufung in das Beamtenverhältnis **1** 80; **2** 11
Besoldung **Vor 1** 81; **1** 86; **2** 12
Dienstaufsicht: s. dort
Ernennung **1** 84; **2** 34
Rechtsquellen **1** 84 ff.

Sachregister

Sonderlaufbahn vor **1** 19; **1** 81;
Versetzung **1** 87
Zuweisung anderer Aufgaben **1** 87; **27** 8
Beamter
Amtsbezeichnung **1** 79 ff. **2** 11 ff.; **12** 6
Aufstiegsbeamter **2** 18
Funktionsbezeichnung: s. dort
auf Probe **2** 27
auf Widerruf **2** 19
des gehobenen (Justiz-)Dienstes
– Allgemeines **1** 80; **2** 11, 12; **12** 5
– als Amtsanwalt **2** 40 ff.
– und andere Dienstgeschäfte **27** 8; s. auch Dienstgeschäfte
– am Bundespatentgericht **23** 1 ff.
– Funktionenverschränkung **21** 6; **26** 8
– als Kostenbeamter **26** 18 ff.
– als örtlicher Sitzungsvertreter **2** 44
– in Personalunion **21** 2
– als Rechtspfleger **1** 80; **21** 6; **26** 22
– als UdG **1** 6; **26** 16
des mittleren (Justiz-)Dienstes **2** 18; **26** 12
– Allgemeines **2**; **26** 12, 15
– als Kostenbeamter **26** 18 ff.
– als UdG **26** 15
Zuständigkeitsüberschreitungen **8** 14, 20, 45, 49
Beaufsichtigung
Nachlasspfleger/-verwalter **3** 135, 142; **16** 16 ff.
Testamentsvollstrecker **16** 27, 41
Betreuer, Vormund, Pfleger **3** 114a, 116, 133
Bedeutende Beteiligung am Kreditinstitut, Stimmrechtstreuhänder **17** 158, 164, 171, 172
Beeidigung 4 19
Beendigung; s. auch Aufhebung
des Rechtszugs **11** 21 ff.
des Testamentsvollstreckeramts **16** 38 ff.
eines Unternehmensvertrags **17** 46
von Vormundschaften und Pflegschaften **3** 114a, 134
Befähigung
zum Bezirksnotar **33**
zum Rechtspflegeramt **2** 12 ff.; **33** 5 ff.
– neue Länder **2** 45; **34** 3 ff.; **34a** 2 ff.
Übergangsregelung **2** 33
Befangenheit als Ablehnungsgrund **10** 23 ff.; s. auch Ablehnung des Rechtspflegers
Befreiung
von Eheverboten **14** 93
vom Lagebericht der Abwickler **17** 130
von der Prüfung des Jahresabschlusses **17** 147

Befristete und sofortige Beschwerde
Begriff **11** 13, 41, 63, 84
Abhilfebefugnis des Rechtspflegers **11** 45, 69, 87
Befristete Erinnerung; s. auch Frist
Abhilfebefugnis des Rechtspflegers **11** 99
bei unanfechtbaren Richterentscheidungen **11** 17, 88
in Beratungshilfeangelegenheiten **24a** 17
in Patentsachen **23** 25
Beglaubigung
von Schriftstücken **26** 14
Begrenzungsverordnung 31 13, **40** 2
Begründung
Ankündigung
– der Beschwerdebegründung **11** 42, 66, 85
– der Erinnerungsbegründung **11** 95
von Nichtabhilfeentscheidungen **11** 45, 69
Beherrschungsvertrag 17 47
Beistand 11; 14; 16
Beigeordneter Anwalt, Vergütungsfestsetzung **21** 8, 10; **26** 14
Beitrittsgebiet: s. neue Länder
Bekanntmachung
der Entscheidung nach FamFG **11** 63
der Erinnerungsentscheidung **11** 99
Erinnerungseinlegung **11** 95
der familien-/betreuungs-/nachlassgerichtlichen Genehmigungsverfügung **3** 111; **11** 109
Benachrichtigung über Nichtabhilfe (§ 11 Abs. 2 RPflG) **11** 99
Beratungshilfe 11 93, 110; **24a** 14
Anfechtung der Ablehnung **11** 13,93; **24a** 17
Anfechtung der Bewilligung **24a** 18
Anwendungsbereich, Verfahren **24a** 3 ff.
Berechtigungsschein **24a** 15
Erinnerung (§ 11 RPflG) **11** 13, 93
Festsetzung der Gebühren, Auslagen **24a** 19
Grundsätze **24a** 3 ff.
Rechtspflegerzuständigkeiten **24a** 14 ff.
Sofortberatung **24a** 14
Bereichsrechtspfleger 1 95; **34a**
Betrauung mit Rechtspflegeraufgaben **1** 95; **2** 45
Begriff, Personenkreis **34** 3 ff.; **34a** 1
Ergänzungsstudium zum Vollrechtspfleger **34a** 2 ff.
Zeichnung als „Rechtspfleger" **12** 6, 14
Zuständigkeiten **34** 11 ff.
Berichtigung
von Schreibfehlern ua, Erinnerungsverfahren **11** 88
Berlinklausel 39
Berufsfähigkeit, -fertigkeit 2 12 ff., 32

463

Sachregister

Berufung in das Beamtenverhältnis 1 80
Beschäftigung als Rechtspfleger 2 30 ff.
Beschlagnahme (Durchführung nach StPO) **11** 83; **31** 4, 7
Beschränkte Beschwerde bzw. Erinnerung in Grundbuchsachen 11 71 ff., 106
Beschränkung
der Erinnerung: s. Erinnerung nach § 11 RPflG
der Schlüsselgewalt **3** 56
Beschwer bei Erinnerung
Allgemeines **11** 97
offenbare Unrichtigkeiten **11** 92
Rechenfehler/Schreibversehen **11** 92
Beschwerde nach 11 Abs. 1 RPflG
Abhilfe **11** 45, 69, 79, 87
Abgabestreit **11** 67
Ablehnung der Rechtshilfe **11** 15, 26
Allgemeines **11** 12 ff.
Anschlussbeschwerde **11** 91
Anwaltszwang **11** 42, 66, 77, 85
Ausschluss **11** 39, 40, 50, 52 ff., 61, 73,75
befristete **11** 63
beschränkte **11** 40, 61, 75, 82
Beschwer/Beschwerdewert/Beschwerdeberechtigung **11** 43, 61, 67, 78, 86
Beschwerdegericht **11** 37, 49
Beschwerde
– nach allgemeinen verfahrensrechtlichen Vorschriften **11** 12 ff.
– bei Ablehnung der Rechtshilfe **11** 15, 26
– in Beratungshilfesachen **11** 14, 93, 110
– in Patentgerichtssachen **11** 14, 93
– in ZPO-Verfahren **11** 13, 21, 37 ff.
– in FamFG-Verfahren **11** 13, 22, 49 ff.
– in Grundbuchsachen **11** 13, 71 ff.
– in Registersachen **11** 56, 57
– in Löschungsverfahren nach § 393 FamFG **11** 58
– in Verfahren nach der SchRegO **11** 13, 80
– in Verfahren nach der StPO **11** 13, 81 ff.
– in Beurkundungsangelegenheiten **11** 60
– in Verfahren nach dem VerschG **11** 59
– in Verfahren nach dem ZVG **11** 40
– in Zwangsvollstreckungsverfahren **11** 23, 39
– in Kostensachen **11** 13, 38
Beschwerde gegen
– Anordnungen **11** 24
– Abgabeverfügung im Mahnverfahren **11** 26
– Entscheidungen **11** 19 ff.
– Mahn- und Vollstreckungsbescheid **11** 39, 111

– Ordnungsgeldbeschlüsse **11** 16
– Stimmrechtsentscheidung **11** 111, 112
– unabänderliche Entscheidungen und Zeugnisse **11** 106
– Bewirkungshandlungen **11** 50
Beschwerdesumme **11** 69
Dienstaufsichtsbeschwerde **9** 59; **11** 25, 35
Eigenes Beschwerderecht **11** 67
Einlegung bei unzuständigem Gericht **11** 65
Eintragungsverfügung **11** 50, 72,
Einschränkungen **11** 40, 61, 75, 82
Entwicklung **11** 1 ff.
Erbscheinsverfahren **11** 53
Existenz der Entscheidung **11** 63
Fassungsbeschwerde in Registersachen **11** 56
Feststellungsbeschluss, Erbschein **11** 53
Frist **11** 41, 63, 76, 84
Form **11** 42, 66, 77, 85
Geschäfte des UdG **11** 29
Geschäftswertfestsetzung **11** 74
Innengenehmigung **11** 49
Kindergeldbezugsberechtigung **11** 49
Kosten-/Vergütungsfestsetzung **11** 48, 81a, 84
Kraftloserklärung, Erbschein **11** 54
Meinungsäußerungen **11** 24
Nachlasssachen **11** 53
Negativattest **11** 49
PKH-/VKH Entscheidungen **11** 40, 41
Sonderregelungen **11** 39, 53, 74
Suspensiveffekt **11** 31
Rechtsschutzbedürfnis **11** 44, 68
sofortige B. **11** 13, 41,51, 84; s. auch Frist
Terminsbestimmung **11** 24
Überblick Reglungsgehalt **11** 12 ff.
unanfechtbar **11** 72
unstatthaft, unanwendbar **11** 38, 50, 52, 73
Untätigbleiben **11** 25
Verbot der reformatio in peius **11** 48, 69, 87
vermögensrechtliche Angelegenheiten **11** 61
Verteilungsverfahren (§ 872 ZPO) **11** 39
Vorlage an das Beschwerdegericht **11** 45
Wiedereinsetzung in den vorigen Stand **11** 41, 65, 84
Zurückverweisung **11** 47, 70, 87
Zuständigkeitsstreit **11** 67
Zwischenverfügung **11** 22, 50, 71, 78
Beschwerde weitere 24 19
Beschwerdegericht: s. Beschwerde
Beschwerdewert 11 43, 61, 67, 78
Besoldung 1 86; **27** 8
Besonderer Vertreter: s. AG/KGaA
Bestätigung nach EUVTVO und EuGFVO 20 31 ff.
Bestellung (und Abberufung); s. auch Handelssachen

Sachregister

von Abschlussprüfern (§ 318 Abs. 3–5 HGB) **17** 82
von Abwicklern
AG, KGaA, GmbH, VAG: **3** 173; **17** 127, 168
– OHG, KG **3** 171; **17** 107
– Verein **3** 20, 22
von besonderen Vertretern AG/KGaA/VAG **17** 121
eines Dispacheurs **17** 90 ff.
eines Betreuers: s. dort
eines fehlenden Geschäftsführers einer GmbH **3** 175 **17** 111
von fehlenden Vorstandsmitgliedern **17** 106
von Gründungsprüfern **17** 97
eines Pflegers: s. dort
von Prüfern für Kreditinstitute **17** 161
von Sachverständigen: s. dort
von Sonderprüfern: s. AG/KGaA/VVaG
eines Stimmrechtstreuhänders **17** 158, 164, 171, 172
eines Vertreters (Pflegers) im Verwaltungsverfahren **15** 39
eines Verwahrers **3** 171, 175; **17** 132, 136, 173
eines Vormunds: s. dort
eines Zustellungsbevollmächtigten **11** 92
Bestimmung
des Abreisezeitpunkts eines Schiffes **17** 89
des Aufbewahrungsortes (Bücher ua) **17** 132
des Verwahrers von Büchern und Papieren **17** 132
Besuchsrecht: s. Umgangsrecht
Betrauen mit Rechtspflegeraufgaben
Allgemeines **1** 9 ff., 85; **2** 30 ff.
Anwendungsbereich **2** 31
Anspruch auf Betrauung **2** 32
Arbeitsgerichtsbarkeit **2** 29
Beamter des gehobenen Dienstes **2** 11
bei Befähigung zum Richter **2** 29
Form **2** 33
freie (andere) Bewerber **2** 29
Referendar **2** 29
Voraussetzungen für ein B. **2** 12 ff.
Betreuung(sgericht)
Abgabe/Übernahme des Verfahrens **3** 133; **15** 17
Abgabestreit **15** 17
Abgabezuständigkeit **4** 3; **15** 23; s. auch Abgabe
Allgemeines **15** 10 ff.
und Angehörige eines fremden Staates **15** 33 ff.
Anordnung: s. dort
Aufhebung **15** 14
Aufwandsentschädigung: s. dort
Aufwendungsersatz: s. dort

Baden-Württemberg **35** 6
Betreuer
– Auswahl **15** 14
– Bestellung **15** 14 ff.
– Bestellung nach § 1896 Abs. 3 BGB **3** 131; **15** 18
– neue Bestellung nach Entlassung **3** 131; **15** 14
– neue Bestellung nach Todesfall **15** 19
– Einführungsgespräch **3** 133
– Entlassung nach § 1908b Abs. 1, 2 u 5 BGB **15** 14
– Entlassung nach § 1908b Abs. 3, 4 BGB **3** 131
– Entlassung nach §§ 1908i, 1888 BGB **3** 131
– Entlassung: Anfechtung **11** 49
– Entziehung (teilweise) der Vertretungsmacht **3** 133
– Festsetzung der Vergütung **3** 133
– Meinungsverschiedenheiten zwischen mehreren Betreuern **15** 45
– mehrere B. **15** 14
– Pflichtwidrigkeiten **3** 131
– Überwachung, laufende **3** 131
– Überwachungs-/Gegenbetreuer **3** 131
– Verein als B. **3** 131
– Vergütung **3** 133
– Verhinderung **3** 14
– Verpflichtung **3** 133
– Vollmachtsbetreuer **3** 131
– weiterer B. **15** 14
aufgrund dienstrechtlicher Vorschriften **15** 38 ff.
Einheitsentscheidung **15** 10; **19** 7
Einwilligungsvorbehalt **15** 28
Ergänzungsbetreuer **15** 14, **19** 7
funktionelle Zuständigkeit
– des Rechtspflegers **3** 129 ff.
– des Richters **15** 14 ff.
Gegenbetreuer **3** 131
Genehmigung von Rechtsgeschäften des Betreuers **3** 133
Herausgabe des Betreuten **15** 43
Kontrollbetreuer **3** 131; **15** 36; s. auch Vollmachtsbetreuer
Mitbetreuer **15** 14
Rechnungslegung/-prüfung **3** 133
Rechtsbehelf gegen Entlassung des Betreuers **11** 49
Rechtspflegerzuständigkeit: s. oben, funktionelle Zuständigkeit
Richtervorbehalt; s. auch oben, funktionelle Zuständigkeit
– Entwicklung **15** 1 ff.
– Normzweck **15** 7

Sachregister

und Sterilisation **15** 30, 31
Sonderbetreuer **15** 30
Trennsystem **15** 2
Übernahme des Verfahrens; s. oben: Abgabe
Überwachungsbetreuer **3** 131; s. auch Vollmachtsbetreuer
Unterbringung **15** 5, 32
Verrichtungen
– aufgrund § 1908 d BGB, § 291 FamFG **15** 23 ff.
– aufgrund §§ 1903–1905 BGB **15** 27 ff.
im Verwaltungsverfahren **15** 39
Verfahrenspfleger **3** 133; **15** 17
Vorbehaltsübertragung **3** 129
vorläufige Maßregeln (Ausländer) **15** 34
Betreuungsgerichtliche Zuweisungssachen 3 134 ff.
– Abwesenheitspflegschaft **3** 135
– Pflegschaft für unbekannte Beteiligte **3** 135
– Pflegschaft für ein Sammelvermögen **3** 135
– Pflegschaft nach § 17 Abs. 1 Sachen-RBerG **3** 135
– Pflegschaft bei Vermögensbeschlagnahme **3** 135
– Pflegschaft/Betreuung für einen Angehörigen eines fremden Staates **15** 33 ff.
– Pflegschaft/Betreuung auf Grund dienstrechtlicher Vorschriften **15** 38 ff.
– Vertreterbestellung für einen Volljährigen **3** 136
– sonstige Verfahren **3** 137
Betriebspachtvertrag 17 47
Betriebsüberlassungsvertrag 17 47
Beurkundung(en); s. auch Urkundssachen
Angabe des Wortes „Rechtspfleger" **12** 13
einer Erbscheinsverhandlung (Baden-Württemberg) **35** 5 ff.
und Erinnerung/Beschwerde **11** 60
nach Landesrecht **35** 6
eines Vergleichs **20** 14; **4** 18
Beurkundungsgesetz
Ausschließung und Ablehnung **10** 69
Beurteilung durch den Dienstvorgesetzten: s. dienstliche Beurteilung
Beurteilungsspielraum 9 78 ff.
Beweiserhebung
als angreifbare Entscheidung im Erinnerungs-Beschwerdeverfahren **11** 22, 24
im Erinnerungs-, Beschwerdeverfahren **11** 60
Kostenentscheidung **11** 113
Rechtspfleger- oder Richteraufgabe
– Allgemeines **3** 12; **4** 2; **16** 12, 15; **17** 14
– in Betreuungssachen **15** 16

– in Handelssachen **17** 14, 24
– in Nachlasssachen **16** 15
Bewerber, freie **2** 29
Bewilligung/Anordnung der öffentlichen Zustellung **4** 13; **11** 24; **21** 14
Bezeichnung als Rechtspfleger
Amts- und Funktionsbezeichnung **1** 80; **2** 11; **12** 5; s. auch Amtsbezeichnung, Funktionsbezeichnung
„Diplom-Rechtspfleger" **2** 28; **12** 7
Geschichte der Bezeichnung „Rechtspfleger" Einl 16 ff.; **1** 5 ff.; **12** 1 ff.
Pflicht zur Verwendung der Bezeichnung **12** 6
Unterschrift und Bezeichnung als R. **12** 14
Bezifferung eines Unterhaltstitels 25 5
Bezirksnotar 2 29; 33; **35** 2 ff.
Bindung des Rechtspflegers
an Dienststunden **9** 15
an seine Entscheidung **11** 45, 69, 87; s. auch Abhilfebefugnis
bei erweiterter Erbscheinsübertragung **16** 78
an das Gesetz **1** 64; **9** 18
an die Kostengrundentscheidung **21** 11
an obergerichtliche Entscheidungen **9** 20
an die Rechtsauffassung des Richters **5** 12; **9** 21 29; **11** 100; **16** 78
und sachliche Unabhängigkeit **9** 10 ff.
an Verwaltungsvorschriften **9** 18
Bücher
Auskunftsersuchen **3** 171
Bestimmung des Aufbewahrungsortes **17** 132
Bestimmung/Abberufung des Verwahrers **3** 171
Gestattung der Einsicht (§ 273 AktG) **17** 132
Buko 2 1
Bundespatentgericht, Rechtspfleger **23**
Bürodienst, einfacher und schwieriger **2** 1
Bußgeldsachen: s. Straf- und Bußgeldsachen

Datenverarbeitung, elektronische **2** 22; **9** 62
DDR, Recht der ehemaligen und Vorlagepflicht **5** 10
Dekretsystem 14 84
Designgesetz 23 1
Devolutiveffekt 11 31
Deutsch-österreichischer Konkursvertrag
Vorbehaltsübertragung **3** 12
Deutsches Verfahren **19a** 5 ff.
Österreichisches Verfahren **19a** 10
Dienstaufsicht
Allgemeines **1** 88
Anwendungsfälle **9** 46 ff.

Sachregister

äußerer Ordnungsbereich **9** 38
gegenüber Beamten des gehobenen Justizdienstes **9** 33
Begriff **9** 31 ff.
und dienstliche Beurteilung: s. dort
Dienstvorgesetzter **9** 19, 31 ff., 41
als Teil der Gerichts-/Justizverwaltung **9** 31, 39
und Justizaufsicht **9** 31
und Justizgewährungspflicht **9** 34
Kernbereich **9** 37
Maßnahmen
– Vorhalt **9** 43
– Ermahnung **9** 44
Notwendigkeit **9** 31 ff.
Organisation **9** 39
Rechtsgrundlagen **9** 39
Rechtsschutz **9** 45
und sachliche Unabhängigkeit (§ 9 RpflG) **9** 31
Zuständigkeit **9** 39
Dienstaufsichtsbeschwerde 1 88; **9** 42, 59; **11** 25, 35
Dienstgericht(sbarkeit) **Vor 1** 1; **9** 36, 45
Dienstgeschäfte iSd § 27 RpflG
Allgemeines **27** 5
Anwendbarkeit des § 12 RPflG: **12** 10
Fallgruppen **27** 9 ff.
Pflicht zur Wahrnehmung **2** 32; **27** 8
Unanwendbarkeit des RpflG **8** 8; **9** 23; **10** 73; **27** 14
Dienstliche Beurteilung
Allgemeines **9** 78 ff.
Rechtsgrundlage **9** 79
und sachliche Unabhängigkeit (§ 9 RpflG) **9** 81
zulässiger Inhalt **9** 80
Dienststunden 9 15, 61
Dienstvorgesetzter 9 41
Diplom(rechtspfleger) **2** 28; **12** 7
Dispache 17 90 ff.
Dispacheur 17 91
Disziplinargerichtsbarkeit und RPflG **Vor 1** 1
Doppelstellung Rechtspfleger/UdG: s. Dualismus
Drittwiderspruchsklage 20 117
Dualismus Rechtspfleger/UdG **21** 3; **24** 1 ff.; **26** 5; **Vor 29** 1
Durchsuchungsanordnung 20 118

EDV: s. Datenverarbeitung
Eheaufhebung, Genehmigung **14** 96 ff.; **15** 55 ff.
Eheverbote, Befreiung **14** 93 ff.
Ehemündigkeit 14 75 ff.

Ehename; s. auch Name
Übertragung des Namensbestimmungsrechts **3** 111; **14** 35
Ersetzung der Einwilligung zur Einbenennung **3** 111; **14** 35
Ehescheidung: s. Scheidung
Ehescheidung und Eheaufhebung, Genehmigung bei Geschäftsunfähigen **14** 96 ff.; **15** 55 ff.
Eheschließung
Befreiung von Eheverboten **14** 93 ff.
Ehemündigkeit **14** 75 ff.
Ersetzung der Zustimmung zur Bestätigung **14** 72
Eheverbote, Befreiung, Genehmigung **14** 93 ff.
Ehrenamtliche Richter: s. Laienrichter
Eidesstattliche Versicherung s. auch Vermögensauskunft
nach § 98 InsO **18** 6
nach § 889 ZPO **20** 103
nach bürgerlichem Recht **20** 103
nach materiellem Recht als freiwillige EV **3** 28 ff.; **20** 104
Eigenhaftung (Rechtspfleger) **9** 84 ff.
Eigenständigkeit des Rechtspflegers: s. Unabhängigkeit
Eigentumsübertragung als Zugewinnausgleich **25** 13, 17
Einberufung einer Hauptversammlung **17** 118 ff.
Einigungsvertrag 1 95 f.; **2** 45, 46; **34** 2; s. auch neue Länder
Einheitsentscheidung 15 2; **19** 7
Einspruch
im Mahnverfahren **11** 111
in Registersachen **11** 57
Einstweilige Anordnung
in Betreuungssachen **15** 17
in Kindschaftssachen **15** 17
im Erinnerungsverfahren § 766 ZPO **20** 119
Einstweilige Einstellung der Zwangsvollstreckung **11**
Einstweilige Maßnahmen (Maßregeln): s. Vormundschaftsgericht
Einstweiliger Rechtsschutz 20; **22** ff.; s. auch Einstweilige Anordnungen
Einstweilige Verfügung 19a 11; **23** 10
Eintragungen
Unzulässigkeit der Beschwerde/Erinnerung **11** 73, 75, 106
Löschung gegenstandsloser E. (§§ 85 Abs. 2 GBO) **11** 73
in Vereinssachen **3** 19 ff.
Eintragungsverfügung
und § 8 RpflG: **8** 25

467

Sachregister

und § 12 RPflG: **12** 11
als Entscheidung iSd § 11 RPflG: **11** 50, 72
Rechtsbehelf **11** 72
und sachliche Unabhängigkeit **9** 67
Einwilligung, Ersetzung
zu einem Rechtsgeschäft **14** 70
zur Annahme als Kind **14** 83 ff.
zur Bestätigung der Ehe **14** 72
zur Einbenennung **3** 111; **14** 35
s. auch Genehmigung
Einwilligungsvorbehalt 15 28
Einzelübertragung 3 14, 200; s. auch Funktionsteilung
Einziehung
von Erbscheinen: s. dort
von Kosten **26** 18 f.
von Testamentsvollstrecker- und Gütergemeinschaftszeugnissen **16** 64, 66
von sonstigen Zeugnissen **16** 64, 66
Elterliche Sorge
Auskunftsrecht **3** 111
Entziehung **14** 18
internationale Sorgerechtsangelegenheiten **14** 99 ff.
Meinungsverschiedenheiten mehrerer Sorgerechtsinhaber **14** 29 ff.
Rückübertragung **14** 20 ff.
Ruhen **3** 111; **14** 22
Übertragung auf Pflegeperson **14** 25 ff.
Übertragung nach Scheidung **14** 22
Umgangsrecht **14** 40 ff.
Eltern
Besuchsrechtsregelung **14** 37 ff.
Herausgabe des Kindes **14** 47 ff.
Entlassung
des Betreuers **15** 14
des Pflegers **1** 47; **3** 114a, 116; **14** 60
des (Gegen-)Vormunds **1** 47; **3** 114a, 116;
Entlastung des Richters durch den Rechtspfleger
Allgemeines Einl 5 ff.; **Vor 1** 7; **1** 1
durch REntlG **Einl** 13
durch REntlV **Einl** 17
Entscheidungen
iSd § 9 RPflG **9** 64
iSd § 11 RPflG **11** 19 ff.
iSd § 793 ZPO **20** 122; **11** 23
im Erinnerungsverfahren: s. dort
Existentwerden **11** 41, 63
des Rechtspflegers
– anstelle des Richters **8** 20 ff.
– anstelle des UdG **8** 45 ff. ff.
des Richters
– anstelle des Rechtspflegers **8** 14 ff.
– anstelle des UdG **8** 18

des UdG anstelle des Rechtspflegers **8** 49 f.
und Vollstreckungsmaßnahmen **11** 20 ff., 23, 89
Entscheidungen im Beschwerde-/ Erinnerungsverfahren
anfechtbare E.
– Allgemeines **11** 19 ff.
– Entscheidung iSd § 11 RPflG: **11** 19 ff.
– im Verfahren der fG **11** 22 ff.
– in ZPO- und gleichstehenden Verfahren **11** 21, 23
Erlass (Zeitpunkt) **11** 41, 63
nichtige E. und Rechtsschutzbedürfnis **8** 29
des Rechtspflegers anstelle des UdG **8** 45 ff.
unanfechtbare Richterentscheidungen **11** 17, 89
Entziehung
der Rechtsfähigkeit (Verein) **3** 22
des Sorgerechts **14** 18
der Vermögenssorge **3** 111
der Vertretungsmacht (Eltern/Vormund/ Betreuer) **3** 111, 114a, 133
Entziehungsfreiheit 9 27
Erbauseinandersetzung 3 155; **16** 68
Erbengemeinschaft: s. Auseinandersetzung
Erbschein(sverfahren)
Arten **16** 49
ausländisches Recht **16** 47
Beurkundungen **3** 63
Doppelerbschein **16** 53
Einziehung
– Allgemeines **16** 62 ff.
– und Beschwerde/Erinnerung **11** 53, 54, 108
– funktionelle Zuständigkeit **16** 63
– Zuständigkeitsverstoß **8** 26 ff.
Erinnerung, Ausschluss **11** 108
Erteilung
– Allgemeines **16** 44 ff.
– funktionelle Zuständigkeiten **16** 54, 55
– Zuständigkeitsverstoß **8**
– erweiterte Übertragung durch den Richter **16** 69 ff.
– Entwicklung **16** 44
– Bindung des Rechtspflegers **16** 78
– Voraussetzungen **16** 49
Fremdrechtserbschein **16** 47, 52
gegenständlich beschränkter E. **16** 52
Gleichlaufgrundsatz **16** 52
Kraftloserklärung **3** 147; **11** 54; **16** 66
bei Verstoß gegen funktionelle Zuständigkeit **8** 26, 27
Erbscheinsverhandlung, Baden-Württemberg **35** 6

Sachregister

Erbvertrag 3 143, 153; **14**
Erbverzicht 3 112, 115, 116, 133
Ergänzungsbetreuer 15 14
Ergänzungspflegschaft 3 116
Erinnerung nach § 11 Abs. 2 RPflG
Abhilfebefugnis
– bei Erinnerung **11** 99
– zeitliche Grenzen **11** 99
Abhilfeentscheidung **11** 99
Abschaffung der Durchgriffserinnerung **11** 8, 10
als allgemeiner Rechtsbehelf **11** 17
Ankündigung der Begründung (Erinnerungsführer) **11** 95
Anschlusserinnerung/Beschwerde **11** 91; **13**
Antrag **11** 95; s. auch Inhalt
Anwaltszwang **11** 95
aufschiebende Wirkung **11** 102
Aussetzung der Vollziehung **11** 102
Ausschluss **11** 104 ff.
Frist **11** 94
– Fristwahrung **11** 94
– Wiedereinsetzung **11** 94
Begriff **11** 31
Begründung
– des Antrags des Erinnerungsführers **11** 95
– der Erinnerungsentscheidung **11** 100
Beratungshilfesachen **11** 14, 110
Erinnerungsberechtigung **11** 97
besondere (außerordentliche) Rechtsbehelfe **11** 32
Durchgriffserinnerung (Abschaffung) **11** 8, 10
Einlegung
– beim Gericht **11** 95
– vor Erlass der Entscheidung **11** 88
– Form **11** 95
– Frist **11** 94
– neues Vorbringen **11** 99
Entscheidung iSd § 11: **11** 89 ff.; s. auch Entscheidungen
Entscheidung über E. gegen den Kostenansatz **4** 7; **26** 21
Erinnerungssumme **11** 97
Erlass der Entscheidung **11** 88
Frist **11** 94
Funktion **11** 30,31
Geltendmachung neuer Tatsachen/Beweismittel **11** 99
geschichtliche Entwicklung **11** 1 ff.
im Kostenansatzverfahren **26** 21
im Kostenfestsetzungsverfahren **11** 40 **21**
in Grundbuchsachen **11** 71 ff.
Kosten **11** 13, 40, 48, 52; **21** 25

Kostenentscheidung
– bei Abhilfe **11** 113
– bei teilweiser Abhilfe **11** 113
neue Tatsachen/Beweismittel **11** 99
patentgerichtliches Verfahren **11** 14, 93; **23** 25 ff.
rechtliches Gehör **11** 23, 69, 79, 99
durch Rechtspfleger **4** 16
Rechtsschutzbedürfnis **11** 44, 68, 98; s. auch dort
reformatio in peius **11** 101
Reformbestrebungen **11** 1 ff.
in Registersachen: s. dort
Rücknahme **11** 103
Sondervorschriften **11** 93
Statthaftigkeit **11** 89 ff.
Umdeutung **11**; s. auch dort
unbefristete E. **11** 14, 93
Unterschrift des Erinnerungsführers: s. Form
Untätigkeitserinnerung **11** 25
Unzulässigkeit: s. Zulässigkeit
Verhältnis zu anderen Rechtsbehelfen **11** 31
– Einspruch im Mahnverfahren: s. dort
– Einspruch in Registersachen: s. dort
– Erinnerung gegen die Erteilung der Vollstreckungsklausel **11** 39
– sofortige Beschwerde im Zwangsvollstreckungsverfahren **11** 23, 39
– Vollstreckungserinnerung **11** 39
– Widerspruch im Mahnverfahren: s. Mahnverfahren
– Widerspruch in Registersachen **11** 58
verspätete E. **11** 94
Vertretung **11** 96; s. auch Anwaltszwang
Verwerfungskompetenz **11** 99
Verzicht **11** 103
Vorlage an Beschwerdegericht 45, 69, 79, 87
vorsorgliche E. **11** 88
Wiedereinsetzung **11** 94
Zulässigkeit; s. auch Erinnerung gegen ...
– Anwaltszwang und Vertretung **11** 95
– Erinnerungsberechtigung) **11** 97
– Entscheidung iSd § 11: **11** 89
– Erinnrerungssumme **11** 97
– Erlass der angefochten Entscheidung **11** 88
– Form **11** 95
– Inhalt **11** 95
– offensichtlich unzulässige E., Vorlage **11** 99
– Rechtsschutzbedürfnis **11** 98 ff.; s. auch dort

Sachregister

- Statthaftigkeit **11** 89
- zuständiges Gericht **11** 100
Zurücknahme **11** 103
Zurückverweisung **11** 47, 70, 87, 100
Zurückweisungskompetenz **11** 99
Erinnerung gegen
Abgabeverfügungen im Mahnverfahren **11** 28
Ablehnung der Übernahme; Abgabestreit **11** 67, 97
Ablehnung eines Rechtshilfeersuchens **11** 15, 26
Beratungshilfeentscheidungen **11** 14, 39, 93, 110
Eintragungsverfügungen **11** 50, 72, 89
Entscheidungen des Rechtspflegers anstelle des UdG **11** 29
Entscheidungen des Rechtspflegers in Grundbuchsachen **11** 71, 106
Entscheidung des UdG anstelle des Rechtspflegers **8** 49, 50
Erteilung des Erbschein **11** 53, 108
Genehmigungen **11** 109
innerdienstliche Verfügungen/Anordnungen **11** 24
Kostenansatz (Rechtspflegerzuständigkeit) **4** 7; **26** 21
Meinungsäußerungen **11** 27
rechtliche Hinweise **11** 24
Terminbestimmungen **11** 24
Testamentsvollstreckerzeugnisse **11** 108
Überweisungszeugnisse **11** 108
Untätigbleiben **11** 25
verfahrensleitende Anordnungen/Verfügungen **11** 24
vorbereitende Anordnungen **11** 24
Vorbescheide im Erbscheinsverfahren **11** 53
Zeugnis über die Fortsetzung einer Gütergemeinschaft **11** 108
bei Zuständigkeitsstreit **11** 67, 97
Erinnerungssumme 11 97
Erinnerungsverfahren
Abhilfebefugnis **11** 88 ff., 99
Ablauf des Verfahrens **11** 99
Allgemeines **11** 88
Anwaltszwang **11** 95
anwendbare Vorschriften **11** 100
Aussetzung des Verfahrens/der Vollziehung **11** 102
Beschwerdesumme s. Erinnerungssumme
Erinnerung gegen Entscheidungen des UdG 8 50; **11** 29; **26** 25
Erklärungen
Aufnahme **8** 49; **10** 69 ff.; **12** 10; **26** 14, 22; **36a** 1

Abgabe dienstlicher E. **9** 47; **10** 42
Entgegennahme **3** 146; **24** 15 ff.; **35** 6
im Beschwerde-/Erinnerungsverfahren und Anwaltszwang **11** 42, 66, 77, 85, 95
Erlass (Entscheidung) **11** 63
Ermahnung, Dienstaufsicht **9** 44
Ermittlungen, Durchführung von: s. Umfang der Übertragung
Ernennung/Bestellung: s. auch Bestellung
von Dispacheuren **17** 90
zum Rechtspfleger: s. Betrauen
von Sachverständigen: s. dort
von Testamentsvollstreckern: s. dort
Ersatzbetreuer s. Ergänzungsbetreuer
Ersetzung der Sorgeerklärung (Art. 224 § 2 Abs. 3 EGBGB) **14** 37
Ersetzung der Zustimmung
beim Eintritt des Betreuten in ein Arbeitsverhältnis **3** 133
beim Eintritt Mündels/Pfleglings in ein Arbeitsverhältnis **14** 70
der Einwilligung zur Einbenennung **3** 111; **14** 35, 36
zur Adoption **14** 83 ff.
zur Bestätigung der Ehe **14** 72
zur Sorgeerklärung **14** 71
bei Gefährdung des Kindeswohls **14** 18
zu einem Rechtsgeschäft **14** 70, **25** 10
in den Fällen der §§ 1803 Abs. 2, 3, 1810, 1812 Abs. 2 BGB **3** 111, 114a; **14** 36
Erwachsenenschutz 15 58
Erweiterte Übertragung
der Erbscheinserteilung **16** 69 ff.
Europäische Genossenschaft 3 176
Europäische Gesellschaft (SE) 17 138 ff.
Europäisches Mahnverfahren 20 25 ff.
Europäisches Verfahren für geringfügige Forderungen (Small-Claims-VO) **20** 40 ff.
Europäischer Vollstreckungstitel 20 31 ff.
Europäischer Rechtspfleger Vor 1 21
Evokationsrecht 9 27; **18** 13 ff.; **19** 5

Fachhochschulausbildung, externe/interne **2** 13, 20 ff.; s. auch Ausbildung
Fachpraktikum 2 23
Fachstudium 2 21 ff.
Familiengericht
Adoptionsverfahren **14** 83 ff.
- Aufhebung des Annahmeverhältnisses **14** 88
- Genehmigung der Einwilligung **14** 87
Allgemeines **3** 108; **14** 5

Sachregister

Anspruch auf Herausgabe des Kindes **14** 47 ff.
Anordnung des Verbleibens des Kindes bei der Pflegeperson **14** 50
Beschränkung/Ausschließung der Schlüsselgewalt **3** 56
Ersetzung der Zustimmung **14** 65 ff.
Feststellung des Ruhens/Wiederauflebens der elterlichen Sorge **3** 111
Genehmigung
– in Pflegschafts- und Vormundschaftssachen **14** 114a, 116
– von Rechtsgeschäften des Vormunds **14** 116
– für den Antrag auf Scheidung **14** 96 ff.
Maßnahmen bei Gefährdung des Kindeswohls **14** 15 ff.
Religiöse Kindererziehung **14** 61 ff.
Sorgerechtsregelung nach Ehescheidung **14** 20 ff
Stundung der Ausgleichsforderung **11** 49; **25** 11, 17
Übertragung von Angelegenheiten der elterlichen Sorge auf die Pflegeperson **14** 25 ff.
Übertragung von Vermögensgegenständen **11** 49; **25** 11, 17
Umgangsregelung **14** 40 ff.
vorläufige Maßregeln (Art. 24 Abs. 3 EGBGB) **14** 57 ff.
einer Beschränkung/Ausschließung der Schlüsselgewalt **3** 14
Familienname: s. Name
Familiensachen 3 108 ff.
Ablehnung des Rechtspflegers **10** 17 ff.
Anwaltszwang **13** 4
Frist Beschwerde/Erinnerung **11** 63 ff., 94
Richtervorbehalte in Kindschaftssachen **14** 5, 12 ff.
Vorbehaltsübertragung **3** 108, 109
zuständiger Richter **28** 6
Zugewinnausgleich; Stundung und Übertragung von Vermögensgegenständen **25** 1 ff.
Zuständigkeit des Familiengerichts **3** 108 ff.; **14** 5 ff.
Fassungsänderung der Satzung **11** 56; **17** 29, 31
Fassungsbeschwerde 11 56
Festsetzung(sverfahren)
der Anwaltsvergütung
– nach § 11 RVG **11** 40, 48; **21** 9, 17 ff., 22
– aus der Staatskasse **21** 9, 10, 23; **26** 14

– der Gerichtskosten im internationalen Rechtsverkehr **21** 25
der Auslagen/Vergütung
– von Abschlussprüfern (§ 318 HGB) **17** 82
– von Abwicklern **17** 129
– von Aufsichtsratsmitgliedern **17** 117
– von besonderen Vertretern **17** 123
– von Prüfern für Kreditinstitute (KWG) **17** 162, 164, 166
– von Stimmrechtstreuhändern **17** 159, 162, 164, 166, 172
– der Zeugen- und Sachverständigenentschädigung **21** 9
– des Verfahrenspflegers **3** 133, **15** 17
– von vertretungsbefugten Personen (KWG) **17** 123, 146
– des Vormunds/Pflegers/Betreuers **3** 114a, 133
der Gerichtskosten: s. Kostenansatz
der Gerichtskosten im internationalen Rechtsverkehr **21** 25
der Kosten: s. Kostenfestsetzung
des Kindesunterhalts im vereinfachten Verfahren **1** 75; **11** 49; **25** 6 ff.
im Verfahren zur Entschädigung von Zeugen und Sachverständigen **21** 9
von Zwangsgeld: s. dort
Feststellung
der Beendigung einer Vormundschaft/Pflegschaft **3** 114a, 116
der Dispache **17** 90 ff.
der Geschlechtszugehörigkeit **15** 52
eines Mangels der Satzung (AG, KGaA, GmbH) **17** 70
des Ruhens/Wiederauflebens der elterlichen Sorge **3** 111
der tatsächlichen Errichtung einer Zweigniederlassung **17** 15 ff.
der Todeszeit **3** 73 ff.ff.; **11** 59
von Ursachen und Folgen eines Schiffsunfalls: s. Verklarung
der Vermögenslosigkeit einer Gesellschaft **17** 56
des Zustands/Werts einer Sache (§ 410 Nr. 2 FamFG) **3** 34
Feststellungsbeschluss nach § 89 GBO **11** 76
Finanzgerichtsbarkeit Vor 1 1; **21** 24
Firma
Änderung des Sitzes **3** 162
Löschung **3** 164; **11** 58; **17** 49 ff.
Nichtigkeit **17** 57, 61
unzulässige **17** 57, 62
Firmengebrauch, unbefugter **17** 55, 62
Firmenmissbrauchsverfahren 17 55

471

Sachregister

Flugzeuge: s. Luftfahrzeuge
Forderungspfändung 20 98
Formwechsel (UmwG) 17 42
Fortgesetzte Gütergemeinschaft
Klauselerteilung 20 46 ff.; 26 14
Zeugnis nach § 1507 BGB 3 147;
 11 55;
Zeugnis nach § 36 GBO: s. Überweisungszeugnisse
Freie Bewerber 2 16 ff.
Freiheitsentziehung 4 20 ff.; 15 5, 11
Freiwillige Gerichtsbarkeit 1 40,
 45 ff.
als Teil der Rechtspflege 1 41
und Verwaltung 1 48 ff.
Fremde Staatsangehörigkeit
Anordnung der Nachlasspflegschaft 3 135,
 142; 16 16, 23
ausländisches Recht: s. Ausland
Befreiung von Ehefähigkeitszeugnis
 27 5
Betreuung 3 128 ff.; 15 14 ff.
gegenständlich beschränkter Erbschein:
 s. dort
Nachlasspflegschaft 3 135, 142;
 16 23
Nachlasssachen 3 138 ff.; 16
Vormundschaft/Pflegschaft 3 114 ff., 116 ff.;
 14 57 ff.
Fremdes Recht 5 8 ff.
Fremdrechtserbschein 16 47
Friedensrichter Vor 1 20
Frist für Beschwerdeeinlegung 11 41, 63,
 76, 84
Frist für Erinnerungseinlegung 11 94
Notfrist 11 41
Wiedereinsetzung: s. dort
Fristbestimmung
nach §§ 2198 Abs. 2, 2202 Abs. 3 BGB 3 149;
 11 51
nach § 393 FamFG zur Erhebung eines
 Widerspruchs 3 162
zur Klageerhebung 20 71 ff.; 23 12, 13
– nach §§ 926, 936 ZPO 20 71 ff.
Nachlassinventar 3 153
bei Rückgabe der Sicherheit 20 11
Testamentsvollstreckung 11 51
Vorlegung der Vollmacht in Patentsachen
 23 12, 13
Fristen (Beschwerde/Erinnerung) s. Frist
 für E./B.-Einlegung
Wiedereinsetzung: s. dort
Funktionsverschränkung Rechtspfleger/UdG 26 8
Funktionsbezeichnung
Kostenbeamter 21 6; 26 18 ff.

Rechtspfleger 1 52 ff.; 2 12 ff.; 12 3; 21 3 ff.;
 26 22 ff.
UdG 21 10; 26 11 f.
Funktionsteilung Richter/Rechtspfleger; s. auch Zuständigkeitsverteilung
Entwicklung 3 2 ff.
gesetzliche Systematik 3 8 ff.
Funktionsüberschreitungen: s. Zuständigkeitsverstöße

Gebrauchsmuster, Rechtspfleger am
 Patentgericht 23 1 ff.
Gebührenfreiheit im Erinnerungsverfahren 11 113
Gefährdung des Kindeswohls,
Maßnahmen der Personensorge
 14 15 ff.
Gegenbetreuer 3 131; 14 17
Gegenständlich beschränkter Erbschein:
 s. Erbschein
Gegenvormund 3 114a
Gegenvorstellung 11 34
Gehobener Justizdienst
Amtsbezeichnung 1 82; 12 5
Besoldung: s. dort
Rechtspfleger als Beamter: s. Beamter
Verhältnis UdG/Rechtspfleger:
 s. UdG
Genehmigung/Einwilligung
Ersetzung der G.: s. Ersetzung der Zustimmung
familiengerichtliche G.: s. Familiengericht
der Kraftloserklärung von Aktien
 17 104
Genehmigungsverfahren, Nachlassgericht (Zulässigkeit der Erinnerung)
 11 109
Genossenschaftsregister 3 164 ff.
Abwickler, Bestellung 17 127, 163, 168
Allgemeines 17 127
Amtslöschungen 3 162, 164, 166;
 17 49 ff.
Ausschluss der Beschwerde/Erinnerung
 11 56, 58, 107
funktionelle Zuständigkeiten 3 162, 164,
 166
Gericht
Rechtspfleger als Organ des Gerichts
 Vor 1 6; 1 5 ff.
der für den Rechtspfleger zuständige „Richter" 28
Gerichtsbarkeiten, und RpflG
 Vor 1 1 ff.
Gerichtsbezirke, Neugliederung in Baden-Württemberg 36

Sachregister

Gerichtskosten, Erhebung **21** 9; **26** 18
Gerichtsorganisation, Organstellung des Rechtspflegers **Vor 1** 2 ff.; **1** 1 ff.; **26**
Gerichtsschreiber
Ausbildung des G. **2** 1 ff.
Bezeichnung des G. als „Urkundsbeamter der Geschäftsstelle" **12** 1 ff.
Bezeichnung des Rechtspflegers als G. **26** 1 ff.
Entwicklung des Rechtspflegeramts aus dem Amt des Gerichtsschreibers **Einl** 1 ff.; **1** 1 ff.; **26** 1 ff.
Entwicklung des Amts des Gerichtsschreibers **Einl** 2 ff.
früher Funktionen des Gerichtsschreibers
– für die Fertigung von Entwürfen **Einl** 7, 8
– im Grundbuch **Einl** 19
– im Kostenfestsetzungsverfahren **Einl** 16; **1** 1; **21** 22
– in Mahnsachen **Einl** 16, 21
– in Strafvollstreckungssachen **Einl** 21
– in Vollstreckungssachen **Einl** 21
Gerichtssekretäre 1 94; **2** 45; **34** 3
Gerichtsverfassung
Gesetzgebungskompetenz **2** 9
und RpflG **Vor 1** 3; **2** 9
Gerichtsverwaltung
Begriff **1** 13; **27** 10
Dienstgeschäfte der G. **27** 10
G. und Justizverwaltung 1 13; **27** 3 ff.
G. und Rechtspflege 1 9
G. und Dienstaufsicht 1 88; **9** 31 ff.; **27** 14
Gerichtsvollzieher 1 4; **3** 143
Gesamtgut 3 147; **16** 51, 64
Geschäftsstelle
Aufgaben **26** 18, 15
Einrichtung/Besetzung **2** 1 ff.
Erklärungen zu Protokoll des Rechtspflegers **24** 15 ff.
und Rechtspflegertätigkeit
– Aufnahme von Erklärungen **12** 10; **24** 15 ff.
– Herauslösen des Rechtspflegers aus der G. **21** 6; **26** 8; **28** 1
Geschäftsstellenverordnung 26 15; **27** 12
Geschäftsverteilung 1 89 ff.; **2** 35
Allgemeine Verfügungen der Landesjustizverwaltungen **1** 93
Betrauung mit Rechtspflegeraufgaben **2** 35
Form **1** 92
durch den Gerichtsvorstand **1** 91
einfachgesetzlicher Rechtspfleger **1** 91
gesetzlicher Rechtspfleger: s. dort
Reformvorschläge **Einl** 26, 32; **Vor 1** 8 ff., 17, 21
Geschäftsverteilungsplan
Begriff **1** 89; **2** 35
G als Sicherung der Unabhängigkeit des Rechtspflegers 1 89, 90
G. und jeweils zuständiger Richter 28 7 ff.
Verstoß gegen G. **1** 91; **8** 10
Geschäftswertfestsetzung (Nachlasssachen) 16 12
Geschlechtszugehörigkeit, Feststellung (TSG) **15** 58 ff.
Gesellschaft mit beschränkter Haftung: s. GmbH
Gesellschaftsunabhängigkeit 1 68
Gesetzesbindung und sachliche Unabhängigkeit 9 17 ff.
Gesetzlicher „Rechtspfleger" 1 78, 91
einfachgesetzlicher Rechtspfleger **1** 91
Gesetzlicher Richter 1 78
Gestufter Richterbegriff 1 71
Getrenntleben, Sorgerechtsregelung **14** 21
Gewinnabführungsvertrag 17 47
Gewinngemeinschaftsvertrag 17 47
Gleichlaufgrundsatz 16 52
GmbH
Abwickler, Bestellung/Abberufung **17** 15 ff.
Aufsichtsrat
– Abberufung von Mitgliedern (Montan-MitbestG) **17** 154
– Ergänzung von Mitgliedern (MitbestErgG) **17** 156
Befreiung von der Prüfung des Jahresabschlusses **17** 130
Bestimmung des Verwahrers von Büchern ua **17** 132, 136
Ersteintragung **17** 15 ff.
Feststellung des Mangels einer Satzung **17** 70
Gesellschaftsvertrag, Änderungen: s. unten Satzungsänderungen
Löschungen von Amts wegen
– nach § 43 KWG **17** 54, 57
– funktionelle Zuständigkeit **3** 157; **17** 64
– der Gesellschaft **17** 49 ff.
– nichtiger Beschlüsse **17** 61
Löschungen im Zivilprozess **17** 66
Notbestellung von Geschäftsführern **3** 175

473

Sachregister

Satzungsänderungen **17** 25 ff.
Prüfer
– Abschlussprüfer **17** 82 ff.
Zweigniederlassung
– Ersteintragung **3** 162; **17** 17, 18
– Satzungsänderung **17** 32
Greifbare Gesetzeswidrigkeit 11 88
Grenzüberschreitende Prozesskostenhilfe 20 20 ff.
Grundbuchsachen
Amtslöschungen **3** 83; **11** 75, 106
Amtswiderspruch **3** 83; **11** 75, 106
Ausschluss der Erinnerung nach § 11 Abs. 3: **11** 104 ff.
(un)befristete Beschwerde **11** 76
beschränkte Beschwerde/Erinnerung **11** 75, 106
Besonderheiten in Baden-Württemberg **35** 2, 6
Eintragung einer Hypothek als Rechtsprechung? **1** 47
Erinnerung/Beschwerde
– gegen Eintragungen **11** 75, 106
– gegen Eintragungsverfügung **11** 72
– gegen Zurückweisungen und Zwischenverfügungen in G. **11** 71, 75
Feststellungsbeschluss nach § 89 GBO **3** 85; **11** 76
Grundbuchzeugnis des Nachlassgerichts: s. Überweisungszeugnisse
Grundschuldbrief **3** 84
Hypothekenbrief **3** 84
Löschung gegenstandsloser Eintragungen **3** 83; **11** 89
Rangklarstellungsverfahren **3** 84; **11** 73, 92
als Rechtspflegerangelegenheit **3** 84
als Rechtsprechung **1** 56; **3** 84
Rentenschuldbrief **3** 84
Unschädlichkeitszeugnisse **3** 84; **37** 6, 7, 10
Grundsatz der umfassenden Sachkompetenz 4 1
Gründungsprüfer: s. AG/KGaA
Gültigkeit von Geschäften bei Kompetenzüberschreitung: s. Zuständigkeitsverstöße
Gütergemeinschaft; s. auch Güterrechtsregister, fortgesetzte G.
Ersetzung der Zustimmung **14** 66; **25** 10
Klauselerteilung **20** 60 ff.
Nachlasssachen: s. fortgesetzte Gütergemeinschaft
Güterrechtsregister(sachen) 3 54 ff.; **14** 66
Amtslöschungen **3** 56

Beschränkung/Ausschließung der „Schlüsselgewalt" **3** 56
Erinnerung/Beschwerde
– Ausschluss **3** 57; **11** 56, 107
Negativbescheinigung (§ 386 FamFG) **3** 56

Haager Übereinkommen (HKÜ) **14** 101
Haftbefehl 4 20 ff.; **20** 117; **31** 11
Haftung des Rechtspflegers
zivilrechtlich **9** 84 ff.
strafrechtliche **9** 90 ff.
Halbleiterschutzrechte 23 13, 15, 18 22
Hamburg, Vorbehalt für H. **36a**
Handelsbücher: s. Bücher
Handelsregister; s. auch Registersachen
Abteilungen A, B **3** 161; **17** 7 ff.; s. auch Registersachen
funktionelle Zuständigkeitsverteilung **3** 161 ff.; **17** 14 ff.
Amtslöschungen: s. dort
Eintragung(sverfügung)
– Eingliederungseintragung **17** 34
– Ersteintragung **17** 15 ff.
– von Löschungen **17** 49 ff.; s. auch Löschung
– als Rechtsprechung **1** 47, 56
– Satzungsänderungen, Verfügung zur **17** 25 ff.
– von Unternehmensvertragsänderungen **17** 45 ff.
– Umwandlungseintragung, Verfügung zur **17** 35: Abspaltung **17** 39, Aufspaltung **17** 38, Ausgliederung **17** 40, formwechselnde U. **17** 42, Spaltung **17** 37, Vermögensübertragung **17** 41, Verschmelzung **17** 36
– unzulässige E. **17** 57, 62
– Verfügungen nach § 399 FamFG **17** 67 ff.
– von Zweigniederlassungen **3** 162; **17** 17
Erloschene Firma **3** 162; **11** 56 ff.
Löschung: s. dort
nichtige Kapitalgesellschaft; Beschlüsse **17** 61, 67 ff.
nichtiger Versammlungsbeschluss **17** 61, 67 ff.
Rechtsbehelfe
– Einspruch **11** 56 ff.
– Erinnerung nach § 11 RPflG **11** 107
– Widerspruch **11** 58
Rechtspflegeraufgaben **3** 161 ff.
Richtervorbehalte **17** 15 ff.
Handelssachen; s. auch Handelsregister
Begriff **3** 161; **17** 7 ff.
– zuständiges Gericht **3** 157

Sachregister

- Entwicklung **3** 161; **17** 1 ff.
- Normzweck **17** 7

Rechtspflegerzuständigkeiten
- Allgemeines **3** 161 ff.; **17** 14
- Anordnung auf Mitteilung einer Bilanz **3** 171
- Ernennung/Abberufung von Liquidatoren (§§ 146, 147 HGB) **3** 171
- Bestimmung des Verwahrers von Büchern **3** 171; **17** 132
- Genossenliste **3** 164
- Genossenschaftsregister **3** 164; s. auch dort
- Handelsregister: s. dort
- Löschungsverfahren **3** 162 ff.

Richtervorbehalte
- Abberufung von Aufsichtsratsmitgliedern nach § 103 AktG **17** 112; nach § 11 MontanMitbestG, § 5 MitbestErgG **17** 154 ff.; nach § 29 SEAG **17** 140
- Befreiung von der Prüfung des Jahresabschlusses und des Lageberichts der Abwickler nach § 270 Abs. 3 AktG **17** 130
- bei Abwicklern nach § 265 AktG **17** 127, nach 47 Abs. 2 VAG **17** 168
- bei Abschlussprüfern (§ 318 Abs. 3–5 HGB) **17** 82 ff.
- bei besonderen Vertreter zwecks Regressrechtsstreit nach § 147 AktG **17** 121 ff. und nach §§ 26, 206 UmwG **17** 146
- bei fehlenden Vorstandsmitgliedern nach § 85 AktG **17** 106
- bei Gründungsprüfern (AG, KGaA) **17** 97 ff.
- beim Notgeschäftsführer (GmbH) **3** 159; **17** 111
- bei Stimmrechtstreuhänders nach §§ 2c, 45a KWG **17** 164 ff.; nach § 104 VAG **17** 171; § 6 BörsG **17** 172
- Bestimmung des Abreisezeitpunkts eines Schiffes **17** 89
- Bestimmung des Aufbewahrungsortes für Bücher ua (AG, KGaA, VVaG) **17** 132 ff.
- Dispache **17** 90 ff.
- Entscheidung von Meinungsverschiedenheiten (§ 35 Abs. 2 AktG) **17** 100 ff.
- Ergänzung des Aufsichtsrats (AG, KGaA, VVaG) **17** 114 ff.
- Ermächtigung zur Einberufung einer Hauptversammlung (AG, KGaA, VVaG) **17** 118 ff.
- Ernennung von Dispacheuren **17** 92
- Festsetzung der Vergütung und Auslagen: s. dort
- Gestattung der Einsicht in Bücher und Schriften (AG, KGaA, VVaG) **17** 132
- Genehmigung der Kraftloserklärung von Aktien **17** 104 ff.
- Verfahren bei Aufmachung und Feststellung der Dispache **17** 90 ff.
- Verklarung **17** 85 ff.

Vorbehaltsübertragung **3** 159, 161

Handzeichen 12 14 ff.

Hauptversammlung, Ermächtigung zur Einberufung **17** 118

Hauptversammlungsbeschlüsse, Registereintragung, Amtslöschung **17** 49 ff.

Haverei (Havarie) **17** 90 ff.

Heilbehandlung, Genehmigung der Betreuereinwilligung **15** 29

Heilung
bei Ablehnung **10** 10, 67
bei Vorliegen von Ausschließungsgründen **10** 10

Heimstättenfolgezeugnis 3 148

Herausgabe
des Kindes samt Habe **14** 47 ff.
des Betreuten **15** 43

Historische Anreicherung (Rechtsprechungsbegriff) **1** 37

Hochschulausbildung 2 17, 20 ff.

Hochschulreife (Rechtspflegerausbildung) **2** 8, 17

Hoferbfolge 3 64; **16** 60

Hoffolgezeugnis 16 60

Hypothek,
Eintragung im Grundbuch als Rechtsprechung? **1** 47

Hypothekenbrief 3 84

Immobiliarvollstreckung: s. Zwangsversteigerung/-verwaltung

Inhaltsänderung, Satzungs **17** 25 ff.

Inhaltskontrolle von AGB **3** 14; **4** 8

Inkrafttreten des RPflG 40 1

Innengenehmigung 11 49

Innerdienstliche Verfügung; Anordnung 11 24

Insolvenzsachen 3 180 ff.; **18** 5 ff.

Internationale Abkommen und Vorlagepflicht **5** 9

IntFamRVG 14 99 ff.; **29** 8

Internationaler Rechtsverkehr 29 2 ff.
Kostenfestsetzung **20** 23; **21** 9, 12 ff.
Sorgerechtsstreitigkeiten **14** 99 ff.
Sorgerechtsübereinkommen **14** 102
Unterhaltssachen **29** 6, 8
Zustellungen **29** 1;

Inventarfrist 3 153; **11** 51

475

Sachregister

Jahresabschluss 17 130, 147
Jugendamt 3 111
Jugendgerichtsgesetz 14 78 ff.
Jugendrichter 14 80, 81; **31** 21 ff.
Jugendstrafrecht, Übergangsrecht **33a**
Jugendstrafvollstreckung 31 21 ff.; **33a**
Judikativer Bereich 9 80, 87
Justizaufsicht 9 31
Justizgewährungspflicht 9 34
Justizreform Einl 18 ff.; **Vor 1** 8 ff.
Justizsekretär 34 3; s. auch Gerichtssekretär
Justizverwaltung
Allgemeines **1** 9 ff., 13
Begriff **1** 13; **27** 1 ff.
Pflicht zur Wahrnehmung von Geschäften der J. **27** 8 ff.
und Gerichtsverwaltung **1** 13 **27** 1 ff.
und Rechtspflege **1** 9 ff.
und Rechtspflegeverwaltung **1** 9; **27** 1

Kammer für Handelssachen 10 44; **2** 11; **28** 11
Kapitalgesellschaften: s. AG/KGaA, GmbH, VVaG
Kastration, Genehmigung **15** 47 ff.
Kernbereich, sachliche Unabhängigkeit **9** 37
Kind
Annahme: s. Adoption; Adoptionssachen
Beurkundungssachen **3** 58 ff.
Entführung **14** 104
Gefährdung des Kindesvermögens **3** 108
Gefährdung des Kindeswohls **14** 15 ff.
Herausgabe **14** 47 ff.
religiöse Erziehung **14** 61 ff.
Rückführung nach dem SorgeRÜbkAG **14** 102
Umgangsrecht **14** 40 ff.
Kindergeldbezugsberechtigung 25 4
Kindschaftssachen
- Adoptionssachen **3** 120 ff.; **14** 83 ff.
- Aufgaben nach dem JGG **3** 119; **14** 78 ff.
- elterliche Sorge **3** 111 ff.; **14** 12 ff.
- Kindesherausgabe **3** 113; **14** 40 ff.
- Pflegschaft für einen Minderjährigen **3** 116 ff.
- Pflegschaft für eine Leibesfrucht **3** 116
- Umgangsrecht **3** 113; **14** 40 ff.
- Verfahrensbeistand **3** 117
- Vertreterbestellung für einen Minderjährigen **3** 116; **14** 54 ff.
- Vormundschaft **3** 114 ff.
- freiheitsentziehende Unterbringung eines Minderjährige **3** 118
- funktionelle Zuständigkeit des Rechtspflegers **3** 108 ff.

- Richtervorbehalte **14** 12 ff.
Kirchenaustrittserkärung 37 8
Klageaufnahme 24 25; **36a** 1
Klageerhebung
Anordnung der K. **20** 71
Klagefrist
bei Arrest/einstweiliger Verfügung **20** 71
Klauselerinnerung anstelle Beschwerde **11** 39
Klauselerteilungsverfahren, Rechtspfleger/UdG **8** 49
Grundsätze **20** 46 ff.
Klauselklage 20 49, 117
bei konsularischen Urkunden **20** 70
bei notariellen Urkunden **20** 68
in Patentgerichtssachen **23** 18 ff.
Rechtsbehelfe **11** 39
Rechtspflegerzuständigkeiten **20** 46 ff.; **23** 19, 20
Scheidungsvereinbarung **20** 50
UdG-Zuständigkeit **20** 50; **26** 14
Zuständigkeit des Jugendamts **20** 51, 66
Zuständigkeitsüberschreitungen **8** 49
Kleine Justizreform Einl 18 ff.; **Vor 1** 8; **2** 1;
Kodifikation des Rechtspflegerrechts **Vor 1** 3
Kollegialgericht, jeweils zuständiger „Richter" **11** 100; **28** 9 ff.
Kompetenzkonflikt
zwischen Rechtspflegern verschiedener Gerichte **4** 9
zwischen Rechtspflegern desselben Gerichts **7** 3
zwischen Richter/Rechtspfleger **7** 2
Kompetenzüberschreitung: s. Zuständigkeitsverstöße
Konkurrierende Zuständigkeit **35** 2
Konkurssachen: s. Insolvenzverfahren
deutsch-österreichischer Konkursvertrag **3** 195; **19a** 4, 8
Rechtspflegerzuständigkeit **3** 180 ff.
Revokation und Evokation **18** 13 ff.
Umfang des Vorbehalts **3** 182; **18** 5 ff.
Vorbehaltsübertragung **3** 180 ff.
Konsularische Urkunden 20 70
Kontopfändungsschutz (§ 850k ZPO) **20** 98
Kontrollbetreuer 3 131; s. auch Vollmachtsbetreuer
Kosten des Erinnerungsverfahrens **11** 113
Kostenansatz
Abgrenzung zur Kostenfestsetzung **21** 9; **26** 21
Begriff **26** 20
Erinnerung **4** 7; **26** 21

Sachregister

und Rechtspfleger **21** 10
und UdG **21** 9, 10
funktionelle Zuständigkeit **21** 10; **26** 20
Kostenbeamter
Beamter des mittleren Dienstes als K. **21** 10; **26** 19
Funktionsbezeichnung **21** 10; **26** 12ff., 18
funktionelle Zuständigkeiten **21** 9, 10; **26** 19ff.
Rechtspfleger als K. **21** 10; **26** 10; **27** 10
Kostenentscheidung
Angriff gegen isolierte K. **11** 49, 92
im Erinnerungsverfahren **11** 113
Funktionelle Zuständigkeiten **4**
Kostensachen bis 200,00 EUR **11** 92
Kostenerstattungsanspruch, prozessualer **21** 8, 9
Kostenfestsetzung, s. auch Festsetzung nach §§ 103ff. ZPO
– Abgrenzung zu den übrigen Verfahren in Kostensachen **21** 8, 12ff.; **26** 21
– Allgemeine Grundsätze **21** 12
– Anwendungsbereich **21** 8
– Entwicklung **Einl** 8; **21** 1ff.
– als Rechtsprechung: **1** 75
Abgrenzung Rechtspfleger-/UdG-Zuständigkeit **21** 9, 10
in der Arbeitsgerichtsbarkeit **21** 12
im anwaltsgerichtlichen Verfahren **21** 15
Bewilligung der öffentlichen Zustellung **21** 14
Beschwerde
Kostenfestsetzung nach §§ 103ff. ZPO
11 40; **21** 19ff.
Frist **11** 41; **21** 20
Frist in Strafsachen **11** 84; **21** 20
Erinnerung
– Allgemeines **11** 17, 88ff.
– befristete E. **11** 94; **21** 21
– Frist in StPO-Sachen **11** 84; **21** 20
– bei offensichtlichem Schreibversehen und Antragsabweisung **11** 92
– reformatio in peius **11** 48, 69, 87
– Richterzuständigkeit bei teilweiser Abhilfe **11** 100
– im Verfahren vor dem Patentgericht **11** 14; **23** 25ff.
der Gerichtskosten; s. Kostenansatz
der Gerichtskosten im internationalen Rechtsverkehr **21** 3, 25
in fG-Sachen **21** 12
als Geschäft des UdG **21** 16; **26** 14
im internationalen Rechtshilfeverkehr **21** 3, 25
bei isolierter Rückfestsetzung **21** 13
in Landwirtschaftssachen **21** 12

in Patentsachen **23** 23
im Verwaltungs-, Sozialgerichts- und Finanzgerichtsverfahren **Vor 1** 1; **21** 15
Kraftloserklärung
Aktien **17** 104
Erbscheine/andere Zeugnisse **3** 147; **11** 53ff.; **16** 44ff., 51
Kreditinstitute
Amtslöschung unzulässiger Firma **17** 54
Bestellung und Abberufung von
– Abwicklern **17** 163
– Prüfern **17** 161
– Sachwaltern **17** 160
– Stimmrechtstreuhändern **17** 158

Laienrichter 1 61
Landesrecht(sregelung)
Besonderheiten in Baden-Württemberg **33** 5; **35** 3, 9
Rechtspflegergeschäfte nach L. **37** 4ff.
Übertragung auf Rechtspfleger **Vor 1** 3; **37** 2
über Vor- und Ausbildung **2** 14, 37
Vorbehalte **33 a**; **35**
Landwirtschaftsgericht 16 60
Landwirtschaftssachen, Kostenfestsetzung **21** 12
Laufbahnbefähigung 2 12
Laufbahnverordnung 1 84; **2** 12, 17; **9** 79
Leibesfruchtpflegschaft 3 116
Leistungsprinzip, dienstliche Beurteilung **9** 78
Letztwillige Verfügung
Auslegung **Vor 1** 14; **16** 45, 47
Außerkraftsetzen **3** 114a; **16** 30ff.
Liquidatoren: s. Abwickler
Löschung gegenstandsloser Eintragungen (§§ 85 Abs. 2, 89 GBO) **11** 73, 92
Löschung (Handelsregister)
nach KWG **17** 54
Ankündigung der L. **11** 58
einer Einzelfirma **3** 157; **17** 49ff.
Firmenmissbrauchsverfahren: s. dort
funktionelle Zuständigkeiten **3** 161ff.; **17** 49ff.
von nichtigen Beschlüsse einer Kapitalgesellschaft **17** 61
von Kapitalgesellschaften **17** 52
Rechtsbehelfe **11** 56ff.
wegen unbefugten Firmengebrauchs: s. dort
von Versammlungsbeschlüssen einer Kapitalgesellschaft **17** 61
unzulässige Eintragungen **11** 56; **17** 62ff.
Löschungsankündigung 11 58
Löschungsgesetz 17 50
Luftfahrzeuge 3 94; **11**; **35** 6

477

Sachregister

Magna Charta des Rechtspflegers **9** 3
Mahnantrag, Zurückweisung (§ 691 Abs. 3 S. 2 ZPO) **11** 92
Mahnverfahren
Abgabeverfügung **11** 28
und Anwaltszwang **13** 6
Bewilligung der PKH **4** 15; **20** 12
maschinelles Verfahren **20** 8
Rechtsbehelfe **11** 92
– Einspruch **11** 39
– Erinnerung nach § 11 RPflG: **11** 92
– Widerspruch **11** 39
Rechtspflegerzuständigkeit
– Einzelübertragung **3** 200; **20** 6 ff.
– Entwicklung **20** 1 ff.
– Umfang der Übertragung **20** 6, 7
Markengesetz 23 5
Meinungsäußerung als Entscheidung iSd § 11 RPflG **11** 27
Meinungsverschiedenheiten zwischen
Eltern/Betreuern/Pflegern/Vormündern/Testamentsvollstreckern **14** 35, 36; **15** 44, 45; **16** 36
Gründern und Gründungsprüfern **17** 100
Nachlasspflegern/-verwaltern **16** 22, 25, 26
Testamentsvollstreckern **16** 35 ff.
Vormund und Gegenvormund **14** 36
Missbräuchliches Ablehnungsgesuch 10 46
Mitbetreuer 14 35; **15** 45
Mitbestimmungsgesetz 17 154
Mitgliederversammlung, gerichtliche Einberufung **3** 25
Mitteilung; s. auch Mitteilungspflicht
der Nichtabhilfe im Erinnerungsverfahren **11** 99
Mittlerer (Justiz-)Dienst: 2 1; s. auch Beamter
Mitvormünder, Entscheidung von Meinungsverschiedenheiten **14** 35
Monopol des ersten/letzten Wortes 1 57
Montanmitbestimmung 17 154 ff.
Mündliche Verhandlung
und Anwaltszwang **13** 8
Terminsbestimmung **4** 11; **11** 24
als Teil der dem Richter/Rechtspfleger zugewiesenen Aufgaben **4** 11

Nachdiplomierung 2 28
Nachlassauseinandersetzung; s. Auseinandersetzung
Nachlassfürsorge 3 142
Nachlassgericht, Besonderheiten in Baden-Württemberg **35** 6
Nachlassinsolvenz 16 20, 21

Nachlasspfleger
Bestellung/Entlassung **3** 142; **16** 23
Meinungsverschiedenheiten **16** 22
Vergütung **3** 142
Nachlasspflegschaft; s. auch Nachlasssachen
Allgemeines **3** 142; **16** 16 ff.
Nachlass eines Ausländers **3** 142; **16** 23
Meinungsverschiedenheiten zwischen Nachlasspflegern **3** 142; **16** 22
Rechnungslegung; Vermögensverzeichnis **3** 142
Rechtspflegerzuständigkeiten **3** 142; **16** 16 ff.
Richtervorbehalt (§ 16 Abs. 1 Nr. 1)
– allgemeine Grundsätze **16** 16
– Anwendungsbereich **16** 21 ff.
– Entwicklung **16** 16
– Normzweck **16** 17
Nachlasssachen
Begriff **3** 138 ff.
Beurkundungen **3** 58 ff.
Erinnerung gegen Kostenansatz (funktionelle Zuständigkeit) **4** 7
Beschwerde durch Rechtspfleger **4** 6
Festsetzung des Geschäftswerts **4** 10
Nachlapflegschaft: s. dort
Nachlaverwaltung: s. dort
Rechtspflegergeschäfte **3** 142 ff.
Reformbestrebungen **Vor 1** 12
Richtervorbehalte
– allgemeine Grundsätze **16** 16 ff.
– einzelne Vorbehalte **16** 21 ff.
– Entwicklung **16** 16
– Normzweck **16** 17
– systematischer Zusammenhang **16** 18 ff.
und Rechtspflegerzuständigkeit **16** 21 ff.
Verwaltung des Nachlasses: s. Nachlassverwaltung
Vorbehaltsübertragung **3** 12, 138 ff.
Nachlasssicherung 16 19
Nachlassverwaltung
Allgemeines **16** 16 ff.
Ausländer **16** 23
Außerkraftsetzen (letztwillige Anordnung) **16** 30 ff.
Beschwerde **11** 49 ff.
funktionelle Zuständigkeit **16** 21
Meinungsverschiedenheiten (mehrere Nachlassverwalter) **16** 17, 21
Zweck des Richtervorbehalts **16** 17
Nachlazeugnisse 16 51 ff.
Nachtragsliquidation 3 175
Nachtzeit, Vollstreckung zur N. **20** 85
Name
Bestimmung/Ersetzung
– nach §§ 1617, 1618 BGB **3** 111; **14** 35, 36

Sachregister

- nach 1757 BGB **14** 87
- nach § 1765 BGB **14** 89
- nach NÄG **3** 115, 137
- nach TSG **15** 52 ff.

Nebenentscheidungen
Rechtspfleger **4** 12
Richter **14** 11
Negativattest 11 49
Neue Bundesländer
Allgemeines **1** 94
Amtshaftung **9** 89
Aufhebung eines Annahmeverhältnisses **14** 88
Befähigung zum Rechtspflegeramt **2** 45; **34** 2 ff.; **34a** 2 ff.
Bereichsrechtspfleger: s. dort
besondere Zuständigkeiten **34** 3
Betrauung mit Rechtspflegeraufgaben **2** 45
Beurkundungen **3** 58 ff.
DDR, Recht der ehemaligen und Vorlagepflicht **5** 10
Erbfälle, deutsch/deutsche **16** 53
Geltung des RPflG **1** 95
Gerichtssekretäre: s. dort
Grundbuchsachen **3** 79 ff.
Recht der ehemaligen DDR **1** 94
Rechtspflegerausbildung **2** 45 ff.; **34a** 2 ff.
Rechtslage bis zum Einigungsvertrag **1** 94
Reederhaftung, Beschränkung **19b** 4
seerechtliche Verteilungsverfahren **19b** 2 ff.
Urkundssachen **3** 58 ff.
Verantwortlichkeit des Rechtspflegers **9** 84 ff.
Vereinssachen **3** 18
Wahrnehmung von Rechtspflegeraufgaben durch andere Bedienstete **2** 29
zeitliche und sachliche Fortgeltung **34** 11 ff.
Neufestsetzung
des 6 ff. Kinder **25**
Neugliederung der Gerichtsbezirke in Baden-Württemberg **36**
Neutralität, Richter/Rechtspfleger **1** 63, 67
Nichtabhilfebeschluss 11 45 ff.
Nichtabhilfe durch den Rechtspfleger
- Beschwerde **11** 46, 69, 79, 87
- Erinnerung **11** 99
- neuer Tatsachenvortrag **11** 45
- offensichtlich unzulässige Beschwerde/Erinnerung **11** 45, 69
- Rechtsbehelf gegen N. **11** 69
- teilweise N. **11** 46, 65
- Unterrichtung der Beteiligten **11** 45, 65
- Vorlage **11** 45, 65
- Verwerfung/Zurückweisung der Erinnerung als unzulässig/unbegründet **11** 100
- Mitteilung der N. **11** 45, 65

Nichtige Beschlüsse, Hauptversammlung **17** 61
Nichtige Gesellschaft, Amtslöschung **17** 49 ff.
Nichtigkeit der Entscheidung bei Kompetenzüberschreitung
des Rechtspflegers **8** 5, 20 ff.
des UdG **8** 49
Normenkontrollverfahren: s. Vorlage
Notare (ehemalige DDR) **34** 3
Notariat, Besonderheiten in Baden-Württemberg **33** 4 ff.; **35**
Notfrist 11 41
Notgeschäftsführer (GmbH), Bestellung **3** 175
Notveräußerung (§ 1111 StPO) **31** 5, 7
Notvorstand 3 25

Obergericht, Zuständigkeitsentscheidung **4** 9; **14** 11
Offenbare Unrichtigkeiten 11 92
Offenbarungsversicherung: s. eidesstattliche Versicherung
Öffentliche Zustellung 4 13; **11** 24; **20** 6; **21** 14
Öffnungsklausel Vor **1** 3; **19** 2; **20** 123
Ordnungsbereich, äußerer (Dienstaufsicht) **9** 38
Ordnungsgeld: s. Ordnungs- und Zwangsmittel
Ordnungsgewalt (Sitzungspolizei) **4** 14; **11** 16
Ordnungshaft: s. Ordnungs- und Zwangsmittel
Ordnungs- und Zwangsmittel
Grundsätzliche Zuständigkeitsverteilung **4** 14; **31** 16
Androhung/Anordnung/Festsetzung
- gegen Zeugen und Sachverständige **4** 14; **11** 21; **31** 20
- nach §§ 33, 35 FamFG **4** 14; **31** 20
- nach StPO/OWiG **31** 17
- nach §§ 380, 390 ZPO **4** 14; **31** 20
- nach § 890 ZPO **1** 47; **31** 20
- nach §§ 889, 888 ZPO **1**; **20** 103; **31** 20
- nach § 802g ZPO **20** 103, 108, 117
- Haft **20** 103, 108, 117; s. auch Haftbefehl
- in Registersachen **11** 57
- in Vereinssachen **3** 25
- in Vormundschaftssachen **14** 114a
Ordnungsgeld **4** 14; **31** 16 ff.
Ordnungshaft **4** 14; **31** 20
Rechtsbehelfe **11** 21
Rechtspflegerzuständigkeit **31** 16
Sitzungspolizei: s. Ordnungsgewalt

Sachregister

Umfang der funktionellen Zuständigkeit **31** 16 ff.
Vollstreckung
– Erzwingung von Handlungen/Unterlassungen (§ 890 ZPO) **31** 20
– Erzwingung von unvertretbaren Handlungen (§ 888 ZPO) **31** 20
– im Straf- und Bußgeldverfahren **31** 17
– gegen Parteien im Zivilprozess **31** 20
– gegen Zeugen und Sachverständige **31** 20
– gegen Zeugen in Straf- und Bußgeldsachen **31** 17
– Ordnungsmittel wegen Ungebühr (§§ 178–180 GVG) **31** 20
Zuständigkeit des Gerichts/der Staatsanwaltschaft **31** 17
Ordnungswidrigkeiten 1 11; **10** 68; **11** 21; **31** 17
Organe der Rechtspflege 1 4; **26** 11
Organstellung des Rechtspflegers: s. Rechtspfleger
Örtlicher Sitzungsvertreter 2 40 ff.

Pachtkreditsachen 3 49 ff.
Paraphe: s. Handzeichen
Parteiunabhängigkeit 1 67
Patentgericht
Akteneinsicht **23** 21
Allgemeines **23** 1
Benennung eines Vertreters **23** 17
Einreichung von Urschriften **23** 14
Erinnerungsverfahren **11**; **23** 25 ff.
Fiktion der Rücknahme der Klage **23** 10
Fristbestimmung für die Vollmachtsvorlage **23** 12
Kostenfestsetzung **23** 23
Rückgabe von Sicherheiten **23** 6
Verfahren vor dem P. **23** 1 ff.
Verfahrenskostenhilfe **23** 9
Vollstreckbare Ausfertigung **23** 18
Patentgerichtsbarkeit und RPflG **Vor 1** 1; **23** 4 ff.
Personalunion von Rechtspfleger und UdG **8** 45; **21** 2, 5; **26** 8
Personen- und Vermögenssorge, Zuständigkeitsverteilung zwischen Rechtspfleger/Richter **14** 8
Personensorge, Entziehung **14** 18
Persönliche Sachen, Herausgabe **14** 51
Persönliche Unabhängigkeit
des Rechtspflegers **Vor 1** 17; **1** 65 ff.; **9** 3 ff.
Reformbestrebungen **Vor 1** 8 ff.
des Richters **1** 58
Persönlicher Verkehr zwischen Eltern und Kindern, Umgangsrecht **14** 40 ff.
Pfandverkauf 3 40 ff.

Pfandrechtsregister für Luftfahrzeuge **3** 88
Pflegeperson
Entscheidung über Verbleib des Kindes bei der P. **14** 47 ff.
Übertragung von Angelegenheiten der elterlichen Sorge auf die P. **14** 25
Pfleger; s. auch Pflegschaft
Auslagenerstattung/Aufwandsentschädigung **3** 114a, 116
Auswahl/Bestellung **3** 114a, 116; **11** 49
Entlassung **1** 47; **3** 114a, 116; **11** 49
Ergänzungspfleger **3** 116
Meinungsverschiedenheiten **14** 29 ff.
Nachlasspfleger **3** 142; **16** 19
Übergehung **11** 49
Verfahrenspfleger, Beistand **3** 117, 133; **14** 11; **15** 17
Vergütung **11** 49
Weigerung bzgl Übernahme **11** 49
Pflegschaft
Abwesenheitspflegschaft **3** 135
Anordnung **14** 18, 53
– über Ausländer **14** 57 ff.
– aufgrund dienstlicher Vorschriften **14** 54 ff.
– bei Sorgerechtsentscheidungen **14** 18
Aufhebung
Aufsicht durch Familiengericht **3** 116
Beendigung **3** 116
Ergänzungspflegschaft **3** 116; **14** 18, 22
für Leibesfrucht **3** 116
Nachlasspflegschaft: s. dort
Rechtspflegerzuständigkeit **3** 109
Richterzuständigkeit **15** 38 ff.
für Sammelvermögen **3** 135
für unbekannte Beteiligte **3** 135
Weigerung der Übernahme **11** 49
Pflichtteilsanspruch, Stundung **11** 49
Pflichtverteidiger 21 8, 16
Postulationsfähigkeit, Anwaltszwang 11 42, 66, 85, 95; **13** 4 ff.
Präjudizien 9 20
Praktikum 2 23
Proberichter 18 26
Protokoll der Geschäftsstelle 24 2 ff., 17
Prozessgericht
Feststellung der Vaterschaft, Widerruf der Zustimmung **3** 112
Stundung beim vorzeitigen Erbausgleich: s. Stundung
Prozesskostenhilfe; s. a Verfahrenskostenhilfe
Erinnerung (§ 11 RPflG) **11** 92
grenzüberschreitend **20** 20 ff.
im Rechtspflegerverfahren **4** 15
in vorbehaltenen Verfahren **20** 12 ff.

Sachregister

in der Zwangsvollstreckung **20** 18 f.
Länderöffnungsklausel **20** 123
Prozesskostensicherheit, Rückgabe
20 11; **23** 6
Prozesspfleger: s. Pfleger/Verfahrenspfleger
Prozessualer Kostenerstattungsanspruch 21 9, 12 ff.
Prüfer
Abschlussprüfer: s. dort
für die Gründung einer AG: s. AG/KGaA
für Kreditinstitute **17** 161
nach dem PublizitätsG **17** 151
Prüfung der Verfassungsmäßigkeit von Gesetzen 5 5
Prüfungsordnungen der Länder 2 39
Psychisch Kranke, Vertretung im Verwaltungsverfahren **15** 38 ff.

Qualifizierte Vollstreckungsklauseln
20 46 ff.

Rahmenvorschriften 2 37
Rangklarstellungsverfahren 1 75; **3** 84;
11 73, 92
Räumungsschutz 20 88; s. auch Vollstreckungsschutz
Rechenfehler, und Erinnerung (§ 11) **11** 92
Rechnungslegung
und Abnahme der eidesstattlichen Versicherung **3** 28 ff.
Bestellung von Prüfern zur Prüfung der R.
17 151, 161
Betreuer/Pfleger/Vormund **3** 114a, 116, 133
bei Nachlasspflegschaft/-verwaltung **3** 135, 142
Rechtliche Hinweise, Rechtsbehelf **11** 32
Rechtliche Schwierigkeit Vor 1 13; **1** 69
Rechtliches Gehör
im Ausschließungs- und Ablehnungsverfahren **10** 42
im Beschwerdeverfahren **11** 69, 87
im Erinnerungsverfahren **11** 99
im Verfahren vor dem Rechtspfleger **4** 16
Rechtsanwalt
Anwaltszwang: s. dort
Auslagen, Gebühren im Erinnerungsverfahren **11** 113
Festsetzung der Vergütung
– nach § 11 RVG **21** 22
– aus der Staatskasse **21** 23
Pflichtverteidiger **21** 23
Rechtsbehelfe
bei Ablehnung: s. dort
außerordentliche **11** 32
Begriff **11** 30 ff.
Einteilung **11** 31

formlose **11** 33
– Gegenvorstellung **11** 34
– Dienstaufsichtsbeschwerde **9**; **11** 35
gegen Rechtspflegerentscheidungen: s. dort
gegen Wahrnehmung von UdG-Geschäften durch Rechtspfleger **11** 29
gesetzliche **11** 31
ordentliche **11** 31
Rechtsbehelfe gegen Rechtspflegerentscheidungen
außerordentliche Rechtsbehelfe **11** 32
Dienstaufsichtsbeschwerde **11** 35
Erinnerung als Rechtsbehelf **11** 88 ff.
Gegenvorstellung **11** 34
Mahnsachen **11** 111
Rechtsbehelfseinlegung zu Protokoll
24 15 ff.
Rechtsbeschwerde, Aufnahme von Erklärungen **8** 49; **24** 15
– zu Protokoll des Rechtspflegers **24** 15
Rechtsbeugung durch Rechtspfleger **9** 90
Rechtsgelehrtheit 1 69
Rechtsgeschäft, Ersetzung der Zustimmung: s. dort
Rechtshilfe: s. Amtshilfe
Rechtskraft
als Element des Rechtsprechungsbegriffs
1 22
formelle, materielle **11** 31, 32
Hemmung **11** 31
Rechtsmissbrauch
Ablehnung des Rechtspflegers **10** 47
Rechtsmittel
Begriff **11** 30
Devolutiveffekt **11** 31
und Rechtsbehelfe **11** 31 ff.
Suspensiveffekt **11** 31
Rechtspflege
im Sinn des § 1 RPflG: **1** 1 ff.
Begriff **1** 9 ff.
und Gerichtsverwaltung **1** 13
und Justizverwaltung **1** 13
Organe **Vor 1** 2; **1** 15
und Rechtsprechung **1** 9
und Rechtspflegeverwaltung **1** 8
im weiteren Sinn **1** 11
Rechtspflegeorgane: s. Organe der Rechtspflege
Rechtspfleger
und Art. 100 Abs. 1 GG **1** 72
und Art. 101 Abs. 1 S. 2 GG **1** 72
abgeleiteter Aufgabenbereich des R. **Vor 1** 7
Abgrenzung Richter/Rechtspfleger **1** 67 ff.;
1 79 ff.
Ablehnung: s. dort
Akademischer Grad **2** 28; **12** 7

481

Sachregister

allgemeine Stellung **Vor 1** 1 ff.
Amtsbezeichnung **1** 82; s. auch Bezeichnung als R.
Angabe des Wortes „R." **12** 6, 14
Aufgaben **Vor 1** 7; **1** 6
Aufgabenbereich und Entlastungsgedanke **Vor 1** 7
Ausbildung: s. Ausbildung
Ausschließung: s. dort
als Bagatell- oder Friedensrichter **Vor 1** 20
beamtenrechtliche Stellung **1** 79 f.; s. auch Beamtenstatus
als Beamter des gehobenen (Justiz-) Dienstes: s. Beamter
Befähigung: s. dort
Begriff **Vor 1** 6
Beschäftigung als R. **2** 30 ff.; **27** 8
Besoldung **Vor 1** 19; **1** 86
Bestellung zum örtlichen Sitzungsvertreter **2** 44
Bestellung zum R.: s. Betrauen
Betrauung mit Rechtspflegeraufgaben: s. Betrauung
Bezeichnung als R.: s. dort
Bindung: s. dort
Dienstgeschäfte, Pflicht zur Wahrnehmung sonstiger D. **27** 8
Dienststunden **9** 15
Doppelstellung/Dualismus Rechtspfleger/UdG **3** 10; **21** 3; **26** 5
in der ehemaligen DDR **1** 94
Eigenhaftung **9** 85
und Entlastungsgedanke: s. dort
Erfordernis der Beamteneigenschaft **2** 8 ff.
erstmalige Erwähnung der Bezeichnung **Einl** 16; **1** 2
Europäischer R. **Vor 1** 21
als Funktionsbezeichnung: s. dort
Funktionsteilung Richter/Rechtspfleger: s. dort
Geschichte **Einl**; **1** 1 ff.
gesetzlicher R.: s. dort
„Geburtsstunde" **Einl** 16; **21** 1
als gesetzlicher R. iSd Art. 101 GG **1** 78
zum Namen **Einl** 13; **1** 2, 4 ff., 15
und neue Bundesländern: s. dort
als Organ der Rechtspflege **Vor 1** 6; **1** 9 ff.; **26** 11
als Organ der Rechtsprechung **1** 15
originärer Aufgabenbereich des R. **Vor 1** 7
als örtlicher Sitzungsvertreter **2** 44
Personalunion von R. und UdG: s. oben: Doppelstellung/Dualismus
persönliche Unabhängigkeit: s. dort
Rechtsgelehrtheit **1** 69
als Repräsentant des Gerichts **1** 2 ff.

als Richter iSd GG **1** 59 ff.
sachliche Unabhängigkeit: s. dort
und sonstige Dienstgeschäfte **9** 23; **27** 8
als Spezialjurist der FG und Zwangsvollstreckung **Vor 1** 6
Spruchrichterprivileg **9** 86
Streitentscheidung durch R. **1** 57, 75
als Teil der Gerichtsverfassung **Vor 1** 2; **1** 14
Umfang der gesetzlichen Aufgabenzuweisung: s. dort
Unabhängigkeit **1** 63 ff.; **9** 10 ff.
und UdG **Vor 1** 2; **1** 2 ff.; **8** 35; **21**; **4** 24; **26** 3 ff.
Unterschrift: s. dort
Verantwortlichkeit **9** 84 ff.
Verfassungsmäßigkeit der Übertragung bestimmter Aufgaben **Vor 1** 10 ff.; **1** 72 ff.
und Verwaltungsaufgaben **9** 24
vorbereitende Tätigkeiten: s. oben, Umfang
Vorlagen nach Art. 100 GG **1** 72; **5** 5; **9** 22
Zuweisung anderer Aufgaben **1** 89 ff.; **27** 8
Zuständiger Richter **28** 6 ff.
Zuständigkeitsverstöße: s. dort
als zweite Säule der dritten Gewalt **Vor 1** 6
Rechtspflegeramt 1 5 f., 79 ff.
Rechtspflegeranwärter: s. Anwärter
Rechtspflegeraufgaben, Betrauung mit: s. Betrauung
Rechtspflegerbefähigung: s. Befähigung
Rechtspflegererinnerung 11 88 ff.; s. auch Erinnerung nach § 11 Abs. 2 RPflG
Rechtspflegergeschäft; s. auch Zuständigkeitsverstöße
Gültigkeit bei Wahrnehmung durch Richter **8** 14 ff.
Umwandlung von UdG-Geschäften in R. **26** 5; **27** 11
Unwirksamkeit bei Wahrnehmung durch UdG **8** 49
Rechtspflegergesetz
Geschichte **Einl** 1 ff.
und Gerichtsbarkeiten **Vor 1** 1
und Gerichtsverfassung **Vor 1** 2 ff.
Inkrafttreten **40** 1
als Kodifikation **Vor 1** 3
Rechtspflegergesetz 1957 **Einl** 36
Rechtspflegergesetz 1969 **Einl** 38
Rechtspflegergesetz 1969/(19)70 **40** 1
Reformbestrebungen **Vor 1** 8 ff.
und Verfahrensordnungen **Vor 1** 5
Verfassungswidrigkeit **1** 72
Rechtspflegerprüfung 2 26 ff.
Rechtspflegeverwaltung
Ablehnung/Ausschließung **10** 73
Allgemeines; **3** 15; **27**; **Vor 29** 1
Aufgaben nach dem RPflG **3**; **29**; **31**

Sachregister

Begriff **1** 9; **Vor 29** 1
und sachliche Unabhängigkeit **9** 23, 24
Rechtsprechende Gewalt 1 16
Rechtsprechung
Abgrenzung zur Verwaltung **1** 47 ff.
als Teil der Rechtspflege **1** 11
Begriff **1** 17 ff.
– aktuelle Begriffsbestimmungen **1** 17
– Rechtsprechung im formellen Sinn **1** 19
– Rechtsprechung im materiellen Sinn
  1 31 ff.
Begriffsbestimmung aus dem GG **1** 33
BVerfG, Definition **1** 18 ff., 46
Ehescheidung als R. **1** 27
Erbscheinserteilung als R. **1** 47
im formellen Sinn **1** 19
formell-materielle Theorie **1** 31 ff.
formelle Definition **1** 33
und freiwillige Gerichtsbarkeit **1** 45 ff.
formelle Elemente **1** 19, 31
funktional-organisatorische Theorie **1** 24
Grundbuchsachen als R. **1** 47
historisch-teleologische Definition **1** 37
historische Interpretation **1** 23, 37
kraft Herkommens **1** 40
Kritik **1** 26 ff.
im materiellen Sinn **1** 34
materielle Theorien **1** 11
durch Rechtspfleger **1** 11 ff., 52 ff.
und rechtsprechende Gewalt **1** 16 ff.
Rechtsanwendung als Element der R. **1** 27
Rechtskraft als Element der R. **1** 25
Registersachen als R. **1** 47
Richtigkeitsgarantie **1** 25
Sorgerechtsregelung als R. **1** 47
Streitentscheidungen als Element der R.
  1 21
vorverfassungsrechtliches Verständnis **1** 18,
  32, 37
Vorkonstitutionalität **1** 18
Vorschaltverfahren **1** 73 ff.
Rechtsprechung kraft Herkommens
1 23, 40
Rechtsprechungsmonopol: s. Richter-
  monopol
Rechtsreferendar als Rechtspfleger
2 29
Rechtsschutzbedürfnis 11 44, 68, 98
Rechtsträger iSd UmwG **17** 35
Rechtsweggarantie(n) 1 35
Reederhaftung, Beschränkung **19b** 4
Referendare
Betrauen mit Rechtspflegeraufgaben **2** 30
Wahrnehmung von Rechtspflegeraufgaben
  2 8, 31 ff.
reformatio in peius 11 48, 69, 79, 87, 101

Reformbestrebungen **Vor 1** 8 ff.
Registereintragungen: s. Handelsregister/
  Eintragungen
Registersachen
Aktiengesellschaft: s. AG/KGaA
Bestellung/Abberufung von Abwicklern
  17 127, 163, 168
Einspruch **11** 57
Beschwerde in R.
– Ausschluss **11** 56
– gegen Eintragungsverfügungen **11** 72
– spezielle Rechtsbehelfe **11** 56 ff.
– Ernennung/Abberufung von Liquidato-
  ren (§§ 146, 147 HGB) **3** 171
Ersteintragung
– AG, KGaA, GmbH, VVaG **17** 15 ff.
– Zweigniederlassung: s. dort
funktionelle Zuständigkeitsverteilung
– Auslegung **17** 14
– Entwicklung **17** 1 ff.
– Normzweck **17** 7
– Systematik **17** 7
– Vermutung für Rechtspflegerzuständig-
  keit **17** 14
– bei vorbereitenden Tätigkeiten **3** 12;
  17 14
Genossenschaftsregister: s. dort
Gesellschaft mit beschränkter Haftung:
  s. GmbH
Güterrechtsregister: s. dort
Handelsregister **11** 56 ff.; **17** 2, 8 ff.
Kommanditgesellschaft auf Aktien: s. AG/
  KGaA
Löschungen von Amts wegen: s. Löschung
Pfandrechtsregister für Luftfahrzeuge **3** 80,
  88
Rechtsprechungscharakter von R. **1** 47
Reformbestrebungen **Vor 1** 8
Satzungsänderungen **17** 25 ff.
Schiffs- und Schiffsbauregister **3** 80; **11** 80
Spezielle Rechtsbehelfe **11** 56 ff., 80
Umwandlung von Gesellschaften **17** 33 ff.
Vereinssachen **3** 16 ff.
Versicherungsverein auf Gegenseitigkeit:
  s. VVaG
Religiöse Kindererziehung 14 61 ff.
Rentenschuldbrief 3 84
Restschuldbefreiung 18 19 ff.
Revisionseinlegung/-begründung
24 20
Revokationsrecht 9 27; **18** 13 ff.
Richter
Abgrenzung Richter/Rechtspfleger **1** 59 ff.,
  70
Berufsrichter **1** 61
ehrenamtlicher: s. unten, Laienrichter

483

Sachregister

Entscheidung über
- Erinnerung: s. Erinnerungsverfahren vor dem Richter
- Kompetenzstreit: s. Kompetenzkonflikt
- Ablehnung des Rechtspflegers **10** 43
gesetzlicher **1** 78; **8** 16; **28** 3
gestufter Richterbegriff **1** 71
Laienrichter **1** 61
organisatorische Selbständigkeit **1** 61
Proberichter **1** 65
Rechtsgelehrtheit **1** 69
Unabhängigkeit **1** 63; **9** 7, 31; s. auch dort
verfassungsrechtliche Vorgaben **1** 61 ff.
Wahrnehmung von Rechtspflegergeschäften **8** 14 ff.; **11**
zuständiger R. **28**
Richteramt, Anforderungen des GG **1** 61
- Neutralität **1** 67
- organisatorische Selbständigkeit **1** 61
- Rechtsgelehrtheit **1** 69
- Unabhängigkeit **1** 67, 68
Richterbegriff, gestufter **1** 71
Richterentlastung: s. Entlastung
Richterliche Erstkompetenz 1 72; s. auch: Richtermonopol; Monopol des ersten/letzten Wortes
Richtermonopol Vor 1 18; **1** 58
Richtervorbehalte
Abschaffung **Vor 1** 10 ff.
analoge Anwendung **14** 10; **16** 1
Auslegung **3** 12, 107, 109; **14** 9; **16** 12; **17** 14; **31** 10
nach dem GG **1** 72
Reformbestrebungen **Vor 1** 8 ff.
Umfang: s. dort
Richtervorlage s. Vorlage an den Richter
Rückerstattung von Sicherheiten 20 11; **23** 6
Rückführung des Kindes nach dem HKÜ 14 101
Rückübertragung der elterlichen Sorge **14** 20 ff.
Ruhen der elterlichen Sorge, Feststellung 3 111

Sachliche Unabhängigkeit des Rechtspflegers
allgemeines **1** 64; **9** 10 ff.
und Dienstaufsicht: s. dort
Anwendungsbereich **9** 23 ff.
Auslegungsfreiheit **9** 19, 54
Begriff **9** 10
und Bindung an die Rechtsauffassung des Richters **9** 21
und Dienstaufsicht **9** 31 ff.; s. auch Dienstaufsicht

und dienstliche Beurteilung **9** 78 ff.
und Dienststunden **9** 15
einfachgesetzliche Gewährleistung **9** 10
Einschränkungen **9** 25 ff.
und Einweisung in die Aufgaben **2** 20
und Entscheidungsfreiheit **9** 10, 64
Entziehungsfreiheit **9** 27
Entwicklung **9** 1 ff.
und generelle Hinweise des Vorgesetzten **9** 14
Gesetz iSd des § 9 RPflG: **9** 17
Gesetzesvorbehalt iSd (§ 9 S. 2 RPflG), Bedeutung **9** 17
und Geschäfte der Rechtspflegeverwaltung **9** 23; **32** 2
Grundsatz vom Vorrang des Gesetzes **9** 17 ff.
Inhalt **9** 10 ff.
Präjudizien **9** 20
und richterliche Unabhängigkeit **1** 63 ff.; **9** 7
und Selbständigkeit **9** 1 ff.
und sonstige Dienstgeschäfte (§ 27 RPflG) **9** 23
Umfang **9** 23
und Vorlagepflicht (§ 5 RPflG) **9** 28, 77
Weisung **9** 10 ff., 24; **32** 7
Sachliche Unabhängigkeit des Richters **1** 64; **9** 7, 31
Sachverständige
Ablehnung **3** 36
Bestellung **3** 36 – nach §§ 84, 189 VVG **3** 35
- Seeversicherung **3** 35
- Untersuchung von Sachen **3** 34, 35
Entschädigung **21** 6
Sachzusammenhang
Bearbeitung durch Richter **6** 1
Vorlagepflicht des Rechtspflegers bei S.: s. dort
Satzung
Änderung, Eintragung
- bei AG/KGaA/GmbH/VVaG **17** 25 ff.
- bei Verein **3** 20
Begriff **17** 27
- Fassungsänderung **17** 29
- Inhaltsänderung **17** 28
Feststellung des Mangels einer S. **17** 67 ff.
Zweigniederlassung **17** 17, 22
Scheidung 1 53
Schiffs(bau)registersachen 3 88; **11** 80; **35** 6
Schiffsunfall 17 85 ff.
Schlechterstellung(sverbot): s. reformatio in peius
Schlüsselgewalt, Eintragung Aufhebung einer Beschränkung oder Ausschließung **3** 56;

Sachregister

Schreibversehen und Erinnerung (§ 11) **11** 92
Schriftverkehr, Angabe des Wortes „Rechtspfleger" **12** 9 ff.
Schuldnerverzeichnis 20 105 ff.
Schwägerschaft, Befreiung vom Ehehindernis **14** 93
Seerechtliche, Schifffahrtsrechtliche Verteilung
Vorbehaltsübertragung **3** 196 ff.
Umfang des Richtervorbehalts **19b** 5 ff.
Sekretär: s. Gerichtssekretär
Selbstablehnung des Rechtspflegers **10** 54 ff.
Selbständigkeit des Rechtspflegers: s. sachliche Unabhängigkeit
Sequesterbestellung 20 113
Sicherheit(sleistung)
Anordnung **3** 111; **23** 6
Rückerstattung/-gabe **20** 11; **23** 6
Folgenausspruch bei Nichtleistung **23** 10
Sicherungsvollstreckung (ausländische Titel) **20** 81
Sicherungsmaßnahmen, Insolvenz 18 7
Sitzungspolizei: s. Ordnungsgewalt
Sitzungsvertreter, örtlicher **2** 44
Sitzverlegung
AG, KGaA, GmbH, VVaG **3** 162
Verein **3** 19 ff.
Sofortige Beschwerde: s. Beschwerde
Sonderlaufbahn 1 81; **2** 11
Sonderprüfer, Bestellung und Vergütung **17** 124, 152
Sonstige Dienstgeschäfte,
Pflicht des Rechtspflegers zur Wahrnehmung **1** 6 ff.; **8** 23; **26** 8; **27** 8 ff.
und sachliche Unabhängigkeit **9** 23; **27** 14
Sorgerechtsentziehung 14 18
Sorgerechtsregelung
nach Ehescheidung **14** 22
internationale **14** 99 ff.
als Rechtsprechung **1** 47
und Verkehrsregelung für Kinder **1** 47; **14** 40 ff.
SorgeRÜbkAG 14 99
SozialgerichtsbarkeitVor 1 1
Spaltung (UmwG) **17** 37
Sparkasse, Amtslöschung bei Firmenmissbrauch **17** 54
Sperrwirkung des § 47 ZPO 10 62
Folge der Nichtbeachtung der S. **10** 65 ff.
Spruchkörper, zuständiger Richter **28** 6 ff.
Spruchrichterprivileg 9 86
Staatsanwaltschaftliche Geschäfte
Arrestvollzug und andere Eilmaßnahmen **31** 4 ff.

Beschlagnahmen **31** 4, 7
Strafvollstreckung **31** 8 ff.
Übertragungen **31** 9, 11
Vorbehalte für Staatsanwalt **31** 13 ff.
Vorlagepflichten des Rechtspflegers **31** 13
Statthaftigkeit
Allgemeines **11** 12 ff.
der Beschwerde **11** 37, 49, 71, 81a
der Erinnerung (§ 11 Abs. 2) **11** 89
Sterilisation 15 47 ff.
Stimmrecht(sentscheidung)
im Insolvenzverfahren **18** 25
Stimmrechtstreuhänder 17 158, 164, 172
Straf- und Bußgeldsachen
Amtsanwalt **2** 40 ff.
Aufnahme von Erklärungen: s. dort
Ausschließung, Ablehnung **10** 68 ff.
gerichtliche Geschäfte **22**
– Arrestvollziehung und andere Eilmaßnahmen **22** 4 ff.
– Beschlagnahme **22** 3, 6
Geschäfte der Staatsanwaltschaft **31**
– Anfechtung **31** 25
– Arrestvollziehung und andere Eilmaßnahmen **31** 4 ff.
– Beschlagnahme **31** 4
– Strafvollstreckung: s. dort
– Vollstreckung von Ordnungs- und Zwangsmitteln **31** 16 ff.
– Vorlagepflicht/Vorlagerecht **31** 13 ff.
Kosten-, Vergütungsfestsetzung **21** 12, 16
Rechtshilfeverkehr **29** 2, 3
Strafrechtliche Verantwortlichkeit 9 90
Strafvollstreckung(ssachen) **10** 73; **31** 8 ff.; **33a**
Übertragungen **31** 9 ff.
Vorlagepflicht des Rechtspflegers **31** 13 ff.
Streitentscheidung
Begriff **1** 43, 51, 52
Einzelfragen **1** 52 ff.
als Element des Rechtsprechungsbegriffs **1** 21
durch Rechtspfleger **1** 52 ff.
Meinungsverschiedenheiten von Sorgeberechtigten, Nachlasspflegern/-verwaltern ua: s. dort
Stundung
verfassungswidrige Aufgabenzuweisung? **1** 56, 75
Zugewinnausgleichsforderung **1** 55; **25** 11 ff.
Suspensiveffekt 11 31

Tätigkeitsbereiche 3 1, 7
Teilgewinnabführungsvertrag 17 47
Teilungsplan 3 93, 95, 106; **11** 39
Teilungssachen 3 155

Sachregister

Teilungsversteigerung 3 97, 115, 137
Teilweise Abhilfe 11 46, 69, 99
Termin(e)
Anhörungstermin **14** 11
Bestimmung **9** 72, 75; **11** 24
Beschwerde gegen Terminbestimmung
11 24
Verlegung/Vertagung **11** 24
Testament
und Erteilung eines Erbscheins: s. Erbschein
Eröffnung **3** 143
Verwahrung **3** 141
Testamentsvollstrecker
Annahme des Amts **16** 56
Aufhebung einer Anordnung des Erblassers
16 30 ff.
Beschwerdeberechtigung **11**
Bestätigung über die Annahme des Amts des
T. **16** 56
Entlassung **16** 38 ff.
Entscheidung über Antrag nach § 2216
Abs. 2 S. 2 BGB **16** 30 ff.
Ernennung **16** 27
funktionelle Zuständigkeitsverteilung
– Ernennung des T. **16** 29
– Entlassung des T. **16** 42
– Meinungsverschiedenheiten mehrerer T.
16 35 ff.
– Testamentsvollstreckerzeugnis: s. dort
Klauselerteilung für und gegen T. **20** 63
Testamentsvollstreckervermerk 11 55
Testamentsvollstreckerzeugnis
Allgemeines **16** 44
Einziehung **16** 62 ff.
Beschwerde **11** 55
Erteilung **16** 50
funktionelle Zuständigkeiten **16** 54 ff
internationale Zuständigkeit **16** 52
Kraftloserklärung **16** 65 ff.
Kraftloswerden **16** 65
Rückforderung **16** 65
und Zeugnisse nach GBO, SchRegO **16** 51
Todeserklärung(sverfahren)
Befristete Beschwerde **11** 59
Todeszeitfeststellung 11 59
Transsexuellengesetz 15 51 ff.
Trennsystem 15 2

Übergangsregelung
für die Ausbildungsvoraussetzungen **33** 2
für die Jugendstrafvollstreckung **33a** 1 ff.
Übernahme des Verfahrens: s. Verfahren/
Abgabe, Übernahme
Übernahmegesuch des Rechtspflegers bei
einem anhängigen Unterbringungsverfahren **8** 23

Überschreitung der Kompetenzschranken
8 14 ff., 20 ff., 45 ff., 49 ff.
Übertragbare Geschäfte, Zuständigkeitsverstoß **8** 34 ff.
Übertragung
Angelegenheiten der elterlichen Sorge
14 20 ff.
eines Insolvenzverfahrens **18** 15
in Nachlasssachen (§ 16 Abs. 2) **16** 69
eines schifffahrtsrechtlichen Verteilungsverfahrens **19b** 7
von Vermögensgegenständen **11** 49; **25** 11 ff.
Überwachungs-Kontrollbetreuer 3 131;
15 36
Überweisungszeugnis
Allgemeines **16** 51
Begriff **16** 61
Einziehung **16** 62 ff.
Beschwerde **11** 55
Erteilung **16** 47
funktionelle Zuständigkeit **16** 54 ff.
Kraftloserklärung **16** 62 ff.
UdG
Ablehnung des UdG **10** 1
Anfechtung von Entscheidungen: s. Rechtsbehelfe
Aufgaben **21** 10, 16; **26** 14
Ausbildungsvoraussetzung **26** 15
Beseitigung des Dualismus Rechtspfleger/
UdG **21** 6; **26** 5
Besonderheiten in Hamburg **36a**
Festsetzung der Anwaltsvergütung aus der
Staatskasse **21** 16
funktionelle Zuständigkeit
– allgemein **26** 14
– in Kostensachen **21** 10, 23, 24
Funktionsbezeichnung **1** 83; **21** 10; **26** 11
Grundbuchsachen **26** 14
Organ der Rechtspflege **Vor 1** 2; **1** 4; **26** 13
Personalunion von Rechtspfleger und UdG
8 45; **21** 2; **26** 11
Pflicht des Rechtspflegers zur Wahrnehmung
von UdG Geschäften **27** 8 ff.
Rechtsbehelfe **4** 24; **8** 50; **26** 25, 26
Übertragung von UdG-Geschäften auf
Rechtspfleger **21** 3; **26** 22
Verhältnis des Rechtspflegers zum UdG
Einl 24, 29; **Vor 1** 2; **1** 1; **8** 45 ff.; **21** 6;
26 12
Wahrnehmung von UdG-Geschäften durch
Rechtspfleger **8** 45; **11** 29
Zuständigkeitsverstöße: s. dort
Umfang der Richtervorbehalte
Allgemeines **3** 8 ff.; **14** 11; **16** 12
Durchführung von Ermittlungen **3** 13;
14 11; **16** 14, 15

Sachregister

Familien- und Betreuungssachen **14** 5 ff.
Handelssachen **17** 14
Nachlasssachen **16** 5 ff.
Nebenentscheidungen **14** 11
vorbereitende Tätigkeiten **14** 11; **16** 14
Umfang der Übertragung auf den Rechtspfleger
Abgabe **4** 3; s. auch dort
Akteneinsicht **4** 4; **23** 21
Allgemeines **4** 2
Amtshilfe **4** 5
Anrufung des Obergerichts **4** 9
Beschwerde (Erinnerung) **4** 6
Durchführung von Ermittlungen **3** 13, **14** 11; **16** 14
Familien- und Betreuungssachen **3** 108 ff., 128 ff., **14** 8
Grundsatz der umfassenden Sachkompetenz **4** 1
Handelssachen **3** 157 ff., **17** 14
Nachlasssachen **16** 6
Inhaltskontrolle bei AGB **4** 8
Kostenansatz: Rechtspflegerzuständigkeit bei Erinnerung **4** 7
Kostenentscheidung **4** 10
Nebenentscheidungen **4** 12; **14** 11
öffentliche Zustellung **4** 13
Ordnungsgewalt: s. dort
Prozesskostenhilfe **4** 15
Vergleichsabschluss vor dem Rechtspfleger **4** 18
Umgangsrecht 14 40 ff.
Umwandlung nach UmwG **17** 35 ff.
Unabhängigkeit
Gesellschaftsunabhängigkeit **1** 68
Parteiunabhängigkeit **1** 67
persönliche **1** 65
des Rechtspflegers **1** 70; **9** 10 ff.; s. auch Rechtspfleger/Unabhängigkeit
richterliche **1** 61 ff.; **9** 10, 15
sachliche: s. sachliche Unabhängigkeit
und Selbständigkeit (§ 9) **9** 11 ff.
Unanfechtbare Rechtspflegerentscheidungen 11 89; s. auch Ausschluss der Erinnerung
Unabsetzbarkeit (Unversetzbarkeit) **1** 65
Unanfechtbare fiktive Richterentscheidung und Erinnerung **11** 89
Unbefristete Erinnerung 11 14; **24a** 17
Unbefugter Firmengebrauch 17 54
Unrichtigkeiten, offenbare **11** 92
Unschädlichkeitszeugnisse 37 6, 7
Untätigbleiben 11 25
Untätigkeitserinnerung 11 25
Unterbringung(ssachen) 3 128; **15** 5
Unterhaltsbezifferung 25 5

Unterhaltssachen 1 75; **3** 62; **20** 29; **25** 3 ff.
Unterhaltstitel, Auszug, Sicherungsmaßnahmen **1** 75; **20** 29, 80; **25** 5, 6
Unterlassungs- und Duldungsvollstreckung 31 20
Unternehmen, verbundene **17** 46 ff.
Unternehmensrechtliche Verfahren 17 72 ff.
– Abberufung von Mitgliedern des Verwaltungsrats einer SE **17** 140
– Abberufung von Aufsichtsratsmitgliedern (§ 11 Abs. 3 MontanMitbestG) **17** 154 ff.
– Abschlussprüfer **17** 82 ff.
– Allgemeines **17** 72 ff.
– Aufklärung des Kommanditisten **3** 171
– Befreiung von der Prüfung des Jahresabschlusses **17** 130 ff., 147 ff.
– Bestellung von Abwicklern **3** 173; **17** 135 ff., 163
– Bestellung besonderer Vertreter **17** 121 ff., 146 ff.
– Bestellung von Notgeschäftsführern GmbH **3** 159; **17** 111
– Bestellung von Prüfern **17** 124
– Bestellung von Vorstandsmitgliedern **17** 106 ff.
– Bestimmung des Verwahrungsortes **3** 171; **17** 132 ff.
– Binnenschifffahrt, Beweisaufnahme **17** 85 ff., 94
– Dispache **17** 90 ff.
– Einberufung der Hauptversammlung einer SE **17** 138 ff.
– Einberufung einer Gläubigerversammlung **17** 174
– Ergänzung des Aufsichtsrats **17** 114 ff.
– Ernennung eines Sachwalters **17** 167
– Ernennung von Liquidatoren (§ 10 PartGG) **3** 171, 178; **17** 173
– Ermächtigung zur Einberufung einer Hauptversammlung **17** 118
– funktionelle Zuständigkeit des Richters **17** 81 ff.
– funktionelle Zuständigkeit des Rechtspflegers **3** 168
– genossenschaftsrechtliche Verfahren **3** 176; **17** 150
– Gründungsprüfer **17** 97 ff.
– Kraftloserklärung von Aktien **17** 104 ff.
– Meinungsverschiedenheiten Gründer und Prüfer **17** 100 ff.
– Nachtragsliquidation (GmbH) **17** 136
– Stimmrechtstreuhänder **17** 158 ff., 164, 165, 171
– Verfahren nach dem GmbHG **3** 175

487

Sachregister

- Verfahren nach dem PartGG **3** 177a
- Verfahren nach dem SchVG **3** 179

Unternehmensverträge 17 46

Unterschrift
des Rechtspflegers
- und Bezeichnung „Rechtspfleger" **12** 6
- Handzeichen **12** 14
- unter Verfügungen **12** 11

Untersuchung von Sachen 3 34
Unvertretbare Handlungen 31 20
Unwirksame Geschäfte wegen Verstoß gegen die funktionelle Zuständigkeit **8** 22, 49

Urkundsbeamter der Geschäftsstelle: s. UdG
Urkundssachen; s. auch Beurkundung
Allgemeines **3** 58 ff.
Angabe des Wortes „Rechtspfleger" **12** 7
in Höfesachen **3** 64
in Abstammungssachen **3** 62
in Nachlasssachen **3** 63
als Rechtspflegeraufgabe **3** 61

Vaterschaft
Anerkennung **3** 62, 112, 137
Widerruf der Anerkennung **3** 62, 112; s. auch Anfechtung

Verantwortlichkeit des Rechtspflegers 9 84 ff.
strafrechtliche **9** 90
zivilrechtliche **9** 84 ff.

Verbindung von Verfahren, Anordnungen 11 24
Verbraucherinsolvenz 18 17
Verbot der Schlechterstellung: s. reformatio in peius
Vereinfachtes Verfahren zur Unterhaltsfestsetzung **1** 75; **25** 6 ff.
Vereins(register)sachen
Beschwerde **11** 56 ff.
als Rechtspflegeraufgaben **3** 16 ff.
Verfahrensabgabe: s. Abgabe
Verfahrensbeistand 3 117
Verfahrenskostenhilfe 25a 2
Verfahrensleitende Anordnungen,
Rechtsbehelfe **11** 24
Verfahrensmangel, wesentlicher **11** 100
Verfahrenspfleger 3 133; **14** 11; **15** 17
Verfahrensverzögerung 9 44, 58, 74, 75; **10** 32
Verfassungswidrigkeit
der Aufgabenübertragung auf den Rechtspfleger **Vor 1** 17, 18; **1** 72 ff.
Prüfung bei Gesetzen **1** 72; **4; 9** 17 ff.
Verfügung von Todes wegen: s. letztwillige Verfügung

Vergleich, Beurkundung durch den Rechtspfleger **3** 59; **4** 18; **20** 14
Beurkundung **3** 59
Vergütung; s. auch Festsetzung/Vergütung und Auslagen
Festsetzung der V. eines Anwalts
- nach § 11 RVG **21** 9, 17 ff.
- aus der Staatskasse **21** 9, 16
des Betreuers **3** 133
des Sequesters **20** 113; **21**
des (Verfahrens-)Pflegers **3** 116, 133; **15** 17
des Verwahrers **17** 135
des Vormunds **3** 114a
Verkehrsregelung zwischen Eltern und Kindern: s. Umgangsrecht
Verklarung 17 85 ff.
Verlegung/Vertagung von Terminen, Anordnungen 11 24
Vermittlung der Erbauseinandersetzung **3** 155
Vermögensgefährdung, Maßnahmen bei V. **3** 111; **14** 8
Vermögensgegenstände, Übertragung **25** 11 ff.
Vermögenssorge; s. auch Personen- und Vermögenssorge
durch Betreuer **15** 12
Entziehung der V. bei Gefährdung **3** 111
und Gegenbetreuung **3** 131; **15** 17
in Vormundschafts- und Pflegschaftssachen **3** 111,116
Vermögensübertragung (UmwG) **17** 41
Vermögensverwaltung 3 111
Vermögensverzeichnis 3 111; **16**
Vermutung für die Zuständigkeit des Rechtspflegers **3** 12; **14** 9; **16** 12; **17** 14
Verschmelzung (UmwG) **17** 36
Verschollenheitssachen 3 67 ff.; **11** 59
Versetzbarkeit 1 65
Versicherung an Eides statt: s. eidesstattliche Versicherung
Versicherungsverein auf Gegenseitigkeit: s. VVaG
Vertagung, Anordnungen 11 24
Verteilungsverfahren
Allgemeines **3** 101
Anwendungsbereich **3** 103
außerhalb der Zwangsvollstreckung **3** 102
nach FlurbG **3** 105
nach BLeistG **3** 103
Rechtspflegergeschäfte **3** 106
seerechtliche Verteilungsverfahren **3** 196; **19b** 1 ff.
in der Zwangsvollstreckung **11** 39; **20** 115
bei Zwangsversteigerung/-verwaltung **3** 93
Vertragssystem bei Kindesannahme **14** 84

Sachregister

Vertretung (Rechtsbehelfsverfahren)
s. Anwaltszwang
Verwahrungsort für Bücher ua **17** 132 ff.
Verwahrung von Sachen 3 37 ff.
Verwaltungsakt
beamtenrechtliche Ernennung **1** 85
Erhebung der Gerichtskosten **21** 9
und Geschäftsverteilung **1** 91
und Justizverwaltungsakt **26** 20; **27** 3 ff.
und Kostenansatz **26** 20
und Rechtsprechung **1** 9 ff.
Zeugen- und Sachverständigenentschädigung **21** 9
Verwaltungsanordnung
außer Kraft setzen der V. des Erblassers
16 30 ff.
und sachliche Unabhängigkeit **9** 12, 18
Verwaltungsgerichtsbarkeit und RPflG
Vor 1 1
Verwaltungsverfahren, Vertreterbestellung
3 136; **15** 39
Verweisung/Abgabe nach Widerspruch
11 28
Verwerfungskompetenz 11 69
Verwirkung
Rechtsbehelfe **11** 31
von Grundrechten **1** 72
Verzögerungsrüge 11 25
Volladoption 14 85
Vollstreckbare Ausfertigung: s. Klauselerteilung
weitere vollstreckbare Ausfertigung:
s. Ausfertigung von Urkunden
Vollmachtsbetreuer 3 131
Vollstreckung zu besonderer Zeit,
Erlaubnis 8; 20 85, 117
Vollstreckungserinnerung
Abgrenzung zu § 11 **11** 23, 39
Rechtspflegerzuständigkeit **20** 120
Richtervorbehalt **20** 119
Vollstreckungsklausel: s. Klauselerteilungsverfahren
Vollstreckungsabwehrklage 20 117
Vollstreckungsmaßnahme (Begriff)
11 23, 39, 83
Vollstreckungsschutz (§ 765 a ZPO); **20** 88
Vollübertragung
Begriff **3** 11
Bereiche **3** 16 ff.
Vorbehaltsübertragung; s. auch Funktionsteilung, Zuständigkeitsverteilung
Begriff **3** 12
Tätigkeitsbereiche **3** 107 ff.
Umfang des Vorbehalts **3** 13
Zuständigkeitsvermutung **3** 12; **14** 9; **17** 14;
31 10

Vorbereitende Tätigkeit
und sachliche Unabhängigkeit **9** 9
Vorbereitende Verfügungen (Rechtsbehelf) **11** 24
Vorbereitung richterlicher Entscheidungen
9 9
Vorbereitungsdienst 2 16 ff.
Dauer **2** 20
Einstellungsalter **2** 19
Fachstudium **2** 21 ff.
Praktikum **2** 23 ff.
Übergangsregelung **2** 25
Vorbescheid 11 53
Vorführung 4 20, 21
Vorgenehmigung 11 109
Vorhalt, Dienstaufsicht **9** 43
Vorläufiger Insolvenzverwalter 18 7
Vorläufige Maßregeln (Art. 24 Abs. 3
EGBGB) **14** 57 ff.
Vorlage
bei § 4 RPlG **4** 25
gem § 5 RPflG: s. Vorlage an den Richter
iSd § 11 Abs. 2 S. 7 RPflG: **11** 99
an das BVerfG (Art. 100 GG) **1** 72; **5** 5;
9 22
an das Obergericht **4** 9
im Rahmen der Geschäfte nach §§ 29 ff.
RPflG **32** 3
Zurückweisung Erinnerung **11** 99, 100
Vorlage an den Richter nach § 5 RPflG
5 3 ff.
Bindungswirkung **5** 12; **9** 29
Erzwingung der Vorlage **5** 3
Normzweck **5** 2
Sachbehandlung durch den Richter **5** 11
Vorlagepflichten
– Amtshaftung bei Nichtbeachtung **5** 4;
9 84 ff.
– bei ausländischem Recht **5** 8
– und Dienstaufsicht **9** 31 ff.
– Erinnerung bei Nichtbeachtung? **5** 3
– Grundsätze **5** 3
– bei ehemaligem DDR-Recht im Beitrittsgebiet **5** 9
– Rechtsfolgen bei Verstoß gegen V. **5** 4;
8 39 ff.; **11** 99
– und sachliche Unabhängigkeit **9** 28
– bei Sachzusammenhang **5** 6
– in der Strafvollstreckung **31** 13 ff.
Vorlageentscheidung (Begriff) **11** 100
Vorlagepflichten
bei § 4 RPflG: **4** 19 ff.
bei § 5 RPflG: **5** 3 ff.; s. Vorlage an den
Richter nach § 5
bei Geschäften nach §§ 29, 31 RflG **32** 3
in der Strafvollstreckung **31** 13 ff.; **32** 2

489

Sachregister

Vorlage an das Beschwerdegericht (§ 11) **11** 45, 69, 87
Vorlageverfügung: s. Vorlageentscheidung
Vormund
Aufwendungs-/Vergütungsersatz **3** 114a
Auswahl/Bestellung **1; 3** 114; **11** 49
Entlassung **1** 55; **11** 49; **3** 114a
Gegenvormund, Meinungsverschiedenheit **3** 114a
Meinungsverschiedenheiten **3** 114a; **14** 36
Übergehung **11** 49
Vormundschaft
Abgabe/Übernahme **4** 3; **11** 50
und Angehörige eines fremden Staates **14** 57 ff.
Anordnung: s. dort
Aufhebung **3** 114a
funktionelle Zuständigkeit **3** 114 ff.; **14** 57 ff.
vorläufige Maßregeln **3** 114a
vorläufige Maßregeln (Art. 24 Abs. 3 EGBGB) **14** 57
Weigerung der Übernahme **11** 49
Vorschaltverfahren 1 73 ff.
Vorzugsweise Befriedigung 20 86
VVaG
Abwickler
– Befreiung von der Prüfung des Jahresabschlusses/Lageberichts **17** 130
– Bestellung/Abberufung nach § 47 Abs. 2 VAG **17** 127, 168
Aufsichtsrat
– Abberufung von (Ersatz-)Mitgliedern **17** 112
– Ergänzung des A. **17** 114
– Festsetzung der Vergütung/Auslagen **17** 117
besonderer Vertreter (bei Regressstreit) **17** 121
Bücher, Schriften **3** 171; **17** 132 ff.
Ersteintragung **17** 15 ff.
Hauptversammlung, Ermächtigung zu Einberufung **17** 138
Löschung von Amts wegen **17** 52, 62
Satzungsänderungen **17** 25 ff.
Stimmrechtstreuhänder **17** 171
Zweigniederlassung
– Ersteintragung **17** 22
– Satzungsänderung **17** 32
Eingliederung **17** 33 ff.
Umwandlung (Verschmelzung, Spaltung, Vermögensübertragung, Formwechsel) **17** 35 ff.

Wahrnehmung
von Rechtspflegergeschäften durch
– Richter **8** 14 ff.; **11**

– UdG **8** 49
von Richtergeschäften durch Rechtspfleger **8** 20 ff.
von UdG-Geschäften durch Rechtspfleger **8** 45 ff.; **26** 22
Warenzeichen 23 5
Wartepflicht des § 47 ZPO **10** 62 ff.
Wechselseitige Beschwerde/Erinnerung 11 91, 99
Weisungsfreiheit des Rechtspflegers **9;**
s. auch sachliche Unabhängigkeit
Weisungsgebundenheit des Rechtspflegers **9; 30**
Weitere Beschwerde: s. Beschwerde
Weitere vollstreckbare Ausfertigung:
s. Ausfertigung von Urkunden
Wertfeststellung (§ 1377 BGB) **3**
Wertgrenze 11
Widerspruch
nach § 777 ZPO **20** 119
gegen Mahnbescheid **11** 39
in Registersachen **11** 58
Wiederaufnahme 24
Wiedereinsetzung in den vorigen Stand
anwendbare Vorschriften **11** 32, 41, 65, 94
Rechtspflegerzuständigkeit **11** 49, 94, 92
Richterzuständigkeit **11** 94
Willkür 8 12
Württemberg, Vorbehalt für Bezirksnotare 35 9 ff.

Zahlungssperre, Aufgebotsverfahren **3** 47, 48; **11** 51
Zeugenentschädigung 21 9
Zeugenvernehmung, Anordnung
Amtshilfe **4** 5
Anfechtung von entspr. Anordnungen **11** 24
und dienstliche Beurteilung **9**
Entschädigung **21** 9
als Richteraufgabe **3; 14; 16**
und sachliche Unabhängigkeit **9**
Verhängung von Ordnungsmitteln **4** 14; **11** 16
zwangsweise Vorführung **4** 14
Zeugnisse
Gütergemeinschaftszeugnis **11** 55
Heimstättenfolgezeugnis **3** 147
Hoffolgezeugnis **3** 147
Testamentsvollstreckerzeugnis: s. dort
Überweisungszeugnisse: s. dort
Vereinssachen **3** 25
Zeugnisverweigerung 11 21, 51
Zivilrechtliche Haftung (Rechtspfleger) **9** 84 ff.
Zugewinnausgleich
Allgemeines **1** 75

Sachregister

funktionelle Zuständigkeit **25** 9
Stundung: s. dort
Übertragung von Vermögensgegenständen: s. Übertragung
Zurücknahme der Beschwerde/Erinnerung **11** 103
Zurückverweisung
durch das Beschwerdegericht **11** 47, 70, 87,
durch den Richter **11** 100
Zurückweisung
– Antrag auf Gewährung von Beratungshilfe **11** 14, 93; **24a** 17
– kein Recht des Rechtspflegers zur Z.
  11 45, 69
des Mahnantrags **11** 92
des Widerspruchs gegen eine Löschungsankündigung **11** 58
Zurückweisungskompetenz 11 100
Zuschlag(sbeschluss) (ZVG) **1** 56; **10** 44; **11** 40
Zuständiger Richter (zuständiges Gericht) **28**
Zuständigkeitsbestimmung: s. Kompetenzkonflikt
Zuständigkeitsstreit 11 67
Zuständigkeitsüberschreitung: s. Zuständigkeitsverstöße
Zuständigkeitsvermutung bei Vorbehaltsübertragung **3** 12; **14** 9; **17** 14; **31** 13
Zuständigkeitsverteilung Richter/Rechtspfleger
bei Fehlen einer ausdrücklichen Bestimmung **Vor 1** 4
durch RPflG **Vor 1** 3
Vermutung für die Zuständigkeit des Rechtspflegers **3** 12; **14** 9; **17** 14; **31** 13
Zuständigkeitsverstoß
gegen Geschäftsverteilung **8** 10
bei Justizverwaltungsgeschäften **32** 6
Zuständigkeitsverstöße, funktionelle
amtshaftungsrechtliche Folgen **8** 13
Anwendungsbereich des § 8 RpflG: **8** 8
Folgen, allgemein **8** 5 ff.
des Rechtspflegers am LG im Verhältnis zum Rechtspfleger am AG **8** 9
Rechtsbehelfe
– Allgemeines **8** 7
– bei Kenntnis der Unwirksamkeit **8** 30
– bei übertragbaren Geschäften **8** 36
– bei nicht übertragbaren Geschäften **8** 29
– bei Verstoß gegen Vorlagepflicht (§ 5 RPflG) **8** 41
– wirksame Geschäfte **8** 31 ff.
– bei Verstößen durch Rechtspfleger **8** 29, 36, 41 47
– bei Verstößen durch Richter **8** 17

– bei Verstößen durch UdG **8** 50
– bei Zuweisungen nach § 7 RPflG: **8** 31, 32
des Rechtspflegers im Verhältnis zum Richter
– Erbschein **8** 26 ff.
– Beispiele für unwirksame Geschäfte **8** 22
– Geschäfte nach § 6 RPflG: **8** 44
– Rechtsbehelfe **8** 29
– Rechtsfolgen **8** 21
– Registereintragung **8** 25
– übertragbare Geschäfte **8** 34 ff.
– nicht übertragbare Geschäfte **8** 20 ff.
– Unterbringungsverfahren **8** 23
– Verstoß gegen § 5 RPflG: **8** 39 ff.
– Verstoß gegen § 6 RPflG: **8** 44
– Vollzugsakte **8** 25
des Rechtspflegers im Verhältnis zum Staatsanwalt **32** 6
des Rechtspflegers im Verhältnis zum UdG **8** 45 ff.; **26** 25
durch Richter im Verhältnis zum Rechtspfleger **8** 14 ff.
durch Richter im Verhältnis zum UdG **8** 18
durch UdG **8** 49; **26** 25
Verstoß gegen Vorlagepflicht (§ 5) **8** 39 ff.
Verstoß gegen § 6 RPflG: **8** 44
willkürliche **8** 12
Wirksamkeit und Anfechtbarkeit **8** 7
Zustellung
im Ausland **4** 13
Bewilligung öffentlicher Z. s. dort
Fristbeginn ab Z. **11** 41, 63, 84, 94
Patengericht, Benennung eines Vertreters **23** 17
Rechtshilfeverkehr **29** 2; **37** 3
Zustimmung
zur Betrauung mit Rechtspflegeraufgaben **2** 32
Entgegennahme von Zustimmungen, Zuständigkeit **14**
Ersetzung der Z.: s. dort
der Hauptversammlung zu Unternehmensverträgen **17**
Zuweisung von Rechtspfleger- und anderen Aufgaben **1** 6, 7, 89 ff.; s. auch: Betrauen
Zwangsgeld: s. Ordnungs- und Zwangsmittel
Zwangshaft: s. Ordnungs- und Zwangsmittel
Zwangssicherungshypothek 11 71
Zwangsversteigerung/-verwaltung
Rechtspflegerzuständigkeit **3** 91 ff.
Zwangsvollstreckung
Allgemeines **20** 83

491

Sachregister

Änderungsverfahren **20** 101
andere Art der Verwertung (§ 825 ZPO) **20** 95
Arrestbefehl, Vollziehung **20** 83 ff.
durch „anderes Amtsgericht" **20** 112
durch anderen Gerichtsvollzieher **20** 96
Aussetzung und Beschränkung nach Buch 11 ZPO **20** 118
Austauschpfändung **20** 92
besondere Vertreter **20** 91
zu besonderen Zeiten **8**; **20** 85
Bestimmung eines Gerichtsvollziehers **20** 97
eidesstattliche Versicherungen, bürgerliches Recht **20** 103
Durchsuchungsanordnung **20** 118
Einstellung **20** 90
Erinnerung nach § 766 ZPO **20** 119
funktionelle Zuständigkeit **20** 84
in Forderungen und andere Vermögensrechte **20** 98
durch ersuchtes Gericht **20** 111
Haftbefehl (§ 802 g ZPO) **20** 118
Immobiliarvollstreckung: s. Zwangsversteigerung/-verwaltung
Klage gem. § 805 ZPO **20** 86
Ordnungs- und Zwangsmittel: s. dort
Pfändungsschutz **20** 101
Räumungsschutz **20** 118
Richterzuständigkeiten **20** 117 ff.
Schätzung gepfändeter Sachen (§ 813 Abs. 1 ZPO) **20** 93

Schuldnerverzeichnis **20** 105 ff.
- Einsicht **20** 107
- Führung **20** 106
- Widerspruch des Schuldners **20** 108, 110
Sequester gem §§ 848, 855 ZPO **20** 113
Unterlassungs- und Duldungsvollstreckung **31** 20
unvertretbare Handlungen **31** 20
Verteilungsverfahren **20** 115
Verwertung
- andere Art (§ 825 ZPO) **20** 95
- Aussetzung **20** 90, 118
- von Wertpapieren **20** 94
durch das Vollstreckungsgericht **20** 85 ff.
Vergütungsfestsetzung, Sequester **20** 113
vollstreckungsrechtliche Klagen **20** 86, 117
Vollstreckungsschutz (§ 765 a ZPO) **20** 88
Vollstreckung zur Nachtzeit **20** 117
Widerspruchsklage **20** 117
Zuständigkeitsgrundsätze **20** 83, 84
Zwangsführung **4** 14
Zwangsweise Vorführung **4** 14
Zweigniederlassung
Ersteintragung **17** 17
Satzungsänderung **17** 32
Löschung von Amts wegen **17** 52, 53
Umwandlung **17** 33
Zwischenentscheidungen **11** 22, 50
Zwischenverfahren Vor 1 5
Zwischenverfügung **11** 22, 50 71; **12** 14